Taschenwörterbuch

ALBANISCH

ARMIN HETZER

Taschenwörterbuch ALBANISCH

Albanisch – Deutsch
Deutsch – Albanisch

mit rd. 12.000 Stichwörtern
und Redewendungen

BUSKE

Bibliografische Information der Deutschen Nationalbibliothek

Die Deutsche Nationalbibliothek verzeichnet diese Publikation in der Deutschen Nationalbibliografie; detaillierte bibliografische Daten sind im Internet abrufbar über ‹http://portal.dnb.de›.

ISBN 978-3-87548-536-3

4., vollständig überarbeitete Auflage

 Gedruckt auf alterungsbeständigem Papier, hergestellt aus 100 % chlorfrei gebleichtem Zellstoff. Satz: Tanovski & Partners, Leipzig. Druck und Bindung: Multiprint GmbH, Bulgarien
Printed in Republic of Bulgaria

INHALT

VORWORT ZUR NEUBEARBEITUNG

In den letzten anderthalb Jahrzehnten hat sich das Taschenwörterbuch der albanischen und deutschen Sprache dank seines handlichen Formats eines regen Zuspruchs erfreut. Infolge der seither erfolgten Veränderungen sowohl im Reiseverkehr als auch in der sprachlichen Realität erscheint eine Neubearbeitung angezeigt. Diese bezieht sich in erster Linie auf den deutsch-albanischen Wörterbuchteil, dem jetzt Flexionshinweise beigefügt wurden und der die reformierte deutsche Rechtschreibung (z. B. *Gämse* statt *die Gemse*) berücksichtigt. Bei der Getrennt- und Zusammenschreibung namentlich der Verben lässt der Duden (2006) glücklicherweise Spielraum. Es wurde ferner nach Maßgabe der Möglichkeiten auch neuerer Wortschatz eingearbeitet, u. a. die neuen amtlichen Ortsnamen in Kosova, die auf unseren Atlanten noch in serbischer Form stehen (Podujevo → Besiana). Es ist zu wünschen, dass dies den Anregungen und Wünschen der Benutzer entspricht und dass das Taschenwörterbuch auch weiterhin gute Dienste leisten kann.

Der Fachwortschatz aus folgenden Gebieten wurde ausgiebig berücksichtigt: Sprachwissenschaft (*spr.*), Buch- und Bibliothekswesen, Botanik (*bot.*) und Zoologie (*zoo.*), Außenhandel (*ök.*) und Strafrecht (*jur.*). Es sei hier auch auf das umfangreiche Wörterbuch Deutsch-Albanisch von Zef Simoni (1997) sowie das Wirtschaftswörterbuch Deutsch-Albanisch (2005) und das Rechtswörterbuch (2008) von Dritan Halili verwiesen, die beide im Buske Verlag erschienen. Für Computertechnik und Informationstechnologie gibt es im Albanischen (noch) keine amtliche Terminologie; man behilft sich mit lautlich angepassten Übernahmen aus den Nachbarsprachen (Italienisch, Kroatisch) oder direkt aus dem Englischen. Ähnliches galt schon seit Langem für Kfz-Technik.

Im albanisch-deutschen Teil wurden sog. internationale Wörter gestrichen, die im Albanischen und Deutschen nahezu gleich lauten und sehr ähnlich geschrieben werden, z. B. *interval-i* »Intervall« oder *kaktus-i* »Kaktus«. Belassen wurden aber die zahlreichen als veraltet (*veralt.*) charakterisierten Eintragungen, weil es sich zumeist um Turzismen handelt, die zwar in der geschriebenen Sprache vermieden werden, aber in der Umgangssprache, besonders in emotionaler Rede, sowie in idiomatischen Wendungen bzw. Sprichwörtern unverändert präsent sind. Außerdem werden Werke von Autoren, die bis 1991 verboten waren (z. B. Gjergj Fishta, Faik Konica), zunehmend nachgedruckt; diese enthalten selbstredend veralteten oder nur regional verbreiteten Wortschatz. Die in der

1. Auflage leider unterlaufenen Fehler bei der alphabetischen Einordnung der albanischen Lemmata (*ll* nach *l*, *ë* nach *e* usw.) wurden behoben. – Aus dem Wörterverzeichnis gestrichen wurden die meisten geographischen Namen, die sich nicht auf Südosteuropa beziehen. Früher konnte man sich darauf verlassen, dass sie in der alb. Presse in der angegebenen Form erscheinen würden, aber neuerdings herrscht diesbezüglich kein einheitliches Bild mehr. Erstens ist zu beobachten, dass ausländische Eigennamen zunehmend in der lateinischen Originalschreibweise übernommen werden, wie es an sich dem UNO-Standard entspricht; zweitens folgt die albanisierte Schreibweise keinen erkennbaren Regeln mehr und variiert daher von einer Quelle zur anderen. Besonders das neue Enzyklopädische Wörterbuch (Fjalor enciklopedik, Hg. Pasho Baku. Tirana 2004) bietet in dieser Hinsicht sehr eigenwillige Lösungen.

Der wesentliche Unterschied zwischen der ersten Auflage und der Neubearbeitung besteht darin, dass 1991 der deutsch-albanische Teil, abgesehen von der alphabetischen Anordnung, genau textgleich dem albanisch-deutschen war, während jetzt der deutsch-albanische Teil selbstständig bearbeitet und ergänzt worden ist; die Flexionsangaben zu den alb. Eintragungen wurden allerdings im deutsch-albanischen Teil gekürzt. Gemäß der Duden-Praxis wurden betonte lange deutsche Vokale durch Unterstreichung, kurze deutsche Vokale durch einen Tiefpunkt bezeichnet. Nach Möglichkeit wurde die Aussprache von Fremdwörtern durch die internatonale Lautschrift IPA angegeben (z. B. Depot [deˈpo:]). Besondere Aufmerksamkeit wurde den sog. unregelmäßigen deutschen Verben gewidmet, d. h. neben den Geschlechts- und Artikelangaben zu den Nomina stehen bei einfachen Verben die Vokalveränderungen vom Typ *läuft, lief, ist gelaufen* im Mittelpunkt des Interesses, während die vorhergehende Auflage nur die Eintragung *laufen* bot.

Natürlich kann das vorliegende Taschenwörterbuch nicht die marktgängigen einsprachigen Nachschlagewerke »Deutsch als Fremdsprache« (z. B. von den Verlagen Langenscheidt oder Klett/PONS) ersetzen. Daher sind im vorliegenden deutsch-albanischen Wörterbuchteil die für ausländische Benutzer notwendigen grammatischen Hinweise auf ein Minimum reduziert: grammatisches Geschlecht, Genitiv Singular und Nominativ Plural in abgekürzter Form; bei Verben werden in erster Linie die Ab-/Umlaute angegeben, wobei sich 23 Gruppen herausschälen. Bei einfachen Verben wird jeweils die 3. Person Sg. (Präsens, Präteritum, Perfekt) ausgeschrieben, bei Verben mit Vorsilbe hingegen nur die entsprechenden Vokale, z. B. ge̲ben, *gibt, gab, hat gegeben*, aber: ạb/geben *i/a/e*. Der Umlaut im Präsens (z. B. *fängt, hält* u. ä.) wird schematisch durch Pünktchen bezeichnet, z. B.

¨/i/a bei *fängt, fing, hat gefangen*. Das Zeichen ⁝ gibt Morphemgrenzen an (z. B. des⁝orientieren, ent⁝a̲rten, Zwerg⁝ohr⁝eule); bei vokalischem Silbenanlaut folgt dabei im Hochdeutschen ein sog. Knacklaut. Das Zeichen / markiert trennbare Präfixverben (ạb/ändern – er/sie ändert ạb).

Die Neubearbeitung fußt auf der 24. Auflage von *Duden. Die deutsche Rechtschreibung* (2006) und die Bedeutungen der albanischen Stichwörter wurden am neuen einsprachig-erklärenden Akademie-Wörterbuch (Jani Thomai, Miço Samara & al.: Fjalor i gjuhës shqipe. Tirana 2006) überprüft. Denjenigen, die sich mit der Varietät des Albanischen vertraut machen wollen, die in Kosova gesprochen und bisweilen auch gedruckt wird, sei der *Gheg Albanian Reader* von Linda Mëniku (Hyattsville: Dunwoody Press 2008, ISBN 978-1-931546-47-8) empfohlen, zu dem zwei vorzügliche Audio-CDs verfügbar sind.

Das Alphabet

Das albanische Alphabet umfaßt 36 Zeichen, die zum Teil aus zwei Buchstaben zusammengesetzt sind. Jedes dieser Zeichen entspricht einem **Phonem**, so daß sich eine Übereinstimmung von Schrift und Aussprache erwarten läßt, sofern man die Leseregeln für das Alphabet erlernt hat. Albanische Wörterbücher ordnen ë, ç sowie die Buchstabenverbindungen **dh, gj, ll, nj, rr, sh, th, xh, zh** als eigene Einträge. Daraus ergibt sich im albanisch-deutschen Teil des vorliegenden Wörterbuchs eine Sortierfolge, die von der im Deutschen üblichen z.T. erheblich abweicht.

1	A	a	a	[a]
2	B	b	b	[b]
3	C	c	(z, ts)	[ts]
4	Ç	ç	tsch	[tʃ]
5	D	d	d	[d]
6	Dh	d	(stimmhaftes th)	[ð]
7	E	e	e, (ä)	[ɛ]
8	E	ë	e, (ö)	[ə]
9	F	f	f	[f]
10	G	g	g	[g]
11	Gj	gj	(gj, dj)	[g'], [ɟ]
12	H	h	h, (ch)	[h]
13	I	i	i	[i]
14	J	j	j	[j]
15	K	k	k	[k]
16	L	l	l	[l]
17	Ll	ll	(l)	[L]
18	M	m	m	[m]
19	N	n	n	[n]
20	Nj	nj	nj, (*ñ*)	[ɲ]
21	O	o	o	[ɔ]
22	P	p	p	[p]
23	Q	q	(kj, tj)	[k'], [c]

24	R	r	r	[r]
25	Rr	rr	(rr)	[R]
26	S	s	s, (ß)	[s]
27	Sh	sh	sch	[ʃ]
28	T	t	t	[t]
29	Th	th	th (stimmlos, gelispelt)	[þ], [θ]
30	U	u	u	[u]
31	V	v	w	[v]
32	X	x	(ds)	[ʣ]
33	Xh	xh	(dsch)	[ʤ]
34	Y	y	(ü)	[y]
35	Z	z	s	[z]
36	Zh	zh	(stimmhaftes sch)	[ʒ]

Die Lesarten

In der vierten Spalte von links stehen die deutschen Äquivalente, und sofern es keine exakten Entsprechungen gibt, sind die Werte in Klammern gesetzt. Die fünfte Spalte bietet in eckigen Klammern die Umschrift des Internationalen Phonetischen Alphabets. Wenn im Folgenden nichts zu einem Zeichen verlautet, dann wird es mehr oder weniger wie im Deutschen ausgesprochen. Die Buchstaben *w* und *ß* sowie die Buchstabenverbindungen **ch**, **sch**, **tz** kommen im Albanischen nicht vor.

C wird ungeachtet der Stellung im Wort immer wie dt. z ausgesprochen. (**Ç** ist deutschem tsch in »Peitsche« gleich. **Dh** und **th** stehen für gelispelte Zahnreibelaute; das erste steht für stimmhaftes, das zweite für stimmloses englisches th. Albanisches **e** wird zumeist wie deutsches ä ausgesprochen; auf keinen Fall darf man es wie den deutschen Murmellaut artikulieren, der in unbetonten Silben vorkommt. Dafür haben die Albaner nämlich ein eigenes Zeichen: ë. Es kommt fast in jedem längeren Wort vor, allerdings auch in betonter Stellung. Man sollte es nicht wie gerundetes deutsches ö aussprechen, aber um es vom normalen alb. e zu unterscheiden, kann man sich auch als Umschrift ö merken. **Gj** und **q** sind Laute, die für die albanische Sprache sehr spezifisch sind. Es handelt sich um palatales g und k; die Aussprache klingt für unsere Ohren gewöhnlich wie dj, tj. In den albanischen Mundarten entfällt [h] häufig, und entsprechend wird der Laut in der Umgangssprache auch schlaff artikuliert. Die Bühnensprache bzw. die Aussprache geschulter Rundfunksprecher sieht hingegen vor, daß h sehr intensiv gehaucht wird, so daß wir es als ch (*wie in »ach«*) wahrnehmen. Das doppelt geschriebene **ll** ist stark velarisiert, d. h. es klingt dumpf. Es ist sehr ähnlich dem l deutscher Mundarten, z. B. dem sogenannten »dicken l« der Kölner. **Nj** ist ein palataler Konsonant, keine Verbindung aus zwei Lauten. Es darf daher beim Zeilenumbruch nie getrennt werden. Die Schreibweisen **gn** bzw. **ñ** einiger romanischer Sprachen vertreten denselben Laut. Die Albaner kennen zwei **r**-Laute: eins mit einem Schlag der Zungenspitze gerollt, das zweite mit mindestens zwei Schlägen. In der Umgangssprache aber hört man in bestimmten Gegenden, besonders in Mittelalbanien um Durrës und Tirana, daß die jungen Leute das einfache **r** retroflex artikulieren wie die Amerikaner. Andererseits wird in bestimmten Gegenden, z. B. um Kortscha, kein Unterschied zwischen den beiden **r** gemacht. Es kommt daher oft zu Rechtschreibungsfehlern bei den Einheimischen. **S** wird immer stimmlos wie deutsches ß, **z** hingegen immer stimmhaft wie deutsches s in »Rose« gesprochen. **X** und **xh** sind die stimmhaften Gegenstücke zu **c** und **ç**; **zh** ist das stimmhafte Gegenstück zu **sh**.

Y wird immer als Vokal (*wie ü*) gesprochen, auch wenn es vor anderen Vokalen steht. Albanisches **o** klingt offener als deutsches o; es ist in jeder Stellung wie in deutsch »noch« oder »Locke« auszusprechen (*nicht wie in »Rose«*). **V** darf man auf keinen Fall wie deutsches f aussprechen; das Zäpfchen-**r** ist den Albanern fremd. Der Knacklaut im vokalischen Silbenanfang, der im Deutschen zur korrekten Aussprache gehört, ist im Albanischen zulässig, aber nicht vorgeschrieben. Man darf also **trü'äsa** für tryéza sagen. Die Verschlußlaute **p**, **t**, **k** darf man im Albanischen nicht behaucht (aspiriert) aussprechen.

Die Vokalfolgen **ue**, **ye** werden nach der Normaussprache zweisilbig artikuliert. Weil sie jedoch im Gegischen gewöhnlich zu [u:], [y:] kontrahiert sind, muß man mit dieser Aussprache auch im mündlichen Umgang mit Albanern rechnen. Dies betrifft insbesondere die Wortbildungssuffixe des Nomen agentis **-ues**, **-yes**, z. B. *mësúes* »Lehrer«, *përkthyes* »Dolmetscher, Übersetzer«. Normaussprache ist in beiden Fällen dreisilbig, aber es kommt auch [msu:s] »Lehrer« einsilbig vor. Dieses Suffix gehört zu den gegischen Elementen der vereinheitlichten Schriftsprache, und daher liegt es nahe, es mit der gegischen Aussprache in den Standard zu übernehmen. Das toskische Gegenstück ist **-njës**, z. B. *mësónjës*.

Hinweise zur Benutzung

Im Albanischen gibt es drei **grammatische Geschlechter:** männlich, weiblich und sächlich. Die letztgenannte Kategorie kommt in der modernen Sprache jedoch überwiegend nur noch bei Verbalabstrakta (substantivierten Infinitiven) vor, z. B. *të ftóhur-it* »Erkältung«, *të Shëlbúem-it* »Christi Himmelfahrt«. Daher wurde darauf verzichtet, durchgängig das grammatisehe Geschlecht zu bezeichnen; es ergibt sich in der Regel aus der Artikelform. Im Albanischen wird der Artikel nachgestellt und dann als *determinierte Form* bezeichnet. Die artikellose Form heißt dementsprechend *indeterminiert.* Wenn, wie im Falle des Wortes *zotërí-a* »Herr«, das Wort als Femininum dekliniert wird, aber maskuline Attribute bei sich führt, wurde dies durch den Zusatz (*m.*) bezeichnet (*»natürliches Geschlecht«*). Die Artikelformen werden an die Stichwörter angehängt und lauten: Maskulina *-i*, *-u*, Feminina *-a*, *-ja*, Neutra *-it*, *-t*. Der Pluralstamm, der gleich dem Nominativ/Akkusativ ist, wird im vorliegenden Wörterbuch durch das Kürzel *pl.* eingeleitet, z. B. **shok-u**, *pl.* **-ë-t »Genosse, Gefährte, Freund«**. Bei **substantivierten Adjektiven** wie **të kuq**-te »das Rote«, **e vërtet|ë**, -a »die Wahrheit« liegen zwei Artikel vor: ein vorangestellter (të, e) sowie ein nachgestellter (-të, -a). Der vorangestellte Artikel wurde im Wörterbuch hinter das alphabetisch einzuordnende Stichwort gestellt, wie es albanischen Wörterbuchkonventionen entspricht, z. B. *bardhë*, i/e »weiß«.

Bei nur geringen Ausnahmen ist die Wortbetonung im Albanischen fest, das heißt sie bleibt immer auf derselben Silbe, auch wenn eine oder mehrere Silben an die Grundform (Nominativ Singular der Substantive bzw. 1. Person Singular Präsens Aktiv der Verben) angefügt werden. Lautet die Grundform auf Konsonant aus, dann ist sie endbetont (*armík* »Feind«, *bërtás* »schreien«). Lautet sie hingegen nach dem Schriftbild auf Vokal aus, dann wird die vorletzte Silbe betont (*dítë* »Tag«). Maskuline Substantive auf *-as* und *-ës* (z. B. *tiránas* »Tiranaer«) sowie Adjektive und Partizipien auf *-uar/ur* (*i kullúar* »rein«) und *-ët* (*i áthët* »sauer«) werden nicht auf der letzten Silbe betont, obwohl sie auf Konsonant auslauten. In allen von obigen Hinweisen abweichenden Fällen setzt das vorliegende Wörterbuch einen Akut als Betonungszeichen, z. B. **kúngull-i** »Kürbis«, **folé-ja** »Nest«.

Im Albanischen läßt sich von der Grundform der Substantive aus nicht immer sicher auf den **Pluralstamm** schließen. Neutra bilden ihrem Charakter als Verbalabstrakta entsprechend keine Pluralform (*të fólur-it* »das Sprechen«). **Maskulina** mit den Wortbildungssuffixen *-as* und *-ës* lauten Nominativ Plural gleich der indeterminierten Form des Singulars; der Artikel lautet hingegen *-it* (z. B. *nxënës-i* »der Schüler«, *nxënës-it* »die Schüler«). Maskulina mit den Auslauten *-ar; -tar, -or, -tor; -ak, -ol; -an, -at, -ist* bilden den Pluralstamm auf *-ë*, die Artikelform lautet *-t*. Maskulina auf *-et, -im, -on, -nt, -nd* bilden den Plural auf *-e-t*. Dabei wechseln sie das Genus und führen feminine Attribute bei sich. **Feminina** auf *-á, -e, -í, -o, -ú, -y* bilden den Pluralstamm gleich der indeterminierten Form des Singulars. Der Artikel lautet *-t*, wenn der davorstehende Vokal unbetont ist; bei betonten Vokalen *-të*. Feminina, die in der Grundform auf *-ë* auslauten, bilden den Plural überwiegend auf unbetontes *-a-t*. Die wenigen Falle, in denen auch hier der Pluralstamm gleich der indeterminierten Form des Singulars ist, werden im vorliegenden Wörterbuch eigens angeführt z. B. (ditë, *pl.* ditë-t »die Tage«. Dasselbe gilt für Maskulina, die nicht unter die oben angegebenen Regeln fallen.

Im albanisch-deutschen Teil werden vier Zeichen zur Abkürzung von Schreibungen verwendet: Komma, Bindestrich, Tilde und senkrechter Strich. Der Bindestrich trennt den angehängten Artikel von der indeterminierten Form, die Tilde ersetzt ein ganz Wort, und zwar das halbfett gedruckte Stichwort; der *senkrechte Strich* teilt einen Wortkörper an der Stelle, von der an eine morphonologische Abwandlung erfolgt. z. B.: 1. **abací-a** ist zu lesen: **abaci** »Abtei«, **abacia** »die Abtei«. 2. **acar, -e** = **acar** »rein«, **acare** »rein« *feminin*, 3. **açug|e, -ia** = **açuge** »Sardelle«, **açugia** »die Sardelle«; 4. **adjutant-i** *pl.* **-ë-t** = **adjutant** »Adjutant«, **adjutanti** »der Adjutant«, **adjutantë** »Adjutanten«, **adjutantët** »die Adjutanten«. Es ist zu beachten, daß die albanische Orthographie keine Betonungsakzente vorsieht. Die Akzente im vorliegenden Wörterbuch sind also reine Hilfszeichen. – An der betr. Stelle bedeutet ~ **i provës**: *afat i provës* »Bewährungsfrist« oder: *afati i provës* »die Bewährungsfrist«. Im Plural würde sich die Form des Gelenkartikels ändern: *afate të provës* oder: *afatet e provës*.

Zu den Herkunftsbezeichnungen auf *-as* und den Nomina agentis auf *-ues, -ës, -ar, -or* können gewöhnlich Feminina mit der Endung *-e* gebildet werden, z. B. *tiranas-i*, »der Tiranaer«, *tiranas|e, -ja* »die Tiranaerin«. Im Wörterbuch wurden die Nomina agentis nur dann in der weiblichen Form angeführt, wenn diese Besonderheiten aufweist, z. B. *drejtor-esh|ë, -a* »Direktorin« oder wenn eine Tätigkeit vornehmlich von Frauen wahrgenommen wird, z. B. *pastrues|e, -ja* »Putzfrau«. Im Albanischen gibt es drei Arten von Adjektiven: (1) ohne Artikel und Genusänderung (*zemërgjerë*). (2) mit Artikel und ohne Genusendung im Singular (*i gjatë*), (3) mit Artikel und mit Genusendung in beiden Numeri (*i/e mundshëm*). Die Artikelform *i/e* wird im Wörterbuch hinter das alphabetisch eingeordnete Stichwort gestellt. Die Betonung regelt sich wie folgt: Die Adjektive, die (a) den vorangestellten Artikel bei sich führen, (b) keine eigene Femininform im Singular aufweisen und (e) auf *-ër* enden, tragen die Betonung auf der Silbe vor diesem Suffix und stoßen das *-ë-* aus, wenn die Endung *-a* für fem. Plural angefügt wird, z. B. **i/e shkúrtër**, f. *pl.* **të shkurtra**. Weitere Einzelheiten bezüglich der alb. Adjektive entnehme man dem »Lehrbuch der vereinheitlichten albanischen Schriftsprache« Buske 2006. S. 52. Die Adjektive ohne vorangestellten Artikel können auch als Substantive verwendet werden, z. B. *përtac, -e* »faul«, *përtac-i, pl.* »Faulpelz«. Umgekehrt können Nomina agentis auf *-ues, -ës, -ar, -or* gewöhnlich auch als adjektivische Attribute vorkommen. Es wurde darauf verzichtet, dies in jedem Falle durch eine eigene Eintragung zu belegen. Da es im Albanischen keinen Infinitiv in unserem Sinne gibt, werden alle Verben in der 1. Person Singular Präsens angeführt. Angesichts der Vielfalt der Formenlehre wurde Wert darauf gelegt, (1) schwierig zu erklärende Formen als Stichwort mit Verweisung auf die Zitierform aufzunehmen (z. B. *hodha, s. hedh*). (2) beim Stichwort die wichtigsten Stammformen oder morphonologischen Veränderungen durch Symbole bzw. Abkürzungen anzudeuten, z. B. *gje|j, -ta, -tur*. Dies bedeutet, dass das Verb im Aorist und Partizip Perfekt mit *t*-Einschub konjugiert wird (*gjeta, gjetur*). Die Lautveränderungen wurden durch die im Lehrbuch erklärten Formeln wie (a/e/o) bzw. (s/t) bezeichnet. **Marr (a/e/o)** ist also zu lesen: *marr* »ich nehme«, *merr* »er nimmt«, *mora* »ich nahm«, *marrë* »genommen«; **fus (s/t)** hingegen deutet an, daß beim Verb *fus* »ich stecke hinein« das s mit t (*fut »er steckt hinein«*) alterniert. Wegen der großen Zahl von nur im Mediopassiv vorkommenden albanischen Verben, sind diese Formen als eigene Stichworte eingefügt. Man erkennt sie an der Endung *-em*, die nie den Ton trägt, z. B. *mbétem* »bleiben«, *nísem* »aufbrechen, starten«. Ebenso wurden die mediopassiven Formen als eigenes Stichwort gesetzt, wenn sie im Deutschen verschiedenen Verben entsprechen, z. B. *mbys* (s/t) »ertränken«, *mbytem* »ertrinken«. Bei deutschen Äquivalenten wird bisweilen in Klammer ein Fachgebiet angegeben, in dessen Sprachgebrauch eine spezialisierte Bedeutung angewendet wird. So steht (*spr.*) für sprachliche Erscheinungen, nicht nur für grammatisehe im engeren Sinne. Die anderen Abkürzungen sprechen für sich selbst: *phi* = Philosophie, *rel* = Religion, *med* = Medizin, Gesundheitswesen, *bot* = Botanik, *jur* = Recht, *ök* = Wirtschaft, Ökonomie, *naut* = Seefahrt, *math* = Mathematik, *chem* = Chemie, *spo* = Sport.

Bei manchen Wörtern wird mit *fig.* auf übertragene (*figürliche*) Bedeutung hingewiesen; *veralt.* deutet an, daß ein Wort im Rahmen der geschriebenen albanischen Sprache heute vermieden werden sollte. In mündlicher Ausdrucksweise werden die betr. Wörter aber noch gerne angewendet, weshalb sie hier aufgeführt sind; der Ausländer sollte sich nur hüten, sie selbst aktiv zu gebrauchen. Im Allgemeinen handelt es sich dabei um ursprünglich türkische Wörter. Sie werden im deutsch-albanischen Teil des Worterbuchs nur nachgewiesen, wenn sie Bestandteil bildhafter Redewendungen sind. – Mit *dial.* werden mundartliche Ausdrücke markiert; gerade im Bereich des religiösen Wortschatzes müssen wir auf solche Lexeme zurückgreifen, weil die Standardsprache keine einheitlichen Bezeichnungen festgelegt hat. Mit *vulg.* gekennzeichnet wurde vulgärer Sprachgebrauch dann, wenn mehrere Synonyme zur Verfügung stehen. Im Allgemeinen wurde darauf geachtet, für die albanischen Stichwörter deutsche Äquivalente zu finden, die derselben Stilebene angehören. Dann entfällt eine besondere Kennzeichnung als vulgär oder erhaben.

Es werden zwei Arten von **Verweisungen** verwendet: das Gleichheitszeichen symbolisiert Synonyme; die Abkürzung s. *siehe* verweist von einer schwierig zu erkennenden Wortform auf die Zitierform, z. B. *dil!* »hinaus« zu dal »hinausgehen«. Da im Deutschen der Zitierform in der Regel nicht anzusehen ist, ob ein Wort Adjektiv oder Adverb ist, wurde durch den Hinweis ⟨adv⟩ verdeutlicht, welche albanische Form als Adverb benutzt wird, z. B. *absolut*, *-e*, »absolut«: *absolutisht* ⟨adv⟩. Hingegen wurde mit ⟨Adj⟩ der adjektivische Gebrauch nur dann gekennzeichnet, wenn es zu Mißverständnissen kommen könnte. – Bei Präpositionen wurde der davon abhängige albanische Kasus in spitzen Klammern angegeben, z. B. *nga* ⟨+ Nom⟩ »aus«. Im Allgemeinen stehen albanische Präpositionen mit dem Akkusativ; den Nominativ regieren nur *nga* und *te*, *tek*; eine große Anzahl von als Präposition verwendeten Wörtern anderer Wortarten regieren den Ablativ, z. B. *rreth* »um ... herum«. An sich handelt es sich um das Substantiv *rreth-i* »Kreis«.

Verwendete Abkürzungen

~	steht für das fettgedruckte Stichwort
°~	steht für das Stichwort mit großem Anfangsbuchstaben
†	veraltet
a.	auch
Abl	Ablativ
Akk	Akkusativ
aor	Aorist
bot	botanisch
chem	chemisch
conj	Konjunktiv
Dat	Dativ
dial	mundartlich, Dialektwort
dt.	deutsch
etw.	etwas
f	feminin, weiblich
fig	figürlich, übertragen
FN	Flußname
hist	historisch
Ind	Indikativ
Int	Interjektion, Ausrufungswort
Imp	Imperativ
itr.	intransitiv
jur	juristisch
kath.	katholisch
Konj	Konjunktion
m	maskulin, männlich
math	mathematisch
med	medizinisch
mil.	militärisch
muslim	muslimisch
myth	mythisch, sagenhaft
n	neutrum, sächlich
naut	zur Seefahrt gehörig
Nom	Nominativ
NP	Eigenname

ök	ökonomisch
ON	Ortsname
osman.	osmanisch-türkisch
P.	Person
Pers. Pron.	Personalpronomen
pl	Plural
Poss. Pron.	Possessivpronomen
Präp	Präposition
rel	religiös, biblisch
s.	siehe
Sg	Singular
spr	sprachwissenschaftlich
Subst	Substantiv, Hauptwort
tech	technisch
typ	Druckwesen
u.	und
veralt.	veraltet, umgangssprachlich
vgl.	vergleiche

Wörterbuch
Albanisch - Deutsch

A

a; **apo** oder; **a** ... **a** entweder ... oder
a *Partikel, leitet Satzfrage ein* ob; **nuk e di a e ka** ich weiß nicht, ob er es hat; **a është e lejueshme?** darf man?, ist es statthaft?; **a më lejoni?** darf ich?; **a thua të vërtetën?** sagst du die Wahrheit?
abací-a *rel.* Abtei *f*
abanoz-i Ebenholz *n*
abat-i, *pl.* -ë-t *rel.* Abt *m*
abazhur-i, *pl.* -ë-t Stehlampe *f*
abdikim-i Abdankung *f*, Rücktritt *m*
abdikoj ab/danken, verzichten *auf Thron*
abetar-i, **abetar|e**, -ja Abc-Fibel *f*
abëcë-ja, *pl.* -të Alphabet *n*, Abc *n*
abisinas, -e abessinisch
ablativ-i Ablativ *m*
abonament-i, *pl.* -e-t Abonnement *n*, *Bibliothek* Ausleihe *f*
abonent-i *Telefon* Teilnehmer *m*
abort-i Schwangerschaftsabbruch *m*, Abtreibung *f*, *med.* Abort *m*
abses-i *med.* Abszess *m*
abshis|ë, -a *math.* Abszisse *f*
absolut, **-e**; ⟨*adv*⟩ **absolutisht** absolut
absolutiz|ëm, -mi Absolutismus *m*
abstenim-i *Wahl* Enthaltung *f*
abstenoj *Stimme* sich enthalten
abstragoj *phi.* abstrahieren
abstraksion-i Abstraktion *f*
abstrakt, -e abstrakt
abstraktësí-a Abstraktheit *f*
abstraktim-i Abstraktion *f*
abstraktoj *phi.* abstrahieren
absurd, -e absurd, unsinnig, sinnlos
absurditet-i Absurdität *f*
abuzim-i Missbrauch *m*
abuzoj missbrauchen
acar, -e rein, klar; schroff, scharf
acar-i schneidende Kälte *f*; **bën acar** bitterkalt sein
acarí-a Kälte *f*; Sauberkeit *f*, Pingeligkeit *f*
acaroj reizen, entzünden
acartë, i/e bitterkalt; **erë e** ~ schneidender Wind *m*
acetik, -e *chem.* sauer
acetilen-i *chem.* Azetylen *n*
aceton-i Azeton, Nagellackentferner *m*
acid-i, *pl.* -e-t *chem.* Säure *f*; ~ **klorik** Chlorsäure *f*
açik, -e deutlich, hell, klar; **duket** ~ es ist deutlich zu sehen
açug|e, -ia Sardelle *f*
adáxhio-ja, *pl.* -t *mus.* Adagio *n*
adekuat, -e adäquat
aderoj anhängen
adet-i, *pl.* -e-t *veralt.* Sitte, Gewohnheit
Adíxh|e, ja *FN* Etsch *f*, Adige *m*
adjektivim-i Adjektivierung *f*
administrat|ë, -a Verwaltung *f*, Administration *f*
administrativ, -e administrativ, Verwaltungs-; **kundërvajtje administrative** verwaltungsrechtliche Übertretung *f*
administrator-i Administrator, leitender Angestellter, Leiter, Verwalter
administroj verwalten, leiten

admiral-i, *pl.* -ë-t *mil.* Admiral *m*
admirues-i Bewunderer *m*
admiruesh|ëm, -me, i/e bewundernswert, wundervoll
adoptim-i Adoption *f*
adoptoj *jur.* adoptieren
adres|ë, -a Anschrift *f*, Adresse *f*
adresoj adressieren
adverbializim-i *spr.* Adverbialisierung *f*
adhuroj anbeten, verehren, bewundern
adhurues-i Bewunderer *m*, Verehrer *m*
aerodinamik, -e aerodynamisch
aerodinamik|ë, -a Aerodynamik *f*
aerodrom-i, *pl.* -e-t Flugplatz *m*
aeronautik|ë, -a Aeronautik *m*, Flugwissenschaft *f*
aeroplan-i, *pl.* -ë-t Flugzeug *n*, Flugmaschine *f*; **me ~** per Luftpost; **~ dymotorësh** zweimotoriges Flugzeug *n*
aeroplanmbajtës|e, -ja *mil* Flugzeugträger *m*
aeroport-i, *pl.* -e-t Flughafen *m*, Flugplatz *m*
afarist-i Geschäftsmann *m*, Geschäftemacher *m*, Schwindler *m*, Schieber *m*
afat-i Termin *m*, Frist *f*; **~ i dorëzimit**; **~ i huazimit** Ausleihfrist *f*, Leihfrist *f*; **~ i provës** *jur.* Bewährungsfrist; **~ i skaduar** verstrichene Frist; **~ i vjetërsisë** Dienstalter *n*, Dienstjahre *n. pl.*
afatgjatë langfristig
afatshkurtër kurzfristig
afazí-a *med.* Aphasie *f*
afekt-i, *pl.* -e-t Affekt *m*, Gemütswallung *f*
afektiv, -e affektiv
aferez|ë, -a *spr.* Aphärese *f*
afetar, -e unreligiös, religionslos
afër ⟨*adv*⟩ nahe; ungefähr; **është afër mendsh** es liegt nahe
Afërdit|ë, -a Aphrodite *f*
afërm, i/e nah; **të afërm**-it Verwandte *m. pl.*
afërsí-a Nähe *f*
afërsira-t Umgebung *f*
afërsish|ëm, -me, i/e; ⟨*adv*⟩ **afërsisht** approximativ, ungefähr
afërt, i/e nah
afgan, -e; afganistánas, -e afghanisch
afion-i *veralt.* Opium *n*
afirmim-i Bejahung *f*, Bestätigung *f*
afish|e, -ja Plakat *n*, Anschlag *m*
afishim-i Plakatierung *f*
afishoj anschlagen, plakatieren
aforiz|ëm, -mi, *pl.* -ma-t Aphorismus *m*
afresk-u, *pl.* -e-t Fresko *n*
afrí-a Verwandtschaft *f*; **afrí gjuhësh** Sprachverwandtschaft *f*
afrikan, -e afrikanisch
afrikat|e, -ja *spr.* Affrikat *m*, Verschlussreibelaut *m*
Afrik|ë, -a Afrika; **Afrika e Jugut** Südafrika
afrim-i Annäherung *f*
afrish|ëm, -me, i/e *spr.* verwandt
afrohem sich nähern
afroj nähern, nahe/bringen, reichen, an/nähern
afsh-i Schwüle *f*; Gestank *m*; Glut *f*, Leidenschaft *f*
afshët, i/e stinkend, übelriechend
afshoj stinken

aftë, i/e fähig, geschickt; ~ **të paguajë** solvent, zahlungsfähig
aftësí-a Fähigkeit *f;* ~ **paguese** *ök.* Zahlungsfähigkeit *f,* Solvenz *f*
aftësim-i Befähigung *f*
ag-u Dämmerung *f*
agá-i, *pl.* -llarë-t Aga *m,* Grundherr *m; hist.* Offizier *m*
agim-i Dämmerung *f*
aglutinim-i *spr.* Agglutinierung *f*
agnosticiz|ëm, -mi *phi.* Agnostizismus *m*
agoj tagen, dämmern, grauen; **agon** es wird Tag
agoní-a Agonie *f,* Todeskampf *m*
agrar, -e agrarisch, Landwirtschafts-; **reformë agrare** Agrarreform *f*
agregat-i, *pl.* -e-t *tech.* Aggregat *n*
agresion-i Aggression *f;* **vatër agresioni** Aggressionsherd *m*
agresiv, -e aggressiv
agrokimí-a Agrochemie *f*
agronom-i, *pl.* -ë-t Agronom *m,* Landwirt *m*
agronomik, -e agronomisch, landwirtschaftlich
agrume-t *f* Agrumen, Zitrusfrüchte *f. pl.*
agrumisht|ë, -a Agrumenhain *m,* Pflanzung von Zitrusfrüchten
agjencí-a Agentur *f;* ~ **dogane** Zollbüro *n,* Zollamt *n;* ~ **e lajmeve** Nachrichtenagentur *f;* ~ **lundrimi** Schiffsagentur *f,* Reisebüro für Schiffsreisen
agjent-i, *pl.* -ë-t Agent *m,* Vertreter *m,* Repräsentant *m;* ~ **i një shoqërie sigurimi** Versicherungsvertreter *m*
agjentur|ë, -a Agentur *f;* Geheimdienst *m*
agjëroj fasten
agjitacion-i Agitation *f*
agjitprop-i Agitation und Propaganda *f,* Agitprop
ah-u, *pl.* -e-t *bot.* Buche *f*
ahen|g-u, *pl.* -gje-t Unterhaltungsmusik *f,* Musikantengruppe *f,* Volksmusik *f*
ahisht|ë, -a Buchenhain *m,* Buchenwald *m*
ahmarrj|e, -a *dial.* Rache *f,* Blutrache *f*
ahoj leiden, jammern
ahur-i, *pl.* -e-t Stall m, Scheune *f im Untergeschoss*
aí, *f* **ajo** ⟨*Pers. Pron.*⟩ er, sie; jener, jene; **ai vjen** er kommt; **ai qytet** jene Stadt
ajazm|ë, -a *rel.* Weihwasser *n*
aj|ër, -ri Luft *f;* Klima *n;* ~ **i kondicionuar** Klima:anlage *f;* ~ **i ngjeshur** Druckluft *f;* **presion ajri** Luftdruck *m;* **tepricë ajri** zuviel Luft
ajk|ë, -a Rahm *f,* saure Sahne *f*
ajó *f Sg.* sie, jene
ajodhim|ë, -a *rel.* Apsis *f, orthodoxer* Gottesdienstraum *m*
ajrim-i = **ajrosj|e, -a** Lüftung *f*
ajroj = **ajros** lüften
ajror, -e Luft-; **inkursim ajror** Luftangriff *m;* **postë ajrore** Luftpost *f*
Ajzenah-u *ON* Eisenach
akaci|e, -a Akazie *f*
akademí-a Akademie *f;* ~ **e arteve** Kunst:akademie *f;* ~ **e sporteve**

Sportakademie; ~ **ushtarake** Militärakademie

akademik, -e akademisch

akademik-u, *pl.* -ë-t Akademiemitglied *n* Akademiker *m*

akaparim-i Hamstern *n*, Hamsterkäufe *m. pl.*

akaparoj horten, hamstern

akaparues-i Hamsterer *m*

akcidenc|ë, -a *phi.* Akzidenz *f*

Akeront-i *myth.* Acheron *m*

akoma noch

akord-i, *pl.* -e-t Absprache *f*, Einvernehmen *n;* Akkord *m;* **punë me** ~ Akkordarbeit *f*

akordoj gewähren, zugestehen; *Instrument* stimmen; ~ **kredí** Kredit gewähren

akostim-i Landung *f*

akrabá-ja, *pl.* -të *veralt.* Verwandte *m*, Freunde *m. pl.*

akraballë|k-u, *pl.* -qe-t Vetternwirtschaft *f*, Kungelei *f*

akreditim-i Akkreditierung *f*

akreditoj akkreditieren

akrep-i, *pl.* -a-t Skorpion *m;* Zeiger *m*, Uhrzeiger *m*

akrilik, -e Akryl-, Acryl-

akrobací-a Akrobatik *f*

akrobat-i, *pl.* -ë-t Akrobat *m*

akrobatik, -e akrobatisch

akroní-a Achronie *f*

akronim-i *spr.* Akronym *n*

aks-i *tech.* Achse *f*

aksham-i *veralt.* Abend *m*

aksident-i, *pl.* -e-t Unfall *m;* **për shkak aksidenti** wegen eines Unfalls

aksiologjí-a *phi.* Axiologie *f*, Wertlehre *f*

aksiom|ë, -a *phi.* Axiom *n*

aksion-i, *pl.* -e-t Aktion *f; ök.* Aktie *f*

aksionar-i Aktionär *m*

akt-i, *pl.* -e-t Akt *m*, Akte *f*, Vorgang *m;* Aufzug *m;* ~ **i të folurit** Sprechakt *m*

aktakuz|ë, -a *jur.* Anklageschrift *f*

aktblerj|e, -a Kaufvertrag *m*

aktiv, -e aktiv; **blozë aktive** *chem.* Aktivkohle *f*

aktivist-i Aktivist *m*

aktivisht ⟨*adv*⟩ aktiv

aktivitet-i Aktivität *f*

aktivizoj aktivieren

aktlindj|e, -a Geburtsurkunde *f*

aktlirim-i Freibrief *m*, Freilassungsschreiben *n*

aktmartes|ë, -a Heiratsurkunde *f*

aktor-i Schauspieler *m;* ~ **filmi** Filmschauspieler *m*

aktor|e, -ja Schauspielerin *f*

aktpadí-a Klageschrift *f*, Zivilklage *f*

aktual, -e aktuell

aktualizoj aktualisieren

aktvdekj|e, -a Sterbeurkunde *f*, Totenschein *m*

aktzotërim-i Besitzurkunde *f*

akuarel-i, *pl.* -e-t Aquarell *n*

akuarium-i, *pl.* -e-t Aquarium *n*

áku|ll-i, *pl.* -j-t Eis *n*

akullçarës-i Eispickel *m*

akullmbajtës|e, -ja Eiskasten *m*, Kühlkasten *m*

akullnaj|ë, -a Gletscher *m*

akulloj vereisen

akullor|e, -ja Speiseeis *n*, Eis *n*

akulloreshitës-i Eisverkäufer *m*
ákullt, i/e eisig
akullthyes|e, -ja Eisbrecher *m*
akumulator-i *tech.* Akkumulator *m*, Akku *m*
akumuloj akkumulieren
akustik, -e akustisch
akut, -e *med.* akut
akuz|ë, -a *jur.* Anklage *f*
akuzoj anklagen
akuzuar, i/e Angeklagter *m*
akuzues-i Ankläger *m*
al-pari au pair
alabast|ër, -ri Alabaster *m*
alarm-i Alarm *m*
alarmoj alarmieren
albanolog-u, *pl.* -ë-t Albanologe *m*
albanologjí-a = **albanistik|ë, -a** Albanologie *f*, Albanistik *f*
albanologjik, -e albanologisch
album-i, *pl.* -e-t Album *n*
aleanc|ë, -a Allianz *f*, Bündnis *n*
aleat-i, *pl.* -ë-t Verbündeter *m*, Alliierter *m*
alegorí-a Allegorie *f*
alegorik, -e allegorisch
alégro-ja *mus.* Allegro *n*
Aleksandrí-a *ON* Alexandria, Alexandrien
alem-i *veralt.* Welt *f*, Menschheit *f*
alergjí-a Allergie *f*
alet-i, *pl.* -e-t *veralt.* Handwerkszeug *n*, Gerät *n*
alfabet-i, *pl.* -e-t Alphabet *n*
alfabetik, -e alphabetisch
alg|ë, -a *bot.* Alge *f*
algjeb|ër, -ra Algebra *f*
algjebrik, -e algebraisch
Algjer-i *ON* Algier
Algjerí-a Algerien
algjerian, -e algerisch
aliazh-i, *pl.* -e-t Legierung *f*
alibí-a *jur.* Alibi *n*
alilluja *rel.* Halleluja *m*
aliteracion-i *spr.* Alliteration *f*, Stabreim *f*
alivan-i = **alivaní**-a Bewusstlosigkeit *f*, Ohnmacht *f*
alivanosem ohmächtig werden
alkal-i *chem.* Alkali
alkimí-a Alchemie *f*
alkool-i, *pl.* -e-t Alkohol *m*; **~ i frenave** Bremsflüssigkeit *f*; **~ i çnatyruar** denaturierter Alkohol *m*
alkoolik, -e alkoholisch
alkoolist-i Alkoholiker *m*
alkooliz|ëm, -mi Alkoholismus *m*
alkoolizoj alkoholisieren, Alkohol zuführen
almanak-u Almanach *m*
almis|e, -ja Haushaltsgegenstand *m*
álo hallo!
alofon-i *spr.* Allophon *n*
alomorf-i, *pl.* -a-t *spr.* Allomorph *n*
Alpe-t Alpen *pl.*
alpin, -e alpin
alpinist-i Alpinist *m*, Bergsteiger *m*
Alsas-Loren|ë, -a Elsass-Lothringen *n*
altar-i, *pl.* -ë-t Altar *m*
alternativ|ë, -a Alternative *f*
alternohem alternieren, sich abwechseln
álto-ja, *pl.* -t *mus.* Alt *m*
altoparlant-i, *pl.* -e-t Lautsprecher *m*

altruist-i Altruist *m*
altruiz|ëm, -mi Altruismus *m*, Selbstlosigkeit *f*
alumin-i Aluminium *n*
alumintë, i/e aus Aluminium
aluzion-i, *pl.* -e-t Allusion *f*, Anspielung *f*
all, -e leuchtend rot
allafrënga *veralt.* auf westliche Art
Allah-u Allah
allaturka auf orientalische Art; auf türkische Art
allçí-a Gips *m*
allishverish-i, *pl.* -e-t *veralt.* An- und Verkauf *m*; *fig.* Schiebung *f*
alltën-i, *pl.* -ë-t *veralt.* Gold *n*
aman bitte sehr; bei Gott!, fürwahr!, wirklich
amanet-i, *pl.* -e-t Unterpfand *n*
amator-i, *pl.* -ë-t Liebhaber *m*; Amateur *m*; **piktor** ~ Freizeitmaler *m*
Amazon|ë, -a *FN* Amazonas *m*
amazon|ë, -a Amazone *f*
ambalazh-i, *pl.* -e-t Verpackung *f*, Tara *f*; ~ **i pakthyeshëm** Einwegverpackung *f*
ambalazhoj verpacken
ambasad|ë, -a Botschaft *f*
ambasador-i Botschafter *m*
ambíci|e, -a Ambition *f*, Ehrgeiz *m*
ambicioz, -e ambitiös, ehrgeizig
ambient-i, *pl.* -e-t Umgebung *f*, Umwelt *f*; Milieu *n*; **ndotja e ambientit** Umweltverschmutzung *f*
ambientohem sich akklimatisieren
ambivalent, -e ambivalent
ambulanc|ë, -a Ambulanz *f*, Poliklinik *f*
ambulator, -e ambulant; **mjekim** ~ ambulante Behandlung *f*
ameb|ë, -a Amöbe *f*
amendament-i *Gesetz* Neufassung *f*, *jur.* Novelle *f*, Nachtrag *m*
amerikan, -e amerikanisch
amerikanat|ë, -a Amerikanerei *f*, Negermusik *f*
Amerik|ë, -a Amerika; ~ **Latine** Lateinamerika; ~ **Qendrore** Mittelamerika; **Shtetet e Bashkuara të Amerikës** USA *f. pl.*
amënor, -e Mutter-, mütterlich; **dashuri amënore** Mutterliebe *f*
amësht, i/e = **amështiq**, -e *Geschmack* fad, lasch
amësí-a Mutterschaft *f*; Name der Mutter *m*
amfib-i, *pl.* -ë-t Amphibium *n*
amfiteat|ër, -ri, *pl.* -ra-t Amphitheater *n*
amiant-i Asbest *n*
amin *Int.* Amen, So sei es
amnezí-a *med.* Amnesie *f*
amnistí-a *jur.* Amnestie *f*
amnistoj amnestieren
amnor, -e mütterlich, Mutter-
amoniak-u Ammoniak *n*
amoral, -e amoralisch, unmoralisch, sittenlos
amortizator-i *tech.* Stoßdämpfer *m*
amortizim-i Amortisierung *f*, Abschreibung *f*
amortizoj amortisieren
amper-i, *pl.* -ë-t Ampère
ampermet|ër, -ri, *pl.* -ra-t Ampèremeter *n*

ampul|ë, -a Ampulle *f*
amredit|ë, -a *spr.* Iterativkompositum *n*
amshim-i Ewigkeit *f*
amshoj verewigen
amshuar, i/e ewig; **të vërteta të amshuara** ewige Wahrheiten *f. pl.*
amtar, -e mütterlich, Mutter-; **e drejta amtare** Mutterrecht *n;* **gjuhë amtare** Muttersprache *f;* **lërimi i gjuhës amtare** *spr.* Sprachpflege *f,* Sprachkultur *f*
amull ⟨*adv*⟩ unbeweglich, starr
amullí-a Stagnation *f,* Unbeweglichkeit *f;* ~ **ekonomike** wirtschaftlicher Stillstand *m*
amvis|ë, -a Hausfrau *f*
amvisj|e, -a Haushalt *m,* Hausfrauenarbeit *f*
amz|ë, -a Matrikel *f,* Schülerverzeichnis *n;* Mutter-; **biblioteka amzë** Zentralbibliothek *f*
an-i *med.* Gebärmutter *f*
Anadoll-i Anatolien
anadollak, -e = **anadollas**, -e anatolisch
anafor|ë, -a *spr.* Anapher *f*
anakolut-i *spr.* Anakoluth *m*
anakroniz|ëm, -mi, *pl.* -ma-t Anachronismus *m*
anale-t Annalen *f. pl.*
analfabet-i, *pl.* -ë-t Analphabet *m*
analitik, -e analytisch
analiz|ë, -a Analyse *f;* ~ **gjaku** Blutprobe *f;* ~ **ritmore** Schall:analyse *f*
analizoj analysieren
analogjí-a Analogie *f;* ~ **krijuese** Neubildung *f,* Neuschöpfung *f*
analogjik, -e *phi.* analog
ananas-i, *pl.* -e-t *bot.* Ananas *f*
anaptiks-i *spr.* Anaptyxe *f*
anaptiksor,-e Einschub-, Spross-; **zanore anaptiksore** *spr.* Sprossvokal *m*
anarkí-a Anarchie *f,* Unordnung *f;* **anarki feudale** feudale Anarchie *f*
anarkik, -e anarchisch
anarkist-i Anarchist *m*
anarkiz|ëm, -mi Anarchismus *m*
anarkosindikaliz|ëm, -mi Anarchosyndikalismus *m*
ánash ⟨+ *Abl*⟩ neben, seitlich
anasjell|ë, -a, *pl.* -a-t Inversion *f*
anasjelltas ⟨*adv*⟩ umgekehrt
anasjelltë, i/e umgekehrt, invertiv, invers
anastrof|ë, -a *spr.* Anastrophe *f*
Anatolí-a Anatolien
anatomí-a Anatomie *f*
anatomik, -e anatomisch
andant|e, -ja *mus.* Andante *n*
andej ⟨*adv*⟩ jenseits; **s'andejmi** von dort
Ando-u *NP* Anton
andrall|ë, -a Sorge *f,* Kummer *m*
andrallos bekümmern
ané-ja *dial.* Mutter *f*
anekdot|ë, -a Anekdote *f*
aneks-i, *pl.* -e-t Annex *m,* Anhang *m;* Anbau *m;* ~ **kuzhine** Kochnische *f*
aneksoj annektieren
anemí-a Anämie *f,* Blutarmut *f*
anemik, -e *med.* anämisch
anestezí-a *med.* Anästhesie *f*
an|ë, -a, *pl.* -ë-t Seite *f,* Gegend *f;* Partei *f;* **marr anën e** ⟨+ *G*⟩ Partei ergreifen

für; **me ~ të** ⟨+ *G*⟩ durch, vermittels
anëdet-i Küste *f*
anëpëranë = **anembanë** überall
anës ⟨+ *Abl*⟩ bei, an; **~ lumit** am Fluss
anëshkrim-i Randnotiz *f*
anësí-a Parteilichkeit *f*
anësisht ⟨*adv*⟩ indirekt; parteilich
anësor, -e Rand-, marginal, seitlich, *spr.* lateral
anësor, -e Neben-
anëtar-i Mitglied *n*, Angehöriger *m*
anëtarësí-a = **anëtarí**-a Mitgliedschaft *f*
angarí-a Fron:arbeit *f*, *a. fig.* Fron *f*
angazhim-i Engagement *n*
angazhoj engagieren
anglez, -e englisch
Anglí-a England
angliciz|ëm, -mi Anglizismus *m*
anglisht ⟨*adv*⟩ englisch
anglosakson, -e angelsächsisch
angjin|ë, -a *med.* Angina *f*
angjinar|e, -ja Artischocke *f*
anijat|ë, -a *rel.* Mittelschiff *n*
anij|e, -a, *pl.* -e-t Schiff *n*, Boot *n*; **~ mbytet** das Schiff sinkt; **~ dydirekëshe** Zweimaster *m*; **~ lundrimi të brendshëm** Binnenfrachtschiff *n*, Binnenfrachter *m*; **~ mallrash** Frachtschriff *n*, Frachter *m*; **~ oqeanike** Ozeandampfer *m*; **~ peshkimi** Fischerboot *n*; **~ ruajtëse** Wachschiff *n*; **~ transoqeanike** Ozeandampfer *m*; **~ tregtare** Handelsschiff *n*; **~ zbarkuese** *mil.* Landungsschiff *n*; **nxënësí e anijes** Rauminhalt des Schiffes; **përplasje anijesh** Schiffskollision *f*; **vendqëndrim i anijes** Ankerplatz *m*, Schiffsliegeplatz *m*; **~-stern|ë**, -a, *pl.* -a-t Tanker *m*
anijendërtues, -e Schiffbau-, Werft-; **kantier ~** Werft *f*, Dock *n*
anijetar-i Seemann *m*, Matrose *m*
anijethyerj|e, -a Schiffbruch *m*
anilin|ë, -a *chem.* Anilin *n*
ankand-i, *pl.* -e-t Versteigerung *f*, Auktion *f*
Ankara-ja *ON* Ankara
ankes|ë, -a Beschwerde *f*, Beanstandung *f*
anket|ë, -a Enquête *f*, Umfrage *f*, Erhebung *f*
anketoj eine Umfrage durchführen, befragen
ankim-i Klage *f*
ankohem sich beklagen
ankoj|ë, -a, *pl.* -a-t Nörgler *m*, Querulant *m*
ankoroj ankern
ankth-i, *pl.* -e-t Alptraum *m*, Beklemmung *f*; **~ mortor** Todes:angst *f*
ankues-i *jur.* Kläger *m*, Beschwerdeführer *m*
anod|ë, -a *tech.* Anode *f*
anofel|e, -ja *bot.* Anopheles-Fliege *f*, Malaria-Fliege, Moskito *m*
anoj neigen zu, Partei ergreifen für
anomalí-a Anomalie *f*
anonim, -e anonym
anormal, -e unnormal, anomal
ansamb|ël, -li Ensemble *n*, Spielgruppe *f*, Schauspieltruppe *f*
antagonist, -e antagonistisch; **kundërtí antagoniste** antagonistische

Gegensätze *m. pl.*
antagoniz|ëm, -mi *phi.* Antagonismus *m*
Antarktid|ë, -a = Antarktik-u Antarktis *f*
anten|ë, -a *tech.* Antenne *f*
antibiotik-u, *pl.* -ë-t *med.* Antibiotikum *n*
anticipim-i Antizipation *f*
antifashist, -e antifaschistisch
antifrixh-i Frostschutzmittel *n*
antik, -e antik
antik|ë, -a Antiquität *f*, Rarum *n*
antikitet-i Altertum *n*
antiklerikal, -e antiklerikal
antikombëtar, -e antinational
antikuar-i, *pl.* -ë-t Antiquar *m*
antilënd|ë, -a *phi., phys.* Antimaterie *f*
antilop|ë, -a *zoo.* Antilope *f*
antimilitarist, -e antimilitaristisch
antinomí-a *phi.* Antinomie *f*
Antiokí-a *ON* Antiochien, Antakya
antipartí parteifeindlich
antipast|ë, -a Vorspeise *f*
antipatí-a Antipathie *f*
antipatik, -e antipathisch, unsympathisch; **fytyrë antipatike** unsympathisches Gesicht *n*
antipopullor, -e volksfeindlich
antipushtet regimefeindlich, regierungsfeindlich
antiqeveritar, -e regierungsfeindlich
antiseptik-u *med.* Antiseptikum *n*
antishtetëror, -e staatsfeindlich
antitez|ë, -a Antithese *f*
antologjí-a Anthologie *f*, Gedichtsammlung *f*
antonim-i *spr.* Antonym *n*
antonimik, -e *spr.* antonymisch
antonomazí-a *spr.* Antonomasie *f*
antracit-i Anthrazit *m*, Anthrazitkohle *f*
antropologjí-a physische Anthropologie *f*
antroponim-i Anthroponym *n*
anulloj annullieren
Anvers|ë, -a *ON* Antwerpen
aorist-i Aorist *m*; ~ **fillimor** inchoativer Aorist *m*; ~ **rrënjor** Wurzelaorist, starker Aorist *m*; ~ **sigmatik** sigmatischer Aorist *m*; schwacher Aorist; s-Aorist
aort|ë, -a *med.* Aorta *f*, Hauptschlagader *f*
aparat-i, *pl.* -e-t Apparat *m*, Maschine *f*, Gerät *n*; ~ **i ekspresit** Espresso-Maschine *f*; ~ **i kilometrazhit** Kilometerzähler *m*; ~ **për lexim filmash** Mikrofilm-Lesegerät *n*; ~ **radiomarrës** *tech.* Rundfunkempfänger *m*; ~ **saldimi** Schweißgerät *n*; ~ **shumëfishimi** Vervielfältigungsapparat *m*, Kopierer *m*
aparatur|ë, -a Apparatur *f*
apartament-i, *pl.* -e-t Wohnung *f*, Appartement *n*
apatí-a Apathie *f*, Teilnahmslosigkeit *f*
apatik, -e apathisch, teilnahmslos
apel-i, *pl.* -e-t Appell *m*; *jur.* Berufung *f*; Aufruf *m*
apelim-i Berufung *f*
apendicit-i *med.* Blinddarm:entzündung *f*
aperceptim-i *phi.* Apperzeption *f*
aplikim-i Antrag *m*; Bewerbung *f*;

Anwendung *f*

aplikoj be:antragen; anwenden

apó oder

apodoz|ë, -a *spr.* Nachsatz *m*, Apodosis *f*

apofoní-a *spr.* Ablaut *m*

apofonik, -e Ablaut-

apokalips-i Apokalypse *f*, Ende der Welt

apokop|ë, -a *spr.* Apokope *f*

apolitik, -e unpolitisch, politikfrei

apologjet-i, *pl.* -ë-t Apologet *m*

apologjí-a Apologie *f*, Verteidigung *f*

apopleksí-a Schlag:anfall *m*, *med.* Apoplexie *f*

aporí-a *phi.* Aporie *f*

apostafat ⟨*adv*⟩ absichtlich, extra

apostolik, -e apostolisch

apostrof-i, *pl.* -a-t Apostroph *m*

apostrof|ë, -a Apostrophe *f*, feierliche Anrede *f*

apóstu|ll-i, *pl.* -j-t Apostel *m*

apoteoz|ë, -a Apotheose *f*, übermäßige Ehrung *f*

aprovoj billigen, zustimmen

aq so viel; ~ **sa** so dass, so viel wie, wie; **ai punon ~ sa punon ti** er arbeitet so viel wie du; **shtegu ishte i ngushtë ~ sa nuk mund të kalonin** der Pfad war so schmal, dass sie nicht durchkamen

ar-i Gold *n*

ar-i, *pl.* -ë-t *Flächenmaß* Ar

arab, -e arabisch; **shifrat arabe** arabische Ziffern

arabá-ja *veralt.* Wagen *m*, Kutsche *f*

Arabí-a Arabien; **Arabia Saudite** Saudi-Arabien

arabik, -e arabisch, **arabisht** ⟨*adv*⟩ arabisch

arabisht|e, -ja arabische Sprache *f*

arallë|k-u, *pl.* -qe-t Lücke *f*; Muße *f*, Freizeit *f*; **s'gjej arallëk** keine Zeit finden

arançat|ë, -a Orangeade *f*

arap-i, *pl.* -ë-t *veralt.* Neger *m*, Afrikaner *m*

arb|ër-i Arvanit *m*, Gräko-Albaner *m*

arbëresh-i, *pl.* -ë-t Arberesch *m*, Italo-Albaner *m*

arbëror, -e *veralt., poet.* albanisch

arbit|ër, -ri, *pl.* -ra-t Schiedsrichter *m*, Schiedsmann *m*

arbitrar, -e willkürlich

arbitrazh-i Schiedsgerichtsbarkeit *f*

ardenicar, -e aus Ardenica

ardhës-i Zugezogener *m*; Stiefkind *n*; Ankömmling *m*

ardhj|e, -a Ankunft *f*; *jur.* Eintreten *n*

Ardhj|e, -a *rel.* Advent *m*, Adventszeit *f*

ardhm|e, -ja, e *spr.* Futur *n*, Zukunft *f*; **në të ardhmen** zukünftig, in Zukunft; ~ **e përparme** Futurum exactum, zweites Futur *n*

ardhsh|ëm, -me, i/e zukünftig, nächst

t'ardhunit *rel.* Advent *m*

ardhur s. vij

árdhura-t Einkommen *n*, Einkünfte *f. pl.*; **e ardhur-a e përgjitshme** Bruttoeinkommen *n*; **tatim mbi të ardhurat** Einkommensteuer *f*

areal-i, *pl.* -e-t Areal *n*, Verbreitungsgebiet *n*

aren|ë, -a Arena *f*

arend|ë, -a Pacht *f*, Verpachtung *f*; **jap në arendë** verpachten
ar|ë, -a Acker; **llagëmi i arave** Ackerdränage *f*
arëz-a *zoo.* Wespe *f*
argano ja Hebewinde *f*, Winde *f*; Spill *n*
argat-i, *pl.* -ë-t Tagelöhner *m*
argëtim-i Vergnügen *n*
argëtohem sich vergnügen, sich amüsieren
argëtues, -e amüsant, vergnüglich
argó-ja *spr.* Argot *n*, Sondersprache *f*, Rotwelsch *n*, Slang *m*
argotiz|ëm, -mi Slang-Ausdruck *m*
argument-i Argument *n*
argumentoj argumentieren
argjend-i Silber *n*
argjendar-i Silberschmied *m*
argjendoj versilbern
argjendtë, i/e silbern
argjendurina-t Silberzeug *n*
Argjentin|ë, -a Argentinien
argjentínas, -e argentinisch
argjil|ë, -a Lehm *m*, Ton *m*
argjinatur|ë, -a Uferbefestigung *f*, Deich *m*
argjipeshk|ëv, -vi, *pl.* -vij-të *kathol.* Erzbischof *m*
argjipeshkví-a *rel.* Erzbistum *n*
arí-u, *pl.* -nj-të *zoo.* Bär *m*
arian, -e arisch, indoeuropäisch
ari|e, -a *mus.* Arie *f*
aristokrací-a Aristokratie *f*
aristokrat-i, *pl.* -ë-t Aristokrat *m*
aristokratik, -e aristokratisch
aritmetik, -e arithmetisch
aritmetik|ë, -a Arithmetik *f*, Grundrechenarten *f. pl.*
aritmí-a *med.* Arhythmie *f*
arixheshk|ë, -a *herumziehende* Zigeunerin *f*
arixhí-u Landfahrer *m*, Zigeuner *m*, Rom *m*
arká-ja Sägeblatt *n*
arkaik, -e archaisch
arkaiz|ëm, -mi Archaismus *m*
arkaizues, -e archaisierend
arketip-i Archetyp *m*
arkeolog-u, *pl.* -ë-t Archäologe *m*
arkeologjí-a Archäologie *f*
arkeologjik, -e archäologisch
ark|ë, -a Kasse *f*; Kasten *m*, Kiste *f*; **levë për të hapur arkat** Kistenöffner *m*; ~ **kursimi** Sparkasse *f*; ~ **veglash** Werkzeugkasten *m*
arkërkues-i Goldsucher *m*
arkëtar-i Kassierer *m*, Schatzmeister *m*
arkëtar|e, -ja Kassiererin *f*
arkëtim-i Inkasso, Einkassieren *n*
arkëtoj kassieren
arkëz-a Kästchen *n*
arkimandrit-i, *pl.* -ë-t *rel.* Archimandrit *m*
arkipelag-u, *pl.* -ë-t Archipel *m*, Inselgruppe *f*
arkitekt-i, *pl.* -ë-t Architekt *m*
arkitektonik, -e architektonisch, Architektur-
arkitektur|ë, -a Architektur *f*, Baukunst *f*
arkitektural, -e = **arkitekturor**, -e Architektur-
arkitra-u, *pl.* -rë-t Architrav *m*
arkiv-i, *pl.* -a-t Archiv *n*

arkival, -e = **arkivor**, -e Archiv-
arkivist-i Archivar *m*
arkivoj archivieren
arkivol-i, *pl.* -e-t Sarg *m*
arkond-i, *pl.* -ë-t *hist.* Archont *m; in byzantin. Zeit* Feudalherr *m*
Arktik-u Arktis *f*
armates|ë, -a Armierung *f*
armat|ë, -a Armee *f*
armatim-i Rüstungsgegenstand *m*, Bewaffnung *f*
armator-i, *pl.* -ë-t Reeder *m*, Schiffs:eigner *m;* Armierungs:arbeiter *m*
armatos bewaffnen
armatosj|e, -a Bewaffnung *f*
armé-ja Sauerkohl *m*, Essiggemüse *n*
armen, -e armenisch
Armén-i = Armenas-i Armenier *m*
Armení-a Armenien
arm|ë, -a Waffe *f*
armëpunues-i Waffenschmied *m*
armëpushim-i Waffenstillstand *m*
armik, -e feindlich, feindselig; **elementë armiq** feindliche Elemente *in der Bevölkerung*
armik-u Feind *m*, Gegner *m*
armiqësí-a Feindschaft *f*
armiqësisht ⟨*adv*⟩ feindselig
armiqësor, -e feindlich, feindselig
arnaut-i, *pl.* -ë-t *veralt., hist.* Arnaut *m*, Albaner *m*
arnoj flicken
arom|ë, -a Aroma *n*, Wohlgeruch *m*
aromatik, -e aromatisch
arpunues-i Silberschmied *m;* Goldschmied *m*
arsej *e/ye* unterrichten, unterweisen, lehren
arsenal-i, *pl.* -e-t Arsenal *n*, Zeughaus *n*
arsenik-u *chem.* Arsen *n*
arsim-i Erziehung *f*, Erziehungswesen *n*, Unterricht *m*, Bildungswesen *n*
arsimdashës-i Wissensdurstiger *m*, Bildungshungriger *m*
arsimoj lehren, unterrichten
arsimor, -e Erziehungs-
arsimtar-i Erzieher *m*, Pädagoge *m*, Lehrer *m*
arsye-ja Grund *m*, Ursache *f*, Vernunft *f; jur.* triftiger Grund *m;* Argument *n;* **~ e qenies** Daseinsberechtigung *f;* **~ madhore** *jur.* höhere Gewalt *f;* **arsyeja nuk qëndron** das trifft nicht zu
arsyesh|ëm, -me, i/e vernünftig, triftig
arsyetim-i *phi.* Urteilen *n*
arsyetoj *phi.* urteilen
art-i, *pl.* -e-t Kunst *f*
artdashës, -e kunstbeflissen, kunstliebend
artë, i/e golden
arteri|e, -a *med.* Arterie *f*
arterioskleroz|ë, -a *med.* Arteriosklerose *f*, Verkalkung *f*
artezian, -e artesisch; **pus artezian** artesischer Brunnen *m*
artí-ri, *pl.* -nj-të *bot.* Eiche *f*
artificial, -e künstlich, artifiziell; **frymëmarrje artificiale** künstliche Beatmung *f;* **mbarsje artificiale** künstliche Befruchtung *f*
artíku|ll-i, *pl.* -j-t Artikel *m*, Eintrag *m im Lexikon*

artilerí-a Artillerie *f*
artiljer-i, *pl.* -ë-t Artillerist *m*
artisht|ë, -a Eichenhain *m*, Eichenwald *m*
artist-i Künstler *m*, Schauspieler *m*, Artist *m*
artistik, -e künstlerisch
artizanal, -e handwerklich
artizanat-i, *pl.* -e-t Handwerk *n*
artrit-i *med.* Arthritis *f*, Gelenkrheumatismus *m*
arturin|ë, -a Goldsachen *f pl.*
arumanisht ⟨*adv*⟩ aromunisch, kutzovlachisch; **arumun**, -e aromunisch, kutzovlachisch
arush|ë, -a Bärin *f*
arushk|ë, -a Bärchen *n*, Bärlein *n*
arzuhall-i, *pl.* -e-t *veralt.* Eingabe *f*, Gesuch *n*
arratí-a Flucht *f*; **marr arratinë** die Flucht ergreifen
arratis vertreiben
arratisem fliehen
arratisj|e, -a Flucht *f*
arratisur-i, i Flüchtling *m*
arr|ë, -a Nuss *f*, Walnuss *f*; Nussbaum *m*; ~ **fyl** taube Nuss; **lëvozhgë arre** Nussschale *f*
arrest-i Arrest *m*
arrestim-i Verhaftung *f*
arrestoj verhaften, fest/nehmen, arrestieren
arrëz-a Halswirbel *m*, Genick *n*; **thefsh arrëzën** du sollst dir den Hals brechen
arri|j, *-ta*, *-tur* ankommen, eintreffen; *Ziel* erreichen, *Zweck* erfüllen
arrisht|ë, -a Nussbaumhain *m*
arritj|e, -a Ankunft *f*; Errungenschaft *f*
arrivist-i = karrierist-i Streber *m*
arroganc|ë, -a Arroganz *f*, Anmaßung *f*
arrogant, -e arrogant, anmaßend
as auch nicht, nicht einmal; **as ... as** weder ... noch
as-i, *pl.* -e-t *Spielkarte* As *n*; *pl.* -ë-t Könner *m*; ~ **i skuadrës së futbollit** Fußball-As
asaj dite an jenem Tage
asamblé-ja Versammlung *f*; ~ **kushtetuese** verfassunggebende Versammlung *f*
asbest-i Asbest *n*
asfalt-i Asphalt *m*, Bitumen *n*
asfaltoj asphaltieren
asfare = aspak
asfiksí-a Erstickung *f*, *med.* Asphyxie *f*, Atemnot *f*
asgjë nichts; **asgjëkafshë** gar nichts
asgjëkundi ⟨*adv*⟩ nirgends
asgjëmángut trotzdem, nichtsdestoweniger
asgjësí-a das Nichts *n*; Nichtigkeit *f*
asgjësim-i Vernichtung *f*
asgjësoj vernichten
asgjësh|ëm, -me, i/e nichtig, unerheblich
asigmatik, -e asigmatisch
asimetrí-a Asymmetrie *f*
asimetrik, -e asymmetrisch
asimilim-i Assimilierung *f*, Angleichung *f*
asimiloj assimilieren, anpassen
asindet-i *spr.* Asyndeton *n*
asirian, -e assyrisch

asisoj derartig; **asisoj njerëzish** derartige Leute
asistent-i, *pl.* -ë-t Assistent *m*
asket-i, *pl.* -ë-t Asket *m*
asketiz|ëm, -mi Asketismus *m*
askund nirgends, nirgendwo
askurrë niemals, nie
askush niemand
asllan-i, *pl.* -ë-t *veralt.* Löwe *m*, Leu *m*
asnjanës, -e neutral
asnjanësim-i Neutralisierung *f*
asnjanësoj neutralisieren
asnjëherë ⟨*adv*⟩ niemals, nie
asnjër|i, -a = asnjerí-u niemand, keiner
asociacion-i Assoziierung *f*, Assoziation *f*; **ngjall asociacione** Assoziationen hervorrufen
asohere = **asokohe** damals
asonanc|ë, -a *spr.* Assonanz *f*
asortiment-i Sortiment *n*
asp|ër, -ra, *pl.* -ra-t *osman. Münze* Akçe, Asper *m*
aspak ⟨*adv*⟩ keineswegs
aspekt-i, *pl.* -e-t Aspekt *m*, Ausschnitt *m*
aspirant-i, *pl.* -ë-t Feldwebel *m*; junger Wissenschaftler *m*; Aspirant *m*
aspirat|ë, -a Bestrebung *f*
aspirin|ë, -a Aspirin *n*
aspiroj begehren, bezwecken
asqer-i, *pl.* -ë-t *veralt.* Soldat *m*
astar-i, *pl.* -ë-t Futter *n im Kleid*; Vorsatzblatt *n*
asterisk-u Sternchen *n*
astm|ë, -a *med.* Asthma *n*; ~ **bronkiale** *med.* Bronchialasthma
astrit-i, *pl.* -ë-t gelbe Schlange *f*; Held *m*
astrolog-u, *pl.* -ë-t Astrologe *m*
astrologjí-a Astrologie *f*
astronaut-i, *pl.* -ë-t Astronaut *m*, Raumfahrer *m*
astronautik|ë, -a Raumfahrt *f*
astronom-i, *pl.* -ë-t Astronom *m*
astronomí-a Astronomie *f*
astronomik, -e astronomisch
ash|ër, -ra, *pl.* -ra-t Schindel *f*; *bot.* Wildkastanie *f*, Kastanie *f*
ashensor-i, *pl.* -ë-t Aufzug *m*; **ashensorist**-i Liftboy *m*, Fahrstuhlführer *m*
ashëroj *Holz* hacken; *Dach* mit Schindeln decken
ashik-u, *pl.* -ë-t Liebhaber *m*; Lüstling *m*
ashiqare ⟨*adv*⟩ offen, öffentlich; **doli** ~ es kam heraus
ashk-u Begierde *f*, Hitze *f*; **në ashkun e punës** *fig.* in der Hitze des Gefechts; **e puthi me ashk** er küsste sie feurig
ashk|ël, -la, *pl.* -la-t Span *m*; **ashkla druri** Holzspäne *m pl.*
ashpër, i/e hart, rau; herb, scharf
ashpëroj verhärten, aufrauen
ashpërsí-a Härte *f*, Rauheit *f*
ashpërsim-i Verschärfung *f*
ashpërsoj verschärfen, verschlimmern
asht-i, *pl.* eshtra-t Knochen *m*
asht|ë, -a *bot.* Buchenhain *m*, Buchenwald *m*
ashtú so; **makar le të jetë edhe ~!** mag es wenigstens so sein! **ashtú-ashtú, ashtú-kështú** so lala
ashtuqúajtur, i/e so genannt

ashúr|e, -ja süße Grütze *f als Nachtisch*
at-i, *pl.* -llarë-t *veralt.* Pferd *n,* Ross *n*
at|ë, -i, *pl.* étër-it Vater *m;* **i ati** sein/ihr Vater
atá *m. Pl.* sie
atak u *med.* Anfall *m;* ~ **në zemër** Herzanfall *m*
atashé-u, *pl.* -të Attaché *m*
atashoj *fig.* anbinden
atdhé-u Vaterland *n,* Heimat *f*
atdhedashj|e, -ja = **atdhedashurí**-a Vaterlandsliebe *f*
atdhetar-i Patriot *m,* Landsmann *m*
atdhetarí-a Vaterlandsliebe *f,* Patriotismus *m*
atelié-ja Atelier *n,* Künstlerwerkstatt *f*
atentat-i, *pl.* -e-t Attentat *n,* Anschlag *m*
atentator-i Attentäter *m*
atestoj attestieren, bescheinigen
atëherë = atëbotë dann, damals; in dem Fall
atëhersh|ëm, -me, i/e damalig
atëror, -e = atësor, -e väterlich, Vater-; **kujdes atëror** *jur.* väterliche Fürsorge *f;* **shtëpia atërore** Vaterhaus *n*
atësí-a Vatersname *m*
atëvrasës-i Vatermörder *m;* **atëvrasj|e**, -a Vatermord *m*
Atik|ë, -a Attika
atillë, i/e solch, so ein
atjé dort
atjésh|ëm, -me, i/e dortig
atlas-i Atlas *m*
atlet-i Leichtathlet *m*
atlet|e, -ja Leichtathletin *f;* **atlete-t** Sportschuhe *m pl.,* Turnschuhe *m pl.*
atletik, -e leichtathletisch
atletik|ë, -a Leichtathletik *f*
atllas-i, *pl.* -e-t Kunstseide *f,* Atlas *m*
atllastë, i/e Atlas-
atm|e, -ja *poet.* Vaterland *n*
atmosfer|ë, -a Atmosphäre *f,* Atü
atmosferik, -e atmosphärisch
ató *f Pl.* sie, jene
atom-i, *pl.* -e-t Atom *n*
atomik, -e Atom-, atomar; **bërthamë atomike** Atomkern *m;* **ombrellë atomike** Atomschild *m*
aton, -e *spr.* unbetont, tieftonig
atribut-i, *pl.* -e-t Attribut *n*
atrofí-a *med.* Atrophie *f,* Zellschwund *m*
aty dort, da; **aty për aty** sofort, auf der Stelle
aty-këtú hier und da, gelegentlich
atypëratysh|ëm, -me, i/e sofortig, postwendend
atysh|ëm, -me, i/e dortig
athem steif werden, gefühllos werden; **m'u athën duart** mir sind die Hände wie abgestorben
athët, i/e sauer, scharf
athëtoj säuern; **ma athëtojnë gojën kumbullat** die Pflaumen ziehen mir den Mund zusammen
Athínas-i Athener *m*
Athin|ë, -a *ON* Athen
athúa etwa; **athua e bëre?** hast du es etwa gemacht?
audienc|ë, -a Audienz *f,* Empfang *m*
auditor-i, *pl.* -e-t Hörsaal *m,* Auditorium *n*
aureol|ë, -a Aureole *f,* Glanz *m*

auror|ë, -a Aurora, Morgenröte *f;* **~ polare, ~ boreale** Nordlicht *n*
Australí-a Australien; **australian**-i, *pl.* -ë-t Australier
Austrí-a Österreich; **austriak**, -e österreichisch
austriak-u, *pl.* -ë-t Österreicher *m*
Austro-Hungarí-a Österreich-Ungarn
autarkí-a *ök.* Autarkie *f*
autentik, -e authentisch, echt
autoambulanc|ë, -a Krankenwagen *m*
autobiografí-a Autobiographie *f,* Lebenserinnerungen *Pl.*
autoblind|ë, -a Panzerwagen *m*
autobot-i, *pl.* -e-t *Lkw* Tankwagen *m*
autobus-i, *pl.* -ë-t Autobus *m,* Bus *m,* Omnibus *m*
autodidakt, -e autodidaktisch
autogol-i, *pl.* -a-t *spo.* Eigentor *n beim Fußball*
autograf-i, *pl.* -e-t Autograph, Handschrift *f;* Autogramm *n;* **ekzemplar me autograf** signiertes Stück *n*
autoinspektorat-i Verkehrsaufsichtsbehörde *f,* TÜV *m,* Kfz-Amt *n*
autokinemá-ja Kino-Wagen *m,* Vorführwagen für Filme *m*
autokombajn|ë, -a selbstfahrender Mähdrescher *m*
autokrací-a Autokratie *f,* Selbstherrschaft *f*
autokratik, -e autokratisch
autokritik|ë, -a Selbstkritik *f*
autokton, -e autochthon
autoktoní-a Autochthonie *f*
automat-i, *pl.* -ë-t Automat *m;* **~ parkimi** Parkuhr *f*
automatik, -e automatisch
automatik-u, *pl.* -ë-t Schnellfeuergewehr *n;* **~ i frenave** Brems:automatik *f*
automatizoj automatisieren
automjet-i Fahrzeug *n,* Kraftfahrzeug *n*
automobil-i, *pl.* -a-t Auto *n,* Automobil *n,* Kraftfahrzeug *n,* Wagen *m*
automobilist-i Kraftfahrer *m,* Autofahrer *m*
automobilistik, -e Auto-; **rrugë automobilistike** Autostraße *f,* befahrbare Straße *f*
autonomí-a Autonomie *f*
autoofiçin|ë, -a Werkstatt-Auto *n,* fahrbare Werkstatt *f*
autopar|k-u, *pl.* -qe-t Kraftfahrzeugpark *m,* Fuhrpark *m*
autoportret-i, *pl.* -e-t Selbstporträt *n*
autoqefal, -e *rel.* autokephal, selbstständig; **kishë autoqefale** autokephale Kirche *f*
autor-i, *pl.* -ë-t Autor *m,* Verfasser *m,* Urheber *m;* **e drejtë e autorit** Urheberrecht *n*
autorësí-a Autorschaft *f*
autoritar, -e autoritär; **ton autoritar** autoritärer Ton *m*
autoritativ, -e respektiert, autoritativ
autoritet-i Autorität *f*
autoritetsh|ëm, -me, i/e autoritativ, mit Autorität versehen
autorizim-i Autorisierung *f,* Erlaubnis *f*
autorizoj autorisieren, bevollmächtigen
autostrad|ë, -a Autobahn *f,* Schnellstraße *f*
autotransport-i Kraftverkehr *m,* Auto-

transport *m*, Kfz-Transportwesen *n*
autovetur|ë, -a Personenkraftwagen *m*, Pkw *m*
autovinç-i, *pl.* -a-t Wagenwinde *f*, Abschleppwagen *m*
autsajder-i *spo.* Außenseiter *m*
avantazh-i, *pl.* -e-t Vorteil *m*
avarí-a Transportschaden *m*, Defekt *m*, Havarie *f*, Panne *f*
avash ⟨*adv*⟩ langsam, gemächlich
avashllëk-u *veralt.* Lahmheit *f*, Langsamkeit *f*, Trägheit *f*
avaz-i Weise *f*, Kehrreim *f*, Refrain *m*, Lied *n*; **avazi i ujkut me qengjin** die Geschichte vom Wolf und dem Lamm
avdall, -e klobig, grob, ungeschlacht
avdes-i *rel.* Abdest, rituelle Waschung *f*
aventur|ë, -a Abenteuer *n*
aventurier-i, *pl.* -ë-t Abenteurer *m*
aventuriz|ëm, -mi Abenteurertum *n*
av|ër, *pl.* -ra-t Brache *f*, Brachland *n*
aviacion-i Luftfahrt *f*
aviator-i, *pl.* -ë-t Flieger *m*
avion-i, *pl.* -ë-t Flugzeug *n*; **~ fluturon** das Flugzeug fliegt; **~ i linjës** Linienmaschine *f*; **~ i pajtuar** Chartermaschine *f*; **~ reaktiv** Düsenflugzeug *n*; **me avion** per Luftfracht *f*
avlëmend-i, *pl.* -e-t Webrahmen *m*, Webstuhl *m*, Handwebstuhl *m*
avokat-i, *pl.* -ë-t Rechtsanwalt *m*, Advokat *m*
ávu|ll-i, *pl.* -j-t Dampf *m*; Hitze *f*
avullor|e, -ja Dampfer *m*, Dampfschiff *n*
avullues-i *tech.* Vergaser *m*
axh|ë, -a Onkel *m*, Bruder des Vaters
axhamí unreif, kindisch
axhamillë|k-u, *pl.* -qe-t *veralt.* Kinderei *f*, Kinderkram *m*
axhelé-ja *veralt.* Eile *f*; **kam axhele** ich bin in Eile
azhurnoj aufschieben; up-to-date bringen, anpassen, nachtragen
Azí-a Asien; **~ e Vogël** Kleinasien
aziatik, -e asiatisch
azil-i, *pl.* -e-t Altersheim *n*, Seniorenheim *n*
azot-i *chem.* Stickstoff *m*

B

babá-i, *pl.* -llarë-t Vater *m*, Papa *m*; Klostervorsteher *m*; **~ dovleti** Vater Staat; **i ndjeri baba** sein Vater selig
babagjysh-i, *pl.* -ër-it = **babamadh**-i Opa *m*, Großvater *m*
babanac|e, -ja Maisbrot *n*
babaxhan-i, *pl.* -ë-t Bursche *m*, guter Kerl *m*; Draufgänger *m*
babazot-i Großvater *m*; Oberhaupt einer Sippe *m*
bab|ë, -a *m* Vater *m*, Papa *m*
babëzitem verfressen sein, Heißhunger haben
babi Papi *m*, Vati *m*
babilonas, -e babylonisch
bac|ë, -a Papa *Anrede*, Onkel *m*,

Bruder *m*

bacil-i, *pl.* -e-t Bazillus *m*

bad|ër, -ra, *pl.* -ra-t *bot.* Schwertlilie *f*, Asphodelus

Baden-Vyrtenberg-u Baden-Württemberg

badihavá ⟨*adv*⟩ umsonst, gratis; vergeblich

bagazh-i, *pl.* -e-t Gepäck *n*

bagëtí-a Vieh *n*, Herde *f*

bahç|e, -ja Garten *m*, Gärtlein *n*

bahçevan-i, *pl.* -ë-t Gärtner *m*

bajam|e, -ja *bot.* Mandel *f*

bajamisht|ë, -a Mandelhain *m*, Mandelbaumpflanzung *f*

bajat, -e altbacken, abgestanden; unmodern; **muzikë bajate** aus der Mode gekommene Musik

baj|ë, -a *zoo.* Wild:ente *f*

bajg|ë, -a Mist *m*, Dung *m*

bajonet|ë, -a Bajonett *n*

bajrak-u, *pl.* -ë-t Banner *n*; **bajraktar**-i Bannerherr *m*, Fähnrich *m*; Stammesführer *m*

bajram-i *rel.* Bayram

bak|all-i, *pl.* -éj-të, -áj-të Krämer *m*, Einzelhändler *m*

bakalaro-ja Kabeljau *m*, Stockfisch *m*

bakelit-i Bakelit *n*, Kunststoff *m*

bakëm-i, *pl.* -e-t *bot.* Blauholzbaum *m*, Haematoxylon campechianum

bak|ër, -ri Kupfer *n*

bakëre-t *f pl.* Kupfersachen *f pl.*, Kupfertöpfe *m pl.*

bakëroj verkupfern, mit Kupfer überziehen

bakërpunues-i Kupferschmied *m*

bakllavá-ja Nuss-Blätterteig *m*, Baklava

bakshish-i, *pl.* -e-t *veralt.* Trinkgeld *n*, Almosen *n*

bakter-i, *pl.* -e-t Bakterium *n*

balad|ë, -a Ballade *f*

balanc|ë, -a Waage *f*, Gleichgewicht *n*

balancoj bilanzieren, ausgleichen; *tech.* auswuchten

balast-i Ballast *m*

Balaton-i Plattensee *m*

balçik-u, *pl.* -ë-t Nasenring *m für Tiere*

baldos|ë, -a *zoo.* Dachs *m*

balen|ë, -a *zoo.* Wal *m*

balest|ër, *pl.* -ra-t *tech.* Feder *f*, Federung *f*

balet-i, *pl.* -e-t Ballett *n*

baletmaest|ër, -ri, *pl.* -ra-t Ballettmeister *m*

balistik, -e ballistisch

balo-ja, *pl.* -t weißer Ochse *m*, weißer Hund *m*

balon|ë, -a Ballon *m*

balsam-i, *pl.* -e-t Balsam *m*

balsamoj einbalsamieren, mumifizieren

baltak, -e dreckig, schlammig

balt|ë, -a, *pl.* -ëra-t Schlamm *m*; Dreck *m*, Schmutz *m*, Ton *m*, Erde *f*; **lë në ~** im Stich lassen; **cirkoj me ~** mit Dreck bespritzen

baltërt, i/e tönern, Ton-

Baltik-u Ostsee *f*; Baltikum *n*

balturin|ë, -a Tonwaren *f pl.*, Dreckklumpen *m*

ballafaqim-i Gegenüberstellung *f*

ballafaqoj gegenüberstellen

ball|ë, -i, *pl.* -ë-t Stirn *f*, Front *f*;

Vorderseite *f,* Anfang *m;* Ballen *m,* Pack *m;* **Balli Kombëtar** Nationale Front; **bëj ~** Widerstand leisten
ballës-i Hand:rücken *m*
ballëtar-i Anführer *m*
ballin|ë, -a Fassade *f,* Vorderseite *f,* Frontseite *f;* Titelblatt *n;* Frontispiz *n,* Titelbild *n*
Ballkan-i Balkan *m*
ballkànas, -e = **ballkanik**, -e balkanisch, Balkan-
ballkanist-i, *pl.* -ë-t Balkanist *m,* Balkanologe *m*
ballkaniz|ëm, -mi Balkanismus *m*
ballkanolog-u, *pl.* -ë-t Balkanologe *m*
ballkanologjí-a Balkanologie *f*
ballkanologjik, -e balkanologisch
ballkon-i, *pl.* -ë-t Balkon *m*
bállo-ja, *pl.* -t Ball *m;* Tanz *m,* Gesellschaftstanz *m;* **ballo me maska** Maskenball *m;* **fustan balloje** Ballkleid *n*
balluke-t Fransenhaarschnitt *m,* Pony-Frisur *f*
bam *Int.* peng, bums
bambú-ja *bot.* Bambus
bamirës, -e wohltätig
bamirës-i Wohltäter *m*
bamirësí-a Wohltätigkeit *f*
bamj|e, -a Okra, Bamya, Eibisch *m*
banak-u Theke *f,* Tresen *m,* Schanktisch *m;* **nën banak** *fig.* unter der Hand
banak-u Tischlerbank *f,* Hobelbank *f*
banakier|e, -ja Schankfrau *f,* Thekenbedienung *f*
banal,-e banal, gewöhnlich
banalitet-i Banalität *f*
banan|e, -ia *bot.* Banane *f*
bandazh-i, *pl.* -e-t Bandage *f,* Verband *m,* Verbandszeug *n*
banderol|ë, -a, *pl.* -a-t Banderole *f*
band|ë, -a Bande *f; mus.* Band *f; med.* Verband *m,* Binde *f*
bandit-i, *pl.* -ë-t Bandit *m*
banditiz|ëm, -mi Banditentum *n;* **lufta kundër banditizmit** der Kampf gegen das organisierte Verbrechen
banes|ë, -a Wohnhaus *n,* Wohnung *f*
banim-i Wohnsitz *m;* das Wohnen *n;* **banim i përhershëm** ständiger Wohnsitz
bankar, -e Bank-; **kapitali ~** Bankkapital *n*
banket-i, *pl.* -e-t Bankett *n,* Fest:essen *n;* **~ lamtumire** Abschieds:essen *n;* **~ i pritjes** Empfangsbankett *n*
bank|ë, -a, *pl.* -a-t Bank *f,* Sitzbank *f;* **bankë depozitimi** Depositenbank *f;* **~ pune** Geschäftsbank *f;* Werkbank *f*
bankënot|ë, -a Banknote *f,* Geldschein *m*
bankëprov|ë, -a Prüftisch *m*
bankier-i, *pl.* -ë-t Bankier *m*
bankin|ë, -a *naut.* Kai *m*
bankrut|ë, -a Bankrott *m*
banoj wohnen; **banojmë derazi** wir wohnen nebeneinander
banor-i, *pl.* -ë-t Einwohner *m,* Bewohner *m*
banuar, i/e bewohnt, bewohnbar
banuesh|ëm, -me, i/e bewohnbar
banj|ë, -a Bad *n,* Badezimmer *n,*

Toilette *f;* Waschraum *m;* **mbathje banje** Badehose *f;* ~ **dielli** Sonnenbad *n;* ~ **me ujë mineral** Mineralbad *n;* ~ **publike** Freibad *n,* öffentliches Bad *n;* **brekë banje** Badehose *f;* **kostum banje** Bade:anzug *m;* **mantel banje** Bademantel *m;* **qendër banjash** Badeort *m,* Kur:ort *m;* **rrobë banje** Badeanzug *m;* **vaska e banjës** Badewanne *f*

banjor|e, -ja Badezimmer *n*

baqth-i, *pl.* -e-t Unterleib *m,* Unterbauch *m*

bar-i Bar *f;* **bar-lulishte** Biergarten *m,* Gartencafé *n,* Gartenbar *f*

bar-i, *pl.* -ëra-t Gras *n;* **bar**-na-t *f pl.* Heilkräuter *Pl.,* Medizin *f*

barabar ⟨*adv*⟩ gleich; **doli** ~ er erwies sich als gleich; **barabartë**, i/e gleich

barak|ë, -a Baracke *f*

baras = **bárazi** ⟨*adv*⟩ **gleich**

barasn|atë, -ata, *pl.* -et-ët Tag- und Nachtgleiche *21. 3. und 21. 9.*

baraspesh|ë, -a Gleichgewicht *n*

barasrrokësh, -e gleichsilbig, isosyllabisch

barasvlerës, -e gleichwertig, äquivalent

báraz ⟨*adv*⟩ gleich

barazí-a Gleichheit *f*

barazim-i Gleichheit *f;* Gleichung *f; spo.* Gleichstand *m;* **shenjë e barazimit** Gleichheitszeichen *n*

barazoj gleichmachen; *spo.* Unentschieden erzielen, ausgleichen; gleichstellen

barbar, -e barbarisch

barbar-i, *pl.* -ë-t Barbar *m*

barbarí-a Barbarei *f*

barbariz|ëm, -mi Barbarismus *m*

barbaroz|ë, -a *bot.* Geranie *f*

barbu|n-i, *pl.* -nj-të *zoo.* Seebarbe

barcelet|ë, -a Witz *m*

barçjot, -e aus Barç

bardhas, -e aus Bardhaj

bardhë, i/e weiß; ~ **si biluri** weiß wie Schnee; ~ **si qefin** weiß wie die Wand; **qyteti ka veshur qyrkun e bardhë** die Stadt trägt ihr Winterkleid

bardhësí-a Weiße *f,* weiße Farbe *f*

barel|ë, -a Bahre *f,* Tragbahre *f*

barí-u, *pl.* -nj-të Hirt *m,* Schafhirt *m;* ~ **shtegtar** Wanderschäfer *m*

barisht|e, -ja Grünzeug *n,* Gemüse *n;* Grün *n,* Pflanzen *f pl.;* **supë me barishte** Gemüsesuppe *f*

barishtor, -e pflanzlich

barium-i *chem.* Barium *n*

bar|k-u, *pl.* -qe-t Bauch *m,* Inneres *n;* **të çjerr barkun** das hältst du nicht aus

barkapóshtas = bárkas bäuchlings, auf dem Bauch

bárkas ⟨*adv*⟩ bäuchlings, auf allen Vieren

barkbosh, -e mit leerem Bauch

bark|ë, -a Boot; ~ **me vela** Segelboot *n;* ~ **shpëtimi** Rettungsboot *n*

barkkeq, -e bösartig

barkngopur vollgefressen

barkor|e, -ja Wollschürze *f;* Leibchen *n*

barkplot, -e mit vollem Bauch

barkthatë hungrig, arm

barna-t Heilkräuter *n pl.,* Kräuter *n pl.,* Medizin *f*

barnator|**e**, -ja Drogerie *f*, Apotheke *f*; ~ **bujqësore** Verkaufsstelle für Landwirtschaftschemie
baromet|**ër**, -ri Barometer *n*
baron-i, *pl.* -ë-t Baron *m*, Freiherr *m*
baronesh|**ë**, -a Baronesse *f*, Freifrau *f*
bart tragen; transportieren; **bartem** umziehen
bartur, i/e *spr.* übertragen
barut-i, *pl.* -e-t Pulver *n*, Schießpulver *n*; **fuçi me** ~ Pulverfass *n*
barr|**ë**, -a Last *f*; Menge *f*; Schwangerschaft *f*; **me barrë** schwanger
barrikad|**ë**, -a Barrikade *f*
barrsë trächtig
bas-i, *pl.* -ë-t *mus.* Bass *m*
basamak-u, *pl.* -ë-t Treppengeländer *n*; Randstein *m*, Bordstein *m*
bask, -e baskisch
basketboll-i Basketball *m*, Korbball *m*
basketbollist-i Basketballspieler *m*
baskisht|**e**, -ja baskische Sprache *f*
basm|**ë**, -a Kattun *m*, Baumwollstoff *m*
basoreliev-i, *pl.* -e-t Basrelief *n*
bast-i, *pl.* -e-t Wette *f*; **vë bast** wetten
bastard-i, *pl.* -ë-t Bastard *m*, Mischling *m*; Bankert *m*
bastardoj kreuzen
bastis durchsuchen, filzen
bastor|**e**, -ja Wettbüro *n*
bastun-i, *pl.* -ë-t Spazierstock *m*
bash ⟨*adv*⟩ genau, deshalb
bash-i, *pl.* -e-t *naut.* Bug *m*
bashibozuk-u, *pl.* -ë-t Bandit *m*
bashkangjitur, i/e angefügt, beigefügt
bashkatdhetar-i Landsmann *m*, Mitbürger *m*
bashkautor-i Koautor *m*, Mitverfasser *m*
bashkekzistenc|**ë**, -a Koexistenz *f*
bashkekzistoj koexistieren
bashkë ⟨*adv*⟩ zusammen, gemeinsam; **së bashku** gemeinschaftlich
bashkë- mit-, ko-, zusammen-; ~**banim**-i Wohngemeinschaft *f*; ~ **bisedim**-i Gespräch *n*, Unterhaltung *f*, Unterredung *f*; ~**bisedues**-i Gesprächspartner *m*; ~**gjegjësí**-a Entsprechung *f*; ~**gjegjësí fonetike** lautliche Übereinstimmung *f*; ~**jetes**|**ë**, -a das Zusammenleben *n*; Koexistenz *f*; ~**jetoj** zusammenleben, koexistieren; ~**kohës**, -e zeitgenössisch; **burime** ~**kohëse** zeitgenössische Quellen *f pl.*; ~**lidhj**|**e**, -a Korrelation *f*; ~**luftëtar**-i Mitkämpfer *m*, Mitstreiter *m*
bashkëngjis *s/t* anfügen, beifügen
bashkënxënës-i Mitschüler *m*
bashkëpajtim-i Übereinstimmung *f*, *spr.* Konkordanz *f*
bashkëpërkim-i Übereinstimmung *f*, Gemeinsamkeit *f*
bashkëpronar-i Mitbesitzer *m*, Miteigentümer *m*
bashkëpunëtor-i *jur.* Mitarbeiter *m*, Mittäter *m*
bashkëpunim-i Zusammenwirken *n*, Kollaboration *f*, *jur.* Mittäterschaft *f*; Zusammenarbeit *f*; ~ **i frytshëm** fruchtbare Zusammenarbeit *f*
bashkëqendror, -e konzentrisch
bashkëqytetar-i Mitbürger *m*
bashkëreferat-i, *pl.* -e-t Korreferat *n*

bashkërenditj|e, -a Koordination *f*, Beiordnung *f*

bashkërenditur, i/e *spr.* parataktisch, beigeordnet, koordiniert

bashkërendoj = **bashkërendit** *s/t* beiordnen

bashkërí-a Gemeinsamkeit *f*, Übereinstimmung *f*

bashkërisht ⟨*adv*⟩ gemeinsam

bashkësí-a Gemeinschaft; Vereinigung *f*, Verband *m*, Gemeinsamkeit *f*; **~ gjinore** Gentilgemeinschaft *f*; **bashkësia ndërkombetare** die internationale Gemeinschaft; **Bashkësia Islame** die Islamische Gemeinschaft *Körperschaft*

bashkëshort-i, *pl.* -ë-t Ehegatte *m*, Gemahl *m*, Ehemann *m*

bashkëshort|e, -ja Ehefrau *f*, Gemahlin *f*, Gattin *f*

bashkëshortësí-a Ehe *f*, eheliche Gemeinschaft *f*

bashkëshortor, -e ehelich

bashkëtingëllor, -e konsonantisch

bashkëtingëllor|e, -ja Konsonant *m*, Mitlaut *m*; **~ anësore** *spr.* Lateral; **~ buzëdhëmbore** Labiodental *m*; **~ buzoprapaqiellzore** *spr.* Labiovelar *m*; **~ buzore** Labial *m*; **~ dridhëse** *spr.* Vibrant; **~ dybuzore** *spr.* Bilabial; **~ dhëmbore** *spr.* Dental *m*, Zahnlaut *m*; **~ e lëngët** *spr.* Liquida, liquider Konsonant *m*; **~ e zhurmët** *spr.* Geräuschlaut; **~ fërkimore** *spr.* Frikativ *m*, Reibelaut *m*; **~ fishkëllore** *spr.* Sibilant *m*, Zischlaut *m*; **~ grykore** *spr.* Guttural *m*, Velar *m*; **~ hundore** *spr.* Nasal *m*; **~ mbidhëmbore** *spr.* Supradental *m*; **~ mbylltore** *spr.* Verschlusslaut *m*, Klusil *m*, Okklusiv *m*; **~ ndërdhëmbore** *spr.* Interdental *m*

bashkëvarësí-a Interdependenz *f*

bashkëveprim-i Kooperation *f*, Zusammenwirkung *f*, Interdependenz *f*

bashkëveproj in Interdependenz stehen

bashkí-a *veralt.* Gemeinde *f*, Kommune *f*

bashkim-i Verbindung *f*; Vereinigung *f*, Union *f*; *jur.* Zusammenfassung; **~ frazeologjik** phraseologische Verbindung *f*; **~ profesional** Gewerkschaft *f*

bashkoj vereinigen, zusammenschließen, verbinden

bashku, së ~ gemeinsam, zusammen

bashkudhëtar-i, *pl.* -ë-t Weggenosse *m*, Weggefährte *m*

bashtin|ë, -a Erbhof *m*, Erbbesitz *m*

bat-i, *pl.* -a-t Vogelfalle *f*

batak-u, *pl.* -ë-t Sumpf *m*, Morast *m*

batakçí-u, *pl.* -nj-të Gauner *m*, Lump *m*

batalion-i, *pl.* -e-t *mil.* Bataillon *n*

batall, -e unbrauchbar, gammelig

batallohem gammeln; verkommen

batanij|e, -a Decke *f*

baterí-a *tech.* Batterie *f*

batërdí-a Lärm *m*, Radau *m*

batërdis = **batis** ruinieren, kaputt machen

batiskaf-i, *pl.* -ë-t Tauchboot *n*

bath|ë, -a, *pl.* -ë-t *bot.* Saubohne *f*

bathor|e, -ja Bohnenfeld *n*; dicke Bohne *f*

baull|e, -ja *veralt.* Seekoffer *m*,

Schrankkoffer *m;* Truhe *f,* Kasten *m*
bavarez, -e bayerisch, bayrisch
bavarez-i Bayer *m,* Bajuwar *m*
Bavarí-a Bayern
baxhanak-u, *pl.* -ë-t Schwager *m über die Frauen verschwägert*
baxh|ë, -a Dachluke *f*
baxho-ja Sennerei *f;* Molkerei *f*
baz|ë, -a Basis *f,* Stützpunkt *m;* **organizatë ~** Basis-Organisation *f;* **në ~ të** ⟨+ *G*⟩ wegen, auf Grund von; **~ nyjëtimi** *spr.* Artikulationsbasis *f;* **nocion ~** Grundbegriff *m;* **skedë ~** Zugangsvermerk *m,* Journalzettel *m*
Bazel-i *ON* Basel
bazik, -e *chem.* basisch
bazoj gründen, basieren; **duke u bazuar në** ⟨+ *Akk*⟩ bezugnehmend auf
bazuk|ë, -a Bazooka, Panzerfaust *f*
be-ja Eid *m,* Schwur *m;* **bëj be** schwören, einen Eid leisten; **vë në be** zum Schwur drängen
bebe Baby *n*
bedel-i, *pl.* -ë-t *veralt.* Stellvertreter *m bei Arbeit, Wehrdienst,* Strohmann *m*
beden-i, *pl.* -a-t Zinne *f,* Brustwehr *f;* Stadtmauer *f*
béfas ⟨*adv*⟩ plötzlich, unerwartet
befasoj überraschen, verblüffen, übertölpeln
beftë, i/e unerwartet, plötzlich, spontan
begatí-a Wohlergehen *n,* Wohlstand *m*
begatoj bereichern
begatsh|ëm, -me, i/e reich
begení-a Entgegenkommen *n,* Leutseligkeit *f*
begenisur, i/e jovial, leutselig
beh herein/stürzen, überraschen
behar-i *veralt.* Sommer *m*
be|j, -u, *pl.* -j-ler-ë-t Bey *m,* Grundherr *m,* Landadliger *m*
bejendisur, i/e jovial, leutselig
bejle|g-u, *pl.* -gje-t *veralt.* Duell *n,* Zweikampf *m*
bejleresh|ë, -a *Frau eines Bey,* Hanum *f*
Bejrut-i *ON* Beirut
bejt|e, -ja *veralt.* Vers *f*
bejtexhí-u *veralt.* Dichter *m im oriental. Stil*
bekçí-u, *pl.* -nj-të Feldhüter *m*
bekim-i Segnung *f,* Segen *m*
bekoj segnen, benedeien
bektashí-u, *pl.* -nj-të Bektaschi *m Anhänger des Derwischordens*
bektashian, -e Bektaschi-
bektashiz|ëm, -mi Bektaschismus *m,* Bektaschitum *n*
bel-i Taille *f*
bel-i, *pl.* -a-t dreieckiger Spaten *m*
belá-ja, *pl.* -ra-t Pech *n,* Unglück *n,* Schwierigkeit *f*
belbër ⟨*adv*⟩ stotternd, stammelnd
belbër, i/e stotternd, sprechbehindert
belbëzoj murmeln, stammeln, stottern
beledi|e, -a *veralt.* Bürgermeisterei *f*
belg, -e, **belgjian**, -e belgisch
belg-u, **belgjian**-i Belgier *m*
Belgjik|ë, -a Belgien
belhanxhar-i *veralt.* zweischneidiger Dolch *m*
belhollë schlank, mit schlanker Taille
belicar, -e aus Belica

Beligrad-i *ON* Belgrad
belshak, -e aus Belsh
ben|g-u, *pl.* -gje-t *zoo.* Pirol *m*
bend-i, *pl.* -e-t Mühlenteich *m*
benzin|ë, -a Benzin *n,* Kraftstoff *m*
Beograd-i *ON* Belgrad
beqar, -e ledig, unverheiratet
beqar-i Junggeselle *m*
beratas, -e aus Berat
berber-i, *pl.* -ë-t Barbier *m,* Friseur *m,* Haarschneider *m*
berberhan|ë, -a Barbierstube *f,* Frisiersalon *m*
bereqet-i, *pl.* -e-t *veralt.* Getreide *n;* Nutzen *m,* Segen *m,* Ertrag *m*
beret|ë, -a Mütze *f,* Baskenmütze *f*
berilium-i *chem.* Beryllium *n*
berishas, -e aus Berisha
Bermude-t Bermudas *f Pl.,* Bermuda-Inseln
Bern|ë, -a *ON* Bern
berr-i, *pl.* -a-t Kleinvieh *n Ziege, Schaf*
besa-bes|ë, -a Ehrenwort *n,* Versprechen *n*
bes|ë, -a Glaube *m,* Vertrauen *n;* Urfehde *f,* Versprechen *n*
besëlidhj|e, -a Bund *m,* Bündnis *n;* ~ **e vjetër** *rel.* Altes Testament *n*
besëshkalë wortbrüchig
besëtytë abergläubisch
besëtytní-a = **bestytní**-a Aberglaube *m*
besëthyes, -e treubrüchig
Besian|ë, -a *ON* Podujevo
besim-i Glaube *m,* Konfession *f,* Bekenntnis *n;* Vertrauen *n*
besimtar-i *rel.* Gläubiger *m*
besnik, -e treu, ergeben
besnikërí-a Treue *f,* Ergebenheit *f,* Loyalität *f*
besnikërisht ⟨*adv*⟩ treu, ergeben
besoj glauben, vertrauen; anvertrauen
besuesh|ëm, -me, i/e glaubhaft, glaubwürdig
betej|ë, -a, *pl.* -a-t Schlacht *f,* Gefecht *n*
beter ⟨*adv*⟩ sehr schlecht
betim-i Eid; **dëlir prej betimit** vom Eid entbinden
betohem schwören, Eid leisten
beton-i Beton *m*
betonarmé-ja Eisenbeton *m*
betonoj betonieren
betontë, i/e aus Beton
bezdí-a Verdruss *m,* Unannehmlichkeit *f*
bezdis belästigen, stören; langweilen
bezdissh|ëm, -me, i/e lästig, unangenehm, ärgerlich
bez|e, -ja Baumwollstoff *m*
bezistan-i, *pl.* -e-t *hist.* Bezisten, Bedesten, überdachter Basar *m;* Marktgewölbe *n*
bëhem werden, sich machen; **bëhuni hazër!** macht euch bereit!; ~ **harbi** schäumen vor Wut; ~ **ikonë** blass werden, im Gesicht abmagern; ~ **kaike** schwanken *vor Trunkenheit;* ~ **meit** leichenblass werden; ~ **shkas** verursachen, zum Anlass werden; ~ **tapë** stockbesoffen werden; ~ **verem** sich ärgern; sich langweilen; ~ **zeher** verbittert werden
bë|j, -ra, -rë machen, tun; **athua e bëre?** hast du es etwa gemacht? **bën acar** bitterkalt sein; ~ **ballë**

Widerstand leisten; ~ **be** schwören; ~ **blof** bluffen; ~ **buzën në gaz** lächeln; ~ **çapat e parë** die ersten Schritte machen; ~ **çmos e çnuk** alles Erdenkliche tun; ~ **dushk** Laub als Viehfutter schneiden; ~ **elozhe** lobhudeln; **i** ~ **një favor dikujt** jemand einen Gefallen tun; **s'bën gëk** keinen Ton von sich geben; ~ **grevë** streiken; ~ **gjedhim** eichen; **bëfsh hair!** es möge dir gut gehen!; ~ **jeh** widerhallen; ~ **jetën fli** sein Leben zum Opfer darbringen; ~ **kabull** akzeptieren; ~ **kauzë të përbashkët** gemeinsame Sache machen; ~ **kiametin** lärmen; ~ **kinse fle** sich schlafend stellen; ~ **lëshime** Zugeständnisse machen; ~ **medet** (hajmedet) klagen; ~ **nder** eine Gefälligkeit erweisen; ~ **nijet** beschließen; ~ **nevojën** seine Notdurft verrichten; **më bën keq** es schadet mir; ~ **me një njollë kostumin** einen Fleck auf den Anzug machen; ~ **pjesë në** ⟨+ *Akk*⟩ teil/nehmen; gehören zu; ~ **një proçkë** Fehler machen; ~ **qar** gewinnen; ~ **qeder** schädigen; ~ **një radiografi** röntgen, geröntgt werden; **i** ~ **rixha** jemand um Hilfe bitten; ~ **sehir** gaffen, Maulaffen feilhalten; ~ **shurrë** urinieren, Wasser lassen; ~ **teslim** übergeben; ~ **një vrimë në ujë** nichts aus/richten; ~ **rrapitoll me tokën** nieder/machen; **bën ftohtë** es ist kalt; **i bëj bisht** ⟨+ *Dat*⟩ sich drücken vor; ~ **shiqajet** sich beklagen; ~ **shaká** scherzen, Witze machen; **bën vapë** es ist heiß; ~ **xhan** liebkosen, herzen; ~ **zahmet** sich bemühen; ~ **zarar** beschädigen; ~ **një zhbirim** Nachforschung anstellen; ~ **zhele** zusammen/stauchen, aus/schimpfen, zur Minna machen

bëm|ë, -a Tat *f*, Heldentat *f*

bënjallí-u aus Bënja

bërës-i Täter *m*, Urheber *m*, Autor *m*

bërllok-u Spreu *f*, Abfall *m*; Müll *m*; **mbartje bërllokësh** Müllabfuhr *f*

Bërno-ja *ON* Brünn, Brno

bërtas *a/e/i; s/t* schreien

bërtham|ë, -a Kern *m*; **bërthamë e thënies** Aussagekern *m*; **bërthamë atomike** Atomkern *m*

bërthamor, -e Kern-, nuklear; **nëndetëse bërthamore** Atom-U-Boot *n*; **fizikë bërthamore** Kernphysik *f*

bërxoll|ë, -a Kotelett *n*

bërzeshtanak, -e aus Bërzeshta

bërzhitén, -e aus Bërzhita

bërryl-i, *pl.* -a-t Ellbogen *m*; Kehre *f an Fluss, Straße*

bëzaj rufen; sprechen; **mos** ~ sei still!

biban-i, *pl.* -ë-t Truthahn *m*, Puter *m*

biberon-i Säuglingsflasche *f*, Schnuller *m*; **ushqej me biberon** die Flasche geben

bib|ël, -la, *pl.* -la-t Bibel *f*

biblik, -e biblisch

bibliografí-a Bibliographie *f*, Bücherverzeichnis *n*

bibliografik, -e bibliographisch

biblioman-i Büchernarr *m*

bibliotekar-i, *pl.* -ë-t Bibliothekar *m*

bibliotek|ë, -a Bibliothek *f*, Bücherei *f*; ~ **e profilizuar** Fachbibliothek *f*,

Fachbücherei *f;* ~ **institucioni** Behördenbibliothek *f;* ~ **kombëtare** Nationalbibliothek *f;* ~ **krahinore** Regionalbibliothek *f;* ~ **shkollore** Schulbücherei *f;* **ndjekja e bibliotekës** Benutzungsrate der Bibliothek; ~ **qyteti** Stadtbücherei *f;* ~ **universitare** Universitätsbibliothek *f*

bibliotekist-i Bibliothekar *m*

bic|e, -ja Loch *n;* Unterschlupf *m,* Plätzchen *n;* **gjej një** ~ ein warmes Nest finden

bicjan, -e aus Bícaj

biçak-u, *pl.* -ë-t Taschenmesser *n,* Federmesser *n,* Klappmesser *n*

biçiklet|ë, -a Fahrrad *n,* Velo *n*

bidon-i, *pl.* -ë-t Kanister *m*

bie, *prura, prurë* bringen

bie, *rashë, rënë* fallen, hinausgehen, liegen nach; **bjeri!** wähl! *am Telefon;* **oburrani, bjerini armikut!** los, auf den Feind!; ~ **fill** in die Klemme geraten; ~ **breshër** es hagelt; ~ **dakord** Einverständnis erzielen; ~ **nga dynjallëku** an den Bettelstab kommen, verarmen; **dhoma** ~ **nga jugu** das Zimmer geht nach Süden hinaus; **era ka rënë** der Wind hat sich gelegt; **i** ~ **të fikët** ohnmächtig werden; ~ **fjala** beispielsweise; **meqë ra fjala** übrigens, nebenbei bemerkt; ~ **të fle** schlafen gehen: zu Bett gehen; **i ka rënë kurteshi** es juckt ihn; ~ **në kurth** in die Patsche geraten; ~ **ndërmend** einfallen; ~ **në pritë** in einen Hinterhalt geraten; ~ **i sëmurë** krank werden; ~ **shi** regnen; ~ **shpatullave** auf die Schultern klopfen; **i** ~ **telefonit** wählen; ~ **në ujdi** Einverständnis erzielen; ~ **nga vakti** *fig.* herunter/kommen; **i** ~ **ziles** klingeln

bif|ë, -a Mangold *m,* Runkelrübe *f*

biftek-u Beefsteak *n gewöhnlich aus Hackfleisch*

big|ë, -a *fig.* Gabel *f,* Gabelung *f;* **bigë e rrugës** Straßengabelung *f*

bigon|ë, -a Doppelflöte *f*

bigoní-a Verleumdung *f*

bigudí-a Lockenwickler *m*

bihevioriz|ëm, -mi *phi.* Behaviorismus *m*

bij|ë, -a, *pl.* -a-t Tochter *f;* **e bija** seine/ihre Tochter

bikm|e, -ja Seidenfaden zum Sticken

bilájas, -e aus Bilaj

bilan-i, *pl.* -ë-t Brustschmuck *m,* Halskette aus Münzen

bilanc-i, *pl.* -e-t Bilanz *f;* **bilanc i pagesave** Zahlungsbilanz *f*

bilardo-ja Billard *n*

bilbil-i, *pl.* -a-t *zoo.* Nachtigall *f*

bilé sogar

biletarí-a Kartenverkaufsschalter *m*

bilet|ë, -a Eintrittskarte *f,* Fahrschein *m,* Billet *n;* Flugschein *m;* Banknote *f;* Ticket *n;* ~ **e hyrjes** Eintrittskarte *f;* **një** ~ **ferriboti për ne Italí** ein Fahrschein für die Fähre nach Italien

bil|ë, -a Kugel *f aus Metall oder Elfenbein,* Billardkugel *f*

bilik|e, -ja Blechkanne für Wasser oder Öl

bilion-i, *pl.* -ë-t Milliarde *f,* Billion

1000 Milliarden
bilishtar, -e aus Bilisht
bilur-i Porzellan *n,* Kristall *n;* **bardhë si biluri** weiß wie Schnee
bim|ë, -a Pflanze *f*
bimbash-i, *pl.* -ë-t *mil., veralt.* Binbasch *Major im osman. Heer*
bimësí-a Flora *f,* Pflanzenwuchs *m,* Vegetation *f*
bimëtor|e, -ja Herbarium *n*
bims|ë, -a Keller *m*
biná-ja *veralt.* Gebäude *n;* Nachkommen *m pl.;* Riese *m*
binar-i, *pl.* -ë-t Geleise *n,* Gleis
bind überzeugen
bind-i, *pl.* -e-t Riese *m*
bindem überzeugt werden; i/e **bindur** überzeugt; **bindës**, -e überzeugend
bindj|e, -a Überzeugung *f*
biografí-a Biographie *f,* Lebensbeschreibung *f*
biolog-u, *pl.* -ë-t Biologe *m*
biologjí-a Biologie *f*
biologjik, -e biologisch
biplan-i, *pl.* -e-t Doppeldecker *m*
bir-i, *pl.* bij-të Sohn *m;* **i biri** sein/ihr Sohn
birërí-a Kindschaft *f,* Sohnschaft *f*
birësoj adoptieren
birinxhí ⟨*adv*⟩ *veralt.* erstklassig
birman, -e burmesisch
birmanez-i Burmese *m*
Birmaní-a Burma, Myanmar
birrarí-a Bierlokal *n,* Biergarten *m,* Bierschwemme *f*
birrem verloren gehen
birr|ë, -a Bier *n*
bis bis, zweimal, Zugabe
bised|ë, -a Unterhaltung *f,* Gespräch *n;* **biseda kishte sipër një tis** ... das Gespräch lag unter einem Schleier von ...
bisedim-i Unterhaltung *f,* Gespräch *n,* Unterredung *f*
bisedoj sich unterhalten, plaudern
bis|k-u, *pl.* -qe-t Zweig *m,* Stengel *m,* Halm *m;* Rinnsal *n*
biskot|ë, -a Biskuit *m,* Keks *m,* Plätzchen *n,* Gebäck *n*
bismut-i *chem.* Wismut *n,* Bi
bistricot, -e aus Bistrica
bish|ë, -a Bestie *f,* Raubtier *n,* wildes Tier *n;* Biest *n*
bisht-i, *pl.* -a-t Schwanz *m,* Stiel *m,* Ende *n;* Kippe *f;* **i bëj** ~ ⟨+ *Dat*⟩ sich drücken vor etw.
bishtaj|ë, -a Hülse *f,* Schote *f*
bishtak-u, *pl.* -ë-t Fohlen *n,* Füllen *n;* Kleinkind *im Krabbelalter;* Stieltopf *m*
bishtatundës-i *zoo.* Bachstelze *f*
bishtkuq-i, *pl.* -ë-t *zoo.* Rotschwänzchen *n*
biteví ⟨*adv*⟩ ganz, vollständig
bitis *veralt.* beenden, abschließen
bitum-i Bitumen *n*
bitumoj asphaltieren, teeren
biul|e, -ja Strohhalm *m,* Trinkhalm *m;* *mus.* Mundstück *n*
bixhoz-i, *pl.* -ë-t Kartenspiel *n,* Glücksspiel *n*
bixhozçí-u, *pl.* -nj-të Glücksspieler *m,* Spieler *m*
Bizant-i *hist. ON* Byzanz

bizantin, -e byzantinisch
biz|ë, -a Pfriem *m*, Ahle *f*; Sticknadel *f*
bizë ⟨*adv*⟩ bis, zweimal, Zugabe!
bizel|e, -ja Erbse *f*
bizg|ë, -a Dünnschiss *m*, Durchfall *m*
biznes-i Geschäft *n*, Business *n*
bizon-i, *pl.* -ë-t *zoo.* Bison *m*
bizhuterí-a Juwelierwaren *f pl.*, Schmuckstücke *n pl.*, Schmuck *m*
bjellë, -a *tech.* Pleuelstange *f*
Bjellorusí-a Weißrussland, Belarus'
bjer, *s.* **bie**
bjerr, *bora, bjerrë e/i/o; rr/r* verlieren; **birrem** verloren gehen
bjerraditës-i Tagedieb *m*
bjerrafat, -e misslich
bjeshk|ë, -a, *pl.* -ë-t Alm *f*, Bergweide *f*
Bjeshkët e Nêmuna (Namuna) Prokletije-Gebirge *n*
bjeshkí-a Sennerei *f*, Almwirtschaft *f*
bjond, -e blond
blacar, -e aus Blaca
blan|ë, -a Narbe *f*
blasfemí-a Blasphemie *f*, Gotteslästerung *f*
blat|ë, -a *rel.* Hostie *f*, Oblate *f*
blatoj konsekrieren, weihen; schenken, widmen
ble-u, *pl.* -j-të (ble-ni) Band *m*, Teil *m*
blegtor-i Viehzüchter *m*
blegtorí-a Viehzucht *f*, Tierzucht *f*
blej kaufen; ~ **me kredi** auf Pump kaufen
blerës-i Käufer *m*
blerin|ë, -a Wiese *f*, Weide *f*; Au *f*
blerj|e, -a Kauf *m*; ~ **librash** Akzession *f*
bleroj grünen, sprießen
blertë, i/e grün
blet|ë, -a *zoo.* Biene *f*
bletar-i, *pl.* -ë-t Imker *m*
bletarí-a Imkerei *f*, Imkerberuf *m*
bletor|e, -ja Bienenhaus *n*, Imkerei *f*
bli, *s.* **blej**
bli-ni, *pl.* -nj-të *zoo.* Stör *m*
bli-ri, *pl.* -ë-t *bot.* Linde *f*
blic-i, *pl.* -e-t *tech.* Blitzlicht *n*
blindazh-i, *pl.* -e-t befestigter Unterstand *m*, kleiner Bunker *m*
blind|ë, -a Panzerung *f*, Stahlpanzer *m*
blindoj panzern
blinisht|ë, -a Lindenwald *m*
blinishtas, -e aus Blinisht
blinker-i Blinker *m*, Richtungsanzeiger *m*
blof-i, *pl.* -ë-t Bluff *m*, Übertölpelung *m*; **bëj** ~ bluffen
bloz|ë, -a Ruß; ~ **aktive** *chem.* Aktivkohle *f*
blu blau
bluaj mahlen; verdauen; verarbeiten; **bluante në kokë gjithë ato marrëzira** er hatte den Kopf voll von diesen Narreteien
bluxhins Blue Jeans, Jeans-Hosen *f pl.*
bluz|ë, -a Bluse *f*
bllac|ë, -a Pfütze *f*
bllo|k-u, *pl.* -qe-t Block *m*; ~ **vizatimi** Zeichenblock *m*
bllokad|ë, -a Blockade *f*
bllokohem *itr.* verstopfen; **rruga bllokohet** es bildet sich ein Stau
bllokoj blockieren, verstopfen
bobin|ë, -a Spule *f*

boboshtar, -e aus Boboshtica
bobotij wehklagen, jammern
boc|ë, -a Fläschchen *n*, Karaffe *f*
boc|ë, -a, *pl.* -a-t Korrekturfahne *f*, Probedruck *m*, Andruck *m*
bocman-i, *pl.* -ë-t *naut.* Bootsmann *m*
bodrum-i, *pl.* -e-t Keller *m*
boen|ë, -a Überschwemmung *f*
bof *Int.* paff, peng; **bëj ~** vor Wut platzen
bogian, -e aus Boga
Bohemí-a Böhmen
bojallí, -e hochgeschossen, groß
bojatis anstreichen, färben; **~ shtëpinë** das Haus anmalen
bojaxhí-u Anstreicher *m*, Maler *m*
boj|ë, -a, *pl.* -ëra-t Farbe *f*, Farbstoff *m*; **~ shkrimi** Tinte *f*; **~ hiri** grau; **~ qielli** himmelblau; **ngjyej penën në bojë** die Feder in die Tinte tunken
bojëkashtë strohblond
bojkotim-i Boykott *m*
bojkotoj boykottieren
bojskaut-i, *pl.* -ë-t Pfadfinder *m*
bok|ërr, -rra, *pl.* -rra-t rostbraune Feldmaus *f*
boks-i Boxen *n*, Boxsport *m*, Faustkampf *m*
boks-i, *pl.* -e-t Boxcalf-Leder *n*
boksier-i, *pl.* -ë-t Boxer *m*
boksit-i, *pl.* -e-t Bauxit
bolivian, -e bolivisch
Bolonj|ë, -a *ON* Bologna
bolsheviz|ëm, -mi Bolschewismus *m*
boll ⟨*adv*⟩ viel, voll, genügend, reichlich
boll|ë, -a ungiftige Schlange *f*, Äskulapschlange *f*
bollëk-u Überfluss *m*, Menge *f*
bomb|ë, -a Bombe *f*
bombahedhës-i *mil.* Granatwerfer *m*
bombardoj bombardieren
bombardues-i *mil.* Bomber *m*
bombol-a, *pl.* -a-t *tech.* Gasflasche
Bon-i *ON* Bonn
bonbon|e, -ia Bonbon *n*
bonbonerí-a Süßwarengeschäft *n*
bonifikim-i Melioration *f*, Verbesserung *f*, Entwässerung *f*
bonifikoj entwässern, meliorieren
bonz-i, *pl.* -ë-t *fig.* Bonze *m*, Parteihengst *m*
boraks-i *chem.* Borax *m*
bord-i, *pl.* -e-t Bord *n*; **në bordin e avionit, e anijes** an Bord des Flugzeugs, des Schiffes; **~ drejtues** Steuerbord *n*
bordel-i, *pl.* -e-t Bordell *n*, Puff *n*, Freudenhaus *n*
borderó-ja Gehaltsliste *f*, Pay-roll
Bordó-ja *ON* Bordeaux
bor|ë, -a Schnee *m*; **bie ~** es schneit
boreal, -e Nord-; **aurorë boreale** Nordlicht *n*
borgjez, -e bürgerlich, bourgeois
borgjez-i Bourgeois *m*, Bürgerlicher *m*
borgjezí-a Bourgeoisie *f*, Bürgertum *n*
borgjezoj verbürgerlichen
borí-a Trompete *f*; Hupe *f*
borig|ë, -a *bot.* Schwarzkiefer *f*
borim|ë, -a Schneeregen *m*
borizan-i, *pl.* -ë-t Trompeter *m*
borjan, -e aus Borja
bornaj|ë, -a Schneewehe *f*
borovar, -e aus Borova

bors|ë, -a Tasche *f;* Wärmflasche *f*
borsalin|ë, -a Filzhut *m,* Borsalino *m*
borshjot, -e aus Borsh
borxh-i, *pl.* -e-t Schuld *f,* Darlehen *n;* **jap ~** verleihen, borgen; **~ i motuar** verjährte Schuld; **e zhyti në borxhe** er stürzte ihn in Schulden; **laj ~** eine Schuld begleichen; **jam me borxhe** verschuldet sein
borxhlí-u, *pl.* -nj-të Schuldner *m*
borzilok-u, *pl.* -ë-t *bot.* Basilikum *n*
Bosfor-i Bosporus *m*
Bosnj|ë, -a Bosnien
bostan-i, *pl.* -e-t Melonenfeld *n,* Melonen *f pl.*
bostanxhí-u, *pl.* -nj-të Gärtner für Gemüse und Melonen; **i shes kastravecë bostanxhiut** Wasser in den Rhein / Eulen nach Athen tragen
bosh ⟨*adv*⟩ leer, nutzlos; **flas ~** dummes Zeug reden; **bosh**, -e leer
bosh-i, *pl.* -e-t Lücke *f,* Leere *f;* **mbush boshet** Lücken füllen
boshatis leeren, ausleeren; evakuieren
boshësí-a Leere *f*
boshllëk-u Leere *f,* Lücke *f*
bosht-i, *pl.* -e-t Achse *f,* Spindel *f;* **fjalë ~** Grundwort *n,* Kernbegriff *m;* **~ me gunga** Nockenwelle *f;* **~ transmisioni** Kurbelwelle *f*
bot ⟨*adv*⟩ ununterbrochen, ständig; **thirr e bot!** hör nicht auf zu rufen!
bot-i, *pl.* -ë-t jemand
botanik, -e botanisch
botanik|ë, -a Botanik *f*
botanist-i Botaniker *m*
bot|e, -ja Krug *m*
bot|ë, -a Welt *f;* Leute; **gjithë bota** alle Leute; **mbarë bota** die ganze Welt
botëkuptim-i Weltanschauung *f,* Weltverständnis *n*
botëkuptimor, -e weltanschaulich, Weltanschauungs-
botëndijim-i Lebensgefühl *n*
botërisht ⟨*adv*⟩ öffentlich
botëror, -e Welt-, weltweit; **kampionat ~** Weltmeisterschaft *f;* **në shkallë botërore** weltweit, in weltweitem Maßstab
botimi-i Veröffentlichung *f,* Auflage *f;* **~ dygjuhësh** bilingue Edition, zweisprachige Ausgabe; **~ fillestar** Erstausgabe *f;* **~ i paligjshëm, i palejuar** Raubdruck *m;* **~ jubilar** Jubiläumsausgabe *f;* **~ në fashikuj** Lieferungswerk *n;* **~ xhepi** Taschenausgabe *f,* Taschenbuch *n;* **të dhëna të botimit** Impressum *n*
botohem erscheinen, veröffentlicht werden
botoj veröffentlichen, publizieren; **shtëpi botuese** Verlag *m*
botor, -e öffentlich; **ndërtesë botore** öffentliches Gebäude *n*
botuesh|ëm, -me, i/e veröffentlichungsfähig, publizierbar
bov|ë, -a *naut.* Boje *f*
bozaxhí-u, *pl.* -nj-të Boza-Verkäufer *m*
boz|ë, -a Boza *alkoholfreies Maisgetränk*
bozhor-i, *pl.* -ë-t *zoo.* Pelikan *m*
bozhur|e, -ja *bot.* Pfingstrose *f*
brac-i, *pl.* -ë-t Taschendieb *m*
brací-a Taschendiebstahl *m*

braktis verlassen, im Stich lassen
brambulloj = brambullij lärmen; prasseln, lodern
Bratislav|ë, -a *ON* Pressburg, Bratislava
bravapunues-i = **bravandreqës**-i Schlosser *m,* Schlossreparierer *m*
brav|ë, -a Schloss *n,* Türschloss *n*
brazd|ë, -a Furche *f,* Graben *m*
brazdoj Furchen ziehen
Brazil-i Brasilien
brazilian, -e brasilianisch
bredh *e/i/o* herum/ziehen, vagabundieren; eilen
bredh-i, *pl.* -a-t *bot.* Tanne *f*
bredhacak-u Landfahrer *m*
bredhisht|ë, -a Tannenwald *m*
breg-u, *pl.* brigje-t Ufer *n,* Küste *f;* Hügel *m,* Hang *m;* ~ **ranor** Sandstrand *m*
bregdet-i, *pl.* -e-t Küste *f,* Strand *m,* Ufer *n*
bregdetar, -e Küsten-; **ultësirë bregdetare** Küstentiefebene *f*
bregdetar-i Küstenbewohner *m; mil.* Angehöriger der Küstenwache
bregdetas-i Küstenbewohner *m*
bregëzohem landen, anlegen
bregëzoj landen lassen, anlegen lassen
bregor, -e hügelig, Hügel-
bregor|e, -ja kleiner Hügel *m*
brej, -ta, -tur nagen
brejtës-i Nagetier *n,* Nager *m*
brekë-t Hose *f,* Shorts; ~ **banje** Badehose *f*
brekor|e, -ja Windel *f*
brenda ⟨*adv*⟩ innen, innerhalb, hinein, drinnen, nach drinnen; **futem** ~ hineinschlüpfen; ~ **një jave** in einer Woche; ~ **katërmbëdhjetë ditësh** in vierzehn Tagen; **brenda natës** über Nacht, unversehens; **u ndërruan brenda natës** sie änderten sich im Nu
brendaeptim-i *spr.* Inflexion *f,* Flexion *f*
brendapërbrenda ⟨+ *Abl*⟩ innerhalb; ~ **familjes** nur im Kreise der Familie
brendapërbrenda ⟨*adv*⟩ innen
brendashtes|ë, -a *spr.* Infix *n;* Einschiebsel *n*
brendatrupëzim-i *spr.* Inkorporation *f*
brendës-i Füllung *f des Börek;* Inneres *n*
brendësí-a das Innere *n*
brendí-a Inhalt *m,* Gehalt *m*
brendsh|ëm, -me, i/e inner, Binnen-, Inlands-; Innen-
breng|ë, -a Trauer *f,* Leiden *n*
brengosem trauern, sich sorgen
brerj|e, -a das Nagen *n;* ~ **ndërgjegjeje** Gewissensbiss *m*
breror|e, -ja Heiligenschein *m,* Aureole *f,* Diadem *n auf Ikonen*
bresh|ër, -ri Hagel *m;* **bie breshër** es hagelt
breshërí-a *mil.* Salve *f;* ~ **plumbash** Kugelhagel *m*
breshk|ë, -a *zoo.* Schildkröte *f*
breshkujës|e, -ja Seeschildkröte *f,* Wasserschildkröte *f*
bretkos|ë, -a *zoo.* Frosch *m*
brez-i, *pl.* -a-t Zone *f,* Gürtel *m;* Generation *f*
brezhanak, -e aus Brezhan
brezní-a Generation *f; rel.* Geschlecht *n;* **ndërrimi i breznive** Generationswech-

sel *m*
bri ⟨+ *Abl*⟩ bei, am Rande von
bri-ri Horn; **Briri i Artë** Goldenes Horn *n*
bric|ë, -a Feuerstein *m*
brigad|ë, -a Brigade *f*
brigadier-i Vorarbeiter *m*, Brigadeleiter *m*, *ök.* Brigadier *m*
brigjatë langhörnig
brijanac-i, *pl.* -ë-t Teufel *m*
briket-i, *pl.* -a-t Brikett *n*
brilant-i, *pl.* -e-t Brillant *m*
brinj|ë, -a Rippe *f*
brirth-i, *pl.* -ë-t Fühler *m der Käfer, Krebse*
bris|k-u, *pl.* -qe-t Rasiermesser *n*, Rasur *f*
brishtë, i/e zerbrechlich; zart, schwächlich; sensibel; **filxhan i ~** leicht zerbrechliche Tasse *f*
Britanía e Madhe Großbritannien
britanik, -e britisch, britannisch
britm-i Herbst *m*
britm|ë, -a Schrei *m*
britmëqar|e, -ja Klageweib *n*
brivetm-i Einhorn *n*
Broduei Broadway *m*
brof aufspringen; **brofi te dera** er stürzte zur Tür
brohoris *s/t* applaudieren, begrüßen mit tosendem Beifall
brohoritj|e, -a Applaus *m*
brojc|ë, -a Krug *m*, Henkelkrug *m*, kleiner Tonkrug *m*
broker-i Broker *m*, Makler *m*
brok|ë, -a Kännchen *n*, Karaffe *f*; **~ qumështi** Milchkännchen *n*
bromkëz-a Honigwabe *f*
bronke-t *f Pl. med.* Bronchien *f pl.*
bronkial, -e Bronchial-; **astma bronkiale** *med.* Bronchialasthma *n*
bronkit-i, *pl.* -e-t *med.* Bronchitis *f*
bronz-i Bronze *f* [ˈbrɔŋsə]
bronztë, i/e bronzen, aus Bronze
broshur|ë, -a Broschur *f*; Broschüre *f*, Faszikel *f eines Lieferungswerks*
brozdovecar, -e aus Brozdovec
BRSS UdSSR *f*
brufulloj platzen, sprießen, hervorquellen; **brufulloi plaga** die Wunde ging auf
bruk|ë, -a *bot.* Tamariske *f*
Bruksel-i *ON* Brüssel
brum|ë, -i, *pl.* -ëra-t Teig *m*, Nudelgericht *n*; Teigwaren *f pl.*
brúmbu|ll-i, *pl.* -j-t *zoo.* Mistkäfer *m*
brumbulloj = brumbullij summen
brumç, -e kregel, munter
brumëtor|e, -ja Teigknetemaschine *f*
brumëzoj Teig herstellen
brumos bilden, ausformen; **~ rininë me frymën revolucionare** die Jugend mit revolutionärem Geist durchdringen
brutal, -e brutal, rücksichtslos; **shkelje brutale e të drejtave** rücksichtslose Verletzung der Rechte
bruto brutto
bruzian, -e aus Bruz
brym|ë, -a Rauhreif *m*
brymës-i *veralt.* November *m*
bualot, -e aus Bual
búa|ll-i, *pl.* -j-t *zoo.* Stier *m*, Büffel *m*
bubarjot, -e aus Bubar
bub|ë, -a Puppe *f eines Schmetterlings;*

Raupe *f*

bubësllí-u aus Bubës

bubrek-u, *pl.* -ë-t *veralt.* Niere *f*

bubullim|ë, -a Donner *m*

bubullimacak, -e aus Bubullima

bubulloj = **bubullij** donnern

bubuzhel-i, *pl* -ë-t *zoo.* Mistkäfer *m*

bubuzhelem sich verdrecken

bucak-u, *pl.* -ë-t Ecke *f,* Platz am Ofen; Heimstatt *f; bot.* Futterwicke *f*

bucel|ë, -a Nabe *f*

buç, -e = **buçkaran**, -e; **buçkan**, -e gesund; pausbäckig

buç-i *zoo.* Schlange *f*

buças *a/e/i; s/t* tönen, schallen

buçim|ë, -a Getöse *n,* Lärm *m*

budall|á-i, *pl.* -enj-të Narr *m,* Tor *m,* Idiot *m*

budallallë|k-u, *pl.* -qe-t Torheit *f,* Narretei *f,* Verrücktheit *f*

budallaq|e, -ja Närrin *f,* Törin *f,* Idiotin *f*

buding-u Pudding *m*

budist, -e buddhistisch

budist-i *rel.* Buddhist *m*

budiz|ëm, -mi Buddhismus *m*

buf-i, *pl.* -ë-t *zoo.* Uhu *m*

bufé-ja Wohnzimmerschrank *m,* Büfett *n,* Ausschank *m,* Geschirrschrank *m*

bufon-i, *pl.* -ë-t *fig.* Spaßmacher *m,* Clown *m*

buhí-a Gastmahl *n,* Fettlebe *f*

buhish|ëm, -me, i/e üppig, genussvoll

buhitem sich den Wanst vollschlagen

buj, -ta, -tur logieren, wohnen *zu Gast*

Bujanoc-i *ON* Bujanovac

bujar, -e großzügig, nobel, üppig, edel

bujar-i, *pl.* -ë-t *hist.* Bojar *m,* Aristokrat *m*

bujaresh|ë, -a *hist.* Bojarin *f*

bujarí-a Großzügigkeit *f,* Weitherzigkeit *f*

bujaroj adeln, veredeln

buj|ë, -a Lärm *m,* Aufsehen *n*

buj|k-u, *pl.* -q-it Pächter *m,* Bauer *m,* Landmann *m*

bujkrob-i, *pl.* -ër-it Leibeigener *m*

bujkrobërí-a Leibeigenschaft *f*

bujqësí-a Ackerbau *m,* Landwirtschaft *f*

bujqësor, -e landwirtschaftlich, Landwirtschafts-

bújrëm *Int., dial.* bitte sehr!

bujsh|ëm, -me, i/e lärmig, geräuschvoll

bujtar, -e gastfreundlich

bujtarí-a Gastfreundlichkeit *f*

bujtës-i Gastgeber *m*

bujtin|ë, -a = **bujtor|e**, -ja Herberge *f,* Schlafplatz *m*

bujtur, i/e abgestanden; **ujë i ~** abgestandenes Wasser

bukamel-i, *pl.* -ë-t Mickerling *m,* Kümmerling *m*

buk|ë, -a, *pl.* -ë-t Brot *n;* Mahlzeit *f;* Lebensmittel *n pl.;* **mbas buke** Nachtisch *m;* **~ e bardhë** Weißbrot *n;* **~ e gojës** das tägliche Brot; **~ e thekur** Toastbrot *n,* Toast *m;* **~ thekre** Roggenbrot *n;* **~ e zezë** Schwarzbrot *n;* **një bulçi ~** Mundvoll Brot; **njom bukën në qumësht** Brot in Milch einweichen

bukëpjekës-i Bäcker *m*

bukëz|í, -ezë geizig, nicht gastfreundlich

buk|ël, -la, *pl.* -la-t *zoo.* Wiesel *n*

bukinist-i Antiquariatsbuchhändler *m*

búkur, i/e schön, hübsch

bukuré-ja = bukurez|ë, -a *zoo.* Glühwürmchen *n*

Bukuresht-i *ON* Bukarest

bukurí-a Schönheit *f*

bukurshkrim-i Schönschrift *f*, Kalligraphie *f*

bukurtingëllim-i Euphonie *f*, Wohllaut *m*

bulb-i, *pl.* -e-t Zwiebel *f*, Blumenzwiebel, Bolle *f*; Augapfel *m*; ~ **i flokut** Haarwurzel *f*

bulçí-a Wange *f*, Backe *f*; Mundvoll *m*; **një** ~ **bukë** ein Mundvoll Brot; **fryj bulçitë** die Backen aufblasen

buldozer-i, *pl.* -ë-t *tech.* Bulldozer *m*

buletin-i Mitteilungsblatt *n*, Bulletin *n*; ~ **i motit** Wetterbericht *m*; ~ **meteorologjik** Wetterbericht *m*

bulevard-i, *pl.* -e-t Boulevard *m*, Flanierstraße *f*

bul|ë, -a *bot.* Knospe *f*; Tropfen *m*

bulkth-i, *pl.* -a-t Heimchen *n*, Grille *f*

bulmet-i, *pl.* -ra-t Milch *f*, Milchprodukt *n*

bulmetor|e, -ja Milchgeschäft *n*

bulon-i, *pl.* -a-t *tech.* Bolzen *m*

bulqizak, -e aus Bulqiza

bull|ë, -a *veralt.*, *mohammedanische* Frau *f*; Brautschmückerin *f*, Brautführerin *f*

bullar-i, *pl.* -ë-t Äskulapschlange *f*, Blindschleiche *f*

bullgar, -e bulgarisch

Bullgar-i Bulgare *m*

Bullgarí-a Bulgarien

bullgarí-a viersaitiges Musikinstrument *n*

bullur-i *veralt.* Not *f*, Pech *n*, Unglück *n*

bum-i, *pl.* -e-t *ök.* Boom *m*; ~ **i industrisë së automobilave** Boom der Automobilindustrie

bumerang-u, *pl.* -ë-t Bumerang *m*

bun-i, *pl.* -e-t Sennhütte *f*; Käfernest *n*

Bun|ë, -a *FN* Bojana

bun|g-u, *pl.* -gje-t = bung|ë, -a *bot.* Traubeneiche *f*

bunac|ë, -a Windstille *f*; Stillstand *m*, Stagnation *f*

bunar-i, *pl.* -ë-t *veralt.* Brunnen *m*

bungisht|ë, -a = bungaj|ë, -a Eichenwäldchen *n*

bunker-i, *pl.* -ë-t *mil.* Bunker *m*; Lagerhalle *f*, Schuppen *m*; **bunker i kombajnës** Halle des Mähdreschers

buqet|ë, -a Bukett *n*, Blumenstrauß *m*; ~ **trëndafilash** Strauß Rosen

burbuletem Fasten brechen; gut essen *nach Zeit der Enthaltsamkeit*

burbuq|e, -ja Knospe *f*

bur|ë, -a *naut.* aufgewühlte See *f*; Seegang *m*

bur|g-u, *pl.* -gje-t Gefängnis *n*, Haftanstalt *f*, Strafvollzugsanstalt *f*, Kerker *m*

Burgonj|ë, -a Burgund

burgos = **burgoj** einsperren, einkerkern

burgosj|e, -a Einkerkerung *f*

burgosur-i, i/e Häftling *m*

burí-a Menge *f*

burim-i, *pl.* -e-t Quelle *f,* Ursprung *m;* Ressource *f;* **burime bashkëkohëse** zeitgenössische Quellen
Burim-i *ON* Istog
burnot-i Schnupftabak *m;* Dummkopf *m*
buroj hervor/quellen, entspringen, entstehen, *jur.* hervor/gehen
burokrací-a Bürokratie *f*
burokrat-i, *pl.* -ë-t Bürokrat *m*
burokratik, -e bürokratisch; **centralizëm burokratik** bürokratischer Zentralismus *m*
burokratiz|ëm, -mi Bürokratismus *m*
burs|ë, -a Börse *f;* Stipendium *n;* **ndërmjetës burse** Börsenmakler *m*
burran-i, *pl.* -ë-t stattlicher Mann *m*
burrec-i, *pl.* -ë-t Schwächling *m*
burrelas, -e aus Burrel
burr|ë, -i, *pl.* -a-t Mann *m,* Mannskerl *m,* Held *m;* Ehemann *m*
burrërisht ⟨*adv*⟩ mannhaft, edel, tapfer
burrní-a Mannhaftigkeit *f;* ~ **për burrni** wie unter Männern
bust-i, *pl.* -e-t Büste *f*
búsull-a, *pl.* -a-t Kompass *m*
bush-i, *pl.* -e-t *bot.* Buchsbaum *m*
bushatas, -e aus Bushat
bushkashjan, -e aus Bushkash
búsht|ër, -ra, *pl.* -ra-t Hündin *f;* Maulwurfsgrille *f*
bushtricas, -e aus Bushtrica
but-i, *pl.* -e-t Bottich *m*
butaforí-a *Theater* Requisiten *n pl.*
butak-u, *pl.* -ë-t *zoo.* Weichtier *n*
butë, i/e weich, *jur.* mild; sanft, harmlos; **urtë e** ~ brav und sittsam
butësí-a Milde *f,* Zartheit *f*
butësoj mildern
buxhet-i, *pl.* -e-t Budget *n,* Haushalt *m*
buzagaz-i, *pl.* -e-t Lächeln *n*
buz|ë, -a Lippe; **në** ~ **të greminës** am Rande des Abgrunds; **prish buzët** eine Schnute machen, den Mund verziehen
buzë ⟨+ *Abl*⟩ entlang, am Rande
buzëlépur-i *med.* Hasenscharte *f*
buzëqarë weinerlich
buzëqesh lächeln
buzëqeshj|e, -a Lächeln *n;* **buzëqeshja lë pas një tis mirësie** das Lächeln ließ einen Hauch von Güte zurück; ~ **gjithë nënkuptim** vielsagendes, hintergründiges Lächeln
buzorëzim-i *spr.* Labialisierung *f*
buzorëzuar, i/e *spr.* labialisiert, gerundet
buzuk-u, *pl.* -ë-t Saiteninstrument *n,* Bouzouki
byk-u, *pl.* -ra-t Spreu *f;* Sägemehl *n*
bylyk-u, *pl.* -ë-t *veralt.* Kompanie *f* *Bölük,* Schwadron *f;* Menschenmenge *f*
bylykbash-i, *pl.* -ë-t *hist.* Kompanieführer *m*
bymej *e/ye* ausdehnen, quellen lassen
byrazer-i, *pl.* -ë-t *veralt.* Bruder *m*
byre|k-u, *pl.* -kë-t; -qe-t gefüllte Teigtaschen *f pl.;* Strudel *m,* Pirogge *f,* Börek *m;* **harxhet e byrekut** Zutaten zum Börek / Strudel
byrektor|e, -ja Börekbude *f,* Imbissstand *f*
byro-ja Büro *n;* ~ **e udhëtimeve**

Reisebüro *n;* ~ **politike** Politbüro *n*

byrynxyk-u, *pl.* -ë-t Nähseide *f,* Seidenfaden *m;* Seidenstoff *m*

byth|ë, -a, *pl.* -ë-t Hinterteil *n,* Hintern *m,* Gesäß *n,* Arsch *m*

bytyntë, i/e *veralt.* eben, flach

byzylyk-u, *pl.* -ë-t Armband *n*

C

ca einige

cafulloj kläffen, dauernd bellen

ca|k-u, *pl.* -qe-t *spr.* Grenze *f,* Limit *n,* Grenzwert *m;* ~ **i rrokjes** Silbengrenze *f*

cak|ë, -a Beutel *m,* kleiner Sack *m*

cákërr ⟨*adv*⟩ senkrecht, hoch erhoben; **e ka kokën** ~ leichtsinnig sein

cakërrí-a Schneeregen *m*

cakësor, -e *spr.* Grenz-, terminativ

cakranjot, -e aus Cakran

caktim-i Festsetzung; *jur.* Bemessung *f*

caktoj bestimmen, festsetzen, festlegen, determinieren; *jur.* bemessen; ~ **çmim të arsyeshëm** einen vernünftigen Preis festsetzen

calik-u, *pl.* -ë-t Balg *m,* Blasebalg *m;* Hirtentasche *f*

cangadh|e, -ja *zoo.* Milchschaf *n,* Milchziege *f*

car-i, *pl.* -ë-t Zar *m*

carac-i, *pl.* -ë-t *bot.* Zürgelbaum *m*

cara|n-i, *pl.* -nj-të Herdstein *m*

caresh|ë, -a Zarin *f*

Carralevë *ON* Crnaleva

cecé-ja *zoo.* Tse-tse-Fliege *f*

céd|ër, -ri, *pl.* -ra-t *bot.* Zeder *f*

cedil|ë, -a Cédille

cedim-i Abtretung *f*

cedoj abtreten, *ök.* zedieren

cekët, i/e flach, seicht

cekëtin|ë, -a Sandbank *f,* Untiefe *f*

cekoj *naut.* auf/laufen, in eine Untiefe geraten; Wasser aus dem Boot schöpfen; nur oberflächlich pflügen

cektësí-a Seichtheit *f;* Untiefe *f;* ~ **ideologjike** ideologische Oberflächlichkeit *f*

celebroj *rel.* zelebrieren, feiern; standesamtlich heiraten

celofan-i Zellophan *n,* Butterbrotpapier *n*

celofanoj einwickeln in Zellophan

celul|ë, -a Zelle *f*

celular-i *tech.* Handy *n,* Mobiltelefon *n*

celuloid-i Zelluloid *n*

celuloz|ë, -a Zellulose *f*

Cem-i *FN* Cijevna

cem-i, *pl.* -a-t Bergbach *m,* Sturzbach *m*

cen-i, *pl.* -e-t Mangel *m,* Fehler *m,* Makel *m,* Gebrechen *n*

cen|ë, -a Eifer *m*

cenim-i Druck *m,* Bluterguss *m*

cenoj verletzen, verstoßen gegen

cenosem ein Gebrechen haben

censur|ë, -a Zensur *f*

censuroj zensieren, der Zensur unterziehen

centaur-i, *pl.* -ë-t *myth.* Kentaur *m*
centimet|ër, -ri, *pl.* -ra-t Zentimeter *cm m*
central-i, *pl.* -e-t Zentrale *f*, Vermittlung *f am Telefon*
centraliz|ëm, -mi Zentralismus *m;* ~ **burokratik** bürokratischer Zentralismus *m*
centralizoj zentralisieren
centrifug|ë, -a Zentrifuge *f*, Milchschleuder *f*
centrist-i Zentrums:anhänger *m*
centroj zentrieren
cenuar, i/e gebrechlich; fehlerhaft, mangelhaft
cep-i, *pl.* -a-t Ecke *f*, Spitze *f*, Zacken *m*
cepatar|e, -ja Eckbord *n*, dreieckiges Abstellbrett *in einer Zimmerecke*
cepik-u, *pl.* -ë-t Eiszapfen *m*
cerebral, -e zerebral
ceremoní-a Zeremonie *f*
cergatar-i Landfahrer *m*
cerg|ë, -a raue Wolldecke *f;* Spinnennetz *n*, Spinnwebe *f*
cerjar, -e aus Cerja
cerkovjanit, -e aus Cerkovica
cerm|ë, -a *med.* Arthritis *f*, Gelenkentzündung *f*
certifikat|ë, -a Zeugnis *n*, Zertifikat *n;* ~ **origjine** Ursprungszertifikat *n;* ~ **vaksinimi** Impfpass *m*, Impfschein *m*
cerújas, -e aus Ceruja
Cetin|ë, -a *ON* Cetinje
cezium-i Zäsium *n*
cezur|ë, -a *spr., mus.* Zäsur *f*
cërmëdell-i *bot.* Sumach
cërr|e, -ja *zoo.* Amsel *f*
cërrikas, -e aus Cërrik
cibun-i, *pl.* -e-t = **cibun|e**, -ia lange Filzjacke *f;* Lodenmantel *m*
ciceron-i, *pl.* -ë-t Fremdenführer *m*
cicëroj zwitschern
cíf|ël, -la, *pl.* -la-t Splitter *m;* ~ **druri** Splint *m*
cigan-i, *pl.* -ë-t Roma *m*, Zigeuner *m*
cigane, -ia Zigeunerin *f*
cigar|e, -ja Zigarette *f*
cigarisht|e, -ja Zigarettenspitze *f*
cik|ë, -a *zoo.* Brachpieper *m*
cik|ël, -li Zyklus *m*
Ciklade-t Kykladen-Inseln *pl.*
ciklamin-i, *pl.* -ë-t *bot.* Alpenveilchen *n*, Zyklamen
ciklik, -e zyklisch
ciklon-i, *pl.* -e-t Zyklon *m*, Wirbelsturm *m*
ciklop-i, *pl.* -ë-t Zyklop *m*
ciklostil-i, *pl.* -ë-t Vervielfältigungsapparat *m*
cikm|ë, -a = **cikn|ë**, -a Frost *m*, Rauhreif *m*, Glatteis *n*
cikof|úa, -oi, *pl.* -ónj-të *zoo.* Pirol *m*
cikom|ë, -a Seil *n*, Schnur *f*
cilësí-a Beschaffenheit *f*, Qualität *f*, Eigenschaft *f*
cilësim-i qualitative Einschätzung *f*, Qualifizierung *f*
cilësoj qualifizieren, beurteilen, einschätzen
cili welcher?
cilidó jeder, ein jeglicher
cilind|ër, -ri *tech.* Zylinder *m*
cimbal-i, *pl.* -e-t *mus.* Becken *n*,

Zimbel *f*

cim|ë, -a *naut.* Tau *n*, Seil *n*

cingërim|ë, -a Frost *m*, Kälte *f*; *med.* Schüttelfrost *m*, Ohrensausen *n*

cinik, -e zynisch

ciniz|ëm, -mi Zynismus *m*, *phi.* Kyniker-Schule

cínx|ër, -ra, *pl.* -ra-t Zikade *f*

cinxërim|ë, -a Zirpen der Zikade

cinxëroj zirpen

cip|ë, -a Membrane *f*, Häutchen *n*

cíqër, i/e wild, nicht essbar

Cirenajk|ë, -a Cyrenaika

cirilik, -e kyrillisch; **shkrim ~** kyrillische Schrift *f*

cir|k-u, *pl.* -qe-t Zirkus *m*

cirkoj sprenkeln, tüpfeln, bespritzen; **~ me baltë** mit Dreck bespritzen

cirkuit-i, *pl.* -e-t Kreislauf *m*

cirl|ë, -a *zoo.* Amsel *f*

cirroz|ë, -a *med.* Zirrhose *f*; **~ e mëlçisë së zezë** *med.* Leberzirrhose *f*

cist-i, *pl.* -e-t Zyste *f*

cistern|ë, -a Zisterne *f*, Tank *m*

citat-i, *pl.* -e-t Zitat *n*, Erwähnung *f*

citoj zitieren, an/führen, erwähnen

civil, -e zivil

cj|ap-i, *pl.* -ep-të Ziegenbock *m*

cjapok-u, *pl.* -ë-t Ziegenböckchen *n*

cmir|ë, -a = **smir|ë**, -a

cofur, i/e krepiert, verendet

coh|ë, -a, *pl.* -ëra-t Wollstoff *m*, Tuch *n*

cokëloj zerhacken

cop|ë, -a Stück *n*, Bruchstück *n*; Bruch *m*; **një ~ herë** eine Weile, eine Zeit lang

copëtim-i Zerstückelung *f*, Teilung *f*, Trennung *f*

copëtoj zerstückeln, stückeln

copëtuar, i/e gestückelt, zerstückelt

copit *s/t* viel essen, fressen

cub-i, *pl.* -a-t Räuber *m*, Strauchdieb *m*

cuc|ë, -a Mädchen *n*

cun|g-u, *pl.* -gje-t Baumstumpf *m*, Stumpf *m*

cungoj abschneiden, verstümmeln

curril-i, *pl.* -a-t Wasserstrahl *m*, Strahl *m*

Cyrih-u *ON* Zürich

Ç

ç', çka was?, was für ein? **në ç'mënyrë?** auf welche Weise? **ç'hall ke?** was hast du auf dem Herzen?; **ç'ke qejf të pish?** was möchtest du trinken?

ç- ent-, zer-

çad|ër, -ra Regenschirm *m*, Zeltplane *f*, Zelt *n*; **~ dielli** Sonnenschirm *m*; **ngreh çadrën** das Zelt errichten

çadjan, -e aus Tschad; tschadisch

ça|j, -va, -rë spalten

çaj-i Tee *m*; **lugë çaji** Teelöffel *m*

çajhan|e, -ia Teehaus *n*

çajnik-u, *pl.* -ë-t Teekanne *f*

çajor|e, -ja Teeglas *n*, Teebecher *m*

çajtor|e, -ja Teestube *f*

çaka|ll-i, *pl.* -ej-të; -aj-të *zoo.* Schakal *m*

çakçirë-t *m. pl.* Hosen der Volkstracht, Filzhose *f*

çakërdis auseinandertreiben; verwirren, durcheinander bringen

çakmak-u, *pl.* -ë-t Feuerzeug *n*

çakorduar, i/e verstimmt *Instrument*

çalaman, -e hinkend, lahm

çalë, i/e humpelnd; schlecht; **përgatitje e** ~ mangelhafte Vorbereitung *f*

çaloj humpeln; zurück/bleiben; ~ **në mësime** im Unterricht zurück/bleiben

çallëstis sich bemühen, sich an/strengen, sich ab/rackern

çallm|ë, -a Turban *m*

çam, -e tschamisch

Çam-i Tschame *m*

çam-i, *pl.* -e-t Tanne *f*

çamisht|ë, -a Tannenwald *m*

çanak-u Napf *m*, Schüssel *f*

çant|ë, -a Tasche *f;* ~ **aktesh** Aktentasche *f;* ~ **shpine** Rucksack *m*

çap-i, *pl.* -a-t Jagdhund *m*

çap-i, *pl.* -a-t; -e-t Schritt *m;* **bëj çapat e parë** die ersten Schritte machen

çapok-u, *pl.* -ë-t Oberschenkelknochen *m*, Oberschenkel *m*, Hüftknochen *m*

çap|úa, -oi, *pl.* -ónj-të Sporn *m des Hahns*

çarçaf-i, *pl.* -ë-t Betttuch *n*, Laken *n;* **çarçafë e këllëfë** Bettzeug *n*, Bettwäsche *f*

çardak-u, *pl.* -ë-t *veralt.* Laube, Terrasse, Loggia

çaré-ja Mittel *n*, Ausweg *m;* **s'ka çare** daran führt kein Weg vorbei

çarj|e, -a das Zerreißen *n;* ~ **gome** Reifenpanne *f*

çar|k-u, *pl.* -qe-t Falle *f;* Vogelfalle *f;* Tabakschneidemesser *n;* Fensterrahmen *m;* Pipette *zur Blutentnahme*

çarkí-a großes Blech *n*, Kupferplatte *f*

çarmatim Abrüstung *f*

çarmatos entwaffnen

çarmatosj|e, -a Entwaffnung *f*

çarshí-a *veralt.* überdachter Markt; Marktviertel, Basar

çart zerstören, ruinieren

çartabes|ë, -a Wortbruch *m*, Wortbrüchigkeit *f*

çart|ë, -a Zank *m*, Streit *m*

çast-i, *pl.* -e-t Moment *m*, Augenblick *m;* Gelegenheit *f*, Zeitpunkt *m*

çastësí-a Momentaneität *f*, Augenblicklichkeit *f;* **pamje e çastësisë** *spr.* punktueller Aspekt *m*

çastit, i/e momentan, augenblicklich

çastm|ë, -me, i/e momentan, augenblicklich

çata|ll-i, *pl.* -j-të Astgabel *f*

çatdhesoj aus/bürgern, vertreiben, *jur.* aus/weisen, ins Exil schicken

çatí-a Dach *n*

çaush-i, *pl.* -ë-t *veralt.* Vorarbeiter *m*, Büttel *m;* Feldwebel *m*

çdo jeder

çdofarësh|ëm, -me, i/e jederlei

çdokush jeder, jedermann

çdolloj ⟨+ *Abl*⟩ jederlei; **çdolloj pune** jederlei Arbeit

çdollojtë, i/e jederlei

çdonjër|i, -a jeder; **në çdonjërën prej fotografive** auf jedem der Fotos

-çe auf ... Art; **labçe** labisch, **fshatarçe**

auf Bauernart

çedukoj verziehen, verderben, verwöhnen, schlecht erziehen

çéhr|e, -ja Gesichtsausdruck *m*, Gesichtsfarbe *f*; **i ndërroi çehrja** er erbleichte

çek, -e tschechisch, böhmisch

çek-u, *pl.* -ë-t Tscheche *m*, Böhme *m*

çe|k-u, *pl.* -qe-t Scheck *m*; ~ **postar** Postscheck *m*; ~ **udhëtimi** Reisescheck *m*; **thyej një** ~ einen Scheck einlösen

çekan-i, *pl.* -ë-t Hammer *m*, Vorschlaghammer *m*; **drapër e** ~ Hammer und Sichel

çekanis bearbeiten *mit dem Vorschlaghammer*; verprügeln; ~ **djalin** den Sohn durchwalken

Çekí-a Tschechei *f*, Tschechien

çekiç-i, *pl.* -ë-t Hammer *m*; ~ **pneumatik** Presslufthammer *m*

çekisht ⟨*adv*⟩ tschechisch

çekmexhé-ja *veralt.* Schublade *f*

çekosllovak, -e tschechoslowakisch

Çekosllovakí-a Tschechoslowakei *f*

çekuilibroj aus dem Gleichgewicht bringen

çel öffnen, eröffnen; ~ **një kredi prej një mijë eurosh, lekësh** einen Kredit von 1000 Euro, Lek eröffnen

çélës-i, *pl.* -a-t Schlüssel *m*; *tech.* Schalter *m*; ~ **fiso** *tech.* Steckschlüssel *m*; ~ **konservash** Dosenöffner *m*, Büchsenöffner *m*; ~ **papagall** *tech.* Engländer *m*, Kombinationszange *f*, Kombi-Zange *f*; ~ **poligon** Mutterschlüssel *m*, Schraubenschlüssel *m*

çelësambajtës|e, -ja Schlüssel:etui *n*, Schlüsselbund mit Überzug

çelët, i/e hell

çeli|k-u, *pl.* -qe-t Stahl *m*; **shkrirje e çelikut** Stahlschmelze *f*

çelikos stählen

çelikshkrirës-i Stahlkocher *m*

çeliktë, i/e stählern

çelnik-u, *pl.* -ë-t *veralt.* Senner *m*, Oberhaupt der Schäfer *bei den Aromunen*

çélur, i/e offen, hell

çemëroj abberufen

çend auftrennen

çerçivé-ja Scharnier *n*; Türrahmen *m*, Fensterrahmen *m*

çerdh|e, -ja Nest *n*, Kinderkrippe *f*; ~ **ditore** Kindertagesstätte *f*, Kita *f*; ~ **fjalësh** Wortfamilie *f*

çerdhúk|ël, -la, *pl.* -la-t *zoo.* Feldlerche *f*

çerek-u Viertel *n*, Viertelstunde *f*; **ora është dy pa një çerek** es ist Viertel vor zwei; **ora është dy e një çerek** es ist Viertel nach zwei

çerekfinal|e, -ja *spo.* Viertelfinale *n*

çerekshékull-i Vierteljahrhundert *n*

çerkez-i, *pl.* -ë-t Tscherkesse *m*

çermenjak, -e aus Çermë-Proshka

çetar-i, *pl.* -ë-t Freischärler *m*; Banditenführer *m*

çet|ë, -a Bande *f*, Freischar *f*

çetin|ë, -a *bot.* Schwarzkiefer *f*

çezmar, -e aus Çezma e Vogël

çezmaxhí-u, *pl.* -nj-të *veralt.* Brunnenbauer *m*

çezm|ë, -a Wasserhahn *m*; gefasste

Quelle *f;* Brunnen *m*

çështj|e, -a Frage *f,* Problem *n,* Streitpunkt *m;* **çështja do zgjidhje** das Problem verlangt eine Entscheidung; **çështja i takon qeverisë** die Sache geht die Regierung an; ~ **kapitale** *fig.* Kernfrage; ~ **organizative** Organisationsfragen; ~ **penale** *jur.* Strafsache, Strafverfahren *n;* **zheu edhe shokun në atë** ~ er zog auch seinen Freund in diese Sache hinein

çfarë was?, was für ein?; **nuk pati çfarë të bënte** es blieb ihm nichts anderes übrig; ~ **kërkoni, xhaxho?** was sucht Ihr, Alterchen?

çfarëdo ⟨+ *Abl*⟩ beliebig; ~ **pune** eine beliebige Sache *f*

çfarëdosh|ëm, -me, i/e beliebig; **send i** ~ beliebiges Ding *n*

çhundorëzim-i *spr.* Entnasalierung *f*

çiban-i, *pl.* -ë-t *med.* Furunkel *n,* Pickel *m*

çibuk-u, *pl.* -ë-t *veralt.* Rohrpfeife *f,* Tabakspfeife *f*

çiçibanoz-i, *pl.* -ë-t Johannisbrotbaum *m*

çidhnak, -e aus Çidhna

çidikë-t = **tirq**-it

çifçí-u, *pl.* -nj-të *veralt.* landloser Bauer *m;* Pächter *m*

çifli|g-u, *pl.* -gje-t *veralt.* Gut *n,* Bauernhof *m*

çifligar-i, *pl.* -ë-t Grundherr *m,* Landbesitzer *m,* Feudalherr *m*

çifligsahibí-u, *pl.* -nj-të *veralt.* Großbauer *m;* Pachtherr *m*

çift ⟨*adv*⟩ paarig, gerade; **faqe** ~ gerade Seite *f*

çift-i, *pl.* -e-t Paar *n;* ~ **bashkëshortësh** Ehepaar *n;* ~ **minimal** *spr.* Minimalpaar *n*

çift|e, -ja Zwillingsflinte *f;* Zwillingsdose *f für Kaffee und Zucker*

çiftar, -e Zwillings-; **motër çiftare** Zwillingsschwester *f*

çiftelí, -e aufbrausend, hitzig, cholerisch; **plak çifteli** giftiger Greis *m*

çiftelí-a Mandoline *f zweisaitig*

çifut, -e jüdisch

çifut-i, *pl.* -ë-t Jude *m*

çik|ë, -a Stück *n,* Happen *m;* Mädchen *n; zoo.* Weidenlaubsänger *m;* **një** ~ **herë** Moment *m;* ~ **e vogël** *zoo.* Wintergoldhähnchen *n*

çikëloj spalten, stückeln

çiklamin-i, *pl.* -a-t = **ciklamin**-i

çiklist-i Radsportler *m*

çikliz|ëm, -mi Radrennsport *m*

çikrik-u, *pl.* -ë-t Brunnenzug *m,* Göpel *m;* Winde *f,* Flaschenzug *m*

çilimí-u, *pl.* -nj-të kleines Kind *n*

çimento-ja Zement *m*

çimentoj zementieren

çimk|ë, -a = çím|ërr, -rra, *pl.* -rra-t *zoo.* Wanze *f*

çín|ërr, -rra" , *pl.* -rra-t *zoo.* Kohlmeise *f*

çinoj imitieren, nachahmen, nachäffen

çinteresim-i Desinteresse *n*

çirak-u, *pl.* -ë-t *veralt.* Gehilfe *m; fig.* Handlanger *m,* Knecht *m;* **çirakë të imperializmit** Handlanger des Imperialismus

çitjane-t *veralt.* Pluderhose *f der Frauen*

çiví-a Scharnier *n*
çivit-i Indigo, Waschblau *n*
çizm|e, -ja Stiefel *m;* ~ **gome** Gummistiefel *m*
çjerr *e/i/o* zerreißen, zerfetzen, abschürfen; kastrieren; **të ~ barkun** das hältst du nicht aus
çka? was?
çlirët, i/e lose, locker
çlirim-i Befreiung *f*
çlirimtar, -e befreiend, Befreiungs-; **Lëvizja Antifashiste Nacionalçlirimtare** *LANÇ* Antifaschistische Nationale Befreiungsbewegung *im 2. Weltkrieg*
çliroj befreien, entlasten
çlirues-i Befreier *m*
çlodh entspannen, ausruhen, rasten
çlodhj|e, -a Erholung *f*, Entspannung *f*, Ruhepause *f*
çlodhur, i/e ausgeruht, frisch
çmagjeps einen Zauber aufheben, vom Bann befreien
çmallem seine Begierde befriedigen
çmbështjell auspacken, auswickeln
çmend verrückt machen; **na çmendi me atë zhurmë** der Lärm hat uns verrückt gemacht
çmendem verrückt sein; **është çmendur pas saj** er ist verrückt nach ihr
çmendin|ë, -a Klapsmühle *f*, Irrenhaus *n*, Nervenheilanstalt
çméndur, i/e verrückt, töricht, wahnsinnig
çmendurí-a Wahnsinn *m*, Irresein *n*, Verrücktheit *f*
çmendurisht ⟨*adv*⟩ wahnsinnig; sehr; **e dashuronte çmendurisht** er liebte sie wahnsinnig
çmërs-i, *pl.* -e-t Wasserstein *m*, poröser Kalkstein *m*
çmilitarizoj demilitarisieren
çmim-i Preis *m*, Gebühr *f*, Porto *n;* **me ~ të ulët** preiswert; **~ me pakicë** Einzelhandelspreis *m;* **~ me shumicë** Großhandelspreis *m;* **caktoj ~ të arsyeshëm** einen vernünftigen Preis festsetzen; **garantim i çmimeve** Preisgarantie *f;* **listë çmimesh** Preisliste *f;* **ngritja e çmimit** Preissteigerung *f;* **tregues i çmimeve me shumicë** Großhandelspreisindex *m;* **ulje çmimesh** Preissenkung *f*
çmobilizohem die Lust verlieren an etwas
çmobilizoj demobilisieren
çmobolizim-i *mil.* Demobilisierung *f*
çmoj schätzen, achten; befinden, einschätzen
çmontoj demontieren, abreißen
çmorris *s/t* entlausen
çmos alles
çmuar, i/e wertvoll
çmuarj|e, -a Wertschätzung *f*
çmuesh|ëm, -me, i/e wertvoll
çnatyruar, i/e denaturiert; **alkool i ~** denaturierter Alkohol *m*
çnderoj entehren
çndot reinigen, entgiften
çndotj|e, -a Reinigung *f*, Entgiftung *f;* **~ e mjedisit** Entgiftung der Umwelt, Entsorgung *f*
çndryshk entrosten
çngjyros entfärben

çnuk alles; **bëj çmos e ~** alles Erdenkliche tun
çnjerëzor, -e unmenschlich, inhuman
çnjerí-u Unmensch *m*
çnjoh *jur.* ab/erkennen
ço|k-u, *pl.* -qe-t Hammer *m,* Türklopfer *m*
çoban-i, *pl.* -ë-t Hirt *m,* Kuhhirt *m,* Walache *m,* Aromune *m*
çobançe ⟨*adv*⟩ auf Hirtenart, auf Walachenart
çoç etwas; wohl; **~ i pëlqen ajo vajzë** das Mädchen gefällt ihm wohl
çoj, çova, çuar ziehen, führen, bringen, hinbringen; **~ në pastërti** in die Reinigung bringen; **~ spirancën** den Anker lichten; **si ia çoni?** wie geht es Ihnen?
çokanis zerstückeln, klein schneiden; verprügeln
çok|ë, -a Fleischermesser *n*
çokollat|ë, -a Schokolade *f;* Kakao *m,* Trinkschokolade *f*
çoksidim-i *chem.* Desoxidation *f*
çoksidoj ent:rosten
çoksidues-i Rost:entferner *m*
çomlek-u Braten *m;* **~ me uthull** Sauerbraten *m*
Çomolangm|ë, -a Mount Everest *m*
çorap-i, *pl.* -e-t, -ë-t Strumpf *m*
çorb|ë, -a Suppe *f,* Gemüsesuppe *f*
çorganizim-i Desorganisation *f,* Misswirtschaft *f*
çorientim-i Desorientierung *f*
çorientoj des:orientieren
çoroditem ent:arten, degenerieren
çorodit|e, -a Entartung *f*
çosá einige; **ka ~ që ka ardhur** er ist schon eine Weile da
çot|ë, -a *zoo.* Eichelhäher *m*
çrras herausreißen, herausziehen
çrregullim-i Störung *f;* **~ i qarkullimit të gjakut** *med.* Kreislaufstörung *f*
çrregulloj stören
çrregullt, i/e irregulär
çrrënjos entwurzeln
çrrotulloj herumreißen *Steuer;* aufrollen
çudibërës, -e wundertätig; **ujë çudibërëse** Heilwasser *n*
çuditem erstaunt sein, überrascht sein, sich wundern
çuditj|e, -a Verwunderung *f*
çuditsh|ëm, -me, i/e wunderbar, erstaunlich, seltsam
çup|ë, -a Mädchen *n*
çyryk, -e versehrt, verkrüppelt; **~ nga mendtë** geistesschwach, geistesgestört

D

d. m. th. das heißt, d. h.
dac-i, *pl.* -a-t Kater; ~ **deti** Katzenhai *m*
daç ... **daç**, *s.* **dua** entweder ... oder; sei es ... sei es
dado-ja Amme *f; tech.* Mutter *f,* Schraubenmutter *f*
dafin|ë, -a *bot.* Lorbeer *m,* Lorbeerbaum *m;* **kurorë dafine** Lorbeerkranz *m;* ~ **deti** *bot.* Oleander *m*
dafintë, i/e Lorbeer-; **kurorë e ~** Lorbeerkranz *m*
dajak-u, *pl.* -ë-t Knüppel *m,* Stock *m*
dajçasor, -e aus Dajç
daj|ë, -a Onkel *m, Bruder der Mutter*
dajlan-i, *pl.* -e-t Fischwehr *n*
dajr|e, -ja *mus.* Tamburin *n*
dak, -e dakisch
dakord einverstanden; **bie** ~ Einverständnis erzielen
daktil-i, *pl.* -ë-t *spr.* Daktylus *m*
daktilografist|e, -ja Maschinenschreiberin *f*
daktilografuar, i/e maschinenschriftlich
dákull ⟨*adv*⟩ nackt; steif
dal *a/e/i/o* heraus/kommen, hinaus/gehen; **doli barabar** er erwies sich als gleich; ~ **në det të hapur** auf See hinaus/fahren; ~ **faqebardhë** Erfolg haben, Schwein haben; **dalsh faqebardhë!** viel Glück!; ~ **jashtë** austreten *zur Toilette;* ~ **matanë** durch/kommen, etw. schaffen; ~ **mode** aus der Mode kommen; ~ **në pah** hervor/treten, sich bemerkbar machen; ~ **në pension** in Rente gehen; **dále(ni)** wart(et) mal! **dale, se harrova** wart mal, ich habe es vergessen
dalëngadalë ⟨*adv*⟩ langsam
dalj|e, -a Ausgang *m;* Erscheinen *n,* das Herauskommen *n;* Ausreise *f;* **Dalja** *rel.* Exodus, 2. Buch Mose; **vizë për dalje** Ausreisevisum *n;* ~ **alarmi** Notausgang *m*
dallaveraxhí-u, *pl.* -nj-të Schieber *m*
dallaver|e, -ja Schiebung *f,* Mogelei *f*
dalldí-a Verwirrung *f,* Entrückung *f*
dallëndysh|e, -ja Schwalbe *f*
dallg|ë, -a Welle *f,* Woge *f*
dallgëthyes|e, -ja Wellenbrecher *m*
dallim-i Auszeichnung *f;* Unterscheidung *f,* Unterschied *m;* Diskriminierung *f;* **fshirja e dallimit** Verwischung des Unterschieds *f*
dallimor, -e diskriminierend
dallkauk-u, *pl.* -ë-t Speichellecker *m,* Kriecher *m*
dalloj unterscheiden, auszeichnen; bemerken; **punonjës i dalluar** ausgezeichneter Werktätiger *m*
dalluar, i/e ausgezeichnet
dallues, -e unterscheidend, auffallend, auffällig; *spr.* distinktiv
dalmat, -e dalmatisch, dalmatinisch
dalt|ë, -a Meißel *m*
daltoj meißeln
damalug-u, *pl.* -ë-t Doppelsterzpflug *m*
damar-i, *pl.* -ë-t Ader *f*
damask-u Damast *m*

Damask-u *ON* Damaskus
damaz-i, *pl.* -ë-t Zuchttier *n Hengst, Stier, Bock*
dam|ë, -a Dame-Spiel *n;* Tanzpartnerin *f*
damësjot, -e aus Damës
damixhan|ë, -a große Korbflasche *f für Wein, Schnaps*
Damjan-i *ON* Drenovac
damk|ë, -a Fleck *m,* Makel *m;* Brandmal *n*
damkos zeichnen, kennzeichnen, brandmarken
damllá-ja *med.* Schlag:anfall *m,* Apoplexie *f*
danez, -e dänisch
danez-i Däne *m*
dangall-i, *pl.* -ë-t Dicksack *m; fig.* Trottel *m*
dangëlliot, -e aus Dangëllía
Danimark|ë, -a Dänemark *n*
dantell|ë, -a Spitze *f*
Danub-i Donau *f*
daocist-i, *pl.* -ë-t *phi.* Taoist *m*
dardan-i, *pl.* -ë-t Dardaner *m*
Dardan|ë, -a *ON* Kamenica
Dardanele-t Dardanellen *f Pl.*
dardhar, -e aus Dardha
dardh|ë, -a *bot.* Birne *f*
dardhisht|ë, -a Birnenplantage *f; bot.* Holzbirne *f*
dardhuk|ël, -la, *pl.* -la-t *bot.* Holzbirne *f*
dar|ë, -a, *pl.* -ë-t Zange *f,* Kneifzange *f*
darëprerës|e, -ja Drahtzange *f,* Kombizange *f*
dark|ë, -a Abendessen *n,* Abendbrot *n*
darkoj zu Abend essen; zu Abend bewirten
darsian, -e aus Dars
darviniz|ëm, -mi *phi.* Darwinismus *m*
dasí-a Zersplitterung *f*
dasm|ë, -a Hochzeit *f*
dasmoj Hochzeit feiern
dasmor, -e Hochzeits-
dasmor-I Hochzeitsgast *m*
dash-i, *pl.* desh-të *zoo.* Hammel *m,* Widder *m;* ~ **deti** Pelikan *m*
dashamir-i Liebhaber *m;* ~ **i artit** Kunstliebhaber *m*
dashamirësí-a Wohlwollen *n,* Gunst *f*
dashj|e, -a Vorsatz *m;* **me** ~ vorsätzlich
dashnor-i Liebhaber *m,* Geliebter *m*
dashnor|e, -ja Liebhaberin *f,* Geliebte *f*
dásht|ër, -ra, *pl.* -ra-t *bot.* Bärenklau *m;* Akanthus *m*
dashur, i/e lieb, teuer, wert, geliebt; **dashur padashur** nolens volens
dashurí-a Liebe *f;* ~ **amënore** Mutterliebe *f*
dashuriçk|ë, -a Liebelei *f,* Liebschaft *f*
dashurohem sich verlieben
dashuroj verliebt sein, sich verlieben; **e dashuronte çmendurisht** er liebte sie wahnsinnig
datar, -e Datums-; **vulë datare** Datumsstempel *m*
dat|ë, -a, *pl.* -a-t Datum *n;* ~ **e dorëzimit** Lieferdatum *n*
datëlindj|e, -a Geburtsdatum *n*
datim-i Datierung *f*
datoj datieren
daull|e, -ja Trommel *f*
daullexhí-u, *pl.* -nj-të = **daulltar**-i Trommler *m*

davá-ja Streit *m*
davaris *s/t* auseinander/treiben, zerstreuen
de *Int.* also, doch; **eja de!** komm doch!
debat-i, *pl.* -e-t Debatte *f*
debí-a *ök.* Debet *n,* Soll *n;* **kaloj në ~** in die roten Zahlen kommen
debit-i *ök.* Förderleistung *f*
debitor-i Schuldner *m*
debutim-i Debüt *n,* Erstauftritt *m*
debutoj debütieren
debutues-i Debütant *m*
decentralizoj dezentralisieren
decilit|ër, -ri, *pl.* -ra-t Deziliter *m,* Dezi *n*
decimet|ër, -ri, *pl.* -ra-t Dezimeter *dm n*
Deçan-i *ON* Dečani
deçanas, -e aus Deçan
deduksion-i Deduktion *f*
deduktiv, -e *phi.* deduktiv
deduktoj *phi.* deduzieren
def-i, *pl.* -e-t *mus.* Tamburin *n*
defator|e, -ja Tamburinspielerin *f*
defekt-i Defekt *m,* Mangel *m*
deficit-i Defizit *n*
deficitar, -e defizitär
deformoj verformen, entstellen
defter-i, *pl.* -ë-t *veralt.* Heft *n,* Kladde *f;* Kataster *n*
degam|e, -ja Krach *m,* Krawall *m*
degasor, -e aus Dega
degazoj entgasen
deg|ë, -a Zweig *m,* Branche *f,* Abteilung *f,* Fachrichtung *f;* **~ biblioteke** Bibliothekszweigstelle *f*
degëzoj verzweigen
degradoj degradieren
degjenerim-i Entartung *f,* Degeneration *f*
degjenerohem ent:arten
deh berauschen, betrunken machen; **dehur**, i/e betrunken
dehj|e, -a Rausch *m;* **~ e thellësisë** *med.* Tiefenrausch *m*
deiktik, -e *spr.* deiktisch
deiz|ëm, -mi *phi.* Deismus *m*
déjas, -e aus Deja, aus Dagno
dekad|ë, -a Dekade *f,* Jahrzehnt *n*
dekadent, -e dekadent, entartet
dekadentiz|ëm, -mi Dekadenz *f,* moderne Kunst *f*
dekagram-i, *pl.* -ë-t Deka(gramm) *n,* 10 Gramm
dekalit|ër, -ri, *pl.* -ra-t Dekaliter *m,* 10 Liter
dekan-i, *pl.* -ë-t *Universität* Dekan *m; Diplomatie* Doyen *m*
dekanat-i, *pl.* -e-t Dekanat *n Fakultätsleitung*
deklarat|ë, -a Deklaration *f,* Erklärung *f; jur.* Aussage *f;* **~ doganore** Zollerklärung *f*
deklaroj erklären, verkünden
deklasuar, i/e deklassiert, entwurzelt *aus den sozialen Zusammenhängen*
dekolté-ja Decolleté *n,* Kleid mit großem Ausschnitt *n*
dekompozohem verwesen, sich zersetzen
dekonspiroj verraten, Dienstgeheimnisse preisgeben
dekor-i, *pl.* -e-t Dekoration *f,* Verzierung *f*
dekoracion-i Dekoration *f,* Ausstat-

tung *f*
dekorat|ë, -a Auszeichnung *f*
dekorator-i Dekorateur *m*
dekoroj auszeichnen, dekorieren
dekovil-i, *pl.* -a-t *tech.* Feldbahn *f*, Schmalspurbahn *mit Güterwagen oder Loren f*
dekret-i, *pl.* -e-t Dekret *n*, Erlass *m*
dekretoj dekretieren
del|e, -ja, *pl.* dhen-të *zoo.* Schaf *n*
deledash-i, *pl.* -ë-t Zwitter *m*
delegacion-i Delegation *f*; **delegacioni kryesohet nga zëvendësministri** die Delegation wird vom stellvertretenden Minister angeführt
delegat-i, *pl.* -ë-t Delegierter *m*; Delegationsteilnehmer *m*
delegoj ab/ordnen
delfin-i, *pl.* -ë-t *zoo.* Delphin *m*
delí ⟨*Adj.*⟩ klasse, erstklassig; verrückt, irre; **një ~ vajzë** ein klasse Mädchen
delí-u, *pl.* -nj-të Held *m*
delikat, -e delikat, zart, zartfühlend; heikel; **detyrë delikate** heikle Aufgabe *f*
delikates|ë, -a Feinfühligkeit *f*, Taktgefühl *n*
delmer-i, *pl.* -ë-t Schafhirt *m*
delmer|e, -ja *zoo.* Bachstelze *f*
delt|ë, -a Delta-Mündung *f*
deltinar-i Töpfer *m*
deltin|ë, -a Ton *m*, Tonerde *f*; **~ e bardhë** *chem.* Kaolin *n*
deltinor, -e tonhaltig
delvinjot, -e aus Delvina
de|ll-i, *pl.* -j-të Sehne *f*
dellë, i/e sehnig
dem-i, *pl.* -a-t Kalb *n*, Jung-Rind *n*, Jungstier *m*, Stier *m*
demagog-u, *pl.* -ë-t Demagoge *m*
demagogjí-a Demagogie *f*
demagogjik, -e demagogisch
demarkacion-i Demarkation *f*; **vijë demarkacioni** Demarkationsinie *f*
demaskim-i Entlarvung *f*, Demaskierung *f*
demaskoj demaskieren, entlarven
dembel, -e faul, träge
dembelí-a = **dembellëk**-u Faulheit *f*
dembeliz|ëm, -mi Drückebergerei *f*
demek angeblich; also; **~, s'e paske ditur ti!** du hast das also nicht gewusst!
demet-i, *pl.* -e-t Garbe *f*
demografí-a Bevölkerungsforschung *f*, Demographie *f*
demokrací-a Demokratie *f*; **~ popullore** Volksdemokratie *f*
demonstrat|ë, -a Demonstration *f*, Demo *f*, Umzug *m*
demonstroj demonstrieren
demonstrues-i Demonstrant
denbabaden ⟨*adv*⟩ von alters her
dend vollstopfen, hineinpressen; verprügeln
dendësí-a Dichte *f*
dendësoj verdichten, komprimieren; **~ vizitat** häufiger zu Besuch kommen
dendur, i/e dicht, häufig
dendurí-a Häufigkeit *f*, Dichte *f*; *tech.* Frequenz *f*
dendurimatës-i Frequenzmesser *m*
den|g-u, *pl.* -gje-t Ballen *m*, Packen *m*, Pack *n*, Bündel *n*

deng = dengëza ⟨*adv*⟩ übervoll; **e mbushi çantën** ~ er machte die Tasche randvoll
denigroj herabsetzen, verunglimpfen
denonciator-i Denunziant *m*
denoncim-i Kündigung *f eines Vertrags*
denoncoj denunzieren, anzeigen; brandmarken; ~ **traktatin** den Vertrag für ungültig erklären
dentar, -e Zahnarzt-, Zahn-; **klinikë dentare** Zahnklinik *f*
dentist-i, *pl.* -ë-t Zahnarzt *m*
denjë, i/e würdig
denjësí-a Würdigkeit *f*
denjësisht ⟨*adv*⟩ würdig, angemessen
denjoj geruhen, sich herablassen; **denjoi ta priste** er geruhte, ihn zu empfangen
depërtoj eindringen, durchsickern; überqueren
depërtues, -e durchdringend
depo-ja, *pl.* -t Depot *n*, Lager *n*, Magazin *n*; ~ **fondesh** Bibliotheksmagazin *n*; ~ **konsinjacioni** Auslieferungslager *n*, Kommissionslager
deponoj *jur.* aussagen
depozit|ë, -a Depositum *n*, hinterlegter Betrag *m*
depozitim-i Einlage *f*, Guthaben *n*, Hinterlegung *f*; ~ **i markës së fabrikës** Hinterlegung der Herstellermarke; **bankë depozitimi** Depositenbank *f*
depozitoj hinterlegen
depresion-i *tech.* Druckverlust *m*; *ök.* Konjunkturschwäche *f*; Depression *f*
deputet-i, *pl.* -ë-t Abgeordneter *m*, Deputierter *m*, Parlamentsmitglied *n*
dérazi ⟨*adv*⟩ Tür an Tür, von Tür zu Tür, Haus an Haus; **banojmë** ~ wir wohnen nebeneinander
derdh gießen, ausströmen
derebé-u, *pl.* -j-të *hist.* Derebey *m Lokalherrscher in osman. Zeit*
der|ë, -a, *pl.* dyer-t Tür; ~ **zengjine** wohlhabende Familie
derëbab|ë, -a Elternhaus *n*
derëçelur, i/e = derëhapur, i/e gastfreundlich
derës-i = derëtar-i Pförtner *m*
dergjem bettlägerig sein; herum/lungern; schmachten; **makineritë dergjen në shi e në diell** die Maschinen verrotten in Wind und Wetter
dergjur, i/e bettlägerig; **grua e** ~ *med.* Wöchnerin *f*
deri, ~ **te**, ~ **më** bis; ~ **kur?** bis wann?; ~ **më katër gusht** bis zum 4. August
deriçk|ë, -a Türchen *n*, Türlein *n*
derisá ⟨*Konj.*⟩ bis
derman-i, *pl.* -e-t Heilmittel *n*, Ausweg *m*; **pa derman** unbedingt
dermatolog-u, *pl.* -ë-t Hautarzt *m*
dert-i, *pl.* -e-t *veralt.* Sorge *f*, Beunruhigung *f*; **mos ki** ~**!** mach dir keine Sorge!
dertoj sein Leid klagen
dervenas, -e aus Derven
dervish-i, *pl.* -ë-t Derwisch *m*
dermatologjí-a *med.* Dermatologie *f*
derr-i, *pl.* -a-t Schwein *n*; **dhjamë derri** Speck *m*; **grathë derri** Schweineborsten *f pl.*
derrar-i Schweinehirt *m*
derrçe ⟨*adv*⟩ wie ein Berserker;

luftoj ~ wie die Berserker kämpfen
derrërí-a Sturheit *f*
derrkuc-i, *pl.* -ë-t Ferkel *n;* ~ **Indie** Meerschweinchen *n*
desant-i, *pl.* -ë-t Fallschirmspringer *m,* Marine:infanterist *m*
desemantizim i *spr.* Bedeutungs:entleerung *f*
desert-i Dessert *n,* Nachtisch *m*
despot-i, *pl.* -ë-t Despot *m,* Tyrann *m*
despotiz|ëm, -mi Tyrannei *f*
destinacion-i Bestimmung *f*
desh-të, s. **dash**-i
desha, s. **dua** ich möchte, ich wollte
deshifroj entziffern
det-i, *pl.* -e-t Meer *n,* See *f;* **dal në ~ të hapur** auslaufen, auf See hinausfahren; **gocë deti** Muschel *f;* **Deti Baltik** Ostsee *f;* **Deti i Bardhë** Weißes Meer *n;* **Deti i Kuq** Rotes Meer *n;* **Deti i Vdekur** Totes Meer *n;* **Deti i Verdhë** Gelbes Meer *n;* **Deti i Veriut** Nordsee; **Deti i Zi** Schwarzes Meer *n;* **Deti Jon** Jonisches Meer *n*
detajuar, i/e detailliert
detal-i, *pl.* -e-t Einzelteil *n*
detar, -e See-, Meeres-; **me rrugë detare** per Schiff, mit Schiffspost
detar-i, *pl.* -ë-t Matrose *m,* Seemann *m*
detarí-a Seefahrt *f*
detektiv-i, *pl.* -ë-t Detektiv *m,* Polizist *m*
detyr|ë, -a Aufgabe *f;* ~ **delikate** heikle Aufgabe *f*
detyrës-i Schuldner *m*
detyres|ë, -a Verpflichtung *f,* Obligation *f,* Verbindlichkeit *f,* Schuld *f*
detyrim-i Verpflichtung *f;* ~ **në të holla** finanzielle Verpflichtung
detyrimisht ⟨*adv*⟩ zwingend, verpflichtend, obligatorisch
detyroj zwingen, verpflichten, veranlassen
detyrúar, i/e Zwangs-, gezwungen; **mjekim i** ~ *jur.* Zwangsheilung; **i detyruar-i ushtarak** Wehrpflichtiger *m*
detyruesh|ëm, -me, i/e verpflichtend, obligatorisch; **qëndrim i** ~ Zwangsaufenthalt *m*
devé-ja, *pl.* -të Kamel *n*
deviacion-i Abweichung *f*
deviator-i, *pl.* -ë-t Abweichler *m*
devijim-i Umleitung *f*
deviz|ë, -a Devise *f,* Losung *f*
devocion-i = **devotshmërí**-a Hingabe *f*
devollit, -e aus Devoll
devotshmërí-a Devotion *f,* Ergebenheit *f,* Hingabe *f*
dezertoj desertieren
dezertor-i *mil.* Deserteur *m*
dezinfektoj desinfizieren, sterilisieren
dezinfektues-i Desinfektionsmittel *n*
dezhur-i Wachhabender *m,* Diensthabender *m;* ~ **i katit** Stockwerksaufseher *m im Hotel*
dëbim-i *jur.* Verbannung *f,* Ausweisung *f*
dëboj aus/weisen, vertreiben
dëbor|ë, -a Schnee *m*
dëbuhem gepaart werden *weibl. Säugetier*
dëfrehem sich amüsieren, sich vergnügen

dëftej *e/ye* = **dëftoj** zeigen, anzeigen
dëftes|ë, -a Beleg *m*, Zertifikat *n*, Bescheinigung *f*; ~ **detare** *ök.* Navicert *n*
dëftor, -e *spr.* demonstrativ; **fjali dëftore** *spr.* Aussagesatz *m*; **përemër dëftor** Demonstrativpronomen *n*
dëftor|e, -ja *spr.* Indikativ *m*
dëftues, -e zeigend, Zeige-; **gisht dëftues** Zeigefinger *m*
dëgjes|ë, -a Gehorsam *m*
dëgjim-i Hörvermögen *n*, Gehör *n*
dëgjimor, -e *spr.* auditiv, Gehör-
dëgjoj hören, zuhören
dëgjues-i Hörer *m*, Zuhörer *m*
dëgjues|e, -ja Hörerin *f*; Hörer *m*, Telefonhörer *m*
dëgjuesh|ëm, -me, i/e hörbar; gehorsam
dëkoj kaputt machen, verprügeln
dëlir reinigen; los/sprechen; ~ **prej betimit** vom Eid entbinden
dëlirë, i/e rein, sauber
dëlirësí-a Sauberkeit *f*, Ehrbarkeit *f*
dëllinj|ë, -a *bot.* Wacholder *m*; **raki dëllinje** Wacholdergeist *m*
dëm-i, *pl.* -e-t Schaden *m*; **dëmi dhe rreziku në ngarkim të porositësit** Risiko und Gefahr zu Lasten des Auftraggebers; **shkoj dëm** misslingen, fehl/schlagen; **në dëm të** ⟨+ *G*⟩ zum Nachteil von, zum Schaden von
dëmprurës, -e = **dëmsjellës**, -e schädlich
dëmsh|ëm, -me, i/e = **dëmtar**, -e schädlich
dëmshpërblej entschädigen, wiedergut/machen
dëmshpërblim-i Entschädigung *f*
dëmtim-i Beschädigung *f*, *jur.* Schädigung *f*; ~ **i rëndë trupor** schwere körperliche Schädigung; ~ **llamarine** Blechschaden *m*
dëmtoj beschädigen
dëmtues-i Schädling *m*, Beschädiger *m*
dënes schluchzen
dëngla-t *f Pl.* Lobsprüche ohne Wert; **lëri dënglat!** lass die hohlen Phrasen!
dënim-i Bestrafung *f*, Strafe *f*; ~ **kryesor** *jur.* Hauptstrafe; ~ **i shtuar** *jur.* Gesamtstrafe; ~ **kapital** Todesstrafe; ~ **me kusht** *jur.* bedingte Bestrafung *f*, *jur.* Bewährungsstrafe *f*; ~ **me vdekje** *jur.* Todesstrafe; ~ **përfundimtar** *jur.* Endstrafe; ~ **plotësues** *jur.* Nebenstrafe, Zusatzstrafe *f*
dënoj *jur.* bestrafen, verurteilen
dënuar-i, i der Verurteilte *m*
dërçikth-i *spr.* Zäpfchen, *med.* Uvula
dërdyl-i, *pl.* -a-t großes und starkes Pferd; Hüne *m*
dërges|ë, -a Sendung *f*, Versand *m*; **prapësim dërgese** Rücksendung *f*
dërgim-i Versand *m*
dërgoj schicken, senden, entsenden, versenden; ~ **syrgjyn** verbannen, in die Verbannung schicken
dërgues-i Absender *m*
dërhem-i, *pl.* -ë-t *veralt.* Dirhem *osman. Gewichtseinheit;* Gewichtsstein *m auf der Waage*
dërsij schwitzen
dërstil|ë, -a Walkmühle *f*
dërstiloj walken

dërras|ë, -a Brett *n;* **stinoj dërrasat** die Bretter trocknen lassen *zur Verbesserung der Qualität*
dërrmoj zerstückeln
dëshir|ë, -a Wunsch *m*
dëshiroj wünschen, wollen
dëshiror|e, -ja *spr.* Optativ *m*
dëshiruesh|ëm, -me, i/e wünschenswert
dëshmí-a *jur.* Zeugenaussage *f,* Zeugnis *n,* Beleg *m,* Beweis *m*
dëshmitar-i Zeuge *m;* Märtyrer *m,* Kriegsgefallener *m*
dëshmoj bezeugen, belegen
dëshmor-i, *pl.* -ë-t Märtyrer *m,* Blutzeuge *m*
dëshpërim-i Verzweiflung *f*
dëshpëroj verzweifeln
dështim-i Schwangerschaftsunterbrechung *f,* Abtreibung *f, med.* Abort *m*
dështoj abtreiben, Fehlgeburt haben; Misserfolg haben, misslingen
di, -ta, -tur wissen
diabet-i *med.* Diabetes, Zuckerkrankheit *f*
diabetik-u Diabetiker *m,* Zuckerkranker
diadem|ë, -a Diadem *n*
diafragm|ë, -a *med.* Zwerchfell *n;* Membrane *f;* Blende *f am Fotoapparat;* ~ **e hundës** *med.* Nasenscheidewand *f*
diagnoz|ë, -a Diagnose *f*
diagram-i, *pl.* -e-t Diagramm *n;* ~ **i temperaturës** *med.* Fieberkurve *f*
diakroní-a *spr.* Diachronie *f*
diakronik, -e diachronisch
dialekt-i, *pl.* -e-t Dialekt *m,* Mund:art *f*
dialektik, -e dialektisch; **materializëm** ~ dialektischer Materialismus, Diamat
dialektik|ë, -a Dialektik *f*
dialektiz|ëm, -mi *spr.* mundartlicher Ausdruck *m;* Dialektismus *m*
dialektolog-u, *pl.* -gje-t Mundartforscher *m,* Dialektologe *m*
dialektologjí-a Mundartforschung *f,* Dialektologie *f*
dialektor, -e mundartlich, dialektal
dialog-u, *pl.* -ë-t Dialog *m,* Gespräch *n*
diamant-i, *pl.* -e-t Diamant *m;* Glasschneider *m*
diamet|ër, -ri, *pl.* -ra-t Durchmesser *m*
diametralisht i kundërt diametral entgegengesetzt
diapazon-i, *pl.* -e-t Kammerton a *m, mus.* Tonumfang *m;* Stimmgabel *f; fig.* Palette *f;* ~ **i gjerë i dijeve** breite Palette der Kenntnisse
diapozitiv-i Diapositiv *n,* Dia *n*
diarré-ja Durchfall *m, med.* Diärrhöe *f*
diatez|ë, -a Diathese *f,* Genus verbi *n;* ~ **mesore** *spr.* Medium *n*
dibran, -e aus Dibra
diçka = **diç** etwas; ~ **e re** etwas Neues
didaktik|ë, -a Didaktik *f*
diel-a, e Sonntag *m;* ~ **e larit** *rel.* Palmsonntag *m*
diell-i Sonne *f;* **dielli përvelon** die Sonne brennt; **banjë dielli** Sonnenbad *n;* **çadër dielli** Sonnenschirm *m;* **djegie nga dielli** Sonnenbrand *m;* **eklipsi i diellit** Sonnenfinsternis *f;* **hyn dielli** die Sonne geht unter

diellisht|ë, -a Sonnenplatz *m*
diellor, -e Sonnen-
dierez|ë, -a Diärese *f*
diet|ë, -a Tagegeld *n; med.* Diät *f*
diez-i, *pl.* -ë-t *mus.* Kreuz *n erhöht um einen Halbton*
diferenc|ë, -a Unterschied *m*
diferencial-i *tech.* Differenzial *n*
diferencoj differenzieren, unterscheiden
difterí-a *med.* Diphtherie *f*
diftim-i *rel.* Epiphanie *f,* Epiphanias
difton|g-u, *pl.* -gje-t *spr.* Diphthong *m,* Zwielaut *m;* ~ **ngjitës** steigender Diphthong *m*
diftongim-i Diphthongierung *f*
digam|ë, -a *spr.* Digamma *n*
dig|ë, -a Damm *m,* Deich *m;* Staudamm *m*
diglosí-a *spr.* Diglossie *f*
digraf-i, *pl.* -e-t Buchstabenverbindung *f, spr.* Digraph
digj, s. **djeg**
digjem *e/i/o* Feuer fangen, brennen
dihas *s/t* keuchen
dij|e, -a Wissen *n*
dijení-a Kenntnis *f;* **vë në** ~ in Kenntnis setzen
dijetar-i Wissenschaftler *m*
dikaster-i, *pl.* -e-t Behörde *f,* Ministerium *n;* **titullari i dikasterit** Amtsleiter *m,* Behördenchef *m*
dikasterial, -e Ressort-; bürokratisch; **frymë dikasteriale** Ressortgeist *m*
dikë, s. dikush
diksion-i Diktion *f,* Sprechweise *f*
diktat-i, *pl.* -e-t Diktat *n,* aufgezwungener Wille *m*
diktator-i Diktator *m*
diktatur|ë, -a Diktatur *f;* ~ **e proletariatit** Diktatur des Proletariats
diktim-i Diktat *n in der Schule*
diktoj diktieren; bemerken, entdecken, aufspüren
diku irgendwo
dikur ⟨*adv*⟩ früher, irgendwann, ehedem
dikursh|ëm, -me, i/e früher, vergangen, ehemalig; **gropos ëndrrat e dikurshme** die einstigen Träume begraben
dikush jemand, irgendeiner
dil, s. **dal**
dilem|ë, -a *phi.* Dilemma *n*
diletant-i, *pl.* -ë-t Dilettant *m,* Amateur *m,* Laie *m*
diletantiz|ëm, -mi Dilettantismus *m*
dim|ër, -ri, *pl.* -ra-t Winter *m;* **dimrit** winters, im Winter
dimërak, -e Winter-; **mollë dimërake** Winterapfel *m*
dimërisht|ë, -a Winterweide *f;* Winterfutter *n*
dimëroj überwintern
dimëror, -e winterlich, Winter-
dimí-të Pluderhose *f der Frauen*
dimiskí-a Damaszenerklinge *f*
din-i *veralt.* Glaube *m;* guter Lebenswandel *m;* **vij në** ~ auf den rechten Weg kommen, sich bessern
dinak, -e hinterlistig, schlau, listig
dinakërí-a Schläue *f,* Klugheit *f,* List *f*
dinamik, -e dynamisch
dinamik|ë, -a Dynamik *f*
dinamit-i Dynamit *n,* Sprengstoff *m*

dinamiz|ëm, -mi Dynamismus *m,* Dynamik *f*
dinámo-ja Dynamo *m,* Lichtmaschine *f*
dinar-i, *pl.* -ë-t Dinar *m Währung*
dinastí-a Dynastie *f*
din|ë, -a Dyn *Maßeinheit für mechanische Kräfte n*
dinozaur-i, *pl.* -ë-t Dinosaurier *m*
dinjitet-i Würde; ~ **njerëzor** Menschenwürde *f*
dinjitoz, -e würdevoll, würdig, anständig
diod|ë, -a Diode *f*
dioqez|ë, -a *rel.* Diözese *f*
diplom|ë, -a Diplom *n,* Urkunde *f;* **punë diplome** Diplomarbeit *f*
diplomací-a Diplomatie *f;* ~ **e strucit** Vogel-Strauß-Taktik *f*
diplomatik, -e diplomatisch; **në rrugë diplomatike** auf diplomatischem Wege
diplomohem Prüfung machen, das Studium beenden
direk-u, *pl.* -ë-t Mast *m*
direktiv|ë, -a Direktive *f,* Leitlinie *f*
dirigjent-i, *pl.* -ë-t Dirigent *m,* Orchesterleiter *m*
dirigjoj *mus.* dirigieren; leiten
disá einige, ein paar; ~ **ikën, kusuri ndenjën** einige gingen, die übrigen blieben
disenjator-i Designer *m;* technischer Zeichner *m*
disertacion-i Dissertation *f*
disfat|ë, -a Niederlage *f;* **pësoj disfatë** eine Niederlage erleiden
disfatist-i Defätist *m*
disfatiz|ëm, -mi Defätismus *m*
disí irgendwie
disiplin|ë, -a Disziplin *f*
disiplinoj disziplinieren
disiplinor, -e disziplinarisch, Disziplinar-; **masa disiplinore** Disziplinarmaßnahmen *f. Pl.*
diskhedhës-i *spo.* Diskuswerfer *m*
dis|k-u, *pl.* -qe-t *spo.* Diskus *m;* Schallplatte *f;* Scheibe *f; tech.* Bremsscheibe; **sharrë disk** *tech.* Kreissäge *f;* ~ **kryesor, i rëndë** Festplatte *f*
diskotek|ë, -a Schallplattensammlung *f,* Diskothek *f*
diskreditoj in Verruf bringen, diskreditieren
diskriminoj diskriminieren
diskutim-i Diskussion *f*
diskutoj diskutieren
diskutuesh|ëm, -me, i/e diskussionswürdig, diskussionsfähig, diskutabel
dislokoj *mil.* dislozieren, aufstellen
disnivel-i, *pl.* -e-t Niveauunterschied *m;* ~ **kulturor** Kulturgefälle *n*
disonanc|ë, -a *mus.* Dissonanz *f*
dispaç-i, *pl.* -e-t Schnelligkeitsprämie *f im Hafen,* Eilgeld *n*
dispanserí-a medizinische Beratungsstelle *f,* Ambulanz *f*
dispash|ë, -a Schadens:aufmachung *f, ök.* Dispache *f*
dispéçer-i, *pl.* -ë-t Abfertigungsanlage *f*
dispens|ë, -a Umdruck *m,* hektographiertes Lehrbuch *n,* Skript *n*
disponoj verfügen über etw., disponieren
disponuesh|ëm, -me, i/e disponibel,

verfügbar
dispozicion-i Disposition *f,* Verfügung *f;* **kam në dispozicion** disponieren über, verfügen über
dispozit|ë, -a Disposition *f,* Absprache *f; jur.* Bestimmung *f;* **dispozitë në dobi të një të treti** Absprache zugunsten eines Dritten, pro tertio
distanc|ë, -a Distanz *f, spo.* Strecke *f*
distiloj destillieren
distinktiv-i, *pl.* -ë-t Anstecknadel *f*
distributor-i *tech.* Zündverteiler
dishépu|ll-i, *pl.* -j-t *rel.* Jünger *m;* Anhänger *m*
dishnicar, -e aus Dishnica
dita-ditës ⟨*adv*⟩ tagaus-tagein
ditar-i Tagebuch *n*
dit|ë, -a Tag *m;* **asaj dite** an jenem Tage; **ditën** am Tag; tagsüber; **një ditë prej ditësh** eines schönen Tages; ~ **pune** Werktag; ~ **pushimi** Ruhetag; **gjatë ditës** tagsüber
ditëlindj|e, -a Geburtstag *m*
ditëvdekj|e, -a Todestag *m*
ditiramb-i, *pl.* -e-t Dithyrambus *m*
ditor, -e Tages-; **çerdhe ditore** Kindertagesstätte *f,* Kita *f*
ditur, i/e gelehrt
diturí-a Kenntnis *f;* Wissensgebiet *n,* Unterrichtsstoff *m*
dituror, -e *spr.* gelehrt, Buch-; **fjalë diturore** buchsprachliches Wort, gelehrtes Wort
div-i, *pl.* -a-t Riese *m*
divan-i, *pl.* -e-t Diwan *m,* Sofa *n,* Canapé *n,* Couch *f,* Bettcouch *f,* Schlafcouch *f*
divergjenc|ë, -a Divergenz *f,* Abweichung *f*
diversant-i, *pl.* -ë-t Diversant *m*
diversion-i Diversion *f,* Wühlarbeit *f; mil.* Ablenkung *f*
dividend-i, *pl.* -ë-t *ök.* Dividende *f*
diviz|ë, -a *mil.* Uniform *f*
divizion-i *mil.* Division *f*
divorc-i *jur.* Scheidung *f,* Ehescheidung *f*
diz|ë, -a Düse *f*
dizenterí-a *med.* Ruhr *f,* Dysenterie *f*
dizg|ë, -a, *pl.* -gje-t Band *n um Strümpfe zu befestigen oder ein Baby zu halten,* Wickelband *n*
djal|ë, -i, djem-të Junge *m,* Knabe *m,* Bursche *m;* **djali plangprishës** *rel.* der verlorene Sohn
djalosh-i, *pl.* djelmosha-t Bursche *m,* junger Mann *m*
djalurçin|ë, -a, *pl.* -a-t grüner Junge *m,* Grünschnabel *m*
dja|ll-i, *pl.* -j-të Teufel; **të marrtë djalli!** der Teufel soll dich holen!
djallëzí-a Teufelei *f,* Tücke *f*
djallëzoj tückisch sein, tückisch machen
djallos verhunzen
djath|ë, -i, *pl.* -ëra-t Käse *m*
djathtas ⟨*adv*⟩ rechts
djathtë, i/e recht; **dorë e** ~ rechte Hand *f*
djathtiz|ëm, -mi Rechtsfraktion *f in einer kommunist. Partei,* Rechts:opportunismus *m*
dje gestern
djeg *e/i/o; g/gj* brennen, verbrennen,

durchbrennen
djegagur-i Hundstage *m Pl.*
djegës, -e scharf, ätzend, brennend; brennbar
djegësir|ë, -a Schärfe *f;* Sodbrennen *n*
djegësoj pfeffern
djegi|e, -a Brennen *n,* Brand *m;* ~ **nga dielli** Sonnenbrand *m*
djegor|e, -ja *mil.* Zünder *m*
djegsh|ëm, -me, i/e brennbar
djegurin|ë, -a Brennstoff *m,* Brennmaterial *n*
djep-i, *pl.* -e-t Wiege *f*
djepës-i Baby *n*
djepoj schaukeln *in der Wiege*
djers|ë, -a Schweiß *m*
djersit schwitzen; **djersitem** sich abrackern; beschlagen *vom Dampf*
djersitur, i/e verschwitzt, schweißgebadet
djerr-i, *pl.* -e-t = **djerrin|ë**, -a Brache *f,* Brachfeld *n*
djerrë, i/e brach, brachliegend
djerroj grübeln; *fig.* ausbrüten
djesh|ëm, -me, i/e gestrig, von gestern
do = **disá**
do, s. **dua**
dobare ⟨*adv*⟩ wenigstens
dobësí-a Schwäche *f*
dobësim-i Schwächung *f*
dobësoj schwächen; **lidhje e dobësuar** lockerer Einband *m*
dobët, i/e schwach, geringwertig, niedrig *Qualität;* **shkak i dobët** *jur.* niedriger Beweggrund *m*
dobí-a Nutzen *m,* Vorteil *m;* **në dobi të** ⟨+ *G*⟩ zugunsten
dobiprurës, -e nützlich
dobish|ëm, -me, i/e nützlich
dobishmërí-a Nützlichkeit *f,* Nutzen *m*
dobraças, -e aus Dobraç
docent-i, *pl.* -ë-t Dozent *m*
Dodekanez-i Dodekanes *m Inselgruppe*
doemós sicher!, gewiss!, natürlich!
dogan|ë, -a Zoll *m;* **agjenci dogane** Zollbüro *n,* Zollamt *n*
doganier-i Zöllner *m*
doganoj kontrollieren, Zoll erheben
doganor, -e Zoll- **tarifë doganore** Zolltarif *m;* **deklaratë doganore** Zollerklärung *f*
dogmatik-u, *pl.* -ë-t Dogmatiker *m*
dogmatiz|ëm, -mi Dogmatismus *m*
dogm|ë, -a Dogma *n*
dogja, s. **djeg**
dok-u Kattun *m,* Baumwolle *f*
dok-u, *pl.* -e-t Dock *n;* ~ **i thatë** Trockendock *n;* ~ **pluskues, notues** Schwimmdock *n*
dók|ërr, -rra, *pl.* -rra-t großer Knochen *m;* **flas dokrra** Unsinn reden
doke-t *f Pl.* Sitten *f Pl.;* ~ **e zakone** Sitten und Gebräuche
dokëndis gesundheitlich schädigen; beleidigen; **e dokëndisën fasulet** die Bohnen sind ihm nicht bekommen
doker-i Dockarbeiter *m,* Docker *m*
doktor-i Doktor *m;* Arzt *m*
doktorat|ë, -a Doktorgrad *m;* Doktorarbeit *f*
doktrin|ë, -a *phi.* Doktrin *f*
dokudó ⟨*adv*⟩ irgendwo; auf gut Glück, unerheblich
dokument-i, *pl.* -e-t Dokument *n,*

Schriftstück *n,* Papier *n,* Ausweis *m*

dokumentar, -e dokumentarisch, Dokumentar-; **film dokumentar** Kulturfilm

dokurdó ⟨*adv*⟩ irgendwann

dola, s. **dal**

dollak-u, *pl.* -ë-t Wickelgamasche *f*

dollap-i, *pl.* -ë-t Schrank *m*

dollar-i, *pl.* -ë-t Dollar *m*

dollí-a Toast *m,* Trinkspruch *m*

dollmá-ja Dolma *in Wein- oder Kohlblätter gerollte Speise,* Krautwickel *m*

dollomá-ja knielanger Mantel *m*

dom-i, *pl.* -ër-it hochwürdiger Herr *Titel kath. Priester*

domat|e, -ja Tomate *f;* **sallatë me domate** Tomatensalat *m*

domethënë (d. m. th.) das heißt

domethënës, -e Bedeutungs-

domethëni|e, -a Bedeutung

dominó-ja Domino-Spiel *n*

domk|ë, -a Beule *f*

domosdó ⟨*adv*⟩ unbedingt

domosdosh|ëm, -me, i/e unerlässlich, unabdingbar, notwendig, nötig

domosdoshmërí-a Notwendigkeit *f,* Unumgänglichkeit *f*

dora-dorës ⟨*adv*⟩ Hand in Hand

doracak, -e handlich

doracak-u Handbuch *n*

dorak-u, *pl.* -ë-t Griff *m,* Henkel *m,* Pflugsterz *m;* Hantel *f*

dorashk|ë, -a Handschuh *m;* ~ **prej gome** Gummihandschuh *m*

dordolec-i, *pl.* -ë-t Vogelscheuche *f*

dor|ë, -a, *pl.* dúar-t Hand *f;* **dorë për dore** Hand in Hand; ~ **e djathtë** rechte Hand; **fërkoj duart** die Hände reiben; **fshij duart** die Hände abtrocknen; **i ka duart helaq** er hat schmutzige Hände; **kyçi i dorës** Handgelenk *n;* **m'u athën duart** mir sind die Hände wie abgestorben; **m'u fluskosën duart** ich habe Blasen an den Händen bekommen; **me duar të thara** mit abgestorbenen Händen; **me duart e rrasura në xhepa** mit den Händen in den Hosentaschen

dorëdhënë = **dorëçelur** freigiebig

dorës-i, *pl.* -a-t Leuchter *m;* Bogen der Lahuta *m*

dorëshkrim-i Handschrift *f,* Manuskript *n*

dorëz-a Händchen *n;* Handvoll *f,* Büschel *n,* Manschette *f*

doréz|ë, -a Handschuh *m;* Griff *m,* Henkel *m*

dorëzak, -e aus Dórëza

dorëzan|ë, -i, *pl.* -ë-t Bürge *m*

dorëzanës-i; **dorëzaní**-a *ök.* Aval, Wechselbürgschaft *f*

dorëzim-i Übergabe *f,* Abgabe *f*

dorëzohem geweiht werden *Priester;* sich ergeben; ~ **rob** sich ergeben; **dorëzoj** übergeben, aushändigen; *rel.* ordinieren

dorëzonj|ë, -a *bot.* Geißblatt *n*

dos|ë, -a Sau *f*

dosar-i, *pl.* -ë-t Dossier *n,* Aktenbündel *n,* Akte *f,* Vorgang *m*

dosj|e, -a = fajl-i *tech.* Datei *f im Computer*

dosido ein beliebiger; **një mësues** ~ ein beliebiger Lehrer

dot *Partikel* nicht können; **s'e dëgjoj dot** ich kann das nicht hören; **nuk qeveris dot as veten e tij** sich nicht einmal selbst in Ordnung halten können

dovlet-i, *pl.* -e-t *veralt.* Regierung *f*, Staat *m;* **baba dovletl** Vater Staat

doz|ë, -a *med.* Dosis *f*

dozim-i *med.* Dosierung *f*

dozoj *med.* dosieren

dragamin|ë, -a *mil.* Minensuchboot *n*

drag|ë, -a Schwimmbagger *m;* Schneelawine *f*

drag|úa, -ói Drache *m*

drakonian, -e drakonisch, erbarmungslos

dramatik|ë, -a Dramatik *f*

dramatizoj dramatisieren; **roman i dramatizuar** für die Bühne bearbeiteter Romanstoff

dramaturg-u Theaterschriftsteller *m*, Dramenautor *m*, Theaterautor *m*, Stückeschreiber *m*

dramaturgjí-a Dramatik *f*, Bühnenliteratur *f*

dram|ë, -a Drama *n*, Schauspiel *n*

drang|ë, -a *zoo.* Rotauge *n*

dráp|ër, -ri, *pl.* -ínj-të; -ërinj-të Sichel *f;* ~ **e çekan** Hammer und Sichel

drapëroj mit der Sichel schneiden

drashovicjot, -e aus Drashovica

Drav|ë, -a *FN* Drau *f*

dre-ri, *pl.* -rë-t *zoo.* Hirsch *m*

dredh *e/o/i* drehen

dredhak, -e = dredharak, -e gewunden; hinterlistig, durchtrieben; **rrugë dredhake** Serpentine *f*

dredh|e, -ja = dredhk|ë, -a Schlingpflanze *f*

dredh|ë, -a Windung *f*, Kurve *f*

drédh|ël, -la, *pl.* -la-t *bot.* Glockenblume *f*

dredhës-i *tech.* Dreher *m;* Drehschwengel *m*

dredhëz-a *bot.* Erdbeere *f*

dredhí-a List *f*, Tücke *f*

dredhj|e, -a das Drehen *n;* **repart i dredhjes** *tech.* Dreherei *f*

dredhk|ë, -a *bot.* Winde *f;* ~ **e arave** *bot.* Ackerwinde *f*

dredhoj abbiegen; Haken schlagen; listig sein

dredhor|e, -ja Schlingpflanze *f*

drejt ⟨*adv*⟩ direkt, geradeaus, in Richtung auf

drejt|ë, -a, e Recht *n;* ~ **e autorit** Urheberrecht *n;* **e drejta amtare** Mutterrecht *n;* ~ **e kombit më të favorizuar** *ök.* Meistbegünstigungsklausel *f;* ~ **parablerjeje** Vorkaufsrecht *n*

drejtë, i/e gerecht, richtig, gerade, direkt

drejtësí-a Gerechtigkeit *f*, Justiz *f*, Rechtspflege *f*

drejtësisht ⟨*adv*⟩ mit Recht, rechtmäßig

drejtëz-a *math.* Gerade *f;* **heq një drejtëz** eine Gerade ziehen

drejtim-i Richtung *f*, *spr.* Rektion *f;* ~ **parafjalor** *spr.* präpositionale Rektion; **gaboj drejtimin** die falsche Richtung einschlagen

drejtkëndësh-i, *pl.* -a-t *math.* Rechteck *n*

drejtkëndor, -e rechteckig
drejtohem sich begeben zu, sich wenden an
drejtoj lenken, leiten, steuern, aus/richten; *spr.* regieren
drejtor-i, *pl.* -ë-t Direktor *m,* Leiter *m*
drejtoresh|ë, -a Direktorin *f*
drejtorí-a Leitung *f,* Direktion *f;* **drejtoria e përgjithshme e radiotelevizionit** Generaldirektion von Rundfunk und Fernsehen
drejtpërdrejt ⟨*adv*⟩ = **drejtpërsëdrejti** direkt, unmittelbar; **përshkrim drejtpërdrejt nga libri** autoptische Beschreibung *f,* Autopsie *f*
drejtpërdrejtë, i/e direkt, unmittelbar
drejtpeshim-i Gleichgewicht *n;* **trondis drejtpeshimin** das Gleichgewicht erschüttern
drejtshkrim-i Rechtschreibung *f,* Orthographie *f*
drejtshkrimor, -e Rechtschreibungs-
drejtshqiptim-i korrekte Aussprache *f;* Orthoepie *f*
drejtues-i Leiter *m,* Chef *m,* Geschäftsführer *m*
drejtvendos *tech.* justieren
drejtvendosj|e, -a *tech.* Justierung *f*
drekem = **drekoj** zu Mittag essen
drek|ë, -a Mittagessen *n*
drekëher|ë, -a Mittagszeit *f*
drékëz-a *bot.* Maiglöckchen *n*
dremis *s/t* schlummern
dremk|ë, -a Nickerchen *n,* Schläfchen *n*
drenazh-i, *pl.* -e-t *tech.* Dränage *f*
drenicar, -e; **drenicak**, -e aus der Drenica
drenj|ë, -a *zoo.* Wachtel *f*
drenoj = **drenazhoj** Dränage anlegen
drenovar, -e aus Drenova
drenush|ë, -a *zoo.* Hirschkuh *f*
dreq-i, *pl.* -ër-it Teufel *m*
dreqësí-a Teufelei *f*
dridh, s. **dredh**
dridhem schwingen *intransitiv*
dridhj|e, -a Zittern *n, tech.* Schwingung *f;* ~ **të tejzave** Stimmbandschwingungen
dridhjematës-i *tech.* Schwingungsmesser *m*
dridhm|ë, -a das Zittern *n,* Schauder *m*
drídhura-t, të Schüttelfrost *m*
drill-i Drillich *m*
drishtjan, -e aus Drisht
dritar|e, -ja Fenster *n;* ~ **dyfletëshe** zweiflügeliges Fenster *n*
dritarez-a, *pl.* -a-t Fensterchen *n,* Durchreiche *f;* Schalter *m;* **dritarez e telegrameve** Telegrammschalter
drit|ë, -a Licht *n;* **me dritë** hell; ~ **e gjatë** *tech.* Fernlicht *n;* ~ **sinjalesh** Abblendlicht; ~ **e pasme** Schlussleuchte *f;* ~ **ndalese** Standlicht
dritëndjesh|ëm, -me, i/e lichtempfindlich
dritëpërshkuesh|ëm, -me, i/e transparent
dritëprítës|e, -ja Lampenschirm *m*
dritëshkurtër kurzsichtig
dritëshkurtësí-a Kurzsichtigkeit *f*
dritësoj erleuchten; zieren
dritoj beleuchten
dritorëz-a Fensterchen *n;* Bullauge *n*
drith|ë, -i, *pl.* -ëra-t Getreide *n,* Korn *n*

dridhërohem për zittern um, sich sorgen um etw.
drithnik-u Getreidespeicher *m*, Vorratsraum *m*
drizar, -e aus Driza
driz|ë, -a *bot.* Stechdorn *m*
drodha, s. **dredh**
drogaman-i, *pl.* -ë-t Drogenabhängiger *m*, Fixer *m*
drog|ë, -a Arzneimittel *n*, Droge *f*
drogohem drogenabhängig sein, fixen
dropullít, -e aus Drópull
dru-ja, *pl.* dru-të Holzscheit *n*
dru-ri, *pl.* -nj-të Holz *n;* ~ **fyl** hohler Baum *m;* ~ **gjenealogjik** Stammbaum *m;* ~ **i ushtuar** abgelagertes Holz *n;* **ashkla druri** Holzspäne *m Pl.;* **drurët frutorë** Obstbäume *m Pl.*
druaj sich fürchten
drudh = **dromcoj** zerbröseln, zerkrümeln
drugdhendës-i Holzschnitzer *m*
druhem sich genieren, Hemmungen haben; zweifeln
drunjtë, i/e hölzern
drusor, -e = **drunor**, -e Holz-
druvar-i Holzfäller *m*
dry-ni, *pl.* -na-t = **dry**-ri, *pl.* -rë-t Vorhängeschloss *n*
dua, *do, desha, dashur* wollen, mögen, lieben; **duhet** es ist nötig
duá-ja, *pl.* -të Gebet *n muslimisch*
duaj, s. **dua**
dúaj-t *m. Pl.* Garbe *f*
dualist, -e *phi.* dualistisch
dualiz|ëm, -mi *phi.* Dualismus *m*
dúar-dúar ⟨*adv*⟩ von Hand zu Hand; ungleichzeitig, ungleichmäßig
duarplot ⟨*adv*⟩ Hand, mit vollen Händen; **vij** ~ mit vollen Händen kommen
duartrokas *a/e/i; s/t* klatschen, applaudieren
duartrokitj|e, -a Applaus *m*, Beifall *m*
dublet-i Dublette *f*
dublikat|ë, -a Duplikat *n*, Durchschrift *f*
dubloj doubeln, ersetzen, einspringen für; synchronisieren *Film*
dublues-i Double *n*, Ersatzspieler *m*
dud|ë, -a Zahnfleisch *n*
dúdësh, -e zahnlos
dudí-a *zoo.* Lachtaube *f*
duet-i *mus.* Duo *n*, Duett *n*
duf-i Wutausbruch *m*
duhan-i Tabak *m;* **pi** ~ rauchen; **nuk e nget duhanin** er raucht nicht; **duhan i egër** *bot.* Bilsenkraut *n*, Mandragora
duhanor|e, -ja = **duhanisht|e**, -ja Tabakfeld *n*
duhanshitës-i = **duhanxhí**-u, *pl.* -nj-të Tabakwarenhändler *m*
duhantor|e, -ja Tabakladen *m*
duhem sich gegenseitig mögen; **duheshin si vëllézër** sie liebten sich wie Brüder; **duhet** müssen; **duhet paguar** man muss bezahlen; **duhet të paguaj** ich muss bezahlen
duhí-a Sturm *m*
duhish|ëm, -me, i/e stürmisch
duhm|ë, -a Windstoss *m;* Mief *m*, Dunst *m*, Gestank *m*
duhur, i/e passend, geeignet, zweckdienlich; notwendig, angemessen;

në kohën e ~ zu geeigneter Zeit; **në formën e** ~ in gebührender Form
duk Haltbarkeit *f;* **punë me duk** Wertarbeit *f*
dukagjin|e, -ia Traubenmost *m*
dukagjinas, -e aus Dukagjin
dukarak, -e aus Dúkas
dukatas, -e aus Dukát
dukat|ë, -a Herzogtum *n*
duke *Partikel zur Bildung des Gerundiums* während, indem; ~ **kënduar** beim Singen; ~ **u bazuar në** ⟨+ *Akk*⟩ bezugnehmend auf etw.
dukem aus/sehen, erscheinen; **duket si ballkanas** er sieht aus wie einer vom Balkan; **më duket** anscheinend; **duket açik** es ist deutlich zu sehen
duk|ë, -a *m, pl.* -ë-t Herzog *m*
dukj|e, -a Schein *m,* Aussehen *n;* **në** ~ anscheinend; **vë në** ~ hervorheben
dukjot, -e aus Dukaj
duksh|ëm, -me, i/e sichtbar, spürbar, ersichtlich
dukshmërí-a Sichtbarkeit *f*
dukurí-a Erscheinung *f,* Phänomen *n*
dum|e, -ja Kasten *m aus Holz für Küchenartikel;* Dickerchen *n Kosenamen für Kinder;* Getreidemaß *ca. 6 kg;* **ku je, moj dume!** wo bist du, mein Dickerchen!
dumping-u *ök.* Dumping *n,* Preisschleuderei *f,* Unterbietung *f*
dun|ë, -a Düne *f*
dunicar, -e aus Dunica
duoden-i *med.* Zwölffingerdarm *m*
duplikat|ë, -a Duplikat *n*
duq-i, *pl.* -e-t Zapfen *m,* Stengel *m,* Kippe *f Zigarette*
dures|ë, -a Duldsamkeit; *tech.* Toleranz *f*
durim-i Geduld *f,* Ausdauer *f*
durimthi ⟨*adv*⟩ geduldig
duroj ertragen, erdulden; geduldig sein
Durrës-i *ON* Durrës, Durazzo, Dyrrhachium
durrsak, -e aus Durrës
dush-i, *pl.* -e-t Dusche *f*
dusharak, -e aus Dushar
dush|k-u, *pl.* -qe-t Eiche *f;* **dushk i egër** Stechpalme *f;* **bëj** ~ Laub als Viehfutter schneiden
dushkaj|ë, -a = dushkor|e, -ja Eichenwäldchen *n*
dushkar, -e aus Dushk
dushkonja-t *f Pl.* Eichenzweige *m Pl. als Brennholz oder Viehfutter*
dushman-i, *pl.* -ë-t *veralt.* Feind *m*
duvak-u, *pl.* -ë-t Brautschleier *m*
duzin|ë, -a Dutzend *n*
dy zwei; **dy nga dy** zwei und zwei, in Zweierreihe; ~ **pika** *spr.* Doppelpunkt; ~ **pika lot** zwei Tränen; **të dy**, *f* **të dyja** beide; **ne të** ~ wir beide
dyansh|ëm, -me, i/e zweiseitig; uneindeutig
dybarkor, -e bikonvex
dybuzor, -e *spr.* bilabial
dydirekësh, -e Zweimast-; **anije dydirekëshe** Zweimaster *m*
dyfaqësh, -e zweigesichtig; zweikantig; **njeri dyfaqësh** Heuchler *m*
dyfazor, -e zweiphasig, Zweiphasen-; **rrymë dyfazore** *tech.* Zweiphasenstrom *m*

dyfek-u, *pl.* -ë-t *veralt.* Flinte *f,* Gewehr *n*
dyfekçí-u, *pl.* -nj-të *veralt.* Büchsenmacher *m*
dyfish ⟨*adv*⟩ doppelt, zweifach
dyfishim-i Verdopplung *f, spr.* Reduplikation *f*
dyfishoj verdoppeln
dyfishtë, i/e doppelt
dyfletësh, -e zweiflügelig; **dritare dyfletëshe** zweiflügeliges Fenster *n*
dygarësh-i *spo.* Zweikampf *m*
dygjinish|ëm, -me, i/e zweigeschlechtig, *spr.* heterogen, ambigen
dygjuhërí-a Zweisprachigkeit *f,* Bilinguismus *m*
dygjuhësh, -e zweisprachig; **botim dygjuhësh** bilingue Edition *f,* zweisprachige Ausgabe *f*
dygjymtyrësh-i, *pl.* -a-t *math.* Binom *n*
dyjar, -e binär
dyjar-i *spr.* Dublette *f,* Doppelform *f*
dyjavor, -e zweiwöchentlich
dyjës-i *spr.* Dual *m;* ~ **parësor** primärer Dual
dykátësh, -e zweistöckig; **shtëpi dykatëshe** zweistöckiges Haus *n*
dykóhësh, -e *tech.* Zweitakt-; **motor** ~ Zweitaktmotor *m*
dykrenor, -e doppelköpfig
dykulmor, -e *spr.* zweigipflig
dykuptimsh|ëm, -me, i/e zweideutig
dylbí-a Fernrohr; **një palë dylbí** Feldstecher *m*
dyluftim-i Zweikampf *m,* Duell *n*
dylúgët, i/e bikonvex
dyll|ë, -i Wachs *n;* **u bë dyllë i verdhë** er wurde leichenblass; **kukulla prej dylli** Wachsfiguren *f Pl.*
dyllos einwachsen, mit Wachs überziehen
dylltë, i/e = **dyllor**, -e Wachs-, wächsern; **qiri i** ~ Wachskerze *f*
dymbëdhjetë zwölf; **i** ~ der zwölfte
dymotorësh, -e zweimotorig, **aeroplan** ~ zweimotoriges Flugzeug *n*
dymujor, -e zweimonatlich
dymysët, i/e bikonvex
dynd erschüttern
dyndj|e, -a Erschütterung *f*
dyngjyrësh, -e zweifarbig
dynym-i, *pl.* -ë-t Dönüm *osman. Flächenmaß von 940 qm*
dynjá-ja Welt *f;* große Menge *f;* **ai është shqa më** ~ er ist stockdumm
dynjallëk-u Eigentumsverhältnisse *n Pl.;* **bie nga dynjallëku** an den Bettelstab kommen, verarmen
dyoksid-i, *pl.* -e-t *chem.* Dioxid *n;* **dyoksid i karbonit** Kohlendioxid *n*
dypálësh, -e zweiseitig, bilateral
dyparafundor, -e drittletzt; **rrokje dyparafundore** *spr.* Antepänultima
dyqan-i, *pl.* -e-t Laden *m,* Geschäft *n*
dyqind zweihundert
dyrasësh, -e Zweikasus-, *spr.* diptotisch
Dyrrah-u *hist. ON* Dyrrhachium, Durazzo, Durrës
dyrrókësh, -e zweisilbig
Dyseldorf-i *ON* Düsseldorf
dysh, -e Doppel-, Zweier-; **format** ~ Folioformat *n;* **spinë dyshe** Doppelstecker *m*
dyshek-u, *pl.* -ë-t Matte *f,* Matratze *f,*

Bettsack *m*, Liege *f*; ~ **alpinisti** Schlafsack *m*; ~ **me ajër** Luftmatratze *f*

dyshemé-ja Fußboden *m*

dyshemetis Fußboden verlegen

dyshim-i Zweifel *m*; **luzmë dyshimesh** ein Haufen Zweifel; **vë në dyshim** in Zweifel ziehen

dyshimor, -e zweifelhaft, *spr.* dubitativ; **fjalí dyshimore** dubitativer Satz *m*

dyshimtë, i/e zweifelhaft

dyshkrónjësh-i, *pl.* -a-t *spr.* Digraph, durch zwei Buchstaben dargestellter Laut

dyshoj zweifeln

dysor-i Dublette *f*, Doppelstück *n*

dyst ⟨*adv*⟩ glatt

dystë, i/e glatt, platt; einfarbig *Textil*

dystoj glätten

dytë, i/e zweiter, der zweite; **vjeshta e dytë; britmi i dytë** Oktober *m*

dytëshor-i Doppelgänger *m*

dytësor, -e sekundär

dyvalent, -e zweiwertig; **element dyvalent** zweiwertiges Element *n*

dyvjeçar, -e zweijährig, Zweijahres-

dyvlersh|ëm, -me, i/e zweiwertig

dyzanor-i *spr.* Diphthong *m*, Zwielaut *m*

dyzet vierzig

dyzetë, i/e der vierzigste

dyzim-i Doppelung *f*, *spr.* Gemination *f*; ~ **shprehës** affektive Gemination

dyzoj schwanken, zaudern; verdoppeln, vereinigen

Dh

dhall|ë, -a Buttermilch *f*

dhanor|e, -ja Dativ *m*, Wemfall *m*

dhask|al-i, *pl.* -énj-të *veralt.* Lehrer *m*; Schulmeister *m*

dhashë, *s.* **jap**

dhe = **e** und; **e tjera** und so weiter; **si dhe** sowie

dhe-u, *pl.* -ra-t Erde *f*, Boden *m*; **gjuhëz dheu** Landzunge *f*

dhelp|ër, -ra Fuchs *m*

dhelparak, -e listig, gewitzt, heimtückisch

dhelpërí-a Schläue *f*, List *f*

dhelpërisht ⟨*adv*⟩ listig

dhelpërush-i, *pl.* -ë-t Fuchsjunges *n*

dhemb schmerzen, wehtun; ~ **dhëmbi** der Zahn schmerzt

dhembj|e, -a Schmerz *m*, Pein *f*; ~ **dhëmbësh** Zahnschmerz *m*

dhembsh|ëm, -me, i/e schmerzhaft

dhembshur, i/e liebevoll, heißgeliebt; **letër e** ~ Liebesbrief *m*; **vështrim i** ~ verliebter Blick *m*

dhembshurí-a Liebe *f*; ~ **e nënës** Mutterliebe *f*

dhen-të, *s.* **del|e**, -ja

dhenar-i = **dhenrritës**-i Schäfer *m*

dhenxjerrës|e, -ja Bagger *m*

dhesh|ëm, -me, i/e *rel.* irdisch, diesseitig

dhespot-i, *pl.* -ë-t Bischof *m* *Titel der orthod. Kirche*

dhetar, -e eingesessen
dhéul-a, *pl.* -a-t Ameise *f*
dhëmb-i, *pl.* -ë-t Zahn *m;* **luan dhëmbi** der Zahn wackelt; **pastë dhëmbësh** Zahnpasta *f;* **dhëmbë-dhëmbë** = i/e **dhëmbëzuar** gezähnt
dhëmball|ë, -a Backenzahn *m*
dhëmbec-i, *pl.* -ë-t Wollkamm *m*
dhëmbës-i = dhëmbor|e, -ja Rechen *m,* Harke *f*
dhëmbëtar-i Zahnarzt *m*
dhëmbëz-a, *pl.* -a-t *tech.* Zahn *m;* Zähnchen *n;* **dhëmbëzat e sharrës** Zähne der Säge
dhëmblaniot, -e aus Dhëmblan
dhëmbor, -e Zahn-; *spr.* dental
dhëna-t, të Daten, Angaben *f Pl.;* **të dhëna të botimit** Impressum *n*
dhënd|ër, -ri, *pl.* -úrë-t Bräutigam *m;* Schwiegersohn *m,* Schwager *m*
dhëndërí-a Brautzeit *f*
dhëndëroj Bräutigam sein/werden; stocksteif dastehen *wie bei der Trauung*
dhënë, s. **jap**
dhënës-i Geber *m;* Sender *m, tech.* Stromquelle *f*
dhëni|e, -a *jur.* Zurverfügungstellung *f,* Gewährung *f;* ~ **e mitës** aktive Bestechung *f;* ~ **llogaríe** Rechenschaftsbericht *m*
dhërmíjas, -e aus Dhërmí
dhi-a, *pl.* dhi-të Ziege *f;* ~ **e egër** Gams *f,* Gämse *f*
dhiar-i Ziegenhirt *m*
dhiar|e, -ja schmaler Pfad *m*
dhiat|ë, -a Testament *n,* Vermächtnis *n;* **Dhiata e vjetër** *rel.* Altes Testament
dhimbj|e, -a = **dhembj|e**, -a
dhimbsem lieben, leidtun; **i dhimbset populli** das Volk liegt ihm am Herzen; **më dhimbset** es tut mir leid
dhimbsurí-a Mitleid *n*
dhimbsh|ëm, -me, i/e = **dhembsh|ëm,** -me, i/e
dhirtë, i/e Ziegen-
dhis|k-u, *pl.* -qe-t Tablett *n zum Auftischen von Naschwerk od. Getränk*
dhitem, *s.* **dhjes** *vulg.* kacken, scheißen, in die Hose machen; Angst haben, Misserfolg haben
dhjak-u, *pl.* -ë-t *rel.* Diakon *m,* Kirchendiener *m*
dhjam|ë, -i Fett *n;* ~ **derri** Speck *m*
dhjamëzim-i Verfettung *f*
dhjamor, -e Fett-; **ind dhjamor** Fettgewebe *n*
dhjamur, i/e fett, dick
dhjat|ë, -a s. **dhiat|ë**, -a
dhje|s, -va, -rë *s/t vulg.* kacken, scheißen; in den Sand setzen, versauen
dhjetë zehn; **i dhjetë** der zehnte; **e dhjet|ë**, -a Zehntel *n*
dhjetëditësh, -e = **dhjetëditor**, -e zehntägig
dhjetëfishoj verzehnfachen
dhjetëgarësh-i, *pl.* -a-t *spo.* Zehnkampf *m,* Dekathlon *m*
dhjetërrokësh, -e zehnsilbig
dhjetësh|e, -ja Zehner *m*
dhjetor, -e dezimal; **thyesë dhjetore** Dezimalbruch *m;* **klasifikimi dhjetor** Dezimalklassifikation *f*
dhjetor-i Dezember *m*

dhom|ë, -a Zimmer *n;* ~ **banimi** Wohnzimmer *n;* ~ **buke** Esszimmer *n;* ~ **fjetje; dhomë gjumi** Schlafzimmer *n;* ~ **ndeje** Wohnzimmer *n;* ~ **e tregtisë ndërkombëtare** internationale Handelskammer *f;* ~ **pritje** Empfangszimmer *n,* gute Stube *f;* ~ **zhveshjeje** Umkleideraum *m;* **dhoma bie nga jugu** das Zimmer geht nach Süden hinaus
dhómëz-a, *pl.* -a-t Kammer *f;* ~ **e zemrës** Herzkammer *f*
dhrahmí-a Drachme *f griech. Münze*
dhúnas ⟨*adv*⟩ mit Gewalt
dhun|ë, -a Gewalt *f;* **marrëdhënie seksuale me** ~ *jur.* Vergewaltigung *f,* Notzucht *f;* **me përdhunë** mit Gewalt
dhunim-i Verletzung *f,* Schändung *f;* ~ **i banesës** *jur.* Hausfriedensbruch *m*
dhunoj schänden, beleidigen, missachten, verletzen
dhunsh|ëm, -me, i/e gewaltsam
dhuntí-a = **dhurëtí**-a Geschenk *n;* Brautschatz *m,* Mitgift *f*
dhurat|ë, -a Geschenk *n*
dhuroj schenken
dhurues-i Schenker *m,* Spender *m;* Stifter *m,* Donator *m*

E

e und; ihn, sie *Akk. Sg.; Gelenkartikel;* **njezët e një** einundzwanzig; ~ **tjera** und so weiter
ecës, -e fahrbar; **ekskavator ecës** fahrbarer Bagger *m*
écënj *dial.* = eci
ec|i, *-ën, -a, -ur* gehen, zu Fuß gehen; **u ec me kujdes** man ging vorsichtig zu Werke; **gajasem së ecuri** nicht mehr laufen können
ecj|e, -a Lauf *m*
ecur-a, e Gangart *f*
ecurí-a Gangart *f;* ~ **e të folurit** Sprechtempo *n;* ~ **e ngjarjeve** Lauf der Ereignisse; ~ **e sëmundjes** Verlauf der Krankheit
edepsëz, -e flegelhaft
edepsëz-i Lump *m,* Schurke *m,* Flegel *m*
Edrené-ja *ON* Edirne, Adrianopel
edukat|ë, -a Erziehung *f;* Anstand *m;* **njeri pa** ~ Mensch ohne Anstand
edukator-i Erzieher *m*
edukator|e, -ja Kindergärtnerin *f*
edukim-i Erziehung *f*
edukoj erziehen
edh-i = kec-i *zoo.* Zicklein n
edhe auch, noch; ~ ... **edhe** sowohl ... als auch; ~ **një herë** noch einmal; **provójeni édhe një herë** versuchen sie es noch einmal!
efekt-i, *pl.* -e-t Wirkung *f,* Effekt *m*
efektsh|ëm, -me, i/e = efektiv, -e effektiv
egër, i/e wild, rau, grob, brutal
egërlé-ja *bot.* wilder Ölbaum *m*
egërsí-a Wildheit *f*
egërsir|ë, -a Bestie *f*

egërsohem wild werden, erbittert werden; **lufta u egërsua** der Kampf nahm an Heftigkeit zu
eglendisem sich amüsieren
égo-ja *phi.* das Ich
Egjé-u Ägais *f,* Ägäisches Meer *n*
égjër, ra *bot.* Taumel-Lolch *m*
Egjipt-i Ägypten
egjiptian, -e ägyptisch
egjiptian-i, *pl.* -ë-t Ägypter
eh *Int.* ach, oh
eh schärfen, schleifen; ~ **thikën** das Messer wetzen
eh-u Schneide *f*
ehú *Int.* oho, he
éhu|ll-i, *pl.* -j-t Eiszapfen *m*
eja(-ni)!, s. **vij** komm(t)! **eja de!** komm doch!
ekip-i, *pl.* -e-t Mannschaft *f*
eklektiz|ëm, -mi *phi.* Eklektizismus *m*
eklips-i, *pl.* -e-t Sonnenfinsternis *f,* Mondfinsternis *f;* ~ **i diellit** Sonnenfinsternis *f,* ~ **hënor** Mondfinsternis *f*
eklipsoj verfinstern, in den Schatten stellen; **kjo fitore eklipsoi të parën** dieser Sieg stellte den ersten in den Schatten
ekologjí-a Ökologie *f*
ekologjik, -e ökologisch
ekonomí-a Wirtschaft *f,* Ökonomie *f;* ~ **botërore** Weltwirtschaft *f;* ~ **bujqësore** Landwirtschaft *f;* ~ **kolektive** Kollektivwirtschaft *f;* ~ **pyjore** Forstwirtschaft *f*
ekonomik, -e wirtschaftlich, ökonomisch; **amulli**-a **ekonomike** wirtschaftlicher Stillstand *m;* **rrënim** ~ wirtschaftlicher Ruin *m*
ekonomiko-shoqëror, -e *phi.* sozialökonomisch, sozio-ökonomisch
ekonomiqar, -e sparsam
ekonomist-i Wirtschaftler *m,* Ökonom *m*
ekonomizoj sparsam umgehen mit etw.; **ekonomizoj lëndën e parë** Rohstoff sparen
ekran-i, *pl.* -e-t Leinwand *f,* Bildschirm *m*
ekranizoj verfilmen *eine literar. Vorlage*
eksiq mangelhaft
ekskavator-i Bagger *m;* ~ **ecës** fahrbarer Bagger *m*
ekskluzivisht ⟨*adv*⟩ ausschließlich
ekskursion-i Ausflug *m,* Exkursion *f*
ekspedit|ë, -a Expedition *f*
ekspeditor-i Absender *m*
eksperienc|ë, -a *phi.* Erfahrung *f*
eksperimental, -e experimentell, Versuchs-
eksperimentoj experimentieren
ekspert-i, *pl.* -ë-t Experte *m,* Fachmann *m,* Spezialist *m*
ekspertim-i Gutachtertätigkeit *f,* Expertise *f*
ekspertiz|ë, -a Expertise *f,* Gutachten *n*
eksploroj erforschen
eksponat-i, *pl.* -e-t Ausstellungsstück *n,* Exponat *n*
eksponent-i Exponent *m*
eksport-i Export *m,* Ausfuhr *f*
eksportim-i Ausfuhr *f,* Exportgut *n*
eksportoj exportieren, ausführen
eksportues-i Exporteur *m*
ekspozit|ë, -a Ausstellung *f*

ekspozoj ausstellen
ekspozues-i Aussteller *m*
ekspres Eil-, dringend; **letër ~** Eilbrief *m*
ekspres-i Espresso *m Kaffee;* **aparati i ekspresit** Espresso-Maschine *f*
ekspresioniz|ëm, -mi Expressionismus *m*
ekstaz|ë, -a Ekstase *f*, Entrückung *f*, Verzückung *f*
eksterritorial, -e exterritorial
eksterritorialitet-i Exterritorialität *f*
ekstrem, -e extrem, äußerst
ekstremist-i Extremist *m*
ekstremiz|ëm, -mi Extremismus *m*
ekuacion-i Gleichung *f*; **~ algjebrik** *math.* algebraische Gleichung
ekuator-i Äquator *m*
ekuatorial, -e äquatorial, Äquator-; **klimë ekuatoriale** Äquatorialklima *n*
ekuilib|ër, -ri Gleichgewicht *n*
ekuipazh-i, *pl.* -e-t Besatzung *f*
ekuivok-u Missverständnis *n;* **pa ekuivok** unmissverständlich
ekumenik, -e *rel.* ökumenisch
ekzaminoj untersuchen; **~ të sëmurët** Kranke untersuchen
ekzekutim-i Vollstreckung *f*, Exekution *f*
ekzekutiv, -e ausführend, vollstreckend, Vollzugs-, Exekutiv-
Komiteti Ekzekutiv Stadtverwaltung *f*, Exekutivausschuss *m*
ekzekutoj ausführen, *jur.* vollstrecken
ekzem|ë, -a *med.* Ekzem *n*, Hautausschlag *m*
ekzemplar-i, *pl.* -ë-t Exemplar *n;* **~ me autograf** signiertes Stück *n*
ekzistenc|ë, -a Existenz *f*
ekzistencializ|ëm, -mi *phi.* Existenzialismus *m*
ekzistoj existieren, vorhanden sein
ekzogamí-a Exogamie *f*
elastik, -e elastisch
elb-i *bot.* Gerste *f*
elbaroz|ë, -a *bot.* Geranie *f*
elbasanas, -e aus Elbasan
Elb|ë, -a *FN* Elbe *f*
elbth-i *med.* Gerstenkorn *n*
elefant-i, *pl.* -ë-t Elefant *m*
eleganc|ë, -a Eleganz *f*
elegjí-a Elegie *f*
elegjiak, -e elegisch
elektoral, -e Wahl-
elektricist-i, *pl.* -ë-t Elektriker *m*
elektrifikim-i Elektrifizierung *f*
elektrifikoj elektrifizieren
elektrik, -e elektrisch; **impiant elektrik** elektrische Anlage *f*; **lidh rrymën elektrike** Strom einschalten; **shkëndijë elektrike** elektrischer Funke *m*
elektrik-u *tech.* Strom *m*, Elektrizität *f*; **ndez elektrikun** das Licht einschalten; **~ dore** Taschenlampe *f*
elektrizoj elektrisieren
elektroliz|ë, -a Elektrolyse *f*
elektronik|ë, -a Elektronik *f*
elektroteknik|ë, -a Elektrotechnik *f*
element-i, *pl.* -e-t Element *n*, Grundstoff *m*, Bestandteil *m;* **~ armik** feindliches Element *in der Bevölkerung;* **~ dyvalent** zweiwertiges Element; **~ përbërës** Bestandteil *m*
elidim-i Elision *f*

elips-i, **elips|ë**, -a Ellipse *f,* Auslassung *f*
elit|ë, -a Elite *f*
elmaz-i, *pl.* -e-t Diamant *m, tech.* Diamantschneider *m*
elozh-i, *pl.* -e-t Lobspruch *m;* **bëj elozhe** lobhudeln
emal-i Emaille *f,* Email *n*
emaloj emaillieren
emancipim-i Emanzipation *f,* Befreiung *f*
emancipuar, i/e emanzipiert
embargo-ja *ök.* Embargo *n;* **heq embargon** das Embargo auf/heben; **vë embargon** Embargo verhängen
emblem|ë, -a Wappen *n;* Emblem *n*
embrion-i, *pl.* -e-t Embryo *m*
em|ër, -ri, *pl.* -ra-t Name *m; spr.* Nomen *n,* Substantiv *n;* Vorname *m;* **~ foljor** Verbalnomen; **në emër të** ⟨+ *G*⟩ namens, im Namen von; **~ i përveçëm** Eigenname *m;* **~ përmbledhës** *spr.* Kollektivum *n;* **~ prejfoljor** *spr.* Deverbativum *n,* deverbales Nomen; **~ vepruesi** *spr.* Nomen agentis; **~ vetjak** Personenname *m*
emëroj ernennen
emëror, -e *spr.* nominal, Namens-; **togfjalësh emëror** nominale Wortgruppe *f*
emëror|e, -ja *spr.* Nominativ *m,* Werfall *m*
emërtes|ë, -a Benennung *f;* Nomenklatur *f,* Geschäftsbereich *m*
emërtim-i Benennung *f,* Bezeichnung *f*
emërtoj benennen
emërues-i *math.* Nenner *m;* **emërues i përbashkët** gemeinsamer Nenner
emërzim-i Substantivierung *f*
emfaz|ë, -a Emphase *f, spr.* Nachdruck *m*
emigrant-i, *pl.* -ë-t Emigrant *m,* Auswanderer *m*
emigrim-i Emigration *f,* Auswanderung *f*
emigroj auswandern, emigrieren
emisar-i Emissär *m,* Sendbote *m,* Bote *m;* Agent *m*
emision-i Herausgabe *f,* Sendung *f;* **~ special pullash** Sondermarken *f Pl.*
emocion-i Emotion *f,* Gemütsbewegung *f*
emocionohem gerührt sein
empirí-a *phi.* Empirie *f,* Erfahrung *f*
empirik, -e empirisch, Erfahrungs-
empiriz|ëm, -mi *phi.* Empirismus *m*
emt|ë, -a Tante *f*
emulacion-i Wettbewerb *m*
enciklopedí-a Enzyklopädie *f,* Konversationslexikon *n*
end weben
end-i = **end|ë**, -a *bot.* Blütenstaub *m,* Pollen *m*
endacak, -e nomadisierend, nicht sesshaft, Wander-
endator|e, -ja Weberin *f*
ende noch; **~ s'** noch nicht; **~ s'kishte zbardhëlluar** noch vor Morgengrauen
endem sich herumtreiben
endës-i Weber *m*
endës|e, -ja Weberin *f*
éndëz-a Spinngewebe *n,* Spinnennetz *n*
endëzoj erblühen, *bot.* befruchten,

bestäuben
endurin|ë, -a Gewebe *n,* Textil *n*
en|ë, -a, *pl.* -ë-t Gefäß *n,* Behälter *m;* **~ e pagëzimit** Taufbecken *n;* **rafti i enëve** Geschirrregal *n,* Tellerbord *n*
enëlarës-i Geschirrspüler *m*
enëlarës|e, -ja *tech.* Geschirrspülmaschine *f*
energjí-a Energie *f*
energjik, -e energisch
eng-u, *pl.* -ë-t Taubstummer *m*
éngjë|ll-i, -j-t Engel *m*
engjërdhí-a Quecksilber *n*
enigm|ë, -a Rätsel *n*
énkas ⟨*adv*⟩ absichtlich, extra
enkliz|ë, -a *spr.* Enklise *f*
ent-i, *pl.* -e-t Institution *f,* Einrichtung *f*
entuziaz|ëm, -mi Begeisterung *f,* Enthusiasmus *m*
entuziazmohem begeistert sein
enjt|e, -ja, e Donnerstag *m;* **e ~ e madhe** Gründonnerstag *m*
ep = **epoj** biegen, beugen; **epem** sich biegen, sich hingeben
epentez|ë, -a *spr.* Epenthese *f*
épërm, -e, i/e oberer; **lagje e epërme** oberes Viertel; **gjermanishtja e epërme** Oberdeutsch *n*
epërsí-a Überlegenheit *f*
epidemí-a Epidemie *f*
epidemik, -e epidemisch; **sëmundje epidemike epizootike** *med.* Seuche *f,* Viehseuche *f*
epigrafí-a Inschriftenkunde *f*
epik|ë, -a Epik *f*
epilog-u, *pl.* -ë-t Epilog *m,* Nachwort *n;* Schlusspartie *f*
epiqénd|ër, -ra, *pl.* -ra-t Epizentrum *n;* Kerngebiet *n*
Epir-i Epirus
epirot-i Epirot
epirotas, -e aus Epirus
episod-i, *pl.* -e-t Episode *f*
epitet-i, *pl.* -e-t *spr.* Epithet *n,* Beiwort *n*
epizootik, -e Tier-, Vieh-
epok|ë, -a Epoche *f,* Zeitalter *n*
epopé-ja Epos *n*
epror, -e vorgesetzt, höhergestellt, höher
epror-i, *pl.* -ë-t Vorgesetzter *m*
epsh-i, *pl.* -e-t Begierde *f,* Lust *f*
epshor, -e leidenschaftlich
eptim-i *spr.* Flexion *f;* **~ foljor** Verbalflexion *f*
eptues, -e *spr.* flektierend, flektiv
eptuesh|ëm, -me, i/e flektierbar
erashk|ë, -a = **eror|e**, -ja Fächer *m*
erdha, s. **vij**
er|ë, -a Luft *f,* Luftzug *m;* Geruch *m,* Duft *m,* Wind *m;* Ära *f;* **fryn erë** es zieht; **bie erë** es riecht; **i vjen era** hervortreten, sichtbar werden; **~ e acartë** schneidender Wind *m;* **era ka rënë** der Wind hat sich gelegt; **hedh në erë** in die Luft sprengen
erëpritës-i Windschutzscheibe *f am Zweirad*
erëza-t Gewürze *n Pl.,* Spezereien *f Pl.*
ergativ-i *spr.* Ergativ *m*
erindjot, -e aus Erind
erm|ë, -e, i/e duftend
erudicion-i Gelehrsamkeit *f,* Erudi-

tion *f*
erudit, -e gelehrt
erurina-t Gewürze *n Pl.*
errem dunkel werden
errësir|ë, -a Finsternis *f*, Dunkelheit *f*
errësoj verdunkeln; verhüllen, verbergen
errët, i/e dunkel, finster
esé-ja Essay *m*
ésëll ⟨*adv*⟩ nüchtern
ésëllt, i/e nüchtern
esenc|ë, -a Wesen *n*
esnaf-i Zunft *f*, Gilde *f*
estet-i, *pl.* -ë-t Ästhet *m*
estetik|ë, -a Ästhetik
Estoní-a Estland
estrad|ë, -a Straßentheater *n*, Estrade *f*, Variété *n*
eshk|ë, -a Zunder *m;* Holzkohle *für Schmiede*
esht|ër, -ra, *pl.* -ra-t, s. **asht**-i Knochen *m*
eshtak, -e knochig, Knochen-
eshtërí-a Knochenbau *m*, Skelett *n*
eshtra-t Knochen *m Pl.*, Gebeine *n Pl.*
et, s. **atë**
etap|ë, -a Etappe *f*
etem dürsten nach
eter-i *chem.* Äther *m*
etër-it, s. **at|ë**, -i
etern, -e ewig
etik, -e ethisch, sittlich
etik|ë, -a Ethik *f*
etiket|ë, -a die Etikette *f*, Verhaltensvorschriften *f Pl.;* das Etikett *n*, Schildchen *n;* **vendos etiketat** etikettieren
etimologjí-a Etymologie *f*, Wortherkunft *f*
etimilogjik *spr.* etymologisch; **grafi etimologjike** etymologische Schreibweise *f;* **figurë etimologjike** *spr.* Figura etymologica *f*
etiopas, -e äthiopisch
Etiopí-a Äthiopien
etj. usw.
etj|e, -a Durst *m*
Etn|ë, -a Ätna *m*
etní-a Ethnie *f*, Volkstum *n*
etnik, -e ethnisch, völkisch, volklich
etnogjenez|ë, -a Ethnogenese *f*, Entstehungsgeschichte eines Volkes
etnograf-i, *pl.* -ë-t Ethnograph *m*, Volkskundler *m*
etnografí-a Ethnographie *f*, Volkskunde *f*
etnografik, -e Volkskunde-, volkskundlich; **muze etnografik** Volkskundemuseum *n*
etnolinguistik|ë, -a Ethnolinguistik *f*
etnolog-u, *pl.* -ë-t Ethnologe *m*, Völkerkundler *m*
etnonim-i Ethnonym *n*, Volksname *m*, Völkername *m*
Etolí-a Ätolien
etrusk, -e etruskisch, etrurisch
etsh|ëm, -me, i/e durstig, begierig
eth|e, -ja, *pl.* -e-t Fieber *n;* **e zaptuan ethet** ihn packte das Fieber
ethsh|ëm, -me, i/e fiebrig, *med.*, *fig.* fiebernd
Eubé-ja Euböa *Insel*
eufemiz|ëm, -mi Euphemismus *m*
euforí-a Euphorie *f*, Rausch *m*,

Hochstimmung *f*

eukalipt-i, *pl.* -e-t Eukalyptus *m,* Eukalyptusbaum *m*

eunuk-u, *pl.* -ë-t Eunuch *m,* Verschnittener *m*

evgjit-i, *pl.* -ë-t Zigeuner *m,* Sinti *m,* »Ägypter« *m*

evidenc|ë, -a Evidenz *f;* Anwesenheitsliste *f,* Personalverzeichnis *n;* **evidencë ushtarake** Wehrüberwachung *f,* Wehrerfassung *f*

evitoj vermeiden

evlat-i, *pl.* -ër-it *veralt.* Kind

evolucion-i Evolution *f,* Entwicklung *f;* Gattungsgeschichte *f*

Evrop|ë, -a Europa; ~ **Juglindore** Südosteuropa; ~ **Jugore** Südeuropa; ~ **Lindore** Osteuropa; ~ **Qendrore** Mitteleuropa

evropian, -e europäisch

ezmer, -e dunkelhäutig, brünett

ezhdërhá-ja Drache *m,* Ungeheuer *n;* Riese *m,* Gigant *m*

Ë

ëhë *Int.* oho, nanu; ja

ëm|ë, -a Mutter *f;* **e ëma** seine/ihre Mutter

ëmbël, i/e süß, angenehm, freundlich

ëmbëlsí-a Süße *f*

ëmbëlsiq, -e süßlich; unangenehm

ëmbëlsir|ë, -a Kuchen *m,* Konfiserie *f,* Nachtisch *m*

ëmbëlsoj = **ëmbëltoj** süßen

ëmbëltor|e, -ja Konditorei *f*

ëndem gefallen; **më ëndet** es sagt mir zu

ënd|ërr, -rra Traum *m*

ëndërroj träumen

ëndërrshpjegues-i Traumdeuter *m*

ëndërrt, i/e traumhaft, fantastisch

ëndërrues, -e = ëndërrtar, -e verträumt

ëndj|e, -a Lust *f,* Zufriedenheit *f;* **me ëndje** gern

ënjtem schwellen

ënjtj|e, -a Schwellung *f*

është, *s.* **jam**

F

f. v. (fjala vjen) z. B. *zum Beispiel*
fabrik|ë, -a Fabrik *f;* ~ **e tisazhit** Weberei *f*
fabrikant-i, *pl.* -ë-t Fabrikant *m*
fabrikim-i Fabrikation *f*
fábul-a, *pl.* -a-t Fabel *f*
facolet|ë, -a Tüchlein *n,* Taschentuch *n*
fagot-i, *pl.* -ë-t *mus.* Fagott *n*
faj-i, *pl.* -e-t Schuld *f;* **me faj** schuldhaft
faj|kúa, -oi, *pl.* -ónj-të *zoo.* Falke *m*
fajanc|ë, -a Fayence *f,* Keramik *f,* Steingut *n*
fajdé-ja *veralt.* Zins *m,* Wucherzins *m*
fajdelí-u Halsabschneider *m*
fajdexhí-u, *pl.* -nj-të Wucherer *m*
fajësí-a Schuldhaftigkeit *f,* Schuld *f*
fajësim-i Beschuldigung *f,* Anschuldigung *f*
fajësoj beschuldigen
fajk|ë, -a Bordwand *f*
fajkoj schrubben, wienern
fajkor|e, -ja *zoo.* Falkenweibchen *n*
fajl-i *tech.* Datei *f*
fajtor, -e schuldig
fajtor-i Schuldiger *m,* Straftäter *m,* Täter *m*
fakfun-i Neusilber *n Kupfer-Nickel-Legierung*
fakir-i, *pl.* -ë-t Wandermönch *m,* Fakir *m*
fakirfukará-i, *pl.* -énj-të *veralt.* arme Leute
faksimil|e, -ja, *pl.* -e-t Faksimile *n,* Reproduktion *f*
fakt-i, *pl.* -e-t Faktum *n,* Tatsache *f;* **fakt i kryer** fait accompli *n;* vollendete Tatsache *f*
faktitiv-i *spr.* Faktitiv
faktoj belegen, Fakten geltend machen
faktor-i, *pl.* -ë-t Faktor *m*
faktur|ë, -a, *s.* **fatur|ë**, -a
fakultet-i Fakultät *f,* Universität *f*
fal schenken; verzeihen, entschuldigen; **më falni!** Entschuldigung!; **të fala** beste Grüße *m Pl.*
fálas ⟨*adv*⟩ umsonst, gratis, kostenlos
falem beten; begrüßen; verlöschen, sterben; **faleminderit!** Danke sehr!; **faleminderit për letrën e pesë marsit të këtij vit** wir danken für Ihr Schreiben vom 5. 3. d. J.
falë ⟨+ *Abl*⟩ dank; ~ **punës së tij** dank seiner Arbeit
falënderim-i Dank *m*
falënderoj bedanken, sich danken
falimentim-i *ök.* Bankrott *m,* Pleite *f*
falimentoj *ök.* Bankrott machen
falj|e, -a Entschuldigung *f;* **kërkoj** ~ um Entschuldigung bitten
fals, -e falsch, erlogen
falset-i Falsett *n,* Kopfstimme *f*
falsifikim-i Fälschung *f*
falsifikoj fälschen, verfälschen
falsifikues-i Fälscher *m*
falsh|ëm, -me, i/e verzeihlich
faltor|e, -ja Gebetshaus *n,* Bethaus *n,* Gotteshaus *n*
fall-i, *pl.* -e-t Wahrsagung *f,* Wahrsagerei *f*
fallso falsch

falltar-i Wahrsager *m*
falltoj wahrsagen, weissagen
fallxhesh|ë, -a Wahrsagerin *f*
fallxhí-u, *pl.* -nj-të Wahrsager *m*
fam|ë, -a Ruf *m,* Renommee *n,* Ruhm *m*
famëkeq, -e berüchtigt, schlecht beleumundet
familj|e, -a Familie *f;* **si janë nga familja?** wie geht es Ihrer Familie?
familjar, -e familiär, Familien-
famsh|ëm, -me, i/e berühmt
famullí-a *kathol.* Pfarrei *f*
famullitar-i Pfarrer *m,* Pastor *m*
fanar-i, *pl.* -ë-t Leuchtturm *m*
fanatik-u. *pl.* -ë-t Fanatiker *m*
fanell|ë, -a Unterhemd mit Ärmeln, T-Shirt *n,* Turnhemd *n*
fanellat|ë, -a Flanell *m*
fanfar|ë, -a Fanfare *f*
fant-i, *pl.* -e-t Joker *m*
fantazí-a Phantasie *f*
fantazm|ë, -a Gespenst *n*
faq|e, -ja Gesicht *n,* Seite *f,* Wange *f,* Backe *f;* ~ **e malit** Abhang *m,* Berghang *m;* ~ **e prapme** Rückseite *f,* Verso-Seite *f;* ~ **e përparme** Vorderseite *f;* ~ **çift** gerade Seite *f;* **numërtim i faqeve** Paginierung *f*
faqebardhë, i/e glücklich, erfolgreich; **dalsh faqebardhë!** viel Glück!; **dal** ~ Erfolg haben, Schwein haben
faqezí-u, *pl.* -nj-të Tunichtgut *m*
far-i, *pl.* -e-t Leuchtturm *m; tech.* Scheinwerfer *m*
far|ë, -a Art *f,* Herkunft *f,* Abstammung *f,* Stamm *m*
faraon-i, *pl.* -ë-t *hist.* Pharao *m*
fare ⟨*adv*⟩ ganz und gar, völlig; **nuk** ... ~ gar nicht
farefis-i Verwandtschaft *f;* **farefisi zhbëhej me të dënuarin** die Verwandtschaft sagte sich vom Verurteilten los
farefisnor, -e Verwandtschafts-, verwandschaftlich
farfurí-a Porzellan *n*
farfurinjtë, i/e porzellanen, aus Porzellan
faring-u *med.* Pharynx, Rachen *m*
faringal, -e *spr.* pharyngal, Kehl-, Rachen-
fark|ë, -a Schmiede *f,* Amboss *m;* ~ **e kuadrove** Kaderschmiede *f*
farkëtar-i Schmied *m*
farkëtarí-a Schmiede *f,* Schmiedehandwerk *n*
farkëtoj schmieden
farkí-ni, *pl.* -nj-të aus Farka
farmaceutik|ë, -a *med.* Pharmazie *f*
farmací-a Apotheke *f;* Pharmazie *f*
farmacist-i Apotheker *m*
farma|k-u, *pl.* -qe-t *veralt.* Gift *n*
farmakos vergiften
faroj vernichten; ruinieren
fars|ë, -a Farce *f*
farretak, -e aus Farret *ON*
fasad|ë, -a Fassade *f*
fasul|e, -ja Bohne *f,* weiße Bohne; **e dokëndisën fasulet** die Bohnen sind ihm nicht bekommen
fash|ë, -a Binde *f,* Verband *m*
fashiku|ll-i, *pl.* -j-t Faszikel *f,* Lieferung *f,* Serienstück *n,* Lage *f im Buch*

fashis *s/t* auslöschen, beenden
fashist, -e faschistisch
fashist-i, *pl.* -ë-t Faschist *m*
fashiz|ëm, -mi Faschismus *m;* **fashizmi me zogoritë e tij** der Faschismus mit seinen Horden
fashoj verbinden, bandagieren
fashollastik|ë, -a *tech.* Kolbenring *m*
fat-i, *pl.* -e-t Schicksal *n,* Geschick *n;* **lë në mëshirën e fatit** dem Schicksal überlassen; **ndërroi fati i luftës** der Krieg nahm eine neue Wendung
fatal, -e schicksalhaft, fatal
fataliz|ëm, -mi Fatalismus *m*
fatbardhë glückbringend
fatí-a *myth.* Fee *f,* Parze *f*
fatkeq, -e unglücklich
fatkeqësí-a Unglück *n,* Missgeschick *n*
fatkeqësisht ⟨*adv*⟩ leider, bedauerlicherweise; **më vjen keq** leider, es tut mir leid
fatos-i, *pl.* -a-t Held *m;* Pimpf *m*
fatur|ë, -a Rechnung *f,* Faktur *f;* ~ **paraprake**; ~ **pro-formë** *ök.* Vorausrechnung *f,* pro forma-Rechnung; ~ **përfundimtare** endgültige Rechnung, definitive Rechnung
faturoj *ök.* fakturieren, Rechnung stellen
faun|ë, -a Fauna *f*
favor-i, *pl.* -e-t Gefallen *m;* **i bëj një ~ dikujt** jemand einen Gefallen tun
favorite-t Backenbart *m,* Koteletten *n Pl.*
favorizim-i Begünstigung *f*
favorizoj begünstigen
favorsh|ëm, -me, i/e günstig
fazan-i, *pl.* -ë-t *zoo.* Fasan *m*
faz|ë, -a Phase *f,* Abschnitt *m*
fe-ja, *pl.* -të Religion *f*
feçk|ë, -a *zoo.* Rüssel *m*
federal, -e = **federativ**, -e föderativ, Bundes-; **republikë federale** Bundesrepublik
federat|ë, -a Föderation *f,* Vereinigung *f,* Verband *m,* Bund *m;* **Federata Shqiptare e Futbollit** Albanischer Fußballbund
fejes|ë, -a Verlobung *f*
fejoj verloben
fejton-i, *pl.* -e-t Feuilleton *n*
fejuar, i/e verlobt; **i fejuar**-i Verlobter *m;* **e fejuar**-a die Verlobte
fejz|ë, -a Röhre *f; med.* Höhle *f;* **fejzat e hundës** Nasenlöcher *n Pl.*
fekale-t Fäkalien, Ausscheidungen *f Pl.*
feks polieren, wienern; aufleuchten
fem|ër, -ra, *pl.* -ra-t Frau *f,* Weib *n;* Weibchen *n*
femëror, -e weiblich, feminin
fend|ë, -a, *pl.* -ë-t lautloser Furz *m*
fener-i, *pl.* -ë-t Laterne *f;* Leuchtturm *m; tech.* Scheinwerfer *m*
fenikas, -e phönizisch
Fenikí-a Phönizien
feniks-i, *pl.* -ë-t Phönix *m*
fenomen-i, *pl.* -e-t Phänomen *n,* Erscheinung *f*
fenomenologjí-a *phi.* Phänomenologie *f*
ferexhé-ja Schleier *Umhang muslim. Frauen,* Tschador
ferisht|e, -ja Kleinkind *n*

Ferízaj-i *ON* Uroševac, Ferizović
ferizájas, -e aus Ferizaj, aus Uroševac
fermelé-ja ärmellose Brokatjacke *der Frauen-Volkstracht*
ferm|ë, -a Farm *f*, Bauernhof *m*
ferr-i Hölle *f*
ferr|ë, -a Brombeerstrauch *m*, Dornengestrüpp *n*
ferrëbardh|ë, -a Heckenrose *f*
ferrëdet-i, *pl.* -e-t *bot.* Akazie *f*
ferribot-i Fähre *f*; ~ **për makina** Autofähre *f*
ferrota frenash *tech.* Bremsbelag *m*
fest|e, -ja = **fes**-i Fez *m*
fest|ë, -a Fest *n*, Feier *f*; ~ **e Majit** Maifeier *f*
festiv, -e festlich
festival-i Festspiel *n*, Festival *n*
festoj feiern
fetar, -e religiös, Religions-
fetar-i *rel.* Geistlicher *m*
fet|ë, -a Scheibe *f Brot, Wurst, Käse;* ~ **e lyer** Butterbrot *n*, geschmierte Scheibe Brot
feudal-i Feudalherr *m*
feudaliz|ëm, -mi Feudalismus *m*
fëllig|ë, -a Schlampe *f*
fëlliq beschmutzen, besudeln
fëmij|ë, -a, *pl.* -ë-t Kind *n*
fëmijërí-a Kindheit *f*
fëmijëror, -e kindlich, Kinder-
fëminí-a Kindheit *f*
fëminor, -e Kinder-, Kindheits-
fëndye|ll-i, *pl.* -j-t Ahle *f*, Pfriem *m*
fën|g-u, *pl.* -gje-t *bot.* Bilsenkraut *n*
fërgoj rösten, braten, grillen; **patate të fërguara** Bratkartoffel
fërguar, i/e gebraten
fërkas *s/t* verschlingen, auffressen; verprassen
fërkim-i *fig.* Reiberei *f*
fërkoj reiben, streicheln; ~ **duart** die Hände reiben; ~ **tëmthat** sich am Kopf kratzen
fërnet-i Fernet *m*, Magenbitter *m*
fërtom|ë, -a Seil *n; fig.* Fessel *f*
fëshfërij rascheln
fëshfërim|ë, -a das Rascheln, Geraschel *n*
fib|ër, -ra, *pl.* -ra-t Fiber *f*, Faser *f*; ~ **sintetike** Kunstfaser
fice überreif
fiçor-i, *pl.* -ë-t Kieselstein *m;* Knirps *m*, Stift *m*, Lehrjunge *m*
fidan-i, *pl.* -ë-t Setzling *m*, Steckling *m*
fideiz|ëm, -mi *phi.* Fideismus *m*
fier-i *bot.* Farn *m*, Farnkraut *n*
Fier-i *ON* Fier
fierak, -e aus Fieri
fiersemarak, -e aus Fier-Seman
fierzak, -e aus Fierza
figur|ë, -a Figur *f*, Gestalt *f*; Abbildung *f*, Darstellung *f*; *spr.* Wendung *f*; **me figura** bebildert; ~ **etimologjike** *spr.* Figura etymologica; ~ **mendimi** *spr.* Sinnfigur *f*
figursh|ëm, -me, i/e *spr.* figürlich, übertragen
fij|e, -a, *pl.* -e-t Faden *m*
fíjëz-a Fädchen *n*
fik löschen, auslöschen; ruinieren, schädigen
fi|k-u, *pl.* -q-të Feige *f*
fikasí-ni, *pl.* -nj-të aus Fikas

fikem verlöschen; **fiket** es erlischt
fikët, të Ohnmacht *f*, Bewusstlosigkeit *f*; **i bie të fikët** ohnmächtig werden
fikor|e, -ja Feigenhain *m*
fiks ⟨*adv*⟩ genau; **ora është tre fiks** es ist Punkt drei Uhr
fiks, -e fest, unbeweglich, unveränderlich
fiksim-i Festsetzung *f*; **~ i kursit valutor** Festlegung des Devisenkurses, Indexierung
fiksoj fixieren, verfestigen
fiktë, i/e Feigen-
fil-i, *pl.* -a-t Elefant *m;* Springer *m* *Schach*
filan ⟨*attributiv*⟩ irgendein
filan-i jemand
filarmoní-a Philharmonie *f*
filatelist-i Philatelist *m*, Briefmarkensammler *m*
fildish-i Elfenbein *n*
fildishtë, i/e elfenbeinern
filet|ë-a Filet *n; tech.* Gewinde *n*
filial-i, *pl.* -e-t = **filial|e**, -ja Filiale *f*, Zweigstelle *f*
filipinas, -e philippinisch
filistin-i, *pl.* -ë-t *fig.* Philister *m*, Spießer *m*
filiz-i Spross *m*, Trieb *m*
film-i, *pl.* -a-t Film *m;* **~ dokumentar** Kulturfilm *m*, Dokumentarfilm *m;* **~ me ngjyra** Farbfilm *m;* **~ multiplikativ** Zeichentrickfilm, Comic-Film; **~ televiziv** Fernsehfilm
filmoj filmen
filmotek|ë, -a Filmothek *f*, AV-Bibliothek *f*
filokser|ë, -a *zoo.* Reblaus *f*
filolog-u, *pl.* -ë-t Philologe *m*
filologjí-a Philologie *f*
filologjik, -e philologisch
filozof-i, *pl.* -ë-t Philosoph *m*
filozofí-a Philosophie *f*
filozofik, -e philosophisch
filozofoj philosophieren
filt|ër, -ri, *pl.* -ra-t Filter *m;* **~ i vajit** *tech.* Ölfilter *m*
filtroj filtern
filxhan-i, *pl.* -ë-t Tasse *f*, Schale *f*; **~ i brishtë** leicht zerbrechliche Tasse
fill ⟨*adv*⟩ sofort, gleich; allein, hilflos; **bie fill** in die Klemme geraten; **~ pas** ⟨+ *Abl*⟩ gleich nach
fi|ll-i, *pl.* -je-t Draht *m*, Faden *m;* Ursprung *m*
fillëroj allein leben
filles|ë, -a Anfang *m; spr.* Anlaut *m;* ~ *spr.* absoluter Satzanfang
fillestar, -e ursprünglich, elementar
fillikat ⟨*adv*⟩ allein
fillim-i Anfang *m*, Beginn *m*
fillimisht ⟨*adv*⟩ anfangs, zu Beginn
fillimor, -e *spr.* inchoativ, anfangend, Anfangs-; **aorist ~** inchoativer Aorist
filloj beginnen, anfangen; eröffnen
fillor, -e Anfangs-, Elementar-; **shkolla fillore** Grundschule *f*; **filltar**-i Anfänger *m*
fillthi = **fillikat**
fillues-i = **fillestar**-i
final|e, -ja *spo., mus.* Finale *n*
financa-t Finanzen *f Pl.*
financiar, -e finanziell
financier-i, *pl.* -ë-t Finanzier *m*

financoj finanzieren
finiqot, -e aus Finiq
Finland|ë, -a Finnland
finlandez, -e finnisch
finok, -e pfiffig, schlau, gerissen
finokërí-a Pfiffigkeit *f*
finj|ë, -a Waschlauge *f*
finjos einweichen, waschen *Wäsche*
fiqir-i *veralt.* Geist *m,* Denken *n*
firaun-i, *pl.* -ë-t Übeltäter *m,* Grobian *m,* Wüstling *m*
Firenc|e, -ja *ON* Florenz
fir|ë, -a = **firo**-ja
firifiu leichtsinnig, unreif
firm|ë, -a, *pl.* -a-t Firma *f,* Betrieb *m*
firmoj, **firmos** unterschreiben, unterzeichnen
firo-ja Schwund *m,* Verlust *m*
firoj Gewicht verlieren, ab/nehmen *Ware*
fis-i, *pl.* -e-t Sippe *f,* Verwandtschaft *f,* Clan *m,* Stamm *m*
fisnik, -e edel, adlig
fisnikërí-a Anstand *m,* Edelmut *m,* Adel *m,* Noblesse *f*
fisnikërim-i Veredelung *f,* Verbesserung *f;* ~ **kuptimi** *spr.* Bedeutungsverbesserung
fisnikëroj adeln, veredeln
fisnor, -e Stammes-
fishek-u, *pl.* -ë-t Patrone *f,* Schuss *m,* Geschoss *n,* Kugel *f*
fishekor|e, -ja Patronengurt *m,* Patronentasche *f*
fishekzjarr-i Leuchtrakete *f*
fishkëllej e/ye pfeifen, zischen, fauchen
fishkem verwelken, vertrocknen
fishnjar-i, *pl.* -ë-t *zoo.* Marder *m,* Iltis *m*
fites|ë, -a = **fitim**-i
fitil-i, *pl.* -a-t Lunte *f,* Docht *m,* Zündschnur *f*
fitim-i Gewinn *m,* Profit *m;* Einkommen *n;* Sieg *m;* ~ **i pritshëm** voraussichtlicher Gewinn; ~ **neto** Nettogewinn *m*
fitimsh|ëm, -me, i/e einträglich, profitabel
fitimtar, -e siegreich
fitme-t Ränke *Pl.,* Intrige *f;* **shtie fitme** Ränke schmieden, Intrigen spinnen
fitoj siegen, verdienen, profitieren; erkämpfen, gewinnen
fitor|e, -ja Sieg *m;* **kjo fitore eklipsoi të parën** dieser Sieg stellte den ersten in den Schatten
fitues-i Sieger *m,* Gewinner *m*
fizarmonik|ë, -a Akkordeon *n,* Schifferklavier *n*
fizik, -e körperlich, physisch, physikalisch
fizikan-i, *pl.* -ë-t Physiker *m*
fizik|ë, -a Physik *f;* ~ **bërthamore** Kernphysik
fiziologjí-a Physiologie *f*
fiziologjik, -e physiologisch
fizionomí-a Physiognomie
fizkultur|ë, -a Körpererziehung *f,* Turnen *n*
fjalaman, -e wortreich, geschwätzig
fjal|ë, -a Wort *n;* **bie fjala**; **fjala vjen** beispielsweise; **fjalë për** ~ wörtlich, Wort für Wort; **në fjalë** der besagte, der erwähnte; **meqë ra fjala** übri-

gens, nebenbei bemerkt; ~ **diturore** buchsprachliches Wort, gelehrtes Wort; ~ **e huazuar** Lehnwort; ~ **e ndërmjetme** Schaltwort *n;* ~ **e urtë** Sprichwort *n;* ~ **fantazëm** Phantomwort *n;* ~ **fëminore** *spr.* Lallwort; ~ **fluturake** geflügeltes Wort; ~ **librore** Buchwort; ~ **mëvetësishme** semantisch selbständiges Wort; ~ **ndihmëse** synsemantisches Wort, Hilfswort, Strukturwort; ~ **parme** Grundwort, Ausgangswort; ~ **rrënjë** Wurzelwort; ~ **sharëse** Schimpfwort; ~ **shërbyese** synsemantisches Wort, Hilfswort; ~ **shtesë** *spr.* Füllwort, Einschiebsel, Flickwort; ~ **të kota** leere Worte; ~ **të shpikura kot** frei erfundene Worte; ~ **títull** Stichwort, *spr.* Lemma; ~ **vendase** *spr.* Erbwort; **marr fjalën** das Wort ergreifen; **ortek fjalësh** Schwall Worte; **rrëke fjalësh** Wortschwall *m;* **~-lëndë; fjalë-brendí** Schlagwort

fjalëformim-i Wortbildung *f;* **morfologji e fjalëformimit** Wortbildungslehre *f*

fjalëformues, -e Wortbildungs-

fjalëkryq-i, *pl.* -e-t Kreuzworträtsel *n*

fjalëkursyer wortkarg, knapp

fjalëpërbërj|e, -a *spr.* Wortzusammensetzung *f*

fjalëpërfjalsh|ëm, -me, i/e wörtlich, buchstäblich

fjalës-i *spr.* Wortschatz *m,* Wortbestand *m,* Lexikon *n*

fjalëshkurtër kurz angebunden

fjalëtar, -e gesprächig

fjalëteprí-a Redundanz *f*

fjalëtoj = **fjalos** sich unterhalten, reden

fjalí-a *spr.* Satz *m;* ~ **dëftore** *spr.* Aussagesatz; ~ **dykryegjymtyrëshe** *spr.* zweigliedriger Satz, Dirrhema; ~ **dyshimore** dubitativer Satz; ~ **e ndërmjetme** Schaltsatz; ~ **e ndërshtënë** eingeschobener Satz, Schaltsatz; ~ **e nënrendltur** Nebensatz; ~ **e pazgjeruar** einfacher Satz; ~ **kallëzuesore** Prädikatsatz; ~ **kohore** Temporalsatz; ~ **krahasore** Vergleichssatz, Komparativsatz; ~ **kryefjalore** Subjektsatz; ~ **kryesore** Hauptsatz; ~ **kundrinore** Objektsatz; ~ **kushtore** Bedingungssatz, Konditionalsatz; ~ **lejore** Konzessivsatz, Einräumungssatz; ~ **lidhëzore** Konjunktionalsatz; ~ **lidhore** Relativsatz; ~ **mënyrore** Modalsatz; ~ **njëfjalëshe** Einwortsatz; ~ **përcaktore** Attributsatz; ~ **qëllimore** Finalsatz; ~ **rrjedhimore** Konsekutivsatz, Folgesatz; ~ **shkakore** Kausalsatz; ~ **thirrmore** Ausrufungssatz; ~ **urdhërore** Befehlssatz; ~ **vendore** Lokalsatz

fjalim-i Rede *f,* Ansprache *f*

fjalor-i Wörterbuch *n,* Lexikon *n;* ~ **fjalësh të húaja** Fremdwörterbuch *n;* ~ **fonetik** Aussprachewörterbuch *n;* ~ **shkollor** Schulwörterbuch *n;* ~ **shpjegues** erklärendes Wörterbuch; ~ **xhepi** Taschenwörterbuch *n*

fjalorth-i, *pl.* -ë-t Wörterbüchlein *n,* Glossar *n*

fjeta, *s.* fle

fjet|ë, -a Schlafzimmer *n*

fjetor|e, -ja Schlafsaal *m,* Dormitorium *n*

fjongo-ja Schleife *f*, Haarband *n*

fjord-i, *pl.*-e-t Fjord *m*, Förde *f*

flak aus/werfen; weg/werfen, weg/schmeißen, verjagen

flakadan-i, *pl.* -ë-t großes Feuer *n;* Festfeuer *zu bestimmten Tagen*

flakaresh-i, *pl.* -a-t Ohrfeige *f*

flak|ë, -a, *pl.* -ë-t Flamme *f*

flakëhedhës-i *mil.* Flammenwerfer *m*

flakëroj flackern, brennen

flakj|e, -a Ejektion *f*, Ausstoßung *f*

flaktë, i/e flammend, glühend

flam|ë, -a Schnupfen *m*, Erkältung *f*; Rotz *m bestimmte Viehkrankheit*

flám|ur-i, *pl.*-uj-t, -úrë-t Fahne *f*, Flagge *f*

flamanë-t; **flamandë**-t Flamen *m Pl.*

flamurtar-i, *pl.* -ë-t Bannerträger *m*, Fähnrich *m*

Fland|ër, -ra Flandern

flanikth-i, *pl.* -a-t Vogelbauer *m*, Hühnerkäfig *m*

flas, *fola, folur a/e/i/o; s/t* sprechen, reden; **fol, moj!** sprich! *an eine Frau gerichtet;* ~ **dokrra** Unsinn reden; ~ **gjermanisht** deutsch sprechen; ~ **gorrica** dummes Zeug reden; ~ **halldupçe** *veralt.* türkisch sprechen; ~ **kuturú** Unsinn reden; ~ **në kllapi** irre reden, phantasieren, faseln; ~ **përçart** irre reden, im Wahn sein; ~ **qyl** Unsinn reden; **ecuri**-a **e të folurit** *spr.* Sprechtempo; **kam vështirë në të folur** es fällt mir schwer zu sprechen; **flet ndonjëri gjermanisht?** spricht jemand Deutsch?; **film folës** Tonfilm *m*

flaut-i, *pl.* -e-t Flöte *f*

flautist-i Flötist *m*

fle, *fjeta, fjetur e/i* schlafen; **bie të fle** schlafen gehen; **fle me gretha** unruhig schlafen; **fle qetë** ruhig schlafen; **s'më flihet** ich kann nicht schlafen; **fli rehat!** schlaf ruhig!

flég|ër, -ra, *pl.* -ra-t Türflügel *m*, Nasenflügel *m*, Fensterflügel *m*

flegmatik, -e phlegmatisch

fletanket|ë, -a Fragebogen *m*

flet|ë, -a, *pl.* -ë-t Blatt *n;* **fletë-rrufé**-ja Wandzeitung *f*, Blitzbrief *m;* ~ **e shqitur** loses Blatt; ~ **sharre** Sägeblatt; ~ **shoqëruese** Frachtbegleitschein *m*, Begleitbrief *m;* **numërtim i fletëve** Foliierung *f*, Numerierung der Blätter; **shih në shpinë të fletës!** bitte wenden!

fletëdalj|e, -a Entlassungsschein *m*

fletëgarancí-a Garantieschein *m*

fletëhyrj|e, -a Eintrittskarte *f*, Berechtigungsausweis *m*

fletëkërkes|ë, -a Bestellschein *m*

fletëlavdërim-i Auszeichnungsurkunde *f*

fletëlej|e, -a Urlaubsschein *m*

fletëngarkes|ë, -a *ök.* Frachtbrief *m;* ~ **detare** Konossament *n*, Seefrachtbrief *m*, Schiffsfrachtbrief *m*

fletëpages|ë, -a Lohnabrechnungsschein *m*, Gehaltsmitteilung *f*

fletëpajtim-i Abonnementsbestätigung *f*

fletëporosí-a Auftragsschein *m*

fletështrim-i Einweisungsschein *m*

im Krankenhaus
fletëthirrj|e, -a *mil.* Einberufungsbescheid *m,* Gestellungsbefehl *m;* Vor:anmeldung *f für Ferngespräch*
fletëvotim-i Wahlzettel *m*
fletor|e, -ja Heft *n*
fletushk|ë, -a Blättchen *n,* Käsblatt *Zeitung n*
fli, *s.* fle
fli-ja Opfer *n;* **bëj jetën ~** sein Leben zum Opfer dar/bringen
flijim-i Opferung *f*
flijoj opfern
fliq-i, *pl.* -e-t Fußspitze *f*
flokë-t *m. pl.* Haare *Pl.,* Kopfhaar *n;* **~ dëbore** Schneeflocken *Pl.;* **me flokë të hallakatur** mit aufgelösten Haaren; **zvarris për flokësh** an den Haaren zerren
flokëgjatë langhaarig
flokëkaçurrel, -e krausköpfig
flokëkuq, -e rothaarig
flokëprerë kurzhaarig
flokësh-i, *pl.* -a-t Langhaariger *m*
flokëverdhë blond, hellhaarig
floktar-i Friseur *m,* Frisör *m,* Haarschneider *m,* Coiffeur *m*
floktar|e, -ja Frisörin *f*
floktor|e, -ja Damenfriseursalon *m*
florí-ri, *pl.* -nj-të Gold *n;* **florinj**-të Goldmünzen *f Pl.*
florinjtë, i/e golden, Gold-
flot|ë, -a Flotte *f;* **~ tregtare** Handelsflotte
flug-u Schwung *m,* Elan *m*
fluroj verdunsten, sich verflüchtigen
flurudh|ë, -a Flugbahn *f eines Geschosses*
flutur-a, *pl.* -a-t Schmetterling *m*
fluturak, -e fliegend, Flug-
fluturak-u, *pl.* -ë-t Flugtier *n Vögel, Käfer*
fluturim-i Flug *m;* **udhëheqës i fluturimit** Fluglotse *m*
fluturímthi ⟨*adv*⟩ wie im Fluge, flugs, eilig
fluturoj fliegen; **avioni fluturon** das Flugzeug fliegt
fluturues, -e Flug-, fliegend
fluturush|ë, -a Luftballon *m,* Kinder-Ballon *m*
fllad-i, *pl.* -e-t Brise *f,* Lüftchen *n*
flladis *s/t* erfrischen
fllusk|ë, -a Blase *f;* **~ sapuni** Seifenblase *f*
flluskosem Blasen bekommen; **m'u flluskosën duart** ich habe Blasen an den Händen bekommen
fodull, -e überheblich, eingebildet
fok|ë, -a Seehund *m,* Robbe *f; fig.* Tölpel *m*
foks-i, *pl.* -e-t *mus.* Fox; **fokstrot-i,** *pl.* -e-t Foxtrott *m*
fol, *s.* flas
folé-ja Nest *n;* **~ hajdutësh** Räubernest *n*
foleqesh leutselig, gesellig
folës, -e Ton-; **film folës** Tonfilm *m*
folës-i Ansager *m,* Sprecher *m am Radio*
folj|e, -a Verb *n,* Tätigkeitswort *n,* Zeitwort; **~ deponente** *spr.* Deponens *n,* mediales Verb; **~ ndihmëse** Hilfsverb
foljezim-i Verbalisierung *f*

foljor, -e verbal; **emër** ~ Verbalnomen *n*

folklor-i Folklore *f*, Volkskunst *f*; Brauchtum *n*; Volkskunde *f*

folklorik, -e folkloristisch, Folklore-

folklorist-i Volkskundler *m*

Follorin|ë, -a *ON* Flórina

folm|e, -ja, e Mundart *f*, Dialekt *m*

fonacion-i *spr.* Lautbildung *f*

fond-i, *pl.* -e-t Fonds *m*, Geldmittel *n Pl.*; Bestand *einer Bibliothek;* **depo fondesh** Bibliotheksmagazin *n*, Büchermagazin *n;* ~ **i vjetër, i lashtë** Altbestand *m;* ~ **valutor** *ök.* Devisenfonds; **fonde të qarkullimit** *ök.* Zirkulationsfonds; **fonde të xhirimit** *ök.* Umlauffonds *m*

fonderí-a Gießerei *f*

fonditor-i Gießer *m*, Stahlkocher *m*

fonematik, -e phonematisch

fonem|ë, -a *spr.* Phonem *n*

fonetik, -e phonetisch, lautlich, Laut-; **ligj** ~ Lautgesetz *n;* **bashkëgjegjësi fonetike** lautliche Übereinstimmung *f;* **tog** ~ *spr.* Sprechtakt *m*

fonetik|ë, -a Phonetik *f*

fonetikan-i, *pl.* -ë-t Phonetiker *m*

fonogram-i, *pl.* -e-t fernmündliche Mitteilung *f;* Tonaufzeichnung *f*

fonologjik phonologisch; **kundërvënie fonologjike** *spr.* phonologische Opposition *f*

Fontenëblo-ja *ON* Fontainebleau

foragjer, -e Futter-; **misër** ~ Futtermais *m*

forc|ë, -a Kraft *f;* ~ **ushtarake** Streitkräfte, Wehrmacht *f;* **forca prodhuese** Produktivkräfte; ~ **madhore** *jur.* höhere Gewalt *f*

forcim-i Stärkung *f*, Kräftigung *f*

forcoj festigen, stärken, kräftigen, bekräftigen

formal, -e formal

formalisht ⟨*adv*⟩ pro forma, formell

formalist, -e formalistisch

formant-i; **formues**-i *spr.* Formans *n*

format-i Vordruck *m*, Formular *n*, Formblatt *n*, Format *n;* ~ **ndërkombëtar** internationales Format; ~ **dysh** Folioformat; ~ **gjatësor** Hochformat, Porträt *n;* ~ **gjerësor** Querformat, Landscape-Format; ~ **katërsh** Quartformat; ~ **tetësh** Oktavformat

form|ë, -a Form *f;* **në formën e duhur** in gebührender Form

formësoj gestalten, formatieren, formulieren

formim-i Bildung *f*, Herausbildung *f*, Prägung *f;* Ausbildung *f; phi.* Werden *n;* ~ **temor** *spr.* Stammbildung *f*

formohem entstehen, werden, sich herausbilden

formoj bilden

formular-i Vordruck *m*, Formular *n;* ~ **i porosisë** Bestellzettel *m*

formul|ë, -a Formel *f*

formuloj formulieren

fort ⟨*adv*⟩ stark, fest; sehr

fortë, i/e stark, kräftig, hart

fortes|ë, -a, *pl.* -a-t Festung *f*, Fort *n*

fortësí-a Festigkeit *f*

fortifikat|ë, -a Befestigung *f*

fortifikoj befestigen

forum-i, *pl.* -e-t Forum *n;* Herd *m,* Ofen *m*
fosfat-i, *pl.* -e-t *chem.* Phosphat *m*
fosfor-i *chem.* Phosphor *m*
foshnj|ë, -a Kleinkind *n,* Baby *n*
foshnjarak, -e kindisch
fotoaparat-i, *pl.* -e-t Fotoapparat *m,* Kamera *f*
fotograf-i, *pl.* -ë-t Fotograf *m*
fotografí-a Foto, Photographie *f,* Lichtbild *n*
fotografik, -e photographisch
fotografoj photographieren, knipsen
fotokopj|e, -a Fotokopie *f,* Ablichtung *f*
fotokopjoj fotokopieren
fotoreporter-i, *pl.* -ë-t Fotoreporter *m*
fototek|ë, -a Foto-Sammlung *f,* Bildarchiv *n*
fqinj-i, *pl.* -ë-t Nachbar *m*
fqinj|ë, -a Nachbarin *f*
fqinj|ë, -e benachbart; **shtëpia fqinje** Nachbarhaus *n*
fqinjërí-a Nachbarschaft *f*
fragment-i, *pl.* -e-t Fragment *n,* Bruchstück *n*
fragmentar, -e fragmentarisch
frak-u, *pl.* -ë-t Frack *m*
fraksion-i Fraktion *f*
fraktur|ë, -a Bruch *m,* Knochenbruch *m*
frakullar, -e aus Frákulla
Franc|ë, -a Frankreich
francez, -e; **frëng**, -e französisch
francez-i, *pl.* -ë-t = **frën|g**-u, *pl.* -gj-të Franzose *m*
françeskan, -e franziskanisch
françeskan-i, *pl.* -ë-t Franziskaner *m*
frang-u, *pl.* -a-t Franken *m Währung*
frankë-t Franken *m Pl. Volksgruppe*
Frankfurti-mbi-Majn *ON* Frankfurt am Main
Frankfurti-mbi-Oder *ON* Frankfurt an der Oder
franko franko; **~-anije në portin e arritjes** *ök.* frei bis zum Bestimmungshafen, ex ship; **~ në bordin e anijes** frei an Bord *FOB;* **~ në depo** *ök.* frei Lager; **~ në molo** *ök.* frei ab Kai, ex quay; **~ në stacion të nisjes** *ök.* frei Abgangsstation; **~ në vagon** *ök.* frei Waggon, free on rail *FOR;* **~ stacion të arritjes** *ök.* frei Station des Empfängers; **~ vendbanim** *ök.* frei Haus
frash|ër, -ri, *pl.* -ra-t *bot.* Esche *f*
frashërisht|ë, -a Eschenwald *m*
frashërllí-u aus Frashëri
frashí-a Südwind *m*
fr|at, *pl.* -ét-ër-it *rel.* Bruder, Franziskanerpater *m*
frazeologjí-a Phraseologie *f,* Redensarten *f Pl.*
frazeologjik, -e phraseologisch; **bashkim ~** phraseologische Verbindung *f*
fraz|ë, -a *mus.* Satz *m,* Phrase *f*
fre-ri, *pl.* -rë-t Zaum *m*
frekuentoj besuchen *Schule, Kursus*
fren-i, *pl.* -a-t Bremse *f;* Zügel *m;* **~ me disqe** *tech.* Scheibenbremse *f;* **~ sigurimi** *tech.* Notbremse; **alkooli i frenave** Bremsflüssigkeit *f;* **automatik i frenave** Bremsautomatik *f;* **tambur frenash** Bremstrommel *f*
frengjí-a Schießscharte *f*

freno-ja *tech.* Bremse *f;* **frenoja e dorës** die Handbremse *f*
frenoj bremsen
fresk-u Frische *f,* frischer Wind *m;* **ka fresk** es weht ein frisches Lüftchen
freskët, i/e frisch
freskim-i Erfrischung *f*
freskoj erfrischen
frezator-i Fräser *m*
frez|ë, -a *tech.* Fräse *f*
frezoj fräsen
frëngjisht ⟨*adv*⟩ französisch
Frigjí-a Phrygien
frigohem = **frikësohem** sich fürchten
frigorifer-i, *pl.* -ë-t Kühlschrank *m,* Eisschrank *m*
frikacak-u Angsthase *m*
frikasé-ja Frikassee *n*
frik|ë, -a Angst *f,* Furcht *f*
frikësoj erschrecken, einschüchtern
friksion-i *tech.* Kupplung *f;* **friksioni sliton** die Kupplung rutscht
friksh|ëm, -me, i/e furchtbar, schrecklich; furchtsam
frojdiz|ëm, -mi Freudismus *m,* Psychoanalyse *f*
fron-i, *pl.* -a-t Sitz *m,* Hocker *m,* Thron *m*
front-i, *pl.* -e-t Front *f*
frontespic-i, *pl.* -e-t Frontispiz *n,* Titelbild *n*
fr|uer, -or-i *dial.* Februar *m*
frut|ë, -a Frucht *f,* Obst *n;* **fruta dhe perime** Obst und Gemüse
frutor, -e Obst-; **drurët frutorë** die Obstbäume *m Pl.*
fruth-i Röteln *Pl.,* Masern *Pl.;* ~ **i zi, fruth i keq** *med.* Scharlach *m*
fryj blasen; **fryn erë** es zieht; ~ **bulçitë** die Backen aufblasen
frym|ë, -a Atem *m;* Geist *m;* **marr** ~ einatmen; **merrni frymë thellë!** atmen Sie tief ein!; ~ **dikasteriale** Ressortgeist; ~ **grupazhi** Klüngel *m,* Kungelei *f;* **brumos rininë me frymën revolucionare** die Jugend mit revolutionärem Geist durchdringen
frymëmarrj|e, -a das Atmen *n;* **me frymëmarrje të shpeshuar** außer Atem; **frymëmarrje artificiale** künstliche Beatmung *f*
frymëqítës, -e *spr.* expiratorisch
frymëqitj|e, -a Ausatmen *n*
frymëqitje, tog frymëqitjeje Atemtakt *m,* Expirationseinheit *f*
frymëtim-i Aspiration *f,* Behauchung *f*
frymëtoj *spr.* aspirieren; besprechen *Magie*
frymëtuar, i/e *spr.* aspiriert, behaucht
frymëthithj|e, -a Einatmung *f*
frymëzim-i Begeisterung *f,* Enthusiasmus *m;* Inspiration *f;* ~ **i pashtershëm** unendliche Begeisterung *f*
frymëzoj anregen, begeistern, inspirieren
frymor, -e Blas-; *spr.* belebt, beseelt; **vegël frymore** *mus.* Blasinstrument
frymor-i, *pl.* -ë-t Tier *n,* belebtes Wesen *n*
frysh|ëm, -me, i/e wütend, erbost
fryt-i, *pl.* -e-t Frucht *f,* Ergebnis *n*
frytmbartës, -e fruchttragend, tragend *Baum*
frytsh|ëm, -me, i/e *fig.* fruchtbar;

bashkëpunim i frytshëm fruchtbare Zusammenarbeit *f*
fshat-i, *pl.* -ra-t Dorf *n;* **fshat e zanat, derë e tabiat** andere Länder, andere Sitten; ~ **malor** Bergdorf *n*
fshatar-i, *pl.* -ë-t Bauer *m,* Dorfbewohner *m*
fshatarak, -e Bauern-, bäuerlich; **jetë fshatarake** bäuerliches Leben *n*
fshatarçe ⟨*adv*⟩ bäurisch, auf Bauernart
fshatarësí-a Bauernschaft *f,* Bauern *Pl.*
fsheh *e/i* verbergen, verstecken
fsheharak-u Heimlichtuer *m*
fshehtas ⟨*adv*⟩ = **fshéhtazi** insgeheim, verborgen
fshehtë, i/e geheim
fshehtësí-a Geheimhaltung *f,* Heimlichkeit *f;* ~ **e korrespondencës** *jur.* Briefgeheimnis *n*
fshéhurazi ⟨*adv*⟩ heimlich, insgeheim
fshehurí-a Heimlichkeit *f;* **nuk kanë fshehuri** sie haben keine Geheimnisse
fshesaxh|í-u, *pl.* -inj-të Straßenkehrer *m*
fshes|ë, -a Besen *m;* ~ **xhamash** Scheibenwischer *m*
fshesëtar-i = **fshesabërës**-i Besenbinder *m*
fshihem *s.* fsheh, fshij
fshij wischen, kehren, abwischen, reiben, fegen; verwischen; ~ **duart** die Hände abtrocknen
fshik|ë, -a Blase *f;* Kokon *m;* ~ **e krimbit të mëndafshit** Kokon der Seidenraupe
fshikëz-a Blase *f,* Harnblase *f*
fshirj|e, -a Verwischung *f;* **fshirja e dallimit** Verwischung des Unterschieds
ftes|ë, -a Einladung *f*
ftilloj klären, erklären, regeln
ftoh abkühlen
ftohës, -e kühlend, Kühl-; **makinë ftohëse** Kühlmaschine *f*
ftohj|e, -a Kühlung *f,* Abkühlung *f;* Erkältung *f*
ftohtë, i/e kalt; **kam të ftohtë** mir ist kalt; **bën ftohtë** es ist kalt
ftóhur-a, e Erkältung *f*
ftoj einladen; **ftuar**, i/e eingeladen; **i ftuari** der Gast *m*
ft|ua, -oi, *pl.* -onj-të Quitte *f*
fuçí-a Fass; ~ **me barut** Pulverfass *n*
fuçibërës-i = **fuçipunues**-i Küfer *m*
fug|ë, -a Pirolweibchen *n;* Eile *f;* **marr me fugë** *fig.* überstürzen
fukará-ja, *pl.* -énj-të *veralt.* Armer *m,* Habenichts *m*
fukarallëk-u *veralt.* Armut *f,* Elend *n*
fulj|e, -a *bot.* Narzisse *f*
fulter|e, -ja Pfanne *f,* Tiegel *m*
fultérëz-a *zoo.* Kaulquappe *f*
fund-i, *pl.* -e-t Ende *n;* Rock *m,* Frauenrock; i/e **fundit** letzter
fundm|ë, -e, i/e *phi.* endlich
fundor, -e *spr.* auslautend, End-; **pjesë fundore** Endstück *n*
fundor|e, -ja *spr.* Auslaut *m*
fundos versenken
funeral-i, *pl.* -e-t Bestattung *f,* Begräbnis *n,* Beisetzung *f*
funksion-i, *pl.* -e-t Funktion *f*
funksional, -e funktionell, funktional;

stil funksional *spr.* Funktionalstil *m*
funksionar-i Funktionär *m*, Beamter *m*
funksionoj funktionieren; arbeiten, fungieren; **komisioni funksionon rregullisht** die Kommission tagt regelmäßig
fuqí-a Macht *f; spr.* Intensität *f;* ~ **e madhe** Großmacht *f;* ~ **mbrojtëse** Wehrkraft *f;* ~ **punëtore** Arbeitskraft, Arbeiter *m;* **hyj në** ~ in Kraft treten
fuqimisht ⟨*adv*⟩ machtvoll, kräftig
fuqiplotë bevollmächtigt
fuqish|ëm, i/e *spr.* mächtig; gespannt
fuqizoj stärken, festigen
fur erdrosseln
furç|ë,-a Bürste *f;* ~ **rroje** Rasierpinsel *m;* ~ **teli** Drahtbürste *f*
furgon-i, *pl.* -e-t Lastwagen *m*
furí-a Wucht *f*, Schwung *m;* Sturm *m*
furish|ëm, -me, i/e stürmisch
furk|ë, -a Forke *f;* Spinnrocken *m*
furkulic|ë, -a *dial.* Gabel *f*
furnel|ë, -a Herd *m*, Kochplatte *f*
furnitor-i Lieferant *m*
furnizim-i Lieferung *f*, Versorgung *f*
furnizoj liefern
furnizues-i Lieferant *m*
furqet|ë, -a Haarklammer *f;* Stricknadel *f*
furtun|ë, -a, *pl.* -a-t Sturm *m*
furr|ë, -a Ofen *m;* **i furrës** überbacken; ~ **e lartë** = **furrnalt|ë**, -a Hochofen *m*
furroj backen, braten; verbrennen
furrtar-i Bäcker *m*
fus *s/t* stecken, hineinstecken; ~ **hatanë** Furcht einflößen; ~ **në kallëp** aufspannen; **nuk i** ~ **dot marshin e dytë** ich kann den 2. Gang nicht einlegen
fusharras, -e aus Fushë-Arrëz
fushat|ë, -a Kampagne *f;* ~ **e zgjedhjeve** Wahlkampagne *f*, Wahlkampf *m*
fush|ë, -a Feld *n*, Ebene *f*, Gebiet *n;* ~ **semantike** Bedeutungsfeld *n*
Fushë-Kosovë Kosovo Polje, Amselfeld
fushëgrop|ë, -a Senke *f*, Doline *f*
fushim-i *mil.* Geländeübung *f*
fushim-i Lager *n;* **truprojë e fushimit** Lagerwache *f*
fushnjí-a Kleinviehmist *m*
fust|ë, -a langer Rock *m;* Unterkleid *n*
fustan-i, *pl.* -e-t Kleid *n*, Rock *m;* ~ **balloje** Ballkleid *n;* **fustani ka mëngët e gjata** das Kleid hat zu lange Ärmel
fustanell|ë, -a Plisseerock *der Volkstracht*
futboll-i Fußball *m*
futbollist-i Fußballspieler *m*, Fußballer *m*
futbollistik, -e Fußball-
futem hineinschlüpfen, eindringen; ~ **brenda** hineinschlüpfen
fye|j, -va, -r beleidigen
fye|ll-i, *pl.* -j-t Flöte *f;* Dummkopf *m*
fyerj|e, -a Beleidigung *f*, Kränkung *f;* Tadel *m*
fyes, -e beleidigend, kränkend; **në mënyrë fyese** in beleidigender Weise
fyl, -e = **fyrbë** hohl, innen verfault; **arrë fyl** taube Nuss; **dru fyl** hohler Baum
fyt-i Rachen *m*, Gurgel *f*, Kehle *f*
fytas, fytazi ⟨*adv*⟩ bis oben; **jam fytas me punë** randvoll mit Arbeit sein

fytyr|ë, -a Gesicht *n,* Antlitz *n;* **~ antipatike** unsympathisches Gesicht; **i rrëzëllen fytyra** sein Gesicht strahlt; **kolonjë për ~** Gesichtswasser *n,* Rasierwasser *n*

fytyruar, i/e *spr.* figürlich, übertragen

G

gabardin|ë, -a Gabardine *f*

gabarit-i Außenabmessungen *Pl.,* Ladeprofil *n,* Durchfahrtsprofil *n*

gabel-i, *pl.* -ë-t = **arixhí**-u *veralt.* Zigeuner *m*

gab|ë, -a Adler *m*

gabim-i Fehler *m,* Irrtum *m;* **është gabim** das ist falsch; **~ në llogari** Buchführungsfehler *m;* **ndreqje gabimesh** Druckfehlerverzeichnis *n*

gabimisht ⟨*adv*⟩ irrtümlich, fälschlich

gabohem sich irren; **në rrugë të gabuar** auf dem falschen Weg

gaboj sich irren; **gaboj drejtimin** die falsche Richtung einschlagen

gabuar, i/e falsch

gabzherr-i, *pl.* -ë-t Luftröhre *f*

gac|ë, -a Glut *f,* glühende Kohle *f;* Funke *m*

gadíshull-i Halbinsel *f;* **Gadishulli i Apeníneve** Apenninen-Halbinsel; **Gadishulli Kalkidik** Halbinsel Chalkidike

gaf|ë, -a Fehler *m*

gafil ⟨*adv*⟩ unvorbereitet; **gjendem gafil** unvorbereitet sein

gaforr|e, -ja Krebs *m,* Krabbe *f*

gagarim|ë, -a Schnattern *n,* Geschnatter *(von Enten, Gänsen)*

gagaris *s/t* schnattern

gajasem ermüden, erschlaffen; **~ së ecuri** nicht mehr laufen können; **~ së qeshuri** sich vor Lachen nicht halten können

gajd|e, -ja, *pl.* -e-t Dudelsack *m*

gajdexhí-u, *pl.* -nj-të Dudelsackpfeifer *m*

gajganá-ja Rührei *n,* Eierpfannkuchen *m*

gajl|e, -ja Sorge *f,* Kummer *m;* **mos ki gajle!** mach dir keine Sorgen!

gajret-i *veralt.* Geduld *f;* Mut *m*

gajtan-i, *pl.* -ë-t Borte *f,* Schnur *f,* Litze *f*

gal, -e gallisch

galaktik|ë, -a Milchstaße *f,* Galaxis *f*

galanterí-a Galanteriewaren *Pl.* *Taschen, Gürtel, Spangen*

galdim-i Jubel *m*

galdoj jubeln

galerí-a Galerie *f;* Stollen *m im Bergwerk,* Tunnel *m*

galet|ë, -a Kommissbrot *n*

galexhant-i *tech.* Schwimmer *m*

gal|ë, -a *zoo.* Dohle *f*

Galí-a Gallien

galiciz|ëm,-mi *spr.* Gallizismus, französ. Sprachelement

galvanizoj galvanisieren
gallaber|e, -ja geschossener Kohl *m;* weit offene Blüte *f*
gallátas, -e aus Galata
Gallát|ë, -a *ON* Gạlata
gallat|ë, -a Lärm *m*, Geschrei *n*
gallosh|e, -ja Galosche *f*, Überschuh *m*
gam|ë, -a Tonleiter *f*; *fig.* Palette *f*
gamil|e, -ja *zoo.* Kamel *n*
gámu|ll, -lli, *pl.* -j-t kleiner Wasserfall *m*
gand ⟨*adv*⟩ zufällig, unversehens, aus Versehen, unabsichtlich; **godas ~** versehentlich schlagen
gandoj verletzen
ganez, -e ghan̲aisch, ghan̲esisch
Gan|ë, -a Gh̲ana
gangren|ë, -a *med.* Brand *m*, Gangr̲än *f*
gangster-i, *pl.* -ë-t Gangster *m*, Bandit *m*
garancí-a Garantie *f*
garant-i Garạnt *m*, Bürge *m*
garantim-i Garantie *f*; **~ i çmimeve** Preisgarantie
garantoj garantieren
garazh-i, *pl.* -e-t Garage *f*
gard|ë, -a Garde *f*
gardërob|ë, -a Garder̲obe *f*, Kleiderabgabe *f*
gardërobist|e, -ja Garderobenfrau *f*
gardian-i, *pl.* -ë-t Wächter *m*, Gefängniswärter *m*
gardh-i, *pl.* -e-t *a.* gjerdhe-t Zaun *m*
gardhoj umzäunen
gardhor-i, *pl.* -ë-t *naut.* Reling *f*
gar|ë, -a Wettlauf *m*, Wettrennen *n*, Wettkampf *m*, Wettbewerb *m;* **~ kanotazhi** Ruderwettkampf; **~ çiklistike** Radrennen; **~ e qitjes** Preisschießen *n*, Schießwettbewerb *m*
gargaliq-i, *pl.* -ë-t *zoo.* Laubfrosch *m*
gargar|ë, -a *med.* Gurgeln *n*
gargaris *s/t* quaken
garnitur|ë, -a Beilage *f zum Essen;* Applikation *f an Kleidung*
garnizon-i Garnis̲on *f*, Truppenstandort *m*
garz|ë, -a *med.* Mull *m*, Gaze *f*
garravel-i, *pl.* -a-t großer Korb *m*
gastar|e, -ja Glas *n*, Glasbehälter *m*
gastarina-t Glaswaren *Pl.*
gastartë, i/e gläsern
gastrik, -e *med.* gastrisch, Magen-
gastrit-i *med.* Gastr̲itis *f*
gashjan, -e aus Gash
gates|ë, -a = gjell|ë, -a Gericht *n*, Speise *f*
gat|ër, -ra, *pl.* -ra-t Gattersäge *f*
gati ⟨*adv*⟩ fertig; fast; **~ një si** ⟨+ *Subst.*⟩ fast ein; **~ për nisje** fertig zum Auslaufen *Schiff;* **Bëni ~ faturën, ju lutem!** Machen Sie bitte die Rechnung fertig!
gatim-i Zubereitung *f*
gatis *s/t* vorbereiten; *tech.* warten; zubereiten
gatishmërí-a Bereitschaft *f*; **provë e gatishmërisë** Bereitschaftsübung *f*
gatsh|ëm, -me, i/e bereit, fertig, konfektioniert; **rroba të gatshme** Konfektionswaren *Pl.;* **produkt i gatshëm** Fertigprodukt *n*
gatuaj zubereiten, kochen
gavet|ë, -a Essgeschirr *n*, Henkelmann *m*

gaz-i Gas *n;* **uleni gazin!** nehmen Sie Gas weg!; **jepi gaz!** gib Gas!
gaz-i Freude *f,* Lächeln *n,* Scherz *m,* Spott *m;* **u bë gazi i fshatit (i botës)** er wurde zum Gespött des Dorfes *der Leute*
gazel|e, -ja Witz *m,* Scherz *m*
gazel|ë, -a *zoo.* Gazelle *f*
gazep-i, *pl.* -e-t *veralt.* Qual *f,* Unglück *n;* Übeltäter *m*
gazepqar, -e nervig, enervierend, entnervend
gazetar-i, *pl.* -ë-t Journalist *m*
gazetarí-a Journalistik *f*
gazetashitës-i Zeitungsverkäufer *m*
gazetashpërndarës-i Zeitungsausträger *m*
gazet|ë, -a, *pl.* -a-t Zeitung *f;* ~ **e përditshme** Tageszeitung; ~ **zyrtare** Amtsblatt *n,* Gesetzblatt *n*
gazifikoj vergasen, begasen, mit Gas versorgen
gazmend-i, *pl.* -e-t = gazmim-i Jubel *m*
gazmoj erfreuen, sich freuen
gazmor, -e freudig, freundlich
gazmor|e, -ja Humoreske *f*
gazoj mit Kohlensäure versetzen; verspotten
gazomet|ër, -ri, *pl.* -ra-t Gasometer *m;* Gasmesser *m*
gazoz|ë, -a Brause *f,* Erfrischungsgetränk *n*
gazsjellës-i Gasleitung *f*
gaztor-i Spaßmacher *m,* Clown *m*
gdhe-ri, *pl.* -nj-të Knorren *m;* Rüpel *m; bot.* Schwarzkiefer *f*
gdhend schnitzen
gdhendarí-a Holzschnitzerei *f,* Schnitzerei *f*
gdhend|ël, -la, *pl.* -la-t Span *m,* Splitter *m*
gdhendj|e, -a das Schnitzen *n;* ~ **në dru** Holzschnitzerei *f*
gdhij wachen, schlaflos sein; tagen; **gdhihet** es wird Tag; **si u gdhive** wie hast du geschlafen?, hast du gut geschlafen?
gegas, -e aus Gegaj
geg|ë, -e gegisch
Geg|ë, -a, *pl.* -ë-t Gege *m Volksgruppe*
Gegërí-a Gegeria *Landschaft*
gegërisht ⟨*adv*⟩ gegisch
gegërisht|e, -ja Gegisch *Sprache, Mundart*
gejzer-i, *pl.* -ë-t Geysir *m*
gemem schielen
genealogjí-a Genealogie *f,* Ahnenkunde *f*
germ|ë, -a, *pl.* -a-t *veralt.* Buchstabe *m,* Letter *f*
gete-t Strumpfhose *f*
gëk: **s'bëj as gëk, as mëk** keinen Ton von sich geben; **pa bërë** ~ ohne sich zu äußern
gëlqer|e, -ja Kalk *m;* ~ **e shuar** Löschkalk *m,* gelöschter Kalk
gëlltis *s/t* schlucken, verschlucken, verschlingen
gënjehem sich täuschen
gënjej lügen
gënjeshtar-i Lügner *m*
gënjesht|ër, -ra Lüge *f,* Täuschung *f*
gënjeshtërt, i/e lügnerisch, falsch, gefälscht

gërdall|ë, -a Schindmähre *f*, Gaul *m*, Klepper *m;* alter Krempel *m*
gërdí-a Ekel *m*, Widerwille *m*
gërditem Ekel bekommen; **më gërditet** mir ist zum Kotzen
gërf|yell-i, *pl.* -éj-të Höhle *f mit zwei Ausgängen*, Felsdurchgang *m*
gërhanëtor|e, -ja Wollkämmerin *f*
gërhas *s/t, a/e/i* schnarchen
gërhij schnurren
gërhitj|e, -a Schnarchen *n*
gërmadh|ë, -a, *pl.* -a-t Ruine *f*, Überrest *m*, Bruchbude *f*, Trümmer *Pl.*
gërmim-i Ausgrabung *f*, Schachtarbeit *f*
gërmis *s/t* nagen, knabbern
gërmoj graben, sondieren, suchen
gërshet-i, *pl.* -a-t Bündel *n*, Zopf *m*, Flechtwerk *n*, Geflecht *n*
gërshetoj kombinieren, verknüpfen, verflechten, harmonisieren
gërshër|ë, -a Schere *f*; ~ **për llamarinë** *tech.* Blechschere *f*
gërthap-i, *pl.* -ë-t Gartenschere *f*
gërthj|e, -a Krebs *m*, Krabbe *f*; aufdringlicher Mensch *m*
gërvisht kratzen
gërvishtj|e, -a Karambolage *f*, Blechschaden *m*
gërxho-ja, *pl.* -t Tattergreis *m;* ungehobelter Mensch *m*
gërryej abkratzen, unterspülen, aushöhlen
gërryer, i/e hohl
gështenj|ë, -a Kastanie *f*
gëzim-i Freude *f*; **më qahej nga gëzimi** ich weinte vor Freude
gëzof-i, *pl.* -e-t Pelz *m;* **kapë gëzofi** Pelzmütze *f*
gëzofpunues-i = **gëzoftar**-i Kürschner *m*
gëzoftor|e, -ja Kürschnerei *f*
gëzohem sich freuen; **~!** mit Vergnügen!
gëzoj erfreuen, sich freuen; genießen; ~ **një të drejtë** ein Recht genießen; **gëzuar** Prosit!
gëzuesh|ëm -me, i/e freudig
gëzhoj|ë, -a Schale *f*; *mil.* Patronenhülse *f*
gijotin|ë, -a Guillotine *f*
gilc|ë, -a Sehne *f*, Gelenkband *n*
gilivíli Killekille *am Hals kraulen*
gimiz|e, ja *dial.* Leipziger Allerlei *Erbsen, Möhren, Kartoffel, Gurken usw.*
gisht-i, *pl.* -a-t, -ërinj-të Finger *m*, Zeh *m;* **në majë të gishtërinjve** auf Zehenspitzen; ~ **dëftues** Zeigefinger *m;* ~ **i këmbës** Zehe *f*
giz|ë, -a Gusseisen *n*
glagolik, -e *spr.* glagolitisch
glajd-i Gleitlaut *m*, Übergangslaut *m*
glas|ë, -a Vogeldreck *Ausscheidungen der Vögel*
glicerin|ë, -a *chem.* Glyzerin *n*
glikó-ja Marmelade *f*, Konfitüre *f*
glin|ë, -a Ton *m*, *chem.* Kaolin *m*
glinjot, -e aus Glina
glist|ër, -ra, *pl.* -ra-t Regenwurm *m; med.* Spulwurm *m*
glob-i, *pl.* -e-t Erdkugel *f*; Globus *m;* Lampenkugel *f*
glosar-i, *pl.* -ë-t Glossar *n*
glosem|ë, -a *spr.* Glossem *n*
glos|ë, -a Glosse *f*

glukoz|ë, -a Traubenzucker *m*

glyt|ër, -ra, *pl.* -ra-t Flockseide *f*

gllabëroj verschlingen; ~ **vëmendjen** die Aufmerksamkeit auf sich ziehen

gllavjot, -e aus Gllava

gllënjk|ë, -a Schluck *m*

glluguroj glucksen

gllup-i *dial.* Maul *n*, Schnauze *f*

gnoseologjí-a *phi.* Erkenntnistheorie *f*, Gnoseologie *f*

gnoseologjik, -e erkenntnistheoretisch

goc|ë, -a Auster *f*; Mädchen *n*; ~ **deti** Muschel *f*

godas *a/e/i; s/t* schlagen; ~ **gand** versehentlich schlagen; **e godiste mu në zemër** er traf ihn mitten ins Herz

godin|ë, -a Gebäude *n*

godis *s/t* bauen, erbauen; reparieren; verzieren; **godis nusen** die Braut schmücken

goditj|e, -a Schlag *m*, Prügel *f*; ~ **dënimi** Strafstoß *m*; ~ **dielli** *med.* Sonnenstich *m*; ~ **e lirë** *spo.* Freistoß; ~ **në tru** Gehirnschlag *m*; ~ **nga këndi** Eckball *m*

gogesh-i, *pl.* -ë-t = **gugash**-i Wildtaube *f*, Ringeltaube *f*

gogësij = **gogësit** gähnen

gogol-i, *pl.* -ë-t Schreckgespenst *n*

gogozhar|e, -ja *bot.* Paprika *f eine Art rund wie Tomaten*

gojaç-i, *pl.* -ë-t Großmaul *n*, Schandmaul *n*

gojarisht ⟨*adv*⟩ mündlich

gojasllan-i, *pl.* -ë-t = **gojujk**-u *bot.* Löwenmaul *n*, Löwenmäulchen *n*

gojavis *s/t* nachplappern; klatschen, durch den Kakao ziehen

goj|ë, -a Mund *m*, Maul *n*; **me gojë hapur** erstaunt, mit offenem Mund; **me gojë** mündlich; **ma athëtojnë gojën kumbullat** die Pflaumen ziehen mir den Mund zusammen; **zgavër e gojës** *med.* Mundhöhle *f*

gojëdhën|e, -a Legende *f*, Volkssage *f*

gojëhapur, **ngel** ~ verblüfft sein

gojëluán-i, *pl.* -ë-t *bot.* Löwenmaul *n*, Löwenmäulchen *n*

gojëmbël beredt, eloquent

gojëspec, -e scharfzüngig

gojëtar-i Redner *m*, Rhetoriker *m*

gojëtarí-a Rhetorik *f*, Beredsamkeit *f*

gojk|ë, -a Mündung *f*; Dachrinne *f*

gojor, -e *spr.* oral, mündlich

gol-i Tor *beim Fußball*

golashënues-i *spo.* Torschütze *m*

Golfstrim-i Golfstrom *m*

goljan, -e aus Gólaj

gomar-i, *pl.* -ë-t Esel *m*

gomar|e, -ja = gomaric|ë, -a Eselin *f*

gomarí-a = gomarllë|k-u, *pl.* -qe-t Eselei *f*, Torheit *f*

gomarisht ⟨*adv*⟩ närrisch

gom|ë, -a Radiergummi *m*; Gummi *n*; Autoreifen *m*, Reifen *m*; **presioni i gomave** *tech.* Reifendruck *m*; **dorashkë prej gome** Gummihandschuh *m*; ~ **shpëtimi** Rettungsring *m*

gomisterí-a Gummiverarbeitungswerkstatt *f*, Reifendienst *m*

gomoj gummieren

gomsiqas, -e aus Gomsiqe

gomtë, i/e aus Gummi

góndol|ë, -a *naut.* Gondel *f*

gong-u, *pl.* -e-t *mus.* Gong *m*
gonxh|e, -ja Knospe *f*
gonxhoj knospen
goranxinjot, -e aus Goranxía
gorar, -e aus Gora
goren-i Nordwind *m;* Norden *m;* Schneesturm *m*
gorill|ë, -a *zoo.* Gorilla *m*
gorric|ë, -a *bot.* Holzbirne *f,* Holzbirnbaum *m;* **flas gorrica** dummes Zeug reden
gosanjak, -e aus Gosa
gostí-a Gastmahl *n*
gostis *s/t* bewirten
got|ë, -a Glas *n,* Trinkglas *n;* Becher *m;* ~ **vere** Weinglas *n;* ~ **rakie** Schnapsglas; **kërcëllojnë gotat** die Gläser klirren
gotik, -e gotisch, Fraktur-; **shkrim** ~ Frakturschrift *f,* Schwabacher *f*
govat|ë, -a Trog *m,* Zuber *m,* Bottich *m*
goxhá groß; reichlich; ~ **djalë** großer Junge *m;* **një** ~ **kuadër** *fig.* ein hohes Tier
gozhd|ë, -a Nagel *m*
gozhdoj nageln
grabit *s/t* plündern
grabitj|e, -a Raub *m*
grabitqar, -e räuberisch
grabuj|ë, -a *tech.* Rechen *m*
Grac-i *ON* Graz
grack|ë, -a Falle *f*
grad|ë, -a, *pl.* -ë-t Grad *m*
gradohem befördert werden; **u gradua nënkolonel** er wurde zum Oberstleutnant befördert
gradoj *mil.* befördern
gradual, -e schrittweise, allmählich
gradues-i Richtkanonier *m*
grafem|ë, -a *spr.* Graphem
grafí-a *spr.* Schreibung *f,* Graphie *f;* ~ **etimologjike** etymologische Schreibweise *f*
grafik, -e graphisch, Schrift-
grafik-u, *pl.* -ë-t Graphik *f,* Schemazeichnung *f,* Tafel *f*
grafik|ë, -a Grafik *f,* Graphik
grafit-i Graphit *m,* Grafit
grah die Sporen geben, antreiben; **i** ~ **makinës** starten; **i** ~ **kalit** dem Pferd die Sporen geben
grahm|ë, -a Todeskampf *m,* Agonie *f;* Atemnot *f,* stickige Luft *f*
gram-i, *pl.* -a-t *bot.* Hundszahn *m,* Quecke *f*
gram-i, *pl.* -ë-t Gramm *n gr;* **pesëqind gram** ein Pfund *f*
gramafon-i Plattenspieler *m;* **pllakë gramafoni** Schallplatte *f*
gramatikan-i, *pl.* -ë-t Grammatiker *m*
gramatik|ë, -a Grammatik *f,* Sprachlehre *f;* ~ **gjenerative** generative Grammatik; ~ **përqasëse** kontrastive Grammatik; ~ **transformacionale** Transformationsgrammatik
gramatikor, -e grammatisch
gramatikorëzim-i Grammatikalisierung *f*
gramisht|ë, -a queckiger Boden *m*
gramshak, -e aus Gramsh
granat-i Granat *m,* Granatstein *m*
granat|ë, -a Granate *f*
granatahedhës|e, -ja *mil.* Granatwerfer *m*

granil-i graniertes Baumaterial *n*
granit-i Granit *m*
grarisht ⟨*adv*⟩ auf Frauenart; **punë grarishte** Frauenarbeit, Weiberangelegenheit
grasatim-i Abschmieren *n;* **makina ka nevojë për grasatim** der Wagen muss abgeschmiert werden
gráso-ja *tech.* Fett *n,* Schmierfett *n*
grasoj schmieren, abschmieren, einfetten; ~ **pushkën** das Gewehr fetten
grashin|ë, -a *bot.* Wicke *f*
grat-i Nutzen *m,* Profit *m;* **nxjerr** ~ Nutzen ziehen
grataçiel-i Hochhaus *n*
gratsh|ëm, -me, i/e reichlich, fruchtbar, nützlich; **punë e gratshme** einträgliche Sache *f*
grath-i, *pl.* -ë-t Zähnchen *n,* Zacken *m;* Borste *f;* **grathë derri** Schweineborsten *Pl.*
grathor|e, -ja Büßerhemd *n*
gravjot, -e aus Grava
gravur|ë, -a Druckgraphik *f,* Kupferstich *m,* Radierung *f*
grazhd-i, *pl.* -e-t Stall *m; fig.* Saustall
grazhdoj füttern *Vieh,* Futter geben
grejpfrut-i Pampelmuse *f,* Grapefruit *f*
grek, -e griechisch
grek-u, *pl.* -ë-t Grieche *m*
gremin|ë, -a Abgrund *m,* Kluft *f;* Untergang *m,* Verderben *n;* **në buzë të greminës** am Rande des Abgrunds
gremis hinabwerfen, zerschmettern; rausschmeißen
grep-i, *pl.* -a-t Haken *m,* Angelhaken *m;* Taschendieb *m;* Angel *f;* **peshkoj me grep** angeln
grepckall|í, -eshë aus Grepcka
grepoj angeln
Greqí-a Griechenland
greqisht ⟨*adv*⟩ griechisch
greqiz|ëm, -mi, *pl.* -ma-t *spr.* Gräzismus
grerëz-a, *pl.* -a-t = **grer|ë**, -a *zoo.* Wespe *f*
greth-i, *pl.* -a-t Hornisse *f;* **fle me gretha** unruhig schlafen
grev|ë, -a Streik *m;* ~ **e përgjithshme** Generalstreik
grevëthyes-i Streikbrecher *m*
grevist, -e Streik-
grevist-i Streiker *m,* Streikender *m*
Grënland|ë, -a Grönland
Grënob|ël, -la *ON* Grenoble
gri grau; ~ **i errët** dunkelgrau
grif|ë, -a *zoo.* Greif *m*
grifsh|ë, -a *zoo.* Eichelhäher *m*
grigj|ë, -a Herde *f*
grih = **grihoj** schleifen, wetzen, schärfen
grih|ë, -a = **grihës**-i Schleifstein *m,* Wetzstein *m*
grij zerstückeln, zerkrümeln, zerfressen, beschädigen; **ndryshku e grin hekurin** Rost zerfrisst Eisen
gril|ë, -a Jalousie *f,* Fensterladen *m*
grill-i Schiefer *m*
grilloj zerfetzen, vernichten
grim-i Verkleidungsutensilien *Pl.,* Maskerade *f*
grim|ë, -a = **grimc|ë**, -a Krümel *m,* Weile *f,* Moment *m,* ein bisschen
grimas|ë, -a Grimasse *f*
grimcoj zerkrümeln

grind auf/regen, verärgern
grindavec, -e streitsüchtig
grindem sich streiten
grindj|e, -a Streit *m;* **grindje nacionale** Nationalitätenkonflikt *m,* Streit unter Volksgruppen
Grinuiç-i *ON* Greenwich
grip-i *med.* Grippe *f,* Influenza *f;* **e zateti gripi** die Grippe hat ihn gepackt
gris zerreißen, verschleißen, abwetzen, abnutzen
grisk|ël, -la, *pl.* -la-t Fischschuppe *f*
grish einladen
grishj|e, -a Einladung *f*
grízh|ël, -la, *pl.* -la-t *zoo.* Elster *f*
grizhor, -e aus Grizha
grog-u Grog *m Rum mit heißem Wasser*
gromësij rülpsen, aufstoßen
gromësir|ë, -a Rülpser *m*
grop|ë, -a, *pl.* -a-t Loch *n,* Vertiefung *f,* Senke *f,* Graben *m;* **i bëhet barku ~** Kohldampf haben
gropësir|ë, -a Senke *f*
gropos vergraben, einbuddeln; *fig.* begraben; **gropos ëndrrat e dikurshme** die einstigen Träume begraben
gropsht|ë, -a Naht *f*
grosist-i Großhändler *m, ök.* Grossist *m*
grosh-i, *pl.* -ë-t Kurusch, Piaster *m;* Groschen *m;* **s'vlen asnjë grosh** es ist keinen Pfifferling/Pfennig wert
grosh|ë, -a, *pl.* -ë-t = thjerrëz-a *bot.* Linse *f*
groshëz-a *bot.* Hornklee *m*
grua-ja, *pl.* gra-të Frau *f,* Ehefrau *f;* **~ e dergjur** *med.* Wöchnerin *f*
grudas, -e aus Gruda
grúmbu|ll-i, *pl.* -j-t Haufen *m,* Menge *f*
grumbulloj sammeln, aufhäufen
grumbullor, -e kugelrund
grumbullues, -e kumulierend, kumulativ
grunar-i, *pl.* -ë-t Weizenspeicher *m*
grunisht|ë, -a Weizenfeld *n*
grunohem Frau werden, heran/wachsen *Mädchen*
grunjarak, -e aus Grúnjas
grúnjëra-t Weizenarten *f Pl.,* Weizensorten *f Pl.*
grunjtë, i/e Weizen-
grup-i, *pl.* -e-t Gruppe *f;* **~-mosh|ë**, -a, *pl.* -a-t Altersgruppe *f*
grupazh-i, *pl.* -e-t Gruppierung *f,* Klüngel *m,* Grüppchen *n;* **frymë grupazhi** Kungelei *f*
grupim-i Gruppierung *f,* Sammlung *f;* Vereinigung *f;* **~ politik** politische Gruppierung *f*
grupoj gruppieren; sammeln
grur|ë, -i Weizen *m,* Korn *n*
grusht-i, *pl.* -e-t Faust *f*
grushtoj mit der Faust schlagen
Gruzí-a Grusinien, Georgien
grykashk|ë, -a Schlabberlatz *m*
gryk|ë, -a, *pl.* -a-t Gurgel *f,* Kehle *f;* Schlucht *f,* Pass *m im Gebirge*
grykëderdhj|e, -a Mündung *f eines Flusses*
grykës|e, -ja Kittel *m,* Arbeitskittel *m*
grykorëzim-i *spr.* Gutturalisierung *f,* Velarisierung *f*
grremç-i, *pl.* -a-t Haken *m,* Kleiderhaken; **gjej grremçin** den Ansatz-

punkt finden
guack|ë, -a = **guask|ë**, -a
guall-i, *pl.* -j-t Schale *f*
guarnicion-i *tech.* Dichtung *f*
guask|ë, -a Panzer *m Tier,* Schale *f Ei, Nuss;* **mbyllur në guaskën e vet** zurückgezogen, introvertiert; ~ **deti** Auster *f*
guatemalas-i Guatemalteke *m*
Gucí-a *ON* Gusinje
gucjan, -e aus Gusinje, aus Gucia
gudulis kitzeln, killern
gueril, -e Guerilla-
guerilj|e, -a *mil.* Guerillakampf *m*
guf|e, -ja Jäckchen *n mit weiten Ärmeln*
gufoj über/quellen, platzen, her-vor/springen
gugas *s/t* gurren
Guiné-ja Guinea; ~ **e Re** Neu-Guinea
gulash-i Gulasch *n*
gulçim|ë, -a Röcheln *n*
gulçoj röcheln, röhren, stöhnen
Gumenic|ë, -a *ON* Igumenitsa
gumëzhij, **gumëzhis** *s/t* rauschen, stören, summen
gun|ë, -a Kotzen *m,* Lodenumhang *m*
gung|ë, -a Beule *f,* Buckel *m*
gur-i, *pl.* -ë-t Stein *m,* Fels *m;* ~ **çakmaku** Feuerstein; ~ **kilometrazhi** Kilometerstein; ~ **zmeril** Schleifstein, Wetzstein, Schleifscheibe *f;* **gurë në veshkat** Nierensteine *m Pl.;* **gurë tëmthi** *med.* Gallensteine *m Pl.*
guralec-i, *pl.* -ë-t = **guraçok**-u, *pl.* -ë-t Kieselstein *m*
gurazez, -e aus Guri i Zi
gurëzak, -e aus Gúrëz
gurëzoj = **guroj, guros** versteinern
gurgac|ë, -a = **gurgac**-i Feuerstein *m*
gurgulé-ja Lärm *m,* lärmende Menge *f*
gurgulloj gluckern, murmeln *Wasser*
guriçk|ë, -a Steinchen *n,* Kieselstein *m*
gurkali *chem.* Kupfersulfat *n*
gurmaz-i Kehle *f*
gurmic|ë, -a Alabaster *m*
gurmprehës-i Schleifstein *m*
guror, -e steinern
gurtë, i/e steinern, versteinert, starr, hart
gurth-i, *pl.* -ë-t Steinchen *n,* Gallenstein *m,* Nierenstein *m*
gurzjarr-i Feuerstein *m*
gurran, -e aus Gurra
gurr|ë, -a Quelle *f,* Rinnsal *n*
gush|ë, -a Kehle *f,* Kropf *m; mil.* Magazin *der Schusswaffe*
gusht-i August *m;* **deri më katër gusht** bis zum 4. August
gutaperk|ë, -a Guttapercha *f*
guvernator-i Gouverneur *m*
guximi-i Mut *m*
guximtar, -e mutig
guxoj wagen
gyp-i, *pl.* -a-t Zylinder *m,* Röhre *f,* Rohr *n*

Gj

gjadrasor, -e aus Gjadër
gjah-u Jagd *f;* Wild *n*
gjahtar-i Jäger *m*
gjahtor-i Jagdhund *m*
gjak-u, *pl.* -ra-t Blut *n;* **tension i gjakut** Blutdruck *m*
gjakatar, -e = **gjakësor**, -e blutrünstig, blutig; **regjim gjakësor** blutiges Regime *n*
gjakbutë sanftmütig
gjakbutësí-a Sanftmütigkeit *f*
gjakderdhj|e, -a Blutvergießen *n*
gjakftohtë kaltblütig
gjakftohtësí-a Kaltblütigkeit *f*
gjakmarrës-i Rächer *m,* Bluträcher *m*
gjakmarrj|e, -a Blutrache *f*
gjaknxehtë heißblütig, hitzköpfig, aufbrausend
gjakoj ersehnen, herbeisehnen, schmachten
gjakosur, i/e blutbefleckt
Gjakov|ë, -a *ON* Djakovica; Yakova
gjakovar, -e aus Djakovica, aus Gjakova
gjakpirës-i Blutsauger *m*
gjakrrjedhj|e, -a Blut:erguss *m,* Blutung *f,* Hämorrhagie *f*
gjallë, i/e lebendig, lebhaft, roh *ungekocht;* **për të gjallë** zu seinen Lebzeiten
gjallërí-a Lebhaftigkeit *f,* Lebendigkeit *f;* **me gjallëri** lebhaft
gjallëroj beleben
gjalloj leben
gjallsh|ëm, -me, i/e lebendig, lebhaft; schier; **mish i gjallshëm** schieres Fleisch *n*
gjalp|ë, -i Butter *f*
gjalpëtor|e, -ja Butterblume *f*
gjamator|e, -ja Klageweib *n*
gjárp|ër, -ri, *pl.* -ër-ínj-të, -ínj-të Schlange *f*
gjarpëroj sich schlängeln, sich winden
gjarpnor, -e = gjarpëror, -e schlangenartig, geschlängelt; **rrugë gjarpërore** Serpentine *f*
gjas|ë, -a Anschein *m,* Anzeichen *n;* Wahrscheinlichkeit *f;* **sipas gjasës** nach dem Anschein
gjassh|ëm, -me, i/e wahrscheinlich
gjashtar, -e aus Gjashta
gjashtar|e, -ja *veralt.* Trommelrevolver *m,* Colt *m*
gjashtë, sechs; **i ~** der sechste
gjashtëdhjetë sechzig
gjashtëgarësh-i Sechskampf *m*
gjashtëkëndësh, -e sechseckig
gjashtëkëndësh-i Sechseck *n,* Hexagon *n*
gjashtëmbëdhjetë sechzehn; **i ~** der sechzehnte
gjashtëmujor, -e halbjährlich
gjatë ⟨+ *Abl*⟩ entlang, längs; während; **~ ngrënies** beim Essen; **~ ditës** tagsüber
gjatësí-a Länge *f*
gjatë, i/e lang; **shkallë e gjatë** *spr.* Dehnstufe *f*
gjedh-i, *pl.* -ë-t Rind *n,* Rindvieh *n*
gjedh|e, -ja Modell *n,* Muster *n*
gjedhim-i *tech.* Eichung *f;* **bëj gjedhim**

eichen
gjegjanak, -e aus Gjegjan
gje|j, *-ta, -tur* finden; ~ **grremçin** den Ansatzpunkt finden; ~ **një bice** ein warmes Nest finden
gjel-i, *pl.* -a-t Hahn *m;* **si gjel në pleh** wie der Hahn auf dem Mist; ~ **deti** Truthahn *m*
gjelbër, i/e grün
gjelbërim-i Grünanlage *f,* Begrünung *f*
gjelbëroj grünen, grün werden
gjell|ë, -a Speise *f;* **lista e gjellëve** Speisekarte *f;* ~ **hafife** leichtes Essen *n;* ~ **kreshmore** Fastenspeise *f*
gjellëtarí-a Kochkunst *f*
gjellëtor|e, -ja Speiselokal *n,* Restaurant *n*
gjemb-i, *pl.* -a-t Stachel *m,* Dorn *m,* Splitter *m,* Splint *m*
gjemboj stechen, pieken
gjemí-a *veralt.* Schiff *n,* Boot *n,* Segelschiff *n*
gjen-i *med.* Gen *n*
gjendem sich befinden; ~ **gafil** unvorbereitet sein
gjendj|e, -a Zustand *m;* Lage *f;* ~ **arke** *ök.* Liquidität *f,* Zahlungsfähigkeit *f;* ~ **e jashtëzakonshme** Ausnahmezustand *m;* ~ **e ndërtuar** *spr.* Status constructus *m;* ~ **e rrugëve** Straßenzustand *m;* ~ **familjare** Familienstand *m*
gjeneral-i, *pl.* -ë-t General *m*
gjeneralkolonel-i *mil.* Generaloberst *m*
gjenerat|ë, -a Generation *f*
gjenetik|ë, -a Genetik *f*
Gjenev|ë, -a *ON* Genf
gjenez|ë, -a Entstehung *f,* Genese *f*
gjení-a Genie *n*
gjení-u, *pl.* -të Genius *m,* Genie *n*
gjenial, -e genial
gjenocid-i Völkermord *m,* Genozid *m*
Gjenov|ë, -a *ON* Genua
gjeodezik, -e geodätisch, Vermessungs-
gjeodezist-i Geodät *m,* Vermessungskundler *m*
gjeografí-a Geographie *f,* Erdkunde *f*
gjeografik, -e geographisch
gjeolog-u, *pl.* -ë-t Geologe *m*
gjeologjí-a Geologie *f*
gjeologjik, -e geologisch
gjeomet|ër, -ri *pl.* -ra-t Geometer *m,* Landmesser *m*
gjeometrí-a Geometrie *f*
gjeometrik, -e geometrisch
gjeopolitik|ë, -a Geopolitik *f*
gjeorgjian, -e georgisch
gjeorgjian-i Georgier *m,* Grusinier *m*
gjépur-a, *pl.* -a-t Unsinn *m*
gjer = deri bis; ~ **më një maji** bis zum 1. Mai
gjer-i, *pl.* -a-t *zoo.* Siebenschläfer *m*
gjerak-u, *pl.* -ë-t *zoo.* Falke *m*
gjeraqin|ë, -a *zoo.* Falkenweibchen *n*
gjerbësllí-u aus Gjerbës
gjerdan-i, *pl.* -ë-t Halskette *f;* Gurt *m,* Patronengurt
gjerdhe-t, *s.* gardh-i
gjerë, i/e breit, weit; **diapazon i ~ i dijeve** breite Palette der Kenntnisse
gjerësí-a Breite *f*
gjerësim-i Erweiterung *f, spr.* Amplifikation *f*
Gjergj-i *NP* Georg

gjergjef-i, *pl.* -ë-t Stickrahmen *m*
gjergjevicar, -e aus Gjergjevica
gjerman, -e deutsch
gjerman-i Deutscher *m*
gjerman|e, -ia die Deutsche *f*
Gjermaní-a Deutschland; **RFGj** [RëFëGjë-ja] BRD, Bundesrepublik Deutschland; ~ **Perëndimore** Westdeutschland, ~ **Lindore** Ostdeutschland
gjermanisht ⟨*adv*⟩ deutsch; **flas** ~ deutsch sprechen
gjermanisht|e, -ja Deutsch *n*, deutsche Sprache *f*; ~ **e epërme** Oberdeutsch; ~ **e lartë** Hochdeutsch; ~ **e poshtme** Niederdeutsch, Plattdeutsch
gjermanistik|ë, -a Germanistik *f*
gjermaniz|ëm, -mi, *pl.* -ma-t Germanismus *m*
gjersa ⟨*Konj.*⟩ bis
gjertanish|ëm, -me, i/e bisherig
gjerush, -e breitschultrig
gjest-i, *pl.* -e-t Geste *f*, Gebärde *f*
gjet|e, -ja Stiefkind *n*
gjetës-i Finder *m*
gjetíu ⟨*adv*⟩ sonstwo
gjetj|e, -a Fund *m*
gjetkë ⟨*adv*⟩ sonstwo, anderswo
gjeturin|ë, -a Fundsachen *Pl.*
gjeth|e, -ja Blatt *n*, Blattwerk *n*, Baumkrone *f*, Gezweig *n*
gjethnaj|ë, -a Laubkrone *f*
gjethoj Laub treiben
gjevrek-u *dial.* Fladenbrot *n*, Pide
gjezap-i Salpetersäure *f zum Reinigen von Metall*
gjezdis lustwandeln, spazieren, reisen
gjë-ja, *pl.* -ra-t Ding *n*, Sache *f*; **gjë tjetër** etwas anderes; ~ **e gjallë** Vieh *n*; ~ **e logjikshme** logische Sache; **iu zvordh çdo gjë** alles war ihm fremd geworden; **nuk ka gjë serioze** es ist nichts Ernstes, **s'qosi gjë** nichts brachte er fertig
gjëkafshë etwas
gjëkundi irgendwo
gjëllij leben, ziellos vor sich hinleben
gjëm|ë, -a Unheil *n*; Totenklage *f*
gjëmëtar|e, -ja Klageweib *n*
gjëmim-i Donner *m*
gjëmoj rauschen, tosen, brausen, donnern; **salla gjëmoi nga duartrokitjet** der Saal dröhnte vor Applaus
gjënd|ër, -ra Drüse *f*
gjërë, i/ë = *dial.* **gjânë**, i/e = **gjerë**, i/e
gjëz|ë, -a = **gjëegjëz|ë**, -a Rätsel *n*
gji-ri, *pl.* -nj-të Busen *m*, Schoß *m*; Bucht *f*, Bai *f*; **nga gjiri i popullit** aus dem Schoß des Volkes; ~ **deti** Bucht; **në gjirin e** ⟨+ *G*⟩ innerhalb; **Gjiri Persik** Persischer Golf
Gjibraltar-i *ON* Gibraltar
gjigant, -e gigantisch
gjigant-i, *pl.* -ë-t Gigant *m*, Riese *m*
Gjilan-i *ON* Gnjilane
gjilpër|ë, -a Nadel *f*; *med.* Spritze *f*; ~ **kravate** Krawattennadel; ~ **me kokë** Stecknadel
gjilpëroj *med.* spritzen, eine Spritze setzen
gjimnastik|ë, -a Gymnastik *f*, Turnen *n*
gjimnaz-i, *pl.* -e-t Gymnasium *n*
gjimnazist-i, *pl.* -ë-t Gymnasiast *m*
gjinas, -e aus Gjinaj

gjinekolog-u, *pl.* -ë-t Gynäkologe *m,* Frauenarzt *m*

gjinekologjí-a Frauenheilkunde *f,* Gynäkologie *f*

gjinesht|ër, -ra, *pl.* -ra-t *bot.* Ginster *m*

gjiní-a Genus *n,* Gattung *f;* Verwandtschaft *f,* Sippe *f;* **gjini natyrore** *spr.* natürliches Geschlecht *n;* **përkim në gjini** Genuskongruenz *f*

gjinisor, -e generisch, Gattungs-

gjinkall|ë, -a Zikade *f;* **gjinkallat zhurmojnë** die Zikaden zirpen

gjinor, -e generisch, gentil, Geschlechts-, gattungsmäßig; **ndarje gjinore** gattungsmäßige Einteilung *f*

gjinor|e, -ja *spr.* Genitiv *m,* Wesfall *m;* ~ **kundrinore** *spr.* Genitivus objectivus; ~ **përkatësie** *spr.* Genitivus possessionis; ~ **pjesëtore** *spr.* Genitivus partitivus

gjips-i *chem.* Gips *m*

gjir-i, *pl.* -e-t Strudel *m im Wasser*

gjiraf|ë, -a *zoo.* Giraffe *f*

gjiriz-i, *pl.* -e-t *veralt.* Abwässerkanal *m,* Abortgrube *f,* Sickergrube

Gjirokast|ër, -ra *ON* Gjirokastra; Argyrokastron, Ergeri

gjirokastrit, -e aus Gjirokastra

gjitar-i, *pl.* -ë-t Säugetier *n*

gjithansh|ëm,-me, i/e allseitig

gjithashtú ⟨*adv*⟩ ebenfalls, gleichfalls, ebenso, genauso

gjíthazi ⟨*adv*⟩ allgemein, vollständig

gjithçká alles

gjithë ganz; ~ **ditën** den ganzen Tag; **të gjithë** alle; **Gjithë Shenjtënt** *rel.* Allerheiligen

gjithëfuqí-a Allmacht *f*

gjithëfuqish|ëm, -me, i/e = **gjithëpushtetsh|ëm**, me i/e allmächtig

gjithëmbarsh|ëm, -me, i/e universal, universell

gjithësí-a Weltall *n,* All *n*

gjithfarë allerlei, jeglich

gjithhere allzeit, immer, jederzeit

gjithkah, gjithkund überall

gjithkush jeder

gjithmonë, gjithnjë immer, jederzeit

gjithmonsh|ëm, -me, i/e = **gjithnjësh|ëm**, -me, i/e ununterbrochen, ständig, immerwährend

gjithsej ⟨*adv*⟩ insgesamt

gjithsesí ⟨*adv*⟩ haarklein, wie dem auch sei; ~ **na lajmëro!** gib uns auf alle Fälle Bescheid!

gjithunjí alle zusammen, wie ein Mann

gjiz|ë, -a Quark *m,* Topfen *m*

gjob|ë, -a Bußgeld *n,* Geldbuße *f,* Geldstrafe *f;* ~ **kontraktore** Vertragsstrafe; ~ **për mosplotësim detyrimi** Konventionalstrafe

gjobis = **gjoboj** Geldstrafe auferlegen, Bußgeld verhängen

gjocjan, -e aus Gjocaj

gjoja ⟨*adv*⟩ angeblich

gjoks-i, *pl.* -e-t Brust *f;* **kam një pickim në gjoks** es sticht mich in der Brust

gjol-i, *pl.* -e-t *veralt.* See *m,* Sumpf *m,* Moor *n*

Gjon-i *NP* Hans, Johannes

gjon-i, *pl.* -ë-t *zoo.* Zwerg:ohr:eule *f*

gjonth-i, *pl.* -a-t *zoo.* Blattlaus *f*

gjorë, i/e arm, elend

gju-ri, *pl.* -një-t Knie *n*

gjuaj jagen, verfolgen; auf die Jagd gehen; ~ **peshk** fischen

gjuajtës-i *mil.* Jäger *m;* ~**-bombardues**-i *mil.* Jagdbomber *m,* Jabo *m*

gjuetar-i = **gjahtar**-i Jäger *m,* Waidmann *m*

gjuetí-a Jagd, Fischfang *m*

gjuhc|ë, -a *zoo.* Weißfisch *m*

gjuh|ë, -a Sprache *f;* Zunge *f;* ~ **letrare** *spr.* Schriftsprache; ~ **shqipe** albanische Sprache; ~ **amtare** Muttersprache; ~ **bisedore** Umgangssprache; ~ **e folur** Sprechsprache; ~ **e gjesteve** Gebärdensprache; ~ **e huaj** Fremdsprache; ~ **franke** Lingua franca *f;* ~ **ndihmëse** Welthilfssprache, Esperanto; ~ **teknike** Fachsprache; ~ **viçi** Kalbszunge; **majë e gjuhës** Zungenspitze *f;* **shpinë e gjuhës** Zungenrücken *m*

gjuhëhelm-i Schandmaul *n*

gjuhësí-a Sprachwissenschaft *f,* Linguistik *f;* ~ **krahasimtare** vergleichende Sprachwissenschaft; ~ **hapësinore** Areallinguistik; ~ **strukturale** strukturelle Linguistik

gjuhësor, -e sprachlich; **ndjenjë gjuhësore** Sprachgefühl *n*

gjuhëtar-i, *pl.* -ë-t Sprachwissenschaftler *m,* Linguist *m*

gjúhëz-a Zünglein *n;* Klöppel *m in der Glocke;* ~ **dheu** Landzunge *f*

gjuhor, -e *spr.* lingual, Zungen-

gjuhústër klatschmäulig

gjullurdí-a Lärm *m,* Radau *m,* Krawall *m*

gjum|ë, -i Schlaf *m;* **dhomë gjumi** Schlafzimmer *n;* **hape-t gjumi** Schlaftabletten *Pl.;* **marr një sy gjumë** ein Nickerchen machen; **gjumi nuk po e zinte** er konnte nicht einschlafen

gjumës-i *med.* Schlafmittel *n*

gjunjëzohem knien, sich hinknien

gjunjëzoj in die Knie zwingen

gjurmashk|ë, -a *gestrickter* Hausschuh *ohne Sohle,* Hüttenschuh *m*

gjurm|ë, -a Spur *f,* Fährte *f*

gjykat|ë, -a *jur.* Gericht *n*

gjykatës-i Richter *m*

gjykim-i Urteil *n; jur.* Verurteilung *f;* **rifillimi i gjykimit** Wiederaufnahme des Verfahrens

gjyl|e-ja Kugel *f,* Kanonenkugel *f;* ~ **topi** Kanonenkugel

gjym-i, *pl.* -a-t Kanne *f aus Kupfer oder Zinkblech*

gjymtë, i/e defektiv, verstümmelt

gjymtoj verstümmeln, verkrüppeln, entstellen

gjymtyr|ë, -a Glied *n;* Gelenk *n;* ~ **fjalie** Satzteil *m,* Satzglied *n;* ~ **kallëzuesore** Prädikativum *n*

gjynah-u, *pl.* -e-t *rel.* Sünde *f*

gjynahqar-i *veralt.* Sünder *m*

gjyq-i, *pl.* -e-t Verfahren *n,* Prozess *m,* Verhandlung *f;* ~ **apelimi** Berufungsverfahren *n*

gjyqësor, -e gerichtlich, Gerichts-; **likuidim** ~ gerichtliche Schließung *(eines Betriebs);* **shqyrtim** ~ gerichtliche Klärung *f*

gjyqtar-i *jur.* Richter *m; spo.* Schiedsrichter *m*

gjyryk-u, *pl.* -ë-t Blasebalg *m in der*

Schmiede
gjysmak, -e halbfertig, halb
gjysmendacak, -e halbnomadisch
gjysmë halb; ~ **kile** ein Pfund; ~ **loje** *spo.* Halbzeit; ~ **pensioni** Halbpension *f*
gjysm|ë, -a Hälfte *f*; **ora është dy e gjysmë** es ist halb drei
gjysmëfinal|e, -ja *spo.* Halbfinale *n*, Semifinale
gjysmëhën|ë, -a Halbmond *m*
gjysmëmajtas ⟨*adv*⟩ halblinks
gjysmëmbrojtës-i Läufer *m beim Fußball*
gjysmëpërçues-i *tech.* Halbleiter *m*
gjysmëqar|k-u, *pl.* -qe-t Halbkreisfläche *f*
gjysmërr|eth-i, *pl.* -athë-t Halbkreis *m*
gjysmërrúzu|ll-i, *pl.* -j-t Halbkugel *f*, Hemisphäre *f*
gjysmërrúzull-i Halbkugel *f*, Hemisphäre *f*
gjysmëzanor|e, -ja *spr.* Halbvokal *m*
gjysmëzyrtar, -e halbamtlich
gjysh-i, *pl.* -ër-it; -a-t Großvater *m*
gjysh|e, -ja Großmutter *f*
gjytyrym, -e gelähmt, lahm
gjyveç-i, *pl.* -ë-t Reisgericht mit Fleisch; Steingutplatte mit Henkeln; Güwetsch
gjyzlyk|ë-t *veralt.* Brille *f*

H

ha, *hëngra, ngrënë* essen; ~ **drekë** zu Mittag essen; ~ **qyl** gratis essen; ~ **zëmër** vespern, Kaffee trinken; **s'më hahet** ich habe keinen Appetit; **e hëngërt morti!** hol ihn der Teufel!
haber-i, *pl.* -e-t *veralt.* Nachricht *f*
habertar-i *veralt.* Bote *m*, Melder *m*
habí-a Verwunderung *f*, Erstaunen *n*, Verblüffung *f*; **me** ~ verwundert
habitem sich wundern
habitor|e, -ja *spr.* Admirativ *m*
habitsh|ëm, -me, i/e verwunderlich
habitur, i/e verwundert, erstaunt, verblüfft
hafëz-i, *pl.* -ë-t *rel.* Hafis *muslim. Geistlicher*
hafif, -e *veralt.* schwach, leicht; leichtsinnig; **këpucë hafife** leichte Schuhe
Hag|ë, -a *ON* den Haag
haír-i *veralt.* Güte *f*, Nutzen *m*; **hair qoftë!** So sei es!
haitjan, -e haitianisch, aus Haiti
hajat-i, *pl.* -e-t Windfang *m*, Portikus *m*
hajde(ni) *Int.* auf!, los!, wohlan!
hajdut-i, *pl.* -ë-t Räuber *m*; **fole hajdutësh** Räubernest *n*
hajdutçe ⟨*adv*⟩ auf Räuberart; **valle** ~ Räubertanz *m*
haj|e, -a Essen *n*, Lebensmittel *n*
hajmalí-a Amulett *n*, Talisman *m*
hajt = **hajde**; **hajt**, **mos u mërzit!** lass es dich nicht verdrießen

hajvan-i, *pl.* -ë-t *veralt.* Tier *n;* Blödian *m,* Dummkopf *m*

hak-u *veralt.* Recht *n;* **marr** ~ sich rächen; **ke hak** du hast Recht

hakërrim|ë, -a Gebrüll *n*

hakërrohem an/schreien, ein/schüchtern

hakmarrës-i Rächer *m*

hakmarrj|e, -a Rache *f,* Blutrache *f*

halá *veralt.* noch

halé-ja *vulg.* Lokus *m,* Abtritt *m,* Klo *n*

hal|ë, -a, *pl.* -a-t Gräte *f*

haliç-i, *pl.* -ë-t Steinchen *n*

halijer-i Allmende *f,* Gemeinschaftsbesitz der Dorfgemeinschaft

halisht|ë, -a Kiefernwäldchen *n*

halogjen-i, *pl.*-ë-t *chem.* Halogen *n*

halor-i, *pl.* -ë-t Nadelholz *n,* Nadelbaum *m*

halucinacion-i Halluzination *f*

halvetí-u, *pl.* -nj-të *rel.* Halveti *Anhänger od. Mitglied e. Derwischordens*

hall-i, *pl.* -e-t Sorge *f;* **ç'hall ke?** was hast du auf dem Herzen?; **ku e ka hallin?** wo drückt ihn der Schuh?

hallakas *s/t* auseinandertreiben, aufbrechen; zerstreuen

hallakatur, i/e zerstreut; **me flokë të** ~ mit aufgelösten Haaren

hallall-i, *pl.* -ë-t *rel.* Erlaubtes *n;* guter Mensch; **mos përziej hallallin me haramin!** verwisch nicht die Grenze zwischen Gut und Böse!; ~ **i shtëpisë** der gute Geist des Hauses

hallalloj *veralt.* verzeihen

hallat-i, *pl.* -e-t *veralt., vgl.* **alet**-i Werkzeug *n*

halldup-i, *pl.* -ë-t *fig.* Türkenknecht *m, hist.* Osmane *m*

halldupçe ⟨*adv*⟩ *veralt.* auf Türkenart; **flas** ~ *veralt.* türkisch sprechen

hallexhesh|ë, -a leidgeprüfte Frau *f*

hallexhí-i, *pl.* -nj-të leidgeprüfter Mensch *m*

hall|ë, -a, *pl.* -a-t Tante *f,* Schwester des Vaters

hallí-a Teppich *m größer als sixhadé,* Webteppich *m,* Wandbehang *m,* Kelim *m*

hallk-u *veralt.* Volk *n,* Menschen *m Pl.,* Leute *Pl.*

hallk|ë, -a Ring *m,* Kette *f,* Kettenglied *n;* **hallkë qeni** Hundekette; **vë hallkat** Ketten anlegen, in Fesseln legen

hallv|ë, -a Halva *f,* türkischer Honig *m*

ham|all-i, *pl.* -éj-të *veralt.* Lastträger *m,* Gepäckträger *m*

hamallë|k-u, *pl.* -qe-t Schulterlast *f,* Plackerei *f*

hamam-i, *pl.* -e-t türkisches Bad *n*

hambar-i, *pl.* -ë-t Schuppen *m,* Scheune *f;* ~ **anijeje** Laderaum *m,* Schiffsraum

hamendj|e, -a Mutmaßung *f*

hamës-i = hamëtor-i Fresser *m*

hamgjis *s/t* faszinieren, in den Bann schlagen

hamgjitj|e, -a Faszination *f*

hamshor-i *zoo.* Zuchthengst *m; fig.* Hengst *m*

hamulloj brennen, Feuer fangen

hamullor|e, -ja Stoppelfeld *n*

han-i, *pl.* -ë-t *veralt.* Herberge *f,* Absteige *f*

hanëm|e, -ja *veralt.* Dame *f Frau eines*

Beg, Hanum

hangar-i, *pl.* -ë-t Hangar *m;* Trockenschuppen *m für Getreide oder Tabak,* Darre *f*

hanxhar-i, *pl.* -ë-t Schlachtmesser *n*

hanxhí-u, *pl.* -nj-të Herbergswirt *m;* **bëj hesapet pa hanxhinë** die Rechnung ohne den Wirt machen

hap öffnen; ~ **dritat jeshile** grünes Licht geben für etw.; **me gojë hapur** erstaunt, mit offenem Mund

hap-i, *pl.* -a-t Schritt *m; pl.* -e-t Pille *f,* Tablette *f,* Dragee *n;* **hape-t gjumi** Schlaftabletten *Pl.;* **hedh hapin** gehen, seine Schritte lenken; **marr një hap të tillë** einen solchen Schritt unternehmen

hapé-ja Überfluss *m,* Reichtum *m*

hapës-i Schlüssel *m*

hapës|e, -ja der Öffner *m;* ~ **konservash** Dosenöffner *m*

hapësinor, -e räumlich, Raum-

hapësir|ë, -a *phi.* Raum *m;* Areal *n,* Gebiet *n;* ~ **ajrore** Luftraum *m*

hapët, i/e offen

hapj|e, -a Öffnung *f, spr.* Öffnungsgrad *m*

haps-i, *pl.* -it *veralt.* = hapsan|ë, -a Gefängnis *n,* Kerker *m*

háptazi ⟨*adv*⟩ offen, öffentlich

haptësí-a Öffnung *f,* Offenheit *f*

harabel-i, *pl.* -a-t *zoo.* Spatz *m,* Sperling *m*

haraç-i, *pl.* -e-t *hist.* Abgabe *f,* Tribut *m*

haram-i Verbotenes *n; fig.* Widerling *m,* Ekel *n*

harbí-a *veralt.* Ladestock *m bei Vorderladergewehren;* Spieß *m;* **bëhem harbi** schäumen vor Wut

harboj umher/schlendern, herum/lungern; ~ **me vajza** den Mädchen nachlaufen

harbut-i, *pl.* -ë-t Barbar *m,* Pöbel *m*

hardall-i, *pl.* -ë-t *bot.* Senfpflanze *f,* Senf *m;* Tölpel *m*

hardhí-a *bot.* Weinstock *m,* Rebe *f*

hardhisht|ë, -a Weinberg *m,* Weingarten *m;* Weinschössling *m*

hardhishtar, -e aus Hardhishta

hardhuc|ë, -a *zoo.* Eidechse *f*

haré-ja Freude *f,* Jubel *m*

harem-i, *pl.* -e-t Harem *m*

hareng|ë, -a Hering *m*

haresh|ëm, -me, i/e fröhlich, ausgelassen

harf-i, *pl.* -e-t *veralt.* Buchstabe *m*

har|k-u, *pl.* -qe-t Bogen *m*

harkëtar-i Bogenschütze *m*

harkoj biegen, eine Biegung machen

harlis toben, übermütig sein; wuchern, überschäumen

harlisem wuchern, übermütig werden

harmoç-i, *pl.* -ë-t *bot.* Pinienkiefer *f*

harmohem zerbröckeln, zerfallen, faulen, eitern

harmoní-a Harmonie *f*

harmonik, -e harmonisch

harmonik|ë, -a Mundharmonika *f*

harmonish|ëm, -me, i/e harmonisch

harmonist-i Mundharmonikaspieler *m*

harmonizoj harmonisieren

harp|ë, -a Harfe *f*

harpist-i *mus.* Harfenist *m*

hart|ë, -a Landkarte *f;* ~ **muri** Wand-

karte *f*
hartin|ë, -a *bot.* Krummholzkiefer *f*
hartografí-a Kartographie *f*
hartoj schreiben, verfassen, abfassen
hartos|ë, -a Dachlatte *f*
harxh-i, *pl.* -e-t Ausgabe *f*, Unkosten *Pl.*, Zutaten *Pl.*; **harxhet e byrekut** Zutaten zum Börek
harxhoj aus/geben, verschwenden
harraq, -e = harrestar, -e vergesslich
harres|ë, -a Vergessenheit *f*, Vergesslichkeit *f*
harrj|e, -a *zoo.* Stechmücke *f*, Schnake *f*
harroj vergessen
has në ⟨+ *Akk*⟩ treffen auf etw., stoßen auf
haset-i *veralt.* Neid *m*, Mißgunst *f*
hasetçí-u, *pl.* -nj-të = hasetqar-i *veralt.* Neider *m*
hás|ër, -ra, *pl.* -ra-t Matte *f*
hasjan, -e aus Has, Haschaner
hasm-i, *pl.* -ë-t *veralt.* Feind *m*; Blutrachegegner *m*
hasmërí-a *veralt.* Feindschaft *f*
hashash-i *bot.* Schlafmohn *m*
hatá-ja Unglück *n*; Schrecken *m*; **fus hatanë** Furcht einflößen; **me hata** versehentlich, aus Versehen
hatash|ëm, -me, i/e furchtbar, schrecklich
hatër-i, *pl.* -e-t Gunst *f*, Begünstigung *f*; Erinnerung *f*; Wunsch *m*; **s'më bie në hatër** das fällt mir nicht ein
hatëroj begünstigen, einen Gefallen tun
hátull-a, *pl.* -a-t Dachstuhl *m*; Dachlatte *f*
hauz-i, *pl.* -e-t Becken *n*, Bassin *n*
Hav|ër, -ra *ON* Le Havre
havá-ja *veralt.* Luft *f*, Wetter *n*, Klima *n*
havadan ⟨*adv*⟩ hoch, in die Höhe; vergebens
havalé-ja Verdruss *m*, Ärger *m*
havan-i, *pl.* -ë-t Mörser *m*; Tabakschneidemesser *n*
haví-a *tech.* Lötkolben *m*
havjar-i Kaviar *m*
haxhí-u, *pl.* -nj-të Pilger *m nach Jerusalem oder Mekka*, Mekka-Pilger
haxhillëk-u Pilgerfahrt *f ins Heilige Land*, Wallfahrt *f*
hazër ⟨*adv*⟩ fertig; **bëhuni hazër** macht euch fertig
haziné-ja *veralt.* Schatz *m*
hebraik, -e hebräisch
hebraisht ⟨*adv*⟩ hebräisch
hebré-u, *pl.* -nj-të Hebräer *m*, Jude *m*
hedh *e/i/o* werfen; ~ **valle** tanzen, Volkstanz in der Gruppe auf/führen; ~ **poshtë** ablehnen; ~ **në erë** in die Luft sprengen; ~ **hapin** gehen, seine Schritte lenken; **hidhem në sulm** angreifen
hejbe-t(ë) Satteltasche *f am Reittier*
hejz|ë, -a Wasserscheide *f*
heksh|ëm , -me, i/e durchsichtig, transparent
hektar-i, *pl.* -ë-t Hektar *m ha*
hektolit|ër, -ri, *pl.* -ra-t Hektoliter *m hl*
hekur-i Eisen *n*; *spo.* Reck *n*
hekurbeton-i Eisenbeton *m*
hekurisht|e, -ja Eisenwaren *Pl.*, Schrottplatz *m*
hekurmbajtës, -e eisenhaltig

hekurnikel-i Eisen-Nickel *n,* NiFe
hekuros bügeln
hékurt, i/e = i/e hekurimtë eisern, aus Eisen
hekurudh|ë, -a, *pl.* -a-t Eisenbahn *f*
hekurudhor, -e Eisenbahn-, Bahn-
Helad|ë, -a Hellas, Griechenland
helaq, -e schmutzig, verdreckt; **i ka duart helaq** er hat schmutzige Hände
helbeté ⟨*adv*⟩ sicher, natürlich
helen, -e hellenisch
helenistik|ë, -a Altphilologie *f*
helik|ë, -a *tech.* Propeller *m*
helikopter-i, *pl.* -ë-t Helikopter *m,* Hubschrauber *m*
helm-i, *pl.* -e-t Gift *n*
helmarin|ë, -a *bot.* Tollkirsche *f*
helmatoj vergiften
helmet|ë, -a, *pl.* -a-t Helm *m;* ~ **mbrojtëse** Schutzhelm
helmësar, -e aus Helmës
helmët, i/e giftig
helmim-i Vergiftung *f;* ~ **i gjakut** Blutvergiftung *f*
helmoj vergiften
helmues, -e giftig, Gift-
he|ll-i, *pl.* -j-të Spieß *m,* Bratspieß; ~ **akulli** Eiszapfen *m*
hem ... hem *veralt.* sowohl ... als auch
hemisfer|ë, -a Hemisphäre *f,* Halbkugel *f*
hemoglobin|ë, -a *med.* Hämoglobin *n*
hemorragjí-a *med.* Blutung *f,* Hämorrhagie; ~ **cerebrale** Gehirnblutung
hemorroide-t *med.* Hämorrhoiden *Pl.,* Hämorriden *Pl.*
hendboll-i *spo.* Handball *m*
hendbollist-i Handballspieler *m*
hendek-u, *pl.* -ë-t Graben *m,* Schützengraben *m*
hendeklidhj|e, -a *mil.* Verbindungsgraben *m*
hendekoj Gräben ausheben
hep-i, *pl.* -a-t Rille *f;* Zacken *m,* Stachel *m*
heq *e/i/o* ziehen, weg/nehmen; ~ **dorë** Abstand nehmen von, zurück/treten, auf/geben; **hiqem si** sich auf/führen als; ~ **një drejtëz** eine Gerade ziehen; ~ **embargon** das Embargo auf/heben; ~ **nga priza** aus dem Stecker ziehen; **e hoqi qafës** er jagte ihn davon; ~ **nga qarkullimi** aus dem Verkehr ziehen; ~ **të zitë e ullirit** Martyrium erleiden, tausend Tode sterben
heq|ë, -a Todeskampf *m,* Agonie *f*
heqës-i Wechselaussteller *m, ök.* Trassant *m*
heqj|e, -a das Ziehen *n;* ~ **dorë** Absage *f,* Ablehnung *f,* Weigerung *f,* Verzicht *m; jur.* Rücktritt *m;* ~ **dorë nga padia** *jur.* Forderungsverzicht, Verzicht auf Klage; ~ **e lirisë** *jur.* Freiheits:entzug *m,* Freiheitsberaubung *f*
herak, -e Früh-, Morgen-; **qershi herake** *bot.* Frühkirschen *Pl.*
herbicid-i, *pl.* -e-t *bot.* Unkrautvertilger *m,* Herbizid *n*
herc-i *tech.* Hertz *Maßeinheit,* Hz
Hercegovin|ë, -a Herzegowina
heretik, -e *rel.* häretisch
herezí-a Häresie *f,* Abspaltung *f*
her|ë, -a Mal *n;* **një çikë** ~ Moment *m;* **një copë** ~ eine Weile, eine Zeitlang;

~ **pas here** immer wieder; **një ~ e përgjithmonë** ein für allemal
herë mal; ~ ... **herë** mal ... mal, bald ... bald; **édhe një herë** noch einmal
herëkeq|e, -ja *zoo.* Steinkauz *m*, Käuzchen *n*
herëpashersh|ëm, -me, i/e gelegentlich
herës-i *math.* Quotient *m*
herët ⟨*adv*⟩ früh
hermafrodit-i, *pl.* -ë-t Zwitter *m*
hermetik, -e hermetisch, fest verschlossen; unverständlich
hermetiz|ëm, -mi *phi.* Hermetismus *m*
herni|e, -a *med.* Bruch *m*
hero-i, *pl.* -nj-të Held *m*, Heros *m*
heroik, -e heroisch, heldenhaft
heroikisht ⟨*adv*⟩ heroisch
heroin|ë, -a, *pl.* -a-t Heldin *f*, Heroine *f*
heroiz|ëm, -mi Heldentum, Heroismus
hersh|ëm, -me, i/e früh, frühzeitig; **vepër e hershme** Frühwerk *n*
hershim-i *spr.* Prolepse *f*
herr-i, *pl.* -ë-t Zwerg *m*
hesap-i, *pl.* -e-t *veralt.* Rechnung *f*, Abrechnung *f*; **laj hesapet** abrechnen, eine Rechnung begleichen; **bëj hesapet pa hanxhinë** die Rechnung ohne den Wirt machen
hesht schweigen
hesht|ë, -a, *pl.* -a-t Lanze *f*, Spieß *m*
heshtj|e, -a Schweigen *n*; **mbretëron heshtja** es herrscht Schweigen
heshtur, i/e schweigsam, schweigend
heterogjen, -e heterogen
hetim-i Untersuchung *f*
hetimor, -e *jur.* Untersuchungs-; **komision** ~ Untersuchungskommission *f*
hetoj untersuchen
hetues-i *jur.* Untersuchungsrichter *m*
hë-ni *Int.* na!
hën|ë, -a Mond *m*
hën|ë, -a, e Montag *m*
hënabrenda ⟨*adv*⟩ bei Neumond
hëngra, *s.* ha
hënor, -e Mond-; **eklips** ~ Mondfinsternis *f*
hëpërhë ⟨*adv*⟩ vorläufig, im Moment
hëpërhësh|ëm, -me, i/e vorläufig, gegenwärtig
hi-ri Asche *f*; **bojë hiri** grau; **bëj pluhur e hi** zunichte machen, in Staub und Asche legen
hiat-i *spr.* Hiatus *m*
hibrid, -e hybrid
hibridizoj *bot.* kreuzen
hiç = **hiçgjë** = **hiçmosgjë** nichts
hiç-i *phi.* das Nichts *n*
hiçasgjë gar nichts
hiçgjëkund ⟨*adv*⟩ nirgends
hid|e, -ja *bot.* Brustbeere *f*
hid|ër, -ra, *pl.* -ra-t *myth.*, *fig.* Hydra
Hid|ër, -ra Hydra *griech. Insel*
hidh, *s.* hedh
hidhërohem verbittert sein, betrübt sein
hidhëroj bitter machen; betrüben
hidhësir|ë, -a Bitterkeit *f*, Verbitterung *f*
hidhët, i/e, **hídhur**, i/e bitter; **kafe e** ~ Kaffee schwarz *ohne Zucker*
hidhnak, -e heftig, stürmisch, rau; jähzornig
hidhur, i/e bitter
hidraulik-u, *pl.* -ë-t Klempner *m*,

Installateur *m*
hidraulik|ë, -a *tech.* Hydraulik *f*
hidrocentral-i, *pl.* -e-t Wasserkraftwerk *n*
hidrogjen-i *chem.* Wasserstoff *m*
hidroplan-i, *pl.* -ë-t Wasserflugzeug *n*
hien|ë, -a *zoo.* Hyäne *f*
hierarkí-a Hierarchie *f*
hierarkik, -e hierarchisch
hieroglif-i, *pl.* -ë-t Hieroglyphe *f*, Schriftzeichen *n*
higjien|ë, -a Hygiene *f*, Sauberkeit *f*, Reinlichkeit *f*
higjienik, -e hygienisch; **letër higjienike** Klopapier *n*, Toilettenpapier *n*
higromet|ër, -ri Hygrometer *m*, Feuchtigkeitsmesser *m*
hij|e, -a Schatten *m*
hijerëndë mürrisch, herrisch, gravitätisch
hijeror|e, -ja *veralt., rel.* Altarraum *m;* Gotteshaus *n*
hijeshí-a Schönheit *f*, Charme *m*, Anmut *f*
hijeshoj schmücken, putzen, verschönern, zieren
hijeshuar, i/e anmutig, hübsch
hijesoj verfinstern, überschatten
hijoj ein/äschern
hijsh|ëm, i/e hübsch, angenehm; **sjellje e hijshme** angenehmes Auftreten
hík|ërr, -rra, *pl.* -rra-t *bot.* Buchweizen *m;* Dickmilch *f*
hikrroj gerinnen *Milch*
hil|e, -ja Trick *m*, List *f*, Tücke *f*, Hinterlist *f*
hilozoiz|ëm, -mi *phi.* Hylozoismus *m*
himarjot, -e aus Himara
himbajtës|e, -ja Aschenbecher *m;* Urne *f*
himn-i, *pl.* -e-t Hymne *f*; ~ **shtetëror** Nationalhymne *f*
hinardh-i, *pl.* -e-t Artischocke *f*
hingëllij wiehern
hink|ë, -a Trichter *m*
hinkët, i/e trichterförmig
hinor|e, -ja Urne *f*, Grab:urne *f*
hinterland-i Hinterland *n*
hip|i, *-ën, -a, -ur* reiten, ein/steigen *ins Auto*, auf/sitzen *aufs Pferd, Fahrrad*
hiperbol|ë, -a Hyperbel *f*; Übertreibung *f*
hiperkorrekt, -e *spr.* hyperkorrekt, übergenau
hipiz|ëm, -mi Pferderennsport *m*
hipnotik, -e hypnotisch
hipnotizoj hypnotisieren
hipodrom-i, *pl.* -e-t Pferderennbahn *f*
hipokrit, -e heuchlerisch
hipokrizí-a Heuchelei *f*, Hypokrisie *f*
hipopotam-i, *pl.* -ë-t Flusspferd *n*
hipostaz|ë, -a Hypostase *f*
hipotek|ë, -a *ök.* Hypothek *f*
hipotekoj *ök.* belasten
hipotenuz|ë, -a *math.* Hypotenuse *f*
hipotetik, -e hypothetisch
hipotez|ë, -a Hypothese *f*
hiq, *s.* heq
hiqem si sich auf/führen als
hir-i, *pl.* -e-t Gnade *f*, Grazie *f*; *rel.* Reliquie *f*; **për hirin tënd** dir zuliebe
hirësí-a Anmut *f*; *rel.* Hochwürden *f*; ~ **Juaj** Ew. Hochwürden
hirtë, i/e aschfarben, grau; trist

hirr|ë, -a Molke *f*

hisé-ja *veralt.* Teil *m;* Mal *n;* **pesë hise më** fünfmal mehr

histerí-a *med.* Hysterie *f;* Wutausbruch *m*

histerik, -e hysterisch

historí-a Geschichte *f;* ~ **arti** Kunstgeschichte

historian-i, *pl.* -ë-t Historiker *m*

historik, -e historisch, geschichtlich

historiograf-i = historishkrues-i Geschichtsschreiber *m,* Historiker *m,* Annalist *m*

historiografí-a Geschichtsschreibung *f*

historiz|ëm, -mi Historismus *m*

híth|ër, -ra, *pl.* -ra-t *bot.* Brennessel *f*

hithërbut|ë, -a *bot.* Taubnessel *f*

hobé-ja Katapult *n,* Wurfschleuder *f*

hoçishtar, -e aus Hoçisht

hodha, *s.* hedh

hójëz-a Bienenwabe *f;* Nasenloch *n*

hojm|ë, -e, i/e übersüß

hokatar-i Spötter *m*

hokej-i *spo.* Hockey *n*

hok|ë, -a Scherz *m*

hokohem scherzen

holandez, -e holländisch, niederländisch

holandez-i Holländer *m,* Niederländer *m*

hol|e, -ja Wiege *f*

holiz|ëm, -mi Holismus *m*

holla-t, të Geld *n;* **detyrim në të ~** finanzielle Verpflichtung *f*

hollë, i/e klein, dünn, schlank; präzis; **njeh të hollat** Geld zählen

hollësí-a Finesse *f*

hollësish|ëm, -me, i/e detailliert

hollësisht ⟨*adv*⟩ detailliert

hollohem abnehmen; klug werden

homazh-i, *pl.* -e-t Ehr:erweisung *f*

homogjen, -e homogen

homonim-i, *pl.* -e-t *spr.* Homonym *n*

homonimí-a *spr.* Homonymie *f,* Gleichlaut *m*

homonimik, -e *spr.* homonym

homoseksual, -e homosexuell

homoseksualiz|ëm, -mi Homosexualität *f*

hon-i, *pl.* -e-t Abgrund *m*

hondurian, -e aus Honduras

honeps verdauen; ertragen

honorar-i, *pl.* -ë-t Honorar *n*

hop-i, *pl.* -e-t Mal *n;* Sprung *m;* **qëndroi një hop në mëdyshje** er zögerte einen Moment; ~ **dialektik** dialektischer Sprung

hoqa, *s.* heq

Hora e Arbëreshëve *ON* Piana degli Albanesi

horasan-i *veralt.* Putz *m,* Mörtel *m;* Kalk *m*

hordhí-a Horde *f*

horizont-i, *pl.* -e-t Horizont *m*

horizontal|e, -ja *math.* Senkrechte *f*

hormon-i, *pl.* -e-t *med.* Hormon *n*

hormovit, -e aus Hormova

hortikultur|ë, -a Gartenbau *m*

horr-i, *pl.* -a-t Halunke *m,* Schuft *m*

hosten-i, *pl.* -ë-t Ochsenstachel *m*

hoshaf-i, *pl.* -ët Kompott aus Dörr:obst

hotas, -e aus Hoti

hotel-i, *pl.* -e-t Hotel *n*

hotolishtar, -e aus Hotolisht

hov-i, *pl.* -e-t Aufschwung *m,* Schwung *m,* Begeisterung *f*
hovardá großzügig
hovsh|ëm, -me, i/e stürmisch
hoxharak, -e aus Hoxhara
hoxhoch|ë, -a Hodscha-Frau
hoxh|ë, -a, *pl.* -allarë-t Hodscha, Imam *muslim. Geistlicher*
hu-ri, *pl.* -nj-të Pfosten *m,* Pfahl *m;* **vë në hu** pfählen, **ngulem në hunj** gepfählt werden
húa-ja Darlehen *n;* **marr hua** ausleihen; **jap hua** verleihen
huaj leihen, verleihen
huaj, i/e fremd, ausländisch, Fremd-; **gjuhë të húaja** Fremdsprachen
huaj-i, i Ausländer *m*
húajtës-i Leihgeber *m,* Verleiher *m*
h|úall-i, *pl.* -oje-t Wabe *f,* Bienenwabe *f,* Honigwabe
huamarrës-i Entleiher *m*
huazim-i *spr.* Entlehnung *f;* Ausleihe *f Bücher;* **~ jashtë qyteti** Fernleihe *f;* **~ ndërbibliotekar** Fernleihe; **~ ndërkombëtar** Auslandsfernleihe; **regjistër i huazimeve** Ausleihverzeichnis *n,* Couponregister *n;* **sektor huazimi** Ortsleihe *f*
huazoj ausleihen, leihen
huazuar, i/e verliehen, ausgeliehen
húdh|ër, -ra, *pl.* -ra-t *bot.* Knoblauch *m;* Lump *m*
hukas *s/t* hauchen, behauchen
hulm-i, *pl.* -e-t Rest *m im (Schnaps-)Glas*
hulumtim-i Forschung *f,* Erforschung *f,* Untersuchung *f*
hulumtoj untersuchen, erforschen
hullí-a Furche *f*
hulloj Furchen ziehen
humanist, -e humanistisch
humanitar, -e humanitär; **shkencat humanitare** Geisteswissenschaften *Pl.*
humaniz|ëm, -mi Humanismus *m*
humb = humbas a/e/i; s/t verlieren; **~ trup e gjurmë** sich verirren
humbj|e, -a Verlust *m, spo.* Niederlage *f*
humboj versinken
humner|ë, -a Abgrund *m*
humor-i Humor *m*
humoristik, -e humoristisch, humorvoll
hun-i, *pl.* -ë-t Hunne *m*
hundak, -e *spr.* näselnd
hund|ë, -a, *pl.* -ë-t Nase *f;* **hemoragji nga hunda** Nasenbluten *n;* **diafragma e hundës** *med.* Nasenscheidewand *f;* **fejzat e hundës** Nasenlöcher *n Pl.*
hundëbri-ri, *pl.* -rë-t *zoo.* Nashorn *n*
hundëroj näseln
hundoj beleidigen, erzürnen
hundor, -e *spr.* nasal
hundorëzim-i Nasalierung *f*
hungarez, -e ungarisch
hungarez-i Ungar *m*
Hungarí-a Ungarn
hungëroj heulen, winseln, jaulen
hup *dial., s.* humb
hup kneten, hinein/drücken; verprügeln
huq-i, *pl.* -e-t Laune *f,* Schrulle *f*
hurdh|ë, -a Tümpel *m,* Pfütze *f*
hurm|ë, -a *bot.* Dattel *f*
hut-i, *pl.* -a-t *zoo.* Uhu *m*

hutaq, -e vergesslich, zerstreut
hut|ë, -a Flinte *f alter Hinterlader*
hutohem den Kopf verlieren, verwirrt sein
hutoj verwirren
hy-u = **hyj**-i, *pl.* -të Gott *m*
hy|j, -ra, -rë eintreten; ~ **në** ⟨+ *Akk*⟩ gehören zu; **mund të hyj?** darf ich eintreten?; **ndalohet hyrja** Betreten verboten; **hyn dielli** die Sonne geht unter; ~ **në fuqi** in Kraft treten; *naut.* **hyj në liman** anlaufen; ~ **e dal serbes** bei jem. ein- und ausgehen
hyjnesh|ë, -a Göttin *f*
hyjní-a Gott *m*, Gottheit *f*
hyjnizoj vergöttlichen
hyjnor, -e göttlich, Gottes; wunderbar; **vullneti** ~ Gottes Wille
hyr, *s.* hyj
hyrí-a Huri *f Jungfrau im Paradies der Muslime*
hyrj|e, -a Eingang *m*, Einführung *f*, Vorwort *n*, Eintritt *m*, Zutritt *m*, Zugang *m*; ~ **e lirë në rafte** Freihand⁝aufstellung *f in Bibliothek;* **hyrjet e reja** Neuzugänge *m Pl.*
hysgjokas, -e aus Hysgjokaj
hyxhym-i, *pl.* -e-t *veralt.* Angriff *m*, Schwung *m*
hyzmeqar-i *veralt.* Diener *m*
hyzmet-i, *pl.* -e-t *veralt.* Dienst *m*, Fürsorge *f*

I

i *Pers. Pron.* ihm, ihr *Dat. Sg.;* sie *Akk. pl.; Gelenkartikel, isolierter Artikel;* **i zoti i librit** der Eigentümer des Buches; **ia dha të zotit** er gab es dem Eigentümer
iber-i, *pl.* -ë-t Iberer *m*
iberik, -e iberisch
ibërshim-i gedrehter Seidenfaden *m*
ibrik-u, *pl.* -ë-t Kanne *f*, Kupferkanne *mit langem Ausguss*
iç-i, *pl.* -a-t Füllung *f in Börek, Baklava*
idé-ja Idee *f*
ideal-i, *pl.* -e-t Ideal *n*
idealist, -e idealistisch
idealiz|ëm, -mi Idealismus *m*
idealizoj idealisieren
identifikim-i Identifizierung *f*
identifikoj identifizieren
identik, -e identisch
identitet-i Identität *f*
ideoartistik, -e gedanklich-künstlerisch
ideogram-i, *pl.* -e-t Ideogramm *n*
ideolog-u, *pl.* -ë-t Ideologe *m*
ideologjik, -e ideologisch; **cektësí-a ideologjike** ideologische Oberflächlichkeit *f*
ideopolitik, -e ideologisch-politisch
ideor, -e ideologisch; gedanklich, Ideen-
idésh|ëm, -me, i/e gedankenreich
ideshmërí-a Ideengehalt *m*, Gedankenreichtum *m*
idil-i, *pl.* -e-t Idylle *f*

idiomatik, -e *spr.* idiomatisch
idiomatiz|ëm, -mi idiomatische Redewendung *f*, Idiom *n*
idiom|ë, -a *spr.* Idiom *n*, Redewendung *f*
idiot-i, *pl.* -ë-t Idiot *m*, Geisteskranker *m*
idiotësí-a *med.* Idiotie *f*
ídhu|ll-i, *pl.* -j-t Götze *m*, Idol *n*, Abgott *m*
idhujtar-i Götzendiener *m*
idhujtarí-a Götzendienerei *f*
iftar-i *rel.* Abend:essen *n im Ramadan*
igumen-i, *pl.* -ë-t *rel.* Abt *m orthodox*
íjas = **íjazi** ⟨*adv*⟩ seitlich, Seiten-; **not ijas** Seitenschwimmen *n*
ij|ë, -a Hüfte *f*, Lende *f*
ikënj = iki
ík|ër, -ra, *pl.* -ra-t Fisch:eier *n Pl.*, Rogen *m*
ik|i, *-ën, -a, -ur* weggehen, fliehen; ~ **sokakëve** durch die Gassen davonlaufen
ikon|ë, -a *rel.* Ikone *f*; **bëhem** ~ blass werden, im Gesicht abmagern
ikonografí-a Ikonographie *f*; Ikonenmalerei *f*
ikonom-i, *pl.* -ë-t Priester *orthodox*
ikonostas-i, *pl.* -e-t Ikonostase *f*, Bilderwand *in orth. Kirchen vor dem Altarraum;* Lettner *m*
iktiologjí-a Ichthyologie *f*, Fischkunde *f*
ilaç-i, *pl.* -e-t Arznei *f*, Medikament *n*, Heilmittel *n;* **duhet të përdor ilaçe?** muss ich Medizin einnehmen?; ~ **për sy** Augentropfen *m Pl.*
ilaritet-i Heiterkeit *f*
ildí-a Reihnaht *f*
ildis reihen *Kleider*
ilegal, -e illegal
ilegalitet-i Illegalität *f*
ili|k-u, *pl.* qe-t Knopfloch *n*, Öse *f*, Schlaufe *f*, Gürtelschlaufe *f*
ilir, -e illyrisch
ilir-i, *pl.* -ë-t Illyrer *m*
ilirisht|e, -ja *spr.* Illyrisch *n*
ilq|e, -ja *bot.* Stein:eiche *f*
iluminist-i *phi.* Aufklärer *m*
iluminiz|ëm, -mi *phi.* Aufklärung *f*
ilustrim-i Illustration *f*
ilustroj illustrieren
iluzionist-i Zauberkünstler *m*
im, *f* **ime** *Possessivpronomen* mein, meine
imagjinar, -e imaginär
imagjinat|ë, -a Imagination *f*, Vorstellungskraft *f*
imagjinoj vorstellen
imam-i, *pl.* -ë-t *rel.* Vorbeter *muslimisch,* Schulleiter *Koranschule,* Imam
imambajalldí-a gefüllte Auberginen, Imambayıldı
iman-i *rel.* Glaubensbekenntnis *n muslimisch*
imanent, -e immanent
imazh-i, *pl.* -e-t Spiegelbild *n;* Muster *n;* ~ **i trimërisë** Muster an Heldentum
imediat, -e sofortig, direkt
imët, i/e fein; **shiu i** ~ Nieselregen *m*
imigrant-i, *pl.* -ë-t Einwanderer *m*
imigroj ein/wandern
imitim-i Nachahmung *f*
imitoj nach/ahmen, imitieren

imoral, -e unsittlich
imoralitet-i Unsittlichkeit *f*
imperialist, -e imperialistisch
imperialist-i Imperialist *m*
imperializ|ëm, -mi Imperialismus *m*
impiant-i, *pl.* -e-t *tech.* Anlage *f*; ~ **elektrik** elektrische Anlage
import-i Import *m*, Einfuhr *f*
importim-i Import *m*, Einfuhrgut *n*, Importware *f*
importoj importieren, ein/führen
importues-i Importeur *m*
impresioniz|ëm, -mi Impressionismus *m*
improvizim-i Improvisation *f*
improvizoj improvisieren
impuls-i, *pl.* -e-t Impuls *m*, Antrieb *m*
impulsiv, -e impulsiv, unbeherrscht
imshtoj verdauen
imt|ë, -a Moment *m*, Augenblick *m*, Sekunde *f*
imtësoj = **imtoj** zerkleinern
imunitet-i Immunität *f*, Unverletzlichkeit *f*, Straffreiheit *f*, ~ **fiskal** Steuerimmunität *f*
imunizoj *med.* immunisieren
imzot-i *rel.* Monsignore, Eminenz *f* *Anrede eines kath. Bischofs*
inat-i Zorn *m*, Wut *f*; **për** ~ aus Trotz
inauguroj einweihen
incizoj auf/nehmen *auf Tonträger*
inç-i Zoll *m* *engl. Längenmaß*
ind-i, *pl.* -e-t Gewebe *n*; ~ **dhjamor** Fettgewebe; ~ **qelizor** Zellgewebe; ~ **yndyror** Fettgewebe
indeks-i, *pl.* -e-t Index *m*, Register *n*
Indí-a Indien; **derrkuc Indie** *zoo.* Meerschweinchen *n*; **Inditë Perëndimore** West:indien *in der Karibik*
indian, -e indisch
Indian-i Inder *m*
indiferenc|ë, -a Gleichgültigkeit *f*, Sorglosigkeit *f*
indiferent, -e gleichgültig
indigjen-i, *pl.* -ë-t Eingeborener *m*
individ-i, *pl.* -ë-t Individuum *n*
individual, -e individuell
individualiz|ëm, -mi Individualismus *m*
indoevropian, -e indogermanisch
Indokin|ë, -a Indochina
Indonezí-a Indonesien
indonezian, -e indonesisch
induksion-i Induktion *f*
induktoj *phi.*, *tech.* induzieren
industrí-a Industrie *f*; ~ **makinandërtuese** Maschinenbauindustrie *f*; ~ **vajgurore** Petro-Industrie, Erd:öl:industrie
industrial, -e industriell
industrialist-i *ök.* Industrieller *m*
industrializim-i Industrialisierung *f*
industrializoj industrialisieren
inercí-a *tech.* Trägheit *f*
infarkt-i *med.* Infarkt *m*; ~ **i miokardit** Herzinfarkt
infeksion-i *med.* Infektion *f*
infektoj infizieren
infermier|e, -ja Krankenschwester *f*, Krankenpflegerin *f*
infermierí-a *med.* Krankenstation *f*
inflacion-i *ök.* Inflation *f*
inflamacion-i *med.* Entzündung *f*
influenc|ë, -a Einfluss *m*
influencoj be:einflussen

informacion-i Information *f*, Auskunft *f*; **teori e informacionit** Informationstheorie *f*
informat|ë, -a Information *f*, Behauptung *f*
informatik|ë, -a Informatik *f*, Informationswissenschaft *f*
informativ, -e Informations-
informator-i Informant *m*
informohem sich erkundigen
informoj benachrichtigen, informieren
ingranazh-i, *pl.* -e-t Zahnrad *n*, Räderwerk *n*
inicial-i, *pl.* -e-t Anfangsbuchstabe *m*, Initiale *f*, Großbuchstabe *m*
inkandeshent, -e Glüh-; **llambë inkandeshente** Glühlampe *f*
inkoterma-t *ök.* International Commercial Terms, Incoterms
inkubacion-i *med.* Inkubationszeit *f*
inkubator-i Brutkasten *m*
inkunabul-i Inkunabel *f*, Wiegendruck *m*
inkurajoj ermutigen
inkursim-i Angriff *m*; ~ **ajror** Luftangriff
inovacion-i Neuerung *f*, *spr.* Innovation *f*
Insbruk-u *ON* Innsbruck
insekt-i, *pl.* -e-t Insekt *n*, Kerbtier *n*
insektembytës-i = insektevrasës-i *chem.* Insektizid *n*
inspektim-i Inspektion *f*, Inspizierung *f*; ~ **i mallit** Waren:inspektion *f*
inspektoj inspizieren
inspektorat-i, *pl.* -e-t Aufsicht *f*; ~ **i sigurimit teknik** technische Sicherheits:aufsicht; ~ **shtetëror** staatliche Aufsicht *f*
instaloj installieren
instanc|ë, -a *jur.* Instanz *f*
instinkt-i, *pl.* -e-t Instinkt *m*
institucion-i, *pl.* -e-t Institution *f*, Einrichtung *f*; ~ **i ngjashëm me ministrinë** die dem Ministerium entsprechende Institution
institut-i, *pl.* -e-t Institut *n*; ~ **kërkimor** Forschungsinstitut
instruksion-i Anweisung *f*; *mil.* Schulung *f*
instruktoj instruieren, anweisen
instruktor-i Instrukteur *m*
instrument-i, *pl.* -e-t *mus.* Instrument *n*; Werkzeug *n*
instrumental, -e instrumental; **koncert instrumental** *mus.* Instrumentalkonzert
integrim-i Eingliederung *f*, Integration *f*
integroj integrieren, ein/gliedern
intelektual-i, *pl.* -ë-t Intellektueller *m*
inteligjenc|ë, -a Intelligenz *f*
inteligjenci|e, -a Intellektuelle *Pl.*, Intelligentsia *f*
intendenc|ë, -a *mil.* Intendantur *f*, Truppenversorgungsstelle *f*
intensifikoj intensivieren
interdisiplinar, -e interdisziplinär, fächer:übergreifend
interes-i, *pl.* -a-t Interesse *n*; *ök.* Zinsen *m Pl.*; *jur.* Nutzen *m*, Eigennutz *m*
interesant, -e interessant
interesoj interessieren
interferenc|ë, -a *tech.* Interferenz *f*

interméxo-ja *mus.* Intermezzo *n*
internacional|e, -ja Internationale *f*; **Internacionalja socialiste** Sozialistische Internationale
internacionaliz|ëm, -mi Internationalismus *m*; ~ **proletar** proletarischer Internationalismus
internim-i *jur.* Internierung *f*
internoj internieren
interpelanc|ë, -a parlamentarische Anfrage *f*
interpretim-i Interpretation *f*, Auslegung *f*
interpretoj interpretieren
interpretues-i Interpret *m*
intervencion-i Intervention *f*, Einmischung *f*
intervist|ë, -a Interview *n*
intervistoj interviewen
intonacion-i *spr.*, *mus.* Intonation *f*, Tonfall *m*; ~ **i vrazhdë** *spr.* Stoßton; ~ **ngjitës** *spr.* Steigton; ~ **zbritës** *spr.* Fallton
intrig|ë, -a, *pl.* -a-t Intrige *f*, Ränke *f*
intrigoj intrigieren
intuit|ë, -a *phi.* Intuition *f*
invalid-i, *pl.* -ë-t Invalide *m*, Behinderter *m*, Schwerbeschädigter *m*
inventar-i, *pl.* -ë-t Inventar *n*; *ök.* Inventur; **numër inventari** Inventarnummer *f*, Zugangsnummer *f*
investim-i Investition *f*, Kapital:anlage *f*; **investime themelore, kapitale** *ök.* Kapitalinvestitionen *f Pl.*
investoj investieren
inxhí-a Edelstein *m*, Perle *f*
inxhinier-i, *pl.* -ë-t Ingenieur *m*
injeksion-i Injektion *f*, Spritze *f*
injoranc|ë, -a Unwissenheit *f*, Ignoranz *f*
injorant, -e ignorant, unwissend
ipeshk|ëv, -vi, *pl.* -vij-të *katholischer* Bischof *m*
irakian, -e irakisch
irakian-i Iraker *m*
iranian, -e iranisch, persisch
iranian-i Iraner *m*, Perser *m*
irat-i, *pl.* -e-t Immobilienbesitz *m*
irid|ë, -a *med.* Iris *f*
iriq-i, *pl.* -ë-t *zoo.* Igel *m*; ~ **i zi** *med.* Krebs *m*
irlandez, -e irisch
irlandez-i Ire *m*
Irland|ë, -a Irland; ~ **e Veriut** Nordirland
irnohem = irnosem sich verfärben, dunkel werden
ironí-a Ironie *f*
ironik, -e ironisch
irredentiz|ëm, -mi Irredentismus *m*, Anschlussbewegung *f*
irritim-i Reizung *f*, Reiz *m*
islam, -e islamisch, muslimisch, mohammedanisch
islam-i = islamiz|ëm, -mi Islam *m*
islamizoj zum Islam bekehren, islamisieren
islandez, -e isländisch
ist|ëm, -mi, *pl.* -me-t Isthmus *m*, Land:enge *f*
istikam-i, *pl.* -e-t *veralt.* Schützengraben *m*
ish- ehemalig, Ex-
ishmak, -e aus Ishëm

ishte, *s.* jam
íshu|ll-i, *pl.* -j-t Insel *f,* Eiland *n*
ishullak, -e aus Ishulli i Lezhës
Italí-a Italien
italian, -e italienisch
italian-i, *pl.* -ë-t Italiener *m*
italisht ⟨*adv*⟩ italienisch
itinerar-i, *pl.* -e-t Route *f,* Strecke *f;* ~ **i marshimit** Marschroute *f*
ithtar-i Anhänger *m,* Gefolgsmann *m*
Izmir-i *ON* Smyrna, Izmir
izolim-i *tech.* Isolierung *f*
izoloj isolieren
Izrael-i Israel
izraelit, -e israelisch, israelitisch
izvorjot, -e aus Izvor

J

ja da ist
ja ... ja entweder ... oder
jabanxhí-u, *pl.* -nj-të *veralt.* Fremder *m,* Zugezogener *m*
jaht-i, *pl.* -e-t Jacht *f*
jak|ë, -a, *pl.* -a-t Kragen *m*
jakë(ni)!, *s.* vij komm(t)!
jakne *dial.* Jacke *f*
jakor|e, -ja Jacke *mit hochschlagbarem Kragen*
jam, *është, qeshë, qenë* sein *Kopula;* ~ **me kalem** gebildet sein, lesen und schreiben können; ~ **me vonesë** sich verspäten; zu spät kommen; ~ **mirë** es geht mir gut; ~ **transit** ich bin auf der Durchreise; **është nxehtë** es ist heiß; **hair qoftë!** so sei es!
jamb-i, *pl.* -e-t *spr.* Jambus *m*
jamullí-a Wolldecke *f*
janar-i Januar *m,* Jänner *m*
janínas, -e aus aus Janina, aus Ioannina
Janin|ë, -a Janina *ON,* Ioannina
jankí Yankee *m*
jap, *jep, dhashë, dhënë* geben, gewähren, leisten *Hilfe,* verhängen *Strafe;* **jam i dhënë pas** ⟨+ *Abl*⟩ verrückt nach etw. sein, etw. sehr mögen; ~ **(shlyej) provime** Prüfungen ablegen; ~ **borxh** verleihen, borgen; ~ **hua** verleihen; ~ **karar** entscheiden; ~ **në arendë** verpachten; ~ **xhevap** antworten
japanxh|e, -ja ärmelloser Mantel *m Kleidung der kath. Frauen*
japonez, -e japanisch
japonez-i Japaner *m*
Japoní-a Japan
japonisht|e, -ja japanische Sprache *f*
japrak-u, *pl.* -ë-t Kohlrouladen mit Reis und Hackfleisch, Dolma
jar-i, *pl.* -e-t Baumwollfaden durchwirkt mit Goldfäden
jaran-i, *pl.* -ë-t *veralt.* Liebhaber *m;* Freund *m*
jard-i, *pl.* -e-t Yard *91,44 cm,* Elle *f*
jargavan-i, *pl.* -ë-t *bot.* Flieder *m*
jargavec-i, *pl.* -ë-t *zoo.* Nacktschnecke *f*
jarg|ë, -a, *pl.* -ë-t Schleim *m*
jasemin-i, *pl.* -ë-t *bot.* Jasmin *m*
jastëçk|ë, -a Nadelkissen *n;* Stempel-

kissen *n*
jastëk-u, *pl.* -ë-t Kopfkissen *n*
jashtë ⟨*adv*⟩ draußen, außerhalb; ~ **loje** *spo.* abseits
jasht|ëm, -me, i/e äußer, Außen-; äußerlich, auswärtig; ausländisch; **politikë e jashtme** Außenpolitik *f;* **ministri-a e punëve të jashtme** Außenministerium *n;* **së jashtmi** von draußen
jashtëmartesor, -e außerehelich
jashtëparlamentar, -e außerparlamentarisch
jashtëqit *s/t* ausscheiden
jashtëqitj|e, -a *med.* Ausscheidung *f*
jashtëtokësor, -e außerirdisch
jashtëzakonisht ⟨*adv*⟩ außerordentlich, außergewöhnlich
jashtëzakonsh|ëm, -me, i/e außergewöhnlich, außerordentlich, Ausnahme-
jatagan-i, *pl.* -ë-t Säbel *m,* Türkensäbel *m*
jatak-u, *pl.* -ë-t *veralt.* Bett *n;* Unterkunft *f,* Unterschlupf *m*
jatit, *s.* atë
jatr|úa, -ói *dial.* Arzt *m*
javash ⟨*adv*⟩ langsam, gemächlich, gemütlich; ~, **javash!** nur mit der Ruhe!
jav|ë, -a, *pl.* -ë-t Woche *f;* **zgjati një javë** es hat eine Woche gedauert; **tërë ~n** die ganze Woche; **javën e kaluar** vorige Woche; **javën që vjen** nächste Woche
javor, -e wöchentlich
jaz-i, *pl.* -e-t Wassergraben *m*
jazëk *Int.* Schande!
Jedrené-ja *ON* = Edrené-ja Adrianopel, Edirne
jeh-u = **jehon|ë**, -a Echo *n,* Widerhall *m;* **bëj jeh** widerhallen
jehoj wider/hallen
jelek-u, *pl.* -ë-t Weste *f,* Bolero-Jäckchen *n*
jemenas, -e aus Jemen, jemenitisch
jemení-a schwarzes Kopftuch *n*
jeniçer-i, *pl.* -ë-t *hist.* Janitschar *m*
jep, *s.* jap
jesir-i, *pl.* -ë-t *veralt.* Kriegsgefangener *m*
jesh, *s.* jam
jeshil, -e grün; **sallatë jeshile** grüner Salat *m;* **hap dritat jeshile** grünes Licht geben für etw.; ~ **i çelët** hellgrün
jeshiloj grünen, grün machen, grün werden
jet|ë, -a Leben *n;* ~ **e përditshme** Alltag *m;* ~ **fshatarake** bäuerliches Leben *n;* **zymtoj jetën** das Leben schwer machen
jetë, *s.* jam
jetëgjatë langlebig
jetërsoj = tjetërsoj entfremden
jetes|ë, -a Lebensweise *f,* Lebens:art *f,* Leben *n;* Existenz *f*
jetësoj lebendig machen, beleben
jetësor, -e Lebens-, vital
jetëshkrim-i Lebensbeschreibung *f,* Biographie *f*
jetëshkrues-i Biograph *m*
jetëshkurtër kurzlebig
jetim, -e verwaist

jetim-i, *pl.* -ë-t Waisenknabe *m,* Waise *f*
jetimor|e, -ja *veralt.* Waisenhaus *n*
jetoj leben; ~ **me zgrip** mit wenig auskommen
jétull-a, *pl.* -a-t Schnur *f,* Kordel *f*
jev|g-u, *pl.* -gj-it = **evgjit**-i sesshafter Zigeuner *m,* Sinti, »Ägypter« *m*
jevg|ë, -a Zigeunerin *f*
jevgjit-i = evgjit-i
ji, *s.* jam
jo nein; ~ **më** nicht mehr; **jomë** umso mehr; **jo më pak** nicht unter; **jo më shumë** nicht über
jo- un-; **jobarasrrokësh**, -e *spr.* ungleichsilbig
jod-i *chem.* Jod *n*
jodemokratik, -e undemokratisch
jofrymor, -e unbeseelt, unbelebt
johigjienik, -e unhygienisch
jokalimtar, -e *spr.* intransitiv
jokalimtarësí-a Intransitivität *f*
jomaterial, -e immateriell
jomë umso mehr
jomiqësor, -e unfreundschaftlich
jon-i, *pl.* -e-t *chem.* Ion *n*
jon-i, *pl.* -ë-t Jonier *m*
jonë, *s.* yt unsere *f Sg.*
jongar-i, *pl.* -ë-t Musikinstrument mit drei Saiten
jonosfer|ë, -a Jonosphäre *f*
jonxh|ë, -a *bot.* Luzerne *f*
jonxhisht|ë, -a Luzernenfeld *n*
joorganik, -e anorganisch
jopërparimtar, -e unfortschrittlich, reaktionär
joproduktiv, -e = joprodhimtar, -e unproduktiv
jordanez, -e jordanisch
joreal, -e irreal
jorealist, -e unrealistisch
jorëndësor, -e irrelevant, unwichtig, unerheblich
jorgan-i, *pl.* -ë-t Steppdecke *f*
josh an/locken, ködern
joshem sich ein/schmeicheln
josh|ë, -a Köder *m*
jotemor, -e athematisch
jovepror, -e *spr.* inaktiv
jovetor, -e *spr.* unpersönlich, impersonell
jozyrtar, -e inoffiziell
ju *Personalpronomen* ihr, Sie
juaj *Possessivpronomen* euer; Ihr
jubilar, -e Jubiläums-
jubilé-u, *pl.* -të Jubiläum *n*
jud|ë, -a *fig.* Judas *m,* Verräter *m*
jug-u Süden *m;* **Afrika e Jugut** Südafrika
jug|ë, -a Südwind *m*
juglindj|e, -a Südosten *m*
juglindor, -e Südost-
jugor, -e südlich, Süd-
jugosllav, -e jugoslawisch
jugosllav-i, *pl.* -ë-t Jugoslawe *m*
jugosllavërí-a = jugosllavní-a Jugoslawentum *n*
Jugosllaví-a Jugoslawien
juglindor, -e südöstlich, Südost-
jugperëndim-i Südwesten *m*
jugperëndimor, -e südwestlich
junt|ë, -a Junta *f Militärkomitee*
jurí-a Jury; *jur.* Geschworene *m Pl.*
juridik, -e juristisch, rechtlich
jurisprudenc|ë, -a Rechtswissenschaft *f*

jurist-i Jurist *m*
justifikoj rechtfertigen
jut|ë, -a Jute *f*

K

ka es gibt; es hat
ka-u, *pl.* qe-të Ochse *m*
kabaré-ja Kabarett *n*
kabin|ë, -a, *pl.* -a-t Zelle *f Telefon,* Abteil *n Zug,* Kabine *f Schiff;* **~ e komandës** Brücke *f Schiff,* Kommandobrücke
kabinet-i, *pl.* -e-t Kabinett *n*
kabllo-ja Kabel *n*
kabotazh-i Küstenschiffahrt *f*
kabull *veralt.* Einverständnis *n;* **bëj ~** akzeptieren
kacabu-ni, *pl.* -nj-të *zoo.* Käfer *m*
kacafytem raufen, sich kabbeln, sich herumschlagen
kaçak-u, *pl.* -ë-t *hist.* Räuber *m,* Heiduck *m*
kaçavid|ë, -a Schraubenzieher *m*
kaçinarës, -e aus Kaçinar
kaçkavall-i, *pl.* -e-t Feta, Weißkäse *aus Schafs- oder Kuhmilch in Salzlake*
kaçurrela-t Locken *f Pl.,* Krause *f,* lockiges Haar *n*
kadalë ⟨*adv*⟩ *dial.* = ngadalë langsam, gemächlich
kadast|ër, -ra, *pl.* -ra-t Kataster *n*
kadastror, -e Kataster-
kadet-i, *pl.* -ë-t *mil.* Kadett *m*
kadí-u, *pl.* -lerë-t *hist.* Kadi *m,* Richter *m*
kadif|e, -ja = kadifé-ja Samt *m;* **~ me af** changierender Samt *m*
Kadiks-i *ON* Cádiz
kafaz-i, *pl.* -e-t Käfig *m,* Vogelbauer *m*
kaf|e, -ja Kaffee *m;* **~ sade, kafe e hidhët** schwarzer Kaffee *ohne Zucker;* **i qis sheqer kafes** Zucker in den Kaffee tun
kafené-ja Lokal *n,* Kneipe *f*
kafiç-i, **kafiq**-i *dial.* Kaffeehaus *n,* Bar *f*
kafjall-i *dial.* Frühstück *n*
kafk|ë, -a Schädel *m*
kafshat|ë, -a Bissen *m,* Mundvoll *m*
kafsh|ë, -a Tier *n*
kafshoj beißen
kah-u, *pl.* -e-t Richtung *f*
kaik|e, -ja *veralt.* Boot *n,* Ruderboot; **bëhem kaike** schwanken *vor Trunkenheit*
kaish-i, *pl.* -ë-t *veralt.* = **rrip**-i Gürtel *m,* Riemen *m*
kajanak, -e aus Kájan
kajmekam-i, *pl.* -ë-t *veralt.* Statthalter *m Amtsvorsteher einer osman. Kaza,* Gouverneur *m*
kajsí-a *bot.* Aprikose *f*
kakavjot, -e aus Kakavija
kakí ⟨*adj*⟩ khaki, erdbraun, gelbraun
kalá-ja Burg *f,* Festung *f;* Turm *m im Schach*
kalabrez-i Kalabrese *m*
kalamá, -ni *pl.* -j-të Kind *n*

kalamallë|k-u, *pl.* -qe-t Kinderei *f*
kalambur-i, *pl.* -e-t Kalauer *m*
kalasjot, -e aus Kalasa
kalbem verfaulen, verderben, abgenutzt werden
Kalé-ja *ON* Calais
kalem-i, *pl.* -a-t = **laps**-i Bleistift *m;* **jam me** ~ gebildet sein, lesen und schreiben können
kalemxhí-u, *pl.* -nj-të Schreiberling *m*
kalendar-i, *pl.* -ë-t Kalender *m*
kalendarik, -e Kalender-
kal|ë, -i, *pl.* kúaj-të Pferd *n,* Ross *n,* Gaul *m;* Springer *m im Schach;* **i grah kalit** dem Pferd die Sporen geben; **ngordh kalin në punë** das Pferd bei der Arbeit schinden; **kalë-fuqi**, *pl.* kúaj-fuqi Pferdestärke *f PS*
kalim-i Übergang *m,* Überschreitung *f,* Übertretung *f,* Übertritt *m;* Durchgang *m,* Passage *f;* ~ **kuptimi** *spr.* Bedeutungs:übertragung; ~ **mbi shina** Bahn:übergang
Kalimantan-i Borneo
kalimtar, -e vergänglich; transitiv
kalimtarësí-a *spr.* Transitivität *f*
kalis *s/t* stählen, abhärten
kalitur, i/e gestählt, gehärtet
Káljari *ON* Cagliari
kalk-u, *pl.* -e-t Calque *n,* Lehnübersetzung *f,* Spiegelbildung *f;* Pauspapier *n;* ~ **kuptimor** *spr.* Bedeutungs:entlehnung *f*
kalkim-i *spr.* Lehnübersetzung *f*
kaloj vorbeigehen, verstreichen, verlaufen, vergehen; ~ **lumin zhytas** den Fluss getaucht überqueren; ~ **në debi** in die roten Zahlen kommen; **vitet e kaluara** die vergangenen Jahre, die letzten Jahre
kalorës-i Reiter *m; hist.* Ritter *m*
kalorësí-a *mil.* Kavallerie *f,* Reiterei *f*
kalorifer-i, *pl.* -ë-t *tech.* Heizkörper *m*
kaltër, i/e blau
kaltërremë, i/e bläulich
kaluar, i/e vergangen, vorig; **javën e kaluar** vorige Woche; **e kaluar**-a die Vergangenheit *f*
kaludhjot, -e aus Kaludh
kall hinein/stecken; an/stiften
kallaballëk-u Menge *f;* **mbledh kallaballëkun** sich zusammen/reißen; keinen Unsinn reden
kallaj-i *chem.* Zinn *n;* **saldoj me kallaj** löten
kallajxhí-u, *pl.* -nj-të Klempner *m,* Zinngießer *m*
kallam ⟨*adj*⟩ aufrecht; mittellos, arm
kallam-i, *pl.* -a-t Schilf *n,* Schilfrohr *n; mus.* Rohrflöte *f;* ~ **sheqeri** Zuckerrohr *n*
kallamar-i, *pl.* -ë-t Tintenfass *n;* Tintenfisch *m*
kallauz-i, *pl.* -ë-t *veralt.* Führer *m,* Lotse *m;* Spion *m;* Mittelsmann *m*
kalldrëm-i, *pl.* -e-t Pflaster *n Straße,* Steinweg *m*
kallëp-i, *pl.* -e-t *tech.* Model *m,* Leisten *m;* **fus në** ~ aufspannen
kallëzim-i Meldung *f*
kallëzor|e, -ja Akkusativ *m,* Wenfall *m*
kallëzues-i *spr.* Prädikat *n,* Satz:aussage *f;* ~ **pavetor** unpersönliches Prädikat

kallf|ë, -a, *pl.* -ë-t *veralt.* Gehilfe *m,* Geselle *m*

kallí-ri, *pl.* -nj-të Garbe *f,* Büschel *n,* Ähre *f*

kallkan-i, *pl.* -ë-t Eiszapfen *m,* Eis *n;* **iu bënë këmbët** ~ er bekam eiskalte Füße

kalln|uer, -or-i *dial.* Januar *m*

kallogjer-i, *pl.* -ë-t Mönch *m orthodox*

kallogré-ja Nonne *f orthodox*

kallp, -e falsch

kallpazan-i, *pl.* -ë-t *veralt.* Falschmünzer *m,* Fälscher *m*

kam, *pata, pasur* haben; **ka** es gibt; es hat; **kishte plot njerëz** es waren dort viele Menschen; ~ **axhele** ich bin in Eile; **nuk pati çfarë të bënte** es blieb ihm nichts anderes übrig; ~ **në dispozicion** disponieren über, verfügen über; **ka fresk** es weht ein frisches Lüftchen; ~ **të ftohtë** mir ist kalt; **mos ki gajle!** mach dir keine Sorgen!; **keni kohë në Tiranë?** sind Sie schon lange in Tirana?; ~ **të lehtë** es leicht haben; **ka mjegull** es ist neblig; ~ **ndërmend** vorhaben; ~ **nevojë** brauchen; ~ **nge** Zeit haben; **ka të ngjarë** anscheinend, wahrscheinlich; ~ **parasysh** ich bin mir bewusst; ~ **shans** eine Chance haben; **s'ia kam volinë** ich habe keine Zeit dafür; **paç ymër!** mögest du lange leben!; **e ka zët** er ärgert sich

kamar|e, -ja Nische *f,* Wandnische *f*

kamatar-i Geldverleiher *m;* Wucherer *m*

kamat|ë, -a *ök.* Zins *m*

kamatëvones|ë, -a Versäumniszuschlag *m,* Verzugszinsen *Pl.,* Mahngebühr *f;* Konventionalstrafe *f*

kambanar-i Glöckner *m*

kamban|ë, -a Glocke *f,* Kirchenglocke *f*

kambanor|e, -ja Glockenturm *m*

kambial-i, *pl.* -e-t *ök.* Wechsel *m*

kambio-ja *tech.* Getriebe *n;* ~ **automatike** Automatik-Getriebe

kamenicar, -e aus Kamenica

kameraman-i, *pl.* -ë-t Kameramann *m*

kameratesk, -e kameradschaftlich

kamerdar|e, -ja *tech.* Schlauch *m am Auto, Zweirad*

kamer|ë, -a Kamera *f*

kamerier-i, *pl.* -ë-t Kellner *m,* Ober *m*

kam|ë, -a Dolch *m,* Messer *n*

kamës-i, *pl.* -it Reicher *m*

kámfur-i *med.* Kampfer *m*

kamillaf-i, *pl.* -ë-t Priestermütze *f orthodox*

kamion-i, *pl.* -ë-t Lastwagen *m,* Laster *m*

kamj|e, -a Reichtum *m*

kamomil-i *bot.* Kamille *f*

kamosh-i, *pl.* -e-t Gams *f,* Gämse *f;* Wildleder *n*

kamp-i, *pl.* -e-t Lager *n;* ~ **përqendrimi** Konzentrationslager, Gefangenenlager

kampion-i, *pl.* -ë-t Muster *n,* Probe *f; spo.* Meister *m*

kampionat-i, *pl.* -e-t Meisterschaft *f;* ~ **botëror** Weltmeisterschaft

kampist-i, *pl.* -ë-t Camper *m,* Camping-Teilnehmer *m*

kamufloj tarnen

kamxhik-u, *pl.* -ë-t Peitsche *f*, Knute *f*
kanadez-i Kanadier *m*
kanal-i, *pl.* -e-t Kanal *m;* Abflussrohr *n*
kanalizoj kanalisieren; ordnen
kanapé-ja Kanapee *n;* Butterbrot *n*, belegtes Toastbrot
Kanarie-t Kanaren *Pl.*, Kanarische Inseln *f Pl.*
kanarin|ë, -a *zoo.* Kanarienvogel *m*
kanat-i, *pl.* -e-t Flügel *m*, Fensterflügel
kanatier|e, -ja Weste *f*, Leibchen *n*
kancelar-i Kanzler *m*
kancelarí-a Kanzlei *f;* Kanzler:amt *n*
kancer-i *med.* Krebs *m*
kandar-i, *pl.* -ë-t Waage *f*, Schalenwaage
kandel|ë, -a *tech.* Zündkerze *f;* **mos duhet t'i ndërroj kandelën?** soll ich vielleicht die Zündkerze auswechseln?
kánd|ërr, -rra, *pl.* -rra-t *zoo.* Käfer *m*
kandidat-i, *pl.* -ë-t Kandidat *m;* Doktor *m akadem. Grad*
kandil-i, *pl.* -a-t Laterne *f*, Leuchte *f*, Funzel *f;* ~ **deti** *zoo.* Qualle *f*
kandiler-i, *pl.* -ë-t Leuchter *m*, Kerzenständer *m*
kanell|ë, -a Kaneel *m*, Zimt *m;* Zimtbaum *m*
kan|ë, -a Kanne *f;* ~ **kafeje** Kaffeekanne
kân|ë, -a *dial.* = këná-ja Henna *f*
kangjella-t Eisengitter *n*, Stangenzaun *m*
kangur-i, *pl.* -ë-t *zoo.* Känguru *n*
kanic|ë, -a Messerscheide *f*
kaninjot, -e aus Kanina
kanonier|ë, -a *mil.* Kanonenboot *n*
kanonik, -e *rel.* kirchenrechtlich, kanonisch
kanonizoj *rel.* kanonisieren, heiligsprechen
kanosem drohen
kanosj|e, -a Drohung *f*
kanotazh-i *spo.* das Rudern *n;* **gara kanotazhi** Ruderwettkampf *m*
kanotjer|ë, -a Unterhemd *n*
kantier-i, *pl.* -e-t Baustelle *f;* ~ **anijendërtues** Werft *f*
kantin|ë, -a Weinkeller *m*
kanun-i, *pl.* -e-t Gewohnheitsrecht *n*, Kanun *m*
kaos-i Chaos *n*
kaotik, -e chaotisch
kap schnappen, fassen, erreichen, bekommen; ~ **nëntekstin e fjalëve** zwischen den Zeilen lesen; **kapem pas** ⟨+ *Abl*⟩ sich festhalten an, sich klammern an; **kapem me presh në duar** auf frischer Tat ertappt werden
kapacitet-i *tech.* Fassungsvermögen *n*, Kapazität *f*
kapadaí-u, *pl.* -nj-të Prahlhans *m*, Angeber *m*, Großmaul *n*
kapadaillë|k-u, *pl.* -qe-t Angeberei *m*, Prahlerei *f*
kapak-u, *pl.* -ë-t Deckel *m;* Einband *m*, Umschlag *m;* **i vë** ~ Schluß machen mit etw., ab/schließen, be:enden; ~ **rrote** *tech.* Radkappe *f;* **mbulesë kapaku** Schutzumschlag *m*
kapanxh|ë, -a Luke *f*, Dachluke
kapar-i Vorschuß *m*, Vorauszahlung *f*, Handgeld *n*
kapardisem prahlen

kapardisj|e, -a Angeberei *f*, Prahlerei *f*
kapedan-i, *pl.* -ë-t Kapitän *m*, Anführer *m*
kapelabërës-i Hutmacher *m*
kapel|ë, -a = kapel|e, -ja Hut *m*, Mütze *f*; ~ **noti** Badekappe *f*, Bademütze
kapellotë bjelle *tech.* Pleuellager *n*
kap|ë, -a Kappe *f*, Mütze *f*; ~ **gëzofi** Pelzmütze
kapërcej übersteigen, überschreiten, überspringen, hinübergehen; ~ **kufirin** die Grenze überschreiten; ~ **pengesat** die Hindernisse überwinden
kapërcell-i, *pl.* -j-të Übergang *m*; Speiseröhre *f*; **në kapërcellin e shekullit XIX** am Ende des 19. Jahrhunderts
kapërcim-i Überschreitung *f*; **me ~ të** ⟨+ *G*⟩ *jur.* in Überschreitung von etw.
kapërdij schlucken
kapës|e, -ja Klammer *f*; ~ **manshetash** Manschettenknopf *m*
kapist|ër, -ra, *pl.* -ra-t Zügel *m*
kapital, -e kapital, allgemein, Haupt-; **denim** ~ Todesstrafe *f*
kapital-i, *pl.* -e-t *ök.* Kapital *n*; ~ **bankar** Bankkapital
kapitalist, -e kapitalistisch
kapitaliz|ëm, -mi Kapitalismus *m*; ~ **monopolist shtetëror** staatsmonopolistischer Kapitalismus, Stamokap
kapiten-i, *pl.* -ë-t Kapitän *m*, Schiffsführer *m*; *mil.* Hauptmann; ~ **i klasës së dytë** *mil.* Oberleutnant
kapitulacione-t *jur.* Kapitulationen *f Pl.*, Vertragsbestimmungen *f Pl.*
kapítu|ll-i, *pl.* -j-t Kapitel *n*, Hauptstück *n*
kapitullim-i Kapitulation *f*
kapitulloj kapitulieren
kapitullues, -e kapitulierend; **klikë kapitulluese** Kapitulantenclique *f*
kapllan-i, *pl.* -ë-t *veralt.* Tiger *m*
kapot|ë, -a *mil.* Uniformmantel *m*; Wintermantel *m*
kapro|ll-i, *pl.* -j-të *zoo.* Rehbock *m*
kaproll|e, -ja *zoo.* Ricke *f*, Reh *n*
kaps ⟨*adv*⟩ verstopft
kapsllëk-u Verstopfung *f*, *med.* Obstipation *f*
kapsh|ëm, -me, i/e fassbar, fasslich
kapshticar, -e aus Kapshtica
kapter-i, *pl.* -ë-t Feldwebel *m*, Wachtmeister *m*
kapuç-i, *pl.*-a-t Kapuze *f*; ~ **i llambës** Lampenschirm *m*
kaq soviel; **mjafton me** ~ das genügt
kará-i, *pl.* -të *veralt.* Rappe *m schwarzes Pferd*
karabiná-ja Rohbau *m*
karabin|ë, -a *mil.* Karabiner
karabullak-u, *pl.* -ë-t *zoo.* Kormoran *m*, Zwergscharbe *f*
karafil-i, *pl.* -a-t *bot.* Nelke *f*
karagjoz-i, *pl.* -ë-t Karagöz *m*, Hanswurst *m*
Karaíbe-t Karibik *f*
karajfil|e, -ja Steinschlossflinte *f*
karakatin|ë, -a Bruchbude *f*; *fig.* Rostlaube *f Kfz*
karakoll-i, *pl.* -ë-t Wachturm *m*; Leibgarde *f*
karakter-i, *pl.* -e-t Charakter *m*

karakteristik, -e charakteristisch
karakteristik|ë, -a Charakteristik *f*
karakterizoj charakterisieren
karamel|e, -ja Karamelle *f*, Bonbon *n*
karantin|ë, -a Quarantäne *f*; **mbaj karantinë** in Quarantäne bleiben
karar-i *veralt.* Lösung *f*, Entscheidung *f*; **jap** ~ entscheiden
karbon-i *chem.* Kohlenstoff *m*; **dyoksid i karbonit** Kohlendioxid *n*
karbonizoj verkohlen, verbrennen
karburant-i Brennstoff *m*, Treibstoff *m*
karburator-i *tech.* Vergaser *m*
kardhiqot, -e aus Kardhiq
kardiak, -e herzkrank; Herz-
karfic|ë, -a Nadel *f*, Spange *f*, Brosche *f*, Klammer *f*; Sicherheitsnadel *f*
karikatur|ë, -a Karikatur *f*
karikaturizoj karikieren
karkalec-i, *pl.* -a-t *zoo.* Krabbe *f*
karkas *s/t nur 3. P.* karkat quaken
Karlovi-Vari *ON* Karlsbad, Karlovy Vary
karnaval-i, *pl.* -e-t Karneval *m*; Clown *m*; Clownerie *f*
karó-ja Karo *n Spielkarte*
karot|ë, -a Möhre *f*, Karotte *f*, Gelbrübe *f*
Karpate-t Karpaten *Pl.*
karpentier-i, *pl.* -ë-t Zimmermann *m*
karpuz-i, *pl.* -ë-t *bot.* Wassermelone *f*
karshí = kundrejt
karstik, -e Karst-; **liqen** ~ Karstsee *m*
kartel-i, *pl.* -e-t *ök.* Kartell *n*
kartel|ë, -a Ausweis *m*, Karte *f*; Karteikarte *f*, *ök.* Stempelkarte *f*; ~ **vaksinimi** Impfpass *m*, Impfausweis *m*
kart|ë, -a Papier *n*; Karte *f*, Postkarte, Ausweis *m*; Urkunde *f*; ~ **e anëtarësisë** Benutzerkarte *f*, Mitgliedskarte *f*
kartëmonedh|ë, -a Banknote *f*, Papiergeld *n*, Geldschein *m*
kartëpostal|e, -ja Postkarte *f*
kartëvizit|ë, -a Visitenkarte *f*
kartolerí-a Schreibwarenladen *m*
kartolin|ë, -a Postkarte *f*
karton-i, *pl.* -ë-t = kartuç-i, *pl.* -a-t Karton *m*, Pappe *f*
kartotek|ë, -a Kartothek *f*
karvan-i, *pl.* -ë-t Karawane *f*
karrabisht-i, *pl.* -a-t *zoo.* Ohrwurm *m*
karrier|ë, -a Laufbahn *f*; Karriere *f*
karrig|e, -ia Stuhl *m*, Sitz *m*; ~ **e lëkundshme**, ~ **që paloset** Klappstuhl *m*
karro-ja Wagen *m mit eisenbeschlagenen Holzrädern*; Handwagen *m*
karroc|ë, -a, *pl.* -a-t Karre *f*, Wagen *m*, Kutsche *f*; ~ **për bartje librash** Bücherwagen *m in Bibliothek*; ~ **dore** Handwagen *m*, Schubkarre *f*, Handkarre *f*
karrocerí-a *tech.* Karosserie *f*
karrocier-i, *pl.* -ë-t Kutscher *m*
karrooficin|ë, -a Werkstattwagen *m*, Kundendienstwagen
kasabá-ja *veralt.* Stadt *f*
kasafort|ë, -a Tresor *m*, Geldschrank *m*
kasap-i, *pl.* -ë-t Metzger *m*, Fleischer *m*, Schlachter *m*; Schlächter *m*, Henker *m*
kasaphan|ë, -a Schlachthof *m*, Schlachterei *f*; Gemetzel *n*
kasat|ë, -a Kassata-Eis *n*, Halbgefrore-

nes *n*

kask|ë, -a Helm *m;* ~ **minatori** Bergmannshelm

kasket|ë, -a Mütze *f*

kasnec-i, *pl.* -ë-t *veralt.* Herold *m,* Bote *m*

kasoll|e, -ja Hütte *f*

Kaspik-u Kaspisches Meer *n,* Kaspi-See *f*

kast|ë, -a Kaste *f*

kastíle ⟨*adv*⟩ absichtlich, extra

Kastilj|e, -a Kastilien

kastor-i, *pl.* -ë-t Biber *m,* Biberpelz *m*

kastravec-i, *pl.* -ë-t Gurke *f;* **i shes kastravecë bostanxhiut** Wasser in den Rhein / Eulen nach Athen tragen

kasharen, -e aus Kashar

kashnjetor, -e aus Kashnjet

kasht|ë, -a, *pl.* -ëra-t Stroh *n;* Binsen *f Pl.;* **shportë kashte** Spankorb *m;* **Kashta e Kumtrit**, **káshtull**-a Milchstraße *f*

kat-i, *pl.* -e-t Stockwerk *n,* Etage *f,* Geschoss *n;* ~ **i dytë** erster Stock; ~ **i mësipërm** Obergeschoss; ~ **përdhes** Erdgeschoss, Parterre *n;* **dezhuri i katit** Stockwerks:aufseher *m im Hotel*

katakrez|ë, -a *spr.* Katachrese *f*

kataliz|ë, -a *chem.* Katalyse *f*

katalog-u, *pl.* -ë-t Katalog *m;* ~ **i hyrjeve të reja** Neuerwerbungskatalog; ~ **i përbashkët, përmbledhës** Verbundkatalog; ~ **i posaçëm** Sonderkatalog; ~ **lëndor** Sachkatalog; ~ **në formë libri** Bandkatalog; ~ **sipas emrave të autorëve** Verfasserkatalog; ~ **topografik** Standortkatalog; ~**-fjalor** Kreuzkatalog; ~**-skedar** Zettelkatalog

katalogim-i Katalogisierung *f,* Titelaufnahme *f*

katallan-i, *pl.* -ë-t Unhold *m im Märchen, myth.* Zyklop *m*

katandis geraten in *Lage,* münden in *Missstand*

katandisem in eine üble Lage geraten, sich exponieren

Katanxaro-ja *ON* Catanzaro

katapult|ë, -a Katapult *n*

katastrof|ë, -a Katastrophe *f,* Unglück *n*

kated|ër, -ra Lehrstuhl *m,* Lehrkanzel *f*

katedral|e, -ja Dom *m,* Kathedrale *f,* Bischofskirche *f*

kategorí-a Kategorie *f*

kategorik, -e kategorisch

katekiz|ëm, -mi, *pl.* -ma-t *rel.* Katechismus *m*

katër vier; **i ~t** der vierte

katërdhjetë vierzig

katërfish ⟨*adv*⟩ vierfach

katërfishoj vervierfachen

katërkëndësh, -e rechteckig, viereckig

katërkëndësh-i Vier:eck *n;* ~ **i zanoreve** Vokalviereck

katërmbëdhjetë vierzehn; **i** ~ der vierzehnte

katërmotorësh, -e viermotorig

katërpalësh, -e vierseitig; **konferencë katërpalëshe** Viererkonferenz *f*

katërqind vierhundert

katërt-a, e Viertel *n*

katil-i, *pl.* -ë-t *fig.* Schlächter *m*

katod|ë, -a *tech.* Katode *f*
katoliciz|ëm, -mi *rel.* Katholizismus *m*
katolik, -e katholisch
katolik-u Katholik *m*
katragjysh-i, *pl.* -ër-it Urgroßvater *m*
katrahur|ë, -a Durcheinander *n*, Gewühl *n*, Krach *m*
katrakushërí-ri, *pl.* -nj-të Großcousin *m*
katran-i Teer *m*
katranoj = katranos teeren
katror, -e viereckig, quadratisch, Quadrat-; **rrënjë katrore** Quadratwurzel *f*; **metër katror** Quadratmeter *qm*; **kllapa katrore** eckige Klammern *f Pl.*
katund-i, *pl.* -e-t Weiler *m*, Dorf *n*
katundar-i, *pl.* -ë-t Dörfler *m*, Bauer *m*
katundishtar, -e aus Katundishta
kath-i *med.* Gerstenkorn *n*
kauçuk-u Kautschuk *m*
Kaukaz-i Kaukasus *m*
kaukazian, -e kaukasisch
kaurr-i, *pl.* -ë-t Ungläubiger *m*, Giaur *m*
kauz|ë, -a Sache *f*; **bëj ~ të përbashkët** gemeinsame Sache machen
kavak-u, *pl.* -ë-t Pyramidenpappel *f*
kavalet|ë, -a Bücherstütze *f*
kavanoz-i, *pl.* -a-t Glas *n*, Einmachglas
kavo-ja Tau *n*, Seil *n*
kazá-ja *hist.* Distrikt *m Amtsbezirk eines Kajmekam*
Kazablank|ë, -a *ON* Casablanca
Kazakistan-i Kasachstan
kazan-i, *pl.* -ë-t Kessel *m*, Kupferkessel *m*; Dampfkessel *m*
kazerm|ë, -a Kaserne *f*
kazermoj kasernieren
kazm|ë, -a, *pl.* -a-t Hacke *f*, Spitzhacke *f*

kec-i, *pl.* -a-t = **kedh**-i, *pl.* -ë-t Zicklein *n*
keç|e, -ja weibliches Ziegenjunges *n*, Zicklein *n*; Mädchen *n*
kelt, -e keltisch
keltisht|e, -ja keltische Sprache
kem-i Weihrauch *m*
Kemnic-i *ON* Chemnitz
kep-i, *pl.* -a-t Spitze *f eines Berges*, felsige Landzunge *f*, Kap *n*; **Kepi i Gjelbër** Cabo Verde, Kapverdische Inseln *f Pl.*
keq, -e, i/e; *pl.* të këqíj, -a schlecht, böse, übel, schlimm; **e keqja** das Böse; **të keqen!** alles Übel sei ferne!; **më vjen keq** leider, es tut mir leid; **më bën keq** es schadet mir; **kam nam të keq** schlechten Ruf haben; **ndikoj për të keq** beeinträchtigen
keqardhj|e, -a das Bedauern *n*
keqbërës-i Übeltäter *m*, Missetäter *m*
keqbesim-i Misstrauen *n*
keqdashës, -e böswillig
keqdashj|e, -a Böswilligkeit *f*
keqësoj verschlechtern
keqësues, -e *spr.* pejorativ
keqinterpretim-i Fehlinterpretation *f*, Missverständnis *n*
keqja, e das Böse *n*
keqkuptim-i Missverständnis *n*
keqkuptoj missverstehen
keqnyejtim-i falsche Artikulation *f*, *spr.* Anarthrie *f*
keqpërdor = **keqpërdoroj** = **keqtrajtoj** missbrauchen; misshandeln
keqpërdorim-i = **shpërdorim**-i Missbrauch *m*
keqtingëllim-i Kakophonie *f*, schlechter

Klang *m,* Misston *m*

keqtrajtoj misshandeln

két|ër, -ra, *pl.* -ra-t *zoo.* Eichhörnchen *n*

kë, *s.* kush wen?; ~ **po më shikojnë sytë?!** Wen sehen denn da meine Augen?!

Këlcyr|ë, -a *ON* Klissura

këlcyrjot, -e aus Këlcyra, aus Klissura

këlkaz|ë, -a *bot.* Aaronstab *m*

Këln-i *ON* Köln

këlshejt-i, *pl.* -a-t *kathol.* Messkelch *m*

këlysh-i, *pl.* -ë-t Junges *von Tieren*

këllëç-i, *pl.* -e-t Schwert *n*

këllëf-i, *pl.* -ë-t Scheide *f,* Schuber *m,* Etui *n,* Futteral *n,* Tasche *f;* ~ **jastëku** Kissenbezug *m,* Kopfkissenbezug *m;* ~ **jorgani** Bettüberzug *m*

këllk-u, *Pl.* -qe-t Oberschenkelknochen *m,* Hüfte *f;* **tund këllqet** sich in den Hüften wiegen

këmbas = më këmbë zu Fuß

këmbej *e/ye* wechseln

këmb|ë, -a Bein *n,* Fuß *m;* **më këmbë** zu Fuß; ~ **e mëngër** linker Fuß; **këmbët e pasme** Hinterbeine *n Pl.;* **ngul** ~ bestehen auf; **iu bënë këmbët kallkan** er/sie bekam eiskalte Füße; **këmba më ka [është] mpirë** der Fuß ist mir eingeschlafen; **theki këmbët** spute dich!

këmbëkryq ⟨*adv*⟩ mit untergeschlagenen Beinen, im Schneidersitz; **shtrohem** ~ im Schneidersitz da sitzen

këmbëngulës, -e stur, störrisch, hartnäckig

këmbëngulj|e, -a Festigkeit *f,* Beharrung *f*

këmbës-i = **këmbësor**-i Fußgänger *m,* *mil.* Infanterist *m*

këmbësor|e, -ja Fußweg *m,* Bürgersteig *m,* Trottoir *n*

këmbësorí-a *mil.* Infanterie *f,* Fußtruppe *f*

këmbëzbathur barfuß

këmbim-i Wechsel *m;* ~ **fonetik** Alternation *f,* Alternanz *f, spr.* Lautveränderung *f;* ~ **cilësor i zanoreve** qualitativer Ablaut, *spr.* Abtönung; ~ **sasior i zanoreve** quantitativer Ablaut; ~ **theksor** *spr.* Akzentwechsel

këmbon|ë, -a = këmbor|ë, -a Glocke *f*

këmisharí-a Hemdenmacherei *f,* Hemdengeschäft *n*

këmish|ë, -a Hemd *n;* ~ **nate** Nachthemd *n*

këmishëz|í-u, *pl.* -zez-të Schwarzhemd, Faschist *m*

këmishtarak, -e aus Këmishtaj

këná-ja Henna *f,* rote Farbe *für Haare oder Finger*

kënaqem sich freuen

kënaqësí-a Vergnügen *n,* Zufriedenheit *f*

kënaqsh|ëm, -me, i/e zufriedenstellend, gefällig, angenehm

kënáqur, i/e zufrieden

kënd-i, *pl.* -e-t Winkel *m;* ~ **devijimi** *tech.* Anschlagwinkel *m*

këndej diesseits, auf dieser Seite; ~ **e tutje** von jetzt an

këndés-i, *pl.* -a-t Hahn *m*

këndoj singen, lesen, vorlesen; **duke kënduar** beim Singen; **të këndoftë**

zemra! sei glücklich!, freu dich!
këndsh|ëm, -me, i/e angenehm
këndues, -e singend
këndvrojtim-i Blickwinkel *m*
kënet|ë, -a, *pl.* -a-t Sumpf *m*, Moor *n*
kënetëzohem versumpfen
këng|ë, -a Lied *n;* ~ **popullore** Volkslied; ~ **kreshnike** Heldenlied, Sage *f;* ~ **legjendare** Heldenlied, Sage
këngëtar-i Sänger *m*
këngëtar|e, -ja Sängerin *f*
këpucar-i Schuster *m*, Schuhmacher *m*
këpucarí-a Schusterei *f*, Schuhmacherei *f*
këpuc|ë, -a; *pl.* -ë-t Schuh *m;* ku e ka hallin? wo drückt ihn der Schuh?; **këpuca më vret** der Schuh drückt mich; ~ **hafife** leichte Schuhe; ~ **me qafa** hohe Schuhe, Schnürschuhe; **llapa e këpucës** Schuhzunge *f;* **lustroj këpucët** Schuhe putzen
këpuj|ë, -a. *pl.*-a-t Frucht *f*, Tropfen *m*, Träne *f; spr.* Kopula *f*
këpujor, -e *spr.* kopulativ
këpus *s/t* ab/reißen, zerreißen; ermüden, ermatten
këpush|ë, -a *zoo.* Holzbock *m*, Zecke *f*
këputem ermüden
këputur, i/e zerrissen, kaputt
këqyr untersuchen, kontrollieren, beaufsichtigen, filzen
këqyrj|e, -a Kontrolle *f*, Durchsicht *f*
kërbaç-i Peitsche *f;* **vë nën** ~ unter die Knute bringen
kërbisht-i, *pl.* -e-t Kreuzbein *n*
kërcas *a/e/i; s/t* krachen, knacken; *fig.* abhauen
kërcej *e/ye* tanzen, sich empören
kërce|ll-i, *pl.* -j-të Stengel *m;* Unterschenkel *m*
kërcëlloj klirren, klingen, knirschen; ~ **dhëmbët** mit den Zähnen knirschen; **kërcëllon dera** die Tür knallt; **kërcëllojnë gotat** die Gläser klirren; **kërcëllon rrufeja** der Blitz kracht
kërcí-ri, *pl.* -nj-të Unterschenkel *m*
kërcim-i Sprung *m;* ~ **artistik** Kunstspringen *n;* ~ **me shkop** *spo.* Stabhochsprung *m;* ~ **së gjati** *spo.* Weitsprung *m;* ~ **së larti** *spo.* Hochsprung
kërcimtar-i Tänzer *m;* ~ **solist** Solo-Tänzer
kërcimthi ⟨*adv*⟩ tänzelnd, tanzend
kërcú-ri, *pl.* -nj-të Baumstumpf *m*, Stubben *m*
kërdí-a Blutbad *n*, Gemetzel *n*
kërdis ermüden, erschöpfen; niedermetzeln, dahinraffen
kërdhókull-a Hüftknochen *m*
kërkes|ë, -a Bitte *f*, Ersuchen *n*, Anfrage *f*, Verlangen *n;* Nachfrage *f;* Anforderung *f*, Ansprüche *m Pl.;* **me** ~ **të** ⟨+ *G*⟩ auf Antrag von; ~ **pranimi** Aufnahmeantrag *m*, Zulassungsantrag *m*
kërkesëpadí-a *jur.* Anklageschrift *f*
kërkim-i, *gewöhnlich Plural:* **kërkime**-t Forschung *f*
kërkimor, -e Forschungs-; **institut** ~ Forschungsinstitut *n*
kërkimtar-i = **kërkues**-i Forscher *m*, Erforscher *m*
kërkoj suchen, wollen, bestrebt sein,

forschen; ~ **llogarí** Rechenschaft verlangen; **që kërkohet, që shkon** gutgehend, gängig; ~ **falje** um Entschuldigung bitten; ~ **ndjesë** um Entschuldigung bitten; ~ **sebep për konflikt** Streit suchen, Anlaß für einen Konflikt suchen; ~ **votëbesimin** die Vertrauensfrage stellen
kërm|ë, -a Kadaver *m,* Aas *n*
kërmëz-i Karmesinrot *n;* **mëndafsh kërmëz** dunkelrote Seide
kërmi|ll-i, *pl.* -j-të *zoo.* Schnecke *f*
kërpudh|ë, -a *bot.* Pilz *m;* ~ **mykore** Schimmelpilz
kërshëndella-t *rel.* Weihnachten *f Pl.*
kërshërí-a Neugier *f*
kërtoll|ë, -a *dial.* Kartoffel *f*
kërthiz|ë, -a Nabel *m;* Mittelpunkt *m*
kërrab|ë, -a Hirtenstab *m,* Haken *m*
kërrmí-a *zoo.* Holzwurm *m*
kërrus beugen
kësaj G. Sg. *f, s.* ky dieser; ~ **radhe** dieses Mal
këshill-i, *pl.* -a-t Rat *m Gremium;* ~ **popullor** Volksrat
këshill|ë, -a Rat *m,* Ratschlag *m*
këshillimor|e, -ja Beratungsstation *f*
këshilloj raten, beraten
këshilltar-i Ratsmitglied *n,* Ratsherr *m*
këshillues, -e *spr.* kohortativ, adhortativ
ështjellar-i Burgherr *m*
kështjell|ë, -a Kastell *n,* Zitadelle *f,* Burg *f,* Schloss *n*
kështú so; ~ **që** so dass
kësisoj derartig
kësmet-i, *pl.* -e-t *veralt.* Schicksal *n,* Glück *n;* **shëndet e ~!** alles Gute!
këst-i, *pl.* -e-t Zahlung *f;* Rate *f,* Zahlungsrate *f,* Ratenzahlung *f;* **me këste** auf Raten
kësuler-i, *pl.* -ë-t *zoo.* Haubenlerche *f*
kësul|ë, -a Kappe *f bei der Volkstracht,* Mütze *f ohne Schirm*
këtá, **këtó**, *s.* ky diese *Pl.*
këtej, *s.* këndej
këtillë, i/e solch
këtú hier
këtyre *G. pl., s.* ky dieser
ki, **kihet**, *s.* kam
kiamet-i, *pl.* -e-t Unglück *n,* Katastrophe *f;* Weltuntergang *m;* **bëj kiametin** lärmen; **për kiamet!** überhaupt nicht, keineswegs!
kiaz|ëm, -mi *spr.* Chiasmus *m*
kibernetik|ë, -a Kybernetik *f*
kicirib|ë, -a *zoo.* Kiebitz *m*
kiç-i, *pl.* -a-t *naut.* Heck *n*
kikirik-u *bot.* Erdnuss *f*
kil|e, -ja Kilo *n,* Kilogramm; **gjysmë ~** ein Pfund *n*
kilësh, -e Kilo-
Kili Chile
kilian, -e chilenisch
kilogram-i, *pl.* -ë-t Kilogramm *n,* Kilo; **pesëdhjetë kilogram** ein Zentner *z m*
kilomet|ër, -ri, *pl.* -ra-t Kilometer *km m*
kilometrazh-i, *pl.* -e-t Kilometerzählung *f;* zurückgelegte Fahrstrecke *f;* **gur kilometrazhi** Kilometerstein *m*
kilota-t Reithose *f;* Turnhose *f*
kilovat-i, *pl.* -ë-t Kilowatt *kW n*
kilovat-or|ë, -a, *pl.* -ë-t Kilowatt-Stunde *kWh f*

kílus-i *med.* Darmlymphe *f*
kimá-ja = **kím|ë**, -a Schabfleisch mit Ei, Gehacktes auf Nudelgericht, Kıyma
kimet-i *veralt.* Wert *m,* Preis *m*
kimí-a Chemie *f*
kimik, -e chemisch
kimist-i Chemiker *m*
kinemá-ja Kino *n,* Lichtspielhaus *n*
kinematik|ë, -a Kinematik *f,* Bewegungslehre *f*
kinematografí-a Filmkunst *f,* Cineastik *f*
kinetik|ë, -a Kinetik *f*
kinez-i, *pl.* -ë-t Chinese *m*
kinezërí-a Chinoiserie *f,* Hinterlist *f,* umständliche Höflichkeit *f*
kinezisht ⟨*adv*⟩ chinesisch
kinezisht|e, -ja chinesische Sprache *f*
kin|ë, -a *bot.* Chinarinde *f,* Chinarindenbaum *m*
Kin|ë, -a China
kinin|ë, -a *med.* Chinin *n*
kinkalerí-a Galanteriewaren *f Pl.,* Kurzwaren *f Pl.,* Souvenirbude *f*
kinoditar-i Tagesschau *f im Fernsehen,* Wochenschau *im Kino*
kinodokumentar-i Dokumentarfilm *m*
kinoklub-i Filmklub *m*
kinokomedí-a Filmkomödie *f,* Lustfilm *m*
kinokronik|ë, -a Wochenschau *f*
kinostudio-ja Filmstudio *n*
kínse ⟨*Konj.*⟩ als ob, angeblich, sozusagen; **bëj kinse fle** sich schlafend stellen
kipc-i Doppelgänger *m*
kirurg-u, *pl.* -ë-t Chirurg *m*
kirurgjí-a Chirurgie *f*
kirurgjik, -e chirurgisch
kishar-i *rel.* Küster *m,* Kirchendiener *m*
kish|ë, -a Kirche *f;* ~ **autoqefale** *rel.* autokephale Kirche
kishtar, -e kirchlich
kitar|ë, -a Gitarre *f*
kitarist-i *mus.* Gitarrist *m*
kjo, *s.* ky diese *f Sg.;* **kjo s'punon** das klappt nicht
kjom|ë, -a Saft *aus Kirschen, Pflaumen*
klan-i, *pl.* -e-t Clan *m,* Sippe *f;* ~ **revizionist** Revisionistenbande *f*
klarinet|ë, -a *mus.* Klarinette *f*
klas|ë, -a Klasse *f;* ~ **foljesh** *spr.* Verbalklasse
klasiciz|ëm, -mi Klassizismus *m,* Klassik *f*
klasifikim-i Klassifizierung *f,* Klassifikation *f;* ~ **dhjetor** Dezimalklassifikation *f*
klasik, -e klassisch
klasor, -e Klassen-; **ndërgjegje klasore** Klassenbewusstsein *n*
klauzol|ë, -a Klausel *f;* ~ **e kombit më të favorizuar** *ök.* Meistbegünstigungsklausel *f*
kleçk|ë, -a Span *m,* Splitter *m;* Ausrede *f*
klek|ë, -a *bot.* Krummholzkiefer
klemenc|ë, -a Milde *f*
klenjar, -e aus Klenja
kler-i Klerus *m*
klerikal, -e klerikal; **reaksion klerikal** klerikale Reaktion *f*
klering-u *ök.* Verrechnungsverkehr *m,* Verrechnung *f,* Clearing *n*

klient-i, *pl.* -ë-t Kunde *m,* Klient *m*
klient|e, -ja Kundin *f*
klientur|ë, -a Kundschaft *f,* Publikum *n*
klik|ë, -a Clique *f;* ~ **kapitulluese** Kapitulantenclique
klikoj *tech.* klicken
kliks-i, *pl.* -e-t *spr.* Schnalzlaut *m*
klimaterik, -e heilklimatisch; **qendër klimaterike** Luftkur:ort *m*
klimatik, -e klimatisch; **ndryshime klimatike** Klimaveränderungen *f Pl.*
klimatizim-i Klimatisierung *f,* Klimaanlage *f*
klim|ë, -a Klima *n;* ~ **ekuatoriale** Äquatorklima; ~ **tropikale** Tropenklima
klinik, -e klinisch
klinik|ë, -a, *pl.* -a-t Klinik *f;* ~ **dentare** Zahnklinik
klishé-ja, *pl.* -të Druckmodel *m,* Klischee *n,* Gemeinplatz *m,* feste Wendung *f*
klithm|ë, -a Schrei *m,* Ruf *m*
klizm|ë, -a *med.* Einlauf *m,* Klistier *n*
klor-i *chem.* Chlor *n*
klorik, -e Chlor-; **acid** ~ Chlorsäure *f*
klorofil-i Chlorophyll *n*
kloroform-i Chloroform *n*
klosjan, -e aus Klos *ON*
kloun-i, *pl.* -ë-t Clown *m*
klub-i, *pl.* -e-t Club *m,* Klub *m*
Kluzh-i *ON* Cluj, Klausenburg
kllap|ë, -a Falle *f,* Handschelle *f; spr.* Klammer *f;* **kllapa katrore** eckige Klammern
kllapí-a Tiefschlaf *m,* Ohnmacht *f,* Fieberzustand *m* **flas në** ~ irre/reden, phantasieren, faseln
kllоçk|ë, -a = kIluk|ë, -a *zoo.* Glucke *f*
kllógj|ër, -ra, *pl.* -ra-t Getreidebrand *m,* Mutterkorn *n*
klluk|ë, -a Glucke *f;* angebrütetes Ei *n*
koalicion-i, *pl.* -e-t Koalition *f*
kob-i, *pl.* -ë-t Unglück *n,* Kummer *m;* Betrug *m,* Verrat *m*
kób|ër, -ra, *pl.* -ra-t *zoo.* Kobra *f*
kobar-i Kleptoman *m*
kobis *s/t* stehlen; übervorteilen, betrügen, enttäuschen
kobur|e, -ja *veralt.* Pistole *f,* Revolver *m*
kock|ë, -a, *pl.* -a-t Knochen *m;* **thyerje e kockës** Knochenbruch *m*
koculjot, -e aus Kocul
kod-i, *pl.* -e-t Kode *m,* Gesetzbuch *n;* ~ **penal** Strafgesetzbuch *n StGB*
kod|ër, -ra Hügel *m*
kodërvarr-i, *pl.* -e-t Hügelgrab *n*
kodifikoj kodifizieren
kodik-u, *pl.* -ë-t Buchhandschrift *f,* Kodex *m*
kodim-i Kodierung *f*
kodosh-i, *pl.* -ë-t Kuppler *m,* Mittelsmann *m*
kodrin|ë, -a = **kodrisht|ë**, -a Hügelchen *n*
kodrinor, -e hügelig; Hügel-
kofin-i, *pl.* -ë-t Korb *m für Trauben;* Kiepe *f*
kofno-ja *tech.* Motorhaube *f*
kofsh|ë, -a Oberschenkel *m,* Schenkel *m,* Keule *f,* Bein *n;* ~ **pule** Hühnerbein, Hähnchenkeule
koh|ë, -a Zeit, *spr.* Zeitform; ~ **të përbëra** zusammengesetzte Zeitformen; **me** ~ rechtzeitig ⟨*adv;*⟩ **kohë pas**

kohe vorübergehend, ab und zu; **keni kohë që e njihni?** kennen Sie ihn schon lange?; **keni kohë në Tiranë?** sind Sie schon lange in Tirana?; **në kohën e duhur** zu geeigneter Zeit; ~ **prove** Probezeit; ~ **e vuajtjes** *jur.* Zeit der Verbüßung; **plotës kohe** *spr.* Zeitbestimmung, temporale Ergänzung; **shfrytëzoj kohën e mirë** ich nutze das schöne Wetter aus

kohëvazhdim-i Dauer; ~ **i lejes** Länge des Urlaubs *f*

kohezion-i *tech., spr.* Kohäsion *f*

kohor, -e *spr.* temporal

koj füttern *mit Löffel in den Mund; fig.* schmieren, bestechen; ~ **me para** Schmiergeld geben

kok-u = koks-i Koks *m*

kokain|ë, -a Kokain *n*

kok|ë, -a Kopf *m,* Haupt *n;* **bluante në ~ gjithë ato marrëzira** er hatte den Kopf voll von diesen Narreteien; **e ka kokën cakërr** leichtsinnig sein

kokëçarj|e, -a Kopfzerbrechen *n,* Sorge *f*

kokëfortë dickköpfig, stur

kokëlopë = kokëtrashë schafsköpfig, schwerfällig

kók|ërr, -rra, *pl.* -rra-t Korn *n, Zählwort für Setzeier u. ä.;* **një ~ vezë** ein gekochtes Ei; **dy kokrra sheqer** zwei Stück Zucker

koklavis *s/t* verwirren, durcheinander/bringen, komplizieren

koklavitur, i/e verzwickt; **një mesele e ~** eine verzwickte Sache

kokosh-i, *pl.* -ë-t Hahn *m, fig.* Gockel *m*

kokozhar-i = kokoshar|e, -ja = gogozhar|e, -ja *bot.* Art Paprika

kokrriz|ë, -a Körnchen *n*

koks-i Koks *m*

koksifikoj verkoksen

koktej-i, *pl.* -e-t Cocktail *m*

kolaboracionist-i Kollaborateur *m*

kolanecar, -e aus Kolanec

kolaudoj prüfen *eine Maschine,* durch/checken

koleg-u, *pl.* -ë-t Kollege *m*

kolegj-i, *pl.* -e-t Kolleg *n,* College *höhere Internatschule; jur.* Kollegium *n*

kolegjial, -e kollegial; **udhëheqje kolegjiale** kollegiale [kollektive] Führung *f*

kolegjium-i, *pl.* -e-t Kollegium *n,* Rat *m Redaktionskonferenz u. ä.*

koleksion-i, *pl.* -e-t Sammlung *f,* Kollektion *f*

kolektiv, -e kollektiv, Kollektiv-; **ekonomi kolektive** Kollektivwirtschaft *f*

kolektiv-i Kollektiv *n,* Arbeitseinheit *f,* Belegschaft *f*

kolektiviz|ëm, -mi Kollektivismus *m*

kolektivizim-i Kollektivierung *f*

kolektivizoj kollektivieren

kolend|ër, -ra, *pl.* -ra-t Weihnachts- oder Neujahrssingen *n;* Weihnachtsgebäck *n,* Kòleda

koler|ë, -a Cholera *f;* Unhold *m,* Miststück *n*

kolerik, -e cholerisch

kólës-i Kitt *m aus Zinn und Blei für Töpfe;* Kleister *m*

kolesterin|ë, -a *med.* Cholesterin *n*

kolib|e, -ja Hütte *f,* Hundehütte *f*

kolíb|ër, -ri Kolibri *m*
kolipost|ë, -a Päckchen *n*
kolit-i *med.* Kolitis *f*, Darmbeschwerden *f Pl.*
Kolkid|ë, -a Kolchis
kolkoz-i, *pl.* -e-t Kolchose *f*, LPG *f*
kolon-i, *pl.* -ë-t Siedler *m;* **kolonë çifutë** jüdische Siedler *m Pl. in Palästina*
kolonel-i, *pl.* -ë-t *mil.* Oberst *m*
kolon|ë, -a, *pl.* -a-t Kolonne *f*, Säule *f*, Traverse *f*
koloní-a Kolonie *f*
kolonializ|ëm, -mi Kolonialismus *m*
kolonizoj kolonisieren
kolonj|ë, -a Kölnisch Wasser *n*, Rasierwasser, Eau de Cologne; ~ **për fytyrë** Gesichtswasser, Rasierwasser
kolonjar, -e aus Kolonja
kolos-i, *pl.* -ë-t Koloss *m*
kolosal, -e kolossal
koll-i Stärke *f*, Wäschestärke
kollaj ⟨*adv*⟩ leicht, einfach
kollan-i, *pl.* -ë-t Patronengurt *m*
kollaris stärken *Wäsche*
koll|ë, -a Husten *m;* ~ **e bardhë** *med.* Keuchhusten
kollítem husten
kollodok-u *tech.* Kardanwelle *f*
kollozhek-u *veralt.* Januar *m*
kolltuk-u, *pl.* -ë-t Sessel *m*, Sitz *m*
komandant-i, *pl.* -ë-t Kommandant *m*, Kommandeur *m*, Befehlshaber *m;* ~ **i togës** *mil.* Zugführer *m*
komand|ë, -a Kommando *n*, Befehl *m*
komandoj kommandieren, befehligen
komandues, -e kommandierend, Kommando-
komb-i, *pl.* -e-t Knoten *m*, Tropfen *m;* Nation *f;* **zgjidh kombin** den Knoten lösen
kombajner-i Mähdrescher-Fahrer *m*
kombajn|ë, -a Kombine *f*, Mähdrescher *m;* **bunker i kombajnës** Halle des Mähdreschers
kombësí-a Nationalität *f*
kombëtar, -e national; **Balli Kombëtar** *hist.* Nationale Front *f;* **Rilindja Kombëtare** *hist.* Nationale Wiedergeburt *f*
kombëtarizoj nationalisieren, verstaatlichen
kombinator, -e kombinatorisch; **variant** ~ *spr.* kombinatorische Variante *f*
kombinoj kombinieren
komedí-a Komödie *f*, Lustspiel *n*
komediograf-i Lustspieldichter *m*
koment-i, *pl.* -e-t Kommentar *m*, Erläuterung *f*
komentoj kommentieren, erläutern
komentues-i Kommentator *m*
komet|ë, -a Komet *m*
komik, -e komisch
komisar-i, *pl.* -ë-t Kommissar *m*
komisariat-i, *pl.* -e-t Kommissariat *n*
komision-i, *pl.* -e-t Kommission *f;* **në komision** in Kommission, im Auslieferungslager bei; ~ **hetimor** Untersuchungskommission; ~ **funksionon rregullisht** die Kommission tagt regelmäßig; ~ **trepalësh** Dreierausschuß *m*
komisioner-i, *pl.* -ë-t *ök.* Kommissionär *m*
komit-i, *pl.* -ë-t *hist.* Freischärler *m in osman. Zeit*

komitet-i, *pl.* -e-t Komitee *n,* Ausschuss *m;* **Komiteti Ekzekutiv** Stadtverwaltung *f,* Exekutivausschuss
komó-ja Kommode *f*
komodin|ë, -a, *pl.* -a-t Schränkchen *n,* Nachttisch *m*
kompaní-a *mil.* Kompanie *f*
kompas-i, *pl.* -e-t Zirkel *m*
kompensat|ë, -a Furnier *n*
kompensim-i Kompensation *f,* Ausgleichszahlung *f,* Ersatzleistung *f*
kompetenc|ë, -a Kompetenz *f,* Sachkunde *f,* Zuständigkeit *f*
kompetent, -e zuständig, kompetent, sachkundig
kompiloj kompilieren, zusammenstellen
kompjúter-i, *pl.* -ë-t Computer *m,* Rechner *m*
kompleks-i, *pl.* -e-t Komplex *m,* Gruppe *f*
komplet-i Satz *m,* Gruppe *f,* Garnitur *f,* Service *n Geschirr*
kompliment-i, *pl.* -e-t Kompliment *n*
komplot-i, *pl.* -e-t Komplott *n*
komplotist-i Verschwörer *m*
komplotoj ein Komplott schmieden
komponent-i, *pl.* -ë-t Komponente *f,* Bestandteil *m*
komposto-ja Kompott *n* als *Nachtisch/Dessert*
kompozicion-i Komposition *f*
kompozit|ë, -a *spr.* Kompositum *n*
kompozitor-i Komponist *m*
kompozoj *mus.* komponieren
kompres|ë, -a *med.* Kompresse *f*
kompresor-i, *pl.* -ë-t *tech.* Kompressor *m*
komprometoj kompromittieren
kompromis-i, *pl.* -e-t Kompromiss *m*
komshí-u, *pl.* -nj-të Nachbar *m*
komunal, -e kommunal, gemeindlich, Gemeinde-
komun|ë, -a Kommune *f,* Gemeinde *f;* **kryetar komune** Gemeindedirektor *m*
komunikacion-i Verkehr *m*
komunikat|ë, -a Kommunikee *n,* Verlautbarung *f,* Bekanntmachung *f*
komunikim-i Nachrichtenübermittlung *f,* Kommunikation *f*
komunikoj bekanntmachen, mitteilen
komunist, -e kommunistisch
komunist-i, *pl.* -ë-t Kommunist *m*
komunist|e, -ja Kommunistin *f*
komunitet-i Gemeinschaft *f*
komuniz|ëm, -mi Kommunismus *m*
kon-i, *pl.* -e-t Kegel *m,* Konus *m*
konak-u, *pl.* -ë-t Heim *n,* Hausstand *m,* Zimmer *n,* Stube *f*
koncentroj konzentrieren
koncept-i, *pl.* -e-t Konzept *n,* Auffassung *f,* Vorstellung *f,* Begriff *m*
konceptoj konzipieren
koncern-i, *pl.* -e-t ök. Konzern *m*
koncert-i, *pl.* -e-t Konzert *n;* ~ **simfonik** *mus.* Symphoniekonzert; ~ **instrumental** *mus.* Instrumentalkonzert
koncesion-i Konzession *f*
koncil-i, *pl.* -e-t *rel.* Konzil *n*
kondak-u, *pl.* -ë-t *veralt.* Kolben *am Gewehr*
kondensator-i *tech.* Kondensator *m*
kondit|ë, -a, *pl.* -a-t Bedingung *f,*

Kondition *f*
konfederat|ë, -a Konföderation *f*, Staatenbund *m*
konferenc|ë, -a Konferenz *f*; ~ **shtypi** Pressekonferenz; ~ **katërpalëshe** Viererkonferenz
konfetur|ë, -a Konfitüre *f*
konfirmim-i Bestätigung *f*
konfiskim-i Konfiszierung *f*, Beschlagnahme *f*
konfiskoj konfiszieren
konflikt-i, *pl.* -e-t Konflikt *m*
konformiz|ëm, -mi Konformismus *m*
kongres-i, *pl.* -e-t Kongress *m*, Tagung *f*, Parteitag *m*
kongresist-i Kongressteilnehmer *m*, Tagungsteilnehmer
konicar, -e aus Konitsa
Konic|ë, -a *ON* Konitsa
konik, -e konisch, kegelförmig
konispolit, -e aus Konispol
koniunktur|ë, -a *ök.* Konjunktur *f*
konizm|ë, -a *rel.* Ikone *f*, Heiligenbild *m*
konjak-u Weinbrand *m*, Kognak *m*
konjunktivit-i *med.* Bindehautentzündung *f*
konkluzion-i Schluss *m*, Schlussfolgerung *f*
konkretësí-a Konkretion *f*, Konkretheit *f*
konkretizoj konkretisieren
konkurs-i, *pl.* -e-t *ök.* Konkurs *m*; Ausschreibung *einer Stelle*
konkurrenc|ë, -a *ök.* Konkurrenz *f*, Wettbewerb *m*
konkurrent-i *ök.* Konkurrent *m*, Wettbewerber *m*
konkurroj *ök.* konkurrieren, an einem Wettbewerb teilnehmen
konop-i, *pl.* -ë-t Seil *n*, Strick *m*
konosament-i, *pl.* -e-t *ök.* Konossement *n*, Seefrachtbrief *m*, Schiffsfrachtbrief
konsekuenc|ë, -a Konsequenz *f*; **me** ~ konsequent
konservator, -e konservativ
konservatoriz|ëm, -mi Konservativismus
konserv|ë, -a Konserve *f*; **hapëse konservash** Dosen:öffner *m*
konservoj konservieren
konsiderat|ë, -a Ansicht *f*; Achtung *f*, Hochachtung *f*
konsideroj betrachten als, ansehen als
konsinjacion-i *ök.* Konsignation *f*
konsinjant-i *ök.* Konsignant *m*, Auftraggeber *m*
konsinjatar-i *ök.* Konsignator *m*, Empfänger *m* einer Ware
konsistoj bestehen aus
konspekt-i, *pl.* -e-t Konspekt *m*, Auszug *m*
konspektoj einen Auszug machen
konspirat|ë, -a Verschwiegenheit *f*, Geheimhaltung *f*
Konstanc|ë, -a *ON* Konstanz; Costanţa
Konstandinopol-i *ON* Konstantinopel
konstatoj feststellen, konstatieren
konstruksion-i Konstruktion *f*
konstruktor-i Konstrukteur *m*, Erbauer *m*
kónsull-i, *pl.* -j-t Konsul *m*; ~ **i përgjithshëm** Generalkonsul
konsullat|ë, -a Konsulat
konsullor, -e konsularisch; **trupi** ~

konsularisches Korps *n*

konsult|ë, -a Konsultation *f*, Beratung *f*

konsultim-i Beratung *f*

konsultor|e, -ja Beratungsstelle *f*

konsum-i = konsumim-i Verbrauch *m*, Konsum *m*

konsumoj konsumieren, verbrauchen

konsumues-i Konsument *m*, Verbraucher *m*

kont-i, *pl.* -ë-t Graf *m*

kontabilitet-i *ök.* Buchführung *f*, Rechnungsführung *f*

kontakt-i, *pl.* -e-t Kontakt *m*

kontaminim-i Kontamination *f*

kontekstual, -e kontextuell

kontesh|ë, -a Gräfin *f*

kontinent-i, *pl.* -e-t Kontinent *m*, Festland *n*, Erdteil *m*

kontingjent-i Kontingent *n*, Quote *f*

kontingjentim-i Kontingentierung *f*

kontraband|ë, -a Schmuggelgut *n*, Schmuggel *m*

kontrabandist-i Schmuggler *m*

kontrabas-i, *pl.* -ë-t *mus.* Kontrabass *m*, Bassgeige *f*

kontradikt|ë, -a Widerspruch *m*

kontrast-i, *pl.* -e-t Kontrast *m*, Gegensatz *m*

kontrat|ë, -a Vertrag *m*; ~ **blerjeje** Kaufvertrag; ~**-tip** *ök.* Mustervertrag

kontratues-i Vertragsnehmer *m*, Vertragspartner *m*; *ök.* Kontrahent *m*

kontribuoj bei/tragen, unterstützen

kontribut-i, *pl.* -e-t Beitrag *m*

kontroll-i Kontrolle *f*, Inspizierung *f*, Überprüfung *f*; **sipas kontrollit paraprak** nach Vorprüfung; ~ **i vendosjes së librave në rafte** Bestandsrevision *f in Bibliothek*; ~ **punëtor e fshatar** Arbeiter- und Bauernkontrolle

kontrolloj kontrollieren

kontrollor-i, *pl.* -ë-t Kontrolleur *m*, Prüfer *m*

kontrollues-i Kontrolleur *m*

kontuzion-i *med.* Quetschung *f*, Kontusion *f*

konvaleshenc|ë, -a Genesung *f*, Rekonvaleszenz *f*

konvejer-i Fließband *n*, Förderband *n*

konvent|ë, -a Konvention *f*, Abkommen *n*, Vereinbarung *f*; ~ **tregtare shumëpalëshe/dypalëshe** mehrseitige/bilaterale Handelsvereinbarung *f*

konvergjenc|ë, -a Konvergenz *f*, Annäherung *f*

konvertoj konvertieren

konvikt-i, *pl.* -e-t Internat *n*, Konvikt *n*, Schüler/Studentenheim *n*

konviktor-i Internatszögling *m*

kooperativ|ë, -a Genossenschaft *f*, Kooperative *f*; ~ **bujqësore** LPG, landwirtschaftliche Produktionsgenossenschaft *f*

kooperativist-i, *pl.* -ë-t Genossenschaftsbauer *m*

kooperativiz|ëm, -mi Genossenschaftswesen *n*

kooperim-i Ko:operation *f*

kooperoj ko:operieren, zusammenarbeiten

kooptoj ko:optieren

koordinat|ë, -a Ko:ordinate *f*

kóp|ër, -ra *bot.* Fenchel *m*; ~ **qeni** Dill *m*

kopé-ja Herde *f*, Schar *f*, Rudel *n;* ~ **çakejsh** Rudel Schakale
kopertin|ë, -a Umschlag *m*, Einband *m*
koperton-i, *pl.* -ë-t Mantel *m eines Reifens*, Hülle *f*, Decke *f des Balls*
kopil-i, *pl.* -ë-t *veralt.* Bastard *m;* Diener *m*
kopilí-a Tücke *f*, List *f*
kopjativ, -e Kopier-; **letër kopjative** Kopierpapier *n*, Karbonpapier
kopj|e, -a Kopie *f*, Exemplar *n*, Stück *n;* ~ **e vërtetuar me origjinalin** beglaubigte Kopie
kopjoj kopieren
koprrac-i Geizhals *m*
kops|ë, -a, *pl.* -a-t Knopf *m*
kopsis *s/t* knöpfen, zuknöpfen
kopsht-i, *pl.* -e-t Garten *m;* ~ **fëmijësh** Kindergarten
kopshtar-i Gärtner *m*
kopshtarí-a Gärtnerei *f*, Gartenbau *m*
kor-i, *pl.* -e-t Chor *m*
korac|ë, -a Panzer *m*, Rüstung *f;* Panzerung *f*
koral-i, *pl.* -e-t Koralle *f*
koran-i, *pl.* -ë-t *zoo.* Lachsforelle *f*
korb-i, *pl.* -a-t *zoo.* Rabe *m*, Krähe *f*
korçar, -e aus Korça
kordel|e, -ja Schnur *f*, Kordel *f*
kordh|ë, -a Säbel *m*
kordhëtar-i Säbelkämpfer *m*
kordon-i, *pl.* -ë-t Seil *n*, Schnur *f;* Absperrung *f*, Kordon *m;* ~ **sanitar** Sperrgürtel *m gegen Seuchen*
Kordov|ë, -a *ON* Córdoba
korean-i, *pl.* -ë-t Koreaner
koreografí-a Choreographie *f*
Korfuz-i Korfu, Kerkyra, Körfez
korifé-u, *pl.* -nj-të Koryphäe *f*
Korint-i *ON* Korinth
korintik, -e korinthisch
korist-i Chorsänger *m*
korniz|ë, -a Rahmen *m*
koron|ë, -a Krone *f Münze*
korp-i Körper *m*, Leib *m;* ~ **i Krishtit** *rel.* Fronleichnam
korparmat|ë, -a *mil.* Armeekorps *n*, Heeresgruppe *f*
korporat|ë, -a Zunft *f*, Korporation *f;* multinationaler Konzern *m*
kórpus-i, *pl.* -e-t Gebäudeteil *m;* Gehäuse *n; mil.* Korps *n*
korsé-ja Korsett *n*
korsí-a Fahrspur *f*
kortezh-i, *pl.* -e-t Zug *m*, Prozession *f;* ~ **i përmortshëm** Leichenzug *m*
korr ernten, mähen
korrekt, -e korrekt, anständig, ehrbar
korrektes|ë, -a = **korrektësí**-a Anständigkeit *f*
korrektur|ë, -a Korrekturfahne *f*
korrent-i = **rrym|ë**, -a Strom *m;* **korrent alternativ** *tech.* Wechselstrom *m*
korrespondenc|ë, -a Korrespondenz *f*, Briefwechsel *m*
korrespondent-i, *pl.* -ë-t Korrespondent *m;* ~ **vullnetar** freier Mitarbeiter *m in der Presse*
korridor-i, *pl.* -e-t Korridor *m*, Gang *m;* Schneise *f*
korrier-i, *pl.* -ë-t Courier *m*, Kurier *m*
korrigjoj korrigieren, berichtigen
korrik-u Juli *m;* **më dy korrik** am 2. Juli
korrj|e, -a Mahd *f*, Ernte *f*

korruptoj korrumpieren
kos-i Dickmilch *f*, Kefir *m*
kos|ë, -a Sense *f*; Mahd *f*
kosërak, -e sensenförmig
kosëtar-i = **kositës**-i Mäher *m*, Schnitter *m*
kosinar, -e aus Kosina
kosis *s/t* mähen, schneiden *Getreide*
kositës-i Schnitter *m*
kosovar, -e kosovarisch, aus Kosovo
Kosov|ë, -a Kosovo
Kostandinopoj|ë, -a *ON* Konstantinopel
kosto-ja *ök.* Selbstkosten, Gestehungskosten
kostum-i Anzug *m Herren*, Kostüm *n Damen*; ~ **dopiopet** Zweireiher *m*; ~ **monopet** Einreiher *m*; ~ **banje** Badeanzug *m*; **iu zhubros kostumi** sein Anzug ist zerknittert
Kostur-i *ON* Kastoria
kosh-i, *pl.* -a-t Korb *m*; ~ **i plehrave** Abfallkorb, Papierkorb; ~ **letrash** Papierkorb
koshient, -e bewusst
kot ⟨*adv*⟩ vergebens, vergeblich; ~ **së koti** umsonst, vergeblich
kotangjent|e, -ja *math.* Kotangente *f*
kotar, -e aus Kota
kotec-i, *pl.* -e-t Hühnerstall *m*
kotem im Sitzen schlafen, dösen
kotë, i/e vergeblich; wertlos; **fjalë të kota** leere Worte; **llafe të kota** unnützes Geschwätz *n*
kotolet|ë, -a Kotelett *n*
Kotorr-i *ON* Kotor, Càttaro
kovaç-i, *pl.* -ë-t *veralt.* Schmied *m*, Hufschmied
kov|ë, -a Eimer *m*, Schöpfeimer; ~ **plehrash** Abfalleimer, Mülleimer
kozarak, -e aus Kozara
kozmetik|ë, -a Kosmetik *f*
kozmik, -e kosmisch
kozmonaut-i, *pl.* -ë-t Kosmonaut *m*, Weltraumfahrer *m*
kozmopolit-i, *pl.* -e-t Kosmopolit *m*, Weltbürger *m*
kozmopolitiz|ëm, -mi Kosmopolitismus *m*
kózmos-i Kosmos *m*, Weltall *n*
krah-u, *pl.* -ë-t Arm *m*, Schulter *f*; Flügel *m*; ~ **i djathtë** der rechte Arm
kraharor-i *pl.* -ë-t Brust *f*
krahas ⟨+ *Abl*⟩ neben, gleichzeitig mit
krahasim-i Vergleich *m*; Steigerung *f*, *spr.* Komparation *f*
krahasimtar, -e vergleichend; **gjuhësi-a krahasimtare** *spr.* vergleichende Sprachwissenchaft *f*
krahasoj vergleichen
krahasor, -e vergleichend; **shkallë krahasore** *spr.* Komparativ *m*
krahasor|e, -ja *spr.* Komparativ *m*
krahasues, -e vergleichend
krahatar-i körperlich Arbeitender, Schwerarbeiter *m*
krahathád|ër, -ra, *pl.* -ra-t = **krahathat|ë**, -a *zoo.* Sperber *m*
kráhës|e, -ja = **krahës**-i Hemd *n*
krahësjot, -e aus Krahës
krahëthatë, i/e träge, unbeholfen; schutzlos
krahin|ë, -a, *pl.* -a-t Gegend *f*, Region *f*, Landschaft *f*
krahinoriz|ëm, -mi Provinzialismus *m*

krajan, -e aus Kraja
Krakov-i *ON* Krakau
kr|ap-i, *pl.* -ep-të *zoo.* Karpfen *m*
kras-i *spr.* Krasis, Lautmischung *f*
kravat|ë, -a Krawatte *f*
kredencial, -e Beglaubigungs-; **letër kredenciale** Beglaubigungsschreiben *n*
kredharak-u *zoo.* Haubentaucher *m*
kredí-a Kredit *m;* **blej me kredi** auf Pump kaufen; **çel një kredi prej një mijë eurosh, lekësh** einen Kredit von 1000 €, Lek eröffnen; **~ e paprapësueshme** unwiderruflicher Kredit; **akordoj kredí** Kredit gewähren; **marrëveshje kredie** Kreditabsprache *f*
kreditoj kreditieren, Kredit gewähren
kreditor-i Gläubiger *m*
krédo-ja Kredo *n,* Glaubensbekenntnis *n*
kreh *e/i* kämmen
kreh|ër, -ri, *pl.* -ra-t Kamm *m*
krehj|e, -a das Kämmen; **kam ndërruar krehjen e flokëve** eine neue Frisur haben
krejt ⟨*adv*⟩ ganz, vollständig, völlig
krejtësisht ⟨*adv*⟩ völlig
krek|ë, -a *bot.* Feld:ahorn *m*
krekosem die Brust herausstrecken; angeben, prahlen
krekosj|e, -a Hochmut *m,* Dünkel *m,* Stolz *m,* Prahlerei *f*
krem-i, *pl.* -ra-t Krem *f,* Creme *f;* Sahne *f;* **~ plazhi** Sonnenschutzcreme
kremator-i Krematorium *n,* Leichenverbrennungsanstalt *f;* Verbrennungsofen *m*
Kremon|ë, -a *ON* Cremona
kremt|e, -ja, e Feiertag *m,* Festtag *m*
kremtoj feiern, begehen
krenar, -e stolz
krenarí-a Stolz *m,* Dünkel *m*
krenarisht ⟨*adv*⟩ stolz
kreol, -e kreolisch
krep-i Krepp *m*
krestomací-a Chrestomathie *f,* Sammelschrift *f,* Textsammlung *f*
kreshm|ë, -a, *pl.* -ë-t *rel.* Fastenzeit *f*
kreshmoj fasten
kreshmor, -e Fasten-; **gjellë kreshmore** Fastenspeise *f*
kreshnik, -e Helden-, Grenzer-; **këngë kreshnike** Grenzerlied *n,* Heldenlied, Sage *f*
kreshnik-u, *pl.* -ë-t Held *m im Volkslied, hist.* Grenzer *m*
kresht|ë, -a Mähne *f;* Borsten *f Pl.*
Kret|ë, -a Kreta
kreva, *s.* kryej
krevat-i, *pl.* -e-t Bett *n,* Bettstelle *f,* Lagerstatt *f;* **~ i zbërthyeshëm** Klappbett *n,* zerlegbares Bett
krezm-i *rel.* Chrisma *n,* Chrisam *m,* Salböl *n*
krezmim-i *rel.* Firmung *f,* Konfirmation *f*
krezmoj *rel.* salben; firmen
kri-a *zoo.* Holzwurm *m*
kriçkovak, -e aus Kriçkova
krijim-i Erschaffung *f,* Schöpfung *f;* **~ rezerve** Schaffung eines Bestandes
krijimtarí-a Kreativität *f,* Schöpferkraft *f*
krijoj schaffen

krijues, -e kreativ, schöpferisch
krik-u *tech.* Wagenheber *m*
krik|ëll, -lla Bierglas *n,* Bierseidel *m,* Bierkrug *m*
kriklIim-i *spr.* Knarrstimme *f*
krim-i, *pl.* -e-t Verbrechen *n,* Straftat *f;* **krimet e nazistëve** die Naziverbrechen
krimb-i, *pl.* -a-t Wurm *m;* **fshikë e krimbit të mëndafshit** Kokon der Seidenraupe
krimbalesh-i, *pl.* -ë-t Made *f,* Larve *f*
krimbçe wurmstichig, wurmig
Krimé-ja *Halbinsel* Krim *f*
kriminal, -e kriminell, Kriminal-
kriminalist-i, *pl.* -ë-t Kriminalist *m*
kriminalitet-i Kriminalität *f*
kriminel-i, *pl.* -ë-t Verbrecher *m;* ~ **lufte** Kriegsverbrecher
krip salzen
krip|ë, -a Salz *n*
kripës, -e gesalzen, in Salz eingelegt
kripës-i Salzstreuer *m,* Salzschälchen *n*
kripësí-a Salzgehalt *m*
kripësoj versalzen
kripor|e, -ja Salzstreuer *m*
kripur, i/e gesalzen
krism|ë, -a, *pl.* -a-t Explosion *f,* Schlag *m,* Knall *m*
kristal-i, *pl.* -e-t Kristall *m*
kristalizoj kristallisieren
kristalor, -e kristallin
kristaltë, i/e kristallklar
kristian, -e christlich
kristianiz|ëm, -mi Christentum *n*
Krisht-i Christus
krishterë, i/e christlich
krishterim-i Christentum *n*
krishtlindj|e, -a Weihnachten *f Pl.*
kriter-i, *pl.* -e-t Kriterium *n,* Kennzeichen *n,* Merkmal *n*
kritik, -e kritisch
kritik-u, *pl.* -ë-t Kritiker *m*
kritik|ë, -a Kritik, Literaturkritik *f;* Besprechung *f*
kritikoj kritisieren
kritizer-i, *pl.* -ë-t Kritikaster *m,* Meckerfritze *m*
kriz|ë, -a Krisis *f,* Krise *f*
krizantem|ë, -a *bot.* Chrysantheme *f*
Kroací-a Kroatien
krodh|ë, -a Kruste *f*
krofne *dial.* Krapfen *Fettgebackenes*
krokodil-i, *pl.* -ë-t Krokodil *n*
krol-i *spo.* Kraulen *n;* **stil krol** Kraulen, Crawl-Stil
krom-i Chrom *m*
krom|ë, -a *med.* Krätze *f*
kromatik, -e chromatisch
kromoj verchromen
kromos mit Krätze anstecken
kromotipí-a Farbdruck *m*
kromozom-i, *pl.* -e-t Chromosom *n*
krongji|ll-i, *pl.* -j-të Eiszapfen *m*
kronik, -e chronisch
kronik|ë, -a Chronik *f*
kronist-i Chronist *m*
kronologjik, -e chronologisch
kros-i *spo.* Geländelauf *m;* Querpass *m beim Fußball*
kr|ua, -oi, *pl.* -óje-t Quelle *f*
kruaj *ua/o/u* kratzen; durchsuchen
kruhem sich kratzen
Kruj|ë, -a *ON* Kruja

krup|ë, -a Ekel *m*, Widerwille *m;* **më vjen krupë kur e shoh** mir wird übel, wenn ich ihn sehe

krupsh|ëm, -me, i/e ekelerregend

krushk-u, *pl.* -q-it Schwiegervater *m*, Schwager *m*

krushk|ë, -a Schwiegermutter *f*

krushqí-a Verwandtschaft *f*, angeheiratete Verschwägerung *f*

krutak, -e aus Krutja

krutan, -e aus Kruja

kr|ye, -eu Kapitel *n*, Hauptstück *n; jur.* Abschnitt *m*

kr|ye-t *n*, *pl.* -erë-t Haupt *n*, Kopf *m; pl.* Oberhäupter *n Pl.*

krye- Ober-, Chef-, Haupt-, Archi-

kryeartíkull-i Leitartikel *m*

kryedru ⟨*Adj*⟩ dickköpfig

kryefamiljar-i Haushaltsvorstand *m*, Familienoberhaupt *n*

kryefjal|ë, -a *spr.* Subjekt *n*, Satzgegenstand *m*

kryefonem|ë, -a *spr.* Archiphonem *n*

kryegjë-ja *veralt.* Wucherkapital *n*

kryegjysh-i *rel.* Oberhaupt der Bektaschi-Derwische *n*

kryegjyshat|ë, -a Amt und Sitz des Oberhauptes der Bektaschis

kryeinfermier|e, -ja *med.* Oberschwester *f*

kryeinxhinier-i Chef:ingenieur *m*

kr|yej, *-eva, -yer, e/ye/y* beenden, vollenden, abschließen, *jur.* begehen; **kryer më shumë se një herë** *jur.* in Tatmehrheit; **fakt i kryer** fait accompli

kryekamerier-i Oberkellner *m*, *naut.* Ober-Steward *m*

kryekëput ⟨*adv*⟩ ganz, völlig

kryekomandant-i, *pl.* -ë-t Oberkommandierender *m*

kryekuq-i, *pl.* -të *zoo.* Stieglitz *m*

kryelartë eingebildet, arrogant, stolz

kryeminist|ër, -ri, *pl.* -ra-t Ministerpräsident *m*

kryeministrí-a Amt des Ministerpräsidenten

kryemjek-u, *pl.* -ë-t Chefarzt *m*

kryemot-i = kryevit-i Neujahr *n*

kryeneç, -e halsstarrig

kryeneçësí-a Halsstarrigkeit *f*

kryengritës-i Aufständischer *m*

kryengritj|e, -a Aufstand *m*, Erhebung *f*

kryepeshkop-i, *pl.* -ë-t Erzbischof *m orthodox*

kryepl|ak-u, *pl.* -eq-të *veralt.* Vorsteher eines Dorfes oder Stadtviertels

kryepleqësí-a *veralt.* Dorfrat *m*, Ältestenrat *m*

kryeqytet-i Hauptstadt *f*

kryeqytetas, -e hauptstädtisch

kryer, i/e vollendet, perfekt, perfektiv; **pamje e ~** *spr.* perfektive Aktionsart, **e kryer**-a *spr.* Perfekt *n;* **e kryer-a e plotë** Plusquamperfekt *n*, Vorvergangenheit *f;* **e kryer-a e thjeshtë** *spr.* einfache Vergangenheit, Aorist *m*

kryeradh|ë, -a Absatz *m*

kryeredaktor-i Chefredakteur *m*

kryerj|e, -a Ableistung *f der Wehrpflicht*, Begehung *f einer Straftat*

kryerresht-i, *pl.* -a-t Absatz *m*, Abschnitt *m*, Paragraph *m*

kryesí-a Vorsitz *m*, Leitung *f*, Vorstand *m*

kryesisht ⟨*adv*⟩ hauptsächlich, vorwiegend

kryesoj an/führen, leiten; **delegacioni kryesohet nga zëvendësministri** Delegation wird vom stellvertretenden Minister angeführt

kryesor, -e hauptsächlich, Haupt-

kryetar-i Leiter *m,* Direktor *m,* Präsident *m,* Chef *m;* ~ **i bashkisë** Bürgermeister *m;* ~ **komune** Gemeindedirektor

kryetra-u, *pl.* -rë-t Architrav *m,* Hauptbalken *m*

kryetullë glatzköpfig

kryevep|ër, -ra, *pl.* -ra-t Hauptwerk *n*

kryezías, -e aus Kryeziu

kryhem, *s.* kryej

kryq-i, *pl.* -e-t Kreuz *n*

kryqësor|e, -ja Querbalken *m,* Traverse *f*

kryqëzat|ë, -a *hist.* Kreuzzug *m*

kryqëzim-i Kreuzung *f*

kryqëzoj kreuzen; *rel.* kreuzigen

kryqtar-i *hist.* Kreuzfahrer *m*

ksenofobí-a Fremdenhass *m*

kserografí-a Xerographie *f*

ksilofon-i, *pl.* -ë-t Xylofon *n*

ksomb|ël, -la, *pl.* -la-t Exemplar *n*

kthehem *e/ye* zurückkehren, sich wenden; abbiegen

kth|ej, *-eva, -yer* wenden, drehen; **ia** ~ erwidern, antworten; ~ **mbrapsht** zurück/spulen *Tonband, Film*

kthes|ë, -a, *pl.* -a-t Wende *f,* Kehre *f,* Kurve *f,* Biegung *f*

kthét|ër, -ra, *pl.* -ra-t Kralle *f,* Klaue *f*

kthim-i Rückkehr *f,* Rückgabe *f,* Wechsel *m;* ~ **i librave** Bücherrückgabe

kthin|ë, -a Gemach *n,* Zimmer *n,* Wohnraum *m*

kthjellët, i/e rein, klar, hell

ku wo?; ~ **ishe, xhanëm?!** wo warst du, Bursche?!; ~ **je, moj dume!** wo bist du, mein Dickerchen!

kuadrat-i, *pl.* -e-t Quadrat *n,* Viereck *n*

kuád|ër, -ri, *pl.* -ro-t Rahmen *m,* Bild *n,* Szene *f;* Kader *m,* leitender Mitarbeiter; **në kuadrin e festës** im Rahmen des Festes; ~ **i ndezjes** *tech.* Zündschloss *n;* **farkë e kuadrove** Kaderschmiede *f;* **një goxha kuadër** *fig.* ein hohes Tier *n*

kúaj *dial.* = **koj,** *s. a.* **kalë**

kualifikoj qualifizieren

kuant-i, *pl.* -e-t Quant *n;* **teoria e kuanteve** Quantentheorie *f*

kuarc-i *chem.* Quarz *m*

kuartet-i, *pl.* -e-t *mus.* Quartett *n*

kub, -e kubisch, Kubik-; **metër** ~ Kubikmeter *cbm*

kub-i, *pl.* -e-t Würfel *m, math.* dritte Potenz *f*

kuban-i, *pl.* -ë-t Kubaner *m*

kubatur|ë, -a Rauminhalt *m in cbm*

kubé-ja Kuppel *f*

kub|ël, -la, *pl.* -la-t *zoo.* Alse *f,* Maifisch *m*

kubiz|ëm, -mi Kubismus *m*

kuçjot, -e aus Kuç

kudó ⟨*adv*⟩ überall

kuestur|ë, -a *hist.* Quästur *f,* Polizeipräsidium *n*

kufi-ri, *pl.* -j-të Grenze *f*

kufindarës, -e grenzziehend; **shenjë kufindarëse** Grenzbezeichnung *f*
kufitar, -e Grenz-; **rojë kufitare** Grenzschutz *m*
kufitregues, -e begrenzend, *spr.* delimitativ
kufiz|ë, -a *math.* Glied *einer Zahlenreihe*
kufizim-i Begrenzung *f*, Limitierung *f*
kufizoj begrenzen, beschränken
kufj|e, -a Hörer *m*, Kopfhörer *m*, Hörmuschel *f*; **vë kufjet** Kopfhörer aufsetzen
kufom|ë, -a Leiche *f*, Leichnam *m*
kufomor|e, -ja Leichenhaus *n*, Leichenhalle *f*
kuintal-i, *pl.* -ë-t Doppelzentner *m dz*, *100 kg*
kuis *s/t* winseln, quietschen; **qerrja kuiste** der Wagen quietschte; **qeni kuit** der Hund winselt
kuisj|e, -a das Winseln *n*
kuisling-u, *pl.* -ë-t Quisling *m*, Kollaborateur *m*
kuitanc|ë, -a Quittung *f*, Beleg *m*
kujdes-i Aufmerksamkeit *f*, Vorsicht *f*; **~!** Achtung!, Vorsicht!; **~ atëror** väterliche Fürsorge *f*; **u ec me ~** man ging vorsichtig zu Werke
kujdesem auf/passen, überwachen, versorgen
kujdesí-a Aufmerksamkeit *f*, Vorsichtigkeit *f*, Sorgfalt *f*
kujdessh|ëm, -me, i/e sorgsam, sorgfältig, aufmerksam, vorsichtig
kujdestar-i, *pl.* -ë-t Aufseher *m*, *jur.* Vormund *m*, Sorgeberechtigter *m*; **~ i konviktit** Präfekt *m*
kujt, *s.* kush wem?
kujtes|ë, -a Erinnerung *f*, Gedächtnis *n*
kujtim-i Erinnerung *f*; **kujtime**-t Memoiren *Pl.*
kujtohem sich erinnern; **më kujtohet** ich erinnere mich
kujtoj denken, sich erinnern; meinen, annehmen, *jur.* vermeinen
kukas *s/t* beweinen, bejammern
kukatj|e, -a = kuj|ë, -a Totenklage *f*
kukljan, -e aus Kúkël
kuksian, -e aus Kukës
kúkull-a, *pl.* -a-t Puppe *f*; **~ prej dylli** Wachsfigur *f*
kukurak, -e aus Kukur
kukuvajk|ë, -a *zoo.* Käuzchen *n*
kul|aç-i, *pl.* -eç-të Fladenbrot *n*; Kranzkuchen *m*, Kuchenkringel *m*
kular-i, *pl.* -ë-t Joch *n*, Bogen *m*; **~ i lahutës** *mus.* Lautenbogen *m*
kulet|ë, -a Brieftasche *f*, Geldbeutel *m*
kulm-i, *pl.* -e-t Gipfel *m*; First *m*, Dach *n*; *math.* Scheitelpunkt *m*
kulomb-i, *pl.* -ë-t *tech.* Coulomb *n*
kult-i, *pl.* -e-t Kult *m*
kultivoj kultivieren, pflegen, anbauen
kultur|ë, -a Kultur *f*; **~ e gjuhës** Sprachpflege *f*; **masivizoj kulturën** Kultur verbreiten; **Pallati i Kulturës** Kulturpalast *m*
kulturor, -e kulturell, Kultur-; **disnivel kulturor** Kulturgefälle *n*
kulturuar, i/e kultiviert, gepflegt; **njeri i kultivuar** ein Mensch mit Anstand
kull|ë, -a Wehrturm *m*, befestigtes Gehöft *n*

kulloj spülen, übergießen, ab/gießen, destillieren
kullor|e, -ja Seiher *m*, Sieb *n*
kullos *s/t* weiden, hüten *Vieh*
kullot|ë, -a Weide *f*; Futter *n*
kulluar, i/e rein, klar
kullues, -e Abfluss-
kullumbrí-a *bot.* Schlehe *f*
kumanak, -e aus Kuman
kumar-i Glücksspiel *n*, Kartenspiel *n*
kumbar-i, *pl.* -ë-t Trauzeuge *m*; Taufpate *m*; Gevatter *m*
kumbará-ja Sparbüchse *f*, Spardose *f*
kumbar|ë, -a Trauzeugin *f*; Taufpatin *f*; Gevatterin *f*
kumbim-i Klang *m*, Ton *m*
kumboj tönen, schallen
kúmbull-a, *pl.* -a-t *bot.* Pflaume *f*
kumbullisht|ë, -a Pflaumenplantage *f*
kumel-i Kümmel *m Schnaps*
kumí-a Brenn:ofen *m für Ziegel*
kumos ⟨*adv*⟩ überall
kumrí-a *zoo.* Lachtaube *f*
kumtes|ë, -a Mitteilung *f*
kumtoj mitteilen
kumtues, -e kommunikativ, Mitteilungs-, mitteilend
kun|at-i, *pl.* -étër-it Schwager *m*
kunat|ë, -a Schwägerin *f*
kúndër ⟨+ *Abl*⟩ gegen, wider
kundër ⟨*adv.*⟩ dagegen
kundër- wider-, gegen-, konter-, anti-
kundëradmiral-i, *pl.* -ë-t Konteradmiral *m*
kundërajror-i, *pl.* -ë-t Flak *f*, Flugabwehrkanone *f*
kundërgrimc|ë, -a Antiteilchen *n im Atom*
kundërkërkes|ë, -a Gegenforderung *f*
kundërmas|ë, -a Gegenmaßnahme *f*
kundërmësymj|e, -a Gegenangriff *m*
kundërmoj riechen, duften, stinken
kundërndërtuar, i/e *spr.* übergeordnet
kundërpal|ë, -a Gegenseite *f*; ~ **pesh|ë**, -a Gegengewicht *n*
kundërrenditur, i/e übergeordnet
kundërrevolucion-i Konterrevolution *f*
kundërrevolucionar, -e konterrevolutionär
kundërshtar-i Gegner *m*
kundërshtetëror, -e staatsfeindlich
kundërshtí-a Gegensatz *m*; ~ **të papajtueshme** unversöhnliche Gegensätze
kundërshtim-i Widerspruch *m*, Gegensatz *m*; Widerstand *m*, Opposition *f*; **në ~ me** im Widerspruch zu
kundërshtoj widerstehen, sich entgegen/stellen
kundërshtor, -e *spr.* adversativ, gegenüberstellend
kundërspiunazh-i, *pl.* -e-t Spionageabwehr *f*
kundërstalí-a Liegegeld *n für Schiffe*
kundërsulm-i, *pl.* -e-t Gegenangriff *m*, Gegenschlag *m*
kúndërt, i/e gegenteilig, umgekehrt, entgegengesetzt; **lufta e të kundërtave** Kampf der Gegensätze; **në rast të kundërt** im entgegengesetzten Fall
kundërtank-u, *pl.* -e-t *mil.* Panzerfaust *f*
kundërtez|ë, -a *phi.* Antithese *f*
kundërtí-a Gegensätzlichkeit *f*, Gegenteil *n*, Gegensatz *m*; ~ **antagoniste**

phi. antagonistische Gegensätze *m Pl.*

kundërthëni|e, -a Widerspruch *m;* **pa ~** widerspruchsfrei

kundërvajtj|e, -a *jur.* Übertretung *f;* **~ administrative** verwaltungsrechtliche Übertretung; **~ penale** strafrechtliche Übertretung, strafbare Übertretung

kundërvë gegenüber/stellen, entgegen/setzen

kundërvëni|e, -a *spr.* Opposition *f,* Gegensatz *m;* **~ fonologjike** phonologische Opposition

kundërvidh|ë, -a *tech.* Mutter *f,* Schraubenmutter

kundra gegen, wider

kundrejt ⟨+ *Abl*⟩ gegenüber, im Vergleich zu

kundrin|ë, -a *spr.* Objekt *n;* **~ parafjalore** präpositionales Objekt

kundrúall ⟨+*Abl*⟩ gegenüber, vis-à-vis

kunel-i, *pl.* -ë-t *zoo.* Kaninchen *n,* Stallhase *m*

kungim-i *rel.* Kommunion *f*

kúngu|ll-i, *pl.* -j-t Kürbis *m;* **kunguj të njomë** junge, kleine Kürbisse

kunj-i, *pl.* -a-t Keil *m*

kunjoj keilen, einen Keil eintreiben

kunoror, -e *spr.* koronal

kunup-i, *pl.* -ë-t Mücke *f*

kuot|ë, -a, *pl.* -a-t Beitrag *m;* Quote *f*

kuotizacion-i Beitragssatz *m,* Beitrag *m*

kup|ë, -a Kelch *m,* Pokal *m,* Becher *m*

kupol|ë, -a Kuppel *f*

kuptim-i Begriff *m,* Bedeutung *f,* Verständnis *n;* **~ themelor** Grundbedeutung *f;* **fisnikërim kuptimi** *spr.* Bedeutungsverbesserung

kuptimbartës, -e bedeutungstragend

kuptimdallues, -e bedeutungsunterscheidend, *spr.* distinktiv

kuptimor, -e Bedeutungs-, semantisch

kuptoj verstehen

kuq, -e, i/e rot; **piper i ~** Paprika *m;* **të kuq-të** das Rot *n;* **të kuq-të buzësh** Lippenstift *m,* Rouge *n*

kuqëlosh, -e rötlich

kuqësí-a Röte *f*

kuqësoj röten, rot machen

kuqezí rot-schwarz *Nationalfarben der Albaner*

kuqoj = **kuqëloj** rot leuchten, rot sein

kur wann?; **deri ~?** bis wann?

kur ⟨*Konj*⟩ als, wenn

kur'an-i *rel.* Koran *m*

kurban-i, *pl.* -e-t Opfertier *n;* Opfer *n;* Festtagsbraten *m muslimisch*

kurbet-i, *pl.* -e-t *veralt.* Arbeit in der Fremde; Ausland *n*

kurbetçí-u, *pl.* nj-të Arbeitsmigrant *m*

kurdis auf/ziehen *Uhr,* wickeln, winden

kurdoherë allzeit, jederzeit, immer

kureshtar, -e neugierig

kureshtí-a Kuriosität *f*

kureshtj|e, -a Neugier *f;* **ngop kureshtjen** die Neugier befriedigen

kur|ë, -a Kur *f;* **~ shtrirë** Liegekur *f*

kurjanak, -e aus Kurjan

kurmagjak-u, *pl.* -ë-t Blutwurst *f;* Wurstscheibe *f*

kurmoj aufschneiden *Wurst, Kuchen,* zerteilen *Fisch*

kurmos jederzeit

kurnac, -e geizig
kurnacërí-a Geiz *m,* Knauserei *f*
kuroj kuren, eine Kur machen; heilen, kurieren
kuror|ë, -a, *pl.* -a-t Krone *f,* Kranz *m;* ~ **dafine**; ~ **e dafintë** Lorbeerkranz *m*
kurorëthyerj|e, -a Ehebruch *m*
kurorëzim-i Krönung *f;* Trauung *f,* Hochzeit *f*
kurorëzoj krönen; trauen
kurs-i, *pl.* -e-t Kursus *m,* Lehrgang *m,* Kurs *m;* **lëkundje e kursit valutor** Währungskursschwankung *f*
kursant-i, *pl.* -ë-t = kursist-i Kursteilnehmer *m*
kursé ⟨*Konj*⟩ während, hingegen, indessen
kursej *e/ye* sparen
kursiv, -e kursiv
kurtazh-i, *pl.* -e-t *ök.* Maklergebühr *f,* Courtage *f*
kurtesh-i Jucken *n,* Juckreiz *m;* **i ka rënë kurteshi** es juckt ihn
kurth-i, *pl.* -e-t Falle *f;* **bie në kurth** in die Klemme geraten
kurv|ë, -a Dirne *f,* Hure *f,* Straßenmädchen *n,* Prostituierte *f*
kurvërí-a Prostitution *f,* Hurerei *f*
kurrë ⟨+ *Neg*⟩ nie, niemals
kurriz-i Rücken *m,* Buckel *m;* **shpina e kurrizit** Wirbelsäule *f,* Rückgrat *n*
kurrizo bucklig
kurrkund nirgends
kurrkush niemand
kurrsesí keineswegs, auf keinen Fall
kusar-i Räuber *m;* ~ **deti** Pirat *m,* Seeräuber *m*
kusí-a Kessel *m,* Kochtopf *m*
kusur-i, *pl.* -e-t Restbetrag *m,* Rest *m,* Unglück *n,* Fehler *m;* **disa ikën, kusuri ndenjën** einige gingen, die übrigen blieben
kusuremadh, -e = **kusureshumë** leidgeprüft
kush wer?; ~ **... kush** der eine ... der andere; ~ **është?** wer da?
kushedí ⟨*adv*⟩ vielleicht, womöglich, etwa
kushërí-ri, *pl.* -nj-të Vetter *m,* Cousin *m*
kushinet|ë, -a *tech.* Lager *n;* ~ **me sfera** Kugellager
kushovar, -e aus Kushova
kusht-i, *pl.*-e-t Bedingung *f,* Voraussetzung *f,* Kondition *f;* **me çdo** ~ auf jeden Fall; **me kusht që** unter der Bedingung, dass
kushtetues, -e verfassunggebend; **asambleja kushtetuese** verfassunggebende Versammlung *f*
kushtetut|ë, -a Verfassung *f*
kushtëzim-i Konditionierung *f*
kushtëzoj bedingen; **propozim i kushtëzuar** bedingtes Angebot *n*
kushtoj widmen, hingeben; kosten; **kushtuar**, i/e hingebungsvoll
kushtrim-i Alarm *m,* Einberufung *f,* Aufruf *m zu den Waffen*
kutaljot, -e aus Kutal
kutí-a Schachtel *f,* Dose *f,* Kasten *m;* ~ **poste** Briefkasten; ~ **bojërash** Farbkasten; ~ **shpejtësie** *tech.* Getriebe *n*
kutjot, -e aus Kuta
kuturis aufs Geratewohl tun, unbe-

dacht handeln

kuturú ⟨*adv*⟩ aufs Geratewohl; **flas ~** Unsinn reden

kuvajtjan, -e kuwaitisch

kuvend-i, *pl.* -e-t Versammlung *f*, Konvent *m;* **~ popullor** Volksversammlung *f*, Parlament *n*

kuvendoj beratschlagen, bereden, besprechen

kuvert|ë, -a Decke *f*, Bettdecke *f;* Deck *n auf Schiff;* **~ leshi** Wolldecke *f;* **~ diellore** Sonnendeck; **~ madhore** Oberdeck; **~ në korridor** Zwischendeck

kuvlí-a Käfig *m*, Vogelbauer; Kabuff *n*, Kammer *f*

kuzhin|ë, -a, *pl.* -a-t Küche *f*

kuzhinier-i Koch *m*

ky, *f* kjo dieser, *f* diese

kyç schließen, zu/schließen

kyç-i, *pl.* -e-t Schlüssel *m;* Gelenk *n;* **~ i dorës** Handgelenk

L

La Mansh-i Ärmelkanal *m*

lab, -e labisch

l|ab-i, *pl.* -ébër-it *Volksgruppe* Labe *m*

labçe = labërisht ⟨*adv*⟩ labisch, auf labische Art

labërgoj lockern, lösen, auf/knoten

labirint-i, *pl.* -e-t Labyrinth *n*

laborator-i Labor *n*, Laboratorium *n*

labovit, -e aus Labova

Lacio-ja Latium

laçian, -e aus Laç

lag nass machen, benetzen; **lagem** nass werden

lagështir|ë, -a Nässe *f*, Feuchtigkeit *f*

lagësoj lecken *Wasser verlieren*, tropfen, durch/nässen

lagj|e, -ja Viertel *n*, Stadtviertel, Wohneinheit *f;* **~ e epërme** oberes Viertel

lahem baden, sich waschen

lahut|ë, -a Laute *f Volksinstrument mit 1 Saite;* **Lahuta e Malcís** Laute des Hochlands *Epos von Gjergj Fishta*

laik, -e Laien-

la|j, *-va, -rë* waschen; **~ borxh** eine Schuld begleichen; **~ hesapet** ab/rechnen, eine Rechnung begleichen; **~ të pëgërat** trocken/legen *Säugling;* **makinë larëse** Waschmaschine *f*

lajkatar-i Schmeichler *m*

lajk|ë, -a Schmeichelei *f*

lajm-i, *pl.* -e-t Nachricht *f*, Meldung *f*

lajmërim-i Benachrichtigung *f*, Avisierung *f;* **~ për nisjen e mallit** Avisierung des Warenversands

lajmëroj benachrichtigen, bekannt/geben, verkünden, melden; *ök.* avisieren

lajmëtar-i Bote *m*, Melder *m*

Lajpcig-u *ON* Leipzig

lajthí-a *bot.* Haselnuss *f*

lajthis *s/t* sich irren

lajthitj|e, -a Irrtum *m*

lajtmotiv-i *mus. spr.* Leitmotiv *n*
lak-u Lack *m*
lak-u, *pl.* leqe-t Falle *f*
laké-u, *pl.*-nj-të Lakai *m*
lak|ër, -ra, *pl.* -ra-t Kohl *m,* Weißkohl *m*
lakim-i, *pl.* -e-t *spr.* Deklination *f*
lakimndryshmërí-a *spr.* Deklinationsverschiedenheit *f,* Heteroklisie *f*
lakmí-a Begierde *f,* Verlangen *n,* Gier *f*
lakmitar-i = **lakmues**-i Lüstling *m,* Schürzenjäger *m*
lakmoj sich sehnen; begehren; sich bemühen
lakoj deklinieren; lackieren
lakor, -e *spr.* zirkumflektiert; **theks ~** Zirkumflex *m*
lakor|e, -ja *math.* Kurve *f*
lakteshak, -e aus Laktesh
lakuesh|ëm, -me, i/e *spr.* deklinierbar
lakuriq, -e nackt; *fig.* ungeschminkt
lakuriqësí-a Nacktheit *f; fig.* Ungeschminktheit
lalarak, -e aus Lalar
lal|ë, -a, *pl.*-ë-t *veralt.* Bewohner der Myzeqeja
lalëzak, -e aus Láléza
lamtumir|ë, -a Abschied *m;* **~!** *Grußformel* Adieu!, Lebwohl!
land|ër, -ra, *pl.* -ra-t *bot.* Oleander *m*
lanet-i, *pl.* -ë-t Teufel *m*
laosian, -e laotisch
lapardhjot, -e aus Lapardhá
lapërdhí-a Sauerei *f,* Zote *f*
lapidar-i, *pl.* -ë-t Gedenkstein *m*
Laponí-a Lappland
laps-i, *pl.* -a-t Bleistift *m*
lar-i Lorbeer *m,* Lorbeerbaum *m*
laradash-i, *pl.* -ë-t *zoo.* Pelikan *m*
larask|ë, -a *zoo.* Elster *f*
larash-i, *pl.* -ë-t *zoo.* Aasgeier *m*
larg ⟨*adv*⟩ fern, weit, entfernt
largësor, -e Fern-; **metatezë largësore** *spr.* Fernversetzung *f*
largësí-a Ferne *f*
largët, i/e weit, entfernt
largim-i Beseitigung *f,* Entfernung *f;* Abreise *f; jur.* Entweichen *n*
largohem sich entfernen; **~ nga porti** aus/laufen *Schiff*
laring-u Kehlkopf *m,* Larynx *f*
laringal, -e *spr.* laryngal; **mbyllje laringale** Kehlkopfverschluss *m, spr.* Knacklaut *m*
laringjit-i, *pl.* -e-t *med.* Laryngitis *f,* Halsentzündung *f*
larj|e, -a das Waschen *n;* **~ makine** Wagenwäsche *f*
larmí-a Buntheit *f,* Vielfalt *f*
larmish|ëm, -me, i/e vielfältig
lart ⟨*adv*⟩ hoch
lartë, i/e hoch; **me zë të ~** laut; **voltazh i ~** *tech.* Hochspannung *f*
lartësí-a Höhe *f*
lartmadhërí-a *veralt.* Majestät *f*
lartpërmendur, i/e oben erwähnt
larv|ë, -a Larve *f*
lashë, *s.* lë
lashtë, i/e alt
lashtësí-a Altertümlichkeit *f,* Altertum *n*
latifond-i, *pl.* -e-t Latifundie *f,* Großgrundbesitz *m*
latifondist-i Großgrundbesitzer *m*
latin, -e lateinisch; **Amerika Latine**

Lateinamerika
latinisht ⟨*adv*⟩ lateinisch
latinisht|e, -ja Latein *n;* ~ **makaronike** Küchenlatein
latiniz|ëm, -mi, *pl.* -ma-t *spr.* Latinismus *m*
latoj meißeln, schnitzen
laureat-i, *pl.* -ë-t Preisträger *m*
lauresh|ë, -a *zoo.* Feldlerche *f*, Lerche *f*
lavaman-i Waschbecken *n*, Ausguss *m*
lavapjat|ë, -a, *pl.* -a-t Spülbecken *n*, Ausguss *m*, Spüle *f*
lavatriç|e, -ja Waschmaschine *f*
lavd-i, *pl.* -e-t Lob *n*, Ruhm *m*
lavdëroj loben
lavdí-a Ruhm *m*, Ehre *f*, Lob *n*
lavdidashës, -e ehrsüchtig
lavdish|ëm, -me, i/e glorreich, ruhmvoll, ruhmreich
lavdoj loben
lav|ë, -a Lava *f*
lavroj = lëroj, lëvroj
le *Partikel zur Bildung des Jussivs* sollen; ~ **të nisën sa më parë!** sollen sie möglichst bald abreisen!
leblebí-të *dial.* geröstete Kichererbsen *f Pl.*
leck|ë, -a, *pl.* -a-t Lumpen *m*, Flicken *m*, Stofffetzen *m*, Klamotten *f Pl.;* **mbledh leckat** die Klamotten einpacken; ~ **për të fshirë** Putzlappen *m*
leckosur, i/e zerlumpt
ledhatoj liebkosen, kraulen
ledh|ë, -a Liebkosung *f*
lefterohovit, -e aus Lefterohor *ON*
legat|ë, -a Gesandtschaft *f*
legen-i, *pl.* -ë-t Waschschüssel *f; med.* Becken *n*
legjend|ë, -a Legende *f*, Sage *f*
legjendar, -e sagenhaft, legendär; **këngë legjendare** Heldenlieder *n Pl.*
legjislacion-i Gesetzgebung *f;* ~ **penal** Strafgesetzgebung
legjislativ, -e gesetzgebend, legislativ
legjislatur|ë, -a Legislaturperiode *f einer Körperschaft*
leh bellen
lehon|ë, -a Wöchnerin *f*
lehoní-a *med.* Kindbett *n*, Wochenbett *n*
lehtë, i/e leicht; **kam të** ~ es leicht haben
lehtësí-a, *pl.* -ra-t Erleichterung *f*, Gelegenheit *f*, Begünstigung *f*
lehtësim-i Erleichterung *f*
lehtësoj erleichtern
lehtësuar, i/e erleichert
lehtësues, -e *jur.* erleichternd; **rrethana lehtësuese** *jur.* mildernde Umstände
lej|e, -a Urlaub *m*, Dienstfrei; Erlaubnis *f*, Lizenz *f;* **marr** ~ Urlaub nehmen, sich verabschieden; ~ **eksporti** Ausfuhrgenehmigung *f*, Exportlizenz; **pa** ~ unerlaubt; ~ **e zakonshme** *ök.*, *jur.* Urlaub *m;* **shkoj me** ~ in Urlaub fahren, gehen
lejekalim-i Schutzbrief *m*, Passierschein *m*
lejla lila; **ngjyrë** ~ lila
lejlek-u, *pl.* -ë-t *zoo.* Storch *m*
lejoj erlauben, gestatten; **a më lejoni?** darf ich?
lejor, -e *spr.* konzessiv

lejthizar, -e aus Lejthiza *ON*
lejuesh|ëm, -me, i/e statthaft, zulässig; **a është e lejueshme?** darf man?, ist es statthaft?
lek-u, *pl.* -ë-t Lek *m alb. Währungseinheit*
lekasak, -e aus Lekas
lekatar, -e aus Lékaj
leksem|ë, -a Wortschatzeinheit *f*, Lexem *n*
leksik-u Wortschatz *m*, Lexik *f*
leksikalizim-i Lexikalisierung *f*
leksikografik, -e lexikographisch
leksikologjí-a Wortschatzforschung *f*, Lexikologie *f*
leksikor, -e lexikalisch, Wortschatz-
leksion-i Vorlesung *f*
lektis Sehnsucht haben
lektisj|e, -a Sehnsucht *f*
lektor-i = ligjërues-i Vortragender *m*
lemerí-a Schrecken *m*, Entsetzen *n*
lemz|ë, -a Schluckauf *m*
lemzoj Schluckauf haben
lenicion-i *spr.* Lenierung *f*
leniniz|ëm, -mi Leninismus *m*
leopard-i, *pl.* -ë-t *zoo.* Leopard *m*
lépu|r-i, *pl.* -j-t *zoo.* Kaninchen *n*, Hase *m*
leq|e, -ja Fleck *m*, Makel *m*
lerth-i Efeu *n*
les|ë, -a Egge *f*
leskoviqar, -e aus Leskovik
lesh-i Wolle *f*; ~ **deveje** Kamelhaar *n*; ~ **e li** wie Kraut und Rüben; **kuvertë leshi** Wolldecke *f*
leshnicar, -e aus Leshnica
leshtë, i/e wollen, aus Wolle
letargjí-a Lethargie *f*, Trägheit *f*, Schläfrigkeit *f*
let|ër, -ra Brief *m*; Papier *n*; Spielkarte *f*; ~ **me vleftë të shtetit** Banknoten *f Pl.*, Papiergeld *n*; ~ **buzësh** Papierservietten *f Pl.*; ~ **e dhembshur** Liebesbrief *m*; ~ **ekspres** Eilbrief; ~ **garancie** Garantieschein *m*; ~ **higjienike** Toilettenpapier *n*; ~ **karboni**, ~ **kopjative** Kopierpapier, Kohlepapier, Pauspapier; Karbonpapier; ~ **kredenciale** Beglaubigungsschreiben *n*; **letra loje** Spielkarten; ~ **mbështjellëse** Einwickelpapier, Packpapier; ~ **me lustër** Glanzpapier; ~ **me qenar të zi** Brief mit Trauerrand; ~ **plastike** Plastikfolie *f*; ~ **e porositur** Einschreibebrief *m*; ~ **thíthëse** Löschpapier *n*; ~ **me vlerë** Wertpapiere *n Pl.*; ~ **zmerile** Schmirgelpapier; ~ **e zverdhur** vergilbtes Papier; **në përgjigje të letrës suaj** in Beantwortung Ihres Schreibens; **prerëse letrash** Papierschneider *m*, Schneidemesser *n*
letërkëmbim-i Briefwechsel *m*, Korrespondenz *f*
letërnjoftim-i Personalausweis *m*, Ausweis *m*
letërsí-a Literatur *f*; ~ **artistike** Belletristik *f*, schöne Literatur
letërthithës|e, -ja Löschpapier *n*
Letoní-a Lettland
letrar, -e literarisch; gelehrt, buchsprachlich; Schrift-; **gjuhë letrare** *spr.* Schriftsprache; **normë letrare** Sprachnorm *f*, Standard *m*

letratyr|ë, -a *veralt.* Literatur *f*
leu er/sie ist geboren
leucemí-a *med.* Leukämie *f*, Blutkrebs *m*
leukoplast-i Leukoplast *n*, Pflaster *n*
levanak, -e aus Levan
lev|ë, -a Hebel *m*, Schaltknüppel *m*; ~ **marshesh** Schalthebel, Schaltknüppel; ~ **për të hapur arkat** Kisten:öffner *m*
leverdí-a Vorteil *m*, Nutzen *m*
leverdish|ëm, -me, i/e vorteilhaft
levrek-u *zoo.* Seebarsch *m*
lexim-i das Lesen *n*, Lektüre *f*; **libri është në lexim e sipër** das Buch wird geradegelesen; **u zhyt në lexim** er/sie versank in der Lektüre
lexoj lesen
lexues-i Leser *m*
lezet-i, *pl.* -e-t Geschmack *m*; Anmut *f*, Grazie *f*
lezetoj würzen
lezhanak, -e aus Lezhan
lezhjan, -e aus Lezha
lë, *lashë, lënë* lassen; ~ **në baltë** im Stich lassen; ~ **në mëshirën e fatit** dem Schicksal überlassen; ~ **teslim** überlassen; **lëri dënglat!** lass die hohlen Phrasen!; **lëri ububutë!** hör auf mit dem Jammern!; **lëri zhiblat!** lass die Tricks!
lëkor|e, -ja *bot.* Chicoree *m*, Schikoree
lëkund schütteln
lëkundj|e, -a Schwankung *f*, Erschütterung *f*; ~ **e kursit valutor** Währungskursschwankung *f*
lëkundsh|ëm, -me, i/e beweglich, instabil, schwankend; **urë e lëkundshme** Klappbrücke *f*
lëkur|ë, -a Leder *n*, Haut *f*; **nuk e nxë lëkura** das geht auf keine Kuhhaut
lëkurëregjës-i Gerber *m*
lëkurëtar-i Kürschner *m*; Gerber *m*
lëkurtë, i/e ledern, aus Leder
lëm|ë, -i, *pl.* -énj-të Gebiet *n*, Bereich *m*, Domäne *f*
lëmosh|ë, -a Almosen *n*
lëmsh-i, *pl.* -e-t Knäuel *n*
lënd|ë, -a Material *n*, *phi.* Stoff *m*; ~ **djegëse** Brennstoff; ~ **e parë** Rohstoff; ~ **ftóhëse** Kühlmittel *n*; ~ **plasëse** Sprengstoff; **ekonomizoj lëndën e parë** Rohstoff sparen; **pasqyrë e lëndës** Inhaltsverzeichnis
lëndëtar-i Tischler *m*, Schreiner *m*
lëndin|ë, -a Wiese *f*, unbebautes Land *n*, Brache *f*
lëndoj reizen, verletzen; *fig.* kränken
lën|g-u, *pl.* -gje-t Saft *m*; ~ **mishi** Fleischbrühe *f*, Bouillon *f*; ~ **molle** Apfelsaft *m*
lëngat|ë, -a Seuche *f*, Viehkrankheit *f*
lëngoj siechen; leiden
lëni|e, -a Überlassung *f*; Verlassen *n*
lëpij lecken
lërim-i Pflege *f*; ~ **i gjuhës amtare** Sprachpflege
lëroj ackern, pflügen; pflegen, kultivieren
lëshim-i Zugeständnis *n*; **bëj lëshime** Zugeständnisse machen
lëshoj loslassen; herausgeben; ~ **spirancën** Anker werfen, vor Anker gehen

lëshues-i *tech.* Anlasser *m*
lëvdat|ë, -a Lob *n,* Ehre *f*
lëvdoj loben
lëviz bewegen
lëvizj|e, -a Bewegung *f,* Verkehr *m;* ~ **punëtore** Arbeiterbewegung; **Lëvizja Antifashiste Nacionalçlirimtare** *hist.* Antifaschistische Nationale Befreiungsbewegung; ~ **gjiniore** *spr.* Motion *f*
lëvizsh|ëm, -me, i/e beweglich; **raft i lëvizshëm** Kompaktregal *n*
lëvor|e, -ja Haut des Obstes, Schale *f*
lëvozhg|ë, -a Schale *f;* ~ **arre** Nussschale; ~ **veze** Eierschale
lëvroj = lëroj
li-a *med.* Pocken *f Pl.*
li-ri Leinen *n,* Flachs *m*
Liban-i Libanon
libanez-i Libanese
liberaliz|ëm, -mi Liberalismus *m*
Liberí-a Liberia
lib|ër, -ri, *pl.* -ra-t Buch *n;* ~ **xhuxh** Mini-Buch *n,* Kleinst:ausgabe *f;* **blerje librash** Akzession *f,* Erwerbung *f in Bibliothek;* **karrocë për bartje librash** Bücherwagen *m in der Bibliothek*
libërmbështetës|e, -ja Bücherstütze *f*
Libí-a Libyen
libian-i Libyer
libofshar, -e aus Libofsha
libohovit, -e aus Libohova
libralidhës-i Buchbinder *m*
librarí-a Buchhandlung *f;* Papierwaren *f Pl.,* Büroartikel *m Pl.*
librashitës-i Buchverkäufer *m,* Buchhändler *m*
libret-i, *pl.* -e-t *mus.* Libretto *n*
librez|ë, -a Büchlein *n,* Sparbuch *n,* Parteibuch *n;* ~ **kursimi** Sparbuch; ~ **hyrjeje** Eintrittskarte *f,* Berechtigungs:ausweis *m*
libror, -e gelehrt, buchsprachlich, livresk; **fjalë librore** *spr.* Buchwort *n*
licé-u, *pl.* -të Gymnasium *n*
liceist-i Gymnasiast *m*
licenc|ë, -a Lizenz *f,* Genehmigung *f*
lidh verbinden, binden; ~ **rrymën elektrike** den Strom einschalten; **vizë lidhëse** Bindestrich *m*
lidhës, -e Verbindungs-
lidhës|e, -a Schnur *f,* Band *m;* Binder *m;* ~ **këpucësh** Schnürsenkel
lidhëz-a *spr.* Konjunktion *f,* Bindewort *n*
lidhëzor, -e Konjunktions-
lidhj|e, -a Beziehung *f,* Zusammenhang *m;* Bündnis *n,* Liga *f;* Einband *m;* **lidhje tregtare** Handelsbeziehung; ~ **shkakësore** Kausalzusammenhang *m,* Kausalbeziehung *f;* ~ **e dobësuar** lockerer Einband *m;* ~ **e shkurtër** Kurzschluss *m;* ~ **gjuhësore** *spr.* Sprachbund; ~ **martesore** eheliche Beziehungen *f Pl.;* ~ **me karton** kartonierter Einband *m;* ~ **me pëlhurë** Leinen:einband
lidhor|e, -ja Konjunktiv *m*
lidhtor|e, -ja Buchbinderei *f,* Buchbinderwerkstatt *f*
lidhur, i/e gebunden, verbunden; ~ **me** im Zusammenhang mit etw.
Liezh-i *ON* Lüttich

li|g, -ë, i/e, *pl.* të -gj, *f.* -ga übel, schlecht
ligament-i *med.* Sehne *f;* **përdredhje ligamentesh** Sehnenzerrung
ligatin|ë, -a Marschwiese *f,* feuchte Niederung *f*
ligatur|ë, -a Ligatur *f*
ligështí-a Schwäche *f,* Gebrechen *n;* Kummer *m;* Ohnmacht *f*
ligështohem verkümmern, verfallen; schlapp machen
ligësí-a Boshaftigkeit *f*
ligsht ‹ *adv*› krank; kaputt
ligj-i, *pl.* -e-t Gesetz *n;* ~ **fonetik** Lautgesetz; ~ **penal** *jur.* Strafgesetz; ~ **i mohimit të mohimit** *phi.* Gesetz der Negation der Negation; ~ **i përtërirë** *rel.* Deuteronomium, 5. Buch Mose
ligjërat|ë, -a *spr.* Rede *f,* Diskurs *m;* Vortrag *m,* Vorlesung *f;* ~ **e tërthortë** *spr.* indirekte Rede; ~ **e zhdrejtë e lirë** erlebte Rede
ligjërim-i *spr.* Rede *f;* **melodi e ligjërimit** Sprachmelodie *f*
ligjëroj sprechen, vortragen, rezitieren
ligjësí-a = ligjësorí-a Gesetzmäßigkeit *f*
ligjësor, -e gesetzmäßig
ligjor, -e gesetzlich, legal, legitim
ligjoroj legalisieren
ligjsh|ëm, -me, i/e gesetzlich
ligjshmërí-a *jur.* Gesetzlichkeit *f,* Legalität *f*
Lihtenshtajn-i Liechtenstein
liken-i, *pl.* -e-t *bot.* Flechte *f*
liker-i Likör *m*
likuidim-i Liquidierung *f,* Auflösung *f;* ~ **gjyqësor** gerichtliche Schließung *f* *eines Betriebs*
likuidoj liquidieren, beseitigen, auflösen
Lil-i *ON* Lille
liman-i, *pl.* -e-t Bucht *f,* Hafen *m,* Anleger *m;* **hyj në** ~ *naut.* anlaufen
lim|ë, -a Feile *f*
Lim|ë, -a Lima
limf|ë, -a *med.* Lymphe *f*
limfatik, -e *med.* lymphatisch, Lymph-; **nyjë limfatike** Lymphknoten *m*
limoj feilen
limon-i, *pl.* -ë-t *bot.* Zitrone *f*
limonad|ë, -a Zitronensaft *m*
linak, -e aus Lin
lind gebären, geboren werden; **leu** = lindi er ist geboren; **linda më ...** ich bin geboren am ...
lindj|e, -a Geburt *f;* Osten *m,* Orient *m;* ~ **dielli** Sonnenaufgang *m;* **Lindja e Afërt** Naher Osten, Nahost; **Lindja e Largët, e Largme** der Ferne Osten, Fern:ost; **Lindja e Mesme** Mittlerer Osten
lindor, -e östlich, Ost-
lindshmërí-a Geburtenrate *f*
lindur, i/e geboren; **linda më ...** ich bin geboren am ...
linj|ë, -a Linie *f,* Leitung *f,* Verbindung *f;* ~ **ajrore** Fluglinie, Flugstrecke *f*
linjit-i, *pl.* -e-t Braunkohle *f*
linjtë, i/e Leinen-, Flachs-; **të linjta**-t Unterwäsche *f*
lino-ja Leinen *n*
linotip-i, *pl.* -e-t Zeilensetzmaschine *f,* Linotype
lipsem *veralt.*, *vgl.* **lypsem** fehlen, nötig

sein

liqen-i, *pl.* -e-t See *m;* ~ **karstik** Karstsee *m*

liret|ë, -a Lira *f ital. Währung*

lirë, i/e frei; billig

lir|ë, -a Lira *f Lit.; ehemalige ital. Währung;* Pfund *n* £; *türk. und brit. Währung*

lirí-a Freiheit *f*

lirik, -e lyrisch

lirik|ë, -a Lyrik *f*

lirim-i *jur.* Freilassung *f,* Entlassung *f;* ~ **para kohe** *jur.* vorzeitige Entlassung

lirisht ⟨*adv*⟩ frei

liroj freilassen, entlassen

lis-i, *pl.* -a-t *bot.* Eiche *f,* großer Baum *m*

Lisbon|ë, -a *ON* Lissabon

list|ë, -a Liste *f,* Verzeichnis *n,* Aufstellung *f;* **listë çmimesh** Preisliste; ~ **e gjellëve** Speisekarte *f*

litaní-a *rel.* Litanei *f*

litar-i, *pl.* -ë-t Schnur *f,* Strick *m,* Seil *n*

literatur|ë, -a Schrifttum *n,* Fachliteratur *f,* Fachbücher *n Pl.,* Sekundärliteratur *f*

lít|ër, -ri, *pl.* -ra-t Liter *n*

litografí-a Lithographie *f,* Litho *n;* ~ **me ngjyra** Farblithographie

lituan-i Litauer *m*

Lituaní-a Litauen

liturgjí-a *rel.* Liturgie *f*

livadh-i, *pl.* -e-t Wiese *f,* Weide *f*

livadhjot, -e aus Livadhjá

livroj liefern

locion-i Lotion *f,* Gesichtswasser *n;* ~ **për rrojë** Rasierwasser *n*

lod|ër, -ra Spielzeug *n,* Marionette *f,* Puppe *f;* ~ **fëmijësh** Kinderspielzeug *n*

lodh ermüden, ermatten

lodhj|e, -a Müdigkeit *f,* Ermüdung *f,* Erschöpfung *f*

lodhnim-i *med.* Wochenbett *n*

lodhsh|ëm, -me, i/e ermudend, mühsam

lodhur, i/e müde

logjik, -e logisch

logjik|ë, -a Logik *f*

logjiksh|ëm, -me, i/e logisch denkend, logisch; **gjë e logjikshme** logische Sache

loj|ë, -a, -ëra-t Spiel *n;* ~ **ushtarake** Manöver *n;* **i mundëm në lojë** wir besiegten sie im Spiel; **shtesë loje** Spielverlängerung *f;* **lojëra olimpike** olympische Spiele *n Pl.*

lojtar-i, *pl.* -ë-t Spieler *m;* ~ **rezervë** Ersatzmann *m, spo.* Ersatzspieler *m*

lok|e, -ja Mutter *f;* Großmutter *f väterlicherseits*

lokomotiv|ë, -a, *pl.* -a-t Lokomotive *f*

lokucion-i Ausdruck *m,* Redewendung *f;* ~ **parafjalor** präpositionale Wendung *f*

Lombardí-a Lombardei *f*

Lond|ër, -ra *ON* London

lopar-i Kuhhirt *m*

lopatar-i Ruderer *m*

lopat|ë, -a Spaten *m,* Schaufel *f*

lop|ë, -a, *pl.* -ë-t Kuh *f;* ~ **rekordiste** Rekord-Kuh, Kuh mit Spitzenerträgen *an Milch*

Los Anxhelos-i *ON* Los Angeles

lot-i, *pl.* -ët Träne *f*
lotarí-a Lotterie *f*
lotsjellës, -e Tränen-; **gaz lotsjellës** Tränengas *n*
loz spielen
Lozan|ë, -a *ON* Lausanne
lozh|ë, -a Loge *f*
luaj, - ta, -tur spielen; wackeln, beweglich sein, *fig.* Spielraum haben; **mos luaj vendit!** rühr dich nicht von der Stelle!; ~ **rol** eine Rolle spielen; **luan dhëmbi** der Zahn wackelt
luajtj|e, -a das Spielen *n*
luán-i, *pl.* -ë-t Löwe *m*
lubonjar, -e aus Lubonja
lubrifikim-i *tech.* das Abschmieren *n*
luftanij|e, -a Kriegsschiff *n*
luftarak, -e kämpferisch, Kampf-, Kriegs-, Wehr-
luft|ë, -a Kampf *m;* Krieg *m;* ~ **botërore** Weltkrieg; ~ **e të kundërtave** Kampf der Gegensätze; ~ **kundër banditizmit** Kampf gegen das organisierte Verbrechen; **lufta u egërsua** der Kampf nahm an Heftigkeit zu; ~ **e klasave** Klassenkampf; ~ **mësymëse** Angriffskrieg; ~ **për ekzistencë** Existenzkampf
luftënxitës, -e kriegstreiberisch
luftënxitës-i Kriegstreiber *m,* Kriegshetzer *m*
luftëtar-i, *pl.* -ë-t Kämpfer *m*
luftim-i das Kämpfen *n,* Kampf *m,* Streit *m;* **i luftimit** Kampf-
luftoj kämpfen; ~ **derrçe** wie die Berserker kämpfen
lug|at-i, *pl.* -étër-it Nachtmahr *m,* Werwolf *m,* Vampir *m*
lug|ë, -a, *pl.* -ë-t Löffel *m;* ~ **çaji** Teelöffel *m*
lugin|ë, -a. *pl.* -a-t Tal *n*
Luizian|ë, -a Louisiana
lukovjot, -e aus Lukova
luks-i, *pl.* -e-t Luxus *m*
Luksemburg-u *ON* Luxemburg
luksoz, -e luxuriös
lukuní-a Rudel *n Wölfe*
lul|e, -ja Blume *f;* ~ **lakre; lulelak|ër**, -ra Blumenkohl *m;* ~ **pranvere** *bot.* Primel *f;* **tufë lulesh** Blumenstrauß *m*
lulediell-i Sonnenblume *f*
lulegoj|ë, -a *bot.* Löwenmaul *n,* Löwenmäulchen *n*
lulekup|ë, -a *bot.* Tulpe *f*
lulekuq|e, -ja Mohn *m,* Klatschmohn *m,* Mohnblume *f*
luleshtog-u *bot.* Holunder *m*
luleshtrydh|e, -ja *bot.* Erdbeere *f*
lulëtarí-a Blumengärtnerei *f*
lulëzim-i Blüte *f,* Gedeihen *n*
lulëzoj blühen
lulisht|ë, -a = lulisht|e, -ja Blumengarten *m,* Parkanlage *f*
lumalasian, -e aus Lumalás
lumasak, -e aus Lúmas
lumbago-ja Hexenschuss *m*
lum|ë, -i, *pl.* -énj-të Fluss *m,* Strom *m*
lumjan, -e aus Luma
të lumtë! bravo!
lumtur, i/e glücklich
lumturí-a Glück *n*
lumturoj beglücken
lúnd|ër, -ra, *pl.* -ra-t Boot *n;* ~ **peshkatarësh** Fischerboot

lundërtar-i Schiffer *m*, Seefahrer *m*
lundërtarí-a = lundrarí-a Seefahrt *f*
lundërthyerj|e, -a Schiffbruch *m*
lundrim-i Schifffahrt *f*, Seefahrt *f*; ~ **bregdetar** Küstenschifffahrt
lundroj zur See fahren; fliegen, schwimmen; **lundronte në pasuri** er schwamm im Reichtum; ~ **në kozmos** im Weltall fliegen
lundruesh|ëm, -me, i/e schiffbar
lung|ë, -a *med.* Furunkel *n*, Pickel *m*
lunxhjot, -e aus der Lunxhëría
lus *s/t rel.* beten; bitten; ein Fest feiern
lusjan, -e aus Lusni
lusp|ë, -a Schuppe *f*, Fischschuppe *f*
lúst|ër, -ra Glanz *m*, Lack *m*; **letër me** ~ Glanzpapier *n*
lustraxhí-u, *pl.* -nj-të Schuhputzer *m*
lustroj glänzend reiben; ~ **këpucët** die Schuhe putzen
lushnjar, -e aus Lushnja
lutem bitten
lutj|e, -a Bitte *f*; Gebet *n*
luzjan, -e aus Luz
luzm|ë, -a Bienenvolk *n*, Schwarm *m*; Menge *f*; ~ **dyshimesh** ein Haufen Zweifel
luzmoj schwarmen
luznak, -e aus Luznía
lyej malen, schmieren, ein/ölen, salben
lyp betteln, bitten
lypës-i, *pl.* -it Bettler *m*
lypsem benötigt werden, nötig sein; **s'ma lypset kjo punë** ich brauche das nicht
lyr|ë, -a Fett *n*; ~ **bimore** Pflanzenfett; **pa** ~ langweilig
lyrësim-i = lubrifikim-i
lyrësoj ein/fetten, *tech.* ölen

Ll

llaban|e, -ia Filzkapuze *f*
llac-i, *pl.* -ë-t Maurergehilfe *m*
llaç-i Mörtel *m*
llaf-i, *pl.* -e-t Wort *n*; Geschwätz *n*, Gerücht *n*, Verleumdung *f*; **llafe të kota** unnütze Worte
llafazan-i Schwätzer *m*
llagap-i, *pl.* -e-t Spitzname *m*
llagëm-i, *pl.* -e-t Kanal *m*, Abflussrohr *n*, Drainage *f*; ~ **i arave** Acker:entwässerungsrohr *n*
llahtarí-a Entsetzen *n*
llahtaris erschrecken
llahtarsh|ëm, -me, i/e furchtbar, entsetzlich
llamarin|ë, -a Blech *n*, Zinkblech; **gërshërë për** ~ Blechschere *f*; ~ **e zinkuar** Zinkblech
llambadar-i Leuchter *m*
llambadh|e, -ja dicke Kerze *f*
llamb|ë, -a, *pl.* -a-t Leuchte *f*, Glühbirne *f*; **llambat e radios** die Radioröhren *f Pl.*; ~ **inkandeshente** Glühlampe *f*; ~ **kontrolli** Kontrollleuchte *f*; ~ **me filament** Glühbirne *f*; ~ **nate** Nachttischlampe *f*, Bettleuchte *f*;

~ **neoni** *tech.* Neonröhre *f*
llap|ë, -a Zunge *f;* Zungenspitze *f,* Ohrläppchen *n;* ~ **e këpucës** Schuhzunge *f*
llapjan, -e aus Llap
llastik-u Gummi *m*
llastik|ë, -a Gummischuh *m*
llaut|ë, -a Laute *f mit 8 Saiten*
llauz-i, *pl.* -e-t *veralt.* Volk *n*
llav|ë, -a Rudel *n Wölfe*
llër|ë, -a, *pl.* -ë-t Oberarm *m;* **përvesh llërët** die Ärmel hochkrempeln
llogarí-a Rechnung *f;* Konto *n;* ~ **rrjedhëse** laufendes Konto, Kontokorrent; **saktësia e llogarisë** *ök.* rechnerisch richtig; **shef i llogarisë** Hauptbuchhalter *m*
llogaris s/*t* rechnen; **makinë llogaritëse** Rechenmaschine *f,* Computer *m*
llogaritar-i Buchhalter *m*
llogaritj|e, -a Rechnen *n, jur.* Anrechnung *f;* Berechnung *f*
llogor|e, -ja *mil.* Schützengraben
lloj-i Art *f,* Sorte *f*
llokaut-i *ök.* Aussperrung *f*
llokum-i, *pl.* -e-t Lokum, Rahatlokum *türk. Delikatesse*
llomotis s/*t* schwatzen, quasseln
llomotitj|e, -a Geschwätz *n*
lluc|ë, -a Schlamm *m,* Schlick *m,* Sumpf *m*
llugas, -e aus Llúgaj
llull|ë, -a Pfeife *f;* Rohrschlange *f*
llup fressen, verschlingen, viel essen

M

ma (më + e) mir es
mac|e, -ja Katze *f;* **dhelpra s'e harron zanatin** die Katze lässt das Mausen nicht
macukllan, -e aus Macúkull
maçok-u, *pl.* -ë-t Kater *m*
madem-i, *pl.* -e-t *veralt.* Mineral *n;* Bergwerk *n*
madërgon|ë, -a *bot.* Bilsenkraut *n,* Mandragora *f*
madje ⟨*adv*⟩ sogar
madh, -e, i/e, *pl.* të mëdhénj, *f.* mëdhá groß; **fuqi të mëdha** Großmächte *f Pl.;* **ka taraf të madh** er hat viele Freunde
madhërí-a Hoheit *f,* Größe *f,* Erhabenheit *f*
madhërish|ëm, -me, i/e erhaben
madhështí-a Pracht *f;* Hochmut *m*
madhështor, -e prächtig, majestätisch
madhësí-a Größe *f*
madhor, -e *jur.* großjährig; übermächtig; vorgesetzt; **arsye madhore** *jur.* höhere Gewalt *f;* **shtab** ~ Generalstab *m*
máf|ër, -ra, *pl.* -ra-t schwarzes Kopftuch *n;* Taschentuch *n*
magazin|ë, -a Magazin *n,* Lager *n,* Verkaufsladen *m*
magazinier-i, *pl.* -ë-t Magaziner *m;* Lagerarbeiter *m*
magazinim-i Magazinierung *f,* Lage-

rung *f*
magazinoj magazinieren, lagern
magm|ë, -a Magma *n*
magnet-i, *pl.* -e-t Magnet *m*
magnetik, -e magnetisch
magnetiz|ëm, -mi Magnetismus *m*
magnetizoj magnetisieren
magnetofon i Magnetophonband *n*
magnez-i *chem.* Magnesium *n*
magj|e, -ja Backtrog *m*, Waschzuber *m*
magjeps zaubern, verhexen; faszinieren
magjepsj|e, -a Faszination *f*
magjí-a Magie *f*
magjik, -e magisch, Zauber-; **unazë magjike** Zauberring *m*
magjish|ëm, -me, i/e faszinierend, attraktiv, bezaubernd
magjistar-i Zauberer *m*, Magier *m*
magjyp-i *dial.* sesshafter Zigeuner *m*, Rom *m*
mahis s/t *med.* entzünden
mahmur ⟨*adv*⟩ *veralt.* schläfrig, betrunken
mahnitem begeistert sein; i/e **mahnitur** begeistert
maj-i Mai *m*; **një maji** erster Mai; **festë e Majit** Maifeier *f*
Majami *ON* Miami
majdanoz-i *bot.* Petersilie *f*
maj|ë, -a Spitze *f*; **në majën e shpatës** auf des Schwertes Spitze; ~ **e gjuhës** Zungenspitze; **në majë të gishtërinjve** auf Zehenspitzen
majm mästen
majmë, i/e fett
majmun-i, *pl.* -ë-t Affe *m*
majmunërí-a Afferei *f*, Affigkeit *f*
Majn-i *FN* Main
majonez|ë, -a Mayonnaise *f*, Majonäse *f*
major-i, *pl.* -ë-t *mil.* Major
major|e, -ja *spr.* Apikal *m*
Majork|ë, -a Mallorca
majtas ⟨*adv*⟩ links
majtë, i/e link
majtist, -e linksradikal, linksabweichlerisch
majtiz|ëm, -mi Links:opportunismus *m*, Linksradikalismus *m*
makar ⟨*adv*⟩ wenigstens; hoffentlich; ~ **le të jetë edhe ashtu!** mag es wenigstens so sein!
makar ⟨*Konj.*⟩ entweder ... oder, sei es ... sei es; ~ **unë ... makar ti** entweder ich oder du
makará-ja *tech.* Flaschenzug *m*, Winde *f*
makarona-t *f.* Makkaroni *Pl.*
makaronik, -e *spr.* makkaronisch, sprachlich gemischt
maket-i, *pl.* -e-t Muster *n*, Modell *n*; Umdruck *m*
makinandërtues, -e Maschinenbau-; **industri makinandërtuese** Maschinenbau:industrie *f*
makinerí-a die Maschinen *f Pl.*; Maschinerie *f*; **makineritë dergjen në shi e në diell** der Maschinenpark verrottet in Wind und Wetter
makin|ë, -a Maschine *f*; Auto *n*, Kraftfahrzeug *n*, Wagen *m*; Apparat *m*, Gerät *n*; ~ **larëse** Waschmaschine; ~ **llogaritëse** Rechenmaschine, Com-

puter *m;* ~ **qépëse** Nähmaschine; ~ **ftohëse** Kühlmaschine; ~ **rroje** Rasier:apparat *m;* **ferribot për makina** Autofähre *f;* **i grah makinës** starten

makinist-i Maschinist *m*

maksimal, -e maximal, äußerst

makth-i, *pl.* -e-t *bot.* Steinklee *m;* Alptraum *m*

makutëri-a Gefräßigkeit *f; fig.* Gier *f*

mal-i, *pl.* -e-t Berg *m;* Sippenverband *m,* Clan *m;* **faqja e malit** Abhang *m,* Berghang *m;* **oshtijnë malet** die Berge rauschen; **Mali i Zi** Montenegro

malari|e, -a *med.* Malaria *f*

malarik, -e malariakrank

malas, -e aus Malaj

malaz|ías, -eze montenegrinisch, aus Montenegro

malbardhas, -e aus Mali i Bardhë

malcí-a *dial.* = malësí-a

malcim-i *med.* Ver:eiterung *f*

malësí-a Bergland *n,* Hochland *n*

malësor-i, *pl.* -ë-t Gebirgler *m,* Hochländer *m*

Mali i Zi Montenegro, Crna Gora; ~ **i Shkupit** Skopska Crna gora

maliher-i, *pl.* -ë-t Manlicher-Gewehr *n mit 5 Schuss*

maliqar, -e aus Maliq

malok-u, *pl.* -ë-t Gebirgler *m*

malor, -e Berg-, Gebirgs-

maltar-i Holzfäller *m im Gebirge*

maltez, -e maltesisch, aus Malta

Malt|ë, -a Malta

mall-i, *pl.* -ra-t Ware *f;* Sehnsucht *f,* Heimweh *n;* ~ **për atdhe** Heimweh; ~ **në gjendje** *ök.* Lokoware; ~ **skarco** *ök.* Ausschuss *m,* Mängelware *f;* **inspektim i mallit** Wareninspektion *f;* **me mall** sehnsüchtig; **shtëpia e mallrave** Kaufhaus *n,* Warenhaus *n,* Verbrauchermarkt *m;* **vagon mallrash** Güterwagen *m;* **mallra të konsumit të gjerë** Massenverbrauchsgüter *n Pl.,* Massenartikel *m Pl.*

mallakastriot, -e aus Mallakastra

mallëngjej *e/ye* Erbarmen haben, sich erbarmen

mallëngjim-i Mitleid *n,* Erbarmen *n;* Rührung *f,* Ergriffenheit *f*

mallkim-i Fluch *m*

mallkoj verfluchen, fluchen; i/e **mallkuar** verflucht

mamá-ja = mámi Mama, Mutti

mamí-a Hebamme *f*

mamursak, -e aus Mamuras

mamuz-i, *pl.* -e-t Sporen *f Pl.,* Stiefelsporen, Reitsporen

man-i, *pl.* -a-t *bot.* Maulbeerbaum *m,* Maulbeere *f;* **mana toke** Erdbeeren *f Pl.*

manaferr|ë, -a Brombeerstrauch *m;* Brombeere *f*

manastir-i Kloster *n*

Manastir-i *ON* Bitola, Monastir

manatit, -e aus Manatía

mandall-i, *pl.* -ë-t Türriegel *m*

mandapost|ë, -a Post:anweisung *f*

mandarin|ë, -a Mandarine *f*

mandatarkëtim-i *ök.* Einzahlungsanweisung *f,* Inkasso-Anweisung *f*

mandat|ë, -a Todesnachricht *f,* Schreckensnachricht

mandatpages|ë, -a = urdhërpages|ë, -a

ök. Auszahlungs:anweisung *f*
mandej ⟨*adv*⟩ dann, danach
mánd|ër, -ra, *pl.* -ra-t Pferch *m*, Herde *f*
mandolin|ë, -a *mus.* Mandoline
manekin-i, *pl.* -ë-t Marionette *f*; Dressman *m*
manekin|e, -ia Mannequin *n*, Vorführdame *f*
mangall-i, *pl.* -j-të Kohlebecken *n*
mangët, i/e *spr.* defektiv; **shkrim i mangët** defektive Schrift
manifaktur|ë, -a Manufaktur *f*
manifest-i Manifest *n*, *ök.* Ladungsverzeichnis *n*
manifestim-i Demonstration *f*
manifestoj demonstrieren
manikyr-i Maniküre *f*, Handpflege *f*
manivel|ë, -a *tech.* Kurbel *f*
manomet|ër, -ri Druckmesser *m*, Manometer *n*
manov|ër, -ra, *pl.* -ra-t Manöver *n*
manovroj manövrieren, bugsieren
manshet|ë, -a Manschette *f*
mantel-i, *pl.* -e-t Mantel *m*; ~ **banje** Bademantel *m*
mantó-ja Damenmantel *m*, leichter Mantel
Mantov|ë, -a *ON* Mantua
manual-i, *pl.* -e-t Handbuch *n*
manushaq|e, -ja *bot.* Veilchen *n*
manxuran|ë, -a *bot.* Majoran *m*
manzak, -e aus Manza
mapo-ja, **magazinë popullore** *veralt.* Kaufhaus *n*, Warenhaus, Gemischtwarenladen *m*
maqedonas, -e makedonisch
Maqedoní-a Mazedonien
maqedonisht ⟨*adv*⟩ mazedonisch
maqedonisht|e, -ja mazedonische Sprache *f*
maqin|ë, -a = makin|ë, -a
marangoz-i, *pl.* -ë-t Schreiner *m*, Tischler *m*
maraq-i *bot.* Fenchel *m*
maraton|ë, -a *spo.* Marathonlauf *m*
Maraton|ë, -a *ON* Marathon
maratonist-i Marathonläufer *m*
maraz-i, *pl.* -e-t Neid *m*, Wut *f*
mareshal-i, *pl.* -ë-t Marschall *m*
margarin|ë, -a Margarine *f*
margaritar-i, *pl.* -ë-t Perle *f*
margegas, -e aus Margegaj
maricjot, -e aus Maricaj
marifet-i, *pl.* -e-t Geschicklichkeit *f*; List *f*
marinacak, -e aus Marinza
marinar-i Matrose *m*, Schiffer *m*, Seemann *m*
marin|ë, -a Marine *f*
mark|ë, -a Marke *f*; Mark *DM f*; ~ **shtypi** Druckermarke *f*
marketim-i Markierung *f*, Kennzeichnung *f*; ~ **i mallrave** Warenbeschriftung *f*, Kennzeichnung *f*, Signierung *f*
marksist, -e marxistisch
marksist-i Marxist *m*
marksiz|ëm, -mi Marxismus *m*
Marmará-ja Marmara-Meer *n*
marmelat|ë, -a Marmelade *f*, Konfitüre *f*
Marok-u Marokko
mars-i März *m*; **faleminderit për letrën e pesë marsit të këtij vit** wir danken

für Ihr Schreiben vom 5. 3. d. J.

Marsej|ë, -a *ON* Marseille

marsh-i, *pl.* -e-t Marsch *m,* Gang *m beim Auto;* **nuk i fus dot marshin e dytë** ich kann den 2. Gang nicht einlegen; ~ **për mbrapa** *tech.* Rückwärtsgang *m*

marshoj marschieren

martalloz-i *hist.* Martolose *m Freischärler in osman. Zeit*

mart|ë, -a, e Dienstag *m;* **të martën mbrëma** am Dienstag Abend

martes|ë, -a Heirat *f,* Ehe *f;* **unazë e martesës** Trauring *m*

martesor, -e ehelich, Ehe-; **lidhje martesore** eheliche Beziehungen *f Pl.*

Martinik|ë, -a Martinique

martir-i, *pl.* -ë-t Märtyrer *m*

martohem heiraten

martoj verheiraten, heiraten; **të porsa martuarit** Hochzeitspaar *n,* Jungvermählte *Pl.*

martuar, i/e verheiratet

marul|e, -ja Kopfsalat *m;* **sallatë marule** grüner Salat

marzh-i Marge *f,* Verdienstspanne *f,* Preisspanne *f*

marr a/e/o, *merr, mora, marrë* empfangen, bekommen, erhalten, nehmen, unternehmen, ab/holen, mit/nehmen; **merr me vete** (er/sie) nimmt mit sich; **të marrtë djalli!** der Teufel soll dich holen!; ~ **vesh** verstehen, begreifen; ~ **një hap të tillë** einen solchen Schritt unternehmen; ~ **anën** e ⟨+ G⟩ Partei ergreifen für; ~ **arratinë** die Flucht ergreifen; ~ **fjalën** das Wort ergreifen; ~ **frymë** ein/atmen; **merrni frymë thellë!** atmen Sie tief ein!; ~ **me fugë** *fig.* überstürzen; ~ **një sy gjumë** ein Nickerchen machen; ~ **hak** sich rächen; ~ **hua** aus/leihen; ~ **leje** Urlaub nehmen; ~ **masa** Maßnahmen ergreifen; ~ **parasysh** sich vergegenwärtigen, im Auge behalten; ~ **përsipër** sich verpflichten; sich binden; ~ **pjesë** teil/nehmen; ~ **me qirá** mieten, pachten; ~ **në shqyrtim** einer Prüfung unterziehen

marrë, i/e = **marrak**, -e = **marrash**, -e = **marroq**, -e verrückt, närrisch, töricht

marrëdhëni|e, -a Beziehung *f,* Verhältnis *n;* ~ **në prodhim** Produktionsverhältnisse *Pl.;* ~ **seksuale me dhunë** Vergewaltigung *f, jur.* Notzucht *f*

marrës-i Empfänger *m*

marrëveshj|e, -a Einverständnis *n;* Übereinkunft *f,* Abkommen *n,* Vertrag *m,* Vereinbarung *f;* ~ **kredie** Kredit:absprache *f*

marrëzí-a Dummheit *f,* Torheit *f,* Narretei *f*

marrëzish|ëm, -me, i/e töricht; **plan i ~** törichter Plan *m*

marrj|e, -a Empfang *m;* ~ **mendsh** *med.* Schwindel *m;* ~ **e mitës** *jur.* passive Bestechung *f*

marrok, -e = **marroq**, -e verrückt, närrisch

marrosem verrückt werden, den Verstand verlieren

mas s/t messen; ~ **pulsin** den Puls

fühlen
masak|ër, -ra, *pl.* -ra-t Massaker *n*
masakroj massakrieren
masazh-i Massage *f*
masazhator-i Masseur *m*
mas|ë, -a Maß *n,* Maßnahme *f,* Maßregel *f;* **marr masa** Maßnahmen ergreifen; ~ **mjekësore** Heilmaßregel, Heilmaßnahme; **masa disiplinore** Disziplinarmaßnahmen *Pl.;* ~ **edukuese** Erziehungsmaßregel; ~ **gjatësie** Längenmaß; ~ **mjekësore** Heilmaßregel *f,* Heilmaßnahme *f*
masiv, -e massenhaft, Massen-; **sport** ~ Breitensport *m,* Massensport *m*
masivizoj verbreiten; ~ **kulturën** die Kultur verbreiten
maskar|á-i, *pl.* -enj-të Lump *m,* Schurke *m,* Schuft *m*
maskarad|ë, -a Maskerade *f*
maskarallë|k-u, *pl.* -qe-t Schurkerei *f,* Gaunerei *f*
mask|ë, -a Maske *f;* ~ **mbrojtëse** Schutzmaske; **ballo me maska** Maskenball *m*
maskoj maskieren
mason-i, *pl.* -ë-t Freimaurer *m*
masonerí-a Freimaurerei *f*
mastik|ë, -a Anis *m,* Anisschnaps; Mastix
mashallá ⟨*Int*⟩ um Gottes willen, bei Gott; viel; **~, sa e bukur!** bei Gott, wie schön!
mashallá-ja *veralt.* Kienspan *m,* Ölleuchte *f;* Talisman *m*
mashanak, -e aus Mashan
mash|ë, -a Schürhaken *m; fig.* Strohmann *m*
máshkull-i, *pl.* méshkuj-t Mann *m,* Junge *m;* Männchen *n;* **mashkull a femër?** Mädchen oder Junge?, Männchen oder Weibchen?
mashkullor, -e männlich, *spr.* maskulin
mashkullorit, -e aus Mashkullora
mashtrim-i Betrug *m*
mashtroj betrügen, täuschen
mashurk|ë, -a Stangenbohnen *f Pl.,* Brechbohnen, grüne Bohnen *f Pl.*
mat-i Matt *im Schach*
matanë ⟨*adv*⟩ gegenüber; **dal** ~ durch/kommen, etw. schaffen
matar|e, -ja = **matará**-ja Feldflasche *f;* Milchkanne *f*
matem sich anschicken zu, vorhaben; **u mat të thoshte diçka** er wollte etwas sagen
matem-i Fastenzeit *f der Bektaschis*
matematik, -e mathematisch
matematik|ë, -a Mathematik *f*
matematikan-i Mathematiker *m*
material, -e materiell
material-i, *pl.* -e-t Material *n;* **materiale shtypi** Drucksache *f*
materializ|ëm, -mi Materialismus *m;* ~ **dialektik** dialektischer Materialismus, Diamat
materi|e, -a *phi.* Materie
maternitet-i Entbindungsstation *f,* Wöchnerinnenstation *f*
matës-i Messgerät *n,* Messbecher *m*
matj|e, -a Maß *n,* das Messen *n;* Messung *f,* Abmessung *f,* Ausmaß *n*
matrapaz-i, *pl.* -ë-t Schieber *m,* Schwarzhändler *m*

matrapazllë|k-u, *pl.* -qe-t Schieberei *f*, Schwarzhandel *m*
matravid|ë, -a Schraubenmutter *f*, *tech.* Mutter *f*
matriarkat-i Matriarchat *n*
matric|ë, -a Matrize *f*; ~ **shtypshkronje** Druckmatrize
matríku|ll-i, *pl.* -j-t Matrikel *f*, Verzeichnis *n*; Erkennungsmarke *f*; ~ **i ushtarit** *mil.* Erkennungsmarke
matufepsem ⟨*pass*⟩ verkalken, verkalkt sein
matufosem an Altersschwachsinn leiden, verkalken
maturant-i, *pl.* -ë-t Abiturient *m*
matur|ë, -a Reifeprüfung *f*, Matura *f*, Abitur *n*
maun|ë, -a *naut.* Leichter *m*, Lastkahn *m*
Mauritaní-a Mauretanien
mauzer-i, *pl.* -ë-t Mauser-Pistole *f*, Mauser-Gewehr *n*
mauzolé-u Mausoleum *n*
maví blau
mavrovjot, -e aus Mavrova
maxhallëk-u, *pl.* -ë-t Stützbalken *m*
maz|ë, -a Rahm *m*, süße Sahne *f*, Obers *n*
mazut-i Masut *n* *Brennstoff*
mbaj, *-ta*, *-tur* halten, auf/halten, tragen, beanspruchen; ~ **sy të hapur** die Augen offen halten; **i mbaj mëri** böse sein auf jem.; ~ **karantinë** in Quarantäne bleiben
mbajtës|e, -ja Ständer *m*, Halter *m*, Kleiderhaken *m*; ~ **sheqeri** Zuckerdose *f*; ~ **çorapesh** Strumpfhalter *m*, Straps *m*; ~ **piperi** Pfefferstreuer *m*; ~ **veze** Eierbecher *m*
mbajtj|e, -a Unterhaltung *f*; Aufbewahrung *f*
mbarë, i/e ganz, richtig, glatt, ordentlich; glücklich, ungehindert; **rrugë të mbarë!** glückliche Reise!; **mbarë bota** die ganze Welt; **për së mbari** ungehindert, ordentlich, wohlgemut
mbares|ë, -a *spr.* Endung *f*; ~ **vetore** Personal:endung
mbaresor, -e Endungs-
mbaroj be:enden
mbars schwängern; begatten, besamen
mbarsem schwanger werden
mbarsj|e, -a Besamung *f*, Befruchtung *f*; ~ **artificiale** künstliche Befruchtung
mbart = bart transportieren
mbartem um/ziehen
mbartje bërlloku Müll:abfuhr *f*
mbaruar, i/e beendet, vergriffen, ausverkauft
mbas ⟨+ *Abl*⟩ nach; ~ **buke** Nachtisch *m*
mbasdite nachmittags
mbase vielleicht, wohl, wahrscheinlich
mbasi = pasi weil, nachdem
mbath anziehen *Schuhe*
mbathj|e, -a Beschlag *m* *Huf*; Schuhwerk *n*; Unterhose *f*; ~ **banje** Badehose *f*
mbes s/t bleiben
mbes|ë, -a Nichte *f*; **e mbesa** seine/ihre Nichte
mbetem, *aor.* *mbeta* bleiben; ~ **pezull** in der Schwebe bleiben

mbetëz-a Überleben *n*

mbetj|e, -a Restbestand *m,* Restposten *m; math.* Differenz *f;* **mbledh zbritësin me mbetjen** den Subtrahend zur Differenz addieren

mbeturin|ë, -a Überrest *m,* Rest *m,* Überbleibsel *n*

mbërtheck|ë, -a Reißnagel *m,* Reißzwecke *f*

mbërthej zu/knöpfen

mbërthim-i *spr.* Implosion

mbërthyes, -e *spr.* implosiv

mbërrij an/kommen, ein/treffen

mbështetem në sich stützen auf

mbështetës, -e stützend, Stütz-

mbështetes|ë, -a Stütze *f*

mbështetj|e, -a das Stützen *n;* ~ **në forcat e veta** das Fußen auf eigenen Kräften

mbështjell *e/i/o* ein/wickeln, ein/packen; **letër mbështjellëse** Einwickelpapier *n,* Packpapier *n*

mbi ⟨+ *Akk*⟩ auf; ~ **këto e sipër** unterdessen

mbidialektor, -e überdialektal, mundart:übergreifend

mbiem|ër, -ri, *pl.* -ra-t Zuname *m,* Familienname *m;* Adjektiv *n,* Eigenschaftswort *n;* ~ **i emërzuar** substantiviertes Adjektiv *n;* ~ **i nyjshëm** Adjektiv mit vorangestelltem Gelenkartikel; ~ **i panyjshëm** Adjektiv ohne Gelenkartikel; ~ **përkatësie** *spr.* Possessiv:adjektiv *n*

mbiemëror, -e adjektivisch

mbij aufgehen *Saat;* entstehen; auf/tauchen

mbijetoj überleben

mbijetoj|ë, -a das Überleben *n*

mbikëqyr bewachen; kontrollieren

mbikëqyrj|e, -a Überwachung *f,* Kontrolle *f*

mbiklasor, -e über den Klassen stehend

mbill, *s.* mbjell

mbinatyrsh|ëm, -me, i/e = **mbinatyror**, -e übernatürlich

mbindjeshmërí-a Über:empfindlichkeit *f*

mbingarkoj überlasten

mbingroh überhitzen

mbingrohj|e, -a Überhitzung *f*

mbinjerëzor, -e übermenschlich

mbipasnésër ⟨*adv*⟩ über:übermorgen

mbipesh|ë, -a Übergewicht *n*

mbiprodukt-i *ök.* Mehrprodukt *n*

mbishkrim-i Inschrift *f,* Aufschrift *f*

mbishqisor, -e übersinnlich

mbishtekth-i *med., spr.* Epiglottis *f,* Kehldeckel *m*

mbishtes|ë, -a angehängte Partikel *f;* Aufsatz *m,* Verlängerungsstück *n*

mbishtres|ë, -a *spr.* Superstrat *n*

mbitension-i, *pl.* -e-t *tech.* Überspannung

mbiton-i mitklingender Ton *m;* Oberton *m*

mbivendosj|e, -a Auflage *f,* das Darauflegen *n;* ~ **rrokjesore** Silbenschichtung *f*

mbivler|ë, -a *ök.* Mehrwert *m*

mbivlerësoj über/bewerten

mbizotëroj vor/herrschen

mbjell *e/i/o* säen, anbauen

mblat|ë, -a *rel.* Oblate

mbledh *e/i/o* sammeln, pflücken; ~ **veten** die Fassung bewahren; sich fassen; ~ **kallaballëkun** sich zusammenreißen, keinen Unsinn reden; ~ **leckat** die Klamotten einpacken

mbledhës-i Sammler *m*

mbledhj|e, -a Versammlung *f*, Sammlung *f*

mbleserí-a Brautwerbung *f*, Heiratsvermittlung *f*

mblidh, mblodha, *s.* mbledh

mbolla, *s.* mbjell

mborjar, -e aus Mborja

mbrakullit, -e aus Mbrákulla

mbrapa ⟨+ *Abl*⟩ hinter

mbrapa ⟨*adv*⟩ = prapa hinten

mbrapshtë, i/e gemein, niederträchtig, infam, flegelhaft

mbrapsht ⟨*adv*⟩ zurück

mbrapshtí-a Infamie *f*, Niedertracht *f*, Gemeinheit *f*, Flegelei *f*

mbres|ë, -a Narbe *f*; Spur *f*, Abdruck *m*; Eindruck *m*; **mbresa të para** erste Eindrücke; **mbresa lie** Pockennarben *f Pl.*

mbret-i, *pl.* -ër-it König *m*, *hist.* Sultan *m*

mbretëresh|ë, -a Königin *f*; Dame *im Schach*

mbretërí-a Königreich *n*, *fig.* Reich *n*; ~ **e qiellit** Himmelreich; ~ **shtazore** Tierreich

mbretërim-i Herrschaft *f*

mbretëroj herrschen; **mbretëron heshtja** es herrscht Schweigen

mbretëror, -e königlich

mbretvrasës-i Königsmörder *m*

mbrëma ⟨*adv*⟩ = **në mbrëmje** = **mbrëmanet** abends

mbrëmë ⟨*adv*⟩ gestern abend

mbrëmj|e, -a Abend *m*; **mbrëmjeve** abends, am Abend; ~ **vallëzimi** Tanz:abend *m*

mbroj-*ta, -tur* verteidigen, schützen

mbrojtës-i *spo.* Verteidiger *m*

mbrojtj|e, -a Verteidigung *f*, Schutz *m*; ~ **civile** Zivilschutz, Zivilverteidigung, Luftschutz; ~ **e nevojshme** *jur.* Notwehr *f*; ~ **kundërajrore** Luftschutz *m*; ~ **në punë** *jur.* Arbeitsschutz *m*

mbroth Fortschritte machen

mbroth ⟨*adv*⟩ vorwärts; **puna vente mbroth** die Arbeit schritt gut voran

mbruj kneten, formen

mbufat auf/blähen, voll/stopfen

mbules|ë, -a Decke *f*, Tischdecke; Abdeckung *f*, Deckel *m*; Verdeck *n*, Dach *n*; ~ **kapaku** Schutz:umschlag *m*; ~ **krevati** Bettdecke *f*; ~ **tavoline** Tischtuch *n*, Tischdecke *f*

mbuloj bedecken, decken; beerdigen; zurück/legen *Strecke*; **pishinë e mbuluar** Hallenbad; **mbuluar me një tis avull** bedeckt mit einem Schleier von Dampf

mburoj|ë, -a Schild *m*; Schutzschild *m*, Schutzplatte *f*; *mil.* befestigte Stellung *f*

mburrem angeben, prahlen

mbush füllen; ~ **moshën** ein bestimmtes Alter erreichen; **e mbushi çantën deng** er machte die Tasche randvoll; **speca të mbushur** gefüllte Paprika *Pl.*

mbushem sich füllen, gefüllt werden

mbúshur-a, e die Füllung *f im Zahn*

mbyll schließen; ~ **telefonin** den Hörer auflegen; i/e **mbyllur në guaskën e vet** zurückgezogen, introvertiert

mbyllët, i/e = mbyllur, i/e geschlossen, verschlossen, zu; verschlüsselt

mbyllj|e, -a Verschluss, *spr.* Okklusion; ~ **laringale** Kehlkopfverschluss, *spr.* Knacklaut *m*

mbylltësí-a Geschlossenheit *f,* Verschlossenheit *f*

mbylltor|e, -ja Verschlusslaut *m, spr.* Okklusiv, Klusil

mbys s/t ertränken, töten, um/bringen

mbytem unter/gehen, ertrinken; **anija mbytet** das Schiff sinkt

mbytj|e, -a das Ertrinken *n;* das Sinken *n;* **në ~ e sipër** kurz vor dem Untergang, beim Sinken

me ⟨+ *Akk*⟩ mit; ~ **se?** womit?; ~ **sa** soweit; ~ **ç'** soweit; **me ç'vërej** soweit ich bemerke; **jam ~ borxhe** verschuldet sein; ~ **aeroplan** per Luftpost; ~ **anë të** + *G* durch, vermittels; ~ **avion** per Luftfracht; ~ **barrë** schwanger; ~ **çmim të ulët** preiswert; ~ **dashje** *jur.* vorsätzlich; ~ **dritë** hell; ~ **ëndje** gern; ~ **figura** bebildert, illustriert; ~ **gjallëri** lebhaft; ~ **gjithë qejf** gern, mit Vergnügen; ~ **gojë** mündlich; ~ **habi** verwundert; ~ **hata** versehentlich, aus Versehen; ~ **kapërcim të** + *G jur.* in Überschreitung von; ~ **faj** schuldhaft; ~ **kërkesë të** + *G* auf Antrag von; ~ **këste** auf Raten; ~ **konsekuencë** konsequent; ~ **kusht që** unter der Bedingung, dass; ~ **mendjelehtësi** *jur.* leichtfertig; ~ **mirësjellje** höflich; ~ **nderime, me nderimet më të thella** hochachtungsvoll *Briefschluss;* ~ **ngut** eilig, übereilt; dringend; ~ **pakicë** en détail; ~ **shumicë** en gros; ~ **pakujdesi** *jur.* fahrlässig; ~ **përjashtim** ausgeschlossen, exklusiv; ~ **qëllim që** damit; ~ **radhë** hintereinander, nacheinander; ~ **rezervë** unter Vorbehalt; ~ **rëndësi** wichtig; ~ **rrëmbim** hastig, jäh, heftig; ~ **salltanet** pompös, protzig; ~ **sukses!** viel Erfolg!; ~ **shëndet** gesundheitlich; gesund; ~ **shënime** annotiert; ~ **shërbim** dienstlich; ~ **shkrim** schriftlich; ~ **tërbim** erbittert; ~ **urgjencë** dringend, eilig; ~ **vend** angemessen; ~ **vetëdije** *jur.* bewusst; ~ **vrap** geschwind, rasch; ~ **zë të lartë** laut

medalj|e, -a Medaille *f,* Orden *m*

medet *Int.* = hajmedet o weh!; **bëj medet** (hajmedet) klagen

Medin|ë, -a *ON* Medina

mediokritet-i Mittelmäßigkeit *f*

medresé-ja theologische Akademie *f,* Seminar *islamisch*

meduz|ë, -a *zoo.* Qualle *f*

megaloman, -e = mendjemadh, -e größenwahnsinnig

megalomaní-a Größenwahn *m*

megjithatë ⟨*Konj.*⟩ trotzdem, nichtsdestoweniger

megjithëkëtë trotzdem

megjithëqë = megjithëse obwohl, obgleich, wenngleich

Mehmet-i *NP* Mohammed

meit-i *veralt.* Leiche *f;* **bëhem ~** leichenblass werden
mejdan-i, *pl.* -e-t *veralt.* Platz *m;* Kriegsschauplatz, Kampf *m*
mejhan|e, -ia Kneipe *f*
mejhanexhí-u, *pl.* -nj-të Kneipier *m*
mejtep-i, *pl.* -e-t *veralt.* Schule *f,* Klippschule *f;* Koranschule
Mek|ë, -a *ON* Mekka
mekam-i, *pl.* -e-t *muslim.* Heiligengrab *n*
mekanik, -e mechanisch
mekanik-u Mechaniker *m,* Autoschlosser *m,* Schlosser *m*
mekanik|ë, -a Mechanik *f*
mekaniz|ëm, -mi Mechanismus *m*
mekanizoj mechanisieren
mekem keuchen, Atembeschwerden haben, keine Luft bekommen
Meksik|ë, -a = **Meksiko** Mexiko
meksikan, -e mexikanisch
mekth-i *med.* Ohnmacht *f*
mel-i *bot.* Hirse *f*
melankolí-a Melancholie *f*
melankolik, -e melancholisch, traurig, schwermütig
melas|ë, -a Melasse *f*
melhem-i, *pl.* -e-t *veralt.* Balsam *m; med.* Salbe *f,* Wundsalbe
melodí-a Melodie *f;* **~ e ligjërimit** Sprachmelodie
melodish|ëm, -me, i/e melodisch
melodram|ë, -a Melodrama *n*
mellan-i *veralt.* Tinte *f*
memaljot, -e aus Memalíaj
memec, -e stumm
memecim-i Verstummen *n*
Memo, *s.* Mehmet-i
memur-i, *pl.* -ë-t *veralt.* Beamter *m,* Bürohengst *m*
mençur, i/e klug
mend-të *n* Geist *m,* Denken *n,* Erinnerung *f;* **i vetoi ndër mend** es schoss ihm durch den Kopf; **shkoj nëpër mend** in den Sinn kommen; **s'do mend** es ist nicht verwunderlich
mendar-i Weiser *m,* Schlaukopf *m*
mend|ër, -ra, *pl.* -ra-t *bot.* Pfefferminze *f*
mendësí-a = mentalitet-i Mentalität *f*
mendim-i das Denken *n*
mendimtar-i Denker *m*
mendj|e, -a Vernunft *f,* Geist *m,* Ratschlag *m,* Denken *n;* **më rri mendja** mir stehtder Sinn nach; **vras mendjen** sich den Kopf zerbrechen
mendjehollë scharfsinnig
mendjelehtësí-a Leichtsinn *m,* Leichtfertigkeit *f;* **me ~** *jur.* leichtfertig
mendjemadhësí-a Größenwahn *m*
mendohem überlegen; beabsichtigen, vorhaben
mendoj denken
mendor, -e geistig
meningjit-i Hirnhaut:entzündung *f, med.* Meningitis
mens|ë, -a Mensa *f,* Kantine *f*
menstruacione-t *med.* Regel *f,* Periode *f,* Menstruation *f,* Monatsblutung *f*
mentesh|ë, -a Scharnier *n*
ment|ë, -a Pfefferminzlikör *m;* Pfefferminzbonbons *Pl.*
menú-ja = **meny**-ja Speisekarte *f*
menjëherë ⟨*adv*⟩ sofort

menjëhersh|ëm, -me, i/e sofortig, umgehend, unmittelbar
meqë ⟨*Konj.*⟩ dadurch, dass; weil
meqenëse da, weil
merak-u, *pl.* -e-t Begierde *f,* Sehnsucht *f;* Sorge *f,* Sorgfalt *f;* Ungewissheit *f,* Zweifel *m;* **mos ki** ~ keine Sorge!, keine Beunruhigung!, **bëhem merak** hellhörigwerden, auf/merken
meraklí, -e sorgfältig; besorgt; **mjeshtër merakli** sorgfältiger Handwerker *m*
merakosem sorgen, sich Sorgen machen
mercenar-i Söldner *m*
merceolog-u, *pl.* -ë-t *ök.* Warensachverständiger *m,* Warenkundler *m,* Waren:experte *m*
meremetoj reparieren
mereqep-i *veralt.* Tinte *f*
merimang|ë, -a Spinne *f*
merit|ë, -a Verdienst *n*
meritoj verdienen
merkur-i *chem.* Quecksilber *n*
merluc-i *zoo.* Dorsch *m,* Kabeljau *m*
mermer-i, *pl.* -ë-t Marmor
mermertë, i/e marmorn, aus Marmor
mermë, -e, i/e wohlriechend, duftend
merrem me ⟨+ *Akk*⟩, *s.* marr sich beschäftigen mit
mes ⟨+ *Abl.*⟩ inmitten, unter, zwischen; ~ **nesh** unter uns
mes-i, *pl.* -e-t Mitte *f*
mesap, -e *hist.* messapisch
mesatar, -e durchschnittlich, Durchschnitts-
mesazh-i, *pl.* -e-t Botschaft *f,* formelles Schreiben *n;* ~ **urimi** Glückwunschschreiben
mesdit|ë, -a Mittag *m*
mesditës-i = meridian-i, *pl.* -ë-t Meridian *m*
Mesdhe-u Mittelmeer *n,* Mittelmeerraum *m*
mesdhetar, -e mittelmeerländisch, mediterran
meselé-ja *veralt.* Geschichte *f;* Problem *n;* ~ **e koklavitur** verzwickte Sache *f*
mes|ëm, -me, i/e mittel
mesgjuhor, -e Mittelzungen-, *spr.* dorsal
Mesin|ë, -a *ON* Messina
mesjan, -e aus Mes
mesjet|ë, -a Mittel:alter *n*
meskin, -e kleinlich
mesnat|ë, -a Mitternacht *f*
mesor, -e inlautend, *spr.* medial; **diatezë mesore** *spr.* Medium *n*
mesor|e, -ja *spr.* Medium; ~**-pësore** Mediopassiv *n*
meshar-i, *pl.* -ë-t Messbuch *n,* Missale *n*
mesh|ë, -a *rel.* Hostie *f orthodox;* Messe *f kathol.*
meshoj zelebrieren, lesen *Messe*
meshtar-i Pfarrer *m*
meshtarí-a Pfarr:amt *n*
metafizik, -e metaphysisch
metafizik|ë, -a Metaphysik *f*
metafoní-a *spr.* Umlaut *m*
metafor|ë, -a Metapher *f*
metaforik, -e metaphorisch, übertragen
metagjuhësí-a *spr.* Metalinguistik
metal-i, *pl.* -e-t Metall *n*
metalik, -e metallisch, Metall-

metaltë, i/e metallen, metallisch
metalurgjí-a Metallurgie *f*, Metallverarbeitung *f*
metamorfoz|ë, -a Metamorphose *f*
metatez|ë, -a *spr.* Metathese, Umstellung *f*; ~ **fqinjësore** Nahversetzung *f*, Kontaktversetzung *f*; ~ **largësore** Fernversetzung *f*
metatoní-a *spr.* Metatonie
metë, i/e unzureichend, ungenügend, mangelhaft
met|ë, -a, e Fehler *m*, Mangel *m*, Schwäche *f*; **të meta teknike** technische Mängel *Pl.*
met|ër, -ri, *pl.* -ra-t Meter *m*; ~ **katror** Quadratmeter *qm*; ~ **kub** Kubikmeter *cbm*
metod|ë, -a Methode *f*
metodik, -e methodisch
metodik|ë, -a Methodik *f*
metodologjí-a Methodologie
metonimí-a *spr.* Metonymie
metonimik, -e *spr.* metonymisch
mevlud-i, *pl.* -e-t *rel.* Geburtstag *des Propheten Mohammed*
mezat-i *veralt.* Versteigerung *f*, Auktion *f*
mezé-ja Appetithappen *m*, Vorspeise *f*
mezerí-a Wurstbraterei *f*, Bratwurststand *m*, Imbissbude *f*
mezí ⟨*adv*⟩ kaum; ~ **ç' pret të ...** er kann es kaum erwarten, dass; ~ **e mbante zemërimin** er konnte kaum seine Wut im Zaum halten
më *1* = ~ **tepër** mehr; ~ **parë** vorher, früher, zuvor; ~ **së shumti** meistens, zumeist, am meisten; **përherë e më vështirë** immer schwerer, immer schwieriger; **më se e kryer**-a *spr.* Plusquamperfekt *n*
më *2 s.* unë mir, mich; mein; **kë po më shikojnë sytë?!** Wen sehen denn da meine Augen?!; ~ **duket** anscheinend; ~ **ëndet** es sagt mir zu; ~ **shijon** es schmeckt mir; ~ **falni!** Entschuldigung!; ~ **gërditet** mir ist zum Kotzen
më *3* ⟨+ *Akk*⟩ am, auf, zu; ~ **dy korrik** am 2. Juli; ~ **dysh** entzwei; ~ **këmbë** zu Fuß
mëditj|e, -a *ök.* Tageslohn *m*; **punëtor me** ~ Tagelöhner *m*, Lohnarbeiter *m*
mëhall|ë, -a *veralt.* Stadtviertel *n*; Menge *f*
mëkat-i, *pl.* -e-t *rel.* Sünde *f*
mëkatar-i Sünder *m*
mëkatoj sündigen
mëkatsh|ëm, -me, i/e sündig, sündhaft
mëkëmb auf die Beine bringen; wieder aufrichten
mëkoj füttern
mëkres|ë, -a Grabstein *m*
mëlçí-a Leber *f*; **cirrozë e mëlçisë së zezë** *med.* Leberzirrhose *f*
mëlmej fetten, Fett zur Speise hinzufügen
mëllag|ë, -a *bot.* Malve *f*, Eibisch *m*
mëllenj|ë, -a *zoo.* Amsel *f*
mëm|ë, -a Mutter *f*
mëmëdhé-u Vaterland *n*, Heimat *f*
mëmëlig|ë, -a Maisbrei *m*, Polenta *f*
mëmësí-a *jur.* Mutterschaft *f*
mëmëzonj|ë, -a Großmutter *f*
mënd stillen, die Brust geben, säugen

mëndafsh-i Seide *f;* ~ **kërmëz** dunkelrote Seide
mëndesh|ë, -a Amme *f*
mëneresh, -e aus Mëner
mëng|ë, -a Ärmel *m;* **fustani ka mëngët e gjata** das Kleid hat zu lange Ärmel
mëngjes-i, *pl.* -e-t Morgen *m,* Frühstück *n;* **mëngjesovo** morgens, **sot në mëngjes** heute Morgen
mëngjesor, -e Morgen-
mëngjesor|e, -ja Imbissstand *m,* Frühstücksbude *f*
mëngjër, i/e link; schielend; **këmba e** ~ linker Fuß *m*
mënoj = vonoj aufhalten, verzögern
mënyr|ë, -a Art und Weise *f,* Modus *m,* Manier *f;* ~ **habitore** *spr.* Admirativ *m;* ~ **e prodhimit** Produktionsweise *f;* ~ **e pagesës** Zahlungsweise *f;* **plotës mënyre** *spr.* Umstandsbestimmung der Art und Weise
mënyror, -e modal
mënjanë ⟨*adv*⟩ seitlich, seitwärts
mënjanërí-a Gleichgültigkeit *f*
mënjanoj umgehen, vermeiden
mënjill|e, -ja, *pl.* -e-t *rel.* Vigilfasten *n kathol.*
mëparsh|ëm, -me, i/e früher, vorig, vorherig, vorhergehend
mërdhij frieren, frösteln
mërgim-i Exil *n,* Emigration *f*
mërgohem aus/wandern
mërgoj aus/weisen, ins Exil schicken
mërí-a Hass *m;* **i mbaj mëri** böse sein auf jem.
mërij hassen
mërish|ëm, -me, i/e hassenswert, gehässig
mërkur|ë, -a, e Mittwoch *m;* **e mërkurë e përhime** Aschermittwoch *m*
mërsin|ë, -a *bot.* Myrte *f*
mërtinll|í, -eshë aus Mërtinj
mërzí-a Hass *m,* Laune *f*
mërzitem sich langweilen, überdrüssig sein; **hajt, mos u mërzit** lass es dich nicht verdrießen
mësim-i Lektion *f,* Unterricht *m;* **çaloj në mësime** im Unterricht zurückbleiben
mësípërm, -e, i/e obig, Ober-; **kat i** ~ Obergeschoss *n*
mësoj lernen
mësues-i Lehrer *m*
mësues|e, -ja Lehrerin *f*
mësyj an/greifen
mësymës, -e Angriffs-; **luftë mësymëse** Angriffskrieg *m*
mësymj|e, -a Angriff *m,* Attacke *f*
mëshir|ë, -a Erbarmen *n,* Mitleid *n*
mëshiroj bedauern, bemitleiden
mëshoj lasten; schlagen; betonen; **u mëshoi rremave** er legte sich in die Riemen
mëtejsh|ëm, -me, i/e weiter
mëvetësish|ëm, -me, i/e autosemantisch; **fjalë mëvetësishme** semantisch selbstständiges Wort
mëvonsh|ëm, -me, i/e später
mëz-i, *pl.* -a-t *zoo.* Fohlen *n,* Füllen *n*
mëzdrak-u, *pl.* -ë-t Lanze *f,* Spieß *m;* Keule *f*
mëzezjan, -e aus Mëzez
mëzhdrav|ë, -a *bot.* Weichselkirsche *f*
mi *1 s.* im meine *m Pl.; 2 dial.* = **mbi**

mi-u, *pl.* -nj-të *zoo.* Maus *f; tech.* = **maus**-i Maus *f beim PC*
miçanll|í, -eshë aus Miçan
midis ⟨+*Abl*⟩ unter, zwischen; ~ **tjerave** unter anderem
midhj|e, -a *zoo.* Muschel *f,* Miesmuschel *f*
miell-i Mehl *n*
míellt, i/e mehlig, Pulver-; **qumësht i miellt** Trockenmilch *f*
migren|ë, -a *med.* Migräne *f*
mijë tausend; **njëmijë** eintausend
mijësh|e, -ja Tausender *m*
mijëvjeçar, -e tausendjährig
mijëvjetor-i Millennium *n,* Tausendjahrfeier *f*
mijtë, i/e der/die tausendste
mi|k-u, *pl.* -q-të Freund *m*
mik|e, -ja = mikesh|ë, -a
Miken|ë, -a *ON* Mykene
mikesh|ë, -a Freundin *f*
mikpritës, -e gastfreundlich
mikpritj|e, -a Gastfreundschaft *f*
mikrob-i, *pl.* -e-t *zoo.* Mikrobe *f*
mikroborgjez-i Kleinbürger *m*
mikroborgjez, -e kleinbürgerlich; **zemërbutësí mikroborgjeze** kleinbürgerliches Mitleid *n*
mikrobus-i Kleinbus *m,* Minibus *m*
mikroskop-i, *pl.* -ë-t Mikroskop *n*
Milano-ja *ON* Mailand
miliard-i, *pl.* -ë-t, -a-t Milliarde *f*
milic-i, *pl.* -ë-t *hist.* Milizionär *m*
milicí-a *hist.* Miliz *f*
milimet|ër, -ri, *pl.* -ra-t Millimeter *m* (mm)
milingon|ë, -a *zoo.* Ameise *f*
milion-i, *pl.* -ë-t Million *f*
milioner-i, *pl.* -ë-t Millionär *m*
militariz|ëm, -mi Militarismus *m*
militarizoj militarisieren
militoj kämpfen, militant sein
militues, -e kämpferisch
milj|e, -a Meile *f*
mill-i, *pl.* -e-t Scheide *f für Stichwaffen*
mimoz|ë, -a *bot.* Mimose *f*
minahedhës|e, -ja = **minavënës|e**, -ja *mil.* Minenwerfer *m*
minaheqës|e, -ja = minambledhës|e, -ja
minakërkues-i *mil.* Minensuchgerät *n*
minambledhës|e, -ja *mil.* Minenräumboot *n,* Minensuchboot *n*
minandezës-i = zjarrmëtar-i *mil.* Feuerwerker *m*
minar|e, -ja Minarett *n,* Moscheeturm *m*
minator-i Bergmann *m,* Kumpel *m;* **kaskë minatori** Bergmanns:helm *m;* **qytezë e minatorëve** Bergmannssiedlung *f,* Berg:arbeitersiedlung *f*
minder-i, *pl.* -e-t Sofa *n,* Diwan *m,* Polsterbank *f,* Matratze *f*
mineral, -e mineralisch, Mineral-
mineral-i, *pl.* -e-t Mineral *n*
mineralogjí-a Mineralogie *f*
min|ë, -a *mil.* Mine *f*
miniatur|ë, -a Miniatur *f;* **shtëpi në miniaturë** Miniaturhaus *n*
minier|ë, -a Bergwerk *n,* Mine *f*
minifund-i, *pl.* -e-t Minirock *m*
minimal, -e minimal; **çift** ~ *spr.* Minimalpaar *n*
minimum-i Mindestmaß *n*
ministrí-a Ministerium *n;* ~ **e punëve**

të jashtme Außenministerium *n*
minoj untergraben
minoritar, -e Minderheiten-; **shkollë minoritare** Minderheitenschule *f*
minoritet-i Minorität *f*, Minderheit *f*
minuet-i, *pl.* -e-t *mus.* Menuett *n*
minuk-i, *pl.* -ë-t *zoo.* Mäus:chen *n*
minus-i, *pl.* -e-t Minus-Zeichen *n*
minut|ë, -a Minute *f*
miop, -e *med.* kurzsichtig
miopí-a *med.* Kurzsichtigkeit *f*
miqësí-a Freundschaft *f*; **shoqata e miqësisë** Freundschaftsgesellchaft *f*
miqësoj befreunden, anfreunden
miqësor, -e freundschaftlich
miratoj billigen, zustimmen
mirazh-i, *pl.* -e-t Fata Morgana *f*, optische Täuschung *f*
mirditor, -e aus Mirdita
mirë, i/e gut; **mirë** ⟨*adv*⟩ gut; **jam mirë** es geht mir gut; **bëftë** ~ guten Appetit; ~ **se vjen [erdhe/erdhët]** willkommen; **e mir|ë**, -a das Gut *n*, Wohl *n*; **në të mirë të** ⟨+ *Gen*⟩ zugunsten *zu Gunsten* von; **lamtumirë** Leb(t) wohl!
mirëbesim-i Vertrauenswürdigkeit *f*, Bonität *f*; Gutgläubigkeit *f*
mirëbërës-i Wohltäter *m*
mirëfilltë, i/e eigentlich; im engeren Sinn
mirëní-a Wohlstand *m*
mirënjohës, -e erkenntlich, dankbar, verpflichtet
mirënjohj|e, -a Erkenntlichkeit *f*, Dankbarkeit *f*
mirëpo jedoch, indessen
mirëqeni|e, -a Wohlstand *m*, Wohlergehen *n*
mirësí-a Güte *f*
mirësjellj|e, -a Höflichkeit *f*, gutes Benehmen *n*; **me** ~ höflich
miro-ja *rel.* Salb:öl
miros ölen, salben
mirosj|e, -a Ölung *f*
mirupafshim! auf Wiedersehen!
mis|ër, -ri Mais *m*; ~ **foragjer** Futtermais
mision-i, *pl.* -e-t Mission *f*
misionar-i, *pl.* -ë-t Missionar *m*
mister-i, *pl.* -e-t Mysterium *n*, Geheimnis *n*
misticiz|ëm, -mi Mystizismus *m*
mistifikoj mystifizieren, vernebeln
mistik|ë, -a Mystik *f*
misur-i, *pl.* -ë-t Steingutschüssel *f*, Schüssel *f*
mish-i, *pl.* -ra-t Fleisch *n*; ~ **sade** Fleisch ohne Beilage; ~ **i gjallshëm** schieres Fleisch; ~ **i grirë** Hackfleisch, Gehacktes *n*; ~ **i pjekur** Braten *m*; ~ **i tymosur** Räucherfleisch *n*; ~ **i thatë** Schinken *m*; **u zbalt mishi** das Fleisch ist verdorben
mishërim-i Verkörperung *f*, Darstellung *f*
mishëroj verkörpern
mishmash-i, *pl.* -e-t Mischmasch *m*
mit-i, *pl.* -e-t Mythos *m*, Sage *f*
mitar, -e unschuldig; zahm; minderjährig; **vajzë mitare** minderjähriges Mädchen *n*
mit|ë, -a *jur.* Bestechungsgeld; **dhënie e mitës** aktive Bestechung *f*

mít|ër, -ra, *pl.* -ra-t *med.* Gebärmutter *f*, Uterus *m;* Schössling *m;* Mitra *f* *Bischofsmütze*
mitik, -e mythisch, sagenhaft
Mitilen|ë, -a *ON* Mytilene
mitin|g-u, *pl.* -gje-t Massenversammlung *f*
mitologjí-a Mythologie *f*
mitos bestechen
mitraljer-i, *pl.* -ë-t MG-Schütze *m*
mitraloz-i, *pl.* -a-t Maschinengewehr *n*
mitropolí-a *rel.* Metropolie, Bischofs:amt *n orthodox*
mitropolit-i, *pl.* -ë-t *rel.* Metropolit *m*, Bischof *m orthodox*
mitur, i/e minderjährig
miturí-a *jur.* Minderjährigkeit *f*
miush-i, *pl.* -ë-t Mäus:chen *n; tech.* Maus *f am PC*
miz|ë, -a Fliege *f*, Mücke *f*
mizor, -e blutrünstig, grausam
mjaft ⟨*adv*⟩ genug
mjaftoj genügen; **mjafton me kaq** das genügt
mjalt|ë, -i Honig *m*
mjedasor, -e aus Mjeda
mjedis-i, *pl.* -e-t Milieu *n*, Umwelt *f*, Ambiente *n;* **çndotje e mjedisit** Entgiftung der Umwelt
mjégull-a Nebel *m*, Dunst *m*
mjegulloj vernebeln
mjégullt, i/e neblig, vernebelt
mjek-u, *pl.* -ë-t Arzt *m;* ~ **dhëmbësh** Zahn:arzt *m*
mjek|e, -ja Ärztin *f*
mjek|ër, -ra, *pl.* -ra-t Bart *m*
mjekësí-a Arztberuf *m*, Medizin *f*
mjekim-i ärztliche Behandlung *f*; Heilung *f;* ~ **i detyruar** *jur.* Zwangsbehandlung *f;* ~ **ambulator** ambulante Behandlung *f*
mjekoj behandeln, kurieren
mjel *e/i/o* melken
mjelës-i Melker *m*
mjelm-i Euter *n*, Zitze *f*
mjerë, i/e arm, erbarmungswürdig, erbärmlich
mjerim-i Elend *n*, Unglück *n*
mjerisht ⟨*adv*⟩ leider
mjeruesh|ëm, -me, i/e bemitleidenswert
mjésht|ër, -ri, *pl.* -r-it Meister *m*, Baumeister *m;* ~ **merakli** sorgfältiger Handwerker *m*
mjeshtërí-a Handwerk *n*
mjet-i, *pl.* -e-t Mittel *n;* ~ **i prodhimit** Produktionsmittel; ~ **i luftimit** Kampfmittel; ~ **i rrezikut të përbashkët** gemeingefährliches Mittel; ~ **pastrimi** Reinigungsmittel; **mjete transporti** Transportmittel *Pl.;* **mjetet e xhiros** die Umlaufmittel, das Geld im Umlauf
mjetor|e, -ja *spr.* Instrumentalis *m*
mllef-i Zorn *m*, Wut *f*, Hass *m*
mllefqar-i, *pl.* -ë-t Wüterich *m*
mobili|e, -a Möbel *n*, Mobiliar *n*
mobilierí-a Möbel *Pl.;* Möbelfabrik *f*
mobilizim-i *mil.* Mobilmachung *f*
mobilizoj *mil.* mobil/machen, mobilisieren
mobiloj möblieren
moçal-i, *pl.* -e-t Sumpf *m*, Morast *m*
moç|ëm, -me, i/e alt, betagt, bejahrt

model-i, *pl.* -e-t Modell *n*
modelim-i Modellierung *f,* Modellbildung *f*
modeloj modellieren
modern, -e modern, modisch, chic
moderniz|ëm, -mi Modernismus *m,* die Moderne *f*
modernizoj modernisieren
modest, -e bescheiden
modestí-a Bescheidenheit *f*
mod|ë, -a Mode *f;* **dal mode** aus der Mode kommen
modifikoj modifizieren
modist|e, -ja Damenschneiderin *f,* Modistin *f*
moglicar, -e aus Moglica
mohim-i Verneinung *f,* Negation *f*
mohoj verneinen, negieren
mohues, -e negativ, privativ
moj *Int.* du! *f. s.* **more**; **fol, moj!** sprich! *an eine Frau gerichtet*
mók|ër, -ra, *pl.* -ra-t Mühlstein *m*
mokrar, -e aus Mokra
mol-i, *pl.* -e-t Kai *m,* Mole *f,* Landungssteg *m*
Moldaví-a Moldau, Moldawien
moldavian, -e aus Moldau
molekul|ë, -a Molekül *n*
moleps an/stecken, infizieren
molepsj|e, -ja *med.* Ansteckung *f*
molibden-i *chem.* Molybdän
molis ermüden
mollasak, -e aus Móllas
moll|ë, -a Apfel *m;* ~ **dimërake** Winter:apfel *m*
mollëz-a Backenknochen *m,* Wange *f,* Backe *f;* Fingerkuppe *f*
moment-i, *pl.* -e-t Moment *m,* Augenblick *m*
Monako-ja *ON* Monaco
monark-u, *pl.* -ë-t Monarch *m*
monarkí-a Monarchie *f*
monarkik, -e monarchisch
monarkist-i Monarchist *m*
monarkiz|ëm, -mi Monarchismus *m*
mondan, -e mondän, weltläufig; **sjellje mondane** gewandtes Auftreten
monedh|ë, -a Münze *f*
mongol, -e mongolisch
Mongolí-a Mongolei *f*
monofton|g-u, *pl.* -gje-t *spr.* Monophthong
monoftongim-i *spr.* Monophthongierung
monogjenez|ë, -a *spr.* Monogenese
monók|ël, -la, *pl.* -a-t Monokel
monolit, -e monolithisch
monolit-i, *pl.* -e-t Monolith *m*
monolog-u, *pl.* -ë-t Monolog *m,* Selbstgespräch *n*
monopol-i, *pl.* -e-t Monopol *n,* Staatsregie *f;* **monopol i tregtisë së jashtme** Außenhandelsmonopol
monoteist, -e monotheistisch
monoteiz|ëm, -mi Monotheismus *m*
monotip-i, *pl.* -a-t Monotype *f Setzmaschine*
monoton, -e monoton
monotoní-a Monotonie *f*
Monreal-i *ON* Montreal
Montekarlo-ja *ON* Monte Carlo
montim-i = **montazh**-i Montage *f*
montoj montieren
monument-i, *pl.* -e-t Denkmal *n,*

Monument *n*

mora, *s.* marr

moral, -e moralisch

moral-i Moral *f;* ~ **shoqëror** gesellschaftliche Moral

moralizoj moralisieren, Moral predigen

moralsh|ëm, -me, i/e moralisch

Morav|ë, -a *FN* Morava

Moraví-a Mähren

more ach du!; ~ **djalë!** mein Lieber!

Moré-ja Morea

mor|ë, -a, *pl.* -a-t *spr.* More

morfem|ë, -a *spr.* Morphem

morfofonologjí-a *spr.* Morphonologie

morfologjí-a *spr.* Morphologie, Formenlehre; **morfologji e fjalëformimit** *spr.* Wortbildungslehre *f*

morfosintaksor, -e *spr.* morphosyntaktisch

morg-u Leichenhaus *n*

morí-a Menge *f,* Haufen *m;* ~ **dritëzash** eine Menge Lichter

mors-i Morse-Alphabet *n*

mort-i = **mortj|e**, -a Tod *m;* **e hëngërt morti!** hol ihn der Teufel!

mortaj|ë, -a *mil.* Mörser *m*

mortor, -e Todes-; **ankth** ~ Todes:angst *f*

mortsh|ëm, -me, i/e sterblich; tödlich; Todes-

morr-i, *pl.* -a-t Laus *f*

mos *1: bei Imp. u. conj.* nicht; *2: bei Ind.* vielleicht; ~ **duhet t'i ndërroj kandelën?** soll ich vielleicht die Zündkerze auswechseln?; ~ **e qas në shtëpi!** bring es nur nicht ins Haus!; **mos është ...** ob er wohl ... ist; ~ **i ngas librat!** rühr die Bücher nicht an!; ~ **ki dert!** mach dir keine Sorge!; ~ **ki merak** keine Sorge!, keine Beunruhigung!; ~ **më trazo!** lass mich in Ruhe!; ~ **përziej hallallin me haramin!** verwisch nicht die Grenze zwischen Gut und Böse!; ~ **u shqetësoni!** beunruhigen Sie sich nicht!

mosbesim Misstrauen *n*

mosbërj|e, -a *jur.* Unterlassung *f*

mosdorëzim-i Nichtlieferung *f*

mosdhëni|e, -a Verweigerung *f einer Leistung*

mosinteresim-i Interesselosigkeit *f*

Mosk|ë, -a *ON* Moskau

moskallëzim-i Unterlassung einer Meldung, *jur.* Verheimlichung *f*

moskryerj|e, -a *jur.* Unterlassung *f*

moskuptim-i Missverständnis *n*

moskuptoj missverstehen

mosmarrëveshj|e, -a Meinungsverschiedenheit *f,* Differenzen *Pl.*, Nichteinigung *f*

mosmëharró, lule ~ *bot.* Vergissmeinnicht *n*

mosparaqitj|e, -a das Nichterscheinen *n*

mospërdorim-i Ungebräuchlichkeit *f,* Unbrauchbarkeit *f*

mospërfillj|e, -a Geringschätzung *f,* Miss:achtung *f*

mosqeni|e, -a Nichtsein *n*

mosrespektim-i *jur.* Miss:achtung

most|ër, -ra, *pl.* -ra-t Muster *n;* **mostra pa çmim** das Muster ohne Wert

mostregim-i Unterlassung *f einer*

Anzeige, Verheimlichung *f, jur.* Verbergung *f*
mosveprim-i *jur.* Unterlassung *f*
moszbatim-i Nichtbeachtung *f,* Nichtbefolgung *f;* Unterlassung *f*
moshatar-i Altersgenosse *m;* **mundej me moshatarë** er rang mit Altersgenossen
mosh|ë, -a Alter *n,* Lebensalter *n;* **mbush moshën** *ein bestimmtes* Alter erreichen
mot-i, *pl.* -e-t Wetter *n;* **buletini i motit** Wetterbericht *m*
mot|ër, -ra Schwester *f;* ~ **çiftare** Zwillingsschwester
motërmëm|ë, -a Mutterschwester *f,* Tante *f*
motërtat|ë, -a Vaterschwester *f,* Tante *f*
mótërz-a Schwesterchen *n*
motiv-i, *pl.* -e-t Grund *m,* Motiv *n,* Beweggrund *m*
motivim-i Motivierung *f*
motivoj motivieren
motivuar, i/e *spr.* motiviert, durchsichtig, transparent
motmot-i Jahreswechsel *m;* **Motmoti i Ri** Neujahr *n*
moto-ja Motto *n*
motobark|ë, -a Barkasse *f,* Motorboot *n*
motoçiklet|ë, -a Motorrad *n*
motopomp|ë, -a *tech.* Motorpumpe *f*
motor-i Motor *m,* Triebwerk *n;* ~ **dykohësh** Zweitaktmotor *m;* **motori zhuzhet** der Motor röhrt
motorino-ja *tech.* Moped *n,* Mokick *n*
motorist-i Automechaniker *m*
motoskaf-i, *pl.* -ë-t Motorboot *n,* Schnellboot *n*
motosharr|ë, -a Motorsäge *f*
motuar, i/e alt; verjährt; abgehangen *Fleisch,* abgestanden *Speise;* **borxh i ~** verjährte Schuld *f*
mozaik-u, *pl.* -ë-t Mosaik *n*
mpi|j, *-va, -rë* erstarren lassen; erstarren; **këmba më ka [është] mpirë** der Fuß ist mir eingeschlafen
mpirj|e, -a Starre *f,* Erstarrung *f*
mpreh schärfen
mpréhës|e, -ja Schleifstein *m;* ~ **lapsash** Bleistiftspitzer *m*
mprehtë, i/e scharf, aktuell
mprehtësí-a Aktualität *f; spr.* Akuität *f,* Schärfe *f*
mrekullí-a Wunder *n,* Mirakel *n*
mrekulloj verwundern, staunen lassen
mriz-i, *pl.* -e-t Rastplatz *m,* schattige Stelle *f*
mu genau; ~ **në vend** auf der Stelle, sofort
muaj-i, *pl.* -t Monat *m;* ~ **në vazhdim** laufender Monat; **~in e kaluar** vorigen Monat
muar *dial., s.* marr
mugët, i/e halbdunkel, finster
muhabet-i *veralt.* Gespräch *n,* Plauderei *f*
muhabetqar, -e *veralt.* plauderig
muhamedan-i, *pl.* -ë-t Mohammedaner *m,* Moslem *m*
muhamedaniz|ëm, -mi Islam *m*
muhaxhir-i, *pl.* -ë-t *veralt.* Flüchtling *m*
muhurak, -e aus Múhur
mujshí-a Zwang *m*
mujshoj zwingen

mukajet-i *veralt.* Mühe *f,* Sorgfalt *f*
mukoz|ë, -a *med.* Schleimhaut *f*
mullá-i, *pl.* -të Mulla *m,* Geistlicher *m muslimisch;* Seminarist *m einer Medrese;* Moschee-Diener *m*
mullí-ri, *pl.* -nj-të Mühle *f*
mullis-i, *pl.* -ë-t Müller *m*
mund können; bezwingen, besiegen; dürfen; **i mundëm në lojë** wir besiegten sie im Spiel; ~ **të hyj?** darf ich eintreten?
mundem *dial.* können; ringen; **mundej me moshatarë** er rang mit Altersgenossen
mundës-i *spo.* Ringer *m*
mundësí-a Möglichkeit *f*
mundësoj ermöglichen
mundim-i Qual *f*
mundj|e, -a Ringkampf *m*
mundohem sich bemühen
mundoj quälen
mundsh|ëm, -me, i/e = mundur, i/e möglich
mundur, i/e besiegt; möglich
munges|ë, -a Fehlen *n,* Mangel *m,* Lücke *f;* **në** ~ **të** + *G* in Ermangelung von; ~ **e pajustifikuar në punë** *ök.* unentschuldigtes Fernbleiben bei der Arbeit
mungesor, -e *spr.* elliptisch
mungoj fehlen
Munih-u *ON* München
mur-i, *pl.* -e-t Mauer *f,* Wand *f;* **hartë muri** Wandkarte *f*
murator-i Maurer *m*
mur|g-u, *pl.* -gj-it Mönch *m*
murgesh|ë, -a Nonne *f*
murmuris *s/t* murmeln
muroj = **muros** mauern, zu/mauern, ein/mauern
mursjot, -e aus Mursí-a
murtaj|ë, -a Pest *f*
murrëtehem sich verfinstern
murrëtej *e/ye* finster machen
murrmë, i/e dunkelgrau, schwärzlich
musaká-ja Kartoffel-Auflauf *m,* Musaka
músku|l-i, *pl.* -j-t Muskel *m*
muslluk-u, *pl.* -ë-t Wasserhahn *m,* Hahn *m,* Kran *m*
mustaqe-t Schnurrbart *m,* Schnauzbart *m*
mustard|ë, -a Senf *m,* Mostrich *m*
mushamá-ja Umhang *m,* Regencape *n,* Plane *f*
mushk|ë, -a Maul:eselin *f*
mushkërí-a Lunge *f*
mushkonj|ë, -a *zoo.* Mücke *f*
mushqetar, -e aus Mushqetá
musht-i Most *m*
muzé-u Museum *n;* ~ **etnografik** Volkskundemuseum
muz|ë, -a Muse *f*
muzg-u Abenddämmerung *f,* Dämmerung
muzikant-i, *pl.* -ë-t Musiker *m*
muzik|ë, -a Musik *f;* ~ **bajate** aus der Mode gekommene Musik; ~ **e zhurmshme** lärmende Musik; ~ **orkestrale** Orchestermusik; ~ **vallëzimi** Tanzmusik; **qejfli për muzikë** Musikliebhaber *m*
muzikoj komponieren *Filmmusik, Opernlibretto*

muzikologjí-a Musikwissenschaft *f*
muzikor, -e musikalisch
muziktar-i Musiker *m*
muziniot, -e aus Muzina
mvetësim-i Vereinzelung *f*, Abspaltung *f*
myc|ë, -a Reisig *n*
myderriz-i, *pl.* -ë-t Theologieprofessor *m muslim.*, Lehrer in einer Medrese
myftí-u, *pl.* -lerë-t Mufti *m;* **myftiní**-a Mufti-Amt *n*, Müftülük
myhib-i, *pl.* -ë-t Bektaschi-Gläubiger *Mitglied einer Gemeinde,* Muhib *m*
myhyr-i, *pl.* -ë-t *veralt.* Ring *m*, Siegelring, Siegel *n*
myk-u Schimmel *m*
mykem schimmeln, verschimmeln
mykor, -e Schimmel-, schimmelig; **kërpudhë mykore** Schimmelpilz *m*
mykur, i/e verschimmelt, schimmelig, gammelig
myl|k-u, *pl.* -qe-t *hist.* Landbesitz *m*
mynxyr|ë, -a Unheil *n*, Unglück *n*
mysafir-i, *pl.* -ë-t *veralt., dial.* Gast *m*
myshk-u Moos *n*
myshkët, i/e moosig, bemoost; aromatisch, duftend
myshterí-u, *pl.* -nj-të *veralt.* Kunde *m*, Käufer *m*
mysliman-i, *pl.* -e-t Muslim *m*, Moslem *m*, Mohammedaner *m*
myslimaniz|ëm, -mi *rel.* Islam *m*
mytesarif-i, *pl.* -ë-t *hist.* Mutasarrıf *Leiter eines Sandschak,* Gouverneur *in osman. Zeit*
myzeqar, -e aus der Myezeqé
myzhdé-ja *veralt.* frohe Botschaft *f*, Freudennachricht *f*

N

na uns
nacional, e- national, Nationalitäten-; **grindje nacionale** Nationalitätenkonflikt *m*, Streit unter Volksgruppen
nacionaliz|ëm, -mi Nationalismus *m*
nafor|ë, -a Brot *n das nach dem orthod. Gottesdienst ausgeteilt wird*
naft|ë, -a Naphtha *n*, Roh:öl *n*, Erd:öl *n*, Dieselkraftstoff *m*
naftëtar-i Erdölarbeiter *m*
nahij|e, -a Nahie *f Verwaltungseinheit in osman. Zeit,* Gemeinde *f;* Landschaft *f*
naiv, -e naiv, einfältig
najlon-i Nylon *n*
nam-i Ruf *m*, Renommee *n;* **kam nam të keq** schlechten Ruf haben
namibian, -e namibisch
nanuris ein Wiegenlied singen
Napoli *ON* Neapel
napolon-i, *pl.* -a-t *hist.* Napoléon d'or *20 Franken = 100 Lek*
nargjilé-ja Wasserpfeife *f*
narkotik, -e Rauschgift-, narkotisch, Rausch-
narkotik-u, *pl.* -ë-t Rauschgift *n*
narkoz|ë, -a *med.* Narkose *f*
nartjot, -e aus Narta

nat|ë, -a, *pl.* net-ët Nacht *f;* **a është hapur natën?** ist nachts geöffnet?; **ndërresa e natës** Nachtschicht *f;* **zymtësia e natës** die Finsternis der Nacht

natyral, -e = natyror, -e

natyralist-i *spr.* Naturalist *m;* Naturforscher *m*

natyraliz|ëm, -mi Naturalismus *m*

natyr|ë, -a Natur *f*

natyrësí-a = natyrshmërí-a Natürlichkeit *f*

natyrisht ⟨*adv*⟩ natürlich, selbstverständlich

natyror, -e natürlich, Natur-; **gjini natyrore** *spr.* natürliches Geschlecht *n*

natyrsh|ëm, -me, i/e natürlich, selbstverständlich

navat|ë, -a Kirchenschiff *n*

navllim-i *ök.* Befrachtung *f,* Charterung *f*

navllo-ja Fracht *f auf Schiff,* Frachtgebühr *f*

navlloj chartern, mieten, heuern

navllues-i *ök.* Verfrachter *m,* Frachtführer *m*

nazifashist, -e nazifaschistisch

nazist-i Nazi *m;* **krime-t e nazistëve** Naziverbrechen *Pl.*

naziz|ëm, -mi Nazismus *m,* Nazitum *n,* Nationalsozialismus *m*

ndahem sich trennen

nda|j, *-va, -rë* teilen

ndaj ⟨+ *Abl*⟩ bezüglich, gegenüber, hinsichtlich

ndajfolj|e, -a Adverb *n,* Umstandswort *n;* ~ **prejfoljore** Verbal:adverb *n*

ndajfoljezim-i *spr.* Adverbialisierung *f*

ndajfoljor, -e adverbial

ndajngjitj|e, -a Annexierung *f,* Anfügung *f*

ndajrritj|e, -a *spr.* Stamm:erweiterung *f,* Krement *n*

ndajshtes|ë, -a *spr.* Affix *n*

ndajshtesim-i *spr.* Affigierung *f*

ndajshtim-i *spr.* Apposition *f*

ndajshtres|ë, -a Adstrat *n*

ndal verbieten; **ndal!** halt!

ndalem an/halten, still/stehen; auf/hören; **u ndal shiu** es hat aufgehört zu regnen; ~ **në skelë** anlegen *Schiff*

ndales|ë, -a Halt *m,* Aufenthalt *m,* Stop *m, spr.* Pause *f;* ~ **e ndërmjetme** Zwischenlandung *f*

ndalim-i Unterbindung *f, jur.* Verhinderung *f,* Verbot *n;* ~ **parakalimi** Überholverbot; ~ **parkimi** Parkverbot; ~ **qëndrimi** Halteverbot

ndalimor, -e *spr.* prohibitiv

ndalimqarkullim-i Ausgangssperre *f*

ndaloj an/halten, stoppen, ab/stellen, aus/machen; verhindern, unterbinden, verbieten; **ndalohet rreptësisht** es ist strengstens verboten; **ndaloni makinat!** Maschinen aus!

ndarës, -e trennend, Trenn-; **skedë ndarëse** Trennkarte *f*

ndarj|e, -a Teilung *f;* ~ **e qelizës** Zellteilung; ~ **gjinore** gattungsmäßige Einteilung *f*

ndasí-a Spaltung *f,* Trennung *f,* Getrenntheit *f*

ndash|ëm, -me, i/e teilbar

ndej aus/breiten, aus/strecken

ndej|ë, -a Ruhe *f*

ndenja, *s.* rri

ndénjës|e, -ja Sitzgelegenheit *f*, Sitz *m*

ndenjj|e, -a das Sitzen *n*

nder-i Ehre *f*; **bëj ~** eine Gefälligkeit erweisen

nderë, i/e gedehnt, *spr.* gespannt

nderim-i Hochachtung *f*, Ehrerbietung *f*; **me nderime** hochachtungsvoll *Briefschluss*

nderj|e, -a *spr.* Spannung *f*

nderoj ehren

ndersh|ëm, -me, i/e ehrbar, ehrlich

ndesh treffen, begegnen

ndeshj|e, -a Begegnung *f*, Match *n*, Wettkampf *m*

ndez *e/i* anzünden; anlassen, starten; **e ndez makinën** ich lasse den Wagen an; **~ elektrikun** das Licht einschalten; **u ndez vetiu** es entzündete sich von selbst

ndezj|e, -a *tech.* Zündung *f*; **sistem ndezjeje** Zünd:anlage *f*

ndër ⟨+ *Abl*⟩ unter, zwischen

ndër- inter-, zwischen-

ndërakt-i Zwischen:akt *m*

ndërgegjsh|ëm, -e, i/e sorgfältig; bewusst

ndërgjegj|e, -ja Gewissen *n*, Bewusstsein *n*; **~ klasore** Klassenbewusstsein; **~ e qelibartë** reines Gewissen; **brerje ndërgjegjeje** Gewissensbisse *Pl.*

ndërgjegjsh|ëm, -me, i/e bewusst, gewissenhaft; **punëtor i ndërgjegjshëm** bewusster Arbeiter *m*

ndërhy|j, *ra, -rë* intervenieren, einschreiten

ndërhyrës, -e Interventions-, Eingreif-; **trupat ndërhyrëse** Interventionstruppen *Pl.*

ndërhyrj|e, -a Intervention *f*, Eingriff *m*

ndërkoh|ë, -a Zwischenzeit *f*

ndërkohë ⟨*adv*⟩ inzwischen, unterdessen

ndërkombëtar, -e international; **format ~** internationales Format *n*

ndërkombëtariz|ëm, -mi Internationalismus *m*

ndërlidhës, -e Verbindungs-

ndërlidhës-i Melder *m*, Bote *m*

ndërlidhj|e, -a Kommunikation *f*, Nachrichtenwesen *n*

ndërlikim-i Komplikation *f*

ndërlikoj durcheinander bringen, verwirren

ndërlikuar, i/e verworren

ndërmarr *a/e/o* unternehmen

ndërmarrj|e, -a Betrieb *m*, Unternehmen *n*

ndërmend ⟨*adv*⟩ bewusst, im Sinn; **kam ~** vor/haben; **bie ~** ein/fallen

ndërmjet ⟨+ *Abl*⟩ zwischen

ndërmjet ⟨*adv*⟩ dazwischen

ndërmjet|ëm, -me, i/e Zwischen-, Vermittlungs-

ndërmjetës-i Vermittler *m*; **~ burse** Börsenmakler *m*

ndërmjetësí-a Vermittlung *f*, Mediation *f*

ndërmjetësim-i Vermittlung *f*

ndërprerj|e, -a Unterbrechung *f*, Einstellung *f*; **temp me ~** *mus.* Stakkato *n*

ndërpre|s, *-va, -rë* unterbrechen, ab/stellen, aus/schalten, ab/schalten

ndërqytetor, -e Überland-; **shërbim ~** Überlanddienst *m*

ndërsá ⟨*Konj.*⟩ während

ndërsjellë, i/e gegenseitig, wechselseitig; **referim i ~** Kreuzverweisung *f*

ndërshtënë, i/e zwischengeschoben, *spr.* interkaliert, Zwischen-, parenthetisch

ndërshtëni|e, -a *spr.* Schaltsatz *m*, Parenthese *f*, Einschiebsel *n*

ndërtes|ë, -a Gebäude *n;* **~ botore** öffentliches Gebäude

ndërtim-i Aufbau *m*, Bau *m*, *spr.* Konstruktion; Bauwesen *n;* **ndërtime themelore** Investitionsbauwesen *n*, Neubauten *Pl.*, Bauvorhaben *n;* **ndërtime kapitale** *ök.* Investitionsbauwesen *n;* **~ makinash** Maschinenbau *m*

ndërtoj erbauen, auf/bauen

ndërtues-i Erbauer *m*

ndërvarësí-a Interdependenz *f*

ndërvarur, i/e interdependent

ndërzanor, -e *spr.* intervokalisch

ndërzej *e/ye* paaren

ndërzim-i Paarung *f*

ndërres|ë, -a Schicht *f; mil.* Wache *f;* **~ e natës** Nachtschicht *f*

ndërresa-t *f. Pl.* Leibwäsche *f*, Unterwäsche *f*

ndërrim-i Änderung *f*, Wechsel *m*, Austausch *m*, Folge *f;* **ndërrim turni** Schichtwechsel *m;* **ndërrimi i breznive** Generationswechsel; **~ gome** Reifenwechsel

ndërroj ändern, wechseln; **ndërroi fati i luftës** der Krieg nahm eine neue Wendung; **~ shtëpi** um/ziehen; **~ trenin, autobusin** um/steigen; **i ndërroi çehrja** er erbleichte; **kam ndërruar krehjen e flokëve** eine neue Frisur haben

ndërruesh|ëm, -me, i/e veränderlich, variabel

nd|íej, *-jéva, -jerë* fühlen, spüren; **~ veten të sëmurë** sich krank fühlen

ndihm|ë, -a Hilfe *f*, *jur.* Beihilfe *f;* **~ e shpejtë** Notdienst *m*, Notarzt *m;* **~ reciproke** wechselseitige Hilfe

ndihmës, -e Hilfs-

ndihmës-i Gehilfe *m*

ndihmoj ⟨+ *Akk.*⟩ helfen; *jur.* Beihilfe leisten; **ndihmómëni!** Hilfe!, zu Hilfe!; **~ shokët e mi** ich helfe meinen Kollegen

ndijim-i Empfindung *f*

ndikim-i Be:einflussung *f*

ndikoj be:einflussen, Einfluss nehmen; **~ për të keq** be:einträchtigen

ndiq, *s.* ndjek

ndiz, *s.* ndez

ndje|j, *-va, -rë* verzeihen

ndjek *e/o/i* folgen, verfolgen

ndjekës, -e *spr.* folgend

ndjekës-i Verfolger *m*

ndjekj|e, -a Verfolgung *f;* **~ e bibliotekës** Benutzungsrate der Bibliothek; **~ penale** *jur.* Strafverfolgung

ndjell *e/i/o* an/locken; ahnen; voraus/sehen; **mos na ndill zi!** mal nicht den Teufel an die Wand!

ndjenj|ë, -a Gefühl *n;* **~ gjuhësore**

Sprachgefühl
ndjerë, i/e verstorben, selig; **i ndjeri baba** sein Vater selig
ndjes|ë, -a Entschuldigung *f*, Vergebung *f*, Verzeihung *f*; **kërkoj ndjesë** um Entschuldigung bitten; **ndjesë pastë!** Ruhe sanft!, R. I. P. *requiescat in pace*
ndjesí-a Gefühl *n*
ndjesh|ëm, -me, i/e gefühlvoll, empfindsam; **përbëj një hap të ~ përpara** einenspürbaren Schritt voran darstellen
ndodh geschehen, passieren
ndodhem sich ereignen, sich befinden; **~ para një të papriture** vor einer unvorhergesehenen Situation stehen
ndodhí-a Vorfall *m*, Ereignis *n*
ndokush jemand, irgendwer
ndonëse ⟨*Konj.*⟩ obwohl, obgleich
ndonja ungefähr
ndonjerí-u jemand
ndonjë irgendein
ndonjëherë irgendwann
ndonjëra irgendeine
ndonjëri irgendeiner; **flet ~ gjermanisht?** spricht jemand Deutsch?
ndoqa, *s.* ndjek
ndoresh ⟨*adv*⟩ von der Hand; **i vjen ~** es geht ihm leicht von der Hand
ndoshta ⟨*adv*⟩ vielleicht
ndot verschmutzen
ndotj|e, -a Befleckung *f*, Verschmutzung *f*, Pollution *f*; **~ e ambientit** Umweltverschmutzung
ndreq korrigieren; berichtigen, reparieren, richten
ndreqj|e, -a Korrektur *f*, Berichtigung *f*; **~ gabimesh** Druckfehlerverzeichnis *n*; **~ gabimesh shtypi** Druckfehlerkorrektur *f*, Fehlerberichtigung *f*
ndriçim-i Glanz *m*, das Leuchten *n*
ndriçoj leuchten, scheinen
ndritoj erleuchten
ndritur, i/e leuchtend; **shembull i ~** leuchtendes Beispiel *n*
ndronjak, -e aus Ndroq
ndryshe ⟨*adv*⟩ sonst, anders, andernfalls; **nga ç'tjetër?** wovon sonst?
ndrysh|ëm, -me, i/e verschieden
ndryshim-i Veränderung *f*, Änderung *f*, Abänderung *f*; **~ fonetik** Lautwechsel *m*, Lautwandel *m*, Lautveränderung *f*; **~ sasior** quantitative Veränderung *f*; **ndryshime klimatike** Klimaveränderungen *Pl.*
ndryshk rosten; erlahmen
ndryshk-u Rost *m*; **~ e grin hekurin** Rost zerfrisst Eisen
ndryshme-t, të Verschiedenes *n*, Varia
ndryshoj sich unterscheiden, sich ändern, abändern; **ndryshoi rrënjësisht** er änderte sich grundlegend
ndryshor-i *spr.* Variante *f*, Spielart *f*
ndryshuesh|ëm, -me, i/e *spr.* flektierbar, abwandelbar, veränderlich
nduk rupfen, kneifen
ndulkem, *nur 3. P.* ndulket nachreifen *nach dem Pflücken*
ndyj beschmutzen, beflecken
ndyrë, i/e schmutzig
ne wir; **~ të dy** wir beide; **mes nesh** unter uns
neandertal-i, *pl.* -ë-t Neandertaler *m*

nefrit-i Nieren:entzündung *f, med.* Nephritis *f*
nejse auf!, los!, gut!, nun!
nekrologjí-a Nachruf *m,* Nekrolog *m*
nekropol-i, *pl.* -e-t Gräberfeld *n*
nektar-i *bot.* Nektar
Neman-i *ON* Memel
nen-i, *pl.* -e-t *jur.* Artikel *m,* Absatz *m;* ~ **plotësues** Zusatzartikel *m,* Zusatzbestimmung *f*
neolatin, -e neulateinisch
neolit-i Jungsteinzeit *f,* Neolithikum *n*
neologjiz|ëm, -mi *spr.* Neologismus *m*
nepërk|ë, -a *zoo.* Viper *f*
nepravishtjot, -e aus Nepravishta
nérgut ⟨*adv*⟩ absichtlich, extra
nerv-i, *pl.* -a-t Nerv *m*
nervor, -e Nerven-; **sistemi** ~ Nervensystem *n*
nervoz, -e nervös
nésër morgen
nésërm, i/e morgig; **njeriu i** ~ der Mensch von morgen
nétëve ⟨*adv*⟩ nachts
neto netto
neurolog-u, *pl.* -ë-t Neurologe *m*
neuroz|ë, -a *med.* Neurose
neutralizoj = asnjanësoj neutralisieren
neverí-a Ekel *m,* Widerwille *m*
neveritem sich ekeln, Abscheu empfinden
neveritsh|ëm, -me, i/e ekelerregend, ekelhaft; lästig
nevoj|ë, -a Notwendigkeit *f,* Bedarf *m;* Notdurft *f;* **kam nevojë** brauchen; **makina ka nevojë për grasatim** der Wagen muss abgeschmiert werden; **bëj nevojën** seine Notdurft verrichten; ~ **ekstreme** *jur.* Notstand *m*
nevojsh|ëm, -me, i/e notwendig, erforderlich
nevojtor|e, -ja Toilette *f,* Abort *m,* Abtritt *m*
nevralgjí-a *med.* Neuralgie
nevrastení-a *med.* Neurasthenie
nevrik, -e nervös
nevrikos = nervozoj nervös machen
nevrikosur, i/e nervös, entnervt
në (1) ⟨+ *Opt*⟩ wenn, falls; ~ **daç** wenn du willst
në (2) ⟨+ *Akk*⟩ in, auf; ~ **postë** auf der Post; **në të ardhmen** zukünftig, in Zukunft; **në bazë të** + *G* wegen, auf Grund von; **në ç'mënyrë?** auf welche Weise?, wie?; **në çdonjërën prej fotografive** auf jedem der Fotos; **në dëm të** ⟨+ *G*⟩ zum Nachteil von, zum Schaden von; **në dobi të** ⟨+ *G*⟩ zugunsten; **në dukje** anscheinend; **në emër të** ⟨+ *G*⟩ namens, im Namen von; **në fjalë** besagter, der besagte, der erwähnte; **në gjirin e** ⟨+ *G*⟩ innerhalb; **në kapërcellin e shekullit XIX** am Ende des 19. Jahrhunderts; **në komision** in Kommission, im Auslieferungslager bei; **në kuadrin e festës** im Rahmen des Festes; **në kundërshtim me** im Widerspruch zu; **në mbarim të** ⟨+ *G*⟩ zum Abschluss von, am Ende von; **në mënyrë fyese** in beleidigender Weise; **në mënyrë paraprake** vorläufig, vorsorglich, provisorisch; **në mes të** ⟨+ *G*⟩ inmitten, in der Mitte von; **në mungesë të**

⟨+ *Gen*⟩ in Ermangelung von; **në orën tetë fiks** um punkt acht Uhr; **në pajtim me, në përputhje me** gemäß, konform, in Übereinstimmung mit; **në pritje të** ⟨+ *Gen*⟩ in Erwartung von; **në rast se** gesetzt den Fall, dass; falls, wenn; **në rrégull** in Ordnung; **në saje të** ⟨+ *Gen*⟩ dank, wegen, durch, vermittels; **në veçantí** insbesondere

ném! *dial.* gib mir!

nëm verwünschen, verfluchen; **Bjeshkët e Nëmura** Prokletije-Gebirge; Fluchenberge *Pl.*

nën ⟨+ *Akk*⟩ unter; ~ **banak** unter der Hand; ~ **rrogoz** heimlich, insgeheim; ~ **sqetull** unter dem Arm

nënçatí-a Dachzimmer *n,* Dachboden *m*

nënçmoj unterschätzen

nëndétës|e, -ja Unterseeboot *n,* U-Boot *n;* ~ **bërthamore** Atom-U-Boot; Nuklear-Unterseeboot

nën|ë, -a Mutter *f;* **dhembshuría e nënës** die Mutterliebe *f*

nënkolonel-i, *pl.* -ë-t Oberstleutnant *m;* **u gradua** ~ er wurde zum Oberstleutnant befördert

nënkres|ë, -a Kopfkissen *n*

nënkuptim-i Doppelsinn *m,* Hintersinn *m,* Anspielung *f;* **buzëqeshje gjithë** ~ vielsagendes, hintergründiges Lächeln *n*

nënkuptoj verstehen, *etwas Unausgesprochenes* hinzu/denken, meinen; **nënkuptohet** man meint damit

nënnjerí-u Untermensch *m*

nënoficer-i Unteroffizier *m*

nënqesh lächeln

nënrenditur, i/e untergeordnet; **fjali e** ~ Nebensatz *m*

nënsistem-i, *pl.* -e-t Subsystem *n*

nënshkrim-i Unterschrift *f*

nënshkruaj unterschreiben, unterzeichnen, unterfertigen

nënshkrues-i Unterzeichner *m,* Signatar *m*

nënshtres|ë, -a Substrat *n*

nënshtrim-i Unterwerfung *f*

nënshtrohem sich unterziehen

nëntekst-i *unausgesprochener* Sinn *m,* Hintersinn *m,* Zusammenhang *m;* **kap nëntekstin e fjalëve** zwischen den Zeilen lesen

nëntë neun; **i** ~ der neunte

nëntëdhjetë neunzig

nëntëmbëdhjetë neunzehn; **i** ~ der neunzehnte

nëntítu|ll-i, *pl.* -j-t Untertitel *m*

nëntoger-i, *pl.* -ë-t Unteroffizier *m*

nëntokësor, -e unterirdisch

nëntor-i November *m*

nënvetëdij|e, -a Unterbewusstsein *n*

nënvizoj unterstreichen, betonen

nëpër ⟨+ *Akk*⟩ durch, über

nëpërmjet ⟨+ *Abl*⟩ vermittels, durch

nëpúnës-i Angestellter *m;* ~ **poste** Postbeamter *m*

nëpúnës|e, -ja Angestellte *f*

nëqoftëse wenn, falls

nëse wenn, falls; **pavarësisht** ~ unabhängig davon, ob ...

nga *1: Präp.* aus; je, pro; ~ **dy** je zwei; **dy nga dy** zwei und zwei, in Zweierreihe; **si janë** ~ **familja?** wie

geht es Ihrer Familie?
nga? *2: Interrogativ-Pron.* woher?; **~ ç'tjetër?** wovon sonst?; **nga vjen?** woher kommst du?
ngacmoj reizen, erregen
ngacmues, -e aufregend, spannend
ngadalë ⟨*adv*⟩ langsam
ngadalësoj verlangsamen
ngadalsh|ëm, -me, i/e langsam
ngadhënjej *e/ye* siegen, triumphieren
ngadhënjim-i Sieg *m,* Triumph *m*
nganjëherë ⟨*adv*⟩ manchmal, bisweilen
ngaqë weil
ngarkes|ë, -a Ladung *f*
ngarkoj beauftragen
ngarkuar, i/e belastet, beladen; beauftragt; **i ngarkuar**-i Auftraggeber *m,* Kommittent *m*
nga|s *a/e; s/t, -va-rë* an/rühren, an/fassen; reizen; eilen; **mos i ngas librat!** rühr die Bücher nicht an!; **nuk e nget duhanin** er/sie raucht nicht
ngasj|e, -a *rel.* Versuchung *f*
ngast|ër, -ra, *pl.* -ra-t Stück Land *n,* Gebiet *n,* Bezirk *m*
ngashërim-i Rührung *f*
ngatërres|ë, -a Verwechslung *f*
ngatërrim zorrësh *med.* Darmverschlingung *f*
ngatërroj verwirren; verwechseln
ngathët, i/e schlaff, apathisch
ngathëtësí-a Erstarrung *f,* Apathie *f,* Schlaffheit *f*
ngazëllim-i Freude *f,* Jubel *m*
nge-ja Freizeit *f;* **kam nge** Zeit haben
ngec hängen bleiben
ngecj|e, -a Stockung *f*
ngel bleiben, zurück/bleiben, hängen bleiben; **ngel gojëhapur** verblüfft sein
nget, *s.* ngas
ngërç-i *med.* Krampf
ngoje, zë ~ erwähnen
ngop sättigen, satt machen; **~ kureshtjen** die Neugier befriedigen
ngopem satt werden
ngopur, i/e satt, gesättigt
ngordh krepieren, ver:enden; schinden; **~ kalin në punë** das Pferd bei der Arbeit schinden
ngre, *ngrita, ngritur,* e/i heben, aufheben, erheben; **ngrihem** sich erheben; **~ padí** *jur.* Klage erheben, Anzeige erstatten; **ngrihem qirithi** sich auf die Hinterbeine stellen
ngreh spannen; auf/spannen, auf/bauen; **~ çadrën** das Zelt errichten
ngrehin|ë, -a Gebäude *n*
ngrënë, *s.* ha
ngri, *s.* ngre
ngric|ë, -a Frost *m,* Glatteis *n*
ngrihem sich erheben
ngri|j, *-va, -rë* frieren, zu/frieren; i/e **ngrirë** gefroren, ver:eist
ngrirj|e, -a Frost *m,* Erstarrung *f*
ngritj|e, -a Steigerung *f,* Hebung *f;* Hissung *f Fahne;* **~ e çmimit** Preissteigerung *f;* **~ pa të drejtë** *jur.* rechtswidrige Hissung; **~ peshash** *spo.* Gewichtheben
ngroh heizen
ngrohj|e, -a Heizung *f;* **~ qendrore** Zentralheizung

ngrohtë, i/e warm
ngrysem dämmern
ngujoj ein/schließen, belagern, blockieren
ngul stecken, hinein/stecken, ein/pflanzen, auf/pflanzen *Fahne;* ~ **këmbë** bestehen auf
ngulas, ngúlazi *‹adv›* unbeirrbar, fest
ngulis s/t fixieren; *fig.* einprägen; **ngulitem** sesshaft sein/werden
ngulmoj hartnäckig bleiben, beharren auf Meinung
nguros versteinern, erstarren, fossilisieren
ngurosur, i/e versteinert, fossil, *spr.* erstarrt
ngurtë, i/e versteinert; unverrückbar
ngurtësí-a Standfestigkeit *f;* Sturheit *f*
ngurtësoj versteinern
ngurroj zögern
ngus s/t an/stacheln
ngushëllim-i Trost *m,* Tröstung *f,* Kondolenz *f;* **ngushëllimet e mia** herzliches Beileid!
ngushtë, i/e schmal, eng
ngushtic|ë, -a Meerenge *f,* Straße *f,* Engpass *m;* ~ **e Magelanit** Magellan-Straße
ngushtoj ver:engen, verkleinern
ngut an/stacheln
ngut-i Schwung *m,* Elan *m;* **me** ~ eilig, übereilt; dringend
ngutj|e, -a Eile *f*
ngutsh|ëm, -me, i/e eilig
ngja|j, *-va, -rë* gleichen, geschehen, passieren; **ka të ngjarë** anscheinend, wahrscheinlich
ngjal|ë, -a *zoo.* Aal *m*
ngjall wiederbeleben; hervor/rufen; mästen; **ngjallem** auf/erstehen; ~ **asociacione** Assoziationen hervorrufen
ngjallj|e, -a *rel.* Auferstehung *f*
ngjarj|e, -a Ereignis *n*
ngjas = ngjaj = ngjasoj
ngjash|ëm, -me, i/e ähnlich; entsprechend; **institucioni i** ~ **me ministrinë** diedem Ministerium entsprechende Institution
ngjashmërí-a Ähnlichkeit *f*
ngjesh e/i umgürten; kneten
ngjeva, *s.* ngjyej
ngjirur, i/e heiser
ngjis s/t leimen, kleben, *tech.* schweißen
ngjitem hinauf/steigen, hinauf/gehen; *rel.* **të Ngjítunt** Christi Himmelfahrt *f*
ngjitës, -e anschwellend, steigend; **diftong** ~ steigender Diphthong
ngjitës|e, -ja Leim *m,* Klebstoff *m*
ngjitj|e, -a Steigung *f*
ngj|yej, *-eva, -yer* tunken, färben; ~ **penën në bojë** die Feder in die Tinte tunken
ngjyr|ë, -a Farbe *f;* Klangfarbe *f,* Timbre *n;* ~ **kafe**, ~ **gështenje** braun; ~ **kremi** beige, sandfarben; ~ **lejla** lila; ~ **vjollcë** violett; **litografi me ngjyra** Farblithographie
ngjyrëbezhë beige
ngjyres|ë, -a Kolorit *n,* Färbung *f*
ngjyrim-i *spr.* Färbung; ~ **stilistik** stilistische Färbung
ngjyroj = ngjyros
ngjyros färben

Nic|ë, -a *ON* Nizza
nigerian, -e nigerianisch
nigjah-u *veralt.* Eheschließung *f*, Heirat *f*
nijet-i *veralt.* Ziel *n;* **bëj nijet** beschließen
níkel-i *chem.* Nickel *n*, Ni
nikeloj vernickeln, verchromen
niklas, -e aus Nikël
nikoqir-i, *pl.* -ë-t Hausherr *m*
nikoqir|e, -ja Hausfrau *f*
nikoqirllëk-u Sparsamkeit *f*
nikotin|ë, -a Nikotin *n*
nimfé-u, *pl.* -të Nymphaion *n*
ninull|ë, -a = **ninanan|ë**, -a Wiegenlied *n*
nip-i, *pl.* -ër-it; -a-t Neffe *m;* Enkel *m*
nis beginnen lassen; ab/schicken, expedieren; **nisem** auf/brechen
niseshté-ja Stärkemehl *n*, Kartoffelmehl *n*
nisí-a *veralt.* Insel *f*
nisj|e, -a Abfahrt *f*, Abflug *m; spo.* Start *m;* ~ **e avionit** Abflug *m;* **gati për nisje** fertig zum Auslaufen *Schiff;* **lajmërim për nisjen e mallit** *ök.* Avisierung des Warenversands
nistor, -e Anfangs-; *spr.* ingressiv; **pjesë nistore e fjalës** *spr.* Wort:anlaut *m*
nistor|e, -ja *spr.* Anlaut *m*
nisu! *spo.* los!
Nish-i *ON* Nisch, Niš
nishadër-i *chem.* Salpeter *m*
nishan-i, *pl.* -e-t Zielscheibe *f*, Orden *m*, Auszeichnung *f*
nivaniot, -e aus Nivan
nivel-i, *pl.* -e-t Niveau *n*, Stand *m*, Ebene *f;* ~ **i vajit** Ölstand *m*
nivelator-i Messstab *m;* **nivelator vaji** Ölmessstab *m*
nivelim-i Nivellierung *f*
nizam-i, *pl.* -ë-t *hist.* Wehrpflichtiger *m*, Rekrut *m*
nocion-i, *pl.* -e-t Begriff *m*, Auffassung *f;* ~ **bazë** Grundbegriff *m*
nocionor, -e Begriffs-, Inhalts-
noçk|ë, -a Knöchel *m*
nofk|ë, -a Spitzname *m*
nófull-a, *pl.* -a-t der Kiefer *m*
nokaut-i *spo.* K. O.
nom-i, *pl.* -e-t *veralt.* Gesetz *n*
nomad, -e nomadisierend
normal, -e normal; **shkollë normale** Lehrerbildungsanstalt *f;* **tensionin e keni normal** Ihr Blutdruck ist normal
normalizoj normalisieren
normativ|ë, -a Normwert *m*, *ök.* Norm *f*, Normativ *n*
norm|ë, -a Norm *f;* ~ **letrare** Sprachnorm *f*, Standard *m*
normëzoj *spr.* normieren
normoj normen
norvegjez, -e norwegisch
Norvegjí-a Norwegen
nostrom-i, *pl.* -ë-t *naut.* Bootsmann *m*
not-i Schwimmen *n;* ~ **bretkocë** Brustschwimmen; ~ **ijas** Seitenschwimmen; ~ **krol** *spo.* Kraulen; ~ **shpine** Rückenschwimmen
notar-i Schwimmer *m*
noter-i, *pl.* -ë-t Notar *m*
noterí-a *jur.* Notariat
not|ë, -a Note *f*
notoj schwimmen; **dok pluskues,**

notues Schwimmdock *n*
novator-i Neuerer *m,* Innovator *m*
novel|ë, -a Novelle *f*
Novi-Sad *ON* Neusatz, Novi Sad
nuanc|ë, -a Nuance *f*
nuhas s/t schnüffeln, schnuppern; riechen
nuk nicht; ~ ... **fare** gar nicht; ~ **di t'ia zhgrap** ich kann nicht schreiben; ~ **e di a e ka** ich weiß nicht, ob er es hat; ~ **kanë fshehuri** sie haben keine Geheimnisse; ~ **rrudhoset** knitterfrei
num|ër, -ri, *pl.* -ra-t Zahl *f, spr.* Numerus *m,* Nummer *f;* ~ **inventari** Inventarnummer, Zugangsnummer; ~ **i zjarrfikësve** Feuermelder *m,* Feuernotruf *m per Telefon*
numërator-i Zähler *m;* ~ **telefonik** Telefonbuch *n;* ~ **kilometrazhi** Kilometerzähler *m*
numëroj numerieren, zählen
numëror-i, *pl.* -ë-t Zahlwort *n, spr.* Numerale; ~ **përndarës** Distributivzahl *f;* ~ **rreshtor**, ~ **rendor** Ordnungszahl *f,* Ordinalzahl; ~ **themelor** Grundzahl, Kardinalzahl; ~ **thyesor** Bruchzahl
numërtim-i Numerierung *f;* ~ **i faqeve** Paginierung *f;* ~ **i fletëve** Foliierung *f,* Numerierung der Blätter; ~ **i njëpasnjëshëm** fortlaufende Numerierung, Numerus currens *m*
numërtoj numerieren
numizmatik|ë, -a Numismatik *f,* Münzkunde *f*
nunuris s/t nuscheln, murmeln
nur-i *veralt.* Gesichtsausdruck *m,* Glanz *m*
Nuremberg-u *ON* Nürnberg
nursëz, -e finster blickend
nus|e, -ja Braut *f;* **godis nusen** die Braut schmücken; **qemer i nuses** Brautgürtel *m*
nusk|ë, -a Talisman *m,* Amulett *n aus einem gefalteten Zettel;* Puppe *f*
nxeh erhitzen, heiß machen; **nxehem** heiß werden, sich aufregen
nxehtë, i/e heiß; **është nxehtë** es ist heiß
nxehtësí-a Hitze *f*
nxemës|e, -ja *dial.* = ngrohje Heizung *f;* ~ **qendrore** Fernheizung
nxë, *nxura, nxënë* auf/nehmen, fassen; **nuk e nxë lëkura** das geht auf keine Kuhhaut; **salla nxë mbi katërqind veta** der Saal fasst über 400 Personen
nxënës-i Schüler *m;* ~ **në profesion** Lehrling *m,* Auszubildender *m,* Azubi *m*
nxënësí-a Fassungsvermögen *n;* ~ **e anijes** Raum:inhalt des Schiffes
nxij schwärzen, bräunen
nxirr, *s.* nxjerr
nxis s/t an/treiben, drängen; auf/hetzen, auf/wiegeln
nxitës, -e anfeuernd, *spr.* kohortativ, exhortativ
nxitës-i Anstifter *m*
nxitj|e, -a Schürung *f*
nxitoj hasten, sich beeilen
nx|jerr, *-ora, -jerrë e/i/o* heraus/ziehen; *med.* aus/renken; ~ **grat** Nutzen ziehen; ~ **leje** Bewilligung erhalten; ~ **pengesa** Hindernisse in den Weg legen; ~ **në pah** würdigen; ~ **nga**

spitali *med.* entlassen; ~ **xhigerin** ab/schlachten, massakrieren; **nxjerrës tapash** Korkenzieher *m*

nxjerrj|e, -a Ausweisung *f*, Vertreibung *f*, Vertrieb *m*, Auslieferung *f*

nye|ll-i, *pl.* -j-t *med.* Knöchel *m*

nyj|ë, -a Knoten *m;* Artikel *m*, Geschlechtswort *n;* ~ **limfatike** *med.* Lymphknoten *m;* ~ **e këmbës** Fußknöchel; ~ **e përparme** *spr.* vorangestellter Artikel *m*, Gelenkartikel; **nyjë e prapme** *spr.* nachgestellter Artikel; ~ **joshquese** unbestimmter Artikel; ~ **shquese** bestimmter Artikel

nyjëtim-i Gliederung *f;* Artikulation *f*, Artikulierung *f*

nyjëtoj artikulieren

nyjsh|ëm, -me, i/e *spr.* **mbiemër i** ~ Adjektiv mit vorangestelltem Gelenkartikel

Nj

nja ungefähr

njeh zählen; ~ **të hollat** das Geld zählen

njehsor-i, *pl.* -ë-t Zähler *m;* ~ **i ujit** Wasseruhr *f*

njelmë, i/e salzig

njerëzí-a Menschlichkeit *f*

njerëzim-i Menschheit *f*

njerëzor, -e menschlich

njerí-u, *pl.* njérëz-it Mensch *m*, jemand; **s'njoh njerí** ich kenne niemand; ~ **dyfaqësh** Heuchler *m;* ~ **i kultivuar** ein Mensch mit Anstand; ~ **i nesërm** Mensch von morgen; ~ **i rafinuar** raffinierter Mensch; ~ **pa edukatë** Mensch ohne Anstand; **asisoj njerëzish** derartige Leute *Pl.*

njerith-i *med.* Zäpfchen *n*, Uvula *f*

njerithor, -e *spr.* uvular

njerk-u, *pl.* -ë-t Stiefvater *m*

njerk|ë, -a Stiefmutter *f*

një ein, eine, einer; **njëri-tjetrin** einander; ~ **ditë prej ditësh** eines schönen Tages; ~ **kokërr vezë** ein Setzei, gekochtes Ei; ~ **maji** erster Mai; ~ **top stof** ein Ballen Stoff; ~ **yrnek janë** sie sind von derselben Sorte

njëjës-i *spr.* Einzahl *f*, Singular *m*

njëjtë, i/e derselbe

njëjtësí-a Identität

njëkohësí-a *spr.* Gleichzeitigkeit *f*, Simultaneität *f*

njëkohësisht ⟨*adv*⟩ gleichzeitig

njëkohsh|ëm, -me, i/e gleichzeitig, simultan

njëkuptimësí-a *spr.* Monosemie *f*, Eindeutigkeit *f*

njëlloj einerlei, egal, genauso

njëllojtë, i/e gleichartig

njëmbëdhjetë elf; **i** ~ der elfte

njëmijë eintausend

njëparafundor, -e vorletzt; **fjalë me theks** ~ *spr.* Paroxytonon

njëpasnjëshëm, i/e fortlaufend; **numër-**

tim i ~ fortlaufende Numerierung *f*, Numerus currens *m*

njëqind hundert, einhundert; **i ~të** der hundertste

njëqindvjetor-i Hundertjahrfeier *f*

njërrokësh, -e einsilbig, monosyllabisch

njëseksor, -e *bot.* eingeschlechtig

njësí-a Einheit *f*; **~ kumtuese** *spr.* kommunikative Einheit; **njësitë matëse të vëllimit** die Hohlmaße *Pl.*

njësim-i Vereinheitlichung *f*, Standardisierung *f*

njësit-i, *pl.* -e-t Einheit *f*, Trupp *m*

njësoj vereinheitlichen; **gjuha e njësuar** Standard-Albanisch

njësoj ⟨*adv*⟩ einerlei, gleich; **visheshin njësoj** sie kleideten sich gleich

njësh-i die Eins, der Einser

njëtrajtësoj vereinheitlichen

njëtrajtsh|ëm, -me, i/e einheitlich, gleich, uniform

njëtrajtshmërí-a Einheitlichkeit

njëvëllimësh, -e einbändig

njëvlersh|ëm, -me, i/e gleichwertig

njëzëri ⟨*adv*⟩ einstimmig; **votuan ~** sie stimmten einstimmig dafür

njëzet zwanzig; **~ e një** einundzwanzig; **i njëzetenjë** der einundzwanzigste

njih, *s.* njoh

njihem Bekanntschaft machen, bekannt werden mit

njoftoj zur Kenntnis geben, bekanntmachen, informieren

njoh e/*i* kennen, kennen/lernen, an/erkennen; **keni kohë që e njihni?** kennen Sie ihn schon lange?

njohj|e, -a Kenntnis *f*, Erkenntnis *f*, Anerkennung *f*

njohurí-a Kenntnis *f*, Wissen *n*

njoll|ë, -a Flecken *m*, Klecks *m*; **pastroj një ~** einen Flecken entfernen; **bëj me një njollë kostumin** einen Fleck auf den Anzug machen

njolloj beflecken, besudeln

njom benetzen, bespritzen; ein/weichen; **njom bukën në qumësht** Brot in Milcheinweichen

njomë, i/e frisch, saftig

Nju-Delhi *ON* Neu Delhi

Nju-Jork-u *ON* New York

O

o *dial.* = óse oder
oaz|ë, -a Oase *m*
obelisk-u, *pl.* -ë-t Obelisk *m*
objekt-i, *pl.* -e-t Objekt *n*, Gegenstand *m*
objektiv, -e objektiv
objektiv-i, *pl.* -a-t Objektiv *n*
objektivisht ⟨*adv*⟩ objektiv
objektivitet-i *phi.* Objektivität *f*
objektiviz|ëm, -mi *phi.* Objektivismus *m*
obligacion-i *ök.* Pfandbrief *m*, Schuldschein *m*
obobó ⟨*Int.*⟩ oho!
oborr-i, *pl.* -e-t Hof *m*
oborrësí-a Höflichkeit *f*
oborrtar, -e höflich, höfisch
oborrtar-i Höfling *m*
observator-i Observatorium *n*
obskurantiz|ëm, -mi Obskurantismus *m*, Dunkelmännerei *f*
obúrra(ni)! *Int.* los!; **oburrani, bjerini armikut!** los, auf den Feind!
obus-i, *pl.* -ë-t *mil.* Haubitze *f*
od|e, -ja *spr.* Ode *f*
Odes|ë, -a *ON* Odessa
od|ë, -a Zimmer *n*, Stube *f*; ~ **e mirë** gute Stube; ~ **e bukës** Esszimmer, Wohnzimmer *n*
ofendim-i Beleidigung *f*
ofendoj beleidigen
ofensiv|ë, -a Angriff *m*, Großangriff *m*, Offensive *f*
ofert|ë, -a Offerte *f*, Angebot *n*, Vertrags:angebot *n*; ~ **pa zotim** freie Offerte
oficer-i, *pl.* -ë-t Läufer *m im Schach;* Offizier *m*
ofiçin|ë, -a Werkstatt *f*
ofiq-i, *pl.* -e-t Amt *n*, Funktion *f*, Stellung *f*; Posten *m*, Pöstchen *n*; Spitzname *m*
ofroj an/bieten
ofset-i Offset-Druck *m*
ofsh-i, *pl.* -e-t = **ofsham|ë**, -a Gestöhn *n*, Wehklage *f*; Fluch *m*
ofshaj seufzen; verfluchen
oftik|ë, -a *med.* Schwindsucht *f*
ogur-i, *pl.* -e-t Vorzeichen *n*; ~ **i mirë** gutes Omen *n*
ogurz|í, -ezë unglückverheißend, unglückbringend, fatal
Oh|ër, -ri *ON* Ohrid
ok|ë, -a Okka *Gewichtseinheit in osman. Zeit, 400 Dirhem*
ok|ër, -ra *bot.* Einkorn *n*
oklonj|ë, -a *zoo.* Seeschnecke *f*
oksidoj oxidieren
oksigjen-i *chem.* Sauerstoff *m*
oksigjenoj bleichen *Haare*
oksimoron-i *spr.* Oxymoron *n*
oksiton, -e *spr.* endbetont
oktapod-i, *pl.* -ë-t *zoo.* Krake *f*
oktav|ë, -a *mus.* Oktav *f*
okulist-i Augenarzt *m*
okupacion-i Besetzung *f*
okupator-i Besetzer *m*, Besatzer *m*
oligarkí-a Oligarchie *f*
olimpiad|ë, -a Olympiade *f*
olimpik, -e olympisch; **lojëra olimpike**

olympische Spiele *Pl.*
om-i, *pl.* -e-t Ohm *n* Ω *Messeinheit des elektr. Widerstands*
ombrell|ë, -a Sonnenschirm *m,* Regenschirm *m;* Krone *f,* Schild *m als Schutz;* ~ **atomike** Atomschild *m*
omëlet|ë, -a Omelette *n,* Eierpfannkuchen *m*
ond-i, *pl.* -e-t Welle *f Frisur*
ondulacion-i Wasserwelle *f,* Ondulierung *f*
onomastik|ë, -a Onomastik *f,* Namenskunde *f*
onomatopé-ja Lautmalerei *f, spr.* Onomatopöie *f*
onomatopeik, -e *spr.* onomatopoetisch
oparak, -e aus Opar
operacion-i Operation *f*
operativ, -e Operations-, operativ; **zonë operative** *mil.* Operationszone *f*
operator-i Operator *m;* ~ **i filmit** Filmvorführer *m*
operet|ë, -a *mus.* Operette *f*
oper|ë, -a Oper *f,* Opernhaus *n*
operoj *med.* operieren
opingar-i Opankenmacher *m,* Opankenverkäufer *m*
oping|ë, -a Opanken *Pl.,* Mokassins *sohlenlose Schuhe*
opinion-i Meinung *f;* ~ **publik** öffentliche Meinung
opium-i Opium *n*
oponent-i, *pl.* -ë-t Gutachter *m,* Korreferent *m,* Jury-Mitglied *n*
oportunist, -e opportunistisch
oportunist-i Opportunist *m*
oportuniz|ëm, -mi Opportunismus *m*
opozit|ë, -a Opposition *f*
opozitar, -e Oppositions-; **parti opozitare** Oppositionspartei
optik, -e optisch
optik|ë, -a Optik *f*
optimal, -e optimal
optimist, -e optimistisch
optimist-i Optimist *m*
optimiz|ëm, -mi Optimismus *m*
oqean-i, *pl.* -e-t Ozean *m;* **Oqeani i Ngrirë i Veriut** Nördliches Eismeer *n*
Oqeaní-a Ozeanien
oqeanik, -e Ozean-; **anije oqeanike** Ozeandampfer *m*
oqeanik-u, *pl.* -ë-t Ozeandampfer *m*
or *Int.* = oré o! *Partikel zur Bezeichnung des Vokativs,* du da!
oráku|ll-i, *pl.* -j-t Orakel *n*
orar-i, *pl.* -e-t Stundenplan *m,* Fahrplan *m;* ~ **i seancës** Anfangszeit der Vorstellung; ~ **i dhënies së librave** Ausleihzeit *f in Bibliothek;* ~ **i zgjatur** Überstunden *Pl.;* **punoj me orar të zgjatur** Überstunden machen; ~ **i vizitave** *med.* Besuchszeit; ~ **zyrtar** Bürostunden *Pl.,* Dienstzeit *f*
orbit|ë, -a Umlaufbahn *f der Gestirne,* Orbit *m*
ordinanc|ë, -a *mil.* Ordonnanz *f; med.* Arztpraxis *f;* ~ **stomatologjike** Zahn:arztpraxis *f*
or|ë, -a Stunde *f,* Uhr *f;* **një** ~ **të tërë** eine ganze Stunde lang; **ora është tre fiks** es ist Punkt drei Uhr; **ora është dy e gjysmë** es ist halb drei; **ora është dy e një çerek** es ist Viertel nach zwei, viertel drei; **ora**

është dy pa një çerek es ist Viertel vor zwei, dreiviertel zwei; ~ **dore** Armband:uhr *f*;~ **dyndjeje** Stoßzeit *f*; ~ **xhepi** Taschenuhr *f*; ~ **me zile** Reisewecker *m*; **i zhvatën orën nga dora** man riss ihm/ihr die Uhr vom Arm

oreks-i Appetit *m*

orendí-a Möbel *n*, Mobiliar *n*, Hausrat *m*

orëndreqës-i Uhrmacher *m*

organ-i, *pl.* -e-t Organ *n*; **organe gjinore** *med.* Geschlechts:organe; **organet i ekzekutimit** die ausführenden Organe *n Pl.*

organik, -e organisch

organik|ë, -a Mitarbeiterliste *f*, Geschäftsbereich *m*

organist-i Orgelspieler *m*, Organist *m*

organizat|ë, -a Organisation *f*; ~ **bazë** Basis-Organisation

organizativ, -e Organisations-; **çështje organizative** Organisationsfragen *f Pl.*

organizator-i Organisator *m*, *jur.* Rädelsführer *m*

organiz|ëm, -mi Organismus *m*

organizoj organisieren

órgano-ja *mus.* Orgel *f*

orgjí-a Orgie *f*, Besäufnis *n*

oriental, -e orientalisch

orientalistik|ë, -a Orientalistik *f*

orientim-i Leitlinie *f*; Orientierung *f*

orientoj orientieren

orientues, -e Orientierungs-; **shenjë orientuese** Orientierungszeichen *n*

orientues-i *mil.* Orientierungspunkt *m*

origjinal, -e original, ursprünglich, eigenständig

origjinalitet-i Originalität *f*

origjin|ë, -a Ursprung *m*

oriz-i Reis *m*; Dampfreis *m*

orizor|e, -ja Reisfeld *n*

orkest|ër, -ra Orchester *n*

orkestral, -e Orchester-; **muzikë orkestrale** Orchestermusik *f*

orkidé-ja *bot.* Orchidee *f*

oronim-i Bergname *m*, Gebirgsname *m*, Oronym *n*

ortak-u, *pl.* -ë-t Partner *m*; Kumpan *m*; **ortakët e imperializmit** Handlanger des Imperialismus

ortakërí-a Partnerschaft *f*; Kumpanei *f*

ortek-u, *pl.* -ë-t Lawine *f*; Menge *f*; ~ **fjalësh** Schwall Worte

ortodoks, -e orthodox, rechtgläubig; dogmatisch

ortodoksí-a *rel.* Orthodoxie *f*

ortoped-i, *pl.* -ë-t *med.* Orthopäde *m*

ortopedí-a Orthopädie *f*

orvatem versuchen, sich bemühen

orvatj|e, -a Bemühung *f*

óse oder; ~ **tani ose kurrë** jetzt oder nie

osman, -e osmanisch

osman-i, *pl.* -ë-t Osmane *m*

osmanisht|e, -ja osmanische Sprache *f*

ost|e, -ja Hostie *f*, Oblate *f*

Osviencim-i *ON* Auschwitz

osh unterbrechen; liebkosen; **oshi shiu** Regen hat aufgehört

oshënar-i Einsiedler *m*, Eremit *m*

oshmak-u, *pl.* -ë-t Rauchfang *m*; Schornstein *m der über das Dach* *ragende Teil*

oshtij *nur 3. P.* oshtin lärmen; **oshtijnë malet** die Berge rauschen

oshtim|ë, -a Getöse *n*, Lärm *m*

oturak-u, *pl.* -ë-t Nachtgeschirr *n*, Nachttopf *m*

ovacion-i Applaus *m*, Ovation *f*, Beifall *m*

oval, -e oval, eiförmig

oxhak-u, *pl.* -ë-t Kamin *m*, Luftschacht *m*; Schornstein *m*; Heim *n*, Geschlecht *n*, Sippe *f*; Mistbeet *n*; **oxhaqet feudale** Feudalfamilien *Pl.*, Sippen von Großgrundbesitzern

oxhakërí-a begüterte Schicht *f*, Oberschicht *f*

oxhakpastrues-i Schornsteinfeger *m*, Kaminkehrer *m*

ozon-i *chem.* Ozon *n*

P

pa *Partikel beim Imp.* doch; ~ **shiko!** schau doch!

pa ⟨+ *Akk*⟩ *Präp.* ohne; ~ **pikë turpi** ohne einen Funken Scham; schamlos, unverschämt; **ngritje pa të drejtë** *jur.* rechtswidrige Hissung; ~ **lëvizur as këmbë, as duar** ohne Hände und Füße zu bewegen; ~ **kaluar dy orë mos hani** nicht vor Ablauf von zwei Stunden essen!; **pa derman** unbedingt; **pa ekuivok** unmissverständlich; **pa kundërthënie** widerspruchsfrei; **pa leje** unerlaubt; **pa lyrë** langweilig; **pa re** wolkenlos; **pa shteg** ausweglos; **pa takt** taktlos; **pa teklif** Umstand, ohne Umstände, ungezwungen

pa- *Präfix* un-, -los

Pa-dë-Kalé-ja Straße von Dover

paaftë, i/e unfähig; **është i ~ të paguajë** er ist zahlungsunfähig, insolvent

paaftësí-a Unfähigkeit *f*

paansh|ëm, -me, i/e unparteiisch

paanshmërí-a Unparteilichkeit *f*

pabarabartë, i/e ungleich

pabarazí-a Ungleichheit *f*

pabesuar, i/e unglaublich

pabesuesh|ëm, -me, i/e unglaublich, unerhört

pabuzorëzuar, i/e *spr.* ungerundet

pacient-i, *pl.* -ë-t *med.* Patient *m*

pacjan, -e aus Pac

paçavur|e, -ja Fetzen *m*

paçmuesh|ëm, -me, i/e unschätzbar, wertvoll

padashur unwillkürlich

padenjë, i/e unwürdig, unwert

padí-a *jur.* Klage *f*; **ngre padi** Klage erheben

paditës-i *jur.* Kläger *m*

padobish|ëm, -me, i/e nutzlos, unnütz

Padov|ë, -a *ON* Padua

padrejtë, i/e rechtswidrig

paduksh|ëm, -me, i/e unsichtbar

padurim-i Ungeduld *f*

pafajsh|ëm, -me, i/e unschuldig,

schuldlos
pafalsh|ëm, -me, i/e unverzeihlich
pafavorsh|ëm, -me, i/e ungünstig
paftalak, -e aus Páftal
pafund, i/e unendlich
pafundm|e, -ja *phi.* Unẹndlichkeit *f*
pages|ë,-a Zahlung *f;* ~ **e taksave para afatit** Frankierung *f,* Frankation *f,* Freimachung *f Post;* **bilanc i pagesave** Zahlungsbilanz *f*
pag|ë, -a Lohn *m;* ~ **bazë** Grundlohn *m,* Grundvergütung *f*
pagëzim-i Taufe *f*
pagëzoj taufen
paguaj zahlen, bezahlen; ~ **me pare në dorë** bar bezahlen; i/e **paaftë të paguajë** *ök.* zahlungsunfähig, insolvent
pagur-i Feldflasche *f*
pagjinish|ëm, -me, i/e *spr.* ungeschlechtig
pagjumësí-a Schlaflosigkeit *f*
pah: **nxjerr në** ~ würdigen, hervor/heben
paharruar, i/e unvergessen, unvergesslich
pahir, **me**~ gewaltsam, gegen seinen/ihren Willen
pajand|ër, -ra, *pl.* -ra-t Stützbalken *m*
paj|ë, -a Mitgift *f,* Aussteuer *f;* Brautgeld *n*
pajis versehen, ausstatten; **pajisem** sich versehen mit etw.
pajisj|e, -a Ausstattung *f,* Ausrüstungsgegenstand *m,* Ausrüstung *f, tech.* Anlage *f*
pajovs, -e aus Pajova
pajtim-i Versöhnung *f,* Abonnement *n; ök.* Dingen *n;* ~ **vjetor** Jahresabo *n;* ~ **i kohëve** *spr.* Consecutio temporum *f;* **në** ~ **me** gemäß, konform, in Übereinstimmung mit
pajtimtar-i Abonnẹnt *m;* Teilnehmer *m Telefon*
pajtoj versöhnen, schlichten; abonnieren, in Taglohn nehmen
pajustifikuar, i/e ungerechtfertigt, unentschuldigt; **mungesë e** ~ **në punë** *ök., jur.* unentschuldigtes Fernbleiben bei der Arbeit
pak wenig, ein wenig; **së paku; të paktën** wenigstens; **paksa** ein wenig; **për pak** fast, um Haaresbreite
pakapsh|ëm, -me, i/e unfassbar, ungreifbar, unbegreiflich
paket|ë, -a Pake̱t *n,* Päckchen *n*
paketoj einpacken, verpacken
pakënaqur, i/e unzufrieden
pakëndsh|ëm, -me, i/e unangenehm
pakëz = pak
pakic|ë, -a Minderheit *f,* Minorität *f;* kleine Menge *f;* **me** ~ en détail; ~ **kombëtare** nationale Minderheit; **çmim me** ~ Einzelhandelspreis *m*
pakistanez, -e pakista̱nisch
pako-ja Pake̱t *n,* Päckchen *n;* ~ **me vlerë** Wertpaket; ~ **postare** Postsendung *f;* ~ **ushqimi** Lunchpaket *n*
pakohor, -e zeitlos, *spr.* ạtemporal, ạchronisch
pakryer, i/e unvollendet, imperfekt, *spr.* imperfektiv; **e pakryer**-a *spr.* Ịmperfekt *n*
paksa ein wenig

paktë, i/e gering, wenig; **të paktën** wenigstens
pakujdesí-a Sorglosigkeit; **me ~** *jur.* fahrlässig
pakujdessh|ëm, -me, i/e fahrlässig
pakuptimtë, i/e sinnlos, unverständlich
Pal-i *NP* Paul
palakuesh|ëm, -me, i/e *spr.* indeklinabel, undeklinierbar
palé ⟨*Konj.*⟩ ob
palejuar, i/e unerlaubt
paleografí-a Paläographie
palestinez, -e palästinensisch
pal|ë, -a Paar *n;* **një ~ dylbí** ein Feldstecher *m*
palidhëzor, -e *spr.* konjunktionslos, asyndetisch
paligjsh|ëm, -me, i/e *jur.* gesetzwidrig
palos falten; zusammen/klappen; **karrige që paloset** Klappstuhl *m*
pallamar-i, *pl.* -ë-t Tau *n,* Seil *n*
pallat-i, *pl.* -e-t Palast *m;* Wohnblock *m;* **Pallati i Kulturës** Kulturpalast; **pallat me elemente të parafabrikuara** Plattenbau *m*
pallto-ja Mantel *m,* Überzieher *m;* **zgjatoj pallton** den Mantel verlängern
pambuk-u Baumwolle *f,* Watte *f;* **~ hidrofil** Watte *f;* **~ për pastrim** Putzwolle *f*
pamj|e, -a Anblick *m,* Aussehen *n,* Ansicht *f,* Panorama *n; spr.* Aktions:art *f,* Aspekt *m;* **~ e çastësisë** punktueller Aspekt; **~ e kryer** perfektive Aktions:art; **~ e vijimësisë** lineare Aktions:art, Durativ
pamjesor, -e visuell
pamundësí-a Unmöglichkeit *f*
pamundur, i/e unmöglich
panair-i, *pl.* -ë-t *ök.* Messe *f;* **~ kampionesh** Mustermesse; **~ libri** *ök.* Buchmesse
panamez, -e panamesisch, panamaisch
pandarë, i/e unteilbar
pandashmërí-a *spr.* Unteilbarkeit *f,* Untrennbarkeit *f*
pandeh meinen, ahnen
pandehj|e, -a *jur.* Verdacht *m*
pandehm|ë, -a Mutmaßung *f,* Annahme *f,* Vermutung *f*
pandehur-i, i *jur.* Angeklagter *m,* Beklagter *m*
pandërgjegjsh|ëm, -me, i/e gewissenlos, unsorgfältig
pandërmjetm|ë, -me, i/e unmittelbar, direkt
pandërprerë, i/e ununterbrochen, kontinuierlich
pandofla-t Pantoffel *m Pl.,* Hausschuhe *m Pl.*
pandryshuesh|ëm, -me, i/e unwandelbar, unveränderlich
panik-u Panik *f*
panin-i, *pl.* -e-t Baguette *n,* langes Weißbrot *n*
panjohur, i/e unbekannt
pankart|ë, -a Spruchband *n*
panxhar-i *bot.* Rübe *f*
panxharsheqeri *bot.* Zuckerrübe *f*
panyjsh|ëm, -me, i/e *spr.* artikellos; **mbiemër i ~** Adjektiv ohne Gelenkartikel
papajtuesh|ëm, -me, i/e unversöhnlich

papastërtí-a Unsauberkeit *f*, Schmutz *m*
papërballuesh|ëm, -me, i/e unwiderstehlich
papërfunduar, i/e unvollendet
papërgjegjsh|ëm, -me, i/e *jur.* unzurechnungsfähig, nicht verantwortlich
papjesëtuesh|ëm, -me, i/e unteilbar
paplotë, i/e unvollständig
papranuesh|ëm, -me, i/e unannehmbar, inakzeptabel
paprapësuesh|ëm, -me, i/e unwiderruflich
papreksh|ëm, -me, i/e unberührbar
paprekshmërí-a Unantastbarkeit *f*, Immunität *f*
papritmas ⟨*adv*⟩ unerwartet
papritur, i/e unerwartet, plötzlich; **e papritura** die Überraschung *f*; **ndodhem para një të papriture** vor einer unvorhergesehenen Situation stehen
papunësí-a Arbeitslosigkeit *f*
paq ⟨*adv*⟩ sauber; reichlich; gebührend; **shpëtoi paq** er ist noch mal davongekommen
paq|e, ja Frieden *m*
paqedashës, -e friedliebend, friedfertig
paqejf, i/e unwohl, kränklich; **jam ~** mir ist schlecht
paqenë, i/e unerhört, unglaublich
paqepur, i/e ungeheftet *Buch*, ungenäht
paqëndruesh|ëm, -me, i/e unbeständig, instabil
Paqësor-i Pazifik, Stiller Ozean
paq|më, -me, i/e sauber; **shtëpi e paqme** sauberes Haus
para ⟨+ *Abl*⟩ vor; **~ dy ditësh** vor zwei Tagen; **~ se** bevor; **lirim para kohe** *jur.* vorzeitige Entlassung
pará-ja, *pl.* -të Münze *f*, Geld *n*; **~ në dorë** Bargeld; **a mund t'i thyeni ~të?** können Sie das Geld wechseln?
parabrec|ë, -a *tech.* Windschutzscheibe *f*
paraburgim-i *jur.* Untersuchungshaft *f*
parad|ë, -a Parade *f*, Vorbeimarsch *m*
paradigmatik, -e *spr.* paradigmatisch, beispielhaft, mustergültig
paradhëni|e, -a Vorschuss *m*, Vorauszahlung *f*
parafango-ja *tech.* Kotflügel *m*
parafjal|ë, -a *spr.* Präposition
parafjalor, -e *spr.* präpositional, Präpositions-; **kundrinë parafjalore** präpositionales Objekt *n*; **lokucion ~** präpositionale Wendung *f*
paragjell|ë, -a Vorspeise *f*
paragjuhor, -e *spr.* koronal, Vorderzungen-
paragraf-i, *pl.* -ë-t *jur.* Absatz *m*, Paragraph *m*
paraguajan, -e aus Paraguay
paragjykim-i Vor:urteil *n*
parakohsh|ëm, -me, i/e vorzeitig, verfrüht
parakuptim-i Vorverständnis *n*, *spr.* Präsupposition *f*
parakuvert|ë, -a *naut.* Vordeck *n*
paralajmërim-i Warnung *f*
paralajmëroj warnen
paralele-t *spo.* Barren *m*

paraliz|ë, -a *med.* Paralyse *f*, Lähmung *f*

paraluftës, i/e aus der Vorkriegszeit

parantez|ë, -a Klammer *f*, Parenthese *f*

parapet-i, *pl.* -e-t Reling *f am Schiff*, Brüstung *f*

parapëlqimor, -e Vorzugs-; **taksë parapëlqimore** Vorzugsgebühr *f*, Präferenzzoll *m*

paraprak, -e vorhergehend, Vor-, Voraus-; **në mënyrë paraprake** vorläufig, vorsorglich

paraqes *e/i; s/t* = paraqit *s/t* vor/stellen

paraqitem erscheinen, sich dar/stellen

paraqitj|e, -a Vorstellung *f*, Präsentation *f*; Vorlage *f*, das Vorzeigen *n*; Eintragung *f*, Stellung *f bei der Miliz*; **~ e shkurtër** Zusammenfassung *f*, Abstract *n*, Resümee *n*

parasall|ë, -a Vorhalle *f*

parasysh ⟨*adv*⟩ vor Augen; **kam ~** ich bin mir bewusst

parashikim-i Prognose *f*, Vorausschau *f*

parashikoj vorsehen, regeln

parashkrim-i Verjährung *f*; **~ i ndjekjes penale** *jur.* Verfolgungsverjährung *f*

parashkues, -e antezedent, vorangehend

parashkues-i *spr.* Bezugswort *n*, Antecedens *n*

parashoh vorsehen; **është paraparë që** es ist vorgesehen, dass

parashtes|ë, -a *spr.* Präfix *n*, Vorsilbe *f*

parashtesim-i *spr.* Präfigierung *f*

parashtesor, -e Präfix-

parataktik, -e parataktisch, bei:ordnend

paratheksor, -e *spr.* vortonig

parathëni|e, -a Vorwort *n*

paraurto-ja *tech.* Stoßstange *f*

paraushtarak, -e vormilitärisch, paramilitärisch

paravajtës, -e voranschreitend, fortschreitend, *spr.* progressiv; **përngjashmim ~** progressive Assimilation

paravendosur, i/e vorangestellt, *spr.* präpositiv

paravë voranstellen, vorschieben

parazit, -e parasitisch; **tingull ~** Einschub *m*

pardesy-ja Überzieher *m*, Mantel *m*, Sommermantel *m*

pardjé ⟨*adv*⟩ vorgestern

páre-t = pará-ja; **prish pare** Geld wechseln

pareshtur, i/e unermüdlich, unablässig; **binte shi pareshtur** es regnete ununterbrochen

parevokuesh|ëm, -me, i/e unwiderruflich

parë, i/e *1: s.* shoh gesehen; **ai vetë e ka ~** er hat es selbst gesehen

parë, i/e *2:* erster; **më parë** vorher, zuvor, früher; **që ditën e parë** vom ersten Tag an; **së pari** zuerst; **mbresa të para** erste Eindrücke; **në radhë të ~** vor allem, in erster Linie; **vjeshta e ~** September *m*

parësor, -e primär; **dyjës ~** *spr.* primärer Dual

parí-a Notabeln *Pl.*, Oberhäupter *Pl.*, Oberschicht *f*

parim-i Prinzip *n*, Grundsatz *m*

parimor, -e prinzipiell, prinzipienfest

paritet-i Parität *f,* Gleichwertigkeit *f*

par|k-u, *pl.* -qe-t Park *m;* ~ **i traktorëve** Traktorenpark; ~ **kombëtar** Nationalpark, Naturschutzgebiet *n;* ~ **taksish** Taxistand *m*

parkim-i das Parken *n;* **shesh parkimi** Parkplatz *m*

parkoj parken, ab/stellen *Fahrzeug*

parlamentar, -e parlamentarisch

parm|ë, -e, i/e Vorder-; *spr.* ursprünglich, originär

partí-a Partei *f;* Los *n,* Menge *f,* Warensendung *f;* ~ **opozitare** Oppositionspartei *f*

partishmërí-a Parteilichkeit *f*

partizan-i, *pl.* -ë-t Partisan *m,* Freischärler *m*

parukier|e, -ja Friseuse *f,* Friseurin *f*

parull|ë, -a Parole *f,* Losung *f*

parvaz-i, *pl.* -e-t Türrahmen *m,* Fensterrahmen *m*

parzmor|e, -ja Brustpanzer *m*

parregullsí-a Unregelmäßigkeit *f,* Irregularität *f*

parrégullt, i/e unregelmäßig

pas ⟨+ *Abl*⟩ nach; **ai është çmendur** ~ **saj** er ist verrückt nach ihr; **jam i dhënë pas** ⟨+ *Abl*⟩ verrückt nach etw. sein, etw. sehr mögen

pasagjer-i, *pl.* -ë-t Passagier *m,* Fahrgast *m*

pasanik-u, *pl.* -ë-t Reicher *m*

pasaport|ë, -a Pass *m,* Ausweis *m,* Reisepass *m;* **vizoj pasaportën** Visum ein/tragen

pasardhës, -e folgend

pasardhës-i Nachfolger *m,* Nachkomme *m*

pasdite = **pasdreke** ⟨*adv*⟩ nachmittags

pasgojor, -e *spr.* postbukkal

pasi nachdem; weil

pasigurí-a Unsicherheit *f*

pasigurt, i/e unsicher

pasion-i Leidenschaft *f,* Passion *f*

pasiv, -e passiv; **shtresë pasive e leksikut** *spr.* passive Wortschatzschicht *f*

paskajor|e, -ja *spr.* Infinitiv *m;* Supinum *n*

pasm|ë, -a, i/e rückwärtig, Hinter-; **këmbët e pasme** Hinterbeine *Pl.;* **sedílie e pasme** Rücksitz *m*

pasnésër übermorgen

pasoj|ë, -a Konsequenz *f,* Folge *f,* Ergebnis *n*

pasqyr|ë, -a Tafel *f,* Tabelle *f;* Spiegel *m, tech.* Rückspiegel *m;* ~ **e lëndës** Inhaltsverzeichnis *n*

pasqyroj wider/spiegeln

pastaj danach

past|ë, -a Paste *f;* Butterkreme *f,* Cremetorte *f;* ~ **dhëmbësh** Zahnpasta *f;* ~ **rroje** Rasierkreme *f;* ~ **xhamash** Fensterkitt *m*

pastër, i/e rein, sauber; klar

pastërtí, -a Reinheit *f,* Sauberkeit *f;* **çoj në** ~ in die Reinigung bringen

pastiçerí-a Konditorei *f,* Zuckerbäckerei *f*

pastiçier-i Konditor *m*

pastroj säubern, reinigen; ~ **një njollë** einen Flecken entfernen

pastrues|e, -ja Raumpflegerin *f,* Putzfrau *f,* Reinmachefrau *f,* Putze *f*

pastheksor, -e *spr.* nachtonig

pasthëni|e, -a Nachwort *n*
pasthirrm|ë, -a *spr.* Interjektion *f*, Empfindungswort *n*
pasues, -e folgend, anliegend, beigefügt; Folge-
pasur, i/e reich
pasurí-a Vermögen *n*, Eigentum *n*; ~ **të natyrës** Naturschätze *Pl.*, Bodenschätze *Pl.*; ~ **socialiste** sozialistisches Eigentum *n*; **lundronte në pasuri** er/sie schwamm im Reichtum
pasurim-i Bereicherung *f*, Bestands:ergänzung *f*, Bestands:aufbau *m*
pasuroj bereichern
pasuror, -e Vermögens-
pashë, *s.* shoh
pashkelur, i/e unbeschädigt, unverletzt
pashk|ë, -a, *pl.* -ë-t *rel.* Ostern *Pl.*
pashmangsh|ëm, -me, i/e unvermeidlich, unvermeidbar
pashprehur, i/e unausgesprochen, verdeckt
pashquar, i/e unbestimmt, *spr.* indeterminiert
pashquarsí-a *spr.* Indeterminiertheit
pashtersh|ëm, -me, i/e unerschöpflich; **frymëzim i** ~ unendliche Begeisterung *f*
pashtjelluar, i/e implizit; *spr.* infinit
pata, s. kam
patat|e, -ja, *pl.* -e-t Kartoffel *f*, **patate të fërguara** Röstkartoffel, Bratkartoffel, Pommes *Pl.*
patent|ë, -a Patent *n*; ~ **shoferi** Führerschein *m*
patentoj patentieren
pat|ë, -a Gans *f*
patëllxhan-i, *pl.* -ë-t Aubergine *f*, Eierfrucht *f*
patjetër selbstverständlich, ohne weiteres, unbedingt
patriark-u Patriarch *m*
patriarkal, -e patriarchalisch
patriarkaliz|ëm, -mi Patriarchalismus *m*, Gentil:ordnung *f*
patriarkat-i Patriarchat *n*
patrik-u, *pl.* -ë-t *rel.* Patriarch *m*
patrikan|ë, -a *orthod.* Patriarchat *n* *Peja, Istanbul*
patronim-i *spr.* Patronymikon
patheksuar, i/e unbetont, *spr.* schwachtonig
pathemeltë, i/e unbegründet, grundlos, unhaltbar
pauz|ë, -a Pause *f*; ~ **frymore** Atempause
pavarësí-a Unabhängigkeit *f*
pavarësisht ⟨*adv*⟩ unabhängig; ~ **nëse** unabhängig davon, ob
pavarur, i/e unabhängig
pavazhdueshmërí-a Diskontinuität *f*, Diskretion *f*
pavdeksh|ëm, -me, i/e unsterblich
pavetor, -e *spr.* unpersönlich
pavlefsh|ëm, -me, i/e unwirksam, wertlos
pavuajtur, i/e unverbüßt
pazar-i, *pl.* -e-t = treg-u Markt *m für Tiere u. Lebensmittel, Marktplatz m; fig.* Feilschen *n*
pazarllëqe-t Feilschen *n*, Handel *m*, *fig.* Kuhhandel *m*
pazbërthyesh|ëm, -me, i/e unteilbar, *spr.* untrennbar

pazënë, i/e frei, unbesetzt

pazgjedhuesh|ëm, -me, i/e *spr.* unkonjugierbar

pazotësí-a Unfähigkeit *f*, Ohnmacht *f*

pe-ri, *pl.* -nj-të Faden *m*, Garn *n*; **përshkoj perin në gjilpërë** Faden in die Nadeleinführen; **rrotkë pe** ein Röllchen Nähfaden

pec|e, -ja Lappen *m*, Verband *m*, *med.* Binde *f*

peç|e, -ja Gesichtsschleier *m*

pedagogjí-a Pädagogik *f*

pedal-i *tech.* (Gas)Pedal *n*

pederastí-a Knabenliebe *f*, Päderastie *f*

pej *dial.* = prej

Pej|ë, -a *ON* Peć, Peja

pejan, -e aus Peja, aus Peć

Pekin-i *ON* Peking, Beijing

pel|ë, -a *zoo.* Stute *f*

pelen|ë, -a Windel *f*

pelin-i *bot.* Wermut *m*

pellazg, -e pelasgisch

pell|g-u, *pl.* -gje-t Tümpel *m*, Teich *m*; Becken *n*; ~ **qymyrguror** Steinkohlebecken, Kohlerevier *n*

pem|ë, -a, *pl.* -ë-t Baum *m*, Obstbaum *m*, Frucht *f*, Obst *n*

pemëtarí-a Obstbau *m*

penal, -e strafrechtlich, Straf-; *jur.* **parashkrim i ndjekjes penale** Verfolgungsverjährung *f*; **përgjegjësí penale** *jur.* strafrechtliche Verantwortlichkeit *f*; **procedim penal** Strafverfahren *n*; **sjell përgjegjësi penale** zur strafrechtlichen Verantwortlichkeit führen

pend|ë, -a Feder *f*, Gefieder *n*; Schreibfeder *f*

pend|ë, -a Stauwehr *n*, Staudamm *m*, Wehr *n*

pendim-i *jur.* Reue *f*

pendohem bereuen

penel-i, *pl.* -a-t Pinsel *m*

pen|ë, -a Feder *f*, Schreibfeder *f*; *fig.* Schriftsteller *m*

pen|g-u, *pl.* -gje-t Unterpfand *n*, Bürge *m*, Geisel *f*; **pengmarrj|e**, -a Geiselnahme *f*

penges|ë, -a Hindernis *n*; **kapërcej pengesat** die Hindernisse überwinden

pengim-i *jur.* Behinderung *f*

pengoj hindern, behindern, verhindern

pension-i Rente *f*, Pension *f*; Gästehaus *n*; **dal në** ~ in Rente gehen

pensionist-i Rentner *m*, Pensionär *m*

penxher|e, -ja *veralt.* Fenster *n*

perandor-i, *pl.* -ë-t Kaiser *m*, Herrscher *m*

perandorí-a Reich *n*; **Perandoria Osmane** das Osmanische Reich *n*

perceptim-i Wahrnehmung *f*, Perzeption *f*

perd|e, -ja Vorhang *m*

perëndí-a *m.* Gott *m*

perëndim-i Westen *m*; ~ **dielli** Sonnen:untergang *m*

perëndimor, -e westlich, West-

perifrastik, -e periphrastisch, umschreibend

perifraz|ë, -a Umschreibung *f*, Periphrase *f*

perime t Gemüse *n*

periudh|ë, -a *spr.* Periode *f*, Zeitab-

schnitt *m;* ~ **transitore** Übergangsperiode *f*
perl|ë, -a Perle *f*
peron-i Bahnsteig *m*
pers, -e; **persian**, -e persisch, iranisch
Persí-a Persien
persik, -e persisch
personazh-i, *pl.* -e-t Person *f*, Figur *f in der Literatur*
personel-i Personal *n*, Belegschaft *f*; ~ **mjekësor** Pflegepersonal
pesë fünf; ~ **vjet** fünf Jahre; **i pestë** der fünfte
pesëdhjetë fünfzig; ~ **kilogram** ein Zentner z *m*
pesëgarësh-i Fünfkampf *m*
pesëmbëdhjetë fünfzehn; **i** ~ der fünfzehnte
pesëqind fünfhundert; ~ **gram** ein Pfund *n*
pesësh-i Fünfer *m*, Fünf-Lek-Stück *n*
pesëvjeçar, -e Fünfjahres-; **plani** ~ Fünfjahrplan *m*
pesimiz|ëm, -mi Pessimismus *m*
pesh|ë, -a Gewicht *n;* ~ **bruto** Bruttogewicht; ~ **e rëndë** Schwergewicht; ~ **specifike** spezifisches Gewicht
pesh|k-u, *pl.* -q-it Fisch *m*
peshkaqen-i *zoo.* Hai *m*
peshkatar-i Fischer *m*
peshkëpjot, -e aus Peshkëpía
peshkim-i Fischerei *f*, Fischfang *m*
peshkoj fischen; ~ **me grep** angeln
peshkop-i Bischof *m*
peshkopías, -e aus Peshkopía
peshoj wiegen, wägen
peshqesh-i, *pl.* -e-t Geschenk *n*
peshqir-i, *pl.* -ë-t Handtuch *n*
peshtaf-i, *pl.* -ë-t Schmuckkasten *m*
petk-u, *pl.* -a-t Gewand *n*
pezak, -e aus Peza
pézull ⟨*adv*⟩ ungewiss, offen; **mbetem** ~ in der Schwebe bleiben
pezulloj aus/setzen, auf/heben, suspendieren; ~ **pagesat** die Zahlungen aussetzen
pëgëj beschmutzen, versauen
pëgërë-t, të *vulg.* Kacke *f*, Kot *m;* **laj të pëgërat** trockenlegen *Säugling*
pëlhur|ë, -a Gewebe *n*, Textil *n;* Spinnennetz *n;* **lidhje me pëlhurë** Leinen:einband *m*
pëlqej *e/ye* gefallen, schmecken; **çoç i pëlqen ajo vajzë** das Mädchen gefällt ihm wohl
pëlqim-i Zustimmung *f*, Einverständnis *n*
pëlqyer, i/e ansprechend, annehmbar, passend; gebilligt
pëlq|yer, -eri, *pl.* -erë-t Daumen *m;* **një pëlqyer kripë** eine Prise Salz *n*
Pëlzen-i *ON* Pilsen, Plzeň
pëllëmb|ë, -a, *pl.* -ë-t Handfläche *f*, flache Hand *f*
pëllumb-i, *pl.* -a-t *zoo.* Taube *f*
për- be-, ver-
për ⟨+ *Akk*⟩ für, nach; ~ **hirin tënd** dir zuliebe; ~ **inat** aus Trotz; ~ **kiamet!** überhaupt nicht, keineswegs; ~ **ku?** wohin?; ~ **pak** fast, um Haaresbreite; ~ **shkak aksidenti** wegen eines Unfalls; ~ **të gjallë** zu seinen Lebzeiten; **fjalë për fjalë** wörtlich, Wort für Wort

përballë ⟨*adv*⟩ gegenüber
përbashkët, i/e gemeinsam, Gemein-; **sllavishte e përbashkët** Gemeinslawisch *n;* **emërues i ~** gemeinsamer Nenner *m*
përbëj bilden, aus/machen, dar/stellen, beinhalten, umfassen; **~ një hap të ndjeshëm përpara** einen spürbaren Schritt voran darstellen
përbetuar-i, i Verschwörer *m*
përbërë, i/e zusammengesetzt
përbri ⟨+ *Abl*⟩ neben
përbuzj|e, -a Verachtung *f*
përcaktim-i Bestimmung *f*
përcaktoj bestimmen
përcaktor-i *spr.* Attribut *n*
përcaktuar, i/e bestimmt; *spr.* ergänzt, attribuiert
përcjell *e/o/i* begleiten
përcjellj|e, -a Begleitung *f;* Verweisung *f*
përcjellor|e, -ja *spr.* Gerundium *n,* Verbal:adverb *n*
përçarj|e, -a Streit *m;* Bruch *m*
përçart ⟨*adv*⟩ im Fieber; **flas ~** irre reden, im Wahn sein
përçartj|e, -a Delirium *n,* Wahn *m*
përçmues, -e abwertend
përçoj führen, leiten, induzieren
përçuar, i/e *spr.* induziert
përçudnoj verderben, beflecken
përçues, -e induzierend
përdallim-i Differenzierung *f*
përdëllej bedauern, trösten, Mitleid haben mit, sich erbarmen
përdëlles|ë, -a; **përdëllim**-i Mitleid *n,* Erbarmen *n*
përditsh|ëm, -me, i/e alltäglich; **jeta e përditshme** Alltag *m;* **gazetë e përditshme** Tageszeitung *f*
përdor = **përdoroj** benutzen, verwenden; **duhet të përdor ilaçe?** muss ich Medizin einnehmen?
përdorim-i Gebrauch *m*
përdredhj|e, -a Umdrehung *f; med.* Verstauchung *f,* **~ ligamentesh** Sehnenzerrung *f*
përdhos entweihen, besudeln, beschmutzen
përdhunë: me ~ mit Gewalt
përem|ër, -ri, *pl.* -ra-t *spr.* Pronomen *n,* Fürwort *n;* **~ dëftor** Demonstrativpronomen; **~ lidhor** Relativpronomen; **~ pronor** Possessivpronomen; **~ pyetës** Interrogativpronomen; **~ vetor** Personalpronomen; **~ vetvetor** *spr.* Reflexivpronomen
përemëror, -e *spr.* pronominal
përfaqësí-a Vertretung *f;* **~ tregtare** Handelsvertretung
përfaqësues-i Vertreter *m,* Reisender *m*
përfitim-i Profit *m,* Gewinn *m,* Verdienst *m, jur.* Vorteil *m*
përfitoj profitieren
përflak|shëm, -me, i/e entflammbar, feuergefährlich
përforcues, -e verstärkend, intensivierend, *spr.* korroborativ
përforcues-i Verstärker *m*
përfshi|j, *-va, -rë* umfassen, erfassen; **duke përfshirë** inklusiv, eingeschlossen
përfshirës, -e *spr.* inklusiv

përfundim-i Ergebnis *n;* ~ **i logjikshëm** logische Schlussfolgerung *f*
përfundimor, -e resultativ
përfundimtar, -e endgültig; **po merrnin tatëpjetën përfundimtare** sie gingen endgültig dem Untergang entgegen
përfundoj beenden, beschließen, ab/schließen, enden
përfytyrim-i Vorstellung *f,* Imagination *f;* Verkörperung *f*
përfytyrues, -e darstellend
përgatis s/t vor/bereiten, aus/arbeiten
përgatitj|e, -a Ausbildung *f*
përgatitj|e, -a Vorbereitung *f,* Fertigung *f,* Herstellung *f;* Wartung *f;* ~ **e çalë** mangelhafte Vorbereitung
përgënjeshtroj widerlegen; dementieren, zurück/nehmen
përgjegjës, -e verantwortlich; **përgjegjës-i i sigurimit teknik** Sicherheitsbeauftragter *m,* Sicherheitsobmann *m*
përgjegjësí-a Verantwortung *f,* Verantwortlichkeit *f;* ~ **penale** *jur.* strafrechtliche Verantwortlichkeit
përgjërohem schwören; sich sehnen
përgjëroj ver:eidigen
përgjigjem, *u përgjegja, përgjegjur* antworten, verantwortlich sein
përgjigj|e, -ja Antwort *f;* **në** ~ **të letrës suaj** in Beantwortung Ihres Schreibens
përgjim-i Überwachung *f,* Observation *f*
përgjithësim-i Verallgemeinerung *f*
përgjithmonë ⟨*adv*⟩ *jur.* auf Dauer; ständig; **një herë e** ~ ein für allemal
përgjithsh|ëm, -me, i/e allgemein, generell; **grevë e përgjithshme** Generalstreik *m;* **policë e përgjitshme** *ök.* Generalpolice *f,* offene Police
përgjoj lauschen; Wache halten, bespitzeln
përgjues-i Spitzel *m,* Observant *m,* Aufpasser *m,* Schnüffler *m,* Lauscher *m*
përgjysmim-i Halbierung *f*
përgjysmoj halbieren
përhap verbreiten
përhapj|e, -a Verbreitung *f,* Distribution *f,* Propaganda *f; jur.* Offenbarung
përherë ⟨*adv*⟩ immer; ~ **e më vështirë** immer schwerer, immer schwieriger
përhersh|ëm, -me ständig, dauerhaft, ewig; **banim i** ~ ständiger Wohnsitz
përjashta ⟨*adv*⟩ draußen
përjashtim-i Ausnahme *f;* Befreiung *f von Steuer, jur.* Verschonung *f;* **me përjashtim** ausgeschlossen, exklusiv; ~ **nga dënimi** Straffreiheit *f*
përjashtoj aus/schließen, aus/stoßen; *jur.* ab/sehen von
përjavsh|ëm, -me, i/e wöchentlich, Wochen-
përjetësí-a Ewigkeit *f*
përjetësisht ⟨*adv*⟩ ewig
përjetësoj ver:ewigen
përjetim-i Erlebnis *n*
përjetoj erleben
përjetsh|ëm, -me, i/e ewig
përkalim-i *spr.* Mutation; ~ **bashkëtingëllor** *spr.* Lautverschiebung *f*
përkapshmërí-a Wahrnehmbarkeit *f; spr.* Schallfülle *f*

përkas *a/e/i; s/t* gehören, betreffen
përkatës, -e zuständig, entsprechend; *jur.* einschlägig
përkatësí-a Zugehörigkeit *f*
përkëdhelës, -e *spr.* hypokoristisch, liebkosend, Kose-
përkim-i *spr.* Kongruenz *f*, Übereinstimmung *f*; ~ **në gjini** Genuskongruenz; ~ **në rasë** *spr.* Kasuskongruenz *f*, Konzinnität *f*
përkohësisht ⟨*adv*⟩ vorübergehend
përkohsh|ëm, -me, i/e zeitweilig, provisorisch, vorläufig; vorübergehend
përkohshm|e, -ja, e Zeitschrift *f*, Periodikum *n*
përkrah unterstützen
përkrahj|e, -a Unterstützung *f*, Beistand *m*
përkryer, i/e vollendet, vollkommen, perfekt
përkthej *e/ye* übersetzen, übertragen
përkthes|ë, -a *spr.* Konversion *f*, Konvertierung *f*
përkthim-i Übersetzung *f*
përkthyes-i Übersetzer *m*, Dolmetscher *m*
përkufizim-i Definition *f*, Festlegung *f*, Bestimmung *f*
përkulem sich bücken
përkulj|e, -a Biegung *f*, Brechung *f*, Krümmung *f*
përkúndrazi ⟨*adv*⟩ im Gegenteil
përkushtim-i ndaj ⟨+ *Abl*⟩ Hingebung an
përleshj|e, -a Zusammenstoß *m*, Streit *m*, Auseinandersetzung *f*
përligj rechtfertigen, vergelten, entlohnen; bestätigen, beglaubigen
permanent-i Dauerwelle *f*; Damenfrisiersalon *m*
përmas|ë, -a Ausmaß *n*, Maß *n*
përmbaj umfassen, enthalten
përmbajtj|e, -a Inhalt *m*; Inhaltsverzeichnis *n*
përmbarues, -e vollstreckend, Vollzugs-
përmbledh zusammen/fassen
përmbledhës, -e *spr.* Kollektiv-
përmbledhës-i Sammler *m*; Sammelband *m*
përmbledhj|e, -a Zusammenfassung *f*; ~ **veprash** Werkausgabe *f*, gesammelte Werke *Pl.*
përmbledhtas ⟨*adv*⟩ zusammengefasst
përmbush ausführen, vollstrecken
përmbushj|e, -a Erfüllung *f*
përmbys *s/t* umstürzen
përmbysj|e, -a Sturz *m*, Umsturz *m*
përmend erwähnen
përmendor|e, -ja Monument *n*, Denkmal *n*
përmendsh ⟨*adv*⟩ auswendig
përmes ⟨+ *Abl*⟩ durch ... hindurch
përmetar, -e aus Përmet
përmirësim-i Verbesserung *f*, Besserung *f*, Rekonvaleszenz *f*
përmirësoj verbessern, bessern; **përmirësohet** es wird besser
përmjerr *e/i/o* Wasser lassen, pinkeln
përndarës, -e *spr.* distributiv
përndarj|e, -a Verteilung *f von Gewinn, spr.* Distribution *f*
përngjashmim-i Assimilation *f*, Assimilierung *f*; ~ **paravajtës** *spr.*

progressive Assimilation
përngjashmuesh|ëm, -me, i/e assimilativ
përngjitj|e, -a *spr.* Agglutination *f*
përpara ⟨*adv*⟩ vorne; nach vorne, vorwärts; vorher, zuvor
përparës|e, -ja Schürze *f*, Kittel *m*
përparësí-a Priorität *f*, Vorrang *m*
përparim-i Fortschritt *m*
përparimtar, -e fortschrittlich, progressiv
përpar|më, -me, i/e Vorder-; **faqe e përparme** Vorderseite *f*; **nyjë e përparme** *spr.* vorangestellter Artikel *m*, Gelenkartikel *m*
përparoj Fortschritte machen
përpikërí-a Genauigkeit *f*
përpilim-i Abfassung *f*
përpiloj zusammen/stellen, verfassen
përpiqem ⟨*pass*⟩ sich bemühen
përpjekj|e, -a Bemühung *f*, Bestrebung *f*
përpjesëtim-i Ausmaß *n*
përpjesëtimisht ⟨*adv*⟩ proportional
përpjetë ⟨*adv*⟩ aufwärts
përplas schlagen, zusammen/stoßen
përplasj|e, -a Zusammenstoß *m*, Kollision *f*, Karambolage *f*; ~ **anijesh** Schiffskollision *f*
përplotësim-i Kompensation *f*
përpos ⟨+ *Abl*⟩ außer
përpunim-i Bearbeitung *f*; ~ **i informacioneve** Informationsverarbeitung *f*
përpunoj bearbeiten, verarbeiten
përputhem zusammen/passen, überein/stimmen
përputhj|e, -a Übereinstimmung *f*; **në** ~ **me** gemäß; laut
përqafim-i Um:armung *f*
përqafoj um:armen
përqasj|e, -a *spr.* Gegenüberstellung, *spr.* Vergleich
përqesh aus/lachen, verlachen
përqind Prozent *n*, vom Hundert *v. H.*
përqindj|e, -a Prozentsatz *m*, Zins *m*
përse = pse? warum?, weshalb?
përsërí ⟨*adv*⟩ wieder, von neuem
përsëris s/t wiederholen, erneuern
përsëritj|e, -a Wiederholung *f*
përsias s/t durchdenken, überlegen, prüfen
përsiatj|e, -a Überlegung *f*
përsipër ⟨*adv*⟩ darüber, darauf, oben; **marr** ~ sich verpflichten, sich binden
përsos vervollkommnen
përsosj|e, -a Vervollkommnung *f*
përshëndes s/t grüßen
përshëndetj|e, -a Begrüßung *f*, Gruß *m*; ~ **e përzemërt** herzliche Begrüßung
përshkoj durchdringen, ein/fädeln; ~ **perin në gjilpërë** Faden in die Nadel ein/führen
përshkrim-i Beschreibung *f*; ~ **drejtpërdrejt nga libri** autoptische Beschreibung, Autopsie *f*
përshkruaj beschreiben
përshkrues,-e beschreibend, *spr.* deskriptiv
përshkues, -e durchdringend
përshtatj|e, -a Anpassung *f*, Adaption *f*
përshtatsh|ëm, -me, i/e geeignet
përshtrirë, i/e *spr.* erweitert
përshtypj|e, -a Eindruck *m*, Impres-

sion *f*
përtac, -e faul
përtyp kauen; ringen, nach Worten
përthithj|e, -a *spr.* Absorption *f*
përveç ⟨+ *Abl*⟩ außer; **~ të tjerave** abgesehen von allem andern
përveçse ⟨*Konj.*⟩ außer wenn
përvesh hoch/krempeln *Ärmel;* **~ llërët** die Ärmel hochkrempeln
përvetësim-i *jur.* Entwendung *f*, Aneignung *f*
përvetësoj sich aneignen
përvëloj verbrühen, verbrennen; sengen; **dielli përvelon** die Sonne brennt
përvoj|ë, -a Erfahrung *f*
përvuajtj|e, -a Niedergeschlagenheit *f*; *rel.* Demut *f*
përvúajtur, i/e demütig, niedergeschlagen
përvujtë, i/e demütig
përvujtní-a *dial.* Demut *f*
përz|ë, *-ura, -ënë* verjagen, vertreiben
përz|íej, *-jéva, -íer* mischen, verwechseln
përzemërsisht ⟨*adv*⟩ herzlich
përzemërt, i/e herzlich; **përshëndetje e ~** herzliche Begrüßung *f*
përzíer, i/e gemischt, gemixt
përzíer-it, të Brechreiz *m*
përrall|ë, -a Märchen *n*
përrallor, -e Märchen-, märchenhaft
përrenjak, -e aus Përrenjas
përreth ⟨*adv*⟩ rings:um
përr|ua, -oi, *pl.* -énj-të Sturzbach *m*, Bergbach *m*, Wildwasser *n;* **përroi zdirgjet nga mali** das Wildwasser stürzt vom Berge herab
pësoj leiden, erleiden; **~ disfatë** eine Niederlage erleiden
pësor, -e passiv
pësor|e, -ja Passiv *n*
pëshpërim|ë, -a Geflüster *n*
pëshpëris *s/t* flüstern, tuscheln
pëshpëritj|e, -a Flüstern *n*
pështjelloj durcheinander werfen, Unordnung machen
pështyj spucken, anspucken
pi trinken; **~ duhan** rauchen; **~ me fund** austrinken, ex trinken; **~ qyl** freigehalten werden *beim Trinken*
piano-ja *mus.* Klavier *n*, Piano *n*
picarjot, -e aus Picar
picet|ë, -a Serviette *f*
pickim-i Stechen *n*, Stich *m*, Zwicken *n;* **kam një pickim në gjoks** es sticht mich in der Brust
pickoj kneifen, zwicken
pij|e, -a Getränk *n*
pijetor|e, -ja Kneipe *f*, Trinkhalle *f*
pijsh|ëm, -me, i/e trinkbar, Trink-; **ujë i ~** Trinkwasser *n*
pikator|e, -ja Pipette *f*
pik|ë, -a Punkt *m*, Tropfen *m;* Stelle *f;* **dy pika lot** zwei Tränen; **në orën tetë fiks** um punkt acht Uhr; **~ furnizimi me karburant**, **~ karburanti** Tankstelle *f*, Tanke *f;* **pika pezullimi** *spr.* Auslassungspunkte
pikëçuditj|e, -a *spr.* Ausrufungszeichen *n*
pikëlidhj|e, -a *spr.* Verbindung *f*, Anschlusspunkt *m*, Anschlussart *f*
pikëllim-i Kummer *m*, Sorge *f*, Beküm-

merung *f*
pikënisj|e, -a Ausgangspunkt *m*
pikëpamj|e, -a Gesichtspunkt *m*, Ansicht *f*, Standpunkt *m*
pikëpjekj|e, -a Verabredung *f*, Rendezvous *n*
pikëpresj|e, -a Strichpunkt *m*, Semikolon *n*
pikëpyetj|e, -a Fragezeichen *n*
pikërisht ⟨*adv*⟩ genau, präzis
pikësim-i *spr.* Interpunktion *f*, Zeichensetzung *f*
pikoj tropfen
piksem gerinnen, erstarren
piktor-i Maler *m*, Kunstmaler *m*; **~ amator** Freizeitmaler
piktur|ë, -a Bild *n*, Gemälde *n*, Malerei *f*
pilaf-i, *pl.* -ë-t Schwenkreis *m*, Butterreis *m*, Pilav *m*
pilot-i, *pl.* -ë-t Pilot *m*; Lotse *m*; **~ i portit** Lotse, Hafenlotse
pilurjot, -e aus Pilur
pincet|ë, -a Pinzette *f*
pinc|ë, -a Flachzange *f*
pingpong-u Tischtennis *n*
pingultë, i/e vertikal, senkrecht
pionier-i, *pl.* -ë-t Pionier *m* *Jugendorganisation*, Pfadfinder *m*
piper-i Pfeffer *m*; **~ i kuq** Paprika *m*; **mbajtëse piperi** Pfefferstreuer *m*
pip|ë, -a Pfeife *f*, Tabakspfeife; Zigarettenspitze *f*
piqerasjot, -e aus Piqéras
piraterí-a Piraterie *f*, Seeräuberei *f*
Piré-u *ON* Piräus
Pirenej-të Pyrenäen *Pl.*
pirun-i, *pl.* -ë-t Gabel *f*
pisk-u Knoten *m*; Höhepunkt *m*; **e shoh pisk** in der Klemme sein; **u zu pisk** er war in Schwierigkeiten
piskam|ë, -a Ruf *m*, Schrei *m*
pisqoll|ë, -a Vorderlader-Pistole *f*, Steinschloss-Pistole
pistar, -e aus Pista
pist|ë, -a Piste *f*; Tanzfläche *f*; **~ vrapimi** Rennbahn *f*, Rennstrecke *f*; **~ e fluturimit** Flugpiste, Startbahn *f*; Rollfeld *n*
piston-i, *pl.* -ë-t *tech.* Kolben *m*
pish|ë, -a *bot.* Kiefer *f*
pishin|ë, -a Schwimmbad *n*, Schwimmbecken *n*, Swimming pool *m*; **~ e mbuluar** Hallenbad *n*
pizhame-t Pyjama *m*, Schlafanzug *m*
pjac|ë, -a = treg-u Marktplatz *m*, Markt *m*, Platz *m*
pjalm-i Blütenstaub *m*, *bot.* Pollen *m*
pjatanc|ë, -a Platte *f*
pjat|ë, -a Teller *m*, Platte *f*; **~ filxhani** Untertasse *f*; **~ e vogël** Dessertteller *m*; **~ supe, ~ e thellë** tiefer Teller *m*
pjekj|e, -a Reife *f*, Reifung *f*; das Backen *n*
pjekur, i/e gebacken, Back-; geröstet; **mish i ~** der Braten
pjekurí-a Reife *f*
pjep|ër, -ra *bot.* Zuckermelone *f*
pjérrtazi ⟨*adv*⟩ schräg
pjes|ë, -a Teil *m*; Theaterstück *n*; **~ fundore** Endstück *n*; **~ këmbimi**, **~ shkëmbimi** Ersatzteil *n*; **~ nistore e fjalës** *spr.* Wort:anlaut *m*; **~ përbërëse** Bestandteil *m*; **~ të ligjëratës** *spr.*

Wortarten *Pl.*, Redeteile *Pl.*; **bëj pjesë** teil/nehmen; **bëj pjesë në** ⟨+ *Akk*⟩ gehören zu

pjesëmarrës-i Teilnehmer *m*

pjesëmarrj|e, -a Teilnahme *f*

pjesërisht ⟨*adv*⟩ teilweise, partiell

pjesëtor, -e *spr.* partitiv

pjesëz-a *spr.* Partikel *f*, Teilchen *n*: ~ **pyetëse** *spr.* Fragepartikel

pjeshk|ë, -a, *pl.* -ë-t *bot.* Pfirsich *m*

pjesor, -e partizipial

pjesor|e, -ja *spr.* Mittelwort *n*, Partizip *n*; ~ **e shkuar** Partizip Perfekt *n*; ~ **e tashme** Partizip Präsens

pjessh|ëm, -me, i/e teilweise, partiell

Pjet|ër, -ri *NP* Peter

plaçkis s/t plündern

plaçkitj|e, -a Plünderung *f*

plag|ë, -a, *pl.* -ë-t Wunde *f*; **brufulloi plaga** die Wunde ging auf

plagos verletzen, verwunden

plagosj|e, -a *mil.* Verwundung *f*, *jur.* Körperverletzung *f*; *med.* Verletzung *f*

plagjiat-i, *pl.* -ë-t Plagiat *n*

plagjiator-i Fälscher *m*, Plagiator *m*

plak, -ë, *pl.* pleq, *f.* plaka alt *vom Lebensalter*

plak-u, *pl.* pleq-të der Alte *m*; ~ **çifteli** giftiger, boshafter Greis *m*; ~ **matuf** Tattergreis

plan-i, *pl.* -e-t Plan *m*; ~ **i marrëzishëm** törichter Plan; ~ **i shfaqjeve** Spielplan; ~ **pesëvjeçar** Fünfjahrplan

plangprishës, -e verschwenderisch; **djali** ~ *rel.* der verlorene Sohn *m*

planifikim-i Planung *f*

plas, *s. a.* pëlcas platzen; **plasa vape** ich wäre fast vor Hitze gestorben

plasar, -e aus Plasa

plasj|e, -a Explosion *f*, Sprengung *f*

plastik, -e aus Kunststoff, plastisch

plastmas|ë, -a Plaste *f*, Kunststoff *m*

platé-ja Parterre *n*, Erdgeschoss *n*; Parkett *n*

platin-i Platin *n*

Plav|ë, -a *ON* Plav

plavjan, -e aus Plav

plazh-i, *pl.* -e-t Strand *m*

plebishit-i Plebiszit *n*, Volksabstimmung *f*, Volksbefragung *f*

pleh-u, *pl.* -ra-t Dünger *m*, Mist *m*, Dung *m*; **kosh i plehrave** Abfallkorb *m*, Papierkorb; **kovë plehrash** Abfall:eimer *m*, Müll:eimer *m*; **si gjel në** ~ wie der Hahn auf dem Mist

plehëroj düngen

plenar, -e Plenar-, Voll-

pleonaz|ëm, -mi *spr.* Pleonasmus *m*

plep-i, *pl.* -a-t *bot.* Pappel *f*

pleqnoj am Ältestenrat teilnehmen, beraten

pleshishtar, -e aus Pleshisht

pleurit-i Rippenfellentzündung *f*, *med.* Pleuritis

plevic|ë, -a Kate *f*

plithar-i Lehmziegel *m*

plogështí-a Trägheit *f*; **u zhvish nga plogështía** er legte die Faulheit ab

plot ⟨*adv*⟩ voll; **kishte plot njerëz** es waren dort viele Menschen; ~ **e përplot** brechend voll

plotë, i/e voll, vollständig

plotës-i *spr.* Ergänzung *f*, Umstandsbestimmung *f*, Adverbialbestimmung; ~ **dallimi** unterscheidende Ergänzung, *spr.* Attribut; ~ **kallëzuesor** prädikative Bestimmung; ~ **kohe** Zeitbestimmung, temporale Ergänzung; ~ **mënyre** Umstandsbestimmung der Art und Weise

plotësisht ⟨*adv*⟩ völlig, vollständig, voll und ganz

plotësoj erfüllen, ergänzen, vervollständigen

plotësuar, i/e ergänzt, vervollständigt

plotësues, -e ergänzend, Zusatz-, Nachtrags-

plotzaní-a *spr.* Pleophonie *f polnoglasie, spr.* Volllaut *m*

plu|g-u, *pl.* -gje-t Pflug *m*

plugian, -e aus Plug

plúhur-i, *pl.* -a-t Staub *m*, Pulver *n*; **qumësht** ~ Trockenmilch *f*; ~ **për larje** Waschpulver; **bëj pluhur e hi** zunichte machen, in Staub und Asche legen

pluhuros verstauben

pluhurthíthës|e, -ja Staubsauger *m*

plumb-i, *pl.* -a-t Blei *n*, Plombe *f*; **zukama e plumbave** das Pfeifen der Kugeln

plumbç-i, *pl.* -a-t = **plumbç|e**, -ja Lot *n*, Senkblei *n*

pluraliz|ëm, -mi Pluralismus *m*

pllac-i, *pl.* -e-t *dial.* Grundstück *n*, Bauplatz *m*

pllakat-i, *pl.* -e-t Plakat *n*

pllak|ë, -a Platte *f*; ~ **gramafoni** Schallplatte *f*

pllenoj befruchten, *bot.* bestäuben

po *1:* = por aber; *2:* ja; *3:* ⟨*Konj.*⟩ wenn, falls; ~ **të duash** wenn du willst; *4: Partikel des Zeitpunkts* eben; ~ **shkruan** er/sie schreibt gerade; *5: Partikel der Identität* eben; ~ **aty** ebenda; ~ **ai** derselbe

pocaqí-a Mühe *f*, Qual *f*

poç-i, *pl.* -e-t Krug *m*, Tonkrug *m*, Glaskanne *f*, Bowle *f*

poçar-i Töpfer *m*

poçarí-a Töpferarbeit *f*, Keramik *f*

poç|e, -ja Henkeltopf *aus Steingut*

poçerina-t Töpferwaren *Pl.*, Steingut *n*

Podujev|ë, -a *ON* Podujevo, Besiana

poet-i, *pl.* -ë-t Dichter *m*, Poet *m*

poetik, -e poetisch, dichterisch

poezí-a Dichtung *f*, Poesie *f*, Gedicht *n*

pogradecar, -e aus Pogradec

pohim-i Bejahung *f*, Affirmation *f*

pohoj bejahen, bestätigen

pohor, -e positiv, bejahend, bestätigend

pojanak, -e aus Pojan

pol-i Pol *m*; ~ **i Veriut** Nordpol *m*

polak, -e; **polonez**, -e polnisch

polak-u = **polonez**-i Pole *m*

polenak, -e aus Polena

polic-i Polizist *m*

polic|ë,-a Police *f*, Versicherungsschein *m*; ~ **e përgjitshme** *ök.* Generalpolice, offene Police

policí-a Polizei *f*; ~ **e skelës** Hafenpolizei; ~ **rrugore** Verkehrspolizei

poliçaniot, -e aus Poliçan

poligon-i Vieleck, *math.* Polygon; ~ **për qitje** Schießstand *m*, Schießplatz *m*

poliklinik|ë, -a Poliklinik *f*

Polinezí-a Polynesien
polinezjan, -e polynesisch
poliomielit-i Kinderlähmung *f*, *med.* Polio
polisar, -e aus Polis
polisintetik, -e *spr.* polysynthetisch
politik, -e politisch; **grupim ~** politische Gruppierung *f*
politik|ë, -a Politik *f*; **~ e jashtme** Außenpolitik; **~ ekonomike** Wirtschaftspolitik
Poloní-a Polen
pomad|ë, -a Pomade *f*; Salbe *f*; **vë pomadë** Salbe auf/tragen
pomp|ë, -a Pumpe *f*; **~ sprucimi** Einspritzpumpe
ponç-i Punsch *m*
pópu|ll-i, *pl.* -j-t Volk *n*; **i dhimbset populli** das Volk liegt ihm/ihr am Herzen
popullarizoj popularisieren, volkstümlich machen
popullor, -e Volks-, volkstümlich, populär; **pushtet ~** Volksmacht *f*; **republikë popullore** Volksrepublik *f*; **urtësi popullore** Volksweisheit *f*
popullsí-a Bevölkerung *f*
por aber, jedoch
porcion-i Portion *f*
pornografí-a Pornographie *f*
pornografik, -e pornographisch
poroçanak, -e aus Poroçan
porosí-a Bestellung *f*, Auftrag *m*, Order *f*; **formular i porosisë** Bestellzettel *m*
porosis s/t bestellen
porsa ⟨*adv*⟩ so:eben, kaum
porsapjekur, i/e frisch gebacken, ofenfrisch
porse indessen, aber, jedoch
port-i, *pl.* -e-t Hafen *m*, Seehafen; **~ destinacioni** Bestimmungshafen; **~ i lirë** Freihafen; **franko-anije në portin e arritjes** *ök.* frei bis zum Bestimmungshafen, ex ship
port|ë, -a Tor *n*, Pforte *f*, Portal *n*; **Porta e Lartë** *hist.* Hohe Pforte *f*
portier-i Portier *m*, Türhüter *m*, Pförtner *m*; *spo.* Torwart *m*
portinerí-a Portiersloge *f*, Pforte *f*
portobagazh-i *tech.* Kofferraum *m*
portofol-i, *pl.* -a-t Brieftasche *f*; **~ i porosisë** Auftragsbuch *n*
portoka|ll-i, *pl.* -j-të Apfelsine *f*, Orange *f*
portokallat|ë, -a Orangeade *f*, Apfelsinengetränk *n*
portorikan, -e puertorikanisch, Puerto aus Rico
portovin-i Portwein *m*
portret-i, *pl.* -e-t Porträt *n*, Brustbild *n*
Portugalí-a Portugal
portugez, -e portugiesisch
pos kësaj außerdem
posaç|ëm, -me, i/e besonder, Sonder-; speziell, Spezial-; **katalog i ~** Sonderkatalog *m*
posaçërisht ⟨*adv*⟩ besonders
posi wieso; **~ jo!** ja sicher, und ob!
postar, -e Post-; **çek ~** Postscheck *m*
post|ë, -a Postamt *n*, Post *f*; **~ ajrore** Luftpost; **kuti poste** Briefkasten *m*
postier-i, *pl.* -ë-t Briefträger *m*, Postbote *m*
postiq|e, -ja Schaffell *n zum Sitzen*,

Pöstek, Flokati
postoj zur Post bringen, ein/werfen
poshnjar, -e Poshnja
poshtë ⟨*adv*⟩ unten, nach unten; **hedh poshtë** ab/lehnen
poshtër, i/e niederträchtig, gemein
poshtërues, -e entehrend, erniedrigend
pothuaj(se) ⟨*adv*⟩ fast, sozusagen
pozicion-i Stellung *f*; ~ **i fortë** *spr.* starke Stellung, Stellung der maximalen Unterscheidung
Poznań-i *ON* Posen
pra = prandaj von daher, darum
pra|g-u, *pl.* -gje-t Schwelle *f*
Prag|ë, -a Prag, Praha
praktik, -e praktisch
praktik|ë, -a Praxis *f*
praktikoj aus/üben, praktizieren
prandaj deshalb, also, demnach
pranë ⟨+ *Abl*⟩ bei, neben
pranëemëror, -e *spr.* adnominal
pranërenditj|e, -a *spr.* Parataxe *f*, Bei:ordnung *f*
pranëvëni|e, -a *spr.* Juxtaposition
prang|ë, -a Fessel *f*
praní-a Gegenwart *f*, Präsenz *f*, Anwesenheit *f*
pranim-i Annahme *f*, Entgegennahme *f*; Aufnahme *f*
pranish|ëm, -me, i/e anwesend
pranoj an/nehmen, akzeptieren, zu/lassen
pranuesh|ëm, -me, i/e annehmbar, akzeptabel, zulässig
pranver|ë, -a Frühling *m*
prapa ⟨*adv*⟩ hinten, nach hinten
prapa ⟨+ *Abl*⟩ hinter
prapaepur, i/e *spr.* retroflex
prapafjal|ë, -a *spr.* Postposition
prapagjuhor, -e *spr.* Hinterzungen-
prapambetur, i/e zurückgeblieben
prapanik, -e rückständig
prapanik-u Rückständiger *m*, Reaktionär *m*
prapaqiellzor, -e *spr.* postpalatal, velar
prapashkruaj gegen/zeichnen, auf der Rückseite unterschreiben; ~ **një kambial** *ök.* einen Wechsel indossieren
prapashtes|ë, -a *spr.* Suffix *n*, Nachsilbe *f*
prapashtesim-i *spr.* Suffigierung *f*
prapashtesor, -e Suffix-
prapasken|ë, -a Hintergrund *m*; **qëndroj në** ~ im Hintergrund bleiben
prapatok|ë, -a Hinterland *n*
prapavajtës, -e *spr.* regressiv, rückschreitend, rückwirkend
prapavajtj|e, -a *spr.* Rückbildung *f*, Regression *f*
prapavendosj|e, -a *spr.* Nachstellung *f*
prapavendosur, i/e nachgestellt, postponiert, postpositiv
prapaveprues, -e rückwirkend
prap|ëm, -me, i/e *spr.* nachgestellt, postpositiv
prapësim-i Zurückweisung *f*, Rücksendung *f*; Rückzahlung *f*, Rückverrechnung *f*; ~ **dërgese** Rücksendung *f*
prapësoj zurück/senden, zurück/nehmen, annullieren
prapm|ë, -me, i/e Rück-; **faqe e prapme** Rückseite *f*, Verso-Seite *f*

praps ab/wenden
prarim-i Vergoldung *f,* Schimmer *m*
prashis s/t hacken, auf/hacken, auf/brechen, graben
predikoj predigen
predikues-i Prediger
preferoj bevorzugen
pregatit = përgatis vor/bereiten
prej ⟨*Präp.*⟩ von, seit, aus; ~ **nga?** woher?; **në çdonjërën prej fotografive** auf jedem der Fotos
prejardhj|e, -a Herkunft *f,* Ableitung *f, spr.* Derivation *f;* ~ **prapavajtëse** *spr.* Rückbildung *f*
prejardhur, i/e abgeleitet; **jam** ~ ab/stammen, sich herleiten
prejemëror, -e *spr.* denominal
prejfoljor, -e *spr.* deverbal; **ndajfolje prejfoljore** Verbal:adverb
prekj|e, -a Berührung *f; jur.* Antastung *f*
prellak, -e aus Prell
premier|ë, -a Premiere *f*
premt|e, -ja Freitag *m;* **e premte e madhe** *rel.* Karfreitag *m*
premtoj versprechen, zusagen
prenotim-i Buchung *f Flug,* Reservierung *f Zimmer*
prenotoj reservieren, vor/merken, buchen
prepotent, -e überheblich, eingebildet
prerë, i/e endgültig, bindend
prerëz-a, *pl.* -a-t Einschnitt *m,* Abriss *m*
prerj|e, -a Abschneiden *n,* Fällen *n;* Abbruch *m;* Schnitt *m;* Frisur *f*
pre|s, *-va, -rë, e/i;* s/t schneiden
pr|es, *-ita, -itur, e/i;* s/t warten
pres|ë, -a Schneide *f,* Klinge *f*
presës|e, -ja Schneider *m,* Schneidegerät *n;* ~ **letrash** Papierschneider *m*
president-i Präsident *m;* **rezidenca e presidentit** Sitz des Präsidenten
presidium-i Präsidium *n*
presion-i Druck *m;* ~ **ajri** Luftdruck; ~ **atmosferik** Luftdruck; **tenxhere me** ~ Dampfdrucktopf *m;* ~ **i gomave** Reifendruck *m*
presj|e, -a *spr.* Komma *n,* Beistrich *m*
prestigj-i Prestige *n,* Ansehen *n*
presupozoj voraus/setzen
presh-i Porree *m,* Lauch *m;* **kapem me presh në duar, zihem në presh** auf frischer Tat / in flagranti ertappt werden
Preshev|ë, -a *ON* Preševo
pretekst-i, *pl.* -e-t Vorwand *m,* Anlass *m*
pretendoj behaupten, prätendieren, beanspruchen
preterit-i *spr.* Präteritum *n,* Vergangenheit *f;* ~ **i tashëm** Präterito-Präsens *n*
preva, *s.* pres
prezantoj vor/stellen
prezenc|ë, -a Anwesenheit *f*
prezjan, -e aus Preza
prift-i, *pl.* -ërinj-të Priester *m*
pri|j, *-va, -rë* ⟨+ *Dat.*⟩ an/führen, voraus/gehen
prill-i April *m*
prim-i Prämie *f;* ~ **sigurimi** Versicherungsprämie
princ-i, *pl.* -a-t;-ër-it Prinz *m*
princesh|ë, -a Prinzessin *f*
prind-i, *pl.* -ër-it Vater *m,* Mutter *f;*

Muttertier *n;* Eltern *Pl.;* **prind**-ët, **prindër**-it Eltern *Pl.*

prirj|e, -a Neigung *f,* Anlage *f,* Veranlagung *f,* Tendenz *f,* Bestrebung *f*

prish brechen, beschädigen, verderben; ~ **buzët** eine Schnute machen, den Mund verziehen; **s'~ punë** das macht nichts; ~ **pare** Geld wechseln; **që prishet shpejt** leicht verderblich

prishj|e, -a Bruch *m,* Abbruch *m;* Zerstörung *f;* ~ **figure** Störung *f,* Bildstörung *f im Fernsehen*

Prishtin|ë, -a *ON* Priština

prishtinas, -e aus Prishtina

prishur, i/e kaputt, gestört, defekt, zerbrochen

priskan, -e aus Priska

prit, prita, *s.* pres

prit|ë, -a Hinterhalt *m;* **bie në ~** in einen Hinterhalt geraten

pritës-i Trassant *m,* Aussteller *m,* Wechselaussteller *m;* Empfänger *m*

pritj|e, -a Empfang *m,* Rezeption *f;* Erwartung *f;* **salla e pritjes** Wartesaal *m;* **në pritje të** ⟨+ *Gen*⟩ in Erwartung von; **banketi i pritjes** Empfangsbankett *n*

pritsh|ëm, -me, i/e zu erwarten, voraussichtlich; **fitim i ~** voraussichtlicher Gewinn *m*

privilegj-i Privileg *n,* Vorrecht *n*

priz|ë, -a Stecker *m,* Steckdose *f;* **heq nga priza** aus dem Stecker ziehen

prizrenas, -e aus Prizren

probabilitet-i Wahrscheinlichkeit *f*

problem-i Problem *n;* **s'ka ~** ohne weiteres; ~ **i zgjidhshëm** lösbares Problem; **problemi qëndron këtu** das Problem liegt hier; hier liegt der Hund begraben

procedim-i Verfahren *n, jur.* Prozess *m;*~ **penal** Strafverfahren *n*

procedur|ë, -a Verfahren *n*

proces-i, *pl.* -e-t Prozess *m*

procesverbal-i, *pl.* -e-t Protokoll *n,* Niederschrift *f*

proçk|ë, -a Dummheit *f,* Schnitzer *m,* Missgriff *m;* **bëj një ~** einen Fehler machen

produkt-i Produkt *n,* Erzeugnis *n;* ~ **i gatshëm** Fertigprodukt

prodhim-i Produktion *f;* Produkt *n,* Erzeugnis *n;* ~ **i përgjithshëm** Gesamtproduktion *f*

prodhoj hervor/bringen, produzieren; **forcat prodhuese** *ök.* die Produktivkräfte *Pl.*

prodhues, -e *spr.* produktiv

profesion-i Beruf *m*

profesional, -e beruflich, Berufs-, professionell; **bashkimi ~** Gewerkschaft *f*

profesor-i Professor *m*

profilizuar, i/e spezialisiert, Fach-; **bibliotekë e ~** Fachbibliothek *f,* Fachbücherei *f*

progar, -e aus Progër

program-i, *pl.* -e-t Programm *n; tech.* = **softuer**-i Software *f*

projekt-i, *pl.* -e-t Projekt *n,* Vorhaben *n*

projektim-i Projektierung *f*

projektligj-i Gesetz:entwurf *m*

projektoj projektieren

proklamoj proklamieren, aus/rufen

proklitik, -e *spr.* proklitisch
prokliz|ë, -a *spr.* Proklise *f*
prokuror-i Staatsanwalt *m*
prokurorí-a Staatsanwaltschaft *f*
proletar, -e proletarisch; **internacionalizëm** ~ proletarischer Internationalismus *m*
proletariat-i Proletariat *n;* **diktaturë e proletariatit** Diktatur des Proletariats
pronar-i Besitzer *m,* Eigentümer *m*
pron|ë, -a Besitz *m,* Eigentum *n;* ~ **vetjake** persönliches Eigentum *n*
pronësí-a Eigentumsrecht *n*
pronor, -e *spr.* possessiv
propagand|ë, -a Propaganda *f*
propozim-i Vorschlag *m,* Angebot *n;* ~ **i kushtëzuar** bedingtes Angebot
propozoj vor/schlagen, an/bieten
proshut|ë, -a Schinken *m*
protaz|ë, -a *spr.* Prótasis *f*
proteksioniz|ëm, -mi Protektionismus *m*
protestant-i, *pl.* -ë-t Protestant *m*
protest|ë, -a Protest *m*
protez|ë, -a *spr.* Prothese *f,* Vorschlag *m*
prov|ë, -a Probe *f,* Prüfung *f,* Bewährung *f,* Examen *n;* ~ **e gatishmërisë** Bereitschaftsübung *n;* ~ **paraprake** Vorprüfung; **vë në provë** auf die Probe stellen
provim-i Prüfung *f;* **jap / shlyej provime** Prüfungen ablegen
provizorisht ⟨*adv*⟩ provisorisch, vorläufig
provoj versuchen, probieren, kosten, prüfen; **provójeni édhe një herë!** versuchen Sie es noch einmal!
provokator, -e provozierend
provokim-i Provokation *f,* Herausforderung *f,* Provozierung *f*
provokoj provozieren, heraus/fordern; hervor/rufen
prozaiz|ëm, -mi Prosaismus *m*
prozator-i Prosaschriftsteller *m*
proz|ë, -a Prosa *f*
prozodí-a *spr.* Prosodie *f*
prura, *s.* bie
prush-i, *pl.* -e-t Glut *f;* Eifer *m;* Menge *f*
Prusí-a Preußen
prusian, -e preußisch
pse = përse warum?, weshalb?; weil, da
psikiat|ër, -ri, *pl.* -r-it Psychiater *m*
psikik, -e psychisch, seelisch; **turbullime psikike** seelische Störungen *Pl.*
psikolinguistik|ë, -a *spr.* Psycholinguistik *f*
psikolog-u, *pl.* -ë-t Psychologe *m*
psonis *veralt.* ein/kaufen *auf dem Markt*
psherëtij seufzen
pshurr = shurroj *vulg.* bepissen
ptu ⟨*Int.*⟩ pfui!
publik, -e öffentlich
puç-i Putsch, Staatsstreich *m*
pud|ër, -ra Puder *m*
pukjan, -e aus Puka
pul|ë, -a Huhn *n;* ~ **e pjekur** Brathuhn, Broiler *m*
pulëbardh|ë, -a Möwe *f*
Pulj|e, -a Apulien
puls-i *med.* Puls *m;* **mas pulsin** den Puls fühlen

pulov|ër, -ri Pullover *m,* Sweater *m*
pullazin|ë, -a Dachsparren *m*
pull|ë, -a Briefmarke *f,* Wertsiegel *n;* **emision special pullash** Sondermarken *Pl.*
pun|ë, -a Arbeit *f;* Angelegenheit *f;* **çdolloj pune** jederlei Arbeit; **çfarëdo pune** eine beliebige Sache; **në ashkun e punës** *fig.* in der Hitze des Gefechts; **falë punës së tij** dank seiner Arbeit; **jam fytas me ~** randvoll mit Arbeit sein; **s'ma lypset kjo punë** ich brauche das nicht; **puna shkon vaj** die Sache läuft wie geschmiert; **puna vente mbroth** die Arbeit schritt gut voran; **~ me akord** Akkord:arbeit; **~ diplome** Diplom:arbeit; **~ dore** Hand:arbeit; **~ me duk** Wert:arbeit; **~ grarishte** Frauen:arbeit, Weibersache *f;* **~ e gratshme** einträgliche Sache; **~ në terren** Feldforschung *f*
punësoj beschäftigen, an/stellen
punëtor-i Arbeiter *m;* **~ shkencor** wissenschaftlicher Mitarbeiter *m;* **~ i karburantit** Tankwart *m;* **~ i ndërgjegjshëm** bewusster/gewissenhafter Arbeiter; **~ me mëditje** Tagelöhner *m,* Lohnarbeiter *m*
punëtor|e, -ja Arbeiterin *f*
punim-i Arbeit *f;* **~ në boshllëk** *tech.* Leerlauf *m;* **punimet dore** die Handarbeiten *Pl.*
punoj arbeiten, funktionieren; **kjo s'punon** das klappt nicht; **punoj me orar të zgjatur** Überstunden machen; **~ me tertip** geschickt zu Werke gehen; **~ me yrysh** mit Schwung arbeiten
punonjës, -e werktätig
punonjës-i Angestellter *m,* Werktätiger *m,* Mitarbeiter *m;* **~ hekurudhe** Eisenbahner *m;* **~ i dalluar** ausgezeichneter Werktätiger *m*
punonjës|e, -ja Mitarbeiterin *f,* Angestellte *f;* **~ e sallës** Platz:anweiserin *f;* **~ kati** Zimmermädchen *n*
punto-ja *tech.* Gewindebohrer *m*
pup|ë, -a *naut* Heck *n*
púp|ël, -la Feder *f,* Daune *f*
pupu ⟨*Int.*⟩ o weh!
pure patatesh Kartoffelpüree *n,* Kartoffelbrei *m*
purgativ-i Abführmittel *n*
purist, -e *spr.* puristisch
puro-ja, *pl.* -t Zigarre *f*
purth mit Kot verschmutzen, *vulg.* voll scheißen
purth|ë, -a *med.* Durchfall *m,* Diarrhö *f*
pus-i, *pl.* -e-t Brunnen *m;* **~ artezian** artesischer Brunnen
pusí-a Hinterhalt *m*
push-i Flaum *m*
pushim-i Pause *f,* Urlaub *m,* Ruhe *f,* Ruhetag *m,* Ferien *Pl.;* **kam ~** frei haben; **~ gjatë punës** Arbeitspause *f*
pushkatoj erschießen
pushk|ë, -a Gewehr *n,* Büchse *f;* **grasoj pushkën** das Gewehr fetten; **i zhdrodhi pushkën** er/sie richtete das Gewehr auf ihn/sie
pushoj aufhören, Pause machen
pushtet-i Macht *f;* **~ popullor** Volksmacht
pushtim-i Besetzung *f,* Okkupation *f*

pushtoj besetzen, in Besitz nehmen, okkupieren
puth küssen; **e puthi me ashk** er küsste sie feurig
puthj|e, -a das Küssen *n*
puthur-a, e Kuss *m*
pyes *s/t* fragen
pyetës, -e fragend, *spr.* interrogativ, Frage-; **pjesëz pyetëse** *spr.* Fragepartikel
pyetësor-i, *pl.* -ë-t Fragebogen *m*
pyetj|e, -a Frage *f*; ~ **e mirëfilltë** *spr.* Entscheidungsfrage *f*, disjunktive Frage; **pyetje-shtesë** Zusatzfrage
py|ll-i, *pl.* -je-t Wald *m*, Forst *m*; ~ **i virgjër** Urwald *m*
pyr|g-u, *pl.* -gje-t Turm *m*, Ausguck *m*, Bergfried *m*

Q

Qabé-ja Kaaba *f in Mekka*
qaf = qafoj = qafos = përqafoj umarmen
qafalik-u, *pl.* -ë-t = **qafer|e**, -ja kleiner Pass *m*, Gebirgsübergang *m*
qafet|ë, -a Hemdkragen *m*
qaf|ë, -a Nacken *m*, Hals *m*; Pass *m*, Gebirgspass *m*; **e hoqi qafës** er jagte ihn davon; **thyej qafën** das Genick brechen
qafëgjatë langhalsig
qafëgjat|ë, -a *zoo.* Reiher *m*
qafëmal-i Pass *m*, Gebirgsübergang *m*
qáfëz-a Kragen *m*, Halsloch *n*
qahem weinen; **më qahej nga gëzimi** ich weinte vor Freude
qa|j, *-va, -rë* weinen; **qaj me lotë grabofçi** Krokodilstränen weinen
qar-i *veralt.* Nutzen *m*, Gewinn *m*; **bëj qar** gewinnen
qaraman, -e weinerlich
qar|k-u, *pl.* -qe-t Kreis *m*; Bezirk *m*; ~ **ushtarak** Wehrbezirk; **qarqe sunduese** herrschende Kreise *Pl.*; ~ **i shkurtër** *tech.* Kurzschluss *m*
qarkkomandant-i *hist.* Polizeipräfekt *m*
qarkoj umringen, ein/kreisen
qarkor|e, -ja Rundbrief *m*, Zirkular *n*, Umlauf *m*
qarkullim-i Umlauf *m*, Verkehr *m*; ~ **rrugor** Straßenverkehr; **heq nga qarkullimi** aus dem Verkehr ziehen
qarkulloj verkehren, zirkulieren, um/laufen; verteilen
qart ⟨*adv*⟩ klar
qartë, i/e klar; **s'ke të qartë këtë punë** du blickst da nicht durch
qartësí-a Klarheit *f*
qartësoj klären, auf/klären, erklären
qarr-i, *pl.* -e-t *bot.* Zerr:eiche *f*
qarrishtar, -e aus Qarrishta
qas näher bringen, heran/schaffen; **mos e qas në shtëpi!** bring es nur nicht ins Haus!
qas|e, -ja *veralt.* Getreidemaß *n 40 kg*
qasem sich nähern
qas|ë, -a Rastplatz *m*
qatip-i, *pl.* -ë-t *veralt.* Schreiber *m*, Schreiberling *m*, Bürokrat *m*

qebap-i, *pl.* -ë-t Spießbraten *m Art Schaschlik;* Auflauf *m aus Hackfleisch mit Zwiebel und Reis*

qebaptor-i Kebab-Verkäufer *m,* Wurstbrater *m,* Imbiss-Inhaber *m*

qoder-i, *pl.* -e-t *veralt.* Schaden *m;* Sorge *f;* **bëj qeder** schädigen

qefil-i, *pl.* -ë-t *veralt.* Bürge *m*

qefin-i, *pl.* -ë-t Leichentuch *n muslimisch;* **i bardhë si qefin** weiß wie die Wand

qeft-i, *pl.* -e-t Holzbecher *m mit langem Stiel*

qéfu|ll-i, *pl.* -j-t *zoo.* Meer:äsche *f*

qeha|já-i, *pl.* -llárë-t *hist.* Gutsverwalter *m;* Zunftvorsteher *m,* Kâhya

qejf-i, *pl.* -e-t Lust *f,* Freude *f,* Vergnügen *n,* Laune *f;* **ç'ke qejf të pish?** was möchtest du trinken?; **me gjithë qejf** gern, mit Vergnügen

qejflesh|ë, -a Liebhaberin *f*

qejflí-u, *pl.* -nj-të Liebhaber *m;* **qejfli për muzikë** Musikliebhaber *m*

qejfpaprishur gut gelaunt; ~ **e punëpabitisur** Bruder Lustig

qelb eitern

qelb-i *med.* Eiter *m*

qelbës, -e = qélbët, i/e = **qelbanik**, -e stinkend

qelbës-i *zoo.* Iltis *m; bot.* Terebinthenpistazie *f*

qelbur, i/e eitrig, übelriechend; **shpifje e** ~ schmutzige Verleumdung *f*

qelepir-i Gratisleistung *f;* **rroj qelepir** umsonst / auf Kosten anderer leben

qelepirxhí-u, *pl.* -nj-të Schnorrer *m*

qelesh|e, -ja Filzkappe *f ohne Schirm oder Krempe,* Mütze *f*

qeleshepunues-i Mützenmacher *m,* Hersteller von Filzkappen

qel|ë, -a Pfarrhaus *n kathol.,* Pfarr:amt *n*

qelëzor, -e aus Qelëza

qolí a Zelle *f,* Klosterzelle *f*

qelibar-i Bernstein *m*

qelibartë, i/e aus Bernstein; rein; **ndërgjegje e** ~ reines Gewissen

qeliz|ë, -a Zelle *f;* ~ **nervore** *med.* Nervenzelle *f*

qelizor, -e Zell-; **ind** ~ *med.* Zellgewebe *n*

qelq-i Glas *n*

qelq|e, -ja Trinkglas *n*

qelqor, -e = **qelqtë**, i/e gläsern; klar; **vështrim i qelqtë** klarer Blick

qelqurina-t Glaswaren *Pl.*

qeman|e, -ia *veralt.* Violine *f,* Geige *f,* Fiedel *f*

qemer-i, *pl.* -ë-t Bogen *m,* Gewölbe *n;* Gürtel *m;* ~ **i nuses** Brautgürtel

qen-i, *pl.* qen-të Hund *m;* **hallkë qeni** Hundekette *f;* **kopër qeni** *bot.* Dill *m;* **qeni kuit** der Hund winselt

qen-uj|k-u, *pl.* -q-it Wolfshund *m,* Hütehund *m*

qenar-i Rand *m;* **letër me** ~ **të zi** Brief mit Trauerrand

qend|ër, -ra Zentrum *n;* ~ **banjash** Bade:ort *m,* Kur:ort *m;* ~ **e banimit** Wohn:ort *m;* ~ **e punës** Arbeits:ort, Dienst:ort, Arbeitsplatz *m;* ~ **e qytetit** Stadtzentrum *n;* ~ **klimaterike** Luftkurort *m*

qendërikës, -e zentrifugal

qendërmbrojtës-i *spo.* Mittelfeldspieler *m;* ~ **i lirë** *spo.* Libero *m*
qendërsulmues-i Mittelstürmer *m*
qendërsynues, -e zentripetal
qendror, -e zentral, Zentral-, Mittel-; **Amerika Qendrore** Mittelamerika; **ngrohje qendrore** Zentralheizung *f*
qenef-i *veralt.* Klo *n,* Lokus *m,* Abtritt *m,* Plumpsklosett *n*
qenë, *s.* jam
qenërí-a Schweinerei *f*
qenërisht ⟨*adv*⟩ saumäßig; gnadenlos, bestialisch; **rroj** ~ mies/schlecht leben; **sillem** ~ bestialisch auftreten
qenësish|ëm, -me, i/e = **qenësor**, -e wesentlich
qenësisht ⟨*adv*⟩ wesentlich; **tipare** ~ **të ndryshme** grundlegend verschiedene Züge
qenë-t, të *phi.* das Sein *n*
qengj-i, *pl.* -a-t *zoo.* Lamm *n*
qeni|e, -a Wesen *n;* ~ **e shfaqje** Wesen und Erscheinung
qep nähen; nähen lassen; **makinë qépëse** Nähmaschine *f*
qep-i, *pl.* -a-t = sqep-i Schnabel *m;* Maul *n,* Mund *m*
qepall|ë, -a Augenlid *n*
qepar-i Wasserwaage *f*
qeparotas, -e aus Qeparó
qep|ë, -a *bot.* Zwiebel *f*
qép|ër, -ra, *pl.* -ra-t Sparre *f,* Dachsparre *f*
qepgjir-i, *pl.* -ë-t Schaumlöffel *m;* Seiher *m*
qepoj stechen
qepor|e, -ja Blumenzwiebel *f;* Zwiebelpflanze *f*
qepsh|e, -ja Schöpflöffel *m,* Kelle *f*
qepur, i/e genäht, broschiert
qeramidh|e, -ja Ziegel *m*
qeramik|ë, -a Keramik *f*
qeras bewirten
qerasj|e, -a Bewirtung *f*
qer|e, -ja = **qeros|ë**, -a Kopfgrind *m*
qereç-i Mörtel *m*
qérës|e, -ja Brachland *n*
qeresté-ja Bauholz *n*
qeros-i, *pl.* -ë-t Grindkopf *m Märchenfigur*
qerpí-a Lot *n,* Senkblei *n*
qerpiç-i, *pl.* -ë-t Lehmziegel *m*
qerpik-u, *pl.* -ë-t Wimper *f*
qerrat|á-i, *pl.* -énj-të Schlaumeier *m,* Schlaukopf *m*
qerratallë|k-u, *pl.* -qe-t Pfiffigkeit *f*
qerr|e, -ja Wagen *m,* Karren *m; dial.* Pkw *m;* **qerrja kuiste** der Wagen quietschte
qershí-a *bot. süße* Kirsche *f;* ~ **herake** *bot.* Frühkirschen *Pl.*
qershor-i Juni *m*
qerthulloj umringen, umkreisen; umzäunen
qes e/i; s/t = qis
qes|e, -ja Tasche *f,* Beutel *m;* ~ **plastmase** Plastikbeutel *m,* Tragetasche *f*
qeser-i, *pl.* -ë-t Axt *f*
qesëndí-a Spott *m,* Hänselei *f*
qesëndis hänseln, scherzen
qesk|ë, -a Säckchen *n,* Beutelchen *n; med.* Tränensack *m*
qesh lachen; **më vjen për të qeshur** mir ist zum Lachen zumute

qesharak, -e lächerlich, lachhaft
qeshë, *s.* jam
qétas = qétazi ⟨*adv*⟩ leise
qet|ë, -a schroffer Fels *m*
qetë = **qetësisht** ⟨*adv*⟩ ruhig, still; **fle** ~ ruhig schlafen
qetë, i/e ruhig, still, schweigend
qetësí-a Ruhe *f*, Stille *f*
qetësoj beruhigen
qetësues-i Beruhigungsmittel *n*, Tranquilizer *m*
qeth schneiden *Haare;* kürzen; scheren *Schafe;* ~ **shpenzimet** die Ausgaben kürzen
qeverí-a Regierung *f*
qeveris regieren; verwalten, in Ordnung halten; **nuk qeveris dot as veten e tij** sich nicht einmal selbst in Ordnung halten können
qeveritar, -e Regierungs-
qéz|ër, -ri, *pl.* -ra-t Eckzahn *m*, Augenzahn *m*
që *1:* ⟨*Konj.*⟩ dass, damit; *2:* seit; ~ **i ri** seit seiner Jugend; ~ **ditën e parë** vom ersten Tag an; ~ **muajin e kaluar** seit letztem Monat; *3: Relativpartikel,* ~ **kërkohet, që shkon** *ök.* gutgehend, gängig; *4:* ~ **të pesë** alle fünf
qëkúr = qëkuri seit langem
qëkúrse ⟨*Konj.*⟩ seit; ~ **u nis, s'jemi parë më** seit er abreiste, haben wir uns nicht mehr gesehen
qëllim-i Ziel *n*, Zweck *m*
qëllimisht = **qëllimthi** ⟨*adv*⟩ absichtlich
qëllimor, -e *spr.* final, Absichts-, Zweck-
qëlloj zielen, treffen, schlagen
qëmenatë ⟨*adv*⟩ früh, in aller Frühe, bei Tagesanbruch
qëmoç|ëm, -me, i/e alt
qëmoti vor langer Zeit
qëmtoj sammeln
qëndis sticken; verzieren; *fig.* ausführlich erzählen
qëndism|ë, -a Stickerei *f*; ~ **e akullit** Eisblume *f*
qëndistar|e, -ja Stickerin *f*
qëndrak, -e standhaft
qëndres|ë, -a Widerstand *m*
qëndrim-i Haltung *f*, Einstellung *f*, Standpunkt *m*; Aufenthalt *m*, Verweilen *n*; ~ **i detyrueshëm** Zwangs:aufenthalt *m*
qëndroj bleiben, sich auf/halten, widerstehen, stehen; zu/treffen; **arsyeja nuk qëndron** das trifft nicht zu; **problemi qëndron këtu** das Problem liegt hier; ~ **në prapaskenë** im Hintergrund bleiben; **i** ~ **tundimit** der Versuchung widerstehen; **qëndroi një hop në mëdyshje** er zögerte einen Moment
qëndruesh|ëm, -me, i/e standfest, stabil; *spr.* konstant; **shprehje e qëndrueshme** *spr.* stehende Wendung, feste Redensart *f*
qëndrueshmërí-a Beharrlichkeit *f*, Stetigkeit *f*, Stabilität *f*; *spr.* Konstanz *f*
qëparë = qëpari = qëparthi ⟨*adv*⟩ soeben
qëroj schälen, ab/häuten, säubern, reinigen
qi, *-va, -rë vulg.* ficken, vögeln, bumsen, pudern
qibar, -e *veralt.* = **qibërtar**, -e hoch-

mütig; penibel *in der Kleidung,* wählerisch *beim Essen,* putzsüchtig

qibrit-i, *pl.* -ë-t *dial.* Streichholz *n*

qíe|ll-i, *pl.* -j-t Himmel *m*

qiellgërvishtës-i Wolkenkratzer *m,* Hochhaus *n*

qiellor, -e himmlisch, Himmels-; **trupa qiellorë** Himmelskörper *Pl.*

qiellz|ë, -a Gaumen *m, spr.* Palatum *n;* ~ **e butë** Gaumensegel *n,* weicher Gaumen *m*

qiellzor, -e *spr.* palatal, Gaumen-

qift-i, *pl.* -e-t *zoo.* Roter Milan *m*

qilar-i, *pl.* -ë-t Keller *m,* Vorratskammer *f*

qilim-i Teppich *m,* Webteppich *m,* Kelim *m*

qiliméndës|e, -ja = **qilimpunues|e**, -ja Teppichweberin *f*

qim|e, -ja Haar *n,* Körperhaar *n*

qimnon-i *bot.* Kümmel *m*

qimosh, -e haarig, stark behaart

qinamar, -e aus Qínam

qind hundert; **njëqind** einhundert

qindark|ë, -a Centime *m 100. Teil des Lek,* Pfennig *m*

qindësh|e, -ja Hunderter *m*

qindlékësh|e, -ja Hundert-Lek-Schein *m*

qindt|ë, -a, e Hundertstel *n*

qindvjeçar, -e hundertjährig

qindvjetor-i Jahrhundert *n;* Hundertjahrfeier *f*

qingjé-ja = **qíng|ël**, -la, *pl.* -la-t Sattelgurt *m*

qiparis-i, *pl.* -a-t *bot.* Zypresse *f*

qiparistë, i/e Zypressen-

qipriot, -e zypriotisch

Qipro-ja Zypern

qíq|ër, -ra, *pl.* -ra-t *bot.* Kicher:erbse *f*

qirá-ja Miete *f,* Pacht *f,* Leasing *n,* Charter *f;* **marr me qirá** mieten, pachten

qiradhënës-i Verfrachter *m,* Frachtführer *m*

qiraxhí-u, *pl.* -nj-të Mieter *m;* Fuhrmann *m*

qirí-u, qiri-ri, *pl.* -nj-të Kerze *f;* ~ **i dylltë** Wachskerze *f*

qiribërës-i Kerzenmacher *m*

qiriç-i Kleister *m*

qirimbájtës|e, -ja Kerzenständer *m*

qiríthi ⟨*adv*⟩ auf die Hinterbeine; **ngrihem** ~ sich auf die Hinterbeine stellen

qis *s/t* herausziehen, hinauswerfen; bewirten, einschenken; schießen; **i** ~ **sheqer kafes** Zucker in den Kaffee tun; **qitën me pushkë në ajër** sie schossen mit dem Gewehr in die Luft

qitap-i, *pl.* -ë-t *veralt.* Buch *n;* Koran *m;* alte Schwarte *f,* Schmöker *m*

qitës-i Schütze *m*

qitj|e, -a Schießen *n;* **garë e qitjes** Preisschießen, Schießwettbewerb *m;* ~ **sportive** Sportschießen, Schießsport *m*

qítro-ja *bot.* Zitronatszitrone *f für Konfitüre*

qivur-i, *pl.* -e-t Sarg *m;* Grabmal *n,* Grabstein *m*

qofk|ë, -a *zoo.* Amsel *f*

qoft|e, -ja Fleischbällchen *n,* Frikadelle *f,* Köfte; Hackbraten *m*

qoftë *s.* jam sei es
qoftëlarg-u Teufel *m,* Gottseibei:uns *m*
qokaç-i, *pl.* -ë-t *zoo.* Specht *m*
qol|e, -ja *veralt.* Knecht *m,* Sklave *m; fig.* Einfaltspinsel *m*
qorr, -e blind; **xham ~** blinde Scheibe *Glas;* **e bëj veshin shurdh e syrin qorr para** ⟨*+Abl*⟩ sich zu etw. taub und blind stellen
qórras = qórrazi ⟨*adv*⟩ blind
qorroj blenden
qorrsokak-u, *pl.* -ë-t *fig.* Sackgasse *f*
qortim-i Tadel *m,* Rüge *f;* **~ shoqëror** öffentliche Rüge, gesellschaftlicher Tadel
qortoj schelten, tadeln
qortuesh|ëm, -me, i/e tadelnswert
qos beenden, zu Rande kommen, zustande bringen; **s'qosi gjë** nichts brachte er fertig
qos|e, -ja Bartloser *m Märchenfigur*
qostek-u, *pl.* -ë-t Uhrkette *f*
qosh|e, -ja Ecke *f,* Rand *m*
qosh|k-u, *pl.* -qe-t Ecke *f,* Stube *f;* Kiosk *m,* Verkaufsbude *f*
quaj, *-ta, -tur* nennen; **quhem** heißen
quk picken, zwicken, stechen
qukan-i, *pl.* -ë-t Truthahn, Puter
qukapik-u, *pl.* -ë-t *zoo.* Specht *m*
quk|ë, -a *zoo.* Truthenne *f,* Pute *f;* Steinkauz *m*
qukëzak, -e aus Qúkës
qull durchnässen
qull ⟨*adv*⟩ klatschnass, tropfnass, durchnässt
qull-i Brei *m*
qumësht-i Milch *f;* **~ i miellt, qumësht pluhur** Trockenmilch; **~ i vakur** kuhwarme Milch
qumështor|e, -ja *bot.* Wolfsmilch *f;* Milchstraße *f*
qumështoriz-i Milchreis *m*
qyfyr-i, *pl.* -e-t Witz *m,* Anekdote *f;* **tregoj qyfyre** Witze erzählen
qyfyrexhí-u, *pl.* -nj-të Spaßvogel *m;* Schwätzer *m*
qyl ⟨*adv*⟩ umsonst; vergeblich; **flas ~** Unsinn reden
qylaf-i, *pl.* -ë-t Filzkappe *f weiß, mit einem Schwänzchen*
qylaxhí-u, *pl.* -nj-të Nassauer *m,* Schnorrer *m*
qylyk|e, -ja Axt *mit breiter Klinge,* große Axt *f*
qymyr-i, *pl.* -e-t Holzkohle *f*
qymyrgur-i, *pl.* -e-t Steinkohle *f*
qymyrguror, -e Steinkohle-; **pellg ~** Steinkohlebecken *n,* Kohlerevier *n*
qymyrtar-i = **qymyrxhí**-u, *pl.* -nj-të Köhler *m*
qyn|g-u, *pl.* -gje-t Ofenrohr *n;* Wasserrohr *n;* **~ i sobës** Ofenrohr; **~ i ujësjellësit** Wasserleitungsrohr *n*
qyp-i, *pl.* -a-t großer Tonkrug *m für Speisevorräte; fig.* Omme *f,* Rübe *f,* Kopf *m*
qyq-i, *pl.* -ër-it Waise *f,* armer Kerl *m*
qyqar, -e verwaist, ver:einsamt
qyq|e, -ja *zoo.* Kuckuck *m; fig.* einsame Frau *f*
qyrek-u, *pl.* -ë-t Schaufel *f*
qyr|ë, -a Rücken *des Messers,* stumpfe Seite der Klinge
qyr|k-u, *pl.* -qe-t Pelzmantel *m; fig.*

Decke *f;* **qyteti ka veshur qyrkun e bardhë** die Stadt trägt ihr Winterkleid

qysh wieso?, wie?; seit; ~ **ditën e parë** seit dem ersten Tage; ~ **jo!** wieso nicht!, aber sicher!; **~, nuk dashke!** wieso willst du nicht?!

qysqí-a Brech:eisen *n,* Stößel *m*

qytet-i, *pl.* -e-t Stadt *f;* **shëtitje nëpër** ~ Stadtrundfahrt *f;* **zhurmëron qyteti** die Stadt lärmt

qytetar-i, *pl.* -ë-t Bürger *m*

qytetarësí-a Staatsbürgerschaft *f*

qytetas-i, *pl.* -it Bürger *m,* Städter *m*

qytetërim-i Zivilisation *f*

qytetëroj zivilisieren

qytetës, -e = **qytetor**, -e städtisch; **transport** ~ Stadtverkehr *m*

qytez|ë, -a Städtchen *n,* Siedlung *f;* ~ **e minatorëve** Bergmannssiedlung, Bergarbeitersiedlung

Qytez|ë, -a *ON* Qyteza, Ibrik Tepe *Fan S. Nolis Geburtsort*

qytezar, -e aus Qyteza

qyt|ë, -a Gewehrkolben *m;* stumpfe Seite der Axt

qytyk-u, *pl.* -ë-t Baumstumpf *m;* Grobian *m*

R

rabat-i, *pl.* -e-t *ök.* Rabạtt *m,* Preisnachlass *m*

rabin-i, *pl.* -ë-t *rel.* Rabbiner *m*

rac|ë, -a Rasse *f,* Gattung *f;* **qen race** Rassehund *m;* **kryqëzimi i racës** die Kreuzung der Rasse

racial, -e rassisch

racion-i, *pl.* -e-t Ration *f*

racional, -e rational, vernünftig

racionaliz|ëm, -mi Rationalismus *m,* Rechtfertigung *f*

racionalizim-i Rationalisierung *f*

racionalizoj rationalisieren

racionoj rationieren

racist, -e rassistisch

raciz|ëm, -mi Rassismus

racor, -e Rassen-; **tipare-t racore** Rassenmerkmale *Pl.*

radar-i, *pl.* -ë-t Radar *n*

rad|ë, -a *naut.* Reede *f*

radiator-i *tech.* Kühler *m,* Heizkörper *m*

radikaliz|ëm, -mi Radikalismus *m*

radio-ja Radio *n,* Rundfunk *m*

radioaktiv, -e radioaktiv

radiografí-a Röntgenaufnahme *f;* **bëj një** ~ röntgen, geröntgt werden

radiogram-i, *pl.* -e-t Funkspruch *m*

radioinstalim-i Funkeinrichtung *f*

radiolog-u, *pl.* -ë-t *med.* Radiologe *m,* Röntgenarzt *m*

radiolokacion-i Ortung *f mit Radar*

radiomarrës-i Radio:empfänger *m;* **aparat** ~ *tech.* Rundfunk:empfänger *m*

radiondërlidhje, -a Funkverbindung *f*

radiopërhapj|e, -a Rundfunk *m*

radioskopí-a *med.* Durchleuchtung *f*

radiotelevizion-i Rundfunk und Fernsehen

radiotransmetues|e, -ja Funkgerät *n*
radioval|ë, -a, *pl.* -ë-t Rundfunkwelle *f*
radist-i *mil.* Funker *m*
radh|ë, -a, *pl.* -ë-t Reihe *f;* **me radhë** hintereinander, nacheinander; **radhën!** der Nächste bitte!; **kësaj radhe** dieses Mal; **në radhë të parë** vor allem, in erster Linie
radhimjot, -e aus Radhima
radhiq|e, -ja *bot.* Zichorie *f,* Schikoree *m*
radhit *s/t* auf/stellen, setzen *Druck*
radhitës-i *typ.* Setzer *m*
radhitj|e, -a *typ.* Satz *m*
radh|úa, -ói, *pl.* -ónj-të *veralt.* Heft *n*
rafinim-i Raffinerierung *f*
rafinoj raffinerieren
rafinuar, i/e raffiniert, verfeinert; raffineriert; **vaj i ~** raffineriertes Öl; **njeri i ~** raffinierter Mensch; **shije e ~** verfeinerter Geschmack
raft-i, *pl.* -e-t Regal *n,* Brett *n;* Bücherregal *n;* **~ i enëve** Geschirrregal *n,* Tellerbord *n;* **~ i lëvizshëm** Kompaktregal; **hyrje e lirë në rafte** Freihand:aufstellung *in der Bibliothek*
ragú-ja Ragout *n*
Raguz|ë, -a *ON hist.* Ragusa, Dubrovnik
rajá-ja, *pl.* -të *hist.* Untertan *m des Sultans,* Reaya
rajon-i, *pl.* -e-t Bezirk *m,* Gebiet *n,* Rayon *m,* Distrikt *m*
rajonizim-i Rayonnierung *f,* Einteilung *f,* Unterteilung *f*
raket|ë, -a Rakete *f;* **~ dritëhedhëse** *mil.* Leuchtrakete *f*
rakí-a Schnaps *m,* Branntwein *m,* Anisschnaps *m;* **~ rrushi** Trester *m,* Grappa *f,* Weinbrand *m;* **~ dëllinje** Wacholdergeist *m*
rakitik, -e *med.* rachitisch
ramazan-i *rel.* Ramadan *m,* Fastenmonat *m*
ramicjot, -e aus Ramica
ramstek-u Rumpsteak *n,* Bulette *f,* Hackball *m*
ran|g-u, *pl.* -gje-t Rang *m*
rang|ë, -a, *pl.* -ë-t Hausarbeit *f;* Plackerei *f*
ranisht|ë, -a Sandstrand *m;* Sandboden *m*
ranor, -e sandig, Sand-
raport-i, *pl.* -e-t Bericht *m;* Beziehung *f*
raportoj berichten, Bericht erstatten
rapsod-i, *pl.* -ë-t Volkssänger *m,* Rhapsode *m,* Barde *m*
ras|ë, -a, *pl.* -a-t *spr.* Fall *m,* Kasus *m;* **~ e zhdrejtë** *spr.* Kasus obliquus *m;* **~ pësore** Objektskasus; **~ veprore** *spr.* Subjektskasus; **tërheqje në ~** *spr.* Kasus:attraktion
ras|ë, -a *rel.* Rasa *f,* Soutane *f,* Talar *m der orthodoxen Priester*
rasor, -e *spr.* Kasus-
rast-i Fall *m;* **në rast të kundërt** im entgegengesetzten Fall
rastësí-a Zufall *m*
rastësish|ëm, -me, i/e zufällig
rastësisht ⟨*adv*⟩ zufällig
rastis geraten, gelangen, treffen, stoßen auf jem.; **rastisa edhe unë në atë mbledhje** auch ich kam zufällig

in jene Versammlung; **e rastisi në rrugë** er/sie traf ihn auf der Straße
rastit, i/e zufällig
rash|ë, -a Unterrock *m*
rashë, *s.* bie
raund-i, *pl.* -e-t *spo.* Runde *f*
raven-i, *pl.* -a-t *bot.* Rhabarber *m*
rav|ë, -a Pfad *m;* Spur *f,* Linie *f*
ravizim-i Aufzeichnung *f,* Zeichnung *f*
re-ja Wolke *f;* **pa ~** wolkenlos; **vë ~** bemerken, wahr/nehmen; **vini re!** Achtung!; **viri re!** beachte!, nota bene!
re-ja, e das Neue *n*
reagoj reagieren
reaksionar, -e reaktionär
reaktor-i Reaktor *m*
real, -e wirklich, real, faktisch
realist, -e realistisch
realitet-i Wirklichkeit *f,* Realität *f*
realiz|ëm, -mi Realismus *m*
realizoj realisieren, verwirklichen
rebel-i, *pl.* -ë-t Rebell *m*
rebelim-i Rebellion *f*
rebelohem rebellieren
rebus-i, *pl.* -e-t Bilderrätsel *n,* Rätsel *n*
recension-i, *pl.* -e-t Rezension *f,* Besprechung *f*
recensues-i Rezensent *m*
receptor-i Hörer *m am Telefon*
recet|ë, -a *med.* Rezept *n,* ärztliche Verordnung *f*
recidiv-i, *pl.* -a-t *med.* Rückfall *m*
recidivist, -e *jur.* rückfällig
reciprocitet-i Reziprozität *f,* Gegenseitigkeit *f*
reciprok, -e gegenseitig; **ndihmë reciproke** wechselseitige Hilfe *f*
recital-i, *pl.* -e-t Solokonzert *n*
recitoj rezitieren
reçel-i, *pl.* -e-t Konfitüre *f*
redaksí-a Redaktion *f*
redaktoj redigieren
redaktor-i Redakteur *m*
referat-i, *pl.* -e-t Referat *n,* Vortrag *m*
referendum-i, *pl.* -e-t Referendum *n,* Plebiszit *n,* Volksbefragung *f*
referent|e, -ja Referentin *f*
referim-i Verweisung *f;* **~ i ndërsjellë** Kreuzverweisung *f*
referohem *pass.* sich beziehen auf etw., verweisen auf
referues-i Referent *m,* Vortragender *m*
refleks-i, *pl.* -e-t Reflex *m*
reflektim-i Reflexion *f,* Nachdenken *n*
reflektoj wider/spiegeln; überlegen
reform|ë, -a Reform *f;* **~ agrare** Agrarreform
reformiz|ëm, -mi Reformismus *m*
reformoj reformieren
refraktar, -e feuerfest; *fig.* standhaft; **tullë ~e** feuerfester Ziegel *m*
refren-i, *pl.* -e-t Refrain *m*
refugjat-i, *pl.* -ë-t Flüchtling *m*
refuzim-i Weigerung *f,* Zurückweisung *f*
refuzoj zurück/weisen, ab/lehnen
regres-i, *pl.* -e-t Rückschritt *m*
regresiv, -e rückschrittlich
regëti|j, *-va, -rë* flackern, unruhig schlagen; im Sterben liegen; vorübergehend ein/flößen; **i regëtiu një shpresë** eine Hoffnung keimte in ihm/ihr auf
regj gerben; einlegen *in Salzla-*

ke; stählen; ~ **trupin** den Körper abhärten
regjenc|ë, -a Regentschaft *f,* Verweserschaft *f*
regjent-i Regent *m,* Verweser *m*
regjës-i Gerber *m*
regjí-a Regie *f*
regjim-i Regime *n,* Ordnung *f;* ~ **gjakësor** blutiges Regime; ~ **i ujitjes** Bewässerungs:ordnung
regjiment-i, *pl.* -e-t *mil.* Regiment *n*
regjisor-i Regisseur *m*
regjist|ër, -ri Register *n;* ~ **i huazimeve** Ausleihverzeichnis *n,* Couponregister *n;* ~ **inventarizimi** Zugangsbuch *n,* Inventarverzeichnis *n;* ~ **penal** *jur.* Strafregister *n*
regjistrim-i Registrierung *f,* Immatrikulation *f,* Einschreibung *f*
regjistrohem registriert werden, sich einschreiben
regjistroj registrieren, einschreiben, immatrikulieren
regjj|e, -a Gerben *n,* Gerbung *f*
régjura-t, të Eingemachtes *n*
rehabilitoj *jur.* rehabilitieren
rehat ⟨*adv*⟩ ruhig; **fli ~!** schlaf ruhig!
rehat-i = **rehatí**-a Ruhe *f,* Ungestörtheit *f*
rehatoj beruhigen, besänftigen
rehatsh|ëm, -me, i/e bequem
rej|ë, -a Trieb *m,* Schössling *m,* Gerte *f*
reklam|ë, -a Reklame *f,* Werbung *f*
reklamim-i Reklamation *f*
reklamoj reklamieren
rekomandé Einschreibebrief *m*
rekomandoj empfehlen
rekord-i, *pl.* -e-t Rekord *m*
rekordist-i Rekordhalter *m;* **lopë rekordiste** Kuh mit Spitzenerträgen *an Milch*
rekordmen-i = **rekordmbajtës** *spo.* Rekordhalter *m*
rekrut-i Rekrut *m,* Wehrpflichtiger *m*
rekrutoj rekrutieren
rektorat-i Rektorat *n*
rekuizim-i Beschlagnahme *f*
rekuizit|ë, -a Requisit *n*
rekuizoj requirieren, beschlagnahmen
relacion-i Bericht *m*
relativ, -e relativ, verhältnismäßig; **vlerë ~e** relativer Wert *m*
relativitet-i Relativität *f;* **teori e ~it** Relativitätstheorie *f*
reliev-i, *pl.* -e-t Relief *n*
relik|e, -ja Reliquie *f,* Überbleibsel *n*
relikt-i, *pl.* -e-t Relikt *n*
rem-i Kupfer *n*
remtë, i/e kupfern, aus Kupfer
remacak, -e aus Remas
remont-i, *pl.* -e-t Reparatur *f,* Wiederherstellung *f*
Renaní-a Rheinland *n*
rend-i, *pl.* -e-t Ordnung *f;* ~ **shoqëror** Gesellschafts:ordnung; ~ **i ditës** Tages:ordnung *f*
rend rennen, verrinnen; **rendin vitet** die Jahre vergehen; ~ **pas parasë** hinter dem Geld her/rennen, dem Geld nach/jagen
rend|e, -ja Raspel *f,* Reibe *f*
rendiment-i Ertrag *m,* Nutzleistung *f,* Rendite *f*
rendis s/t ordnen, in die Reihe bringen,

einordnen; ~ **librat** Bücher einordnen
renditem sich einordnen *im Verkehr*
renditj|e, -a Ordnung *f*, Anordnung *f*; ~ **alfabetik** alphabetische Ordnung
rendj|e, -a Rennen *n*, Run *m*; ~ **e kuajve** Pferderennen
rendor, -e Ordnungs-; **numri** ~ laufende Nummer *f*
renegat-i Renegat *m*, Abtrünniger *m*
ren|ë, -a *zoo.* Rentier *n*, Ren *n*
rentab|ël, -le *ök.* rentabel, gewinnbringend, lohnend, wirtschaftlich
rentabilitet-i Rentabilität *f*, Wirtschaftlichkeit *f*
rent|ë, -a Rente *f*
rentier-i, *pl.* -ë-t Rentner *m*
reparacion-i Reparation *f*, Wiedergutmachung *f*
repart-i, *pl.* -e-t Abteilung *f Arbeit;* Einheit *f beim Militär;* ~ **i dredhjes** *tech.* Dreherei *f*
repertor-i Repertoire *n*
replik|ë, -a Replik *f*
reportazh-i, *pl.* -e-t Reportage *f*
reporter-i, *pl.* -ë-t Reporter *m*
republikan, -e republikanisch, Republik-
republik|ë, -a Republik *f*; ~ **popullore** Volksrepublik; ~ **federale** Bundesrepublik
res|ë, -a Neid *m*, Missgunst *f*
resëkeq, -e missgünstig, neidisch
resoj neidisch sein
respekt-i Respekt *m*, Achtung *f*, Hochachtung *f*
respektim-i Respektierung *f*, Achtung *f*
respektoj respektieren, achten, schätzen; ~ **orarin** den Fahrplan ein/halten
restante Abholfach *n*; **poste restante** postlagernd
restauroj restaurieren, wieder-her/stellen
restorant-i Restaurant *n*, Gaststätte *f*
resh fallen, nieder/schlagen *(Regen, Schnee)*;- voll/stopfen *mit Waren*
reshj|e, -a Niederschlag *m*
reshper-i, *pl.* -ë-t *hist.* Großkaufmann *m*
resht fern/halten; umzäunen; beruhigen, schlichten; ~**i së punuari** er/sie hörte zu arbeiten auf; **reshti sherrin** er schlichtete den Zwist
reshtem ⟨*pass.*⟩ aus/weichen; auf/hören; **u resht zhurma** der Lärm verstummte
retin|ë, -a *med.* Netzhaut *f*, Retina *f*
retrospektiv, -e retrospektiv, rückblickend; **vështrim** ~ Rückblick *m*
retrospektiv|ë, -a Retrospektive *f*, Rückschau *f*
retush-i, *pl.* -e-t Retouche *f*
retushoj retuschieren
reumatiz|ëm, -mi *med.* Rheumatismus *m*, Rheuma *n*
revan-i Trab *m*
revansh-i, *pl.* -e-t Revanche *f*
revist|ë, -a Zeitschrift *f*; ~ **e ilustruar** illustrierte Zeitschrift, Illustrierte *f*, Magazin *n*
revist|ë, -a *mil.* Heerschau *f*, Truppen:inspektion *f*; Ehrenformation *f*
revizion-i *ök.* Revision *f*, Überprüfung *f*
revizioniz|ëm, -mi Revisionismus *m*
revizionoj revidieren; *tech.* Inspektion

durchführen
revizor-i Revisor *m*
revokoj ab/berufen, widerrufen
revol|e, -ja = **revolver**-i Revolver *m*
revolt|ë, -a Revolte *f*
revoltoj revoltieren
revolucion-i Revolution *f*, Umsturz *m;* **zgalem i revolucionit** Vorbote der Revolution
revolucionar-i, *pl.* -ë-t Revolutionär *m*, Umstürzler *m*
revolucionarizoj revolutionieren, revolutionär gestalten
rez|e, -ja Riegel *m*, Öse *f*
rezervat-i Reservat *n;* Schutzzone *f*, Naturschutzgebiet *n*
rezerv|ë, -a Vorrat *m*, Reserve *f*, Bestand *m;* Vorbehalt *m;* Ersatzmine *f beim Kugelschreiber;* **me ~** unter Vorbehalt; **krijim rezerve** Schaffung eines Bestandes
rezervist-i *mil.* Reservist *m*, Reservesoldat *m*
rezervoj reservieren
rezervuar-i, *pl.* -ë-t Reservoir *n*
rezidenc|ë, -a Amtssitz *m;* **~ e presidentit** Sitz des Präsidenten
rezil-i, *pl.* -ë-t Lump *m*, Schuft *m*
rezistenc|ë, -a Widerstand *m*
rezistoj widerstehen
rezolut|ë, -a Resolution *f*, Beschluss *m*
rezultant|e, -ja *math.* Resultante *f*
rezultat-i, *pl.* -e-t Ergebnis *n*, Resultat *n*
rezhda-t *f.* Späne *Pl.;* Schoten *f Pl.;* **~ zdrukthi** Hobelspäne *m Pl.*
rëndë, i/e schwer
rëndes|ë, -a Schwere *f*, Schwerkraft *f*
rëndësí-a Bedeutung *f*, Wichtigkeit *f;* **me ~** wichtig; **~ e vogël** *jur.* Geringfügigkeit *f*
rëndësir|ë, -a Last *f; med.* Völlegefühl *n*
rëndësish|ëm, -me, i/e wichtig, bedeutsam, triftig
rëndësor, -e relevant
rendohem schwer werden
rëndoj mbi ⟨+ *Akk*⟩ lasten auf, drücken
rëndom ⟨*adv*⟩ gewöhnlich, durchweg
rëndomtë, i/e gewöhnlich, üblich, durchschnittlich; *spr.* usuell
rëndosh-i Dicksack *m;* Schwergewicht *n*
rëndues, -e *jur.* erschwerend
rënë, *s.* bie
rënë ⟨*adv*⟩ liegend, im Liegen; **e gjeta rënë** ich fand ihn ausgestreckt liegend
rën|ë, -a, e Schlag *m;* **s'pritet lisi me një të rënë të sëpatës** ein Baum wird nicht mit einem Axtschlag gefällt
rënës, -e fallend, schwindend; *spr.* flüchtig, beweglich
rëng|ë, -a Bimmeln *n;* Seufzer *m;* **rënga e zileve të mushkës** das Bimmeln der Glöckchen des Maultiers
rëni|e, -a Fall *m*, Niedergang *m*, Dekadenz *f*, Schwund *m*, *spr.* Ausstoßung *f;* **~ e telefonit** Klingeln des Telefons; **~ e lëkurës** Hautabschürfung *f*
rënkoj jammern, stöhnen
rëntgen Röntgen-; **rrezatimi ~** Röntgenstrahlung *f*
rër|ë, -a Sand *m*
rërët, i/e sandhaltig, sandig; **tokë e ~** sandiger Boden *m*

RFGj [RëFëGjë-ja] BRD, Bundesrepublik Deutschland

ri- *Präfix* wieder-, neu-, um-

ri, i, *f.* e re, *pl.* rinj, *f.* reja neu, jung; **të rinj-të** Jugendliche; **Guineja e Re** Neu-Guinea; **hyrjet e reja** die Neuzugänge *Pl.*

ri-u, i, *pl.* -nj-të Jugendlicher *m*

riaftësim-i *tech.* Reparatur *f, med.* Rehabilitation *f*

riaftësoj wieder/her/stellen, *med.* rehabilitieren; **e riaftësoi motorin** er richtete den Motor wieder her

riarmatim-i Aufrüstung *f*

riarmatos wieder/bewaffnen

riatdhesoj repatriieren; *jur.* ab/schieben; **riatdhesim**-i Rückführung ins Herkunftsland

ribashkoj wiedervereinigen

ribëj überarbeiten, neu machen; **e ribëri artikullin** er schrieb den Artikel noch einmal neu

ribotim-i Nachdruck *m,* Neuausgabe *f,* Reprint *m,* Neuauflage *f*

rica-t Locken *Pl.*

ricin-i *bot.* Rhizinus *m;* **vaj ricini** Rhizinus:öl *n*

riedukim-i Umerziehung; ~ **nëpërmjet punës** Arbeits:erziehung, Um:erziehung durch Arbeit

riedukoj um/erziehen

rieksport-i Wiederausfuhr *f,* Re:export *m*

riemërtoj um/benennen

rifillim-i *jur.* Wiederaufnahme *f;* ~ **i gjykimit** Wiederaufnahme des Verfahrens

rifilloj wieder/beginnen, wieder aufnehmen; ~ **marrëdhënie**-t Beziehungen wieder aufnehmen

rifitoj wieder/gewinnen

rig|ë, -a Lineal *n;* Nieselregen *m*

rigoj, *rigon* nieseln; **i rigonin lotët** ihm/ihr rannen die Tränen

rigon-i *bot.* Majoran, Oregano

rigjallërim-i Wiederbelebung *f,* Wiederaufnahme *f;* ~ **i veprimtarisë** Wiederaufnahme der Geschäfte

rigjej wieder/finden

riimport-i Wiedereinfuhr *f,* Re:import *m*

ri|j, *-va, -rë* erneuern; befeuchten; erfreuen; ~ **duhanin** den Tabak an/feuchten

rijetoj erneut durchmachen, wieder erleben; **plaku po rijetonte vitet e rinisë** der Alte erlebte die Jahre seiner Jugend wieder

rikan-i *zoo.* Enterich *m*

rik|ë, -a *zoo.* Entenküken *n;* Pute *f,* Truthenne *f*

rikonstruksion-i = rindërtim-i

rikthehem wieder/kehren

rikujtes|ë, -a Erinnerung *f;* Reminiszenz *f*

rikujtoj sich an etw. erinnern; **rikujtoi shokët e klasës** er dachte wieder an seine Klassenkameraden

rikumbim-i Echo *n,* Widerhall *m*

rikumbues-i *spr.* Resonator

rilind wiedergeboren werden

rilindës-i Vertreter der alb. »Renaissance« *19. Jh.*

rilindj|e, -a Wiedergeburt *f,* Re-

naissance *f;* **Rilindja Kombëtare** *hist.* die Nationale Wiedergeburt *ca. 1840–1912*
rim-i, *pl.* -e-t Bodenrinne *f;* Pfad *m*
rimesó-ja Furnier *n*
rim|ë, -a Reim *m*
rimëkëmb wieder/errichten, wieder-her/stellen; **po rimëkëmbet i sëmuri** der Kranke kommt wieder auf die Beine
rimbush wieder füllen
rimoj reimen
rimor, -e Reim-; **sistemi ~** Reimsystem *n*
rimorkiator-i, *pl.* -ë-t Schlepper *m,* Schleppschiff *n*
rimorkio-ja Anhänger *m*
rimorkioj in Schlepp nehmen, abschleppen
rimtë, i/e hellblau
rimth-i *med.* Klitoris *f,* Kitzler *m*
rin|g-u, *pl.* -gje-t *spo.* Ring *m*
rindërtim-i *spr.* Rekonstruktion *f,* Ausbau *m,* Umbau *m,* Erweiterung *f,* Renovierung *f*
rindërtoj reparieren, renovieren, erweitern, umbauen
rinfuzo-ja *ök.* Schüttware *f,* Massengut *n unverpackt, lose*
ringjallem auf/erstehen, wieder erwachen
riní-a Jugend *f*
rinoj verjüngen, jung aus/sehen lassen
rinoqeront-i *zoo.* Rhinozerus *n,* Nashorn *n*
rinor, -e jugendlich, Jugend-
rinj-të, të Jugendliche *Pl.,* junge Leute
rinjoh wieder/erkennen
riorganizim-i Reorganisation *f*
riorganizoj reorganisieren
riparim-i Reparatur *f,* Instandsetzung *f*
riparoj reparieren, instand/setzen
ripërtërihem *pass.* sich erneuern; wieder/belebt werden; **ripërtërihet pylli** der Wald wächst wieder nach
ripërtyp wieder/käuen; wiederholen; **e ripërtypi disa herë mësimin** er wiederholte die Lektion mehrmals
ripohim-i Bestätigung *f*
riprodhim-i Reproduktion *f*
riprodhoj reproduzieren; wieder/geben
riprovim-i Nachprüfung *f,* Prüfungswiederholung *f*
ripunoj überarbeiten
ripyllëzoj auf/forsten
ripyllëzim-i Wiederaufforstung *f*
risí-a Neuheit *f,* Neuigkeit *f;* Neuerung *f,* Innovation *f*
risiljot, -e aus Risilia
risk-u Risiko *n;* Schicksal *n,* Los *n*
rishes e/i; s/t wieder/verkaufen
rishikim-i Überprüfung
rishikoj revidieren
rishitj|e, -a Wiederverkauf *m*
rishqyrtim-i Überprüfung *f,* Revision *f*
rishtar-i Neuling *m; rel.* Novize *m*
rishtarí-a *rel.* Noviziat *n*
ríshtas, ríshtazi ⟨*adv*⟩ erneut, von neuem; neulich, vor kurzem
rishtoj erneuern
rit-i, *pl.* -e-t *rel.* Ritus
ritë, i/e feucht
rit|ëm, -mi Rhythmus *m*
ritmik, -e rhythmisch

ritoj benetzen, an/feuchten

ritransmetim-i Wiederholung *f einer Sendung*

ritransmetoj weiter/senden; erneut senden

ritregoj nach/erzählen

ritual-i, *pl.* -e-t Ritual *n*

rival, -e rivalisierend, Rivale *m*

rivendikoj be:anspruchen, zurück/fordern

rivendos wieder/errichten, wieder einführen

rivëni|e, -a Wiedereinwurf *m;* ~ **nga vija anësore** *spo.* Einwurf *m*

rivier|ë, -a Küste *f mit schöner Aussicht*

rivlerësim-i Neubewertung *f*

rixhá-ja, *pl.* -ra-t *veralt.* Bitte *f,* Hilfeersuchen *n;* **i bëj rixha** jemand um Hilfe bitten

rizom|ë, -a *bot.* Wurzelstock *m,* Rhizom *n*

rizoto-ja Risotto *m,* Reisgericht *n*

rjollor, -e aus Rjoll

rob-i, *pl.* -ër-it Kriegsgefangener *m;* **dorëzohem** ~ sich ergeben

robëroj versklaven

robinj|ë, -a = **robëresh|ë**, -a Sklavin *f*

robot-i, *pl.* -ë-t *tech.* Roboter *m*

rod-i *dial.* Gattung *f,* Art *f;* Sippe *f*

roj|ë, -a Wache *f,* Posten *m;* ~ **kufitare** Grenzschutz *m*

rojtar-i Wächter *m*

rol-i, *pl.* -e-t Rolle *f;* **luaj** ~ eine Rolle spielen

rolé-ja Roulade *f*

Rom|ë, -a *ON* Rom

romak, -e römisch

romak-u, *pl.* -ë-t Römer *m*

romak|e, -ja Römerin *f*

roman-i, *pl.* -e-t Roman *m;* ~ **i dramatizuar** für die Bühne bearbeiteter Romanstoff

romanc|ë, -a *mus.* Romanze *f*

romancier-i, *pl.* -ë-t Roman:autor *m*

romaniz|ëm, -mi *spr.* Romanismus *m,* roman. Sprach:element *n*

romantik, -e romantisch

romantik|ë, -a = **romantiz|ëm**, -mi Romantik *f literarischer Stil*

romuze-t Stichelei *f,* Anspielungen *Pl.*

rondel|ë, -a *tech.* Unterlegscheibe *f*

Ron|ë, -a *FN* Rhône

ronitem zerbröckeln

rosak-u, *pl.* -ë-t *zoo.* Enterich *m*

ros|ë, -a *zoo.* Ente *f*

roskovecar, -e aus Roskovec

rostiçerí-a Grillraum *m,* Grillstation *f*

rosto-ja Braten *m;* ~ **derri** Schweineschnitzel *n;* ~ **viçi** Kalbsschnitzel

rotaciz|ëm, -mi *spr.* Rhotazismus *m*

rot|ë, -a Fahrt *f,* Route *f,* Linie *f Schifffahrt*

rozë rosa, rosafarben

rozmarin|ë, -a *bot.* Rosmarin *m*

rúaj, *-ta, -tur* bewahren, pflegen, hüten; **ruhet në postë** postlagernd

ruajtës-i Wächter *m;* **anije ruajtëse** Wachschiff *n*

ruajtj|e, -a Aufbewahrung *f*

rúb|ël, -la, *pl.* -la-t Rubel *m*

rubinet|ë, -a Wasserhahn *m*

rubrik|ë, -a Rubrik *f,* Spalte *f;* Sendung *f,* Sachgruppe *f;* ~ **sportive** Sportschau *f im Fernsehen*

ruhem, *u ruajta* bewacht, aufbewahrt werden
rul-i, *pl.* -e-t Walze *f*, Rolle *f*
rum-i Rum *m aus Zuckerrohr*
Rumaní-a Rumänien
rumb-i, *pl.* -e-t Keil *m*
rumun, -e rumänisch
Rumun-i, *pl.* -ë-t Rumäne *m*
run|ë, -a, *pl.* -a-t *spr.* Rune *f*
runik, -e Runen-
Rur-i *FN* Ruhr *f*
rus, -e russisch
Rusí-a Russland
rutin|ë, -a Routine *f*; *fig.* Trott
ryshfet-i, *pl.* -e-t Bestechungsgeld *n*, Schmiergeld *n*

Rr

rrafsh-i, *pl.* -e-t Ebene *f*; **Rrafshi i Dukagjinit** Metòhija *f*
rrafshët, i/e eben, glatt
rrafshoj glätten, einebnen
rrah *a/e/i* schlagen; **rrihe hekurin sa është i nxehtë** schmiede das Eisen, solange es heiß ist
rrahj|e, -a Prügelei *f*, Schlägerei *f*; *tech.* Klopfen *n*
rrallë, i/e selten
rrallë ⟨*adv*⟩ = **rralëherë** selten
rrallëkush kaum jemand
rrallohem spärlich werden
rrángulla-t Schrott *m*; **është** ~ *fig.* das ist Schrott
rrapitoll: **bëj ~ me tokën** nieder/machen
Rrapo-ja *NP* Raphael
rras drücken, stopfen; **me duart e rrasura në xhepa** mit den Händen in den Hosentaschen
rrathë-t Ringe *Pl.*
rre-ja, *pl.* -të *med.* Spulwurm *m*
rrebesh-i, *pl.* -e-t Wolkenbruch *m*, Regenguss *m*
rrégull-a, *pl.* -a-t Regel *f*
rrégull-i Ordnung *f*; **në** ~ in Ordnung
rregullim-i Verbesserung *f*, Regelung *f*, Reparatur *f*; **është në ~ e sipër** wird demnächst geregelt
rregullisht ⟨*adv*⟩ regelmäßig
rregulloj regeln, reparieren, in Ordnung bringen
rregullor|e, -ja Vorschrift *f*, Dienstordnung *f*, Geschäftsordnung *f*; **~ e mbrojtjes në punë** Unfallverhütungsvorschrift
rregullsí-a Regelhaftigkeit *f*, Gesetzmäßigkeit *f*, Regelmäßigkeit *f*
rrégullt, i/e regelmäßig, regulär; ordentlich, geordnet
rreh, *s.* rrah
rrej-*ta* lügen
rrem-i, *pl.* -a-t Ruder *n*, Riemen *m im Boot*; **u mëshoi rremave** *naut.* er legte sich in die Riemen
rremash, -e lügnerisch, verlogen
rremë, i/e falsch, Pseudo-
rrep|ë, -a *bot.* Rübe *f*, Kohlrübe *f*, Kohlrabi *m*

rrepk|ë, -a Radies:chen *n*
rreptë, i/e streng
rreptësí-a Strenge *f*
rreptësisht ⟨*adv*⟩ streng; **ndalohet rreptësisht** ist strengstens verboten
rresht ⟨*adv*⟩ nacheinander, ... lang; **dhjetë vjet rresht** 10 Jahre lang
rresht-i, *pl.* -a-t Reihe *f*
rreshtoj auf/reihen
rreth ⟨+ *Abl*⟩ um ... herum, zu, auf dem Gebiet von, ungefähr; ~ **kritikës së filozofisë të së drejtës** zur Kritik der Philosophie des Rechts
rreth-i, *pl.* -e-t Kreis *m*, Bezirk *m*; **rrathë**-t Ringe *m Pl.*
rrethan|ë, -a Umstand *m*; **rrethana lehtësuese** *jur.* mildernde Umstände
rrethanor, -e Umstands-
rrethin|ë, -a Umgebung *f*
rrethoj umgeben, umkreisen, ein/kreisen
rrethqarkullim-i Kreislauf *m*
rrethues, -e umgebend, Umfassungs-
rrezatim-i Ausstrahlung *f*, Strahlung *f*, *med.* Bestrahlung *f*; ~ **röntgen** Röntgenstrahlung
rrez|e, -ja Strahl *m*; ~ **infra të kuqe** Infrarotstrahlen *Pl.*
rrezi|k-u, *pl.* -qe-t Gefahr *f*, Risiko *n*; ~ **i përbashkët** *jur.* Gemeingefahr *f*; ~ **rënie guri** Steinschlaggefahr; ~ **rrëshqitjeje** Schleudergefahr; **dëmi dhe rreziku në ngarkim të porositësit** *ök.* Risiko und Gefahr zu Lasten des Auftraggebers
rrezikoj riskieren
rreziksh|ëm, -me, i/e gefährlich; **shoqërisht i** ~ gesellschaftsgefährlich, gemeingefährlich
rrezikshmërí-a Gefährlichkeit *f*
rrëbimthi ⟨*adv*⟩ jäh, heftig
rrëfej *e/ye* erzählen, zeigen; *rel.* beichten
rrëfim-i Erzählung *f*, Bericht *m*; *rel.* Beichte *f*
rrëfyestor|e, -ja *rel.* Beichtstuhl *m*
rrëgjim-i *spr.* Reduktion *f*
rrëgjoj vermindern
rrëgjuar, i/e reduziert
rrëké-ja Rinnsal *n*; *fig.* Strom *m*; ~ **fjalësh** Wortschwall *m*
rrëmbej *e/ye* rauben, ergreifen, packen
rrëmbim-i Eile *f*; *jur.* Entführung *f*; **me** ~ hastig, jäh, heftig
rrëmbyer, i/e geraubt; heftig, überstürzt; **vendim i** ~ hastiger Entschluss *m*
rrënim-i Ruin *m*; Ruine *f*; ~ **ekonomik** wirtschaftlicher Ruin *m*
rrënoj ruinieren
rrënoj|ë, -a Ruine *f*
rrënj|ë, -a Wurzel *f*; ~ **katrore** *math.* Quadratwurzel
rrënjësisht ⟨*adv*⟩ grundlegend, radikal; **ndryshoi** ~ er änderte sich grundlegend
rrënjësor, -e grundlegend, radikal
rrënjor, -e Wurzel-; **aorist** ~ *spr.* Wurzelaorist *m*, starker Aorist
rrënjos verwurzeln, einpflanzen
rrëqethj|e, -a Zittern *n*, Schüttelfrost *m*
rrëshajë-t *rel.* Pfingsten *Pl.*
rrëshqas *a/e/i, s/t* gleiten, aus/rutschen, straucheln, schlittern

rrëshqitsh|ëm, -me, i/e glatt, rutschig
rrëzëllej glitzern, strahlen; **i rrëzëllen fytyra** sein Gesicht strahlt
rrëzim-i Abschuss *m Flugzeug*
rrëzohem ab/stürzen *Flugzeug*
rrëzoj ab/schließen, nieder/werfen
rrëzomit, -e aus Rrëzoma
rri, *ndenja, ndenjur* sitzen, stehen, bleiben; ~ **shtrirë** liegen; **më rri rri mendja** mir steht der Sinn nach; **s'më rrihet** ich kann es nicht aushalten; **rri shtruar këmbëkryq** mit untergeschlagenen Beinen sitzen
rridh, *s.* rrjedh
rrih, *s.* rrah
rrip-i, *pl.* -a-t Gürtel *m,* Gurt *m;* Riemen *m,* Treibriemen *m;* ~ **sigurimi** Sicherheitsgurt *m;* ~ **trapezoidal** *tech.* Keilriemen *m*
rripoz-i, *pl.* -e-t Fliegenfänger *m*
rris *s/t* auf/ziehen, züchten; **rritem**, rritet steigen, an/wachsen; wachsen; **rritet niveli i ujit** der Wasserspiegel steigt
rritj|e, -a Steigerung *f,* Zuwachs *m;* ~ **derrash** Schweinezucht *f*
rrítur, i/e erwachsen
rritur-i, i Erwachsener *m*
rrjébull-a Pickel *m,* Ausschlag *m*
rrjedh *e/i/o* fließen, tropfen; stammen aus, herrühren von; **llogari rrjedhëse** *ök.* laufendes Konto *n,* Kontokorrent *n*
rrjedhoj|ë, -a Folge *f,* Konsequenz *f; spr.* Ableitung *f,* abgeleitetes Wort *n*
rrjedhor|e, -ja *spr.* Ablativ *m*
rrjedhsh|ëm, -me, i/e flüssig, geläufig
rrjet-i, *pl.* -e-t *fig.* Netz *n;* ~ **telefonik** Telefonnetz *n*
rrjet|ë, -a Netz *n,* Fischernetz *n;* ~ **mizash** Fliegennetz, Moskitonetz
rrjetëz-a *med.* Netzhaut *f*
rrobalarës|e, -ja Waschfrau *f,* Wäscherin *f; tech.* Waschmaschine *f*
rrobaqepës-i Schneider *m*
rrobaqepës|e, -ja Näherin *f*
rrob|ë, -a Kleid *n,* Kleidungsstück *n;* Stoff *m;* ~ **banje** Badeanzug *m;* **rroba pune** Arbeitsanzug *m;* **rroba të gatshme** Konfektionswaren *Pl.*
rróbu|ll-i, *pl.* -j-t *bot.* Eiche *f*
rrodha, s. rrjedh
rrog|ë, -a Lohn *m*
rrogoz-i, *pl.* -a-t Matte *f,* Schilfmatte *f;* **nën** ~ heimlich, insgeheim
rroj, *-ta, -tur* leben; **rroftë** hoch!,vivat!; ~ **qelepir** umsonst, kostenlos leben; ~ **qenërisht** mies, schlecht leben
rroj|ë, -a Lebensweise *f;* Rasur *f;* **locion për rrojë** Rasierwasser *n*
rrojtor|e, -ja Barbierstube *f,* Frisiersalon *m*
rrok anfassen, berühren
rrokj|e, -a *spr.* Silbe *f;* ~ **dyparafundore** *spr.* Antepänultima *f;* **cak i rrokjes** Silbengrenze *f*
rrokjesor, -e silbisch, syllabisch, Silben-
rrokjezim-i *spr.* Silbentrennung *f*
rrokullis rollen, wälzen
rropos zerstören, vernichten
rrot|ë, -a Rad *n;* ~ **rezervë** *tech.* Reserverad *n;* **tel i rrotës** *tech.* Speiche *f*

rrotk|ë, -a Röllchen *n*, Garnrolle *f*; ~ **pe** Röllchen Nähfaden
rrotovil|e, -ja Töpferscheibe *f*
rrótull ⟨+ *Abl*⟩ um ... herum
rrótull ⟨*adv*⟩ rundherum
rrótull-a, *pl.* -a-t Scheibe *f*, Spule *f*; *med.* Wirbel *m*
rrotulloj drehen
rr|uaj, *-ova, -uar* sich rasieren lassen; rasieren
rruaz|ë, -a Perle *f*; **rruazat e kuqe** dieroten Blutkörperchen *Pl.*
rrudh zerknittern, zerknautschen
rrudh|ë, -a Runzel *f*
rrudhosem knittern, knautschen; **nuk rrudhoset** knitterfrei
rrufé-ja Blitz *m;* **të vraftë rrufeja!** der Schlag soll dich treffen!; **kërcëllon rrufeja** der Blitz kracht
rrufepritës-i *tech.* Blitzableiter *m*
rruf|ë, -a Schnupfen *m*
rrufis *s/t* schlürfen
rrugaç-i, *pl.* -ë-t Herumtreiber *m*, Rowdy *m*
rrugaçërí-a Herumtreiberei *f*, Rowdytum *n*
rrug|ë, -a Straße *f*, Weg *m;* Bettvorleger *m;* ~ **të mbarë!** angenehme, glückliche Reise!; **rruga bllokohet** es bildet sich ein Stau; ~ **automobilistike** Autostraße, befahrbare Straße; **bigë e rrugës** Straßengabelung *f*; ~ **detare** Seeweg *m;* **me rrugë detare** per Schiff, mit Schiffspost; **në** ~ **diplomatike** auf diplomatischem Wege; ~ **dredhake**, ~ **gjarpërore** Serpentine *f*; ~ **e gabuar** der falsche Weg; ~ **e qafës** Passstraße; ~ **qorre** Sackgasse *f*
rrugëdalj|e, -a Ausweg *m*, Ausflucht *f*
rrugës ⟨*adv*⟩ unterwegs
rrugic|ë, -a Sträßchen *n*, Gasse *f*
rrugor, -e Straßen-, Verkehrs-; **policia rrugore** die Verkehrspolizei *f*; **qarkullim** ~ Straßenverkehr *m*
rruhem, *u rrova* sich rasieren lassen, sich rasieren
rrumbullakët, i/e rund
rrumbullakoj ab/runden
rrush-i, *pl.* -të Weintraube *f*; **raki rrushi** Trester *m*, Grappa *f*, Weinbrand *m*
rrushkullor, -e aus Rrúshkull
rruzar|e, -ja Rosenkranz *m katholisch*
rrym|ë, -a Strom *m*, Strömung *f*; ~ **ajri** Luftzug *m;* ~ **dyfazore** *tech.* Zweiphasenstrom *m;* ~ **e vazhduar,** ~ **e vazhdueshme** Gleichstrom; ~ **trifazore** Drehstrom
rryp-i, *s.* rrip-i

S

s' *1:* = së; **s'andejmi** von dort; *2:* = **nuk** nicht; **s'e dëgjoj dot** ich kann das nicht hören; **s'është në terezi** er ist aus dem Lot; **s'gjej arallëk** keine Zeit finden; **s'ka çare** daran führt kein Weg vorbei; **s'më bie në hatër** das fällt mir nicht ein; **s'më flihet** ich kann nicht schlafen; **s'më hahet** ich habe keinen Appetit; **s'më rrihet** ich kann es nicht aushalten; **s'njoh njerí** ich kenne niemand; **s'vlen asnjë grosh** keinen Pfennig wert sein

sa wie viel?; ~ **kohë?** wie lange?; ~ **është ora?** wieviel Uhr ist es?; ~ **më parë** möglichst bald; **ai punon aq sa punon ti** er arbeitet so viel wie du

sabah-u *veralt.* Morgen *m*

sabotim Sabotage *f*

sabotoj sabotieren

sade ungemischt, rein, schwarz, ohne Zusatz, pur; **kafe** ~ Kaffee schwarz; **mish** ~ Fleisch ohne Beilage

sadrazem-i *hist.* Großwesir *m*

sahan-i, *pl.* -ë-t Kupferteller *m*

sahanlëpirës-i Schmarotzer *m,* Nassauer *m*

sahat-i, *pl.* -e-t Uhr *f;* Stunde *f;* ~ **i ujit** Wasser:uhr, Zählgerät für Wasserverbrauch

saje: **në** ~ **të** + *G* dank, auf Grund von

saj|ë, -a Schlitten *m*

sajoj aus/denken, erfinden; beschaffen; fingieren

sajuar, i/e fiktiv, fingiert, künstlich

sakaq ⟨*adv*⟩ sofort

sakat, -e verkrüppelt

sakat-i, *pl.* -ë-t Krüppel *m*

sakrific|ë, -a Opfer *n*

saksí-a Blumentopf *m*

sakson, -e sächsisch

sakson-i, *pl.* -ë-t Sachse *m*

Saksoní-a Sachsen

saktësí-a Richtigkeit *f,* Genauigkeit *f,* Exaktheit *f,* Zuverlässigkeit *f;* ~ **e llogarisë** *ök.* rechnerisch richtig

saktësoj präzisieren

Salamin|ë, -a Salamis

salc|ë, -a Soße *f*

salcier|ë, -a Saucière *f,* Soßenschüssel *f*

saldo-ja *ök.* Saldo *m,* Rechnungs:abschluss *m*

saldoj schweißen; ~ **me kallaj** löten

salsiç|e, -ja Würstchen *n,* Siedewurst *f,* Bratwurst *f*

sallam-i, *pl.* -e-t Wurst *f,* Hartwurst *f,* Salami *f*

sallat|ë, -a Salat *m;* ~ **me domate** Tomatensalat; ~ **marule** grüner Salat; ~ **me fasule** Bohnensalat; ~ **me kastravecë** Gurkensalat

sall|ë, -a Saal *m,* Halle *f,* Schalterraum *m;* **salla gjëmoi nga duartrokitjet** der Saal dröhnte vor Applaus; **salla nxë mbi katërqind veta** der Saal fasst über 400 Personen; **salla uturin** der Saal tobt; ~ **e leximit** Lesesaal; ~ **e ngrënies** Speisesaal; ~ **e pritjes** Wartesaal; ~ **operacioni** Operationssaal; ~ **për të pirë ujë** Trinkhalle *f;* ~ **e vallëzimit**

Tanzsaal *m*

sallo-ja Schmalz *n*

sallon-i Salon *m;* ~ **kozmetike** Kosmetiksalon, Schönheitssalon; ~ **i flokëve për gra** Damenfrisiersalon

salltanet-i Pomp *m;* **me~** pompös, protzig

samarxhí-u, *pl.* -nj-të *veralt.* Sattler *m*

sanatorium-i, *pl.* -e-t Sanatorium *n,* Kurklinik *f*

sandal|e, -ja Sandale *f*

sanduiç-i, *pl.* -e-t Sandwich *n,* belegtes Brot *n*

san|ë, -a Heu *n*

sanitar, -e sanitär, Gesundheits-; **kordon** ~ Sperrgürtel *m gegen Seuchen, a. fig.*

sanksion-i Sanktion *f*

sanksionoj sanktionieren

sapo ⟨*adv*⟩ gerade, soeben, kaum

sapun-i, *pl.* -ë-t Seife *f;* **flluskë sapuni** Seifenblase *f*

saraç-i *veralt.* Kürschner *m,* Zaumzeugmacher *m*

Sarajev|ë, -a *ON* Sarajevo

Sarand|ë, -a *ON* Saranda, Santi Quaranta

sarandjot, -e aus Saranda

sardel|e, -ja Sardelle *f*

Sardenj|ë, -a Sardinien

sarkofag-u, *pl.* -ë-t Sarkophag *m,* Steinsarg *m*

sarmá-ja Kohlroulade *f,* Wickelkraut *n*

sasí-a Menge *f,* Quantität *f*

sasior, -e quantitativ; **ndryshim** ~ quantitative Veränderung *f*

satelit-i Erdtrabant *m;* ~ **artificial** *tech.* Sputnik *m,* Satellit *m*

saten-i Satin *m*

satër-i, *pl.* -e-t Fleischermesser *n*

satisfaksion-i Befriedigung *f*

Savoj|ë, -a Savoyen

saze-t *veralt.* Musikkapelle *f*

se denn; was?; **dale, se harrova** wart mal, ich habe es vergessen

seanc|ë, -a Sitzung *f,* Vorstellung *f;* **orari i seancës** Anfangszeit der Vorstellung

sebep-i, *pl.* -e-t *veralt.* Ursache *f,* Grund *m,* Anlass *m;* **kërkoj** ~ **për konflikt** Streit suchen, Anlass für einen Konflikt suchen

secil|i, -a jeder, jede

sed|ër, -ra Würde *f,* Selbstwertgefühl *n*

sedíli|e, -a Sitz *m;* ~ **e pasme** Rücksitz

segment-i, *pl.* -e-t Segment *n,* Abschnitt *m*

sehir-i das Schauen *n,* das Glotzen *n;* **bëj sehir** gaffen, Maul:affen feilhalten

sekond|ë, -a Sekunde *f*

sekondar, -e sekundär, abgeleitet, zweitrangig

sekret-i, *pl.* -e-t Geheimnis *n*

sekretar-i Sekretär *m*

sekretoj *med.* aus/scheiden

seks-i, *pl.* -e-t Geschlecht *n*

seksion-i Sektion *f,* Abschnitt *m*

seksual, -e sexuell, geschlechtlich

sektor-i Sektor *m,* Abschnitt *m;* ~ **huazimi** Ortsleihe *f*

sekuestroj beschlagnahmen

sekuestrues *jur.* Gerichtsvollzieher *m*

selamllëk-u *veralt.* Herrenzimmer *n,* Empfangsraum *m;* der für Fremde

zugängliche Teil des Hauses
Selanik-u *ON* Saloniki, Thessaloniki
selckjot, -e aus Selcka
selenicar, -e aus Selenica
selí-a Sitz *m*, Stuhl *m*; ~ **e shenjtë** der Heilige Stuhl; ~ **zyrtare** *ök.* Geschäftssitz *m*, Gerichtsstand *m*
selino-ja *bot.* Sellerie *m*
semafor-i, *pl.* -ë-t Ampel *f*, Verkehrsampel *f*
semantem|ë, -a *spr.* Semantem *n*
semanjak, -e vom Seman
semasiologjí-a *spr.* Semasiologie *f*
seminar-i Seminar *n*
semiologjí-a *spr.* Semiologie *f*, Zeichenlehre *f*
send-i, *pl.* -e-t Gegenstand *m*, Objekt *n*, Ding *n*, Sache *f*; ~ **i çfarëdoshëm** beliebiges Ding
separat-i, *pl.* -e-t Separatum *n*, Sonderdruck *m*
sepse weil, da
serb, -e serbisch
serb-i, *pl.* -ë-t Serbe *m*
serbator-i Tank *m*, Benzintank *m*
serbes ⟨*adv*⟩ frei; **hyj e dal** ~ bei jem. ein- und aus/gehen
Serbí-a Serbien
serí-a Serie *f*
serioz, -e ernst, seriös; ernstlich; **nuk ka gjë serioze** es ist nichts Ernstes
serm-i Silber *n*, Silberbrokat *m*
serraf-i, *pl.* -ë-t *veralt.* Geldwechsler *m*
sesa als *nach Komparativ*
sesion-i Sitzungsperiode *f*, Arbeitsabschnitt *m*
sevasterjot, -e aus Sevaster
sezon-i Saison *f*
së *1: Artikelform; 2:* **më** ~ **shumti** zumeist, meistens; **për** ~ **mbari** ungehindert, ordentlich, wohlgemut; ~ **bashku** gemeinschaftlich; ~ **jashtmi** von draußen; ~ **paku** wenigstens, mindestens; ~ **pari** zuerst
sëkëlldí-a Beunruhigung *f*, Sorge *f*
sëkëlldisem sich sorgen, beunruhigt sein
sëmundj|e, -a Krankheit *f*; ~ **epidemike epizootike** Seuche *f*, Viehseuche;~ **ngjitëse** ansteckende Krankheit *f*; ~ **psikike** seelische Erkrankung *f*; ~ **veneriane** Geschlechtskrankheiten *Pl.*
sëmurë, i/e krank; **bie i** ~ krank werden; **ekzaminoj të sëmurët** die Kranken untersuchen
sënduk-u Kiste *f*, Truhe *f*
sëpat|ë, -a Beil *n*, Axt *f*
sërb, -e = serb, -e
sërish ⟨*adv*⟩ erneut, von neuem
sfer|ë, -a Sphäre *f*; **kushinetë me sfera** *tech.* Kugellager *n*
sfilitem leiden, sich ab/rackern
sfumatur|ë, -a Tönung *f*, Abtönung *f*, Nuance *f*
sfungjer-i, *pl.* -ë-t Schwamm *m*
si wie; **gati një** ~ ⟨+ *Subst.*⟩ fast ein ...; ~ **dhe** sowie; ~ **jeni?** wie geht es Ihnen?; ~ **ia çoni**? wie geht es Ihnen?; ~ **je, zotrote?** wie geht es Euch?; ~ **të të them, zavalli unë?** wie soll ich armer Mensch es dir sagen?; ~ **u gdhive?** wie hast du geschlafen?, hast du gut geschlafen?

Siberí-a Sibirien
siberian, -e sibirisch
Sibíu *ON* Hermannstadt
siç ⟨*Konj.*⟩ wie
sidomos besonders
sifon-i, *pl.* -ë-t Soda *n*
sig|ël, -la, *pl.* -la-t Sigel *n*, Kürzel *n*
sigmatik, -e sigmatisch; **aorist** ~ *spr.* sigmatischer, schwacher Aorist; s-Aorist
sigures|ë, -a Sicherung *f*
sigurí-a Sicherheit *f*
sigurim-i Sicherheit *f*, Sicherung *f*, Versicherung *f*; ~ **shoqëror** Sozialversicherung *f*; **rrip sigurimi** Sicherheitsgurt *m*
sigurisht ⟨*adv*⟩ sicher
siguroj versichern, sichern
sigurt, i/e sicher
sigurues-i Versicherer *m*
sihariq-i, *pl.* -e-t Freudenmeldung *f*, Glücksbotschaft *f*
sihariqtar-i Glücksbote *m*
sikundër ⟨*Konj.*⟩ wie
sikur wie wenn, als ob
silazh-i Silo-Futter *n*
Silezí-a Schlesien
sill, *s.* sjell
sillem sich benehmen, sich auf/führen, sich verhalten; **janë sjellë si trima** sie verhielten sich wie Helden
sill|ë, -a Frühstück *n*
simbas = sipas
simbol-i Symbol *n*
simboliz|ëm, -mi Symbolismus *m*, Symbolik *f*
simfonik, -e sinfonisch, symphonisch; **koncert simfonik** Symphoniekonzert
simit|e, -ja Fladenbrot *n*, Pita *f*
simot|ër, -ra *fig.* Schwester *f*
sinanjot, -e aus Sinánaj
sinerez|ë, -a *spr.* Synärese *f*
sinharmoniz|ëm, -mi *spr.* Vokalharmonie *f*
sini-a Metalltablett *n*, Tablett *n*
sinisí-a *veralt.* Halb:insel *f*
sinkop|ë, -a *spr.* Synkope *f*
sinkroní-a *spr.* Synchronie
sinkronik, -e synchron, *spr.* synchronisch
sinonim-i, *pl.* -e-t *spr.* Synonym *n*
sinqerisht ⟨*adv*⟩ ehrlich, aufrichtig
sintagmatik, -e *spr.* syntagmatisch
sintagmatik|ë, -a *spr.* Syntagmatik *f*
sintaks|ë, -a *spr.* Syntax *f*, Satzlehre *f*
sintaksor, -e *spr.* syntaktisch
sintetik, -e synthetisch, Kunststoff-; **fibër sintetike** Kunstfaser *f*
sintez|ë, -a Synthese *f*
sinjal-i, *pl.* -e-t Signal *n*
sinjar, -e aus Sinja
sipas ⟨+ *Abl*⟩ gemäß, nach, laut; ~ **gjasës** nach dem Anschein; ~ **kontrollit paraprak** nach Vorprüfung
sipër ⟨+ *Abl*⟩ über; **e sipër** während, bevor; **mbi këto e sipër** unterdessen; **një vullkan në shpërthim e sipër** ein Vulkan kurz vor dem Ausbruch; **është në rregullim e** ~ wird demnächst geregelt; **libri është në lexim e** ~ das Buch wird gerade gelesen; **anija është në mbytje e** ~ das Schiff steht kurz vor dem Untergang, ist beim Sinken

sipërfaq|e, -ja Oberfläche *f*
sipërfaqsh|ëm, -me, i/e oberflächlich
Siqelí-a Sizilien
Sirakuz|ë, -a Syrakus
siren|ë, -a Sirene *f*, Martins:horn *n*; **~ e uzinës** Fabriksirene *f*
Sirí-a Syrien
sirian, -e syrisch
sirtar-i Schublade *f*, Schubfach *n*
sistem-i, *pl.* -e-t System *n*; **~ drejtimi** *tech.* Lenkung *f*, Lenkungsanlage *f*; **~ ndezjeje** *tech.* Zünd:anlage *f*; **~ nervor** Nervensystem *n*
sistematik, -e systematisch
sistemor, -e systembildend, System-, systemhaft
sit|ë, -a Sieb *n*, Seiher *m*
situat|ë, -a Lage *f*, Situation *f*
situatësor, -e Situations-
sivjet ⟨*adv*⟩ heuer, dieses Jahr
sixhadé-ja Florteppich *m*; Teppichbrücke *f*, Brücke *f*; *rel.* Gebetsteppich *m*
sizmik, -e seismisch, Erdbeben-
sjell e/i/o herbei/führen, führen zu; bringen; **~ përgjegjësi penale** *jur.* zur strafrechtlichen Verantwortlichkeit führen; **sillem qenërisht** bestialisch auf/treten
sjellj|e, -a Benehmen *n*, Verhalten *n*; **~ e hijshme** angenehmes Auftreten *n*; **~ mondane** gewandtes Auftreten
sjellsh|ëm, -me, i/e höflich
skadoj ab/laufen, verfallen, überschreiten; **afat i skaduar** verstrichene Frist *f*
skaj-i, *pl.* -e-t Rand *m*, Ende *n*, *spr.* Terminus *m*, Fachausdruck *m*
skajor, -e Rand-, marginal
skalis s/t behauen
skallop-i Schnitzel *n*
skamj|e, -a Armut *f*
skandinav, -e skandinavisch
skandinav-i, *pl.* -ë-t Skandinavier *m*
skapamento-ja *tech.* Auspuff *m*
skar|ë, -a Holzkohlengrill *m*
skarlatin|ë, -a *med.* Scharlach *m*
skeç-i Sketch *m*
skedar-i Zettelkasten *m*, Kartei *f*, Kartothek *f*; *tech.* Datei *f im PC*; **~ i përkohshëm** Interimskatalog *m*; **~ shërbimi** Dienstkartei *f*; **katalog-skedar** Zettelkatalog *m*; **~ topografik** Stand:ortkatalog *m*;
sked|ë, -a Karteikarte *f*, Zettel *m*; **~ bazë** Zugangsvermerk *m*, Journalzettel *m*; **~ drejtuese** Leitkarte *f*; **~ ndarëse** Trennkarte *f*
skedim-i Verzettelung *f*; **~ sipas lëndës** Sachkatalogisierung *f*
skedoj verzetteln, katalogisieren
skelet-i Skelett *n*
skel|ë, -a Mole *f*, Anleger *m*; Baugerüst *n*
skem|ë, -a Schema *n*
skenar-i Drehbuch *n*, Szenario *n*
sken|ë, -a Szene *f*; **~ masive** Massenszene
Skënder-i *NP* Alexander, Skander
skëterr|ë, -a Finsternis *f*, Hölle *f*
ski-të Ski, Skier *Pl.*
skic|ë, -a Skizze *f*
skll|av-i, *pl.* -évër-it Sklave *m*
skllav|e, -ja Sklavin *f*

skllavëroj versklaven
skllavopronar-i Sklavenhalter *m*
skocez, -e schottisch
Skocí-a Schottland
skolastik|ë, -a Scholastik *f*
skontim-i = **skonto**-ja *ök.* Diskont *m*, Skonto *n*
skontoj diskontieren
skori|e, -a *tech.* Schlacke *f*
skraparllí, -e aus Skrapar
skrivaní-a Schreibtisch *m*
skuad|ër, -ra Mannschaft *f*, Team *n*
skufj|e, -a Mütze *f*, Haube *f*
skulptor-i Bildhauer *m*
skuq röten, erröten; braten, bräunen
skut|ë, -a Ecke *f*, Winkel *m*
slabinjar, -e aus Slabinja
slitoj rutschen
sllav, -e slawisch
Sllav-i, *pl.* -ë-t Slawe *m*
sllavisht|e, -ja Slawisch *n;* ~ **e përbashkët** Gemeinslawisch *n*
sllavistik|ë, -a *spr.* Slawistik *f*
sllaviz|ëm, -mi *spr.* Slawismus *m* *slawisches Sprachelement*
sllovak, -e slowakisch
slloven, -e slowenisch
Sllovení-a Slowenien
smaltoj emaillieren
smir|ë, -a Missgunst *f*, Neid *m*
smirëzí-u Neider *m*, Neidhammel *m*
smokthiniot, -e aus Smokthina
sob|ë, -a Ofen *m;* Empfangszimmer *n*, gute Stube *f;* **qyng i sobës** Ofenrohr *n*
socialist, -e sozialistisch
socializ|ëm, -mi Sozialismus *m*
sociolinguistik|ë, -a *spr.* Soziolinguistik *f*
sociologjí-a Soziologie *f*
soditj|e, -a Beschaulichkeit *f*, Betrachtung *f*, Kontemplation *f*
sof|ër, -ra Esstisch *m*, niedriger Tisch *m*, Couchtisch *m*
Sofj|e, -a *ON* Sofia
sofrabez-i, *pl.* -ë-t Tischdecke *f*
sokak-u, *pl.* -ë-t Gasse *f;* **iki sokakëve** durch die Gassen davon/laufen
soleciz|ëm, -mi *spr.* Solözismus
solemn, -e feierlich
solist-i Solist *m;* ~ **këngësh** Gesangssolist *m*
solla, *s.* sjell
solucion-i Lösung *f*, *tech.* Lösungsmittel *n*
somalez, -e somalisch
sonte ⟨*adv*⟩ heute Abend
sorr|ë, -a *zoo.* Krähe *f*, Nebelkrähe *f*
sosí-a *m.* Doppelgänger *m*
sosur, i/e beendet, ausverkauft, vergriffen
sot heute; ~ **në mëngjes** heute Morgen; ~ **në drekë** heute Mittag
sot|ëm, -me, i/e heutig, modern, Gegenwarts-; **shqipja e sotme** das moderne Albanisch, die alb. Sprache der Gegenwart
sovjetik, -e sowjetisch
sovranitet-i Souveränität *f*
spango-ja Bindfaden *m*
Spanj|ë, -a Spanien
spanjoll, -e spanisch
spartan, -e spartanisch
spastrim-i Säuberung *f*
spazm|ë, -a *med.* Krampf *m*

spec-i, *pl.* -a-t Paprika *f*, Paprikaschote *f;* Peperoni *Pl.;* **speca të mbushur** gefüllte Paprika
special, -e speziell, Spezial-, besonder, Sonder-
specialist-i Spezialist *m*, Facharzt *m*
specialitet-i Spezialitat *f;* Fachrichtung *f*, Hauptfach *n*
specifikim-i Spezifikation *f*, Stückliste *f*, Bestandsverzeichnis *n*
spektator-i Zuschauer *m*
spikam|ë, -a Relief *n*
spikas *s/t* hervor/treten, sich aus/zeichnen
spikatj|e, -a *spr.* Hervorhebung *f*, Emphase *f*
spiker-i, *pl.* -ë-t Sprecher *m am Rundfunk*
spin|ë, -a *tech.* Stecker *m;* ~ **dyshe** Doppelstecker *m*
spinaq-i *bot.* Spinat *m*
spiral|e, -ja Spirale *f*
spiranc|ë, -a *naut.* Anker *m;* **çoj spirancën** den Anker lichten
spirant-i, *pl.* -e-t *spr.* Spirant *m*, Spirans *f*
spital-i, *pl.* -e-t Krankenhaus *n*, Hospital *n*
spiunazh-i Spionage *f*
sporadik, -e sporadisch
sport-i, *pl.* -e-t Sport *m;* ~ **masiv** Breitensport *m*, Massensport *m*
sportel-i, *pl.* -e-t Schalter *m*
sportelist-i Schalterbeamter *m*
sportiv, -e sportlich; **rubrika sportive** Sportschau *f im Fernsehen*
sprov|ë, -a Probe *f*, Bewährung *f;* Erfahrung *f;* **vë në** ~ auf die Probe stellen
sprovoj aus/probieren; erleiden
sprucator-i Düse *f*, *tech.* Einspritzdüse
sqarim-i Klärung *f*, Erklärung *f*, Erläuterung *f*
sqaroj erläutern, erklären, auf/klären
sqep-i, *pl.* -a-t Schnabel *m*
sqepar-i Kreuzhacke *f;* Axt *f*
sqétull-i, *pl.* -a-t Achsel *f;* **nën** ~ unter dem Arm
sqoll-i Waschbecken *n*, Spülstein *m*
squfur-i *chem.* Schwefel *m*
Sreck|ë, -a *ON* Sredska
srriqas, -e aus Srriqja
stacion-i Bahnhof *m*, Haltestelle *f*, Station *f;* ~ **fundor** Endstation *f*, Zielbahnhof *m;* ~ **mallrash** Güterbahnhof *m*
stad-i Stadium *n*, Entwicklungsstufe *f;* ~ **zhvillimor** Entwicklungsstadium *n*
stadium-i *spo.* Stadion *n*, Sportanlage *f*
stafet|ë, -a Stafette *f;* *spo.* Staffellauf *m*
staliniz|ëm, -mi Stalinismus
stall|ë, -a Stall *m*, Stallung *f*, Viehstall *m*
Stamboll-i *ON* Istanbul
stamp|ë, -a *tech.* Stanze *f*, Model *m*
stan-i, *pl.* -e-t Pferch *m;* Sennerei *f;* ~ **revizionist** revisionistisches Lager *n*
standard-i, *pl.* -e-t Standard *m*, Norm *f;* **gjuhë standarde** *spr.* Sprachnorm *f*
standardizoj normieren
starovar, -e aus Starova
statik, -e statisch
statuj|ë, -a Statue *f*
statut-i, *pl.* -e-t Statut *n*, Satzung *f*

staxhionoj ab/lagern *zur Gewinnung besserer Qualität*

stend|ë, -a Stand *m*, Schaukasten *m*

stër- über-, super-, hyper-; Ur-

stërgjysh-i Urgroßvater *m*

stërgjysh|e, -ja Urgroßmutter *f*

stërhollim-i Raffinement *n*, Verfeinerung *f*

stërlin|ë, -a Sterling *m*, Pfund *n* £

stërmbes|ë, -a Ur:enkelin *f*

stërnip-i Ur:enkel *m*

stërqok|ë, -a *zoo.* Dohle *f*

stërvitj|e, -a Übung *f*, Training *n*

stil-i, *pl.* -e-t Stil *m*; ~ **funksional** *spr.* Funktionalstil *m*; ~ **i lirë** *spo.* Freistil *m*; ~ **krol** *spo.* Kraulen *n*, Crawl-Stil

stilistik, -e stilistisch; **ngjyrim** ~ stilistische Färbung *f*

stilograf-i, *pl.* -ë-t Füllfederhalter *m*

stilolaps-i, *pl.* -a-t Kugelschreiber *m*

stin|ë, -a Jahreszeit *f*, Saison *f*

stinoj ab/lagern; ~ **dërrasa**-t Bretter trocknen lassen *zur Verbesserung der Qualität*

stivim-i *naut.* Stauen *n*, Trimmen *n* *Fracht*

stof-i, *pl.* -a-t; -ra-t Stoff *m*; **një top** ~ ein Ballen Stoff

stol-i, *pl.* -a-t Hocker *m*, Sitzbank *f*, Schemel *m*

stomak-u, *pl.* -ë-t Magen *m*; **ulcerë e stomakut** *med.* Magengeschwür *n*

stomatologjí-a Zahnmedizin *f*; **ordinancë stomatologjike** Zahn:arztpraxis *f*

stopan-i, *pl.* -ë-t Senner *m*

strapo-ja Zerrung *f*; ~ **muskulare** *med.* Muskelzerrung

strehim-i Unterbringung *f*, Unterschlupf *m*, Unterkunft *f*; Asyl *n*; Luftschutzraum *m*

strehoj Unterkunft gewähren, Asyl bieten, Zuflucht gewähren, beherbergen

strelcar, -e aus Strelca

strof|ë, -a Strophe *f*

strofk|ë, -a Höhle *f*, Loch *n*; Lager *n* *der Tiere*, Bau *m*

struc-i, *pl.* -ë-t *zoo.* Strauß *m*; **diplomaci-a e strucit** Vogel-Strauß-Taktik *f*

strugian, -e aus Struga

struktur|ë, -a Struktur *f*, Bau *m*, Aufbau *m*

strukturaliz|ëm, -mi Strukturalismus *m*

strukturor, -e strukturell, Struktur-

strumanak, -e aus Strum

stuardes|ë, -a Flugbegleiterin *f*

student-i, *pl.* -ë-t Student *m*

student|e, -ja Studentin *f*

studim-i Studium *n*, Studie *f*, Abhandlung *f*

studioj studieren

stuf|ë, -a Ofen *m*, Holzkohlenbecken *n*

stuhí-a Sturm *m*

subjekt-i Subjekt *n*

suçjan, -e aus Suç

sudanez, -e sudanisch

Sudetë-t Sudetenland *n*

suedez, -e schwedisch

Suedí-a Schweden

sukjot, -e aus Suka

sukses-i, *pl.* -e-t Erfolg *m*; **me sukses!** viel Erfolg!

sukthjan, -e aus Sukth

sukursal-i, *pl.* -e-t Filiale *f,* Zweigstelle *f*
sulem an/greifen, sich stürzen auf
sulfuror, -e Schwefel-, schwefelhaltig
suliot, -e suliotisch, aus Suli
sulm-i, *pl.* -e-t Angriff *m,* Attacke *f;* **hidhem në ~** an/greifen
sulmoj an/greifen, attackieren
sulmues-i Stürmer *m*
sundues-i Herrscher *m*
sup-i, *pl.* -e-t Schulter *f,* Achsel *f;* **ia shtrëngoi supet** er zuckte die Achseln
sup|ë, -a Suppe *f,* Brühe *f;* **~ magjerica** *säuerliche gebundene* Nudelsuppe; **~ me barishte** Gemüsesuppe; **~ me lëng mishi** Fleischsuppe, Fleischbrühe; **~ orizi** Reissuppe; **~ patatesh** Kartoffelsuppe
superfuqí-a Supermacht *f*
superstruktur|ë, -a Überbau *m*
supin-i *spr.* Supinum *n*
suplementar, -e ergänzend, Nachtrags-; **kopje suplementare** Zusatz:exemplar *n,* Staffel:exemplar *n*
supletiviz|ëm, -mi *spr.* Suppletivismus *m*
supozim-i Annahme *f,* Vermutung *f*
surrat-i, *pl.* -e-t *veralt.* Antlitz *n;* Gesicht *n,* Visage *f*
sust|ë, -a *tech.* Feder *f;* Klingelknopf *m;* Gabel *f am Telefon*
sutjen-i Büstenhalter *m,* BH
suvá-ja Mörtel *m,* Verputz *m*
suvatoj verputzen *mit Mörtel*
sy-ri, *pl.* sy-të Auge *n;* **mbaj sy të hapur** die Augen offen halten; **iu zgafulluan sytë** ihm gingen die Augen auf
symizar, -e aus Symiza
synet-i Beschneidung *f, rel.* Sunna *f*
synetllë|k-u, *pl.* -qe-t *rel.* Beschneidung *f,* Beschneidungsfeier *f*
synim-i Absicht *f*
synoj beabsichtigen, bezwecken
syprin|ë, -a Fläche *f,* Oberfläche *f,* Außenseite *f,* Tischtuch *n*
syresh *Abl. pl.* = atyre *Personalpronomen, s.* aí
syrgjyn-i *veralt.* Verbannung *f;* **dërgoj ~**, **syrgjynos** verbannen, in die Verbannung schicken
sytliaç-i Reispudding *m*
syze-t Brille *f*

Sh

shabllon-i, *pl.* -e-t Schablone *f,* Messlatte *f*
shah-u Schach *n,* Schachspiel *n*
sha|j, *-va, -rë* schimpfen, schelten
shajak-u, *pl.* -ë-t Filz *m*
shaká-ja Scherz *m,* Streich *m,* Witz *m;* **bëj shaká** scherzen, Witze machen
shalësjot, -e aus Shalës
shaljan, -e aus Shala
shall-i Schal *m*
shalqí-ri, *pl.* -nj-të *bot.* Wassermelone *f*
shamí-a Tuch *n;* Kopftuch *n;* ~ **xhepi** Taschentuch *n*
shampo-ja Shampoo *n,* Haarwaschmittel *n*
shandan-i Kerzenständer *m,* Leuchter *m*
shans-i Chance *f,* Gelegenheit *f;* **kam shans** eine Chance haben
shaptilografoj vervielfältigen, hektographieren
sharapoll-i, *pl.* -e-t Erker *m mit kleinen Fenstern*
sharës, -e schimpfend; **shprehje sharëse** *spr.* Schimpfwort *n*
sharr|ë, -a Säge *f;* ~ **disk** *tech.* Kreissäge; **dhëmbëzat e sharrës** die Zähne der Säge
shasi-a *tech.* Chassis *n*
shat-i, *pl.* -a-t Hacke *f*
shator|e, -ja Zelt *n*
shef-i, *pl.* -a-t Chef *m,* Leiter *m;* ~ **i llogarisë** Hauptbuchhalter *m*
sheg|ë, -a, *pl.* -ë-t *bot.* Granat:apfel *m*
shéku|ll-i, *pl.* -j-t Jahrhundert *n*
shembem zusammen/stürzen
shembj|e, -a Sturz *m,* Zusammenbruch *m*
shémbu|ll-i, *pl.* -j-t Beispiel *n,* Exempel *n;* ~ **i ndritur** leuchtendes Beispiel
shend-i, *pl.* -e-t Freude *f,* Jubel *m*
shenj|ë, -a, *pl.* -a-t Zeichen *n,* Marke *f;* ~ **pikësimi** Satzzeichen *n;* ~ **e barazimit** Gleichheitszeichen *n;* ~ **kufindarëse** Grenzbezeichnung *f;* ~ **orientuese** Orientierungszeichen *n;* ~ **rrugore** Verkehrszeichen *n*
Shenjëza-t = **Shêjza**-t die Plejaden *Pl. Sternbild*
shenjtë, i/e heilig; **selia e** ~ der Heilige Stuhl; **trinia e** ~ die heilige Dreifaltigkeit *f*
shenjtor-i Heiliger *m*
shenjuar, i/e bezeichnet, *spr.* markiert
shenjues, -e bezeichnend
sheperjot, -e aus Sheper
sheqer-i Zucker *m;* **dy kokrra sheqer** zwei Stück Zucker; ~ **pluhur** Staubzucker *m;* **mbajtëse sheqeri** Zuckerdose *f*
sheqerk|ë, -a Bonbon *n,* Karamelle *f*
sheqerxhí-u, *pl.* -nj-të Süßwarenhändler *m,* Zuckerbäcker *m*
sheqëzak, -e aus Shéqëza
sherishtjot, -e aus Sherishta
sherr-i, *pl.* -e-t Streit *m,* Zank *m;* Niedertracht *f*
shes *e/i, s/t* verkaufen
shesh-i Platz *m;* Ebene *f,* Gebiet *n,* Grundstück *n;* ~ **parkimi** Parkplatz *m*

sheshtë, i/e flach, platt, eben
shezak, -e aus Sheza
shezlong-u Liegestuhl *m*
shëlboj *rel.* retten, erlösen
Shëlbúem-it, të *rel.* Christi Himmelfahrt *f*
shëlbues-i *rel.* Erlöser *m*
shëmbëlltyr|ë, -a Gleichnis *n*, Parabel *f*
shëmërizak, -e aus Shëmëriza
shëmtim-i Entstellung *f*
shëmtoj entstellen, verzerren, hässlich machen
shëmtuar, i/e hässlich
Shën-Naum-i *ON* Sveti Naum *Kloster bei Ohrid*
shëndet-i Gesundheit *f*; **me shëndet** gesundheitlich; gesund; **si jeni me shëndet?** wie geht es Ihnen gesundheitlich?; **~ e kësmet!** alles Gute!
shëndetësí-a Gesundheitswesen *n*
shëndetësor, -e Gesundheits-
shëndoshë, i/e gesund; **ardhsh shëndoshë!** willkommen!
shënim-i Anmerkung *f*, Notiz *f*; **me shënime** annotiert
shënoj notieren, aufzeichnen; bezeichnen; *spo.* schießen *Tor*
shërbej dienen, bedienen, servieren
shërbim-i Dienst *m*, Bedienung *f*, Service *m*; **me shërbim** dienstlich; **skedar shërbimi** Dienstkartei *f*; **~ automjetesh** Kraftfahrzeugservice *m*; **~ i fshehtë** Geheimdienst *m*; **~ ndërqytetor** Überlanddienst *m*; **~ teknik** Wartungsdienst *m*; **~ ushtarak** Wehrdienst *m*; **~ i detyrueshëm ushtarak** Wehrpflicht *m*
shërim-i Genesung *f*; **~ të shpejtë!** baldige Genesung!, gute Besserung!
shërohem gesunden, geheilt werden
shëroj heilen, kurieren, gesunden lassen
shëtis s/t spazieren gehen
shëtitës, -e ambulant, Wander-
shëtitës-i Spaziergänger *m*, Wanderer *m*
shëtitj|e, -a Spaziergang *m*, Spazierfahrt *f*; **~ nëpër qytet** Stadtrundfahrt *f*; **~ në tokë** *naut.* Landgang *m*
shfajësim-i Rechtfertigung *f*
shfaq auf/führen
shfaqj|e, -a Erscheinung *f*; Aufführung *f*, Vorstellung *f*; **qenie e shfaqje** *phi.* Wesen und Erscheinung
shfletoj durch/blättern, blättern, durch/sehen
shfryj schnauben, schneuzen; **~ nga zemërimi** vor Wut schnauben
shfrymëtim-i *spr.* Beseitigung der Aspirierung, Deaspiration
shfrytëzim-i Ausbeutung *f*, Ausnutzung *f*; Verwendung *f*, Nutzung *f*
shfrytëzoj aus/nutzen, aus/beuten, verwenden; **~ kohën e mirë** ich nutze das schöne Wetter
shfrytëzues-i Ausbeuter *m*
shfuqizim-i *jur.* Außerkraftsetzung *f*, Rücknahme *f*, Aufhebung *f*, Widerruf *m*
shfuqizoj *jur.* außer Kraft setzen
shi-u, *pl.* -ra-t Regen *m*; Regengüsse *Pl.*, Regenschauer *m*; **bie shi** es regnet; **binte shi pareshtur** es regnete

ununterbrochen; **oshi shiu**; **u ndal shiu** es hat aufgehört zu regnen, der Regen hat aufgehört; ~ **i imët** Nieselregen *m*

shiatik-u *med.* Ischias *m*

shif|ër, -ra, *pl.* -ra-t Ziffer *f*; **shifrat arabe** die arabischen Ziffern

shifroj chiffrieren, verschlüsseln

shih, *s.* shoh

shij|e, -a Geschmack *m*; ~ **e rafinuar** verfeinerter Geschmack

shijoj genießen, schmecken, kosten; **më shijon** es schmeckt mir

shijsh|ëm, -me, i/e schmackhaft, lecker

shikim-i Gesicht *n*, Sehvermögen *n*; ~ **i valë** flammender Blick *m*

shikjor, -e aus Shíkaj

shikoj anschauen, betrachten

shilarës-i Schaukel *f*

shin|ë, -a *tech.* Schiene *f*; Reifenband *n*, Eisenreifen *m*

shiqajet, **bëj** ~ sich beklagen

shiring|ë, -a *med.* Spritze *f*

shirit-i, *pl.* -a-t Band *n*, *tech.* Tonband *n*

shish|e, -ja Flasche *f*; **xhind në** ~ Geist in der Flasche

shishqebap-i, *pl.* -ë-t Fleischspieß *m*, Schaschlik *n*

shishtavecar, -e aus Shishtavec

shit, **shita**, *s.* shes

shitblerj|e, -a An- und Verkauf

shitës-i Verkäufer *m*

shitj|e, -a Verkauf *m*, Absatz *m*; ~ **e dobët** *ök.* Über:angebot *n*, mäßiger Verkauf *m*

shka|k-u, *pl.* -qe-t Ursache *f*; ~ **i dobët** *jur.* niedriger Beweggrund *m*

shkab|ë, -a Adler *m*

shkakësí-a Kausalität *f*, Ursächlichkeit *f*

shkakësor, -e kausal; **lidhje shkakësore** Kausalzusammenhang *m*, Kausalbeziehung *f*

shkaktim-i Verursachung *f*

shkall|ë, -a Treppe *f*, Stufe *f*, Ausmaß *m*, Skala *f*, Grad *m*, Maßstab *m*; Eigenschaft *f*; **në** ~ **botërore** weltweit, in weltweitem Maßstab; ~ **e gjatë** *spr.* Dehnstufe *f*; ~ **e rrëgjuar** *spr.* Schwachstufe *f*, Reduktionsstufe; ~ **zero** *spr.* Schwundstufe; ~ **krahasimi** *spr.* Komparationsstufe; ~ **krahasore** *spr.* Komparativ *m*; ~ **pohore** *spr.* Positiv *m*, Grundstufe *f*; ~ **sipërore** *spr.* Superlativ *m*; ~ **lëvizëse** Rolltreppe *f*; ~ **vapori** Anlegesteg *m*; ~ **e zbritjes** Landungsbrücke *f*

shkallëzim-i *spr.* Klimax *f*, Steigerung *f*

shkâm-i, *pl.* -a-t *dial.* Schemel *m*, Hocker *m*

shkarj|e, -a *spr.* Gleiten *n*

shkarkim-i *ök.* Entladung *f*, Löschung *f*, Entlastung *f*

shkarkoj *ök.* entladen, löschen, entlasten

shkas-i Anstoß *m*, Anlass *m*; **bëhem shkas** verursachen, zum Anlass werden

shkatërrim-i Zerstörung *f*

shkatërroj zerstören

shkel treten, zertreten, übertreten, verletzen

shkelj|e, -a Bruch *m Eid*, Verletzung *f Vorschrift*, *Verstoß m* gegen; ~ **bru-**

tale e të drejtave rücksichtslose Verletzung der Rechte
shkenc|ë, -a Wissenschaft *f;* **shkencat ekonomike** die Wirtschaftswissenschaften *Pl.;* ~ **politike** Politologie *f,* Politikwissenschaft *f;* **shkenca-t shoqërore** Gesellschaftswissenschaften *Pl.,* Sozialwissenschaften *Pl.;* **shkenca të natyrës, shkenca-t natyrore** Naturwissenschaften *Pl.;* **shkencat humanitare** die Geisteswissenschaften *Pl.,* Humaniora *Pl.*
shkencëtar-i Wissenschaftler *m*
shkencor, -e wissenschaftlich, Wissenschafts-; **punëtor** ~ wissenschaftlicher Mitarbeiter *m*
shkëlqesí-a Exzellenz *f;* **Shkëlqesia Juaj** Ew. [Euer] Exzellenz *Anrede*
shkëlqyer, i/e glänzend, ausgezeichnet
shkëlqyesh|ëm, -me, i/e glänzend, hervorragend, ausgezeichnet
shkëmb-i, *pl.* -ínj-të Fels *m;* = **stol**-i Schemel *m,* Hocker *m*
shkëmbim-i Austausch *m,* Tausch *m;* ~ **i lëndëve** *med.* Stoffwechsel *m;* **pjesë shkëmbimi** Ersatzteil *n*
shkëndij|ë, -a Funke *m;* ~ **elektrike** elektrischer Funke *m*
shkëpus s/t trennen, los/lösen
shkëputem sich trennen
shkëputj|e, -a Trennung *f,* Loslösung *f;* ~ **e teorisë nga praktika** Loslösung der Theorie von der Praxis
Shkod|ër, -ra *ON* Skùtari, Shkodra
shkodran, -e aus Shkodra; skutarinisch, Skutariner *m*
shkodrançe ⟨*adv*⟩ auf Skutariner Art
shkodranç|e, -ja Skutariner Dialekt *m*
shkoj gehen; ~ **nëpër mend** in den Sinn kommen; ~ **dëm** misslingen, fehl/schlagen; ~ **me leje** in Urlaub fahren, gehen
shkoll|ë, -a Schule *f;* **vazhdoj** ~, **vijoj** ~, **shkollohem** die Schule besuchen; ~ **fillore** Grundschule *f;* ~ **mbrëmjeje** Abendschule *f;* ~ **me korrespondencë** Fernstudium *n,* Fernlehrgang *m;* ~ **minoritare** Minderheitenschule *f;* ~ **normale** Lehrerbildungsanstalt *f;* ~ **profesionale** Berufsschule *f;* ~ **tregtare** Handelsschule
shkollor, -e schulisch, Schul-; **teksti** ~ Schulbuch *n,* Schultext *m,* Lesebuch *n*
shkombëtarizoj entnationalisieren
shkop-i, *pl.* -ínj-të Stock *m,* Knüppel *m*
shkopsis s/t auf/knöpfen
shkozjan, -e aus Shkoza
shkrelës, -e aus Shkrel
shkrepës-i Anzünder *m,* Feuerzeug *n*
shkrepës|e, -ja Streichholz *n,* Zündholz *n*
shkres|ë, -a Schriftstück *n,* Schriftsatz *m,* Schreiben *n*
shkretëtir|ë, -a Wüste *f*
shkrihem verschmelzen *intransitiv*
shkrij, shkrin schmelzen; **shkrin akulli, dëbora** es taut
shkrim-i, *pl.* -e-t Schrift *f;* das Schreiben *n;* **me shkrim** schriftlich; ~ **cirilik** *spr.* kyrillische Schrift; ~ **fonetik** Lautschrift; ~ **gotik** Frakturschrift; ~ **ideografik** Bilderschrift; ~ **kunjor** Keilschrift; ~ **i mangët** defektive Schrift; ~ **shkronjor** *spr.* Buchstaben-

schrift; **shkrim-lexim**-i das Lesen und Schreiben
shkrimor, -e *spr.* geschrieben, Schrift-
shkrimtar-i Schriftsteller *m*
shkrirë, i/e gegossen, Guss-
shkrirj|e, -a Schmelzen *n,* Schmelzung *f;* Umschmelzen *n; spr.* Fusion *f,* Verschmelzung *f;* ~ **e çelikut** Stahlschmelze *f*
shkritor|e, -ja Gießerei *f*
shkronj|ë, -a Buchstabe *m;* ~ **për shkronjë** wortwörtlich; ~ **e madhe** *spr.* Großbuchstabe *m,* Majuskel *f;* ~ **e vogël** Kleinbuchstabe *m,* Minuskel *f*
shkruaj schreiben
shkrumb-i *verkohltes* Überbleibsel *n*
shkuar-a, e *spr.* Präteritum *n,* Vergangenheit *f;* **të shkuara!** gute Besserung!
shkues-i Brautwerber *m*
shkul aus/reißen
shkund schütteln, rütteln
shkundem sich bewegen, sich regen; ab/schütteln
Shkup-i *ON* Skopje, Üsküp
shkupjan, -e aus Skopje
shkurt ⟨*adv*⟩ kurz
shkurt-i Februar *m*
shkúrtazi ⟨*adv*⟩ kurz und bündig
shkúrt|ër, i/e, fpl. -ra kurz; **paraqitje e** ~ Zusammenfassung *f,* Abstract *n,* Resümee *n;* **valë të shkurtra** ***tech.*** Kurzwellen *Pl.*
shkurtim-i Kürzung *f, spr.* Abkürzung *f,* Abbreviatur *f*
shkurtoj kürzen, ab/kürzen
shkurr|e, -ja Busch *m,* Strauch *m*
shkyç auf/schließen
shlyej ab/wischen, löschen, aus/streichen; beseitigen, fertig machen, ab/schließen, liquidieren, aus/mustern, aus/sondern, begleichen; ~ **borxh** Schulden begleichen
shllag-u *dial.* Schlagsahne *f,* Schlag:obers *n*
shmang umgehen, vermeiden
shmangem vermeiden, aus dem Weg gehen, umgehen, sich entziehen; **i** ~ **vështirësive** Schwierigkeiten aus dem Weg gehen
shmangi|e, -a Abweichung *f,* Umgehung *f, jur.* Entziehung *f*
shnderj|e, -a Entspannung *f, spr.* Ausgang *m*
shndërrim-i Umwandlung *f,* Umformung *f*
shndris s/t strahlen, glänzen
shndritj|e, -a Glanz *m*
shnicel *dial.* = **skallop**-i Schnitzel *n*
shofer-i, *pl.* -ë-t Chauffeur *m,* Kraftfahrer *m;* **patentë shoferi** Führerschein *m*
shoh o/e/i, *pashë, parë* sehen; **e shoh pisk** in der Klemme sein
shok-u, *pl.* -ë-t Genosse *m,* Gefährte *m,* Kamerad *m*
shoq-i Gatte *m;* **shoqi-shoqin** ⟨*adv*⟩ einander
shoqat|ë, -a Gesellschaft *f,* Vereinigung *f;* ~ **e miqësisë** Freundschaftsgesellschaft *f*
shoq|e, -ja Genossin *f,* Freundin *f;* Ehefrau *f*
shoqërí-a Gesellschaft *f;* ~ **ajrore** Flug-

gesellschaft, Luftfahrtgesellschaft; **~ lundrimi** *naut.* Reederei *f*
shoqërim-i Begleitung *f*
shoqërisht ⟨*adv*⟩ gesellschaftlich; **~ i rrezikshëm** gesellschaftsgefährlich, gemeingefährlich
shoqërizoj vergesellschaften
shoqëroj begleiten
shoqëror, -e gesellschaftlich, sozial
shoqërues-i Begleiter *m,* Reiseleiter *m*
shoqërues|e, -ja Begleiterin *f,* Reiseleiterin *f*
shoshar-i Siebmacher *m*
shosh|ë, -a, *pl.* -ë-t Sieb *n*
shoshit s/t sieben; erörtern, verhandeln
shoshjan, -e aus Shosh
shpall bekannt/geben, verkünden; **~ grevë** Streik aus/rufen
shpallj|e, -a Bekanntmachung *f,* Bekanntgabe *f,* Verkündung *f*
shp|árgër, -ri, *pl.* -ërgënj-të Windel *f*
shpargu|ll-i, *pl.* -j-t Spargel *m*
shpartalloj zerstören, auf/reiben
shpat-i, *pl.* -e-t Abhang *m,* Böschung *f*
shpat|ë, -a Schwert *n;* **në majën e shpatës** auf des Schwertes Spitze
shpatarak, -e aus Shpat
shpátull-a, *pl.* -a-t Schulter *f;* **bie shpatullave** auf die Schultern klopfen
shpejt ⟨*adv*⟩ schnell, rasch, flink; **ajo u zbardh ~** sie fasste sich rasch wieder; **që prishet ~** leicht verderblich; **së shpejti** bald, in Kürze
shpejtë, i/e schnell, rasch, geschwind; **ndihma e ~** Notdienst *m,* Notarzt *m;* **shërim të ~!** baldige Genesung!
shpejtësí-a Geschwindigkeit *f,* Schnelligkeit *f;* **~ maksimale** Höchstgeschwindigkeit *f;* **me shpejtësi vetëtime** in Windes:eile *f;* blitzschnell
shpejtim-i Beschleunigung *f*
shpejtoj beschleunigen
shpell|ë, -a Höhle *f*
shpend-i, *pl.* -ë-t großer Vogel *m;* **shpendë**-t Geflügel *n*
shpenzim-i Ausgabe *f;* **shpenzime**-t Unkosten *Pl.;* **qeth shpenzimet** die Ausgaben kürzen
shpenzoj aus/geben
shpesh ⟨*adv*⟩ oft, häufig
shpeshoj verdichten, häufen; häufiger machen; **me frymëmarrje të shpeshuar** außer Atem
shpeshtë, i/e häufig
shpeshtësí-a Frequenz *f,* Häufigkeit *f*
shpërbëhem verwesen, sich zersetzen
shpërbërj|e, -a Auflösung *f,* Verwesung *f*
shpërbetohem = **shpërbehem** *jur.* einen Mein:eid leisten, falsch schwören
shpërblej vergüten, vergelten
shpërdorim-i Missbrauch *m*
shpërdoroj missbrauchen, Missbrauch treiben
shpërfill miss:achten
shpërgë-ri, *pl.* -ënj-të *dial.* = shpárgër Windel *f*
shpërndarës-i *tech.* Verteiler *m*
shpërngulj|e, -a Umsiedlung *f;* Verlegung *f*
shpërngulem umgesiedelt werden; aus/wandern
shpërngjashmim-i *spr.* Dissimilation *f*

shpërqendruar, i/e unkonzentriert
shpërthej sich öffnen, platzen; auf/knöpfen
shpërthim-i Ausbruch *m,* Explosion *f*
shpërthyes, -e *spr.* explosiv
shpështjell = **çmbështjell**
shpëtim-i Rettung *f*
shpif verleumden
shpifj|e, -a Verleumdung *f;* ~ **e qelbur** schmutzige Verleumdung
shpik schöpfen, aus/trinken, leer trinken; erfinden; **fjalë të shpikura kot** frei erfundene Worte
shpikës-i Erfinder *m*
shpikj|e, -a Erfindung *f*
shpinas ⟨*adv*⟩ rücklings, auf dem Rücken
shpin|ë, -a Rücken *m;* **shih në ~ të fletës!** bitte wenden!; ~ **e gjuhës** Zungenrücken *m;* ~ **e kurrizit** Wirbelsäule *f,* Rückgrat *n*
shpinor, -e *spr.* dorsal
shpirt-i, *pl.* -ra-t Geist *m,* Bewusstsein *n,* Denken *n*
shpirtëror, -e geistig
shpirtvogël kleinkariert, kleingeistig, beschränkt
shpjegohem sich klar aus/drücken
shpjegoj erklären, erläutern, dar/legen
shpoj durchbohren
shpor-i, *pl.* -ë-t Spore *f,* Sporn *m am Reitstiefel;* Brustbein *n*
shporet-i (Spar-)Herd *m mit Kohle oder Brikett*
shport|ë, -a Korb *m;* ~ **kashte** Spankorb; ~ **buke** Brotkorb; ~ **zhuke** Binsenkorb
shpotí-a Witz *m,* Spott *m*
shpreh aus/drücken
shprehësí-a Expressivität *f,* Ausdrucksstärke *f*
shprehí-a Gewohnheit *f,* Angewohnheit *f*
shprehj|e, -a Ausdruck *m,* Redensart *f;* ~ **e qëndrueshme** stehende Wendung *f,* feste Redensart; ~ **sharëse** Schimpfwort *n*
shpres|ë, -a Hoffnung *f;* **i vezulloi një ~** der Schimmer einer Hoffnung durchzuckte ihn
shpresoj hoffen
shpretk|ë, -a *med.* Milz *f*
shput|ë, -a Fußsohle *f;* Ohrfeige *f;* ~ **e këmbës** Ferse *f*
shpuz|ë, -a Glut *f in der Asche*
shq|a-u, *pl.* -e-të *veralt.* Slave *m; fig.* dumm; **ai është shqa më dynjá** er ist stockdumm
shqarth-i *zoo.* Eichhorn *n,* Eichhörnchen *n*
shqep auf/trennen
shqerrjot, -e aus Shqerría
shqetësoj be:unruhigen; **mos u shqetësoni!** beunruhigen Sie sich nicht!
shqip ⟨*adv*⟩ albanisch
shqip, -e albanisch; **gjuha shqipe, shqip|e**, -ja die albanische Sprache; **shqipja e sotme** das moderne Albanisch, die alb. Sprache der Gegenwart
Shqipërí-a Albanien
shqiptar, -e albanisch
shqiptar-i Albaner *m*

shqiptar|e, -ja Albanerin *f*
shqiptim-i Aussprache *f*
shqiptoj aus/sprechen
shqis|ë, -a Sinn *m*
shqit heraus/reißen, los/lösen
shqitur, i/e lose; **fletë e ~** loses Blatt *n*
shquaj hervor/heben, unterscheiden, erkennen
shquar, i/e *spr.* determiniert
shques, -e *spr.* bestimmend; **nyjë shquese** *spr.* bestimmter Artikel *m*
shqyej zerreißen, zerfetzen
shqyrtim-i Prüfung *f*, Überprüfung *f*, Erörterung *f*, Klärung *f*; **marr në ~** einer Prüfung unterziehen; **~ gjyqësor** *jur.* gerichtliche Klärung *f*
shqyrtimor, -e *spr.* deliberativ
shqyrtoj klären, prüfen
shtab-i, *pl.* -e-t *mil.* Stab; **~ madhor** Generalstab *m*
shtamb|ë, -a Krug *m*, Tonkrug *m*
shtamp|ë, -a Stanze *f*; Klischee *n*, Topos *m*, Gemeinplatz *m*
shtangem wie angewurzelt stehen bleiben, erstarren
shtat-i Körper *m*, Körpergröße *f*
shtatë sieben; **i ~** der siebte
shtatëdhjetë siebzig
shtatëmbëdhjetë siebzehn; **i ~** der siebzehnte
shtatlartë hochgewachsen, stattlich
shtatmadhorí-a Generalstab *m*
shtator-i September *m*
shtatzënë schwanger
shtatzënësí-a, **shtatzëní**-a Schwangerschaft *f*
sht|eg, *pl.* -ígje-t Steg *m*, Weg *m*, Pfad *m*; **pa shteg** ausweglos; **shtegu ishte i ngushtë aq sa nuk mund të kalonin** der Pfad war so schmal, dass sie nicht durchkamen
shtegtar, -e Wander-; **bari**-u **~** Wanderschäfer *m*
shtegtim-i Transhumanz *f*, Wanderschäferei *f*
shtegth-i Scheitel *m*; **~ i zërit** *med.* Stimmritze *f*, Glottis *f*
shtegthor, -e *spr.* glottal, Glottis-
shter aus/trocknen, versiegen
shterpar-i Hirt *m*, Schafhirt *m*
shtes|ë, -a Zusatz *m*, Zuschlag *m*, Vermehrung *f*; **~ loje** Spielverlängerung *f*; **~ mbi çmimin** *ök.* Preis:aufschlag *m*
shtet-i, *pl.* -e-t Staat *m*; **Shtetet e Bashkuara të Amerikës** die Ver:einigten Staaten von Amerika, USA
shtetas-i Staatsbürger *m*, Staats:angehöriger *m*
shtetëror, -e staatlich; **himn ~** Nationalhymne *f*
shtetësí-a Staatsbürgerschaft *f*, Staats:angehörigkeit *f*
shtetëzim-i Verstaatlichung *f*
shtëllung|ë, -a Wollflocke *f*; Rauchschwade *f*
shtëmëng *dial.* = **shmang**
shtënë, -a, e Schuss *m*
shtëpí-a Haus *n*; **~ atërore** Vaterhaus; **shtëpi botuese** Verlag *m*; **~ dykatëshe** zweistöckiges Haus; **~ fqinje** Nachbarhaus; **~ e mallrave** Kaufhaus, Warenhaus, Verbrauchermarkt *m*; **~ në miniaturë** Miniaturhaus
shtëpiak|e, -ja Hausfrau *f*

shtërngat|ë, -a Gewitter *n*
shtie ein/gießen, ein/fügen; ~ **fitme** Ränke schmieden, Intrigen spinnen
shtim-i das Hinzufügen *n,* Vermehrung *f,* Zusatz *m,* Zuwachs *m*
shtiqjan, -e aus Shtiqën
shtirem vor/täuschen, simulieren
shtiz|ë, -a Lanze *f,* Spieß *m;* Stricknadel *f*
Shtjef|ën, -ni *NP* Stephan
shtjelloj entfalten, aus/breiten, explizieren, erläutern, erklären, dar/legen
shtjelluar, i/e explizit, ausdrücklich; *spr.* finit
shtoj hinzu/fügen
shtojc|ë, -a Zusatz *m,* Anhang *m,* Ergänzung *f*
sht|rat-i, *pl.* -ét-ër-it Bett *n;* **bie të fle** zu Bett gehen
shtrembër, i/e krumm, schief; hinterlistig
shtrembërim-i Entstellung *f*
shtrembëroj verdrehen, entstellen
shtrëngim-i Zwang *m,* Nötigung *f,* Erpressung *f*
shtrëngoj drücken, pressen, quetschen, zwingen; **ia shtrëngoi supet** er zuckte die Achseln; ~ **vidhat** die Schrauben an/ziehen
shtrenjtë, i/e teuer; lieb
shtres|ë, -a Schicht *f;* ~ **pasive e leksikut** passive Wortschatzschicht
shtresëzim-i *spr.* Stratifikation *f;* Schichtung *f*
shtri|j, *-va, -rë* aus/strecken, erstrecken
shtrihem, *u shtriva, shtrirë* sich hin/legen, sich aus/strecken; **rri shtrirë** liegen
shtrirj|e, -a Ausdehnung *f*
shtrohem Platz nehmen
shtroj ein/richten, aus/breiten; ~ **pyetje** eine Frage stellen; ~ **tryezën** den Tisch decken; **shtrohem këmbëkryq** sich im Schneidersitz hinsetzen; **rri shtruar këmbëkryq** mit untergeschlagenen Beinen sitzen
shtun|ë, -a, e Samstag *m,* Sonn:abend *m;* **e ~ e madhe** *rel.* Karsamstag *m*
shturman-i, *pl.* -ë-t Steuermann *m;* Navigationsoffizier *m,* zweiter Offizier *m*
shtyhem zur Seite treten, gestoßen werden
shtyj stoßen, schieben; auf/schieben, verzögern; an/stiften
shtyllak, -e aus Shtylla
shtyll|ë, -a Säule *f;* Kolumne *f,* Spalte *f,* Stütze *f;* ~ **kurrizore** Wirbelsäule *f*
shtyp-i Druck *m;* ~ **i thellë** Tiefdruck; ~ **ofset** Offset-Druck; **materiale shtypi** Drucksache *f;* **xhevahire**-t **shtypi** Stilblüten *Pl.*
shtypj|e, -a Druck *m,* Unterdrückung *f;* das Drucken *n;* **vend i shtypjes** Druck:ort *m*
shtypshkrime-t Drucksache *f*
shtypshkronj|ë, -a Druckerei *f,* Buchdruckerei *f*
shtypshkrues-i Buchdrucker *m*
shtyrj|e, -a das Stoßen *n,* Aufschub *m;* ~ **e afatit** Terminverschiebung *f,* Fristverlängerung *f*
shtytës-i *jur.* Anstifter *m*
shtytj|e, -a Anstiftung *f;* ~ **e gjyles** *spo.*

Kugelstoßen *n*
shtheksim-i *spr.* Akzentverlust *m,* Desakzentuierung *f*
shthurrem zerfallen; **perandoria u shthurr** das Reich zerfiel
shthurj|e, -a Auflösung *f,* Entflechtung *f,* Entwirrung *f*
shu|aj, *-ova, -uar* erlöschen, aus/löschen; **gëlqere e shuar** Löschkalk *m,* gelöschter Kalk
shúema-t, të *rel.* Allerseelen *Pl.*
shuf|ër, -ra, *pl.* -a-t Stange *f,* Barren *m; tech.* Tauchsieder *m*
shugurim-i *rel.* Priesterweihe *f,* Ordination *f*
shuguroj segnen; ordinieren, weihen *Priester*
shuhem verlöschen, aus/gehen; *tech.* aus/setzen *vom Motor*
shul-i Gewehrschloss *n*
shumë ⟨*adv*⟩ viel, sehr; **kryer më shumë se një herë** *jur.* in Tatmehrheit *f;* **pesë hise më ~** fünfmal mehr
shum|ë, -a Summe *f;* **~ e përgjithshme** Summe, Gesamtbetrag *m*
shumëfishoj vervielfältigen
shumëgjuhësh, -e mehrsprachig, polyglott
shumëkuptimësí-a *spr.* Polysemie *f,* Mehrdeutigkeit *f*
shumëllojshmërí-a Vielfalt *f,* Mannigfaltigkeit *f*
shumëpikësh-i *spr.* Auslassungspunkte *Pl.*
shumërrokësh, -e mehrsilbig, polysyllabisch
shumës-i *spr.* Plural, Mehrzahl; **~ thjeshtësie** *spr.* Pluralis modestiae
shumësí-a Vielfalt *f,* Vielfältigkeit *f*
shumëvëllimësh, -e mehrbändig
shumëzoj vervielfachen, multiplizieren, mal/nehmen, vervielfältigen
shumic|ë, *pl.* a-t Menge *f,* Mehrzahl *f;* **me ~** en gros; **çmim me ~** Großhandelspreis *m*
shumtë, i/e viel, zahlreich; **më së shumti** zumeist, meistens
shuplak|ë, -a Handfläche *f;* Ohrfeige *f*
shurdh-i, *pl.* -ë-t Tauber *m,* Gehörloser *m;* **e bëj veshin shurdh e syrin qorr para** ⟨*+Abl*⟩ sich zu etw. taub und blind stellen
shurdhër, i/e taub, gehörlos
shurdhët, i/e *spr.* stimmlos
shurdhoj *spr.* stimmlos machen
shurr Wasser lassen, *vulg.* pinkeln, pissen, seichen
shurrak-u, *pl.* -ë-t *med.* Bettnässer *m*
shurr|ë, -a Urin *m, vulg.* Pisse *f;* **bëj ~** urinieren, Wasser lassen
shurrëtor|e, -ja Pissoir *n*
shurrohem bettnässen; *vulg.* sich bepissen
shurroj Wasser lassen; *vulg.* bepissen
shushicar, -e aus Shushica
shushuritës, -e zischend; **tingull ~** *spr.* Frikativ *m,* Zischlaut *m*
shyta-t *f. med.* Mumps *m*

T

ta *Pers.pron.: të + e* dir es
tabak-u Bogen *m Papier*
tabaká-ja Tabaksdose *f;* Tablẹtt *n*
tabako-ja Schnupftabak *m*
tabel|ë, -a Scheibe *f, spo.* Schießscheibe *f;* Tabelle *f;* ~ **qarkullimi** Verkehrsschild *n*
tabiat-i, *pl.* -e-t *veralt.* Gewohnheit *f,* Laster *n;* Charakter *m,* Wesen *n;* **fshat e zanat, derë e tabiat** andere Länder, andere Sitten
tablet|ë, -a *med.* Tablẹtte *f*
tabló-ja, *pl.* -të Tafelbild *n,* Gemälde *n,* Anblick *m,* Panorama *n*
tabor-i, *pl.* -ë-t *hist.* Lager *n;* Menge *f*
tabú-ja, *pl.* -të Tabu *n*
tabuizuar, i/e tabuisiert
tabut-i, *pl.* -e-t Sarg *m*
tag|ër, -ri, *pl.* -ra-t Gebühr *f,* Taxe *f,* Tarif *m Steuer,* Abgabe *f;* ~ **doganor** Zoll:abgabe
taketuk|e, -ja Aschenbecher *m*
tak|ë, -a Absatz *m am Schuh*
takij|e, -a Filzkappe *f der Laben*
takim-i Treffen *n,* Begegnung *f,* Versammlung *f*
takiomet|ër, -ri, *pl.* -ra-t *tech.* Tachometer *m,* Geschwindigkeits:anzeiger *m*
takohem me ⟨+ *Akk*⟩ treffen, sich treffen mit, begegnen
takoj treffen, begegnen; betreffen, an/gehen; **e godiste mu në zemër** er traf ihn mitten ins Herz; **çështja i takon qeverisë** die Sache geht die Regierung an
taks versprechen, *rel.* geloben; beschließen
taks|ë, -a Steuer *f,* Abgabe *f,* Gebühr *f;* ~ **kalimi** Mautgebühr, Mautgeld *n,* Durchfahrtsgebühr; ~ **parapëlqimore** Vorzugsgebühr, Präferenzzoll *m*
taksí-a Tạxi *n,* Droschke *f*
taksirat-i, *pl.* -e-t *veralt.* Unglück *n,* Fehler *m,* Sünde *f*
taksoj besteuern
takt-i, *pl.* -e-t Takt *m;* **pa takt** taktlos; ~ **i ligjërimit** *spr.* Sprechtakt *m*
taktik, -e taktisch
talent-i, *pl.* -e-t Talẹnt
talk-u *chem.* Talkum *n*
tallagan-i, *pl.* -ë-t Umhang *m der Hirten,* Hirtenmantel *m*
tallaz-i, *pl.* -e-t Woge *f*
tallem scherzen, Witze machen
tallj|e, -a Witz *m,* Scherz *m*
tallon-i Karte *f,* Begleitschein *m*
tamam ⟨*adv*⟩ genau
tambur-i, *pl.* -e-t Trommel *f,* Tambur *m;* ~ **frenash** Bremstrommel
tâmël *dial.* Milch *f, s.* tëmb|ël, -la
Tamiz-i *FN* Themse
tanë, *s.* yt unsere *m Pl.*
tânë *dial.* = tërë
tangjent|e, -ja *math.* Tangẹnte *f*
taní jetzt
tanimë ⟨*adv*⟩ schon
tanish|ëm, -me, i/e jetzig, gegenwärtig
tank-u, *pl.* -e-t = **tanks**-i, *pl.* -e-t Panzer *m,* Tank *m*

tankist-i Panzerfahrer *m,* Panzergrenadier *m*

tanzanian, -e tansanisch

tap|**ë**, -a Korken *m,* Stopfen *m;* **bëhem tapë** stockbesoffen werden

tapí-a *jur.* Grundbuch:auszug *m,* Besitz:urkunde *f für Immobilien*

taraf-i, *pl.* -e-t *veralt.* Seite *f Verwandtschaft,* Freunde *Pl.,* Anhang *m;* **ka ~ të madh** er hat viele Freunde

tarafllë|**k**-u, *pl.* -qe-t Kumpanei *f*

tar|**ë**, -a Tara *f,* Verpackung *f*

targ|**ë**, -a Nummernschild *n,* Kfz-Kennzeichen *n;* **~ kombësie** *tech.* Nationalitätskennzeichen

tarif|**ë**, -a Tarif *m;* **~ ambalazhi** Tarasatz *m,* Frachttarif für Tara; **~ doganore** Zolltarif

tartabiq|**e**, -ja *zoo.* Wanze *f*

tarrac|**ë**, -a Dachgarten *m,* Terrasse *f*

tas-i, *pl.* -e-t Schüssel *f*

tasqebap-i, *pl.* -ë-t Rinderragout *n*

tast-i, *pl.* -e-t *mus.* Taste *f*

tastier|**ë**, -a *tech.* Tastatur *f* am PC; Klaviatur *f*

tash = **tashtí** jetzt

tash|**ëm**, -me, i/e jetzig, gegenwärtig

tashm|**e**, -ja, e Gegenwart *f, spr.* Präsens *n*

tashmë = tanimë schon, bereits

tatëpjet|**ë**, -a Abhang *m,* Steilhang *m;* Untergang *m,* Verderben *n;* **po merrnin tatëpjetën përfundimtare** sie gingen endgültig dem Untergang entgegen

tatim-i Besteuerung *f,* Steuer *f;* **~ mbi të ardhurat** Einkommensteuer

tatimpagues-i Steuerzahler *m*

tatoj besteuern, versteuern

tatuazh-i, *pl.* -e-t Tätowierung *f;* Brandzeichen *n am Vieh*

tautologjí-a Tautologie *f*

tautologjik, -e tautologisch

tautosilabik, -e *spr.* tautosyllabisch

tavan-i, *pl.* -e-t Decke *f,* Zimmerdecke

tavern|**ë**, -a Taverne *f,* Kellerlokal *n*

tav|**ë**, -a Pfanne *f,* Platte *f*

tavll|**ë**, -lla Platte *f,* Schale *f;* **~ duhani** Aschenbecher *m*

tavolin|**ë**, -a Tisch *m,* Tischlein *n*

taze frisch; **ujë ~** Quellwasser *n*

te = **tek** ⟨+ *Nom.*⟩ bei, zu

teat|**ër**, -ri Theater *n,* Schauspielhaus *n*

teatral, -e theatralisch, Theater-

tebdil ⟨*adv*⟩ *veralt.* verändert; **i veshur tebdil** maskiert, verkleidet

teferiç-i *veralt.* Spaziergang *m,* Ausflug *m;* Ausflugsort *m*

tegel-i, *pl.* -a-t Naht *f*

teiz|**ëm**, -mi Theismus *m*

tej- trans-, über-

tejdukem transparent sein, durch/scheinen

tejdukshmërí-a Durchsichtigkeit *f,* Transparenz *f*

tejembanë ⟨*adv*⟩ kreuz und quer

tejendanë ⟨*adv*⟩ durch und durch

tejgjatë, i/e überlang

tejkaloj überholen, über:erfüllen, überschreiten

tejqyr|**ë**, -a Fernrohr *n,* Teleskop *n*

tejshkrim-i *spr.* Transkription *f*

tejshkuar-a, e Plusquamperfekt *n*

tejz|**ë**, -a Stimmband *n;* **dridhje-t e**

tejzave Stimmbandschwingungen *Pl.*
tek, -e unpaarig, ungerade
tek-tuk hier und da, bisweilen
tekdo ⟨*adv*⟩ über:all
tekefundit ⟨*adv*⟩ letzten Endes
tekem Lust haben auf
teklif-i *veralt.* Besorgnis *f,* Sorgfalt *f;* **pa ~** ohne Umstände, ungezwungen
teknik, -e technisch; **inspektorat i sigurimit ~** technische Sicherheitsaufsicht *f;* **të meta teknike** technische Mängel *Pl.*
teknik-u Techniker *m,* Installateur *m*
teknik|ë, -a Technik *f;* **~ llogaritëse elektronike** Computertechnik, EDV; ~ **luftarake** Wehrtechnik
teknologjik, -e technologisch
teksá so:eben; während; **~ të tjerët punonin, ai flinte** er schlief, während die anderen arbeiteten
tekst-i, *pl.* -e-t Text *m;* **~ shkollor** Schulbuch *n,* Schultext *m,* Lesebuch *n*
tekstilist-i Textil:arbeiter *m*
tekstualisht ⟨*adv*⟩ wörtlich
tektal|e, -ja *spr.* Tektal *m Sammelbezeichnung für Postvelare, Labiovelare und Palatale*
tel-i, *pl.* -a-t Draht *m;* Leitung *f;* **~ i rrotës** *tech.* Speiche *f*
telajo-ja Fahrgestell *n, tech.* Chassis *n*
telash-i, *pl.* -e-t Sorge *f,* Schwierigkeit *f;* **telashe**-t *fig.* Klemme *f*
teleferik-u, *pl.* -ë-t Drahtseilbahn *f*
telefon-i, *pl.* -a-t Telefon, Fernsprecher; **~ celular, i levizshëm** *tech.* Handy, Mobiltelefon; **i bie telefonit** wählen; **rënia e telefonit** das Klingeln des Telefons
telefonat|ë, -a Telefonat *n,* Telefongespräch *n*
telefonik, -e telefonisch, Telefon-; **rrjet ~** Telefonnetz *n*
telefonim-i Anruf *m,* Telefonat *n*
telefonoj telefonieren
telegraf-i, *pl.* -ë-t Telegraph *m;* Telegraphen:amt *n*
telegrafik, -e telegraphisch, Telegraphen-
telegrafoj telegraphieren
telegram-i, *pl.* -e-t Telegramm *n;* **dritarez e telegrameve** Telegrammschalter *m*
telekomandoj *tech.* fern/steuern
teleobjektiv-i, *pl.* -a-t Teleobjektiv *n*
telespektator-i Fernsehzuschauer *m*
teletajp-i, *pl.* -e-t Fernschreiber *m*
televizion-i Fernsehen *n*
televiziv, -e Fernseh-; **film ~** Fernsehfilm *m*
televizor-i, *pl.* -ë-t Fernseher *m,* Fernseh:apparat *m;* **~ me ngjyra** Farbfernseher
tellall-i, *pl.* -ë-t *veralt.* Ausrufer *m,* Herold *m*
tem|ë, -a Thema *n*
temjan-i Weihrauch *m*
temjanic|ë, -a *rel.* Weihrauchfass *n*
temjanis Weihrauch verbrennen, räuchern
temp-i, *pl.* -e-t Tempo *n,* Schnelligkeit *f;* **~ me ndërprerje** *mus.* Stakkato *n*
temperatur|ë, -a Temperatur *f;* **diagram i temperaturës** *med.* Fieberkurve *f*
témpu|ll-i, *pl.* -j-t Tempel *m*

tendenc|ë, -a Tendenz *f*, Neigung *f*
ténder-i Ausschreibung *f*
tendencioz, -e tendenziös
tend|ë, -a Zelt *n*, Vordach *n*, Sonnenblende *f*
tendos spannen; beunruhigen
tendosem spannen ⟨*intransitiv*⟩, zu eng sein
tendosj|e, -a Spannung *f*, Anspannung *f*
tendosur, i/e gespannt
teneqé-ja = teneq|e, -ja Blech *n verzinntes Eisen*
teneqepunues-i Klempner *m*, Blechschmied *m*
teneqexhí-u *veralt.* Blechschmied *m*
tenis-i Tennis *n*
tension-i Spannung *f*; Blutdruck *m*; **tensionin e keni normal** Ihr Blutdruck ist normal; ~ **i gjakut** Blutdruck *m*
tentativ|ë, -a *jur.* Versuch *m*
tentoj versuchen
tenxher|e, -ja Kochtopf *m*, Topf *m*, Kessel *m*; ~ **me presion** Dampfdrucktopf *m*
teolog-u, *pl.* -ë-t Theologe *m*
teologjik, -e theologisch
teorem|ë, -a Lehrsatz *m*, Satz *m*; ~ **e Pitagorës** *math.* Satz des Pythagoras
teorí-a Theorie *f*; ~ **e informacionit** Informationstheorie; **shkëputja e teorisë nga praktika** die Loslösung der Theorie von der Praxis; ~ **e kuanteve** Quantentheorie; ~ **e relativitetit** Relativitätstheorie
teoricien-i, *pl.* -ë-t Theoretiker *m*
teorik, -e theoretisch
tep|ë, -a *bot.* Einkorn *n Getreideart*
tepër sehr, zu sehr; **më** ~ mehr, zuviel
tepërsí-a Redundanz *f*, Überschuss *m*
tepërt, i/e übermäßig
tepric|ë, -a Rest *m*, Überschuss *m*, Mehrbetrag *m*; ~ **ajri** zuviel Luft
teprim-i Übertreibung *f*
teproj übertreiben
tepsí-a *rundes* Kuchenblech *n*; Backform *für Brot*
teqé-ja *rel.* Derwischkloster *n*, Tekke
terapí-a *med.* Therapie *f*, Heilmaßnahme *f*
terezí-a *veralt.* Waage *f*, Gleichgewicht *n*; **s'është në** ~ er/sie ist aus dem Lot
terezis s/t aus/balancieren; wiegen, wägen; sparsam verwenden
term-i, *pl.* -a-t Begriff *m*, Terminus *m*, Fachausdruck *m*
terminologjik, -e terminologisch
termobërthamor, -e thermonuklear
termocentral-i, *pl.* -e-t Heizkraftwerk *n*, Wärmekraftwerk *n*
termomet|ër, -ri, *pl.* -ra-t Thermometer *n*
Termopile-t Thermopylen *Pl.*
termos-i, *pl.* -e-t Thermoskanne *f*, Thermosflasche *f*
termostat-i, *pl.* -e-t *tech.* Thermostat *m*
terpanak, -e aus Térpan
terpentin|ë, -a Terpentin *n*
ters, -e ungünstig, unbequem, unangenehm
tersllë|k-u, *pl.* -qe-t Unglück *n*, Pech *n*
tertip-i, *pl.* -e-t Ordnungssinn *m*, Organisationstalent *n*; Pfiffigkeit *f*, Geschicklichkeit *f*; **punoj me** ~

geschickt zu Werke gehen
terzí-u, *pl.* -nj-të *veralt.* Schneider *m von Trachten*
terr-i Finsternis *f*
terren-i, *pl.* -e-t Terrain *n,* Gelände *n*
territor-i, *pl.* -e-t Territorium *n*
terroj verfinstern
terror-i Terror *m*
terrorist, -e terroristisch
terroriz|ëm, -mi Terrorismus *m*
terrorizoj terrorisieren
téser|ë, -a Mitgliedsbuch *n einer Organisation;* ~ **e partisë** Parteibuch *n*
tespihe-t *islamischer* Rosenkranz *m,* Tespih
testament-i, *pl.* -e-t Testament *n*
tesha-t *f. pl.* Sachen *Pl.,* Hausrat *m,* Kleidungsstücke *Pl.*
teshtij, *-va, -rë* niesen
teshtitj|e, -a Niesen *n*
tetanos-i *med.* Tetanus *m,* Wundstarrkrampf *m*
tetar-i, *pl.* -ë-t Gefreiter *m,* Korporal *m*
tetë acht; **i** ~ der achte
tetëdhjetë achtzig; **i** ~ der achtzigste
tetëkëndësh, -e achteckig
tetëmbëdhjetë achtzehn; **i** ~ der achtzehnte
tetërrokësh-i, *pl.* -a-t Achtsilbler *m Versmaß der Volksdichtung,* vierfüßiger Trochäus *m*
teto-ja Tante *f*
tetor-i Oktober *m*
Tetov|ë, -a *ON* Tetovo
tetovar, -e aus Tetovo
teveqel, -e *veralt.* dumm, blöd
tez|e, -ja Tante *f,* Schwester der Mutter
tez|ë, -a These *f*
tezgjah-u, *pl.* -ë-t Webrahmen *m,* Webstuhl *m;* Amboss *m,* Werkbank *f*
të *1: Kurzform des Personal-Pron.* dir; **të vaftë mbarë!** möge es dir gelingen!; *2: Artikelform* das, die; **të shkuara!** gute Besserung!; *3: Partikel zur Bildung des Konj.* **po të vijë** wenn er kommt
tëmb|ël, -la, *pl.* -la-t = ëmbëlsir|ë, -a Süßigkeit *f,* Süßspeise *f*
tëmb|ël, -li Gallenblase *f;* Galle *f;* **gurë tëmbli** *med.* Gallensteine *Pl.*
tëmth-i, *pl.* -a-t Schläfe *f*
tënd, tënde, *s.* yt
tërbim-i Erbitterung *f,* Wut *f;* **me** ~ erbittert
tërbohem wütend werden, vor Wut toben
tërbuar, i/e erbittert
tërë, i/e ganz, vollständig; **tërë javën** die ganze Woche; **një orë të** ~ eine ganze Stunde lang
tërësí-a Unversehrtheit *f,* Integrität *f*
tërësisht ⟨*adv*⟩ vollständig
Tërhall|ë, -a *ON* Trikala
tërheq an/ziehen, weg/ziehen, zurück/ziehen; bergen *Verwundete;* auf/heben; ~ **vëmendjen** die Aufmerksamkeit auf sich ziehen
tërheqës, -e anziehend, attraktiv
tërheqj|e, -a Anziehung *f,* Attraktion *f;* ~ **në rasë** *spr.* Kasus:attraktion *f*
tërkuzar-i Seiler *m*
tërkuz|ë, -a Seil *n aus Ziegenhaar,* Strick *m*
tërmet-i, *pl.* -e-t Erdbeben *n*

tërthórazi ⟨*adv*⟩ mittelbar, indirekt

tërthortë, i/e quer; mittelbar, auf Umwegen; **ligjëratë e ~** *spr.* indirekte Rede *f*

tët, *s.* yt

ti du

tibetian, -e tibetisch, tibetanisch

tifo-ja *med.* Typhus *m*

tifoz-i, *pl.* -ë-t Fan *m,* Anhänger *m eines Sportvereins*

tigan-i, *pl.* -ë-t Tiegel *m,* Pfanne *f*

tiganis braten *in der Pfanne;* i/e **tiganisur** gebraten

tig|ër, -ri, *pl.* -ra-t *zoo.* Tiger *m*

Tig|ër, -ri *FN* Tigris *m*

tillë, i/e solch, so ein

timar-i, *pl.* -e-t *hist.* Lehen *n Besitz eines Spahis*

timb|ër, -ri, *pl.* -re-t *mus.* Timbre *n,* Klangfarbe *f*

Timishoar|ë, -a *ON* Timişoara, Temesvár

timon-i, *pl.* -ë-t Steuer *n im Auto,* Lenkrad *n; naut.* Steuerrad *n,* Steuerruder *n,* Ruder *n*

timonier-i, *pl.* -ë-t *naut.* Steuermann *m*

tinëzar, -e heimlich, verstohlen

tingëlloj klingen

tíngu|ll-i, *pl.* -j-t Laut *m;* **~ frymëthithës** *spr.* Sauglaut, Schnalzlaut; **~ parazit** *spr.* Einschub *m;* **~ shushuritës** *spr.* Frikativ *m,* Zischlaut *m;* **tíngull-shtes|ë**, -a *spr.* Anaptyxe *f*

tingullimitues, -e *spr.* onomatopoetisch, lautmalerisch, lautmalend

tingullsí-a *spr.* Sonorität

tingullt, i/e *spr.* stimmhaft

tip-i, *pl.* -a-t Typ *m,* Typus *m*

tipar-i, *pl.* -e-t Merkmal *n,* Zug *m;* **tiparet gjinore** die Geschlechtsmerkmale *Pl.;* **tipare qenësisht të ndryshme** grundlegend verschiedene Züge; **tipare racore** Rassenmerkmale *Pl.*

tiparizuar, i/e merkmalhaft, *spr.* markiert

tipizuar, i/e *spr.* standardisiert

tipograf-i, *pl.* -ë-t Drucker *m,* Buchdrucker *m*

tipologjik, -e typologisch

tiran-i, *pl.* -ë-t Tyrann *m*

tiranas, -e aus Tirana

tiranda-t Hosenträger *m*

Tiran|ë, -a *ON* Tirana

tirazh-i, *pl.* -e-t Auflage *f*

tir|k-u, *pl.* -q-it *weißer* Filzstoff *m;* **tirq**-it Filzhose *f,* Trachtenhose

Tirren-i Tyrrhenisches Meer *n*

tis-i Streifen *m,* Deckchen *n;* wenig, Tick *m;* **biseda kishte sipër një tis ...** das Gespräch lag unter einem Schleier von ...; **mbuluar me një tis avull** bedeckt mit einem Schleier von Dampf; **buzëqeshja lë pas një tis mirësie** das Lächeln hinterließ einen Hauch von Güte

tisazh-i Weben *n;* **fabrika e tisazhit** Weberei *f*

Tis|ë, -a *FN* Theiß *f,* Tisza

títu|ll-i, *pl.* -j-t Titel *m;* **~ i nderit** Ehrentitel *m*

titullar-i, *pl.* -ë-t amtlicher Vertreter *m; spo.* Titel:inhaber *m,* Titelverteidiger *m;* **~ i dikasterit** Amtsleiter *m,* Behördenchef *m*

titulloj betiteln
Tivar-i *ON* Bar, Antivari
tjégull-a, *pl.* -a-t Ziegel *m*, Dachziegel *m*
tjegullar-i Dachdecker *m;* Ziegelbrenner *m*
tjerr e/i/o spinnen
tjétër, *pl.* të tjerë ander, ein anderer; **tjetër?** sonst noch etwas?; **gjë ~** etwas anderes; **midis tjerave** unter anderem; **s'bënte gjë ~ veçse i binte fyellit** er blies nur auf der Flöte
tjetërqysh ⟨*adv*⟩ anders
tjetërsim-i Verfremdung *f; jur.* Veräußerung
tjetërsoj verfremden; veräußern
tjetërsoj ⟨*adv*⟩ auf andere Weise
tkurr schrumpfen lassen, einengen; **tkurrem** schrumpfen, kleiner werden
tkurr|je, -a *spr.* Kontraktion *f*, Zusammenziehung *f*
tkurrur, i/e kontrahiert, zusammengezogen
tmerr-i, *pl.* -e-t Schrecken *m*, Entsetzen *n*
tmerroj erschrecken, ein/schüchtern
tmerrsh|ëm, -me, i/e schrecklich, furchtbar
tmez|ë, -a *spr.* Tmesis *f*
to, *s.* ai
to|g-u, *pl.* -gje-t Gruppe *f;* **~ fonetik** *spr.* Sprechtakt *m;* **~ frymëqitjeje** Atemtakt *m*, Expirations:einheit *f*
toger-i, *pl.* -ë-t Leutnant *m*
tog|ë, -a Toga *f; mil.* Zug *m;* **komandanti i togës** *mil.* Zugführer *m*
togfjalësh-i, *pl.* -a-t Wortgruppe *f*, Wortverbindung *f;* **~ emëror** *spr.* nominale Wortgruppe
tokarisht|e, -ja *spr.* Tocharisch
tok|ë, -a Boden *m;* **Toka e Zjarrtë** Feuerland
tokësor, -e Boden-, territorial; **tërësia tokësore** territoriale Integrität *f*
toleranc|ë, -a Toleranz *f*
tollovi-a Durcheinander *n*
Tomor-i *Berg* Tomorr *m*, Támaron
ton-i, *pl.* -ë-t = tonellatë-a
ton-i, *pl.* -e-t Ton *m;* **~ autoritar** autoritärer Ton
tonazh-i Tonnage *f*, Schiffsladeraum *m*
tonellat|ë, -a Tonne *f Gewichtseinheit*, to
tonik, -e; **tonor**, -e tonal, *spr.* betont
tonik-u Tonikum *n*
top-i, *pl.* -a-t Ball *m;* Kanone *f;* **gjyle topi** Kanonenkugel *f*
topaz-i, *pl.* -e-t Topas *m*
topçi-u, *pl.* -nj-të *hist.* Artillerist *m*, Kanonier *m*
topografik, -e topographisch; **skedar ~** Standortkatalog *m*
toponim-i Toponym *n*, Ortsname *m*
topuz-i, *pl.* -ë-t Keule *f*
torb|ë, -a Beutel *m*, Sack *m*, Wandertasche *f*, Brotbeutel *m*
torf|ë, -a Torf *m*
torllak-u *hist.* Herdensteuer *f*
tornitor-i *tech.* Dreher *m*
torno-ja *tech.* Drehbank *f*
tort|ë, -a Torte *f*
tortur|ë, -a Tortur *f*, Folter *f*
torturoj foltern
tosk|ë, -e toskisch

tosk|ë, -a, *pl.* -ë-t Toske *m Bewohner der Toskeria*
Toskërí-a Toskenland, Südalbanien
toskërisht, -e toskisch
toshkallar, -e aus Toshkëza
toz-i, *pl.* -e-t Staub *m*
tra-ri, *pl.* -rë-t Pfosten *m*, Balken *m*
tradit|ë, -a Tradition *f*
tradhtar-i Verräter *m*
tradhtí-a Verrat *m*; ~ **ndaj atdheut** *jur.* Landesverrat, Vaterlandsverrat
tradhtoj verraten
trafik-u Verkehr *m*; ~ **i mallrave** *ök.* Güterbeförderungsleistung *f*, Warenverkehr *m*, Warenumlauf *m*; ~ **rrethor** Kreisverkehr *m*, Kreisel *m*
trag|ë, -a, *pl.* -ë-t Spur *f*, Wagenspur *f*
tragjedí-a Tragödie *f*, Trauerspiel *n*
tragjik, -e tragisch
trajner-i, *pl.* -ë-t *spo.* Trainer *m*
trajt|ë, -a Form *f*
trajtim-i Behandlung *f*
trajtoj behandeln, pflegen, bearbeiten
trak, -e thrakisch
Trakí-a *LN* Thrakien
trakt-i, *pl.* -e-t Flugblatt *n*, Handzettel *m*
traktat-i, *pl.* -e-t Vertrag *m*; **denoncoj traktatin** *jur.* den Vertrag für ungültig erklären
traktor-i Traktor *m*, Trecker *m*; **parku i traktorëve** Traktorenpark *m*; **vendstrehim i traktorëve** Traktorenschuppen *m*
trakullor|e, -ja Türklopfer *m*
trampolin|ë, -a *spo.* Trampolin *n*; ~ **noti** Sprungbrett *n*
tramvaj-i, *pl.* -e-t Straßenbahn *f*, Tram *f*
trángu|ll-i, *pl.* -j-t *bot.* Gurke *f*
transferim-i Versetzung *f*; Überstellung *f*
transferoj versetzen; überweisen
transferuesh|ëm, -me, i/e übertragbar
transformacional, -e Transformations-, transformativ; **gramatike transformacionale** *spr.* Transformationsgrammatik *f*
transformator-i Transformator *m*
transfuzion-i *med.* Transfusion *f*
transhé-ja Grube *f für Silo-Futter; mil.* Schützengraben *m*
Transilvaní-a Siebenbürgen
transistor-i *tech.* Transistor *m*
transit-i, *pl.* -e-t Transit *m*, Durchgangsverkehr *m*
transit ⟨*adv*⟩ auf der Durchreise; **jam transit** ich bin auf der Durchreise
transitor, -e vorübergehend, Übergangs-; **periudhë transitore** Übergangsperiode *f*
transkriptim-i *spr.* Transkription *f*
transkriptoj *spr.* transkribieren
transliterim-i *spr.* Transliteration *f*
transmetoj übermitteln, vermitteln
transport-i, *pl.* -e-t Transport *m*, Transportwesen *n*; ~ **hekurudhor** Eisenbahntransport; ~ **lumor** Binnenschifffahrtstransport; ~ **qytetor** Stadtverkehr *m*
transportier-i Transportband *n*, Förderband *n*
transportim-i Transport *m*, Transportierung *f*
transportoj transportieren

trápano-ja Bohrer *m;* ~ **dore** Handbohrer
trapezarí-a *veralt.* Refektorium *n,* Esszimmer *n;* Esstisch *m*
trapez|ë, -a = tryez|ë, -a
trapezoidal, -e trapezförmig; **rrip** ~ Keilriemen *m*
trashanik, -e grob, plump, vulgär
trashë, i/e dick, grob, ungehobelt
trashëgim-i Erbe *n,* Erbteil *n,* Vermächtnis *n*
trashëgimtar-i Erbe *m*
trashëgoj erben, genießen; **trashëgohem** sich vertragen *mit dem Ehepartner*
trashësí-a Dicke *f,* Grobheit *f*
trast|ë, -a Beutel *m*
trat|ë, -a Fischernetz *n; ök.* Tratte *f,* gezogener Wechsel *m*
trazir|ë, -a Durcheinander *n;* ~ **në stomak** Übelkeit *f,* Magenbeschwerden *Pl.*
trazoj vermischen; blättern, wühlen, um/rühren, durcheinander bringen; **mos më trazo!** lass mich in Ruhe!
tre, *f.* **tri** drei; **i** ~ der dritte; *veralt.* **vjeshta e tretë** November *m;* **dispozitë në dobi të një të treti** *jur.* Absprache zugunsten eines Dritten, pro tertio
trebínjës, -e aus Trebinja
treçerek dreiviertel
tredh kastrieren, verschneiden, entmannen
trefish ⟨*adv*⟩ dreifach
trefishoj verdreifachen
trefishtë, i/e dreifach
tre|g-u, *pl.* -gje-t Markt *m;* ~ **i brendshëm** Binnenmarkt *m;* ~ **i mbuluar** Markthalle *f;* ~ **shitjeje** Absatzmarkt *m*
tregim-i Erzählung *f; jur.* Weitergabe *f*
tregimtar, -e erzählend, *spr.* narrativ
tregoj zeigen; erzählen; ~ **qyfyre** Witze erzählen
tregtar, -e Handels-; **konventë tregtare shumëpalëshe/dypalëshe** *ök.* mehrseitige/bilaterale Handelsvereinbarung *f;* **lidhje tregtare** Handelsbeziehung *f;* **përfaqësia tregtare** Handelsvertretung *f*
tregtar-i Kaufmann *m;* ~ **me shumicë** Großhändler *m,* Großhandelskaufmann *m*
tregtí-a Handel *m;* ~ **me leverdi** vorteilhaftes Geschäft *n;* ~ **me pakicë** Einzelhandel *m;* ~ **me shumicë** Großhandel *m;* **monopol i tregtisë së jashtme** *ök.* Außenhandelsmonopol *n*
tregtiz|ë, -a Kramladen *m,* Tante-Emma-Laden *m*
tregtoj handeln, Handel treiben
tregues-i Register *n,* Index *m,* Verzeichnis *n; math.* Exponent *m;* ~ **i çmimeve me shumicë** Großhandelspreis:index *m*
trekëmbësh-i Dreifuß *m zum Sitzen;* Galgen *m;* Verhängnis *n*
trekëndësh-i Dreieck *n;* ~ **paralajmerimi** Warndreieck
trembem zittern
trembëdhjetë dreizehn; **i** ~ der dreizehnte
trem|ë, -a *spr.* Trema *n*
tren-i, *pl.* -a-t Zug *m;* ~ **i shpejtë**

Schnellzug, Express; **~ i udhëtarëve** Personenzug *m*
trenar, -e aus Tren
trení-a Irresein *n*
trenohem verrückt werden, überschnappen
trepalësh, -e dreiseitig; **komisioni ~** Dreier:ausschuss *m*
treqind dreihundert
tres s/t auf/lösen, verdauen
tresh|e, -ja Kanne für drei Tassen Kaffee; Trio *n drei Leute, fig.* Troika *f*
tretësir|ë, -a *chem.* Lösung *f*
tretj|e, -a Verdauung *f*
trevëllezërjot, -e aus Trevëllezër
trëndafil-i, *pl.* -a-t *bot.* Rose *f;* **tufë trëndafila; buqetë trëndafilash** Rosenstrauß *m*
tribun|ë, -a Tribüne *f*
tridhjetë dreißig
Triest|e, -ja *ON* Triest, Trst
trijar, -e *spr.* ternär
Trikall|ë, -a *ON* Trikala
triko-ja Pullover *m,* Strickware *f,* Strickjacke *f*
trikotazh-i Trikotagen *Pl.,* Strickwaren *Pl.,* Wirkwaren *Pl.*
trillim-i Hirngespinst *n*
trilloj ersinnen, erfinden; *fig.* spinnen
trim-i, *pl.* -a-t Held *m;* **janë sjellë si trima** sie verhielten sich wie Helden
trim, *pl.* -a; *f.* trime heldenhaft
trimërí-a Heldentum *n,* Heldenhaftigkeit *f*
trimëroj anfeuern, beflügeln *zu Heldentaten*
triní-a *rel.* Dreifaltigkeit *f,* Trinität *f;* **~ e shenjtë** heilige Dreifaltigkeit
trio-ja *mus.* Trio *n,* Terzett *n*
triplikat|ë, -a zweite Durchschrift *f*
trish ⟨*adv*⟩ in drei Stücken; **u nda ~** es wurde in drei Stücke geteilt
trishtim-i Trübsinn *m,* Schwermut *f,* Traurigkeit *f*
trishtoj betrüben
triumf-i Triumph *m*
triumfoj triumphieren
troç ⟨*adv*⟩ frei heraus, frank und frei, frisch von der Leber, offen
trockist-i Trotzkist *m*
troft|ë, -a *zoo.* Forelle *f*
trojan, -e trojanisch
trojk|ë, -a *fig.* Troika *f, an sich* Dreispänner *m*
trokas a/e/i; s/t klopfen
troké-u, *pl.* -të *spr.* Trochäus *m*
trokit, *s.* trokas
trolejbus-i, *pl.* -ë-t Trolleybus *m,* O-Bus *m*
trolli, *s.* truall
trondis s/t erschüttern, wanken lassen; **~ drejtpeshimin** das Gleichgewicht erschüttern
tronditj|e, -a Schock *m,* Erschütterung *f;* **~ e trurit** *med.* Gehirnerschütterung *f*
trop-i, *pl.* -e-t *spr.* Trope *f*
tropik-u, *pl.* -ë-t Wendekreis *m;* **zona e tropikut** die Tropen *Pl.;* **Tropiku i Bricjapit** Wendekreis des Steinbocks *im Süden;* **Tropiku i Gaforres** Wendekreis des Krebses *im Norden*
tropikal, -e tropisch; **klimë tropikale** Tropenklima *n*

tropojan, -e aus Tropoja
trotuar-i, *pl.* -e-t Bürgersteig *m,* Gehsteig *m,* Trottoir *n*
tru-ri Hirn *n,* Gehirn *n*
tr|úall-i, *pl.* -óje-t Boden *m;* Baugrund *m,* Grundstück *n*
truk-u, *pl.* -e-t Trick *m*
trullos verwirren, verrückt machen; narkotisieren
trullosem staunen, stutzen
trumbet|ë, -a *mus.* Trompete *f*
trumbetoj Trompete blasen; *fig.* aus/posaunen,
trun|g-u, *pl.* -gje-t *spr.* Stamm *m*
trup-i, *pl.* -a-t Körper *m,* Leib *m;* **humb trup e gjurmë** sich verirren; **regj trupin** den Körper abhärten; ~ **konsullor** konsularisches Korps *n;* **trupat qiellorë** die Himmelskörper *Pl.*
trup|ë, -a Truppe *f,* Theater:ensemble *n,* Schauspieltruppe *f;* **trupat ndërhyrëse** die Interventionstruppen *Pl.*
trupor, -e körperlich
truproj|ë, -a Leibgarde *f,* Garde *f;* ~ **e fushimit** Lagerwache *f;* ~ **nderi** Ehrengarde, Ehrenwache *f*
trust-i, *pl.* -e-t Trust *m,* Konzern *m*
trushjan, -e aus Trush
tryez|ë, -a Tisch *m*
trys = trus drücken, stoßen, pressen
trysní-a Druck *m*
trysor, -e *spr.* alveolar
tu, *s.* yt
túaj, *s.* juaj
tub-i, *pl.* -a-t Rohr *n;* ~ **gome** Gummischlauch *m,* Schlauch *m*
tubacion-i *tech.* Leitung *f,* Rohrleitung *f*
tuberkuloz-i *med.* Tuberkulose *f,* Schwindsucht *f*
tubet|ë, -a Tube *f*
tub|ë, -a Ansammlung *f,* Gruppe *f,* Herde *f;* = tuf|ë, -a Strauß *m Blumen*
tubim-i Zusammenkunft *f,* Versammlung *f,* Meeting *n*
tubohem sich versammeln
tuboj sammeln
tuf|ë, -a Strauß *m,* Büschel *n,* Menge *f;* ~ **lulesh** Blumenstrauß *m;* ~ **trëndafila** Rosenstrauß *m*
tulatem stampfen, nieder/drücken; zusammen/treiben, schrumpfen
tulipan-i, *pl.* -ë-t *bot.* Tulpe *f*
Tuluz|ë, -a *ON* Toulouse
tullac, -e kahl, kahlköpfig
tull|ë, -a Ziegelstein *m,* Ziegel *m;* Glatze *f,* Glatzkopf *m*
tumor-i, *pl.* -e-t *med.* Tumor *m,* Geschwulst *f*
túmul-a, *pl.* -a-t Tumulus *m,* Hügelgrab *n*
tun-i Rücken *m an Messer, Axt;* Gewehrkolben *m,* Kolben *m*
tund bewegen, schütteln
tundim-i *rel.* Versuchung *f;* **i qëndroj tundimit** der Versuchung widerstehen
tundoj verführen; stören; *rel.* in Versuchung führen
tunel-i, *pl.* -e-t Tunnel *m,* Tunell *n*
tunizian, -e tunesisch
tunxh-i Bronze *f*
tunxhtë, i/e bronzen, aus Bronze

tunjarak, -e aus Tunj
turbin|ë, -a Turbine *f*
turbullim-i Störung *f*, Verwirrung *f*, Trübung *f*; **turbullime psikike** *med.* seelische Störungen *Pl.*
turbullir|ë, -a Durcheinander *n*
turbulloj trüben, verwirren, stören
turbullt, i/e trübe, unscharf, verworren
turist-i, *pl.* -ë-t Tourist *m*
turiz|ëm, -mi Tourismus *m*
turk, -e türkisch
tur|k-u, *pl.* -q-it Türke *m*
turkmenas, -e turkmenisch
turlí-a Gemüse:eintopf *m*, Türlü
turm|ë, -a Haufen *m*, Menge *f*
turn-i, *pl.* -e-t Schicht *f*; **ndërrim turni** Schichtwechsel *m*
turné-u, *pl.* -të Tournee *f*
turp-i, *pl.* -e-t Schande *f*, Schimpf *m*; **pa pikë turpi** ohne einen Funken Scham; schamlos, unverschämt
turpëroj schänden; beschämen
turpsh|ëm, -me, i/e schändlich; *jur.* unzüchtig
Turqí-a Türkei *f*
turqisht ⟨*adv*⟩ türkisch
turqisht, -e türkisch *Sprache*
turshí-a **Türşî** Einmariniertes *n*, Mixed Pickles *Pl.*,
tushemishtar, -e aus Tushemisht
tyl-i, *pl.* -e-t Tüll *m*
tym-i, *pl.* -ra-t Rauch *m*
tymoj = tymos räuchern, verqualmen; **mish i tymosur** Räucherfleisch *n*
tymtar-i Kamin *m*, Schornstein *m*, Rauchfang *m*
tymtë, i/e rauchig, verqualmt, unklar
tyrb|e, -ja *hist.* Türbe *f*, Mausoleum *n*; *Gedenkhalle f für einen muslim. Heiligen*
Tyringí-a Thüringen
tyxhar-i, *pl.* -ë-t *veralt.* Kaufmann *m*

Th

tha|j, *-va, -rë* trocknen, aus/trocknen; **tharëse flokësh** *tech.* Föhn *m*, Fön® *m*
tharë, i/e getrocknet, trocken; abgestorben; **me duar të thara** mit abgestorbenen Händen
tharj|e, -a Trocknung *f*, Trockenlegung *f*
thartë, i/e sauer, herb; *fig.* verdrießlich, hart
thartí-a Säure *f*, Herbheit *f*
thartir|ë, -a Säure *f*, saurer Geschmack *m*
thartohem sauer werden, sich verfeinden
thartoj säuern
thashetheme-t Gerücht *n*, Gerede *n*
thashë, *s.* them
thatë, i/e trocken; **dok i ~** *naut.* Trockendock *n*
thatësí-a Trockenheit *f*
thatësir|ë, -a Trockenperiode *f*, Trockenheit *f*, Dürre *f*
thek schlagen, stechen; rösten; **theki**

këmbët! spute dich!; **bukë e thekur** Toastbrot *n*, Toast *m*
thek|ër, -ra, *pl.* -ra-t *bot.* Roggen *m*
thekët, i/e bohrend, stechend; **vështroj thekët** anstarren, fixieren
theks-i, *pl.* -a-t *spr.* Akzent *m;* ~ **lakor** *spr.* Zirkumflex *m;* **fjalë me theks njëparafundor** *spr.* Paroxytonon
theksim-i Betonung *f*, Akzentuierung *f*
theksoj betonen, unterstreichen, akzentuieren
theksor, -e Akzent-, Betonungs-
theksh|ëm, -me, i/e stechend, durchdringend
thel|b-i, *pl.* -pinj-të Kern; Wesen; Zehe *Knoblauch*
thelbësor, -e wesentlich, wesenhaft; **vetitë thelbësore** die wesentlichen Eigenschaften *Pl.*
thellë, i/e tief; **me nderimet më të thella** hochachtungsvoll *als formeller Briefschluss;* **shtyp i** ~ Tiefdruck *m*
thellësí-a Tiefe *f;* **dehje e thellësisë** *med.* Tiefenrausch *m*
thelloj vertiefen
th|em, *-ashë, -ënë* sagen
themb|ër, -ra, *pl.* -ra-t Ferse *f*
themel-i, *pl.* -e-t Grundlage *f*
themeloj gründen, begründen
themelor, -e grundlegend, wesentlich, hauptsächlich; **ndërtime themelore** Investitionsbauwesen *n*, Neubauten *Pl.*, Bauvorhaben *Pl.*
themeltar, -e grundlegend, Gründungs-
themeltë, i/e festgefügt, solide
thep-i, *pl.* -a-t Spitze *f; mil.* Korn *n* *Zielvorrichtung am Gewehr*
theqafj|e, -a Tiefe *f*, Abgrund *m*
ther schlachten, ab/schlachten, massakrieren
Therand|ë, -a *ON* Suhareka
therj|e, -a Schlachten *n*, Metzelei *f*, Massaker *n*
therorí-a Opfergang *m*, Opferbereitschaft *f*
therorizoj opfern
thes-i, *pl.* thasë-t Sack *m*
thesar-i, *pl.* -e-t Schatz *m*
thëngji|ll-i, *pl.* -j-të Holzkohle *f;* Kohlenstoff *m*
thëni|e, -a Gerede *n*, Gerücht *n; jur.* Aussage *f;* **bërthamë e thënies** *spr.* Aussagekern *m*
th|ërras *-irra, -irrur a/e/i, s/t* rufen; ein/berufen; **thirr e bot!** hör nicht auf zu rufen!
thërrim|e, -ja Krümel *m*
thërrmij|ë, -a Teilchen *n*, Molekül *n*
thërrmoj zerreiben, zerbröckeln, zermalmen
thi-u, *pl.* -të Schwein *n;* Held *m;* ~ **i egër** *zoo.* Wildschwein *n*
thik|ë, -a Messer *n*, Dolch *m*
thirr, thirra, *s.* thërras
thirrj|e, -a Anruf *m*, Aufruf *m;* Einberufung *f*
thirrm|ë, -a Ausruf *m*, Ruf *m; spr.* Exklamation *f*
thirrmor, -e Ausrufe-
thirror-i Anrede *f*, *spr.* Apostrophe *f*
thirror|e, -ja *spr.* Vokativ *m*, Ruffall *m*
thith saugen
thithëlop|ë, -a *zoo.* Erdkröte *f*

thjekëz-a *mil.* Kimme *f am Gewehr*
thjérrëz-a, *pl.* -a-t *bot.* Linse *f*
thjesht|ër, -ra, *pl.* -ra-t Stieftochter *f*
thjesht|ër, -ri, *pl.* -ër-it Stiefsohn *m*
thjeshtë, i/e einfach
thjeshtësí-a Einfachheit *f;* **shumës thjeshtësie** *spr.* Pluralis modestiae
thjeshtëzoj vereinfachen, simplifizieren, einfach darstellen
thjeshtligjërim-i Volkssprache *f,* Umgangssprache *f,* Substandard *m*
thjeshtligjërimor, -e *spr.* umgangssprachlich, Volks-; vulgär
thjeshtoj vereinfachen, kürzen
thneg|ël, -la *zoo.* Ameise *f*
thom *dial.* = them
thonj, *s.* thua
thonjëza-t *spr.* Anführungszeichen *Pl.,* Gänsefüßchen *Pl.*
th|ua, -oi, *pl.* -nj-të Fingernagel *m,* Kralle *f*
thuajse ⟨*adv*⟩ sozusagen, fast
thumb-i, *pl.* -a-t Stachel *m;* Brustspitze *f,* Zitze *f*
thur stricken; *Teppich* knüpfen
thurj|e, -a Stricken *n,* Knüpfen *n*
thuthuqëzoj lispeln
th|yej, *-eva, -yer* brechen; wechseln *Geld;* ~ **një çek** einen Scheck einlösen; ~ **qafën** das Genickbrechen; **thefsh arrëzën** du sollst dir den Hals brechen
thyerj|e, -a Bruch *m, spr.* Brechung *f;* ~ **e kockës *med.*** Knochenbruch
thyes|ë, -a *math.* Bruch *m;* ~ **dhjetore** Dezimalbruch
thyesh|ëm, -me, i/e zerbrechlich

U

u *1:* ihnen *Dat. Pl.; 2:* sich *Strukturwort, Mediopassiv;* **u nda trish** es wurde in drei Stücke geteilt; *3: dial.* ich; *4:* ⟨*Int.*⟩ oh!; **u, sa më dhemb** oh, wie das wehtut!
uá *Krasisform zweier Personalpronomen* ihnen es
uá! ⟨*Int.*⟩ oh!; **uá, sa bukur!** oh, wie schön!
Uashington-i *ON* Washington D. C.
ububú! ⟨*Int.*⟩ oh weh!; **lëri ububutë!** hör auf mit dem Jammern!
udenishtar, -e aus Udenisht
udh|ë, -a, *pl.* -ë-t Weg; **udha mbarë e qofsh me fat!** gute Reise!
udhëçelës-i Wegbereiter *m*
udhëdalj|e, -a Ausweg *m*
udhëheq *e/i/o* führen
udhëheqës-i Führer *m;* ~ **i fluturimit** Fluglotse *m*
udhëheqj|e, -a Leitung *f,* Führung *f;* ~ **e udhëtimit** Reiseleitung; ~ **kolegjiale** kollegiale [kollektive] Führung
udhëkalim-i Durchgang *m,* Transit *m*
udhëkryq-i, *pl.* -e-t Kreuzung *f,* Wegkreuz *n,* Straßenkreuzung *f*
udhërrëfyes-i Touristenführer *m Buch*
udhërrëfyes|e, -ja Wegweiser *m*

udhëtar-i Reisender *m,* Tourist *m,* Passagier *m,* Passạnt *m*
udhëtim-i Reise *f,* Tour *f;* ~ **detar, me anije** Seereise, Schiffsroute *f;* ~ **pa ngarkesë** Ballastfahrt *f;* ~ **i rrufeshëm** Blitzreise; ~ **me varkë** Bootsfahrt *f;* **çek udhëtimi** Reisescheck *m*
udhëtoj reisen
udhëtregues|e, -ja Wegweiser *m*
udhëzim-i Anweisung *f*
udhëzoj an/weisen
udhëzues-i Leitfaden *m,* Führer *m*
udhoj geleiten
ugandas, -e ugạndisch
ugrofin, -e *spr.* finno-ugrisch
uiski Whisky *m*
ujdí-a Geschäft *n,* Über:einkunft *f;* ~ **kompensuese** *ök.* Kompensationsgeschäft; **bie në** ~ Einverständnis erzielen
ujdis regeln, sich einigen, ver:einbaren
ujdisj|e, -a Einigung *f*
ujdhes|ë, -a Insel *f*
uj|ë, -i, *pl.* -ëra-t Wasser *n;* **ujët e hollë** *med.* Urin *m;* **ujët e trashë** *med.* Kot *m,* Stuhlgang *m;* ~ **i bekuar** *rel.* Weihwasser *n;* ~ **i bujtur** abgestandenes Wasser; ~ **çudibërëse** Heilwasser; ~ **deti** Meerwasser, Seewasser; **vizë e ujit** *naut.* Wasserlinie *f;* **ujëra bregdetare** Küstengewässer *Pl.;* ~ **i distiluar** destilliertes Wasser; ~ **flokësh** Haarwasser; ~ **për ftohje** Kühlwasser; ~ **natyral** Leitungswasser; ~ **i pijshëm** Trinkwasser; ~ **sifon** Sodawasser; ~ **taze** Quellwasser; **njehsori i ujit, sahati i ujit** Wasser:uhr *f,* Zählgerät für Wasserverbrauch; **ujëra termale** Heilquelle *f,* Thermalquelle *f;* **bëj një vrimë në** ~ sich vergeblich bemühen
ujëmjalt|ë, -i *bot.* Nẹktar *m*
ujëndárës|e, -ja Wasserscheide *f*
ujëngrohës-i *tech.* Tauchsieder *m,* Wasserkocher *m*
ujësjellës-i Wasserleitung *f*
ujëvar|ë, -a, *pl.* -a-t Wasserfall *m*
ujis s/*t* bewässern, gießen
ujitës, -e Bewässerungs-, Zufluss-
ujitj|e, -a Bewässerung *f*
uj|k-u, *pl.* -q-it Wolf *m;* **avazi i ujkut me qengjin** die Fabel vom Wolf und dem Lamm
ujkesh|ë, -a = **ujkonj|ë**, -a Wölfin *f*
ujkth-i Wolfsfell *n*
ujor, -e See-, Wasser-
ujth-i *med.* Lymphe *f*
ul senken, erniedrigen; **uleni gazin!** nehmen Sie Gas weg!
ulcer|ë, -a *med.* Geschwür *n,* Ulcus *m;* ~ **e stomakut** Magengeschwür
ulem sich setzen, nieder/gehen, landen
ulërak-u, *pl.* -ë-t Jammerlappen *m,* Schreihals *m*
ulërij heulen, jammern
ulërim|ë, -a Geheul *n*
ulës|e, -ja Sitz *m;* ~ **në KBO** Sitz in der UNO
ulët, i/e niedrig
ulj|e, -a Senkung *f,* Landung *f;* ~ **çmimesh** Preissenkung; ~ **për arsye difekti** Notlandung
ulok-u, *pl.* -ë-t Gelähmter *m*
Ulqin-i *ON* Ulcinj
ulqinak, -e aus Ulcinj

ultësí-a *spr.* Senkung *f*
ultësir|ë, -a Senke *f,* Tiefebene *f,* Tiefland *n;* ~ **bregdetare** Küsten-tief:ebene
ultimatum-i, *pl.* -e-t Ultimatum *n*
ultratíngull-i *tech.* Ultraschall *m*
ultravjollcë ultraviolett
ulzak, -e aus Ulza
ulz|ë, -a *bot.* Tatarischer Ahorn *m*
ullast|ër, -ra, *pl.* -ra-t *bot.* wilder Ölbaum *m*
ullí-ri, *pl.* -nj-të *bot.* Olivenbaum *m,* Olive *f*
ullisht|ë, -a = ullisht|e, -ja Olivenhain *m*
ullu|k-u, *pl.* -qe-t Dachrinne *f,* Ver-tiefung *f,* Hohlkehle *f*
ullullá-ja Wiegenlied *n*
unanimisht ⟨*adv*⟩ einmütig
unaz|ë, -a Ring *m;* ~ **e martesës** Trauring *m;* ~ **magjike** Zauberring
unazor-i, *pl.* -ë-t *zoo.* Ringelwurm *m*
unë ich; **un|ë**, -i = ego-ja das Ich *n;* **makar unë ... makar ti** entweder ich oder du
ungj-i, *pl.* -ër-it Onkel *m*
ungji|ll-i, *pl.* -j-të *rel.* Evangelium *n*
ungjillëzim-i *rel.* Evangelisation *f*
ungjillëzoj *rel.* evangelisieren
ungjillor-i, *pl.* -ë-t *rel.* Evangelist *m*
unifikoj vereinheitlichen
uniform, -e gleichförmig
unik, -e einzig, einzigartig
unitet-i Einheit *f*
univers-i Universum *n,* Weltall *n*
universiad|ë, -a Universiade *f Sport-veranstaltung*
universitar-i Universitätsstudent *m*
universitet-i Universität *f*
uragan-i, *pl.* -e-t Orkan *m*
uranium-i *chem.* Uran *n*
urat|ë, -a Gebet *n*
urator|e, -ja *rel.* Gebetbuch *n*
urban, -e städtisch
urbanistik|ë, -a Städteplanung *f*
urbanizoj verstädtern
urdh|ër, -ri, *pl.* -ra-t Befehl *m; rel.* Orden *m; mil.* Auszeichnung *f;* ~ **i kryqtarëve** Kreuzritterorden; **Urdhri i Punës i Klasës së Parë** der Orden der Arbeit Erster Klasse
urdhëres|ë, -a Ver:ordnung *f,* An:ordnung *f*
urdhëroj befehlen, anordnen; **urdhë-roni!** bitte sehr!, was wünschen Sie?, zu Diensten!
urdhëror, -e *spr.* jussiv
urdhëror|e, -ja *spr.* Imperativ *m*
urdhërpages|ë, -a Zahlungs:anwei-sung *f*
urdhërporosí-a *ök.* Auftragsschein *m*
urdhërshërbim-i dienstlicher Befehl *m*
urdhërxhirim-i *ök.* Überweisungs:auftrag *m*
urdhj|e, -a *med.* Flechte *f*
uré-ja *chem.* Harnstoff *m,* Ammoniak *m*
ur|ë, -a, *pl.* -a-t Brücke *f;* ~ **e lëkund-shme** Klappbrücke
ur|ë, -a, *pl.* -ë-t brennendes Holz-scheit *n*
urëtoj hungern; hungern lassen
urgjenc|ë, -a Dringlichkeit *f,* Eile *f;* **me urgjencë** dringend, eilig
urgjent, -e dringend

urgjentisht ⟨*adv*⟩ dringend
urgusem Blähungen haben
urgusj|e, -a *med.* Flatulẹnz *f*, Blähungen *Pl.*
urí-a Hunger *m;* **vdesin urie** sie sterben vor Hunger
urim-i Glückwunsch *m;* **urime!** gratuliere!; **mesazh urimi** Glückwunschschreiben *n*
urin|ë, -a *med.* Ur̲in *m*
uritem hungern
urith-i, *pl.* -ë-t *zoo.* Maulwurf *m*
uritur, i/e hungrig
urn|ë, -a Urne *f*
uroj wünschen, gratulieren, beglückwünschen
urologjí-a *med.* Urologie *f*
uror-i Feuerstahl *m*, Schür:eisen *n*, Schürhaken *m*
urov-i *bot.* Erve *f Hülsenfrucht*
urtar-i *veralt.* Weiser *m*, Friedensrichter *m im Bergland*, Schiedsmann *m*
urtë, i/e brav, weise; ~ **e butë** brav und sittsam
urtësí-a Weisheit *f*; Bravheit *f*; ~ **popullore** Volksweisheit
urtësoj = urtoj schlichten, mildern
urtí-a Weisheit *f*
urtyt|ë, -a *bot.* Erdbeere *f*
urth-i, *pl.* -e-t *bot.* Efeu *m*
urrá! *Int.* Hurra!
urrej hassen
urrejtj|e, -a Hass *m*
urrejtsh|ëm, -me, i/e hassenswert
urryer, i/e verhasst, gehasst
ustá-i, *pl.* -llárë-t *veralt.* Meister *m*, Fachmann *m;* Maurer *m*
ustallëk-u, *pl.* -qe-t Meisterschaft *f*, Geschicklichkeit *f*
ushez|ë, -a Jagdsitz *m*, Hochstand *m*
ushinth-i *bot.* Feuerdorn *m*
ushkur-i, *pl.* -ë-t Hosenband *n*
ushqej ernähren; ~ **me biberon** die Flasche geben; **kishte një zheguli për të ushqyer** er hatte eine Kinderschar zu ernähren
ushqim-i Nahrung *f*, Lebensmittel *Pl.*, Verpflegung *f*
ushqimor, -e Lebensmittel-
ushqimor|e, -ja Lebensmittelgeschäft *n*
ushqyes, -e Nähr-; **vlerë ushqyese** Nährwert *m*
ushqyesh|ëm, -me, i/e nahrhaft
ushtar-i Soldat *m*, Bauer *m im Schach;* **matrikulli i ushtarit** *mil.* Erkennungsmarke *f*
ushtarak,-e militärisch; **evidencë ushtarake** Wehr:überwachung *f*, Wehr:erfassung *f;* **forcat ushtarake** die Streitkräfte *Pl.*, die Wehrmacht *f;* **lojë ushtarake** Manöver *n;* **qarku ushtarak** Wehrbezirk *m;* **shërbim i detyrueshëm** ~ Wehrpflicht *f*
usht|ë, -a Lanze *f*
úsht|ër, -ra, *pl.* -ra-t *bot.* unreife Ähre *f*
ushtim|ë, -a Lärm *m*, Getöse *n;* Resonanz *f;* **ushtima e veprës së Skënderbeut** der Widerhall der Taten Skanderbegs
ushtoj lärmen; ab/lagern
ushtrí-a Heer *n*, Armee *f*
ushtrim-i Übung *f*, Ausübung *f;* **ushtrime gjymnastikore** Gymnastikübungen *Pl.;* **ushtrime të lira**

Frei:übungen *Pl.*
ushtroj üben; aus/üben
ushtuar, i/e abgelagert; **dru i ~** abgelagertes Holz *n*
ushúj-i Schmalz *n*
ushúnjëz-a, *pl.* -a-t Blut:egel *m*
ut-i, *pl.* -e-t *mus.* Saiteninstrument *n mit vier Paar Saiten,* Mandoline *f*
utilitar, -e utilitaristisch
utopik, -e utopisch
uturij, uturin *nur 3. P.* dröhnen, krachen; **salla uturin** der Saal tobt
uturim|ë, -a Dröhnen *n,* Donnern *n,* Krachen *n*
úthull-a Essig *m;* **çomlek me ~** Sauerbraten *m*
uthullisht|ë, -a = uthullisht|e, -ja *bot.* Sauer:ampfer *m*
uthulloj säuern
uthullor|e, -ja = **uthullnik**-u, *pl.* -ë-t Essigflasche *f,* Essigbehälter *m*
úthullt, i/e essigsauer
uvertur|ë, -a *mus.* Ouvertüre *f*
uzbek, -e usbekisch, özbekisch
uzdaj|ë, -a *dial.* Hoffnung *f,* Zuversicht *f*
uzin|ë, -a Fabrik *f,* Werk *n;* **sirena e uzinës** Fabriksirene *f*
uznovar, -e aus Uznova
uzo-ja Ouzo *m,* Anisschnaps *m*
uzurpoj usurpieren, Herrschaft oder Rechte erschleichen
uzurpues-i Usurpator *m*

V

va-u, *pl.* -të Furt *f*
vadis s/t wässern, bewässern, berieseln; **vaditem** *dial.* sich gewöhnen
vaditj|e, -a Bewässerung *f*
vadh|ë, -a *bot.* Speierling *m;* **~ e egër** *bot.* Vogelbeerbaum *m,* Vogelbeere *f*
vagabond-i, *pl.* -ë-t Vagabund *m,* Herumtreiber *m*
vagët, i/e dämmrig, schummerig; verschossen *Farbe*
vagon-i Waggon *m;* **~ mallrash** Güterwagen *m;* **~ udhëtarësh** Personenwagen; **~-cisternë** Tankwagen
vaj-i Öl *n;* **puna shkon vaj** die Sache läuft wie geschmiert; **~ i rafinuar** raffiniertes Öl; **~ plazhi** Sonnen:öl; **~ ricini** Rhizinus:öl; **nivelator vaji** Ölmessstab *m*
vajgur-i Heizöl *n,* Petroleum *n,* Roh:öl *n*
vajguror, -e Erdöl-, Petroleum-; **industri-a vajgurore** Petro-Industrie, Erd:öl:industrie *f*
vajmedet *Int.* o weh!
vajnik-u, *pl.* -ë-t Ölkanne *f,* Ölkännchen *n*
vajoj = **vajos** ölen
vajor|e, -ja Ölkanne *f*
vajtim-i Klage *f,* Wehklagen *n*
vajtimthi ⟨*adv*⟩ klagend
vajtj|e, -a Weggehen *n;* **vajtje-ardhj|e**, -a Hin- und Rückfahrt *f*

vajtoj beklagen, beweinen
vajtor|e, -ja Klageweib *n*
vajtues, -e klagend, Klage-
vajtur, *s.* vete
vajz|ë, -a Mädchen *n*, Tochter *f*; ~ **mitare** minderjähriges Mädchen; ~ **pesëmbëdhjetë vjeçe** fünfzehnjähriges Mädchen; **deli** ~ ein klasse Mädchen; **harboj me vajza** den Mädchen nachlaufen; **vendoj mirë vajzën** die Tochter gut verheiraten
vajzjot, -e aus Vajza
vak lauwarm machen, an/wärmen; **qumësht i vakur** kuhwarme Milch *f*
vakëf-i, *pl.* -e-t *hist.* fromme Stiftung *f*, Vakuf
vakët, i/e lau, lauwarm
vaksin|ë, -a Impfstoff *m*
vaksinim-i Impfung *f*; **kartelë vaksinimi** Impfpass *m*, Impf:ausweis *m*
vaksinoj impfen
vakt-i, *pl.* -e-t *veralt.* Zeit *f*; Mahlzeit *f*; Wohlstand *m*; **bie nga vakti** *fig.* herunter/kommen
vaktësí-a = **vakësí**-a Lauheit *f*
valenc|ë, -a *chem.* Valenz *f*, *spr.* Wertigkeit *f*
valerian|ë, -a *bot., med.* Baldrian *m*
val|ë, -a Welle *f*; **valë të shkurtra** *tech.* Kurzwellen *Pl.*; ~ **ultra të shkurtra** Ultrakurzwellen *Pl.*, UKW; **valët e detit zhurmërojnë** die Wellen der See rauschen, die Wogen des Meeres tosen
valë, i/e = valët, i/e siedendheiß; *fig.* feurig; **shikim i** ~ flammender Blick *m*
valëthyes-i Wellenbrecher *m*
valëvit s/t schwenken, wehen lassen
valëvitem flattern *Fahne*
valí-u, *pl.* -nj-të *hist.* Wali *m* *Verwalter eines Vilajet*, Gouverneur *m*
valixh|e, -ja Koffer *m*
valizak, -e aus Valías
valor, -e Wellen-
vals-i *mus.* Walzer *m*
valut|ë, -a fremde Währung *f*, Devisen *Pl.*, Valuta *f*; ~ **e qëndrueshme** harte Währung
valutor, -e Devisen-
valvol|ë, -a Ventil *n*, Klappe *f*; **valvolat e zemrës** *med.* Herzklappen *Pl.*
vall|e, -ja Reigen *m*, Rundtanz *m*, Tanz *m*; ~ **hajdutçe** Räubertanz; **hedh** ~ Volkstanz in der Gruppe auf/führen, tanzen
vallë ⟨*adv*⟩ etwa, vielleicht
vallëzim-i Tanz *m*; **mbrëmje vallëzimi** Tanz:abend *m*
vallëzoj = valloj tanzen
valltar-i Tänzer *m*
valltar|e, -ja Tänzerin *f*
vandaliz|ëm, -mi, *pl.* -ma-t Vandalismus *m*
vanilj|e, -a *bot.* Vanille *f*
vap|ë, -a Hitze *f*; **bën vapë** es ist heiß; **vapa zhuriti misrat** die Hitze ließ die Maiskolben verdorren; **plasa vape** ich wäre fast vor Hitze gestorben
vapor-i, *pl.* -ë-t *naut.* Dampfer *m*
var auf/hängen, abhängig sein
varak-u Goldbronze *f*, Kupferstaub *m*
Vardar-i *FN* Vardar, Axios
vardoj arbeiten, schuften, malochen

varem ab/hängen, abhängig sein
varës|e, -ja Kleiderhaken *m*, Bügel *m*; Halskette *f*; ~ **rrobash** Kleiderbügel *m*
varësí-a Abhängigkeit *f*
varfarjot, -e aus Várfaj
varfër, i/e arm
varfërí-a Armut *f*
varfërohem verarmen
var|g-u, *pl.* -gje-t Kette *f*; Vers *m*
vargim-i Verkettung *f*
vargmal-i Bergrücken *m*, Bergzug *m*, Bergkette *f*, Gebirge *n*
vargoj auf/reihen
variant-i, *pl.* -e-t Variante *f*, Spielart *f*; ~ **kombinator** *spr.* kombinatorische Variante
varietet-i Unter:art *f*, Spielart *f*
varkar-i Gondoliere *m*
vark|ë, -a = bark|ë, -a Barke *f*, Kahn *m*, Gondel *f*
varkëtar-i = barkëtar
varosh-i, *pl.* -e-t *hist.* Stadtteil *außerhalb der Mauern*, Vorstadt *f*
Varshav|ë, -a Warschau
vartësí-a Abhängigkeit *f*
varur, i/e hängend, abhängig
varr-i, *pl.* -e-t Grab *n*
varrant-i *ök.* Orderlagerschein *m*, Verpfändungsschein *m*, Lagerschein *m*, Warrant
varrez|ë, -a Friedhof *m*, Kirchhof *m*; **varrezat** der Friedhof *m*
varrim-i Be:erdigung *f*
varroj verwunden; beerdigen
varros begraben, be:erdigen
vask|ë, -a Wanne *f*; Bottich *m*; ~ **e banjës** Badewanne *f*
vash|ë, -a Mädchen *n*
vat-i, *pl.* -ët Watt *n* *Messeinheit*, W
vatan-i *veralt.* Vaterland *n*
vaterpolo-ja *spo.* Wasserball *m*
vat|ër, -ra Herdfeuer *n*, Heimstatt *f*; ~ **agresioni** Aggressionsherd *m*
vatikanas, -e vatikanisch
vator-i *naut.* Bootsmann *m*, Fahrmann *m*
vath-i, *pl.* -ë-t Ohrring *m*
vath|ë, -a Pferch *m*, Schafhürde *f*
vaz-i, *pl.* -e-t Predigt *f* *muslimisch*
vazelin|ë, -a Salbe *f*
vazo-ja Topf *m*, Vase *f*
vazhdim-i Fortsetzung *f*
vazhdimësí-a Kontinuität *f*, Stetigkeit *f*, Dauerhaftigkeit *f*, Dauer *f*
vazhdimisht ⟨*adv*⟩ fortgesetzt, dauernd, un:unterbrochen
vazhdoj fortsetzen; besuchen *Schule*
vazhduesh|ëm, -me, i/e fortgesetzt; **rrymë e vazhdueshme** *tech.* Gleichstrom *m*
VC [vëcë] publike Bedürfnisanstalt *f*, öffentliche Toilette *f*
vdekatar-i Sterblicher *m*, Mensch *m*
vdekj|e, -a Tod *m*
vdekjeprurës, -e = **vdekjesjellës**, -e todbringend, tödlich; vernichtend
vdeksh|ëm, -me, i/e sterblich
vdekshmërí-a Sterblichkeit *f*
vd|es *e/i, -iqa, -ekur* sterben; **vdesin urie** sie sterben vor Hunger
ve, i/e verwitwet
ve-ja, e Witwe *f*
ve-ja, *pl.* -të = vezë Ei *n*
veç ⟨*adv*⟩ einzeln, gesondert, ge-

trennt, separat; ~ **e veç** getrennnt von:einander; ~ **të tjerave** unter anderem; **paguajmë secili veç e veç** wir zahlen einzeln
veçan ⟨*adv*⟩ separat, getrennt
veçanërisht ⟨*adv*⟩ besonders, insbesondere
veçantë, i/e besonder, speziell
veçantí-a Besonderheit *f;* **në veçantí** insbesondere
véças ⟨*adv*⟩ getrennt, separat
veçoj trennen, separieren, vereinzeln
veçorí-a Besonderheit *f*
veçsé *Konj.* bloß, indessen; außer; **s'bënte gjë** ~ **veçse i binte fyellit** er blies nur auf der Flöte
veçues, -e *spr.* disjunktiv
véd|ër, -ra, *pl.* -ra-t Milch:eimer *m,* Melk:eimer *m aus Holz*
veg|ël, -la, *pl.* -la-t Instrument *n,* Werkzeug *n,* Gerät *n;* ~ **frymore** Blas:instrument; ~ **muzikore** Musik:instrument; **vegla matëse** Messgeräte *Pl.;* **vegla të prodhimit** Arbeitsgeräte *Pl.*
vegj|ë, -a, *pl.* -ë-t Webrahmen *m*
vegjëlí-a kleine Leute *Pl.*, Unterschicht *f,* Kleinbürgertum *n*
vej, *-ta, -tur nur 3. P.* Eier legen
vejan-i, *pl.* -ë-t = **vejush**-i, *pl.* -ë-t Witwer *m*
vejërohem verwitwen
vejush|ë, -a Witwe *f*
vel mästen, voll/stopfen mit Speisen; auf die Nerven gehen mit
vel-i, *pl.* -a-t Schleier *m;* Segel *n*
veladon-i, *pl.* -ë-t *rel.* Soutane *f*
velçanak, -e aus Velçan
velçjot, -e aus Velça
velenx|ë, -a Wolldecke *f*
veleshnjar, -e aus Veleshnja
velipojak, -e aus Velipoja
vemj|e, -a Larve *f,* Made *f*
vend-i, *pl.* -e-t Land *n,* Stelle *f,* Ort *m;* **me** ~ angemessen; **vende-vende** ⟨*adv*⟩ hier und da; ~ **ankorimi** ***naut.*** Ankerplatz *m,* Liegeplatz; ~ **i shtypjes** Druck:ort *m;* ~ **klimaterik** Kur:ort; ~ **lubrifikimi** *tech.* Öl:einfüllstutzen; ~ **taksish** Taxistand *m;* ~ **valixhesh** Kofferraum *m;* **mos luaj vendit!** rühr dich nicht von der Stelle!; **vë në** ~ zurechtrücken
vendarritj|e, -a Ankunfts:ort *m,* Bestimmungs:ort *m*
vendas, -e einheimisch; **fjalë vendase** *spr.* Erbwort *n*
vendbanim-i Wohn:ort *m*
vendburim-i Fundort *m Bodenschätze;* Quellgebiet *n*
vendçe ⟨*adv*⟩ nach Landessitte; gemessen, ruhig; sehr
Vendet e Ulëta = **Holand|ë**, -a Niederlande *Pl.*, Holland
vendës-i Einheimischer *m*
vendim-i Beschluss *m;* ~ **arbitror** Schiedsgerichtsbeschluss, Arbitrage *f;* ~ **i rrëmbyer** hastiger Entschluss *m;* **zmbraps vendimin** Entscheidung widerrufen
vendimtar, -e entscheidend
vendit, i/e örtlich, lokal
vendkalim-i Durchgang *m*
vendkëmbim-i *spr.* Metathese *f,* Umstel-

lung *f*, Lautversetzung *f*
vendlindj|e, -a Geburts:ort *m*
vendmbërritj|e, -a Bestimmungs:ort *m*, Ziel:ort *m*
vendnisj|e, -a Abfahrts:ort *m*, Ursprungs:ort *m*
vendoj unterbringen, versorgen; ~ **mirë vajzën** die Tochter gut verheiraten
vendor, -e *spr.* lokal
vendos auf/stellen, unter/bringen; beschließen; ~ **etiketat** etikettieren
vendosj|e, -a Unterbringung *f*
vendosmërí-a Entschlossenheit *f*
vendqëndrim-i Halteplatz *m*, Parkplatz *m*; ~ **i anijes** Ankerplatz, Schiffsliegeplatz; ~ **për vetura** Parkplatz für PKWs
vendstrehim-i Unterstand *m*, Luftschutzraum *m*; Schuppen *m*; ~ **i traktorëve** Traktorenschuppen *m*
vendtakim-i Versammlungs:ort *m*
Veneci|e, -a = Venedik-u *ON* Venedig
venedikas, -e venezianisch
venedikas-i, *pl.* -it Venezianer *m*
venerian, -e *med.* venerisch; **sëmundjet veneriane** die Gechlechtskrankheiten *Pl.*
venezuelian, -e venezolanisch
venitem verlöschen, erlöschen, welken, schwinden; dahin/siechen
venitur, i/e schwindend, *spr.* verstummend
ventil-i = valvol|ë, -a Ventil *n*
ventilator-i Ventilator *m*
vep|ër, -ra, *pl.* -ra-t Werk *n*; ~ **e hershme** Frühwerk; ~ **penale** *jur.* strafbare Handlung *f*; ~ **shoqërisht e rrezikshme** *jur.* gesellschaftsgefährliche Handlung; ~ **e turpshme** *jur.* unzüchtige Handlung; **ushtima e veprës së Skënderbeut** der Widerhall der Leistung Skanderbegs; **veprat e apostujve** *rel.* die Apostelgeschichte *f*, Acta
veprim-i Handlung *f*, Aktion *f*, Tat *f*, Wirkung *f*; ~ **i vonshëm** *med.* Depotwirkung *f*; ~ **i vullnetshëm** willkürliche Handlung *f*; **vë në** ~ in Betrieb setzen / nehmen
veprimtarí-a Tätigkeit *f*; ~ **keqbërëse** schädliche Tätigkeit; kriminelle Aktivität *f*; **rigjallërim i veprimtarisë** Wiederaufnahme der Geschäfte
veproj wirken, handeln
vepror|e, -ja *spr.* Aktiv *n*
verbër, i/e blind
verdhac = **verdhuk** = **verdhosh** gelblich, fahl
verdhë, i/e gelb; blond; **flokëverdhë** blondhaarig
vérdhëz-a *med.* Gelbsucht *f*, Hepatitis *f*
verem-i *veralt.* Schwindsucht *f*; **bëhem verem** sich ärgern, sich langweilen
veresíe ⟨*adv*⟩ billig, umsonst; un:überlegt, Hals über Kopf
ver|ë, -a Sommer *m*
ver|ë, -a Wein *m*; **gotë vere** Weinglas *n*
vergonjas, -e aus Vérgoja
verí-u Norden *m*
verifikim-i Überprüfung *f*
verifikoj verifizieren, bestätigen
verig|ë, -a Kettenglied *n*
verilindj|e, -a Nordosten *m*
verior, -e nördlich, Nord-

veriperëndim-i Nordwesten *m*
vermut-i Wermuth *m*
veroj den Sommer verbringen; Urlaub machen
veror, -e sommerlich, Sommer-
Versaj|ë, -a *ON* Versailles
verues-i Sommerfrischler *m*
verz|ë, -a Kiemen *m*
verr-i, *pl.* -a-t *bot.* Erle *f*
verrisht|ë, -a *bot.* Erlenwald *m*
ves-i, *pl.* -e-t Unsitte *f*, Laster *n;* Gebrechen *n*
ves|ë, -a Tau *m*
vesk-u Reiz *m*, Anmut *f*
Vestfalí-a Westfalen
vesves, -e besorgt
vesh *e/i* an/ziehen; **i veshur tebdil** maskiert, verkleidet
vesh-i, *pl.* -të Ohr *n;*~ **më vesh** von Mund zu Mund, mündlich; **marr ~** verstehen, begreifen
veshj|e, -a Kleidung *f*, Tracht *f;* ~ **popullore** Volkstracht
veshk|ë, -a *med.* Niere *f;* **gurë në veshkat** Nierensteine *Pl.*
veshmbathj|e, -a Kleidung und Schuhwerk
veshtë, i/e aufmerksam, *fig.* aufgeweckt
veshtoj zuhören, horchen
véshtull-a, *pl.* -a-t *bot.* Mistel *f*
vet, i/e *Poss. Pron.* sein, ihr
vetadministrim-i Selbstverwaltung *f*
vetdrejtues, -e selbstgesteuert, selbststeuernd, automatisch
vet|e, -ja selbst, sich; **merr me vete** er/sie nimmt mit sich
vete, *vajta, vajtur* gehen; weg/gehen, hervor/kommen; klappen; **të vaftë mbarë!** möge es dir gelingen!; ~ **pas modës** mit der Mode gehen
veterinarí-a Veterinärmedizin *f*, Veterinärwesen *n*
veteriner-i Tierarzt *m*, Veterinär *m*
vet|ë, -a *spr.* Person *f*
vetë selbst; **ai vetë e ka parë** er hat es selbst gesehen; ~ **i tretë** selbdritt, mit zwei anderen
vetëbesim-i Selbstbewusstsein *n*
vetëdashj|e, -a Freiwilligkeit *f*
vetëdij|e, -a Bewusstsein *n;* **me** ~ *jur.* bewusst
vetëdijsh|ëm, -me, i/e bewusst
vetëgjyqësí-a Selbstjustiz *f*
vetëkritik|ë, -a Autokritik *f*, Selbstkritik *f*
vetëkuptimsh|ëm, -me, i/e selbstverständlich
vetëkuptohet selbstverständlich
vetëm ⟨*adv*⟩ allein, bloß
vetëmbrojtj|e, -a Selbstverteidigung *f*
vetëmnjëjës-i *spr.* Singulare tantum *n*
vetëmohim-i Selbstverleugnung *f*
vetëmshumës-i *spr.* Plurale tantum *n*
vetëndërgjegj|e, -a Selbstbewusstsein *n*
vetëqeverisj|e, -a Selbstverwaltung *f*
vetëtij blitzen
vetëtim|ë, -a Blitz *m;* **me shpejtësi vetëtime** in Windeseile; blitzschnell
vetëtimthi ⟨*adv*⟩ blitzschnell
vetëvendosj|e, -a Selbstbestimmung *f*
vetëvrasës-i Selbstmörder *m*
vetëvrasj|e, -a Selbstmord *m*, *jur.* Suizid *m*, Freitod *m*

vetí-a Eigenschaft *f,* Eigentümlichkeit *f;* **vetitë thelbësore** die wesentlichen Eigenschaften *Pl.*

vetíu ⟨*adv*⟩ = **vetvetiu** von selbst; **u ndez vetiu** es entzündete sich von selbst

vetjak, -e persönlich, privat; **prona vetjake** persönliches Eigentum *n*

vetmí-a Einsamkeit *f*

vetmuar, i/e allein, vereinzelt, einsam

veto-ja Veto *n,* Einspruch *m;* **vë veton** das Veto einlegen

vetoj blitzen; **i vetoi ndër mend** es schoss ihm/ihr durch den Kopf

vetor, -e persönlich, *spr.* personal; **mbaresë vetore** Personal:endung *f*

vétull-a Augenbraue *f*

vetur|ë, -a Fahrzeug *n,* Auto *n;* **vendqëndrimi për vetura** Parkplatz für PKWs

vetvet|e, -ja selbst

vetvetish|ëm, -me, i/e spontan, von selbst

vetvetor, -e *spr.* reflexiv

veth-i, *pl.* -ë-t *zoo.* Made *f*

vezak, -e oval, eiförmig

vez|ë, -a Ei *n;* **një kokërr vezë, vezë e zier** ein Setzei, gekochtes Ei; **~ alla kok** weichgekochtes Ei; **~ e fërguar** Rührei; **~ syzë** Spiegel:ei

vezir-i, *pl.* -ë-t *hist.* Wesir *m;* **vezir i madh** Großwesir *m*

vezor|e, -ja *med.* Eierstock *m, bot.* Fruchtknoten *m*

vezulloj glänzen, glitzern; **i vezulloi një shpresë** der Schimmer einer Hoffnung durchzuckte ihn

vë *ë/i, vura, vënë* setzen, stellen, legen; **~ bast** wetten; **~ embargon** das Embargo verhängen; **~ hallkat** die Ketten anlegen, in Fesseln legen; **i ~ kapak** Schluss machen mit etw., ab/schließen, be:enden; **~ kufjet** die Kopfhörer auf/setzen; **~ pomadë** Salbe auf/tragen; **~ në provë** auf die Probe stellen; **~ re** bemerken, fest/stellen; wahr/nehmen; **viri re!** beachte!, nota bene!; **vini re!** Achtung!; **~ në be** zum Schwur drängen; **~ në dukje** hervor/heben; **~ në dyshim** in Zweifelziehen; **~ në hu** pfählen; **~ në jetë zotimet** die Versprechungen realisieren; **~ nën kërbaç** unter die Knute bringen; **~ në veprim** in Betrieb setzen / nehmen; **~ në vend** zurecht/rücken

vëll|á-i, *pl.* -ézër-it Bruder *m;* **i vëllai** sein/ihr Bruder

vëllam-i, *pl.* -ë-t Blutsbruder *m*

vëllamërí-a = **vëllamí**-a Blutsbruderschaft *f*

vëllath-i = **vëllaçko**-ja Brüderchen *n*

vëllazërí-a Bruderschaft *f*

vëllazëroj verbrüdern

vëllim-i Band *m,* Volumen *n,* Umfang *m*

vëllimsh|ëm, -me, i/e voluminös, umfangreich

vëmendj|e, -a Aufmerksamkeit *f;* **gllabëroj, tërheq vëmendjen** die Aufmerksamkeit auf sich ziehen

vëmendsh|ëm, -me, i/e aufmerksam

vëngër(t), i/e schielend, scheel, bösartig

vëngëroj schielen

vëngërosh, -e schielend, scheel, böse, missgünstig
vëni|e, -a Setzen *n;* ~ **në qarkullim** *jur.* Inverkehrbringen *n*; ~ **në shërbim** Indienstnahme *f;* ~ **në veprim** Inbetriebnahme *f*
vënd-i, **vënt** *dial. s.* vend-i
vërçunak, -e aus Vërçun
vërej, *-ta, -tur* bemerken, wahr/nehmen, fest/stellen
vërejtj|e, -a Aufmerksamkeit *f;* Tadel *m,* Zurechtweisung *f*
vërshëllej pfeifen
vërshoj über die Stränge schlagen; übertreiben
vërsnik-u Altersgenosse *m*
vërsulj|e, -a Sturm *m,* Überfall *m*
vërtet ⟨*adv*⟩ wirklich
vërtetë, i/e wahr, wahrhaftig, wirklich, echt
vërtet|ë, -a, e Wahrheit *f;* **a ti thua të vërtetën?** sagst du die Wahrheit?; **të vërteta të amshuara** ewige Wahrheiten *Pl.*
vërtetes|ë, -a Zertifikat *n,* Bescheinigung *f,* Bestätigung *f;* ~ **depozitimi** *ök.* Lagerschein *m,* Warrant; ~ **ngarkese në hambar të anijes** *ök.* Lukenzertifikat; ~ **peshimi** Gewichtszertifikat; ~ **prejardhjeje** Ursprungszertifikat; ~ **sigurimi** Versicherungszertifikat
vërtetim-i Prüfung *f,* Bestätigung *f*
vërtetoj bestätigen
vërtitem kreisen
vërvis s/t schleudern, werfen
vërrí-a Winterweide *f*
vërrijak, -e aus Vërrí
vështirë, i/e schwer, schwierig; **kam vështirë në të folur** es fällt mir schwer zu sprechen
vështirësí-a Schwierigkeit *f;* **i shmangem vështirësive** Schwierigkeiten aus dem Weg gehen
vështrim-i Hinsicht *f,* Sicht *f,* Blick *m; spr.* Sinn *m;* ~ **i dhembshur** verliebter Blick; ~ **i qelqtë** klarer Blick; ~ **i vrertë** böser Blick
vështroj hin/sehen, schauen; ~ **thekët** an/starren, fixieren
vëzhgim-i Beobachtung *f,* Erkundung, Aufklärung
vëzhgoj beobachten, erkunden
vgje-ri, *pl.* -nj-të *bot.* Schwarzkiefer *f*
vgjerisht|ë, -a = vgjesht|ë, -a Kiefernhain *m*
viç-i, *pl.* -a-t *zoo.* Kalb *n*
vidan-i, *pl.* -nj-të *zoo.* Täuberich *m,* Tauber *m*
víd|ër, -ra, *pl.* -ra-t *zoo.* Fisch:otter *m*
vidh-i, *pl.* -e-t *bot.* Ulme *f*
vidhanak, -e aus Vidhan
vidh|ë, -a = vidë Schraube *f;* **shtrëngoj vidhat** die Schrauben anziehen; ~ **femër** *tech.* Schraubenmutter *f*
vidhos ein/schrauben, verschrauben
vi|g-u, *pl.* -gje-t Steg *m;* Bahre *f*
vigan-i, *pl.* -ë-t Gigant *m*
vigjilenc|ë, -a Wachsamkeit *f*
vigjilent, -e wachsam
vigjilj|e, -a *rel.* Vigil *f,* Vor:abend *m*
vigjiloj wachen
vij, *érdha, árdhur* kommen; **nga vjen?** woher kommst du?; **ai vjen** er kommt; **ardhsh shëndoshë!** willkommen!; **ka**

çosa që ka ardhur er ist schon eine Weile da; **fjala vjen** beispielsweise; **javën që vjen** nächste Woche; **vij duarplot** mit vollen Händen kommen; **~ në din** auf den rechten Weg kommen, sich bessern; **i vjen era** hervor/treten, sichtbar werden; **më vjen keq** leider; es tut mir leid; **më vjen krupë kur e shoh** mir wird übel, wenn ich ihn sehe; **i vjen ndoresh** es geht ihm leicht von der Hand; **më vjen për të qeshur** mir ist zum Lachen zumute

vij|ë, -a Linie *f;* **~ anësore** Seitenlinie *f;* **rivënie nga vija anësore** *spo.* Einwurf *m;* **vijat e bardha të trafikut** Zebrastreifen *m,* Fußgänger:überweg *m;* **~ demarkacioni** Demarkationslinie *f*

vijim-i Fortsetzung *f*

vijoj fortsetzen, verfolgen; **~ shkollën** die Schule besuchen

vijueshmërí-a Kontinuität *f*

viktim|ë, -a Opfer *n*

vilajet-i, *pl.* -e-t *hist.* Provinz *f unter Herrschaft eines Wali*

vil|ë, -a Villa *f*

vilëzak, -e aus Vilëza

vinç-i, *pl.* -a-t Lastenaufzug *m,* Winde *f,* Kran *m,* Hebekran *m;* **vinç-urë** *tech.* Laufkatze *f*

vinçier-i, *pl.* -ë-t Kranführer *m*

vini re! Vorsicht!

violin|ë, -a Violine *f,* Geige *f,* Fiedel *f*

violonçel-i, *pl.* -a-t *mus.* Cello *n*

violonçelist-i *mus.* Cellist *m*

vírgjër, i/e = **virgjëror**, -e jungfräulich, rein, unberührt; **pyll i ~** Urwald *m*

virgjëresh|ë, -a Jungfrau *f*

virtyt-i, *pl.* -e-t Tugend *f*

virtytsh|ëm, -me, i/e tugendhaft

vir|úa, -oi, *pl.* -ónj-të Bach *m*

vis-i, *pl.* -e-t Ort *m*

visar-i, *pl.* -e-t Schatz *m*

vise-t Landschaft *f,* Gegend *f*

Vistul|ë, -a *FN* Weichsel *f*

vish, *s.* vesh

vishem sich an/ziehen; **visheshin njësoj** sie kleideten sich gleich

víshkull-i, *pl.* -j-t Gerte *f,* Rute *f*

víshnj|ë, -a *bot.* Sauerkirsche *f,* Sauerkirschenbaum *m*

vit-i, *pl.* vjet-ët, vite-t Jahr *n;* **pesë vje**t fünf Jahre; **~ buxhetor** Haushaltsjahr; **vit në vazhdim** laufendes Jahr; **vitet e kaluara** die vergangenen, letzten Jahre; **vitin e ardhshëm** nächstes Jahr, im nächsten Jahr

vit-dritë, *pl.* vjet-dritë Lichtjahr *n*

vitamin|ë, -a Vitamin *n*

vítërk-u Stiefvater *m*

vitërkesh|ë, -a Stiefmutter *f*

vitrin|ë, -a Schaufenster *n,* Vitrine *f*

vithe-t Hüfte *f*

vithkuqar, -e aus Vithkuq

vizak, -e schlank, hochwüchsig

vizatim-i Zeichnung *f*

vizatoj zeichnen

viz|ë, -a Visum *n,* Sichtvermerk *m;* Linie *f,* Strich *m, spr.* Gedankenstrich; **~ lidhëse** *spr.* Bindestrich; **~ për dalje** Ausreisevisum; **~ e ujit** *naut.* Wasserlinie *f*

vizit|ë, -a Besuch *m,* Visite *f;* **dendësoj vizitat** häufiger zu Besuch kommen

vizitohem sich untersuchen lassen, untersucht werden, besucht werden
vizitoj besuchen
vizoj Sichtvermerk erteilen; ~ **pasaportën** ein Visum eintragen
vizor|e, -ja Lineal *n*
vjask|ë, -a Rille *f*, Gewinde *n*
vjeç, -e alt; **vajzë pesëmbëdhjetë vjeçe** fünfzehnjähriges Mädchen *n*
vjedh *e/i/o* stehlen, klauen, *jur.* entwenden
vjedhës-i Dieb *m*
vjedhj|e, -a Diebstahl *m*, Entwendung *f*
vjédhurazi ⟨*adv*⟩ verstohlen, heimlich, insgeheim
vjeg|ë, -a Henkel *m*
vjéh|ërr, -rra *f.* Schwiegermutter *f*
vjéh|ërr, -rri *m.* Schwiegervater *m*; **vjehrr**-it Schwieger:eltern *Pl.*
vjel *e/i/o* ernten, pflücken; lesen *Wein*
vjell *e/i/o, volla, vjellë* sich übergeben, erbrechen, kotzen, *med.* vomieren
vjellj|e, -a *med.* Erbrechen *n*
Vjen|ë, -a *ON* Wien
vjersh|ë, -a Strophe *f*, Gedicht *n*
vjershërim-i Verslehre *f*, Versifikation *f*
vjershëroj dichten, Verse machen
vjesht|ë, -a Herbst *m*; ~ **e parë** September *m*; ~ **e dytë** Oktober *m*; ~ **e tretë** November *m*
vjeshtak, -e = vjeshtor, -e Herbst-
vjet ⟨*adv*⟩ voriges Jahr; **dhjetë ~ rresht** 10 Jahre lang
vjetar-i Jahrbuch *n*
vjét|ëm, -me, i/e vorjährig
vjetër, i/e alt; **Besëlidhja e ~**, **Dhiata e ~** *rel.* Altes Testament *n*; **e vjetra** das Alte *n*
vjetërsí-a Alter *n*, Veralterung *f*; Dienstalter *n*
vjetor, -e jährlich, Jahres-
vjetrim-i Altern *n*
vjetrohem altern
vjetroj altern lassen
vjetruar, i/e veraltet
vjeturin|ë, -a altes Zeug *n*
vjollc|ë, -a *bot.* Veilchen *n*; **vjollcë** violett, violettfarben
Vlash-i *NP* Blasius
vlefsh|ëm, -me, i/e gültig; wertvoll
vleft|ë, -a, *pl.* -a-t Wert *m*
vlej gelten
vler|ë, -a Wert *m*, Geltung *f*; ~ **ushqyese** Nährwert *m*
vlerësoj bewerten, evaluieren, aus/werten
vlersh|ëm, -me, i/e wertvoll
vles|ë, -a Verlobung *f*
vloj verloben
vlonjat, -e aus Vlora
vll|ah-u, *pl.* -eh-të Walache *m*, Aromune *m*
vllah, -e wlachisch, aromunisch
Vllahí-a Walachei *f*
vllahisht ⟨*adv*⟩ aromunisch
vllahisht|e, -ja aromunische Sprache *f*
vobekësí-a *veralt.* Armut *f*
vobektë, i/e arm
vocërr = **vóckël** winzig, klein
vodk|ë, -a Wodka *m Branntwein*
vogël, i/e, *m. pl.* të végjël, *f. pl.* të vogla klein
vogëlí-a Kindheit *f*
vogla-t, të Kleingeld *n*

vojim-i *rel.* letzte Ölung *f,* Kranken: ölung *f*
vojvod|ë, -a *hist.* Wojwode *m,* Stammesführer *m*
vokaliz|ëm, -mi Vokalismus *m*
volant-i *tech.* Schwungrad *n*
volejboll-i *spo.* Volleyball *m*
volfram-i *chem.* Wolfram *n,* W
volí-a günstige Gelegenheit *f;* freie Zeit *f;* **s'ia kam volinë** ich habe keine Zeit dafür
volitsh|ëm, -me, i/e passend, günstig
volt-i, *pl.* -ë-t *tech.* Volt *n,* V
Volta e Sipërme Ober-Volta
voltazh-i, *pl.* -e-t Stromspannung *f, tech.* Spannung *f;* ~ **i lartë** *tech.* Hochspannung *f*
voltmatës-i *tech.* Spannungsmesser *m*
vollejbollist-i *spo.* Volleyballspieler *m*
Vollg|ë, -a *FN* Wolga *f*
vones|ë, -a Verspätung *f,* Verzug *m;* **jam me vonesë** sich verspäten, zu spät kommen
vonestar-i Nachzügler *m*
vonë, i/e spät
vonohem sich verspäten
vonsh|ëm, -me, i/e spät, verzögert; **veprim i** ~ *med.* Depotwirkung *f*
vorak, -e aus Vora
Voskopoj|ë, -a *ON* Voskopoja, Moschopolis
voskopojar, -e aus Voskopoja
voskopojar-i, *pl.* -ë-t Voskopojer *m,* Moschopolit *m*
vósht|ër, -ra, *pl.* -ra-t *bot.* Liguster *m*
votëbesim-i Vertrauensabstimmung *f;* **kërkoj votëbesimin** die Vertrauensfrage stellen
votim-i Wahl *f,* Stimmabgabe *f*
votoj stimmen, ab/stimmen; **votuan njëzëri** sie stimmten einstimmig dafür
votues-i Wähler *m*
voz|ë, -a Fass *n,* Weinfass *n*
vozëtar-i Küfer *m*
vozëtarí-a Küferei *f*
vozis *s/t* fahren, rudern
vozitës-i Ruderer *m*
Vozhe-t Vogesen *Pl.*
vranç-i, *pl.* -a-t *zoo.* Rappen *m*
vranishtjot, -e aus Vranisht
vrap-i Eile *f;* **me** ~ geschwind
vrapim-i Rennen *n,* Lauf *m;* ~ **i distancave të gjata** *spo.* Langstreckenlauf *m;* ~ **i distancave të mesme** *spo.* Mittelstreckenlauf; ~ **me pengesa** *spo.* Hürdenlauf; **pistë vrapimi** *spo.* Rennbahn *f,* Rennstrecke *f*
vrapoj rennen, laufen, rasen
vrarë, i/e Toter *m,* Gefallener *m*
vra|s *a/e/i; s/t, -va, -rë* töten, verletzen; **këpuca më vret** der Schuh drückt mich; ~ **mendjen** sich den Kopf zerbrechen; **të vraftë rrufeja!** der Schlag soll dich treffen!
vrasës-i Mörder *m*
vrásës|e, -ja Fliegenklatsche *f*
vrasí-a Massaker *n*
vrasj|e, -a Tötung *f,* Mord *m;* ~ **e foshnjës** *jur.* Kindestötung *f*
vrazhdë, i/e schroff, grob, streng
vrazhdësí-a Schroffheit *f*
vrazhdësohem grob werden
vrenjtem sich verfinstern, die Stirn

runzeln, wütend werden, finster blicken
vrenjtj|e, -a Bewölkung *f*
vrenjtur, i/e bewölkt
vrer-i *med.* Galle *f*
vrerosem giftig werden, verbittert sein, sich grämen
vrerosur, i/e verbittert
vrertë, i/e gallig, bitter; **vështrim i ~** böser Blick *m*
vresht-i, *pl.* -a-t Weinberg *m*
vreshtar-i Winzer *m*
vreshtarí-a Winzerei *f*
vrim|ë, -a Loch *n;* **bëj një ~ në ujë** sich vergeblich bemühen, nichts aus/richten
vrimoj durchlöchern
vrinjar, -e aus Vrina
vriserjot, -e aus Vriseràja
vrit, *s.* vras
vrojtim-i Beobachtung *f*
vrojtoj beobachten; erforschen
vrojtues-i Beobachter *m*, Aufklärer *m*
vrull-i Schwung *m*, Elan *m*
vuaj leiden, verbüßen
vuajtj|e, -a Leiden *n*, Qual *f*; *jur.* Verbüßung *f*
Vuçitern|ë, -a = Vushtrrí-a *ON* Vučitrn
vul|ë, -a, *pl.* -a-t Siegel *n*, Stempel *m;* **~ datare** Datumsstempel *m*
vulëmbajtës-i Siegelbewahrer *m*
vulgar, -e vulgär, gewöhnlich
vulgariz|ëm, -mi, *pl.* -ma-t *spr.* Vulgarismus *m*
vulgarizoj vulgarisieren, popularisieren
vulos stempeln
vullkan-i, *pl.* -e-t Vulkan *m;* **një ~ në shpërthim e sipër** ein Vulkan kurz vor dem Ausbruch
vullkanik, -e vulkanisch
vullkanizoj vulkanisieren
vullnet-i Wille *m;* **~ hyjnor** Wille Gottes
vullnetar-i Freiwilliger *m*
vullnetarisht ⟨*adv*⟩ freiwillig
vullnetmirë wohlwollend
vullnetsh|ëm, -me, i/e willkürlich; willensstark; **veprim i ~** willkürliche Handlung *f*
vunjotës, -e aus Vunó
vura, *s.* vë
vur|g-u, *pl.* -gje-t Sumpf *m*, Morast *m*
vurgar, -e aus Vurg
vurkollak-u, *pl.* -ë-t Vampir *m*, Werwolf *m*
vurrat|ë, -a Narbe *f*, blauer Fleck *m*, *med.* Blut:erguss *m*, Hämatom *n*
vush|ë, -a *zoo.* Mistkäfer *m*
Vushtrrí-a *ON* Vučitrn
vyej gelten, wert sein
vyesh|ëm, -me, i/e wertvoll, teuer
Vyrtemberg-u Württemberg
vyshk welken lassen; **vyshkem** welken
vyshkur, i/e verwelkt, welk

X

xan|ë, -a *bot.* Ginster *m*
xanxar, -e störrisch
xeh|e, -ja Bergwerk *n*
xeheror-i Erzgestein *n*, Mineral *n*
xehetar-i Grubenarbeiter *m*
xehetarí-a Bergbauwesen *n*
xerxel|e, -ja *bot.* Seidelbast *m*
xëc-i Finsternis *f*
xërmoj *dial.* herunter/steigen
xërxalla-t Brille *f*
xibrak, -e aus Xíbër
xin|ë, -a Federspitze *f*, Spitze der Schreibfeder
xingon|ë, -a Abgrund *m*
xinxif|e, -ja *bot.* Brustbeere *f*
xip-i, *pl.* -a-t Spitze *f*
xix|ë, -a Funke *m*
xixëllim|ë, -a Funkeln *n*, Funkensprühen *n*
xixëlloj = **xixoj** funkeln, glitzern
xixëllonj|ë, -a *zoo.* Glühwürmchen *n*
xixëmoj, *nur 3. P.* xixëmon jucken
xunkth-i, *pl.* -a-t *bot.* Schilf *n*, Binse *f*
xunkthëtar-i Binsenflechter *m*
xúrxull klatschnass; stockbesoffen

Xh

xha *Anrede für alte Männer* Onkel *m*, Opa *m*
xhaba ⟨*adv*⟩ gratis, umsonst
xhadé-ja *veralt.* Landstraße *f*, Chaussee *f*, Heerstraße *f*
xhahil-i, *pl.* -ë-t Ignorant *m*; Schlächter *m*, Rüpel *m*
xhaket|ë, -a Jackett *n*, Jacke *f*, Sakko *m*; ~ **shpëtimi** Schwimmweste *f*
xhakon-i, *pl.* -ë-t *rel.* Diakon *m*; Seminarist *m*, Priesterschüler *m*
xham-i Glas *n*, Glasscheibe *f*, Fensterglas *n*; ~ **qorr** blinde Scheibe *Glas*
xhamadan-i, *pl.* -ë-t *ärmellose* Filzjacke *f der Volkstracht*
xhamëzohem, *nur 3. P.* xhamëzohet glasig werden, spröde werden
xhamí-a Moschee *f*
xhamllëk-u, *pl.* -qe-t Wintergarten *m*, verglaster Balkon *m*
xhamtar-i Glaser *m*
xhamtë, i/e gläsern
xhan-i *veralt.* Geist *m*, Seele *f*; **bëj xhan** liebkosen, herzen
xhandar-i *hist.* Gendarm *m*; **zullumet e xhandarëve** die Willkür:akte der Gendarmen
xhandarmërí-a Gendarmerie *f*
xhánëm *veralt.* mein Lieber *als Anrede*; **ku ishe, xhanëm?!** wo warst du, Bursche?!
xhanxhin niemand
xhául-i, *pl.* -ë-t Joule *Maßeinheit*, J
xhavalit zerfetzen, in Stücke reißen
xhaxhá-i Onkel *m*, Bruder des Vaters

xhaxhesh|ë, -a Tante *f Frau des Vaterbruders*

xhaxho-ja Onkelchen *n,* Alter *m;* **çfarë kërkoni, xhaxho?** was sucht Ihr, Alterchen?

xhaz-i, *pl.* -e-t *mus.* Jazz *m;* Schlagzeug *n*

xheç etwas

xhehenem-i = xhehnem-i Hölle *f der Muslime*

xhelat-i, *pl.* -ë-t Henker *m*

xhelatin|ë, -a Gelatine *f*

xheloz, -e eifersüchtig

xhelozí-a Eifersucht *f*

xhenaz|e, -ja *veralt. aufgebahrte* Leiche *f; muslim.* Beerdigung *f*

xhenerik-u Autoschlosser *m,* Kfz-Mechaniker *m*

xhenet-i Paradies *n der Muslime*

xhenier-i, *pl.* -ë-t *mil.* Pionier *m*

xhénio-ja Pionier:einheit *f*

xhep-i, *pl.* -a-t Tasche *f,* Hosentasche *f;* **orë xhepi** Taschenuhr *f*

xhepash-i, *pl.* -ë-t Taschendieb *m*

xhephán|e, -ia *veralt.* Munitionsdepot *n,* Munition *f*

xherah-u, *pl.* -ë-t *veralt.* Wundarzt *m,* Feldscher *m;* Beschneider *m*

xhevahir-i, *pl.* -e-t Diamant *m,* Edelstein *m;* Stilblüte *f;* **xhevahire shtypi** Stilblüten *Pl.*

xhevap-i, *pl.* -e-t *veralt.* Antwort *f;* **jap xhevap** antworten

xhezá-ja *veralt.* Verurteilung *f;* Geldstrafe *f*

xhezv|e, -ja Kaffekanne *f,* Stieltopf für Kaffee

xhibal-i *hist.* Nordalbanien; Recht der Berge (Kanun-i cibâl); Kommission, die nach dem Kanun Recht sprach

xhiblik-u, *pl.* -ë-t Moskitonetz *n*

xhiger-i, *pl.* -ë-t *veralt.* Leber *f des Viehs,* Innereien *Pl. des Menschen;* **nxjerr xhigerin** ab/schlachten, massakrieren

xhin-i Gin *m Schnaps*

xhind-i, *pl.* -e-t böser Geist *m Märchenfigur,* Dschinn *m;* ~ **në shishe** Geist in der Flasche

xhindosem vor Wut rasen, vom Teufel geritten werden

xhins-i *veralt.* Art *f;* ~ **xhins pas xhinsi** wie der Vater, so der Sohn

xhip-i Jeep *m,* Geländewagen *m*

xhiro-ja Rundfahrt *f;* Umdrehung *f; ök.* Umsatz *m;* **mjetet e xhiros** Umlaufmittel *Pl.,* Geld im Umlauf

xhiroj *ök.* überweisen; drehen *Film;* kreisen

xhirollogarí-a *ök.* Giro-Konto *n*

xhirues-i Unterzeichner *m eines Schecks oder einer Überweisung*

xhonturk, -e *hist.* jungtürkisch

xhublet|ë, -a *schwarzer* Filzrock *in Glockenform, Teil der Volkstracht*

xhufk|ë, -a Franse *f,* Troddel *f;* Bommel *f,* Quaste *f*

xhumá-ja *veralt.* Freitag *m*

xhung|ë, -a Beule *f,* Buckel *m,* Knoten *m*

xhung|ël, -la. *pl.* -la-t Dschungel *m*

xhup-i, *pl.* -a-t Strickjacke *f,* Weste *f*

xhurdí-a *schwarze* Filzjacke *f mit angenähter Kapuze*

xhuxh-i, *pl.* -ë-t Zwerg *m;* **libër xhuxh** Miniatur-Buch *n,* Kleinst:ausgabe *f*
xhuxhmaxhuxh-i, *pl.* -ë-t Zwerg *m Märchenfigur (eigentlich Gog und Magog)*
xhybe, -ja Kittel *m,* Talar *m der Hodschas und Derwische,* Kaftan *m; fig.* Mäntelchen *n*
xhymert, -e *veralt.* großzügig
xhyranak, -e aus Xhyra

Y

yçk|ël, -la, *pl.* -la-t Mangel *m;* Ausrede *f*
yej wach bleiben
yjendezur = **yjeplotë** sternklar
yjësí-a Sternbild *n;* ~ **e Arushës së Madhe** der Große Bär *m*
yjëzoj *nur 3. P.* yjëzon funkeln *wie Sterne*
ylber-i, *pl.* -e-t Regenbogen *m*
ylbertë, i/e regenbogenfarben
ylberth-i, *pl.* -e-t *med.* Iris *f*
y|ll-i, *pl.* -je-t Stern *m;* ~ **deti** Seestern *m;* **Ylli Polar** Polarstern *m*
yllëz-a, *pl.* -a-t = **yllth**-i, *pl.* -e-t Sternchen *n,* Asterisk *m*
ylltoj *fig.* erstrahlen lassen
ym|ër, -ri *veralt.* Leben *n,* langes Leben; **paç ymër!** mögest du lange leben!
yndyr|ë, -a Fett *n*
yndyrëzoj fetten, ein/fetten
yndyror, -e Fett-; **ind** ~ *med.* Fettgewebe *n*
yndyrsh|ëm, -me, i/e fett, fettig, Fett-
ynë, *f.* jonë ⟨*Poss.pron.*⟩ unser, unsere
yrnek-u, *pl.* -ë-t Muster *n,* Modell *n;* **një~ janë** sie sind von derselben Sorte
yrysh-i *veralt.* Schwung *m;* **punoj me ~** mit Schwung arbeiten
ysht besprechen *mit Zauberformeln, verhexen*
yt, *f.* jote ⟨*Poss.pron.*⟩ dein, deine
yzengjí-a Steigbügel *m*

Z

zabit-i, *pl.* -ë-t *veralt.* Offizier *m*
zab|úa, -oi, *pl.* -ónj-të Splint *m am Wagenrad*
zabullim|ë, -a *dial.* Schwüle *f*
zadrimor, -e aus der Zadrima
zaga|ll-i, *pl.* -j-të Zügel *m des Pferdes*
zagar-i, *pl.* -ë-t Windhund *m; fig.* Knecht *m;* Rowdy *m,* Herumtreiber *m;* **zagarët e imperializmit** die Knechte des Imperialismus
zagorit, -e aus der Zagoría
zagushí-a Schwüle *f*
zahiré-ja Wintervorrat *m*
zahmet-i *veralt.* Anstrengung *f,* Mühe *f;* **bëj ~** sich bemühen
zakon-i, *pl.* -e-t Sitte *f,* Gewohnheit *f;*

doke e zakone Sitten und Gebräuche *Pl.*
zakonisht ⟨*adv*⟩ gewöhnlich
zakonsh|ëm, -me, i/e gewöhnlich
zalí-a Ohnmacht *f*
zalisem ohnmächtig werden
zaloshnjar, -e aus Zaloshnja
za|ll-i, *pl.* -je-t Kieselstein *m*
zallahí-a Lärm *m*, Radau *m*, Krach *m*
zallisht|ë, -a = **zallin|ë**, -a Boden voller Kieselsteine
zamar|e, -ja Hirtenschalmei *f*
zambak-u, *pl.* -ë-t Lilie *f*
zamk|ë, -a Leim *m*, Klebstoff *m*, Kleister *m*
zanafill|ë, -a Ursprung *m;* **zanafilla** *rel.* Genesis, 1. Buch Mose
zanafillës, -e ursprünglich
zanafilltas ⟨*adv*⟩ ursprünglich
zanat-i, *pl.* -e-t Handwerk *n;* **dhelpra s'e harron zanatin** die Katze lässt das Mausen nicht
zanatçí-u, *pl.* -nj-të Handwerker *m*
zan|ë, -a Fee *f*
zanor, -e *spr.* vokalisch
zanor|e, -ja *spr.* Vokal m, Selbstlaut m; ~ **anaptiksore** Sprossvokal; ~ **rënëse** *spr.* flüchtiger Vokal
zaptij|e, -a *veralt.* Gendarm *m in osman. Zeit*
zaptim *veralt.* Besetzung *f*
zaptoj besetzen; schnappen, erfassen; **e zaptuan ethet** ihn/sie packte das Fieber
zar-i, *pl.* -e-t Würfel *m*
zarar-i, *pl.* -e-t Schaden *m*, Beschädigung *m;* **bëj** ~ beschädigen
zarf-i, *pl.* -e-t Umschlag *m*, Kuvert *n*
zarzavate-t = perime-t Gemüse *n*
zaten eigentlich, im Grunde; genau genommen; sogar
zates s/t treffen, schnappen; **e zateti gripi** die Grippe hat ihn/sie gepackt
zavall-i, *pl.* -e-t Sorge *f;* armer Kerl *m;* **si të të them, zavalli unë?** wie soll ich armer Mensch es dir sagen?
zaz|ë, -a *kleine* Auster *f;* Schale *f*
zbaltem verderben; wenig essen; **u zbalt mishi** das Fleisch ist verdorben
zbardh = **zbardhoj** schimmern, leuchten; weißen
zbardhem ergrauen; wieder heiter werden; **ajo u zbardh shpejt** sie fasste sich rasch wieder
zbardhëlloj weiß schimmern; tagen; **ende s'kishte zbardhëlluar** noch vor Morgengrauen
zbarët, i/e fade, salzlos; *fig.* langweilig *auch von Menschen*
zbaritem fade sein
zbarkoj *mil.* landen
zbarkues, -e Landungs-; **anije zbarkuese** *mil.* Landungsschiff *n*
zbaroj aus/nehmen, aus/weiden *Tiere*
zbatic|ë, -a Ebbe *f; fig.* Flaute *f*
zbatim-i Anwendung *f; jur.* Verhängung *f*
zbatimor, -e applikativ, Anwendungs-
zbatoj benutzen, an/wenden, befolgen
zbath aus/ziehen *Schuhe, Strümpfe*
zbatharak, -e barfüßig; bettelarm
zbathur, i/e = zbatharak, -e barfuß, barfüßig
zbavitem sich amüsieren, sich ver-

gnügen
zbavitës, -e unterhaltsam, spaßig
zbeh = **zbej** erblassen lassen
zbehem erblassen, erbleichen
zbehtë, i/e = **zbehtak**, -e blass, bleich, fahl
zbërdhulem *nur 3. P.* zbërdhulet verschießen, verbleichen
zbërdhulur, i/e = **zbërdhulët**, i/e verschossen, verblichen
zbërthehem verwesen, sich zersetzen
zbërthej *e/ye* auf/knöpfen; auseinander/nehmen, demontieren; lösen, entschlüsseln; entlarven; ~ **me shkronja** buchstabieren
zbërthim-i Aufknöpfen *n*, Auslösen *n*; ~ **zinxhir** Kettenreaktion *f*
zbërthyesh|ëm, -me, i/e verderblich; zerlegbar; **krevat i** ~ Klappbett *n*, zerlegbares Bett *n*
zbloguroj entrinden, schälen *Baum*
zboj = dëboj vertreiben
zbokth-i Schuppen *auf dem Kopf*
zborak-u, *pl.* -ë-t = **zborakës**-i *zoo.* Buchfink *m*
zbraz leeren, entleeren
zbrazët, i/e leer
zbrazëtí-a Leere *f*, Freifläche *f*
zbrazj|e, -a Entleerung *f*, Leerung *f*
zbr|es, *-ita, -itur e/i; s/t* herab/kommen, aus/steigen; ab/ziehen, subtrahieren
zbritës, -e absteigend; *spr.* fallend
zbritës-i *math.* Subtrahend *m*; **mbledh zbritësin me mbetjen** den Subtrahend zur Differenz addieren
zbritj|e, -a Abstieg *m*, Gefälle *n*, Landung *f*; *math.* Subtraktion *f*; Preissenkung *f*
zbritshmi, i *math.* Minuend *m*
zbruj = **zbrumoj** ein/weichen
zbukurim-i Verschönerung *f*
zbukuroj verschönern
zbules|ë, -a Offenbarung *f*; **zbulesa** *rel.* Apokalypse des Johannes
zbulim-i Entdeckung *f*, Ausgrabung *f*
zbuloj entdecken, auf/decken, entlarven, aus/graben
zbunoj liebkosen, streicheln
zburritem Mann werden, heran/wachsen
zbus *s/t* mildern, besänftigen; verdünnen *Alkohol*
zbutj|e, -a Milderung *f*
zbutur, i/e erweicht; *spr.* palatalisiert, mouilliert
zbuzorëzim-i *spr.* Entrundung *f*, Delabialisierung *f*
zbythem zurück/weichen
zbythj|e, -a Rückzug *m*
zdatk-u, *pl.* -ë-t Trennwand *f*
zdërhallj|e, -a Besäufnis *n*, Orgie *f*
zdërvij schälen, pellen
zdirgjem *e/i/o* herunter/steigen, herab/stürzen; **përroi zdirgjet nga mali** das Wildwasser stürzt vom Berge herab
zdrajshan, -e aus Zdrajsh
zdral|e, -ja *naut.* Schiffstau *n*, Tau *n*
zdris *s/t* erleuchten
zdrug-u, *pl.* -gje-t = zdrukth-i Hobel *m*
zdrugoj *fig.* zur Minna machen, aus/schimpfen
zdrugulina-t Hobelspäne *Pl.*, Späne *m Pl.*

zdrukth-i, *pl.* -a-t Hobel *m*
zdrukthëtar-i Schreiner *m,* Tischler *m*
zdrukthëtarí-a Tischlerei *f,* Schreinerei *f*
zdrukthoj hobeln
zdryp herab/steigen
zéb|ër, -ra, *pl.* -ra-t *zoo.* Zebra *n*
zefir-i Zephir *m,* Südwind *m*
zegal-i, *pl.* -ë-t = **zég|ël, -li,** *pl.* -la-t *zoo.* Bremse *f,* Stechfliege *f*
zeher-i, *pl.* -e-t Gift *n;* **bëhem zeher** verbittert werden
zej|e, -a *pl.* -e-t Handwerk *n*
zejtar-i Handwerker *m*
zejtarí-a Handwerk *n*
zekth-i, *pl.* -a-t *zoo.* Stechfliege *f,* Bremse *f*
Zelanda e Re Neuseeland
zell-i = **zelltarí**-a Eifer *m,* Fleiß *m*
zellsh|ëm, -me, i/e fleißig, arbeitsam
zemberek-u = **zemrek**-u *tech.* Feder *f,* Uhrfeder *f*
zem|ër, -ra Herz *n;* **të këndoftë zemra!** sei glücklich!, freu dich!; **dhomëz e zemrës** *med.* Herzkammer *f*
zemërak, -e reizbar, jähzornig; wild
zemërákull hartherzig
zemërbutë weichherzig, sanftmütig, mitfühlend
zemërbutësí-a Sanftheit *f,* Mitgefühl *n;* ~ **mikroborgjeze** kleinbürgerliches Mitleid *n*
zemërgur, -e hartherzig, unbarmherzig
zemërgjerë großzügig, weitherzig
zemërim-i Wut *f;* **mezi e mbante zemërimin** er/sie konnte kaum seine/ihre Wut im Zaum halten; **shfryj nga zemërimi** vor Wut schnauben
zemërohem wütend werden, erbost sein
zemëroj verärgern, wütend machen
zemëruar, i/e wütend, erzürnt
zengjin, -e *veralt.* reich, begütert; **derë zengjine** wohlhabende Familie
zenit-i Zenit *m*
zerdelí-a eine Aprikosen:art *f mit bitterem Kern*
zero-ja Null *f*
zeshk bräunen
zeshkaman, -e dunkelhäutig
zeshkët, i/e dunkelhäutig, gebräunt, braun
zeugm|ë, -a *spr.* Zeugma *n*
zevzek, -e unruhig, entnervend
zezak-u, *pl.* -ë-t Neger *m,* Schwarzer *m*
zezelin|ë, -a Platz im Schatten
zezohem schwarz werden; Sorgen haben; Schande tragen
zezon|ë, -a Unglück *n*
zë, *zura, zënë, ë/i* fassen, ergreifen; ~ **ngoje** erwähnen; **gjumi nuk po e zinte** er/sie konnte nicht einschlafen; **zihem në presh** auf frischer Tat ertappt werden
zë-ri, *pl.* -ra-t Stimme *f;* **me zë të lartë** laut, vernehmlich
zëdhënës-i Sprecher *m,* Wortführer *m;* ~ **i ministrisë** Sprecher des Ministeriums
zëm|ër, -ra Jause *f,* Nachmittags:imbiss *m,* Vesperbrot *n;* **ha zëmër** vespern, Kaffee trinken
zëmëroj vespern, nachmitags einen Imbiss nehmen

zënë, i/e besetzt, beschäftigt
zëni|e, -a Nehmen *n;* ~ **deti** *med.* Seekrankheit *f*
zënk|ë, -a Streit *m,* Zank *m,* Zwist *m*
zër|ë, -a = zan|ë, -a Fee *f der Volksmythologie*
zësh|ëm, -me, i/e laut, tönend; *spr.* stimmhaft
zëshmim-i *spr.* Sonorisierung *f*
zëshmohem *nur 3. P.* zëshmohet *spr.* stimmhaft werden
zët-i Ärger *m;* **e ka zët** er/sie ärgert sich, er/sie ist sauer
zëvendësim-i Austausch *m,* Ersetzung *f*
zëvendësoj ersetzen, aus/tauschen; *jur.* um/wandeln
zëvendësuesh|ëm, -me, i/e ersetzbar
zëzëlloj summen
zgafell|e, -ja Höhle *f*
zgafellë, -a, *pl.* -a-t *dial.* Bergwerk *n,* Schacht *m,* Pütt *m*
zgafullohem sich entblößen, auf/reißen; **iu zgafulluan sytë** ihm/ihr gingen die Augen auf
zgafulloj graben; die Brust entblößen
zgalem-i, *pl.* -a-t *zoo.* Seeschwalbe *f; fig.* Verkünder *m;* ~ **i revolucionit** Vorbote der Revolution
zgar|ë, -a = skar|ë, -a Holzkohlengrill *m*
zgav|ër, -ra, *pl.* -ra-t Höhlung *f,* Höhle *f;* ~ **e gojës** *med.* Mundhöhle *f*
zgávërt, i/e hohl
zgavroj aus/höhlen
zgëq-i, *pl.* -e-t Ecke *f,* Winkel *m*
zgërdheshjan, -e aus Zgërdhesh
zgërdhihem grinsen; klaffen *Wunde*
zgorkoj graben, aus/höhlen
zgorr|e, -ja Skelett *n*
zgrepem ab/magern
zgrip-i, *pl.* -e-t Rand *m eines Abgrunds,* Ende *n;* Einschränkung *f;* **jetoj me zgrip** mit wenig aus/kommen, knausern
zgriptoj sparsam um/gehen mit; fast zu Ende führen
zgropem leeren Bauch haben
zgropoj graben
zgurdh|ë, -a Schlund *m; med.* Dickdarm *m,* Mastdarm *m*
zgjanarak, -e aus Zgjana
zgjas s/*t* dauern, verlängern; **zgjati një javë** es hat eine Woche gedauert
zgjatem sich erstrecken, sich aus/dehnen
zgjatj|e, -a Verlängerung *f*
zgjatoj = zgjas s/*t* verlängern; ~ **pallton** den Mantel verlängern
zgjeb|e, -ja *med.* Krätze *f,* Räude *f*
zgjebosur, i/e räudig
zgjedh e/*i*/*o* wählen, aus/wählen
zgjedh|ë, -a Joch *n*
zgjedhës-i Wähler *m*
zgjedhim-i *spr.* Konjugation *f*
zgjedhj|e, -a Wahl *f,* Auswahl *f;* **fushatë e zgjedhjeve** Wahlkampagne *f*
zgjedhoj ins Joch spannen; *spr.* konjugieren
zgjedhuesh|ëm, -me, i/e konjugierbar
zgjerim-i Erweiterung *f*
zgjeroj erweitern, dehnen
zgjeruar, i/e erweitert
zgjesh den Gürtel ab/nehmen
zgjidh auf/lösen, befreien, aus/spannen *Zugtiere;* ~ **kombin** den Knoten lösen

zgjidh, *s.* zgjedh
zgjidhj|e, -a Lösung *f,* Auflösung *f;* **çështja do zgjidhje** das Problem verlangt eine Entscheidung
zgjidhsh|ëm, -me, i/e lösbar; **problem i** ~ lösbares Problem *n*
zgjim-i das Erwachen *n*
zgjohem erwachen
zgjoj auf/wecken
zgj|úa, -ói, *pl.* -óje-t Bienenkorb *m,* Bienenstock *m;* Bienenvolk *n*
zgjuar, i/e aufgeweckt, klug; *fig.* ausgeschlafen
zgjuarsí-a Aufgewecktheit *f*
zgjyran-i, *pl.* -ë-t Schmutzfink *m*
zgjyr|ë, -a Rost *m;* Hammerschlag *m,* Metallspäne *m Pl.;* Schmutz *m*
zgjyros rosten lassen; verschmutzen
zi, i, *f.* e zezë, *pl.* të zinj, *f.* zeza schwarz; **fruth i** ~, **fruth i keq** *med.* Scharlach *m;* **heq të zitë e ullirit** das Martyrium erleiden, tausend Tode sterben; **mos na ndill zi!** mal nicht den Teufel an die Wand!; **iriqi i** ~ *med.* Krebs *m,* Cancer
zi-a Not *f;* Trauer *f;* ~ **buke** Hungersnot *f*
z|iej, *-jeva, -ier* kochen, ab/kochen, sieden
zift-i Teer *m*
zigzag-u, *pl.* -e-t Zickzackbewegung *f;* **zigzaget e zhvillimit** die Umwege der Entwicklung
zigj-i, *pl.* -e-t Hängewaage *f*
zijafet-i, *pl.* -e-t *veralt.* Gastmahl *n*
zijosem Kohldampf haben, ausgehungert sein
zilar, -e = ziliqar, -e neidisch
zil|e, -ja Klingel *f;* **i bie ziles** klingeln
zileps neidisch sein, Neid verspüren
zilí-a Neid *m,* Missgunst *f*
ziliqar, -e neidisch; eifersüchtig
zindjellës, -e unheilkündend
zink-u *chem.* Zink *n,* Zn
zinkoj verzinken
zinkuar, i/e verzinkt; **llamarinë e** ~ Zinkblech *n*
zinxhir-i, *pl.* -ë-t Kette *f;* **zinxhirët** der Reißverschluss *m;* ~ **dore** Armband *n;* ~ **qafe** Halskette *f*
zjarr-i, *pl.* -e-t Feuer *n,* Feuersbrunst *f*
zjarrfikës-i Feuerwehrmann *m;* **numri i zjarrfikësve** Feuermelder *m,* Feuernotruf *m am Telefon*
zjarrisht|ë, -a Herdfeuer *n,* Kaminfeuer *n;* Anfeuerholz *n;* Aschenbecher *m*
zjarrmëtar-i Feuerwerker *m,* Sprengmeister *m*
zjarrmí-a Hitze *f,* Glut *f,* Begeisterung *f;* Fieber *n*
zjarrmor, -e feurig, hitzig
zjarrtar-i Heizer *m auf Schiff, Eisenbahn*
zjarrtë, i/e feurig, Feuer-
zjarrvënës-i Brandstifter *m*
zmadhoj vergrößern
zmadhues, -e *spr.* augmentativ
zmbraps zurück/werfen, zurück/ziehen, rückgängig machen; ~ **vendimin** die Entscheidung widerrufen
zmbrapsem zurück/weichen
zodiak-u Tierkreis *m*
zo|g-u, *pl.* -gj-të Vogel *m*
zog|ë, -a *zoo.* Junghenne *f;* Jungbiene *f*

zóg|ël, -la, *pl.* -la-t *bot.* Faulbaum *m;* Vöglein *n*

zogdel|e, -ja *zoo.* Bachstelze *f*

zogorí-a Rudel *n;* Horde *f;* **fashizmi me zogoritë e tij** der Faschismus mit seinen Horden

zonak, -e = **zonë**, i/e taub *Ähre,* ohne Frucht

zon|ë, -a Zone *f;* ~ **e tropikut** die Tropen *Pl.;* ~ **operative** *mil.* Operationszone

zonj|ë, -a Dame *f,* Frau *f;* **Zoja e Paperlyeme** *dial., rel.* die Unbefleckte Jungfrau; **zonja e zotërinj!** meine Damen und Herren!; **e zonja** die Besitzerin, Eigentümerin; Hausfrau

zonjush|ë, -a Fräulein *n,* junge Frau *f*

zoolog-u, *pl.* -ë-t Zoologe *m*

zoologjí-a Zoologie *f*

zoologjik, -e zoologisch

zootekní-a = **zooteknik|ë**, -a Zootechnik *f,* Viehzucht *f*

zooteknik-u Zo:otechniker *m,* Viehzuchtspezialist *m*

zooveteriner-i Zootechniker und Tier:arzt *m*

zor-i Zwang *m;* Anstrengung *f;* Scham *f*

zorit s/t zwingen

zorsh|ëm, -me, i/e mühselig

zorr|ë, -a Darm *m;* **zorrat e kuqe** die Speiseröhre *f;* ~ **e verbër,** ~ **qorre** Blinddarm *m*

zorrëbosh, -e hungrig

zot-i, *pl.* -a-t Gott *m;* **zoti e di çfarë** Gott weiß, was [für ein]

zot-i, *pl.* -ër-it Herr *m vor Eigennamen;* **zotërit e dheut** die Herren der Erde

zot-i, i Besitzer *m,* Eigentümer *m;* geschickt; **i zoti i librit** der Eigentümer des Buches; **ia dha të zotit** er/sie gab es dem Eigentümer

zotërí-a *m, pl.* -nj-të Herr *m;* **zotërinj!** meine Herren!

zotërim-i Herrschaft *f*

zotëroj beherrschen

zotërues, -e herrschend; besitzend

zotërues-i Besitzer *m;* ~ **i tokave** Besitzer der Ländereien

zotërues|e, -ja Dominante *f*

zotësí-a Geschicklichkeit *f,* Meisterschaft *f*

zotní-a *m. dial. s.* zotërí-a

zotim-i Verpflichtung *f,* Versprechen *n; ök.* Obligation *f;* **vë në jetë zotimet** die Versprechungen realisieren, Verpflichtungen aus/führen; **ofertë pa** ~ *ök.* freie Offerte *f,* unverbindliches Angebot *n*

zotohem sich verpflichten

zotoj in Besitz nehmen

zotrote, *eigentlich* zotëria jote, *veralt. Anrede für ältere Menschen;* **si je, zotrote?** wie geht es Euch?

zukam|ë, -a = **zukatj|e**, -a Summen *n,* Gesumm *n;* Pfeifen *n;* **zukama e plumbave** das Pfeifen der Kugeln; **zukama e bletëve** das Summen der Bienen

zukas s/t summen

zulm|ë, -a Ruhm *m*

zulmëmadh, -e ruhmreich

zullap-i, *pl.* -ë-t Bestie *f;* Grobian *m,* Herumtreiber *m*

zullum-i, *pl.* -e-t Schaden *m;* Grausamkeit *f,* Willkür *f;* **zullumet e xhandarëve** die Gewalttätigkeit der Gendarmen

zullumqar, -e gewalttätig

zumpará-ja = **zumpar|e**, -ja Schmirgelpapier *n,* Schmirgel *m*

zurná-ja *mus.* Surne *f oriental. Blasinstrument,* Oboe *f*

zusk|ë, -a = kurv|ë, -a Dirne *f,* Hure *f*

zuzar-i, *pl.* -ë-t Herumtreiber *m,* Strolch *m*

zvarg lang/ziehen, in die Länge ziehen; ~ **punë** eine Arbeit schleppend verrichten

zvarishtar, -e aus Zvarisht

zvarranik-u, *pl.* -ë-t *zoo.* Kriechtier *n,* Reptil *n*

zvarrë ⟨*adv*⟩ schleppend

zvarris s/t schleifen, eggen; ~ **për flokësh** an den Haaren zerren

zvarritem kriechen

zvarritës, -e schleifend, Schleif-

zverdhem erbleichen, vergilben

zverdhim-i = **zverdhj|e**, -a Bleichen *n,* Aufhellen *n*

zverdhoj gelb machen, gelb leuchten; blond färben

zverdhur, i/e vergilbt; **letër e** ~ vergilbtes Papier *n*

zver|k-u, *pl.* -qe-t Nacken *m*

zvetënim-i *bot., zoo.* Ent:artung *f*

zvetënohem entarten, degenerieren

zvetënoj verderben

zviceran, -e schweizerisch, Schweizer *m*

Zvic|ër, -ra Schweiz *f*

zvirdhem *e/i/o* sich entfremden; **iu zvordh çdo gjë** alles war ihm fremd geworden

zvjerdh *e/i/o* entwöhnen *von der Brust;* aus/reden

zvogëloj vermindern, verkleinern

zvogëlues, -e verkleinernd, Verkleinerungs-, *spr.* diminutiv

zvol-i, *pl.* -e-t Erdscholle *f,* Ackerscholle *f,* Scholle *f*

zymbyl-i, *pl.* -a-t *bot.* Hyazinthe *f*

zymbyl|e, -ja Henkelkorb *m,* Obstkorb *m*

zymtë, i/e finster, düster, traurig

zymtësí-a = **zymtí**-a Finsternis *f,* Dunkelheit *f;* ~ **e natës** Finsternis der Nacht

zymtohem finster werden, sich verfinstern

zymtoj verfinstern ⟨*transitiv*⟩, traurig machen; ~ **jetën** das Leben schwer machen

zyr|ë, -a Amt *n,* Büro *n;* ~ **e gjendjes civile** Standesamt *n;* ~ **postare** Postamt *n;* ~ **e sendeve të gjetura** Fundbüro *n*

zyrtar, -e amtlich, Amts-, offiziell

zyrtar-i Beamter *m*

zyrtarisht ⟨*adv*⟩ offiziell

zyrtariz|ëm, -mi Bürokratismus *m*

Zh

zh- = ç- ent-; in-, dis-

zhaban-i, *pl.* -ë-t *zoo.* Kröterich *m*, männliche Kröte *f*

zhabaritem planschen

zhab|ë, -a *zoo.* Kröte *f*

zhabin|ë, -a = **zhabil**-i, *pl.* -ë-t *bot.* Hahnenfuß *m*

zhabjak-u, *pl.* -ë-t *zoo.* Smaragd:eidechse *f*; Erdkröte *f*

zhak|e, -ja Zweihandsäge *f*, Säge für zwei Personen

zhakra-t Fluss:ablagerungen *Pl. Holz, Steine, Schlamm*

zhalon-i, *pl.* -ë-t Zirkel *m des Landmessers;* Messlatte *f des Landmessers*

zhangëllim|ë, -a Gekreisch *n*

zhangëlloj kreischen

zhap schlaff machen, erschlaffen lassen, zerfetzen; hinein/stopfen

zhaparis s/t versengen; pellen

zhapí-u, *pl.* -nj-të = **zhapik**-u, *pl.* -ë-t *zoo.* Smaragd:eidechse *f*

zhardec-i Schlangengift *n*

zhardhok-u, *pl.* -ë-t *bot.* Knolle *f*

zhardhokëzoj *bot.* Knollen ansetzen *z. B. Kartoffel*

zhardhokor, -e Knollen-

zharg = zvarrë ⟨*adv*⟩

zharg|ë, -a ausgetretener Schuh *m*

zhargoj schleifen, schleppen

zhargon-i, *pl.* -e-t *spr.* Argot *n*, Sondersprache *f*, Slang *m;* Kauderwelsch *n;* ~ **hajdutësh** Räuber:idiom *n*, Gaunersprache *f;* ~ **profesional** Berufssprache *f*, Fachsprache *f*

zhargoniz|ëm, -mi, *pl.* -a-t *spr.* Slang-Wort

zhavorr-i, *pl.* -e-t Kies *m;* Ballast *m*

zhavorrisht|ë, -a Kiesgrube *f*

zhavorroj mit Kies belegen

zhbalancoj aus dem Gleichgewicht bringen

zhbëhem me ⟨+ *Akk*⟩ sich los/sagen von; **farefisi zhbëhej me të dënuarin** die Verwandtschaft sagte sich vom Verurteilten los

zhbëj brechen, zerstören

zhbirim-i Sondierung *f;* **bëj një ~** eine Nachforschung anstellen

zhbiroj durchlöchern, bohren, sondieren

zhburgos *jur.* aus der Haft entlassen, freilassen

zhburrnoj entehren

zhdavaris s/t zerstreuen

zhdeh ernüchtern lassen

zhdehj|e, -a Ernüchterung *f*

zhdëmtim-i Schadenersatz *m*, Entschädigung *f*

zhdëmtoj entschädigen

zhdëp voll/stopfen; verhauen, aus/schimpfen

zhdërvillem e/i/o sich winden, gewandt werden

zhdërvjell e/i/o entwirren

zhdërvjellët, i/e flink, gewandt

zhdërvjelltësí-a Gewandtheit *f*

zhdhjamos entfetten, das Fett entfernen

zhdoganoj verzollen

zhdredh *e/i/o* entwirren; richten auf; **i zhdrodhi pushkën** er/sie richtete das Gewehr auf ihn/sie
zhdréjtazi ⟨*adv*⟩ indirekt, mittelbar
zhdrejtë, i/e indirekt, mittelbar; **ligjëratë e~ e lirë** *spr.* erlebte Rede *f*
zhdryj entriegeln, öffnen
zhduk verschwinden lassen, beseitigen
zhdukem verschwinden
zhdukj|e, -a Beseitigung *f*, das Verschwinden *n*
zhdymëzoj halbieren
zheg-u Bullenhitze *f*
zhegitem *s/t* verdorren, vor Hitze fast um/kommen
zhegoj an/zünden, erhitzen
zhegulí-a Menge *f Kinder*, Kinderschar *f*; **kishte një zheguli për të ushqyer** er hatte eine Kinderschar zu ernähren
zhel|e, -ja Lappen *m*, Fetzen *m*; **bëj ~** zusammen/stauchen, aus/schimpfen, zur Minna machen
zheloj zerfetzen, zerreißen
zhgan-i, *pl.* -e-t Rudel *n*, Menge *f*
zhgardhin|ë, -a dürres Holz *n*; Bruchbude *f*
zhgardhohem zerfallen
zhgënjehem enttäuscht sein
zhgënjej enttäuschen
zhgënjim-i Enttäuschung *f*
zhgërryej schleppen, ziehen, schleifen
zhgradim-i *mil.* Degradierung *f*
zhgradoj *mil.* degradieren
zhgrap kritzeln; **nuk di t'ia zhgrap** ich kann nicht schreiben
zhgropos aus/graben, hervor/ziehen; wieder ins Gedächtnis rufen
zhgúall-i = gúall-i
zhgun-i, *pl.* -a-t Filzumhang *m*, Kotzen *m*; *rel.* Kutte *f*
zhgjënd|ërr, -rra. *pl.* -rra-t Halbschlaf *nach dem Traum;* Enttäuschung *f*
zhíb|ël, -la, *pl.* -la-t Holzsplitter *m*, Splint *m*; Fleck *m*; Hintergedanke *m*; **lëri zhiblat!** lass die Tricks!
zhiv|ë, -a Quecksilber *n*, Hg
zhongler-i Jongleur *m*; Gaukler *m*
zhub|ër, -ra, *pl.* -ra-t Runzel *f*, Knitterfalte *f*
zhubrosem knittern; **iu zhubros kostumi** sein Anzug ist zerknittert
zhuk|ë, -a *bot.* Binse *f*, Riedgras *n*; **shportë zhuke** Binsenkorb *m*
zhuktë, i/e aus Binsen
zhul-i Schmutz *m*
zhulos verschmutzen
zhumhur-i Getöse *n*, Dröhnen *n*
zhungë weich, nachgereift *nach dem Pflücken*
zhur-i grober Sand *m*, Kies *m*; Sehnsucht *f*
zhuris *s/t* verbrennen, brandschatzen, verdorren lassen; **vapa zhuriti misrat** die Hitze ließ die Maiskolben verdorren
zhurm|ë, -a Lärm *m*, Geräusch *n*; **na çmendi me atë ~** der Lärm hat uns verrückt gemacht
zhurmëroj rauschen, tosen, lärmen; **valët e detit zhurmërojnë** die Wellen der See rauschen, die Wogen des Meeres tosen; **zhurmëron qyteti** die Stadt lärmt
zhurmët, i/e lärmend

zhurmëthithës, -e lärmschluckend
zhurmoj lärmen, summen, rauschen, zirpen; **gjinkallat zhurmojnë** die Zikaden zirpen
zhurmsh|ëm, -me, i/e lärmend, lärmig; **muzikë e zhurmshme** lärmende Musik
zhuzhas a/e/i; s/t, *nur 3. P.*, zhuzhet = **zhuzhurit** s/t brummen, summen; knistern; **motori zhuzhet** der Motor röhrt
zhuzhitj|e, -a Dröhnen *n*, Brummen *n*, Summen *n*
zhvarros aus/graben
zhvas s/t entreißen, ab/reißen; **i zhvatën orën nga dora** man riss ihm/ihr die Uhr vom Arm
zhvatës-i Ellbogenmensch *m*
zhvendos verstellen, verlegen; ab/räumen
zhvendosj|e, -a Umstellung *f*, Verschiebung *f*; ~ **e theksit** *spr.* Akzentverschiebung
zhvesh entkleiden, plündern
zhveshës|e, -ja Entkernungsmaschine *f für Mais, Reis*
zhveshj|e, -a Plünderung *f*; Demontage *f*
zhveshur, i/e entkleidet, nackt
zhvidhos auf/schrauben
zhvillim-i Entwicklung *f*, Wandel *m*, Evolution *f*; ~ **gjuhësor** Sprachwandel *m*
zhvillimor, -e Entwicklungs-; **stad** ~ Entwicklungsstadium *n*
zhvilloj entwickeln
zhvirgjëroj entjungfern
zhvishem sich aus/ziehen, *fig.* ab/legen; **u zhvish nga plogështia** er legte die Faulheit ab
zhvjell *e/i/o* entwirren
zhvleftësim-i = **zhvlerësim**-i Entwertung *f*
zhvleftësoj = **zhvlerësoj** entwerten, wertlos machen
zhvoshk entrinden
zhvulos entsiegeln
zhvulosj|e, -a Entsiegelung *f*
zhvullnetem willenlos werden
zhyej *e/ye* beschmutzen; *fig.* hinein/ziehen; **zheu edhe shokun në atë çështje** er zog auch seinen Freund in diese Sache hinein
zhyer, i/e schmutzig
zhym-i Ruß *m*; Asche *f des Tabaks*
zhys s/t unter/tauchen ⟨*transitiv*⟩, versinken lassen; **e zhyti në borxhe** er stürzte ihn/sie in Schulden
zhytas ⟨*adv*⟩ = **zhytthi** untergetaucht; **kaloj lumin zhytas** den Fluss getaucht überqueren
zhytem versinken, unter/gehen, tauchen; **u zhyt në lexim** er versank in der Lektüre
zhyt|ër, -ra, *pl.* -ra-t *zoo.* Seetaucher *Vogel*
zhytës-i = **zhytar**-i Taucher *m*
zhytj|e, -a das Versinken *n*, Untergang *m*

Wörterbuch
Deutsch – Albanisch

Hinweise zur Benutzung des deutsch-albanischen Teils

Die Neubearbeitung berücksichtigt die Bedürfnisse derjenigen Benutzer, deren Muttersprache nicht Deutsch ist.

Die Flexionshinweise für die deutschen Stichwörter stehen abgekürzt. Feminina, die schwach dekliniert werden und den Plural auf *-(e)n* bilden, benötigen keine ausführliche Beschreibung, weshalb allein die Genusangabe für ausreichend erachtet wurde, z. B. Wange *f*, was auf G *der Wange* und N Pl. *die Wangen* hinweist. Besonders markiert werden mussten Feminina wie Wand, *pl.* ¨e, *f* oder Braut, *pl.* ¨e, *f*, die den Plural stark mit Umlaut bilden (die Wände, die Bräute).

Die deutschen Maskulina folgen mindestens acht und die Neutra mindestens sechs Paradigmen, weshalb ausführlicher markiert werden musste, wobei wir uns am Duden (Die deutsche Rechtschreibung, 24. Aufl., 2006) orientiert haben. So steht beispielsweise die Eintragung Baby, -s, *pl.* s, *n* [beːbi] für *das Baby, des Babys, die Babys*, die Aussprache folgt im Internationalen Phonetischen Alphabet. Regionale Aussprachevarianten wie [ˈbɛːbi] werden nicht berücksichtigt.

Zahlreiche Paradigmen bilden den Plural ohne spezielle Endung, was mit einer Null bezeichnet wird, z. B. Bäcker, -s, *pl.* 0, *m*. Das steht für *der Bäcker, des Bäckers, die Bäcker*. Ähnliches gilt für alle deutschen Verkleinerungsformen auf *-chen* oder *-lein* (z. B. das Männlein, die Männlein). – Im Genitiv ist bei zahlreichen deutschen Stichwörtern ein fakultatives /e/ im Endungsmorphem zu beobachten, z. B. Bad, -(e)s, *pl.* ¨er, *n*. Das steht für *das Bad, des Bades* oder *des Bads, die Bäder*. Die Form ohne /e/ ist eher als umgangssprachlich einzuschätzen, die volle Form mit *-es* gehört der gehobenen Ausspracheebene an. Nach den Stammauslauten /s/ und /ts/ ⟨z⟩ ist das /e/ obligatorisch (des Hauses); nach /n/, /l/ und /r/ ist gewöhnlich kein /e/ im starken Genitiv statthaft, also nicht *des Gartenes, *des Bäckeres! Aber: des Saales, des Chores.

Das Zeichen † steht für veraltetes Wortgut, das gleichwohl in bestimmten stilistischen Zusammenhängen (z. B. ironisch) noch verwendet werden kann. ® bezeichnet geschützte Markenzeichen. In der Lautschrift steht ʁ für vokalisiertes Zäpfchen-r, in anderen Wörterbüchern (z. B. Duden) auch mit ɐ bezeichnet. Das Zeichen ɚ steht für əʁ, z. B. in Finger [ˈfiŋɚ].

Verben mit Vokalveränderungen

a/u/a	schafft, schuf, hat geschaffen
i/a/e	misst, maß, hat gemessen
	sitzt, saß, hat gesessen
	gibt, gab, hat gegeben
i/a/o	birgt, barg, hat geborgen
	nimmt, nahm, hat genommen
i/a/u	bindet, band, hat gebunden
i/o/o	erlischt, erlosch, ist erloschen
i/a/a	bringt, brachte, hat gebracht
i/u/o	wird, wurde, ist geworden
e/a/a	kennt, kannte, hat gekannt
e/i/a	geht, ging, ist gegangen
e/o/o	hebt, hob, hat gehoben
ei/i/i	reißt, riss, hat gerissen
ei/ie/ie	schreibt, schrieb, hat geschrieben
ei/u/u	weiß, wusste, hat gewusst
ie/a/e	sieht, sah, hat gesehen
ie/o/o	schießt, schoss, hat geschossen
ie/a/o	befiehlt, befahl, hat befohlen
o/a/o	kommt, kam, ist gekommen
u/a/a	tut, tat, hat getan
u/ie/u	ruft, rief, hat gerufen
¨/u/a	fährt, fuhr, ist gefahren
¨/i/a	fängt, fing, hat gefangen
¨/ie/a	hält, hielt, hat gehalten
¨/ie/au	läuft, lief, ist gelaufen
	bläst, blies, hat geblasen
¨/ie/o	stößt, stieß, hat gestoßen
¨/o/o	betrügt, betrog, hat betrogen

A

Aal, -s *m* ngjal|ë, -a
Aaronstab, -s *m*, *bot.* këlkaz|ë, -a
Aas, -es *n* kërm|ë, -a; **~geier** larash-i
ab/ändern ndryshoj
Ab/änderung *f* ndryshim-i
ab/berufen u/ie/u çemëroj; revokoj
ab/biegen ie/o/o kthehem, dredhoj
Abbildung *f* figur|ë, -a
Abblendlicht, -(e)s *n* drita sinjalesh
ab/brechen i/a/o ndërpres, prish
Abbreviatur *f*, *spr.* shkurtim-i
Abbruch, -(e)s, *pl.* ¨e, *m* prishj|e, -a; prerj|e, -a; *med.* abort-i; dështim-i
ab/buchen tërheq *nga llogaria e klientit*
Abbuchung *f* *ök.* debitim-i; **~s:auftrag** urdhërxhirim-i
Abc [a:be:'tse:] abëcë-ja, *pl.* -të; **~-Fibel** abetar-i; abetar|e, -ja
ab/danken abdikoj
Abdankung *f* abdikim-i
ab/decken mbuloj
Abdeckung *f* mbules|ë, -a
Abdruck, -(e)s, *pl.* ¨e, *m* mbres|ë, -a; *Veröffentlichung* botim-i
Abend, -s, *pl.* -e mbrëmj|e, -a; **am ~** mbrëmjeve, **abends** mbrëma, në mbrëmje, mbrëmanet; **~brot**, -(e)s, *n* dark|ë, -a; **~dämmerung** *f* muzg-u; **~essen**, -s, *n* dark|ë, -a; **~schule** *f* shkollë mbrëmjeje
Abenteuer, -s, *pl.* 0, *n* aventur|ë, -a
Abenteurer, -s, *pl.* 0, *m* aventurier-i; **~tum**, -s aventuriz|ëm, -mi
aber po, por, porse; **~ sicher!** qysh jo!
Aberglaube, -ns, *m* besëtytní-a
abergläubisch besëtytë
ab/erkennen e/a/a *jur.* çnjoh
ab/fahren ¨/u/a nisem
Abfahrt *f* nisj|e, -a; **~s:ort** vendnisj|e, -a
Abfall, -(e)s, *pl.* ¨e, *m* bërllok-u; **~eimer**, -s, *pl.* 0, *m* kovë plehrash; **~korb**, -(e)s, *pl.* ¨e, *m* kosh i plehrave
ab/fassen hartoj, përpiloj
Abfassung *f* përpilim-i
Abfertigungs:anlage *f* dispèçer-i
Abflug, -(e)s, *pl.* ¨e, *m* nisj|e, -a; nisja e avionit
Abfluss- kullues, -e; **~rohr** *n* kanal-i; llagëm-i
Abführmittel, -s, *pl.* 0, *n* purgativ-i
Abgabe *f* dorëzim-i; tag|ër, -ri; taks|ë, -a
abgehangen *Fleisch* i/e motuar
abgelagert i/e ushtuar
abgeleitet *spr.* sekondar, -e
Abgeordneter deputet-i
abgestanden i/e bujtur; *Speise* i/e motuar; bajat, -e
abgestorben i/e tharë; i/e vdekur
ab/gießen ie/o/o kulloj
Abgott, -(e)s, *pl.* ¨er, *m* ídhull-i
Abgrund -(e)s, *pl.* ¨e, *m* gremin|ë, -a; humner|ë, -a; theqafj|e, -a
ab/handeln *Thema* trajtoj
Abhandlung *f* studim-i; punim-i
Abhang, -(e)s, *pl.* ¨e, *m* faqja e malit; tatëpjet|ë, -a; shpat-i
abhängig i/e varur; **~ sein** varem

Abhängigkeit *f* varësí-a, vartësí-a
ab/härten kalis *s/t*
ab/häuten qëroj
ab/heben e/o/o *Geld* tërheq
ab/holen marr; **Gepäck** ~ marr bagazhin; **Post** ~ nxjerr letrat
Abholfach, -(e)s, *pl.* ¨er, *n* restante
Abitur, -s, *n* matur|ë, -a
Abiturient, -en, *pl.* -en, *m* maturant-i
ab/kochen z|iej, *-jeva, -ier*
Abkommen, -s, *pl.* 0, *n* marrëveshje; konvent|ë, -a; ujdí-a
ab/kratzen gërryej; *fig.* vdes
ab/kühlen ftoh
Abkühlung *f* ftohj|e, -a
ab/kürzen shkurtoj
Abkürzung *f* shkurtim-i
ab/laden ¨/u/a shkarkoj
ab/lagern stinoj; ushtoj; staxhionoj
Ablativ, -s, *m* ablativ-i; rrjedhor|e, -ja
ab/laufen ¨/ie/au skadoj
Ablaut, -(e)s, *pl.* -e, *m* apofoní-a; **qualitativer** ~ këmbim cilësor i zanoreve
Ablaut- *spr.* apofonik, -e
ab/legen *Kleider* zhvishem; *Prüfungen* ~ jap / shlyej provime
ab/lehnen hedh poshtë; refuzoj
Ablehnung *f* heqje dorë; refuzim-i
ab/leisten *Dienst* kryej
Ableistung *f der Wehrpflicht* kryerj|e, -a
Ableitung *f Derivation* rrjedhoj|ë, -a; prejardhj|e, -a
Ablichtung *f Kopie* fotografí-a
ab/magern zgrepem
ab/messen i/a/e mas *s/t*
Abmessung *f* matj|e, -a
ab/montieren çmontoj
ab/nehmen i/a/o hollohem; *Ware* firoj; *den Gürtel* ~ zgjesh
ab/nutzen gris
Abonnement [abɔn(ə)ˈmãː], -s, *pl.* -s, *n* abonim-i, abonament-i; pajtim-i; **~s:bestätigung** *f* fletëpajtim-i
Abonnent, -en, *pl.* -en, *m* abonues-i, pajtues-i, pajtimtar-i
abonnieren abonohem, pajtohem
ab/ordnen delegoj
Abort, -(e)s, *pl.* -e, *m* nevojtor|e, -ja; *Abtreibung* abort-i; dështim-i; **~grube** *f* gjiriz-i
ab/rackern, sich ~ sfilitem; çallëstis; djersitem
ab/räumen zhvendos
ab/rechnen llogaris *s/t*; zbres *s/t*; *fig.* laj hesapet
Abrechnung *f* hesap-i; llogarí-a
Abreise *f* largim-i; **ab/reisen** largohem, nisem
ab/reißen ei/i/i çmontoj; zhvas *s/t*; këpus *s/t*
ab/runden rrumbullakoj
Abrüstung *f* çarmatim
Absage *f* heqje dorë
Absatz, -es, *pl.* ¨e, *m* kryerresht-i; kryeradh|ë, -a; *am Schuh* tak|ë, -a; *jur.* nen-i; paragraf-i; *Verkauf* shitj|e, -a; **~markt** *ök.* treg shitjeje
ab/schalten ndërpre|s, *-va, -rë*
Abscheu, -s, *m* neverí-a; ~ **empfinden** *i/a/u* neveritem
ab/schicken nis; dërgoj
ab/schieben ie/o/o dëboj

Abschiebung *f jur.* dëbim-i
Abschied, -(e)s, *m* lamtumir|ë, -a; **~s:essen** banket lamtumire
ab/schießen ie/o/o rrëzoj
Abschlag, -(e)s, *pl.* ¨e, *m* zbritje, ulje; **auf ~** me këste
ab/schleppen rimorkioj
ab/schließen *ie/o/o beenden* përfundoj; kr|yej, *-eva, -yer; verschließen* mbyll
Abschluss, -es, *pl.* ¨e, *m* mbarim; **zum ~ von** në mbarim të ⟨*Gen*⟩
ab/schmieren grasoj; ~̊, -s, *n, tech.* lubrifikim-i; grasatim-i
ab/schneiden ei/i/i pres; cungoj
Abschnitt, -(e)s, *pl.* -e, *m* kryerresht-i; *jur.* kr|ye, -eu; sektor-i; faz|ë, -a; segment-i; seksion-i
ab/schreiben ei/ie/ie kopjoj; *ök.* amortizoj
Abschreibung *f* amortizim-i, zhvlerësim-i
Abschrift *f* kopje
ab/schürfen çjerr e/i/o
ab/schütteln shkundem
Abschuss, -es, *pl.* ¨e, *m Flugzeug* rrëzim-i
ab/sehen von ie/a/e *jur.* përjashtoj; **abgesehen von allem andern** përveç të tjerave
abseits *spo.* jashtë loje
Absender, -s, *pl.* -0, *m* dërgues-i; ekspeditor-i; **an ~ zurück!** ktheje mbrapsht tek dërguesi!
Absicht *f* synim-i; **~s-** qëllimor, -e
absichtlich ⟨*adv*⟩ me qëllim; qëllimisht; qëllimthi; apostafat; énkas; kastíle; nérgut
absolut absolut, -e; ⟨*adv*⟩ absolutisht
Absolutismus *m* absolutiz|ëm, -mi
Absorption *f spr.* përthithj|e, -a
Abspaltung *f* herezí-a; mvetësim-i
Absperrung *f* kordon-i
Absprache *f* dispozit|ë, -a; akord-i; **~ zugunsten eines Dritten** dispozitë në dobí të një të treti
Abstammung *f* prejardhj|e, -a; far|ë, -a
Abstand, -(e)s, *pl.* ¨e, *m* distanc|ë, -a; **~ nehmen von** heq dorë
absteigend zbritës, -e
ab/stellen ndërpre|s, *-va, -rë*; ndaloj; *Fahrzeug* parkoj
ab/sterben i/a/o thahem; *rel.* vdes; **mir sind die Hände wie abgestorben** m'u athën duart
Abstieg, -(e)s, *pl.* -e, *m* zbritj|e, -a
ab/stimmen votoj
abstrahieren *phi.* abstragoj; abstraktoj
abstrakt abstrakt, -e; **~̊heit** abstraktësí-a
Abstraktion *f* abstraksion-i; abstraktim-i
ab/stürzen *Flugzeug* rrëzohem
absurd absurd, -e; **~̊ität** *f* absurditet-i
Abszess, -es, *pl.* -e, *n med.* abses-i
Abszisse *f math.* abshis|ë, -a
Abt, -(e)s, *pl.* ¨e, *m* abat-i; *orthodox* igumen-i
Abtei *f* abací-a
Abteil, -(e)s, *pl.* -e, *n Zug* kabin|ë, -a
Abteilung *f* repart-i; deg|ë, -a
Abtönung *f* nuanc|ë, -a; *spr.* këmbim cilësor i zanoreve
ab/treiben ei/ie/ie ⟨*transitiv*⟩ dështoj

Abtreibung *f med.* abort-i; dështim-i
ab/treten i/a/e ⟨*transitiv*⟩ cedoj; ⟨*intransitiv*⟩ dal, iki
Abtritt, -(e)s, *pl.* -e, *m* dalj|e, -a; *Klosett* nevojtor|e, -ja
ab/trocknen fshij; **die Hände ~** fshij duart
Abtrünniger *m* renegat-i
abwandelbar i/e ndryshuesh|ëm, -me
abwärts tatëpjetë
ab/wechseln, sich ~ alternohem
Abweichung *f* deviacion-i; divergjenc|ë, -a; shmangi|e, -a
ab/wehren praps
ab/wenden praps
abwertend përçmues, -e
ab/wetzen gris
ab/wischen fshij; shlyej
ab/ziehen ie/o/o *math. subtrahieren* zbres
achronisch *spr.* pakohor, -e
Achse *f tech.* aks-i; bosht-i
Achsel *f* sqétull-i; sup-i
acht tetë; **der achte** i/e tetë; **~eckig** tetëkëndësh, -e; **~zehn** tetëmbëdhjetë; **der ~zehnte** i tetëmbëdhjetë; **~zig** tetëdhjetë; **~zigster** i/e tetëdhjetë; **~silbler** tetërrokësh-i
achten çmoj
Achtung *f* respektim-i; konsiderat|ë, -a; **~!** vini re!; kujdes!
Acker, -s, *pl.* ¨0, *m* ar|ë, -a; **~bau** bujqësí-a; **~scholle** zvol-i; **~winde** *bot.* dredhkë e arave; **~n** *n* lëroj; *(arbeiten)* punoj
Adagio [a'da:dʒo] adáxhio-ja
Adaption *f* përshtatj|e, -a
adäquat adekuat, -e
addieren mbledh; **den Subtrahend zur Differenz ~** mbledh zbritësin me mbetjen
Adel, -s, *m* fisnikërí-a
adeln bujaroj; fisnikëroj
adhortativ *spr.* këshillues, -e
Adieu! [a'djø:] lamtumirë!
Adjektiv, -s, *pl.* -e, *n* mbiem|ër, -ri; **~ mit vorangestelltem Gelenkartikel** mbiemër i nyjshëm; **~ ohne Gelenkartikel** mbiemër i panyjshëm; **~ierung** *f* adjektivim-i
adjektivisch mbiemëror, -e
Adjutant, -en, *pl.* -en, *m* adjutant-i
Adler, -s, *pl.* 0, *m* gab|ë, -a; shkab|ë, -a; shqiponj|ë, -a
adlig fisnik, -e
Administration *f* administrat|ë, -a
Admiral, -s, *pl.* ¨e, *m mil.* admiral-i
Admirativ, -s *m spr.* habitor|e, -ja; mënyrë habitore
adnominal *spr.* pranëemëror, -e
adoptieren *jur.* adoptoj, birësoj
Adoption *f* adoptim-i
Adresse *f* adres|ë, -a
adressieren adresoj
Adstrat, -(e)s, *pl.* e, *n* ndajshtres|ë, -a
Advent, -(e)s, *pl.* e, *m rel.* t'ardhun-it; Ardhj|e, -a
Adverb, -s, *pl.* ien, *n* ndajfolj|e, -a
adverbial ndajfoljor, -e; **~bestimmung** *f* plotës-i; **~isierung** *f* adverbializim-i; ndajfoljezim-i
adversativ *spr.* kundërshtor, -e
Advokat, -s, *pl.* en, *m* avokat-i
aerodynamisch aerodinamik, -e

Affe, -n, *pl.* n, *m* majmun-i, *pl.* -ë-t; **~rei** *f* majmunërí-a

Affekt, -(e)s, *pl.* e, *m* afekt-i; **~iv** afektiv, -e; **~ive Gemination** *f* dyzim shprehës

Affigierung *f spr.* ndajshtesim-i

Affigkeit *f* majmunërí-a

Affirmation *f* pohim-i

Affix, -es, *pl.* e, *n spr.* ndajshtes|ë, -a

Affrikat, -s, *pl.* e, *m spr.* afrikat|e, -ja

afghanisch afgan, -e, afganistánas, -e

Afrika *n* Afrik|ë, -a

afrikanisch afrikan, -e

Ägäis *f*, **Ägäisches Meer** Egjé-u

Agent, -en, *pl.* en, *m* agjent-i; emisar-i; **~ur** *f* agjencí-a; agjentur|ë, -a

Agglutination *f spr.* përngjitj|e, -a; aglutinim-i

Aggregat, -(e)s, *pl.* e, *n* agregat-i

Aggression *f* agresion-i; **~s:herd** *m* vatër agresioni

aggressiv agresiv, -e

Aggressor, -s, *pl.* en, *m* agresor-i

Agitation *f* agjitacion-i

Agitator, -s, *pl.* en, *m* agjitator-i

Agnostiker, -s, *pl.* 0, *m phi.* agnosticist-i

Agnostizismus *m* agnosticiz|ëm, -mi

Agonie *f* heq|ë, -a; agoní-a; grahm|ë, -a

Agrarreform *f* reformë agrare

Agrochemie *f* agrokimí-a

Agrumen agrume-t; **~hain** *m* agrumisht|ë, -a

Ägypten Egjipt-i

Ägypter, -s, *pl.* 0, *m* egjiptian-i; *Zigeuner* evgjit-i

ägyptisch egjiptian, -e

Ahle *f* fëndyell-i; biz|ë, -a

ahnen pandeh; ndjell *e/i/o*

ähnlich i/e ngjash|ëm, -me; **~keit** ngjashmërí-a

Ahorn *m bot.* panj|ë, -a; ulz|ë, -a

Ähre *f* kallí-ri; **unreife ~** úsht|ër, -ra

Akademie *f* akademí-a; **~mitglied** *n* akademik-u

akademisch akademik, -e

Akanthus *m* dásht|ër, -ra

Akazie *f bot.* akaci|e, -a; ferrëdet-i

akklimatisieren, sich ~ ambientohem

Akkord, -(e)s, *pl.* e, *m* akord-i; **~arbeit** *f* punë me akord

Akkordeon, -s, *pl.* s, *n* fizarmonik|ë, -a

akkreditieren akreditoj

Akku, Akkumulator, -s, *pl.* en, *m* akumulator-i

akkumulieren akumuloj

Akkusativ, -s, *pl.* e, *m* kallëzor|e, -ja

Akrobat, -s, *pl.* en, *m* akrobat-i; **~ik** *f* akrobací-a

akrobatisch akrobatik, -e

Akryl -s, *n chem.* akril-i; **~-** akrilik, -e

Akt, -(e)s, *pl.* e, *m* akt-i

Akte *f.* dosar-i; dosj|e, -a; **~n:bündel** *n* dosar-i; dosj|e, -a; **~n:tasche** çantë aktesh

Aktie *f ök.* aksion-i, *pl.* -e-t

Aktion *f* veprim-i; aksion-i; **~s:art** *spr.* pamj|e, -a

Aktionär, -s, *pl.* e, *m* aksionar-i

aktiv aktiv, -e; ⟨*adv*⟩ aktivisht; **~**, -s, *n*, *spr.* vepror|e, -ja; **~kohle** *f chem.* blozë aktive

aktivieren aktivizoj

Aktivität *f* aktivitet-i; **kriminelle ~** veprimtarí keqbërëse

aktualisieren aktualizoj

Aktualität *f* mprehtësí-a
aktuell aktual, -e; i/e mprehtë
Akuität *f spr.* mprehtësí-a
akustisch akustik, -e
akut *med.* akut, -e
Akzent, -(e)s, *pl.* e, *m spr.* theks-i; **~verlust** *m* shtheksim-i; **~verschiebung** *f* zhvendosje e theksit; **~wechsel** *m* këmbim theksor
Akzent- theksor, -e
akzentuieren theksoj
akzeptabel i/e pranuesh|ëm, -me
akzeptieren pranoj
Akzidenz *f phi.* akcidenc|ë, -a
Alabaster, -s, *m* alabast|ër, -ri; gurmic|ë, -a
Alarm, -s, *pl.* e, *m* alarm-i; kushtrim-i; **~ieren** alarmoj
Albaner, -s, *pl.* 0, *m* shqiptar-i; **~in** *f* shqiptar|e, -ja
Albanien *n* Shqipërí-a
albanisch shqiptar, -e; shqip, -e; ⟨*adv*⟩ shqip; **~e Sprache**; **Albanisch** shqip|e, -ja; gjuha shqipe
Albanistik *f* albanologjí-a, albanistik|ë, -a
Albanologe, -n, *pl.* n, *m* albanolog-u
Albanologie *f* albanologjí-a, albanistik|ë, -a
albanologisch albanologjik, -e
Alb|um -s, *pl.* en, *n* album-i
Alchemie *f* alkimí-a
Alge *bot.* alg|ë, -a
Algebra *f math.* algjeb|ër, -ra; **~isch** algjebrik, -e; **~ische Gleichung** ekuacion algjebrik
Algerien *n* Algjerí-a
algerisch algjerian, -e
Algier [ˈalʒiːɚ] *ON* Algjer-i
Alibi, -s, *pl.* s, *n jur.* alibí-a
Alkohol, -(e)s, *pl.* e, *m chem.* alkool-i, *pl.* -e-t; **~ zuführen** alkoolizoj; **~isch** alkoolik, -e; **~isieren** alkoolizoj; **~iker** *m* alkoolist-i; **~ismus** *m* alkooliz|ëm, -mi
All, -s, *n* gjithësí-a
Allah, -s *rel.* Allah-u
alle të gjith|ë, -a; **~ fünf** që të pesë; **~ zusammen** gjithunjí
Allegorie *f spr.* alegorí-a
allegorisch alegorik, -e
Allegro *n mus.* alégro-ja
allein i/e vetmuar; ⟨*adv*⟩ vetëm; fillikat; **~ leben** fillëroj
allemal gjithmonë, **ein für ~** një herë e përgjithmonë
Allergie *f med.* alergjí-a
Allerheiligen *n rel.* Gjithë Shenjtënt
allerlei gjithfarë
Allerseelen *n rel.* të Shúema-t
alles çdo gjë; çmos; çnuk; gjithçká; **~ Gute!** shëndet e kësmet!
allgemein i/e përgjithsh|ëm, -me; ⟨*adv*⟩ gjíthazi
Allianz *f* aleanc|ë, -a
Alliierter *m,* Verbündeter aleat-i
Allmacht *f* gjithëfuqí-a
allmächtig i/e gjithëfuqish|ëm, -me; i/e gjithëpushtetsh|ëm, -me
allmählich gradual, -e
Allomorph, -s, *pl.* e, *n spr.* alomorf-i
Allophon, -s, *pl.* e, *n spr.* alofon-i
allseitig i/e gjithansh|ëm, -me
Alltag *m* jeta e përditshme

alltäglich i/e përditsh|ëm, -me
allzeit gjithherë; kurdoherë
Alm *f* bjeshk|ë, -a; **~wirtschaft** *f* bjeshkí-a
Almanach, -s, *pl.* e, *m* almanak-u
Almosen, -s, *pl.* 0, *n* lëmosh|ë, -a
Alpen *f pl* Alpe-t; **~veilchen** *n*, Zyklamen *n bot.* ciklamin-i
Alphabet, -(e)s, *pl.* e, *n* alfabet-i; abëcë-ja; **~̊isch** alfabetik, -e; **~ische Ordnung** *f* renditje alfabetik
alpin alpin, -e; **~̊ist**, alpinist-i
Alptraum, Albtraum -(e)s, *pl.* ¨e, *m* makth-i; ankth-i
als ⟨*Konj.*⟩ kur; se, sesa, nga; **Heute ist das Wetter schöner als gestern** Sot moti është më i bukur se dje; **~ ob** ⟨*Konj.*⟩ sikur; kínse
also prandaj; demek; de ⟨*Int.*⟩; **du hast das also nicht gewusst!** demek, s'e paske ditur ti!
alt i/e vjetër; i/e moç|ëm, -me; i/e motuar; i/e lashtë; i/e qëmoç|ëm, -me; vjeç, -e; plak, -ë; **5 Jahre ~** pesë vjeç; **das Alte** e vjetra; **der Alte** plak-u; **Altes Testament** *rel.* Dhiata e vjetër
Alt *m mus.* álto-ja
Altar, -(e)s, *pl.* ¨e, *m* altar-i; **~raum**, -(e)s, *pl.* ¨e, *m* hijeror|e, -ja
altbacken bajat, -e
Altbestand, -(e)s, *pl.* ¨e, *m* fond i vjetër, fond i lashtë
Alter vjetërsí-a; mosh|ë, -a; **von ~̊s her** ⟨*adv*⟩ denbabaden; **das ~ erreichen** mbush moshën; **~s:genosse** *m* moshatar-i; vërsnik-u; **~s:gruppe** *f* grup-mosh|ë, -a; **~s:heim** *n* azil-i i pleqve
altern vjetrohem; **~̊** *n* vjetrim-i; **~ lassen** vjetroj
Alternation, Alternanz *f spr.* këmbim fonetik
alternieren alternohem
Altertum, -(e)s, *pl.* ¨er, *n* antikitet-i; lashtësí-a
Altruismus *m* altruiz|ëm, -mi
Aluminium, -s *n chem.* alumin-i
alveolar *spr.* trysor, -e
am [= an dem] në, më; **~ 2. Juli** më dy korrik; **~ Ende des 19. Jahrhunderts** në kapërcellin e shekullit XIX; **~ Fluss** anës lumit; **~ Rande von** buzë ⟨+ *Abl*⟩; bri ⟨+ *Abl*⟩
Amateur, -s, *pl.* e, *m* [amaˈtøːr] amator-i; diletant-i
Ambiente, -s, *pl.* s, *n* mjedis-i; ambient-i
Ambition *f* ambíci|e, -a
ambitiös ambicioz, -e
Amboss, -es, *pl.* e, *m* fark|ë, -a
ambulant ambulator, -e; shëtitës, -e
Ambulanz *f* ambulanc|ë, -a
Ameise *f zoo.* milingon|ë, -a; thneg|ël, -la; dhéul-a
Amen ⟨*Int.*⟩ amin
Amerika *n* Amerik|ë, -a; **~̊nisch** amerikan, -e
Amme *f* mëndesh|ë, -a; dado-ja
Ammoniak, -s, *m* amoniak-u; uré-ja
Amnesie *f med.* amnezí-a
Amnestie *f jur.* amnistí-a; **~̊ren** amnistoj
Amöbe *f zoo.* ameb|ë, -a

Ampel *f* (Verkehrs~) semafor-i
Ampère *tech.* amper-i; **~meter** ampermet|ër, -ri
Amphibium, -s, *pl.* ien, *n zoo.* amfib-i
Amphitheater, -s, *pl.* 0, *n* amfiteat|ër, -ri
Amplifikation *f spr.* gjerësim-i
Ampulle *f med.* ampul|ë, -a
Amsel *f zoo.* cërr|e, -ja; cirl|ë, -a; mëllenj|ë, -a; qofk|ë, -a; **~feld** *n* Fushë-Kosovë
Amt *n* ofiq-i; zyr|ë, -a; **~lich** zyrtar, -e; **Amts**- zyrtar, -e; **~blatt** *n* gazetë zyrtare; **~leiter** *m* titullari i dikasterit; **~sitz** *m* rezidenc|ë, -a; **~gericht** *n* gjykata e shkallës së parë
Amulett, -(e)s, *pl.* e, *n* hajmalí-a; *aus einem gefalteten Zettel* nusk|ë, -a
amüsant argëtues, -e
amüsieren argëtoj; **sich ~** argëtohem; dëfrehem; zbavitem; eglendisem
an anës ⟨+ *Abl*⟩; pranë ⟨+ *Abl*⟩; **am Fluss** anës lumit
An- und Verkauf, -s, *m* shitblerj|e, -a
Anachronismus *m* anakroniz|ëm, -mi
Anakoluth, -(e)s, *pl.* en, *m spr.* anakolut-i
analog *phi.* analogjik, -e
Analogie *f phi.* analogjí-a
analysieren analizoj
analytisch analitik, -e
Anämie *f med.* anemí-a
anämisch *med.* anemik, -e
Ananas *f bot.* ananas-i, *pl.* -e-t
Anapher *f spr.* anafor|ë, -a
Anaptyxe *f spr.* anaptiks-i; tíngull-shtes|ë, -a
Anarchie *f* anarkí-a
anarchisch anarkik, -e
Anarthrie *f spr.* keqnyjëtim-i
Anästhesie *f med.* anestezí-a
Anastrophe *f spr.* anastrof|ë, -a
Anatolien *n* Anadoll-i; Anatolí-a
anatolisch anadollak, -e; anadollas, -e
Anatomie *f* anatomí-a
anatomisch anatomik, -e
Anbau, -s, *pl.* ten, *m* kultivim-i; *Gebäude* aneks-i, *pl.* -e-t; **~en** mbjell *e/i/o;* kultivoj; rindërtoj
an/beten adhuroj
an/bieten ie/o/o ofroj; propozoj
an/binden i/a/u lidh; *fig.* atashoj
Anblick (e)s, *pl.* e, *m* pamj|e, -a; tabló-ja
ander tjétër, *pl.* të tjerë; **unter anderem** në mes të tjerave; **mit anderen Worten** me fjalë të tjera; **~n:falls** ⟨*adv*⟩ ndryshe; **~s** tjetërqysh; ⟨*adv*⟩ ndryshe; **~s:wo** gjetkë
ändern ndërroj; ndryshoj; **er/sie änderte sich grundlegend** ndryshoi rrënjësisht
Änderung *f* ndërrim-i; ndryshim-i
Andruck, -(e)s, *pl.* e, *m typ.* boc|ë, -a
an/eignen, sich etw. ~ përvetësoj
Aneignung *f* përvetësim-i
Anekdote *f* anekdot|ë, -a; qyfyr-i
an/erkennen e/a/a njoh *e/i*
Anerkennung *f* njohj|e, -a
Anfall, -(e)s, *pl.* ¨e, *m med.* atak-u
Anfang, -(e)s, *pl.* ¨e, *m* fillim-i; filles|ë, -a; ball|ë, -i
anfangs fillimisht; **~-** fillimor, -e; fillor, -e; nistor, -e; **~buchstabe** *m* inicial-i;

~zeit der Vorstellung orari i seancës
an/fangen ¨/i/a filloj; **~d** fillimor, -e
Anfänger filltar-i
an/fassen prek; nga|s *a/e, s/t*
an/feuchten ritoj; rij; **Tabak** ~ rij duhanin
an/feuern trimëroj; **~d** nxitës, -e
an/fordern kërkoj
Anforderung *f* kërkesë
Anfrage *f* kërkes|ë, -a; **parlamentarische** ~ interpelanc|ë, -a
an/freunden miqësoj
an/fügen bashkëngjis *s/t*
Anfügung *f* ndajngjitj|e, -a
an/führen udhëheq; kryesoj; prij ⟨+ *Dat.*⟩; *erwähnen* citoj
Anführer, -s, *pl.* 0, *m* ballëtar-i; kapedan-i
Anführungszeichen, -s, *pl.* 0, *n spr.* thonjëza-t
Angaben *f* të dhëna-t
an/geben i/a/e njoftoj; tregoj; kallëzoj; *prahlen* mburrem; krekosem
Angeber, -s, *pl.* 0, *m Großmaul* kapadaí-u
Angeberei *f* kapadaillëk-u; kapardisj|e, -a
angeblich ⟨*adv*⟩ gjoja, demek; kínse
Angebot, -(e)s, *pl.* e, *n* propozim-i; ofert|ë, -a
angefügt i/e bashkangjitur
an/gehen e/i/a, *betreffen* takoj
Angehöriger *m* farefis-i; kushëri-i; anëtar-i; ~ **der Küstenwache** *mil.* bregdetar-i
Angeklagter *m jur.* i/e akuzuar; i pandehur-i
Angel *f*, **Angelhaken** *m* grep-i
Angelegenheit *f* pun|ë, -a
angeln peshkoj me grep, zë peshk me grep; grepoj
angelsächsisch anglosakson, -e
angemessen me vend; i/e duhur; ⟨*adv*⟩ denjësisht
angenehm i/e këndsh|ëm, -me; i/e hijsh|ëm; i/e kënaqsh|ëm, -me; i/e ëmbël; **~e Reise!** rrugë të mbarë!
Angestellte *f* nëpúnës|e, -ja; punonjës|e, -ja
Angestellter *m* nëpúnës-i; punonjës-i; **leitender** ~ administrator-i
Angewohnheit *f* zakon-i; adet-i; shprehí-a
Angina *f med.* angjin|ë, -a
Angleichung *f spr.* asimilim-i
an/greifen ei/i/i mësyj; hidhem në sulm; sulem; sulmoj
Angriff *m* inkursim-i; mësymj|e, -a; ofensiv|ë, -a; sulm-i; **~s-** mësymës, -e; **~s:krieg** luftë mësymëse
Angst *f* frik|ë, -a; **~hase** *m fig.* frikacak-u
an/halten ¨/ie/a ndaloj; ⟨*intransitiv*⟩ ndalem
Anhang, -(e)s, *pl.* ¨e, *m* shtojc|ë, -a; aneks-i
an/hängen shtoj; ⟨*intransitiv*⟩ aderoj
Anhänger, -s, *pl.* 0, *m* rimorkio-ja; *Jünger* ithtar-i; dishépull-i; *eines Sports* tifoz-i
Anilin, -s, *pl.* e, *n chem.* anilin|ë, -a
Anis *m bot.* mastik|ë, -a; **~schnaps** *m* uzo-ja
ankern ankoroj

Ankerplatz, -(e)s, *pl.* ¨e, *m* vend ankorimi; vendqëndrim i anijes
Anklage *f jur.* akuz|ë, -a
an/klagen akuzoj
Ankläger, -s, *pl.* 0, *m* akuzues-i
Anklageschrift *f jur.* aktakuz|ë, -a; kërkesëpadí-a
an/klopfen trokas në derë
an/kommen o/a/o arri|j, *-ta, -tur*; mbërrij
Ankömmling, -s, *pl.* e, *m* ardhës-i
Ankunft *pl.* ¨e, *f* arritj|e, -a; mbë-rritj|e, -a
Ankunfts:ort, -(e)s, *pl.* e, *m* venda-rritj|e, -a
Anlage *f tech.* impiant-i, *pl.* -e-t; pajisj|e, -a; *Talent* prirj|e, -a, dhuntí-a
an/lassen ¨/ie/a ndez *e/i*; **ich lasse den Wagen an** e ndez makinën
Anlasser, -s, *pl.* 0, *m tech.* lëshues-i
an/laufen ¨/ie/au *naut.* hyj në liman
Anlaut, -(e)s, *pl.* e, *m spr.* nistor|e, -ja; filles|ë, -a
Anlass, -es, *pl.* ¨e, *m* pretekst-i; shkas-i
an/legen vë; vendos; vesh; investoj; *Schiff* ndalem në skelë; **~ lassen** bregëzoj
Anleger liman-i; skel|ë, -a
Anlegesteg, -(e)s, *pl.* e, *m* shkallë vapori
an/locken josh; ndjell *e/i/o*
an/malen bojatis, *das Haus* ~ bojatis shtëpinë
Anmaßung *f* arroganc|ë, -a
anmaßend arrogant, -e
Anmerkung *f* shënim-i
Anmut *f* vesk-u; hijeshí-a; lezet-i; hirësí-a
anmutig i/e hijeshuar
an/nähern afroj
Annäherung *f* afrim-i; konver-gjenc|ë, -a
Annahme *f* supozim-i; pranim-i; pandehm|ë, -a
Annalen *Pl.* anale-t
Annalist, -en, *pl.* en, *m* historiograf-i; historishkrues-i
annehmbar i/e pranuesh|ëm, -me
an/nehmen i/a/o pranoj; *jur.* kujtoj
annektieren, anschließen aneksoj
Annex, -(e)s, *pl.* e, *m* aneks-i; **~ierung** *f spr.* ndajngjitj|e, -a
annotiert me shënime
annullieren anulloj; prapësoj
Anode *f* anod|ë, -a
anomal anormal, -e
Anomalie *f* anomalí-a
anonym anonim, -e
an/ordnen urdhëroj
Anordnung *f Aufstellung* renditj|e, -a; *Gebot* urdhëres|ë, -a
anorganisch joorganik, -e
an/passen përshtat; asimiloj; azhurnoj
Anpassung *f* përshtatj|e, -a
Anrechnung *f jur.* llogaritj|e, -a
Anrede *f spr.* thirror-i
an/reden drejtohem
an/regen frymëzoj
Anruf, -(e)s, *pl.* e, *m* telefonim-i; thirrj|e, -a; **~en** marr në telefon
an/rühren, anfassen nga|s *a/e; s/t*
Ansager, -s, *pl.* 0, *m* folës-i; spiker-i
Ansammlung *f* tub|ë, -a
an/schauen shikoj

Anschein, -(e)s, *m* gjas|ë, -a
anscheinend më duket; në dukje; ka të ngjarë
an/schicken, **sich ~ zu** matem; kam ndërmend
Anschlag *m Plakat* afish|e, -ja; atentat-i; **~swinkel** *m tech.* kënd devijimi
an/schlagen ¨/u/a afishoj; *bellen* leh
Anschluss, -(e)s, *pl.* ¨e, *m spr.* goditj|e, -a; **~bewegung** *f* irredentiz|ëm, -mi; **~punkt** *m* pikëlidhj|e, -a; **~art** *f* pikëlidhj|e, -a
an/schreien ei/ie/ie bërtas; hakërrohem
Anschrift *f* adres|ë, -a
Anschuldigung *f* fajësim-i
Ansehen, -s, *n* prestigj-i
an/sehen ie/a/e shikoj; **~ als** konsideroj
Ansicht pikëpamjçe, -a; pamj|e, -a; konsiderat|ë, -a
Anspannung *f* tendosj|e, -a
Anspielung *f* aluzion-i; nënkuptim-i; **~en** *Pl.* romuze-t
Ansprache *f* fjalim-i
Anspruch, -(e)s, *pl.* ¨e, *m* kërkes|ë, -a
an/spucken pështyj
an/stacheln ngus *s/t*
Anstand, -(e)s, *m* edukat|ë, -a; fisnikërí-a; **ein Mensch mit ~** njeri i kultivuar
anständig dinjitoz, -e; korrekt, -e; **~̊keit** *f* korrektes|ë, -a, korrektësí-a
an/starren vështroj thekët
an/stecken ngjis; moleps; *anzünden* ndez; **mit Krätze ~** kromos; **~de Krankheit** *f* sëmundje ngjitëse
Anstecknadel *f* distinktiv-i
Ansteckung *f* ngjitj|e, -a; molepsj|e, -ja
an/stiften shtyj; kall
Anstifter, -s, *pl.* 0, *m* nxitës-i; *jur.* shtytës-i
Anstiftung *f* shtytj|e, -a
Anstoß, -es, *pl.* ¨e, *m* shkas-i
an/streichen ei/i/i bojatis
Anstreicher, -s, *pl.* 0, *m* bojaxhí-u
an/strengen tendos; lodh; **sich ~** përpiqem; çallëstis
Anstrengung *f* përpjekje, -a; mundim-i; zor-i
Antarktis *f* Antarktid|ë, -a, Antarktik-u
Antastung *f jur.* prekj|e, -a
Anteceden|s -0, *pl.* zien, *n spr.* parashkues-i
Antenne *f tech.* anten|ë, -a
Antepänultima *f spr.* rrokje dyparafundore
Anthologie *f* antologjí-a
Anthrazit, -(e)s, *pl.* e, *m*, **~kohle** *f* antracit-i
Anthroponym, -s, *pl.* e, *m* antroponim-i
Anthropozentrismus *m* antropocentriz|ëm, -mi
anti- kundër-
Antibiotik|um -s, *pl.* a, *n med.* antibiotik-u
antifaschistisch antifashist, -e; **~̊ Nationale Befreiungsbewegung** *f* Lëvizja Antifashiste Nacionalçlirimtare
antik antik, -e
Antilope *f* antilop|ë, -a
Antimaterie *f* antilënd|ë, -a
antimilitaristisch antimilitarist, -e

antinational antikombëtar, -e
Antinomie *f* antinomí-a
Antipathie *f* antipatí-a
antipathisch antipatik, -e
Antiquar, -s, *pl.* e, *m* antikuar-i; **~iats:buchhändler** *m* bukinist-i
Antiquität *f* antik|ë, -a
Antiseptik|um -s, *pl.* a, *n* antiseptik-u
Antiteilchen, -s, *pl.* 0, *n im Atom* kundërgrimc|ë, -a
Antithese *f* antitez|ë, -a; kundërtez|ë, -a
Antivari *ON* Tivar-i
Antizipation *f* anticipim-i
Antlitz, -(e)s, *pl.* e, *n* fytyr|ë, -a
Antonomasie *f spr.* antonomazí-a
Antonym, -s, *pl.* e, *n spr.* antonim-i
Antrag, -s *m, pl.* ¨e aplikim-i
an/treiben ei/ie/ie grah; nxis *s/t*
Antrieb, -(e)s, *pl.* e, *m* impuls-i
Antwerpen *ON* Anvers|ë, -a
Antwort *f* përgjij|e, -a
antworten përgjigjem
an/vertrauen besoj
an/wachsen ¨/u/a rritem; ngjitem
an/wärmen vak
an/weisen ei/ie/ie udhëzoj; instruktoj
Anweisung *f* udhëzim-i; instruksion-i
an/wenden zbatoj, aplikoj
Anwendung *f* zbatim-i; aplikim-i; **~s-** zbatimor, -e
anwesend i/e pranish|ëm, -me
Anwesenheit *f* prezenc|ë, -a; praní-a; **~s:liste** *f* evidenc|ë, -a
Anzeichen, -s, *pl.* 0, *n* gjas|ë, -a; simptom|ë, -a
Anzeige *f* lajmërim-i; kallëzim-i; **~ erstatten** ngre padí
an/zeigen dëftej *e/ye*, dëftoj; denoncoj
an/ziehen ie/o/o vesh *e/i; Schuhe* mbath; *Aufmerksamkeit* tërheq; **die Schrauben ~** shtrëngoj vidhat; **sich ~** vishem; **~d** tërheqës, -e
Anzug, -(e)s, *pl.* ¨e, *m* kostum-i; **sein ~ ist zerknittert** iu zhubros kostumi
an/zünden zhegoj; ndez *e/i*
Anzünder, -s, *pl.* 0, *m* shkrepës-i
Aorist, -(e)s, *pl.* e, *m spr.* aorist-i; e kryer-a e thjeshtë, e; **inchoativer ~** aorist-i fillimor; **sigmatischer ~, schwacher ~, s-Aorist** *m* aorist-i sigmatik
Aorta *f med.* aort|ë, -a
Apathie *f* apatí-a; ngathëtësí-a
apathisch i/e ngathët; apatik, -e
Aperitiv, -(e)s, *pl.* e, *m* aperitiv-i
Apfel, -s, *pl.* ¨0, *m* moll|ë, -a; **~saft** *m* lëng molle
Apfelsine *f* portokall-i; **~n:getränk** *n* portokallat|ë, -a
Aphärese *f spr.* aferez|ë, -a
Aphorismus *m* aforiz|ëm, -mi
Apikal, -s, *pl.* e, *m spr.* major|e, -ja
Apodosis *f spr.* apodoz|ë, -a
Apokalypse *f* apokalips-i; **~ des Johannes** *rel.* Zbulesa
Apokope *f* apokop|ë, -a
Apologet, -en, *pl.* en, *m* apologjet-i
Apologie *f* apologjí-a
Apoplexie *f med.* apopleksí-a; damllá-ja
Aporie *f phi.* aporí-a
Apostel, -s, *pl.* 0, *m* apóstull-i; **~geschichte** *f rel.* vepra-t e apostujve

apostolisch apostolik, -e
Apostroph, -(e)s, *pl.* e, *m* apostrof-i
Apostrophe *f spr.* thirror-i; apostrof|ë, -a
Apotheke *f* barnator|e, -ja; farmací-a; **~r** -s, *pl.* 0, *m* farmacist-i
Apparat, -(e)s, *pl.* e, *m* aparat-i; makin|ë, -a
Apparatur *f* aparatur|ë, -a
Appartement *n* [apartə'mã:] apartament-i
Appenninen-Halbinsel *f* Gadishulli i Apeníneve
Apperzeption *f phi.* aperceptim-i
Appetit, -s, *m* oreks-i; **guten ~** bëftë mirë; **ich habe keinen ~** s'më hahet; **~ happen** *m* mezé-ja
applaudieren duartrokas *a/e/i; s/t;* brohoris *s/t*
Applaus brohoritj|e, -a; duartrokitj|e, -a; ovacion-i
Applikation *f Kleidung* garnitur|ë, -a
applikativ zbatimor, -e
Apposition *f spr.* ndajshtim-i
approximativ i/e afërsish|ëm, -me
Aprikose *f* kajsí-a
April, -s, *m* prill-i
Apulien *n* Pulj|e, -a
Aquarell, -s, *pl.* e, *n* akuarel-i
Aquari|um -s, *pl.* en, *n* akuarium-i
Äquator, -s, *m* ekuator-i; **~-, äquatorial** ekuatorial, -e; **°~klima** *n* klimë ekuatoriale
Äquivalent, -(e)s, *pl.* e, *n* ekuivalent-i; **°~** barasvlerës, -e
Ar -s, *pl.* e, *n Flächenmaß* ar-i
Ära *f* er|ë, -a

Arabien *n* Arabí-a
arabisch arab, -e; arabik, -e; arabisht ⟨*adv*⟩; **~e Sprache** *f* arabisht|e, -ja
Arbeit *f* pun|ë, -a; punim-i; **~ in der Fremde** kurbet-i; **~ schleppend verrichten** zvarg punë; **~s:abschnitt** *m* sesion-i; **~s:anzug** *m* rroba pune; **~s:einheit** *f* kolektiv-i, **~s:emigrant** *m* kurbetçí-u; **~s:erziehung** *f jur.* riedukim nëpërmjet punës; **~s:geräte** *n pl.* vegla të prodhimit; **~s:kittel** *m* grykës|e, -ja; **~s:kraft** *f* fuqi punëtore; **~s:losigkeit** *f* papunësí-a; **~s:ort** *m* qendër e punës; **~s:pause** *f* pushim gjatë punës; **~s:platz** *m* qendër e punës; **~s:schutz** *m jur.* mbrojtje në punë
arbeiten punoj; vardoj; funksionoj; **mit Schwung ~** punoj me yrysh
Arbeiter, -s, *pl.* 0, *m* punëtor-i; fuqi punëtore; **~bewegung** *f* lëvizja punëtore; **~in** *f* punëtor|e, -ja
arbeitsam i/e zellsh|ëm, -me
Arbitrage *f* [arbi'tra:ʒə] vendim arbitror
archaisch arkaik, -e
archaisierend arkaizues, -e
Archaismus *m* arkaiz|ëm, -mi
Archäologe, -n, *pl.* n, *m* arkeolog-u
Archäologie *f* arkeologjí-a
archäologisch arkeologjik, -e
Archetyp, -s, *pl.* en, *m* arketip-i
Archi- krye-; arki-
Archimandrit, -en, *pl.* en, *m* arkimandrit-i
Archipel, -s, *pl.* e, *m* arkipelag-u
Archiphonem, -s, *pl.* e, *n spr.* kryefo-

nem|ë, -a

Architekt, -en, *pl.* en, *m* arkitekt-i

architektonisch arkitektonik, -e

Architektur *f* arkitektur|ë, -a; ~- arkitektural, -e; arkitekturor, -e; arkitektonik, -e

Architrav, -s, *pl.* e, *n* arkitra-u; kryetra-u

Archiv, -s, *pl.* e, *n* arkiv-i, *pl.* -a-t; **~-** arkival, -e; arkivor, -e; **~ar**, -s, *pl.* e, *m* arkivist-i

archivieren arkivoj

Areal, -s, *pl.* e, *n* areal-i; hapësir|ë, -a; **~linguistik** *f* gjuhësi hapësinore

Arena *f* aren|ë, -a

Argentinien *n* Argjentin|ë, -a

argentinisch argjentínas, -e

Ärger, -s, *pl.* 0, *m* inat-i; zët-i; havalé-ja; bezdí-a

ärgern ngacmoj; **sich** ~ inatosem, bëhem verem; **er/sie ärgert sich schwarz** e ka zët

Argot, -s, *pl.* s, *n* [arˈgoː] *spr.* zhargon-i; argó-ja

Argument, -(e)s, *pl.* e, *n* argument-i; arsye-ja

argumentieren argumentoj

Arhythmie *f* *med.* aritmí-a

arisch arian, -e

Aristokrat, -en, *pl.* en, *m* aristokrat-i; bujar-i

Aristokratie *f* aristokrací-a

aristokratisch aristokratik, -e

Arithmetik *f* aritmetik|ë, -a

arithmetisch aritmetik, -e

Arktis *f* Arktik-u

arm i/e varfër; i/e vobektë; barkthatë; i/e gjorë; i/e mjerë

Arm, -(e)s, *pl.* e, *m* krah-u; **der rechte** ~ krahu i djathtë; **unter dem** ~ nën sqetull

Armband, -(e)s, *pl.* ¨er, *n* byzylyk-u; zinxhir dore; **~uhr** *f* orë dore

Armee *f* armat|ë, -a; ushtrí-a; **~korps** *n* [arˈmeːkoːʁ] korparmat|ë, -a

Ärmel, -s, *pl.* 0, *m* mëng|ë, -a; **die ~ hochkrempeln** përvesh llërët; **~kanal** *m* La Mansh-i; **°~los** pa mëngë

Armenier, -s, *pl.* 0, *m* Armén-i; Armenas-i

armenisch armen, -e

Armierung *f* armates|ë, -a; **~s:arbeiter** *m* armator-i

Armut *f* skamj|e, -a; varfërí-a

Arom|a -s, *pl.* en, *n* arom|ë, -a

aromatisch aromatik, -e; i/e myshkët

Aromune, -n, *pl.* n, *m* arumun-i; vllah-u; çoban-i

aromunisch arumun, -e; vllah, -e; ⟨*adv*⟩ vllahisht; arumanisht; **~e Sprache** *f* vllahisht|e, -ja

Arrest, -(e)s, *pl.* e, *m* arrest-i; **°~ieren** arrestoj

arrogant arrogant, -e; kryelartë

Arroganz *f* arroganc|ë, -a; kryelartësí-a

Arsch, -(e)s, *pl.* ¨e, *m* *vulg.* byth|ë, -a

Arsen, -s, *n* *chem.* arsenik-u

Arsenal, -s, *pl.* e, *n* arsenal-i

Art *f* far|ë, -a; lloj-i; **auf labische** ~ labçe, ⟨*adv*⟩ labërisht; **auf türkische** ~ allaturka; ~ **und Weise** mënyr|ë, -a

Arterie *f* *med.* arteri|e, -a

artesisch artezian, -e; **~er Brunnen** *m*

pus artezian

Arthritis *f med.* artrit-i; cerm|ë, -a

Artikel, -s, *pl.* 0, *m* artíkull-i; *spr.* nyj|ë, -a; *jur.* nen-i; **bestimmter ~** nyjë shquese; **mit vorangestelltem ~** i/e nyjsh|ëm, -me; **~los** *spr.* i/e panyjsh|ëm, -me

Artikulation *f* nyjëtim-i; **~s:basis** bazë nyjëtimi

artikulieren nyjëtoj

Artikulierung *f* nyjëtim-i

Artillerie *f* artilerí-a

Artillerist, -en, *pl.* en, *m* artiljer-i

Artischocke *f* angjinar|e, -ja; hinardh-i

Artist, -en, *pl.* en, *m* artist-i

Arvanit *Gräko-Albaner* Arb|ër, -ri

Arznei *f* ilaç-i; bar-i; **~mittel** drog|ë, -a

Arzt, -(e)s, *pl.* ¨e, *m* mjek-u; doktor-i; **~beruf** *m* mjekësí-a

Ärztin *f* mjek|e, -ja

As, -ses, *pl.* se, *m Spielkarte* as-i

Asbest, -(e)s, *m* amiant-i; asbest-i

Asche *f* hi-ri; ~ *des Tabaks* zhym-i; **~n:becher** *m* taketuk|e, -ja; tavllë duhani; himbajtës|e, -ja

Aschermittwoch, -s, *m* e mërkurë e përhime

aschfarben i/e hirtë

asiatisch aziatik, -e

Asien *n* Azí-a

asigmatisch asigmatik, -e

Asket, -en, *pl.* en, *m* asket-i; **~ismus** *m* asketiz|ëm, -mi

Aspekt, -(e)s, *pl.* e, *m spr.* pamj|e, -a; aspekt-i; **punktueller ~** pamje e çastësisë

Asper *m* asp|ër, -ra

Asphalt, -(e)s, *m* asfalt-i; **~ieren** asfaltoj; bitumoj

Asphyxie *f med.* asfiksí-a

Aspirant, -en, *pl.* en, *m* aspirant-i

Aspiration *f* frymëtim-i

aspirieren *spr.* frymëtoj

aspiriert *spr.* i/e frymëtuar

Aspirin, -s, *n* aspirin|ë, -a

Assimilation *f spr.* përngjashmim-i; **progressive ~** përngjashmim paravajtës

assimilativ i/e përngjashmuesh|ëm, -me

assimilieren asimiloj

Assimilierung *f* përngjashmim-i; asimilim-i

Assistent, -en, *pl.* en, *m* asistent-i

Assonanz *f spr.* asonanc|ë, -a

Assoziation *f* asociacion-i; **~en hervor/rufen** *u/ie/u* ngjall asociacione

Asterisk, -(e)s, *pl.* e, *m* yllëz-a; yllth-i

Ast, -(e)s, *pl.* ¨e, *m* deg|ë, -a; **~gabel** *f* çatall-i

Ästhet, -en, *pl.* en, *m* estet-i; **~ik** *f* estetik|ë, -a; **~isch** estetik, -e

Asthma, -s, *n med.* astm|ë, -a

Astrologe, -n, *pl.* n, *m* astrolog-u

Astrologie *f* astrologjí-a

Astronaut, -en, *pl.* en, *m* astronaut-i

Astronom, -en, *pl.* en, *m* astronom-i; **~ie** *f* astronomí-a; **~isch** astronomik, -e

Asyl, -s, *n* strehim-i; azil-i; **~ bieten**, **~ gewähren** strehoj; **~bewerber** *m* kërkues azili

Asymmetrie *f* asimetrí-a

asymmetrisch asimetrik, -e

asyndetisch *spr.* palidhëzor, -e
Asyndet|on -s, *pl.* a, *n* asindet-i
Atelier, -s, *pl.* s, *n* [atəˈljeː] atelié-ja
Atem -s, *m* frym|ë, -a; **außer ~** me frymëmarrje të shpeshuar; **~beschwerden haben** mekem; **~not** *f* asfiksí-a; grahm|ë, -a; **~pause** *f spr.* pauzë frymore
atemporal *spr.* pakohor, -e
Atheismus *m* ateiz|ëm, -mi
athematisch jotemor, -e
Athen *n* Athin|ë, -a
Athener, -s, *pl.* 0, *m* Athínas-i
Äther -s, *m chem.* eter-i
Äthiopien Etiopí-a
äthiopisch etiopas, -e
Atlantik, -s, *m* Atlantik-u
Atla|s -sses, *pl.* nten, *m* atlas-i; *Kunstseide* atllas-i
atmen marr frymë
Atmosphäre *f* atmosfer|ë, -a
atmosphärisch atmosferik, -e
Ätna *m* Etn|ë, -a
Ätolien Etolí-a
Atom, -s, *pl.* e, *n* atom-i; **~-** atomik, -e; **~-U-Boot** *n* nëndetëse bërthamore; **~kern** *m* bërthamë atomike; **~schild** *m* ombrellë atomike
atomar atomik, -e
Attaché, -s, *pl.* s, *m* [ataˈʃeː] atashé-u
Attacke *f* mësymj|e, -a; sulm-i
attackieren sulmoj
Attentat, -s, *pl.* e, *n* atentat-i
Attentäter, -s, *pl.* 0, *m* atentator-i
attestieren atestoj
Attika Atik|ë, -a
Attraktion *f* tërheqj|e, -a
attraktiv tërheqës, -e; i/e magjish|ëm, -me
attribuiert *spr.* i/e përcaktuar
Attribut, -(e)s, *pl.* e, *m* atribut-i; *spr.* përcaktor-i; *spr.* plotës-i dallimi; **~satz** *m* fjalí-a përcaktore
Atü *n tech.* atmosfer|ë, -a presioni
ätzend djegës, -e
Au *f* blerin|ë, -a
au pair [oˈpɛːʁ] al-pari
Aubergine *f* [obɛrˈʒiːnə] patëllxhan-i; **gefüllte ~** imambajalldí-a
auch edhe; **~ nicht** as
Audienz *f* audienc|ë, -a
auditiv *spr.* dëgjimor, -e
Auditori|um -s, *pl.* en, *n* auditor-i
auf mbi ⟨+ *Akk*⟩; në ⟨+ *Akk*⟩; **~ allen Vieren** bárkas ⟨*adv*⟩; **~ Antrag von** me kërkesë të ⟨+ *G*⟩; **~ dem Bauch** barkapóshtas, bárkas; **~ dem Gebiet von** rreth ⟨+ *Abl*⟩; **~ der Post** në postë; **~ der Stelle** mu në vend; **~ dieser Seite** këndej; **~ Hirtenart** çobançe ⟨*adv*⟩; **~ jedem der Fotos** në çdonjërën prej fotografive; **~ orientalische Art** allaturka; **~ Raten** me këste; **~ Türkenart** ⟨*adv*⟩ halldupçe; **~ Walachenart** ⟨*adv*⟩ çobançe; **~ westliche Art** † allafrënga
auf! ⟨*Int*⟩ hajde(ni); nejse
Aufbau -s, *pl.* ten, *m* ndërtim-i; struktur|ë, -a; ndërtes|ë, -a
auf/bauen ndërtoj; ngreh
auf/bewahren ruaj
Aufbewahrung *f* ruajtj|e, -a; mbajtj|e, -a
auf/blähen mbufat; fryj
aufbrausend gjaknxehtë

auf/brechen i/a/o nisem; ⟨*transitiv*⟩ thyej

auf/decken zbuloj

Aufenthalt, -(e)s, *pl.* e, *m* qëndrim-i; ndales|ë, -a

auf/erstehen e/a/a ngjallem; ringjallem

Auf:erstehung *f rel.* ngjallj|e, -a

auffallend, auffällig dallues, -e

Auffassung *f* nocion-i; koncept-i

auf/forsten ripyllëzoj

Aufforstung *f* ripyllëzim-i

auf/fressen i/a/e fërkas *s/t*

auf/führen shfaq; **sich ~** sillem; **sich ~ als** hiqem si

Aufführung *f* shfaqj|e, -a

Aufgabe *f* detyr|ë, -a; **heikle ~** detyrë delikate

auf/geben i/a/e heq dorë

auf/gehen e/i/a hapem; *Saat* mbij; **die Wunde ging auf** brufulloi plaga; **ihm gingen die Augen auf** iu zgafulluan sytë

aufgeweckt *fig.* i/e veshtë; i/e zgjuar; **~heit** zgjuarsí-a

auf/hacken prashis *s/t*

auf/halten mbaj, *-ta, -tur*; **sich ~** qëndroj

auf/hängen var

auf/häufen grumbulloj

auf/heben e/o/o ngre; pezulloj; **einen Zauber ~** çmagjeps

Aufhebung *f jur.* shfuqizim-i

Aufhellung *f* zverdhim-i; zverdhj|e, -a

auf/hetzen nxis *s/t*

auf/hören ndalem; pushoj; **hör nicht auf zu rufen!** thirr e bot!; **hör auf mit dem Jammern!** lëri ububutë!

auf/klären sqaroj; qartësoj; vëzhgoj

Aufklärer, -s, *pl.* 0, *m mil.* vrojtues-i; *phi.* iluminist-i

Aufklärung *f* vëzhgim-i; *phi.* iluminiz|ëm, -mi; *mil.* spiunazh-i

auf/knöpfen shkopsis *s/t*; shpërthej; zbërthej *e/ye*

auf/knoten labërgoj

Auflage *f* tirazh-i; botimi-i

auf/laufen ¨/ie/au *naut.* cekoj

auf/leuchten feks

auf/lösen likuidoj; tres *s/t*; zgjidh; **mit aufgelösten Haaren** me flokë të hallakatur

Auflösung *f* likuidim-i; zgjidhj|e, -a; shpërbërj|e, -a; shthurj|e, -a

auf/merken bëhem merak

aufmerksam i/e vëmendsh|ëm, -me; i/e veshtë; i/e kujdessh|ëm, -me; **~keit** vëmendj|e, -a; kujdes-i; kujdesí-a; vërejtj|e, -a; **die ~ auf sich ziehen** gllabëroj vëmendjen; tërheq vëmendjen

Aufnahme *f* pranim-i; **~antrag** kërkesë pranimi

auf/nehmen e/i/o nxë; pranoj; *auf Tonträger* incizoj

auf/passen kujdesem; përgjoj

Aufpasser, -s, *pl.* 0, *m* përgjues-i

auf/pflanzen *Fahne* ngul

auf/rauen ashpëroj

aufrecht i/e drejtë; ⟨*adv*⟩ pingul

auf/regen inatos, grind; **sich ~** nxehem; **~d** ngacmues, -e

auf/reiben ei/ie/ie shpartalloj

auf/reihen rreshtoj; vargoj

auf/reißen ei/i/i zgafullohem
aufrichtig i/e sinqertë; ⟨*adv*⟩ sinqerisht
auf/rollen çrrotulloj
Aufruf, -s, *pl.* e, *m* apel-i; thirrj|e, -a; *zu den Waffen* kushtrim-i
Aufrüstung *f* riarmatim-i
Aufsatz, -(e)s, *pl.* ¨e, *m* artíkull-i
auf/schieben ie/o/o shtyj; azhurnoj
auf/schließen ie/o/o shkyç
auf/schneiden ei/i/i pre|s, *-va, -rë; Wurst, Kuchen* kurmoj
auf/schrauben zhvidhos
Aufschrift *f* mbishkrim-i
Aufschub, -s, *pl.* ¨e, *m* shtyrj|e, -a
Aufschwung, -s, *pl.* ¨e, *m* hov-i
Aufsehen, -s, *n* buj|ë, -a
Aufseher, -s, *pl.* 0, *m* kujdestar-i
Aufsicht *f* inspektorat-i
auf/sitzen i/a/e *Fahrrad* hip|i, *-ën, -a, -ur*
auf/spannen *Schirm* ngreh; *Schuhe* fus në kallëp
auf/springen i/a/u brof; kërcej; hidhem përpjetë
auf/spüren diktoj
Aufstand, -(e)s, *pl.* ¨e, *m* kryengritj|e, -a
Aufständischer *m* kryengritës-i
auf/stellen radhit *s/t*; vendos; *mil.* dislokoj
Aufstellung *f* list|ë, -a; *mil.* dislokim-i
auf/stoßen ¨/ie/o *rülpsen* gromësij
auf/tauchen mbij
Auftrag, -(e)s, *pl.* ¨e, *m* porosí-a; **~geber** *m* konsinjant-i; ngarkuar-i, i; **~s:buch** *n* portofol i porosisë; **~s:schein** *m* fletëporosí-a; *ök.* urdhërporosí-a
auf/trennen çend; shqep
Auftreten, -s, *pl.* 0, *n* sjellj|e, -a; **angenehmes ~** sjellje e hijshme; **gewandtes ~** sjellje mondane
Aufwands:entschädigung *f* diet|ë, a
aufwärts ⟨*adv*⟩ përpjetë
auf/wecken zgjoj
auf/wiegeln nxis *s/t*
auf/zeichnen shënoj
Aufzeichnung *f* shënim-i
auf/ziehen ie/o/o *Uhr* kurdis; *erziehen* rris *s/t*
Aufzug, -(e)s, *pl.* ¨e, *m* ashensor-i, *pl.* -ë-t; *Theater* akt-i
Aug:apfel, -s, *pl.* ¨0, *m* bulb-i
Auge, -s, *pl.* n, *n* sy-ri; **~n:arzt** *m* okulist-i; **~n:blick** *m* moment-i; çast-i; **~n:braue** *f med.* vétull-a; **~n:lid** *n* qepall|ë, -a; **~n:tropfen** *Pl.* ilaç për sy; **~n:zahn** *m* qéz|ër, -ri
augenblicklich i/e çastit; i/e çastm|ë, -me; **˜keit** çastësí-a
augmentativ *spr.* zmadhues, -e
August, -(e)s, *m* gusht-i
Auktion *f* ankand-i
Aureole *f* aureol|ë, -a; breror|e, -ja
Aurora *f* auror|ë, -a
aus nga ⟨*Nom*⟩; prej ⟨+ *Abl*⟩; **~ Aluminium** i/e alumintë; **~ Bernstein** i/e qelibartë; **~ Beton** i/e betontë; **~ Eisen** i/e hékurt; i/e hekurimtë; **~ Porzellan** i/e farfurinjtë; **~ Trotz** për inat; **Maschinen ~!** ndaloni makinat!
aus/arbeiten përpunoj; përgatis *s/t*
aus/atmen qit frymë

aus/balancieren terezis *s/t*
Ausbau, -s, *m* rindërtim-i; **≈en** rindërtoj
aus/beuten shfrytëzoj
Ausbeuter, -s, *pl.* 0, *m* shfrytëzues-i
Ausbeutung *f* shfrytëzim-i
Ausbildung *f* përgatitj|e, -a; formim-i
aus/breiten shtroj; ndej; shtjelloj; përhap
Ausbruch, -(e)s, *pl.* ¨e, *m* shpërthim-i
aus/brüten *fig.* djerroj
aus/bürgern çatdhesoj
Auschwitz *ON* Osviencim-i
Ausdauer *f* durim-i
aus/dehnen bymej *e/ye*; shtrij; **sich ~** zgjatet; shtrihet
Ausdehnung *f* shtrirj|e, -a
aus/denken e/a/a sajoj
Ausdruck, -(e)s, *pl.* ¨e, *m* lokucion-i; shprehj|e, -a; **mundartlicher ~** dialektiz|ëm, -mi; **~s:stärke** *f* shprehësí-a
aus/drücken shpreh; **sich klar ~** shpjegohem
auseinander/nehmen i/a/o zbërthej
Auseinandersetzung *f* përleshj|e, -a
auseinander/treiben ei/ie/ie davaris *s/t*; hallakas *s/t*; çakërdis
Ausflucht, *pl.* ¨e, *f* rrugëdalj|e, -a; pretekst-i
Ausflug, -(e)s, *pl.* ¨e, *m* ekskursion-i
aus/formen brumos
Ausfuhr *f* eksport-i; eksportim-i; **~genehmigung** *f* *ök.* leje eksporti
aus/führen ekzekutoj; përmbush; eksportoj; **~de Organe** organet i ekzekutimit
Ausgabe *f* shpenzim-i; harxh-i, *pl.* -e-t; **~n kürzen** qeth shpenzimet
Ausgang, -s, *pl.* ¨e, *m* dalj|e, -a; *spr.* shnderj|e, -a; **~s:punkt** *m* pikënisj|e, -a; **~s:sperre** *f* ndalimqarkullim-i; **~s:wort** *n* *spr.* fjalë parme
aus/geben i/a/e shpenzoj; harxhoj
aus/gehen e/i/a dal; *verlöschen* shuhem
ausgelassen *fröhlich* i/e haresh|ëm, -me
ausgeliehen i/e huazuar
ausgeruht i/e çlodhur
ausgeschlossen i/e përjashtuar; ⟨*adv*⟩ me përjashtim; **~!** krejt e pamundur!
ausgezeichnet i/e dalluar; i/e shkëlqyer; i/e shkëlqyesh|ëm, -me; **~er Werktätiger** *m* punonjës i dalluar
aus/gleichen gleicht, glich, hat ausgeglichen balancoj; barazoj
Ausgleichszahlung *f* kompensim-i
aus/graben ¨/u/a zhvarros; zbuloj; zhgropos
Ausgrabung *f* zbulim-i; gërmim-i
Ausguck, -s, *pl.* e, *m* pyrg-u
Ausguss, -es, *pl.* ¨e, *m* lavaman-i; lavapjat|ë, -a
aus/halten ¨/ie/a duroj; **das hältst du nicht aus** të çjerr barkun; **ich kann es nicht ~** s'më rrihet
aus/händigen dorëzoj
aus/höhlen zgavroj; zgorkoj; gërryej
Auskunft, *pl.* ¨e, *f* informacion-i
aus/lachen përqesh
Ausland, -s, *n* vende të huaja; bota e jashtme; **im ~** në botën e jashtme; **~s:fernleihe** *f* huazim ndërkombëtar
Ausländer, -s, *pl.* 0, *m* i huaj-i

ausländisch i/e jasht|ëm, -me; i/e huaj
Auslassung *f* elips|ë, -a; **~s:punkte** *m pl. spr.* pika pezullimi; shumëpikësh-i
aus/laufen ¨/ie/au rrjedh; zbrazem; *Schiff* largohem nga porti; dal në det të hapur
Auslaut, -(e)s, *pl.* e, *m spr.* fundor|e, -ja
auslautend *spr.* fundor, -e
aus/leeren boshatis
Auslegung *f* interpretim-i
Ausleihe *f Bibliothek* huazim-i; abonament-i
aus/leihen ei/ie/ie marr hua; *verleihen* huazoj
Ausleihfrist *f* afati i huazimit; afati i dorëzimit
Ausleihverzeichnis, -ses, *pl.* se, *n* regjistër i huazimeve
Ausleihzeit *f* orari i dhënies së librave
Auslieferung *f* nxjerrj|e, -a; **~s:lager** *n ök.* depo konsinjacioni
aus/löschen shuaj; fashis *s/t*; fik
aus/lösen zbërthej
aus/machen mbyll; fik; përbëj; *stoppen* ndaloj
Ausmaß, -(e)s, *pl.* e, *n* përpjesëtim-i; përmas|ë, -a; shkall|ë, -a; matj|e, -a
aus/mustern shlyej
Ausnahme *f* përjashtim-i; ~- i/e jashtëzakonsh|ëm, -me; **~zustand** gjendje e jashtëzakonshme
aus/nehmen i/a/o përjashtoj; *Tiere* zbaroj
aus/nutzen shfrytëzoj
Ausnutzung *f* shfrytëzim-i
aus/packen çmbështjell
aus/posaunen trumbetoj
Auspuff -s, *pl.* e, *m tech.* skapamento-ja
Ausrede *f* yçk|ël, -la; kleçk|ë, -a
aus/reden mbaroj së foluri; flas deri në fund; *jem. etw.* zvjerdh e/i/o
Ausreise *f* dalj|e, -a; **~visum** vizë për dalje
aus/reißen ei/i/i shkul; ⟨*intransitiv*⟩ fliehen iki
aus/renken *med.* nxjerr
aus/richten drejtoj
Ausruf, -s, *pl.* e, *m* thirrm|ë, -a; **~e-** thirrmor, -e
aus/rufen proklamoj; shpall; **Streik ~** shpall grevë
Ausrufung *f* shpallj|e, -a; **~s:satz** *spr.* fjalí thirrmore; **~s:zeichen** *spr.* pikëçuditj|e, -a
aus/ruhen çlodh
Ausrüstung *f* pajisj|e, -a; **~ s:gegenstand** pajisj|e, -a
aus/rutschen rrëshqas *a/e/i; s/t*
Aussage *f jur.* deklarat|ë, -a; thëni|e, -a; **~kern** *m* bërthamë e thënies; **~satz** *m spr.* fjalí-a dëftore
aus/sagen dëftej; *jur.* deponoj
aus/schalten ndërpre|s, *-va, -rë*; mbyll
Ausschank, -s, *pl.* ¨e, *m* bufé-ja
aus/scheiden ei/ie/ie jashtëqit *s/t*; sekretoj
Ausscheidung *f* jashtëqitj|e, -a; **~en** fekale-t
aus/schimpfen zdrugoj; zhdëp
Ausschlag, -s, *m med.* rrjébull-a; **den ~geben** ka rëndësi vendimtare; **~̊en** qis; çel; nxjerr
ausschließlich ⟨*adv*⟩ ekskluzivisht
aus/schließen ie/o/o përjashtoj

Ausschnitt, -(e)s, *pl.* e, *m* pjes|ë, -a; aspekt-i; dekolté-ja
Ausschreibung *f* tender-i; konkurs-i
Ausschuss, -es, *pl.* ¨e, *m* komitet-i; *ök.* mall skarco
aus/sehen dukem; ~̊ pamj|e, -a; dukj|e, -a
Außen- i/e jasht|ëm, -me; **~abmessungen** *f pl.* gabarit-i; **~handelsmonopol** *n* monopol i tregtisë së jashtme; **~ministerium** *n* ministri e punëve të jashtme; **~politik** *f* politikë e jashtme; **~seite** *f* syprin|ë, -a; **~seiter** *m* autsajder-i
außer përpos ⟨+ *Abl*⟩; përveç ⟨+ *Abl*⟩; **~ wenn** ⟨*Konj.*⟩ veçsé, përveçse; **~dem** pos kësaj; **~ehelich** jashtëmartesor, -e; **~gewöhnlich**, **ordentlich** i/e jashtëzakonsh|ëm, -me; ⟨*adv*⟩ jashtëzakonisht; **~halb** ⟨*adv*⟩ jashtë; **~irdisch** jashtëtokësor, -e; **~kraftsetzung** *f* shfuqizim-i; **~parlamentarisch** jashtëparlamentar, -e
äußerlich i/e jasht|ëm, -me
äußerst ekstrem, -e; maksimal, -e
aus/setzen vë; lëshoj; pezulloj; *Motor* shuhem
aus/sondern përjashtoj; shlyej
aus/spannen çlodhem; *Zugtiere* zgjidh
Aussperrung *f* *ök.* llokaut-i
Aussprache *f* shqiptim-i; **korrekte ~** drejtshqiptim-i; **~wörterbuch** *m* fjalor-i fonetik
aus/sprechen i/a/o shqiptoj
aus/statten pajis
Ausstattung *f* pajisj|e, -a; dekoracion-i
aus/steigen ei/ie/ie zbres, *zbrita, zbritur e/i; s/t*
aus/stellen ekspozoj
Aussteller, -s, *pl.* 0, *m* ekspozues-i; *ök.* pritës-i
Ausstellung *f* ekspozit|ë, -a; **~s:stück** *n* eksponat-i
Ausstoßung *f* flakj|e, -a; *spr.* rëni|e, -a
aus/stoßen *stößt, stieß, hat ausgestoßen* përjashtoj
Ausstrahlung *f* rrezatim-i
aus/strecken ndej; shtri|j, *-va, -rë*; **sich ~** shtrihem, *u shtriva*
aus/streichen ei/i/i shlyej
aus/strömen derdh
Austausch, -s, *pl.* e, *m* shkëmbim-i; zëvendësim-i; ndërrim-i
aus/tauschen zëvendësoj
Auster *f* guaskë deti; goc|ë, -a
Australien Australí-a
Australier, -s, *pl.* 0, *m* australian-i
aus/treten dal; *zur Toilette* dal jashtë
aus/trinken i/a/u pi me fund
aus/trocknen tha|j, *-va, -rë*; ⟨*intransitiv*⟩ shter
aus/üben ushtroj; praktikoj
Ausübung *f* ushtrim-i
ausverkauft i/e mbaruar; i/e sosur
Auswahl *f* zgjedhj|e, -a
aus/wählen zgjedh *e/i/o*
Auswanderer, -s, *pl.* 0, *m* emigrant-i
aus/wandern mërgohem; emigroj
Auswanderung *f* emigrim-i
auswärtig i/e jasht|ëm, -me; **Auswärtiges Amt** *n* ministria e punëve të jashtme
auswechseln ndërroj; **soll ich vielleicht**

die Zündkerze ~? mos duhet t'i ndërroj kandelën?
Ausweg, -s, *pl.* e, *m* udhëdalj|e, -a; rrugëdalj|e, -a; çaré-ja; derman-i
ausweglos pa rrugëdalje; pa shteg
aus/weiden *Tiere* zbaroj
Ausweis, -(e)s, *pl.* e, *m* letërnjoftim-i; dokument-i; kart|ë, -a; kartel|ë, -a; pasaport|ë, -a
aus/weisen *jur.*, çatdhesoj; dëboj; mërgoj
Ausweisung *f* dëbim-i; nxjerrj|e, -a
auswendig ⟨*adv*⟩ përmendsh
auswerten vlerësoj
aus/wickeln çmbështjell
auswuchten balancoj
Auszahlung *f* pages|ë, -a; **~s:anweisung** *ök.* mandatpages|ë, -a; urdhërpages|ë
aus/zeichnen dekoroj; dalloj; **sich ~** spikas *s/t*
Auszeichnung *f* dekorat|ë, -a; nishan-i; dallim-i; **~s:urkunde** fletëlavdërim-i
aus/ziehen ie/o/o zvesh; *Schuhe, Strümpfe* zbath; **sich ~** zhvishem
Auszubildender *Azubi* nxënës në profesion
Auszug, -(e)s, *pl.* ¨e, *m* dalj|e, -a; ekstrakt-i; konspekt-i; *Schublade* sirtar-i; **einen ~ machen** konspektoj
Autarkie *f* *ök.* autarkí-a
authentisch autentik, -e
Auto, -s, *pl.* -s, *n* automobil-i; vetur|ë, -a; makin|ë, -a; **~-** automobilistik, -e; **~bahn** *f* autostrad|ë, -a; **~fähre** *f* ferribot për makina, traget-i; **~fahrer** *m* shofer-i; automobilist-i; **~mechaniker** *m* motorist-i; **~reifen** *m* gom|ë, -a; **~schlosser** *m* xhenerik-u; mekanik-u; **~straße** *f* rrugë automobilistike; **~transport** *m* autotransport-i
Autobus -ses, *pl.* se, *m* autobus-i
autochthon autokton, -e; **~ie** *f* autoktoní-a
autodidaktisch autodidakt, -e
autokephal *rel.* autoqefal, -e; **~e Kirche** *f* kishë autoqefale
Autokratie *f* autokrací-a
autokratisch autokratik, -e
Autokritik *f* Selbstkritik vetëkritik|ë, -a
Automat, -s, *pl.* en, *m* automat-i; **~ik** *f* automatik-u; **~ik-Getriebe** *n* kambio automatike; **~isch** automatik, -e; vetdrejtues, -e; **~isieren** automatizoj
Automobil, -s, *pl.* e, *n* automobil-i
Autonomie *f* autonomí-a
autoptisch autoptik, -e; **~e Beschreibung** *f* përshkrim drejtpërdrejt nga objekti
Autor -s, *pl.* en, *m* bërës-i; autor-i, *pl.* -ë-t; **~schaft** *f* autorësí-a; **~isieren** autorizoj
Autorisierung *f* autorizim-i
autoritär autoritar, -e; **~er Ton** *m* ton autoritar
autoritativ autoritativ, -e; i/e autoritetsh|ëm, -me
autosemantisch i/e mëvetësish|ëm, -me
AV-Bibliothek *f* filmotek|ë, -a
Aval, -s, *pl.* e, *m* *ök.* *Wechselbürgschaft* dorëzanës-i; dorëzaní-a
avisieren lajmëroj

Avisierung *f* lajmërim-i; ~ **des Warenversands** lajmërim për nisjen e mallit

Axiologie *f phi.* aksiologjí-a

Axiom, -s, *pl.* e, *n phi.* aksiom|ë, -a

Axt, -0, *pl.* ¨e, *f* qeser-i; sëpat|ë, -a; sqepar-i

Azeton, -s, *n chem.* aceton-i

Azetylen, -s, *n chem.* acetilen-i

Azubi, -s, *pl.* s, *m* nxënës-i në profesion

B

Baby, -s, *pl.* s, *n* ['be:bi] djepës-i; foshnj|ë, -a

Babylonien Babiloní-a

babylonisch babilonas, -e

Bach, -(e)s, *pl.* ¨e, *m* vir|úa, -oi

Bachstelze *f zoo.* bishtatundës-i; delmer|e, -ja; zogdel|e, -ja

Backe *f,* Wange faq|e, -ja; bulçí-a; mollëz-a; **~n:bart** *m* favorite-t; **~n:knochen** *m* mollëz-a; **~n:zahn** *m* dhëmball|ë, -a

backen ¨/u/a, *a. backt, backte, hat gebacken* furroj; pjek; ~̊ *n* pjekj|e, -a

Bäcker, -s, *pl.* 0, *m* bukëpjekës-i; furrtar-i

Backtrog, -(e)s, *pl.* ¨e, *m* magj|e, -ja

Bad, -(e)s, *pl.* ¨er, *n* banj|ë, -a; **türkisches** ~ † hamam-i

Badeanzug, -(e)s, *pl.* ¨e, *m* kostum banje; rrobë banje

Badehose *f* mbathje banje; brekë banje

Badekappe, Bademütze *f* kapelë noti

Bademantel, -s, *pl.* ¨0, *m* mantel banje

baden lahem; bëj banjë

Badeort, -(e)s, *pl.* e, *m* qendër banjash

Badewanne *f* vaska e banjës

Badezimmer, -s, *pl.* 0, *n* banj|ë, -a, banjor|e, -ja

Bagger, -s, *pl.* 0, *m* dhenxjerrës|e, -ja; ekskavator-i; **fahrbarer** ~ ekskavator ecës

Baguette, -s, *pl.* s, *n* Stangenweißbrot panin-i

Bahn- hekurudhor, -e; **~hof** *m* stacion-i; **~steig** *m* peron-i; **~übergang** *m* kalim mbi shina

Bahre *f* vi|g-u, *pl.* -gje-t; barel|ë, -a

Bai *f* gji-ri, *pl.* -nj-të

Bajonett, -(e)s, *pl.* e, *n* bajonet|ë, -a

Bajuwar, -en, *pl.* en, *m* Bavarez-i

Bakelit®, -s, *n Kunststoff* bakelit-i

Baklava *f süßes Gebäck* bakllavá-ja

Bakteriologie *f* bakteriologjí-a

Bakter|ium, -s, *pl.* ien, *n med.* bakter-i

bald ⟨*adv*⟩ së shpejti

baldig i/e shpejtë; ~ **e Genesung!** shërim të shpejtë!

Baldrian, -s, *m bot., med.* valerian|ë, -a

Balg, -(e)s, *pl.* ¨e, *m* calik-u; *vulg.* foshnj|ë, -a

Balkan, -s, *m* Ballkan-i; **er sieht aus wie einer vom** ~ duket si ballkanas

Balkan- ballkanas, -e; ballkanik, -e

Balkanist, -en, *pl.* en, *m* Balkanologe ballkanist-i, ballkanolog-u

Balkanologie *f* ballkanologjí-a

Balken, -s, *pl.* 0, *m* tra-ri
Balkon, -(e)s, *pl.* e, *m* ballkon-i; **verglaster ~** xhamllëk-u
Ball, -(e)s, *pl.* ¨e, *m* *Tanz* bállo-ja; **Spiel~** top-i; **~kleid** fustan balloje
Ballade *f* balad|ë, -a
Ballast, -(e)s, *m* balast-i; zhavorr-i; **~fahrt** *f* *naut.* udhëtim pa ngarkesë
Ballen, -s, *pl.* 0, *m* deng-u; **ein ~ Stoff** një top stof
Ballett, -s, *pl.* e, *n* balet-i; **~meister** baletmaest|ër, -ri
ballistisch balistik, -e
Ballon [ba'lɔŋ], [ba'lõ], -s, *pl.* s, *m* balon|ë, -a
Balsam, -(e)s, *pl.* e, *m* *med.* balsam-i
Bambus *m* *bot.* bambú-ja
Banalität *f* banalitet-i
Banane *f* banan|e, -ia
Band, -(e)s, *pl.* ¨er, *n* vëllim-i; ble-u; shirit-i; *mus.* [bɛnt] *f* band|ë, -a
Bandage *f* bandazh-i
bandagieren fashoj
Bande *f* band|ë, -a; çet|ë, -a
Banderole *f* banderol|ë, -a
Bandit, -en, *pl.* en, *m* bandit-i; bashibozuk-u; gangster-i; **~enführer** *m* çetar-i; **~entum** *n* banditiz|ëm, -mi
Bandkatalog, -(e)s, *pl.* e, *m* katalog në formë libri
Bank, *pl.* ¨e, *f* bank|ë, -a, stol-i; *pl.* -en *f* bankë
Bank- bankar, -e; **~kapital** *n* kapitali bankar; **~note** *f* bankënot|ë, -a; kartëmonedh|ë, -a; bilet|ë, -a
Bankert, -(e)s, *pl.* e, *m* bastard-i
Bankier [bankje:], -s, *pl.* -s *m* bankier-i
Bankrott, -(e)s, *pl.* e, *m* bankrut|ë, -a; falimentim-i; **~ machen** falimentoj
Banner, -s, *pl.* 0, *n* bajrak-u; **~herr** *m* † bajraktar-i; **~träger** *m* flamurtar-i
Bar *ON* Tivar-i
bar bezahlen paguaj me pare në dorë
Bär, -s, *pl.* en, *m* arí-u
Baracke *f* barak|ë, -a
Barbar, -en, *pl.* en, *m* barbar-i; harbut-i
Barbarei *f* barbarí-a
barbarisch barbar, -e
Barbier, -s, *pl.* e, *m* berber-i; **~stube** *f* rrojtor|e, -ja; † berberhan|ë, -a
Bärchen, Bärlein, -s, *pl.* 0, *n* arushk|ë, -a
Barde -en, *pl.* en, *m* † rapsod-i
Bärenklau -s *m* *bot.* dásht|ër, -ra
barfuß, barfüßig këmbëzbathur; i/e zbathur; zbatharak, -e
Bargeld, -(e)s, *n* para në dorë
Bärin *f* arush|ë, -a
Bariton, -s, *pl.* e, *m* *mus.* bariton-i
Barium, -s, *n* *chem.* barium-i
Barkasse *f* *naut.* motobark|ë, -a
Barke *f* vark|ë, -a; bark|ë, -a
barmen, s. klagen
Barometer, -s, *pl.* 0, *n* baromet|ër, -ri
Baronesse *f* baronesh|ë, -a
Barren, -s, *pl.* 0, *m* shufl|ër, -ra; *spo.* paralele-t
Barrikade *f* barrikad|ë, -a
Bart, -(e)s, *pl.* ¨e, *m* mjek|ër, -ra; **~loser** *Märchenfigur* qos|e, -ja
Basel *ON* Bazel-i
basieren bazoj
Basilikum *n* *bot.* borzilok-u
Basis *f* baz|ë, -a; **~-Organisation** *f*

organizatë-bazë
basisch *chem.* bazik, -e
Baskenmütze *f*, Barett beret|ë, -a
Basketball, -(e)s, *pl.* ¨e, *m* *spo.* basketboll-i; **~spieler** *m* basketbollist-i
baskisch bask, -e; **~e Sprache** *f* baskisht|e, -ja
Basrelief, -s, *pl.* s, *n* [ˈbareliɛf] basoreliev-i
Bass, -(e)s, *pl.* ¨e, *m* *mus.* bas-i; **~geige** *f* kontrabas-i
Bassin, -s, *pl.* s, *n* pellg-u artificial; hauz-i
Bastard, -(e)s, *pl.* e, *m* bastard-i
Bataillon, -s, *pl.* e, *n* [batalˈjo:n] *mil.* batalion-i
Batterie *f* *tech.* baterí-a
Bau, -s, *pl.* ten, *m* ndërtim-i; struktur|ë, -a; strofk|ë, -a; **~gerüst** *n* skel|ë, -a; **~holz** *n* qeresté-ja; **~kunst** *f* arkitektur|ë, -a; **~meister** *m* mjésht|ër, -ri; **~stelle** *f* kantier-i; **~wesen** *n* ndërtim-i
Bauch, -(e)s, *pl.* ¨e, *m* bark-u; **mit leerem ~** barkbosh, -e; **mit vollem ~** barkplot, -e
bäuchlings barkapóshtas; bárkas
bauen ndërtoj; godis *s/t*
Bauer, -n, *pl.* n, *m* fshatar-i; katundar-i; bujk-u; *Schach* ushtar-i; **landloser ~** † çifçí-u
bäuerlich fshatarak, -e; **~es Leben** *n* jetë fshatarake
Bauern-, fshatarak, -e; **auf ~art** fshatarçe ⟨*adv*⟩; **~hof**, -(e)s, *pl.* ¨e, *m* ferm|ë, -a; **~schaft** *f* fshatarësí-a
Baum, -(e)s, *pl.* ¨e, *m* pem|ë, -a; **großer ~** lis-i; **~krone** *f* gjeth|e, -ja; **~stumpf** *m* cun|g-u; kërcú-ri; qytyk-u; **~wolle** *f* dok-u; pambuk-u; **~wollstoff** *m* bez|e, -ja; basm|ë, -a
bäurisch ⟨*adv*⟩ fshatarçe
Bauxit, -s, *m* boksit-i
Bayer, -n, *pl.* n, *m* Bavarez-i
bayerisch bavarez, -e
Bayern Bavarí-a
Bazill|us, -0 *pl.* en, *n* *med.* bacil-i
Bazooka, *pl.* as, *f* [baˈzuka] *mil.* bazuk|ë, -a
beabsichtigen synoj; mendohem
beachten vë re; vërej; **beachte!** viri re!
Beamte|r, -n, *pl.* n, *m* zyrtar-i; funksionar-i
beanspruchen pretendoj; rivendikoj
beanstanden ankohem
Beanstandung *f* ankes|ë, -a
beantragen, Antrag stellen aplikoj
beantworten përgjigjem
Beantwortung *f* përgjigj|e, -a; **in ~ Ihres Schreibens** në përgjigje të letrës suaj
bearbeiten trajtoj; përpunoj
Bearbeitung *f* përpunim-i
Beatmung, künstliche ~ *f* *med.* frymëmarrje artificiale
beaufsichtigen këqyr
beauftragen ngarkoj
beauftragt i/e ngarkuar
bebildert me figura, me ilustrim
Becher, -s, *pl.* 0, *m* got|ë, -a; kup|ë, -a
Becken, -s, *pl.* 0, *n* hauz-i; *med.* legen-i; *mus.* cimbal-i
bedanken, sich ~ falënderoj

Bedarf, -(e)s, *pl.* e, *m* nevoj|ë, -a
bedauerlicherweise ⟨*adv*⟩ fatkeqësisht
bedauern mëshiroj; përdëllej; ~̊ keqardhj|e, -a
bedecken mbuloj
bedeutsam i/e rëndësish|ëm, -me
Bedeutung *f* domethëni|e, -a; rëndësí-a; kuptim-i
Bedeutungs- domethënës, -e; kuptimor, -e; **~entleerung** *f spr.* desemantizim-i; **~entlehnung** *f* kalk-u kuptimor; **~feld** *n* fushë semantike; **~übertragung** *f* kalim-i kuptimi; **~verbesserung** *f spr.* fisnikërim-i kuptimi
bedeutungstragend kuptimbartës, -e
bedeutungsunterscheidend kuptimdallues, -e
bedienen shërbej; *servieren* servir
Bedienung *f* shërbim-i
bedingen kushtëzoj; **bedingtes Angebot** *n ök.* propozim i kushtëzuar
Bedingung *f* kondit|ë, -a; kusht-i; **~s:satz** *m spr.* fjali-a kushtore
Bedürfnisanstalt *f* VC [vëcë] publike
Beefsteak, -s, *pl.* s, *n* biftek-u
be:eilen, sich ~ nxitoj
be:einflussen influencoj; ndikoj
Be:einflussung *f* ndikim-i
be:einträchtigen ndikoj për të keq
be:enden mbaroj; kryej; fashis *s/t*; përfundoj; qos
be:endet i/e mbaruar; i/e sosur
be:erdigen varroj; varros; mbuloj
Be:erdigung *f* varrim-i; *muslimisch* xhenaz|e, -ja
befähigen aftësoj
Befähigung *f* aftësim-i
Befehl, -s, *pl.* e, *m* urdh|ër, -ri; komand|ë, -a; **dienstlicher ~** urdhërshërbim-i
befehlen, *befiehlt, befahl, befohlen* urdhëroj
befehligen, kommandieren *mil.* komandoj
Befehlshaber, -s, *pl.* 0, *m* komandant-i
Befehlssatz, -es, *pl.* ¨e, *m spr.* fjalí-a urdhërore
befestigen fortifikoj
Befestigung *f* fortifikat|ë, -a
be:finden i/a/u çmoj; **sich ~** gjendem; ndodhem
beflecken ndyj; njolloj
Befleckung *f* ndotj|e, -a
beflügeln frymëzoj; *zu Heldentaten* trimëroj
befolgen zbatoj
befördern transportoj; *mil.* gradoj; **befördert werden** gradohem
Befrachtung *f ök., naut.* navllim-i
befreien çliroj; zgjidh; **vom Bann ~** çmagjeps
befreiend çlirimtar, -e
Befreier, -s, *pl.* 0, *m* çlirues-i
Befreiung *f* çlirim-i; emancipim-i; *Steuer* përjashtim-i
Befreiungs- çlirimtar, -e
befreunden, sich ~ miqësoj
befriedigen kënaq; **seine Begierde ~** çmallem
Befriedigung *f* satisfaksion-i
befruchten pllenoj; *bestäuben bot.* endëzoj; *besamen zoo.* mbars
Befruchtung, Schwängerung *f*

mbarsj|e, -a
Beg, -s, *pl.* s, *m hist.* be|j, -u, *pl.* -j-lerë-t
Begabung *f* dhunti-a
begasen gazifikoj
begatten mbars
be:geben i/a/e, **sich ~ zu** drejtohem
begegnen ndesh; takoj; takohem me ⟨+ *Akk*⟩
Begegnung *f* ndeshj|e, -a; takim-i
be:gehen e/i/a Fest kremtoj; *jur.* kryej
begehren aspiroj; lakmoj
Begehung *f Straftat jur.* kryerj|e, -a
begeistern frymëzoj
begeistert i/e mahnitur; **~ sein** mahnitem; entuziazmohem
Begeisterung *f* hov-i; entuziaz|ëm, -mi
Begierde *f* ashk-u; epsh-i; lakmí-a; merak-u
begierig i/e etsh|ëm, -me
Beginn, -s, *m* fillim-i; **zu ~** ⟨*adv*⟩ fillimisht
beginnen i/a/o filloj; **~ lassen**, initiieren nis
beglaubigen përligj; **beglaubigte Kopie** *f* kopje e vërtetuar me origjinalin
Beglaubigungs- kredencial, -e; **~schreiben** *n* letër kredenciale
begleichen ei/i/i Schuld shlyej; laj borxh
Begleitbrief, -(e)s, *pl.* e, *m* fletë shoqëruese; **Begleitschein**, -(e)s, *pl.* e, *m ök.* tallon-i
begleiten përcjell *e/o/i*; shoqëroj
Begleiter, -s, *pl.* 0, *m* shoqërues-i
Begleiterin *f* shoqërues|e, -ja
Begleitung *f* shoqërim-i; përcjellj|e, -a
beglücken lumturoj
beglückwünschen uroj me rastin e ⟨+ *G*⟩
begraben ¨/u/a gropos; varros
Begräbnis, -ses, *pl.* se, *n* funeral-i
begrenzen kufizoj
begrenzend *spr.* kufitregues, -e
Begrenzung *f* kufizim-i
Begriff, -(e)s, *pl.* e, *m* koncept-i; kuptim-i; nocion-i; term-i
Begriffs- nocionor, -e
begründen themeloj
Begründung *f* argumentim-i; arsyetim-i; themelim-i
Begrünung *f* gjelbërim-i
begrüßen falem; **mit tosendem Beifall ~** brohoris *s/t*
begünstigen favorizoj; hatëroj
Begünstigung *f* favorizim-i; lehtësí-a; hatër-i
begütert i/e pasur; kamës, -e
behaart, stark ~ qimosh, -e
behalten mbaj; **im Auge ~** marr parasysh
Behälter, -s, *pl.* 0, *m* en|ë, -a
behandeln mjekoj; trajtoj
Behandlung *f* trajtim-i; **ärztliche ~** mjekim-i; **ambulante ~** mjekim ambulator
beharren *auf Meinung* ngulmoj
Beharrlichkeit *f* qëndrueshmërí-a
Beharrung *f* këmbëngulj|e, -a
behauchen, anhauchen hukas *s/t*
behaucht *spr.* i/e frymëtuar
Behauchung *f spr.* frymëtim-i
behauen skalis *s/t*
behaupten pretendoj

Behauptung *f* pretendim-i; informat|ë, -a
Behaviorismus *phi.* biheviorizëm, -mi
beherbergen strehoj
beherrschen zotëroj
behindern pengoj
Behinderter, -en, *pl.* en, *m* invalid-i
Behinderung *f* *jur.* pengim-i
Behörde *f* dikaster-i; institucion-i; **~nbibliothek** *f* bibliotekë institucioni
bei te, tek ⟨+ *Nom.*⟩; pranë ⟨+ *Abl*⟩; bri ⟨+ *Abl*⟩; anës ⟨+ *Abl*⟩; **~ Gott!** aman; **beim Essen** gjatë ngrënies; **beim Singen** duke kënduar
Beichte *f* *rel.* rrëfim-i
beichten *rel.* rrëfej *e/ye*
Beichtstuhl, -(e)s, *pl.* ¨e, *m* *rel.* rrëfyestor|e, -ja
beide të dy, *f.* të dyja
Beifall, -(e)s, *m* duartrokitj|e, -a; ovacion-i
beifügen bashkëngjis *s/t*
beige [bɛ:ʒ], [be:ʃ] ngjyrëbezhë; ngjyrë kremi
beigefügt i/e bashkangjitur; pasues, -e
beigeordnet *spr.* i/e bashkërenditur
Beihilfe *f* *jur.* ndihm|ë, -a; **~ leisten** *jur.* ndihmoj ⟨+ *Akk.*⟩
Beijing *ON* Pekin-i
Beil, -s, *pl.* e, *n* sëpat|ë, -a
Beilage *f* *zum Essen* garnitur|ë, -a
Beileid, herzliches ~! ngushëllimet e mia
Bein, -(e)s, *pl.* e, *n* kofsh|ë, -a; këmb|ë, -a; **mit untergeschlagenen Beinen** këmbëkryq ⟨*adv*⟩
be:inhalten përbëj
bei:ordnen bashkërendoj, bashkërendit *s/t*; **~d** *spr.* parataktik, -e; **Bei:ordnung** *f* bashkërenditj|e, -a; pranërenditj|e, -a
Beischlaf, -(e)s, *m* *jur.* akt-i seksual, marrëdhënie seksuale
Beisetzung *f* funeral-i
Beispiel, -s, *pl.* e, *n* shémbull-i; **leuchtendes ~** shembull i ndritur; **zum ~** bie fjala
beispielhaft paradigmatik, -e
beispielsweise bie fjala; fjala vjen; për shembull
Beistand, -(e)s, *m* përkrahj|e, -a
Beistrich, -(e)s, *pl.* e, *m* presj|e, -a
Beitrag, -(e)s, *pl.* ¨e, *m* kontribut-i; kuot|ë, -a; **~s:satz** *m* kuotizacion-i
beitragen kontribuoj
Beiwort, -(e)s, *pl.* ¨er, *n* *spr.* epitet-i
beißen ei/i/i kafshoj
bejahen pohoj; **~d** *spr.* pohor, -e
bejahrt i/e moç|ëm, -me
Bejahung *f* afirmim-i; pohim-i
bejammern kukas *s/t*
bekannt i/e njohur; i/e famsh|ëm; **~ werden** i/u/o **mit** njihem me
Bekanntgabe *f* shpallj|e, -a
bekanntgeben lajmëroj
bekanntmachen komunikoj; njoftoj
Bekanntmachung *f* komunikat|ë, -a; shpallj|e, -a
Bekanntschaft *f*, **~ machen** njihem me
bekehren *zum Islam*, konvertieren islamizoj
Bekenntnis, -ses, *pl.* e, *n* besim-i
beklagen vajtoj; **sich ~** ankohem; bëj shiqajet

Beklagter, -en, *pl.* en, *m* i pandehur-i
Beklemmung *f* ankth-i
be:kommen o/a/o kap; marr *a/e/o*; **die Bohnen sind ihm nicht ~** e dokëndisën fasulet; **ich habe Blasen an den Händen ~** m'u flluskosën duart
bekräftigen forcoj
Bektaschi *Anhänger des Derwischordens*, -s, *pl.* s, *m* bektashí-u
Bektaschi- bektashian, -e; **~-Gläubiger** *Mitglied einer Gemeinde* myhib-i
Bektaschismus, Bektaschitum bektashiz|ëm, -mi
bekümmern andrallos
Bekümmerung *f* pikëllim-i
be:laden ¨/u/a ngarkoj; ⟨*Adj.*⟩ i/e ngarkuar
belagern, einschließen ngujoj
belasten *ök.* hipotekoj
belastet i/e ngarkuar
belästigen bezdis
beleben gjallëroj; jetësoj
belebt frymor, -e
Beleg, -(e)s, *pl.* e, *m* kuitanc|ë, -a; dëftes|ë, -a; dëshmí-a
belegen dëshmoj; faktoj; **belegtes Brot** sanduiç-i
Belegschaft *f* personel-i
beleidigen fye|j, *-va, -r;* ofendoj; dokëndis; hundoj; dhunoj; **~d** fyes, -e
Beleidigung *f* ofendim-i; fyerj|e, -a
beleuchten dritoj
Belgien Belgjik|ë, -a
Belgier, -s, *pl.* 0, *m* belg-u, belgjian-i
belgisch belg, -e, belgjian, -e
Belgrad Beograd-i; Beligrad-i
beliebig çfarëdo ⟨+ *Abl;*⟩ i/e çfarëdosh|ëm, -me; **ein ~er** dosido
bellen leh
Belletristik letërsi-a artistike
bemerken dalloj; vë re; vërej, *-ta, -tur;* diktoj
be:messen i/a/e *jur.* caktoj
Bemessung *f jur.* caktim-i
bemitleiden mëshiroj
bemitleidenswert i/e mjeruesh|ëm, -me
bemoost i/e myshkët
bemühen, sich ~ mundohem; përpiqem; bëj zahmet; orvatem; lakmoj; çallëstis
Bemühung *f* orvatj|e, -a; përpjekj|e, -a
benachbart fqinj|ë, -e
benachrichtigen informoj; lajmëroj
Benachrichtigung *f* lajmërim-i
benedeien † bekoj
be:nehmen i/a/o, **sich ~** sillem; ~ sjellj|e, -a; **gutes ~** mirësjellj|e, -a
be:nennen e/a/a emërtoj
Benennung *f* emërtim-i; emërtes|ë, -a
benetzen lag; njom; ritoj
benötigen kam nevojë për ⟨+ *Akk*⟩; **benötigt werden** lypsem
benutzen përdor; përdoroj; zbatoj
Benutzerkarte *f* karta e anëtarësisë
Benutzungsrate *f der Bibliothek* ndjekja *e bibliotekës*
Benzin, -s, *n* benzin|ë, -a; **~tank** *m* serbator-i; cistern|ë, -a
beobachten vrojtoj
Beobachter, -s, *pl.* 0, *m* vrojtues-i
Beobachtung *f* vrojtim-i; vëzhgim-i
bepissen *vulg.* pshurr, shurroj; **sich ~** *vulg.* shurrohem
bequem i/e rehatsh|ëm, -me

Berat *ON* Berat-i; **aus ~** beratas, -e
be:raten ¨/ie/a këshilloj; pleqnoj
beratschlagen, bereden kuvendoj
Beratung *f* konsultim-i; konsult|ë, -a
Beratungsstation, Beratungsstelle *f* këshillimor|e, -ja; konsultor|e, -ja; **medizinische ~** dispanserí-a
berauschen deh
Berechnung *f* llogaritj|e, -a
Berechtigungsausweis fletëhyrj|e, -a; librezë hyrjeje
Beredsamkeit *f* gojëtarí-a
beredt gojëmbël
Bereich, -(e)s, *pl.* e, *m* lëm|ë, -i
bereichern pasuroj; begatoj; **Bereicherung** *f* pasurim-i
bereit i/e gatsh|ëm, -me
bereits tashmë
Bereitschaft *f* gatishmërí-a; **~s:übung** *f* provë e gatishmërisë
bereuen pendohem
Berg mal-i; **die Berge rauschen** oshtijnë malet
Berg- malor, -e; **~bach** *m* cem-i; përr|ua, -oi; **~bauwesen** *n* xehetarí-a; **~dorf** *n* fshat malor; **~fried** *m* pyrg-u; kullë, -a; **~kette**, **~rücken**, **~zug** *m* vargmal-i; **~land** *n* malësí-a; **~mann** *m* minator-i; **~manns:helm** *m* kaskë minatori; **~mannssiedlung** *f* minator, qytezë e minatorëve; **~name** *m* oronim-i; **~steiger** *m* alpinist-i; **~weide** *f* bjeshk|ë, -a; **~werk** *n* xeh|e, -ja; minier|ë, -a
bergen *birgt, barg, hat geborgen* *Verwundete* tërheq
Bericht, -(e)s, *pl.* e, *m* raport-i; rrëfim-i; **~ erstatten**, berichten raportoj, referoj
berichtigen korrigjoj; ndreq
Berichtigung *f* ndreqj|e, -a
berieseln vadis *s/t*, spërkas *s/t*
Bermuda-Inseln Bermude-t
Bern *ON* Bern|ë, -a
Bernstein, -(e)s, *pl.* e, *m* qelibar-i
Berserker, wie ein ~ derrçe ⟨*adv*⟩
berüchtigt famëkeq, -e
Beruf, -(e)s, *pl.* e, *m* profesion-i
beruflich profesional, -e
Berufs- profesional, -e; **~schule** *f* shkollë profesionale; **~sprache** *f* zhargon-i profesional
Berufung *jur.* apelim-i; apel-i; **~s:verfahren** *n* gjyq apelimi
beruhigen qetësoj; rehatoj
Beruhigungsmittel, -s, *pl.* 0, *n* *med.* qetësues-i
berühmt i/e famsh|ëm, -me
berühren prek, rrok
Beryllium *n* *chem.* berilium-i
besagter, der besagte *filan* në fjalë
besamen mbars
Besamung *f* mbarsj|e, -a
besänftigen rehatoj; zbus *s/t*
Besatzer, -s, *pl.* 0, *m* okupator-i
Besatzung *f* ekuipazh-i, *pl.* -e-t; *mil.* pushtim-i
Besäufnis, -ses, *pl.* se, *n* orgjí-a; zdërhallj|e, -a
beschädigen dëmtoj; bëj zarar; grij; prish
Beschädiger, -s, *pl.* 0, *m* dëmtues-i
Beschädigung *f* zarar-i; dëmtim-i
beschaffen gjej; **wie ~?** cili?; ç'

Beschaffenheit *f* cilësí-a
beschäftigen punësoj; **sich ~ mit** merrem me ⟨+ *Akk*⟩
beschäftigt i/e zënë
beschämen turpëroj
Beschaulichkeit *f* soditj|e, -a
bescheiden modest, -e
Bescheidenheit *f* modestí-a
bescheinigen atestoj
Bescheinigung *f* dëftes|ë, -a; vërtetes|ë, -a
Beschlag, -(e)s, *pl.* ¨e, *m am Huf* mbathj|e, -a
be:schlagen ¨/u/a *vom Dampf* djersitem
Beschlagnahme *f* konfiskim-i, rekuizim-i
beschlagnahmen konfiskoj, rekuizoj
beschleunigen shpejtoj
Beschleunigung *f* shpejtim-i
be:schließen ie/o/o vendos; *beenden* përfundoj
Beschluss, -es, *pl.* ¨e, *m* vendim-i; rezolut|ë, -a
beschmutzen përdhos; fëlliq; ndyj; pëgëj; zhyej *e/ye*
Beschneider, -s, *pl.* 0, *m*, Feldscher † *rel.* xherah-u
Beschneidung *f rel.* synet-i; **~s:feier** *f* synetllëk-u
beschränken kufizoj
beschränkt i/e kufizuar; *fig.* shpirtvogël
be:schreiben ei/ie/ie përshkruaj; **~d** përshkrues,-e
Beschreibung *f* përshkrim-i
beschuldigen fajësoj
Beschuldigung *f* fajësim-i
Beschwerde *f* ankes|ë, -a; **~führer**, -s, *pl.* 0, *m* ankues-i
beseelt *spr.* frymor, -e
beseitigen zhduk; shlyej; likuidoj
Beseitigung *f* zhdukj|e, -a; largim-i; likuidim-i; **~ der Aspirierung** *spr.* shfrymëtim-i
Besen, -s, *pl.* 0, *m* fshes|ë, -a; **~binder** *m* fshesëtar-i; fshesabërës-i
besetzen pushtoj; zaptoj
Besetzer, Besatzer, -s, *pl.* 0, *m* okupator-i; zaptues-i; pushtues-i
besetzt i/e zënë
Besetzung *f* okupacion-i; pushtim-i
Besichtigung *f* vizitë, -a; ekskursion-i
besiegen mund; **besiegt** i/e mundur
Besitz, -(e)s, *pl.* tümer, *m* pron|ë, -a; **in ~ nehmen** pushtoj; **~urkunde** *f* aktzotërim-i; *für Immobilien* tapí-a
besitzen *besitzt, besaß, hat besessen* kam; zotëroj; **~d** zotërues, -e
Besitzer, -s, *pl.* 0, *m* pronar-i; zot-i, i; zotërues-i; **~ der Ländereien** zotëruesi i tokave
Besitzerin *f* e zonj|ë, -a
besonder i/e posaç|ëm, -me; i/e veçantë; special, -e
Besonderheit *f* veçantí-a; veçorí-a
besonders ⟨*adv*⟩ posaçërisht; sidomos; veçanërisht
besorgen *1: erledigen* kryej; *2: beschaffen* blej, gjej
besorgt vesves, -e; meraklí, -e
bespitzeln përgjoj
besprechen i/a/o, sich beraten kuvendoj; *Magie* frymëtoj; *mit Zauberformeln* ysht

Besprechung kuvendim-i; recension-i; kritik|ë, -a
bespritzen cirkoj; njom
besser më mirë; **es wird ~** përmirësohet
bessern përmirësoj
Besserung *f* përmirësim-i; **gute ~!** të shkuara!
Bestand, -(e)s, *pl.* ¨e, *m* qëndrueshmëri-a; gjendj|e, -a; rezerv|ë, -a; *Bibliothek* fond-i; **~s:aufbau** *m*, **~s:ergänzung** *f* pasurim-i; **~s:revision** *f* kontroll i vendosjes së librave në rafte; **~s:verzeichnis** *n* specifikim-i; **~teil** *m* element përbërës; pjesë përbërëse; komponent-i
bestätigen vërtetoj; pohoj; verifikoj; përligj; **~d** pohor, -e
Bestätigung *f* ripohim-i; afirmim-i; vërtetim-i; vërtetes|ë, -a; konfirmim-i
Bestattung *f* funeral-i
bestäuben *bot.* pllenoj; endëzoj
bestechen i/a/o mitos; koj
Bestechung *f*, **aktive ~** dhënie e mitës; **passive ~** marrje e mitës; **~s:geld** *n* ryshfet-i; *jur.* mit|ë, -a
be:stehen *auf* e/a/a ngul këmbë; *aus* konsistoj
bestellen porosis *s/t*
Bestellschein, -(e)s, *pl.* e, *m* fletëkërkes|ë, -a
Bestellung *f* porosí-a
Bestellzettel, -s, *pl.* 0, *m* formular i porosisë
besteuern taksoj; tatoj
Besteuerung *f* tatim-i
Bestie *f* egërsir|ë, -a; bish|ë, -a; zullap-i
bestimmen, *definieren* përkufizoj; përcaktoj; caktoj; **~d** *spr.* shques, -e
bestimmt i/e përcaktuar
Bestimmung *f* destinacion-i; përcaktim-i; përkufizim-i; *jur.* dispozit|ë, -a; **~s:hafen** *m* port destinacioni; **~s:ort** *m* vendarritj|e, -a; vendmbërritj|e, -a; **prädikative ~** *spr.* plotës-i kallëzuesor
bestrafen *jur.* dënoj
Bestrafung *f* dënim-i; **bedingte ~** *jur.* dënim me kusht
Bestrahlung *f* *med.* rrezatim-i
bestrebt sein kërkoj; përpiqem
Bestrebung *f* aspirat|ë, -a; përpjekj|e, -a; prirj|e, -a
Besuch, -(e)s, *pl.* e, *m* vizit|ë, -a
besuchen vizitoj; *Schule, Kursus* vazhdoj; vijoj; frekuentoj; **eine Schule ~** shkollohem; **besucht werden** vizitohem
Besuchszeit *f* *med.* orari i vizitave
besudeln fëlliq; njolloj; përdhos
betagt i/e moç|ëm, -me; në moshë
beten *rel.* lus *s/t*; falem
Bethaus, -es, *pl.* ¨er, *n* faltor|e, -ja
betiteln titulloj
betonen *unterstreichen* nënvizoj; mëshoj; *akzentuieren* theksoj
betonieren betonoj
betont *spr.* tonik, -e; tonor, -e
Betonung *f* theksim-i
Betonungs- theksor, -e
betrachten shikoj; **~ als** konsideroj
Betrachtung *f* soditj|e, -a; shqyrtim-i;

Überlegung mendim-i
Betrag, -(e)s, *pl.* ¨e, *m* shum|ë, -a; **hinterlegter ~** depozit|ë, -a
be:treffen i/a/o përkas a/e/i; *s/t;* takoj
be:treten i/a/e hyj; **Betreten verboten** ndalohet hyrja
betreuen kujdesem
Betreuer, -s, *pl.* 0, *m* kujdestar-i
Betrieb firm|ë, -a; ndërmarrj|e, -a
betrüben trishtoj; hidhëroj; zymtoj; **betrübt sein** hidhërohem
Betrug, -(e)s, *pl.* ¨ereien, *m* mashtrim-i; kob-i
be:trügen *betrügt, betrog, hat betrogen* mashtroj; kobis *s/t*
betrunken i/e dehur; **~ machen** deh
Bett, -(e)s, *pl.* en, *n* shtrat-i;**~stelle** *f* krevat-i; **~decke** *f* mbulesë krevati; kuvert|ë, -a; **~laken** *n* çarçaf-i; **~leuchte** *f* llambë natë; **~nässer** *m* shurrak-u; **~sack** *m* dyshek-u; **~überzug** *m* këllëf jorgani; **~vorleger** *m* rrug|ë, -a; **~wäsche** *f,* **~zeug** *n* çarçafë e këllëfë; **zu ~ gehen** bie të fle
betteln lyp
Bettelstab: **an den ~ kommen** bie nga dynjallëku
bettlägerig i/e dergjur; **~ sein** dergjem
Bettler, -s, *pl.* 0, *m* lypës-i
bettnässen shurrohem
beugen kërrus; ep; epoj
Beule *f* domk|ë, -a; gung|ë, -a; xhung|ë, -a
beunruhigen shqetësoj; tendos; **~ Sie sich nicht!** mos u shqetësoni! **beunruhigt sein** sëkëlldisem
Beunruhigung *f* shqetësim-i; sëkëlldí-a

beurteilen cilësoj; gjykoj
Beutel, -s, *pl.* 0, *m* torb|ë, -a; trast|ë, -a; qes|e, -ja; cak|ë, -a;
Beutelchen, -s, *pl.* 0, *n* qesk|ë, -a
Bevölkerung *f* popullsí-a; **~s:forschung** *f* demografí-a
bevollmächtigen autorizoj
bevollmächtigt i/e plotfuqishëm, -me
bevor ⟨*Konj*⟩ para se
bevorzugen preferoj
bewachen ruaj; mbikëqyr; **bewacht werden** ruhem, *u ruajta*
bewaffnen armatos
Bewaffnung *f* armatosj|e, -a; armatim-i
bewahren rúaj, *-ta, -tur*
Bewährung *f* prov|ë, -a; **~s:frist** *f* *jur.* afat-i i provës; **~s:strafe** *f* *jur.* dënim-i me kusht
bewässern ujis *s/t*; vadis *s/t*
Bewässerung *f* ujitj|e, -a; vaditj|e, -a
Bewässerungs- ujitës, -e; **~ordnung** regjimi i ujitjes
bewegen lëviz; tund; **sich ~** lëvizem; *sich schütteln* shkundem
Beweggrund, -(e)s, *pl.* ¨e, *m* motiv-i
beweglich i/e lëvizsh|ëm, -me; i/e lëkundsh|ëm, -me; *spr.* rënës, -e; **~ sein** luaj
Bewegung *f* lëvizj|e, -a; **~s:lehre** *f* kinematik|ë, -a
beweinen vajtoj; kukas *s/t*
Beweis, -es, *pl.* e, *m* dëshmí-a
be:weisen ei/ie/ie vërtetoj
Bewerbung *f* aplikim-i
bewerten vlerësoj
Bewilligung *f* pëlqim-i; **~ erhalten** ¨/ie/a nxjerr leje

bewirten gostis *s/t*; qeras; qis *s/t*; **zu Abend ~** darkoj
Bewirtung *f* qerasj|e, -a
bewohnbar i/e banuesh|ëm, -me; i/e banuar
bewohnen banoj
Bewohner, -s, *pl.* 0, *m* banor-i
bewohnt i/e banuar
bewölkt i/e vrenjtur
Bewölkung *f* vrenjtj|e, -a
Bewunderer, -s, *pl.* 0, *m* admirues-i; adhurues-i
bewundern adhuroj
bewundernswert i/e admirue-sh|ëm, -me
bewusst koshient, -e; i/e ndërgje-gjsh|ëm, -me; i/e vetëdijsh|ëm, -me; *jur.* me vetëdije; **ich bin mir ~** kam parasysh; **~er Arbeiter** *m* punëtor i ndërgjegjshëm
Bewusstlosigkeit *f* të fikët; alivan-i; alivaní-a
Bewusstsein, -s, *n* vetëdij|e, -a; ndërgjegj|e, -ja; shpirt-i
Bey, -s, *pl.* s, *m hist.* be|j, -u
bezahlen paguaj
bezaubern magjeps; **~d** i/e magjish|ëm, -me
bezeichnen shënoj; *spr.* shenjoj; **~d** shenjues, -e
bezeichnet i/e shenjuar
Bezeichnung *f* emërtim-i; *spr.* shenjim-i
bezeugen dëshmoj
beziehen, sich ~ auf referohem në
Beziehung *f* marrëdhëni|e, -a; lidhj|e, -a; raport-i; **eheliche ~** lidhje marte-sore; **~en wieder aufnehmen** rifilloj marrëdhëniet
Bezirk, -(e)s, *pl.* e, *m* qark-u; rreth-i; ngast|ër, -ra; rajon-i
bezüglich ndaj ⟨+ *Abl*⟩
bezugnehmend auf duke u bazuar në
Bezugswort, -(e)s, *pl.* ¨er, *n spr.* parashkues-i
bezwecken aspiroj; synoj
be:zwingen i/a/u mund
Bibel *f* bib|ël, -la
Biber, -s, *pl.* 0, *m*, Biberpelz kastor-i
Bibliographie *f* bibliografí-a
bibliographisch bibliografik, -e
Bibliothek *f* bibliotek|ë, -a; **~s:magazin** *n* depo fondesh; **~s:zweigstelle** *f* degë biblioteke
Bibliothekar, -s, *pl.* e, *m* bibliotekar-i; bibliotekist-i
biblisch biblik, -e
biegen, *biegt, bog, hat gebogen* ep; epoj; harkoj; **sich ~** epem
Biegung *f* kthes|ë, -a; përkulj|e, -a; **eine ~ machen** harkoj
Biene *f* blet|ë, -a; **~n:haus** *n* bletor|e, -ja; **~n:korb**, **~n:volk**, **~n:stock** *m* zgj|úa, -ói; **~n:volk** *n* luzm|ë, -a; **~n:wabe** *f* húall-i; hójëz-a
Bier, -s, *pl.* e, *n* birr|ë, -a; **~garten** *m* bar-lulishte; birrarí-a; **~glas**, **~seidel** *m* krík|ëll, -lla; **~lokal**, **~schwemme** *f* birrarí-a
bikonvex dybarkor, -e; i/e dylúgët; i/e dymysët
Bilabial, -s, *pl.* e, *m spr.* bashkëtingë-llore dybuzore
bilabial *spr.* dybuzor, -e

Bilanz *f* bilanc-i *pl.* -e-t

bilanzieren balancoj

bilateral dypálësh, -e

Bild, -(e)s, *pl.* er, *n* piktur|ë, -a; tabló-ja; kuád|ër, -ri

Bildarchiv, -s, *pl.* e, *n* fototek|ë, -a

bilden formoj; brumos; përbëj; **gebildet sein** jam me kalem; jam me shkollë

Bilderrätsel, -s, *pl.* 0, *n* rebus-i

Bilderschrift *f* shkrim ideografik

Bildhauer, -s, *pl.* 0, *m* skulptor-i

Bildschirm, -(e)s, *pl.* e, *m* ekran-i

Bildstörung *f Fernsehen* prishje figure

Bildung *f* formim-i; edukat|ë, -a; **~s:hungriger** *m* arsimdashës-i; **~s:wesen** *n* arsim-i

Bilinguismus *m* dygjuhërí-a

Billard, -s, *n* ['biljart] bilardo-ja; **~kugel** *f* bil|ë, -a

Billet, -s, *pl.* te, *n* [bil'jɛt] bilet|ë, -a

billig i/e lirë; ⟨*adv*⟩ veresíe

billigen aprovoj; miratoj

Billion *f 1000 Milliarden* bilion-i

Bilsenkraut, -(e)s, *n bot.* fëng-u; madërgon|ë, -a; duhan i egër

binär dyjar, -e

Binde *f med.* pec|e, -ja; band|ë, -a; fash|ë, -a

Bindehautentzündung *f med.* konjunktivit-i

binden, *bindet, band, hat gebunden* lidh; **~d** lidhës, -e; *jur.* i/e prerë

Bindestrich, -(e)s, *pl.* e, *m spr.* vizë lidhëse

Bindewort, -(e)s, *pl.* ¨er, *n spr.* lidhëz-a

Bindfaden, -s, *pl.* ¨0, *m* spango-ja

Binnen- i/e brendsh|ëm, -me, **~frachter** *m naut.* anije lundrimi të brendshëm; **~schiff:fahrts:transport** *m* transport lumor; **~markt** *m* treg i brendshëm

Binom, -s, *pl.* e, *n math.* dygjymtyrësh-i

Binse *f bot.* xunkth-i; zhuk|ë, -a; kasht|ë, -a; **aus ~n** i/e zhuktë; **~n:flechter** *m* xunkthëtar i; **~nikorb** *m* shportë zhuke

Biograph, -en, *pl.* en, *m* jetëshkrues-i

Biographie *f* jetëshkrim-i; biografí-a

Biologe, -n, *pl.* n, *m* biolog-u

Biologie *f* biologjí-a

biologisch biologjik, -e

Birne *f* dardh|ë, -a; *Kopf* qyp-i; *tech.* llamb|ë, -a; **~n:plantage** *f* dardhisht|ë, -a

bis deri te, ~ më;derisá; gjersa ⟨*Konj*⟩; **~ oben** ⟨*adv*⟩ fytazi; **~ zum 4. August** deri më katër gusht

bis *zweimal mus.* bis; bizë

Bischof, -s, *pl.* ¨e, *m* peshkop-i; *orthodox* mitropolit-i; *Titel der orthod. Kirche* dhespot-i; *katholisch* ipeshk|ëv, -vi; **~s:amt** *n orthodox* mitropolí-a; **~s:kirche** *f* katedral|e, -ja

bisherig i/e gjertanish|ëm, -me

Biskuit, -s, *pl.* e, *m* biskot|ë, -a

Bison, -s, *pl.* s, *m zoo.* bizon-i

bisschen ein ~ pak; pakëz; një grim|ë, -a; grimc|ë, -a

Bissen, -s, *pl.* 0, *m* kafshat|ë, -a

bisweilen ⟨*adv*⟩ nganjëherë; tek-tuk

Bitola *ON* Manastir-i

bitten lutem; lyp; lus; **bitte sehr!** urdhëroni! **bitte wenden** shih në shpinë të fletës; **jemand um Hilfe ~** i bëj rixha

⟨+ *Dat*⟩; **um Entschuldigung** ~ kërkoj falje; kërkoj ndjesë

Bitte *f* kërkes|ë, -a; lutj|e, -a

bitter i/e hidhët; i/e hídhur; i/e vrertë; ~ **machen** hidhëroj

bitterkalt i/e acartë; ~ **sein** bën acar

Bitterkeit *f* hidhësir|ë, -a

Bitum|en, -s, *pl.* ina, *n chem.* bitum-i; asfalt-i

Blähungen *Pl.* urgusj|e, -a; ~ **haben** urgusem

Blas- frymor, -e; ~**instrument** *n* vegël frymore

Blase *f* fllusk|ë, -a; fshikëz-a; fshikë, -a; ~**n bekommen** o/a/o flluskosem

Blasebalg, -(e)s, *pl.* ¨e, *m in der Schmiede* gjyryk-u; calik-u

blasen *bläst, blies, hat geblasen* fryj

Blasius *NP* Vlash-i

blass i/e zbehtë; zbehtak, -e; ~ **werden** bëhem ikonë

Blatt, -(e)s, *pl.* ¨er, *n* flet|ë, -a; gjeth|e, -ja; ~**laus** *f* gjonth-i; ~**werk** *n* gjeth|e, -ja

Blättchen, -s, *pl.* 0, *n* fletushk|ë, -a

blättern shfletoj; trazoj

blau blu; i/e kaltër; maví

Blauholzbaum, -(e)s, *pl.* ¨e, *m* (*Haematoxylon campechianum*) *bot.* bakëm-i

bläulich i/e kaltërremë

Blech, -s, *pl.* e, *n* teneqé-ja = teneq|e, -ja;llamarin|ë, -a; **großes** ~, çarkí-a; ~**kanne** *f für Wasser oder Öl* bilik|e, -ja; ~**schaden** *m* dëmtim llamarine; gërvishtj|e, -a; ~**schere** *f* gërshërë për llamarinë; ~**schmied** *m* teneqexhí-u

Blei, -s, *n* plumb-i

bleiben ei/ie/ie mbes *s/t*; mbetem; rri; ngel; qëndroj; **im Hintergrund** ~ qëndroj në prapaskenë; **in Quarantäne** ~ mbaj karantinë; **es blieb ihm nichts anderes übrig** nuk pati çfarë të bënte

bleich i/e zbehtë; zbehtak, -e; ~**en** *Haare* oksigjenoj

Bleistift, -(e)s, *pl.* e, *m* kalem-i; laps-i; ~**spitzer** *m* mprehëse lapsash

Blende *f im Fotoapparat* diafragm|ë, -a

blenden qorroj

Blick, -(e)s, *pl.* e, *m* vështrim-i; **flammender** ~ shikim i valë; **klarer** ~ vështrim i qelqtë

blind i/e verbër; qorr, -e; ⟨*adv*⟩ qórras; qórrazi; **sich zu etwas taub und** ~ **stellen** e bëj veshin shurdh e syrin qorr para ⟨+ *Abl*⟩; ~**e Scheibe** *f Glas* xham qorr

Blinddarm, -(e)s, *pl.* ¨e, *m med.* zorrë e verbër; zorrë qorre; ~**entzündung** *f med.* apendicit-i

Blindschleiche *f zoo.* bullar-i

Blitz, -es, *pl.* e, *m* rrufé-ja; vetëtim|ë, -a; ~**ableiter** *m tech.* rrufepritës-i; ~**licht** *n* blic-i; ~**reise** *f* udhëtim-i i rrufeshëm

blitzen vetëtin; veton

blitzschnell ⟨*adv*⟩ vetëtimthi

Block, -(e)s, *pl.* ¨e, *m* bllok-u

Blockade *f* bllokad|ë, -a

blockieren ngujoj; bllokoj

blöd i metë; teveqel, -e

Blödian, -s, *pl.* e, *m* hajvan-i

blond bjond, -e; flokëverdhë; i/e

verdhë; ~ **färben** zverdhoj
bloß ⟨*adv*⟩ vetëm; ⟨*Konj.*⟩ veçsé
Blue Jeans *Pl.* bluxhins
Bluff, -s, *m* blof-i
bluffen bëj blof
blühen lulëzoj
Blume *f* lul|e, -ja; **~n:garten** *m* lulisht|ë, -a; lulisht|e, -ja; **~n:gärtnerei** *f* lulëtarí-a; **~n:kohl** *m bot.* lule lakre; lulelak|ër, -ra; **~n:strauß** *m* tufë lulesh; buqet|ë, -a; **~n:topf** *m* saksí-a; **~n:zwiebel** *f* bulb-i; qepor|e, -ja
Bluse *f* bluz|ë, -a
Blut, -(e)s, *m* gjak-u; **~armut** *f med.* anemí-a; **~bad** *n* kërdí-a; **~druck** *m* tensioni i gjakut; **~egel** *m* ushúnjëz-a; **~erguss** *m* gjakrrjedhj|e, -a; cenim-i; vurrat|ë, -a; **rote ~körperchen** *Pl.* rruazat e kuqe; **~krebs** *m med.* leucemí-a; **~probe** *f* analizë gjaku; **~rache** *f* gjakmarrj|e, -a; ahmarrj|e, -a; hakmarrj|e, -a; **~rachegegner** *m* hasm-i; **~rächer** *m* gjakmarrës-i; **~sauger** *m* gjakpirës-i; **~s:bruder** *m* vëllam-i; **~s:bruderschaft** *f* vëllamërí-a; vëllamí-a; **~ung** *f med.* hemorragjí-a; gjakrrjedhj|e, -a; **~vergießen** *n* gjakderdhj|e, -a; **~vergiftung** *f* helmim i gjakut; **~wurst** *f* kurmagjak-u; **~zeuge** *m* dëshmor-i
blutbefleckt i/e gjakosur
Blüte *f* lulëzim-i; **weit offene ~** gallaber|e, -ja; **~n:staub** *m* end-i; end|ë, -a; pjalm-i
blutig gjakatar, -e = gjakësor, -e; **~es Regime** regjim gjakësor
blutrünstig gjakatar, -e; gjakësor, -e; mizor, -e
Boden, -s, *pl.* ¨0, *m* tok|ë, -a; trúall-i; dhe-u; **Boden-** tokësor, -e
Bogen, -s, *pl.* ¨0, *m* hark-u; kular-i; *Papier* tabak-u; *der Lahuta* dorës-i; qemer-i; **~schütze** *m* harkëtar-i
Bohne *f* fasul|e, -ja; **dicke ~** bathor|e, -ja; **grüne ~** mashurk|ë, -a; **~n:feld** *n* bathor|e, -ja; **~n:salat** *m* sallatë me fasule
bohren shpoj; zhbiroj; **~d** *fig.* i/e thekët
Bohrer, -s, *pl.* 0, *m* trápano-ja
Bojana *f FN* Bun|ë, -a
Bojar, -s, *pl.* en, *m hist.* bujar-i
Bojarin *f hist.* bujaresh|ë, -a
Boje *f naut.* bov|ë, -a
Bolle *f bot.* bulb-i
Bologna *ON* Bolonj|ë, -a
Bolschewismus *m* bolsheviz|ëm, -mi
Bolzen, -s, *pl.* 0, *m tech.* bulon-i
bombardieren bombardoj
Bombe *f* bomb|ë, -a
Bomber, -s, *pl.* 0, *m mil.* bombardues-i
Bommel *f* xhufk|ë, -a
Bonbon, -s, *pl.* s, *n* [ˈbɔmbɔŋ], [bõˈbõ] bonbon|e, -ia; karamel|e, -ja; sheqerk|ë, -a
Bonität *f ök.* mirëbesim-i
Bonze, -n, *pl.* n, *m fig.* bonz-i; një goxha kuadër
Boom, -s, *m ök.* bum-i; **~ der Automobilindustrie** bum i industrisë së automobilave
Boot, -(e)s, *pl.* e, *n* bark|ë, -a; lúnd|ër, -ra; anij|e, -a; **~s:fahrt** *f* udhëtim

me varkë; **~s:mann** *naut.* bocman-i; nostrom-i

Bord, -(e)s, *pl.* e, *m* bord-i; **an ~ des Flugzeugs, des Schiffes** në bordin e avionit, e anijes

Bordell, -s, *pl.* e, *n* bordel-i

Bordstein, -(e)s, *pl.* e, *m* basamak-u

Bordwand, - *pl.* ¨e, *f* fajk|ë, -a

Börek *m* byrek-u; **~bude** *f* byrektor|e, -ja

Borneo † Kalimantan-i

Borsalino, -s, *pl.* s, *m Hut* borsalin|ë, -a

Börse *f* burs|ë, -a; **~n:makler**, -s, *pl.* 0, *m* ndërmjetës-i burse

Borste *f* grath-i, *pl.* -ë-t; **~n** *Pl.* kresht|ë, -a

Borte *f* gajtan-i, *pl.* -ë-t

bösartig barkkeq, -e; i/e vëngër(t)

Böschung *f* shpat-i

böse i/e keq, -e; vëngërosh, -e; **~r Blick** *m* vështrim i vrertë; **~ sein auf jemand** i mbaj mëri

Böse, das ~ e keqja

Boshaftigkeit *f* ligësí-a

Bosnien Bosnj|ë, -a

Bosporus *m* Bosfor-i

böswillig keqdashës, -e

Böswilligkeit *f* keqdashj|e, -a

Botaniker, -s, *pl.* 0, *m* botanist-i

botanisch botanik, -e

Bote, -n, *pl.* n, *m* lajmëtar-i; ndërlidhës-i; emisar-i

Botschaft *f* ambasad|ë, -a; *Mitteilung* mesazh-i

Botschafter, -s, *pl.* 0, *m* ambasador-i

Bottich, -s, *pl.* e, *m* but-i; vask|ë, -a; govat|ë, -a

Bouillon *m* [bul'jɔŋ], [bu'jõ], Fleischbrühe lëng mishi

Boulevard, -s, *pl.* s, *m* bulevard-i

bourgeois, bürgerlich borgjez, -e

Bourgeois *m* borgjez-i

Bourgeoisie *f* borgjezí-a

Bouzouki *mus.* buzuk-u

Bowle *f* ['bo:lə] verë e bardhë me fruta ose pemël në poç

Boxcalf-Leder boks-i

Boxen, Boxsport *m spo.* boks-i

Boxer, -s, *pl.* 0, *m spo.* boksier-i

Boykott, -(e)s, *pl.* e, *m* bojkotim-i

boykottieren bojkotoj

Boza-Verkäufer *m* bozaxhí-u

brach, brachliegend i/e djerrë

Brache *f*, Brachfeld av|ër, -ra; djerr-i; djerrin|ë, -a; qérës|e, -ja

Brachpieper, -s, *pl.* 0, *m zoo.* cik|ë, -a

Brăilă *ON* Brëil|ë, -a

Branche *f ök.* deg|ë, -a

Brand, -(e)s, *pl.* ¨e, *m* djegi|e, -a; *med.* gangren|ë, -a; **~mal** *n* damk|ë, -a; **~stifter**, -s, *m* zjarrvënës-i; **~zeichen** *n Vieh* tatuazh-i

brandmarken damkos; denoncoj

brandschatzen zhuris *s/t*

Branntwein -s, *m* rakí-a

bräsig, dickfellig kokëtrashë; kokëfortë

Brasilien Brazil-i

Braten, -s, *m* mish i pjekur; çomlek-u; rosto-ja

braten fërgoj; skuq; furroj; *in der Pfanne* tiganis

Brathuhn, -s, *pl.* ¨er, *n* pulë e pjekur

Bratkartoffel *Pl.* patate të fërguara

Bratspieß, -(e)s, *pl.* e, *m* hell-i

Bratwurst, *pl.* ¨e, *f* salsiç|e, -ja; **~stand** *m* mezerí-a

brauchen kam nevojë; **ich brauche das nicht** s'ma lypset kjo punë

Brauchtum, -s, *n* doke e zakone; folklor-i

braun ngjyrë gështenje; ngjyrë kafe; *im Gesicht* i/e zeshkët

bräunen zeshk; nxij; skuq

Braunkohle *f* linjit-i

Brause *f* gazoz|ë, -a

brausen gjëmoj

Braut, *pl.* ¨e, *f* nus|e, -ja; **~führerin** *f*, **~schmückerin** bull|ë, -a; **~gürtel** *m* qemeri i nuses; **~schatz**, Aussteuer dhuntí-a; dhurëtí-a; prik|ë, -a **~schleier** *m* duvak-u; **~werbung** *f* mblesërí-a; **~zeit** *f* dhëndërí-a

Bräutigam, -s, *pl.* e, *m* dhënd|ër, -ri; **~ sein/werden** dhëndëroj

brav i/e urtë; **~ und sittsam** urtë e butë

Bravheit *f* urtësí-a

bravo! të lumtë!

BRD, Bundesrepublik Deutschland *f* RFGj [RëFëGjë-ja]

Brechbohnen *Pl.* mashurk|ë, -a

Brecheisen, -s, *pl.* 0, *n* qysqí-a

brechen *bricht, brach, hat gebrochen* prish; zhbëj; thyej; **Fasten ~** burbuletem; **~d voll** plot e përplot

Brechung *f* *spr.* thyerj|e, -a; përkulj|e, -a

Brechreiz, -es, *m* *med.* të përzíerit

Brei, -(e)s, *m* qull-i

breit i/e gjerë; **~e Palette der Kenntnisse** diapazon i gjerë i dijeve

Breite *f* gjerësí-a; **~n:sport** *m* sport masiv

breitschultrig gjerush, -e

Brems:automatik *f* *tech.* automatik i frenave

Bremsbelag, -(e)s, *pl.* ¨e, *m* *tech.* ferrota frenash

Bremse *f* *zoo.* zekth-i; zegal-i; zég|ël, -li; *tech.* fren-i; freno-ja

bremsen frenoj

Bremsflüssigkeit *f* alkooli i frenave

Bremstrommel *f* tambur frenash

brennbar i/e djegsh|ëm, -me; djegës, -e

brennen djeg *e/i/o; g/gj*; digjem *e/i/o*; flakëroj; hamulloj; **die Sonne brennt** dielli përvelon; **~d** djegës, -e; ~̊, -s *n* djegi|e, -a

Brennessel *f* *bot.* híth|ër, -ra

Brennmaterial, -s, *pl.* ien, *n* djegurin|ë, -a; **~stoff** *m* lëndë djegëse; djegurin|ë, -a; *tech.* karburant-i

Brenn:ofen, -s, *pl.* ¨0, *m für Ziegel* kumí-a

Brett, -(e)s, *pl.* er, *n* dërras|ë, -a; raft-i

Brief, -(e)s, *pl.* e, *m* let|ër, -ra; **~ mit Trauerrand** letër me qenar të zi; **~geheimnis** *n* *jur.* fshehtësí e korrespondencës; **~kasten** *m* kuti poste; **~marke** *f* pull|ë, -a; **~markensammler** *m* filatelist-i; **~tasche** *f* portofol-i; kulet|ë, -a; **~träger** *m* postier-i; **~wechsel** *m* korrespondenc|ë, -a; letërkëmbim-i

Brigade *f* brigad|ë, -a

Brigadier, -s, *pl.* e, *m* *ök.* brigadier-i

Brikett, -s, *pl.* s, *n* briket-i

Brillant, -en, *pl.* en, *m* brilant-i

Brille *f* syze-t; xërxalla-t

bringen *bringt, brachte, hat gebracht* bie, *prura, prurë*; sjell *e/i/o*; çoj, *çova, çuar*; **auf die Beine ~** mëkëmb; **zur Post ~** postoj; **bring es nur nicht ins Haus!** mos e qas në shtëpi

Brise *f* fllad-i

britannisch, britisch britanik, -e

Broiler, -s, *pl.* 0, *m* pulë e pjekur

Brombeer|e *f* manaferr|ë, -a; **~strauch** ferr|ë, -a; manaferr|ë, -a

Bronchial- bronkial, -e; **~asthma** *n med.* astma bronkiale

Bronchien *f. Pl.* bronke-t *f. Pl.*

Bronchitis *f med.* bronkit-i

Bronze *f* ['brɔŋsə], ['brõ:sə] bronz-i; tunxh-i; **aus ~** i/e tunxhtë; i/e bronztë

Brosche *f* karfic|ë, -a

broschiert i/e qepur

Broschur *f*, **Broschüre** *f* broshur|ë, -a

Brot, -s, *pl.* e, *n* buk|ë, -a; **Weiß~** bukë e bardhë; panin-i; **~beutel** *m* torb|ë, -a; **~korb** *m* shportë buke; **das tägliche ~** bukë e gojës; **das ~ in Milch einweichen** njom bukën në qumësht

Bruch, -(e)s, *pl.* ¨e, *m* prishj|e, -a; thyerj|e, -a; përçarj|e, -a; cop|ë, -a; *Eid* shkelj|e, -a; *med.* herni|e, -a; fraktur|ë, -a; **~bude** *f* zhgardhin|ë, -a; gërmadh|ë; karakatin|ë, -a; **~stück** *n* fragment-i; cop|ë, -a; **~zahl** *f* numëror thyesor

Brücke *f* ur|ë, -a; *Schiff naut.* kabinë e komandës; *Teppich* sixhadé-ja

Bruder, -s, *pl.* ¨0, *m* vëll|á-i; bac|ë, -a; *rel.* frat-i; **~ der Mutter** daj|ë, -a; **~ des Vaters** axh|ë, -a; xhaxhá-i; **~ Lustig** qejfpaprishur e punëpabitisur; **sein/ihr ~** i vëllai

Brüderchen, -s, *pl.* 0, *n* vëllath-i; vëllaçko-ja

Bruderschaft *f* vëllazërí-a

Brühe *f* sup|ë, -a

brummen zhuzhas (*a/e/i; s/t*); zhuzhurit *s/t*; ~, -s *n* zhuzhitj|e, -a

brünett ezmer, -e

Brunnen, -s, *pl.* 0, *m* pus-i; çezm|ë, -a; **~zug** *m* çikrik-u

Brüssel *ON* Bruksel-i

Brust, *pl.* ¨e, *f* gjoks-i; kraharor-i; gji-ri; **die ~ geben**, stillen mënd; **~beere** *f bot.* hid|e, -ja; xinxif|e, -ja; **~bein** *n med.* shpor-i; **~bild** *n* portret-i; **~panzer** *m* parzmor|e, -ja; **~schmuck** *m* bilan-i; **~schwimmen** *n spo.* not-i bretkocë; **~spitze**, Titte, Zitze *f* thumb-i; **~wehr** *f* beden-i

Brüstung *f* parapet-i

brutal i/e egër; brutal, -e

Brutkasten, -s, *pl.* ¨0, *m* inkubator-i

brutto bruto; **~einkommen** e ardhura e përgjitshme; **~gewicht** peshë bruto

Buch, -(e)s, *pl.* ¨er, *n* lib|ër, -ri; **5. Buch Mose** [Deuteronomium] *rel.* ligji i përtërirë

Buch- *spr.* dituror, -e; **~binder** *m* libralidhës-i; **~binderei** *f* lidhtor|e, -ja; **~drucker** *m* shtypshkrues-i; tipograf-i; **~druckerei** *f* shtypshkronj|ë, -a

Buche *f bot.* ah-u

buchen prenotoj

Buchenwald, -(e)s, *pl.* ¨er, *m* ahisht|ë,

-a; asht|ë, -a; *ON* Bukenvald-i

Bücher|ei *f* bibliotek|ë, -a; **~magazin** *n* depo fondesh; **~narr** *m* biblioman-i; **~regal** *n* raft-i; **~rückgabe** *f* kthim-i i librave; **~stütze** *f* kavalet|ë, -a; libërmbështetës|e, -ja; **~verzeichnis** *n* bibliografí-a; **~wagen** *m in Bibliothek* karrocë për bartje librash

Buchfink, -en, *pl.* en, *m zoo.* zborak-u; zborakës-i

Buchführung *f* kontabilitet-i; **~s:fehler** *m* gabim-i në llogari

Buchhalter, -s, *pl.* 0, *m* llogaritar-i

Buchhändler, Buchverkäufer, -s, *pl.* 0, *m* librashitës-i

Buchhandlung *f* librarí-a

Buchhandschrift *f* kodik-u

Büchlein, -s, *pl.* 0, *n*, Ausweis librez|ë, -a

Buchmesse *f* panair-i i librave

Buchsbaum, -(e)s, *pl.* ¨e, *m bot.* bush-i

Büchse *f* kutí-a; konserv|ë, -a; *Gewehr* pushk|ë, -a; *hist.* dyfek-u; **~n:macher** *m* † dyfekçí u; **~n:öffner** *m* çélës konservash

buchsprachlich libror, -e; letrar, -e; **~es Wort** *n* fjalë diturore

Buchstabe, -n, *pl.* n, *m* shkronj|ë, -a; **~n:schrift** *f spr.* shkrim shkronjor; **~n:verbindung** *f* digraf-i

buchstabieren zbërthej me shkronja

buchstäblich i/e fjalëpërfjalsh|ëm, -me

Bucht *f* gji-ri; gji deti; liman-i

Buchung *f Flug* prenotim-i

Buchweizen, -s, *m bot.* hík|ërr, -rra

Buchwort, -(e)s, *pl.* ¨er, *n spr.* fjalë librore

Buckel, -s, *pl.* 0, *m* gung|ë, -a; kurriz-i; xhung|ë, -a

bücken, sich ~ përkulem

bucklig kurrizo; gungaç

Buddhismus *m* budiz|ëm, -mi

Buddhist, -en, *pl.* en, *m rel.* budist-i

buddhistisch budist, -e

Budget, -s, *pl.* s, *n* [byd'ʒeː], Etat *ök.* buxhet-i

Büfett, -s, *pl.* s, *n* [by'feː] bufé-ja

Büffel, -s, *pl.* 0, *m* búall-i

Bug, -s, *m naut.* bash-i

Bügel, -s, *pl.* 0, *m* varës|e, -ja; **~eisen** *n* hékur-i

bügeln hekuros

bugsieren manovroj

Bühne *f* sken|ë, -a; **~n:literatur** *f* dramaturgjí-a

Bukarest *ON* Bukuresht-i

Bukett, -s, *pl.* s, *n* buqet|ë, -a

Bulgare, -n, *pl.* n, *m* bullgar-i

Bulgarien Bullgarí-a

bulgarisch bullgar, -e

Bull:auge, -s, *pl.* n, *n naut.* dritorëz-a

Bulldozer, -s, *pl.* 0, *m* buldozer-i

Bullenhitze *f* zheg-u

Bulletin, -s, *pl.* s, *n* [byl'tɛ̃] buletin-i

bums ⟨*Int.*⟩ bam

Bund, -(e)s, *pl.* ¨e, *m* lidhj|e, -a; federat|ë, -a; besëlidhj|e, -a

Bündel, -s, *pl.* 0, *n* deng-u; gërshet-i

Bundes- federal, -e; federativ, -e; **~republik** *f* republikë federale

Bündnis, -ses, *pl.* e, *n* aleanc|ë, -a; besëlidhj|e, -a; lidhj|e, -a

Bunker, -s, *pl.* 0, *m mil.* bunker-i; **kleiner** ~ blindazh-i

bunt i/e shumëngjyrësh|ëm, -me; i/e larmish|ëm, -me
Buntheit *f* larmí-a
Burg *f* kalá-ja; kështjell|ë, -a
Bürge, -n, *pl.* n, *m* garant-i; dorëzan|ë, -i; peng-u
Bürger, -s, *pl.* 0, *m* qytetar-i; *Städter* qytetas-i; *Bürgerlicher* borgjez-i; **~tum** *n* borgjezí-a
bürgerlich borgjez, -e
Bürgermeister, -s, *pl.* 0, *m* kryetar-i i bashkisë; **~ei** bashki-a; † beledi|e, -a
Bürgerschaft *f* qytetarí-a; parlamenti i një qyteti hanzeatik
Bürgersteig, -(e)s, *pl.* e, *m*, Gehsteig trotuar-i; këmbësor|e, -ja
Burgherr, -n, *pl.* en, *m* kështjellar-i
Burgund Burgonj|ë, -a
Burka, *pl.* -s *f bürgü rel.* ferexhé-ja
Burma, Myanmar Birmaní-a
Burmese, -n, *pl.* n, *m* birmanez-i
burmesisch birman, -e
Büro, -s, *pl.* s, *n* byro-ja; zyr|ë, -a; **~stunden** *Pl.* orari zyrtar
Bürokrat, -en, *pl.* en, *m* burokrat-i; qatip-i; **~ie** *f* burokrací-a; **~ismus** *m* burokratiz|ëm, -mi; zyrtariz|ëm, -mi
bürokratisch burokratik, -e; dikasterial, -e
Bursche, -n, *pl.* n, *m* djal|ë, -i, djem-të; djalosh-i; babaxhan-i
Bürste *f* furç|ë,-a
Bus, -ses, *pl.* -se *m* autobus-i
Busch, -(e)s, *pl.* ¨e, *m* shkurr|e, -ja
Büschel, -s, *pl.* 0, *n* kallí-ri; tuf|ë, -a; dorëz-a
Busen, -s, *pl.* 0, *m* gji-ri; **Meer~** gji deti
Business *n* biznes-i
Büste *f* bust-i; **~n:halter** *m* sutjen-i
Büttel, -s, *pl.* 0, *n* † çaush-i
Butter *f* gjalp|ë, -i; **~blume** *f zoo.* gjalpëtor|e, -ja; **~brot** *n* fetë e lyer; kanapé-ja; **~krem** *f* past|ë, -a; **~milch** *f* dhall|ë, -a; **~reis** *m* pilaf-i; **Butterbrotpapier** *n* celofan-i
Büßerhemd, -es, *pl.* en, *n* † *rel.* grathor|e, -ja
Bußgeld, -s, *n* gjob|ë, -a; **~ verhängen** gjobis; gjoboj
byzantinisch bizantin, -e
Byzanz *ON, hist.* Bizant-i

C

Cabo Verde, Kapverdische Inseln *Pl.* Kepi i Gjelbër
Cagliari *ON* Káljari
Calais *ON* Kalé-ja
Calque, Spiegelbildung *f spr.* kalk-u
Camper, -s, *pl.* 0, *m* ['kɛmpɚ], Camping-Teilnehmer kampist-i
Canapé *n* divan-i; Butterbrot fetë me gjalpë
Catanzaro *ON* Katanxaro-ja
Cattaro *ON* Kotorr-i
Cédille *f spr.* cedil|ë, -a
Celebes Insel Sulavesi
Cellist, -en, *pl.* en, *m mus.* violonçelist-i
Cell|o, -s, *pl.* i, *n mus.* violonçel-i
Centime *f (100. Teil des Lek)* qindark|ë, -a
Cetinje *ON* Cetin|ë, -a
Chalkidike *Halbinsel* Gadishull-i Kalkidik
Chance *f* shans-i; **eine ~ haben** kam shans
Changeant-Stoff *m* af-i; **changierender Samt** *m* kadife me af
Chaos *n* kaos-i
chaotisch kaotik, -e
Charakter, -s, *pl.* e, *m* karakter-i
charakterisieren karakterizoj
Charakteristik *f* karakteristik|ë, -a
charakteristisch karakteristik, -e
Charme, -s, *m* hijeshí-a
Charter *f* çartër; qirá-ja; **~maschine** *f* avion-i i pajtuar; avion çartër
chartern *naut.* navlloj
Chassis *n* [ʃa'si:] *tech.* telajo-ja; shasí
Chauffeur, -s, *pl.* e, *m* shofer-i
Chaussee *f* [ʃo'se:] xhadé-ja
Chef, -s, *pl.* s *m* drejtues-i; kryetar-i; shef-i
Chef-, krye-; **~arzt** *m* kryemjek-u, *pl.* -e-t; **~Ingenieur** *m* kryeinxhinier-i, **~redakteur** *m* kryeredaktor-i
Chemie *f* kimí-a
Chemiker, -s, *pl.* 0, *m* kimist-i
chemisch kimik, -e
Chiasmus *m spr.* kiaz|ëm, -mi
chic, schick modern, -e; shik
Chicoree *m* ['ʃikore:] *bot.* radhiq|e, -ja; lëkor|e, -ja; bres|ë, -a
chiffrieren shifroj
Chile Kili
chilenisch kilian, -e
China Kin|ë, -a
Chinarinde *f*, Chinarindenbaum *m bot.* kin|ë, -a
Chinese, -n, *pl.* n, *m* kinez-i
chinesisch *spr.* kinezisht ⟨*adv*⟩ ; **~e Sprache** *f* kinezisht|e, -ja
Chinin *n med.* kinin|ë, -a
Chinoiserie *f* [ʃinoazə'ri:] kinezërí-a
Chios *Insel* Kios-i
Chirurg, -en, *pl.* en, *m med.* kirurg-u
Chirurgie *f med.* kirurgjí-a
chirurgisch *med.* kirurgjik, -e
Chlor, -s, *m chem.* klor-i
Chlor- klorik, -e; **~o:form** *n* kloroform-i; **~o:phyll** *n* klorofil-i; **~säure** *f* acid klorik
Cholera *f* ['ko:lera] *med.* koler|ë, -a
cholerisch kolerik, -e; çiftelí, -e

Cholesterin *med.* kolesterin|ë, -a
Chor, -(e)s, *pl.* ¨e, *m* kor-i
Choreographie *f* koreografí-a
Chorsänger, -s, *pl.* 0, *m* korist-i
Chrestomathie *f* krestomací-a
Chrisam *n*, Salb:öl *n* krezm-i
Christentum *n* krishterim-i; kristianiz|ëm, -mi
christlich i/e krishterë; kristian, -e
Christus *NP* Krisht-i; **Christi Himmelfahrt** *dial. rel.* të Ngjítun-t; të Shëlbúem-it
Chrom *n chem.* krom-i
chromatisch kromatik, -e
Chromosom *n med.* kromozom-i
Chronik *f* kronik|ë, -a
chronisch kronik, -e
Chronist, -en, *pl.* en, *m* kronist-i
chronologisch kronologjik, -e
Chrysantheme *f bot.* krizantem|ë, -a
Cijevna *FN* Cem-i
Cineastik *f* kinematografí-a
Clan *m* fis-i; mal-i; klan-i
Clearing *n ök.* klering-u
Clique *f* klik|ë, -a
Clown, -s, *pl.* s *m* [klaun] kloun-i; gaztor-i; bufon-i; palaço
Clownerie *f* karnaval-i
Cluj *Klausenburg ON* Kluzh-i
Cocktail, -s, *pl.* s, *m* ['kɔkte:l] koktej-i
Colt, -s, *pl.* s *m Revolver* † gjashtar|e, -ja
Computer, -s, *pl.* 0, *m* kompjúter-i; **~technik** *f* teknikë llogaritëse elektronike
Consecutio temporum *f spr.* pajtim i kohëve
Couch *f* ['kautʃ] divan-i
Coulomb [ku'lõ] *tech.* kulomb-i
Courier, -s, *pl.* e, *m* [ku'ri:r] korrier-i
Courtage *f* [kur'ta:ʒə] *ök.* kurtazh-i
Cousin [ku'zɛŋ] kushërí-ri
Creme *f* krem-i; **~torte** *f* past|ë, -a

D

D-Zug ® *Schnellzug* tren-i i shpejtë
d. h. das heißt d. m. th.
da aty; *weil* meqenëse; ngaqë; meqë; pasi; mbasi; sepse; **~ ist** ja; **da ist noch etwas anderes** ja edhe diçka tjetër
Dach, -(e)s, *pl.* ¨er, *n* çatí-a; mbules|ë, -a; **~ mit Schindeln decken** ashëroj; **~boden** *m*, **~zimmer** *m* nënçatí-a; **~decker** *m* tjegullar-i; **~first** *m* kulm-i; **~garten** *m* tarrac|ë, -a; **~latte** *f* hartos|ë, -a; **~luke** *f* baxh|ë, -a; kapanxh|ë, -a; **~rinne** *f* gojk|ë, -a; ullu|k-u; **~sparre** *f* qép|ër, -ra; pullazin|ë, -a; **~stuhl** *m* hátull-a; **~ziegel** *m* tjégull-a
Dachs, -es, *pl.* e, *m zoo.* baldos|ë, -a
dadurch, dass meqë ⟨*Konj*⟩
dagegen kundër ⟨*adv*⟩
dahin/raffen kërdis
dahin/siechen venitem
dakisch dak, -e

Daktylus *m spr.* daktil-i
dalmatinisch dalmat, -e
damalig i/e atëhersh|ëm, -me
damals asohere; asokohe
Damast, -(e)s, *pl.* e, *m* damask-u
Damaszenerklinge *f* dimiskí-a
Dame *f* zonj|ë, -a; *Schach* mbretëresh|ë, -a; **meine ~n und Herren!** zonja e zotërinj!
Dame-Spiel *n* dam|ë, -a
Damenfriseursalon, -s, *pl.* s, *m* floktor|e, -ja; sallon i flokëve për gra; permanent-i
Damenmantel, -s, *pl.* ¨0, *m* mantó-ja
Damenschneiderin *f* modist|e, -ja
damit ⟨*Konj.*⟩ me qëllim që; që të
Damm, -(e)s, *pl.* ¨e, *m* dig|ë, -a
dämmern ngryset; agon
Dämmerung *f* ag-u; agim-i; muzg-u
dämmrig i/e vagët
Dämon, -s, *pl.* en, *m* demon-i
Dampf, -(e)s, *pl.* ¨e, *m* ávu|ll-i; **~drucktopf** *m* tenxhere me presion; **~kessel** *m* kazan-i; **~reis** *m* oriz-i; **~schiff** *n* avullor|e, -ja
Dampfer, -s, *pl.* 0, *m naut.* vapor-i; avullor|e, -ja
danach ⟨*adv*⟩ pastaj; mandej
Däne *m* danez-i
Dänemark Danimark|ë, -a
Dandy ['dɛndi], Stenz, Geck *m* sqimatar-i
dänisch danez, -e
dank falë ⟨+ *Abl*⟩; në saje të ⟨+ *G*⟩; **~ seiner Arbeit** falë punës së tij
Dank, -(e)s, *m* falënderim-i
dankbar mirënjohës, -e
Dankbarkeit *f* mirënjohj|e, -a
Danke sehr! faleminderit!
danken falënderoj; **wir ~ für Ihr Schreiben vom 5. 3. d. J.** faleminderit për letrën e pesë marsit të këtij vit
dann ⟨*adv*⟩ atëherë; atëbotë; mandej
dar/bringen i/a/a falem; **sein Leben zum Opfer ~** bëj jetën fli
Dardanellen *Pl.* Dardanele-t
Dardaner, -s, *pl.* 0, *m hist.* dardan-i
dar/legen shpjegoj; shtjelloj
Darlehen, -s, *pl.* 0, *n ök.* húa-ja; borxh-i
Darm, -(e)s, *pl.* ¨e, *m* zorr|ë, -a; **~beschwerden** *Pl. med.* kolit-i; **~lymphe** *f* kílus-i; **~verschlingung** *f* ngatërrim zorrësh
dar/stellen përbëj; paraqes *e/i, s/t;* **sich ~** paraqitem; **einen spürbaren Schritt voran ~** përbëj një hap të ndjeshëm përpara; **~d** përfytyrues, -e
Darstellung *f* figur|ë, -a; mishërim-i
Darwinismus *m phi.* darviniz|ëm, -mi
das *Dem. pron.* kjo gjë, kjo punë
Daseinsberechtigung *f phi.* arsyeja e qenies
dass ⟨*Konj*⟩ se; që
Daten *Pl.* të dhëna-t
datieren datoj
Datierung *f* datim-i
Dativ, -(e)s, *pl.* e, *m spr.* dhanor|e, -ja
Dattel *f bot.* hurm|ë, -a
Dat|um, -s, *pl.* en, *n* dat|ë, -a
Datums- datar, -e; **~stempel** *m* vulë datare
Dauer *f* kohëvazhdim-i; vazhdimësí-a; **auf ~** *jur.* përgjithmonë ⟨*adv*⟩

dauerhaft përhersh|ëm, -me
Dauerhaftigkeit *f* vazhdimësí-a
dauern zgjas *s/t*; **es hat eine Woche gedauert** zgjati një javë
dauernd vazhdimisht ⟨*adv*⟩; ~ **bellen**, kläffen cafulloj
Dauerwelle *f* permanent-i
Daumen, -s, *pl.* 0, *m* gisht-i i madh; pëlq|yer, -eri
Daune *f* *zoo.* púp|ël, -la
davon/laufen iki; **durch die Gassen ~** iki sokakëve
dazwischen ⟨*adv*⟩ ndërmjet
Deaspiration *f* *spr.* shfrymëtim-i
Debatte *f* debat-i
Debet, -s, *n* *ök.* debí-a
Debüt [de'byː], -s, *pl.* s, *n* debutim-i; **~ant** *m* debutues-i; **~ieren** debutoj
Deck, -s, *pl.* s, *n* *naut.* kuvert|ë, -a
Deckchen, -s, *pl.* 0, *n* tis-i
Decke *f* batanij|e, -a; *des Balls* koperton-i; *fig.* qyr|k-u; kuvert|ë, -a; mbules|ë, -a; *Zimmer~* tavan-i
Deckel, -s, *pl.* 0, *m* kapak-u
decken mbuloj
Decolleté, -s, *pl.* s, *n* dekolté-ja
Deduktion *f* *phi.* deduksion-i
deduzieren *phi.* deduktoj
Defaitismus [defɛ'tismus] *m* disfatiz|ëm, -mi
Defaitist, -en, *pl.* en, *m* disfatist-i
defekt i/e prishur; ~̊ *m* defekt-i; avarí-a
defektiv *spr.* i/e mangët; i/e gjymtë
Definition *f* *phi.*, *spr.* përkufizim-i
definitiv i/e prerë; **~e Rechnung** *ök.* faturë përfundimtare
Defizit, -s, *pl.* s, *n* *ök.* deficit-i
defizitär *ök.* deficitar, -e
Degeneration, Ent:artung *f* *bot.* degjenerim-i
degenerieren çoroditem; zvetënohem
degradieren *mil.* degradoj; zhgradoj
Degradierung *f* *mil.* zhgradim-i
dehnen zgjeroj
Dehnstufe *f* *spr.* shkallë e gjatë
Deich, -(e)s, *pl.* e, *m* argjinatur|ë, -a; dig|ë, -a
deiktisch *spr.* deiktik, -e
dein yt, *f.* jote
Deismus *m* *phi.* deiz|ëm, -mi
Dekade *f*, Jahrzehnt dekad|ë, -a
Dekadenz *f* dekadentiz|ëm, -mi; rëni|e, -a
Dekagramm, -s, *pl.* e, *n*, *10 g* dekagram-i
Dekan, -(e)s, *pl.* e, *m* dekan-i
Dekanat, -s, *pl.* e, *n* *Fakultätsleitung* dekanat-i
Dekathlon, -s, *pl.* e, *n*, Zehnkampf *spo.* dhjetëgarësh-i
Deklaration *f* deklarat|ë, -a
Deklination *f* *spr.* lakim-i; **~s:verschiedenheit** *f* *spr.* lakimndryshmërí-a
deklinierbar *spr.* i/e lakuesh|ëm, -me
deklinieren *spr.* lakoj
Dekorateur, -(e)s, *pl.* e, *m* dekorator-i
Dekoration *f* dekor-i; dekoracion-i
dekorieren dekoroj
Dekret, -s, *pl.* e, *n* *jur.* dekret-i
dekretieren dekretoj
Delabialisierung *f* *spr.* zbuzorëzim-i
Delegation *f* delegacion-i;

~s:teilnehmer *m* delegat-i; **die ~ wird vom stellvertretenden Minister angeführt** delegacioni kryesohet nga zëvendësministri
Delegierte|r, -n, *pl.* n, *m* delegat-i
deliberativ *spr.* shqyrtimor, -e
delimitativ kufitregues, -e
Delirium, -s, *n med.* përçartj|e, -a
Delphin, -(e)s, *pl.* e, *m zoo.* delfin-i
Delta-Mündung *f* delt|ë, -a
Demagogie *f* demagogjí-a
demagogisch demagogjik, -e
Demarkation *f* demarkacion-i; **~s:linie** *f* vijë demarkacioni
demaskieren demaskoj
demilitarisieren çmilitarizoj
demnach prandaj
demnächst e sipër; **das wird ~ geregelt** puna është në rregullim e sipër
Demo *f* demonstrat|ë, -a
demobilisieren çmobilizoj
Demobilisierung *f mil.* çmobolizim-i
Demokratie *f* demokrací-a
demokratisch demokratik, -e
Demonstrant, -en, *pl.* en, *m* demonstrues-i
Demonstration *f* manifestim-i; demonstrat|ë, -a
Demonstrativpronomen *spr.* përemër dëftor
demonstrieren demonstroj; manifestoj
Demontage [-'ta:ʒə] *f* zhveshj|e, -a
demontieren zbërthej; çmontoj
demoralisieren demoralizoj
Demut *f rel.* përvujtní-a; përvuajtj|e, -a
demütig i/e përvujtë; i/e përvúajtur
den Haag *ON* Hag|ë, -a
denaturiert i/e çnatyruar; **~er Alkohol** *m* alkool i çnatyruar
denken *denkt, dachte, hat gedacht* mendoj; kujtoj; *~̊ n* mend-të *n.;* mendim-i; shpirt-i; mendj|e, -a
Denker, -s, *pl.* 0, *m* mendimtar-i
Denkmal, -s, *pl.* ¨er, *n* përmendor|e, -ja; monument-i
denn ⟨*Konj.*⟩ se
denominal *spr.* prejemëror, -e
dental *spr.* dhëmbor, -e; *~̊ m spr.* bashkëtingëllore dhëmbore; dhëmbor|e, -ja
Denunziant, -en, *pl.* en, *m* denonciator-i
denunzieren denoncoj
Deponens *n spr.* folje deponente
Depositenbank *f* bankë depozitimi
Deposit|um, -s, *pl.* a, *n* depozit|ë, -a
Depot [de'po:] *n* depo-ja; **~wirkung** *f med.* veprim-i i vonshëm
Depp, -en, *pl.* en, *m* xhahil-i
Deputiert|er, -en, *pl.* en, *m* deputet-i
derartig asisoj; kësisoj; **~e Leute** *Pl.* asisoj njerëzish
Derivation *f*, Ableitung *spr.* prejardhj|e, -a
Dermatologie *f med.* dermatologjí-a
derselbe i/e njëjtë; po ai
Derwisch, -s, *pl.* e, *m hist.* dervish-i; **~kloster** *n* teqé-ja
Desakzentuierung *f spr.* shtheksim-i
Deserteur, -s, *pl.* e, *m mil.* dezertor-i
deshalb prandaj
Designer, -s, *pl.* 0, *m* disenjator-i
Desinfektionsmittel, -s, *pl.* 0, *n* dezinfektues-i

desinfizieren dezinfektoj
Desinteresse, -s, *n* çinteresim-i
deskriptiv *spr.* përshkrues,-e
Desorganisation *f* çorganizim-i
desorientieren çorientoj
Desoxidation *f chem.* çoksidim-i
Despot, -en, *pl.* en, *m* despot-i; *orthod. Bischof* dhespot-i
despotisch despotik, -e
Dessert [dɛˈseːʁ] desert-i; **~teller** *m* pjatë e vogël
destillieren distiloj; kulloj; **destilliertes Wasser** *n chem.* ujë i distiluar
detailliert i/e detajuar; i/e hollësish|ëm, -me; ⟨*adv*⟩ hollësisht
determinieren, bestimmen caktoj
determiniert *spr.* i/e shquar
Deuteronomium, -s, *n rel.* ligji i përtërirë
deutlich i/e qartë; açik, -e; **es ist deutlich zu sehen** duket açik
deutsch gjerman, -e; ⟨*adv*⟩ gjermanisht; **~ sprechen** i/a/o flas gjermanisht
Deutsch, deutsche Sprache *f* gjermanisht|e, -ja
Deutsche *f* gjerman|e, -ia
Deutsche|r, -n, *pl.* n, *m* gjerman-i
Deutschland Gjermaní-a
deverbal *spr.* prejfoljor, -e; **~es Nomen**, Deverbativum *spr.* emër prejfoljor
Devise *f*, Losung deviz|ë, -a; *ök.* valut|ë, -a
Devisen- valutor, -e; **~fonds** *m* fond-i valutor
Devotion *f* devotshmërí-a
Dezember, -s, *pl.* 0, *m* dhjetor-i
Deziliter, -s, *pl.* 0, *m* decilit|ër, -ri
dezimal *math.* dhjetor, -e; **~bruch** thyesë dhjetore; **~klassifikation** *f* klasifikimi dhjetor
Dezimeter, -s, *pl.* 0, *m* (dm) decimet|ër, -ri
Dia, -s, *pl.* s, *n* diapozitiv-i
Diabetes *m*, Zuckerkrankheit *med.* diabet-i
Diachronie *f spr.* diakroní-a
diachronisch *spr.* diakronik, -e
Diadem, -s, *pl.* e, *n* diadem|ë, -a; *auf Ikonen* breror|e, -ja
Diagnose *f* diagnoz|ë, -a
Diagonale *f math.* diagonal|e, -ja
Diakon, -s, *pl.* e, *m rel.* dhjak-u; xhakon-i
diakritisch *spr.* diakritik, -e
Dialekt, -(e)s, *pl.* e, *m* e folm|e, -ja; dialekt-i
dialektal dialektor, -e
Dialektik *f* dialektik|ë, -a
dialektisch dialektik, -e; **~er Materialismus** *m* materializëm dialektik
Dialektismus *m spr.* dialektiz|ëm, -mi
Dialektologe, -en, *pl.* en, *m spr.* dialektolog-u
Dialektologie *f spr.* dialektologjí-a
dialektologisch *spr.* dialektologjik, -e
Dialog, -(e)s, *pl.* e, *m* dialog-u
Diamant, -en, *pl.* en, *m* elmaz-i; xhevahir-i; diamant-i; **~schneider** *m tech.* elmaz-i
diametral entgegengesetzt diametralisht i kundërt
Diärese *f spr.* dierez|ë, -a
Diarrhö *f*, Durchfall *med.* diarré-ja;

bizg|ë, -a
Diät *f med.* diet|ë, -a
Diathese *f spr.* diatez|ë, -a
dicht i/e dendur
Dichte *f* dendësí-a; dendurí-a
dichten *spr.* vjershëroj
Dichter, -s, *pl.* -, *m* poet-i
dichterisch poetik, -e
Dichtung *f* poezí-a; *tech.* guarnicion-i
dick *fett* i/e dhjamur; *plump* i/e trashë; **~köpfig** kryedru; kokëfortë
Dickdarm, -(e)s, *pl.* ¨e, *m med.* zgurdh|ë, -a
Dicke *f* trashësí-a
Dickerchen *Kosenamen für Kinder n* dum|e, -ja
Dickmilch *f* kos-i; hík|ërr, -rra
Dicksack, -s, *pl.* ¨e, *m* dangall-i; rëndosh-i
Dieb, -(e)s, *pl.* e, *m jur.* vjedhës-i; **~stahl** *m jur.* vjedhj|e, -a
dienen shërbej; **womit kann ich ~?** me se mund t'ju shërbej?
Dienst, -(e)s, *pl.* e, *m* shërbim-i; **~alter**, **~jahre** *Pl.* vjetërsí-a; afat i vjetërsisë; **~frei** lej|e, -a; **~habender** *m* dezhur-i; **~kartei** *f* skedar shërbimi; **~ordnung** *f* rregullor|e, -ja; **~ort** *m* qendër e punës; **~zeit** *f* orari zyrtar
Dienstag, -(e)s, *pl.* e, *m* e mart|ë, -a; **~abend** të martën mbrëma
dienstlich zyrtar, -e; me shërbim
diese *f. Sg.* kjo; *pl.* këtá, këtó
Dieselkraftstoff, -(e)s, *pl.* e, *m* naft|ë, -a
dieser ky; *G. pl.* këtyre; *G. Sg. f.* kësaj; **dieses Mal** këtë herë; kësaj radhe
diesseitig *rel.* i/e dhesh|ëm, -me
diesseits ⟨*adv*⟩ këndej
Differential, -s, *pl.* e, *n tech.* diferencial-i
Differenz *f math.* mbetj|e, -a; **~en** *Pl.* mosmarrëveshj|e, -a
differenzieren diferencoj
Digamma *n spr.* digam|ë, -a
Diglossie *f spr.* diglosí-a
Digraph, -s, *pl.* e, *n spr.* digraf-i; dyshkrónjësh-i
Dijon *ON* Dizhon-i
Diktat, -s, *pl.* e, *n* diktat-i; *in der Schule* diktim-i
Diktatur *f* diktatur|ë, -a; **~ des Proletariats** diktatura e proletariatit
diktieren diktoj
Diktion *f spr.* diksion-i
Dilemma, -s, *pl.* ta, *n phi.* dilem|ë, -a
Dilettant, -en, *pl.* en, *m* diletant-i
Dill, -s, *m bot.* kopër qeni
diminutiv *spr.* zvogëlues, -e
Dinar, -s, *pl.* e, *m Währung* dinar-i, *pl.* -ë-t
Ding, -s, *pl.* e, *n* gjë-ja; send-i; **ein beliebiges ~** një send i çfarëdoshëm
dingen *ök.* pajtoj
Diode *f tech.* diod|ë, -a
Dioxid, -s, *n chem.* dyoksid-i
Diözese *f rel.* dioqez|ë, -a
Diphtherie *med.* difterí-a
Diphthong *spr.* dyzanor-i; difton|g-u; **steigender ~** diftong ngjitës
Diphthongierung *f spr.* diftongim-i
Diplom, -s, *pl.* e, *n* diplom|ë, -a; **~arbeit** *f* punë diplome
Diplomatie *f* diplomací-a
diplomatisch diplomatik, -e

diptotisch *spr.* dyrasësh, -e
direkt i/e drejtë; i/e drejtpërdrejtë; imediat, -e; i/e pandërmjetm|ë, -me; ⟨*adv*⟩ drejt; drejtpërdrejt; drejtpërsëdrejti
Direktion *f* drejtorí-a
Direktor drejtor-i; kryetar-i
Direktorin *f* drejtoresh|ë, -a
Dirigent, -en, *pl.* en, *m* dirigjent-i
dirigieren *mus.* dirigjoj
Dirne *f* † zusk|ë, -a; kurv|ë, -a; prostitut|ë, -a
Dirrhema *n spr.* fjalí-a dykryegjymtyrëshe
disjunktiv *spr.* veçues, -e
Diskont, -(e)s, *pl.* e, *m ök.* skonto-ja; skontim-i
diskontieren *ök.* skontoj
Diskontinuität *f* pavazhdueshmërí-a
Diskretion *f* maturí-a; heshtj|e, -a; *math., spr.* pavazhdueshmërí-a
diskriminierend dallimor, -e; diskriminues, -e
Diskriminierung *f* dallim-i; diskriminim-i
Diskurs *spr.* ligjërat|ë, -a
Diskus *m spo.* disk-u
Diskussion *f* diskutim-i
diskussionsfähig, diskussionswürdig, diskutabel i/e diskutuesh|ëm, -me
Diskuswerfer, -s, *pl.* 0, *m spo.* diskhedhës-i
diskutieren diskutoj
Dispache *f* [dis'paʃə] *ök.* dispash|ë, -a
disponibel i/e disponuesh|ëm, -me
disponieren disponoj; ~ **über** kam në dispozicion
Disposition *f* dispozicion-i; dispozit|ë, -a
Dissimilation *f spr.* shpërngjashmim-i
Dissonanz *f mus.* disonanc|ë, -a
Distanz *f*, Abstand *m* distanc|ë, -a
distinktiv *spr.* dallues, -e; kuptimdallues, -e
Distribution *f* përhapj|e, -a; *spr.* përndarj|e, -a
distributiv *spr.* përndarës, -e; **Distributivzahl** *f spr.* numëror-i përndarës
Distrikt, -(e)s, *pl.* e, *m* rajon-i; rreth-i; distrikt-i
Disziplin *f* disiplin|ë, -a
Disziplinar- disiplinor, -e; **~maßnahmen** *Pl.* masa disiplinore
disziplinieren disiplinoj
Dithyrambus *m spr.* ditiramb-i
Divergenz *f* divergjenc|ë, -a
Dividende *f ök.* dividend-i
Division *f mil.* divizion-i
Diwan, -s, *pl.* e, *m* divan-i; minder-i
Djakovica *ON* Gjakov|ë, -a; **aus ~** gjakovar, -e
doch ⟨*Partikel*⟩ pa; ⟨*Int.*⟩ de
Docht, -(e)s, *pl.* e, *m* fitil-i
Dock, -s, *pl.* -s *m* dok-u; **~arbeiter**, Docker *m* doker-i
Dogmatiker, -s, *pl.* 0, *m* dogmatik-u
dogmatisch dogmatik, -e; ortodoks, -e
Dogmatismus *m* dogmatiz|ëm, -mi
Dohle *f zoo.* gal|ë, -a; stërqok|ë, -a
Doktor, -s, *pl.* en, *m* doktor-i; *akadem. Grad* kandidat-i; **~arbeit** *f* doktorat|ë, -a; disertacion-i
Doktrin *f phi.* doktrin|ë, -a
Dokumentar- dokumentar, -e; **~film** *m*

kinodokumentar-i; film-i dokumentar

Dolch, -(e)s, *pl.* e, *m* thik|ë, -a; kam|ë, -a

Doline *f* fushëgrop|ë, -a

Dollar, -s, *pl.* s, *m* dollar-i

Dolma *(in Wein- oder Kohlblätter gerollte Speise)* dollmá-ja; japrak-u

Dolmetscher, -s, *pl.* 0, *m* përkthyes-i

Dom, -(e)s, *pl.* e, *m* katedral|e, -ja

Domäne *f* lëm|ë, -i

Dominante *f* zotërues|e, -ja

Domino-Spiel *n* dominó-ja

Donau *f FN* Danub-i

Donner, -s, *m* bubullim|ë, -a; gjëmim-i

donnern bubullon; bubullin; gjëmon; ~ *n* uturim|ë, -a

Donnerstag, -(e)s, *pl.* e, *m* e enjt|e, -ja

Dönüm *n (osman. Flächenmaß von 940 qm) hist.* dynym-i

Doppel- dysh, -e; **~decker** *m* biplan-i; **~flöte** *f* bigon|ë, -a; **~form** *f spr.* dyjar-i; **~gänger** *m* dytëshor-i; kipc-i; sosí-a *m.;* **~köpfig** dykrenor, -e; **~punkt** *m spr.* dy pika; **~sinn** *m* nënkuptim-i; **~stecker** *m* spinë dyshe; **~sterzpflug** *m* damalug-u; **~stück** *n* dysor-i; **~zentner** (dz) *m* kuintal-i

doppelt i/e dyfishtë; ⟨*adv*⟩ dyfish

Doppelung *f* dyzim-i

Dorf, -(e)s, *pl.* ¨er, *n* fshat-i; katund-i; **~bewohner** *m* fshatar-i; **~rat** *m* † kryepleqësí-a

Dörfler, -s, *pl.* 0, *m* katundar-i

Dormitor|ium, -s, *pl.* ien, *n*, Schlafraum fjetor|e, -ja

Dorn, -s, *pl.* en, *m* gjemb-i; **~en:gestrüpp** *n* ferr|ë, -a

dorsal *spr.* shpinor, -e; mesgjuhor, -e

Dorsch, -(e)s, *pl.* e, *m zoo.* merluc-i

dort atjé; aty; **von ~** s'andejmi

dortig i/e atjésh|ëm, -me; i/e atysh|ëm, -me

Dose *f* kutí-a; **~n:öffner** *m* hapëse konservash; çelës konservash

dösen kotem

dosieren *med.* dozoj

Dosierung *f med.* dozim-i

Dosis *f med.* doz|ë, -a

Dossier, -s, *pl.* -s *m* [dɔsˈjeː] dosar-i; dosj|e, -a

Double, -s, *pl.* s, *n* [du:bl] dublues-i

Dover, Straße von ~ Pa-dë-Kalé-ja

Doyen, -s, *pl.* s, *n* [doaˈjɛ̃ː] dekan-i

Drache, -en, *pl.* en, *m* drag|úa, -ói; ezhdërhá-ja

Drachme *f griech. Münze* dhrahmí-a

Dragee, -s, *pl.* s, *n* [draˈʒeː] *med.* hap-i

Draht, -(e)s, *pl.* ¨e, *m* fill-i; tel-i; **~bürste** *f* furçë teli; **~seilbahn** *f* teleferik-u; **~zange** *f* darëprerës|e, -ja

Drainage *f tech.* drenazh-i; llagëm-i; **~ anlegen** drenoj; drenazhoj

drakonisch drakonian, -e

Dramatik *f* dramatik|ë, -a; dramaturgjí-a

Dramen:autor, -s, *pl.* en, *m* dramaturg-u

drängen nxis *s/t*; **zum Schwur ~** vë në be

Drau *f FN* Drav|ë, -a

Draufgänger, -s, *pl.* 0, *m* babaxhan-i; delí-u, delí djalë

draußen ⟨*adv*⟩ përjashta; jashtë
Dreck, -s, *m* balt|ë, -a; **~klumpen** *m* balturin|ë, -a; **mit ~ bespritzen** cirkoj me baltë
dreckig baltak, -e; i/e ndotur; i/e fëlliqur
Drehbank *f tech.* torno-ja
Drehbuch, -(e)s, *pl.* ¨er, *n* skenar-i
drehen dredh *e/o/i*; rrotulloj; kth|ej, *-eva, -yer*; *Film* xhiroj; ≈ *n* dredhj|e, -a
Dreher, -s, *pl.* 0, *m tech.* tornitor-i; dredhës-i; **~ei** *f tech.* reparti i dredhjes
Drehstrom, -(e)s, *pl.* ¨e, *m tech.* rrymë trifazore
drei tre, *f.* tri; **~ Leute** *Pl.* tresh|e, -ja; **in ~ Stücken** trish
Drei:eck, -s, *pl.* e, *n math.* trekëndësh-i
Dreier:ausschuss, -es, *pl.* ¨e, *m* komisioni trepalësh
dreifach i/e trefishtë; ⟨*adv*⟩ trefish
Dreifaltigkeit *f rel.* triní-a
Dreifuß, -(e)s, *pl.* ¨e, *m* trekëmbësh-i
dreihundert treqind
dreiseitig trepalësh, -e
dreiviertel treçerek
dreizehn trembëdhjetë; **der ~te** *m* i trembëdhjetë
dreißig tridhjetë
Dressman *m* manekin-i
Drillich, -s, *pl.* e, *m* drill-i
dringend urgjent, -e; ekspres; ⟨*adv*⟩ urgjentisht; me urgjencë
Dringlichkeit *f* urgjenc|ë, -a
drinnen brenda
dritte, -en, *pl.* en, *m* i tretë
drittletzt, -en, *pl.* en, *m* dyparafundor, -e
Droge *f* drog|ë, -a; **~rie** *f* barnator|e, -ja; parfumerí-a
drogenabhängig sein drogohem; ≈**er** drogaman-i
drohen kanosem, kërcënoj
dröhnen uturin; **der Saal dröhnte vor Applaus** salla gjëmoi nga duartrokitjet; ≈ *n* zhumhur-i; uturim|ë, -a; zhuzhitj|e, -a
Drohung *f* kanosj|e, -a
Droschke *f* † taksí-a
Druck, -(e)s, *pl.* ¨e, *m* presion-i; trysní-a; cenim-i; shtypj|e, -a; *pl.* -e, *m typ.* shtyp-i; **~luft** *f* ajër i ngjeshur; **~matrize** *f* matricë shtypshkronje; **~messer** *m* manomet|ër, -ri; **~model** *m* klishé-ja; **~ort** *m* vend i shtypjes; **~sachen** *Pl.* shtypshkrime-t; materiale shtypi; **~verlust** *m tech.* depresion-i
Drückebergerei *f* dembeliz|ëm, -mi
drücken shtrëngoj; trys; trus; hinein~ rras; *lasten* rëndoj mbi; **wo drückt ihn der Schuh?** ku e ka hallin?; **der Schuh drückt mich** këpuca më vret; **sich ~ vor** i bëj bisht ⟨+ *Dat*⟩
Drucker, -s, *pl.* 0, *m* tipograf-i; **~marke** *f* markë shtypi
Druckerei *f* shtypshkronj|ë, -a
Druckfehlerkorrektur *f* ndreqje gabimesh shtypi
Druckgraphik *f* gravur|ë, -a
Drüse *f med.* gjënd|ër, -ra
Dschinn *m myth.* xhind-i
Dschungel, -s, *pl.* 0, *m* xhung|ël, -la

du ti; ~ **da!** ⟨*Int.*⟩ or; oré; *nur f.* moj; ~ **sollst dir den Hals brechen** thefsh arrëzën
Dual, -(e)s, *pl.* e, *m spr.* dyjës-i
Dualismus *m phi.* dualiz|ëm, -mi
dubitativ *spr.* dyshimor, -e; **~er Satz** *m* fjali dyshimore
Dublette *f* dublet-i; dyjar-i; dysor-i
Dubrovnik *ON* Raguz|ë, -a; Dubrovnik-u
Dudelsack, -(e)s, *pl.* ¨e, *m* gajd|e, -ja; **~pfeifer** *m* gajdexhí-u
Duell, -s, *pl.* e, *m* † dyluftim-i; bejle|g-u
Duett, -s, *pl.* e, *n mus.* duet-i
Duft, -(e)s, *pl.* ¨e, *m* er|ë, -a
duften kundërmoj; **~d** i/e erm|ë, -e; i/e mermë; i/e myshkët
Duldsamkeit *f* dures|ë, -a
dumm teveqel, -e; **~es Zeug reden** flas bosh, gorrica, dokrra
Dummheit *f* marrëzí-a; proçk|ë, -a
Dummkopf, -(e)s, *pl.* ¨e, *m* burnot-i; fyell-i; hajvan-i
Düne *f* dun|ë, -a
Dung, -s, *m*, **Dünger** *m* pleh-u
düngen plehëroj
Dünkel, -s, *m* krenarí-a; krekosj|e, -a
dunkel i/e errët; ~ **werden** errem; irnohem; irnosem; **~grau** gri i errët; i/e murrmë; **~häutig** zeshkaman, -e; ezmer, -e; i/e zeshkët; **Dunkelheit** errësir|ë, -a; zymtësí-a = zymtí-a;
Dunkelmännerei *f* obskurantiz|ëm, -mi
dünn i/e hollë; **Dünnschiss** *vulg.* bizg|ë, -a
Dunst, -(e)s, *m* mjégull-a; duhm|ë, -a
Duo, -s, *pl.* s, *n mus.* duet-i
Duplikat, -(e)s, *pl.* e, *m* duplikat|ë, -a; dublikat|ë, -a
Durativ *spr.* pamje e vijimësisë
Durazzo *ON* Durrës-i; *hist.* Dyrrah-u
durch nëpër ⟨+ *Akk*⟩; nëpërmjet ⟨+ *Abl*⟩; dank në saje të ⟨+ *G*⟩; vermittels me anë të ⟨+ *G*⟩; **durch ... hindurch** përmes ⟨+ *Abl*⟩; **durch und durch** ⟨*adv*⟩ tejendanë
durch/blättern shfletoj
durch/blicken vështroj; **du blickst da nicht durch** s'ke të qartë këtë punë
durchbohren shpoj
durch/brennen e/a/a djeg *e/i/o; g/gj*; *fig.* iki
durch/checken *(prüfen) tech.* kolaudoj
durchdenken e/a/a përsias *s/t*
durchdringen përshkoj; **die Jugend mit revolutionärem Geist** ~ brumos rininë me frymën revolucionare; **~d** depërtues, -e; përshkues, -e; i/e theksh|ëm, -me
Durcheinander, -s, *pl.* 0, *n* tolloví-a; trazir|ë, -a; turbullir|ë, -a; katrahur|ë, -a; ~̊ **bringen** trazoj; çakërdis; ndërlikoj; koklavis *s/t;* ~̊ **werfen** pështjelloj
Durchfahrtsgebühr *f* taksë kalimi
Durchfahrtsprofil, -s, *pl.* e, *n* gabarit-i
Durchfall, -(e)s, *pl.* ¨e, *m med.* purth|ë, -a; diarré-ja
Durchgang, -(e)s, *pl.* ¨e, *m* vendkalim-i; kalim; udhëkalim-i; **~s:verkehr** *m* transit-i
durch/kommen o/a/o dal matanë; kaloj
Durchleuchtung *f med.* radioskopí-a
durchlöchern vrimoj; zhbiroj

Durchmesser, -s, *pl.* 0, *m* diamet|ër, -ri
durchnässen qull; lagësoj
durchnässt ⟨*adv*⟩ qull
Durchreiche *f* dritarez-a
Durchreise *f* transit-i; **auf der ~ sein** jam transit
durch/scheinen ei/ie/ie tejdukem
durchschnittlich i/e rëndomtë; mesatar, -e
Durchschnitts- mesatar, -e
Durchschrift *f* dublikat|ë, -a; **zweite ~** triplikat|ë, -a
durch/sehen ie/a/e shfletoj
Durchsicht *f* këqyrj|e, -a
durchsichtig, transparent i/e tejduksh|ëm, -me; i/e heksh|ëm, -me; *spr.* i/e motivuar
Durchsichtigkeit *f* tejdukshmërí-a
durch/sickern depërtoj
durchsuchen shqyrtoj; kruaj *ua/o/u*; bastis
durchtrieben dredhak, -e; dredharak, -e
durch/walken rrah; **den Sohn ~** çekanis djalin
durchweg ⟨*adv*⟩ rëndom
dürfen mund; **darf ich eintreten?** mund të hyj?; **darf ich?** a më lejoni?; **darf man?** a është e lejueshme?
Dürre *f* thatësir|ë, -a
Durst, -(e)s, *m* etj|e, -a; **~ haben** kam etje
dürsten nach *fig.* etem; dëshiroj
durstig i/e etsh|ëm, -me
Dusche *f* dush-i
Düse *f* *tech.* diz|ë, -a; sprucator-i; **~n:flugzeug** *n* avion-i reaktiv
düster i/e zymtë
Dutzend, -s, *pl.* e, *n* duzin|ë, -a
Dyn *n* *(Maßeinheit für mechanische Kräfte)* din|ë, -a
Dynamik *f* dinamik|ë, -a; dinamiz|ëm, -mi
Dynamit, -s, *n* *chem.* dinamit-i
Dynamo, -s, *pl.* s, *m* dinámo-ja
Dynastie *f* dinastí-a
Dysenterie *f* *med.* dizenterí-a; barku i keq

E

Eau de Cologne [o:dəko'lɔɲə] *n* kolonj|ë, -a
Ebbe *f* zbatic|ë, -a
eben po ⟨*Partikel des Zeitpunkts u. der Identität*⟩; ⟨*Adj.*⟩ *flach* i/e sheshtë; i/e rrafshët; **ebenda** po aty
Ebene *f* fush|ë, -a; shesh-i; rrafsh-i; nivel-i
ebenfalls, ebenso ⟨*adv*⟩ gjithashtú
Ebenholz, -(e)s, *pl.* ¨er, *n* abanoz-i
Echo, -s, *pl.* s, *n* jeh-u; jehon|ë, -a; rikumbim-i
echt autentik, -e; i/e vërtetë
Eckball, -(e)s, *pl.* ¨e, *m* *spo.* goditje nga këndi
Eckbord, Eckschränkchen *n* cepatar|e, -ja
Ecke *f* qosh|e, -ja; qoshk-u; skut|ë, -a;

zgëq-i; bucak-u; cep-i
eckig, viereckig katror, e; **~e Klammern** *Pl.* kllapa katrore
Eckzahn, -(e)s, *pl.* ¨e, *m* qéz|ër, -ri
edel bujar, -e; fisnik, -e; ⟨*adv*⟩ burrërisht
Edelmut, -s, *m* fisnikërí-a
Edírne *ON* Edrené-ja
EDV = Elektronische Datenverarbeitung teknikë llogaritëse elektronike
Efeu, -s, *m bot.* lerth-i; urth-i
Effekt, -(e)s, *pl.* e, *m* efekt-i
effektiv i/e efektsh|ëm, -me = efektiv, -e
egal njëlloj
Egge *f* les|ë, -a
eggen zvarris *s/t*
Ehe *f* martes|ë, -a; bashkëshortësí-a
Ehe- martesor, -e; **~bruch** *m* kurorëthyerj|e, -a; **~frau** *f* grua-ja, *pl.* gra-të; shoq|e, -ja; bashkëshort|e, -ja; **~gatte**, **~mann** *m* bashkëshort-i; burr|ë, -i; **~paar** *n* çift bashkëshortësh; **~scheidung** *f* divorc-i; **~schließung** *f* vënie kurore; † nigjah-u
ehedem ⟨*adv*⟩ dikur
ehelich bashkëshortor, -e; martesor, -e; **~e Gemeinschaft** *f* bashkëshortësí-a
ehemalig i/e dikursh|ëm, -me; ish-
ehrbar korrekt, -e; i/e ndersh|ëm, -me
Ehrbarkeit *f* dëlirësí-a
Ehre *f* nder-i; lëvdat|ë, -a; lavdí-a; **~n:garde**, Ehrenwache *f* truprojë nderi; **~n:titel** *m* titull i nderit; **~n:wort** *n* besa-bes|ë, -a
ehren nderoj
Ehrerbietung *f*, Ehrerweisung nderim-i; homazh-i
Ehrgeiz, -es, *m* ambíci|e, -a
ehrgeizig ambicioz, -e
ehrlich i/e ndersh|ëm, -me; ⟨*adv*⟩sinqerisht
ehrsüchtig lavdidashës, -e
Ehrung *f* nderim-i; **übermäßige ~** apoteoz|ë, -a
Ei, -s, *pl.* er, *n* ve-ja; vez|ë, -a; **angebrütetes ~** klluk|ë, -a; **Setz~** vezë e zier; **~er:becher** *m* mbajtëse veze; **~er:frucht** *f*, Aubergine *bot.* patëllxhan-i; **~er:pfannkuchen** *m* gajganá-ja; omëlet|ë, -a; **~er:schale** *f* lëvozhgë veze; **~er:stock** *m med.* vezor|e, -ja; **Eier legen** vej, *-ta, -tur*
Eibisch, -s, *m bot.* mëllag|ë, -a; bamj|e, -a
Eiche *f bot.* artí-ri; dush|k-u; rróbull-i; lis-i; **~n:hain**, **~n:wald** *m* artisht|ë, -a; **~n:wäldchen** *n* bungisht|ë, -a; bungaj|ë, -a; dushkaj|ë, -a; dushkor|e, -ja
Eichelhäher, -s, *pl.* 0, *m zoo.* çot|ë, -a; grifsh|ë, -a
eichen bëj gjedhim
Eichhorn, **Eichhörnchen**, -s, *pl.* 0, *n zoo.* shqarth-i; két|ër, -ra
Eichung *f tech.* gjedhim-i
Eid, -es, *pl.* e, *m* betim-i; be-ja; **~ leisten** betohem
Eidechse *f zoo.* hardhuc|ë, -a
Eifer, -s, *m* cen|ë, -a; zell-i; zelltarí-a; prush-i; **~sucht** *f* xhelozí-a
eifersüchtig xheloz, -e
eiförmig oval, -e; vezak, -e
Eigenname, -ns, *pl.* n, *m spr.* emër i

përveçëm
Eigennutz, -es, *m jur.* interes-i
Eigenschaft *f* cilësí-a; shkall|ë, -a; vetí-a; *spr.* **~s:wort** *n spr.* mbiem|ër, -ri
eigentlich i/e mirëfilltë; ⟨*adv*⟩ zaten
Eigentor, -(e)s, *pl.* e, *m spo.* autogol-i
Eigentum, -s, *n* pasurí-a; pron|ë, -a; **persönliches ~** *jur.* pronë vetjake
Eigentümer, -s, *pl.* 0, *m* pronar-i; i zot-i; **~ des Buches** i zoti i librit; **er/sie gab es dem Eigentümer** ia dha të zotit; **~in** *f* e zonja
Eigentümlichkeit *f* vetí-a
Eigentumsrecht, -(e)s, *pl.* e, *n jur.* pronësí-a
Eigentumsverhältnisse *Pl.* dynjallëk-u
Eil- ekspres
Eiland, -s, *pl.* e, *n* † íshull-i; ujdhes|ë, -a
Eilbrief, -(e)s, *pl.* e, *m* letër ekspres
Eile *f* ngutj|e, -a; fug|ë, -a; urgjenc|ë, -a; vrap-i; vrapim-i; rrëmbim-i
eilen nga|s *a/e; s/t, -va, -rë*; bredh *e/i/o*
eilig i/e ngutsh|ëm, -me; ⟨*adv*⟩ fluturímthi; me ngut
Eimer, -s, *pl.* 0, *m* kov|ë, -a
ein një; **der eine ... der andere** kush ... kush; **~ für alle Mal** një herë e përgjithmonë; **~ paar** disa; ca; **~ Setzei** *n* një kokërr vezë; **~ wenig** paksa; një çikë
einander ⟨*adv*⟩ njëri-tjetrin; shoqi-shoqin
ein/äschern hijoj
ein/atmen marr frymë; **atmen Sie tief ein!** merrni frymë thellë!
Einatmung *f med.* frymëthithj|e, -a
ein/balsamieren balsamoj
Einband, -(e)s, *pl.* ¨e, *m* kopertin|ë, -a; lidhj|e, -a; kapak-u
einbändig njëvëllimësh, -e
ein/berufen u/ie/u thërras *a/e/i; s/t, thirra, thirrur; mil.* mobilizoj
Einberufung *f* thirrj|e, -a; kushtrim-i; **~s:bescheid** *m mil.* fletëthirrj|e, -a
Einbildung *f* iluzion-i
ein/buddeln gropos
Eindeutigkeit *f* njëkuptimësí-a
ein/dringen futem; depërtoj
Eindruck, -(e)s, *pl.* ¨e, *m* mbres|ë, -a; përshtypj|e, -a
ein/ebnen rrafshoj
einerlei ⟨*adv*⟩ njëlloj; njësoj
einfach i/e thjeshtë; ⟨*adv*⟩ kollaj; **~ darstellen** thjeshtëzoj; **~e Vergangenheit** *f spr.* e kryer-a e thjeshtë; **~er Satz** *m spr.* fjalí-a e pazgjeruar
Einfachheit *f* thjeshtësí-a
ein/fädeln përshkoj
ein/fallen ¨/ie/a bie ndërmend; **das fällt mir nicht ein** s'më bie në hatër
einfältig naiv, -e
einfarbig *Textil* i/e dystë
ein/fetten yndyrëzoj; grasoj
Einfluss, -(e)s, *pl.* ¨e, *m* influenc|ë, -a; **~ nehmen** ndikoj
ein/fügen shtie
Einfuhr *f ök.* import-i
ein/führen importoj
Einfuhrgut, -(e)s, *pl.* ¨er, *n ök.* importim-i
Einführung *f* hyrj|e, -a
Eingang, -(e)s, *pl.* ¨e, *m* hyrj|e, -a
eingebildet fodull, -e; prepotent, -e;

kryelartë
Eingeboren|er, -en, *pl.* en, *m* indigjen-i
Eingemacht|es -en, *n*, Eingelegtes të regjura-t
eingeschlechtig *bot.* njëseksor, -e
eingeschlossen ⟨*adv*⟩ duke përfshirë
eingesessen dhetar, -e; anas, -e
ein/gießen ie/o/o shtie
ein/gliedern integroj
Eingliederung *f* integrim-i
Eingreif- ndërhyrës, -e
Eingriff, -(e)s, *pl.* e, *m* ndërhyrj|e, -a
ein/halten ¨/ie/a zbatoj; respektoj; **den Fahrplan ~** respektoj orarin
einheimisch vendas, -e
Einheimisch|er, -en, *pl.* en, *m* vendës-i
Einheit *f* njësí-a; unitet-i; *mil.* repart-i; njësit-i
einheitlich i/e njëtrajtsh|ëm,-me
Einheitlichkeit *f* njëtrajtshmërí-a
Einhorn, -(e)s, *pl.* ¨er, *n myth.* brivetm-i
einhundert njëqind
einige ca; çosá; disa; do
einigen bashkoj; **sich ~** ujdis
Einigung *f* ujdisj|e, -a
ein/kassieren arkëtoj; ~̊ arkëtim-i
ein/kaufen blej; psonis; bëj pazar
ein/kerkern burgos; burgoj
Einkerkerung *f* burgosj|e, -a
Einkommen, -s, *pl.* 0, *n* të árdhura-t; fitim-i; **~steuer** *f* tatim-i mbi të ardhurat
Einkorn, -s, *n bot.* ok|ër, -ra; tep|ë, -a
ein/kreisen qarkoj; rrethoj
Einkünfte *Pl. ök.* të árdhura-t
ein/laden ¨/u/a ftoj; grish
Einladung *f* ftes|ë, -a; grishj|e, -a
Einlage *f ök.* depozitim-i
Einlauf, -(e)s, *pl.* ¨e, *m med.* klizm|ë, -a
ein/legen *in Salzlake* regj; *in Salz* **eingelegt** kripës, -e; **ich kann den 2. Gang nicht einlegen** *tech.* nuk i fus dot marshin e dytë
ein/lösen th|yej, *-eva, -yer*; **einen Scheck ~** thyej një çek
Einmachglas, -es, *pl.* ¨er, *n* kavanoz-i
Einmariniert|es, -en, *pl.* en, *n* turshí-a
ein/mauern muroj; muros
Einmischung *f* intervencion-i; ndërhyrj|e, -a
einmütig ⟨*adv*⟩ unanimisht
ein/nehmen i/a/o marr *a/e/o*; zë; **muss ich Medizin ~?** duhet të përdor ilaçe?
ein/ölen lyej
ein/ordnen radhis *s/t*; **sich ~ im Verkehr** renditem
ein/packen mbështjell *e/i/o*; paketoj
ein/pflanzen rrënjos; ngul
ein/prägen ngulis *s/t*
Einräumungssatz, -(e)s, *pl.* ¨e, *m spr.* fjali-a lejore
Einreiher, -s, *pl.* 0, *m* kostum monopet
ein/richten shtroj
Einrichtung *f* ent-i; institucion-i; mobili|e, -a
einsam i/e vetmuar
Einsamkeit *f* vetmí-a
ein/schalten hap; **Strom ~** lidh rrymën elektrike
ein/schätzen cilësoj; çmoj
ein/schenken qis *s/t*; shtie
ein/schieben ie/o/o ndërshtie; **eingeschobener Satz** *spr.* fjali-a e

ndërshtënë

Einschiebsel brendashtes|ë, -a; ndërsh-tëni|e, -a; *spr.* fjalë shtesë

ein/schlafen ¨/ie/a bie të fle; **der Fuß ist mir eingeschlafen** këmba më ka [është] mpirë; **er/sie konnte nicht ~** gjumi nuk po e zinte

einschlägig *jur.* përkatës, -e

ein/schließen ie/o/o ngujoj

ein/schmeicheln, sich ~ joshem

Einschnitt, -(e)s, *pl.* e, *m* prerëz-a

Einschränkung *f* kufizim-i; zgrip-i

ein/schrauben vidhos

Einschreibebrief, -(e)s, *pl.* e, *m* letër e porositur; rekomandé

ein/schreiben ei/ie/ie regjistroj; **sich ~** regjistrohem

Einschreibung *f* regjistrim-i

ein/schreiten ei/i/i ndërhy|j, *ra, -rë*

Einschub, -(e)s, *pl.* ¨e, *m spr.* tingull-i parazit

ein/schüchtern frikësoj; hakërrohem; tmerroj

Einsiedler, -s, *pl.* 0, *m rel., a. fig.* oshënar-i

einsilbig njërrokësh, -e

ein/sperren burgos; burgoj

ein/springen i/a/u **für** dubloj ⟨+ *Akk*⟩

Einspritzdüse *f tech.* sprucator-i

Einspritzpumpe *f tech.* pompë sprucimi

Einspruch, -(e)s, *pl.* ¨e, *m* veto-ja

ein/steigen ei/ie/ie *ins Auto* i hip|i, *-ën, -a, -ur* makinës

Einstellung *f*, Beendigung mbarim-i; Unterbrechnung ndërprerj|e, -a; Haltung qëndrim-i

einstig i/e dikursh|ëm, -me; **die ~en Träume begraben** gropos ëndrrat e dikurshme

einstimmig njëzëri; **sie stimmten ~ dafür** votuan njëzëri

eintausend njëmijë

Eintrag, -(e)s, *pl.* ¨e, *m im Lexikon* artíkull-i

einträglich i/e fitimsh|ëm, -me; **~e Sache** *f* punë e gratshme

ein/treffen i/a/o mbërrij; arri|j, *-ta, -tur*

ein/treiben ei/ie/ie ngul; **einen Keil ~** kunjoj

ein/treten i/a/e hy|j, *-ra, -rë*

Eintreten, -s, *n jur.* ardhj|e, -a

Eintritt, -s, *m* hyrj|e, -a; **Eintritt verboten!** Ndalohet hyrja!; **~s:karte** *f* bilet|ë, -a; bileta e hyrjes; fletëhyrj|e, -a; librezë hyrjeje

einundzwanzig njëzetenjë; **der ~ste** i/e njëzetenjë

Einvernehmen, -s, *n* akord-i; ujdi-a

einverstanden dakord

Einverständnis, -ses, *n* marrëveshj|e, -a; pëlqim-i; **~ erzielen** bie në ujdi; bie dakord

ein/wachsen dyllos

Einwanderer, -s, *pl.* 0, *m* imigrant-i

ein/wandern imigroj

Einwegverpackung *f* ambalazh i pakthyeshëm

ein/weichen zbruj; zbrumoj; njom; finjos

ein/weihen inauguroj

Einweisungsschein, -s, *pl.* e, *m im Krankenhaus* fletështrim-i

ein/werfen i/a/o *Brief* postoj

ein/wickeln mbështjell *e/i/o*; ~ **in Zellophan** celofanoj
Einwickelpapier, -s, *pl.* e, *n* letër mbështjellëse
Einwohner, -s, *pl.* 0, *m* banor-i
Einwortsatz, -(e)s, *pl.* ¨e, *m spr.* fjali-a njëfjalëshe
Einwurf, -(e)s, *pl.* e, *m spo.* rivënie nga vija anësore
Einzahl *f spr.* njëjës-i
Einzahlungsanweisung *f ök.* mandatarkëtim-i
Einzelhandel, -s, *m ök.* tregti me pakicë; ~**s:preis** *m* çmim me pakicë
Einzelhändler, -s, *pl.* 0, *m* bakall-i
einzeln ⟨*adv*⟩ veç; veç e veç
Einzelteil, -s, *pl.* e, *n tech.* detal-i
einzig, einzigartig unik, -e
Eis, -es, *n* ákull-i; kallkan-i; **Speise**~ akullor|e, -ja; ~**blume** *f* qëndismë e akullit; ~**brecher** *m* akullthyes|e, -ja; ~**kasten** *m* akullmbajtës|e, -ja; ~**pickel** *m* akullçarës-i; ~**schrank** *m* frigorifer-i; ~**verkäufer** *m* akulloreshitës-i; ~**zapfen** *m* cepik-u; éhull-i; hell akulli; krongjill-i; kallkan-i; **Nördliches** ~**meer** *n* Oqeani i Ngrirë i Veriut
Eisen, -s, *pl.* 0, *n chem.* hekur-i; ~**-Nickel** *n* hekurnikel-i; ~**bahn** *f* hekurudh|ë, -a; ~**bahner** *m* punonjës-i hekurudhe; ~**beton** *m* betonarmé-ja; hekurbeton-i; ~**gitter** *n* kangjella-t; ~**reifen** *m* shin|ë, -a; ~**waren** *Pl.* hekurisht|e, -ja
Eisenbahn-, hekurudhor, -e; ~**transport** *m* transport hekurudhor
eisenhaltig hekurmbajtës, -e
eisern i/e hékurt; i/e hekurimtë
eisig, **eiskalt** i/e ákullt; i/e acartë; **er bekam** ~**e Füße** iu bënë këmbët kallkan
Eiter, -s, *m med.* qelb-i
eitern *med.* qelb; harmohem
eitrig *med.* i/e qelbur
Ejektion *f*, Auswurf flakj|e, -a
Ekel, -s, *m* gërdí-a; krup|ë, -a; nevërí-a; ~ **erregend**, ekelhaft i/e krupsh|ëm, -me; i/e neveritsh|ëm, -me; ~ **bekommen** gërditem
ekeln, **sich** ~ neveritem
Eklektizismus *m phi.* eklektiz|ëm, -mi
Ekstase *f* ekstaz|ë, -a
Ekzem, -s, *pl.* e, *n med.* ekzem|ë, -a
Elan, -s, *m* flug-u; ngut-i; vrull-i
elastisch elastik, -e
Elefant, -en, *pl.* en, *m zoo.* elefant-i; fil-i
Eleganz *f* eleganc|ë, -a
Elegie *f spr.* elegjí-a
elektrifizieren elektrifikoj
Elektriker, -s, *pl.* 0, *m* elektricist-i
elektrisch elektrik, -e; ~**e Anlage** *f* impiant-i elektrik; ~**er Funke** *m* shkëndijë elektrike
Elektrizität *f* elektricitet-i; elektrik-u
Elektrolyse *f tech.* elektroliz|ë, -a
Elektronik *f* elektronik|ë, -a
Elektrotechnik *f* elektroteknik|ë, -a
Element, -es, *pl.* e, *n chem.* element-i; **zweiwertiges** ~ element dyvalent
elementar fillestar, -e
Elementar- fillor, -e; ~**schule** *f* shkolla fillore

elend i/e gjorë
Elend, -s, *n* mjerim-i
elf njëmbëdhjetë; **der ~te** i njëmbëdhjetë
Elfenbein, -s, *n* fildish-i
elfenbeinern i/e fildishtë
Elision *f spr.* elidim-i
Elite *f* elit|ë, -a
Ellbogen, -s, *pl.* 0, *m* bërryl-i; **~mensch** *m* zhvatës-i
Elle *f Maßeinheit* jard-i
Ellipse *f math.* elips-i, *spr.* elips|ë, -a
elliptisch *spr.* mungesor, -e
eloquent gojëmbël
Elsass-Lothringen Alsas-Loren|ë, -a
Elster *f zoo.* grízh|ël, -la; larask|ë, -a
Eltern *Pl.* prind-ët, prindër-it; **~haus** *n* derëbab|ë, -a
Emaille *f* [eˈmaljə], **Email**, -s, *n* emal-i
emaillieren emaloj; smaltoj
emanzipiert i/e emancipuar
Embargo, -s, *pl.* s, *n ök.* embargo-ja; **das ~ aufheben** heq embargon
Embryo, -s, *pl.* s, *m med.* embrion-i
Emigration *f* mërgim-i; emigrim-i; **die Emigranten** *Pl.* mërgatë, -a; mërgimtarë-t
emigrieren mërgoj; emigroj
Emotion *f* emocion-i
Empfang, -(e)s, *pl.* ¨e, *m* marrj|e, -a; audienc|ë, -a; pritj|e, -a; **~s:bankett** *n* banketi i pritjes; **~s:zimmer** *n* dhomë pritjeje; sob|ë, -a
empfangen ¨/i/a marr *a/e/o*; **er/sie geruhte, ihn zu ~** denjoi ta priste
Empfänger, -s, *pl.* 0, *m* marrës-i; pritës-i; *einer Ware ök.* konsinjatar-i
empfehlen ie/a/o rekomandoj
empfindsam i/e ndjesh|ëm, -me
Empfindung *f* ndijim-i; **~s:wort** *n spr.* pasthirrm|ë, -a
Emphase *f spr.* spikatj|e, -a; emfaz|ë, -a
emphatisch emfatik, -e
Empirie *f phi.* empirí-a
Empiriokritizismus *m phi.* empiriokriticiz|ëm, -mi
empirisch empirik, -e
Empirismus *m phi.* empiriz|ëm, -mi
empören, sich ~ indinjohem; ngre krye; kërcej *e/ye*
en détail *ök.* me pakicë
en gros *ök.* me shumicë
End- fundor, -e
endbetont *spr.* oksiton, -e
Ende, -s, *pl.* n, *n* fund-i; zgrip-i; bisht-i; skaj-i; **~ der Welt** apokalips-i; **am ~ von** në mbarim të ⟨+ *G*⟩
enden përfundoj; mbaroj
endgültig përfundimtar, -e; i/e prerë; **sie gingen ~ dem Untergang entgegen** po merrnin tatëpjetën përfundimtare; **~e Rechnung** *f* faturë përfundimtare
endlich më në fund; ⟨*Adj*⟩ *phi.* i/e fundm|ë, -e
endozentrisch endocentrik, -e
Endstation *f* stacion-i fundor
Endstrafe *f jur.* dënim-i përfundimtar
Endstück, -(e)s, *pl.* e, *m* pjesë fundore
Endung *f spr.* mbares|ë, -a
Endungs- mbaresor, -e
Energie *f* energjí-a
energisch energjik, -e
enervierend, entnervend gazepqar, -e
eng i/e ngushtë; **zu ~ sein** tendosem

Engagement, -s, *pl.* s, *n* angazhim-i
engagieren angazhoj
Engel, -s, *pl.* 0, *m rel.* éngjëll-i
England Anglí-a
Engländer, -s, *pl.* 0, *m* anglez-i; *tech.* çelës-i papagall
englisch anglez, -e; ⟨*adv*⟩ anglisht
Engpass, -(e)s, *pl.* ¨e, *m* ngushtic|ë, -a
Enkel, -s, *pl.* 0, *m* nip-i
Enklise *f spr.* enkliz|ë, -a
enklitisch *spr.* enklitik, -e
Enquête *f* anket|ë, -a
Ensemble, -s, *pl.* s, *n* ansamb|ël, -li
ent- ç-; zh-
ent:arten degjenerohem; çoroditem; zvetënohem; **ent:artet** dekadent, -e
Ent:artung *f* çoroditj|e, -a; zvetënim-i; degjenerim-i
entbinden i/a/u *gebären* lind; **vom Eid ~** dëlir prej betimit
Entbindungsstation *f* maternitet-i
entblößen zhvesh; zbuloj; **sich ~** zgafullohem; **die Brust ~** zgafulloj gjoksin, kraharorin
entdecken zbuloj; diktoj
Entdeckung *f* zbulim-i
Ente *f zoo.* ros|ë, -a; **~rich** *m* rikan-i; **~n:küken** *n* rik|ë, -a
ent:ehren çnderoj; zhburrnoj; **~d** poshtërues, -e
Enterich, -s, *pl.* e, *m zoo.* rosak-u
entfalten shtjelloj
entfärben çngjyros
entfernen largoj; **einen Flecken ~** pastroj një njollë; **sich ~** largohem
entfernt i/e largët; ⟨*adv*⟩ larg
Entfernung *f* largim-i; largësí-a
entfetten zhdhjamos
entflammbar i/e përflak|shëm, -me
Entflechtung *f* shthurj|e, -a
entfremden jetërsoj; tjetërsoj; **sich ~** zvirdhem *e/i/o*
Entfremdung *f* tjetërsim-i
Entführung *f jur.* rrëmbim-i
entgasen degazoj
entgegengesetzt i/e kúndërt
Entgegenkommen *n* mirëkuptim-i; begení-a
Entgegennahme *f* pranim-i
entgegensetzen kundërvë
entgegenstellen, **sich ~** kundërshtoj
entgiften çndot
Entgiftung *f* çndotj|e, -a
enthalten ¨/ie/a përmbaj; **sich ~ der Stimme** abstenoj
Enthaltung *f Wahl* abstenim-i
Enthusiasmus *m* entuziaz|ëm, -mi
entjungfern zhvirgjëroj
entkleiden zhvesh; **entkleidet** i/e zhveshur
entladen shkarkoj
Entladung shkarkim-i
entlang buzë ⟨+ *Abl*⟩; gjatë ⟨+ *Abl*⟩
entlarven demaskoj; zbërthej *e/ye*; zbuloj
Entlarvung *f* demaskim-i
entlassen ¨/ie/a pushoj; liroj; *med.* nxjerr nga spitali
Entlassung *f* lirim-i; **~s:schein** *m* fletëdalj|e, -a
entlasten çliroj; shkarkoj
Entlastung *f* shkarkim-i; *jur.* shfajësim-i
entlausen çmorris *s/t*

entleeren zbraz
Entleerung *f* zbrazj|e, -a
Entlehnung *f spr.* huazim-i
Entleiher, -s, *pl.* 0, *m* huamarrës-i
entlohnen përligj
entmannen, kastrieren tredh
Entnasalierung *f spr.* çhundorëzim-i
entnationalisieren shkombëtarizoj
entnervend zevzek, -e; gazepqar, -e
entreißen ei/i/i zhvas *s/t*
entriegeln zhdryj
entrinden zhvoshk; zbloguroj
entrosten *tech.* çndryshk; çoksidoj
Entrückung *f* dalldí-a; ekstaz|ë, -a
Entrundung *f spr.* zbuzorëzim-i
entschädigen zhdëmtoj; dëmshpërblej
Entschädigung *f* dëmshpërblim-i; zhdëmtim-i
entscheiden ei/ie/ie vendos; jap karar; **~d** vendimtar, -e
Entscheidung *f* vendim-i; ~ **widerrufen** u/ie/u zmbraps vendimin
Entscheidungsfrage *f spr.* pyetje e mirëfilltë
Entschlossenheit *f* vendosmërí-a
entschlüsseln zbërthej *e/ye; mil.* deshifroj
entschuldigen fal; **sich** ~ kërkoj ndjesë
Entschuldigung *f* falj|e, -a; ndjes|ë, -a; ~! më falni!
entsenden dërgoj
Entsetzen llahtarí-a; lemerí-a; tmerr-i
entsetzlich i/e llahtarsh|ëm, -me
entsiegeln zhvulos
Entsiegelung *f* zhvulosj|e, -a
entspannen çlodh
Entspannung shnderj|e, -a; çlodhj|e, -a
entsprechend i/e ngjash|ëm, -me; përkatës, -e
Entsprechung *f* bashkëgjegjësí-a
entspringen buroj
entstehen e/a/a formohem; buroj; mbij
Entstehung *f* gjenez|ë, -a; **~s:geschichte** *f eines Volkes* etnogjenez|ë, -a
entstellen deformoj; shtrembëroj; gjymtoj; shëmtoj
Entstellung *f* shëmtim-i; shtrembërim-i
enttäuschen zhgënjej; kobis *s/t*; **enttäuscht sein** zhgënjehem
Enttäuschung *f* zhgënjim-i; zhgjënd|err, -rra
entwaffnen çarmatos
Entwaffnung çarmatosj|e, -a
entwässern thaj; kulloj; bonifikoj
Entwässerung bonifikim-i
entweder ... oder a ... a; ja ... ja; **entweder ich oder du** makar unë ... makar ti
entweichen ei/i/i *jur.* largohem; ~̊ *jur.* largim-i
entweihen përdhos
entwenden *jur.* vjedh *e/i/o*; përvetësoj
Entwendung *f* vjedhj|e, -a; *jur.* përvetësim-i
entwerten zhvleftësoj; zhvlerësoj
Entwertung *f* zhvleftësim-i; zhvlerësim-i
entwickeln zhvilloj
Entwicklung *f* zhvillim-i; evolucion-i
Entwicklungs- zhvillimor, -e; **~stadium** *n*, **~stufe** *f* stad zhvillimor

entwirren zhdërvjell *e/i/o*; zhvjell *e/i/o*; zhdredh *e/i/o*
Entwirrung *f* shthurj|e, -a
entwöhnen *von der Brust* zvjerdh *e/i/o*
entwurzeln çrrënjos; **entwurzelt** *aus den sozialen Zusammenhängen* i/e deklasuar
entziehen ie/o/o marr; nxjerr; **sich ~** shmangem
Entziehung *f jur.* shmangi|e, -a
entziffern *mil.* deshifroj
entzünden ndez; acaroj; *med.* pezmatohet; mahis; **es entzündete sich von selbst** u ndez vetiu
Entzündung *f med.* inflamacion-i
entzwei më dysh
Enzyklopädie *f* enciklopedí-a
enzyklopädisch enciklopedik, -e
Epenthese *f spr.* epentez|ë, -a
epenthetisch epentetik, -e
Epidemie *f med.* epidemí-a
epidemisch epidemik, -e
Epiglottis *f med., spr.* mbishtekth-i
Epigramm, -s, *pl.* e, *n spr.* epigram-i
Epik *f spr.* epik|ë, -a
Epilog, -(e)s, *pl.* e, *m spr.* epilog-u
Epiphanias, **Epiphanie** *f rel.* diftim-i
Epirot epirot-i
Epirus Epir-i; **aus ~** epirotas, -e
episch *spr.* epik, -e
Episode *f* episod-i
Epithet, -s, *pl.* e, *n spr.* epitet-i
Epizentr|um, -s, *pl.* en, *n* epiqénd|ër, -ra
Epoche *f* epok|ë, -a
Epos *n spr.* epopé-ja
er ⟨*Pers. Pron.*⟩ aí, *f.* ajò
Erbarmen, -s, *pl.* 0, *n* mëshir|ë, -a; mallëngjim-i; përdëlles|ë, -a; përdëllim-i; **~ haben** mallëngjej *e/ye*
erbarmen, **sich ~** mallëngjej *e/ye*; përdëllej
erbärmlich, erbarmungswürdig i/e mjerë
erbarmungslos drakonian, -e; pa mëshirë
erbauen ndërtoj; godis *s/t*
Erbauer, -s, *pl.* 0, *m* ndërtues-i; konstruktor-i
Erbbesitz *m*, **Erbhof**, -(e)s, *pl.* ¨e, *m* bashtin|ë, -a
Erbe, -s, *n*, **Erbteil**, -s, *pl.* e, *n* trashëgim-i; **der Erbe**, -en, *pl.* en, *m* trashëgimtar-i
erben trashëgoj
erbittert i/e tërbuar; me tërbim; **~ werden** egërsohem; inatosem
Erbitterung *f* tërbim-i
erblassen, erbleichen zbehem; zverdhem; **er erbleichte** i ndërroi çehrja; **~ lassen** zbeh; zbej
erblühen endëzoj
erbost i/e frysh|ëm, -me; **~ sein** zemërohem
Erbrechen, -s, *n med.* vjellj|e, -a
erbrechen i/a/o vjell *e/i/o*
Erbse *f bot.* bizel|e, -ja
Erbwort, -(e)s, *pl.* ¨er, *n spr.* fjalë vendase
Erdbeben, -s, *pl.* 0, *n* tërmet-i
Erdbeben- sizmik, -e
Erdbeere *f bot.* luleshtrydh|e, -ja; urtyt|ë, -a; dredhëz-a; **~n** *Pl.* mana toke
erdbraun ⟨*Adj*⟩ kakí
Erde *f* dhe-u; balt|ë, -a; tok|ë, -a

erdenklich: **alles Erdenkliche tun** u/a/a bëj çmos e çnuk
Erdgeschoss, -es, *pl.* e, *n* kat-i përdhes; platé-ja
Erdkröte *f zoo.* thithëlop|ë, -a; zhabjak-u
Erdkugel *f* glob-i
Erdkunde *f* gjeografí-a
Erdnuss *pl.* ¨e, *f bot.* kikirik-u
Erd⁝öl, -s, *n chem.* vajgur-i; naft|ë, -a; **~arbeiter** *m* naftëtar-i
Erdöl- vajguror, -e
erdrosseln fur; mbys *s/t*
Erdscholle *f* zvol-i
Erdteil, -(e)s, *pl.* e, *m* kontinent-i
Erdtrabant, -en, *pl.* en, *m* satelit-i artificial
erdulden duroj
ereignen, sich ~ ndodhem
Ereignis, -ses, *pl.* se, *n* ngjarj|e, -a; ndodhí-a
Eremit, -en, *pl.* en, *m* oshënar-i
Erfahrung *f* përvoj|ë, -a; empirí-a
Erfahrung *f phi.* eksperienc|ë, -a
Erfahrungs- empirik, -e
erfassen përfshij; zaptoj
erfinden i/a/u trilloj; sajoj; shpik
Erfinder, -s, *pl.* 0, *m* shpikës-i
Erfindung *f* shpikj|e, -a
Erfolg, -(e)s, *pl.* e, *m* sukses-i; **~ haben** dal faqebardhë; **viel ~!** me sukses!
erfolgreich i/e faqebardhë
erforderlich i/e nevojsh|ëm, -me
erforschen eksploroj; hulumtoj; vrojtoj
Erforscher, -s, *pl.* 0, *m* kërkimtar-i; kërkues-i
Erforschung *f* hulumtim-i
erfreuen gazmoj; gëzoj
erfrischen flladis *s/t*; freskoj
Erfrischung *f* freskim-i
erfüllen plotësoj; *Zweck* arri|j, *-ta, -tur*
Erfüllung *f* përmbushj|e, -a
ergänzen plotësoj; **~d** plotësues, -e; suplementar, -e
ergänzt i/e plotësuar; *spr.* i/e përcaktuar
Ergänzung *f* shtojc|ë, -a; *spr.* plotës-i
Ergativ, -s, *pl.* e, *m spr.* ergativ-i
ergeben i/a/e, **sich ~** dal; nënshtrohem; *mil.* dorëzohem rob
ergeben ⟨*Adj*⟩ besnik, -e; ⟨*adv*⟩ besnikërisht
Ergebenheit *f* besnikërí-a; devotshmërí-a
Ergebnis, -ses, *pl.* se, *n* përfundim-i; fryt-i; pasoj|ë, -a; rezultat-i
ergrauen thinjem
ergreifen rrëmbej *e/ye*; **die Flucht ~** marr arratinë
Ergriffenheit *f* mallëngjim-i
erhaben i/e madhërish|ëm, -me
Erhabenheit *f* madhërí-a
erhalten ¨/ie/a marr *a/e/o*
erheben e/o/o ngr|e, *-ita, -itur e/i*
Erhebung *f* kryengritj|e, -a; *Umfrage* anket|ë, -a
erhitzen zhegoj; nxeh
Erholung *f* çlodhj|e, -a
erinnern, sich ~ kujtoj; kujtohem; **ich erinnere mich** më kujtohet
Erinnerung *f* kujtim-i; kujtes|ë, -a; hatër-i
Eritrea Eritré-ja
Erkältung *f* ftóhur-a, e; ftohj|e, -a;

flam|ë, -a
erkämpfen fitoj
erkennen e/a/a njoh; dalloj, shquaj; *jur.* jap vendimin
erkenntlich mirënjohës, -e
Erkenntnis *pl.* se, *f* njohj|e, -a; **~theorie** *f phi.* gnoseologjí-a
erkenntnistheoretisch gnoseologjik, -e
Erkennungsmarke *f* matríku|ll-i; *mil.* matrikull-i i ushtarit
Erkenntlichkeit *f* mirënjohj|e, -a
erklären qartësoj; deklaroj; shpjegoj; ftilloj; sqaroj; shtjelloj; **~d** shpjegues, -e; **~des Wörterbuch** *n* fjalor shpjegues; **den Vertrag für ungültig ~** denoncoj traktatin
Erklärung *f* shpjegim-i; sqarim-i; deklarat|ë, -a
erkundigen, sich ~ informohem
erkunden vëzhgoj
Erkundung *f* vëzhgim-i
erlahmen ndryshk
erlauben lejoj
Erlaubnis *pl.* se, *f* autorizim-i; lej|e, -a
Erlaubt|es, -en, *n,* helâl *rel.* hallall-i
erläutern komentoj; sqaroj; shpjegoj; shtjelloj
Erläuterung *f* koment-i; sqarim-i
Erlass, -es, *pl.* e, *m* dekret-i
Erle *f bot.* verr-i; **~n:wald** *m* verrisht|ë, -a
erleben përjetoj; **erlebte Rede** *f spr.* ligjëratë e zhdrejtë e lirë
Erlebnis - ses, *pl.* se, *n* përjetim-i
erleichtern lehtësoj; **~d** *jur.* lehtësues, -e; **erleichtert** i/e lehtësuar
Erleichterung *f* lehtësim-i; lehtësí-a
erleiden ei/i/i pësoj; **eine Niederlage ~** pësoj disfatë
erleuchten ndritoj; zdris *s/t*; dritësoj
erlogen fals, -e; i/e rremë
erlöschen *erlischt, erlosch, ist erloschen* shu|aj, *-ova, -uar;* venitem; fikem
erlösen *rel.* shëlboj
Erlöser, -s, *pl.* 0, *m rel.* shëlbues-i
ermangeln mungoj; **in Ermangelung von** në mungesë të ⟨+ *G*⟩
ermatten lodh; këpus *s/t*; **die Hitze hat uns ermattet** na këputi vapa
ermöglichen mundësoj
ermüden lodh; molis; kërdis; këpus *s/t;* ⟨*intransitiv*⟩ këputem; gajasem; **~d** i/e lodhsh|ëm, -me
Ermüdung *f* lodhj|e, -a
ermutigen inkurajoj
Ermutigung *f* inkurajim-i
ernähren ushqej; **er hatte eine Kinderschar zu ~** kishte një zhegulí për të ushqyer
ernennen e/a/a emëroj
erneuern përsëris *s/t*, rishtoj; ri|j, *-va, -rë*
erneut ⟨*adv*⟩ sërish; rishtas, rishtazi
erniedrigen ul; poshtëroj; **~d** poshtërues, -e
ernst, ernstlich serioz, -e; **es ist nichts Ernstes** nuk ka gjë serioze
Ernte *f* korrj|e, -a
ernten korr; vjel *e/i/o*
ernüchtern lassen zhdeh
Ernüchterung *f* zhdehj|e, -a
eröffnen hap; çel; filloj; **einen Kredit von 1000 €, Lek eröffnen** çel një kredi prej një mijë eurosh, lekësh

erörtern shoshit *s/t*
Erörterung *f* shqyrtim-i
erotisch erotik, -e
Erpressung *f* shtrëngim-i
erregen ngacmoj
erreichen kap; *Ziel* arri|j, *-ta, -tur*
errichten ngreh; **das Zelt ~** ngreh çadrën
erröten skuq
Errungenschaft *f* arritj|e, -a
Ersatzleistung *f* kompensim-i
Ersatzmann *m spo.* lojtar-i rezervë
Ersatzmine *f im Kugelschreiber* rezerv|ë, -a
Ersatzspieler, -s, *pl.* 0, *m* dublues-i; *spo.* lojtar rezervë
Ersatzteil, -s, *pl.* e, *n* pjesë shkëmbimi
erschaffen a/u/a krijoj
Erschaffung *f* krijim-i
erscheinen ei/ie/ie dukem; paraqitem; *Buch* botohem; ~̊ *n* dalj|e, -a; botim-i
Erscheinung *f* fenomen-i; dukurí-a; shfaqj|e, -a
erschießen ie/o/o pushkatoj
erschlaffen gajasem; **~ lassen** ¨/ie/a zhap
erschöpfen lodh; kërdis
Erschöpfung *f* lodhj|e, -a
erschrecken ⟨*transitiv*⟩ llahtaris; frikësoj; tmerroj; ⟨*intransitiv*⟩ i/a/o frikësohem; trembem
erschüttern dynd; trondis *s/t*
Erschütterung *f* dyndj|e, -a; lëkundj|e, -a; tronditj|e, -a
erschwerend *jur.* rëndues, -e
ersehnen gjakoj
ersetzbar i/e zëvendësuesh|ëm, -me
ersetzen zëvendësoj; dubloj
Ersetzung *f* zëvendësim-i
ersichtlich i/e duksh|ëm, -me
ersinnen trilloj; sajoj
erstarren piksem; shtangem; nguros; **erstarrt** *spr.* i/e ngurosur; **~ lassen** mpij
Erstarrung *f* mpirj|e, -a; ngrirj|e, -a; ngathëtësí-a
Erst:auftritt, -(e)s, *pl.* e, *m* debutim-i
erstaunen habitem; çuditem; ~̊ *n* habí-a; **erstaunt** i/e habitur; me gojë hapur
erstaunlich i/e çuditsh|ëm, -me
Erst:ausgabe botim-i fillestar
erster i/e parë; **~ Mai** *m* një maji
Erstickung *f med.* asfiksí-a
erstklassig delí ⟨*Adj.*⟩
erstrahlen lassen *fig.* ylltoj
erstrecken shtri|j, *-va, -rë;* **sich ~** zgjatem; shtrihem
ersuchen kërkoj; ~̊, -s, *n* kërkes|ë, -a
ertappen zë; kap; **auf frischer Tat ~ ertappt werden** zihem në presh; kapem me presh në duar
Ertrag, -(e)s, *pl.* ¨e, *m ök.* rendiment-i
ertragen duroj
ertränken mbys *s/t*
ertrinken mbytem; ~̊ *n* mbytj|e, -a
Erve *f bot.* urov-i
erwachen zgjohem; ~̊ *n* zgjim-i
erwachsen i/e rrítur; **Erwachsener** *m* i rritur-i
erwähnen përmend; citoj; zë ngoje
Erwähnung *f* citat-i
erwarten pres; **er kann es kaum ~, dass** mezi ç'pret të ...

Erwartung *f* pritj|e, -a; **in ~ von** në pritje të
erweicht i/e zbutur
erweisen ei/ie/ie tregoj; **er erwies sich als gleich** doli barabar
erweitern zgjeroj; rindërtoj; **erweitert** i/e zgjeruar; *spr.* i/e përshtrirë
Erweiterung *f* zgjerim-i; rindërtim-i; gjerësim-i
erwidern përgjigjem; ia kthej
erzählen tregoj; rrëfej *e/ye*; **ausführlich ~** qëndis; **~d** tregimtar, -e
Erzählung *f* rrëfim-i; tregim-i
Erzbischof, -(e)s, *pl.* ¨e, *m kathol.* argjipeshk|ëv, -vi; *orthodox* kryepeshkop-i
Erzbistum, -s, *pl.* ¨er, *n rel.* argjipeshkví-a
Erzeuger, -s, *pl.* 0, *m* prodhues-i
Erzeugnis, -ses, *pl.* se, *n* produkt-i; prodhim-i
Erzgestein, -(e)s, *pl.* e, *n* xeheror-i
erziehen ie/o/o edukoj; arsimoj
Erzieher, -s, *pl.* 0, *m* edukator-i; arsimtar-i
Erziehung *f* edukim-i; arsim-i; edukat|ë, -a
Erziehungs- arsimor, -e; **~s:maßregel** *f* masë edukuese; **~s:wesen** *n* arsim-i
erzürnen zemëroj; hundoj; **erzürnt** i/e zemëruar
es ⟨*Pers. Pron.*⟩ kjo; kjo gjë; kjo punë
Esche *f bot.* frash|ër, -ri; **~n:wald** *m* frashërisht|ë, -a
Esel, -s, *pl.* 0, *m* gomar-i; **~ei** *f* gomarí-a; gomarllëk-u; **~in** *f* gomar|e, -ja; gomaric|ë, -a
Esperanto *spr.* gjuhë ndihmëse
Espresso, -s, *pl.* s, *m Kaffee* ekspres-i; **~-Maschine** *f* aparat-i i ekspresit
Essay, -s, *pl.* s, *m spr.* esé-ja
essen *isst, aß, hat gegessen* ha, *hëngra, ngrënë;* ~ *n* haj|e, -a; **gut ~ nach Zeit der Enthaltsamkeit** burbuletem; **zu Abend~** darkoj; **zu Mittag~** drekem; drekoj
Essig, -s, *n* úthull-a; **~behälter**, **~flasche** *f* uthullor|e, -ja; uthullnik-u; **~gemüse** *n* armé-ja
essigsauer i/e úthullt
Essgeschirr, -s, *pl.* e, *n* gavet|ë, -a
Esstisch, -(e)s, *pl.* e, *m* tryez|ë, -a; *niedrig* sof|ër, -ra
Esszimmer, -s, *pl.* 0, *m* dhomë buke; oda e bukës
Estland Estoní-a
Estrade *f Straßentheater* estrad|ë, -a
Etage *f* kat-i
ethisch etik, -e
ethnisch etnik, -e
Ethnogenese *f* etnogjenez|ë, -a
Ethnograph, -en, *pl.* en, *m* etnograf-i
Ethnographie *f* etnografí-a
Ethnolinguistik *f spr.* etnolinguistik|ë, -a
Ethnologe, -n, *pl.* n, *m* etnolog-u
Ethnonym, -s, *pl.* e, *n spr.* etnonim-i
Etikett, -s, *pl.* en, *n*; **Etikette** *f* etiket|ë, -a
etikettieren vendos etiketat
etrurisch, **etruskisch** etrusk, -e
Etsch *f FN* Adíxh|e, ja
Etui, -s, *pl.* s, *n* këllëf-i
etwa afërsisht; rreth; ⟨*Partikel*⟩ athúa; kushedí; vallë; **hast du es ~ gemacht?**

athua e bëre?
etwas diçka; gjëkafshë; xheç; çoç; ~ **anderes** gjë tjetër; ~ **Neues** diçka e re
Etymologie *f spr.* etimologjí-a
etymologisch etimologjik, -e; **~e Schreibweise** *f* grafi-a etimologjike
Euböa *Insel* Eubé-ja
euer ⟨*Poss. Pron.*⟩ juaj
Eugenik *f* eugjenik|ë, -a
Eukalyptus, **Eukalyptusbaum** *m* eukalipt-i
Eunuch, -en, *pl.* en, *m*, Kastrat *hist.* eunuk-u
Euphemismus *m spr.* eufemiz|ëm, -mi
Euphonie *f spr.* bukurtingëllim-i
Euphorie *f* eufori-a
Europa Evrop|ë, -a
europäisch evropian, -e
Euter, -s, *pl.* 0, *n* mjelm-i
evakuieren evakuoj; boshatis
evaluieren vlerësoj
Evangelisation *f rel.* ungjillëzim-i
evangelisieren *rel.* ungjillëzoj
Evangelist *rel.* ungjillor-i
Evangelium *rel.* ungji|ll-i, *pl.* -j-të
Evolution *f* zhvillim-i; evolucion-i
ewig i/e amshuar; i/e përjetsh|ëm, -me; i/e përhersh|ëm, -me; etern, -e; ⟨*adv*⟩ përjetësisht; **~e Wahrheiten** *Pl.* të vërteta të amshuara
Ewigkeit *f* amshim-i; përjetësí-a
Ex- ish-
exakt i/e saktë; i/e perpiktë
ex quay *ök.* franko në molo
ex trinken pi me fund
Exaktheit *f* saktësí-a
Examen, -s, *pl.* ina, *n* prov|ë, -a; provim-i
Exekution *f* ekzekutim-i
Exempel, -s, *pl.* la, *n spr.* shémbull-i
Exemplar, -s, *pl.* e, *n* ekzemplar-i; ksomb|ël, -la; kopj|e, -a
exhortativ *spr.* nxitës, -e
Exil, -s, *n* mërgim-i; **ins ~ schicken** çatdhesoj
Existenz *f* ekzistenc|ë, -a; jetes|ë, -a; **~kampf** *m* luftë për ekzistencë
existieren ekzistoj
Exklamation *f*, Ausruf *spr.* thirrm|ë, -a
Exkursion *f* ekskursion-i
Exlibris *n* ekslibris
Exodus *m rel.* Dalje, -a
Exogamie *f* ekzogamí-a
exotisch ekzotik, -e
expedieren *ök.* nis
Expedition *f* ekspedit|ë, -a
experimentell eksperimental, -e
experimentieren eksperimentoj
Experte, -n, *pl.* n, *m* ekspert-i
Expertise *f* ekspertim-i; ekspertiz|ë, -a; eksperienc|ë, -a; përvoj|ë, -a
expiratorisch *spr.* frymëqítës, -e
explizieren shtjelloj; **explizit** i/e shtjelluar
Explosion *f* shpërthim-i; krism|ë, -a; plasj|e, -a
explosiv eksploziv, -e; *spr.* shpërthyes, -e
Exponent, -en, *pl.* en, *m* eksponent-i; *math.* tregues-i
Export, -(e)s, *pl.* e, *m* eksport-i
Exporteur, -s, *pl.* e, *m* [-'tø:r] eksportues-i

Expressivität *f* shprehësí-a
exterritorial eksterritorial, -e
Exterritorialität *f jur.* eksterritorialitet-i
extra *absichtlich* ⟨*adv*⟩ apostafat; énkas; kastíle; nérgut
Extremismus *m* ekstremiz|ëm, -mi
Exzellenz *f* shkëlqesí-a

F

Fabel *f spr.* fábul-a
Fabrik *f* fabrik|ë, -a; uzin|ë, -a; **~sirene** *f* sirena e uzinës
Fabrikant, -en, *pl.* en, *m* fabrikant-i
Fabrikation *f* fabrikim-i
Fach- i/e profilizuar; **~arzt** *m* specialist-i; **~ausdruck** *m spr.* term-i; **~bibliothek**, **~bücherei** *f* bibliotekë e profilizuar; **~bücher** *Pl.*, **~literatur** *f* literatur|ë, -a; **~mann** *m* ekspert-i; **~richtung** *f* deg|ë, -a; specialitet-i; **~sprache** *f spr.* gjuhë teknike; zhargon-i profesional
Fächer, -s, *pl.* 0, *m* erashk|ë, -a; eror|e, -ja
fächerübergreifend interdisiplinar, -e
fad, fade *ohne Geschmack* i/e amësht; amështiq, -e; i/e zbarët; **fade sein** zbaritet
Fädchen, -s, *pl.* 0, *n* fíjëz-a
Faden pe-ri; fill-i; fij|e, -a; **den ~ in die Nadel einführen** përshkoj perin në gjilpërë
Fagott, -(e)s, *pl.* e, *m mus.* fagot-i
fähig i/e aftë
Fähigkeit *f* aftësí-a
fahl verdhac, verdhuk, verdhosh
Fahne *f* flámur-i
Fähnrich, -(e)s, *pl.* e, *m* flamurtar-i; *hist.* bajraktar-i
fahrbar ecës, -e; **~e Werkstatt** *f* autooficin|ë, -a
Fähre *f* ferribot-i, traget-i; **Fährmann** *m* vator-i
fahren, *fährt, fuhr, ist gefahren* vozis *s/t*; **zur See ~** lundroj
Fahrgast, -(e)s, *pl.* ¨e, *m* pasagjer-i; **~raum** *m* kabin|ë, -a
Fahrgestell, -s, *pl.* e, *n* telajo-ja
Fahrkarte *f*, Fahrschein, -s, *pl.* e, *m* bilet|ë, -a
fahrlässig i/e pakujdessh|ëm, -me; *jur.* me pakujdesí
Fahrplan, -s, *pl.* ¨e, *m* orar-i
Fahrrad, -(e)s, *pl.* ¨er, *n* biçiklet|ë, -a
Fahrspur *f* korsí-a
Fahrt *f* rot|ë, -a
Fährte *f* gjurm|ë, -a
Fahrzeug, -s, *pl.* e, *n* automjet-i; vetur|ë, -a
fait accompli fakt-i i kryer
Fäkalien *Pl.* fekale-t
Faksimile, -s, *pl.* s, *n* faksimil|e, -ja
faktisch real, -e
Faktitiv, -s, *pl.* e, *m spr.* faktitiv-i
Faktor, -s, *pl.* en, *m* faktor-i
Faktum *n* a. **Fakt** *m* fakt-i; **Fakten geltend machen** faktoj

Faktur *f ök.* fatur|ë, -a
fakturieren *ök.* faturoj
Fakultät *f* fakultet-i
Falke, -n, *pl.* n, *m zoo.* faj|kua, -oi; gjerak-u; **~n:weibchen** *n* fajkor|e, -ja; gjeraqin|ë, -a
Fall, -(e)s, *pl.* ¨e, *m* rëni|e, -a; rast-i; *spr.* ras|ë, -a; **auf jeden ~** me çdo kusht; **auf keinen Fall** kurrsesí; **gib uns auf alle Fälle Bescheid!** gjithsesi, na lajmëro!; **im entgegengesetzten Fall** në rast të kundërt; **in dem Fall** atëherë; atëbotë
Falle *f* çar|k-u; grack|ë, -a; kurth-i; lak-u; kllap|ë, -a
fallen *fällt, fiel, ist gefallen* bie, *rashë, rënë*; **~d** rënës, -e; *spr.* zbritës, -e
fällen pre|s, *-va, -rë*; ~̊ *n* prerj|e, -a
falls në ⟨+ *Opt*⟩; nëqoftëse; nëse; po ⟨+ *conj*⟩; në rast se
Fallschirmspringer, -s, *pl.* 0, *m mil.* desant-i
Fallton, -(e)s, *pl.* ¨e, *m spr.* intonacion-i zbritës
falsch fallso; fals, -e; i/e gabuar; i/e rremë; i/e gënjeshtërt; kallp, -e; **~ schwören** shpërbetohem; shpërbehem; **auf dem ~en Weg** në rrugë të gabuar; **das ist ~** është gabim; **die ~e Richtung einschlagen** gaboj drejtimin; **~e Artikulation** *f spr.* keqnyejëtim-i
fälschen falsifikoj
Fälscher, -s, *pl.* 0, *m* falsifikues-i; plagjiator-i
fälschlich ⟨*adv*⟩ gabimisht
Fälschung *f* falsifikim-i
Falsett, -s, *pl.* e, *n mus.* falset-i
falten palos
familiär familjar, -e
Familie *f* familj|e, -a; **wohlhabende ~** † derë zengjine
Familien- familjar, -e; **~name** *m* mbiem|ër, -ri; **~oberhaupt** *n* kryefamiljar-i; **~stand** *m* gjendje familjare; *jur.* gjendje civile
Fan [fɛn] *spo.* tifoz-i
Fanatiker, -s, *pl.* 0, *m* fanatik-u
Fanfare *f mus.* fanfar|ë, -a
fangen, *fängt, fing, hat gefangen* zë, *zura, zënë*; kap
Farbdruck, -(e)s, *pl.* e, *m typ.* kromotipí-a
Farbe *f* ngjyr|ë, -a; **Farbstoff**, -(e)s, *pl.* e, *m* boj|ë, -a
färben ngjyros; ngjyej; bojatis
Farbfernseher, -s, *pl.* 0, *m* televizor me ngjyra
Farbfilm, -(e)s, *pl.* e, *m* film me ngjyra
Farbkasten, -s, *pl.* ¨0, *m* kuti-a bojërash
Farblithographie *f* litografi-a me ngjyra
Färbung *f* ngjyres|ë, -a; *spr.* ngjyrim-i
Farce *f spr.* fars|ë, -a
Farm *f* ferm|ë, -a
Farn, -(e)s, *pl.* e, *m*, **~kraut** *n bot.* fier-i
Fasan, -s, *pl.* en, *m zoo.* fazan-i
Faschismus *m* fashiz|ëm, -mi; **der Faschismus mit seinen Horden** fashizmi me zogoritë e tij
Faschist, -en, *pl.* en, *m* fashist-i; këmishëz|í-u, *pl.* -ez-të
faschistisch fashist, -e
Faser *f* fib|ër, -ra

Fass, -(e)s, *pl.* ¨er, *n* fuçí-a; voz|ë, -a
Fassade *f* fasad|ë, -a; ballin|ë, -a
fassbar, **fasslich** i/e kapsh|ëm, -me
fassen kap; nx|ë, *-ura, -ënë*; **der Saal fasst über 400 Personen** salla nxë mbi katërqind veta; **sie fasste sich rasch wieder** ajo u zbardh shpejt
Fassung *f* rreth-i; formulim-i; gjakftohtësí-a; **die ~ bewahren** mbledh veten; **~s:vermögen** *n* nxënësí-a; kapacitet-i
fast për pak; gati; pothuaj(se); thuajse; **~ ein** gati një si ⟨+ *Subst.*⟩
fasten agjëroj; kreshmoj
Fasten- kreshmor, -e; **~speise** *f* gjellë kreshmore; **~zeit** *f* kreshm|ë, -a
Faszikel, -s, *pl.* 0, *m* fashikull-i; *eines Lieferungswerks* broshur|ë, -a
Faszination *f* hamgjitj|e, -a; magjepsj|e, -a
faszinieren magjeps; hamgjis *s/t*; **~d** i/e magjish|ëm, -me
Fata morgana *f* mirazh-i
fatal fatal, -e; ogurz|í, -ezë
Fatalismus *m* fataliz|ëm, -mi
fauchen fishkëllej *e/ye*
faul *1:* i/e kalbur; i/e prishur; *2: träge* dembel, -e; përtac, -e; **der Apfel ist faul** molla është e kalbur; **~en** kalbem; harmohem
Faulbaum, -(e)s, *pl.* ¨e, *m bot.* zóg|ël, -la
Faulheit *f* dembelí-a; dembellëk-u; **er legte die ~ ab** u zhvish nga plogështia
faulig = faul (1)
Fauna *f* faun|ë, -a
Faust, -(e)s, *pl.* ¨e, *m* grusht-i, *pl.* -e-t; **~kampf** *m* † boks-i
Fayence *f*, Steingut *n* fajanc|ë, -a
Februar, -s, *m* shkurt-i; *dial.* fr|uer, -ori
Feder *f* pen|ë, -a; pend|ë, -a; púp|ël, -la; *tech.* balest|ër, -ra; zemberek-u; zemrek-u; sust|ë, -a; **die Feder in die Tinte tunken** ngjyej penën ne bojë; **~messer** *m* biçak-u; **~spitze** *f* xin|ë, -a; **~ung** *f* balest|ër, -ra
Fee *f myth.* zan|ë, -a; zër|ë, -a; fatí-a
fegen fshij
fehlen mungoj; *~̊ n* munges|ë, -a
Fehler, -s, *pl.* 0, *m* gabim-i; gaf|ë, -a; kusur-i; met|ë, -a; cen-i; **~ machen** bëj një proçkë; **~berichtigung** *f* ndreqje gabimesh [shtypi]
fehlerhaft i/e cenuar
Fehlgeburt *f* dështim; **~ haben** *med.* dështoj
Fehlinterpretation *f* keqinterpretim-i
Feier *f* fest|ë, -a
feierlich solemn, -e
feiern festoj; kremtoj; celebroj; **ein Fest ~** lus *s/t*
Feiertag, -(e)s, *pl.* e, *m* e kremt|e, -ja
Feige *f bot.* fik-u
Feigen- i/e fiktë; **~hain** *m* fikor|e, -ja
Feile *f* lim|ë, -a
feilen limoj
Feilschen, -s, *n* pazarllëqe-t; † allishverish-i
fein i/e imë
Feind, -(e)s, *pl.* e, *m* armik-u
feindlich armik, -e; armiqësor, -e; **~es Element** *n in der Bevölkerung* element-i armik

Feindschaft *f* armiqësí-a
feindselig armik, -e; armiqësor, -e; ⟨*adv*⟩ armiqësisht
Feinfühligkeit *f* delikates|ë, -a
Feld, -(e)s, *pl.* er, *n* fush|ë, -a; **~ahorn** *m bot.* krek|ë, -a; **~bahn** *f tech.* dekovil-i; **~flasche** *f* pagur-i; matar|e, -ja; matará-ja; **~forschung** *f* punë në terren; **~hüter** *m* bekçí-u; **~lerche** *f zoo.* çerdhúk|ël, -la; lauresh|ë, -a; **rostbraune ~maus** *f* ~ bok|ërr, -rra; **~scher** *m* xherah-u; **~stecher** *m* një palë dylbí; **~webel** *m* kapter-i
Fels, -ens, *pl.* en, *m* shkëmb-i; gur-i; **schroffer** ~ qet|ë, -a; **~durchgang** *m* gërfyell-i
feminin femëror, -e
Fenchel, -s, *m bot.* kóp|ër, -ra; maraq-i
Fenster, -s, *pl.* 0, *m* dritar|e, -ja; **zweiflügeliges** ~ dritare dyfletëshe; **~chen** *n* dritarez-a; dritorëz-a; **~flügel** *m* kanat-i; flég|ër, -ra; **~glas** *n* xham-i; **~kitt** *m* pastë xhamash; **~laden** *m* gril|ë, -a; **~rahmen** *m* parvaz-i; çerçivé-ja; çark-u
Ferien *Pl.* pushim-i; verime-t
Ferizović *hist.*, Uroševac *ON* Ferízaj
Ferkel, -s, *pl.* 0, *n* derrkuc-i
fern larg ⟨*adv*⟩; **der Ferne Osten** Lindja e Largët; Lindja e Largme; **Fernlehrgang** *m* shkollë me korrespondencë; **Fernleihe** *f* huazim jashtë qyteti; huazim ndërbibliotekar; **Fernlicht** *n tech.* drita e gjatë; **Fernschreiber** *m* teletajp-i; **unentschuldigtes Fernbleiben bei der Arbeit** *ök.* mungesë e pajustifikuar në punë; **Fernrohr** *n* dylbí-a; tejqyr|ë, -a; **Fernsehen** *n* televizion-i; **Fernsprecher** *m tech.* telefon-i; **~studium** *n* shkollë me korrespondencë; **~versetzung** *f spr.* metatezë largësore
Fernet *m Magenbitter* fërnet-i
fernmündlich telefonik, -e; me telefon; **~e Mitteilung** *f* fonogram-i
Fernseh- televiziv, -e; **~apparat**, **Fernseher** *m tech.* televizor-i; **~film** *m* film televiziv; **~zuschauer** *m* telespektator-i
fernsteuern *tech.* telekomandoj
Ferse *f* shputë e këmbës; themb|ër, -ra
fertig i/e gatsh|ëm, -me; ⟨*adv*⟩ gati; hazër; **macht euch** ~ bëhuni hazër; **nichts brachte er** ~ s'qosi gjë; ~ **zum Auslaufen** *Schiff* gati për nisje; **Machen Sie bitte die Rechnung ~!** Bëni gati faturën, ju lutem! **Fertigprodukt** *n* produkt i gatshëm
Fessel *f* prang|ë, -a; *fig.* fërtom|ë, -a
fest fiks, -e; i/e prerë; ⟨*adv*⟩ fort; ngulas, ngúlazi; ~ **verschlossen** hermetik, -e
Fest, -(e)s, *pl.* e, *n* fest|ë, -a; **~essen** *n* banket-i; **~feuer** *n zu bestimmten Tagen* flakadan-i
festgefügt i/e themeltë
fest/halten ¨/ie/a kap, zë, shtrëngoj; **sich ~ an** kapem pas ⟨+ *Abl*⟩
festigen fuqizoj; forcoj
Festigkeit *f* fortësí-a; këmbëngulj|e, -a
Festland, -(e)s, *n* kontinent-i
fest/legen caktoj
Festlegung *f* caktim; fiksim; përkufizim-i; ~ **des Devisenkurses**

fiksim-i i kursit valutor

festlich festiv, -e

fest/nehmen i/a/o arrestoj

fest/setzen caktoj

Festspiel, -s, *pl.* e, *n* festival-i

fest/stellen vë re; vërej, *-ta, -tur*; konstatoj

Festtag, -(e)s, *pl.* e, *m* kremt|e, -ja, e; **~s:braten** *m muslimisch* kurban-i

Festung *f* fortes|ë, -a; kalá-ja

Fetischismus *m* fetishiz|ëm, -mi

Fett, -(e)s, *pl.* e, *n* dhjam|ë, -i; lyr|ë, -a; yndyr|ë, -a; gráso-ja; **~ entfernen** zhdhjamos; **~ zur Speise hinzufügen** mëlmej

Fett- dhjamor, -e; yndyror, -e; i/e yndyrsh|ëm, -me; **~gewebe** *n med.* ind dhjamor; ind yndyror; **~lebe** *f* buhí-a

fett, fettig ⟨*Adj*⟩ i/e majmë; i/e dhjamur; i/e yndyrsh|ëm, -me; **~en** lyrësoj; mëlmej; yndyrëzoj; **das Gewehr ~en** grasoj pushkën

Fetzen, -s, *pl.* 0, *m* paçavur|e, -ja; zhel|e, -ja

feucht i/e ritë

Feuchtigkeit *f* lagështir|ë, -a; **~s:messer**, Hygrometer *m* higromet|ër, -ri

feudal feudal, -e; **~e Anarchie** *f* anarki-a feudale; **Feudalfamilien** *Pl. hist.* oxhaqe-t feudale; **Feudalherr** *m hist.* feudal-i; çifligar-i

Feudalismus *m* feudaliz|ëm, -mi

Feuer, -s, *pl.* 0, *n* zjarr-i; **großes ~** flakadan-i; **~ fangen** hamulloj; digjem *e/i/o*

Feuer- i/e zjarrtë; **~dorn** *m bot.* ushinth-i; **~land** *n* Toka e Zjarrtë; **~s:brunst** *f* zjarr-i; **~stahl** *m* uror-i; **~stein** *m* bric|ë, -a; gur çakmaku; gurgac|ë, -a; gurgac-i; gurzjarr-i; **~wehrmann** *m* zjarrfikës-i; **~werker** *m* minandezës-i; zjarrmëtar-i; **~zeug** *n* çakmak-u; shkrepës-i

feuerfest refraktar, -e; **~er Ziegel** *m* tullë refraktare

feuergefährlich i/e përflaksh|ëm, -me

Feuilleton, -s, *pl.* s, *n* [fœjəˈtõ:] fejton-i

feurig *fig.* i/e valë = i/e valët; zjarrmor, -e; i/e zjarrtë; **er küsste sie feurig** e puthi me ashk

Fez *m* [fe:s] fest|e, -ja; fes-i

Fiber *f* fib|ër, -ra

ficken *vulg.* qi, *-va, -rë*

Fieber, -s, *n* eth|e, -ja; **im ~** ⟨*adv*⟩ përçart; **~kurve** *f med.* diagram-i i temperaturës; **~zustand** *m* kllapí-a

fiebernd *med., fig.* i/e ethsh|ëm, -me

Fiedel *f* violin|ë, -a

Figur *f spr.* personazh-i; figur|ë, -a

Figura etymologica *f spr.* figurë etimologjike

figürlich i/e figursh|ëm, -me; i/e fytyruar

fiktiv, fingiert i/e sajuar

Filet, -s, *pl.* s, *n* [fiˈle:] filet|ë-a

Filiale *f ök.* filial-i; sukursal-i

Film, -s, *pl.* e, *m* film-i; **~klub** *m* kinoklub-i; **~kunst** *pl.* ¨e, *f* kinematografí-a; **~othek**, Filmsammlung *f* filmotek|ë, -a; **~schauspieler** *m* aktor-i filmi; **~studio** *n* kinostudio-ja; **~vorführer** *m* operator-i i filmit

filmen filmoj; xhiroj
Filter, -s, *pl.* 0, *n* filt|ër, -ri
filtern filtroj
Filz, -es, *pl.* e, *m* shajak-u; **~hose** *f* çakçirë-t; tirq-it; **~hut** *m* borsalin|ë, -a; **~kappe** *f* qelesh|e, -ja; plis-i; **~kapuze** *f* llaban|e, -ia; **weißer ~stoff** *m* tir|k-u, *pl.* -q-it; **~umhang** *m* zhgun-i; **Hersteller von Filzkappen** qeleshepunues-i
filzen bastis; këqyr
final *spr.* qëllimor, -e; **Finalsatz** *m* fjali-a qëllimore
Finale, -s, *pl.* s, *n spo., mus.* final|e, -ja
Finanzen *Pl. ök.* financa-t
finanziell financiar, -e; **~e Verpflichtung** *f* detyrim në të holla
Finanzier, -s, *pl.* s, *m* [finãsje:] *ök.* financier-i
finanzieren financoj
finden *findet, fand, hat gefunden* gje|j, *-ta, -tur*
Finder, -s, *pl.* 0, *m* gjetës-i
Finẹsse *f* hollësí-a
Finger, -s, *pl.* 0, *m* gisht-i; **~kuppe** *f* mollëz-a; **~nagel** *m* th|ua, -oi
fingieren sajoj; **fingiert** i/e sajuar
finnisch finlandez, -e
Finnland Finland|ë, -a
finno-ugrisch *spr.* ugrofin, -e
finster i/e errët; i/e mugët; i/e zymtë; **~ blicken** vrenjtem; **~ blickend** nursëz, -e; **~ machen** murrëtej *e/ye*; **~ werden** zymtohem
Finsternis *f* terr-i; xëc-i; errësir|ë, -a; skëterr|ë, -a; zymtësí-a; zymtí-a; **die ~ der Nacht** zymtësia e natës
Firma *f* firm|ë, -a
firmen *rel.* krezmoj
Firmung *f rel.* krezmim-i
First, -(e)s, *pl.* e, *m* kulm-i
Fisch, -(e)s, *pl.* e, *m zoo.* pesh|k-u; **~eier** *Pl.* Kaviar ík|ër, -ra; **~fang** *m*, Fischerei gjuetí-a; peshkim-i; **~kunde** *f* iktiologjí-a; **~otter** *m* víd|ër, -ra; **~schuppe** *f* grisk|ël, -la; lusp|ë, -a; **~wehr** *n* dajlan-i
fischen gjuaj peshk; peshkoj
Fischer, -s, *pl.* 0, *m* peshkatar-i; **~boot** *n* anije peshkimi; lundër peshkatarësh; **~netz** *n* rrjet|ë, -a; trat|ë, -a
Fixer, -s, *pl.* 0, *m* drogaman-i
fixieren fiksoj
flach i/e cekët; i/e sheshtë; **~e Hand** *f* pëllëmb|ë, -a; **Flachzange** *f* pinc|ë, -a
Fläche *f* sipërfaq|e, -ja; syprin|ë, -a
Flachs, -es, *m bot.* li-ri
flackern flakëroj
Fladenbrot *n*, Pita *f* simit|e, -ja; kulaç-i
Flagge *f* flámur-i
Flak *f mil.* kundërajror-i
Flamen *Pl.* flamanë-t; flamandë-t
Flamme *f* flak|ë, -a; **~n:werfer** *m* flakëhedhës|e, -ja
flammend i/e flaktë
Flandern Fland|ër, -ra
Flanell, -s, *pl.* e, *m* fanellat|ë, -a
Fläschchen, -s, *pl.* 0, *n* boc|ë, -a
Flasche *f* shish|e, -ja; **die ~ geben** ushqej me biberon; **~n:zug** *m tech.* çikrik-u; makará-ja
flattern *Fahne* valëvitet
Flatulenz *f med.* urgusj|e, -a

Flaum, -(e)s, *m* push-i
Flaute *f naut.* bunac|ë, -a; *fig.* zbatic|ë, -a
Flechte *f bot.* liken-i; urdhj|e, -a
Flechtwerk, -s, *pl.* e, *n* gërshet-i
Fleck, -s, *pl.* en, *m*, **Flecken** *m* njoll|ë, a damk|ë, -a; zhíh|ël, -la; **blauer ~** *med.* vurrat|ë, -a; **einen ~ auf den Anzug machen** bëj me një njollë kostumin
Flegel, -s, *pl.* 0, *m* edepsëz-i; harbut; **~ei** *f* mbrapshtí-a; harbutëri-a
flegelhaft edepsëz, -e; i/e mbraphstë
Fleisch, -(e)s, *n* mish-i; **~ ohne Beilage** mish sade; **~bällchen** *n* qoft|e, -ja; **~brühe**, **~suppe** *f* supë me lëng mishi; lëng mishi; **~spieß** *m* shishqebap-i
Fleischer, -s, *pl.* 0, *m* kasap-i; **~messer** *n* çok|ë, -a; satër-i
fleißig i/e zellsh|ëm, -me
Fleiß, -es, *m* zell-i = zelltarí-a
flektierbar *spr.* i/e eptuesh|ëm, -me; i/e ndryshuesh|ëm, -me
flektierend, **flektiv** *spr.* eptues, -e
Flexion *f spr.* eptim-i; brendaeptim-i
flicken arnoj; **~̊** *m* leck|ë, -a
Flickwort, -(e)s, *pl.* ¨er, *n spr.* fjalë shtesë
Flieder, -s, *m bot.* jargavan-i
Fliege *f* miz|ë, -a; **~n:fänger** *m*; **~n:klatsche** *f* vrásës|e, -ja; **~n:netz** *n* rrjetë mizash
fliegen fluturoj; lundroj; **~d** fluturues, -e; fluturak, -e
Flieger, -s, *pl.* 0, *m* aviator-i; *a.* aeroplan-i; avion-i
fliehen arratisem
Fließband, -(e)s, *pl.* ¨er, *n*, Förderband *tech.* konvejer-i
fließen *fließt, floss, ist geflossen* rrjedh *e/i/o*
flink i/e shkathët; i/e zhdërvjellët; ⟨*adv*⟩ shpejt
Flinte *f* † dyfek-u
Flockseide *f* glyt|ër, -ra, *pl.* -ra-t
Flokati, -s, *pl.* s, *m Teppich* post|e, -ja; postiq|e, -ja
Flora *f* bimësí-a
Florenz *ON* Firenc|e, -ja
Flórina *ON* Follorin|ë, -a
Florteppich, -s, *pl.* e, *m* sixhadé-ja
Flöte *f mus.* flaut-i; fyell-i
Flötist, -en, *pl.* en, *m mus.* flautist-i
Flotte *f* flot|ë, -a
Fluch, -(e)s, *pl.* ¨e, *m* mallkim-i; ofsh-i; ofsham|ë, -a; **Fluchenberge** *Pl.* Bjeshkët e Nêmuna
fluchen mallkoj
Flucht *f* arratí-a; arratisj|e, -a
flüchtig i/e arratisur; i/e shpejtë; i/e paqëndruesh|ëm, -me; *spr.* rënës, -e; **~er Bekannter** *m* një i njohur i cekët
Flüchtling, -s, *pl.* e, *m* i arratisur-i; refugjat-i
Flug, -(e)s, *pl.* ¨e, *m* fluturim-i
Flug- fluturak, -e; fluturues, -e; **~abwehrkanone** *f* kundërajror-i; **~bahn** *f eines Geschosses* flurudh|ë, -a; **~blatt** *n* trakt-i; **~gesellschaft** *f* shoqëri-a ajrore; **~hafen** *m*, **~platz** *m* aeroport-i; aerodrom-i; **~linie** *f* linjë ajrore; **~lotse** *m* udhëheqës i fluturimit; **~piste** *f* pistë e fluturimit;

~schein *m,* **~ticket** *n* bilet|ë, -a; **~strecke** *f* linjë ajrore; **~tier** *n Vögel, Käfer* fluturak-u; **~wissenschaft** *f* aeronautik|ë, -a; **~zeug** *n,* **~maschine** *f* avion-i; aeroplan-i; **zweimotoriges ~** aeroplan-i dymotorësh; **das ~ fliegt** avioni fluturon; **~zeugträger** *m mil.* aeroplanmbajtës|e, -ja

Flügel, -s, *pl.* 0, *m* krah-u; kanat-i

flugs ⟨*adv*⟩ fluturímthi

flüssig i/e rrjedhsh|ëm, -me

flüstern pëshpëris *s/t;* ~̊ *n* pëshpëritj|e, -a

Fluss, -es, *pl.* ¨e, *m* lum|ë, -i; **~pferd** *n* hipopotam-i

Föderation *f* federat|ë, -a

föderativ federal, -e; federativ, -e

Fohlen, -s, *pl.* 0, *n,a.* Füllen bishtak-u; mëz-i

Föhn, -s, *m,* **Fön** ® *tech.* tharëse flokësh

Folge *f* rrjedhoj|ë, -a; pasoj|ë, -a; ndërrim-i

Folge- pasues, -e; **~satz** *spr.* fjali-a rrjedhimore

folgen ndjek *e/o/i;* **~d** pasardhës, -e; pasues, -e; *spr.* ndjekës, -e

Foliierung *f* numërtim i fletëve

Folioformat, -(e)s, *pl.* e, *n* format dysh

Folklore *f* folklor-i; ~- folklorik, -e

folkloristisch folklorik, -e

Folter *f* tortur|ë, -a

foltern torturoj

Fonds *m* [fõ:] *ök.* fond-i

Förde *f* fjord-i

Förderband, -(e)s, *pl.* ¨er, *n* konvejer-i; transportier-i

Förderleistung *f ök.* debit-i

Forelle *f* troft|ë, -a

Forke *f* sfurk-u; furk|ë, -a

Form *f* form|ë, -a; trajt|ë, -a; **~blatt** *n* format-i; **~en:lehre** *f* morfologjí-a

formalistisch formalist, -e

Formalität *f* formalitet-i

Forman|s *pl.* tien *n spr.* formant-i; formues-i

Format, -(e)s, *pl.* e, *n* format-i

formatieren formësoj

Formel *f* formul|ë, -a

formell ⟨*adv*⟩ formalisht

formen mbruj

Formosa † Tajvan-i

Formular, -s, *pl.* e, *n* formular-i; format-i

formulieren formuloj; formësoj

forschen kërkoj

Forscher, -s, *pl.* 0, *m* kërkimtar-i; kërkues-i

Forschung *f* kërkim-i; hulumtim-i

Forschungs- kërkimor, -e; **~institut** *n* institut-i kërkimor

Forst, -(e)s, *pl.* e(n), *m* pyll-i; **~wirtschaft** *f* ekonomi-a pyjore

Fort, -s, *pl.* s, *n* [fo:ʁ] fortes|ë, -a

fortgesetzt i/e vazhduesh|ëm, -me; ⟨*adv*⟩ vazhdimisht

fort/laufen ¨/ie/au arratisem; iki; **~d** i/e njëpasnjësh|ëm, -me

fortschreitend paravajtës, -e

Fortschritt, -(e)s, *pl.* e, *m* përparim-i; **~e machen** mbroth; përparoj

fortschrittlich përparimtar, -e

fort/setzen vazhdoj; vijoj

Fortsetzung *f* vazhdim-i; vijim-i; **~ folgt** vazhdon; vijon

For|um, -s, *pl.* en, *n* forum-i
fossil i/e ngurosur
fossilisieren nguros
Foto, -s, *pl.* s, *n* fotografí-a; **~-Sammlung** *f* fototek|ë, -a; **~apparat** *m* fotoaparat-i; **~graf** *m* fotograf-i; **~kopie** *f* fotokopj|e, -a; **~reporter** *m* fotoreporter-i
Foto-, **foto-**, s. *a.* photo-
fotografieren fotografoj
fotokopieren fotokopjoj
Fox *m mus.* foks-i; **~trott** *m* fokstrot-i
Fracht *f Schiff naut.* navllo-ja; **~begleitschein** *m ök.* fletë shoqëruese; **~führer** *m* navllues-i; qiradhënës-i; **~gebühr** *f* navllo-ja; **~schiff** *n*, **Frachter** *m* anije mallrash
Frack, -s, *pl.* ¨e, *m* frak-u
Frage *f* pyetj|e, -a; çështj|e, -a; **eine ~ stellen** shtroj pyetje; **~bogen** *m* fletanket|ë, -a; pyetësor-i; **~partikel** *f spr.* pjesëz pyetëse; **~zeichen** *n* pikëpyetj|e, -a
fragen pyes *s/t*
Fragment, -(e)s, *pl.* e, *n* fragment-i
fragmentarisch fragmentar, -e
Fraktion *f* fraksion-i
Fraktur- *typ.* gotik, -e; **~schrift** *f* shkrim gotik
frank und frei ⟨*adv*⟩ troç
Frankation *f*, **Frankierung** *f ök.* pagesë e taksave para afatit
Franken *Pl. Volksgruppe* frankë-t; *Währung m* frang-u
Frankreich Franc|ë, -a
Franse *f* xhufk|ë, -a; **~n:haarschnitt** *m* balluke-t
Franziskaner, -s, *pl.* 0, *m rel.* françeskan-i; **~pater** *m rel.* fr|at, *pl.* -étër-it
franziskanisch françeskan, -e
Franzose francez-i; frëng-u
französisch francez, -e; frëng, -e; ⟨*adv*⟩ frëngjisht
Fräse *f tech.* frez|e, -a; **~r** *m* frezator-i
fräsen frezoj
Frau *f* grua-ja, *pl.* gra-të; fem|ër, -ra; zonj|ë, -a; **~ werden** grunohem
Frauen- grarishte; **~arbeit** *f* punë grarishte; **auf ~art** ⟨*adv*⟩ grarisht; **~arzt** *m* gjinekolog-u; **~heilkunde** *f* gjinekologjí-a; **~rock** *m* fund-i
Fräulein *n* † zonjush|ë, -a
frei i/e lirë; i/e pazënë; franko; ⟨*adv*⟩ lirisht; serbes; **~ erfundene Worte** *Pl.* fjalë të shpikura kot; **~ haben** kam pushim; **~ heraus** ⟨*adv*⟩ troç; **~e Offerte** *f ök.* ofertë pa zotim; **~er Mitarbeiter** *m (Presse)* korrespondent vullnetar; **~ ab Kai** *ök.* franko në molo; **~ Abgangsstation** *f ök.* franko në stacion të nisjes; **~ an Bord** (FOB) franko në bordin e anijes; **~ bis zum Bestimmungshafen** *ök.* franko-anije në portin e arritjes; **~ Haus** *ök.* franko vendbanim; **~ Lager** *n ök.* franko në depo; **~ Station des Empfängers** *ök.* franko stacion të arritjes; **~ Waggon** *m* (FOR) franko në vagon
Frei- i/e lirë; publik; **~bad** *n* banjë publike; **~brief** *m*, **~lassungsschreiben** *n* aktlirim-i; **~fläche** *f* zbrazëtí-a; **~frau** *f* baronesh|ë, -a; **~hafen** *m* port i lirë; **~herr** *m* baron-i; **~lassung**

f jur. lirim-i; **Freimachung** *f Post* = Frankierung; **~stil** *m spo.* stil i lirë; **~stoß** *m spo.* goditje e lirë; **~tag** *m* e premt|e, -ja; **~übungen** *Pl.* ushtrime të lira

frei/halten ¨/ie/a qëras; i ruaj vendin dikujt; **freigehalten werden** *beim Trinken* pi qyl

freigiebig dorëdhënë; dorëçelur

Freihandaufstellung *f Bibliothek* hyrje e lirë në rafte

Freiheit *f* lirí-a; **~s:beraubung** *f*, **~s:entzug** *m jur.* heqje e lirisë

frei/lassen ¨/ie/a zhburgos; liroj

Freimaurer, -s, *pl.* 0, *m* mason-i; **~ei** *f* masonerí-a

Freischar *f* çet|ë, -a

Freischärler, -s, *pl.* 0, *m* partizan-i; çetar-i; *hist.* komit-i

freiwillig ⟨*adv*⟩ vullnetarisht

Freiwilliger, -en, *pl.* en, *m* vullnetar-i

Freiwilligkeit *f jur.* vetëdashj|e, -a

Freizeit *f* nge-ja; arallëk-u; **~maler** *m* piktor-i amator

fremd i/e huaj

Fremd- i/e huaj; **~en:führer** *m* ciceron-i; **~en:hass** *m* ksenofobí-a; **~sprache** *f* gjuhë e huaj; **~wörterbuch** *n* fjalor-i fjalësh të húaja

Frequenz *f tech.* dendurí-a; shpeshtësí-a; **~messer** *m* dendurimatës-i

Fresko *n* afresk-u

fressen copit *s/t*; llup

Fresser, -s, *pl.* 0, *m* hamës-i; hamëtor-i

Freude *f* gëzim-i; gaz-i; haré-ja; ngazëllim-i; shend-i; qejf-i; **ich weinte vor Freude** më qahej nga gëzimi; **~n:haus** *n* bordel-i; **~n:meldung** *f* sihariq-i

freudig i/e gëzuesh|ëm -me; gazmor, -e

Freudismus *m phi.* frojdiz|ëm, -mi

freuen, sich ~ gëzohem; kënaqem; gazmoj; gëzoj

Freund, -(e)s, *pl.* e, *m* mik-u; **~in** *f* mikesh|ë, -a; shoq|e, -ja

freundlich mirëdashës, -e; miqësor, -e; gazmor, -e; i/e ëmbël

Freundschaft *f* miqësí-a; **~s:gesellschaft** *f* shoqata e miqësisë

freundschaftlich miqësor, -e

Frieden, -s, *m* paq|e, -ja

Friedhof, -(e)s, *pl.* ¨e, *m* varreza-t; varrez|ë, -a

friedlich paqësor, e

frieren *friert, fror, hat/ist gefroren* kam ftohtë; ngri|j, *-va, -rë*; mërdhij

Frikadelle *f* ramstek-u; qoft|e, -ja

Frikassee, -s, *pl.* -s *m* frikasé-ja

Frikativ, -s, *pl.* e, *m spr.* bashkëtingëllore fërkimore; tingull-i shushuritës

frisch i/e freskët; i/e njomë; taze; *ausgeruht* i/e çlodhur; **~ gebacken** i/e porsapjekur; **~ von der Leber** ⟨*adv*⟩ troç; **~e Krapfen** *Pl. dial.* krofne taze

Frische *f* fresk-u

Friseur, Frisör, -s, *pl.* e, *m* floktar-i; berber-i; **~in** *f* floktar|e, -ja; parukier|e, -ja

Frisiersalon, -s, *pl.* -s *m* berberhan|ë, -a; rrojtor|e, -ja; *für Damen* floktor|e, -ja

Frist *f* afat-i

Frisur *f* frizur|ë, -a; prerj|e, -a; **eine neue ~ haben** kam ndërruar krehjen e flokëve

fröhlich i/e gëzuar; i/e haresh|ëm, -me

Fron *f a. fig.*, **Fronarbeit** *f hist.* angarí-a

Fronleichnam *rel.* korpi i Krishtit

Front *f* front-i; ball|ë, -i; **~ispiz**, **~seite** *f* ballin|ë, -a; *typ.* frontespic-i

Frosch, -(e)s, *pl.* ¨e, *m* bretkos|ë, -a

Frost, -(e)s, *pl.* ¨e, *m* ngric|ë, -a; ngrirj|e, -a; cikm|ë, -a = cikn|ë, -a; cingërim|ë, -a; **~schutzmittel** *n* antifrixh-i

frösteln mërdhij

Frucht, *pl.* ¨e, *f* frut|ë, -a; fryt-i; këpuj|ë, -a; pem|ë, -a; **~knoten** *m bot.* vezor|e, -ja

fruchtbar pjellor, -e; i/e gratsh|ëm, -me; *fig.* i/e frytsh|ëm, -me; **~e Zusammenarbeit** *f* bashkëpunim i frytshëm

fruchttragend frytmbartës, -e

früh, **frühzeitig** i/e hersh|ëm, -me; ⟨*adv*⟩ herët; qëmenatë

Früh- herak, -e; **~kirschen** *Pl. bot.* qershi herake; **~ling** *m* pranver|ë, -a; **~stück** *n* sill|ë, -a; mëngjes-i; *dial.* kafjall-i; **~stücksbude** *f* mëngjesor|e, -ja; **~werk** *n* vepër e hershme

früher i/e mëparsh|ëm, -me; i/e dikursh|ëm, -me; ⟨*adv*⟩ më parë; dikur

Fuchs, -(e)s, *pl.* ¨e, *m* dhelp|ër, -ra; **~junges** *n* dhelpërush-i

fühlen nd|íej, *-jéva, -jerë;* **den Puls ~** mas pulsin; **sich krank ~** ndiej veten të sëmurë

Fühler, -s, *pl.* 0, *m der Käfer, Krebse zoo.* brirth-i

führen udhëheq *e/i*; çoj; përçoj; **~ zu** sjell *e/i/o*; **fast zu Ende ~** zgriptoj; **zur strafrechtlichen Verantwortlichkeit ~** *jur.* sjell përgjegjësi penale

Führer, -s, *pl.* 0, *m* prijës-i; udhëheqës-i, udhëzues-i; *als Buch* udhërrëfyes-i; **~schein** *m* patentë shoferi

Fuhr|mann, -s, *pl.* leute, *m* qiraxhí-u

Fuhrpark, -s, *pl.* -s *m* autopark-u

Führung *f* udhëheqj|e, -a

füllen mbush; **gefüllte Paprika** *f* speca të mbushur

Füllen, -s, *pl.* 0, *n † junges Pferd* mëz-i; bishtak-u

Füllfederhalter, -s, *pl.* 0, *m* stilograf-i

Füllung *f im Börek, Baklava* iç-i; brendës-i; *im Zahn* e mbúshur-a

Füllwort, -(e)s, *pl.* ¨er, *n spr.* fjalë shtesë

Fund, -(e)s, *pl.* e, *m* gjetj|e, -a; **~büro** *n* zyrë e sendeve të gjetura; **~ort** *m Bodenschätze* vendburim-i; **~sachen** *Pl.* gjeturin|ë, -a

fünf pesë; **der ~te** i pestë; **~ Jahre** pesë vjet; **Fünf-Lek-Stück**, **Fünfer** *m* pesësh-i

Fünfjahres- pesëvjeçar, -e; **~plan** *m* plani pesëvjeçar

Fünfkampf, -(e)s, *pl.* ¨e, *m spo.* pesëgarësh-i

fünfzehn pesëmbëdhjetë; **der ~te** i pesëmbëdhjetë; **~jähriges Mädchen** *n* vajzë pesëmbëdhjetë vjeçe

fünfzig pesëdhjetë

fungieren funksionoj

Funk, -s, *m* radiotelegrafí-a; **~einrichtung** *f* radioinstalim-i; **~verbindung** *f* radiondërlidhje, -a; **~gerät** *n* radiotransmetues|e, -ja; **~spruch** *m* radiogram-i

Funke *f* shkëndij|ë, -a; xix|ë, -a; gac|ë, -a; **~n:sprühen** *n* xixëllim|ë, -a

funkeln xixëlloj; xixoj; **wie Sterne ~** yjëzon *nur 3. P.;* ~ *n* xixëllim|ë, -a

Funker, -s, *pl.* 0, *m mil.* radist-i

Funktion *f* funksion-i; ofiq-i

funktional funksional, -e; **Funktionalstil** *m spr.* stil funksional

Funktionär, -s, *pl.* 0, *m* funksionar-i

funktionell funksional, -e

funktionieren punoj; funksionoj

Funzel *f* kandil-i

für për ⟨+ *Akk*⟩

Furche *f* hullí-a; brazd|ë, -a; **~n ziehen** brazdoj; hulloj

Furcht *f* frik|ë, -a; **~ einflößen** fus hatanë

furchtbar i/e tmerrsh|ëm, -me; i/e hatash|ëm, -me; i/e llahtarsh|ëm, -me

furchtsam i/e friksh|ëm, -me

fürchten, sich ~ kam frikë; frigohem; frikësohem; druaj

Furnier, -s, *pl.* e, *n* rimesó-ja; kompensat|ë, -a; **~schrank** *m* dollap-i kompensate

Furt *f* va-u

Furunkel *med.* çiban-i; lung|ë, -a

fürwahr! aman

Fürwort, -(e)s, *pl.* ¨er, *n spr.* përem|ër, -ri

Furz, -(e)s, *pl.* ¨e, *m* pordh|ë, -a; **lautloser ~** fend|ë, -a

Fusion *f spr.* shkrirj|e, -a

Fuß, -es, *pl.* ¨e, *m* këmb|ë, -a; **linker ~** këmba e mëngër; **zu ~** këmbas; më këmbë; **~ball** *m spo.* futboll-i; **~boden** *m* dyshemé-ja; **~boden verlegen** dyshemetis; **~gänger** *m* këmbës-i; këmbësor-i; **~gängerüberweg**, Zebrastreifen *Pl.* vija-t e bardha të trafikut; **~knöchel** *m* nyjë e këmbës; **~sohle** *f* shput|ë, -a; **~spitze** *f* fliq-i; **~truppe** *f* këmbësorí-a; **~weg** *m* këmbësor|e, -ja

Fußball- futbollistik, -e; **~-As** as-i i skuadrës së futbollit; **~spieler, ~er**, -s, *pl.* 0, *m* futbollist-i

Futter, -s, *n* kullot|ë, -a; ushqim-i; *im Kleid* astar-i; **~ geben** grazhdoj

Futter- foragjer, -e; **~mais** *m* misër foragjer; **~wicke** *f* bucak-u

Futteral, -s, *pl.* e, *n* këllëf-i

füttern mëkoj; *mit Löffel in den Mund* koj; *Vieh* grazhdoj

Futur, -s, *n spr.* e ardhm|e, -ja; **zweites ~, Futurum exactum** *n* e ardhme e përparme

Futurismus *m* futuriz|ëm, -mi

G

Gabardine *f* gabardin|ë, -a
Gabel *f* pirun-i; *fig.* big|ë, -a; *am Telefon* sust|ë, -a
Gabelung *f* big|ë, -a
gaffen bëj sehir
gähnen gogësij; gogësit
Galata *ON* Gallát|ë, -a
Galați, **Galatz** *ON* Galac-i
Galaxis *f* galaktik|ë, -a
Galerie *f* galerí-a
Galgen, -s, *pl.* 0, *m* trekëmbësh-i
Galle *f* vrer-i; tëmb|ël, -li; **~n:blase** *f med.* tëmb|ël, -li; **~n:stein** *m*, **Nierenstein** *m* gurth-i; **~n:steine** *Pl. med.* gurë tëmthi
Gallien Galí-a
gallig i/e vrertë
gallisch gal, -e
Gallizismus *m spr.* galiciz|ëm,-mi
Galosche *f* gallosh|e, -ja
galvanisieren *tech.* galvanizoj
gammelig batall, -e; i/e mykur
gammeln batallohet; shëtis s/t
Gams *f*, **Gämse** *f zoo.* dhi e egër; kamosh-i
Gang, -(e)s, *pl.* ¨e, *m* korridor-i; *beim Auto* marsh-i; **~art** *f* e ecur-a; ecurí-a
Gangrän *f Brand med.* gangren|ë, -a
Ganove, -n, *pl.* n, *m* kodosh-i
Gans, *pl.* ¨e, *f zoo.* pat|ë, -a
Gänsefüßchen *Pl. spr.* thonjëza-t
ganz i/e mbarë; i/e tërë; ⟨*adv*⟩ biteví; krejt; kryekëput; **~ und gar** ⟨*adv*⟩ fare; **den ganzen Tag** gjithë ditën, ditën e tërë
gar nicht nuk... fare
gar nichts asgjëkafshë; hiçasgjë
Garage *f* garazh-i
Garant, -en, *pl.* en, *m* garant-i
Garantie *f* garancí-a; garantim-i; **~schein** *m* fletëgarancí-a, letër garancie
garantieren garantoj
Garbe *f* demet-i; dúaj-t *m. Pl.;* kallí-ri
Garde *f* gard|ë, -a; **~robe** *f* garderob|ë, -a; **~robenfrau** *f* gardërobist|e, -ja
Garn, -s, *pl.* e, *m* pe-ri; **~rolle** *f* rrotk|ë, -a
Garnison *f* garnizon-i
Garnitur *f* komplet-i
Garten, -s, *pl.* ¨0, *m* kopsht-i; bahç|e, -ja; **~bar** *f*, **~café** *n* bar-lulishte; **~bau** *m* hortikultur|ë, -a; kopshtarí-a; **~schere** *f* gërthap-i
Gärtner, -s, *pl.* 0, *m* kopshtar-i; bahçevan-i; **~ für Gemüse und Melonen** bostanxhí-u
Gärtnerei *f* kopshtarí-a
Gas, -es, *pl.* e, *n* gaz-i; **~flasche** *f tech.* bombol-a; **~leitung** *f* gazsjellës-i; **~messer** *m* gazomet|ër, -ri
Gase *f* garz|ë, -a
Gasolin, -s, *n* gazolin|ë, -a
Gasometer, -s, *pl.* 0, *m* gazomet|ër, -ri
Gasse *f* sokak-u; rrugic|ë, -a
Gast, -(e)s, *pl.* ¨e, *m* mysafir-i; mik-u; i ftuar-i
Gästehaus, -es, *pl.* ¨er, *n* pension-i
gastfreundlich bujtar, -e; i/e derëçelur; i/e derëhapur; mikpritës, -e

Gastfreundlichkeit *f* bujtarí-a
Gastfreundschaft *f* mikpritj|e, -a
Gastgeber, -s, *pl.* 0, *m* bujtës-i
Gastmahl, -(e)s, *pl.* ¨er, *n* gostí-a; buhí-a
gastrisch *med.* gastrik, -e
Gastritis *f med.* gastrit-i
Gaststätte *f* restorant-i
Gatte, -n, *pl.* n, *m* shoq-i; bashkëshort-i
Gattersäge *f* gat|ër, -ra
Gattin *f* bashkëshort|e, -ja
Gattung *f* gjiní-a
Gattungs- gjinisor, -e; **~geschichte** *f* evolucion-i; **~merkmale** *Pl.* tipare-t gjinore
gattungsmäßig gjinor, -e; **~e Einteilung** *f* ndarje gjinore
Gaukler, -s, *pl.* 0, *m* zhongler-i; mashtrues-i
Gaul, -(e)s, *pl.* ¨e, *m* kal|ë, -i, *pl.* kúaj-të; *Klepper* gërdall|ë, -a
Gaumen, -s, *m med.* qiellz|ë, -a
Gaumen- qiellzor, -e; **~segel**, -s, *pl.* 0, *n* qiellzë e butë
Gauner, -s, *pl.* 0, *m* matrapaz-i; batakçí-u; **~ei** *f* maskarallëk-u
Gazelle *f zoo.* gazel|ë, -a
Gebäck, -(e)s, *pl.* e, *n* biskot|ë, -a
gebacken i/e pjekur
Gebärde *f* gjest-i; **~n:sprache** *f spr.* gjuhë e gjesteve
gebären lind
Gebärmutter *f med.* an-i; mít|ër, -ra; **~hals** *m med.* qafa e mitrës
Gebäude, -s, *pl.* 0, *n* godin|ë, -a; ndërtes|ë, -a; ngrehin|ë, -a
Gebeine *Pl.* eshtra-t
geben *gibt, gab, hat gegeben* jap, *jep, dhashë, dhënë*; **es gibt** ka
Geber, -s, *pl.* 0, *m* dhënës-i
Gebet, -es, *pl.* e, *n rel.* urat|ë, -a; lutj|e, -a; *muslimisch* duá-ja; **~buch** *n rel.* urator|e, -ja; **~s:haus** *n* faltor|e, -ja; **~s:teppich** *m rel.* sixhadé-ja
Gebiet, -s, *pl.* e, *n* rajon-i; shesh-i; fush|ë, -a; hapësir|ë, -a; lëm|ë, -i; ngast|ër, -ra
Gebirge, -s, *pl.* 0, *n* mal-i; vargmal-i
Gebirgler, -s, *pl.* 0, *n* malësor-i; malok-u
Gebirgs- malor, -e; **~name** *m spr.* oronim-i; **~pass** *m* qaf|ë, -a; **~übergang** *m* qafë, -a; qafëmal-i; qafalik-u; qafer|e, -ja
geboren i/e lindur; **~ werden** lind; lindem; **er/sie ist ~** leu; lindi; **ich bin ~ am ...** linda më ...
gebraten i/e fërguar; *in der Pfanne* i/e tiganisur
Gebrauch, -(e)s, *m* përdorim-i
gebräunt i/e zeshkët
Gebrechen, -s, *pl.* 0, *n* sëmundje, -a; lëngim-i; ves-i; cen-i; ligështí-a; **ein ~ haben** cenosem
gebrechlich i/e cenuar
Gebrüll, -s, *n* hakërrim|ë, -a
Gebühr *f* taks|ë, -a; tag|ër, -ri; çmim-i
gebührend i/e duhur; siç duhet; **in ~er Form** në formën e duhur
gebunden i/e lidhur
Geburt *f* lindj|e, -a; **~en:rate** *f* lindshmërí-a; **~s:datum** *n* datëlindj|e, -a; **~s:ort** *m* vendlindj|e, -a; **~s:tag** *m* ditëlindj|e, -a; **~s:urkunde** *f*

aktlindj|e, -a
Geschlecht, -(e)s, *pl.* er, *n* gjiní-a; seks-i; **~s:krankheiten** *Pl. med.* sëmundje-t veneriane
Gedächtnis, -ses, *n* kujtes|ë, -a
Gedanke, -ns, *pl.* n, *m* mendim-i; ide-ja; **~n:reichtum** *m* ideshmërí-a; **~n:strich** *m spr.* viz|ë, -a
gedankenreich i/e idésh|ëm, -me
gedanklich ideor, -e; **~-künstlerisch** ideoartistik, -e
gedeihen *gedeiht, gedieh, ist gediehen* rritet; zhvillohet; lulëzon
Gedenkstein, -(e)s, *pl.* e, *m* përmendore, -ja; lapidar-i; qivur-i
Gedicht, -(e)s, *pl.* e, *n* vjersh|ë, -a; poezí-a; **~sammlung** *f* antologjí-a
Geduld *f* durim-i
geduldig i/e duruesh|ëm, -me; ⟨*adv*⟩ durimthi; **~ sein; sich gedulden** duroj
geeignet i/e përshtatsh|ëm, -me; i/e aftë; i/e duhur
Gefahr *f* rrezik-u
gefährlich i/e rreziksh|ëm, -me
Gefährlichkeit *f* rrezikshmërí-a
Gefährte, -n, *pl.* n, *m* shok-u
Gefälle, -s, *n* zbritj|e, -a
gefallen ¨/ie/a ëndem; pëlqej *e/ye*; **das Mädchen gefällt ihm wohl** çoç i pëlqen ajo vajzë; *~̊* *m* favor-i; **einen ~ tun** hatëroj; bëj nder; bëj një favor
Gefallen|er, -en, *pl.* en, *m* i vrarë; i rënë në luftë, dëshmor-i; shahit-i
gefällig i/e kënaqsh|ëm, -me
gefälscht i/e gënjeshtërt; i/e rremë
Gefängnis, -ses, *pl.* se, *n* burg-u; **~wärter** *m* gardian-i
Gefäß, -es, *pl.* e, *n* en|ë, -a
Gefecht, -es, *pl.* e, *n* betej|ë, -a
Gefieder, -s, *pl.* 0, *n* puplajë, -a
Geflecht, -(e)s, *pl.* e, *n* gërshet-i
Geflügel, -s, *pl.* 0, *n* shpendë-t *m. pl.*
Geflüster, -s, *n* pëshpërim|ë, -a
Gefolgs|mann, -(e)s, *pl.* leute, *m* ithtar-i
Gefreit|er, -en, *pl.* en, *m mil.* rreshter-i; tetar-i
gefroren i/e ngrirë
Gefühl, -s, *pl.* e, *n* ndjenj|ë, -a; ndjesí-a
gefühllos i/e pandjesh|ëm, -me; i/e pamëshirsh|ëm, -me; **~ werden** athet
gefühlvoll i/e ndjesh|ëm, -me
Gege, -n, *pl.* n, *m Volksgruppe* Geg|ë, -a, *pl.* -ë-t
gegen kúndër ⟨+ *Abl*⟩; kundra
Gegen- kundër-; **~angriff** *m*, **~schlag** kundërmësymj|e, -a; kundërsulm-i; **~forderung** *f* kundërkërkes|ë, -a; **~gewicht** *n* kundërpesh|ë, -a; **~maßnahme** *f* kundërmas|ë, -a; **~satz** *m* kundërtí-a; kundërshtim-i; kundërshtí-a; kontrast-i; **antagonistische ~sätze** *Pl. phi.* kundërtí antagoniste; **~sätzlichkeit** *f* kundërtí-a; **~seite** kundërpal|ë, -a; **~seitigkeit** reciprocitet-i; **~stand** objekt-i; send-i; **~teil** kundërtí-a; **im ~teil** ⟨*adv*⟩ përkúndrazi
Gegend *f* vise-t; an|ë, -a; krahin|ë, -a
gegenseitig reciprok, -e; i/e ndërsjellë
gegenteilig i/e kúndërt
gegenüber ⟨*Präp.*⟩ kundrejt ⟨+ *Abl*⟩; kundrúall ⟨+ *Abl*⟩; ndaj ⟨+ *Abl*⟩
gegenüber ⟨*adv*⟩ matanë; përba-

llë; **~stellen** ballafaqoj; kundërvë; **~stellend** kundërshtor, -e; **Gegenüberstellung** *f* kundërvëni|e, -a; ballafaqim-i; *spr.* përqasj|e, -a

Gegenwart *f* praní-a; e tashm|e, -ja; **Gegenwarts-** i/e sot|ëm, -me

gegenwärtig i/e hëpërhësh|ëm, -me; i/e tanish|ëm, -me; i/e tash|ëm, -me; ⟨*adv*⟩ hëpërhë; taní; tashtí

Gegeria *f Landschaft* Gegërí-a

gegisch geg|ë, -e; ⟨*adv*⟩ *spr.* gegërisht; ~̊ *Sprache, Mundart* gegërisht|e, -ja

Gegner, -s, *pl.* 0, *m* kundërshtar-i; armik-u

gegossen *tech.* i/e shkrirë

Gehackt|es, -en, *n* mish i grirë; ~ auf Nudelgericht kimá-ja; kím|ë, -a

Gehalt, -(e)s, *pl.* ¨er, *n* rrog|ë, -a; pag|ë, -a

Gehalt, -(e)s, *pl.* e, *m* përmbajtj|e, -a; nxënësí-a; brendí-a; **~s:liste** *f* borderó-ja; **~s:mitteilung** *f* fletëpages|ë, -a

gehärtet i/e kalitur

gehässig i/e mërish|ëm, -me

gehasst i/e urryer

geheim i/e fshehtë; **~̊dienst** shërbim-i i fshehtë; agjentur|ë, -a; **~̊haltung** konspirat|ë, -a; fshehtësí-a

Geheimnis, -ses, *pl.* se, *n* sekret-i; mister-i; **sie haben keine Geheimnisse** nuk kanë fshehurí

gehen, *geht, ging, ist gegangen* shkoj; ec|i, *-ën, -a, -ur*; vete, *vajta, vajtur*; **es geht mir gut** jam mirë; **wie geht es Ihnen?** si ia çoni?; **wie geht es Ihrer Familie?** si janë nga familja? **auf die Nerven ~** vel; mërzis s/t; **bei jem. ein- und aus~** hyj e dal serbes; **das geht auf keine Kuhhaut** nuk e nxë lëkura; **einige gingen, die übrigen blieben** disa ikën, kusuri ndenjën; **mit der Mode ~** vete pas modës

Geheul, -s, *n* ulërim|ë, -a

Gehilfe, -n, *pl.* n, *m* ndihmës-i; kallf|ë, -a; çirak-u

Gehirn, -(e)s, *pl.* e, *n med.* tru-ri; **~blutung** *f med.* hemorragji-a cerebrale; **~erschütterung** *f* tronditje e trurit; **~schlag** *m* goditje në tru

Gehör, -s, *n med.* dëgjim-i; **Gehör-** dëgjimor, -e; **~loser** *m* shurdh-i

gehorchen bindem; dëgjoj

gehören përkas *a/e/i; s/t;* **~ zu** hyj në ⟨+ *Akk*⟩; bëj pjesë në

gehörlos i/e shurdhër

gehorsam i/e dëgjuesh|ëm, -me

Gehorsam, -s, *m* dëgjes|ë, -a

Geige *f* violin|ë, -a

Geisel *f* peng-u; **~nahme** *f* pengmarrj|e, -a

Geiser, -s, *pl.* 0, *m*, **Geysir**, s, *pl.* e, *m* gejzer-i

Geist, -(e)s, *pl.* er, *m* mendj|e, -a; mend-të *n.*; shpirt-i; frym|ë, -a; **der gute ~ des Hauses** hallalli i shtëpisë; **böser ~** *Märchenfigur* xhind-i; **~ in der Flasche** xhind në shishe; **~es:kranker** *m* idiot-i; **~es:wissenschaften** *Pl.* shkenca-t humanitare

geistesschwach çyryk nga mendtë; i metë nga mendja

geistig mendor, -e; shpirtëror, -e

geistlich fetar, -e; kishtar, -e; **˜er** *rel.* fetar-i; kishtar-i; *muslimisch* hoxh|ë, -a; imam-i; mullá-i

Geiz, -es, *m* kurnacërí-a; **~hals** *m* koprrac-i

geizig kurnac, -e, bukëz|í, -ezë

Geißblatt, -(e)s, *n bot.* dorëzonj|ë, -a

Gekreisch, -(e)s, *n* zhangëllim|ë, -a

gelähmt i/e paralizuar; gjytyrym, -e; **˜er** ulok-u

Geländelauf, -(e)s, *pl.* ¨e, *m* kros-i; **Geländeübung** *f mil.* fushim-i

Geländer, -s, *pl.* 0, *n*, *Handlauf an der Treppe* basamak-u

Gelatine *f* xhelatin|ë, -a

geläufig i/e rrjedhsh|ëm, -me

gelb i/e verdhë; **~ leuchten**, **~machen** zverdhoj; **~lich** verdhac, verdhuk, verdhosh; **~braun** ⟨*Adj*⟩ kakí; **Gelbsucht** *f med.* vérdhëz-a; **Gelbes Meer** *n* Deti i Verdhë

Geld, -(e)s, *pl.* er, *n* holla-t, të; pará-ja; **~wechseln** thyej parátë; prish pare; **~zählen** njeh të hollat; **~beutel** *m* qes|e, -ja; kulet|ë, -a; **~buße** *f* gjob|ë, -a; **~mittel** *Pl.* fond-i; **~schein** *m* bankënot|ë, -a; kartëmonedh|ë, -a; **~schrank** *m* kasafort|ë, -a; **~strafe** *f* gjob|ë, -a; **~strafe auferlegen** gjobis; gjoboj; **~verleiher** *m* kamatar-i

Gelegenheit *f* shans-i; lehtësí-a; çast-i; **günstige ~** volí-a

gelegentlich i/e herëpashersh|ëm, -me; aty-këtú

Gelehrsamkeit *f* erudicion-i

gelehrt i/e ditur; erudit, -e; *spr.* dituror, -e; libror, -e; letrar, -e

Geleis, **Gleis**, -es, *pl.* e, *n* binar-i

geleiten përcjell; shoqëroj; udhoj

Gelenk, -(e)s, *pl.* e, *n* gjymtyr|ë, -a; kyç-i; **~band** *n med.* gilc|ë, -a; **~entzündung** *f med.* cerm|ë, -a; **~rheumatismus** *m* artrit-i

geliebt i/e dashur

Geliebte *f* dashnor|e, -ja; **~r** *m* dashnor-i

gelingen *gelingt, gelang, ist gelungen* më shkon, del mbarë; **es ist mir gelungen ihn zu überzeugen** ia arrita ta bindja; **möge es dir ~!** të vaftë mbarë!

geloben *rel.* taks

gelten *gilt, galt, hat gegolten* vlej; vyej

Geltung *f* vler|ë, -a

Gemach, -(e)s, *pl.* ¨er, *n* kthin|ë, -a

gemach, **gemächlich** ⟨*adv*⟩ avash; javash

Gemahl, -s, *pl.* e, *m* bashkëshort-i; **~in** *f* bashkëshort|e, -ja

Gemälde, -s, *pl.* 0, *n* piktur|ë, -a; tabló-ja

gemäß sipas ⟨+ *Abl*⟩; në pajtim me; në përputhje me

gemein *1:* i/e mbrapshtë; *2:* † i/e zakonsh|ëm, -me; i/e përgjithsh|ëm, -me; **wir haben nichts miteinander gemein** s'kemi gjë të përbashkët; **~ gefährliches Mittel** mjet i rrezikut të përbashkët

Gemein- i/e përbashkët; **~gefahr** *f jur.* rrezik i përbashkët; **~heit** *f* mbrapshtí-a; **~platz** *m spr.* shtamp|ë, -a; klishé-ja; fjalë bajate; **~slawisch** *spr.* sllavishte e përbashkët

Gemeinde *f* bashki-a; komun|ë, -a; *rel.* famulli-a
Gemeinde- komunal, -e; **~direktor** kryetar-i komune
gemeindlich komunal, -e
gemeinsam i/e përbashkët; ⟨*adv*⟩ bashkërisht; bashkë; së bashku; **~e Sache machen** bëj kauzë të përbashkët; **~er Nenner** *m math.* emërues i përbashkët
Gemeinsamkeit *f* baskëpërkim-i; bashkësí-a; bashkërí-a
Gemeinschaft *f* komunitet-i
gemeinschaftlich së bashku
gemessen i/e qetë, i/e ngesh|ëm, -me; ⟨*adv*⟩ vendçe; **sie unterhielten sich ~** biseduan vendçe
Gemetzel, -s, *pl.* 0, *n* kërdí-a; kasaphan|ë, -a; gjakderdhj|e, -a
Gemination *f spr.* dyzim-i
gemischt, **gemixt** i/e përzíer
Gemüse, -s, *pl.* 0, *n* perime-t; zarzavate-t; barisht|e, -ja; bostan-i; **~eintopf** *m* turlí-a; **~suppe** *f* supë me perime; supë me barishte; çorb|ë, -a
gemütlich i/e rehatsh|ëm, -me; komod; ⟨*adv*⟩ javash
Gemüt, -(e)s, *pl.* er, *n* natyrë, -a; shpirt-i; **~s:bewegung** *f* emocion-i; **~s:wallung** *f* afekt-i
Gen, -s, *pl.* e, *n med.* gjen-i
genäht i/e qepur
genau i/e saktë; i/e përpiktë; ⟨*adv*⟩ pikërisht; fiks; mu; tamam; **~ genommen** zaten; bash
Genauigkeit *f* përpikërí-a; saktësí-a
genauso ⟨*adv*⟩ njëlloj; gjithashtú
Gendarm, -en, *pl.* en, *m* [ʒan'darm] *hist.* xhandar-i; *in osman. Zeit* zaptij|e, -a; **~erie** *f* xhandarmërí-a
Genealogie *f* genealogjí-a
Genehmigung *f* lej|e, -a; miratim-i; licenc|ë, -a
General, -s, *pl.* e, *m mil.* gjeneral-i; **~direktion von Rundfunk und Fernsehen** Drejtoria e përgjithshme e radiotelevizionit; **~konsul** *m* konsull i përgjithshëm; **~oberst** *m mil.* gjeneralkolonel-i; **~police** *f ök.* policë e përgjitshme; **~stab** *m* shtatmadhorí-a; shtab madhor; **~streik** *m* grevë e përgjithshme
Generation *f* gjenerat|ë, -a; brez-i; breznı́-a; **~s:wechsel** *m* ndërrimi i breznive
generativ gjenerativ, -e; **~e Grammatik** *f spr.* gramatikë gjenerative
generell i/e përgjithsh|ëm, -me
generisch gjinisor, -e; gjinor, -e
Genese *f* gjenez|ë, -a
Genesis *f 1. Buch Mose rel.* zanafilla-t
Genesung *f med.* shërim-i; konvaleshenc|ë, -a
Genetik *f* gjenetik|ë, -a
Genf *ON* Gjenev|ë, -a
Genick, -s, *pl.* e, *n med.* zverk-u; arrëz-a; **das ~ brechen** thyej qafën
Genie, -s, *pl.* s, *n Genialität* gjení-a; *Genius* gjení-u
genieren, sich ~ druhem; më vjen rëndë, zor
genießen *genießt, genoss, hat genossen* gëzoj; shijoj
Genitiv, -s, *pl.* e, *m spr.* gjinor|e, -ja

Genitivus objectivus *m spr.* gjinore kundrinore
Genitivus partitivus *m spr.* gjinore pjesëtore
Genitivus possessionis *m spr.* gjinore përkatësie
Genosse, -n, *pl.* n, *m* shok-u; **~n:schaft** *f* kooperativ|ë, -a; **~n:schaftsbauer** *m* kooperativist-i; **~n:schaftswesen** *n* kooperativiz|ëm, -mi
Genossin *f* shoq|e, -ja
gentil gjinor, -e; **~gemeinschaft** *f* bashkësi gjinore; **~ordnung** *f* patriarkaliz|ëm, -mi
Genua *ON* Gjenov|ë, -a
genug mjaft
genügen mjaftoj; **das genügt** mjafton me kaq
genügend i/e mjaftuesh|ëm, -me; ⟨*adv*⟩ boll
Gen|us *pl.* era, *n spr.* gjiní-a; **~ verbi** *n spr.* diatez|ë, -a; **~kongruenz** *f* përkim në gjini
genussvoll i/e buhish|ëm, -me
Geodät, -en, *pl.* en, *m* gjeodezist-i
geodätisch gjeodezik, -e
Geografie *f* gjeografí-a
geografisch gjeografik, -e
Geologe, -n, *pl.* n, *m* gjeolog-u
Geologie *f* gjeologjí-a
Geometer, -s, *pl.* 0, *m* gjeomet|ër, -ri
Geometrie *f* gjeometrí-a
Geopolitik *f* gjeopolitik|ë, -a
geordnet i/e rregulluar; i/e rrégullt
Georg *NP* Gjergj-i
Georgier, -s, *pl.* 0, *m* gjeorgjian-i
gepaart werden *weibl. Säugetier* dëbuhem
Gepäck, -s, *n* bagazh-i; **~träger** *m* hamall-i; skar|ë, -a
gepflegt i/e kulturuar
gerade i/e drejtë; *soeben* sapo; *Zahl* çift; **~ Seite** faqe çift; **das Buch wird ~ gelesen** libri është në lexim e sipër; **er schreibt ~** po shkruan; **~aus** ⟨*adv*⟩ drejt
Gerade *f math.* drejtëz-a
Geranie *f bot.* barbaroz|ë, -a; elbaroz|ë, -a
Geraschel, -s, *n* fëshfërim|ë, -a
Gerät, -(e)s, *pl.* e, *n* makin|ë, -a; aparat-i; veg|ël, -la
geraten *gerät, geriet, ist geraten* rastis; bie; **in eine üble Lage ~** katandisem
Geratewohl, aufs ~ ⟨*adv*⟩ kuturú
Geräusch, -(e)s, *pl.* e, *n* zhurm|ë, -a; **~laut** *m spr.* bashkëtingëllore e zhurmët
gerben regj; **~** *n.* regjj|e, -a
Gerber, -s, *pl.* 0, *m* regjës-i, lekurëregjës-i, lëkurëtar-i
gerecht i/e drejtë
Gerechtigkeit *f* drejtësí-a
Gerede, -s, *n* thashetheme-t; thëni|e, -a
Gericht, -(e)s, *pl.* e, *n jur.* gjykat|ë, -a; *Essen* gates|ë, -a; gjell|ë, -a
gerichtlich gjyqësor, -e; **~e Klärung** *f* shqyrtim gjyqësor; **~e Schließung** *f eines Betriebs jur.* likuidim-i gjyqësor
Gerichts- gjyqësor, -e; **~stand** *m* selí zyrtare
gering i/e paktë; **~wertig** i/e dobët
Geringfügigkeit *f jur.* rëndësi-a e vogël
Geringschätzung *f* mospërfillj|e, -a

gerinnen *gerinnt, gerann, ist geronnen* pikset, mpikset; *Milch* hikrroj

gerissen *schlau* i/e zgjuar; dinak, -e; finok, -e

Germanistik *f* gjermanistik|ë, -a

gern me ëndje; me gjithë qejf

geröstet i/e pjekur

Gerste *f bot.* elb-i; **~n:korn** *n med.* elbth-i; kath-i

Gerte *f* víshkull-i

Geruch, -(e)s, *pl.* ¨e, *m* er|ë, -a

Gerücht, -(e)s, *pl.* e, *n* thashetheme-t; llaf-i; thëni|e, -a

geruhen denjoj

gerührt sein emocionohem

gerundet *spr.* i/e buzorëzuar

Gerụndi|um, -s, *pl.* en, *n spr.* përcjellor|e, -ja

gesalzen i/e kripur; kripës, -e

gesamt i/e tërë; **~betrag** *m* shumë e përgjithshme; **~produktion** *f ök.* prodhim i përgjithshëm; **~strafe** *f jur.* dënim i shtuar

Gesandtschaft *f* legat|ë, -a

Gesang, -(e)s, *pl.* ¨e, *m* këng|ë, -a; **~s:solist** *m* solist-i këngësh

gesättigt i/e ngopur

Geschäft, -(e)s, *pl.* e, *n* biznes-i; ujdí-a; *Laden* dyqan-i; magazin|ë, -a; **vorteilhaftes ~** tregti-a me leverdi; **~s:führer** *m* drejtues-i; **~e:macher** *m* afarist-i; **~s:bank** *f* bankë pune; **~s:bereich** *m* organik|ë, -a; emërtes|ë, -a; **~s:ordnung** *f* rregullor|e, -ja; **~s:sitz** *m* selí zyrtare

geschehen *geschieht, geschah, ist geschehen* ndodh; ngj|aj, *-ava, -arë*

Geschenk, -(e)s, *pl.* e, *n* dhurat|ë, -a; peshqesh-i; dhurëtí-a

Geschichte *f* historí-a; **die ~ vom Wolf und dem Lamm** avazi i ujkut me qengjin

geschichtlich historik, -e

Geschichtsschreiber, -s, *pl.* 0, *m* historiograf-i; historishkrues-i; **Geschichtsschreibung** *f* historiografí-a

Geschick, -(e)s, *pl.* e, *n 1:* fat-i; *2:* shkathtësi-a; aftësi-a

Geschicklichkeit *f* shkathtësí-a; zotësí-a; marifet-i; tertip-i; ustallëk-u; shprehí-a

geschickt i/e aftë; i zot-i; **~ zu Werke gehen** punoj me tertip

Geschirr, -(e)s, *pl.* e, *n* enë-t *f. Pl.;* **~regal** *n* rafti i enëve; **~schrank** *m* bufé-ja; **~spüler** *m Tellerwäscher* enëlarës-i; **~spülmaschine** *f* enëlarës|e, -ja

geschlängelt gjarpnor, -e; gjarpëror, -e

Geschlecht, -(e)s, *pl.* er, *n* seks-i; *Familie* oxhak-u; *rel.* brezní-a

geschlechtlich seksual, -e

Geschlechts-, gjinor, -e; **~organe** *Pl. med.* organe gjinore; **~wort** *n spr.* nyj|ë, -a

geschlossen i/e mbyllët; i/e mbyllur

Geschlossenheit *f* mbylltësí-a

Geschmack, -(e)s, *pl.* ¨er, *m* shij|e, -a; lezet-i; **saurer ~** thartir|ë, -a; **verfeinerter ~** shije e rafinuar

geschmiert i/e lyer; i/e grasuar; **die Sache läuft wie ~** puna shkon vaj; **eine ~e Scheibe Brot** një fetë e lyer

Geschnatter, -s, *n der Enten, Gänse*

gagarim|ë, -a
Geschoss, -es, *pl.* e, *n* *Stockwerk* kat-i; *Kugel* fishek-u; *Granate* predh|ë, -a
Geschrei, -s, *n* gallat|ë, -a
geschrieben i/e shkruar; *spr.* shkrimor, -e
Geschwätz, -es, *n* llomotitj|e, -a; llaf-i
geschwätzig fjalaman, -e
geschwind i/e shpejtë; ⟨*adv*⟩ shpejt; me vrap
Geschwindigkeit *f* shpejtësí-a; **~s:anzeiger** *m* *Tacho* takiomet|ër, -ri
geschwollen i/e bymyer; **mit ~en Fingern** me gishtërinj të bymyer
Geschworene *Pl. jur.* jurí-a
Geschwulst *f med.* tumor-i
Geschwür, -s, *pl.* e, *n med.* ulcer|ë, -a
gesehen i/e parë
Geselle, -n, *pl.* n, *m* shok-u; *Handwerks~* kallf|ë, -a
gesellig foleqesh
Gesellschaft *f* shoqërí-a; *Verein* shoqat|ë, -a; **~s:ordnung** *f* rend-i shoqëror; **~s:tanz** *m* bállo-ja; **~s:wissenschaften** *Pl.* shkenca shoqërore
gesellschaftlich shoqëror, -e; ⟨*adv*⟩ shoqërisht; **~e Moral** *f* moral shoqëror
gesellschaftsgefährlich shoqërisht i rrezikshëm
Gesetz, -es, *pl.* e, *n* ligj-i; **~ der Negation der Negation** *phi.* ligji i mohimit të mohimit; **~blatt** *n* gazetë zyrtare; **~buch** *n* kod-i; **~entwurf** *m* projektligj-i; **~gebung** *f* legjislacion-i
gesetzgebend legjislativ, -e
gesetzlich i/e ligjsh|ëm, -me; ligjor, -e
Gesetzlichkeit *f jur.* ligjshmërí-a
gesetzmäßig ligjësor, -e
Gesetzmäßigkeit *f* ligjësí-a; ligjësorí-a; rregullsí-a
gesetzt den Fall, dass në rast se
gesetzwidrig *jur.* i/e paligjsh|ëm, -me
Gesicht, -(e)s, *pl.* er, *n* faq|e, -ja; fytyr|ë, -a; shikim-i; surrat-i; **sein/ihr ~ strahlt** i rrëzëllen fytyra; **~s:ausdruck** *m*, **~s:farbe** *f* çéhr|e, -ja; **~s:punkt** *m* pikëpamj|e, -a; **~s:schleier** *m* peç|e, -ja; **~s:wasser** *n* locion-i; kolonjë për fytyrë
gesondert ⟨*adv*⟩ veç
gespannt i/e tendosur; *spr.* i/e fuqish|ëm, -me; i/e nderë
Gespenst, -(e)s, *pl.* er, *n myth.* fantazm|ë, -a
Gespött, -(e)s, *n* tallj|e, -a; **er wurde zum ~ des Dorfes** u bë gazi i fshatit
Gespräch, -(e)s, *pl.* e, *n* bised|ë, -a; bisedim-i; dialog-u; bashkëbisedim-i; **~s:partner** *m* bashkëbisedues-i
gesprächig fjalëtar, -e
gestählt i/e kalitur
Gestalt *f* form|ë, -a; trajt|ë, -a; *spr.* figur|ë, -a
gestalten formësoj
Gestank, -s, *m* duhm|ë, -a; afsh-i
gestatten lejoj
Geste *f* gjest-i
Gestehungskosten *Pl. ök.* kosto-ja
Gestellungsbefehl, -s, *pl.* e, *m mil.* fletëthirrj|e, -a
gestern dje; **~ Abend** mbrëmë; **von ~** i/e djesh|ëm, -me

Gestöhn, -s, *n* ofsh-i; ofsham|ë, -a
gestört i/e bezdisur; i/e prishur
gestrig i/e djesh|ëm, -me
gestückelt i/e copëtuar
Gesumm, -s, *n* zukam|ë, -a; zukatj|e, -a
gesund i/e shëndoshë; buç, -e; buçkaran, -e; buçkan, -e; **~en** shërohem
Gesundheit *f* shëndet-i
gesundheitlich, **gesund** me shëndet
Gesundheits- shëndetësor, -e; sanitar, -e; **~wesen** *n* shëndetësí-a
Getöse, -s, *n* buçim|ë, -a; oshtim|ë, -a; zhumhur-i; ushtim|ë, -a
Getränk, -(e)s, *pl.* e, *n* pij|e, -a
Getreide, -s, *n* drith|ë, -i; **~brand** *m* kllógj|ër, -ra; **~speicher** *m* drithnik-u
getrennt ⟨*adv*⟩ veç; véças; veçan; **~ voneinander** veç e veç
Getrenntheit *f* ndasí-a
Getriebe, -s, *n* *tech.* kambio-ja; kuti-a shpejtësie
getrocknet i/e tharë
Gevatter, -s, *pl.* 0, *m* kumbar-i; **~in** *f* kumbar|ë, -a
gewähren akordoj; jap, *jep, dhashë, dhënë*
Gewährung *f* dhëni|e, -a
Gewalt *f* dhun|ë, -a; **höhere ~** forcë madhore; arsye madhore; **mit ~** me përdhunë
gewaltsam i/e dhunsh|ëm, -me
gewalttätig zullumqar, -e
Gewand, -(e)s, *pl.* ¨er, *n* petk-u; veshj|e, -a
gewandt i/e shkathët; i/e zhdërvjellët; me përvojë
Gewandtheit *f* shkathëtësi-a

Gewebe, -s, *pl.* 0, *n* ind-i; endurin|ë, -a; pëlhur|ë, -a
Gewehr, -(e)s, *pl.* e, *n* pushk|ë, -a; **er/sie richtete das ~ auf ihn** i zhdrodhi pushkën; **~kolben** *m* tun-i; qyt|ë, -a; **~schloss** *n* shul-i
Gewerkschaft *f* sindikatë, -a; *hist.* bashkim-i profesional
Gewicht, -(e)s, *pl.* e, *n* pesh|ë, -a; **~ verlieren** *schrumpfen* firoj; **spezifisches ~** peshë specifike; **~heben** ngritje peshash; **~stein** *m auf der Waage* dërhem-i; **~s:zertifikat** *n* vërtetesë peshimi
Gewinde *tech.* filet|ë-a; **~bohrer** *m* punto-ja
Gewinn, -(e)s, *pl.* e, *m* fitim-i; përfitim-i
gewinnbringend rentab|ël, -le; fitimprurës, -a
gewinnen *gewinnt, gewann, hat gewonnen* fitoj; bëj qar
Gewinner, -s, *pl.* 0, *m* fitues-i
Gewissen, -s, *n* ndërgjegj|e, -ja; **reines ~** ndërgjegje e qelibartë; **~s:biss** *m* brerje ndërgegjeje
gewissenlos i/e pandërgjegjsh|ëm, -me
Gewitter, -s, *pl.* 0, *n* shtërngat|ë, -a
gewitzt dhelparak, -e
gewiss i/e sígurt; **gewiss!** doemos!, patjetër
gewöhnen, sich ~ an ⟨+ *Akk*⟩ familjarizohem me
Gewohnheit *f* zakon-i; adet-i; **~s:recht** *n* kanun-i
gewöhnlich i/e zakonsh|ëm, -me; i/e rëndomtë; banal,-e; vulgar, -e; ⟨*adv*⟩

rëndom, zakonisht
Gewölbe, -s, *pl.* 0, *n* qemer-i
Gewühl, -s, *n* katrahur|ë, -a
gewunden dredhak, -e; dredharak, -e
Gewürze *n Pl.* erurina-t; erëza-t
gezahnt dhëmbë-dhembë; i/e dhëmbë-zuar
Gezweig, -(e)s, *n* gjeth|e, -ja
gezwungen i/e detyruar
ghanaisch, **ghanesisch** ganez, -e
Ghetto, -s, *pl.* s, *n* géto-ja
Giaur, -s, *pl.* en, *m* † kaurr-i
Gier *f* lakmí-a
gießen ujis *s/t*; derdh; *tech.* shkrij
Gießer, -s, *pl.* 0, *m* fonditor-i; **~ei** *f* fonderí-a; shkritor|e, -ja
Gift, -(e)s, *pl.* e, *n* helm-i; zeher-i
Gift- helmues, -e; **giftig** i/e helmët; helmues, -e; **~ werden** vrerosem; zemërohem; **~er Greis** *m* plak çifteli
Gigant, -en, *pl.* en, *m* vigan-i; ezhdërhá-ja; gjigant-i
gigantisch gjigant, -e
Gilde *f hist.* esnaf-i
Gin, -s, *m Schnaps* xhin-i
Ginster, -s, *m bot.* gjinesht|ër, -ra; xan|ë, -a
Gipfel, -s, *pl.* 0, *m* kulm-i
Gips, -(e)s, *m chem.* allçí-a; gjips-i
Giraffe *f zoo.* gjiraf|ë, -a
Girokont|o, -s, *pl.* en, *n ök.* xhirollogarí-a
Gitarre *f mus.* kitar|ë, -a
Gitarrist, -en, *pl.* en, *m mus.* kitarist-i
glagolitisch *spr.* glagolik, -e
Glanz, -es, *m* shndritj|e, -a; aureol|ë, -a; lúst|ër, -ra; ndriçim-i; **~papier** *n* letër me lustër
glänzen shndris *s/t*; vezulloj; **~d** i/e shkëlqyer; i/e shkëlqyesh|ëm, -me; **~d reiben** lustroj
Glas, -(e)s, *pl.* ¨er, *n* got|ë, -a; qelq-i; *Einmach~* kavanoz-i; **Fenster~** xham-i; **~behälter** *m* gastar|e, -ja; **~kanne** *f* poç-i; **~scheibe** *f* xham-i; **~schneider** *m* diamant-i; **~waren** *Pl.* gastarina-t; qelqurina-t
Glaser, -s, *pl.* 0, *m* xhamtar-i
gläsern i/e xhamtë; qelqor, -e; i/e qelqtë; i/e gastartë
glasig werden xhamëzohet *nur 3. P.*
glatt *rutschig* i/e rrëshqitsh|ëm, -me; *eben* i/e rrafshët; i/e dystë; i/e mbarë; ⟨*adv*⟩ dyst
Glatteis ngric|ë, -a; cikm|ë, -a; cikn|ë, -a
glätten dystoj; rrafshoj
Glatze *f*, **Glatzkopf** tull|ë, -a
glatzköpfig kryetullë
Glaube, -ns, *m* bes|ë, -a; besim-i; **~ns:bekenntnis** *n* krédo-ja; *muslimisch* iman-i
glauben besoj
glaubhaft i/e besuesh|ëm, -me
Gläubig|er, *1:* -en, *pl.* en, *m* besimtar-i; *2:* -s, *pl.* 0, *m ök.* kreditor-i
glaubwürdig i/e besuesh|ëm, -me
gleich i/e barabartë; i/e njëtrajtsh|ëm,-me; ⟨*adv*⟩ njësoj; baras; bárazi; barabar; **~ nach** fill pas ⟨+ *Abl*⟩; **~artig** i/e njëllojtë; **~falls** gjithashtú; **~förmig** uniform, -e; **~gültig** indiferent, -e
gleichen ngj|aj, *-ava, -arë*

Gleichgewicht, -(e)s, *n* barapesh|ë, -a; drejtpeshim-i; ekuilib|ër, -ri; balanc|ë, -a; **aus dem ~ bringen** zhbalancoj; çekuilibroj; **das ~ erschüttern** trondis drejtpeshimin
Gleichgültigkeit *f* mënjanërí-a; indiferenc|ë, -a
Gleichheit *f* barazí-a; barazim-i; **~s:zeichen** *n* shenjë e barazimit
Gleichlaut, -(e)s, *m spr.* homonimí-a
gleichmachen, **gleichstellen** barazoj
Gleichnis, -ses, *pl.* se, *n* shëmbëlltyr|ë, -a
gleichsilbig *spr.* barasrrokësh, -e
Gleichstand, -(e)s, *m spo.* barazim-i
Gleichstrom, -(e)s, *m tech.* rrymë e vazhduar; rrymë e vazhdueshme
Gleichung *f math.* ekuacion-i; barazim-i
gleichwertig i/e njëvlersh|ëm, -me; barasvlerës, -e
Gleichwertigkeit *f* paritet-i
gleichzeitig i/e njëkohsh|ëm, -me; ⟨*adv*⟩ njëkohësisht; **~ mit** krahas ⟨+ *Abl*⟩
Gleichzeitigkeit *f spr.* njëkohësí-a
gleiten rrëshqas *a/e/i, s/t*; ≈ *n spr.* shkarj|e, -a
Gleitlaut, -(e)s, *pl.* e, *m spr.* glajd-i
Gletscher, -s, *pl.* 0, *m* akullnaj|ë, -a
Glied, -(e)s, *pl.* er, *n* gjymtyr|ë, -a; ~ *einer Zahlenreihe math.* kufiz|ë, -a
Gliederung *f* nyjëtim-i
glitzern vezulloj; xixëlloj; xixoj; rrëzëllej
Glob|us, *pl.* en, *m* glob-i
Glocke *f* këmbon|ë, -a; këmbor|ë, -a; kamban|ë, -a; **~n:blume** *f bot.* drédh|ël, -la; **~n:turm** *m* kambanor|e, -ja
Glöckner, -s, *pl.* 0, *m* kambanar-i
Glorie *f* lavdí-a
glorreich i/e lavdish|ëm, -me
Glossar, -s, *pl.* e, *m spr.* glosar-i; fjalorth-i
Glosse *f spr.* glos|ë, -a
Glossem, -s, *pl.* e, *m spr.* glosem|ë, -a
glottal, **Glottis**- *spr.* shtegthor, -e
Glottis *med.* shtegth-i i zërit
glotzen zgurdulloj; ≈ *n* sehir-i
Glück, -(e)s, *n* lumturí-a; **~ bringend** fatbardhë; **auf gut ~** dokudó; **viel ~** dalsh faqebardhë; **~sbote** *m* sihariqtar-i; **~s:botschaft** *f* sihariq-i; **~s:spiel** *n* bixhoz-i; kumar-i; **~s:spieler** *m* bixhozçí-u
Glucke *f* klloçk|ë, -a; klluk|ë, -a
gluckern, **glucksen** glluguroj; gurgulloj
glücklich i/e lumtur; i/e faqebardhë; i/e mbarë; **sei ~!** të këndoftë zemra!; **~e Reise!** rrugë të mbarë
Glückwunsch, -(e)s, *pl.* ¨e, *m* urim-i; **~schreiben** *n* mesazh urimi
Glüh- inkandeshent, -e; **~birne** *f*, **~lampe** *f* llambë inkandeshente; llambë me filament; **~würmchen** *n* bukuré-ja; bukurez|ë, -a; xixëllonj|ë, -a
glühen ndrij; skuqem; ndizem; *fig.* digjem; **~d** i/e flaktë; **~de Kohle** *f* gac|ë, -a
Glut *f* gac|ë, -a; *fig.* afsh-i; prush-i
Glyzerin, -s, *n chem.* glicerin|ë, -a
Gnade *f* hir-i

gnadenlos ⟨*adv*⟩ pa mëshirë
Gnjilane *ON* Gjilan-i
Gockel, -s, *pl.* 0, *m* këndes-i; *fig.* kokosh-i
Gold, -(e)s, *n* ar-i; florí-ri
Gold- i/e florinjtë; **~bronze** *f tech.* varak-u; **~münzen** *Pl.* florinj-të; **~sachen** *Pl.* arturin|ë, -a; **~sucher** *m* arkërkues-i
golden i/e artë; i/e florinjtë; **Goldenes Horn** *n* Briri i Artë
Golf, -s, *m spo.* golf-i; **~strom** *m* Golfstrim-i
Gondel *f* vark|ë, -a; bark|ë, -a; góndol|ë, -a
Gondoliere, -s, *pl.* 0, *m* varkar-i
Gong, -s, *pl.* e, *m mus.* gong-u
Göpel, -s, *pl.* 0, *m* çikrik-u
gotisch gotik, -e
Gott, -(e)s, *pl.* ¨er, *m* hy-u; hyj-i; zot-i; *Gottheit* hyjní-a; perëndí-a *m.*; **~ weiß, was** [**für ein**] zoti e di çfarë; **bei ~, wie schön!** mashalla, sa e bukur; **um Gottes willen!** ⟨*Int.*⟩ mashallá
Gottes- hyjnor, -e; **~dienstraum** *m orthodox* ajodhim|ë, -a; **~haus** *n* hijeror|e, -ja; faltor|e, -ja; **~lästerung** *f* blasfemí-a
Göttin *f* hyjnesh|ë, -a
göttlich hyjnor, -e; i/e perëndish|ëm, -me
Gottseibeiuns *m* qoftëlarg-u
Götze, -n, *pl.* n, *m* ídhull-i; **~n:diener** *m* idhujtar-i; **~n:dienerei** *f* idhujtarí-a
Gouverneur, -s, *pl.* e, *m* guvernator-i; *hist. in osman. Zeit* valí-u; mytesarif-i
Grab, -(e)s, *pl.* ¨er, *n* varr-i; *muslim.* † mekam-i; **~urne** *f* hinor|e, -ja; **~mal** *n*, **~stein** *m* qivur-i; mëkres|ë, -a; tyrb|e, -ja
graben *gräbt, grub, hat gegraben* gërmoj; zgropoj; prashis *s/t*; zgorkoj; zgatulloj
Graben, -s, *pl.* ¨0, *m* hendek-u; brazd|ë, -a; grop|ë, -a; **Gräben ausheben** hendekoj
Gräberfeld, -(e)s, *pl.* er, *n* nekropol-i
Grad, -(e)s, *pl.* e, *m* grad|ë, -a; shkall|ë, -a
Graf, -en, *pl.* en, *m* kont-i; **Gräfin** *f* kontesh|ë, -a
Grafik, s. Graphik
Gräko-Albaner, -s, *pl.* 0, *m* Arb|ër-ri
grämen, sich ~ hidhërohem; pikëllohem; vrerosem
Gramm *gr n* gram-i; **10 ~** dekagram-i
Grammatik *f spr.* gramatik|ë, -a; **~alisierung** *f* gramatikorëzim-i; **~er** *m* gramatikan-i
grammatisch *spr.* gramatikor, -e
Granat *Stein* granat-i; **~apfel** *m bot.* sheg|ë, -a
Granate *f mil.* granat|ë, -a; predh|ë, -a
Granatwerfer, -s, *pl.* 0, *m mil.* bombahedhës-i; granatahedhës|e, -ja
Granulat, -s, *pl.* e, *n granierttes Baumaterial* granil-i
Grapefruit *f bot.* grejpfrut-i
Graphem, -s, *pl.* e, *n* grafem|ë, -a
Graphik *f Kunstform* grafik|ë, -a; *Diagramm* grafik-u
Graphit, -(e)s, *n chem.* grafit-i
Gras, -(e)s, *pl.* ¨er, *n* bar-i

Gräte *f* hall|ë, -a
gratis ⟨*adv*⟩ fálas; badihavá; xhaba; ~ **essen**, nassauern ha qyl
Gratisleistung *f* qelepir-i
gratulieren uroj; **gratuliere!** urime!
grau bojë hiri; gri; i/e hirtë
grauen *dämmern* agoj; **mir graut vor** tmerrohem nga; ~ *n*, **Grausen** *n* tmerr-i
grausam mizor, -e
Grausamkeit *f* mizori-a; **~en** *Gräuel Pl.* zullume-t
gravitätisch hijerëndë
Grazie *f* hir-i; lezet-i; **grazil** lezetar, -e
Gräzismus *m spr.* greqiz|ëm, -mi
Greenwich *ON* Grinuiç-i
Greif, -en, *pl.* en, *m zoo., myth.* grif|ë, -a
Grenz- kufitar, -e; cakësor, -e; **~bezeichnung** *f spr.* shenjë kufindarëse; **~schutz** *m* rojë kufitare
Grenze *f* kufi-ri; *spr.* cak-u
grenzziehend kufindarës, -e
Grieche, -n, *pl.* n, *m* grek-u
Griechenland Greqí-a; Helad|ë, -a
griechisch grek, -e; ⟨*adv*⟩ greqisht; ~ *n* greqisht|e, -ja
Griff, -(e)s, *pl.* e, *m* dorak-u; doréz|ë, -a
Grille *f zoo.* bulkth-i
grillen fërgoj
Grillraum *m*, **Grillstation** *f* rostiçerí-a
Grimasse *f* grimas|ë, -a
Grindkopf *m Märchenfigur* qeros-i
grinsen zgërdhihem
Grippe *f* grip-i; **die ~ hat ihn/sie gepackt** e zateti gripi
grob i/e trashë; trashanik, -e; avdall, -e; i/e vrazhdë; i/e egër; ~ **werden** vrazhdësohem
Grobheit *f* trashësí-a
Grobian, -s, *pl.* e, *m* qytyk-u; *Lump* firaun-i
Grog *m Rum mit heißem Wasser* grog-u
Grönland Grënland|ë, -a
Groschen, -s, *pl.* 0, *m*, Piaster *m*, *Kuruş hist.* grosh-i
Grossist, -en, *pl.* en, *m ök.* grosist-i
groß i/e madh, -e; bojallí, -e; goxhá; **Großer Bär** *m* yjësia e Arushës së Madhe; **ein ~er Junge** *m* një goxha djalë; **~jährig** *jur.* madhor, -e; **~zügig** hovardá; bujar, -e; zemërgjerë
Groß- i/e madh, -e; **~angriff** *m* ofensiv|ë, -a; **~bauer** *m* kulak-u; *hist.* çifligsahibí-u; **~britannien** Britanía e Madhe; **~buchstabe** *m* shkronjë e madhe; inicial-i; **~cousin** *m* katrakushërí-ri; **~grundbesitz** *m* latifonde-t *pl.*; **~grundbesitzer** *m*latifondist-i; **~macht** *f* fuqia e madhe; **~maul** *n* gojaç-i; kapadaí-u; **~mutter** *f* gjysh|e, -ja; mëmëzonj|ë, -a; *väterlicherseits* lok|e, -ja; **~vater** *m* gjysh-i; babazot-i; babagjysh-i; babamadh-i; **~zügigkeit** *f* bujarí-a
Größe *f* madhësí-a; madhërí-a; *Wuchs* shtat-i; **~n:wahn** *m* megalomaní-a; mendjemadhësí-a
größenwahnsinnig megaloman, -e; mendjemadh, -e
Großhandel, -s, *m ök.* tregti me shumicë; **~s:kaufmann** *m*, **Großhändler** *m* tregtar me shumicë; grosist-i;

~s:preis *m* çmim-i me shumicë; **~s:preisindex** *m ök.* tregues-i i çmimeve me shumicë
grübeln djerroj
Grube *f* grop|ë, -a; *tech.* minier|ë, -a; **~n:arbeiter** *m* xehetar-i
grün i/e gjelbër; i/e blertë; jeshil, -e; **~ machen, werden** gjelbëroj; jeshiloj; **~er Salat** *m* sallatë marule
Grün, -s, *n* barisht|e, -ja; **~anlage** *f* gjelbërim-i; lulisht|e, -ja
Grund, -(e)s, *pl.* ¨e, *m* tok|ë, -a; truall-i; fund-i; arsye-ja; motiv-i; **auf ~ von** në sajë të ⟨+ *G*⟩; **im Grunde** zaten; **triftiger ~** *jur.* arsye-ja; **~bedeutung** *f spr.* kuptim themelor; nocion bazë; **~buchauszug** *jur.* tapí-a; **~herr** *m hist.* be-u; çifligar-i; agá-i; **~lage** *f* themel-i; **~lohn** *m*, **~vergütung** *f* pagë bazë; **~stück** *n*, Baugrund *m* pllac-i; shesh-i; **~rechenarten** *Pl.* aritmetik|ë, -a; **~satz** *m Prinzip* parim-i; **~schule** *f* shkollë fillore; **~stoff** *m* element-i; lëndë e parë; **~stufe** *f spr.* shkallë pohore; **~wort** *n spr.* fjalë parme; fjalë bosht; **~zahl** *f math.* numëror themelor
gründen bazoj; themeloj
grundlegend rrënjësor, -e; themelor, -e; themeltar, -e; ⟨*adv*⟩ rrënjësisht; **~ verschiedene Züge** *Pl.* tipare qenësisht të ndryshme
grundlos i/e pathemeltë; pa arsye
Gründonnerstag *rel.* e enjte e madhe
Gründungs- themeltar, -e
grünen bleroj; gjelbëroj; jeshiloj
Grünschnabel, -s, *pl.* ¨0, *m* djalurçin|ë, -a
Grünzeug, -s, *n* barisht|e, -ja
Grüppchen, -s, *pl.* 0, *n* grupazh-i
Gruppe *f* grup-i; tog-u; kompleks-i; komplet-i; tub|ë, -a
gruppieren grupoj
Gruppierung *f* grupazh-i; grupim-i
Grusinier, -s, *pl.* 0, *m* gjeorgjian i
Gruß, -es, *pl.* ¨e, *m* përshëndetj|e, -a; **beste Grüße!** të fala!
grüßen përshëndes *s/t*
Grütze, süße ~ *f Nachtisch* ashúr|e, -ja
Guerilla- gueril, -e; **~kampf** *m mil.* guerilj|e, -a
Gulasch *n* gulash-i
gültig i/e vlefsh|ëm, -me
Gummi, -s, *m* gom|ë, -a; llastik-u; **aus ~** i/e gomtë; **~handschuh** *m* dorashkë prej gome; **~schlauch** *m* tub gome; **~schuh** *m* llastik|ë, -a; **~stiefel** *m* çizme gome; **~verarbeitungswerkstatt** *f* gomisterí-a
gummieren gomoj
Gunst *f* dashamirësí-a; hatër-i
günstig i/e favorsh|ëm, -me; i/e volitsh|ëm, -me
Gurgel *f med.* gryk|ë, -a; fyt-i
gurgeln bëj gargarë; ~ *n med.* gargar|ë, -a
Gurke *f* kastravec-i; trángull-i; **~n:salat** *m* sallatë me kastravecë
gurren gugas *s/t*
Gurt, -(e)s, *pl.* e, *m* gjerdan-i; rrip-i
Gürtel, -s, *pl.* 0, *m* rrip-i; brez-i; † qemer-i; **~schlaufe** *f* ilik-u
Gusinje *ON* Gucí-a; **aus ~** gucjan, -e
Guss, -es, *pl.* ¨e, *m tech.* derdhj|e, -a;

shkrirj|e, -a

Guss- i/e shkrirë; **~eisen** *n* giz|ë, -a

gut i/e mirë; ⟨*adv*⟩ mirë; ~! nejse!; **es möge dir ~ gehen!** bëfsh hair!; **~e Reise!** udha mbarë e qofsh me fat!; **~e Stube** *f* oda e mirë; sob|ë, -a; **~ gelaunt** qejfpaprishur

Gut, -(e)s, *pl.* ¨er, *n* mall-i; e mir|ë, -a; *Hof* çiflig-u; **~achten** *n jur.* ekspertiz|ë, -a; **~achter** *m* ekspert-i; *in akadem. Prüfung* oponent-i; **~achtertätigkeit** *f* ekspertim-i; **~s:verwalter** *m Kâhya hist.* qehajá-i; **~haben** *n ök.* depozitim-i

Güte *f* mirësí-a; *Qualität ök.* cilësi-a; duk-u

Güterbahnhof, -(e)s, *pl.* ¨e, *m* stacion mallrash

Güterbeförderungsleistung *f ök.* trafik i mallrave

Güterwagen, -s, *pl.* 0, *m* vagon-i mallrash

gutgehend *ök.* që kërkohet, që shkon

Gutgläubigkeit *f* mirëbesim-i

Guttapercha *f* gutaperk|ë, -a

Guttural, -s, *pl.* e, *m spr.* bashkëtingëllore grykore; **~isierung** *f* grykorëzim-i

Gymnasiast, -en, *pl.* en, *m* gjimnazist-i; liceist-i

Gymnasi|um, -s, *pl.* en, *n* gjimnaz-i; licé-u

Gymnastik *f spo.* gjimnastik|ë, -a; **~übungen** *Pl.* ushtrime gjymnastikore

Gynäkologe, -n, *pl.* n, *m Frauenarzt med.* gjinekolog-u

Gynäkologie *f* gjinekologjí-a

H

Haar, -s, *pl.* e, *n Kopf~* flokë-t; *Körper~* qim|e, -ja; **lockiges ~** kaçurrela-t; **~band** *n* fjongo-ja; **~klammer** *f* furqet|ë, -a; **~schneider** *m* floktar-i; berber-i; **~waschmittel** *n* shampo-ja; **~wasser** *n* ujë flokësh; **~wurzel** *f* bulb-i i flokut

haarig qimosh, -e

haben *hat, hatte, hat gehabt* kam, *pata, pasur;* **ich habe keine Zeit dafür** s'ia kam volinë

Habenichts, *pl.* e, *m* fukará-ja

Hackbraten, -s, *pl.* 0, *m*, Hackfleisch mish-i i grirë; qoft|e, -ja

Hacke *f* shat-i; kazm|ë, -a

hacken prashis *s/t*

Hafen, -s, *pl.* ¨0, *m* port-i; liman-i; **~lotse** *m* pilot-i i portit; **~polizei** *f* policia e skelës

Haft *f* burgim-i; **~anstalt** *f* burg-u; **aus der ~ entlassen** ¨/ie/a zhburgos

Häftling i burgosur-i

Hagel, -s, *m* bresh|ër, -ri

hageln bie breshër

Hahn, -(e)s, *pl.* ¨e, *m* gjel-i; këndés-i; kokosh-i; *tech.* muslluk-u; rubinet-i; **~en:fuß** *m bot.* zhabin|ë, -a; zhabil-i

Hai, -(e)s, *pl.* e, *m* peshkaqen-i

Haken, -s, *pl.* 0, *m* grep-i; grremç-i; kërrab|ë, -a; **~kreuz** *n* svastik|ë, -a; **~schlagen** ¨/u/a dredhoj

halb gjysmë; gjysmak, -e; **es ist ~ drei** ora është dy e gjysmë; **~ amtlich** gjysmëzyrtar, -e; **~dunkel** i/e mugët; **~fertig** gjysmak, -e; **~jährlich** gjashtëmujor, -e; **Halbfinale** *n spo.* gjysmëfinal|e, -ja;

halbieren përgjysmoj; zhdymëzoj

Halbierung *f* përgjysmim-i

Halbinsel *f* gadíshull-i; siujdhes|ë, -a; † sinisí-a

Halbkreis, -es, *pl.* e, *m* gjysmërreth-i; **~fläche** *f* gjysmëqark-u

Halbkugel *f* hemisfer|ë, -a; gjysmërrúzull-i

Halbleiter, -s, *pl.* 0, *m tech.* gjysmëpërçues-i

halblinks ⟨*adv*⟩ gjysmëmajtas

Halbmond, -(e)s, *pl.* e, *m* gjysmëhën|ë, -a

halbnomadisch gjysmendacak, -e

Halbpension *f* gjysmë pensioni

Halbvokal *spr.* gjysmëzanor|e, -ja

Halbzeit *f spo.* gjysmë loje

Hälfte *f* gjysm|ë, -a

Halle *f* sall|ë, -a; **~n:bad** *n* pishinë e mbuluar; **~ des Mähdreschers** bunker-i i kombajnës

Halleluja *rel.* alilluja

hallo! ⟨*Int*⟩ álo!

Halluzination *f* halucinacion-i

Halm, -(e)s, *pl.* e, *m* bisk-u

Halogen, -s, *n chem.* halogjen-i

Hals, -es, *pl.* ¨e, *m* qaf|ë, -a; **~ über Kopf** ⟨*adv*⟩ veresíe; **~entzündung** *f med.* laringjit-i; **~kette** *f* zinxhir qafe; gjerdan-i; varës|e, -ja; *aus Münzen* bilan-i; **~loch** *n* qáfëz-a; **~wirbel** *m* arrëz-a

halsstarrig kryeneç, -e

Halsstarrigkeit *f* kryeneçësí-a

halt! ⟨*Int*⟩ ndal!

Halt, -(e)s, *m* ndales|ë, -a; **~barkeit** *f* qëndrueshmëri-a; **~e:platz** *m* vendqëndrim-i; **~er** *m 1:* mbajtës|e, -ja; *2:* zot-i; **~e:stelle** *f* ndalesë, -a; **~e:verbot** *n* ndalim qëndrimi

halten, *hält, hielt, hat gehalten* mbaj, *-ta, -tur*; **in Ordnung ~** vë rregull; qeveris

Haltung *f* qëndrim-i

Halunke, -n, *pl.* n, *m* horr-i; batakçí-u; maskará-i

Halva *f* hallv|ë, -a

Hammel, -s, *pl.* 0, *m zoo.* dash-i

Hammer, -s, *pl.* ¨0, *m* çekiç-i; çekan-i; çok-u; **~ und Sichel** drapër e çekan; **~schlag** *m* zgjyr|ë, -a

Hämorrhagie *f Blutung med.* gjakrrjedhj|e, -a; hemorragjí-a

Hämorrhoiden, Hämorriden *Pl. med.* hemorroide-t

Hamster, -s, *pl.* 0, *m zoo.* kricet-i; **~er** *m* spekulues-i

hamstern grumbulloj; mbledh ushqime

Hand, *pl.* ¨e, *f* dor|ë, -a; **~ in Hand** dora-dorës; dorë për dore; **er hat schmutzige Hände** i ka duart helaq; **mit abgestorbenen Händen** me duar të thara; **mit vollen Händen** duarplot; **rechte ~** dorë e djathtë; **unter der ~** nën banak; **von ~ zu Hand** dúar-dúar;

von der ~ ndoresh; **~arbeit** *f* punë dore; **~arbeiten** *Pl.* punime dore; **~ball** *m spo.* hendboll-i; **~ballspieler** *m* hendbollist-i; **~bremse** *f* frenoja e dorës; **~bohrer** *m tech.* trapano dore; **~buch** *n* doracak-u; manual-i; **~fläche** *f* pëllëmb|ë, -a; shuplak|ë, -a; **~geld** *n* kapar-i; **~gelenk** *n med.* kyçi i dorës; **~karre** *f* karrocë dore; **~langer** *m* ndihmës-i; çirak-u; **~langer des Imperialismus** çirakë / ortakë të imperializmit; **~pflege** *f* manikyr-i; **~rücken** *m* ballës-i; **~schelle** *f* kllap|ë, -a; **~schrift** *f* dorëshkrim-i; autograf-i; **~schuh** *m* dorashk|ë, -a; doréz|ë, -a; **~tuch** *n* peshqir-i; **~voll** *f* dorëz-a; **~wagen** *m* karro-ja; karrocë dore; **~webstuhl** *m* avlëmend-i; **~werk** *n* artizanat-i; mjeshtërí-a; zanat-i; zej|e, -a; zejtarí-a; **~werker** *m* zanatçí-u; zejtar-i; **sorgfältiger ~werker** mjeshtër merakli; **~werkszeug** *n* vegla-t; alet-i; **~zettel** *m* trakt-i

Händchen, -s, *pl.* 0, *n* dorëz-a

Handel, -s, *m* tregtí-a; pazarllëqe-t; **~ treiben** tregtoj; **~s:beziehung** *f* lidhje tregtare; **~s:flotte** *f* flotë tregtare; **internationale ~s:kammer** *f* dhoma e tregtisë ndërkombëtare; **~s:schiff** *n* anije tregtare; **~s:schule** *f* shkollë tregtare; **~s:vertretung** *f* përfaqësia tregtare

handeln veproj; tregtoj

Händler, -s, *pl.* 0, *m* tregtar-i; *hist.* reshper-i

handlich doracak, -e

Handlung *f* veprim-i; **gesellschaftsgefährliche ~** *jur.* vepër shoqërisht e rrezikshme; **strafbare ~** vepër penale; **unzüchtige ~** *jur.* vepër e turpshme

handwerklich artizanal, -e

Hang, -(e)s, *pl.* ¨e, *m* breg-u

Hangar, -s, *pl.* e, *m* hangar-i

hängen *hängt, hängte, hat gehängt* ⟨*transitiv*⟩ var

hängen † **hangen** *hängt, hing, hat/ist gehangen* ⟨*intransitiv*⟩ varem; **~ bleiben** ngec; ngel; **~d** i/e varur

Hängewaage *f tech.* zigj-i

Hans *NP* Gjon-i; **~wụrst** karagjoz-i

Hänselei *f* qesëndí-a

hänseln qesëndis

Hantel *f* dorak-u

Hanum *f*, Begum *hist.* hanëm|e, -ja; bejleresh|ë, -a

Happen, -s, *pl.* 0, *m* çik|ë, -a

Harem, -s, *m hist.* harem-i

häretisch *rel.* heretik, -e

Harfe *f mus.* harp|ë, -a

Harfenịst, -en, *pl.* en, *m mus.* harpist-i

Harke *f* dhëmbës-i; dhëmbor|e, -ja

harmlos i/e butë

Harmonie *f mus.* harmoní-a

harmonisch harmonik, -e; i/e harmonish|ëm, -me

Harn, -s, *m med.* ujët e hollë; **~blase** *f* fshikëz-a; **~stoff** *m* uré-ja

hart i/e fortë; i/e ngurtë; i/e ashpër; **~es Brot** bukë e fortë; **~er Kampf** *m* luftë e ashpër; **~ bestrafen** dënoj rëndë; **~herzig** zemërákull; zemërgur, -e; **~näckig** këmbëngulës, -e; **~ bleiben** ngulmoj

Härte *f* ashpërsí-a

Hartwurst, *pl.* ¨e, *f* sallam-i

Hase, -n, *pl.* n, *m* lépur-i; **~n:scharte** *f* *med.* buzëlépur-i

Haselnuss, *pl.* ¨e, *f* *bot.* lajthí-a

Hass, -es, *m* urrejtj|e, -a; mërí-a; mërzí-a, mllcf i

hassen urrej; mërij; **~s:wert** i/e urrejtsh|ëm, -me; i/e mërish|ëm, -me

hässlich i/e shëmtuar; **~ machen** shëmtoj

hasten nxitoj

hastig me rrëmbim; **~er Entschluss** *m* vendim i rrëmbyer

Haube *f* skufj|e, -a; **~n:lerche** *f* *zoo.* kësuler-i, *pl.* -ë-t; **~n:taucher** *m* *zoo.* kredharak-u

Haubitze *f* *mil.* obus-i

hauchen hukas *s/t*

Haufen, -s, *pl.* 0, *m* morí-a; grúmbull-i; turm|ë, -a; **ein ~ Zweifel** luzmë dyshimesh

häufig i/e shpeshtë;, i/e dendur; ⟨*adv*⟩ shpesh; **~er zu Besuch kommen** dendësoj vizitat

Häufigkeit *f* shpeshtësí-a; dendurí-a

Haupt, -(e)s, *pl.* ¨er, *n* kok|ë, -a; krye-t *n.*

Haupt- kryesor, -e; kapital, -e; krye-; **~balken** *m* kryetra-u; **~buchhalter** *m* shef i llogarisë; **~fach** *n* specialitet-i; **~investitionen** *Pl.* *ök.* investime kapitale; **~mann** *m* *mil.* kapiten-i; **~satz** *m* *spr.* fjali kryesore; **~schlagader** *f* *med.* aort|ë, -a; **~stadt** *f* kryeqytet-i; **~strafe** *f* *jur.* dënim kryesor; **~stück** *n* kapítull-i; kr|ye, -eu; **~werk** *n* kryevep|ër, -ra

hauptsächlich kryesor, -e; themelor, -e; ⟨*adv*⟩ kryesisht

hauptstädtisch kryeqytetas, -e

Haus, -es, *pl.* ¨er, *n* shtëpí-a; **~ an Haus** ⟨*adv*⟩ dérazi; **zweistöckiges ~** shtëpi dykatëshe; **~arbeit** *f* rang|ë, -a; **~frau** *f* amvis|ë, -a; nikoqır|e, -ja; shtëpiak|e, -ja; e zonja; **~frauenarbeit** *f* amvisj|e, -a; **~friedensbruch** *m* *jur.* dhunim i banesës; **~halt** *m* buxhet-i; amvisj|e, -a; **~haltsgegenstand** *m* almis|e, -ja; **~haltsjahr** *n* vit buxhetor; **~haltsvorstand** *m* kryefamiljar-i; **~herr** *m* nikoqir-i; **~rat** *m* orendí-a; tesha-t *f. pl.;* **~schuh ohne Sohle** *gestrickt* gjurmashk|ë, -a; **~schuhe** *Pl.* pandofla-t; **~stand** *m* familj|e, -a; konak-u

Haut, *pl.* ¨e, *f* lëkur|ë, -a; *des Obstes* lëvor|e, -ja; **~abschürfung** *f* *med.* rënie e lëkurës; **~arzt** *m* dermatolog-u; **~ausschlag** *m* *med.* ekzem|ë, -a

Häutchen, -s, *pl.* 0, *n* cip|ë, -a; tis-i

Havarie *f* *naut.* avarí-a

he ⟨*Int.*⟩ ehú

Hebamme *f* mamí-a

Hebekran, -s, *pl.* ¨e, *m*, **Hebewinde** *f* *tech.* argano-ja; vinç-i

Hebel, -s, *pl.* 0, *m* lev|ë, -a

heben, *hebt, hob, hat gehoben* ngre, *ngrita, ngritur e/i*

Hebräer, -s, *pl.* 0, *m* hebré-u

hebräisch hebraik, -e; ⟨*adv*⟩ hebraisht

Hebung *f* ngritj|e, -a

Heck, -s, *n* *naut.* kiç-i; pup|ë, -a

Hecke *f* gardh-i; **~n:rose** *f* ferrëbardh|ë, -a
Heer, -s, *pl.* e, *n mil.* ushtrí-a; **~es:gruppe** *f* korparmat|ë, -a; **~schau** *f* revist|ë, -a
Hefe *f* majá, -ja
Heft, -es, *pl.* e, *n* fletor|e, -ja; radh|úa, -ói
heftig i/e rrëmbyer; hidhnak, -e; ⟨*adv*⟩ rrëmbimthi
Heftigkeit *f* rrëmbim-i; **der Kampf nahm an ~ zu** lufta u egërsua
heikel delikat, -e
Heiland, -(e)s, *pl.* e, *m rel.* shëlbues-i
heilen shëroj; kuroj; **geheilt werden** shërohem
heilig i/e shenjtë; **~e Dreifaltigkeit** *f* trinia e shenjtë
Heiligenbild, -(e)s, *pl.* er, *n* konizm|ë, -a
Heiligenschein, -(e)s, *pl.* e, *m* breror|e, -ja
Heilig|er, -en, *pl.* en, *m* shenjtor-i
heilig/sprechen i/a/o *rel.* kanonizoj
heilklimatisch klimaterik, -e
Heilkräuter *Pl.* barna-t
Heilmaßnahme *f* masë mjekësore; terapí-a
Heilmittel, -s, *pl.* 0, *n* ilaç-i; derman-i
Heilquelle *f* ujëra-t termale
Heilung *f* shërim-i; mjekim-i
Heilwasser, -s, *pl.* ¨0, *n rel.* ujë çudibërës
Heim, -(e)s, *pl.* e, *n* vat|ër, -ra; shtëpi-a; konak-u; oxhak-u
Heimat *f* atdhé-u; mëmëdhé-u
Heimchen, -s, *pl.* 0, *n*, Grille *f zoo.* bulkth-i
heimlich tinëzar, -e; ⟨*adv*⟩ fshéhurazi; vjédhurazi; nën rrogoz
Heimlichkeit *f* fshehurí-a; fshehtësí-a
Heimlichtuer, -s, *pl.* 0, *m* fsheharak-u
Heimstatt, *pl.* -¨en *f* vat|ër, -ra
heimtückisch dhelparak, -e
Heimweh, -s, *n* mall-i; mall për atdhe
Heirat *f* martes|ë, -a; kurorëzim-i; *muslim.* † nigjah-u; **~s:urkunde** *f* aktmartes|ë, -a; **~s:vermittlung** *f* mblesërí-a
heiraten martohem; martoj
heiser i/e ngjirur
heißen *heißt, hieß, hat geheißen* quhem; **das heißt** domethënë (d. m. th.)
heiß i/e nxehtë; **~ machen** nxeh; **~ werden** nxehem; **es ist ~** është nxehtë; bën vapë; **~geliebt** i/e dhembshur; **~blütig** gjaknxehtë; **Heißhunger haben** babëzitem
Heiterkeit *f* ilaritet-i
heizen ngroh
Heizer, -s, *pl.* 0, *m Schiff, Eisenbahn* zjarrtar-i
Heizkörper, -s, *pl.* 0, *m* radiator-i; kalorifer-i
Heizkraftwerk, -s, *pl.* e, *n* termocentral-i
Heizöl, -s, *n* vajgur-i
Heizung *f* ngrohj|e, -a; *dial.* nxemës|e, -ja
Hektar, -s, *pl.* 0, *m ha* hektar-i
hektographieren, vervielfältigen *typ.* shaptilografoj
Hektoliter, -s, *pl.* 0, *m hl* hektolit|ër, -ri
Held, -en, *pl.* en, *m* hero-i; trim-i; delí-u; fatos-i; astrit-i; *im Volkslied*

kreshnik-u; **sie verhielten sich wie Helden** janë sjellë si trima; **~in** *f* heroin|ë, -a

Helden- kreshnik, -e; **~lied** *n* këngë kreshnike; **~lieder** *Pl.* këngë legjendare; **~tat** *f* bëm|ë, -a; **~tum** *n*, **Heldenhaftigkeit** *f* heroiz|ëm, -mi, trimërí-a

heldenhaft heroik, -e; trim, -e; ⟨*adv*⟩ trimërisht

helfen *hilft, half, hat geholfen* ndihmoj ⟨+ *Akk.*⟩; **ich helfe meinen Kollegen** ndihmoj shokët e mi

Helikopter, -s, *pl.* 0, *m* helikopter-i

hell i/e çelët; me dritë; i/e çélur; i/e kthjellët; açik, -e; **~blau** i/e rimtë

Hellas Helad|ë, -a

hellenisch helen, -e

hellgrün jeshil i çelët

hellhaarig flokëverdhë

hellhörig veshpipëz; **~e Wohnung** *f* banesë e paizoluar mirë; **~ werden** *fig.* bëhem merak

Helm, -(e)s, *pl.* e, *m* kask|ë, -a; *mil.* helmet|ë, -a; *hist.* përkrenar|e, -ja

Hemd, -(e)s, *pl.* en, *n* këmish|ë, -a; kráhës|e, -ja; krahës-i; **~en:geschäft** *n;* **~en:macherei** *f* këmisharí-a; **~kragen** *m* qafet|ë, -a

Hemisphäre *f* gjysmërrúzull-i; hemisfer|ë, -a

Hemmung *f* penges|ë, -a; ngurrim-i; **~en haben** druhem

Hengst, -(e)s, *pl.* e, *m zoo.* hamshor-i

Henkel, -s, *pl.* 0, *m* vjeg|ë, -a; doréz|ë, -a; dorak-u; **~korb** *m* zymbyl|e, -ja; **~krug** *m* brojc|ë, -a; **~mann** *m* gavet|ë, -a; **~topf** *m aus Steingut* poç|e, -ja

Henker, -s, *pl.* 0, *m* xhelat-i; kasap-i

Henna *f* këná-ja; *dial.* kân|ë, -a

herab/kommen o/a/o zbres, *zbrita, zbritur e/i; s/t*; zdryp; zdirgjem *e/i/o*

herab/lassen, sich ¨/ie/a ~ denjoj

herab/setzen denigroj

heran/schaffen çoj; qas

heran/wachsen ¨/u/a zburritem; *Mädchen* grunohem

Herausbildung *f* formim-i

heraus/fordern provokoj; **Herausforderung** provokim-i

Herausgabe *f* botim-i; emision-i

heraus/geben i/a/e lëshoj; botoj

heraus/kommen o/a/o dal *a/e/i/o*; **es kam heraus** doli ashiqare

heraus/reißen ei/i/i çrras; shqit

heraus/strecken shtrij; zgjas s/t; **die Brust ~** krekosem

heraus/ziehen ie/o/o nx|jerr, *-ora, -jerrë e/i/o*; çrras; qis *s/t*

herb, bitter i/e athët; i/e hidhur; i/e thartë; i/e ashpër; **~er Wein** *m* verë e athët; **~e Enttäuschung** *f* zhgënjim i hidhur; **Herbheit** *f* thartí-a

Herbari|um, -s, *pl.* en, *n* bimëtor|e, -ja;

herbei/führen sjell *e/i/o*; bie, *prura, prurë*

herbei/sehnen dëshiroj; gjakoj; lakmoj

Herberge *f* bujtin|ë, -a = bujtor|e, -ja; † han-i

Herbergswirt, -(e)s, *pl.* e, *m* hanxhí-u

Herbst, -es, *pl.* e, *m* vjesht|ë, -a

Herbst- vjeshtak, -e; vjeshtor, -e

Herd, -(e)s, *pl.* e, *m* shporet-i; furnel|ë,

-a; **~feuer** *n* vat|ër, -ra; zjarrisht|ë, -a; **~stein** *m* caran-i

Herde *f* grigj|ë, -a; bagëtí-a; mánd|ër, -ra; kopé-ja; tub|ë, -a; **~n:steuer** *f* *hist.* torllak-u

herein/lassen ¨/ie/a qas

herein/stürzen beh; hyj befas

Hering, -s, *pl.* e, *m zoo.* hareng|ë, -a

Herkunft, *pl.* ¨e, *f* prejardhj|e, -a; far|ë, -a

her/leiten, sich ~ është prejardhur

Hermannstadt *ON* Sibíu

hermetisch hermetik, -e

Heroine *f* heroin|ë, -a

heroisch heroik, -e; ⟨*adv*⟩ heroikisht

Herold, -(e)s, *pl.* e, *m* † tellall-i; kasnec-i

Hero|s, *pl.* en, *n* hero-i

Herr, -n, *pl.* en, *m* zotërí-a; *vor Eigennamen* zot-i; **hochwürdiger ~** *Titel kath. Priester* dom-i; **die ~en der Erde** zotërit e dheut; **~schaft** *f* mbretërim-i; zotërim-i; **die ~schaft erschleichen** uzurpoj; **~scher** *m* sundues-i; perandor-i

herrisch hijeréndë

herrschen mbretëroj; sundoj; **~d** zotërues, -e; **~de Kreise** *Pl.* qarqe-t sunduese

her/rühren von rrjedh *e/i/o*

Herstellung *f* përgatitj|e, -a

Hertz *Maßeinheit* Hz *tech.* herc-i

herum/lungern harboj; dergjem

herum/reißen ei/i/i *Steuer* çrrotulloj

herum/schlagen, sich ~ kacafytem; përfytem; përleshem

herum/treiben, sich ei/ie/ie ~ endem; sorollatem

Herumtreiber vagabond-i; rrugaç-i; zullap-i; zagar-i; zuzar-i; **~ei** *f* rrugaçërí-a

herum/ziehen ie/o/o bredh *e/i/o*; endem

herunter/kommen o/a/o zbrez; *fig.* bie nga vakti

herunter/steigen ei/ie/ie zbres; zdirgjem *e/i/o*

hervor/gehen e/i/a *jur.* buroj

hervor/heben e/o/o vë në dukje; shquaj

Hervorhebung *f* *spr.* spikatj|e, -a

hervor/kommen o/a/o dal *a/e/i/o*; vete, *vajta, vajtur*

hervor/quellen i/o/o brufulloj; buroj

hervorragend i/e shkëlqyesh|ëm, -me

hervor/rufen u/ie/u provokoj; ngjall

hervor/springen i/a/u gufoj

hervor/treten i/a/e spikas *s/t*; dal në pah; i vjen era

hervor/ziehen ie/o/o nxjerr; zhgropos

Herz, -ens, *pl.* en, *n* zem|ër, -ra; **das Volk liegt ihm am Herzen** i dhimbset populli; **was hast du auf dem Herzen?** ç'hall ke?

Herz- *med.* kardiak, -e; **~anfall** *m* atak në zemër; **~infarkt** *m* infarkt i miokardit; **~kammer** *f* dhomëz e zemrës; **~klappen** *Pl.* valvola-t e zemrës

Herzegowina Hercegovin|ë, -a

herzlich i/e përzemërt; ⟨*adv*⟩ përzemërsisht; **~e Begrüßung** *f* përshëndetje e përzemërt

Herzog, -s, *pl.* ¨e, *m* duk|ë, -a *m.*; **~tum**

n dukat|ë, -a

heterogen heterogjen, -e; *spr.* i/e dygjinish|ëm, -me

Heteroklisie *f spr.* lakimndryshmërí-a

Heu, -s, *n* san|ë, -a

Heuchelei *f* hipokrizí-a; shtirj|e, -a

heucheln shtirem

Heuchler, -s, *pl.* 0, *m* hipokrit-i; njeri-u dyfaqësh

heuchlerisch hipokrit, -e; i/e shtirë

heuer ⟨*adv*⟩ sivjet

heuern *naut.* pajtoj; marr me qirá; navlloj

heulen hungëroj; ulërij

heute sot; ~ **Abend** ⟨*adv*⟩ sonte; ~ **Morgen** sot në mëngjes

heutig i/e sot|ëm, -me

Hexagon, -s, *pl.* e, *n*, Sechseck *n math.* gjashtëkëndësh-i

Hexenschuss, -es, *m med.* lumbago-ja

Hiatus *m spr.* hiat-i

hier këtú; ~ **und da** vende-vende; aty-këtú; tek-tuk

Hierarchie *f* hierarkí-a

hierarchisch hierarkik, -e

Hieroglyphe *f* hieroglif-i

Hilfe *f* ndihm|ë, -a; **zu ~!** ndihmómëni!

Hilfs- ndihmës, -e; **~verb** *n spr.* folje ndihmëse; **~wort** *n* fjalë shërbyese; fjalë ndihmëse

Himmel qiell-i; **~fahrt** *f rel.* të Ngjítunt e Jezu Krishtit; **~reich** *n* mbretëria e qiellit

himmelblau bojë qielli

Himmels- qiellor, -e; **~körper** *m* trupa qiellorë

himmlisch qiellor, -e

Hin- und Rückfahrt *f* vajtje-ardhj|e, -a

hinab/werfen i/a/o gremis

hinauf/gehen e/i/a ngjitem

hinaus/gehen e/i/a dal *a/e/i/o*

hinaus/werfen i/a/o gremis; qis *s/t*

hin/bringen i/a/a çoj, *çova, çuar*

hindern pengoj

Hindernis, -ses, *pl.* se, *n* penges|ë, -a

Hindustan Industan-i

hinein ⟨*adv*⟩ brenda; **~/drücken**, **~/pressen** hup; ngjesh; rras; dend; **~/schlüpfen** futem brenda; **~/stecken** fus *s/t*; ngul; kall; **~/stopfen** zhap; **~/ziehen** ie/o/o tërheq brenda; *fig.* zhyej *e/ye*

Hingabe *f* devocion-i; devotshmërí-a

hin/geben i/a/e kushtoj; **sich ~** kushtohem; epem; përkulem

Hingebung an përkushtim-i ndaj ⟨+ *Abl*⟩

hingebungsvoll i/e kushtuar

hingegen ⟨*Konj.*⟩ kursé

hinken çaloj; **~d** çalaman, -e

hin/knien, sich ~ gjunjëzohem

hin/legen, sich ~ shtrihem, *u shtriva, shtrirë*

hin/sehen ie/a/e vështroj

Hinsicht *f* vështrim-i

hinsichtlich ndaj ⟨+ *Abl*⟩

hinten ⟨*adv*⟩ mbrapa; prapa; **hinter** mbrapa ⟨+ *Abl*⟩; prapa

Hinter- i/e pasm|ë, -a; **~beine** *Pl.* këmbë-t e pasme; **auf die ~beine** ⟨*adv*⟩ qiríthi; **~gedanke** *m* zhíb|ël, -la; **~grund** *m* prapasken|ë, -a; **~halt** *m* pusí-a; **in einen ~halt geraten** bie në pritë; **~land** *n* hinterland-i; prapatok|ë, -a; **~legung** *f* depozitim-i; **~legung der Herstellermarke** *ök.* depozitim i markës së fabrikës; **~list** *f* hil|e, -ja; kinezërí-a; **~sinn** *m* nënkuptim-i; nëntekst-i; **~teil** *n*, **Hintern** *m* byth|ë, -a; **~zungen-** *spr.* prapagjuhor, -e

hintereinander me radhë

hinterlegen depozitoj

hinterlistig i/e shtrembër; dinak, -e; dredhak, -e; dredharak, -e

hinüber/gehen e/i/a kapërcej

hinzu/denken e/a/a nënkuptoj

hinzu/fügen shtoj

Hinzufügung *f* shtim-i

Hirn, -(e)s, *pl.* e, *n* tru-ri; **~gespinst** *n* trillim-i; **~haut:entzündung** *f* *med.* meningjit-i

Hirsch, -(e)s, *pl.* e, *m* dre-ri; **~kuh**, *pl.* ¨e, *f* drenush|ë, -a

Hirse *f* *bot.* mel-i

Hirt, -en, *pl.* en, *m* barí-u; çoban-i; shterpar-i; **~en:mantel** *m* tallagan-i; **~en:schalmei** *f* zamar|e, -ja; **~en:stab** *m* kërrab|ë, -a; **~en:tasche** *f* calik-u

Hissung *f* *naut., mil.* ngritj|e, -a

Historiker, -s, *pl.* 0, *m* historian-i; historiograf-i; historishkrues-i

historisch historik, -e

Hitze *f* nxehtësí-a; vap|ë, -a; ashk-u; ávull-i; **die ~ ließ die Maiskolben verdorren** vapa zhuriti misrat

hitzig, hitzköpfig zjarrmor, -e; çiftelí, -e; gjaknxehtë

Hobel, -s, *pl.* 0, *m* zdrug-u; zdrukth-i; **~bank** *f* banak-u; **~späne** *Pl.* zdrugulina-t, rezhda zdrukthi

hobeln zdrukthoj

hoch i/e lartë; ⟨*adv* ⟩lart; ~! rroftë!; **~erhoben** ⟨*adv*⟩ cákërr; **Hohe Pforte** *hist.* Porta e Lartë

Hochachtung *f* konsiderat|ë, -a; nderim-i

hochachtungsvoll *Briefschluss* me nderime; me nderimet më të thella / larta

Hochdeutsch *spr.* gjermanishte e lartë

Hochformat, -(e)s, *pl.* e, *n* format gjatësor

hochgeschossen bojallí, -e

hochgewachsen shtatlartë

hoch/krempeln *Ärmel* përvesh

Hoch- i/e lartë; **~haus** *n* grataçiel-i; qiellgërvishtës-i; **~land** *n* malësí-a; **~länder** *m* malësor-i; malok-u; **~mut** *m* madhështí-a; krekosj|e, -a; **~ofen** *m* furrë e lartë; furrnalt|ë, -a; **~spannung** *f* *tech.* voltazh i lartë; **~sprung** *m* *spo.* kërcim së larti; **~stand** *m* ushez|ë, -a; **~stimmung** *f* euforí-a; **~würden** *rel.* hirësí-a; **Ew.** [Euer] **~würden** hirësia Juaj; **~zeit** *f* dasm|ë, -a; kurorëzim-i; **~zeit feiern** dasmoj

Hochzeits- dasmor, -e; **~gast** *m* dasmor-i; **~s:paar** *n* të porsa martuarit

Höchstgeschwindigkeit *f* shpejtësi-a maksimale

hochwüchsig vizak, -e

Hocker, -s, *pl.* 0, *m* shkam-i; stol-i; fron-i

Hockey *n* *spo.* hokej-i

Hodscha, -s, *pl.* s, *m muslim. Geistlicher* hoxh|ë, -a; **Hodscha-Frau** *f* hoxhesh|ë, -a

Hof, -(e)s, *pl.* ¨e, *m* oborr-i

hoffen shpresoj; **~tlich** ⟨*adv*⟩ makar

Hoffnung *f* shpres|ë, -a; *dial.* uzdaj|ë, -a

höfisch oborrtar, -e

höflich i/e sjellsh|ëm, -me; me mirësjellje; oborrtar, -e

Höflichkeit *f* mirësjellj|e, -a; oborrësí-a; **umständliche ~** kinezërí-a

Höfling, -s, *pl.* e, *m* † oborrtar-i

Höhe *f* lartësí-a; **in die ~** ⟨*adv*⟩ havadan

Hoheit *f* madhërí-a

Höhepunkt, -(e)s, *pl.* e, *m* pisk-u

höher, höhergestellt epror, -e

hohl i/e gërryer; i/e zgávërt; fyl, -e; fyrbë; **~er Baum** *m* dru fyl

Höhle *f* shpell|ë, -a; zgafell|e, -ja; zgav|ër, -ra; *Nasen ~ med.* fejz|ë, -a; *mit zwei Ausgängen* gërfyell-i; strofk|ë, -a

Hohlmaße *Pl.* njësitë matëse të vëllimit

Höhlung *f* zgav|ër, -ra

Holland Holand|ë, -a; Vendet e Ulëta

Holländer, -s, *pl.* 0, *m* holandez-i

holländisch holandez, -e

Hölle *f* ferr-i; skëterr|ë, -a; *der Muslime* xhehenem-i; xhehnem-i

Holunder, -s, *pl.* 0, *m bot.* luleshtog-u

Holz, -es, *pl.* ¨er, *n* dru-ri; **~hacken** ashëroj; **abgelagertes ~** dru i ushtuar; **dürres ~** zhgardhin|ë, -a

Holz- drusor, -e = drunor, -e; **~becher** *m mit langem Stiel* qeft-i; **~birnbaum** *m bot.* gorric|ë, -a; **~birne** *f* dardhisht|ë, -a; dardhuk|ël, -la; gorric|ë, -a; **~bock** *zoo.* këpush|ë, -a; **~fäller** *m* druvar-i; *im Gebirge* maltar-i; **~kohle** *f* qymyr-i; *für Schmiede* eshk|ë, -a; thëngjill-i; **~kohlenbecken** *n* stuf|ë, -a; **~kohlengrill** *m* skar|ë, -a; zgar|ë, -a; **~scheit** *n* dru-ja; **brennendes ~scheit** ur|ë, -a; **~schnitzer** *m* drugdhendës-i; **~schnitzerei** *f* gdhendje në dru; gdhendarí-a; **~späne** *Pl.* ashkla druri; **~splitter** *m* zhíb|ël, -la; **~wurm** *m zoo.* kërrmí-a; kri-a

hölzern i/e drunjtë

homonym *spr.* homonimik, -e

Homonym *n spr.* homonim-i

Homosexualität *f* homoseksualiz|ëm, -mi

homosexuell homoseksual, -e

Honig, -s, *m* mjalt|ë, -i; **türkischer ~** hallv|ë, -a; **~wabe** *f* bromkëz-a; húall-i

hörbar i/e dëgjuesh|ëm, -me

horchen veshtoj

Horde *f* hordhí-a; zogorí-a

hören dëgjoj

Hörer, -s, *pl.* 0, *m* dëgjues-i; kufj|e, -a; dëgjues|e, -ja; *Telefon* receptor-i; **den ~ auflegen** mbyll telefonin; **~in** *f* dëgjues|e, -ja

horizontal horizontal, -e

Hörmuschel *f tech.* kufj|e, -a

Horn, -(e)s, *pl.* ¨er, *n* bri-ri; **Goldenes ~** Briri i Artë

Hornisse *f zoo.* greth-i

Hornklee, -s, *m bot.* groshëz-a

Hörsaal, -(e)s, *pl.* ¨e, *m* auditor-i

horten mbledh mallra-t
Hörvermögen, -s, *n* dëgjim-i
Hose *f* brekë-t; **in die ~ machen** dhitem; **Hosen** *Pl.* pantallona-t; ~ *der Volkstracht* çakçirë-t; tirq-it; **~n:band** *n* ushkur-i; **~n:tasche** *f* xhep-i; **~n:träger** *m* tiranda-t
Hospital, -s, *pl.* ¨er, *n* spital-i
Hostie *f* *rel.* blat|ë, -a; ost|e, -ja; *orthodox* mesh|ë, -a
Hotel, -s, *pl.* s, *n* hotel-i
hübsch i/e búkur; i/e hijeshuar; i/e hijsh|ëm
Hubschrauber, -s, *pl.* s, *m* helikopter-i
Hufschmied, -(e)s, *pl.* e, *m* kovaç-i
Hüfte *f* vithe-t; ij|ë, -a
Hüftknochen, -s, *pl.* 0, *m* *med.* kërdhókull-a; çapok-u
Hügel, -s, *pl.* 0, *m* kod|ër, -ra; breg-u; **kleiner ~** bregor|e, -ja
Hügel- bregor, -e; kodrinor, -e; **~grab** *n* kodërvarr-i; túmul-a
Hügelchen kodrin|ë, -a; kodrisht|ë, -a
hügelig bregor, -e; kodrinor, -e
Huhn *zoo.* pul|ë, -a
Hühnerbein, -(e)s, *pl.* e, *n* kofshë pule
Hühnerkäfig, -(e)s, *pl.* e, *m* flanikth-i
Hühnerstall, -(e)s, *pl.* ¨e, *m* kotec-i
Hülle *f* koperton-i
Hülse *f* bishtaj|ë, -a
humanistisch humanist, -e
humanitär humanitar, -e
Humoreske *f* gazmor|e, -ja
humoristisch, **humorvoll** humoristik, -e
humpeln çaloj; **~d** i/e çalë; çalaman, -e
Humus *m* húmus-i
Hund, -(e)s, *pl.* e, *m* qen-i; **weißer ~** balo-ja; **~e:hütte** *f* kolib|e, -ja; **~e:kette** *f* hallkë qeni
hundert njëqind; qind; **der ~ste** i/e njëqindtë
Hundert-Lek-Schein, -(e)s, *pl.* e, *m* qindlékësh|e, -ja
Hunderter, -s, *pl.* 0, *m* qindësh|e, -ja
Hundertjahrfeier *f* njëqindvjetor-i; qindvjetor-i
hundertjährig qindvjeçar, -e
Hundertstel, -s, *pl.* 0, *n* e qindt|ë, -a
Hündin *f* búsht|ër, -ra
Hundstage *Pl.* djegagur-i
Hundszahn, -(e)s, *pl.* ¨e, *m* *bot.* gram-i
Hüne, -n, *pl.* n, *m* dërdyl-i
Hunger, -s, *m* urí-a; **~s:not**, *pl.* ¨e, *f* zi buke
hungern uritem; **~ lassen** urëtoj
hungrig i/e uritur; zorrëbosh, -e; barkthatë
Hunne, -n, *pl.* n, *m* *hist.* hun-i
Hupe *f* borí-a
Hürdenlauf, -(e)s, *pl.* ¨e, *m* *spo.* vrapim-i me pengesa
Hure *f* kurv|ë, -a; prostitut|ë, -a; vajzë e përdalë
Huri *f* *Jungfrau im Paradies der Muslime* hyrí-a
Hurra! ⟨*Int.*⟩ urrá!
husten kollítem
Husten, -s, *m* koll|ë, -a
Hut, -(e)s, *pl.* ¨e, *m* kapel|ë, -a, kapel|e, -ja; **~macher** *m* kapelabërës-i
Hütehund, -(e)s, *pl.* e, *m* *zoo.* qen-ujk-u
hüten rúaj, *-ta, -tur*; *Vieh* kullos *s/t*
Hütte *f* kasoll|e, -ja; kolib|e, -ja
Hyäne *f* *zoo.* hien|ë, -a

Hyazinthe *f bot.* zymbyl-i
hybrid hibrid, -e
Hydra *f myth.* hid|ër, -ra; *Insel* Hid|ër, -ra
Hydraulik *f tech.* hidraulik|ë, -a
Hygiene *f* higjien|ë, -a
hygienisch higjienik, -e
Hygrometer, -s, *pl.* 0, *m* higromet|ër, -ri
Hylozoismus *m phi.* hilozoiz|ëm, -mi
Hymne *f mus.* himn-i
hyper- stër-; **~korrekt** *spr.* hiperkorrekt, -e
Hyperbel *f math.* hiperbol|ë, -a
Hypnose *f med.* hipnoz|ë, -a
hypnotisch hipnotik, -e
hypnotisieren hipnotizoj
hypokoristisch *spr.* përkëdhelës, -e
Hypotenuse *f math.* hipotenuz|ë, -a
Hypothek *f ök.* hipotek|ë, -a
Hypothese *f* hipotez|ë, -a
hypothetisch hipotetik, -e
Hysterie *f med.* histerí-a
hysterisch histerik, -e

I

iberisch iberik, -e
Ibrik Tepe *ON* Qytez|ë, -a
ich unë; **das Ich** égo-ja; un|ë, -i
Ichthyologie *f zoo.* iktiologjí-a
idealisieren idealizoj
Idealismus *m phi.* idealiz|ëm, -mi
Idealist, -en, *pl.* en, *m phi.* idealist-i
idealistisch idealist, -e
Idee *f* idé-ja
Ideen- ideor, -e; **~gehalt** *m* ideshmërí-a
identifizieren identifikoj
identisch identik, -e
Identität *f* identitet-i; njëjtësí-a
Ideologe, -n, *pl.* n, *m* ideolog-u
ideologisch ideologjik, -e; ideor, -e; **~-politisch** ideopolitik, -e
Idiom, -s, *pl.* e, *n spr.* idiom|ë, -a; *Redewendung* idiomatiz|ëm, -mi
idiomatisch *spr.* idiomatik, -e; **~e Wendung** *f* idiomatiz|ëm, -mi
Idiot, -en, *pl.* en, *m* budallá-i; idiot-i
Idiotie *f*, Irresein *n med.* idiotësí-a
Idiotin *f*, Närrin *f* budallaq|e, -ja
Idol, -s, *pl.* e, *n* ídhull-i
Idylle *f*, **Idyll**, -s, *pl.* e, *n* idil-i
Igel, -s, *pl.* 0, *m zoo.* iriq-i
ignorant injorant, -e;
Ignorant, -en, *pl.* en, *m* injorant-i; xhahil-i
Ignoranz *f* injoranc|ë, -a
Igumenitsa *ON* Gumenic|ë, -a
ihr ⟨*Pers. pron*⟩ ju
Ihr ⟨*Poss. Pron.*⟩ juaj
Ikone *f* ikon|ë, -a; konizm|ë, -a; **~n:malerei** *f* ikonografí-a
Ikonostase *f rel.* ikonostas-i
Illegalität *f* ilegalitet-i
Illustration *f* ilustrim-i
illustrieren ilustroj; **illustrierte Zeitschrift** *f* revistë e ilustruar
Illyrer, -s, *pl.* 0, *m* ilir-i, *pl.* -ë-t

illyrisch ilir, -e
Illyrisch *spr.* ilirisht|e, -ja
Iltis, -ses, *pl.* se, *m zoo.* fishnjar-i; qelbës-i
imaginär imagjinar, -e
Imagination *f* imagjinat|ë, -a; *Vorstellung* përfytyrim-i
Imam, -s, *pl.* e, *m*, Vorbeter *rel.* imam-i
Imbiss, -es, *pl.* e, *m* drekë e vogël; darkë e vogël; zëm|ër, -ra; mez|e, -ja; **~stand** *m*, **~bude** *f* byrektor|e, -ja; mëngjesor|e, -ja; mezerí-a; **~-Inhaber** *m* qebaptor-i
imitieren imitoj; çinoj
Imker, -s, *pl.* 0, *m* bletar-i; **~beruf** *m* bletarí-a
Imkerei *f* bletor|e, -ja; bletarí-a
immateriell jomaterial, -e
Immatrikulation *f* regjistrim-i
immatrikulieren regjistroj
immer gjithmonë; gjithnjë; gjithherë; përherë; kurdoherë; **~ schwerer** përherë e më vështirë; **~ wieder** herë pas here
immerwährend ⟨*Adj*⟩ i/e gjithmonsh|ëm, -me; i/e gjithnjësh|ëm, -me
Immobilienbesitz, -es, *pl.* e, *m* imobili|e, -a; pasuri-a e patundshme; † irat-i
immunisieren *med.* imunizoj
Immunität *f* paprekshmërí-a; imunitet-i
Imperativ, -s, *pl.* e, *m spr.* urdhëror|e, -ja
imperfekt, **imperfektiv** i/e pakryer
Imperfekt, -(e)s, *m spr.* e pakryer-a
Imperialist, -en, *pl.* en, *m* imperialist-i
imperialistisch imperialist, -e
impersonell *spr.* jovetor, -e
impfen *med.* vaksinoj
Impfpass, -es, *pl.* ¨e, *m*, **Impfschein** *m* certifikatë vaksinimi; kartelë vaksinimi
Impfstoff, -(e)s, *pl.* e, *m* vaksin|ë, -a
Impfung *f* vaksinim-i
implizit i/e pashtjelluar
Implosion *f spr.* mbërthim-i
implosiv *spr.* mbërthyes, -e
Import *ök.* import-i; *Importware* importim-i
Importeur, -s, *pl.* e, *m* importues-i
importieren importoj
Impression *f* përshtypj|e, -a
Impressum, -s, *n typ.* të dhëna-t e botimit
Improvisation *f* improvizim-i
impulsiv impulsiv, -e
in në ⟨+ *Akk*⟩; **in Überschreitung von** *jur.* me kapërcim të ⟨+ *G*⟩; **in Ordnung bringen** rregulloj
inaktiv *spr.* joveprор, -e
inakzeptabel i/e papranuesh|ëm, -me
Inbetriebnahme *f* vënie në veprim
inchoativ *spr.* fillimor, -e
Incoterms *ök.* inkoterma-t
indeklinabel *spr.* i/e palakuesh|ëm, -me
indem ⟨*Konj*⟩ duke ⟨+ *pt. pf.*⟩
Inder, -s, *pl.* 0, *m* indian-i
indessen mirëpo; kursé; porse; veçsé
indeterminiert *spr.* i/e pashquar
Indeterminiertheit *spr.* pashquarësí-a
Ind|ex, -es, *pl.* ices, *m* indeks-i; tregues-i; † diftojs-i

Indexierung *f ök.* fiksim i kursit valutor

Indien Indí-a

Indienstnahme *f* vënie në shërbim

Indigo *n Färbstoff* çivit-i

Indikativ, -s, *pl.* e, *m spr.* dëftor|e, -ja

indirekt i/e zhdrejtë; ⟨*adv*⟩ tërthórazi; zhdréjtazi; anésisht, **~e Rede** *f* ligjëratë e tërthortë

indisch indian, -e

Individualität *f* individualitet-i

individuell individual, -e

Individu|um, -s, *pl.* en, *n* individ-i

Indochina Indokin|ë, -a

indogermanisch indoevropian, -e

Indonesien Indonezí-a

indonesisch indonezian, -e

indossieren *einen Wechsel ök.* prapashkruaj një kambial

Induktion *f phi.*induksion-i

Indus *m FN* Ind-i

Industrialisierung *f* industrializim-i

Industrie *f* industrí-a

industriell industrial, -e

Industrielle|r, -n, *pl.* n, *m ök.* industrialist-i

induzieren përçoj; induktoj; **~d** përçues, -e

induziert *spr.* i/e përçuar

infam i/e mbraphstë

Infamie *f* mbrapshtí-a

Infanterie *f mil.* këmbësorí-a

Infanterist, -en, *pl.* en, *m mil.* këmbës-i; këmbësor-i

Infarkt, -(e)s, *pl.* e, *m med.* infarkt-i

Infektion *f med.* infeksion-i

Infinitiv, -s, *pl.* e, *m spr.* paskajor|e, -ja

Infix *n spr.* brendashtes|ë, -a

infizieren moleps; *med.* infektoj

Inflation *f ök.* inflacion-i

Inflexion *f spr.* brendaeptim-i

Influenza *f med.* grip-i

Informant, -en, *pl.* en, *m* informator-i

Informatik *f* informatik|ë, -a

Information *f* informat|ë, -a; informacion-i

Informations- informativ, -e; **~theorie** *f* teori-a e informacionit; **~verarbeitung** *f* përpunim-i i informacioneve; **~wissenschaft** *f* informatik|ë, -a

informieren njoftoj

Ingenieur, -s, *pl.* e, *m* inxhinier-i

ingressiv *spr.* nistor, -e

Inhalt, -(e)s, *pl.* e, *m* përmbajtj|e, -a; *Füllung* iç-i; brendí-a

Inhalts- nocionor, -e; **~verzeichnis** *n* pasqyrë e lëndës; përmbajtj|e, -a

inhuman çnjerëzor, -e

Initiale *f typ.* inicial-i

Initiative *f* iniciativ|ë, -a; nism|ë, -a

Injektion *f med.* injeksion-i

Inkasso *n ök.* arkëtim-i; **~-Anweisung** *f* mandatarkëtim-i

inklusiv *spr.* përfshirës, -e; duke përfshirë

Inkorporation *f spr.* brendatrupëzim-i

Inkubationszeit *f med.* inkubacion-i

Inkunabel *f*, Wiegendruck *m typ.* inkunabul-i

Inlands- i/e brendsh|ëm, -me

inlautend *spr.* mesor, -e

inmitten mes ⟨+ *Abl.*⟩; në mes të ⟨+ *G*⟩

innen ⟨*adv*⟩ brenda; brendapërbrenda;

~ **verfault** fyl, -e; fyrbë
Innen- i/e brendsh|ëm, -me
inner i/e brendsh|ëm, -me; **das Innere** *n* brendësí-a; bark-u; brendës-i
innerhalb brenda; brendapërbrenda ⟨+ *Abl*⟩; në gjirin e ⟨+ *G*⟩; ~ **einer Woche** brenda një jave
Innovation *f* inovacion-i; risí-a
Innovator, -s, *pl.* en, *m*, Neuerer *m* novator-i
inoffiziell jozyrtar, -e
insbesondere ⟨*adv*⟩ në veçantí; veçanërisht
Inschrift *f* mbishkrim-i; **~en:kunde** *f* *spr.* epigrafí-a
Insektizid, -s, *pl.* e, *n* insektembytës-i; insektevrasës-i
Insel íshull-i; ujdhes|ë, -a; **~gruppe** *f* arkipelag-u
insgeheim ⟨*adv*⟩ fshéhurazi; vjédhurazi; fshehtas; fshéhtazi
insgesamt ⟨*adv*⟩ gjithsej
Inspektion *f* inspektim-i; **staatliche** ~ inspektorat shtetëror; **eine** ~ **durchführen** *tech.* revizionoj
inspirieren frymëzoj
inspizieren inspektoj
Inspizierung *f* inspektim-i; kontroll-i
instabil i/e paqëndruesh|ëm, -me; i/e lëkundsh|ëm, -me
Installateur, -s, *pl.* e, *n* hidraulik-u; teknik-u; axhustator-i
installieren instaloj
instandsetzen riparoj; ndreq
Instanz *f* *jur.* instanc|ë, -a
Instinkt, -(e)s, *pl.* e, *m* instinkt-i
Institut, -(e)s, *pl.* e, *m* institut-i; ent-i
Institution *f* institucion-i; **die dem Ministerium entsprechende** ~ institucioni i ngjashëm me ministrinë
instruieren instruktoj
Instrukteur, -s, *pl.* e, *m* instruktor-i
Instrument, -(e)s, *pl.* e, *n* veg|ël, -la; *mus.* instrument-i
Instrumentalis *m* *spr.* mjetor|e, -ja
Instrumentalkonzert, -(e)s, *pl.* e, *n* *mus.* koncert-i instrumental
Integration *f*, Eingliederung *f* integrim-i
integrieren integroj
Integrität *f* integritet-i; tërësí-a; **territoriale** ~ tërësia tokësore
Intellektuelle *Pl.*, Intelligentsia *f* inteligjenci|e, -a
Intellektuelle|r, -n, *pl.* n, *m* intelektual-i
Intelligenz *f* inteligjenc|ë, -a
Intendantur *f* *mil.* intendenc|ë, -a
Intensität *f* intensitet-i; *spr.* fuqí-a
intensivieren intensifikoj; **~d** përforcues, -e
inter- ndër-; **~dependent** i/e ndërvarur; **~disziplinär** interdisiplinar, -e
Interdental, -s, *pl.* e, *m* *spr.* bashkëtingëllore ndërdhëmbore
Interdependenz *f* bashkëvarësí-a; ndërvarësí-a; bashkëveprim-i; **in** ~ **stehen** bashkëveproj
interessant interesant, -e
Interesse interes-i; **~losigkeit** *f* mosinteresim-i
interessieren interesoj
Interferenz *f* *tech.* interferenc|ë, -a
Interimskatalog, -(e)s, *pl.* e, *m* skedar-i i përkohshëm
Interjektion *f* *spr.* pasthirrm|ë, -a

interkaliert *spr.* i/e ndërshtënë
Intermezzo *n mus.* interméxo-ja
Internat, -(e)s, *pl.* e, *n* konvikt-i; **~s:zögling** *m* konviktor-i
international ndërkombëtar, -e; **~es Format** *n* format-i ndërkombëtar
International Commercial Terms *Pl. ök.* inkoterma-t
Internationale *f* internacional|e, -ja
Internationalismus *m* internacionaliz|ëm, -mi; *spr.* ndërkombëtariz|ëm, -mi
internieren internoj
Internierung *f jur.* internim-i
Interpret, -en, *pl.* en, *m mus.* interpretues-i
Interpretation *f* interpretim-i
Interpunktion *f*, Zeichensetzung *f spr.* pikësim-i
Interrogativpronomen *n spr.* përemër pyetës
Intervall, -(e)s, *pl.* e, *n* interval-i
intervenieren ndërhy|j, *ra, -rë*
Intervention *f* intervencion-i; ndërhyrj|e, -a
Interventions- ndërhyrës, -e; **~truppen** trupat ndërhyrëse
Interview, -s, *pl.* s, *n* intervist|ë, -a
interviewen intervistoj
intervokalisch *spr.* ndërzanor, -e
Intonation *f spr., mus.* intonacion-i
intransitiv *spr.* jokalimtar, -e; **~es Verb** *n* folje jokalimtare
Intransitivität *f spr.* jokalimtarësí-a
Intrige *f* fitme-t; intrig|ë, -a
intrigieren intrigoj
Intuition *f phi.* intuit|ë, -a
Inventar, -s, *pl.* e, *n* inventar-i; **~nummer** *f* numër inventari; **~verzeichnis** *n* regjistër inventarizimi
Inventur *f ök.* inventar-i
Inverkehrbringen *n jur.* vënie në qarkullim
invers, **invertiv** i/e anasjelltë
Inversion *f spr.* anasjell|ë, -a
investieren investoj
Investition *f* investim-i; **~s:bauwesen** *n ök.* ndërtime kapitale; ndërtime themelore
inzwischen ndërkohë
Iraker, -s, *pl.* 0, *m* irakian-i
irakisch irakian, -e
Iraner, -s, *pl.* 0, *m* iranian-i
iranisch pers, -e; persian, -e; iranian, -e
irdisch i/e dhesh|ëm, -me
Ire, -n, *pl.* n, *m* irlandez-i
irgend- ndo-, di-; **~ein** ndonjë; filan; **~eine** *f* ndonjëra; **~einer** *m* ndonjëri; dikush
irgendwann dokurdó; ndonjëherë; dikur
irgendwer ndokush
irgendwie disí
irgendwo diku; gjëkundi; dokudó
Iris *f med.* irid|ë, -a; ylberth-i
irisch irlandez, -e
Irland Irland|ë, -a
Ironie *f* ironí-a
ironisch ironik, -e
irre i/e marrë; delí
irreal joreal, -e
Irredentismus *m* irredentiz|ëm, -mi
irregulär i/e çrregullt
Irregularität *f* parregullsí-a

irrelevant jorëndësor, -e
irren, **sich** ~ gabohem; gaboj; lajthis *s/t*
Irrenhaus, -es, *pl.* ¨er, *n* çmendin|ë, -a
irre/reden flas në kllapi; flas përçart
Irresein *n* trení-a; çmendurí-a
irrig i/e gabuar
Irrtum, -s, *pl.* ¨er, *m* lajthitj|e, -a; gabim-i
irrtümlich ⟨*adv*⟩ gabimisht
Ischias *m med.* shiatik-u
Islam *m rel.* islam-i; islamiz|ëm, -mi; muhamedaniz|ëm, -mi; myslimaniz|ëm, -mi
islamisch islam, -e
islamisieren islamizoj
Island Island|ë, -a
isländisch islandez, -e
isolieren izoloj
Isolierung *f tech.* izolim-i
isosyllabisch *spr.* barasrrokësh, -e
Isotop, -s, *pl.* e, *n tech.* izotop-i
Israel Izrael-i
israelisch, **israelitisch** izraelit, -e
Istanbul, Stambul *ON* † Stamboll-i
Isthmus *m*, Landenge *f* ist|ëm, -mi
Istrien Istri|e, -a
Italien Italí-a
Italiener, -s, *pl.* 0, *m* italian-i
italienisch italian, -e; ⟨*adv*⟩ italisht
Italo-Albaner, -s, *pl.* 0, *m* arbëresh-i
Iterativkomposit|um, -s, *pl.* a, *n spr.* amredit|ë, -a
Ithaka Itak|ë, -a
Izmir, Smyrna *ON* Izmir-i

J

ja po; ⟨*Int.*⟩ ëhë; ~ **sicher!** posi jo!
Jabo, -s, *pl.* s, *m mil.* gjuajtës-bombardues-i
Jacht *f* jaht-i
Jacke *f*, **Jackett**, -s, *pl.* s, *n* xhaket|ë, -a
Jagd *f* gjah-u; gjuetí-a; **~bomber** *m mil.* gjuajtës-bombardues-i; **~hund** *m* çap-i; gjahtor-i; **~sitz** *m* ushez|ë, -a; **auf die ~ gehen** gjuaj
jagen gjuaj
Jäger, -s, *pl.* 0, *m* gjahtar-i; gjuetar-i; *mil.* gjuajtës-i
Jaguar, -s, *pl.* e, *m zoo.* jaguar-i
jäh i/e rrëmbyer; ⟨*adv*⟩ rrëmbimthi
Jahr, -es, *pl.* e, *n* vit-i; **dieses** ~ sivjet; **laufendes** ~ vit në vazhdim; **voriges** ~ ⟨*adv*⟩ vjet; **~buch** *n* vjetar-i; **die vergangenen ~e** vitet e kaluara
Jahres- vjetor, -e; **~abo** *n* pajtim vjetor; **~wechsel** *m* motmot-i; **~zeit** *f* stin|ë, -a
Jahrhundert, -s, *pl.* e, *n* shékull-i; qindvjetor-i
jährlich vjetor, -e
Jahrzehnt, -s, *pl.* e, *n* dekad|ë, -a
jähzornig hidhnak, -e; zemërak, -e
Jalousie *f* [ʒalu'ziː] gril|ë, -a
Jambus *m spr.* jamb-i
Jammerlappen, -s, *pl.* 0, *m fig.* ulërak-u
jammern ahoj; bobotij; ulërij; rënkoj

Janitschare, -n, *pl.* n, *m hist.* jeniçer-i
Jänner, -s, *m*, **Januar**, -s, *m* janar-i
Japan Japoní-a
Japaner, -s, *pl.* 0, *m* japonez-i
japanisch japonez, -e; **~e Sprache** *f* japonisht|e, -ja
Jasmin, -s, *m bot.* jasemin-i
jaulen hungëroj
Jause *f* zëm|ër, -ra
Jazz *m* [dʒɛs] xhaz-i
je nga; **~ zwei** nga dy
Jeans-Hosen *Pl.* bluxhins
jeder çdo; çdokush; çdonjër|i, -a; cilido; gjithkush; secil|i, -a
jederlei i/e çdofarësh|ëm, -me; çdolloj ⟨+ *Abl*⟩; i/e çdollojtë; **~ Arbeit** çdolloj pune
jederzeit gjithmonë; gjithnjë; gjithherë; kurdoherë; kurmos
jedoch por; porse; mirëpo
jeglich gjithfarë
jemand dikush; ndokush; ndonjerí-u; filan-i; njerí-u, *pl.* njérëz-it; **~ einen Gefallen tun** i bëj një favor dikujt; **spricht ~ Deutsch?** flet ndonjëri gjermanisht?
jene ajó *f. Sg.* ; **jene Stadt** ai qytet
jener aí, *f.* ajo
jenseits ⟨*adv*⟩ andej
jetzig i/e tanish|ëm, -me; i/e tash|ëm, -me
jetzt taní; tash; tashtí; **~ oder nie** ose tani ose kurrë
Joch, -s, *pl.* e, *n* zgjedh|ë, -a; kular-i; **drei ~ Land** tri pendë arë
Jod, -s, *n chem.* jod-i
Johannes *NP* Gjon-i; **~brotbaum** *m* çiçibanoz-i
Joker, -s, *pl.* 0, *m* [dʒo:kɚ] fant-i
Jon, -s, *pl.* e, *n chem.* jon-i
Jongleur, -s, *pl.* e, *m* [ʒɔŋlø:ʁ] zhongler-i
Jonier, -s, *pl.* 0, *m hist.* jon-i
Jonisches Meer *n* Deti Jon
Jonosphäre *f* jonosfer|ë, -a
Joule *n* [dʒu:l] *Maßeinheit* J xhául-i
Journalist, -en, *pl.* en, *m* [ʒurnaˈlist] gazetar-i
Journalistik *f*, **Journalismus** *m* gazetarí-a
jovial i/e begenisur; i/e bejendisur
Jubel, -s, *m* haré-ja; galdim-i; gazmend-i; gazmim-i; ngazëllim-i; shend-i
jubeln galdoj
Jubilä|um, -s, *pl.* en, *n* jubilé-u
Jubiläums- jubilar, -e; **~ausgabe** botim jubilar
jucken xixëmon; **es juckt ihn** i ka rënë kurteshi
Juckreiz, -es, *m* kurtesh-i
Judas *NP fig.* jud|ë, -a
Jude, -n, *pl.* n, *m* çifut-i; hebré-u
jüdisch çifut, -e
Jugend *f* riní-a
Jugend-, **jugendlich** rinor, -e
Jugendliche|r, -n, *pl.* n, *m* i ri-u; **Jugendliche** *Pl.* të rinjtë
Jugoslawe, -n, *pl.* n, *m* jugosllav-i; **~n:tum** *n hist.* jugosllavërí-a; jugosllavní-a
Jugoslawien *hist.* Jugosllaví-a
jugoslawisch jugosllav, -e
Juli, -s, *m* korrik-u

jung i ri, *f.* e re; **~aussehen lassen** rinoj; **~e Kürbisse** *Pl.* kunguj të njomë
Jung-Rind, -(e)s, *pl.* er, *n zoo.* dem-i
Jungbiene *f zoo.* zog|ë, -a
Junge, -n, *pl.* n, *m* djal|ë, -i, djem-të; máshkull-i; **grüner ~** djalurçin|ë, -a
Jünger, -s, *pl.* 0, *m rel.* dishépull-i
Junge|s, -n, *pl.* n, *m von Tieren* këlysh-i
Jungfrau *f* virgjëresh|ë, -a
jungfräulich i/e vírgjër = virgjëror, -e
Junggeselle, -n, *pl.* n, *m* beqar-i
Junghenne *f* zog|ë, -a
Jungsteinzeit *f* neolit-i
Jungstier, -s, *pl.* e, *m* dem-i
jungtürkisch *hist.* xhonturk, -e
Juni, -s, *m* qershor-i
Junta *f* ['xunta] *Militärkomitee* junt|ë, -a
Jura, Jurisprudenz *f* drejtësi-a
Jurist, -en, *pl.* en, *m* jurist-i
juristisch juridik, -e
Jury *f* [ʒy'ri:] jurí-a
jussiv *spr.* urdhëror, -e
justieren *tech.* drejtvendos
Justierung *f tech.* drejtvendosj|e, -a
Justiz *f jur.* drejtësí-a
Jute *f* jut|ë, -a
Juwelierwaren *Pl.* bizhuterí-a
Juxtaposition *spr.* pranëvëni|e, -a

K

K. O. [ka:o:] *spo.* nokaut-i
Kaaba *f in Mekka* Qabé-ja
Kabarett, -(e)s, *pl.* e, *n* kabaré-ja
kabbeln, sich ~ kacafytem
Kabel, -s, *pl.* 0, *n tech.* kabllo-ja; kab|ëll, -lli
Kabeljau, -s, *pl.* s, *m zoo.* bakalaro-ja; merluc-i
Kabine, Schiffs~ *f* kabin|ë, -a
Kabinett, -s, *pl.* e, *n* kabinet-i
Kabuff, -s, *pl.* s, *n* kuvlí-a
Kacke *f vulg.* të pëgërë-t
kacken *vulg.* dhjes
Kadaver, -s, *pl.* 0, *m* kërm|ë, -a
Kader, -s, *pl.* 0, *m* kuád|ër, -ri; **~schmiede** *f* farkë e kuadrove
Kadett, -en, *pl.* en, *m mil.* kadet-i
Kadi, -s, *pl.* s, *m* gjykatës-i; *hist.* kadí-u
Käfer, -s, *pl.* 0, *m zoo.* kánd|ërr, -rra; **~nest** *n*, **~schwarm** *m* bun-i
Kaffee, -s, *m* kaf|e, -ja; **~ schwarz** kafe sade; kafe të hidhët; **~kanne** *f* kanë kafeje; xhezv|e, -ja
Käfig, -s, *pl.* e, *m* kafaz-i; kuvlí-a
Kaftan, -s, *pl.* e, *m* xhybe, -ja
kahl, **kahlköpfig** tullac, -e
Kahn, -s, *pl.* ¨e, *m* vark|ë, -a; bark|ë, -a
Kai, -s, *pl.* s, *m naut.* bankin|ë, -a; mol-i
Kairo *ON* Kajro-ja
Kaiser, -s, *pl.* 0, *m* perandor-i
Kakao *m* kakao-ja; çokollat|ë, -a
Kakophonie *f mus., spr.* keqtingëllim-i
Kakt|us, *pl.* -een *m bot.* káktus-i
Kalabrese, -n, *pl.* n, *m* kalabrez-i
Kalabrien Kalabrí-a

Kalauer, -s, *pl.* 0, *m* kalambur-i

Kalb, -(e)s, *pl.* ¨er, *n zoo.* viç-i; dem-i; **~s**⁝**schnitzel** *n* rosto viçi; **~s**⁝**zunge** *f* gjuhë viçi

Kalender, -s, *pl.* 0, *m* kalendar-i

Kalender- kalendarik, -e

Kalk, ε, *m* gëlqer|e, -ja; **poröser ~stein** *m* çmërs-i

Kalligraphie *f*, Schönschrift bukurshkrim-i

kalt i/e ftohtë; **es ist ~** bën ftohtë; **mir ist ~** kam të ftohtë

kaltblütig gjakftohtë

Kaltblütigkeit *f* gjakftohtësí-a

Kälte *f* të ftohtë; cingërim|ë, -a; acarí-a; *fig.* ftohtësí-a; **schneidende ~** acar-i

Kamel, -s, *pl.* e, *n zoo.* devé-ja; gamil|e, -ja; **~haar** *n* lesh deveje

Kamera *f* kamer|ë, -a; fotoaparat-i; **~mann** *m* kameraman-i

Kamerad, -s, *pl.* en, *m* shok-u

kameradschaftlich kameratesk, -e

Kamille *f bot.* kamomil-i

Kamin, -s, *pl.* e, *m* oxhak-u; tymtar-i; **~feuer** *n* zjarrisht|ë, -a; **~kehrer** *m* oxhakpastrues-i

Kamm, -(e)s, *pl.* ¨e, *m* kreh|ër, -ri

kämmen kreh *e/i*; ~ *n* krehj|e, -a

Kammer *f* dhómëz-a; kuvlí-a

Kampagne *f* fushat|ë, -a

Kampf, -(e)s, *pl.* ¨e, *m* luft|ë, -a; luftim-i; **~ der Gegensätze** lufta e të kundërtave

Kampf- i luftimit; luftarak, -e; **~mittel** *n* mjet i luftimit

kämpfen luftoj; militoj; **~ wie die Berserker** luftoj derrçe; ~ *n* luftim-i

Kampfer, -s, *m chem.* kámfur-i

Kämpfer, -s, *pl.* 0, *m* luftëtar-i

kämpferisch militues, -e; luftarak, -e

Kanadier, -s, *pl.* 0, *m* kanadez-i

Kanal, -(e)s, *pl.* ¨e, *m* llagëm-i; kanal-i

kanalisieren kanalizoj

Kanapee *n* kanapé-ja

Kanarienvogel, -s, *pl.* ¨0, *m zoo.* kanarin|ë, -a

Kanarische Inseln *Pl.* Kanarie-t

Kandidat, -en, *pl.* en, *m* kandidat-i

Kaneel *m*, Zimt *m bot.* kanell|ë, -a

Känguruh, -s, *pl.* s, *m zoo.* kangur-i

Kaninchen, -s, *pl.* 0, *n zoo.* kunel-i; lépur-i

Kanister, -s, *pl.* 0, *m* bidon-i

Kännchen, -s, *pl.* 0, *n* brok|ë, -a

Kanne *f* kan|ë, -a; *aus Kupfer oder Zinkblech* gjym-i; ibrik-u

Kanone *f mil.* top-i; **~n**⁝**boot** *n mil.* kanonier|ë, -a; **~n**⁝**kugel** *f* gjyle topi; gjyl|e-ja

Kanonier, -s, *pl.* e, *m mil.* artilerist-i; *hist.* topçí-u

kanonisch kanonik, -e

kanonisieren kanonizoj

Kantine *f* mens|ë, -a

Kanun *m Gewohnheitsrecht* kanun-i

Kanzler, -s, *pl.* 0, *m* kancelar-i; **~amt** *n*, **Kanzlei** *f* kancelarí-a

Kaolin *n chem.* deltinë e bardhë; glin|ë, -a

Kap, -s, *pl.* s, *n* kep-i; **~stadt** *ON* Kejptaun-i; **~verdische Inseln** *Pl.* Kepi i Gjelbër

Kapazität *f* kapacitet-i

Kapital, -s, *pl.* ien, *n* kapital-i, *pl.* -e-t; **~anlage** *f* investim-i; **~investitionen** *Pl.* investime themelore; **~ismus** *m* kapitaliz|ëm, -mi; **~ist** *m* kapitalist-i
kapitalistisch kapitalist, -e
Kapitän, -s, *pl.* e, *m naut.* kapiten-i; *Hauptmann hist.* kapedan-i
Kapitel, -s, *pl.* 0, *n* kapítull-i; kr|ye, -eu
Kapitell, -s, *pl.* e, *n* kapitel-i
Kapitulantenclique *f* klikë kapitulluese
Kapitulation *f* kapitullim-i; **~en** *hist.* kapitulacione-t
kapitulieren kapitulloj
Kappe *f* kap|ë, -a; *ohne Schirm oder Krempe* kësul|ë, -a; qelesh|e, -ja
kaputt i/e prishur; i/e këputur; ⟨*adv*⟩ ligsht; **~ machen** batërdis; batis; dëkoj
Kapuze *f* kapuç-i
Karabiner, -s, *pl.* 0, *m mil.* karabin|ë, -a
Karaffe *f* boc|ë, -a; brok|ë, -a
Karagöz *Spielfigur* karagjoz-i
Karambolage *f* [-ˈlaːʒə] përplasj|e, -a; gërvishtj|e, -a
Karamelle *f* sheqerk|ë, -a; kara-mel|e, -ja
Karawane *f* karvan-i
Kardanwelle *f tech.* kollodok-u
Kardinal, -s, *pl.* ¨e, *m rel.* kardinal-i; **~zahl** *f* numëror themelor
Karfreitag, -s, *pl.* e, *m rel.* e premte e madhe
Karibik *f* Karaíbe-t
Karikatur *f* karikatur|ë, -a
karikieren karikaturizoj
Karmesinrot *n* kërmëz-i
Karneval, -s, *m* karnaval-i
Karo *n* katërkëndësh-i; *Spielkarte* karó-ja
Karosserie *f* karrocerí-a
Karotte *f bot.* karot|ë, -a
Karpaten *Pl.* Karpate-t
Karpfen, -s, *pl.* 0, *m zoo.* krap-i
Karre *f* karroc|ë, -a; qerr|e, -ja
Karriere *f* karrier|ë, -a
Karsamstag *m rel.* e shtunë e madhe
Karst- karstik, -e; **~see** *m* liqen-i karstik
Karte *f* kart|ë, -a; kartel|ë, -a; tallon-i; **~n:spiel** *n* kumar-i; bixhoz-i; **~n:verkaufsschalter** *m* biletarí-a
Kartei *f*, **Kartothek** *f* kartotek|ë, -a; skedar-i; **~karte** *f* sked|ë, -a; kartel|ë, -a
Kartell, -s, *pl.* e, *n ök.* kartel-i
Kartoffel *bot.* patat|e, -ja; *dial.* kërtoll|ë, -a; **Brat~** *Pl.* patate të fërguara; **~-Auflauf** *m* musaká-ja; **~brei** *m*, **~püree** *n* pure patatesh; **~mehl** *n* niseshté-ja; **~suppe** *f* supë patatesh
Kartographie *f* hartografí-a
Karton, -s, *pl.* -s *m* karton-i; kartuç-i
kartoniert me karton; **~er Einband** *m typ.* lidhje me karton
Kasachstan Kazakistan-i
Käsblatt *n Zeitung* fletushk|ë, -a
Käse, -s, *m* djath|ë, -i
Kaserne *f mil.* kazerm|ë, -a
kasernieren kazermoj
Kaspi-See; **Kaspisches Meer** *n* Kaspik-u; Deti Kaspik
Kassata-Eis *n* kasat|ë, -a
Kasse *f ök.* ark|ë, -a
kassieren *ök.* arkëtoj

Kassierer, -s, *pl.* 0, *m* arkëtar-i; **~in** *f* arkëtar|e, -ja
Kastanie *f* gështenj|ë, -a; ash|ër, -ra
Kästchen, -s, *pl.* 0, *n* arkëz-a
Kaste *f* kast|ë, -a
Kastell, -s, *pl.* 0, *n* kështjell|ë, -a
Kasten, -s, *pl.* ¨0, *m* kutí-a; ark|ë, -a; *aus Holz, für Küchenartikel* dum|e, -ja
Kastilien Kastilj|e, -a
Kastoria *ON* Kostur-i
kastrieren çjerr *e/i/o*; tredh
Kasus *m spr.* ras|ë, -a; ~ **obliquus** *spr.* rasë e zhdrejtë
Kasus- *spr.* rasor, -e; **~attraktion** *f* tërheqje në rasë; **~kongruenz** *f* përkim në rasë
Katachrese *f spr.* katakrez|ë, -a
Katalog, -(e)s, *pl.* e, *m* katalog-u
katalogisieren skedoj; katalogoj
Katalogisierung *f* katalogim-i
Katalonien Katalonj|ë, -a
Katalyse *f chem.* kataliz|ë, -a
Katapult, -(e)s, *pl.* e, *n* katapult|ë, -a; hobé-ja
Kataster, -s, *pl.* 0, *m* kadast|ër, -ra
Kataster- kadastror, -e
Katastrophe *f* kiamet-i; katastrof|ë, -a
Kate *f* plevic|ë, -a
Katechismus *m rel.* katekiz|ëm, -mi
Kategorie kategorí-a
kategorisch kategorik, -e
Kater, -s, *pl.* 0, *m zoo.* dac-i; maçok-u
Kathedrale *f* katedral|e, -ja
Katholik, -en, *pl.* en, *m* katolik-u
katholisch katolik, -e
Katholizismus *m rel.* katoliciz|ëm, -mi
Katode *f tech.* katod|ë, -a
Kattun, -s, *m* basm|ë, -a; dok-u
Katze *f zoo.* mac|e, -ja; **die ~ lässt das Mausen nicht** dhelpra s'e harron zanatin; **~n:hai** *m* dac deti
Kauderwelsch *n* zhargon-i
kauen përtyp
Kauf, -(e)s, *pl.* ¨e, *m* blerj|e, -a; **~haus** *n* shtëpi-a e mallrave; † mapo-ja; **~mann** *m* tregtar-i; **~vertrag** *m ök.* aktblerj|e, -a; kontratë blerjeje
kaufen blej
Käufer, -s, *pl.* 0, *m* blerës-i; † myshterí-u
kaukasisch kaukazian, -e
Kaukasus *m* Kaukaz-i
Kaulquappe *f zoo.* fultérëz-a
kaum mezí; porsa; sapo; ~ **jemand** rrallëkush
Kausalität *f phi.* shkakësí-a
Kausalsatz, -es, *pl.* ¨e, *m spr.* fjali-a shkakore
Kausalzusammenhang, -(e)s, *pl.* ¨e, *m* lidhje shkakësore
Kautschuk, -s, *m* kauçuk-u
Käuzchen, -s, *pl.* 0, *n zoo.* kukuvajk|ë, -a; herëkeq|e, -ja
Kavallerie *f mil.* † kalorësí-a
Kaviar, -s, *m* havjar-i; ík|ër, -ra
Kebab *m* qebap-i; **~-Verkäufer** *m* qebaptor-i
Kefir, -s, *pl.* e, *m* kos-i
Kegel, -s, *pl.* 0, *m* kon-i
kegelförmig konik, -e
Kehle *f* gurmaz-i; fyt-i; gush|ë, -a; gryk|ë, -a
Kehl- faringal, -e; **~deckel** *m med.*

mbishtekth-i; **~kopf** *m* laring-u; **~verschluss** *m spr.* mbyllje laringale
Kehre *f* kthes|ë, -a; *Fluss, Straße* bërryl-i
kehren *mit Besen* fshij
Kehrreim, -(e)s, *pl.* e, *m spr.* avaz-i
keilen kunjoj
Keil, -s, *pl.* e, *m* kunj-i; rumb-i; **~riemen** *m tech.* rrip trapezoidal; **~schrift** *f* shkrim kunjor
kein asnjë; **~e Sorge!** mos ki merak
keiner asnjër|i, -a; asnjerí-u
keineswegs aspak; kurrsesí
Keks, -es, *pl.* e, *m* biskot|ë, -a
Kelch, -(e)s, *pl.* e, *m* kup|ë, -a
Kelim *m*, Webteppich *m* qilim-i; hallí-a
Kelle *f* qepsh|e, -ja
Keller, -s, *pl.* 0, *m* bodrum-i; qilar-i; **~lokal** *n* tavern|ë, -a
Kellner, -s, *pl.* 0, *m* kamerier-i
keltisch kelt, -e; **~e Sprache** keltisht|e, -ja
kennen *kennt, kannte, hat gekannt* njoh *e/i*; **~ lernen** njoh
Kenntnis, *pl.* se, *f* dijení-a; diturí-a; njohj|e, -a; njohurí-a; **zur ~ geben** njoftoj
Kennzeichen, -s, *pl.* 0, *n* kriter-i; tipar-i; **Kfz-~** targ|ë, -a
kennzeichnen damkos; narketoj
Kennzeichnung *f* marketim i mallrave; damk|ë, -a
Kentaur, -en, *pl.* en, *m myth.* centaur-i
Keramik *f* qeramik|ë, -a; poçarí-a
Kerbtier, -s, *pl.* e, *m zoo.* insekt-i
Kerker, -s, *pl.* 0, *m* † hapsan|ë, -a; burg-u
Kerkyra Korfuz-i
Kerl, -s, *pl.* e, *m* burr|ë, -i; **armer ~** qyq-i; zavall-i; **guter ~** babaxhan-i
Kern, -(e)s, *pl.* e, *m* thelb-i; bërtham|ë, -a
Kern- bërthamor, -e; **~frage** *f fig.* çështje kapitale; **~gebiet** *n* epiqénd|ër, -ra; **~kraftwerk**, KKW *n* central-i bërthamor; **~physik** *f* fizikë bërthamore
Kerze *f* qirí-u, qiri-ri; **dicke ~** llambadh|e, -ja; **~n:macher** *m* qiribërës-i; **~n:ständer** *m* qirimbájtës|e, -ja; kandiler-i; shandan-i
Kessel, -s, *pl.* 0, *m* tenxher|e, -ja; kazan-i; kusí-a
Kette *f* zinxhir-i; varg-u; hallk|ë, -a; **~n anlegen** vë hallkat; **~n:glied** *n* verig|ë, -a; hallk|ë, -a; **~n:reaktion** *f* zbërthim zinxhir
keuchen dihas *s/t*; mekem
Keuchhusten, -s, *m med.* kollë e bardhë
Keule *f* topuz-i; mëzdrak-u; kofsh|ë, -a
Kfz = Kraftfahrzeug, -s, *pl.* e, *n* automjet-i
Kfz-Transportwesen, -s, *n* autotransport-i
khaki ⟨*Adj*⟩ kakí
Khartum *ON* Hartum-i
Kichererbse *f bot.* qíq|ër, -ra
Kiebitz, -es, *pl.* e, *m zoo.* kicirib|ë, -a
Kiefer, *pl.* -n *f bot.* pish|ë, -a; **~n:hain** *m* halisht|ë, -a; vgjerisht|ë, -a; vgjesht|ë, -a
Kiefer, -s, *pl.* 0, *m* nófull-a, *pl.* -a-t
Kiemen *Pl. zoo.* verz|ë, -a
Kienspan, -(e)s, *pl.* ¨e, *m* † mashallá-ja

Kiepe *f* kofin-i

Kies, -es, *m* zhavorr-i; zhur-i; **~el:stein** *m* guralec-i; guraçok-u; zall-i; guriçk|ë, -a; fiçor-i; **~grube** *f* zhavorrisht|ë, -a; **mit ~ belegen** zhavorroj

killorn gudulis

Kilogramm, **Kilo** *n* kilogram-i; kil|e, -ja

Kilometer, -s, *pl.* 0, *m km* kilomet|ër, -ri; **~stein** *m* gur-i kilometrazhi; **~zähler** *m* aparat i kilometrazhit; numerator kilometrazhi; **~zählung** *f* kilometrazh-i

Kilowatt *n* kW kilovat-i; **~-Stunde** *f* kWh kilovat-or|ë, -a

Kimme *f mil.* thjekëz-a

Kind, -es, *pl.* er, *n* fëmij|ë, -a; kalamá, -ni; **kleines ~** çilimí-u; **~bett** *n med.* lehoní-a

Kinder- fëmijëror, -e; fëminor, -e; **~-Ballon** *m* fluturush|ë, -a; **~ei** *f*, **~kram** *m* kalamallëk-u; axhamillëk-u; **~garten** *m* kopsht fëmijësh; **~gärtnerin** *f* edukator|e, -ja; **~krippe** *f* çerdh|e, -ja; **~lähmung** *f* poliomielit-i; **~schar** *f* zhegulí-a; **~spielzeug** *n* lodër fëmijësh; **~tagesstätte** *f*, **Kita** çerdhe ditore

Kindestötung *f jur.* vrasje e foshnjës

Kindheit *f* fëmijërí-a; fëminí-a; vogëlí-a

Kindheits- fëminor, -e

kindisch foshnjarak, -e; axhamí

kindlich fëmijëror, -e

Kindschaft *f* birërí-a

Kinematik *f* kinematik|ë, -a

Kinetik *f* kinetik|ë, -a

Kino, -s, *pl.* s, *n* kinemá-ja; **~-Wagen** *m* autokinemá-ja

Kiosk, -(e)s, *pl.* e, *m* kiosk-u; qoshk-u

Kippe *f Zigarettenstummel* duq-i

Kirche *f* kish|ë, -a; **~n:diener** *m* dhjak-u; kishar-i; **~n:glocke** *f* kamban|e, -a; **~n:schiff** *n* navat|ë, -a

kirchenrechtlich kanonik, -e

Kirchhof, -(e)s, *pl.* ¨e, *m* varrez|ë, -a

kirchlich kishtar, -e

Kirsche *f bot.* qershí-a

Kissen, -s, *pl.* 0, *n* jastëk-u; **~bezug** *m* këllëf-i jastëku

Kiste *f* ark|ë, -a; **~n:öffner** *m* levë për të hapur arkat

Kitt, -s, *m* zamk|ë, -a; *aus Zinn und Blei für Töpfe* kólës-i

Kittel, -s, *pl.* 0, *m* përparës|e, -ja; grykës|e, -ja; xhybe, -ja

kitzeln gudulis

Kitzler, -s, *pl.* 0, *m med.* rimth-i

Kladde *f* fletor|e, -ja; fletore shënimesh

klaffen *Wunde* zgërdhihem

kläffen cafulloj

Klage *f* ankim-i; vajtim-i; Anklage *jur.* padí-a; **~ erheben** *jur.* ngre padi

Klage- vajtues, -e; **~schrift** *f jur.* aktpadí-a; **~weib** *n* britmëqar|e, -ja; gjamator|e, -ja; gjëmëtar|e, -ja; vajtor|e, -ja

klagen vajtoj; bëj medet; **sein Leid ~** dertoj; **~d** vajtues, -e; ⟨*adv*⟩ vajtimthi

Kläger, -s, *pl.* 0, *m* paditës-i; ankues-i

Klammer *f* parantez|ë, -a; *spr.* kllap|ë, -a; Spange karfic|ë, -a

Klamotten *Pl.* leck|ë, -a; **die ~ einpa-**

cken mbledh leckat

Klang, -(e)s, *pl.* ¨e, *m* kumbim-i; **schlechter** ~ keqtingëllim-i; **~farbe** *f* timb|ër, -ri; ngjyr|ë, -a

Klappbett, -(e)s, *pl.* en, *n* krevat-i i zbërthyeshëm

Klappbrücke *f* urë e lëkundshme

Klappe *f* valvol|ë, -a; *vulg.* gojë, -a

klappen vete, *vajta, vajtur;* **das klappt nicht** kjo s'punon

Klappmesser, -s, *pl.* 0, *n* biçak-u

Klappstuhl, -(e)s, *pl.* ¨e, *m* karrige e lëkundshme; karrige që paloset

Klapsmühle *f,* Irrenanstalt *f* çmendin|ë, -a

klar i/e qartë; i/e kulluar; i/e pastër; qelqor, -e; i/e qelqtë; açik, -e; *Wetter* i/e kthjellët; ⟨*adv*⟩ qart

klären qartësoj; ftilloj; shqyrtoj

Klarheit *f* qartësí-a

Klarinette *f mus.* klarinet|ë, -a

Klärung *f* shqyrtim-i; sqarim-i

klasse ⟨*Adj*⟩ delí; **ein klasse Mädchen** një deli vajzë

Klasse *f* klas|ë, -a

Klassen- klasor, -e; **~bewusstsein** *n* ndërgjegje klasore; **~kampf** *m* luftë e klasave

Klassifikation; **Klassifizierung** *f* klasifikim-i

Klassik *f mus., spr.* klasiciz|ëm, -mi

klassisch klasik, -e

Klassizismus *m* klasiciz|ëm, -mi

klatschen duartrokas *a/e/i; s/t*; gojavis *s/t*

klatschmäulig gjuhústër

Klatschmohn, -(e)s, *m bot.* lulekuq|e, -ja

klatschnass qull; xúrxull

Klaue *f* kthét|ër, -ra

klauen, stehlen vjedh *e/i/o*

Klausel *f* klauzol|ë, -a

Klausenburg *ON* Kluzh-i

Klaviatur *f* tastier|ë, -a

Klavier, -s, *pl.* e, *n* piano-ja

kleben ngjis *s/t*

Klebstoff, -(e)s, *pl.* e, *m* ngjitës|e, -ja; zamk|ë, -a

Klecks, -es, *pl.* e, *m* njoll|ë, -a

Kleid, -(e)s, *pl.* er, *n* fustan-i; rrob|ë, -a; *mit großem Ausschnitt* dekolté-ja; **~er:abgabe** *f* garderob|ë, -a; **~er:bügel** *m* varëse rrobash; **~er:haken** *m* grremç-i; mbajtës|e, -ja; varës|e, -ja

kleiden vesh *e/i*; **sie kleideten sich gleich** visheshin njësoj

Kleidung *f* veshj|e, -a; ~ **und Schuhe** veshmbathj|e, -a; **~s:stück** *n* rrob|ë, -a; tesha-t

klein i/e vogël; vocërr; vóckël; fein i/e hollë; **~geistig**, **~kariert** *fig.* shpirtvogël; **~lich** meskin, -e; **~schneiden** çokanis; **~er werden** tkurrem

Kleinasien Azi-a e Vogël

Kleinbuchstabe, -n, *pl.* n, *m spr.* shkronjë e vogël

Kleinbürger, -s, *pl.* 0, *m* mikroborgjez-i

kleinbürgerlich mikroborgjez, -e; **~es Mitleid** *n* zemërbutësi-a mikroborgjeze

Kleinbürgertum, -s, *m* vegjëlí-a

Kleinbus, -ses, *pl.* se, *m* mikrobus-i

Kleingeld, -s, *n* të vogla-t

Kleinkind, -(e)s, *pl.* er, *n* foshnj|ë, -a; ferisht|e, -ja; ~ **im Krabbelalter** bishtak-u

Kleinvieh, -s, *n Ziege, Schaf* berr-i; **~mist** *m* fushnjí-a

Kleister, -s, *pl.* 0, *m*, Klebstoff *m* qiriç-i; kólës-i; zamk|ë, -a

Klemme *f* karfic|ë, -a; *fig.* telashe-t; **in der ~ sein** e shoh pisk; **in die ~ geraten** bie fill

Klempner, -s, *pl.* 0, *m* teneqepunues-i; hidraulik-u; Kupferschmied kallajxhí-u

Klepper, -s, *pl.* 0, *m*, altes Pferd *n* gërdall|ë, -a

Kleptomane, -n, *pl.* n, *m* kobar-i

Klerus *m* kler-i

Klient, -en, *pl.* en, *m* klient-i

Klima, -s, *n* klim|ë, -a; aj|ër, -ri; **~anlage** *f* ajër i kondicionuar; klimatizim-i; **~veränderungen** *Pl.* ndryshime klimatike

Klimakterium *n med.* menopauzë, -a; klimaks-i

klimatisch klimatik, -e

Klimatisierung *f* klimatizim-i

Klimax *f spr.* shkallëzim-i

Klinge *f* pres|ë, -a

Klingel *f* zil|e, -ja; **~knopf** *m* sust|ë, -a

klingeln i bie ziles; **das Klingeln des Telefons** rënia e telefonit

klingen *klingt, klang, hat geklungen* tingëlloj; kërcëlloj

Klinik *f* klinik|ë, -a

klinisch klinik, -e

klirren kërcëlloj; **die Gläser ~** kërcëllojnë gotat

Klischee, -s, *pl.* s, *n* klishé-ja; *spr.* shtamp|ë, -a

Klissura *ON* Këlcyr|ë, -a; **aus ~** këlcyrjot, -e

Klistier, -s, *pl.* e, *n med.* klizm|ë, -a

Klitoris *f med.* rimth-i

Klo, -s, *pl.* s, *n* halé-ja; qenef-i; **~papier** *n* letër higjienike

klobig avdall, -e

klopfen trokas *a/e/i; s/t*; **auf die Schultern ~** bie shpatullave; **an die Tür ~** trokas në derë; *~̊ n tech.* rrahj|e, -a

Klöppel, -s, *pl.* 0, *m in der Glocke* gjúhëz-a

Kloster, -s, *pl.* ¨0, *m* kuvend-i; manastir-i; **~vorsteher** *m der Derwische* babá-i; **~zelle** *f* qelí-a

Klub, -s, *pl.* s, *m* klub-i

Kluft *f* gremin|ë, -a; *fig.* veshj|e, -a

klug i/e mençur; i/e zgjuar; **~ werden** hollohem

Klugheit *f* mençurí-a; Hinterlist dinakërí-a

Klüngel, -s, *pl.* 0, *m* grupazh-i; taraf-i

Klusil, -s, *pl.* e, *m spr.* mbylltor|e, -ja; bashkëtingëllore mbylltore

knabbern gërmis *s/t*

Knabe, -n, *pl.* n, *m* djal|ë, -i, djem-të; **~n:liebe** *f* pederastí-a

knacken kërcas *a/e/i; s/t*; thyej; çaj; shpërthej; zbërthej

Knall, -s, *m* krism|ë, -a

knapp, wortkarg *spr.* fjalëkursyer

Knarrstimme *f spr.* kriklim-i

Knäuel, -s, *pl.* 0, *n* lëmsh-i

Knauserei *f* kurnacërí-a

knautschen ⟨*intransitiv*⟩ rrudhosem

kneifen *kneift, kniff, hat gekniffen* nduk; pickoj
Kneifzange *f* dar|ë, -a
Kneipe *f* mejhan|e, -ia; pijetor|e, -ja; birrarí-a
Kneipier, -s, *pl.* s, *m* [knaj'pje:], Kneipwirt *m* mejhanexhí-u
kneten ngjesh *e/i*; hup; mbruj
Knie, -s, *pl.* 0, *n* gju-ri
knien [kni:ən] gjunjëzohem
knipsen fotografoj
Knirps, -es, *pl.* e, *m* fiçor-i; ~ ® *kleiner Regenschirm* ombrell|ë, -a që paloset
knirschen kërcëlloj
knistern zhuzhas *a/e/i; s/t;* zhuzhuris *s/t*
Knitterfalte *f* zhub|ër, -ra
knitterfrei nuk rrudhoset
knittern zhubroset; rrudhoset
Knoblauch, -s, *m bot.* húdh|ër, -ra
Knöchel, -s, *pl.* 0, *m* noçk|ë, -a; nyell-i
Knochen, -s, *pl.* 0, *m* asht-i; kock|ë, -a; **großer** ~ dók|ërr, -rra
Knochen-, **knochig** eshtak, -e; **~bau** *m* eshtërí-a; **~bruch** *m med.* thyerje e kockës; fraktur|ë, -a
Knolle *f bot.* zhardhok-u; ~ **ansetzen** *z. B. Kartoffel* zhardhokëzoj
Knollen- zhardhokor, -e
Knopf, -(e)s, *pl.* ¨e, *m* kops|ë, -a; **~loch** *n* ilik-u
knöpfen kopsis *s/t*
Knorren, -s, *pl.* 0, *m* gdhe-ri; nyell-i
Knospe *f bot.* burbuq|e, -ja; gonxh|e, -ja; bul|ë, -a
knospen gonxhoj
Knoten, -s, *pl.* 0, *m* xhung|ë, -a; komb-i; nyj|ë, -a; pisk-u
Knüppel, -s, *pl.* 0, *m* shkop-i; dajak-u
Knute *f* kamxhik-u; **unter die ~ bringen** vë nën kërbaç
ko- ⟨*Präfix*⟩ bashkë-
Koalition *f* koalicion-i
Koautor, -s, *pl.* en, *m* bashkautor-i
Kobra *f zoo.* kób|ër, -ra
kochen gatuaj; z|iej, *-jeva, -ier*; **ein gekochtes Ei** *n* një kokërr vezë
Koch, -(e)s, *pl.* ¨e, *m* kuzhinier-i; **~kunst** *f* gjellëtarí-a; **~nische** *f* aneks kuzhine; **~platte** *f* furnel|ë, -a; **~topf** *m* kusí-a; tenxher|e, -ja
Kode, -s, *pl.* -s *m*, Code [ko:t] kod-i
Köder, -s, *pl.* 0 *m* josh|ë, -a
ködern josh
Kod|ex *pl.* izes, *m Handschrift, Vorschrift* kodik-u
Kodierung *f* kodim-i
kodifizieren kodifikoj
Koexistenz *f* bashkekzistenc|ë, -a; bashkëjetes|ë, -a
koexistieren bashkekzistoj; bashkëjetoj
Koffer, -s, *pl.* 0, *m* valixh|e, -ja; **~raum** *m* vend-i valixhesh; portobagazh-i
Köfte, Fleischbällchen *Pl.* qoft|e, -ja
Kognak, -s, *pl.* s *m* ['kɔnjak], **Weinbrand** *m* konjak-u
kognitiv *spr.* njohës, -e
Kohäsion *f tech.* kohezion-i
Kohl, -s, *m bot.* lak|ër, -ra; **~dampf haben** i bëhet barku gropë; zijosem; **~meise** *f zoo.* çín|ërr, -rra; **~rabi** *m* rrep|ë, -a; **~roulade** *f* sarmá-ja; **~rouladen mit Reis und Hackfleisch** japrak-u; **~rübe** *f* rrep|ë, -a

Kohle *f* qymyr-i; **~becken** *n* mangall-i; **~n:dioxid** *n* dyoksid i karbonit; **mit ~n:säure versetzen** gazoj; **~n:stoff** *m* thëngjill-i; *chem.* karbon-i; **~papier** *n* letër karboni
Köhler, -s, *pl.* 0, *m* qymyrtar-i; qymyrxhí-u
kohortativ *spr.* këshillues, -e; nxitës, -e
Kokain, -s, *n chem.* kokain|ë, -a
Kokon, -s, *pl.* s *m* fshikë, -a; ~ **der Seidenraupe** fshikë e krimbit të mëndafshit
Koks, -es, *m* kok-u; koks-i
Kolben, -s, *pl.* 0, *m* piston-i; tun-i; *am Gewehr* kondak-u; **~ring** *m* fashollastik|ë, -a
Kolchis *hist.* Kolkid|ë, -a
Kolchose *f* kolkoz-i
Kolibri, -s, *pl.* s *m zoo.* kolíb|ër, -ri
Kolitis *f med.* kolit-i
Kollaborateur, -(e)s, *pl.* e, *m* kolaboracionist-i; kuisling-u
Kollaboration *f* bashkëpunim-i
Kolleg, -s, *pl.* ien, *n* kolegj-i
Kollege, -n, *pl.* n, *m* koleg-u
kollegial kolegjial, -e; **~e Führung** *f* udhëheqje kolegjiale
Kollegium *n jur.* kolegj-i; kolegjium-i
Kollektion *f* koleksion-i
Kollektiv, -s, *pl.* e, *n* kolektiv-i
Kollektiv- kolektiv, -e; *spr.* përmbledhës, -e; **~wirtschaft** *f* ekonomi-a kolektive; *hist.* kooperativë bujqësore
kollektivieren kolektivizoj
Kollektivismus *m* kolektiviz|ëm, -mi
Kollektivum *n spr.* emër përmbledhës
Kollision *f* përplasj|e, -a
Köln *ON* Këln-i; **~isch Wasser** kolonj|ë, -a
Kolonialismus *m* kolonializ|ëm, -mi
Kolonie *f* koloní-a
Kolonne *f* kolon|ë, -a
Kolorit, -s, *pl.* e, *n* ngjyres|ë, -a
Koloss, -es, *pl.* e, *m* kolos-i
kolossal kolosal, -e
Kolumne *f* shtyll|ë, -a
Kombi-Zange *f tech.* çelës-i papagall
Kombinat, -(e)s, *pl.* e, *n* kombinat-i
Kombination *f* kombinim-i; **~s:zange** *f* çelës-i papagall
kombinatorisch kombinator, -e; **~e Variante** *f spr.* variant-i kombinator
Kombine *f*, Mähdrescher *m tech.* kombajn|ë, -a
kombinieren kombinoj; gërshetoj
Komet, -en, *pl.* en, *m* komet|ë, -a
komisch komik, -e
Komitee, -s, *pl.* s, *n* komitet-i
Komma, -s, *pl.* ta, *n spr.* presj|e, -a
Kommandant, -en, *pl.* en, *m*, **Kommandeur** *m* [-'døːʁ] *mil.* komandant-i
kommandieren komandoj; **~d** komandues, -e
Kommando, -s, *pl.* s, *n* komand|ë, -a
Kommando- komandues, -e; **~brücke** *f naut.* kabinë e komandës
kommen *kommt, kam, ist gekommen* vij, *érdha, árdhur*; **zu Rande** ~ qos
Kommentar, -(e)s, *pl.* e, *m* koment-i
Kommentator, -s, *pl.* en, *m* komentues-i
kommentieren komentoj
Kommissar, -(e)s, *pl.* e, *m* komisar-i
Kommissariat, -(e)s, *pl.* e, *n* komisariat-i

Kommission *f* komision-i; **in ~ bei** *ök.* në komision; **~s:lager** *n ök.* depo konsinjacioni
Kommissionär, -s, *pl.* e, *m ök.* komisioner-i
Kommittent, -en, *pl.* en, *m ök.* i ngarkuar-i
Kommissbrot, -(e)s, *pl.* e, *n* galet|ë, -a
Kommode *f* komó-ja
kommunal komunal, -e
Kommune *f* komun|ë, -a
Kommunikation *f* komunikim-i; ndërlidhj|e, -a
kommunikativ kumtues, -e; **~e Einheit** *f spr.* njësi-a kumtuese
Kommunion *f rel.* kungim-i
Kommuniqué, -s, *pl.* s, *n* [-myni'ke:] komunikat|ë, -a
Kommunismus *m* komuniz|ëm, -mi
Kommunist, -en, *pl.* en, *m* komunist-i; **~in** *f* komunist|e, -ja
kommunistisch komunist, -e
Komödie *f* komedí-a
Kompaktregal, -s, *pl.* e, *m* raft-i i lëvizshëm
Kompanie *f mil.* kompaní-a
Komparation *f spr.* krahasim-i; **~s:stufe** *f spr.* shkallë krahasimi
Komparativ *m spr.* krahasor|e, -ja; shkallë krahasore; **~satz** *m spr.* fjali-a krahasore
Kompass, -es, *pl.* e, *m* búsull-a
Kompensation *f* përplotësim-i; kompensim-i; **~s:geschäft** *ök.* ujdi-a kompensuese
Kompetenz *f* kompetenc|ë, -a
kompilieren kompiloj
Komplement, -(e)s, *pl.* e, *n spr. Objekt* kundrin|ë, -a; *Adjunkt* plotës-i
Komplex, -es, *pl.* e, *m* kompleks-i
Komplikation *f* ndërlikim-i
Kompliment kompliment-i
komplizieren koklavis *s/t*
Komplott, -(e)s, *pl.* e, *m* komplot-i
Komponente *f* komponent-i
komponieren *Filmmusik, Opernlibretto mus.* muzikoj; kompozoj
Komponist, -en, *pl.* en, *m* kompozitor-i
Kompositum, -s, *pl.* a, *n* kompozit|ë, -a
Kompott, -(e)s, *pl.* e, *n* komposto-ja
Kompresse *f med.* kompres|ë, -a
Kompressor, -s, *pl.* en, *m tech.* kompresor-i
komprimieren dendësoj
kompromittieren komprometoj
Kondensator, -s, *pl.* en, *m tech.* kondensator-i
Kondition *f* kondit|ë, -a; kusht-i
Konditionalsatz, -es, *pl.* ¨e, *m spr.* fjali-a kushtore
Konditionierung *f* kushtëzim-i
Konditor, -s, *pl.* en, *m* pastiçier-i
Konditorei *f* pastiçerí-a; ëmbëltor|e, -ja
konfektioniert i/e gatsh|ëm, -me
Konfektionswaren *Pl.* rroba të gatshme
Konferenz *f* konferenc|ë, -a
Konfession besim-i
Konfirmation *f rel.* krezmim-i
konfiszieren konfiskoj
Konfiszierung *f* konfiskim-i; sekuestrim-i
Konfitüre *f* konfetur|ë, -a; reçel-i; glikó-ja
Konflikt, -(e)s, *pl.* e, *m* konflikt-i

Konföderation *f* konfederat|ë, -a
Konformismus *m* konformiz|ëm, -mi
Kongress, -es, *pl.* e, *m* kongres-i; **~teilnehmer** *m* kongresist-i
Kongruenz *f spr.* përkim-i
König, -s, *pl.* e, *m* mbret-i; **~reich** *n* mbretërí-a; **~s:berg** *ON* Kaliningrad-i; **~s:mörder** *m* mbretvrasës-i; **~in** *f* mbretëresh|ë, -a
königlich mbretëror, -e
konisch konik, -e
Konitsa *ON* Konic|ë, -a
Konjugation *f spr.* zgjedhim-i
konjugierbar i/e zgjedhuesh|ëm, -me
konjugieren *spr.* zgjedhoj
Konjunktion *f spr.* lidhëz-a
Konjunktionalsatz, -(e)s, *pl.* ¨e, *m spr.* fjali-a lidhëzore
Konjunktions- lidhëzor, -e
konjunktionslos *spr.* palidhëzor, -e
Konjunktiv, -s, *pl.* e, *m ök.* lidhor|e, -ja
Konjunktur *f ök.* koniunktur|ë, -a; **~schwäche** *f ök.* depresion-i
Konkordanz *f spr.* bashkëpajtim-i
Konkretheit *f*, **Konkretion** *f* konkretësí-a
konkretisieren konkretizoj
Konkurrenz *f* konkurrenc|ë, -a
konkurrieren konkurroj
Konkurs, -es, *pl.* e, *m* falimentim-i
können *kann, konnte, hat gekonnt* mund; di; **er konnte kaum seine Wut im Zaum halten** mezi e mbante zemërimin; **ich kann das nicht hören** s'e dëgjoj dot; **ich kann nicht schlafen** s'më flihet; **ich kann nicht schreiben** nuk di të shkruaj; nuk di t'ia zhgrap; **nicht mehr laufen ~** gajasem së ecuri; **sich nicht einmal selbst in Ordnung halten ~** nuk qeveris dot as veten e tij; **sich vor Lachen nicht halten ~** gajasem së qeshuri
Könner, -s, *pl.* 0, *m* as-i
Konossament, -s, *pl.* e, *n*, **Konossement** *ök.* fletëngarkesë detare; konosament-i
konsekrieren *rel.* blatoj
Konsekutivsatz, -es, *pl.* ¨e, *m spr.* fjali-a rrjedhimore
konsequent konsekuent, -e; ⟨*adv*⟩ me konsekuencë
Konsequenz *f* konsekuenc|ë, -a; pasoj|ë, -a; rrjedhoj|ë, -a
konservativ konservator, -e
Konservativismus *m* konservatoriz|ëm, -mi
Konserve *f* konserv|ë, -a
konservieren konservoj
Konsignant, -en, *pl.* en, *m ök.* konsinjant-i
Konsignator, -s, *pl.* en, *m ök.* konsinjatar-i
Konsonant, -en, *pl.* en, *m spr.* bashkëtingëllor|e, -ja; **liquider ~** bashkëtingëllore e lëngët
konsonantisch *spr.* bashkëtingëllor, -e
konstant *spr.* i/e qëndruesh|ëm, -me
Konstantinopel *ON* † Konstandinopoli; Kostandinopoj|ë, -a; Stambull-i
Konstanz *f spr.* qëndrueshmërí-a
Konstanz *ON* Konstanc|ë, -a
konstatieren konstatoj
Konstrukteur, -s, *pl.* e, *m* [-'tøːʁ] konstruktor-i

Konstruktion *f* konstruksion-i; *spr.* ndërtim-i
Konsul, -s, *pl.* n, *m* kónsull-i
konsularisch konsullor, -e
Konsulat, -s, *pl.* e, *n* konsullat|ë, -a
Konsultation *f* konsult|ë, -a
Konsum, -s, *m* konsum-i; konsumim-i
Konsument, -en, *pl.* en, *m* konsumues-i
konsumieren konsumoj
Kontakt, -(e)s, *pl.* e, *m* kontakt-i; **~versetzung** *f* *spr.* metatezë fqinjësore
Kontamination *f* kontaminim-i
Kontemplation *f* soditj|e, -a
konter- ⟨*Präfix*⟩ kundër-; **~revolutionär** kundërrevolucionar, -e
Konteradmiral, -s, *pl.* e, *m* *naut.* kundëradmiral-i
Konterrevolution *f* kundërrevolucion-i
Kontext, -(e)s, *pl.* e, *m* kontekst-i
kontextuell kontekstual, -e
Kontinent, -(e)s, *pl.* e, *m*, Erdteil *m* kontinent-i
Kontingent, -(e)s, *pl.* e, *n* *ök.* kontingjent-i
Kontingentierung *f* *ök.* kontingjentim-i
kontinuierlich i/e pandërprerë
Kontinuität *f* vijueshmërí-a; vazhdimësí-a
Kont|o, -s, *pl.* en, *n* *ök.* llogarí-a
Kontrabass, -es, *pl.* ¨e, *m* *mus.* kontrabas-i
Kontrahent, -en, *pl.* en, *m*, Vertragspartner *ök.* kontratues-i
kontrahiert *spr.* i/e tkurrur
Kontraktion *f* *spr.* tkurr|je, -a
kontrastiv *spr.* përqasës. -e; **~e Grammatik** *f* *spr.* gramatikë përqasëse
Kontrolle *f* mbikëqyrj|e, -a; këqyrj|e, -a; kontroll-i
Kontrollleuchte *f* llambë kontrolli
Kontrolleur, -s, *pl.* e, *m* kontrollues-i; kontrollor-i
kontrollieren kontrolloj; këqyr; mbikëqyr; doganoj
Kontusion *f*, Quetschung *f* *med.* kontuzion-i
Konus *m* *tech.* kon-i
Konvent, -(e)s, *pl.* e, *m* kuvend-i
Konvention *f* konvent|ë, -a
Konventionalstrafe *f* gjobë për mosplotësim detyrimi; *ök.* kamatëvones|ë, -a
Konvergenz *f* konvergjenc|ë, -a
Konversation *f* bisedim-i; kuvend-i; **~s:lexikon** *n* enciklopedí-a
Konversion *f*, **Konvertierung** *f* *spr.* përkthes|ë, -a
konvertieren konvertoj
Konvikt, -(e)s, *pl.* e, *m* *Studentenheim* konvikt-i
Konzentration *f* përqendrim-i; **~s:lager** *n* kamp-i përqendrimi
konzentrieren koncentroj; përqendroj
konzentrisch bashkëqendror, -e
Konzept, -(e)s, *pl.* e, *m* koncept-i
Konzern, -(e)s, *pl.* e, *m* koncern-i; trust-i; **multinationaler ~** korporat|ë, -a
Konzession *f* *ök.* koncesion-i
konzessiv *spr.* lejor, -e
Konzessivsatz, -(e)s, *pl.* ¨e, *m* *spr.* fjali-a lejore
Konzil, -s, *pl.* ien, *n* koncil-i
Konzinnität *f* *spr.* përkim-i në rasë

konzipieren konceptoj
Kooperation *f* kooperim-i; bashkëveprim-i
kooperieren kooperoj; bashkëveproj
Koordinate *f math.* koordinat|ë, -a
Koordination *f spr.* bashkërenditj|e, -a
koordiniert i/e bashkërenditur
Kopf, -(e)s, *pl.* ¨e, *m* kok|ë, -a; *Haupt* krye-t *n.*; *Birne* qyp-i; **sich den ~ zerbrechen** vras mendjen; **den ~ verlieren** hutohem; **~grind** *m* qer|e, -ja; qeros|ë, -a; **~haar** *n* flokë-t; **~hörer** *m* kufj|e, -a; **~hörer aufsetzen** vë kufjet; **~kissen** *n* jastëk-u; nënkres|ë, -a; **~kissenbezug** *m* këllëf-i jastëku; **~salat** *m* marul|e, -ja; **~stimme** *f* falset-i; **~tuch** *n* shamí-a; **schwarzes ~tuch** jemení-a; máfl|ër, -ra; **~zerbrechen** *n* kokëçarj|e, -a
Kopie *f* [ko'pi:] kopj|e, -a
Kopier- kopjativ, -e; **~papier** *n* letër kopjative
kopieren kopjoj
Kopierer, -s, *pl.* 0, *m tech.* aparat-i shumëfishimi
Koppel, -s, *pl.* 0, *n mil.* rrip brezi; rrip-i shpate
Koppel *f* kullotë e gardhuar; tufë
Kopula *f spr.* këpuj|ë, -a
kopulativ *spr.* këpujor, -e
Koralle *f* koral-i
Koran, -s, *m rel.* kur'an-i
Korb, -(e)s, *pl.* ¨e, *m* kosh-i; shport|ë, -a; *für Trauben* kofin-i; **großer ~** garravel-i; **~ball** *m spo.* basketboll-i; **große ~flasche** *f für Wein, Schnaps* damixhan|ë, -a
Kordel *f*, Schnur *f* jétull-a; kordel|e, -ja; spango-ja; gjalm|ë, -i
Koreaner, -s, *pl.* 0, *m* korean-i
Korfu Korfuz-i
korinthisch *hist.* korintik, -e
Korken, -s, *pl.* 0, *m* tap|ë, -a; **~zieher** *m* nxjerrës tapash
Kormoran, -s, *pl.* e, *m zoo.* karabullak-u
Korn, -(e)s, *pl.* ¨er, *n* kók|ërr, -rra; *Getreide* drith|ë, -i; grur|ë, -i; *Zielvorrichtung am Gewehr* thep-i
Körnchen, -s, *pl.* 0, *n* kokrriz|ë, -a
koronal *spr.* kunoror, -e; paragjuhor, -e
Körper, -s, *pl.* 0, *m* trup-i; shtat-i; korp-i; **den ~ abhärten** regj trupin; **~erziehung** *f* fizkultur|ë, -a; **~größe** *f* shtat-i; **~haar** *n* qim|e, -ja; **~verletzung** *f jur.* plagosj|e, -a; **~schaft** *f* korporat|ë, -a; ent-i
körperlich trupor, -e; fizik, -e
Korporal, -s, *pl.* e, *m mil.* tetar-i
Korps *n* [ko:ʁ] *mil.* kórpus-i; **konsularisches ~** trup-i konsullor
Korpus *n Gebäudeteil* kórpus-i; *am Kreuz rel.* korp-i
Korreferat, -(e)s, *pl.* e, *m* bashkëreferat-i
Korreferent, -en, *pl.* en, *m* oponent-i
Korrektur *f* ndreqj|e, -a; **~fahne** *f* korrektur|ë, -a; boc|ë, -a
Korrelation *f* bashkëlidhj|e, -a
Korrespondenz *f* letërkëmbim-i; korrespondenc|ë, -a
Korridor, -s, *pl.* e, *m* korridor-i
korrigieren korrigjoj; ndreq
korroborativ *spr.* përforcues, -e
korrumpieren korruptoj

Korsett, -s, *pl.* e, *m* korsé-ja
Korsika Korsik|ë, -a
Koryphäe *f* korifé-u
Kose- përkëdhelës, -e
Kosmetik *f* kozmetik|ë, -a; **~salon** *m* sallon-i kozmetike
kosmisch kozmik, -e
Kosmonaut, -en, *pl.* en, *m* kozmonaut-i
Kosmopolit, -en, *pl.* en, *m* kozmopolit-i
Kosmos *m,* Weltall *n* kózmos-i
kosovarisch kosovar, -e
Kosovo *n* Kosov|ë, -a; **~ Polje** Fushë-Kosovë; **aus ~** kosovar, -e
kosten kushtoj; shijoj; provoj; ~̊ *Pl.* kosto-ja; shpenzime-t; **~los** ⟨*adv*⟩ fálas
Kostüm, -s, *pl.* e, *n für Damen* kostum-i
Kot, -(e)s, *m* të pëgërë-t; ujët e trashë; **~flügel** *m tech.* parafango-ja
Kotangente *f math.* kotangjent|e, -ja
Kotelett, -s, *pl.* e, *n* bërxoll|ë, -a; kotolet|ë, -a; **~en** *Pl.* favorite-t
Kotor *ON* Kotorr-i
kotzen *vulg.* vjell *e/i/o, volla, vjellë;* **mir ist zum Kotzen** më gërditet
Kotzen, -s, *pl.* en, *m*, Kotze *f Umhang* zhgun-i; gun|ë, -a
Krabbe *f zoo.* karkalec-i; gaforr|e, -ja; gërthj|e, -a
Krach, -(e)s, *m*, Lärm katrahur|ë, -a; zallahí-a; degam|e, -ja; Streit grindj|e, -a
krachen *nur 3. P.* uturin; kërcas *a/e/i; s/t;* **der Blitz kracht** kërcëllon rrufeja; ~̊ *n* uturim|ë, -a
Kraft, *pl.* ¨e, *f* forc|ë, -a; **außer ~ setzen** shfuqizoj; **in ~ treten** hyj në fuqi; **~fahrer** *m* shofer-i; automobilist-i; **~fahrzeug** *n* Kfz automjet-i; automobil-i; makin|ë, -a; **~fahrzeugpark** *m* autopark-u; **~fahrzeugservice** *m* shërbim-i automjetesh; **~stoff** *m* benzin|ë, -a; **~verkehr** *m* autotransport-i
kräftig i/e fortë; ⟨*adv*⟩ fuqimisht; **~en** forcoj
Kräftigung *f* forcim-i
Kragen, -s, *pl.* 0, *m* jak|ë, -a; qáfëz-a
Krähe *f zoo.* korb-i; sorr|ë, -a
Krake, -n, *pl.* n, *m zoo.* oktapod-i
Kralle *f* th|ua, -oi; kthét|ër, -ra
Kram, -s, *m* plaçka-t; rraqe-t; çikërrima-t; Angelegenheit dava, -ja; **~laden** *m* tregtiz|ë, -a
Krämer, -s, *pl.* 0, *m* bakall-i
Krampf, -(e)s, *pl.* ¨e, *m med.* ngërç-i; spazm|ë, -a
Kran, -(e)s, *pl.* ¨e, *m Hebe~* vinç-i; *Wasserhahn* muslluk-u; **~führer** *m* vinçier-i
krank i/e sëmurë; ⟨*adv*⟩ ligsht; **~ werden** bie i sëmurë; **die Kranken untersuchen** ekzaminoj të sëmurët
kränken fyej; **~d** fyes, -e
Krankenhaus, -es, *pl.* ¨er, *n* spital-i
Krankenölung *f rel.* vojim-i
Krankenpflegerin *f*, **Krankenschwester** *f* infermier|e, -ja
Krankenstation *f med.* infermierí-a
Krankenwagen, -s, *pl.* 0, *m* autoambulanc|ë, -a
Krankheit *f* sëmundj|e, -a
Kränkung *f* fyerj|e, -a
Kranzkuchen, -s, *pl.* 0, *m* kulaç-i

Krasis *f spr.* kras-i
Krätze *f med.* krom|ë, -a; zgjeb|e, -ja
kratzen kruaj *ua/o/u*; gërvisht; **sich ~** kruhem; **sich am Kopf ~** fërkoj tëmtha-t
kraulen ledhatoj; ~̊ *n Crawl-Stil spo.* krol-i; not krol
Krause *f* kaçurrela-t
krausköpfig flokëkaçurrel, -e
Kraut, -(e)s, *pl.* ¨er, *n* bar-i; barisht|e, -ja; lak|ër, -ra; **wie ~ und Rüben** lesh e li; **~wickel** *Pl.* dollmá-ja
Kräuter *Pl.* barna-t; barisht|e, -ja; erëza-t
Krawall, -s, *m* degam|e, -ja; gjullurdí-a
Krawatte *f* kravat|ë, -a; **~n:nadel** *f* gjilpërë kravate
kreativ krijues, -e
Kreativität *f* krijimtarí-a
Krebs, -es, *pl.* e, *m* gaforr|e, -ja; gërthj|e, -a; *med.* iriqi i zi; kancer-i
Kredit, -(e)s, *pl.* e, *m* kredí-a; **~ gewähren**, kreditieren akordoj kredí; kreditoj; **~absprache** *f ök.* marrëveshje kredie
Kredo *n rel.* krédo-ja
kregel brumç, -e; plot gjallërí
Kreis, -(e)s, *pl.* e, *m* rreth-i; qark-u; **nur im ~e der Familie** brendapërbrenda familjes; **~lauf** *m* cirkuit-i; rrethqarkullim-i; **~laufstörung** *f med.* çrregullim i qarkullimit të gjakut; **~säge** *f tech.* sharrë disk; **~verkehr** *m*, **Kreisel** *m* trafik rrethor
kreischen zhangëlloj
kreisen vërtitem; xhiroj
Krem *f*, Creme krem-i
Krematori|um, -s, *pl.* en, *n* kremator-i
Krement, -(e)s, *pl.* e, *m spr.* ndajrritj|e, -a
Krempel, -s, *m* gërdall|ë, -a
kreolisch kreol, -e
krepieren ngordh; cof
Krepp *Gewebe* krep-i; *Crêpe* omëlet|ë, -a
Kreta Kret|ë, -a
Kreuz, -es, *pl.* e, *n* kryq-i; *mus. erhöht um einen Halbton* diez-i; **~bein** *n med.* kërbisht-i; **~fahrer** *m hist.* kryqtar-i; **~hacke** *f* sqepar-i; **~katalog** *m* katalog-fjalor; **~ritter:orden** *m hist.* urdhri i kryqtarëve; **~verweisung** *f* referim i ndërsjellë; **~zug** *m hist.* kryqëzat|ë, -a
kreuz und quer ⟨*adv*⟩ tejembanë
kreuzen kryqëzoj; bastardoj; *bot.* hibridizoj
kreuzigen *rel.* kryqëzoj
Kreuzung *f* kryqëzim-i; udhëkryq-i
kriechen *kriecht, kroch, ist gekrochen* zvarritem
Kriecher, -s, *pl.* 0, *m fig.* dallkauk-u
Kriechtier, -s, *pl.* e, *n zoo.* zvarranik-u
Krieg, -(e)s, *pl.* e, *m* luft|ë, -a
Kriegs- luftarak, -e; **~gefallener** *m* dëshmitar-i; **~gefangener** *m* rob-i; **~hetzer**, **~treiber** *m* luftënxitës-i; **~schiff** *n* luftanij|e, -a; **~verbrecher** *m* kriminel lufte
kriegstreiberisch luftënxitës, -e
Krim *f* Krimé-ja
Kriminal- kriminal, -e
Kriminalist, -en, *pl.* en, *m* kriminalist-i
Kriminalität *f* kriminalitet-i

kriminell kriminal, -e
Kris|is, *pl.* -en *f* kriz|ë, -a
Kristall, -(e)s, *pl.* e, *m* kristal-i; bilur-i
kristallin kristalor, -e
kristallisieren kristalizoj
kristallklar i/e kristaltë
Kriteri|um, -s, *pl.* en, *n* kriter-i
Kritik *f* kritik|ë, -a
Kritikaster, -s, *pl.* 0, *m* kritizer-i
Kritiker, -s, *pl.* 0, *m* kritik-u
kritisch kritik, -e
kritisieren kritikoj
kritzeln zhgrap
Kroatien Kroací-a
Krokodil, -s, *pl.* e, *n* krokodil-i; **~s:tränen weinen** qaj me lotë grabofçi
Krone *f* kuror|ë, -a; ombrell|ë, -a; *Münze* koron|ë, -a
krönen kurorëzoj
Krönung *f* kurorëzim-i
Kropf, -(e)s, *pl.* ¨e, *m med.* gush|ë, -a
Kröte *f* zhab|ë, -a; **männliche ~, Kröterich** *m* zhaban-i
Krug, -(e)s, *pl.* ¨e, *m* bot|e, -ja; brojc|ë, -a; poç-i; shtamb|ë, -a
Kruja *ON* Kruj|ë, -a; **aus ~** krutan, -e
Krümel, -s, *pl.* 0, *m* thërrim|e, -ja; grim|ë, -a; grimc|ë, -a
krumm i/e shtrembër; *unsauber* i/e pistë
Krummholzkiefer *f bot.* hartin|ë, -a; klek|ë, -a
Krümmung *f* përkulj|e, -a
Krüppel, -s, *pl.* 0, *m* sakat-i
Kruste *f* krodh|ë, -a
Kryptochrist, -en, *pl.* en, *m hist.* laraman-i
Kubaner, -s, *pl.* 0, *m* kuban-i
Kubik- kub, -e
Kubikmeter, -s, *pl.* 0, *m* (cbm) metër kub
kubisch kub, -e
Kubismus *m* kubiz|ëm, -mi
Küche *f* kuzhin|ë, -a; **~n:latein** *n* latinishte makaronike
Kuchen, -s, *pl.* 0, *m* ëmbëlsir|ë, -a; **rundes ~blech** tepsí-a; **~kringel** kulaç-i
Kuckuck, -s, *pl.* e, *m* qyq|e, -ja
Küfer, -s, *pl.* 0, *m* fuçibërës-i; fuçipunues-i; vozëtar-i
Küferei *f* vozëtarí-a
Kugel *f* fishek-u; **Kanonen~** gjyl|e-ja; *aus Metall oder Elfenbein* bil|ë, -a; **~hagel** *m* breshër plumbash; **~lager** *n tech.* kushinetë me sfera; **~schreiber** *m* stilolaps-i; **~stoßen** *n spo.* shtytje e gjyles
kugelrund grumbullor, -e
Kuh, *pl.* ¨e, *f* lop|ë, -a; **~handel** *m fig.* pazarllëqe-t; **~hirt** *m* lopar-i; çoban-i
Kühl- ftohës, -e; **~er** *tech.* radiator-i; **~kasten** *m* akullmbajtës|e, -ja; **~maschine** *f* makinë ftohëse; **~mittel** *n tech.* lëndë ftóhëse; **~schrank** *m* frigorifer-i; **~ung** *f* ftohj|e, -a; **~wasser** *n* ujë për ftohje
kühlend ftohës, -e
kuhwarm i/e vakur; **~e Milch** *f* qumësht-i i vakur
Kult, -(e)s, *pl.* e, *m* kult-i
kultivieren lëroj; kultivoj; **kultiviert** i/e kulturuar

Kultur *f* kultur|ë, -a; ~ **verbreiten** masivizoj kulturën
Kultur- kulturor, -e; ~**film** *m* film dokumentar; ~**gefälle** *n* disnivel kulturor; ~**palast** *m* Pallati i Kulturës
kulturell kulturor, -e
Kümmel, -s, *m* qimnon-i; *Schnaps* kumel-i
Kummer, -s, *m* andrall|ë, -a; gajl|e, -ja; pikëllim-i; kob-i; ligështí-a
Kümmerling, -s, *pl.* e, *m* bukamel-i
Kumpanei *f* tarafllëk-u
kumulativ, **kumulierend** grumbullues, -e
Kunde, -n, *pl.* n, *m* klient-i; blerës-i; † myshteri-u; ~**n:dienstwagen** *m* karrooficin|ë, -a
kündigen shkarkoj; pushoj; lajmëroj largimin nga puna; *ök.* denoncoj
Kündigung *f* *ök. eines Vertrags* denoncim-i
Kundin *f* klient|e, -ja
Kundschaft *f* klientur|ë, -a
Kungelei *f* frymë grupazhi; akraballë|k-u; † allishverish-i
Kunst, *pl.* ¨e, *f* art-i; **moderne** ~ dekadentiz|ëm, -mi; ~**akademie** *f* akademi-a e arteve; ~**faser** *f* fibër sintetike; ~**geschichte** *f* histori-a arti; ~**maler** *m* piktor-i; ~**seide** *f* atllas-i; ~**springen** *spo.* kërcim-i artistik; ~**stoff** *m* plastmas|ë, -a; **aus** ~**stoff** plastik, -e
kunstbeflissen, **kunstliebend** artdashës, -e
Künstler, -s, *pl.* 0, *m* artist-i; ~**werkstatt** *f* atelié-ja
künstlerisch artistik, -e
künstlich i/e sajuar; artificial, -e; ~**e Befruchtung** *f* mbarsje artificiale
Kunstliebhaber, -s, *pl.* 0, *m* dashamir i artit
Kupfer, -s, *n* bak|ër, -ri; rem-i; **aus** ~, **kupfern** i/e remtë; **mit** ~ **überziehen** bakëroj; ~**kanne** *f* ibrik-u; ~**kessel** *m* kazan-i; ~**platte** *f* çarkí-a; ~**sachen** *Pl.*, ~**töpfe** *Pl.* bakëre-t; ~**schmied** *m* bakërpunues-i; ~**staub** *m* varak-u; ~**stich** *m* gravur|ë, -a; ~**sulfat** *n* *chem.* gurkáli; ~**teller** *m* sahan-i
Kuppel *f* kubé-ja; kupol|ë, -a
Kuppler, -s, *pl.* 0, *m*, Ganove kodosh-i
Kupplung *f* friksion-i
Kur *f* kur|ë, -a; **eine** ~ **machen**, **kuren** kuroj; ~**klinik** *f* sanatorium-i; ~**ort** *m* vend klimaterik
Kurbel *f* *tech.* manivel|ë, -a; ~**welle** *f* bosht-i transmisioni
Kürbis, -ses, *pl.* se, *m* *bot.* kúngull-i
Kurier, -s, *pl.* 0, *m* korrier-i
kurieren mjekoj; kuroj; shëroj
Kuriosität *f* kureshtí-a; gjë e rallë; kuriozitet-i
Kurs, -es, *pl.* e, *m*, Kursus kurs-i; ~**teilnehmer** *m* kursant-i; kursist-i
Kürschner gëzofpunues-i; gëzoftar-i; lëkurëtar-i; ~**ei** *f* gëzoftor|e, -ja
Kurusch *m* *türk. Münze* † grosh-i
Kurve *f* kthes|ë, -a; dredh|ë, -a; *math.* lakor|e, -ja
kurz i/e shkúrtër; ⟨*adv*⟩ shkurt; ~ **angebunden** *fig.* fjalëshkurtër; ~ **und bündig** ⟨*adv*⟩ shkúrtazi; ~ **vor dem Untergang** në mbytje e sipër;

ein Vulkan kurz vor dem Ausbruch një vullkan në shpërthim e sipër; **~fristig** afatshkurtër; **~haarig** flokëprerë; **~lebig** jetëshkurtër; **~sichtig** dritëshkurtër, *med.* miop, -e

Kürze, in ~ së shpejti

Kürzel, -s, *pl.* 0, *n spr., typ.* shkurtim-i; sig|ël, -la

kürzen thjeshtoj; shkurtoj; qeth

Kurzschluss, -es, *pl.* ¨e, *m m* lidhje e shkurtër; *tech.* qark i shkurtër

Kurzsichtigkeit *f* dritëshkurtësí-a; *med.* miopí-a

Kürzung *f* shkurtim-i

Kurzwaren *Pl.* kinkalerí-a

Kurzwellen *Pl.* valë të shkurtra

Küste *f* breg-u; bregdet-i; anëdet-i; *mit schöner Aussicht* rivier|ë, -a

Küsten- bregdetar, -e; **~bewohner** *m* bregdetas-i; bregdetar-i; **~gewässer** *Pl.* ujëra bregdetare; **~schiffahrt** *f* kabotazh-i; lundrim bregdetar; **~tiefebene** *f* ultësirë bregdetare

Küster, -s, *pl.* 0, *m rel.* kishar-i

Kutsche *f* karroc|ë, -a; **~r**, -s, *pl.* 0, *m* karrocier-i

Kutte *f rel.* zhgun-i

kutzovlachisch arumun, -e; ⟨*adv*⟩ arumanisht

Kuvert, -s, *pl.* s, *n* [kuˈveːʁ] zarf-i

Kybernetik *f* kibernetik|ë, -a

Kykladen *Pl. Inseln* Ciklade-t

Kyniker, -s, *pl.* 0, *m Schule phi.* ciniz|ëm, -mi

kyrillisch cirilik, -e

L

Labe, -n, *pl.* n, *m Volksgruppe* lab-i, *pl.* lebër-it

Labial, -s, *pl.* e, *m spr.* bashkëtingëllore buzore

labialisiert *spr.* i/e buzorëzuar

Labialisierung *f spr.* buzorëzim-i

Labiodental, -s, *pl.* e, *m spr.* bashkëtingëllore buzëdhëmbore

Labiovelar, -s, *pl.* e, *m spr.* bashkëtingëllore buzoprapaqiellzore

labisch lab, -e; *spr.* ⟨*adv*⟩ labçe; labërisht

Labor *n*, **Laboratori|um**, -s, *pl.* en, *n* laborator-i

Laborant, -en, *pl.* en, *m* laborant-i

Labyrinth, -(e)s, *pl.* e, *n* labirint-i

lächeln buzëqesh; nënqesh; bëj buzën në gaz; ~̊ *n* gaz-i; buzagaz-i

lachen qesh

lächerlich, **lachhaft** qesharak, -e

Lachsforelle *f zoo.* koran-i

Lachtaube *f zoo.* dudí-a; kumrí-a

Lack, -(e)s, *pl.* e, *m* lak-u; lúst|ër, -ra

lackieren lakoj

Laden, -s, *pl.* ¨0, *m* dyqan-i; Fenster~ kanat-i

Ladeprofil, -s, *pl.* e, *n naut.* gabarit-i

Laderaum, -(e)s, *pl.* ¨e, *m naut.* hambar-i anijeje

Ladung *f* ngarkes|ë, -a; **~s:verzeichnis**

n manifest-i

Lage *f* gjendj|e, -a, situat|ë, -a; *im Buch typ.* fashikull-i

Lager, -s, *pl.* 0, *m* fushim-i; kamp-i; depo-ja; magazin|ë, -a; *tech.* kushinet|ë, -a; *Tiere* strofk|ë, -a; **revisionistisches** ~ *n* stan revizionist; **~arbeiter** *m* magazinier-i; **~halle** *f* bunker-i; **~schein** *m ök.* vërtetesë depozitimi; varrant-i; **~statt** *f* krevat-i; **~ung** *f* magazinim-i; **~wache** *f* truprojë e fushimit

lagern magazinoj

lahm çalaman, -e; gjytyrym, -e

Lähmung *f* paraliz|ë, -a

Laie, -n, *pl.* n, *m* diletant-i; amator-i

Laien- laik, -e

Lakai, -s, *pl.* en, *m* laké-u

Laken, -s, *pl.* 0, *n* çarçaf-i

Lallwort, -(e)s, *pl.* ¨er, *n spr.* fjalë fëminore

Lamm, -(e)s, *pl.* ¨er, *n* qengj-i

Lampe *f* llamb|ë, -a; **~n:kugel** *f* glob-i; **~n:schirm** *m* dritëprítës|e, -ja; kapuçi i llambës

Land, -(e)s, *pl.* ¨er, *n* vend-i; tok|ë, -a; **~adliger** *m* † be|j, -u; **~besitz** *m hist.* mylk-u; **~besitzer** *m hist.* çifligar-i; **~gang** *m naut.* shëtitje në tokë; **~enge** *f* ist|ëm, -mi; **~fahrer** *m* bredhacak-u; cergatar-i; arixhí-u; **~karte** *f* hart|ë, -a; **~mann** *m* fshatar-i; bujk-u; **~messer** *m* gjeomet|ër, -ri; **~schaft** *f* krahin|ë, -a; vise-t; *hist.* nahij|e, -a; **~zunge** *f* gjuhëz dheu; **felsige ~zunge** *f* kep-i

landen ulem; bregëzohem; *mil.* zbarkoj; **~ lassen** bregëzoj

Landessitte, nach ~ vendçe ⟨*adv*⟩

Landesverrat, -(e)s, *m jur.* tradhtí-a ndaj atdheut

Landscape-Format, -s, *pl.* e, *n typ.* format-i gjerësor

Lands|mann, -(e)s, *pl.* leute, *m* atdhetar-i; bashkatdhetar-i

Landung *f naut.* akostim-i; ulj|e, -a; zbritj|e, -a

Landungs- zbarkues, -e; **~brücke** *f naut.* shkallë e zbritjes; **~schiff** *n mil.* anije zbarkuese; **~steg** *m* mol-i

Landwirt, -(e)s, *pl.* e, *m* agronom-i; **~schaft** *f* ekonomi-a bujqësore; bujqësí-a

Landwirtschafts-, **landwirtschaftlich** agrar, -e; bujqësor, -e

lang i/e gjatë; **10 Jahre ~** dhjetë vjet rresht; **das Kleid hat zu lange Ärmel** fustani ka mëngët e gjata; **~fristig** afatgjatë; **~haarig** flokëgjatë; **~halsig** qafëgjatë; **~hörnig** brigjatë; **~lebig** jetëgjatë; **~weilig** pa lyrë; *auch von Menschen* i/e zbarët; **~ ziehen** zvarg

Länge *f* gjatësí-a; **~ des Urlaubs** kohëvazhdim i lejes; **~n:maß** *n* masë gjatësie

lange për një kohë të gjatë; **kennen Sie ihn schon ~?** keni kohë që e njihni?; **mögest du ~ leben!** paç ymër!; **sind Sie schon ~ in Tirana?** keni kohë në Tiranë?

Langhaarig|er, -en, *pl.* en, *m* flokësh-i

längs gjatë ⟨+ *Abl*⟩

langsam i/e ngadalsh|ëm, -me; ⟨*adv*⟩ dalëngadalë; kadalë; ngadalë; avash;

javash

Langstreckenlauf, -(e)s, *pl.* ¨e, *m spo.* vrapim-i i distancave të gjata

langweilen bezdis; **sich** ~ mërzitem

Lanze *f* usht|ë, -a; hesht|ë, -a; mëzdrak-u; shtiz|ë, -a

Lappen, -s, *pl.* 0, *m* pec|e, -ja; zhel|e, -ja

Lappland Laponí-a

Lärm, -(e)s, *m* zhurm|ë, -a; buçim|ë, -a; oshtim|ë, -a; batërdí-a; buj|ë, -a; gallat|ë, -a; gjullurdí-a; gurgulé-ja; ushtim|ë, -a; zallahí-a; **der ~ hat uns verrückt gemacht** na çmendi me atë zhurmë; **~ schluckend** zhurmëthithës, -e

lärmen oshtin *nur 3. P.;* zhurmëroj; zhurmoj; brambulloj; brambullij; ushtoj; **~d** i/e zhurmët; i/e zhurmsh|ëm, -me; **~de Menge** *f* gurgulé-ja

lärmig i/e bujsh|ëm, -me

Larve *f zoo.* larv|ë, -a; krimbalesh-i; vemj|e, -a

laryngal *spr.* laringal, -e

Laryngitis *med.* laringjit-i

Larynx *med., spr.* laring-u

lasch i/e amësht; amështiq, -e

lassen *lässt, ließ, hat gelassen* lë, *lashë, lënë*

Last *f* barr|ë, -a; **~en:aufzug** *m* vinç-i; **~kahn** *m* maun|ë, -a; **~wagen** *m,* **~er** m furgon-i; kamion-i

lasten, drücken mëshoj; ~ **auf** rëndoj mbi

Laster, -s, *pl.* 0, *n* ves-i

lästig i/e neveritsh|ëm, -me; i/e bezdissh|ëm, -me

Latein *n* latinisht|e, -ja; **~amerika** Amerika Latine

lateinisch latin, -e; ⟨*adv*⟩ latinisht

lateral *spr.* anësor, -e; ~̊ *m spr.* bashkëtingëllore anësore

Laterne *f* fener-i; Leuchte kandil-i

Latifundie *f* latifond-i

Latinismus *m spr.* latiniz|ëm, -mi

Latium Lacio-ja

lau i/e vakët; **für ~** falas

Laub, -(e)s, *n* gjethe-t; **~ als Viehfutter schneiden** bëj dushk; **~ treiben** ei/ie/ie gjethoj; **~frosch** *m zoo.* gargaliq-i; **~krone** *f* gjethnaj|ë, -a

Laube *f* çardak-u

Lauch, -s, *m bot.* presh-i

Lauf, -(e)s, *pl.* ¨e, *m* vrap-i; vrapim-i; ecj|e, -a; **~ der Ereignisse** ecurí e ngjarjeve; **~bahn** *f* karrier|ë, -a; **~katze** *f tech.* vinç-urë

laufen, *läuft, lief, ist gelaufen* rend; eci; vrapoj; **~der Monat** *m* muaj në vazhdim; **~des Konto** *ök.* llogarí rrjedhëse; **die Maschine läuft** makina punon

Läufer, -s, *pl.* 0, *m Fußball* gjysmëmbrojtës-i; *Schach* oficer-i

Lauheit *f* vaktësí-a = vakësí-a

Laune *f* mërzí-a; qejf-i; huq-i

Laus, *pl.* ¨e, *f zoo.* morr-i

Lausanne *ON* Lozan|ë, -a

lauschen përgjoj

Lauscher, -s, *pl.* 0, *m* përgjues-i

laut i/e zësh|ëm, -me; ⟨*adv*⟩ me zë të lartë; ⟨*Präp.*⟩ sipas ⟨+ *Abl*⟩

Laut, -(e)s, *pl.* e, *m* tíngull-i; **durch zwei Buchstaben dargestellter ~** dyshkrónjësh-i

Laut- fonetik, -e; **~bildung** *f spr.* fonacion-i; **~gesetz** *n* ligj-i fonetik; **~mischung** *f* kras-i; **~schrift** *f spr.* shkrim-i fonetik; **~sprecher** *m tech.* altoparlant-i; **~veränderung** *f* ndryshim-i fonetik; **~verschiebung** *f spr.* përkalim-i bashkëtingëllor; **~versetzung** *f* vendkëmbim-i; **~wandel** *m*, **~wechsel** *m* ndryshim-i fonetik

Laute *f mit 8 Saiten* llaut|ë, -a; *Volksinstrument mit 1 Saite* lahut|ë, -a; **~ des Hochlands** *Epos von Gjergj Fishta* Lahuta e Malcís; **~n:bogen** *m mus.* kular-i i lahutës

lautlich fonetik, -e

lautmalend, **lautmalerisch** *spr.* tingullimitues, -e

Lautmalerei *f spr.* onomatopé-ja

lauwarm i/e vakët; **~ machen** vak

Lava *f* lav|ë, -a

Lawine *f* ortek-u

Leasing ['li:ziŋ] *ök.* qirá-ja

leben jetoj; rroj, *-ta, -tur;* gjalloj; gjëllij

Leben jet|ë, -a; jetes|ë, -a; **das ganze ~ lang** tërë jetën; **das ~ schwer machen** zymtoj jetën

lebendig i/e gjallë; i/e gjallsh|ëm, -me; **~ machen** jetësoj

Lebendigkeit *f* gjallërí-a

Lebens- jetësor, -e; **~alter** *n* mosh|ë, -a; **~art** *f* jetes|ë, -a; **~beschreibung** *f* biografí-a; jetëshkrim-i; **~gefühl** *n* botëndijim-i; **~mittel** *Pl.* haj|e, -a; buk|ë, -a; ushqim-i; **~mittel**-ushqimor, -e; **~mittelgeschäft** *n* ushqimor|e, -ja; **~weise** *f* jetes|ë, -a; rroj|ë, -a

Leber *f med.* mëlçí-a; *des Viehs* xhiger-i; **~zirrhose** *f* [tsi'ro:zə] *med.* cirrozë e mëlçisë së zezë

lebhaft i/e gjallë; i/e gjallsh|ëm, -me; me gjallëri

Lebhaftigkeit *f* gjallërí-a

Lebwohl! *Grußformel* lamtumirë!

Lebzeiten: **zu seinen/ihren ~** për të gjallë

lecken lëpij; *Wasser verlieren* lagësoj

lecker i/e shijsh|ëm, -me

Leder, -s, *n* lëkur|ë, -a; **aus ~** i/e lëkurtë

ledern i/e lëkurtë

ledig beqar, -e; i/e pamartuar

leer bosh, -e; i/e zbrazët; ⟨*adv*⟩ bosh; **~e Worte** *Pl.* fjalë të kota; **~en Bauch haben** zgropem; **~ trinken** shpik

Leere *f* zbrazëtí-a; boshësí-a; bosh-i; boshllëk-u

leeren boshatis; zbraz; **Leerung** *f* zbrazj|e, -a

Leerlauf, -(e)s, *m tech.* punim-i në boshllëk

legal, **legitim** legal, -e; ligjor, -e; i/e ligjsh|ëm, -me

legalisieren ligjoroj

legen vë *ë/i, vura, vënë;* **der Wind hat sich gelegt** era ka rënë

legendär legjendar, -e

Legende *f* legjend|ë, -a; gojëdhën|ë, -a; diçitur|ë, -a

Legierung *f* aliazh-i

legislativ legjislativ, -e

Legislaturperiode *f einer Körperschaft* legjislatur|ë, -a

Lehen *Besitz eines Spahis hist.* timar-i
Lehm, -s, *m* argjil|ë, -a; **~ziegel**, -s, *pl.* 0, *m* plithar-i; qerpiç-i
Lehnübersetzung *f spr.* kalkim-i; kalk-u
Lehnwort, -(e)s, *pl.* ¨er, *n spr.* fjalë e huazuar
Lehrbuch, -(e)s, *pl.* ¨er, *n* libër mësimi; **hektographiertes ~** dispens|ë, -a
lehren arsej *e/ye;* arsimoj
Lehrer, -s, *pl.* 0, *m* mësues-i; arsimtar-i; *in einer Medrese rel.* myderriz-i; **ein beliebiger ~** një mësues dosido; **~bildungsanstalt** *f hist.* shkollë normale; **~in** *f* mësues|e, -ja
Lehrgang, -(e)s, *pl.* ¨e, *m* kurs-i
Lehrjunge, -n, *pl.* n, *m* fiçor-i
Lehrling, -s, *pl.* e, *m* nxënës-i në profesion
Lehrsatz, -(e)s, *pl.* ¨e, *m* teorem|ë, -a
Lehrstuhl, -(e)s, *pl.* ¨e, *m* kated|ër, -ra
Leib, -(e)s, *pl.* er, *m* trup-i; *rel.* korp-i; **~chen** *n* barkor|e, -ja; kanatier|e, -ja; **~eigener** *m* bujkrob-i; **~eigenschaft** *f* bujkrobërí-a; **~garde** *f* truproj|ë, -a; karakoll-i; **~wäsche** *f* ndërresa-t
Leiche *f*, **Leichnam**, -s, *pl.* e, *m* kufom|ë, -a; **aufgebahrte ~** *muslim.* xhenaz|e, -ja; **~n:halle** *f*, **~n:haus** *n* kufomor|e, -ja; morg-u; **~n:tuch** *n muslimisch* qefin-i; **~n:verbrennungsanstalt** *f* kremator-i; **~n:zug** *m* kortezh-i i përmortshëm
leichenblass werden bëhem meit; **er wurde leichenblass** u bë dyllë i verdhë
leicht i/e lehtë; ⟨*adv*⟩ kollaj; **~ verderblich** ⟨*Adj*⟩ që prishet shpejt; **~ zerbrechliche Tasse** *f* filxhan-i i brishtë; **es ~ haben** kam të lehtë; **es geht ihm ~ von der Hand** i vjen ndoresh; **~e Schuhe** *Pl.* këpucë hafife; **~es Essen** *n* gjellë hafife; **~fertig** *jur.* me mendjelehtësí; **~sinnig** firifiu; **~ sinnig sein** e ka kokën cakërr
Leichtathlet, -en, *pl.* en, *m* atlet-i; **~in** *f* atlet|e, -ja
Leichtathletik *f* atletik|ë, -a
leichtathletisch atletik, -e
Leichter, -s, *pl.* 0, *m naut.* maun|ë, -a
Leichtfertigkeit *f*, **Leichtsinn** mendjelehtësí-a
leiden *leidet, litt, hat gelitten* vuaj; lëngoj; ahoj; pësoj; sfilitem; **an Altersschwachsinn ~** matufosem
Leiden, -s, *pl.* 0, *n* breng|ë, -a; vuajtj|e, -a; **~schaft** *f* afsh-i; pasion-i
leidenschaftlich epshor, -e
leider më vjen keq; ⟨*adv*⟩ fatkeqësisht; mjerisht
leidgeprüft kusuremadh, -e; kusureshumë; **~e Frau** *f* hallexhesh|ë, -a; **~er Mensch** *m* hallexhí-u
leid/tun dhimbsem; **das tut mir leid** më vjen keq; më dhimbset
leihen *leiht, lieh, hat geliehen* huazoj; huaj
Leihfrist *f* afat i dorëzimit; afat i huazimit
Leihgeber, -s, *pl.* 0, *m* húajtës-i
Leim, -s, *m* ngjitës|e, -ja; zamk|ë, -a
leimen ngjis *s/t*
Leinen, -s, *n* lino-ja; li-ri; **~einband** *m typ.* lidhje me pëlhurë

Leinwand *f* ekran-i
Leipzig *ON* Lajpcig-u
leise ⟨*adv*⟩ qétas; qétazi
leisten *Hilfe* jap, *jep, dhashë, dhënë;* ≈ *m* kallëp-i
Leitartikel, -s, *pl.* 0, *m* kryeartíkull-i
leiten administroj; dirigjoj; kryesoj, drejtoj; përçoj
Leiter, -s, *pl.* 0, *m* drejtor-i; shef-i; drejtues-i; kryetar-i; administrator-i
Leitfaden, -s, *pl.* ¨0, *m* udhëzues-i
Leitkarte *f* skedë drejtuese
Leitlinie *f* direktiv|ë, -a; orientim-i
Leitmotiv, -s, *pl.* e, *n mus., spr.* lajtmotiv-i
Leitung *f*, Führung *f* drejtorí-a; udhëheqj|e, -a; kryesí-a; Draht tel-i; *tech.* tubacion-i; *Telefon* linj|ë, -a; **~s:wasser** ujë natyral
Lek, -s, *pl.* s *m alb. Währungseinheit* lek-u, *pl.* -ë-t
Lektion *f* mësim-i
Lektüre *f* lexim-i; **er versank in der ~** u zhyt në lexim
Lemma, -s, *pl.* ta, *n spr.* fjalë títull
Lende *f* ij|ë, -a
Lenierung *f spr.* lenicion-i
lenken drejtoj; **Lenker** *m* drejtues-i; shofer-i
Lenker *m*, **Lenkrad**, -s, *pl.* ¨er, *n tech.* timon-i
Lenkung *f tech.* sistem drejtimi
Lerche *f zoo.* lauresh|ë, -a
lernen mësoj
lesen *liest, las, hat gelesen* lexoj; këndoj; *Messe* meshoj; *Wein* vjel *e/i/o;* **Lesen und Schreiben** shkrim-lexim-i
Leser, -s, *pl.* 0, *m* lexues-i
Lesesaal, -s, *pl.* ¨e, *m* sallë e leximit
Lettland Letoní-a
Lettner *rel.* ikonostas-i
letzter i/e fundit; **letzten Endes** tekefundit ⟨*adv*⟩
Leu *m*, Löwe, -n, *pl.* n, *m* † *zoo.* asllan-i
Leuchte *f* llamb|ë, -a; kandil-i; **~r** *m* llambadar-i; shandan-i; kandiler-i; dorës-i
leuchten ndriçoj; zbardh; zbardhoj; ≈ *n* ndriçim-i; **~d** i/e ndritur; **~d rot** all, -e
Leuchtrakete *f* fishekzjarr-i; *mil.* raketë dritëhedhëse
Leuchtturm, -(e)s, *pl.* ¨e, *m* fanar-i; far-i; fener-i
Leukämie *f med.* leucemí-a
Leute *Pl.* bot|ë, -a; **alle ~** gjithë bota; **kleine ~** vegjëlí-a
Leutnant, -s, *pl.* e, *m mil.* toger-i
leutselig i/e begenisur; i/e bejendisur; foleqesh
Leutseligkeit *f* begení-a
Lexem, -s, *pl.* e, *n spr.* leksem|ë, -a
Lexik *f spr.* leksik-u; fjalës-i
lexikalisch *spr.* leksikor, -e
Lexikalisierung *spr.* leksikalizim-i
Lexikologie *f spr.* leksikologjí-a
Lexikon fjalor-i; Wortschatz *m spr.* fjalës-i
Libanese, -n, *pl.* n, *m* libanez-i
Libanon *m* Liban-i
Liberalismus *m* liberaliz|ëm, -mi
Libero *m spo.* qendërmbrojtës i lirë
Librett|o, -s, *pl.* i, *n mus.* libret-i
Libyen Libí-a

Libyer, -s, *pl.* 0, *m* libian-i
Licht, -(e)s, *pl.* er, *n* drit|ë, -a; **das ~ einschalten** ndez elektrikun; **grünes ~ geben für etw.** hap dritat jeshile; **~bild** *n* fotografí-a; **~jahr** *n* vit-dritë, *pl.* vjet-dritë; **~maschine** *f* dinámo-ja; **~spielhaus** *n* kinemá-ja
lichtempfindlich i/e dritëndje-sh|ëm, -me
lichten: **den Anker ~** çoj spirancën
lieb i/e dashur; i/e shtrenjtë; **~evoll** i/e dhembshur; **~kosen** osh; ledhatoj; zbunoj; bëj xhan; **~kosend** përkëdhelës, -e
Liebe *f* dashurí-a; dhembshurí-a; **~s:brief** *m* letër e dhembshur; **~lei** *f*, **Liebschaft** *f* dashuriçk|ë, -a
lieben dua, *do, desha, dashur;* dashuroj; dhimbsem; **er liebte sie wahnsinnig** e dashuronte çmendurisht; **sie liebten sich wie Brüder** duheshin si vëllézër
Liebhaber, -s, *pl.* 0, *m* dashnor-i; dashamir-i; ashik-u; qejflí-u; amator-i; **~in** *f* dashnor|e, -ja; qejflesh|ë, -a
Liebkosung *f* ledh|ë, -a
Liechtenstein Lihtenshtajn-i
Lied, -(e)s, *pl.* er, *n* këng|ë, -a; avaz-i
Lieferant, -en, *pl.* en, *m ök.* furnitor-i; furnizues-i
Lieferdat|um, -s, *pl.* en, *n ök.* datë e dorëzimit
liefern *ök.* furnizoj; livroj
Lieferung *f ök.* furnizim-i; *typ.* fashikull-i; **~s:werk** *n* botim në fashikuj
Liege *f* divan-i; dyshek-u; **~geld** *n für Schiffe naut.* kundërstalí-a; **~kur** *f* kurë shtrirë; **~platz** *m* vend-i ankorimi; **~stuhl** *m* shezlong-u
liegen *liegt, lag, hat/ist gelegen* rri shtrirë; **~ nach** bie nga; **das Problem liegt hier** problemi qëndron këtu; **ich fand ihn/sie liegend** e gjeta rënë
Liftboy, -s, *pl.* s *m* ashensorist-i
Liga *f* lig|ë, -a; lidhj|e, -a
Ligatur *f* ligatur|ë, -a
Liguster, -s, *m bot.* vósht|ër, -ra
Likör, -(e)s, *pl.* e, *m* liker-i
lila lejla; ngjyrë lejla
Lilie *f bot.* zambak-u
Limit, -s, *pl.* s, *n* cak-u
Limitierung *f* kufizim-i
Linde *f bot.* bli-ri; **~n:wald** *m* bli-nisht|ë, -a
Lineal, -s, *pl.* e, *n* vizor|e, -ja; rig|ë, -a
linear linear, -e; drejtvizor, -e; **~e Aktionsart** *f spr.* pamje e vijimësisë
Lingua franca *f spr.* gjuhë franke
lingual, Zungen- *spr.* gjuhor, -e
Linguist gjuhëtar-i
Linguistik *f* gjuhësí-a
Linie *f* linj|ë, -a; vij|ë, -a; viz|ë, -a; rav|ë, -a; *Schiffahrt* rot|ë, -a; **~n:maschine** *f* avion-i i linjës
link i/e majtë; i/e mëngjër
links ⟨*adv*⟩ majtas; **~abweichlerisch**; **linksradikal** majtist, -e
Linksopportunismus; **Linksradikalismus** *m* majtiz|ëm, -mi
Linotype *f* ['lajnotaip] linotip-i
Linse *f bot.* grosh|ë, -a; thjerrëz-a; *optisch* lent|e, -ja
Lippe *f* buz|ë, -a; **~n:stift** *m* të kuq-të

buzësh
Liquida *f spr.* bashkëtingëllore e lëngët
liquidieren shlyej; likuidoj
Liquidierung *f* likuidim-i
Liquidität *f ök.* gjendje arke
Lira *f ital. Währung Lit* liret|ë, -a; lir|ë, -a
lispeln thuthuqëzoj
Lissabon *ON* Lisbon|ë, -a
List *f* dhelpërí-a; kopilí-a; dinakërí-a; dredhí-a; hil|e, -ja; marifet-i
Liste *f* list|ë, -a
listig dinak, -e; dhelparak, -e; ⟨*adv*⟩ dhelpërisht; ~ **sein** dredhoj
Litanei *f rel.* litaní-a
Litauen Lituaní-a
Litauer lituan-i
Liter lít|ër, -ri; **10** ~ dekalit|ër, -ri
literarisch letrar, -e
Literatur *f* letërsí-a; **~kritik** *f* kritik|ë, -a
Litho, **Lithographie** *f typ.* litografí-a
Liturgie *f rel.* liturgjí-a
Litze *f* gajtan-i
livresk *spr.* libror, -e
Lizenz *f jur.* licenc|ë, -a; *Erlaubnis* lej|e, -a
Lob, -(e)s, *n* lavdí-a; lavd-i; lëvdat|ë, -a
loben lavdëroj; lavdoj; lëvdoj
lobhudeln bëj elozhe
Lobspruch, -(e)s, *pl.* ¨e, *m* elozh-i, *pl.* -e-t; **Lobsprüche ohne Wert** dëngla-t *f. Pl.*
Loch, -(e)s, *pl.* ¨er, *n* vrim|ë, -a; grop|ë, -a; bic|e, -ja; strofk|ë, -a
Locken *Pl.* rica-t; kaçurrela-t; **~wickler** *Pl.* bigudí-a
locker i/e çlirët; **~er Einband** *m typ.* lidhje e dobësuar
lockern labërgoj
Loden, -s, *m* shajak-u; **~mantel** *m* cibun-i; cibun|e, -ia; **~umhang** *m* gun|ë, -a
lodern brambulloj; brambullij
Löffel, -s, *pl.* 0, *m* lug|ë, -a
Loge *f* lozh|ë, -a
Loggia *f* [ˈlɔʤa] çardak-u
logieren [loˈʒiːrən] buj, *-ta, -tur*
Logik *f* logjik|ë, -a
logisch logjik, -e; i/e logjiksh|ëm, -me; ~ **denkend** i/e logjiksh|ëm, -me; **~e Sache** gjë e logjikshme
Lohn pag|ë, -a; rrog|ë, -a; **~abrechnungsschein** *m* fletëpages|ë, -a; **~steuer** *f* tatime-t mbi pagë; **~steuerkarte** *f* kartë e tatimeve mbi pagë
lohnend rentab|ël, -le
lokal i/e vendit; vendas; *spr.* vendor, -e
Lokalsatz, -(e)s, *pl.* ¨e, *m* fjali-a vendore
Lokomotive *f* lokomotiv|ë, -a
Lokoware *f ök.* mall-i në gjendje
Lokus *vulg.* halé-ja; qenef-i
London *ON* Lond|ër, -ra
Lorbeer, -s, *m bot.* dafin|ë, -a; lar-i
Lorbeer- i/e dafintë; **~baum** *m* dafin|ë, -a; lar-i; **~kranz** *m* kurorë dafine; kurorë e dafintë
los! ⟨*Int.*⟩ obúrra(ni)!; *spo.* nisu!; hajde(ni); nejse; ~ **auf den Feind!** oburrani, bjerini armikut!
Los, -es, *pl.* e, *m* short-i; fat-i; *ök.* partí-a

lösbar i/e zgjidhsh|ëm, -me; **~es Problem** *n* problem i zgjidhshëm
löschen fik; shuaj; *ök.* shkarkoj; shlyej
Löschkalk, -s, *m* gëlqere e shuar
Löschpapier, -s, *pl.* e, *n* letër thíthëse; letërthithës|e, -ja
Löschung *f* *ök., naut.* shkarkim-i
lose i/e shqitur; i/e çlirët; **~s Blatt**, -(e)s, *pl.* ¨er, *n* fletë e shqitur
lösen labërgoj; zbërthej *e/ye;* **den Knoten ~** zgjidh kombin
los/lassen ¨/ie/a lëshoj
los/lösen shkëpus *s/t;* shqit
Loslösung *f* shkëputj|e, -a; **~ der Theorie von der Praxis** shkëputja e teorisë nga praktika
los/sagen, sich ~ von zhbëhem me
los/sprechen i/a/o dëlir
Losung *f* deviz|ë, -a; parull|ë, -a
Lösung *f* zgjidhj|e, -a; *chem.* tretësir|ë, -a; solucion-i; **~s:mittel** *n* solucion-i
Lot, -s, *n* plumbç-i; plumbç|e, -ja; qerpí-a; **er ist aus dem ~** s'është në terezi
löten saldoj me kallaj
Lotion *f* locion-i
Lötkolben, -s, *pl.* 0, *m tech.* haví-a
Lotse, -n, *pl.* n, *m* pilot-i; pilot i portit
Lotterie *f* lotarí-a
Löwe, -n, *pl.* n, *m* luán-i; **~n:maul, ~n:mäulchen** *n bot.* gojasllan-i; gojujk-u; gojëluán-i; lulegoj|ë, -a
Loyalität *f* besnikërí-a
LPG = landwirtschaftliche Produktionsgenossenschaft *f* kooperativë bujqësore; kolkoz-i
Lücke *f* boshllëk-u; munges|ë, -a; bosh-i; arallëk-u; **~n füllen** mbush boshet
Luft *f* aj|ër, -ri; er|ë, -a; **keine ~ bekommen** mekem
Luft- ajror, -e; **~angriff** *m* inkursim ajror; **~ballon** *m* fluturush|ë, -a; **~druck** *m* presion atmosferik; presion ajri; **~fahrt** *f* aviacion-i; **~fahrtgesellschaft** *f* shoqëri ajrore; **~kurort** *m* qendër klimaterike; **~matratze** *f* dyshek me ajër; **~post** *f* postë ajrore; **~raum** *m* hapësirë ajrore; **~röhre** *f* gabzherr-i; **~schacht** *m* oxhak-u; **~schutz** *m* mbrojtje kundërajrore; mbrojtje civile; **~schutzraum** *m* vendstrehim-i; **~zug** *m* rrymë ajri; er|ë, -a
Lüftchen, -s, *n* fllad-i
lüften ajroj; ajros
Lüftung *f* ajrim-i; ajrosj|e, -a
Lüge *f* gënjesht|ër, -ra
lügen *lügt, log, hat gelogen* gënjej; rrej
Lügner, -s, *pl.* 0, *m* gënjeshtar-i
lügnerisch i/e gënjeshtërt; rremash, -e
Luke *f* kapanxh|ë, -a; **~n:zertifikat** *n ök., naut.* vërtetesë ngarkese në hambar të anijes
Lump, -en, *pl.* en, *m* batakçí-u; edepsëz-i; maskará-i; rezil-i; húdh|ër, -ra
Lumpen *Pl.* lecka-t; **~proletariat** *n* lumpenproletariat-i
Lunchpaket, -s, *pl.* e, *n* pako ushqimi
Lunge *f* mushkërí-a
Lunte *f* fitil-i
Lust *f* qejf-i; ëndj|e, -a; epsh-i; **~ haben auf** tekem; **~film** *m* kinokomedí-a;

~spiel *n* komedí-a; **~spieldichter** *m* komediograf-i
lustwandeln gjezdis
Lüstling, -s, *pl.* e, *m* ashik-u; lakmitar-i; lakmues-i
luxuriös luksoz, -e
Luxus *m* luks-i
Luzerne *f* *bot.* jonxh|ë, -a; **~n:feld** *n* jonxhisht|ë, -a
Lymphe *f* *med.* limf|ë, -a; ujth-i; **Lymphknoten** *m* nyjë limfatike
Lyrik *f* lirik|ë, -a
lyrisch lirik, -e

M

machen bë|j, *-ra, -rë;* **Überstunden ~** punoj me orar të zgjatur; **macht euch bereit!** bëhuni hazër!
Macht *f* pushtet-i; fuqí-a
mächtig i/e fuqish|ëm
machtvoll ⟨*adv*⟩ fuqimisht
Mädchen, -s, *pl.* 0, *n* vajz|ë, -a; vash|ë, -a; cuc|ë, -a; çup|ë, -a; goc|ë, -a; keç|e, -ja; çik|ë, -a; **~ oder Junge?** mashkull a femër?; **ein klasse ~** një delí vajzë
Made *f* veth-i; vemj|e, -a; krimbalesh-i
Magazin, -s, *pl.* e, *n* depo-ja; magazin|ë, -a; *Zeitschrift* revistë e ilustruar; *Schusswaffe mil.* gush|ë, -a; **~er** *m* magazinier-i
magazinieren magazinoj
Magazinierung *f* magazinim-i
Magen, -s, *m* stomak-u
Magen- gastrik, -e; **~beschwerden** *Pl. med.* trazirë në stomak; **~bitter** *m* fërnet-i; **~geschwür** *n* ulcerë e stomakut
Magie *f* magjí-a; **Magier** magjistar-i
Magnesium, -s, *n* *chem.* magnez-i
Magnet, -(e)s, *pl.* e, *m* magnet-i
magnetisch magnetik, -e
magnetisieren magnetizoj
Magnetophonband, -(e)s, *pl.* ¨er, *n* magnetofon-i
Mahd *f* kos|ë, -a; korrj|e, -a
Mähdrescher, -s, *pl.* 0, *m* kombajn|ë, -a; **selbstfahrender ~** autokombajn|ë, -a; **~-Fahrer** *m* kombajner-i
mähen korr; kosis *s/t*
Mäher, -s, *pl.* 0, *m* kosëtar-i; kositës-i
mahlen bluaj
Mahlzeit *f* buk|ë, -a; e ngrën|ë, -a
Mähne *f* kresht|ë, -a
Mahngebühr *f* kamatëvones|ë, -a
Mähren Moraví-a
Mai, -s, *m* maj-i; **~feier** *f* festë e Majit; **~fisch**, -(e)s, *pl.* e, *m* kub|ël, -la; **~glöckchen**, -s, *pl.* 0, *n* *bot.* drékëz-a
Mailand *ON* Milano-ja
Mais, -es, *m* *bot.* mis|ër, -ri; **~brei** *m* mëmëlig|ë, -a; **~brot** *n* babanac|e, -ja
Majestät *f* lartmadhërí-a
majestätisch madhështor, -e
Major, -s, *pl.* e, *m* *mil.* major-i
Majoran, -s, *m* *bot.* manxuran|ë, -a; rigon-i
Majuskel *f* *spr.* shkronjë e madhe

Makedonien Maqedoní-a
makedonisch maqedonas, -e; ⟨*adv*⟩ maqedonisht; **~e Sprache** *f* maqedonisht|e, -ja
Makel, -s, *m* leq|e, -ja; cen-i; damk|ë, -a
Makkaroni *Pl.* makarona-t *f.*
makkaronisch *spr.* makaronik, -e
Makler, -s, *pl.* 0, *m* broker-i; **~gebühr** *f* kurtazh-i
Mal, -s, *pl.* e, *m* her|ë, -a; hop-i
mal herë; **mal ... mal** herë ... herë; **fünf ~** pesë herë
Malaria *f med.* malari|e, -a; **~-Fliege** *f* anofel|e, -ja
malariakrank malarik, -e
malen pikturoj; anstreichen lyej; bojatis
Maler, -s, *pl.* 0, *m* bojaxhí-u; piktor-i
Malerei *f* piktur|ë, -a
Mallorca Majork|ë, -a
mal/nehmen i/a/o shumëzoj
malochen vardoj
Malta Malt|ë, -a; **aus ~** maltez, -e
Malve *f bot.* mëllag|ë, -a
Mama *f* mamá-ja; mámi
manchmal ⟨*adv*⟩ nganjëherë
Mandarin, -s, *pl.* e, *m Beamter hist.* mandarin-i
Mandarine *bot.* mandarin|ë, -a
Mandat, -(e)s, *pl.* e, *n jur.* mandat-i
Mandel *f* bajam|e, -ja; **~baumpflanzung** *f*, **~baumhain** *m* bajamisht|ë, -a
Mandoline *f mus.* mandolin|ë, -a; *zweisaitig* çiftelí-a; *mit 4 Paar Saiten* ut-i
Mandragora *f bot.* madërgon|ë, -a; duhan i egër
Mangel, -s, *pl.* ¨0, *m* defekt-i; cen-i; e met|ë, -a; munges|ë, -a; yçk|ël, -la
mangelhaft eksiq; i/e cenuar; i/e metë; **~e Vorbereitung** *f* përgatitje e çalë
Mängelware *f ök.* mall-i skarco
Mangold, -(e)s, *m bot.* bifl|ë, -a
Manier *f* mënyr|ë, -a
Manifest, -(e)s, *pl.* e, *m* manifest-i
Maniküre *f* manikyr-i
Mann, -(e)s, *pl.* ¨er, *m* burr|ë, -i; máshkull-i; **~ werden** zburritem; **junger ~** djalosh-i; **stattlicher ~** burran-i; **wie unter Männern** burrní për burrní
Männchen, -s, *pl.* 0, *n* máshkull-i, *pl.* méshkuj-t
Mannequin, -s, *pl.* s, *n*, Vorführdame *f* manekin|e, -ia
mannhaft ⟨*adv*⟩ burrërisht
Mannhaftigkeit *f* burrní-a
Mannigfaltigkeit *f* shumëllojshmërí-a
männlich mashkullor, -e
Mannschaft *f* ekip-i; skuad|ër, -ra
Mannskerl, -s, *pl.* e, *m* burr|ë, -i
Manometer, -s, *pl.* 0, *n tech.* manomet|ër, -ri
Manöver, -s, *pl.* 0, *n* manov|ër, -ra; lojë ushtarake
manövrieren manovroj
Manschette *f* manshet|ë, -a; dorëz-a; **~n:knöpfe** *Pl.* kapëse manshetash
Mantel, -s, *pl.* ¨0, *m* pallto-ja; pardesy-ja; mantel-i; *eines Reifens* koperton-i; **leichter ~** mantó-ja; **den ~ verlängern** zgjatoj pallton
Mäntelchen, -s, *pl.* 0, *n fig.* xhybe, -ja
Mantua *ON* Mantov|ë, -a

Manufaktur *f* manifaktur|ë, -a
Manuskript, -(e)s, *pl.* e, *n* dorëshkrim-i
Marathon *ON* Maraton|ë, -a; **~lauf** *m spo.* maraton|ë, -a; **~läufer** *m* maratonist-i
Märchen, -s, *pl.* 0, *n* përrall|ë, -a
Märchen, **märchenhaft** përrallor, -e
Marder, -s, *pl.* 0, *m zoo.* fishnjar-i
Margarine *f* margarin|ë, -a
Marge *f*, Spielraum *m* marzh-i
marginal skajor, -e; anësor, -e
Marine *f* marin|ë, -a; **~infanterist**, -en, *pl.* en, *m* desant-i
Marionette *f* lod|ër, -ra; manekin-i
Mark [DM] *f* mark|ë, -a
Marke *f* shenj|ë, -a; mark|ë, -a
markiert *spr.* i/e tiparizuar
Markt, -(e)s, *pl.* ¨e, *m* pjac|ë, -a; treg-u; *Tiere u. Lebensmittel* pazar-i; **~gewölbe** *n* † bezistan-i; **~halle** *f* treg i mbuluar; **~platz** *m* pjac|ë, -a; pazar-i; **~viertel** *n hist.* çarshí-a
Marmara-Meer *n* Marmará-ja
Marmelade *f* marmelat|ë, -a; glikó-ja
Marmor, -s, *m* mermer-i; **aus ~**, **marmorn** i/e mermertë
Marokko Marok-u
Marsch, -(e)s, *pl.* ¨e, *m* marsh-i; **~route** *f* itinerar-i i marshimit; **~wiese** *f* ligatin|ë, -a
Marschall, -s, *pl.* ¨e, *m mil.* mareshal-i
marschieren marshoj
Marseille *ON* Marsej|ë, -a
Martins:horn, -s, *pl.* ¨er, *n* siren|ë, -a
Märtyrer, -s, *pl.* 0, *m* dëshmor-i; dëshmitar-i; *rel.* martir-i
Marxismus *m* marksiz|ëm, -mi
Marxist, -en, *pl.* en, *m* marksist-i
marxistisch marksist, -e
März *m* mars-i
Maschine *f* makin|ë, -a; aparat-i; **die ~n**, **Maschinerie** *f* makinerí-a; **~n:gewehr** *n* mitraloz-i; **~n:schreiberin** *f* daktilografist|e, -ja
Maschinenbau, -s, *m* ndërtim-i makinash
Maschinenbau- makinandërtues, -e; **~industrie** *f* industri-a makinandërtuese
maschinenschriftlich i/e daktilografuar
Maschinist, -en, *pl.* en, *m* makinist-i
Masern *Pl. med.* fruth-i
Maske *f* mask|ë, -a; **~n:ball** *m* ballo me maska; **~rade** *f* maskarad|ë, -a; grim-i
maskieren maskoj; **maskiert** i/e veshur tebdil
maskulin *spr.* mashkullor, -e
Maß, -es, *pl.* e, *n* mas|ë, -a; matj|e, -a; përmas|ë, -a; *f* Bierkrug *m* krik|ëll, -lla; **~nahme** *f* mas|ë, -a; **~nahmen ergreifen** marr masa; **~regel** *f* mas|ë, -a; **~stab** *m* shkall|ë, -a
mäßig mesatar, -e; i/e arsyesh|ëm, -me; **~er Verkauf** *m* shitje e dobët
Massage *f* masazh-i
Massaker, -s, *pl.* 0, *n* masak|ër, -ra; vrasí-a; therj|e, -a
massakrieren masakroj; ther
Massen-, **massenhaft** masiv, -e; **~artikel** *Pl.*, **~verbrauchsgüter** *Pl.* mallra të konsumit të gjerë; **~gut** *n ök.* rinfuzo-ja; **~szene** *f* skenë masive; **~versammlung** *f* miting-u

Masseur, -s, *pl.* e, *m* masazhator-i
Mast, -es, *pl.* en, *m* direk-u
Mastdarm, -(e)s, *pl.* ¨e, *m* *med.* zgurdh|ë, -a
mästen majm; ngjall; vel
Match *n* *spo.* ndeshj|e, -a
Material, -s, *pl.* ien, *n* material-i
Materialismus *m* materializ|ëm, -mi
materiell material, -e
Mathematik *f* matematik|ë, -a
Mathematiker, -s, *pl.* 0, *m* matematikan-i
mathematisch matematik, -e
Matratze *f* dyshek-u; minder-i
Matriarchat, -(e)s, *n* matriarkat-i
Matrikel *f* amz|ë, -a; matríkull-i
Matrize *f* matric|ë, -a
Matrose, -n, *pl.* n, *m* detar-i; marinar-i; anijetar-i
Matt *Schach* mat-i
Matte *f* hás|ër, -ra; dyshek-u; rrogoz-i
Matura *f* Abitur matur|ë, -a
Mauer *f* mur-i
mauern muroj; muros
Maul, -(e)s, *pl.* ¨er, *n* goj|ë, -a; Schnabel *m* qep-i; sqep-i; **~beerbaum** *m*, **~beere** *f* *bot.* man-i; **~eselin** *f* mushk|ë, -a; **~wurf** *m* urith-i; **~wurfsgrille** *f* búsht|ër, -ra
Maurer, -s, *pl.* 0, *m* murator-i; **~gehilfe** *m* llac-i
Maus, *pl.* ¨e, *f* mi-u
Mäuschen, -s, *pl.* 0, *n* minuk-i; miush-i
Mausole|um, -s, *pl.* en, *n* mauzolé-u; *hist.* tyrb|e, -ja
Mautgebühr *f*, **Mautgeld** *n* taksë kalimi
Mayonnaise *f*, Majonäse majonez|ë, -a
Mazedonien (FYROM) Maqedoní-a
Mechanik *f* mekanik|ë, -a; **~er** *m* mekanik-u
mechanisch mekanik, -e
mechanisieren mekanizoj
Mechanismus *m* mekaniz|ëm, -mi
Meckerfritze, -n, *pl.* n, *m* kritizer-i
Medaille *f* medalj|e, -a
Mediation *f*, Vermittlung *f* ndërmjetësí-a
Medikament, -s, *pl.* e, *n* ilaç-i
Medina *ON* Medin|ë, -a
Mediopassiv, -s, *n* *spr.* mesore-pësor|e, -ja
mediterran mesdhetar, -e
Medium, -s, *n* *spr.* mesor|e, -ja; diatezë mesore
Medizin *f* mjekësí-a; *Arznei* barna-t
Meer, -(e)s, *pl.* e, *n* det-i; **~äsche** *f* *zoo.* qéfull-i; **~enge** *f* ngushtic|ë, -a; **~schweinchen** *n* derrkuc Indie; **~wasser** *n* ujë deti
Meeting, -s, *pl.* s, *n* tubim-i; miting-u
Mehl, -s, *n* miell-i
mehlig i/e míellt
mehr më; më tepër; **fünfmal ~** pesë hise më shumë; **~bändig** shumëvëllimësh, -e
Mehrbetrag, -(e)s, *pl.* ¨e, *m* tepric|ë, -a
Mehrdeutigkeit *f* shumëkuptimësí-a
Mehrprodukt, -(e)s, *pl.* e, *n* *ök.* mbiprodukt-i
mehrseitig shumëpalësh, -e; **~e Handelsvereinbarung** *f* *ök.* konventë tregtare shumëpalëshe
mehrsilbig *spr.* shumërrokësh, -e
mehrsprachig *spr.* shumëgjuhësh, -e

Mehrwert, -(e)s, *n ök.* mbivler|ë, -a
Mehrzahl *f* shumic|ë, a; *spr.* shumës-i
Meile *f* [M] milj|e, -a
mein im, *f.* ime; ~ **Lieber!** more djalë; ~**e Herren!** zotërinj!
Meineid, -(e)s, *pl.* e, *m jur.* betim-i i rremë; **einen ~ leisten** shpërbetohem; shpërbehem
meinen nënkuptoj; pandeh; kujtoj; **man meint damit** nënkuptohet
Meinung *f* opinion-i; mendim-i ~**s:verschiedenheit** *f* mosmarrëveshj|e, -a
Meistbegünstigungsklausel *f ök.* e drejtë e kombit më të favorizuar; klauzolë e kombit më të favorizuar
Meißel, -s, *pl.* 0, *m* dalt|ë, -a
meißeln daltoj; latoj
meistens më së shumti
Meister, -s, *pl.* 0, *m* mjésht|ër, -ri; *spo.* kampion-i; ~**schaft** *f* zotësí-a; *spo.* kampionat-i
Mekka *ON* Mek|ë, -a; ~**-Pilger** *m* haxhí-u
Melancholie *f* melankolí-a
melancholisch melankolik, -e
Melasse *f* melas|ë, -a
melden lajmëroj
Melder, -s, *pl.* 0, *m* lajmëtar-i; ndërlidhës-i
Meldung *f* kallëzim-i; lajm-i
Melioration *f* bonifikim-i
meliorieren bonifikoj
Melkeimer, -s, *pl.* 0, *m aus Holz* védl|ër, -ra
melken *milkt, molk, hat gemolken, a. melkt, melkte* mjel *e/i/o*
Melker, -s, *pl.* 0, *m* mjelës-i
Melodie *f* melodí-a
melodisch i/e melodish|ëm, -me
Melodram|a, -s, *pl.* en, *n* melodram|ë, -a
Melonen *Pl.*, **Melonenfeld** *n* bostan-i
Membrane *f* cip|ë, -a; tis-i; *tech.* diafragm|ë, -a
Memel *f FN* Neman-i
Memoiren *Pl.* kujtime-t
Menge *f Quantität* sasí-a; *Mehrzahl* shumic|ë, -a; *Vielfalt* shumësí-a; partí-a; burí-a; kallaballëk-u; bollëk-u; grúmbull-i; morí-a; ortek-u; turm|ë, -a; barr|ë, -a; zhgan-i; luzm|ë, -a; prush-i; tuf|ë, -a; *Kinder* zheguli-a; **eine ~ Lichter** mirí dritëzash; **kleine ~** pakic|ë, -a
Meningitis *f med.* meningjit-i
Mensa *f* mens|ë, -a
Mensch, -en, *pl.* en, *m* njerí-u; *Sterblicher* vdekatar-i; **~ ohne Anstand** njeri pa edukatë; **der ~ von morgen** njeriu i nesërm; **raffinierter ~** njeri i rafinuar; ~**en:würde** *f* dinjitet-i njerëzor; ~**heit** *f* njerëzim-i; ~**lichkeit** *f* njerëzí-a
menschlich njerëzor, -e
Menstruation *f med.* menstruacione-t
Mentalität *f* mendësí-a; mentalitet-i
Menuett, -(e)s, *pl.* e, *n mus.* minuet-i
Meridian, -(e)s, *pl.* e, *m* mesditës-i; meridian-i
Merkmal, -s, *pl.* e, *n* kriter-i; tipar-i
merkmalhaft *spr.* i/e tiparizuar
messapisch mesap, -e
Messbecher, -s, *pl.* 0, *m* matës-i

Messbuch, -(e)s, *pl.* ¨er, *n rel.* meshar-i
Messe *f rel.* mesh|ë, -a; *ök.* panair-i
messen, *misst, maß, hat gemessen* mas *s/t*
Messer, -s, *pl.* 0, *n* thik|ë, -a; *Dolch* kam|ë, -a; **~scheide** *f* kanic|ë, -a
Messgerät, -(e)s, *pl.* e, *n* matës-i; **~e** *Pl.* vegla-t matëse
Messkelch, -(e)s, *pl.* e, *n kathol., rel.* këlshejt-i
Messlatte *f* shabllon-i; **~ des Landmessers** zhalon-i
Mess:stab, -(e)s, *pl.* ¨e, *m* nivelator-i
Messung *f* matj|e, -a
Metalinguistik *f spr.* metagjuhësí-a
Metall, -(e)s, *pl.* e, *n* metal-i
Metall- metalik, -e; **~späne** *Pl.* zgjyr|ë, -a; **~tablett** *n* siní-a; **~urgie** *f*, **~verarbeitung f** metalurgjí-a
metallen, metallisch i/e metaltë; metalik, -e
Metamorphose *f* metamorfoz|ë, -a
Metapher *f spr.* metafor|ë, -a
metaphorisch metaforik, -e
Metaphysik *f phi.* metafizik|ë, -a
metaphysisch metafizik, -e
Metathese *f spr.* metatez|ë, -a; vendkëmbim-i
Metatonie *f spr.* metatoní-a
Meter, -s, *pl.* 0, *m* [m] met|ër, -ri
Methode *f* metod|ë, -a
Methodik *f* metodik|ë, -a
methodisch metodik, -e
Methodologie *f* metodologjí-a
Metohija *f* Rrafshi i Dukagjinit
Metonymie *f spr.* metonimí-a
metonymisch *spr.* metonimik, -e
Metropolie *f rel.* mitropolí-a
Metropolit, -en, *pl.* en, *m rel.* mitropolit-i
Metzelei *f* therj|e, -a
Metzger, -s, *pl.* 0, *m* kasap-i
MG-Schütze, -n, *pl.* n, *m mil.* mitraljer-i
Mickerling, -s, *pl.* e, *m* bukamel-i
Mief, -s, *m* duhm|ë, -a
mies i/e keq; **~ leben** rroj qenërisht
Miesmuschel *f zoo.* midhj|e, -a
Miete *f* qirá-ja
mieten marr me qirá; *heuern, chartern* navlloj
Mieter, -s, *pl.* 0, *m* qiraxhí-u
Migräne *f med.* migren|ë, -a
Mikrobe *f zoo.* mikrob-i
Mikrofilm, -(e)s, *pl.* e, *m* mikrofilm-i; **~-Lesegerät** *n* aparat-i për lexim filmash
Mikroskop, -(e)s, *pl.* e, *n* mikroskop-i
Milan, Roter ~ *m zoo.* qift-i
Milch *f* qumësht-i; *dial.* tâmël; **~eimer** *m* véd|ër, -ra; **~geschäft** *n* bulmetor|e, -ja; **~kännchen** *n* brokë qumështi; **~kanne** *f* matar|e, -ja; matará-ja; **~produkt** *n* bulmet-i; **~reis** *m* qumështoriz-i; **~schaf** *n*, **~ziege** *f* cangadh|e, -ja; **~schleuder** *f* centrifug|ë, -a; **~straße** *f* galaktik|ë, -a; Kashta e Kumtrit; káshtull-a; qumështor|e, -ja
mild *jur.* i/e butë; i/e ëmbël
Milde *f* butësí-a; *jur.* klemenc|ë, -a;
mildern butësoj; urtësoj; urtoj; zbus *s/t;* **~de Umstände** *Pl. jur.* rrethana-t lehtësuese
Milderung *f jur.* zbutj|e, -a

Milieu, -s, *pl.* s, *n* [mi'ljøː] ambient-i; mjedis-i
militant sein militoj
Militär, -s, *n* ushtrí-a; **~akademie** *f* akademi-a ushtarake
militärisch ushtarak,-e
militarisieren militarizoj
Militarismus *m* militariz|ëm, -mi
Miliz *f* milicí-a
Milizionär, -s, *pl.* e, *m* milic-i
Millenni|um, -s, *pl.* en, *n* mijëvjetor-i
Milliarde *f* miliard-i; bilion-i
Millimeter, -s, *pl.* 0, *m* (mm) milimet|ër, -ri
Million *f* milion-i
Millionär, -s, *pl.* e, *m* milioner-i
Milz *f* *med.* shpretk|ë, -a
Mimose *f* *bot.* mimoz|ë, -a
Minarett, -(e)s, *pl.* e, *n* minar|e, -ja
Minderheit *f* minoritet-i; pakic|ë, -a
Minderheiten- minoritar, -e; **~schule** *f* shkollë minoritare
minderjährig i/e mitur; mitar, -e; **~es Mädchen** *n* vajzë mitare
Minderjährigkeit *f* *jur.* miturí-a
Mindestmaß, -es, *pl.* e, *n* minimum-i
Mine *f* min|ë, -a; *Grube* minier|ë, -a; **~n:räumboot** *n*, **~n:suchboot** *n* *mil.* dragamin|ë, -a; minambledhës|e, -ja; **~n:suchgerät** *n* minakërkues-i; **~n:werfer** *m* *mil.* minahedhës|e, -ja; minavënës|e, -ja
Mineral, -s, *pl.* ien, *n* mineral-i; xeheror-i
Mineral- mineral, -e; **~bad** *n* banjë me ujë mineral
mineralisch mineral, -e
Mineralogie *f* mineralogjí-a
Mini-Buch, -(e)s, *pl.* ¨er, *n* libër xhuxh
Minibus, -ses, *pl.* se, *m* mikrobus-i
Miniatur *f* miniatur|ë, -a; **~haus** *n* shtëpi në miniaturë
Minimalpaar, -s, *pl.* e, *n* *spr.* çift-i minimal
Minirock, -(e)s, *pl.* ¨e, *m* minifund-i
Minister, -s, *pl.* 0, *m* minist|ër, -ri; **~präsident** *m* kryeminist|ër, -ri
Ministeri|um, -s, *pl.* en, *n* ministrí-a; dikaster-i
Minorität *f* minoritet-i; pakic|ë, -a
Minuend, -en, *pl.* en, *m* *math.* i zbritshmi
Minus-Zeichen, -s, *pl.* 0, *n* *math.* minus-i
Minuskel *f* *spr.* shkronjë e vogël
Minute *f* minut|ë, -a
Mirakel, -s, *pl.* 0, *n* mrekullí-a
mischen përz|íej, *-jéva, -íer*
Mischling, -s, *pl.* e, *m* bastard-i
Mischmasch *m* mishmash-i
missachten shpërfill, përçmoj
Miss:achtung *f* mospërfillj|e, -a; *jur.* mosrespektim-i
Missale, -s, *pl.* s, *n* *rel.* meshar-i
Missbrauch, -(e)s, *pl.* ¨e, *m* keqpërdorim-i; shpërdorim-i; abuzim-i; **~ treiben** ei/ie/ie shpërdoroj
missbrauchen shpërdoroj; abuzoj; keqpërdor; keqpërdoroj; keqtrajtoj
Misserfolg, -(e)s, *pl.* e, *m* mossukses-i; **~ haben** dështoj
Missgeschick, -(e)s, *pl.* e, *n* fatkeqësí-a
Missgriff, -(e)s, *pl.* e, *m* proçk|ë, -a

Missgunst *f* smir|ë, -a; zilí-a; res|ë, -a
missgünstig vëngërosh, -e; resëkeq, -e
misshandeln keqpërdor; keqpërdoroj; keqtrajtoj
Missetäter, -s, *pl.* 0, *m* keqbërës-i
Mission *f* mision-i
Missionar, -s, *pl.* e, *m* misionar-i
misslich bjerrafat, -e
misslingen i/a/u dështoj; shkoj dëm
Missolunghi *ON* Misolongji
Misstrauen, -s, *n* mosbesim; keqbesim-i
Missverständnis, -ses, *pl.* se, *n* moskuptim-i; ekuivok-u; keqkuptim-i
missverstehen e/a/a moskuptoj; keqkuptoj
Misswirtschaft *f* çorganizim-i
Mist, -(e)s, *m* pleh-u; **wie der Hahn auf dem ~** si gjel në pleh; **~beet** *n* oxhak-u; **~käfer** *m* brúmbull-i; bubuzhel-i; vush|ë, -a; **~stück** *n fig.* koler|ë, -a
Mistel *f bot.* véshtull-a
mit me ⟨+ *Akk*⟩; **~ Autorität versehen** ⟨*Adj*⟩ i/e autoritetsh|ëm, -me; **~ den Händen in den Hosentaschen** me duar-t e rrasura në xhepa; **~ Gewalt** dhúnas ⟨*adv*⟩; **~ untergeschlagenen Beinen sitzen** rri shtruar këmbëkryq; **~ vollen Händen kommen** vij duarplot; **~ zwei anderen** vetë i tretë
mit- bashkë-
Mitarbeiter, -s, *pl.* 0, *m* punonjës-i; bashkëpunëtor-i; **leitender ~** kuádër; **wissenschaftlicher ~** punëtor shkencor; **~in** *f* punonjës|e, -ja; **~liste** *f* organik|ë, -a
Mitbesitzer, -s, *pl.* 0, *m*, **Miteigentümer**, -s, *pl.* 0, *m* bashkëpronar-i
Mitbürger, -s, *pl.* 0, *m* bashkëqytetar-i
Mittelfeldspieler, -s, *pl.* 0, *m spo.* qendërmbrojtës-i
mitfühlend zemërbutë
Mitgefühl, -s, *n* zemërbutësí-a
Mitgift *f* paj|ë, -a; dhuntí-a; prik|ë, -a
Mitglied, -(e)s, *pl.* er, *n* anëtar-i; **~s:buch** *n einer Organisation* téser|ë, -a; **~schaft** *f* anëtarësí-a = anëtarí-a; **~s:karte** *f* karta e anëtarësisë
Mitkämpfer, -s, *pl.* 0, *m* bashkëluftëtar-i
Mitlaut, -(e)s, *pl.* e, *m spr.* bashkëtingëllor|e, -ja
Mitleid, -s, *n* mallëngjim-i; mëshir|ë, -a; përdëlles|ë, -a; përdëllim-i; dhimbsurí-a; **~ haben mit jem.** përdëllej ⟨+ *Akk*⟩
mit/nehmen i/a/o marr me vete
Mitra *f* mít|ër, -ra
Mitschüler, -s, *pl.* 0, *m* bashkënxënës-i
Mitstreiter, -s, *pl.* 0, *m* bashkëluftëtar-i
Mittag, -(e)s, *pl.* e, *m* mesdit|ë, -a; **heute ~** sot në drekë; **zu ~ essen** ha drekë; **~essen** *n* drek|ë, -a; **~s:zeit** *f* drekëher|ë, -a
Mittäter, -s, *pl.* 0, *m jur.* bashkëpunëtor-i; **~schaft** *f jur.* bashkëpunim-i
Mitte *f* mes-i
mit/teilen kumtoj; komunikoj; **~d** kumtues, -e
Mitteilung *f* kumtes|ë, -a
Mitteilungs- kumtues, -e; **~blatt** *n*

buletin-i

mittel i/e mes|ëm, -me; **~bar** i/e tërthortë; i/e zhdrejtë; ⟨*adv*⟩ zhdréjtazi; tërthórazi; **~los** i/e varfër; pa mjete jetese; kallam

Mittel mjet-i; çaré-ja; **~alter** *n* mesjet|ë, -a; **~amerika** Amerika Qendrore; **~europa** Evropa Qendrore; **~mäßigkeit** *f* mediokritet-i; **~meer** *n*, **~meerraum** *m* Mesdhe-u; **~punkt** *m* qend|ër, -ra; *fig.* kërthiz|ë, -a; **~schiff** *n rel.* anijat|ë, -a; **~wort** *n spr.* pjesor|e, -ja; **~zungen-** *spr.* mesgjuhor, -e

mittelmeerländisch mesdhetar, -e

Mittelsmann, -(e)s, *pl.* ¨er, *m* kodosh-i

Mittelstreckenlauf, -(e)s, *pl.* ¨e, *m spo.* vrapim-i i distancave të mesme

Mittelstürmer, -s, *pl.* 0, *m* qendërsulmues-i

Mitternacht *f* mesnat|ë, -a

Mittlerer Osten *m* Lindja e Mesme

Mittwoch, -s, *pl.* e, *m* mërkur|ë, -a, e

Mitverfasser, -s, *pl.* 0, *m* bashkautor-i

Mixed Pickles *Pl.* turshí-a

Möbel, -s, *pl.* 0, *n*, **Mobiliar** *n* mobili|e, -a; orendí-a; **~fabrik** *f* mobilierí-a

mobilisieren, mobilmachen mobilizoj

Mobilmachung *f mil.* mobilizim-i

möblieren mobiloj

möchte, *s.* mögen

modal *spr.* mënyror, -e

Modalsatz, -(e)s, *pl.* ¨e, *m spr.* fjali mënyrore

Mode *f* mod|ë, -a; **aus der ~ kommen** dal mode; **aus der ~ gekommene Musik** *f* muzikë bajate

Model, -s, *pl.* 0, *m* kallëp-i; stamp|ë, -a

Modell, -s, *pl.* e, *n* model-i; yrnek-u; gjedh|e, -ja; maket-i; **~bildung** *f*, **Modellierung** *f* modelim-i

modellieren modeloj

modern kalbem; mykem

modern i/e sot|ëm, -me; modern, -e; **~es Albanisch** *n* shqipja e sotme

Moderne *f*, **Modernismus** *m spr.* moderniz|ëm, -mi

modernisieren modernizoj

modifizieren modifikoj

modisch modern, -e

Modistin *f* modist|e, -ja

Modus *m spr.* mënyr|ë, -a

Mogelei *f* dallaver|e, -ja; mashtrim-i

mögen *mag, mochte, hat gemocht* dua, *do, desha, dashur;* **mag es wenigstens so sein!** makar le të jetë edhe ashtu! **sich gegenseitig ~** duhem; **was möchtest du trinken?** ç'ke qejf të pish?

möglich i/e mundsh|ëm, -me; i/e mundur

Möglichkeit *f* mundësí-a

Mohammed *NP* Mehmet-i

Mohammedaner muhamedan-i; mysliman-i

mohammedanisch islam, -e

Mohn, -s, *m*, **~blume** *f bot.* lulekuq|e, -ja

Mohr, -en, *pl.* en, *m* † zezak-u

Möhre *f bot.* karot|ë, -a

Mokassins *Pl. sohlenlose Schuhe* oping|ë, -a

Mokick, -s, *pl.* s, *n* motorino-ja

Moldau, Moldawien Moldaví-a; **aus ~**

moldavian, -e
Mole *f* skel|ë, -a; mol-i
Molekül, -s, *pl.* e, *n* molekul|ë, -a; thërrmij|ë, -a
Molke *f* hirr|ë, -a
Molkerei *f* uzinë bulmeti; † baxho-ja
Molybdän, -s, *n chem.* molibden-i
Moment, -(e)s, *pl.* e, *m* çast-i; imt|ë, -a; moment-i; grim|ë, -a; grimc|ë, -a; një çikë herë; **er zögerte einen ~** qëndroi një hop në mëdyshje; **im ~** hëpërhë
momentan i/e çastit; i/e çastm|ë, -me
Momentaneität *f spr.* çastësí-a
Monarch, -en, *pl.* en, *m* monark-u
Monarchie *f* monarkí-a
monarchisch monarkik, -e
Monarchist, -en, *pl.* en, *m* monarkist-i
Monastir *ON* Manastir-i
Monat, -s, *pl.* e, *m* muaj-i; **vorigen ~** muajin e kaluar; **~s:blutung** *f med.* menstruacione-t
Mönch, -(e)s, *pl.* e, *m* murg-u; *orthodox* kallogjer-i
Mond, -(e)s, *pl.* e, *m* hën|ë, -a
Mond- hënor, -e; **~finsternis** *f* eklips-i hënor
mondän mondan, -e
mongolisch mongol, -e
Monogenese *f spr.* monogjenez|ë, -a
Monokel, -s, *pl.* 0, *n* monók|ël, -la
Monolith, -s, *pl.* e, *m* monolit-i
monolithisch monolit, -e
Monolog, -(e)s, *pl.* e, *m* monolog-u
Monophthong, -(e)s, *pl.* e, *m spr.* monoftong-u
Monophthongierung *f spr.* monoftongim-i
Monosemie *f spr.* njëkuptimësí-a
monosyllabisch *spr.* njërrokësh, -e
Monotheismus *m* monoteiz|ëm, -mi
monotheistisch monoteist, -e
Monotonie *f* monotoní-a
Monotype® *f* [ˈmonotaip] *Setzmaschine typ.* monotip-i
Monsignore *m* [-sinˈjoːrə] *rel.* imzot-i
Montag, -s, *pl.* e, *m* e hën|ë, -a
Montage *f* [-taːʒə] montim-i; montazh-i
Montenegro Mali i Zi; **aus ~, montenegrinisch** malaz|ías, -eze
montieren montoj
Monument, -(e)s, *pl.* e, *n* monument-i; përmendor|e, -ja
Moor, -s, *pl.* e, *n* kënet|ë, -a
Moos, -es, *pl.* e, *n* myshk-u
moosig i/e myshkët
Moped, -s, *pl.* s, *n* motorino-ja
Moral *f* moral-i; **~ predigen** moralizoj
moralisch moral, -e; i/e moralsh|ëm, -me
moralisieren moralizoj
Morast, -(e)s, *pl.* e, *n* batak-u; moçal-i; vurg-u
Morava *f FN* Morav|ë, -a
Mord, -(e)s, *pl.* e, *m* vrasj|e, -a
Mörder, -s, *pl.* 0, *m* vrasës-i
More *f spr.* mor|ë, -a
Morea *hist.* Moré-ja
morgen nésër
Morgen, -s, *m* mëngjes-i
Morgen- mëngjesor, -e; herak, -e; **~röte** *f* auror|ë, -a
morgens mëngjeseve
morgig i/e nésërm

Morphem, -s, *pl.* e, *n spr.* morfem|ë, -a
Morphologie *f spr.* morfologjí-a
morphologisch morfologjik, -e
Morphonologie *f spr.* morfofonologjí-a
morphosyntaktisch *spr.* morfosintaksor, -e
Morse-Alphabet *n* mors-i
Mörser, -s, *pl.* 0, *m* havan-i; *mil.* mortaj|ë, -a
Mörtel, -s, *m* llaç-i; qereç-i; suvá-ja
Mosaik, -s, *pl.* e, *n* mozaik-u
Moschee *f* xhamí-a; **~turm** *m* minar|e, -ja
Moschopolis *ON* Voskopoj|ë, -a
Moschopolit voskopojar-i
Moskau *ON* Mosk|ë, -a
Moskito, -s, *pl.* s, *n* anofel|e, -ja; **~netz** *n* xhiblik-u; rrjetë mizash
Moslem, -s, *pl.* s *m* mysliman-i
Most, -(e)s, *m* musht-i
Mostrich, -s, *m* mustard|ë, -a
Motion *f spr.* lëvizje gjiniore
Motiv, -s, *pl.* e, *n* motiv-i
motivieren motivoj; **motiviert** i/e motivuar
Motivierung *f* motivim-i
Motor, -s, *pl.* en, *m* motor-i; **der ~ röhrt** motori zhuzhet; **~boot** *n* motobark|ë, -a; motoskaf-i; **~haube** *f* kofno-ja; **~pumpe** *f tech.* motopomp|ë, -a; **~rad** *n* motoçiklet|ë, -a; **~säge** *f* motosharr|ë, -a
Motto, -s, *pl.* s, *n* moto-ja
mouilliert [muˈjiːrt] *spr.* i/e zbutur
Mount Everest *m* Çomolangm|ë, -a
Möwe *f zoo.* pulëbardh|ë, -a
Mücke *f zoo.* kunup-i; mushkonj|ë, -a; miz|ë, -a
müde i/e lodhur
Müdigkeit *f* lodhj|e, -a
Mufti *m rel.* myftí-u, *pl.* -lerë-t
Mühe *f* mund-i; mundim-i; përpjekj|e, -a; pocaqí-a
Mühle *f* mullí-ri; **~n:teich** *m* bend-i
Mühlstein, -(e)s, *pl.* e, *m* mók|ër, -ra
mühsam i/e lodhsh|ëm, -me
mühselig i/e zorsh|ëm, -me
Mull, -s, *m* garz|ë, -a
Müll, -s, *m* plehra-t
Müller, -s, *pl.* 0, *m* mullis-i
multiplizieren shumëzoj
mumifizieren balsamoj
Mumps *m med.* shyta-t *f.*
München *ON* Munih-u
Mund, -(e)s, *pl.* ¨er, *m* goj|ë, -a; qep-i; sqep-i; **~art** *f spr.* dialekt-i; e folm|e, -ja; **~artforscher** *m* dialektolog-u; **~artforschung** *f* dialektologjí-a
mundartlich dialektor, -e
mundartübergreifend mbidialektor, -e
Mundharmonika *f* harmonik|ë, -a; **~spieler** *m* harmonist-i
Mundhöhle *f* zgavër e gojës
mündlich ⟨*adv*⟩ gojarisht; me gojë
Mundstück, -s, *pl.* e, *n mus.* biul|e, -ja
Mündung *f Fluss* grykëderdhj|e, -a; gojk|ë, -a
Mundvoll kafshat|ë, -a; bulçí-a; **~ Brot** një bulçi bukë
Munition *f mil.* municion-i
munter brumç, -e
Münze *f* monedh|ë, -a; pará-ja; **~n:kunde** *f* numizmatik|ë, -a
murmeln belbëzoj; murmuris *s/t;*

nunuris *s/t; Wasser* gurgulloj
mürrisch i/e zymtë; i/e ngrysur; i/e pakënaqur; hijerëndë
Muschel *f zoo.* gocë deti; midhj|e, -a
Muse *f myth.* muz|ë, -a
Muse|um, -s, *pl.* en, *n* muzé-u
Musik *f* muzik|ë, -a; **lärmende ~** muzikë e zhurmshme; **~instrument** *n* vegël muzikore; **~liebhaber** *m* qejflí për muzikë; **~wissenschaft** *f* muzikologjí-a
musikalisch muzikor, -e
Musikantengruppe *f* † aheng-u; saze-t
Musiker, -s, *pl.* 0, *m* muzikant-i; muziktar-i
Muskel, -s, *pl.* 0, *m* múskul-i; **~zerrung** *f med.* strapo-ja muskulare
Muslim, -s, *pl.* e, *m* mysliman-i
muslimisch islam, -e
Muße *f* arallëk-u
müssen *muss, musste, hat gemusst* duhet; **der Wagen muss abgeschmiert werden** makina ka nevojë për grasatim
Muster, -s, *pl.* 0, *n* most|ër, -ra; kampion-i; maket-i; yrnek-u; gjedh|e, -ja; *fig.* imazh-i; **~ an Heldentum** imazh-i i trimërisë; **~ ohne Wert** *ök.* mostra pa çmim; **~messe** *f* panair kampionesh; **~vertrag** *m* kontratë-tip
mustergültig paradigmatik, -e
Mut, -(e)s, *m* guximi-i
Mutation *f spr.* përkalim-i
mutig guximtar, -e
Mutmaßung *f* hamendj|e, -a; pandehm|ë, -a
Mutter, *pl.* ¨0, *f* ëm|ë, -a; mëm|ë, -a; nën|ë, -a; lok|e, -ja; *tech.* matravid|ë, -a; kundërvidh|ë, -a; dado-ja; **seine/ihre ~** e ëma
Mutter- amnor, -e; amtar, -e; amënor, -e; **~korn** *n bot.* kllógj|ër, -ra; **~liebe** *f* dashuri-a amënore; dhembshuri-a e nënës; **~recht** *n jur.* e drejta amtare; **~schaft** *f jur.* mëmësí-a; amësí-a; **~schlüssel** *m* çelës-i poligon; **~schwester** *f* Tante motërmëm|ë, -a; **~sprache** *f* gjuhë amtare; **~tier** *n* prind-i, *pl.* -ër-it
mütterlich amënor, -e; amnor, -e; amtar, -e
Mutti *f* mamá-ja = mámi
Mütze *f* skufj|e, -a; qelesh|e, -ja; kësul|ë, -a; kasket|ë, -a; beret|ë, -a; kap|ë, -a; **~macher** *m* qeleshepunues-i
Mykene *ON* Miken|ë, -a
Myrte *f bot.* mërsin|ë, -a
Myster|ium, -s, *pl.* en, *n* mister-i
mystifizieren mistifikoj
Mystik *f* mistik|ë, -a
Mystizismus *m* misticiz|ëm, -mi
mythisch mitik, -e
Mythologie *f* mitologjí-a
Myth|os, *pl.* en, *m* mit-i
Mytilene *ON* Mitilen|ë, -a

N

na! ⟨*Int.*⟩ hë-ni
Nabe *f tech.* bucel|ë, -a
Nabel, -s, *pl.* 0, *m* kërthiz|ë, -a
nach pas ⟨+ *Abl*⟩; për ⟨+ *Akk*⟩; gemäß sipas ⟨+ *Abl*⟩; **~ dem Anschein** sipas gjasës; **~ drinnen** brenda; **~ hinten** prapa ⟨*adv*⟩; **~ innen** brenda ⟨*adv*⟩; **~ unten** poshtë ⟨*adv*⟩; **~ vorne** përpara ⟨*adv*⟩; **~ Vorprüfung** *f* sipas kontrollit paraprak; **er ist verrückt ~ ihr** është çmendur pas saj; **es ist Viertel ~ zwei** ora është dy e një çerek
nach/äffen çinoj
nach/ahmen imitoj; çinoj
Nachahmung *f* imitim-i
Nachbar, -n, *pl.* n, *m* fqinj-i; komshí-u; **~haus** *n* shtëpia fqinje; **~in** *f* fqinj|ë, -a; **~schaft** *f* fqinjërí-a
nachdem ⟨*Konj.*⟩ mbasi; pasi
Nachdenken, -s, *n* reflektim-i
Nachdruck, -(e)s, *pl.* e, *m* ribotim-i; *spr.* emfaz|ë, -a
nacheinander njëri pas tjetrit; ⟨*adv*⟩ rresht
nach/erzählen ritregoj
Nachfolger, -s, *pl.* 0, *m* pasardhës-i
Nachforschung *f* zhbirim-i; **~en an/stellen** bëj një zhbirim
Nachfrage *f* kërkes|ë; -a
nachgereift *nach dem Pflücken* zhungë
nachgestellt *spr.* i/e prap|ëm, -me; i/e prapavendosur; **~er Artikel** *m* nyjë e prapme
Nachkomme, -n, *pl.* n, *m* pasardhës-i
nach/laufen ¨/ie/au vrapoj pas; **den Mädchen ~** harboj me vajza
nachmittags mbasdite; pasdite; pasdreke ⟨*adv*⟩; **~ einen Imbiss nehmen** i/a/o zëmëroj
Nachmittags:imbiss, -es, *pl.* e, *m* zëm|ër, -ra
nach/plappern gojavis *s/t*
Nachprüfung *f*, Prüfungswiederholung *f* riprovim-i
nach/reifen *nach dem Pflücken* ndulket *nur 3. P.*
nach/rennen e/a/a rend pas; **dem Geld nachjagen** rend pas parasë
Nachricht *f* lajm-i; **~en:agentur** *f* agjencia e lajmeve; **~en:übermittlung** *f* komunikim-i; **~en:wesen** *n* ndërlidhj|e, -a
Nachruf, -(e)s, *pl.* e, *m* nekrologjí-a
Nachsatz, -es, *pl.* ¨e, *m spr.* apodoz|ë, -a
Nachsilbe *f spr.* prapashtes|ë, -a
nächst i/e ardhsh|ëm, -me; **~e Woche** *f* javën që vjen; **im nächsten Jahr** vitin e ardhshëm; **der Nächste bitte!** radhën!
Nachstellung *f spr.* prapavendosj|e, -a
Nacht, *pl.* ¨e, *f* nat|ë, -a; **~geschirr** *n*, **~topf** *m* oturak-u; **~hemd** *n* këmishë nate; **~schicht** *f* ndërresa e natës; turni i natës; **~tisch** *m* komodin|ë, -a; **~tischlampe** *f* llambë nate
Nachteil, -s, *pl.* e, *m* dëm-i; **zum ~ von** në dëm të ⟨+ *G*⟩
Nachtigall *f* bilbil-i
Nachtisch, -s, *m* desert-i; ëmbëlsir|ë, -a

Nachtmahr, -s, *pl.* e, *m* † lugat-i
nachtonig *spr.* pastheksor, -e
Nachtrag, -(e)s, *pl.* ¨e, *m* *jur.* amendament-i
nach/tragen ¨/u/a azhurnoj
Nachtrags- suplementar, -e; plotësues, -e
nachts ⟨*adv*⟩ nétëve; **ist ~ geöffnet?** a është hapur natën?
Nachwort, -(e)s, *pl.* e, *n* pasthëni|e, -a; epilog-u
Nachzügler, -s, *pl.* 0, *m* vonestar-i
Nacken, -s, *pl.* 0, *m* zverk-u; qaf|ë, -a
nackt i/e zhveshur; lakuriq, -e; ⟨*adv*⟩ dákull; **Nacktschnecke** *f* jargavec-i
Nacktheit *f* lakuriqësí-a
Nadel *f* gjilpër|ë, -a; **~baum** *m*, **~holz** *n* halor-i; **~kissen** *n* jastëçk|ë, -a
Nagel, -s, *pl.* ¨0, *m* gozhd|ë, -a; *Fingernagel* th|ua, -oi; **~lack:entferner** *m* aceton-i
nageln gozhdoj
nagen brej; gërmis *s/t*
Nager, -s, *pl.* 0, *m*, **Nagetier** *n* *zoo.* brejtës-i
nah i/e afërm; i/e afërt; ⟨*adv*⟩ afër
Nähe *f* afërsí-a
nahe/bringen i/a/a, **näher/bringen** afroj, qas
nähen qep
Naher Osten *m* Lindja e Afërt
Näherin *f* rrobaqepës|e, -ja
nähern afroj; **sich ~** afrohem; qasem
Nähmaschine *f* makinë qépëse
Nahost Lindja e Afërt
Nähr- ushqyes, -e; **~wert** *m* vlerë ushqyese
nahrhaft i/e ushqyesh|ëm, -me
Nahrung *f* ushqim-i
Nähseide *f* byrynxyk-u
Naht, *pl.* ¨e, *f* gropsht|ë, -a; tegel-i
Nahversetzung *f* *spr.* metatezë fqinjësore
Name, -ns, *pl.* n, *m* em|ër, -ri; **~ der Mutter** amësí-a
namens në emër të ⟨+ *G*⟩
Namens- emëror, -e; **~kunde** *f* onomastik|ë, -a
namibisch namibian, -e
nanu ⟨*Int.*⟩ ëhë
Napf, -(e)s, *pl.* ¨e, *m* çanak-u
Naphtha *n* naft|ë, -a
Narbe *f* blan|ë, -a; vurrat|ë, -a; mbres|ë, -a
Narkose *f* *med.* narkoz|ë, -a
narkotisch narkotik, -e
narkotisieren narkotizoj; *fig.* trullos
Narr, -en, *pl.* en, *m* budallá-i
narrativ *spr.* tregimtar, -e
Narretei *f* marrëzí-a; budallallëk-u
Närrin *f* budallaq|e, -ja
närrisch i/e marrë; marrak, -e; marrash, -e; marroq, -e; marrok, -e; ⟨*adv*⟩ gomarisht
Narzisse *f* *bot.* fulj|e, -a
nasal *spr.* hundor, -e
Nasal, -s, *pl.* e, *m* *spr.* bashkëtingëllore hundore; hundor|e, -ja
Nasalierung *f* *spr.* hundorëzim-i
Nase *f* hundë, -a; **~n:bluten** *n* hemoragji nga hunda; **~n:flügel** *m* flég|ër, -ra; **~n:loch** *n* hójëz-a; **~n:löcher** *Pl.* fejzat e hundës; **~n:ring** *m* *für Tiere* balçik-u; **~n:scheidewand** *f* *med.*

diafragma e hundës
näseln hundëroj; **~d** *spr.* hundak, -e
Nashorn, -(e)s, *pl.* ¨er, *n zoo.* hundëbri-ri; rinoqeront-i
nass i/e lagur; **~ machen** lag
Nassauer *fig.* sahanlëpirës-i; qylaxhí-u
Nässe *f* lagështir|ë, -a
Nation *f* komb-i
national kombëtar, -e; nacional, -e; **~e Minderheit** *f* pakicë kombëtare
Nationalbibliothek *f* bibliotekë kombëtare
Nationale Front *f hist.* Ball-i Kombëtar
Nationale Wiedergeburt *hist.* Rilindja Kombëtare
Nationalhymne *f* himn shtetëror
nationalisieren kombëtarizoj
Nationalismus *m* nacionaliz|ëm, -mi
Nationalität *f* kombësí-a
Nationalitäten- nacional, -e; **~konflikt** *m* grindje nacionale
Nationalitätskennzeichen, -s, *pl.* 0, *n tech.* targë kombësie
Nationalpark, -s, *pl.* s, *n* park kombëtar
Nationalsozialismus *m*, **Nazismus** *m*, **Nazitum** *n* naziz|ëm, -mi
Natur *f* natyr|ë, -a
Natur- natyror, -e; **~forscher** *m* natyralist-i; **~schätze** *Pl.* pasurí të natyrës; **~schutzgebiet** *n* park kombëtar; rezervat-i; **~wissenschaften** *Pl.* shkenca të natyrës; shkenca-t natyrore
Naturalismus *m* natyraliz|ëm, -mi
Naturalist, -en, *pl.* en, *m spr.* natyralist-i
natürlich i/e natyrsh|ëm, -me; natyror, -e; ⟨*adv*⟩ natyrisht; doemos; helbeté; **~es Geschlecht** *n spr.* gjini-a natyrore
Natürlichkeit *f* natyrësí-a; natyrshmërí-a
Navicert *n ök.* dëftesë detare
Navigationsoffizier, -s, *pl.* e, *m naut.* shturman-i
Nazi, -s, *pl.* s *m* nazist-i; **~verbrechen** *Pl.* krimet e nazistëve
nazifaschistisch nazifashist, -e
Neandertaler, -s, *pl.* 0, *m* neandertal-i
Neapel *ON* Napoli
Nebel, -s, *pl.* 0, *m* mjégull-a; **~krähe** *f zoo.* sorr|ë, -a
neben përbri ⟨+ *Abl*⟩; pranë ⟨+ *Abl*⟩; ánash ⟨+ *Abl*⟩; krahas ⟨+ *Abl*⟩
Neben- anësor, -e; **~satz** *m spr.* fjali-a e nënrenditur; **~strafe** *f jur.* dënim-i plotësues
nebeneinander pranë njëri tjetrit; **wir wohnen ~** banojmë derazi
neblig i/e mjégullt; **~ sein** ka mjegull
Neffe, -n, *pl.* n, *m* nip-i
Negation *f* mohim-i
negativ mohues, -e; negativ, -e
Negativ, -s, *pl.* e, *n* negativ-i
Neger, -s, *pl.* 0, *m* † zezak-u; **~musik** *f* † amerikanat|ë, -a
negieren mohoj
nehmen, *nimmt, nahm, hat genommen* marr; zë; **in Besitz ~** zotoj; pushtoj
Neid, -(e)s, *m* zilí-a; smir|ë, -a; res|ë, -a; maraz-i; **~ verspüren** zileps
Neider, -s, *pl.* 0, *m*, **Neidhammel** *m* smirëzí-u
neidisch zilar, -e; ziliqar, -e; resëkeq,

-e; ~ **sein** zileps, resoj
neigen zu etw. anoj nga ⟨+ *Nom*⟩
Neigung *f* tendenc|ë, -a; prirj|e, -a
nein jo
Nekrolog, -(e)s, *pl.* e, *m* nekrologjí-a
Nektar, -s, *m bot.* nektar-i; ujë-mjalt|ë, -i
Nelke *f bot.* karafil-i
nennen *nennt, nannte, hat genannt* quaj, *-ta, -tur*
Nenner, -s, *pl.* 0, *m math.* emërues-i
Neolithikum *n* neolit-i
Neologismus *m spr.* neologjiz|ëm, -mi
Neonröhre *f tech.* llambë neoni
Nephritis *f med.* nefrit-i
Nerven- nervor, -e; **~system** *n* sistemi nervor; **~zelle** *f* qelizë nervore
nervig gazepqar, -e
nervös nervoz, -e; nevrik, -e; i/e nevrikosur; ~ **machen** nevrikos; nervozoj
Nest, -(e)s, *pl.* er, *n* folé-ja; çerdh|e, -ja; **ein warmes ~ finden** gjej një bice
Nettogewinn, -s, *pl.* e, *m ök.* fitim-i neto
Netz, -es, *pl.* e, *n* rrjet|ë, -a; *fig.* rrjet-i; **~haut** *f med.* rrjetëz-a; retin|ë, -a
neu i ri, *f.* e re; **das Neue** e re-ja
neu- ⟨*Präfix*⟩ ri-; **er schrieb den Artikel noch einmal** ~ e ribëri artikullin
Neuauflage *f*, **Neuausgabe** *f* ribotim-i
Neubewertung *f* rivlerësim-i
Neubildung *f spr.* analogji-a krijuese
Neuerer, -s, *pl.* 0, *m* novator-i
Neuerung *f spr.* inovacion-i; risí-a
Neuerwerbungskatalog, -s, *pl.* e, *m* katalog i hyrjeve të reja
Neufassung *f Gesetz jur.* amendament-i
Neugier *f* kërshërí-a; kureshtj|e, -a; ~ **befriedigen** ngop kureshtjen
neugierig kureshtar, -e
Neuheit *f*, **Neuigkeit** *f* risí-a
Neujahr Viti i Ri; Motmoti i Ri; kryemot-i; kryevit-i
neulateinisch neolatin, -e
Neuling, -s, *pl.* e, *m* rishtar-i
Neumond, -(e)s, *pl.* e, *m* hënë e re; **bei** ~ hënabrenda ⟨*adv*⟩
neun nëntë; **der neunte** i nëntë; **~zehn** nëntëmbëdhjetë; **der ~zehnte** i nëntëmbëdhjetë; **~zig** nëntëdhjetë
Neuralgie *f med.* nevralgjí-a
Neurasthenie *f med.* nevrastení-a
Neurologe, -n, *pl.* n, *m* neurolog-u
Neurose *f med.* neuroz|ë, -a
Neusatz *ON* Novi-Sad
Neuschöpfung *f spr.* analogjí krijuese
Neuseeland Zelanda e Re
Neusilber *Kupfer-Nickel-Legierung* fakfun-i
neutral asnjanës, -e; **~isieren** asnjanë-soj; neutralizoj
Neutralisierung *f* asnjanësim-i
Neuzugänge *Pl. Bibliothek* hyrjet e reja
New York Nju-Jork-u
nicht nuk; s'; mos; ~ **einmal** as; ~ **essbar** i/e cíqër; ~ **gastfreundlich** bukëz|í, -ezë; ~ **können** s'mund; dot ⟨*Partikel*⟩; ~ **sesshaft** endacak, -e; ~ **verantwortlich** *jur.* i/e papërgje-gjsh|ëm, -me; ~ **vor Ablauf von zwei Stunden essen** pa kaluar dy orë mos hani

Nichtbeachtung *f*, **Nichtbefolgung** *f* moszbatim-i

Nichte *f* mbes|ë, -a; **seine/ihre ~** e mbesa

Nichteinigung *f* mosmarrëveshj|e, -a

Nichterscheinen, -s, *n jur.* mospara-qitj|e, -a

nichtig i/e asgjësh|em, -me

Nichtigkeit *f* asgjësí-a

Nichtlieferung *f* mosdorëzim-i

nichts asgjë; hiç; hiçgjë; hiçmosgjë; **das macht ~** s'prish punë; **~ aus/richten** bëj një vrimë në ujë

Nichts, das ~ hiç-i; asgjësí-a

nichtsdestoweniger asgjëmángut; megjithatë

Nichtsein, das ~ mosqeni|e, -a

Nickel, -s, *n* Ni *chem.* níkel-i

Nickerchen, -s, *pl.* 0, *n* dremk|ë, -a; **ein ~ machen** marr një sy gjumë

nie kurrë ⟨+ *Neg*⟩ askurrë; asnjëherë

Niederdeutsch *spr.* gjermanishte e poshtme

nieder/drücken tulatem

Niedergang, -s, *m* rëni|e, -a

nieder/gehen e/i/a ulem

niedergeschlagen i/e përvúajtur; zemërlëshuar

Niedergeschlagenheit *f* përvuajtj|e, -a; shkurajim-i

Niederlage *f* disfat|ë, -a; *spo.* humbj|e, -a

Niederlande *Pl.* Vendet e Ulëta; Holand|ë

Niederländer, -s, *pl.* 0, *m* holandez-i

niederländisch holandez, -e

nieder/machen bëj rrapitoll me tokën

nieder/metzeln kërdis

Niederschlag, -(e)s, *pl.* ¨e, *m* reshj|e, -a

Niederschrift *f* procesverbal-i

Niedertracht *f* sherr-i; mbrapshtí-a

niederträchtig i/e mbraphstë

Niederung *f* ultësir|ë, -a; **feuchte ~** ligatin|ë, -a

nieder/werfen i/a/o rrëzoj

niedrig i/e ulët; *Qualität* i/e dobët; **~er Beweggrund** *m jur.* shkak i dobët

niemals kurrë ⟨+ *Neg*⟩ askurrë; asnjëherë

niemand, -(e)s askush ⟨+ *Neg*⟩ kurrkush; xhanxhin; asnjër|i, -a; asnjerí-u

Niere *f* veshk|ë, -a; **~n:entzündung** *f med.* nefrit-i; **~n:steine** *Pl. med.* gurë në veshkat

nieseln rigon

Nieselregen, -s, *m* shi-u i imtë

niesen teshtij, *-va, -rë*

Niesen, das ~ teshtitj|e, -a

nigerianisch nigerian, -e

Nikotin, -s, *n chem.* nikotin|ë, -a

nirgends asgjëkundi ⟨+ *Neg.*⟩; hiçgjë-kund; kurrkund; askund

Niš *ON* Nish-i

Nische *f* kamar|e, -ja

Niveau, -s, *pl.* s, *n* [ni'vo:] nivel-i; **~unterschied** *m* disnivel-i

Nivellierung *f* nivelim-i

nix, *s.* nichts

Nizza *ON* Nic|ë, -a

nobel bujar, -e; fisnik, -e

Noblesse *f* bujarí-a; fisnikërí-a

noch akoma; ende; edhe; halá; **~ einmal** édhe një herë; **~ nicht** ende s';

~ vor Morgengrauen ende s'kishte zbardhëlluar
Nockenwelle *f tech.* bosht-i me gunga
nolens volens dashur padashur
nomadisierend nomad, -e; endacak, -e
Nom|en, -s, *pl.* ina, *n spr.* em|ër, -ri, *pl.* -ra-t; **~ agentis** *spr.* emër vepruesi; **~klatur** *f* emërtes|ë, -a
nominal nominal, -e; *spr.* emëror, -e; **~e Wortgruppe** *f* togfjalësh emëror
Nominativ, -s, *pl.* e, *m spr.* emëror|e, -ja
Nonne *f* murgesh|ë, -a; *orthodox* kallogré-ja
Nord- boreal, -e; verior, -e; **~irland** Irlanda e Veriut; **~licht** *n* aurorë polare; aurorë boreale; **~osten** *m* verilindj|e, -a; **~pol** *m* poli i Veriut; **~see** *f* Deti i Veriut; **~westen** *m* veriperëndi-i; **~wind** *m* goren-i
Norden, -s, *m* verí-u; goren-i
nördlich verior, -e
Nörgler, -s, *pl.* 0, *m* ankoj|ë, -a; kritizer-i
Norm *f* norm|ë, -a; standard-i; **Normativ** *n*, Normwert *m ök.* normativ|ë, -a
normal normal, -e; **Ihr Blutdruck ist ~** *med.* tensionin e keni normal
normalisieren normalizoj
normen normoj
normieren *spr.* normëzoj
Norwegen Norvegjí-a
norwegisch norvegjez, -e
Not *f* zi-a; mjerim-i; vështirësí-a; **~ausgang** *m* dalje alarmi; **~bremse** *f tech.* fren sigurimi; **~dienst** *m*, **~arzt** *m* ndihma e shpejtë; **~durft** *f* nevojë; **seine ~durft verrichten** bëj nevojën; **~landung** *f* ulje për arsye difekti; **~stand** *m jur.* nevojë ekstreme; **~wehr** *f jur.* mbrojtje e nevojshme
Notabeln *Pl.* † parí-a
Notar, -s, *pl.* e, *m* noter-i; **~iat** *n jur.* noterí-a
Note *f* not|ë, -a
notieren shënoj
nötig i/e domosdosh|ëm, -me; **~ sein** lypset
nötigen shtrëngoj; detyroj
Nötigung *f* shtrëngim-i
Notiz *f* shënim-i
notwendig i/e nevojsh|ëm, -me; i/e domosdosh|ëm, -me; i/e duhur
Notwendigkeit *f* domosdoshmërí-a; nevoj|ë, -a
Novelle *f* novel|ë, -a; *jur.* amendament-i; projektligj-i
November *m* nëntor-i; vjeshta e tretë
Noviziat, -(e)s, *pl.* e, *n rel.* rishtarí-a
Nuance *f* nuanc|ë, -a
nüchtern i/e esëllt; ⟨*adv*⟩ esëll
Nudel *f* makarona-t; **~gericht** *n*, Mehlspeise *f* brum|ë, -i; **säuerliche gebundene ~suppe** supë magjerica
nuklear, Kern- bërthamor, -e
Null *f* zero-ja
Numerale *n spr.* numëror-i
Numerus *m spr.* num|ër, -ri
Numismatik *f* numizmatik|ë, -a
Nummer *f* num|ër, -ri; **laufende ~** numri rendor; **~n:schild** targ|ë, -a
nummerieren numërtoj; numëroj
Nummerierung *f* numërtim-i
nun taní, tash; ~! ⟨*Int.*⟩ nejse
nur vetëm; **er/sie blies ~ auf der Flöte**

s'bënte gjë tjetër veçse i binte fyellit
Nürnberg *ON* Nuremberg-u
nuscheln nunuris *s/t*
Nutte *f* zusk|ë, -a; kurv|ë, -a;
Nutzen dobí-a; dobishmërí-a; leverdí-a; interes-i; ~ **ziehen** ie/o/o nxjerr grat
nutzen shfrytëzoj; **ich nutze das schöne Wetter** shfrytëzoj kohën e mirë; **es nutzt nichts** është e kotë
Nutzleistung *ök.* rendiment-i
nützlich dobiprurës, -e; i/e dobish|ëm, -me; i/e gratsh|ëm, -me
Nützlichkeit *f* dobishmërí-a
nutzlos i/e padobish|ëm, -me; ⟨*adv*⟩ bosh
Nutzung *f* shfrytëzim-i
Nuss, *pl.* ¨e, *f* arr|ë, -a; ~**-Blätterteig** *m* bakllavá-ja; ~**baum** *m* arr|ë, -a; ~**baumhain** *m* arrisht|ë, -a; ~**schale** *f* lëvozhgë arre
Nylon, -s, *n chem.* najlon-i
Nymphaion *n hist.* nimfé-u

O

o ...! ⟨*Partikel zur Bezeichnung des Vokativs*⟩ or; oré; *f.* moj; **o weh!** ⟨*Int.*⟩ ububú!; pupu; medet; hajmedet; vajmedet; **oh** ⟨*Int.*⟩ eh; u; uá; **oh, wie das wehtut!** u, sa më dhemb; **oh, wie schön!** uá, sa bukur!
O-Bus *m* trolejbus-i
Oase *f* oaz|ë, -a
ob a ⟨*Partikel, leitet Satzfrage ein*⟩; ⟨*Konj*⟩ nëse; palé; **ob er wohl noch kommt?** a do të vijë vallë akoma?; **ob er wohl** ... **ist** mos është ...
Obelisk, -(e)s, *pl.* e, *m* obelisk-u
oben lart; **nach** ~ lart; **von** ~ nga lart; ~**erwähnt** i/e lartpërmendur
Ober, -s, *m* kamerier-i
Ober- i/e mësípërm, -e; krye-; ~**-Steward** *m*, ~**kellner** *m* kryekamerier-i; ~**arm** *m* llër|ë, -a; ~**deck** *n* kuvertë madhore; ~**deutsch** *spr.* gjermanishte e epërme; ~**fläche** *f* sipërfaq|e, -ja; syprin|ë, -a; ~**geschoss** *n* kat-i i mësipërm; ~**landesgericht** *n* gjykata e apelit; ~**kommandierender** *m mil.* kryekomandant-i; ~**leutnant** *m mil.* kapiten-i i klasës së dytë; ~**schenkel** *m* kofsh|ë, -a; ~**schenkelknochen** *m* këllk-u; çapok-u; ~**schicht** *f* oxhakërí-a; parí-a; *spr.* mbishtres|ë, -a; ~**schwester** *f med.* kryeinfermier|e, -ja; ~**ton** *m spr.* mbiton-i
oberer i/e épërm, -e; **oberes Viertel** *n* lagje e epërme
Oberflächen- sipërfaqësor, -e; *spr.* ~**struktur** *f* strukturë sipërfaqësore
oberflächlich i/e sipërfaqsh|ëm, -me
Oberflächlichkeit *f* cektësí-a; -a; **ideologische** ~ cektësi-a ideologjike
Oberhaupt, -(e)s, *pl.* ¨er, *n* kryetar-i; ~ **einer Sippe** babazot-i; ~ **der Bektaschi-Derwische** *rel.* kryegjysh-i; ~ **der Schäfer** *bei den Aromunen hist.* çelnik-u; **Oberhäupter** *Pl.* parí-a

Obers *n, s.* Sahne
Oberst, -en, *pl.* en, *m mil.* kolonel-i; **~leutnant** *m* nënkolonel-i; **er wurde zum ~leutnant befördert** u gradua nënkolonel
obgleich ⟨*Konj.*⟩ ndonëse; megjithëqë; megjithëse
obig i/e mësípërm, -e
Objekt, -(e)s, *pl.* e, *n* objekt-i; send-i; *spr.* kundrin|ë, -a; **~satz** *m* fjali-a kundrinore; **~s:kasus** *m* rasë pësore
objektiv objektiv, -e; ⟨*adv*⟩ objektivisht
Objektiv, -s, *pl.* e, *n tech.* objektiv-i
Objektivismus *m phi.* objektiviz|ëm, -mi
Objektivität *f phi.* objektivitet-i
Oblate *f rel.* blat|ë, -a; ost|e, -ja; mblat|ë, -a
Obligation *f* detyres|ë, -a; *ök.* zotim-i
obligatorisch i/e detyruesh|ëm, -me; ⟨*adv*⟩ detyrimisht
Oboe *f mus.* zurná-ja
Observation *f* përgjim-i
Observatori|um, -s, *pl.* en, *n* observator-i
Obskurantismus *m* obskurantiz|ëm, -mi
Obst, -es, *n* frut|ë, -a; pem|ë, -a; **~ und Gemüse** fruta dhe perime
Obst- frutor, -e; **~bau** *m* pemëtarí-a; **~baum** *m* pem|ë, -a; **~bäume** *Pl.* drurët frutorë; **~korb** *m* zymbyl|e, -ja
Obstipation *f med.* kapsllëk-u
obwohl ⟨*Konj.*⟩ megjithëqë; megjithëse; ndonëse
Ochse, -n, *pl.* n, *m* ka-u, *pl.* qe-të; **weißer ~** balo-ja; **~n:stachel** *m* hosten-i
Ode *f spr.* od|e, -ja
oder a; apó; *dial.* o; óse
Ofen, -s, *pl.* ¨0, *m* furr|ë, -a; stuf|ë, -a; sob|ë, -a; *dial.* forum-i; **~rohr** *n* qyng-u i sobës
ofenfrisch i/e porsapjekur
offen i/e çélur; i/e hapët; ⟨*adv*⟩ háptazi; *unentschieden* ⟨*adv*⟩ pézull; *unbekümmert* troç; *deutlich* ashiqare
Offenbarung *f* zbules|ë, -a; *jur.* përhapj|e, -a
Offenheit *f* haptësí-a
Offensive *f mil.* ofensiv|ë, -a
öffentlich botor, -e; publik, -e; ⟨*adv*⟩ botërisht; ashiqare; **~e Meinung** *f* opinion publik; **~e Rüge** *f jur.* qortim shoqëror; **~es Bad** *n* banjë publike; **~es Gebäude** *n* ndërtesë botore
Offerte *f ök.* ofert|ë, -a
offiziell zyrtar, -e; ⟨*adv*⟩ zyrtarisht
Offizier, -s, *pl.* e, *m* oficer-i; toger-i; **zweiter ~** *naut.* shturman-i
öffnen hap; zhdryj; çel; **sich ~** shpërthej
Öffner, -s, *pl.* 0, *m tech.* hapës|e, -ja
Öffnung *f* haptësí-a; Öffnungsgrad *spr.* hapj|e, -a
Offset-Druck *m typ.* ofset-i; shtyp-i ofset
oft ⟨*adv*⟩ shpesh
Ohm *n Messeinheit des elektr. Widerstands* Ω om-i
ohmächtig i/e alivanosur; **~ werden** alivanosem; zalisem; i bie të fikët
ohne pa ⟨+ *Akk*⟩; **~ zu** pa ; **~ Hände und Füße zu bewegen** pa lëvizur as

këmbë, as duar; ~ **weiteres** patjetër; ~ **Zusatz** sade

Ohnmacht *f* zalí-a; alivan-i; alivaní-a; pazotësí-a; ligështí-a; *med.* mekth-i; të fikët; kllapí-a

oho! ⟨*Int.*⟩ obobó; ëhë; ehú

Ohr, -(e)s, *pl.* en, *n* vesh-i; **~en:sausen** *n med.* cingërim|ë, -a; **~feige** *f* flakaresh-i; shput|ë, -a; shuplak|ë, -a; **~läppchen** *n* llap|ë, -a; **~ring** *m* vath-i; **~wurm** *m zoo.* karrabisht-i

Ohrid *ON* Oh|ër, -ri

Okklusion *f spr.* mbyllj|e, -a

Okklusiv, -s, *pl.* e, *m spr.* bashkëtingëllore mbylltore; mbylltor|e, -ja

Okkupation *f* pushtim-i

okkupieren pushtoj

Ökologie *f* ekologjí-a

ökologisch ekologjik, -e

Ökonom, -en, *pl.* en, *m* ekonomist-i

Ökonomie *f* ekonomí-a

ökonomisch ekonomik, -e

Okra *bot.* bamj|e, -a

Oktav *f mus.* oktav|ë, -a; **~format** *n typ.* format-i tetësh

Oktober *m* tetor-i; vjeshta e dytë

ökumenisch *rel.* ekumenik, -e

Öl, -(e)s, *pl.* e, *n* vaj-i; **raffiniertes** ~ vaj i rafinuar; **wilder ~baum** *m* ullast|ër, -ra; egërlé-ja; **~einfüllstutzen** *m tech.* vend lubrifikimi; **~filter** *m tech.* filtri i vajit; **~kännchen** *n* vajnik-u; **~kanne** *f* vajor|e, -ja; vajnik-u; **~leuchte** *f* mashallá-ja; **~mess:stab** *m* nivelator vaji; **~stand** *m* nivel-i i vajit

Oleander, -s, *pl.* 0, *m bot.* dafinë deti; land|ër, -ra

ölen vajoj; vajos; *salben* miros; *tech.* lyrësoj

Oligarchie *f* oligarkí-a

Olive *f bot.*, **~n:baum** *m* ullí-ri; **~n:hain** *m* ullisht|ë, -a = ullisht|e, -ja

Ölung *f* mirosj|e, -a; **letzte** ~ *rel.* vojim-i

Olympiade *f* olimpiad|ë, -a

olympisch olimpik, -e

Omelette, -s, *pl.* s, *n* [-ˈlɛt] omëlet|ë, -a

Om|en, -s, *pl.* ina, *n* ogur-i; **gutes** ~ ogur i mirë

Omnibus *m* autobus-i

Ondulierung *f* ondulacion-i

Onkel, -s, *pl.* 0, *m* ungj-i; axh|ë, -a; dajl|ë, -a; xhaxhá-i; bac|ë, -a; **~chen** *n* xhaxho-ja

Onomastik *f* onomastik|ë, -a

onomatopoetisch *spr.* onomatopeik, -e; tingullimitues, -e

Onomatopöie *f*, Lautmalerei *spr.* onomatopé-ja

Opa, -s, *pl.* s, *n* babagjysh-i; babamadh-i

Opanken *Pl.* oping|ë, -a; **~macher** *m*, **~verkäufer** *m* opingar-i

Oper *f* oper|ë, -a; **~n:haus** *n* oper|ë, -a

Operations-, operativ, -e; **~saal** *m* sallë operacioni; **~zone** *f mil.* zonë operative

Operator, -s, *pl.* en, *m*, Betreiber *m* operator-i

Operette *f mus.* operet|ë, -a

operieren *med.* operoj

Opfer, -s, *pl.* 0, *n* fli-ja; sakrific|ë, -a; viktim|ë, -a; **~bereitschaft** *f*, **~gang**

m therorí-a; **~tier** *n* kurban-i
opfern flijoj; therorizoj
Opferung *f* flijim-i
Opportunismus *m* oportuniz|ëm, -mi
opportunistisch oportunist, -e
Opposition *f* opozit|ë, -a; kundërshtim-i; *spr.* kundërvëni|e, -a
Oppositions- opozitar, -e; **~partei** *f* parti-a opozitare
Optativ, -s, *pl.* e, *m spr.* dëshiror|e, -ja
Optik *f* optik|ë, -a
Optimismus *m* optimiz|ëm, -mi
Optimist, -en, *pl.* en, *m* optimist-i
optimistisch optimist, -e
optisch optik, -e
Orakel, -s, *pl.* 0, *n* orákull-i
oral *spr.* gojor, -e
Orange *f* [o'rãʒə] *bot.* portokall-i
Orangeade *f*, Apfelsinensaft *m* arançat|ë, -a; portokallat|ë, -a
Orbit, -s, *pl.* s, *m* orbit|ë, -a
Orchester, -s, *pl.* 0, *n* orkest|ër, -ra
Orchester- orkestral, -e; **~leiter** *m* dirigjent-i; **~musik** *f* muzikë orkestrale
Orchidee *f bot.* orkidé-ja
Orden, -s, *pl.* 0, *m* medalj|e, -a; nishan-i; *rel.* urdh|ër, -ri; **~ der Arbeit Erster Klasse** Urdhri i Punës i Klasit të Parë
ordentlich i/e mbarë; i/e rrégullt
Order *f ök., mil.* porosí-a; **~lagerschein** *m ök.* varrant-i
Ordinalzahl *f* numëror rreshtor, numëror rendor
Ordination *f rel.* shugurim-i
ordinieren *rel.* dorëzoj; shuguroj
ordnen rendis s/t; radhis s/t; kanalizoj
Ordnung *f* rend-i, *pl.* -e-t; rrégull-i; regjim-i; renditj|e, -a; **in ~** në rrégull; **~s:sinn** *m* tertip-i; **~s:zahl** *f spr.* numëror rreshtor, rendor; **Bewässerungs~** regjim-i i ujitjes
Ordonnanz *f mil.* ordinanc|ë, -a
Oregano *m bot.* rigon-i
Organ, -s, *pl.* e, *n* organ-i
Organisation *f* organizat|ë, -a
Organisations- organizativ, -e; **~fragen** *Pl.* çështje organizative; **~talent** *n* tertip-i
organisch organik, -e
organisieren organizoj
Organismus *m* organiz|ëm, -mi
Organist, -en, *pl.* en, *m mus.* organist-i
Orgel *f mus.* órgano-ja; **~spieler** *m* organist-i
Orgie *f* zdërhallj|e, -a; orgjí-a
orientalisch oriental, -e
Orientalistik *f* orientalistik|ë, -a
orientieren orientoj
Orientierung *f* orientim-i
Orientierungs- orientues, -e; **~punkt** *m mil.* orientues-i; **~zeichen** *n* shenjë orientuese
Originalität *f* origjinalitet-i
Orkan, -s, *pl.* e, *m* uragan-i
Ort, -(e)s, *pl.* e, *m* vend-i; vis-i; **~leihe** *f* sektor huazimi; **~name** *m* toponim-i
Orthodoxie *f rel.* ortodoksí-a
Orthoepie *f* drejtshqiptim-i
Orthographie *f* drejtshkrim-i
Orthopäde, -n, *pl.* n, *m med.* ortoped-i
Orthopädie *f* ortopedí-a
örtlich i/e vendit; vendas, -e

Ortung *f mit Radar* radiolokacion-i
Öse *f* ilik-u; rez|e, -ja
Osmane, -n, *pl.* n, *m* osman-i; *Schimpfname hist.* halldup-i
osmanisch osman, -e; **~e Sprache** *f* osmanisht|e, -ja; **Osmanisches Reich** Perandoria Osmane
Ost- lindor, -e; **~-Deutschland** Gjermania Lindore; **~europa** Evropa Lindore
Osten lindj|e, -a
Ostern *Pl.* pashkë-t
Österreich Austrí-a; **~-Ungarn** Austro-Hungarí-a
Österreicher austriak-u
österreichisch austriak, -e
östlich lindor, -e
Ostsee *f* Baltik-u; deti Baltik
Ouvertüre *f mus.* uvertur|ë, -a
Ouzo *m*, Anisschnaps uzo-ja
oval oval, -e; vezak, -e
oxidieren oksidoj
Oxymor|on, -s, *pl.* a, *n spr.* oksimoron-i
Ozean, -s, *pl.* e, *m* oqean-i
Ozean- oqeanik, -e; **~dampfer** *m* anije transoqeanike; anije oqeanike; oqeanik-u
Ozeanien Oqeaní-a
Ozon *n chem.* ozon-i

P

paar: **ein ~** do; disá; ca
Paar, -es, *pl.* e, *n* çift-i
paaren ndërzej *e/ye*
paarig ⟨*adv*⟩ çift
Paarung *f* ndërzim-i
Pacht *f* arend|ë, -a qirá-ja
Pächter, -s, *pl.* 0, *m* qiramarrës-i; bujk-u
Pack, -(e)s, *pl.* e, *m;* **Packen** *m* pako-ja; ball|ë, -a; deng-u
Päckchen, -s, *pl.* 0, *n* kolipost|ë, -a; paket|ë, -a; pako-ja
packen rrëmbej *e/ye;* **ihn packte das Fieber** e zaptuan ethet
Pädagoge, -n, *pl.* n, *m* arsimtar-i
Pädagogik *f* pedagogjí-a
Päderastie *f* pederastí-a
paff ⟨*Int.*⟩ bof
Paginierung *f typ.* numërtim-i i faqeve
Paket, -(e)s, *pl.* e, *m* paket|ë, -a; pako-ja
pakistanisch pakistanez, -e
Paläographie *f* paleografí-a
Palast, -(e)s, *pl.* ¨e, *m* pallat-i
palästinensisch palestinez, -e
palatal *spr.* qiellzor, -e
palatalisiert *spr.* i/e zbutur
Palatum *n spr.* qiellz|ë, -a
Palette *f fig.* gam|ë, -a; diapazon-i
Palmsonntag *m* e diel e larit
Pampelmuse *f bot.* grejpfrut-i
panamaisch, **panamesisch** panamez, -e
Panik *f* panik-u
Panne *f* avarí-a
Panoram|a, -s, *pl.* en, *n* pamj|e, -a; tabló-ja

Pantoffel *Pl.* pandofla-t

Panzer, -s, *pl.* 0, *m* korac|ë, -a; tank-u; tanks-i; *Tier* guask|ë, -a; **~fahrer** *m* tankist-i; **~faust** *f* kundërtank-u; bazuk|ë, -a; **~wagen** *m* autoblind|ë, -a

panzern blindoj

Panzerung *f* korac|ë, -a; blind|ë, -a

Papa *m* bab|ë, -a *m.; Anrede* bac|ë, -a; babá-i

Papi *m* babi

Papier, -s, *pl.* e, *n* let|ër, -ra; kart|ë, -a; dokument-i; **vergilbtes ~** letër e zverdhur; **~geld** *n* kartëmonedh|ë, -a; **~korb** *m* kosh letrash; **~schneider** *m* prerëse letrash; **~servietten** *Pl.* letër buzësh

Pappe *f* karton-i; kartuç-i

Pappel *f* *bot.* plep-i

Paprika, -s, *pl.* s *m*, **~schote** *f* spec-i; piper i kuq; *eine Art rund wie Tomaten* gogozhar|e, -ja

Parabel *f* *math.* parabol|ë, -a; *spr.* Gleichnis shëmbëlltyr|ë, -a

Parade *f* parad|ë, -a; *mil.* revist|ë, -a

Paradies, -es, *pl.* e, *n* parajs|ë, -a; *der Muslime* xhenet-i

paradigmatisch *spr.* paradigmatik, -e

Paragraph, -en, *pl.* en, *m* paragraf-i; kryerresht-i

Paralyse *f* *med.* paraliz|ë, -a

paramilitärisch paraushtarak, -e

parasitisch parazit, -e

parataktisch *spr.* i/e bashkërenditur; parataktik, -e

Parataxe *f* *spr.* pranërenditj|e, -a

Parenthese *f* *spr.* ndërshtëni|e, -a

parenthetisch i/e ndërshtënë

Parfum [par'fœ̃:] parfum-i

Parität *f* paritet-i

Park, -s, *pl.* s, *n* park-u; **~anlage** *f* lulisht|ë, -a; lulisht|e, -ja; **~uhr** *f* automat parkimi; **~verbot** *n* ndalim parkimi; **~platz** *m* shesh parkimi; vendqëndrim-i; **~ für PKWs** vendqëndrimi për vetura/makina

parken parkoj

Parkett, -(e)s, *pl.* e, *n* parket-i; *im Theater* platé-ja

parlamentarisch parlamentar, -e

Parlament, -(e)s, *pl.* e, *n* parlament-i; **~s:mitglied** deputet-i

Parole *f* parull|ë, -a; *spr.* ligjërim-i

Paroxytonon *n* *spr.* fjalë me theks njëparafundor

Partei *f* partí-a; an|ë, -a; **~ ergreifen für** anoj; marr anën e ⟨+ *G*⟩ **~buch** *n* tesera e partisë; librez|ë, -a; **~tag** *m* kongres-i

parteifeindlich antipartí

parteilich ⟨*adv*⟩ anësisht

Parteilichkeit *f* anësí-a; partishmërí-a

Parterre, -s, *pl.* s, *n* kat-i përdhes; *Theater, Oper* platé-ja

Partie *f* *spo.* loj|ë, -a; ndeshj|e, -a; *ök.* partí-a; **eine ~ Baumwolle** një parti pambuku

partiell i/e pjessh|ëm, -me; ⟨*adv*⟩ pjesërisht

Partikel *f* *spr.* pjesëz-a; **angehängte ~** mbishtes|ë, -a

Partisan, -s, *pl.* en, *m* partizan-i

partitiv *spr.* pjesëtor, -e

Partizip, -s, *pl.* ien, *n* *spr.* pjesor|e, -ja; **~ Perfekt** *n* pjesore e shkuar;

~ **Präsens** pjesore e tashme
partizipial pjesor, -e
Partner, -s, *pl.* 0, *m ök.* ortak-u; **~schaft** *f* ortakërí-a
Parze *f myth.* fatí-a
Passage *f* [pa'sa:ʒə] kalim
Passagier, -s, *pl.* e, *m* pasagjer-i; udhëtar-i
Passant, -en, *pl.* en, *m* kalimtar-i
passend i/e duhur; i/e volitsh|ëm, -me
passieren ndodh; ngj|aj, *-ava, -arë*
Passierschein, -(e)s, *pl.* e, *m* lejekalim-i
passiv pasiv, -e; *spr.* pësor, -e; **~e Wortschatzschicht** *f* shtresë pasive e leksikut
Passiv *n spr.* pësor|e, -ja
Paste *f* past|ë, -a; Zahn~ pastë dhëmbësh
Pastor, -s, *pl.* en, *m rel.* famullitar-i
Patent, -(e)s, *pl.* e, *n* patent|ë, -a
patentieren patentoj
Patient, -en, *pl.* en, *m med.* pacient-i
Patriarch, -en, *pl.* en, *m* patriark-u; *rel.* patrik-u
patriarchalisch patriarkal, -e
Patriarchalismus *m* patriarkaliz|ëm, -mi
Patriarchat, -(e)s, *pl.* e, *n* patriarkat-i; (Peć, Istanbul) patrikan|ë, -a
Patriot, -en, *pl.* en, *m* atdhetar-i
Patriotismus *m* atdhetarí-a
Patrone *f mil.* fishek-u; *tech.* kasetë, -a; **~n:gurt** *m* kollan-i; gjerdan-i; **~n:hülse** *f mil.* gëzhoj|ë, -a; **~n:tasche** *f* fishekor|e, -ja
Patronymikon *n spr.* patronim-i
Patsche: **in die ~ geraten** bie në kurth
Paul *NP* Pal-i
pausbäckig buç, -e; buçkaran, -e; buçkan, -e
Pause *f* pushim-i; pauz|ë, -a; *spr.* ndales|ë, -a; **~ machen** pushoj
Pauspapier, -s, *pl.* e, *n* letër karboni; kalk-u; kalk|ë, -a
Pay-roll *f ök.* borderó-ja
Pazifik *m*, **Pazifischer Ozean** *m* Paqësor-i; Oqeani Paqësor
Pass, -es, *pl.* ¨e, *m* pasaport|ë, -a; *dial.* pasosh-i; *im Gebirge* qafëmal-i; qaf|ë, -a; gryk|ë, -a; **kleiner ~** qafalik-u; qafer|e, -ja; **~straße** *f* rrugë e qafës
Peć *ON* Pej|ë, -a; **aus ~** pejan, -e
Pech *n chem.* pis|ë, -a; *fig.* tersllëk-u; belá-ja
Pein *f* dhembj|e, -a
Peitsche *f* kërbaç-i; kamxhik-u
pejorativ *spr.* keqësues, -e
pelasgisch *hist.* pellazg, -e
Pelikan, -s, *pl.* e, *m zoo.* bozhor-i; dash deti; laradash-i
pellen zdërvij; zhaparis *s/t*
Pelz, -es, *pl.* e, *m* gëzof-i; **~mantel** *m* qyrk-u; **~mütze** *f* kapë gëzofi
peng ⟨*Int.*⟩ bof; bam
penibel i/e përpiktë; pedant, -e
Peperoni *Pl. bot.* speca-t djegës
per me; **~ Luftfracht** *f* me avion; **~ Luftpost** *f* me aeroplan; **~ Schiff** *n* me rrugë detare
Pera *ON* Bejoll-i
perfekt i/e përkryer; i/e kryer
Perfekt *n spr.* e kryer-a
perfektiv i/e kryer; **~e Aktionsart** *f*

pamje e kryer
Periode *f spr.* periudh|ë, -a; *med.* menstruacione-t
Periodik|um, -s, *pl.* a, *n* e përkohshm|e, -ja
Periphrase *f spr.* perifraz|ë, -a
periphrastisch perifrastik, -e
Perle *f* margaritar-i; perl|ë, -a; rruaz|ë, -a; inxhí-a
Perser, -s, *pl.* 0, *m* pers-i; iranian-i; **~in** *f* pers|e, -ja
Persien Persí-a
persisch pers, -e; persik, -e; iranian, -e; **Persischer Golf** *m* Gji-ri Persik
Person *f* person-i; *spr.* vet|ë, -a; personazh-i; **~en:kraftwagen** *m* Pkw autovetur|ë, -a; **~en:name** *m* emër vetjak; **~en:wagen** *m Eisenbahn* vagon udhëtarësh; **~en:zug** *m* tren-i i udhëtarëve
personal *spr.* vetor, -e
Personal, -s, *n* personel-i; **~ausweis** *m* letërnjoftim-i; **~endung** *f* mbaresë vetore; **~pronomen** *n spr.* përemër vetor; **~verzeichnis** *n* evidenc|ë, -a; organik|ë, -a
persönlich vetjak, -e: vetor, -e; **~es Eigentum** *n jur.* prona vetjake
Perzeption *f phi.* perceptim-i
Pest *f* murtaj|ë, -a
Peter *NP* Pjet|ër, -ri
Petersilie *f bot.* majdanoz-i
Petro-Industrie *f* industri-a vajgurore
Petroleum *n* vajgur-i; **Petroleum-** vajguror, -e
Pfad, -(e)s, *pl.* e, *m* shteg; rav|ë, -a; **schmaler ~** dhiar|e, -ja; *Bodenrinne* rim-i; **~finder** *m* bojskaut-i; pionier-i
Pfahl, -(e)s, *pl.* ¨e, *m* hu-ri
pfählen vë në hu
Pfand, -(e)s, *pl.* ¨er, *n* peng-u; **~brief** *m ök.* obligacion-i
Pfanne *f* tigan-i; fulter|e, -ja; tav|ë, -a
Pfarr:amt, -(e)s, *pl.* ¨er, *n* meshtarí-a; qel|ë, -a
Pfarrei *f* famullí-a
Pfarrer, -s, *pl.* 0, *m* meshtar-i; famullitar-i
Pfarrhaus, -(e)s, *pl.* ¨er, *n kathol.* qel|ë, -a
Pfeffer, -s, *m* piper-i; **spanischer ~** spec-i djegës; **~minzbonbons** *Pl.*, **~minzlikör** *m;* **~minze** *f bot.* mend|ër, -ra; ment|ë, -a; **~streuer** *m* mbajtëse piperi
pfeffern djegësoj
Pfeife *f* pip|ë, -a; llull|ë, -a
pfeifen *pfeift, pfiff, hat gepfiffen* vërshëllej; fishkëllej *e/ye;* ~̊ *n* zukam|ë, -a; zukatj|e, -a; ~̊ **der Kugeln** zukama e plumbave
Pfennig, -s, *pl.* e, *m hist.* qindark|ë, -a
Pferch, -(e)s, *pl.* e, *m* mánd|ër, -ra; vath|ë, -a; stan-i
Pferd, -(e)s, *pl.* e, *n* kalë, -i; **großes und starkes ~** dërdyl-i; **~e:rennbahn** *f* hipodrom-i; **~e:rennsport** *m* hipiz|ëm, -mi; **~e:stärke** (PS) kalë-fuqi, *pl.* kúaj-fuqi
Pfifferling, -s, *pl.* e, *m bot.* kërpudhë qeni; kërpudhë e verdhë; **keinen ~ wert sein** s'vlen asnjë grosh
pfiffig finok, -e
Pfiffigkeit *f* finokërí-a; qerratallëk-u;

tertip-i
Pfingsten *Pl. rel.* rrëshajë-t
Pfingstrose *f bot.* bozhur|e, -ja
Pfirsich, -s, *pl.* e, *m bot.* pjeshkë, -a
Pflanze *f bot.* bim|ë, -a
Pflanzen *Pl.* barisht|e, -ja; **~fett** *n* lyrë bimore; **~wuchs** *m* bimësí-a
pflanzlich barishtor, -e
Pflanzung *f* plantacion-i; **~ von Zitrusfrüchten** agrumisht|ë, -a
Pflaster, -s, *pl.* 0, *n* leukoplast-i; **Straßen~** kalldrëm-i
Pflaume *f* kúmbull-a; **~n:plantage** *f* kumbullisht|ë, -a
Pflege *f* përkujdesj|e, -a; mjekim-i; **~personal** *n* personel-i mjekësor
pflegen lëroj; kultivoj; rúaj, *-ta, -tur;* trajtoj
pflücken mbledh *e/i/o;* vjel *e/i/o*
Pflug, -(e)s, *pl.* ¨e, *m* plug-u; **~sterz** *m* dorak-u
pflügen lëroj; *nur oberflächlich* cekoj
Pforte *f* portinerí-a; port|ë, -a
Pförtner, -s, *pl.* 0, *m* derës-i; derëtar-i; portier-i
Pfosten, -s, *pl.* 0, *m* hu-ri; tra-ri
Pfriem, -s, *pl.* e, *m* fëndyell-i; biz|ë, -a
pfui! ⟨*Interj.*⟩ ptu
Pfund, -(e)s, *pl.* e, *m* peseqind gram; gjysmë kile; *Sterling* £ stërlin|ë, -a; *türk. und brit. Währung* lir|ë, -a
Pfütze *f* bllac|ë, -a; hurdh|ë, -a
Phänomen, -s, *pl.* e, *n* dukurí-a; fenomen-i
Phänomenologie *f phi.* fenomenologjí-a
Phantasie *f* fantazí-a
phantastisch fantastik, -e; i/e ëndërrt
Phantom, -s, *pl.* e, *n* fantaz|ëm, -mi; **~wort** *n* fjalë fantazëm
Pharao, -s, *pl.* nen, *m hist.* faraon-i
pharmazeutisch farmaceutik, -e
Pharmazie *f* farmací-a; farmaceutik|ë, -a
pharyngal *spr.* faringal, -e
Pharynx *m*, Rachen *m med., spr.* faring-u
Phase *f* faz|ë, -a
Philatelie *f* filatelí-a
Philatelist, -en, *pl.* en, *m*, Briefmarkensammler, -s, *pl.* 0, *m* filatelist-i
Philharmonie *f* filarmoní-a
Philippinen *Pl.* Filipine-t
philippinisch filipinas, -e
Philister, -s, *pl.* 0, *m fig.* filistin-i
Philologe, -n, *pl.* n, *m* filolog-u
Philologie *f* filologjí-a
philologisch filologjik, -e
Philosoph, -en, *pl.* en, *m* filozof-i
Philosophie *f* filozofí-a
philosophisch filozofik, -e
phlegmatisch flegmatik, -e
Phonem, -s, *pl.* e, *n spr.* fonem|ë, -a
phonematisch fonematik, -e
Phonetik *f spr.* fonetik|ë, -a
Phonetiker, -s, *pl.* 0, *m* fonetikan-i
phonetisch fonetik, -e
Phönix, -es, *pl.* e, *m myth.* feniks-i
Phönizien Fenikí-a
phönizisch fenikas, -e
Phonologie *f spr.* fonologjí-a
phonologisch fonologjik, -e; **~e Opposition** *f* kundërvënie fonologjike
Phosphat, -(e)s, *pl.* e, *n chem.* fosfat-i

Phosphor, -s, *m*, P *chem.* fosfor-i
Photographie *f* fotografí-a
photographisch fotografik, -e
Phrase *f* *mus.* fraz|ë, -a; **lass die hohlen ~n!** lëri dënglat!; **~ologie** *f* *spr.* frazeologjí-a
phraseologisch frazeologjik, -e; **~e Verbindung** *f* bashkim-i frazeologjik
Phrygien Frigjí-a
Physik *f* fizik|ë, -a
physikalisch, physisch fizik, -e
Physiker, -s, *pl.* 0, *m* fizikan-i
Physiognomie *f* fizionomí-a
Physiologie *f* fiziologjí-a
physiologisch fiziologjik, -e
Piana degli Albanesi *ON* Hora e Arbëreshëve
Piano *n* †, Klavier *n* *mus.* piano-ja
Piaster, -s, *pl.* 0, *m* *hist.* grosh-i
Pickel, -s, *pl.* 0, *m* kazmë, -a; Ausschlag *m* *med.* çiban-i; lung|ë, -a; rrjébull-a; puç|ërr, -rra
picken quk
pieken zwicken gjemboj
Pilaw, -s, *m* Reis:eintopf pilaf-i
Pilger, -s, *pl.* 0, *m* pelegrin-i; shtegtar-i; *nach Jerusalem oder Mekka* haxhí-u; **~fahrt** *f* *ins Heilige Land* haxhillëk-u
Pille *f* *med.* hap-i
Pilot, -en, *pl.* en, *m* pilot-i
Pilsen *ON* Pëlzen-i
Pilz, -es, *pl.* e, *m* *bot.* kërpudh|ë, -a; *med.* myk-u
Pimpf, -s, *pl.* e, *m* fatos-i
Pindus *Gebirge* Pind-i
Pingeligkeit *f* acarí-a
Pinienkiefer *f* *bot.* harmoç-i
pinkeln përmjerr *e/i/o;* shurr
Pinsel, -s, *pl.* 0, *m* penel-i
Pinzette *f* pincet|ë, -a
Pionier, -s, *pl.* e, *m* xhenier-i; *Jugendorganisation* pionier-i; **~einheit** *f* *mil.* xhénio-ja
Pipette *f* pikator|e, -ja; **~ zur Blutentnahme** *med.* çark-u
Pirat, -en, *pl.* en, *m* pirat-i; kusar deti
Piraterie *f* piraterí-a
Piräus *ON* Piré-u
Pirogge *f*, Börek byrek-u
Pirol, -s, *pl.* e, *m* *zoo.* beng-u; cikofúa, -oi; **~weibchen** *n* fug|ë, -a
Pisa *ON* Piz|ë, -a
Pisse *f* *vulg.* shurr|ë, -a
pissen *vulg.* shurr
Pissoir, -s, *pl.* e, *n* [pisoˈaːʁ] shurrëtor|e, -ja
Piste *f*, Landebahn *f* pist|ë, -a
Pistole *f* revol|e, -ja; pistolet|ë, -a; kobur|e, -ja
Pkw = Personenkraftwagen autovetur|ë, -a; automjet-i
Plackerei *f* hamallëk-u; rang|ë, -a
Plagiat, -(e)s, *pl.* e, *n* Fälschung *f* plagjiat-i
Plagiator, -s, *pl.* en, *m* plagjiator-i
Plakat pllakat-i; afish|e, -ja
plakatieren afishoj
Plakatierung *f* afishim-i
Plan, -(e)s, *pl.* ¨e, *m* plan-i
Plane *f* mbules|ë, -a; mushamá-ja; **Zelt~** tend|ë, -a
planschen zhabaritem
Planung *f* planifikim-i
Plastik *f* skulpturë, -a; *med.* shartim-i;

chem. plastmas|ë, -a; **~beutel** *m* qese plastmase; **~folie** *f* letër plastike
Platin Pt *chem.* platin-i
platt i/e sheshtë; i/e dystë
Plattdeutsch *spr.* gjermanishte e poshtme
Platte *f* pjat|ë, -a; pjatanc|ë, -a, tav|ë, -a; tavll|ë, -lla; Stein~; Schall~ pllak|ë, -a; **~n:spieler** *m* gramafon-i
Plattensee *m* Balaton-i
Platz, -(e)s, *pl.* ¨e, *m* shesh-i; Markt~ pjac|ë, -a; **~ am Ofen** bucak-u; **~ im Schatten** zezelin|ë, -a; **~ nehmen** i/a/o shtrohem; **~anweiserin** *f* punonjëse e sallës
Plätzchen, -s, *pl.* 0, *n Gebäck* biskot|ë, -a; **ruhiges ~** bic|e, -ja
platzen plas, pëlcas; *explodieren* shpërthej; brufulloj; gufoj; **vor Wut ~** bëj bof
Plauderei *f* muhabet-i; bisedim-i
plauderig muhabetqar, -e
plaudern bisedoj
Plav *ON* Plav|ë, -a; **aus ~** plavjan, -e
Plebiszit plebishit-i; referendum-i
Pleite *f* falimentim-i
Plejaden *Pl.* Shenjëza-t; *dial.* Shêjza-t
Plenar- plenar, -e
Pleonasmus *m spr.* pleonaz|ëm, -mi
Pleuellager, -s, *pl.* 0, *n tech.* kapellotë bjelle
Pleuelstange *f tech.* bjell|ë, -a
Pleuritis *f*, Rippenfellentzündung *f med.* pleurit-i
Plisseerock *m der Männer-Volkstracht* fustanell|ë, -a
Plombe *f med.* mbushje e dhëmbit
plötzlich i/e papritur; i/e beftë; ⟨*adv*⟩ béfas
Pluderhose *f der Frauen-Volkstracht* çitjane-t; dimí-të
plump trashanik, -e
Plumpsklosett, -s, *n* † qenef-i
plündern grabit *s/t;* plaçkis *s/t;* zhvesh
Plünderung *f* plaçkitj|e, -a; zhve shj|e, -a
Plural, -s, *pl.* e, *n spr.* shumës-i; **~e tantum** *n spr.* vetëmshumës-i; **~is modestiae** *m spr.* shumës thjeshtësie
Plusquamperfekt, -s, *pl.* e, *n spr.* më se e kryer-a; e tejshkuar-a; e kryer-a e plotë
Po *FN* Po-ja
Pöbel, -s, *m* llum-i i shoqërisë; † harbut-i
Pocken *Pl. med.* li-a; **~narben** *Pl.* mbresa lie
Podujevo *ON hist.* Podujev|ë, -a
Poet, -en, *pl.* en, *m* poet-i
poetisch poetik, -e
Pokal, -(e)s, *pl.* e, *m* kup|ë, -a
Pol, -(e)s, *pl.* e, *m* pol-i; **~ar:stern** *m* Yll-i Polar
Pole, -n, *pl.* n, *m* polak-u, polonez-i
Polen Poloní-a
Polenta *f* mëmëlig|ë, -a
Police *f ök.* polic|ë,-a
polieren feks
Poliklinik *f* poliklinik|ë, -a; ambulanc|ë, -a
Polio *f med.* poliomielit-i
Politbüro, -s, *pl.* s *n* byroja politike
Politik *f* politik|ë, -a; **~wissenschaften** *Pl.* shkenca-t politike

politikfrei apolitik, -e
politisch politik, -e; **~e Gruppierung** *f* grupim-i politik
Politologie shkenca politike
Polizei *f* policí-a; **~präfekt** *m hist.* qarkkomandant-i; **~präsidium** *n* kuestur|ë, -a
Polizist, -en, *pl.* en, *m* polic-i; detektiv-i
Pollen, -s, *pl.* 0, *m bot.* end-i; end|ë, -a; pjalm-i
Pollution *f* ndotj|e, -a
polnisch polak, -e; polonez, -e
Polsterbank *f* minder-i
polyglott shumëgjuhësh, -e
polynesisch polinezjan, -e
Polysemie *f spr.* shumëkuptimësí-a
polysyllabisch *spr.* shumërrokësh, -e
polysynthetisch *spr.* polisintetik, -e
Pomade *f* pomad|ë, -a
Pommern Pomeraní-a
Pommes frites *Pl.* [pɔm'frit] patate të fërguara
Pomp, -s, *m* salltanet-i
pompös me salltanet
Pontus Pont-i
Pony-Frisur *f* balluke-t
populär popullor, -e
popularisieren vulgarizoj; popullarizoj
Pornographie *f* pornografí-a
pornographisch pornografik, -e
Porree, -s, *pl.* s *m bot.* presh-i
Portal, -s, *pl.* e, *n* port|ë, -a; portal-i
Portier, -s, *pl.* s *m* [pɔr'tje:] portier-i; **~s:loge** *f* portinerí-a
Portikus *m* hajat-i
Portion *f* porcion-i; partí-a; *fig.* doz|ë, -a
Porto, -s, *pl.* s *n* taksë postare
Portrait-Format *n typ.* format-i gjatësor
Porträt, -s, *pl.* s *n* [pɔr'trɛ:] portret-i
Portugal Portugalí-a
portugiesisch portugez, -e
Portwein *m* portovin-i
Porzellan, -s, *pl.* e, *n* farfurí-a; porcelan-i; bilur-i
porzellanen i/e farfurinjtë
Posen *ON* Poznan-i
Positiv *m spr.* shkallë pohore
positiv pohor, -e
possessiv *spr.* pronor, -e; **Possessiv-adjektiv** *n spr.* mbiemër përkatësie; **Possessivpronomen** *n spr.* përemër pronor
Post *f* post|ë, -a
Post- postar, -e; **~amt** *n* zyra postare; post|ë, -a; **~anweisung** *f* manda-post|ë, -a; **~beamter** *m* nëpunës poste; **~bote** *m* postier-i; **~karte** *f* kartëpostal|e, -ja; kartolin|ë, -a; kart|ë, -a; **~scheck** *m ök.* çek postar; **~sendung** *f* pako postare
postbukkal *spr.* pasgojor, -e
Pöstchen, -s, *pl.* 0, *n* ofiq-i
Posten, -s, *pl.* 0, *n* ofiq-i; *mil.* roj|ë, -a
postlagernd, poste restante ruhet në postë; restante
postpalatal *spr.* prapaqiellzor, -e
postponiert *spr.* i/e prapavendosur
Postposition *f spr.* prapafjal|ë, -a
postpositiv *spr.* i/e prap|ëm, -me; i/e prapavendosur
postwendend *fig.* i/e atypë-ratysh|ëm, -me
Potenz *f* fuqí-a; **dritte ~** *math.* fuqi-a e

tretë; kub-i
Potpourri, -s, *pl.* s, *n mus.* potpurí-a
Pracht *f* madhështí-a
prächtig madhështor, -e
Prädikat, -(e)s, *pl.* e, *n* not|ë, -a; *spr.* kallëzues-i; **~satz** *m spr.* fjali-a kallëzuesore
Prädikativum *n spr.* gjymtyrë kallëzuesore
Präfekt † prefekt-i; kujdestar-i i konviktit
Präfigierung *f spr.* parashtesim-i
Präfix, -es, *pl.* e, *n spr.* parashtes|ë, -a
Präfix- *spr.* parashtesor, -e
Prag *ON* Prag|ë, -a
Prägung *f* formim-i
prahlen kapardisem; mburrem; krekosem
Prahlerei *f* kapadaillëk-u; kapardisj|e, -a; krekosj|e, -a
Prahlhans *m* kapadaí-u
praktisch praktik, -e
praktizieren praktikoj
Prämie *f* prim-i
Präposition *f spr.* parafjal|ë, -a; **Präpositions-** parafjalor, -e
präpositional *spr.* parafjalor, -e; **~e Rektion** *f spr.* drejtim parafjalor; **~e Wendung** *f spr.* lokucion-i parafjalor; **~es Objekt** *n spr.* kundrinë parafjalore
präpositiv *spr.* i/e paravendosur
Präsens *n spr.* e tashm|e, -ja
Präsentation *f* paraqitj|e, -a
Präsenz *f* praní-a
Präsident, -en, *pl.* en, *m* kryetar-i
prasseln brambulloj; brambullij
prätendieren pretendoj
Präterito-Präsens *n spr.* preterit i tashëm
Präteritum *n spr.* preterit-i; e shkuar-a
Praxis *f* praktik|ë, -a
präzis i/e saktë; i/e përpiktë; i/e hollë; ⟨*adv*⟩ pikërisht
präzisieren saktësoj
predigen predikoj
Prediger, -s, *pl.* 0, *m rel.* predikues-i
Predigt *f rel.* predk-u; predikim-i; *muslimisch* vaz-i
Preis, -es, *pl.* e, *m* çmim-i; **einen vernünftigen ~ festsetzen** caktoj çmim të arsyeshëm; **~aufschlag** *m* shtesë mbi çmimin; **~garantie** *f* garantim-i i çmimeve; **~liste** *f* listë çmimesh; **~nachlass** *m* rabat-i; **~schießen** garë e qitjes; **~schleuderei** *f* dumping-u; **~senkung** *f* ulje çmimesh; **~spanne** *f* marzh-i; **~steigerung** *f* ngritja e çmimit; **~träger** *m* laureat-i
preis/geben i/a/e braktis; lë; tradhtoj; **Dienstgeheimnisse ~** dekonspiroj
preiswert me çmim të ulët
Prekariat, -s, *n* vegjëli-a
Premiere *f* premier|ë, -a
Prespa-See *m* Presp|ë, -a
Presse *f* shtyp-i; *tech.* pres|ë, -a; **~konferenz** *f* konferencë shtypi
pressen trys; trus; shtrëngoj
Prestige, -s, *n* prestigj-i
Preußen *hist.* Prusí-a
preußisch prusian, -e
Presslufthammer *m tech.* çekiç pneumatik
Pressburg *ON* Bratislav|ë, -a

Priester, -s, *pl.* 0, *m* prift-i; *orthodox* ikonom-i; **~mütze** *f orthodox* kamillaf-i; **~schüler** *m* xhakon-i; **~weihe** *f rel.* shugurim-i
primär *spr.* parësor, -e; **~er Dual** *m* dyjës-i parësor
Primel *f bot.* lule pranvere
Prinz, -en, *pl.* en, *m* princ-i
Prinzessin *f* princesh|ë, -a
Prinzip, -s, *pl.* ien, *n* parim-i
prinzipiell, **prinzipienfest** parimor, -e
Priorität *f* përparësí-a
Prise *f* pisk|ë, -a; **eine ~ Salz** një pëlqyer kripë
privat privat, -e; personal, -e; *jur.* vetjak, -e
privativ mohues, -e
Privileg, -s, *pl.* ien, *n* privilegj-i
Prizren *ON* Prizren-i; **aus ~** prizrenas, -e
pro nga; **~ forma** ⟨*adv*⟩ formalisht; **~ forma-Rechnung** *f ök.* faturë paraprake; faturë pro-formë
Probe *f* prov|ë, -a; Muster kampion-i; **~druck** *m* bocë, -a; **~zeit** *f* kohë prove
probieren provoj
Problem, -s, *pl.* e, *n* problem-i; çështj|e, -a
Produkt, -(e)s, *pl.* e, *n* produkt-i; prodhim-i
Produktion *f* prodhim-i; **~s:mittel** *n* mjet-i i prodhimit; **~s:verhältnisse** *Pl.* marrëdhënie-t në prodhim; **~s:weise** *f* mënyra e prodhimit
produktiv *spr.* prodhues, -e; **Produktivkräfte** *Pl.* forca-t prodhuese
professionell profesional, -e
Professor, -s, *pl.* en, *m* profesor-i
Profit, -(e)s, *pl.* e, *m* dobi-a; grat-i; përfitim-i; fitim-i
profitabel i/e fitimsh|ëm, -me
profitieren përfitoj; fitoj
Prognose *f* parashikim-i; prognoz|ë, -a
Programm, -(e)s, *pl.* e, *n* program-i
progressiv përparimtar, -e; *spr.* paravajtës, -e
prohibitiv *spr.* ndalimor, -e
Projekt, -(e)s, *pl.* e, *n* projekt-i
projektieren projektoj
Projektierung *f* projektim-i
proklamieren proklamoj
Prokletije-Gebirge *n* Bjeshkët e Nêmuna
Proklise *f spr.* prokliz|ë, -a
proklitisch *spr.* proklitik, -e
Prolepse *f spr.* hershim-i
Proletariat, -(e)s, *n* proletariat-i
proletarisch proletar, -e; **~er Internationalismus** *m* internacionalizëm proletar
Pronom|en, -s, *pl.* ina, *n spr.* përem|ër, -ri
pronominal *spr.* përemëror, -e
Propaganda *f* propagand|ë, -a; përhapj|e, -a
Propeller, -s, *pl.* 0, *m tech.* helik|ë, -a
proportional ⟨*adv*⟩ përpjesëtimisht
Prosa *f spr.* proz|ë, -a
Prosaismus *m spr.* prozaiz|ëm, -mi
Prosaschriftsteller prozator-i
Prosit! gëzuar!
Prosodie *f spr.* prozodí-a
Prostitution *f* prostitucion-i; kurvërí-a

Prótasis *f spr.* protaz|ë, -a
Protektionismus *m* proteksio-niz|ëm, -mi
Protest, -(e)s, *pl.* e, *m* protest|ë, -a
Protestant, -en, *pl.* en, *m* protestant-i
Prothese *f med.*, *spr.* protez|ë, -a
Protokoll, -s, *pl.* e, *n* procesverbal-i
Provence *f* [pro'vãs] Provans|ë, -a
Provinzialismus *m* krahinoriz|ëm, -mi
provisorisch i/e përkohsh|ëm, -me; ⟨*adv*⟩ provizorisht
Provokation *f*, Provozierung *f* provokim-i
provozieren provokoj; **~d** provokator, -e
Prozent, -(e)s, *pl.* e, *n* përqind; **~satz** *m* përqindj|e, -a
Prozession *f* kortezh-i
Prozess, -es, *pl.* e, *m* proces-i; *jur.* gjyq-i; procedim-i
prüfen shqyrtoj; përsias *s/t;* provoj; *eine Maschine* kolaudoj
Prüfer, -s, *pl.* 0, *m* kontrollor-i
Prüfung *f* shqyrtim-i; vërtetim-i; prov|ë, -a; *Examen* provim-i; **~ machen** diplomohem
Prügel, -s, *pl.* 0, *m* shkop-i; dru-ja
Prügel *Pl.*, **Prügelei** *f* goditj|e, -a; rrahj|e, -a
Pseudo- i/e rremë
Psychiater, -s, *pl.* 0, *m* psikiat|ër, -ri
psychisch psikik, -e
Psychoanalyse *f* frojdiz|ëm, -mi
Psycholinguistik *f spr.* psikolinguistik|ë, -a
Psychologe, -n, *pl.* n, *m* psikolog-u
Publikum, -s, *n* klientur|ë, -a
publizierbar i/e botuesh|ëm, -me
publizieren botoj
Pudding, -s, *m* buding-u
Puder, -s, *pl.* 0, *m* pud|ër, -ra
puertorikanisch, **aus Puerto Rico** portorikan, -e
Puff, -s, *pl.* s, *n* bordel-i
Pullover, -s, *pl.* 0, *m* pulov|ër, -ri; triko-ja
Puls, -es, *m med.* puls-i
Pulver, -s, *pl.* 0, *n* plúhur-i; Schieß~ barut-i; **~fass** *n* fuçí-a me barut
Pump: **auf ~ kaufen** blej me kredi
Pumpe *f* pomp|ë, -a
Punkt, -(e)s, *pl.* e, *m* pik|ë, -a; **es ist ~ drei Uhr** ora është tre fiks
Punsch, -(e)s, *pl.* e, *m* ponç-i
Puppe *f* kúkull-a; lod|ër, -ra; nusk|ë, -a; *eines Schmetterlings* bub|ë, -a
pur sade
puristisch *spr.* purist, -e
Pute *f zool.* quk|ë, -a; rik|ë, -a
Puter, -s, *pl.* 0, *m* biban-i; qukan-i
Putsch, -(e)s, *pl.* e, *m* puç-i
putzen hijeshoj; *reinigen* pastroj
Putzfrau *f* pastrues|e, -ja
Putzlappen, -s, *pl.* 0, *m* leckë për të fshirë
Putzwolle *f* pambuk për pastrim
Pyjama, -s, *pl.* s *m*, Schlafanzug *m* pizhame-t
Pyramidenpappel *f bot.* kavak-u
Pyrenäen *Pl.* Pirenej-të

Q

Quadrat, -(e)s, *pl.* e, *n* kuadrat-i
Quadrat- katror, -e; **~meter** *m* (qm) metër katror; **~wurzel** *f* rrënjë katrore
quadratisch katror, -e
quaken gargaris *s/t;* karkas *s/t nur 3. P.*
Qual *f* mundim-i; pocaqí-a; vuajtj|e, -a
quälen mundoj
qualifizieren kualifikoj; cilësoj
Qualifizierung *f* cilësim-i
Qualität *f* cilësí-a
Qualle *f* kandilë deti; meduz|ë, -a
Quant, -s, *pl.* en, *m* kuant-i, *pl.* -e-t; **~entheorie** *f* teoria e kuanteve
Quantität *f* sasí-a
quantitativ sasior, -e; **~er Ablaut** *m* këmbim-i sasior i zanoreve
Quarantäne *f* karantin|ë, -a
Quark, -s, *m* gjiz|ë, -a
Quartett, -s, *pl.* e, *n* kuartet-i
Quart-Format *typ.* format-i katërsh
Quarz, -es, *pl.* e, *m chem.* kuarc-i
quasseln llomotis *s/t*
Quaste *f* xhufk|ë, -a
Quästur *f hist.* kuestur|ë, -a
Quecke *f* gram-i; **queckiger Boden** *m* gramisht|ë, -a
Quecksilber, -s, *m* Hg *chem.* engjërdhí-a; zhiv|ë, -a; merkur-i
Quelle *f* kr|ua, -oi; burim-i; gurr|ë, -a; **gefasste ~** çezm|ë, -a
quellen zbruhem; **~ lassen** bymej *e/ye*
Quellgebiet, -(e)s, *pl.* e, *n* vendburim-i
Quellwasser, -s, *m* ujë taze
quer i/e tërthortë
Querbalken, -s, *pl.* 0, *m* kryqësor|e, -ja
Querformat, -(e)s, *pl.* e, *n* format-i gjerësor
Querpass, -es, *pl.* ¨e, *m Fußball* kros-i
Querulant, -en, *pl.* en, *m* ankoj|ë, -a
quetschen shtrëngoj
Quetschung *f med.* kontuzion-i
quietschen kuis *s/t*
Quisling, -s, *pl.* e, *m* kuisling-u
Quitte *f* ft|ua, -oi
Quittung *f* kuitanc|ë, -a
Quote *f* kontingjent-i; kuot|ë, -a
Quotient, -en, *pl.* en, *m math.* herës-i

R

Rabatt, -(e)s, *pl.* e, *m ök.* rabat-i
Rabbiner, -s, *pl.* 0, *m rel.* rabin-i
Rabe, -n, *pl.* n, *m zoo.* korb-i
Rache *f* hakmarrj|e, -a
Rachen, -s, *pl.* 0, *m* fyt-i; *spr.* faring u; **Rachen-** faringal, -e
rächen, sich ~ marr hak
Rächer, -s, *pl.* 0, *m* hakmarrës-i; gjakmarrës-i
rachitisch *med.* rakitik, -e
Rad, -(e)s, *pl.* ¨er, *n* rrot|ë, -a; *Fahrrad* biçiklet|ë, -a; **~kappe** *f tech.* kapak rrote; **~rennen** *n spo.* garë çiklistike; **~rennsport** *m* çikliz|ëm, -mi; **~sportler** *m* çiklist-i
Radar, -s, *n* radar-i
Radau, -s, *m* batërdí-a; gjullurdí-a; zallahí-a
Rädelsführer, -s, *pl.* 0, *m jur.* organizator-i
Räderwerk, -s, *n* ingranazh-i
Radiergummi, -s, *pl.* s *m* gom|ë, -a
Radierung *f* gravur|ë, -a
Radies:chen, -s, *pl.* 0, *n bot.* rrepk|ë, -a
radikal rrënjësor, -e; ⟨*adv*⟩ rrënjësisht
Radikalismus *m* radikaliz|ëm, -mi
Radio radio-ja; **~aktivität** *f* radioaktivitet-i; **~empfänger** *m* radiomarrës-i; **~loge** *m med.* radiolog-u; **~röhren** *Pl.* llamba-t e radios
radioaktiv radioaktiv, -e
Raffinement, -s, *n* [rafinə'mã] stërhollim-i
raffineriert i/e rafinuar
raffinerieren rafinoj
raffiniert, schlau i/e rafinuar, dinak, -e
Ragout, -s, *pl.* s, *n* ragú-ja
Ragusa *ON* Dubrovnik-u; Raguz|ë, -a
Rahatlokum *türk. Delikatesse* llokum-i
Rahm *f* ajk|ë, -a
Rahmen *m* korniz|ë, -a; kuád|ër, -ri; **im ~ des Festes** në kuadrin e festës
Rakete *f* raket|ë, -a
Ramadan, -s, *m rel.* ramazan-i
Rampe *f* platformë, -a
Rand, -(e)s, *pl.* ¨er, *m* skaj-i; qenar-i; qosh|e, -ja; **~ eines Abgrunds** zgrip-i; **am Rande des Abgrunds** në buzë të greminës
Rand-, anësor, -e; skajor, -e; **~notiz** *f* anëshkrim-i; **~stein** *m* basamak-u
randvoll plot e përplot; **~ mit Arbeit sein** jam fytas me punë; **er machte die Tasche ~** e mbushi çantën deng
Rang, -(e)s, *pl.* ¨e, *m* rang-u
Ränke *Pl.* intrig|ë, -a; fitme-t
Raphael *NP* Rrapo-ja
Rappen, -s, *pl.* 0, *m* vranç-i
Rar|um, -s, *pl.* a, *n* antik|ë, -a; *in der Bibliothek* rezerv|ë, -a
rasch i/e shpejtë; ⟨*adv*⟩ shpejt
rascheln fëshfërij; **Rascheln**, -s, *n* fëshfërim|ë, -a
rasen vrapoj; **vor Wut ~** xhindosem
rasieren rr|uaj, *-ova, -uar;* **sich ~ lassen** rruhem, *u rrova*
Rasier- rroje; **~apparat** *m* makinë rroje; **~creme** *f* pastë rroje; **~messer** n bris|k-u; **~pinsel** *m* furçë

rroje; **~wasser** *n* locion për rrojë; kolonj|ë, -a
Raspel *f* rend|e, -ja
Rasse *f* rac|ë, -a
Rassen- racor, -e; **~merkmale** *Pl.* tipare racore
rassisch racial, -e
Rassismus *m* raciz|ëm, -mi
rassistisch racist, -e
rasten çlodh
Rast *f* pushim-i; **~platz** *m* qas|ë, -a; mriz-i
Rasur *f* brisk-u; rroj|ë, -a
Rat, -(e)s, *pl.* ¨e, *m* këshill-i; Ratschlag këshill|ë, -a; *Redaktionskonferenz u. ä.* kolegjium-i; **~s:herr** *m*, **~s:mitglied** *n* këshilltar-i
Rate *f* këst-i; **~n:zahlung** *f* pagesë me këste
raten *rät, riet, hat geraten* këshilloj
ratifizieren ratifikoj
Ration *f* racion-i
rationalisieren racionalizoj
Rationalisierung *f* racionalizim-i
Rationalismus *m* racionaliz|ëm, -mi
rationieren racionoj
Ratschlag, -(e)s, *pl.* ¨e, *m* këshill|ë, -a; mendj|e, -a
Rätsel, -s, *pl.* 0, *n* enigm|ë, -a; gjëz|ë, -a; gjëegjëz|ë, -a; rebus-i
rau i/e ashpër; i/e egër; hidhnak, -e; **Rauheit** *f* ashpërsi-a
Raub, -(e)s, *m* grabitj|e, -a; **~druck** *m* botim-i i paligjshëm, i palejuar
rauben grabis s/t; rrëmbej *e/ye;* **geraubt** i/e rrëmbyer
Räuber, -s, *pl.* 0, *m* cub-i; hajdut-i; kusar-i; *hist.* kaçak-u; **auf ~art** ⟨*adv*⟩ hajdutçe; **~idiom** *n* zhargon hajdutësh; **~nest** *n* fole hajdutësh; **~tanz** *m* valle hajdutçe
räuberisch grabitqar, -e
Raubtier, -s, *pl.* e, *n* bish|ë, -a
Rauch, -s, *m* tym-i; **~fang** *m* tymtar-i; oshmak-u; **~schwade** *f* shtëllung|ë, -a
rauchen pi duhan; **er/sie raucht nicht** nuk e nget duhanin
Räucherfleisch, -s, *n* mish-i i tymosur
räuchern tymoj; tymos
rauchig i/e tymtë
Räude *f* zgjeb|e, -ja
räudig i/e zgjebosur
raufen kacafytem
Rauheit *f* ashpërsí-a
Raum, -(e)s, *pl.* ¨e, *m phi.* hapësir|ë, -a
Raum- hapësinor, -e; **~fahrer** *m* astronaut-i; **~fahrt** *f* astronautik|ë, -a; **~inhalt** *m eines Schiffes* nxënësí-a; **~inhalt** *m in cbm* kubatur|ë, -a; **~pflegerin** *f* pastrues|e, -ja
räumlich hapësinor, -e
Raupe *f* bub|ë, -a
Raureif, -s, *m* brym|ë, -a; cikm|ë, -a; cikn|ë, -a
Rausch, -(e)s, *pl.* ¨e, *m* dehj|e, -a; euforí-a; **Rausch**- narkotik, -e; **~gift** *n* narkotik-u
rauschen gjëmoj; gumëzhij; gumëzhis *s/t;* zhurmëroj; zhurmoj
raus/schmeißen ei/i/i gremis
Rayon, -s, *pl.* s *m* rajon-i; **~nierung** *f* rajonizim-i
reagieren reagoj
Reaktion *f* reaksion-i; **klerikale ~**

reaksion-i klerikal
reaktionär reaksionar, -e; jopërparimtar, -e
Reaktionär, -s, *pl.* e, *m* prapanik-u
Reaktor, -s, *pl.* en, *m* reaktor-i
realisieren realizoj; **Versprechungen ~** *ök.* vë në jetë zotimet
Realismus *m* realiz|ëm, -mi
realistisch realist, -e
Realität *f* realitet-i
Rebe *f* hardhí-a
Rebell, -s, *pl.* en, *m* rebel-i; kryengritës-i
rebellieren rebelohem
Rebellion *f* rebelim-i
Reblaus *f* filokser|ë, -a
Rechen, -s, *pl.* 0, *m tech.* grabuj|ë, -a; dhëmbës-i; dhëmbor|e, -ja
Rechenmaschine *f* makinë llogaritëse
Rechenschaft *f* llogari-a; **~ verlangen** kërkoj llogarí
Rechenschaftsbericht dhënie llogaríe
rechnen llogaris *s/t;* ~̊ *n* llogaritj|e, -a
Rechner, -s, *pl.* 0, *m tech.* kompjúter-i
Rechnung *f* fatur|ë, -a; llogarí-a; **~ stellen** faturoj; **machen Sie bitte die ~!** Bëni gati faturën, ju lutem!; **die ~ ohne den Wirt machen** bëj hesapet pa hanxhinë; **~s:abschluss** *m* saldo-ja; **~s:führung** *f* kontabilitet-i
recht i/e djathtë; i/e drejtë; **rechts** ⟨*adv*⟩ djathtas
Recht, -(e)s, *pl.* e, *m* e drejt|ë, -a; **ein ~ genießen** gëzoj një të drejtë; **du hast ~** ke hak; ke të drejtë; **mit ~** drejtësisht ⟨*adv*⟩; **~eck** *math.* drejtkëndësh-i; **~s:anwalt** avokat-i; **~s:pflege** drejtësí-a; **~s:wissenschaft** jurisprudenc|ë, -a
rechteckig drejtkëndor, -e; katërkëndësh, -e
rechtfertigen justifikoj; përligj
Rechtfertigung *f* përligjj|e, -a; shfajësim-i
rechtgläubig ortodoks, -e
rechtlich juridik, -e
rechtmäßig i/e ligjsh|ëm, -me; ⟨*adv*⟩ drejtësisht
Rechtschreibung *f* drejtshkrim-i; **Rechtschreibungs-** drejtshkrimor, -e
Rechtsfraktion *f in einer kommunist. Partei,* **Rechtsopportunismus** *m* djathtiz|ëm, -mi
rechtswidrig i/e padrejtë
rechtzeitig ⟨*adv*⟩ me kohë
Reck, -s, *pl.* e, *n spo.* hekur-i
Redakteur, -s, *pl.* e, *m* redaktor-i
Redaktion *f* redaksí-a
Rede *f* fjalim-i; *spr.* ligjërat|ë, -a; ligjërim-i; **~teile** *Pl. spr.* pjesë të ligjëratës; **~wendung** *f* idiom|ë, -a; lokucion-i; **~ns:art** *f* shprehj|e, -a; **~ns:arten** *Pl.* frazeologjí-a
reden flas, *fola, folur a/e/i/o; s/t;* fjalëtoj; fjalos
redigieren redaktoj
Reduktion *f spr.* rrëgjim-i
Redundanz *f* tepërsí-a; *spr.* fjalëteprí-a
Reduplikation *f spr.* dyfishim-i
reduziert i/e ulur; i/e shkurtuar; *spr.* i/e rrëgjuar
Reede *f naut.* rad|ë, -a
Reeder, -s, *pl.* 0, *m naut.* armator-i
Reederei *f* shoqëri lundrimi

Reexport, -(e)s, *pl.* e, *m* rieksport-i
Refektorium † trapezarí-a
Reflexion *f* reflektim-i
reflexiv *spr.* vetvetor, -e
Reflexivpronom|en, -s, *pl.* ina, *n spr.* përemër vetvetor
Reform *f* reform|ë, -a
reformieren reformoj
Reformismus *m* reformiz|ëm, -mi
Refrain, -s, *pl.* s *m* [re'frɛ̃:] refren-i; avaz-i
Regal, -s, *pl.* e, *n* raft-i
Regel *f* rrégull-a; *med.* menstruacione-t; **~haftigkeit** *f*, **~mäßigkeit** *f* rregullsí-a
regelmäßig i/e rrégullt; ⟨*adv*⟩ rregullisht
regeln ftilloj; rregulloj; *vereinbaren* ujdis; *jur.* parashikoj
Regelung *f* rregullim-i
regen, sich ~ shkundem
Regen, -s, *m* shi-u; **der ~ hat aufgehört** oshi shiu; **~bogen** *m* ylber-i; **~cape** *n* mushamá-ja; **~guss** *m* rrebesh-i; **~schauer** *m* shi-u; **~schirm** *m* çad|ër, -ra; ombrell|ë, -a; **~wurm** *m* glist|ër, -ra
regenbogenfarben i/e ylbertë
Regie *f* [re'ʒi:] regjí-a
regieren qeveris; *spr.* drejtoj
Regierung *f* qeverí-a; **Regierungs-** qeveritar, -e
regierungsfeindlich antiqeveritar, -e; antipushtet
Regime, -s, *pl.* s, *n* [re'ʒi:m] regjim-i
regimefeindlich antipushtet
Regiment, -(e)s, *pl.* er, *m mil.* regjiment-i, *pl.* -e-t
Region *f* krahin|ë, -a; **~al:bibliothek** *f* bibliotekë krahinore
Regisseur, -s, *pl.* e, *m* [reʒi'sø:ʁ] regjisor-i
Register, -s, *pl.* 0, *m* regjist|ër, -ri; indeks-i; tregues-i
registrieren regjistroj; **registriert werden** regjistrohem
Registrierung *f* regjistrim-i
regnen bie shi; **es hat aufgehört zu ~** u ndal shiu
Regression *f* prapavajtj|e, -a
regressiv *spr.* prapavajtës, -e
regulär i/e rrégullt
Reh, -s, *pl.* e, *n zoo.* kaproll|e, -ja; **~bock** *m* kaproll-i
Rehabilitation *f med.* riaftësim-i
Reibe *f* rend|e, -ja
Reibelaut, -(e)s, *pl.* e, *m spr.* bashkëtingëllore fërkimore
reiben *reibt, rieb, hat gerieben* fshij; fërkoj; **die Hände ~** fërkoj duart
reich i/e begatsh|ëm, -me; i/e pasur
Reich, -(e)s, *pl.* e, *n* perandorí-a; *fig.* mbretërí-a
reichen jap; zgjas *s/t;* mjaftoj; **das Brot reicht nicht** buka nuk del
Reiche|r, -n, *pl.* n, *m* pasanik-u; kamës-i
reichlich i/e gratsh|ëm, -me; ⟨*adv*⟩ boll
Reichtum, -s, *pl.* ¨er, *m* pasurí-a; kamj|e, -a; hapé-ja
Reife *f.* pjekurí-a; pjekj|e, -a
Reifen, -s, *pl.* 0, *m* gom|ë, -a; **~band** *n tech.* shin|ë, -a; **~druck** *m* presion-i i gomave; **~panne** *f* çarje gome;

~wechsel *m* ndërrim-i gome
Reifeprüfung *f* matur|ë, -a
Reifung *f* pjekj|e, -a
Reigen, -s, *pl.* 0, *m* vall|e, -ja
Reihe *f* radh|ë, -a; rresht-i
reihen *Kleider* ildis
Reiher, -s, *pl.* 0, *m zoo.* qafëgjat|ë, -a
Reihnaht, *pl.* ¨e, *f* ildí-a
Reim, -(e)s, *pl.* e, *m spr.* rim|ë, -a
reimen rimoj
Re:import, -(e)s, *pl.* e, *m ök.* riimport-i
rein *sauber* i/e pastër; i/e dëlirë; *klar* i/e qelibartë; acar, -e; i/e kthjellët; i/e kulluar; sade; *unberührt* i/e vírgjër; virgjëror, -e
Reinheit *f* pastërtí, -a
reinigen pastroj; qëroj; çndot; dëlir
Reinigung *f* çndotj|e, -a; **in die ~ bringen** çoj në pastërti; **~s:mittel** mjet pastrimi
Reinlichkeit *f* higjien|ë, -a
Reinmachefrau *f* pastrues|e, -ja
Reis, -es, *m* oriz-i; **~feld** *n* orizor|e, -ja; **~gericht** *n* rizoto-ja; **~pudding** *m* sytliaç-i; **~suppe** *f* supë orizi
Reise *f* udhëtim-i; **~büro** *n* byro e udhëtimeve, *naut.* agjenci-a lundrimi; **~leiter** *m* shoqërues-i; **~leiterin** *f* shoqërues|e, -ja; **~leitung** *f* udhëheqje e udhëtimit; **~pass** *m* pasaport|ë, -a; **~scheck** *m* çek udhëtimi; **~wecker** *m* orë me zile; **Schiffs~** udhëtim-i me anije
reisen udhëtoj; gjezdis
Reisende|r, -n, *pl.* n, *m* udhëtar-i; *Vertreter* përfaqësues-i
Reisig, -s, *n* myc|ë, -a
reiten *reitet, ritt, ist/hat geritten* ngas kalin; aufsitzen i hip|i, *-ën, -a, -ur* kalit
Reiter, -s, *pl.* 0, *m* kalorës-i
Reiterei *f* † kalorësí-a
Reithose *f* kilota-t
Reitsporen *Pl.* mamuze-t
Reiz, -es, *pl.* e, *m* ngacmim-i; hir-i; joshj|e, -a; vesk-u
reizbar zemërak, -e
reizen acaroj; ngacmoj
Reizung *f* irritim-i
Reißnagel, -s, *pl.* ¨0, *m*, **Reißzwecke** *f* mbërtheck|ë, -a
Reißverschluss, -es, *pl.* ¨e, *m* zinxhirë-t
reißen, *reißt, riss, hat gerissen* gris; **in Stücke ~** xhavalit; **man riss ihm/ihr die Uhr vom Arm** i zhvatën orën nga dora
Reklamation *f* reklamim-i
Reklame *f* reklam|ë, -a
Rekonstruktion *f spr.* rindërtim-i
Rekonvaleszenz *f med.* konvaleshenc|ë, -a; përmirësim-i
Rekord, -(e)s, *pl.* e, *m* rekord-i; **~halter** *m* rekordist-i
rekrutieren rekrutoj
Rektion *f spr.* drejtim-i
relativ relativ, -e; **°~pronomen** *n* përemër lidhor; **°~satz** *m* fjali-a lidhore
Relativität *f* relativitet-i; **~s:theorie** *f* teori-a e relativitetit
relevant rëndësor, -e
Relief reliev-i; spikam|ë, -a
Religion *f* fe-ja

Religions-, **religiös** fetar, -e
Relikt, -(e)s, *pl.* e, *n* relikt-i
Reling *f naut.* gardhor-i; parapet-i
Reliquie *f rel.* relik|e, -ja; hir-i
Reminiszenz *f* rikujtes|ë, -a
Renaissance *f* [rənɛˈsãːs] rilindj|e, -a
Rendezvous, -s, *pl.* s, *n* [rãndeˈvuː] pikëpjekj|e, -a; pikëtakim-i
Rendite *f ök.* rendiment-i
Rennbahn *f* pistë vrapimi
rennen *rennt, rannte, ist gerannt* vrapoj; ∼̊ *n* vrap-i; vrapim-i; rendj|e, -a; garë, -a; **Pferderennen** *n* rendja e kuajve
Renommee, -s, *n* nam-i; fam|ë, -a
rentabel rentab|ël, -le
Rentabilität *f* rentabilitet-i
Rente *f* rent|ë, -a; pension-i; **in ∼ gehen** dal në pension
Rentner, -s, *pl.* 0, *m* pensionist-i; rentier-i
Ren *n*, **Rentier**, -s, *pl.* e, *n zoo.* ren|ë, -a
reorganisieren riorganizoj
Reparation *f* reparacion-i
Reparatur *f* rregullim-i; remont-i; riparim-i
reparieren meremetoj; riparoj; rregulloj; ndreq; godis *s/t*
repatriieren riatdhesoj
Repertoire, -s, *pl.* s, *n* [-toˈaːʁ] repertor-i
Replik *f* replik|ë, -a
Reportage *f* reportazh-i
Reporter, -s, *pl.* 0, *m* reporter-i
Repräsentant, -en, *pl.* en, *m* agjent-i; përfaqësues-i
Reprint, -s, *pl.* s *m* ribotim-i
Reproduktion *f* riprodhim-i; faksimil|e, -ja
reproduzieren riprodhoj
Reptil, -s, *pl.* ien, *n zoo.* zvarranik-u
Republik *f* republik|ë, -a
Requisit, -s, *pl.* en, *n* rekuizit|ë, -a; **∼en** *Pl. Theater* butaforí-a
Reserve *f* rezerv|ë, -a; **∼rad** *n* rrotë rezervë; **∼soldat** *m* rezervist-i
reservieren rezervoj; prenotoj
Reservierung *f Zimmer* prenotim-i
Reservist, -en, *pl.* en, *m* rezervist-i
Reservoir, -s, *pl.* s, *n* rezervuar-i
Resolution *f* rezolut|ë, -a
Resonanz *f* ushtim|ë, -a
Resonator, -s, *pl.* en, *m spr.* rikumbues-i
Respekt, -s, *m* respekt-i; Befolgung *jur.* respektim-i
respektiert autoritativ, -e
Ressource *f* burim-i
Rest, -es, *pl.* e, *m* mbeturin|ë, -a; tepric|ë, -a; *im Schnaps-Glas* hulm-i; **∼bestand** *m*, **∼posten** *m* mbetj|e, -a; **∼betrag** *m* kusur-i
Restaurant, -s, *pl.* s, *n* [restoˈrãː] gjellëtor|e, -ja; restorant-i
restaurieren restauroj
Resultante *f math.* rezultant|e, -ja
Resultat, -(e)s, *pl.* e, *n* rezultat-i
resultativ *spr.* përfundimor, -e
retroflex *spr.* i/e prapaepur
retten shpëtoj; *rel.* shëlboj
Rettung *f* shpëtim-i; **∼s:boot** *n* barkë shpëtimi; **∼s:ring** *m* gomë shpëtimi
retuschieren retushoj
Reue *f jur.* pendim-i
Reval *hist. ON* Talin-i

Revanchismus *m* revanshiz|ëm, -mi
revidieren rishikoj; revizionoj
Revision *f* rishqyrtim-i; *ök.* revizion-i
Revisionismus *m* revizioniz|ëm, -mi
Revisionist, -en, *pl.* en, *m* revizionist-i; **~en:bande** *f* klani revizionist
revisionistisch revizionist, -e
Revolte *f* revolt|ë, -a
revoltieren revoltoj; ngre krye
Revolution *f* revolucion-i
revolutionär revolucionar, -e; **~ gestalten** revolucionarizoj
Revolutionär, -s, *pl.* e, *m* revolucionar-i
revolutionieren revolucionarizoj
Revolver, -s, *pl.* 0, *m* revol|e, -ja; revolver-i; kobur|e, -ja
Rezensent, -en, *pl.* en, *m* recensues-i
Rezension *f* recension-i; recens|ë, -a
Rezept, -es, *pl.* e, *n med.* recet|ë, -a
Reziprozität *f* reciprocitet-i
rezitieren recitoj; ligjëroj
Rhabarber, -s, *m* raven-i
Rhapsodie *f mus.* rapsodí-a
Rhein *m FN* Rin-i; **~land** *n* Renaní-a
Rhetorik *f* retorik|ë, -a; gojëtarí-a
Rheuma *n*, **~tismus** *m med.* reumatiz|ëm, -mi
Rhinozeros *n zoo.* rinoqeront-i
Rhizom, -s, *pl.* e, *n bot.* rizom|ë, -a
Rhône *f FN* Ron|ë, -a
Rhotazismus *m spr.* rotaciz|ëm, -mi
rhythmisch ritmik, -e
Rhythmus *m* rit|ëm, -mi
richten drejtoj; *tech.* ndreq; *jur.* dënoj; *Speise* përgatis *s/t;* **~ auf** zhdredh *e/i/o*
Richter, -s, *pl.* 0, *m* gjykatës-i; *jur.* gjyqtar-i
richtig i/e mbarë; i/e drejtë
Richtigkeit *f* drejtësí-a; saktësí-a
Richtkanonier, -s, *pl.* e, *m mil.* gradues-i
Richtung *f* drejtim-i; kah-u; **in ~ auf** drejt ⟨*adv*⟩; **~s:anzeiger** *m tech.* blinker-i
Ricke *f zoo.* kaproll|e, -ja
riechen nuhas *s/t;* kundërmoj
Riedgras, -es, *pl.* ¨er, *n bot.* zhuk|ë, -a
Riegel, -s, *pl.* 0, *m* rez|e, -ja
Riemen, -s, *pl.* 0, *m* rrip-i; kaísh-i; *Boot* rrem-i; **er legte sich in die ~** *naut.* u mëshoi rremave
Riese, -n, *pl.* n, *m* vigan-i; div-i; gjigant-i
Rille *f* vjask|ë, -a; hep-i
Rind, -(e)s, *pl.* er, *n*, **~vieh**, -s, *n* gjedh-i; **~er:ragout** *n* tasqebap-i, *pl.* -ë-t, **~fleisch** *n* mish viçi
Ring, -(e)s, *pl.* e, *m* unaz|ë, -a; hallk|ë, -a; *spo.* ring-u; **~e** *Pl.* rrathë-t
Ringeltaube *f zoo.* gogesh-i; gugash-i
Ringelwurm, -(e)s, *pl.* ¨er, *m zoo.* unazor-i
ringen *ringt, rang, hat gerungen* mundem; *nach Worten* përtyp
Ringer, -s, *pl.* 0, *m spo.* mundës-i
Ringkampf, -(e)s, *pl.* ¨e, *m spo.* mundj|e, -a
ringsum përreth ⟨*adv*⟩
rinnen *rinnt, rann, ist geronnen* kullon; rrjedh; rend; rigon; **ihm/ihr rannen die Tränen** i rigonin lotët
Rinnsal, -s, *pl.* e, *n* rrëké-ja; gurr|ë, -a; bisk-u

Rippe *f* brinj|ë, -a; **~n:fellentzündung** *f med.* pleurit-i

Risik|o, -s, *pl.* en, *n* rrezik-u; **~ und Gefahr zu Lasten des Auftraggebers** *ök.* dëmi dhe rreziku në ngarkim të porositësit

riskieren rrezikoj; **riskant** i/e rreziksh|ëm, -me

Risotto, -s, *n* rizoto-ja

Ritter, -s, *pl.* 0, *m hist.* kalorës-i

Ritual, -s, *pl.* e, *n* ritual-i

Rit|us, *pl.* en, *m rel.* rit-i

Rivale, -n, *pl.* n, *m* rival, -e

rivalisierend rival, -e

Rizinus *m bot.* ricin-i; **~öl** *n* vaj ricini

Robbe *f* zoo. fok|ë, -a

Roboter, -s, *pl.* 0, *m tech.* robot-i

röcheln gulçoj; **~** *n* gulçim|ë, -a

Rock, -(e)s, *pl.* ¨e, *m* **Frauen~** fund-i; **Männer~** xhaketë, -a; **langer ~** fust|ë, -a

Rogen, -s, *pl.* 0, *m zoo.* ík|ër, -ra

Roggen, -s, *m bot.* thek|ër, -ra; **~brot** *n* bukë thekre

roh i/e papërpunuar; i/e palatuar; *hart* mizor, -e; i/e vrazhdë; *ungekocht* i/e gjallë

Rohbau, -s, *pl.* ten, *m tech.* karabiná-ja

Roh:öl, -s, *n* vajgur-i; naft|ë, -a

Rohr, -(e)s, *pl.* ¨en, *n* tub-i; gyp-i; **~flöte** *f mus.* kallam-i; **~leitung** *f* tubacion-i; **~schlange** *f tech.* llull|ë, -a

Röhre *f* fejz|ë, -a; gyp-i

röhren gulçoj

Rohstoff, -(e)s, *pl.* e, *m* lëndë e parë; **~ sparen** ekonomizoj lëndën e parë

Röllchen, -s, *pl.* 0, *n* rrotk|ë, -a; **ein ~ Nähfaden** një rrotkë pe

Rolle *f* rol-i; *tech.* rul-i; **eine ~ spielen** luaj rol

rollen rrokullis

Rollfeld, -(e)s, *pl.* er, *n* pistë e fluturimit

Rolltreppe *f* shkallë lëvizëse

Rom *ON* Rom|ë, -a

Roma *Volksgruppe* evgjit-i; jevg-u; arixhí-u; cigan-i

Roman, -(e)s, *pl.* e, *m* roman-i; **~autor** *m* romancier-i

Romanismus *m spr.* romaniz|ëm, -mi

Romanistik *f* romanistik|ë, -a

Romantik *f* romantik|ë, -a; *Stil* romantiz|ëm, -mi

Romanze *f mus.* romanc|ë, -a

Römer, -s, *pl.* 0, *m* romak-u, *pl.* -ë-t; **~in** *f* romak|e, -ja

römisch romak, -e

röntgen *röntgt* [rœntçt], *röntgte, hat geröntgt* bëj një radiografi

Röntgen- rëntgen; **~arzt** *m* radiolog-u; **~aufnahme** *f* radiografí-a; **~strahlung** *f* rrezatim-i rëntgen

rosa, **rosafarben** rozë; ngjyrë trëndafili

Rose *f* trëndafil-i; **~n:kranz** *m katholisch* rruzar|e, -ja; *islamisch* tespihe-t; **~n:strauß** *m* tufë trëndafila

Rosmarin, -s, *m bot.* rozmarin|ë, -a

Rost, -es, *m* ndryshk-u; zgjyr|ë, -a; **~ zerfrisst Eisen** ndryshku e grin hekurin; **~entferner** *m* çoksidues-i; **~laube** *f Kfz* karakatin|ë, -a

rosten ndryshket; **~ lassen** ¨/ie/a zgjyros

rösten fërgoj; thek

Röstkartoffel *Pl.* patate të fërguara
rot i/e kuq; ~ **leuchten** kuqoj; kuqëloj; ~ **machen** kuqësoj; ~ **sein** kuqoj; kuqëloj; **~-schwarz** *Nationalfarben der Albaner* kuqezí; **Rotes Meer** *n* Deti i Kuq; **~haarig** flokëkuq, -e
Rot, das ~ të kuq-të; **~auge** n *zoo.* drang|ë, -a
Röte *f.* kuqësí-a
Röteln *Pl. med.* fruth-i
röten kuqësoj; skuq
rötlich kuqëlosh, -e
Rotschwänzchen, -s, *pl.* 0, *n zoo.* bishtkuq-i
Rotwelsch *n spr.* argó-ja
Rouge *n* [ruːʒ] të kuq-të buzësh
Roulade *f* rolé-ja
Route *f* itinerar-i; rot|ë, -a
Routine *f* rutin|ë, -a; shprehí-a
Rowdy, -s, *pl.* s, *n* ['raudi] rrugaç-i; zagar-i; **~tum** *n* rrugaçërí-a
Ross, -es, *pl.* ¨er, *n* kalë, -i
Rübe *f* rrep|ë, -a; panxhar-i; *fig.* qyp-i
Rubel, -s, *pl.* 0, *m* rúb|ël, -la
Rubrik *f* rubrik|ë, -a
Rückbildung *f spr.* prejardhje prapavajtëse; prapavajtj|e, -a
Rücken, -s, *pl.* 0, *m* kurriz-i; shpin|ë, -a; *Messer, Axt* tun-i; qyr|ë, -a; **auf dem** ~ shpinas ⟨*adv*⟩; **~schwimmen** *spo.* not shpine
Rückblick, -(e)s, *pl.* e, *m*, **Rückschau** *f* retrospektiv|ë, -a; vështrim retrospektiv
Rückfall, -(e)s, *pl.* ¨e, *m med.* recidiv-i
rückfällig *jur.* recidivist, -e
Rückgabe *f* kthim-i
rückgängig machen zmbraps
Rückkehr *f* kthim-i
rücklings ⟨*adv*⟩ shpinas
Rücknahme *f jur.* shfuqizim-i
Rucksack, -(e)s, *pl.* ¨e, *m* çantë shpine
rückschreitend prapavajtës, -e
Rückschritt, -(e)s, *pl.* e, *m* regres-i
rückschrittlich regresiv, -e; jopërparimtar, -e
Rückseite *f* faqe e prapme
Rücksendung *f* prapësim dërgese; prapësim-i
rücksichtslos brutal, -e
Rücksitz, -es, *pl.* e, *m* sedilje e pasme
Rückspiegel, -s, *pl.* 0, *m tech.* pasqyr|ë, -a
rückständig prapanik, -e
Rücktritt, -(e)s, *pl.* e, *m* abdikim-i; *jur.* heqje dorë
Rückverrechnung *f ök.* prapësim-i
rückwärtig i/e pasm|ë, -a
Rückwärtsgang, -s, *pl.* ¨e, *m tech.* marsh për mbrapa
rückwirkend prapaveprues, -e; *spr.* prapavajtës, -e
Rückzahlung *f ök.* prapësim-i
Rückzug, -(e)s, *pl.* ¨e, *m* zbythj|e, -a
Rudel, -s, *pl.* 0, *n* kopé-ja; *Wölfe* llav|ë, -a; lukuní-a; zhgan-i; zogorí-a; ~ **Schakale** kope çakejsh
Ruder, -s, *pl.* 0, *n* rrem-i; **Steuer~** timon-i; **~boot** *n* varkë me lopata; kaik|e, -ja
Ruderer, -s, *pl.* 0, *n* lopatar-i; vozitës-i
rudern vozis *s/t;* ~̊ *n spo.* kanotazh-i
Ruderwettkampf, -(e)s, *pl.* ¨e, *m spo.* gara kanotazhi

Ruf, -(e)s, *pl.* e, *m* klithm|ë, -a; piskam|ë, -a; thirrm|ë, -a; *Ruhm* fam|ë, -a; nam-i
rufen *ruft, rief, hat gerufen* thërras *a/e/i; s/t, thirra, thirrur;* **wieder ins Gedächtnis ~** zhgropos
Ruffall, -s, *m*, Vokativ *m spr.* thirror|e, -ja
Rüge *f* qortim-i
Rugovo Rugov|ë, -a
Ruhe *f* pushim-i; ndej|ë, -a; qetësí-a; rehat-i; rehatí-a; **lass mich in Ruhe!** mos më trazo!; **nur mit der ~!** javash, javash!; **~ sanft!** ndjesë pastë!; **~pause** *f* çlodhj|e, -a; **~tag** *m* ditë pushimi; pushim-i
ruhig i/e qetë; ⟨*adv*⟩ qetë; qetësisht; rehat; **~ schlafen** fle qetë
Ruhm, -(e)s, *m* lavd-i; fam|ë, -a; lavdí-a; zulm|ë, -a
ruhmreich zulmëmadh, -e; i/e lavdish|ëm, -me
Ruhr *f FN* Rur-i; *med.* dizenterí-a
Rühr¦ei, -s, *pl.* er, *n* vezë e fërguar; gajganá-ja
rühren lëviz; **rühr dich nicht von der Stelle!** mos luaj vendit!
Rührung *f* ngashërim-i; mallëngjim-i
Ruin, -s, *pl.* en, *m* rrënim-i
Ruine *f* rrënoj|ë, -a; rrënim-i; gërmadh|ë, -a
ruinieren rrënoj; çart; faroj; batërdis; batis; fik
rülpsen gromësij
Rülpser, -s, *pl.* 0, *m* gromësir|ë, -a
Rum, -s, *m* rum-i
Rumäne, -n, *pl.* n, *m* Rumun-i
Rumänien Rumaní-a
rumänisch rumun, -e
Rumpsteak, -s, *pl.* s, *n* ramstek-u
rund i/e rrumbullakët
Rundbrief, -s, *pl.* e, *m* qarkor|e, -ja
Runde *f spo.* raund-i
Rundfahrt *f* xhiro-ja
Rundfunk, -s, *m* radiopërhapj|e, -a; radio-ja; **~ und Fernsehen** radiotelevizion-i; **~empfänger**, -s, *pl.* 0, *m tech.* aparat radiomarrës; **~welle** *f* radioval|ë, -a
rundherum ⟨*adv*⟩ rrótull
Rundtanz, -es, *pl.* ¨e, *m* vall|e, -ja
Rune *f spr.* run|ë, -a
Runen- runik, -e
Runkelrübe *f bot.* bif|ë, -a
Runzel *f* rrudh|ë, -a; zhub|ër, -ra
runzeln rrudh; **die Stirn ~** *fig.* vrenjtem
Rüpel, -s, *pl.* 0, *m* harbut-i; *fig.* gdhe-ri
rupfen nduk
Ruß, -es, *pl.* e, *m* bloz|ë, -a; zhym-i
Rüssel, -s, *pl.* 0, *m* feçk|ë, -a
russisch rus, -e
Russland Rusí-a
Rüstung *f* korac|ë, -a
Rute *f* víshkull-i
rutschen shkas; rrëshqas; slitoj; **die Kupplung rutscht** friksioni sliton
rutschig i/e rrëshqitsh|ëm, -me
rütteln shkund

S

Saal, -(e)s, *pl.* Säle, *m* sall|ë, -a
Saale *f FN* Zal|e, -ja
Saar *f FN* Sarr|ë, -a
Säbel kordh|ë, -a; jatagan-i, *pl.* -ë-t; **~kämpfer** *m* kordhëtar i
Sabotage *f* [-ˈta:ʒə] sabotim-i
sabotieren sabotoj
Sache *f* pun|ë, -a; gjë-ja; send-i; kauz|ë, -a; **die ~ geht die Regierung an** çështja i takon qeverisë; **eine beliebige ~** çfarëdo pune; **er zog auch seinen Freund in diese ~ hinein** zheu edhe shokun në atë punë; **verzwickte ~** mesele e koklavitur; **~n** *Pl.* tesha-t; plaçka-t
Sachgruppe *f* rubrik|ë, -a
Sachkatalog, -(e)s, *pl.* e, *m* katalog-u lëndor; **~isierung** *f* skedim-i sipas lëndës
Sachkunde *f* kompetenc|ë, -a
sachkundig kompetent, -e
Sachse, -n, *pl.* n, *m* [ˈzaksə] sakson-i
Sachsen Saksoní-a
sächsisch sakson, -e
Sack, -(e)s, *pl.* ¨e, *m* thes-i; torb|ë, -a; **kleiner ~** cak|ë, -a; **~gasse** *f* rrugë qorre; *fig.* qorrsokak-u
Säckchen, -s, *pl.* 0, *n* qesk|ë, -a
säen mbjell *e/i/o*
Saft, -(e)s, *pl.* ¨e, *m* lëng-u; *Kirschen, Pflaumen* kjom|ë, -a
saftig i/e njomë
Sage *f* mit-i
Säge *f* sharr|ë, -a; *für zwei Personen* zhak|e, -ja; **die Zähne der ~** dhëmbëza-t e sharrës; **~blatt** *n* arká-ja; fletë sharre; **~mehl** *n* byk-u
sagen them, *thashë, thënë;* **sagst du die Wahrheit?** a thua të vërtetën?
sagenhaft mitik, -e; legjendar, -e
Sahne *f* ajk|ë, -a; **süße ~** maz|ë, -a; krem-i
Saison *f* [zɛˈzɔŋ] sezon-i; stin|ë, -a
Saite *f mus.* tel-i; kord|ë, -a
Sakko, -s, *pl.* s *m* xhaket|ë, -a
Salami *f* sallam-i
Salamis *Insel* Salamin|ë, -a
Salat, -(e)s, *pl.* e, *m* sallat|ë, -a; **grüner ~** sallatë marule
Salbe *f* vazelin|ë, -a; pomad|ë, -a
salben miros; lyej; krezmoj
Salb:öl, -s, *pl.* e, *n rel.* krezm-i; miro-ja
Saldo, -s, *m ök.* saldo-ja
Salon, -s, *pl.* s *m* sallon-i
Saloniki *ON* Selanik-u
Salpeter, -s, *m chem.* nishadër-i; **~säure** *f zum Reinigen von Metall* gjezap-i
salvadorenisch salvadorian, -e
Salve *f mil.* breshërí-a
Salz, -es, *pl.* e, *n* krip|ë, -a; **~schälchen** *n* kripës-i; **~streuer** *m* kripor|e, -ja; kripës-i; **~gehalt** *m* kripësí-a
Salzburg *ON* Salcburg-u
salzen krip
salzig i/e njelmë
salzlos i/e zbarët
Sammelband, -(e)s, *pl.* ¨e, *m*, Sammelschrift *f* përmbledhës-i; krestomací-a
sammeln mbledh *e/i/o;* qëmtoj; tuboj;

grupoj; grumbulloj
Sammler, -s, *pl.* 0, *m* mbledhës-i; përmbledhës-i
Sammlung *f* mbledhj|e, -a; koleksion-i, *pl.* -e-t; grupim-i
Samstag, -(e)s, *pl.* e, *m* e shtun|ë, -a
Samt, -(e)s, *m* kadif|e, -ja; kadifé-ja
Sanatori|um, -s, *pl.* en, *n* sanatorium-i
Sand, -(e)s, *m* rër|ë, -a; **grober ~** zhur-i; **in den ~ setzen** *fig.* dështoj; dhje|s, -va, -rë *s/t;* **~bank** *f* cekëtin|ë, -a; **~boden** *m* ranisht|ë, -a; **~strand** *m* breg ranor; ranisht|ë, -a
Sandale *f* sandal|e, -ja
sandfarben ngjyrë kremi
sandig ranor, -e; i/e rërët; **~er Boden** *m* tokë e rërët
Sandwich *n* [ˈzɛntvitʃ] sanduiç-i
sanft i/e butë
Sanftheit *f* zemërbutësí-a
sanftmütig gjakbutë; zemërbutë
Sanftmütigkeit *f* gjakbutësí-a
Sänger, -s, *pl.* 0, *m* këngëtar-i; **~in** *f* këngëtar|e, -ja
sanitär sanitar, -e
Sanktion *f* sanksion-i
sanktionieren sanksionoj
Santi Quaranta *hist. ON* Sarand|ë, -a
Sarajevo *ON* Sarajev|ë, -a
Sardelle *f* açug|e, -ia; sardel|e, -ja
Sardinien Sardenj|ë, -a
Sarg, -(e)s, *pl.* ¨e, *m* arkivol-i; tabut-i; qivur-i
Sarkophag, -s, *pl.* e, *m* sarkofag-u
Satellit, -en, *pl.* en, *m* satelit artificial
Satin *m* [zaˈtɛ̃ː] saten-i
satt i/e ngopur; **~ machen, sättigen** ngop; **~ werden** ngopem
Sattel, -s, *pl.* ¨0, *m* shal|ë, -a; **~gurt** *m* qingjé-ja; qíng|ël, -la; **~tasche** *f am Reittier* hejbe-t(ë)
Sattler, -s, *pl.* 0, *m* samarxhí-u
Satz, -es, *pl.* ¨e, *m spr.* fjalí-a; fraz|ë, -a; *Set* komplet-i; *typ.* radhitj|e, -a; **Lehr~** teorem|ë, -a; **~ des Pythagoras** teorema e Pitagorës; **~anfang** *m spr.* fillesë absolute; **~aussage** *f* kallëzues-i; **~gegenstand** *m* kryefjal|ë, -a; **~lehre** *f* sintaks|ë, -a; **~teil** *m* gjymtyrë fjalie; **~zeichen** *n* shenja pikësimi
Satzung *f* statut-i
Sau *f.* dos|ë, -a; **~bohne** *f bot.* bath|ë, -a
sauber i/e dëlirë; i/e pastër
Sauberkeit *f* pastërtí, -a; dëlirësí-a; acarí-a; higjien|ë, -a
säubern pastroj; qëroj
Säuberung *f* spastrim-i
Sauciere *f* [zoˈsjeːrə] salcier|ë, -a
Saudi-Arabien Arabia Saudite
sauer i/e athët; i/e thartë; *chem.* acetik, -e; **~ werden** thartohem
Sauer:ampfer, -s, *m bot.* uthullisht|ë, -a; uthullisht|e, -ja
Sauerbraten, -s, *pl.* 0, *m* çomlek-u me uthull
Sauerei *f* lapërdhí-a; poshtërsi-a
Sauerkirsche *f*, **Sauerkirschenbaum** *m* víshnj|ë, -a
Sauerkohl, -s, *m* armé-ja
säuern athëtoj; thartoj; uthulloj
Sauerstoff, -s, *m chem.* oksigjen-i
saugen thith

säugen mënd
Säugetier, -(e)s, *pl.* e, *n zoo.* gjitar-i
Sauglaut, -(e)s, *pl.* e, *m spr.* tingull-i frymëthithës
Säuglingsflasche *f* biberon-i
Säule *f* kolon|ë, -a; shtyll|ë, -a
Säure *f* acid-i; thartí-a; thartir|ë, -a
Saustall, -s, *m fig.* grazhd-i
Save *f FN* Sav|ë, -a
Savoyen Savoj|ë, -a
Schablone *f* shabllon-i
Schach, **~spiel** *n* shah-u
Schacht, -(e)s, *pl.* ¨e, *m* pus-i; **~arbeit** *f* gërmim-i
Schachtel *f* kutí-a
Schädel, -s, *pl.* 0, *m* kafk|ë, -a
schaden dëmtoj; **es schadet mir** më bën keq
Schaden, -s, *pl.* ¨0, *m* dëm-i; zarar-i; zullum-i; **~ersatz** *m* zhdëmtim-i; **~s:aufmachung** *f ök.* dispash|ë, -a
schädigen dëmtoj; bëj qeder; fik; **gesundheitlich ~** dokëndis
Schädigung *f jur.* dëmtim-i
schädlich dëmprurës, -e; dëmsjellës, -e; i/e dëmsh|ëm, -me; dëmtar, -e
Schädling, -s, *pl.* e, *m* dëmtues-i
Schaf, -(e)s, *pl.* e, *n zoo.* del|e, -ja, *pl.* dhen-të; **~fell** *n zum Sitzen* postiq|e, -ja; **~hirt** *m* delmer-i; barí-u; shterpar-i; **~hürde** *f* vath|ë, -a; **~s:käse** *m* kaçkavall-i
Schäfer, -s, *pl.* 0, *m* dhenar-i; dhenrritës-i
schaffen *schafft, schuf (schaffte), hat geschaffen (geschafft)* krijoj; *arbeiten* punoj, vardoj
Schaffung *f* krijim-i; **~ eines Bestandes** *ök.* krijim rezerve
schafsköpfig kokëlopë; kokëtrashë
Schakal, -(e)s, *pl.* e, *m zoo.* çakall-i
Schal, -s, *pl.* s *m* shall-i
Schale *f Hülle* gëzhoj|ë, -a; lëvozhg|ë, -a; zaz|ë, -a; guall-i; **Eier~**, **Nuss~** guask|ë, -a; *Gefäß* tavll|ë, -lla; filxhan-i; **~n:waage** *f* kandar-i
schälen qëroj; zdërvij; *Baum* zbloguroj
Schall, -(e)s, *m* tíngull-i; kumbim-i; **~analyse** *f* analizë ritmore; **~fülle** *f spr.* përkapshmërí-a; **~platte** *f* pllakë gramafoni; disk-u; **~plattensammlung** *f* diskotek|ë, -a
schallen buças *a/e/i; s/t;* kumboj
Schalter, -s, *pl.* 0, *m* sportel-i; dritarez-a; *tech.* çélës-i; interruptor-i; komutator-i; **~beamter** *m* sportelist-i; **~raum** *m* sall|ë, -a
Schalthebel *m,* **Schaltknüppel** *m* lev|ë, -a; levë marshesh
Schaltsatz, -es, *pl.* ¨e, *m spr.* fjali-a e ndërmjetme; fjali-a e ndërshtënë; ndërshtëni|e, -a
Schaltwort, -(e)s, *pl.* ¨er, *n spr.* fjalë e ndërmjetme
Scham *f* zor-i; **ohne einen Funken ~** pa pikë turpi
Schande *f* turp-i; **~ tragen** zezohem; **~!** ⟨*Int.*⟩ jazëk
schänden dhunoj; turpëroj
schändlich i/e turpsh|ëm, -me
Schandmaul, -s, *n* gjuhëhelm-i; gojaç-i
Schändung *f* dhunim-i
Schankfrau *f* banakier|e, -ja
Schanktisch, -(e)s, *pl.* e, *m,* Tresen *m*

banak-u
Schar *f* kopé-ja
scharf i/e mprehtë; i/e athët; i/e ashpër; djegës, -e; **~sinnig** mendjehollë; **~züngig** gojëspec, -e
Schärfe *f* mprehtësí-a; djegësir|ë, -a
schärfen mpreh; grih; grihoj; eh
Scharlach, -s, *m Farbe* e kuqe e ndezur; *med.* skarlatin|ë, -a; fruth i zi; fruth i keq
Scharnier, -s, *pl.* e, *n* çiví-a; mentesh|ë, -a; çerçivé-ja
Schaschlik *n* shishqebap-i
Schatten, -s, *pl.* 0, *m* hij|e, -a
schattig i/e hijëzuar; me hije; **~e Stelle** *f* mriz-i
Schatz, -es, *pl.* ¨e, *m* thesar-i; visar-i; **~meister** *m* arkëtar-i; *hist.* hazinedar-i
schätzen çmoj; vlerësoj
Schauder, -s, *m* dridhm|ë, -a
schauen vështroj; shikoj; **schau doch!** pa shiko!; *~̊* *n* sehir-i
Schaufel *f* qyrek-u; lopat|ë, -a
Schaufenster *n* vitrin|ë, -a
Schaukasten, -s, *pl.* ¨0, *m* stend|ë, -a
Schaukel *f* shilarës-i
schaukeln *in der Wiege* djepoj
Schaum, -(e)s, *m* shkum|ë, -a; **~löffel** *m* qepgjir-i
schäumen shkumëzoj; **vor Wut ~** bëhem harbi
Schauspiel, -s, *pl.* e, *n* dram|ë, -a; **~haus** *n* teat|ër, -ri; **~truppe** *f* ansamb|ël, -li; trup|ë, -a
Schauspieler, -s, *pl.* 0, *m* aktor-i; artist-i
Schauspielerin *f* aktor|e, -ja
Scheck, -s, *pl.* s *m* çek-u
scheel i/e vëngër(t); vëngërosh, -e
Scheibe *f* rrótull-a; disk-u; tabel|ë, -a; *Brot, Wurst, Käse* fet|ë, -a; **~n:bremse** *f* fren-i me disqe; **~n:wischer** *m* fshesë xhamash; **Brems~** disk-u i frenit; **Kupplungs~** disk-u i friksionit
Scheide *f* këllëf-i; *für Stichwaffen* mill-i; *med.* vagjin|ë, -a
Scheidung *f jur.* divorc-i
Schein, -(e)s, *pl.* e, *m Schriftstück* dëftes|ë, -a; **Geld~** kartëmonedh|ë, -a
Schein, -s, *m* dukj|e, -a; **~werfer** *m tech.* fener-i
scheinen ndriçoj
Scheitel, -s, *m* maja e kokës; **~punkt** *m math.* kulm-i
scheißen *scheißt, schiss, hat geschissen vulg.* dhje|s, *-va, -rë s/t*
schelten *schilt, schalt, hat gescholten* shaj, *-va, -rë;* qortoj
Schema, -s, *pl.* ta, *n* skem|ë, -a; **~zeichnung** *f* grafik-u
Schemel, -s, *pl.* 0, *m* stol-i; shkam-i
schenken dhuroj; blatoj; fal
Schenker, -s, *pl.* 0, *m* dhurues-i
Schere *f* gërshër|ë, -a
scheren *schert, schor, hat geschoren Schafe* qeth; **es schert mich nicht** aq më bën
Scherz, -es, *pl.* e, *m* shaká-ja; hok|ë, -a; gazel|e, -ja; tallj|e, -a; shpoti-a
scherzen tallem; bëj shaká; hokohem; *hänseln* qesëndis
Scheune *f*, **Scheuer** *f* hambar-i; lëmë, -i; ahur-i

Schicht *f* shtres|ë, -a; turn-i; ndërres|ë, -a; **~wechsel** *m* ndërrim-i turni
Schichtung *f* shtresëzim-i
schicken dërgoj; **ins Exil** ~ mërgoj
Schicksal, -s, *pl.* e, *n* fat-i; risk-u
schicksalhaft fatal, -e
schieben *schiebt, schob, hat geschoben* shtyj; *fig.* bëj kontrabandë, dallavere
Schieber, -s, *pl.* 0, *m* akaparues-i; dallaveraxhí-u
Schiebung *f fig.* allishverish-i; dallaver|e, -ja
Schiedsgerichtsbarkeit *f jur.* arbitrazh-i
Schiedsgerichtsbeschluss, -es, *pl.* ¨e, *m* jur. vendim-i arbitror
Schieds|mann, -(e)s, *pl.* leute, *m* arbit|ër, -ri; † urtar-i
Schiedsrichter, -s, *pl.* 0, *m spo.* gjyqtar-i; arbit|ër, -ri
schief i/e shtrembër
Schiefer, -s, *m* grill-i; rreshp|e, -ja; shiste-t
schielen gemem; vëngëroj; **~d** i/e mëngjër; i/e vëngër(t); vëngërosh, -e
Schiene *f* shin|ë, -a; binar-i; *med.* dërrasë, -a; gëzhdallë, -a
schier i/e gjallsh|ëm, -me; lakuriq, -e; † ⟨*adv*⟩ krejt; **~es Fleisch** *n* mish i gjallshëm
Schießscharte *f hist.* frengjí-a
schießen, *schießt, schoss, hat geschossen* shtie; *Tor spo.* shënoj; **es schoss ihm durch den Kopf** i vetoi ndër mend; **geschossener Kohl** gallaber|e, -ja
Schießen *n* qitj|e, -a
Schießpulver, -s, *n* barut-i
Schießscheibe *f spo.* tabel|ë, -a
Schießsport, -(e)s, *m* qitje sportive
Schießstand, -(e)s, *pl.* ¨e, *m* poligon-i për qitje
Schiff, -(e)s, *pl.* e, *n* anij|e, -a; **~bruch** *m* anijethyerj|e, -a; lundërthyerj|e, -a; **~s:eigner** *m* armator-i; **~s:frachtbrief** *m* fletëngarkesë detare; konosament-i; **~s:führer** *m* kapiten-i; **~s:kollision** *f* përplasje anijesh; **~s:laderaum** *m* tonazh-i; **~s:raum** *m* hambar-i anijeje; **~s:route** *f* udhëtim-i detar; **~s:tau** *n* zdral|e, -ja
schiffbar i/e lundruesh|ëm, -me
Schiffbau- anijendërtues, -e
schiffen lundroj; *vulg.* shurr
Schiffer, -s, *pl.* 0, *m* lundërtar-i; marinar-i; **~er:klavier** *n* fizarmonik|ë, -a
Schild, -(e)s, *pl.* er, *n* tabelë, -a; targë, -a; **Mützen~** strehë, -a; **Schutz~** mburoj|ë, -a; **~chen** *n* etiket|ë, -a; **~kröte** *f* breshk|ë, -a
Schilf, -s, *n bot.* kallam-i; xunkth-i; **~matte** *f* rrogoz-i; **~rohr** *n* kallam-i
Schimmel myk-u
Schimmel-, **schimmelig** mykor, -e; i/e mykur; **~pilz** *m* kërpudhë mykore
schimmeln myket
Schimmer, -s, *m* shkëlqim-i; vezullim-i; prarim-i
schimmern zbardh; zbardhoj
Schimpf, -(e)s, *m* turp-i; **~wort** *n* fjalë sharëse; shprehje sharëse
schimpfen sha|j, *-va, -rë;* **~d** sharës, -e

Schindel *f* ash|ër, -ra; flugë, -a
schinden *schindet, schindete, hat geschunden* ngordh; **das Pferd bei der Arbeit ~** ngordh kalin në punë
Schindmähre *f* gërdall|ë, -a
Schinken, -s, *pl.* 0, *m* proshut|ë, -a; mish-i i thatë
Schlabberlatz, -es, *pl.* ¨e, *m* grykashk|ë, -a
Schlacht *f* betej|ë, -a
schlachten ther; ~̊ *n* therj|e, -a
Schlachter, -s, *pl.* 0, *m*, Metzger *m* kasap-i; **Schlächter** *fig.* xhahil-i; katil-i
Schlachterei *f*, **Schlachthof** *m* kasaphan|ë, -a
Schlachtmesser, -s, *pl.* 0, *n* hanxhar-i
Schlacke *f tech.* skori|e, -a
Schlaf, -(e)s, *m* gjum|ë, -i; **~anzug** *m* pizhame-t; **~couch** *f* divan-i; **~losigkeit** *f* pagjumësí-a; **~mittel** *n med.* gjumës-i; **~mohn** *m bot.* hashash-i; **~platz** *m* bujtin|ë, -a; bujtor|e, -ja; **~saal** *m* fjetor|e, -ja; **~sack** *m* dyshek alpinisti; **~tabletten** *Pl.* hape-t gjumi; **~zimmer** *n* dhom|ë gjumi; dhomë fjetje; fjet|ë, -a
Schläfchen, -s, *n* dremk|ë, -a
Schläfe *f med.* tëmth-i
schlafen *schläft, schlief, hat geschlafen* fle, *fjeta, fjetur e/i;* **~ gehen** bie të fle; **schlaf ruhig!** fli rehat; **er schlief, während die anderen arbeiteten** teksa të tjerët punonin, ai flinte; **im Sitzen ~** kotem
schlaff i/e ngathët; **~ machen** zhap
Schlaffheit *f* ngathëtësí-a
schlaflos pa gjumë; **~ sein** gdhij
Schläfrigkeit *f* gjumësi-a; letargjí-a
Schlag, -(e)s, *pl.* ¨e, *m* goditj|e, -a; krism|ë, -a; **der ~ soll dich treffen!** të vraftë rrufeja!; **~anfall** *m* apopleksí-a; damllá-ja; **~wort** *n* fjalë-lëndë; fjalë-brendí; **~zeug** *n mus.* vegla-t me perkusion; xhaz-i
schlagen *schlägt, schlug, hat geschlagen* godas *a/e/i; s/t;* rrah *a/e/i;* qëlloj; përplas; thek; *mit der Faust ~* grushtoj; mëshoj
Schlägerei *f* rrahj|e, -a
Schlamm, -(e)s, *m* balt|ë, -a; lluc|ë, -a
schlammig baltak, -e
Schlampe *f* fëllig|ë, -a; zusk|ë, -a
Schlange *f* gjárp|ër, -ri; buç-i; **gelbe ~** astrit-i; **~n:gift** *n* zhardec-i
schlängeln, sich ~ gjarpëroj
schlangenartig gjarpnor, -e; gjarpëror, -e
schlank belhollë; vizak, -e; i/e hollë
schlapp i/e dobët; i/e ngathët; **~ machen** ⟨*intransitiv*⟩ ligështohem
Schlapphut, -s, *pl.* ¨e, *m* kapele strehëgjerë; *fig.* anëtar-i i shërbimit sekret / kundërzbulimit; punonjës-i i sigurimit
schlau dinak, -e; finok, -e
Schlauch, -(e)s, *pl.* ¨e, *m* tub-i gome; *tech.* kamerdar|e, -ja
Schläue *f* dhelpërí-a; dinakërí-a
Schlaufe *f* ilik-u
Schlaukopf, -(e)s, *pl.* ¨e, *m*, **Schlaumeier** *m* mendar-i; qerratá-i
schlecht i/e keq, -e; i/e çalë; i/e lig, -ë; **~ beleumundet** famëkeq, -e;

~ **erziehen** çedukoj; ~**en Ruf haben** kam nam të keq
Schlehe *f bot.* kullumbrí-a
Schleier, -s, *pl.* 0, *m* vel-i; peç|e, -ja; *Umhang oriental. Frauen* ferexhé-ja; **bedeckt mit einem ~ von Dampf** mbuluar me një tis avull; **das Gespräch lag unter einem ~ von** biseda kishte sipër një tis ...
Schleife *f* fjongo-ja
schleifen *schleift, schliff (schleifte), hat geschliffen (geschleift), wetzen* eh; grih; *schleppen* zhgërryej; grihoj; zhargoj; zvarris *s/t; zerstören* shemb; ~**d** zvarritës, -e
Schleifstein, -(e)s, *pl.* e, *m* gurmprehës-i; mpréhës|e, -ja; grih|ë, -a; grihës-i; gur zmeril
Schleim, -(e)s, *m* jarg|ë, -a; ~**haut** *f* mukoz|ë, -a
Schlepp: **in ~ nehmen** rimorkioj
schleppen zhargoj; zhgërryej; ~**d** ⟨*adv*⟩ zvarrë
Schlepper, -s, *pl.* 0, *m*, **Schleppschiff** *n* rimorkiator-i
Schlesien Silezí-a
Schleuder *f* hobé-ja; *tech.* centrifug|ë, -a; ~**gefahr** *f* rrezik rrëshqitjeje
schleudern vërvis *s/t*
schlichten urtësoj; urtoj; resht; **er schlichtete den Streit** reshti sherrin
Schlick, -s, *m* lluc|ë, -a
schließen *schließt, schloss, hat geschlossen* mbyll; kyç
schlimm i/e keq, -e
Schlingpflanze *f bot.* dredh|e, -ja; dredhk|ë, -a; dredhor|e, -ja
Schlitten, -s, *pl.* 0, *m* saj|ë, -a; slit|ë, -a; rrëshqitës|e, -ja
schlittern rrëshqas *a/e/i, s/t*
Schloss, -es, *pl.* ¨er, *n* kështjell|ë, -a; **Tür~** brav|ë, -a; ~**reparierer** *m* bravandreqës-i
Schlosser, -s, *pl.* 0, *m* mekanik-u; bravapunues i
Schlucht *f* gryk|ë, -a
schluchzen dënes
Schluck, -(e)s, *pl.* e, *m* gllënjk|ë, -a; ~**auf** *m* lemz|ë, -a; ~**auf haben** lemzoj
schlucken kapërdij; gëlltis *s/t*
schlummern dremis *s/t*
Schlund, -(e)s, *pl.* ¨e, *m* zgurdh|ë, -a
schlürfen rrufis *s/t*
Schluss, -es, *pl.* ¨e, *m* fund-i; përfundim-i; ~ **machen mit etw.** i vë kapak; **logische ~folgerung** *f* përfundim-i i logjikshëm; konkluzion-i; ~**leuchte** *f* dritë e pasme; ~**partie** *f* epilog-u
Schlüssel, -s, *pl.* 0, *m* hapës-i; çélës-i; kyç-i; ~**etui** *n* çelësambajtës|e, -ja
schmachten dergjem; gjakoj
schmackhaft i/e shijsh|ëm, -me
schmal i/e ngushtë
Schmalspurbahn *f mit Güterwagen oder Loren* dekovil-i
Schmalz, -es, *n* sallo-ja; ushúj-i
Schmant, -(e)s, *m*, **Schmand®** *m, s.* Sahne, Schlamm
Schmarotzer, -s, *pl.* 0, *m* sahanlëpirës-i
schmecken pëlqej *e/ye;* shijoj; **es schmeckt mir** më shijon / pëlqen
Schmeichelei *f* lajk|ë, -a

Schmeichler lajkatar-i
Schmelz *Zahn~* smalt-i; *Gesang* kumbim-i i ëmbël
schmelzen *schmilzt, schmolz, ist/hat geschmolzen* shkrij; **das Eis schmilzt** shkrin akulli; *≈ n,* **Schmelzung** *f,* **Schmelze** *f* shkrirj|e, -a
Schmerz, -es, *pl.* en, *m* dhimbj|e, -a; dhembj|e, -a
schmerzen dhemb
schmerzhaft i/e dhembsh|ëm, -me
Schmetterling, -s, *pl.* e, *m zoo.* flutur-a
Schmied, -(e)s, *pl.* e, *m* farkëtar-i
Schmiede *f* fark|ë, -a; farkëtarí-a; **~handwerk** *n* farkëtarí-a
schmieden farkëtoj; **schmiede das Eisen, solange es heiß ist** rrihe hekurin sa është i nxehtë; **ein Komplott ~** komplotoj; **Ränke ~** shtie fitme
schmieren grasoj; lyej; *fig.* koj
Schmierfett, -(e)s, *pl.* e, *n tech.* gráso-ja
Schmiergeld, -(e)s, *pl.* er, *n* ryshfet-i; **~ geben** i/a/e koj me para
Schmirgel, -s, *pl.* 0, *m* zumpará-ja; zumpar|e, -ja; **~papier** *n* letër zmerile; zumpará-ja
Schmöker, -s, *pl.* 0, *m Buch* † qitap-i
Schmuck, -(e)s, *m* bizhuterí-a; **~kasten** *m* peshtaf-i; **~stücke** *Pl.* bizhuterí-a
schmücken hijeshoj; **die Braut ~** godis nusen
Schmuggel, -s, *m,* **~gut** *n* kontraband|ë, -a
Schmuggler, -s, *pl.* 0, *m* kontrabandist-i
Schmutz, -es, *m* zhul-i; papastërtí-a; zgjyr|ë, -a; balt|ë, -a; **~fink** *m* zgjyran-i
schmutzig i/e ndyrë; i/e zhyer; helaq, -e; **~e Verleumdung** *f* shpifje e qelbur
Schnabel, -s, *pl.* ¨0, *m* sqep-i; qep-i
Schnake *f,* Stechmücke *f zoo.* harrj|e, -a; mushkonj|ë, -a
Schnalzlaut, -(e)s, *pl.* e, *m spr.* kliks-i; tingull frymëthithës
schnappen zates *s/t;* kap; zaptoj
Schnaps, -es, *pl.* ¨e, *m* rakí-a; **~glas** *n* gotë rakie
schnarchen gërhas *s/t, a/e/i; ≈ n* gërhitj|e, -a
schnattern gagaris *s/t; ≈ n* gagarim|ë, -a
schnauben shfryj
Schnauzbart, -(e)s, *pl.* ¨e, *m* mustaqe-t
schnäuzen shfryj
Schnecke *f zoo.* kërmill-i
Schnee, -s, *m* bor|ë, -a; dëbor|ë, -a; **~flocke** *f* flok-u dëbore; **~lawine** *f* drag|ë, -a; **~regen** *m* borim|ë, -a; cakërrí-a; **~sturm** *m* goren-i; **~wehe** *f* bornaj|ë, -a
Schneide *f* eh-u; pres|ë, -a; **~gerät** *n* presës|e, -ja
schneiden *schneidet, schnitt, hat geschnitten* pre|s, *-va, -rë i/e; s/t; Getreide* kosis *s/t; Haare* qeth; *mit der Sichel* drapëroj; **~der Wind** *m* erë e acartë
Schneider, -s, *pl.* 0, *m* rrobaqepës-i; *von Trachten* † terzí-u; **im ~sitz** këmbëkryq
schneien bie borë
schnell i/e shpejtë; ⟨*adv*⟩ shpejt
Schnellboot, -(e)s, *pl.* e, *n* motoskaf-i

Schnellfeuergewehr, -s, *pl.* e, *n mil.* automatik-u
Schnelligkeit *f* shpejtësí-a; temp-i; **~s:prämie** *f im Hafen ök.* dispaç-i
Schnellzug, -(e)s, *pl.* ¨e, *m* tren-i i shpejtë
Schnitt, -(e)s, *pl.* e, *m* prerj|e, -a
Schnitter, -s, *pl.* 0, *m* kositës-i; kosëtar-i
Schnitzel, -s, *pl.* 0, *m* shnicel; skallop-i; rosto-ja; **Kalbs~** rosto viçi; **Schweine~** rosto derri
schnitzen gdhend; latoj
Schnitzer, -s, *pl.* 0, *m*, Fehler *m* proçk|ë, -a
Schnitzerei *f* gdhendarí-a
Schnorrer, -s, *pl.* 0, *m* qelepirxhí-u; qylaxhí-u
schnüffeln nuhas *s/t; fig.* përgjoj
Schnüffler, -s, *pl.* 0, *m* përgjues-i; spiun-i
Schnuller, -s, *pl.* 0, *m* biberon-i
Schnupfen, -s, *m med.* rruf|ë, -a; flam|ë, -a
Schnupftabak, -s, *pl.* e, *m* tabako-ja; burnot-i
schnuppern nuhas *s/t*
Schnur *f* cikom|ë, -a; jétull-a; kordel|e, -ja; litar-i; gajtan-i
Schnurrbart, -(e)s, *pl.* ¨e, *m* mustaqe-t
schnurren gërhij
Schnürschuhe *Pl.* këpucë-t me qafa
Schnürsenkel *Pl.* lidhësa-t këpucësh
Schnute *f dial.* gojë, -a; qep-i; turí-ri; **eine ~ machen** prish buzët
Schock, -s, *pl.* s *m* tronditj|e, -a
Schöffe, -n, *pl.* n, *m jur.* ndihmës-gjyqtar-i nderi
Schokolade *f* çokollat|ë, -a
Scholastik *f* skolastik|ë, -a
Scholle *f* zvol-i
schon tanimë; tashmë
schön i/e búkur
Schönheit *f* bukurí-a; hijeshí-a
Schönschrift *f* bukurshkrim-i
Schöpfeimer, -s, *pl.* 0, *m* kov|ë, -a
schöpfen shpik; **Wasser aus dem Boot ~** cekoj
Schöpfer, -s, *pl.* 0, *m* krijues-i; Schöpfkelle *f* garuzhd|ë, -a; qepsh|e, -ja; **~kraft** *f* krijimtarí-a
schöpferisch krijues, -e
Schöpfung *f* krijim-i
Schornstein, -s, *pl.* e, *m* oxhak-u; tymtar-i; *der über das Dach ragende Teil* oshmak-u; **~feger** *m* oxhakpastrues-i
Schoß, -es, *pl.* ¨e, *m* gji-ri; **aus dem ~ des Volkes** nga gjiri i popullit
Schössling, -s, *pl.* e, *m* rej|ë, -a
Schote *f* bishtaj|ë, -a
Schotte, -n, *pl.* n, *m* Skocez-i
schottisch skocez, -e
Schottland Skocí-a
schräg i/e tërthortë; i/e pjerrët; ⟨*adv*⟩ pjérrtazi
Schrank, -(e)s, *pl.* ¨e, *m* dollap-i
Schränkchen, -s, *pl.* 0, *n* komodin|ë, -a
Schraube *f* vidh|ë, -a; vid|ë, -a; **~n:mutter** *f tech.* kundërvidh|ë, -a; dado-ja; vidhë femër; matravid|ë, -a; **~n:schlüssel** *m* çélës-i poligon; **~n:zieher** *m* kaçavid|ë, -a
Schrecken, -s, *pl.* 0, *n* tmerr-i;

lemerí-a; hatá-ja; **~s:nachricht** *f* mandat|ë, -a

Schreckgespenst, -es, *pl.* er, *n* gogol-i

schrecklich i/e friksh|ëm, -me; i/e tmerrsh|ëm, -me; i/e hatash|ëm, -me

Schrei, -(e)s, *pl.* e, *m* britm|ë, -a; piskam|ë, -a; klithm|ë, -a

schreiben, *schreibt, schrieb, hat geschrieben* shkruaj; *verfassen* hartoj; ~ *n* shkrim-i; *Brief* shkres|ë, -a; **formelles** ~ mesazh-i

Schreiberling, -s, *pl.* e, *m* kalemxhí-u; † qatip-i

Schreibfeder *f* pend|ë, -a; pen|ë, -a

Schreibtisch, -(e)s, *pl.* e, *m* skrivaní-a

Schreibung *f spr.* grafí-a

Schreibwarenladen, -s, *pl.* ¨0, *m* kartolerí-a

schreien *schreit, schrie, hat geschrien* bërtas *a/e/i; s/t*

Schreihals, -es, *pl.* ¨e, *m* ulërak-u

Schreiner, -s, *pl.* 0, *m* marangoz-i; zdrukthëtar-i; lëndëtar-i; **~ei** *f* zdrukthëtarí-a

Schrift *f* shkrim-i; **defektive** ~ shkrim-i i mangët; **kyrillische** ~ shkrim-i cirilik

Schrift- grafik, -e; shkrimor, -e; letrar, -e; **~satz** *m*, **~stück** *n* shkres|ë, -a; dokument-i; **~setzer** *m* radhitës-i; **~sprache** *f spr.* gjuhë letrare; **~steller** *m* shkrimtar-i; *fig.* pen|ë, -a; **~tum** *n* literatur|ë, -a

schriftlich me shkrim

Schritt, -(e)s, *pl.* e, *m* hap-i; çap-i; **die ersten Schritte machen** bëj çapat e parë

schrittweise gradual, -e

schroff i/e vrazhdë; acar, -e

Schroffheit *f* vrazhdësí-a

Schrott, -s, *m* rrángulla-t; **das ist** ~ është rrangulla; **~platz** *m* hekurisht|e, -ja

schrubben fajkoj

Schrulle *f* huq-i; tek|ë, -a; trill-i

schrumpfen rrëgjohet; tkurr; tulatem; tkurrem

Schub, -(e)s, *pl.* ¨e, *m* shtytje, -a; *jur.* dëbim-i; **~fach** *n*, **~lade** *f* sirtar-i; **~karre** *f* karrocë dore

Schuber, -s, *pl.* 0, *m* këllëf-i

Schuft, -(e)s, *pl.* e, *m* maskará-i; horr-i; rezil-i

schuften vardoj

Schuh, -(e)s, *pl.* e, *m* këpuc|ë, -a; **ausgetretener** ~ zharg|ë, -a; **~e putzen** lustroj këpucët; **hohe** ~ *Pl.* këpucë me qafa; **~macher** *m* këpucar-i; **~macherei** *f* këpucarí-a; **~putzer** *m* lustraxhí-u; **~werk** *n* mbathj|e, -a; **~zunge** *f* llapa e këpucës

Schul- shkollor, -e; **~buch** *n* tekst-i shkollor; **~bücherei** *f* bibliotekë shkollore; **~meister** *m* † dhaskal-i; **~wörterbuch** *n* fjalor shkollor

Schuld *f* borxh-i; faj-i; fajësí-a; detyres|ë, -a; **verjährte** ~ borxh i motuar; **~en begleichen** shlyej borxh; **~schein** *m* obligacion-i

schuldhaft *jur.* me faj

schuldig fajtor, -e

Schuldige|r, -n, *pl.* n, *m* fajtor-i

schuldlos i/e pafajsh|ëm, -me

Schuldner, -s, *pl.* 0, *m* borxhlí-u;

debitor-i; detyrës-i
Schule *f* shkoll|ë, -a
Schüler, -s, *pl.* 0, *m* nxënës-i; **~heim** *n* konvikt-i; **~verzeichnis** *n* amz|ë, -a
schulisch shkollor, -e
Schulter *f* shpátull-a; sup-i; krah-u; **~last** *f* hamallëk-u
Schulung *f* *mil.* instruksion-i
schummerig i/e vagët
Schuppe *f* lusp|ë, -a; **~n** *Pl. auf dem Kopf* zbokth-i
Schuppen, -s, *pl.* 0, *m* bunker-i; vendstrehim-i; hambar-i
Schüreisen, -s, *pl.* 0, *n*, **Schürhaken** *m* uror-i
Schurke, -n, *pl.* n, *m* maskará-i
Schurkerei *f* maskarallëk-u
schüren shpurris s/t; *fig.* nxis s/t; ndez
Schürze *f* përparës|e, -ja; **~n:jäger** *m* lakmitar-i; lakmues-i
Schuss, -es, *pl.* ¨e, *m* e shtënë, -a; fishek-u
Schüssel *f* tas-i; çanak-u; misur-i
Schuster, -s, *pl.* 0, *m* këpucar-i; **~ei** *f* këpucarí-a
Schüttelfrost, -(e)s, *pl.* ¨e, *m* të drídhura-t; rrëqethj|e, -a; *med.* cingërim|ë, -a
schütteln lëkund; tund; shkund
Schüttware *f* *ök.* rinfuzo-ja
Schutz, -es, *m* mbrojtj|e, -a; **~brief** *m* lejekalim-i; **~helm** *m* helmetë mbrojtëse; **~maske** *f* maskë mbrojtëse; **~platte** *f*, **~schild** *m* mburoj|ë, -a; **~umschlag** *m* mbulesë kapaku
Schütze, -n, *pl.* n, *m* qitës-i; *Sternbild* shigjetar-i; **~n:graben** *m* *mil.* llogor|e, -ja; transhé-ja; hendek-u
schützen mbroj, *-ta, -tur*
schutzlos pa mbrojtje; i/e krahëthatë
schwach i/e dobët
Schwäche *f* dobësí-a; *Krankheit* ligështí-a; *Fehler* e met|ë, -a
schwächen dobësoj
schwächlich i/e brishtë
Schwächling, -s, *pl.* e, *m* burrec-i
Schwachstufe *f* *spr.* shkallë e rrëgjuar
schwachtonig *spr.* i/e patheksuar
Schwächung *f* dobësim-i
Schwager, -s, *pl.* ¨0, *m* kunat-i; krushk-u; dhënd|ër, -ri; *über die Frauen verschwägert* baxhanank-u
Schwägerin *f* kunat|ë, -a
Schwalbe *f* *zoo.* dallëndysh|e, -ja
Schwall, -s, *m* rrëké-ja; **~ Worte** ortek-u fjalësh
Schwamm, -(e)s, *pl.* ¨e, *m* *zoo.* sfungjer-i; **Schwammerl** *Pl. dial.* kërpudha-t
schwanger shtatzënë; me barrë; **~ werden** i/u/o mbarsem
schwängern mbars
Schwangerschaft *f* shtatzënësí-a; shtatzëní-a; barr|ë, -a; **~s:abbruch** *m*, **~s:unterbrechung** *f* dështim-i; abort-i
schwanken lëkundem; luhatem; *fig.* dyzoj; *vor Trunkenheit* bëhem kaike; **~d** i/e lëkundsh|ëm, -me
Schwankung *f* lëkundj|e, -a
Schwanz, -es, *pl.* ¨e, *m* bisht-i
Schwarm, -s, *pl.* ¨e, *m* luzm|ë, -a
schwärmen luzmoj; *fig.* përgjërohem pas; ëndërroj për

schwarz i zi, *f.* e zezë; *Kaffee* sade; **~ werden** zezohem; **Schwarze|r**, -n, *pl.* n, *m* zezak-u

Schwarzbrot, -(e)s, *pl.* e, *n* bukë e zezë

schwärzen nxij

Schwarzes Meer *n* Deti i Zi

Schwarzhandel, -s, *m* tregti-a e ndaluar; matrapazllëk-u

Schwarzhemden *Pl. hist.* këmishëzez-të

Schwarzkiefer *f bot.* borig|ë, -a; vgje-ri; gdhe-ri; çetin|ë, -a

schwärzlich i/e murrmë

schwatzen llomotis *s/t;* **schwätzen** *dial.* flas; bisedoj

Schwätzer, -s, *pl.* 0, *m* llafazan-i; qyfyrexhí-u

Schwebe: **in der ~ bleiben** ei/ie/ie mbetet pezull

Schwede, -n, *pl.* n, *m* suedez-i

Schweden Suedí-a

schwedisch suedez, -e

Schwefel, -s, *m chem.* squfur-i

Schwefel-, **schwefelhaltig** sulfuror, -e

schweigen *schweigt, schwieg, hat geschwiegen* hesht; *~̊ n* heshtj|e, -a; **~ herrscht** mbretëron heshtja

schweigend, schweigsam i/e heshtur; i/e qetë

Schwein, -s, *pl.* e, *n* derr-i; thi-u; **~e:borsten** *Pl.* grathë derri; **~e:fleisch** *n* mish-i derri; **~e:hirt** *m* derrar-i; **~e:rei** *f* qenërí-a; **~e:schnitzel** *n* rosto derri; **~e:zucht** *f* rritje derrash

Schweiß, -es, *m* djers|ë, -a; **~gerät** *n* aparat-i saldimi

schweißen *tech.* ngjis *s/t;* saldoj

schweißgebadet i/e djersitur

Schweiz *f* Zvic|ër, -ra

Schweizer, **schweizerisch** zviceran, -e

Schwelle *f* prag-u

schwellen *schwillt, schwoll, ist geschwollen* ënjtet; bymehet; fryhet

Schwellung *f med.* ënjtj|e, -a

schwenken valëvit *s/t*

Schwenk:reis, -es, *m* pilaf-i

schwer i/e rëndë; **schwierig** i/e vështirë; **es fällt mir ~ zu sprechen** kam vështirë në të folur; **~ werden** rëndohem; **~e körperliche Schädigung** *f jur.* dëmtim-i i rëndë trupor

Schwerarbeiter, -s, *pl.* 0, *m* krahatar-i

Schwerbeschädigter, -s, *pl.* 0, *m* invalid-i

Schwere *f.* rëndes|ë, -a

schwerfällig kokëlopë; kokëtrashë

Schwergewicht, -(e)s, *pl.* e, *n* peshë e rëndë

Schwerkraft, *pl.* ¨e, *f* rëndes|ë, -a

Schwermut *f*, **Schwermütigkeit** *f* trishtim-i

schwermütig melankolik, -e

Schwert, -(e)s, *pl.* er, *n* shpat|ë, -a; këllëç-i; **auf des Schwertes Spitze** në majën e shpatës; **~lilie** *f bot.* (Asphodelus) bad|ër, -ra

Schwester *f* mot|ër, -ra; *fig.* simot|ër, -ra; **~ der Mutter** tez|e, -ja; **~ des Vaters** hall|ë, -a; **~chen** *n* mótërz-a

Schwiegereltern *Pl.* vjehrr-it

Schwiegermutter *f* krushk|ë, -a; vjéh|ërr, -rra

Schwiegersohn, -(e)s, *pl.* ¨e, *m* dhënd|ër, -ri

Schwiegervater, -s, *pl.* ¨0, *m* vjéh|érr, -rri; krushk-u

schwierig i/e vështirë

Schwierigkeit *f* vështirësí-a; telash-i; belá-ja; **~en aus dem Weg gehen** u shmangem vështirësive

Schwimmbad, -(e)s, *pl.* ¨er, *n spo.* pishin|ë, -a

Schwimmbagger, -s, *pl.* 0, *m* drag|ë, -a

Schwimmbecken, -s, *pl.* 0, *n* pishin|ë, -a

Schwimmdock, -s, *pl.* s, *n* dok-u pluskues, notues

schwimmen *schwimmt, schwamm, ist geschwommen* notoj; lundroj; **er schwamm im Reichtum** lundronte në pasuri

Schwimmen, -s, *n spo.* not-i

Schwimmer, -s, *pl.* 0, *m tech.* notar-i; galexhant-i

Schwimmweste *f* xhaketë shpëtimi

Schwindel, -s, *m med.* marrje mendsh; marramendth-i; *fig.* mashtrim-i; dokrra-t

schwinden *schwindet, schwand, ist geschwunden* venitet; zhduket; shuhet; **~d** i/e venitur; *spr.* rënës, -e

Schwindler, -s, *pl.* 0, *m* mashtrues-i; afarist-i

Schwindsucht *f med.* oftik|ë, -a; verem-i; tuberkuloz-i

schwingen *schwingt, schwang, hat geschwungen* (intransitiv) dridhem

Schwingung *f tech.* dridhj|e, -a; **~s:messer** *m tech.* dridhjematës-i

schwitzen dërsij; djersit *s/t*

schwören *schwört, schwor, hat geschworen* bëj be; betohem; përgjërohem

Schwüle *f.* zagushí-a; afsh-i

Schwund, -(e)s, *m* rëni|e, -a; firo-ja

Schwundstufe *f spr.* shkallë zero

Schwung, -(e)s, *pl.* ¨e, *m* hov-i; flug-u; ngut-i; vrull-i; furí-a; **~rad** *n* volant-i

Schwur, -(e)s, *pl.* ¨e, *m* be-ja; betim-i

sobetverständlich vetëkuptohet; patjetër

sechs gjashtë; **~eckig** gjashtëkëndësh, -e; **der ~te** i gjashtë

Sechseck, -s, *pl.* e, *n* gjashtëkëndësh-i

Sechskampf, -(e)s, *pl.* ¨e, *m* gjashtëgarësh-i

sechzehn gjashtëmbëdhjetë; **der ~te** i gjashtëmbëdhjetë

sechzig gjashtëdhjetë

See, -s, *pl.* n, *m* liqen-i; ~ *f* det-i; **aufgewühlte** ~ *f* bur|ë, -a

See- ujor, -e; **~barbe** *f zoo.* barbun-i; **~barsch** *m* levrek-u; **~fahrer** *m* lundërtar-i; **~fahrt** *f* detarí-a; lundërtarí-a; lundrarí-a; **~frachtbrief** *m ök.* fletëngarkesë detare; konosament-i; **~gang** *m* bur|ë, -a; **~hafen** *m* port-i; **~hund** *m zoo.* fok|ë, -a; **~igel** *m zoo.* iriq-i deti; **~koffer** *m*, **~kiste** *f* baull|e, -ja; **~krankheit** *f* zënie deti; **~mann** *m* detar-i; marinar-i; anijetar-i; **~pferd** *n zoo.* kalë deti; **~räuber** *m* kusar deti; **~räuberei** *f* piraterí-a; **~reise** *f* udhëtim-i detar; **~schildkröte** *f zoo.* breshkujës|e, -ja; **~schnecke** *f zoo.* oklonj|ë, -a; **~schwalbe** *f* zgalem-i; **~stern** *m zoo.* yll deti; **~taucher** *m zoo. Vogel* zhyt|ër, -ra; **~wasser** *n* ujë deti; ~**weg** *m* rrugë detare

Seele *f* shpirt-i; **aus tiefster ~** nga zemra

seelisch psikik, -e; ~**e Erkrankung** *f med.* sëmundje psikike; ~**e Störungen** *Pl.* turbullime-t psikike

Segel, -s, *pl.* 0, *n* vel-i; ~**boot** *n* barkë me vela; ~**schiff** *n* † gjemí-a

Segen, -s, *m*, **Segnung** *f* bekim-i

Segment, -(e)s, *pl.* e, *n* segment-i

segnen bekoj; shuguroj

sehen, *sieht, sah, hat gesehen* shoh, *pashë, parë o/e/i*

Sehne *f* dell-i; *med.* ligament-i; gilc|ë, -a; ~**n:zerrung** *f* përdredhje ligamentesh

sehnen, sich ~ mallohem; lakmoj

sehnig i/e delltë

Sehnsucht *f* mall-i; merak-u; lektisj|e, -a; zhur-i; **~ haben** lektis

sehnsüchtig lakmues, -e; me mall

sehr shumë; ⟨*adv*⟩ fort; tepër; çmendurisht; **~ schlecht** ⟨*adv*⟩ beter

Sehvermögen, -s, *n med.* shikim-i

seicht i/e cekët

Seichtheit *f* cektësí-a

Seide *f* mëndafsh-i; **dunkelrote ~** mëndafsh kërmëz; ~**n:faden** *m zum Sticken* bikm|e, -ja; **gedrehter** ~**n:faden** *m* ibërshim-i; ~**n:stoff** *m* byrynxyk-u

Seidelbast *m bot.* xerxel|e, -ja

Seier *m* sit|ë, -a; kullor|e, -ja; qepgjir-i

Seife *f* sapun-i; ~**n:blase** *f* flluskë sapuni

Seil, -s, *pl.* e, *n* litar-i; cim|ë, -a; kavo-ja; pallamar-i; *aus Ziegenhaar* tërkuz|ë, -a; cikom|ë, -a; fërtom|ë, -a; konop-i; kordon-i

Seiler, -s, *pl.* 0, *m* litarpunues-i; tërkuzar-i

sein *ist, war, ist gewesen* jam, *qeshë, qenë;* **sei es** qoftë; **sei es ... sei es** makar ... makar; **ich bin auf der Durchreise** jam transit; ~̊ *n* të qenë-t

sein ⟨*Poss. Pron.*⟩ i tij; i/e vet; **sein/ihr Vater** i ati

Seine *f FN* Sen|ë, -a

seismisch sizmik, -e

seit ⟨*Präp*⟩ prej; që; qysh; ⟨*Konj*⟩ qëkúrse; **~ dem ersten Tage** qysh ditën e parë; **~ er/sie abreiste, haben wir uns nicht mehr gesehen** qëkurse u nis, s'jemi parë më; **~ langem** qëkúr; qëkuri; **~ letztem Monat** që muajin e kaluar; **~ seiner Jugend** që i ri

Seite *f* an|ë, -a; faq|e, -ja; *Verwandtschaft* taraf-i; ~**n:linie** vijë anësore; ~**n:schwimmen** not-i ijas; **Web~** *tech.* sit-i

seitlich ánash ⟨+ *Abl*⟩; anësor, -e; ⟨*adv*⟩ íjas = íjazi; mënjanë

seitwärts mënjanë

Sekretär, -s, *pl.* e, *m* sekretar-i

Sektion *f* seksion-i

Sektor, -s, *pl.* en, *m* sektor-i

sekundär dytësor, -e; sekondar, -e

Sekundärliteratur *f* literatur|ë, -a

Sekunde *f* sekond|ë, -a; imt|ë, -a

selbdritt † vetë i tretë

selbst vetë; vetvet|e, -ja; vet|e, -ja; i/e vetvetish|ëm, -me; **er hat es ~ gesehen** ai vetë e ka parë; **von ~** vetíu; vetvetiu

Selbstbestimmung *f* vetëvendosj|e, -a
Selbstbewusstsein, -s, *n* vetëbesim-i; vetëndërgjegj|e, -a
Selbstgespräch, -(e)s, *pl.* e, *n* monolog-u
selbstgesteuert, **selbststeuernd** vetdrejtues, -e
Selbstherrschaft *f* autokrací-a
Selbstjustiz *f jur.* vetëgjyqësí-a
Selbstkosten *Pl. ök.* kosto-ja
Selbstkritik *f* autokritik|ë, -a; vetëkritik|ë, -a
Selbstlaut, -(e)s, *pl.* e, *m spr.* zanor|e, -ja
Selbstlosigkeit *f* altruiz|ëm, -mi
Selbstmord, -(e)s, *pl.* e, *m* vetëvrasj|e, -a
Selbstmörder, -s, *pl.* 0, *m* vetëvrasës-i
Selbstporträt, -s, *pl.* s, *n* autoportret-i
selbstständig i/e pavarur; më vete; *rel.* autoqefal, -e
Selbstverleugnung *f* vetëmohim-i
selbstverständlich i/e vetëkuptimsh|ëm, -me; i/e natyrsh|ëm, -me; ⟨*adv*⟩ natyrisht; patjetër
Selbstverteidigung *f* vetëmbrojtj|e, -a
Selbstverwaltung *f* vetadministrim-i; vetëqeverisj|e, -a
Selbstwertgefühl, -s, *n* sed|ër, -ra
selig i/e lumtur; *verstorben* i/e ndjerë
Sellerie, -s, *m bot.* sélino-ja
selten i/e rrallë; ⟨*adv*⟩ rrallë; rallëherë
seltsam i/e çuditsh|ëm, -me
Semantem, -s, *pl.* e, *n spr.* semantem|ë, -a
semantisch *spr.* semantik, -e; kuptimor, -e; ~ **selbstständiges Wort** *n* fjalë mëvetësishme
Semasiologie *f spr.* semasiologjí-a
Semikolon *n spr.* pikëpresj|e, -a
Seminar, -(e)s, *pl.* e, *m* seminar-i; *islamisch* medresé-ja
Seminarist, -en, *pl.* en, *m* xhakon-i
Semiologie *f spr.* semiologjí-a
Sendbote, n, *pl.* n, *m* emisar-i
senden *sendet, sandte (sendete), hat gesandt/gesendet* dërgoj; çoj; *tech.* transmetoj
Sender, -s, *pl.* 0, *m tech.* dhënës-i; stacion-i radiodifuzioni
Sendung *f* emision-i; dërges|ë, -a; rubrik|ë, -a
Senf, -s, *m* mustard|ë, -a; **~pflanze** *f bot.* hardall-i
sengen përvëloj
Seniorenheim, -s, *pl.* e, *n* azil-i pleqsh
Senkblei, -s, *n tech.* plumbç-i; plumbç|e, -ja; qerpí-a
Senke *f* gropësir|ë, -a; fushëgrop|ë, -a; ultësir|ë, -a; grop|ë, -a; *spr.* ultësí-a
senken ul
senkrecht i/e pingultë; ⟨*adv*⟩ pingul; cákërr
Senkrechte *f math.* pingul|e, -ja
Senkung *f* ulj|e, -a
Senner, -s, *pl.* 0, *m* stopan-i
Sennerei *f* stan-i; bjeshkí-a; baxho-ja
Sennhütte *f* bun-i
Sense *f* kos|ë, -a
sensenförmig kosërak, -e
sensibel i/e ndjesh|ëm, -me; heikel i/e brishtë
separat i/e veçuar; ⟨*adv*⟩ véças; veç; veçan

Separat|um, -s, *pl.* a, *n*, Sonderdruck *m* separat-i
separieren veçoj
September, -s, *m* shtator-i; vjeshta e parë
Serbe, -n, *pl.* n, *m* serb-i, *pl.* -ë-t
Serbien Serbí-a
serbisch serb, -e
Serie *f* serí-a; **~n:stück** *n* fashikull-i
seriös serioz, -e
Serpentine *f* rrugë dredhake; rrugë gjarpërore
Service *m* shërbim-i; [sɛr'vi:s], -es, *pl.* e, *n Geschirr* komplet-i
servieren shërbej
Serviette *f* pecet|ë, -a; pecetë buke
Sessel, -s, *pl.* 0, *m* kolltuk-u
Setz:ei, -s, *pl.* er, *n* vezë e zier
setzen vë, *vura, vënë, ë/i; Druck* radhit *s/t;* **sich ~** ulem; **in Betrieb ~** vë në veprim; **in Kenntnis ~** vë në dijení
Setzer, -s, *pl.* 0, *m typ.* radhitës-i
Setzling, -s, *pl.* e, *m* fidan-i
Seuche *f* lëngat|ë, -a; **Vieh~** *med.* sëmundje epidemike epizootike
seufzen psherëtij; ofshaj
sexuell seksual, -e
Shampoo *n* ['ʃampu] shampo-ja
Shkodra *ON* Shkod|ër, -ra; **aus ~**, skutarinisch shkodran, -e
Shorts *Pl.* pantallona të shkurtra; brekë të shkurtra
Sibilant, -en, *pl.* en, *m spr.* bashkëting-ëllore fishkëllore
Sibirien Siberí-a
sibirisch siberian, -e
sich vet|e, -ja; ⟨*Strukturwort, Mediopassiv*⟩ u; **~ erheben** e/o/o ngrihem; **~ unterhalten** bisedoj; **er/sie nimmt es mit ~** e merr me vete
Sichel *f* dráp|ër, -ri
sicher i/e sigurt; ⟨*adv*⟩ sigurisht; helbeté; **~!** doemos
Sicherheit *f* sigurí-a; sigurim-i; **technische ~s:aufsicht** *f*, TÜV *m* inspektorat-i i sigurimit teknik; **~s:beauftragter** *m*, **~s:obmann** *m* përgjegjës-i i sigurimit teknik; **~s:gurt** *m* rrip-i sigurimi; **~s:nadel** *f* karficë
sichern siguroj
Sicherung *f* sigurim-i; *tech.* sigures|ë, -a;
Sicht *f* pamj|e, -a; vështrim-i
sichtbar i/e duksh|ëm, -me
Sichtbarkeit *f* dukshmërí-a
Sichtvermerk, -s, *pl.* e, *m* viz|ë, -a; **~ erteilen** vizoj
Sickergrube *f* gjiriz-i
sie ⟨*Pers. Pron.*⟩ ajó *f. Sg.;* **Sie** ju
Sieb, -s, *pl.* e, *n* shosh|ë, -a; kulles|ë, -a, kullor|e, -ja; sit|ë, -a
sieben ⟨*Zahlwort*⟩ shtatë; ~ ⟨*transit. Verb*⟩ shoshit *s/t*
Siebenschläfer, -s, *pl.* 0, *m zoo.* gjer-i
Siebmacher, -s, *pl.* 0, *m* shoshar-i
siebte, der ~ i shtatë
siebzehn shtatëmbëdhjetë; **der ~te** i shtatëmbëdhjetë
siebzig shtatëdhjetë
siechen lëngoj
sieden *siedet, siedete (sott), hat gesiedet (gesotten)* z|iej, *-jeva, -ier*

siedendheiß i/e valë; i/e valët
Siedewurst *f* salsiç|e, -ja
Siedler, -s, *pl.* 0, *m* kolon-i
Siedlung *f* qytez|ë, -a
Sieg, -(e)s, *pl.* e, *m* fitor|e, -ja; fitim-i; ngadhënjim-i; **dieser ~ stellte den ersten in den Schatten** kjo fitore eklipsoi të parën
Siegel, -s, *pl.* 0, *n* vul|ë, -a; **~bewahrer** *m* vulëmbajtës-i; **~lack** *m* dyll|ë, -i; **~ring** *m* † myhyr-i
siegen fitoj; *triumphieren* ngadhënjej e/ye
siegeln vulos
Sieger, -s, *pl.* 0, *n* fitues-i
siegreich fitimtar, -e
Sig|el, -s, *pl.* len, *n*, **Sigle** *f typ.*, *spr.* sig|ël, -la
sigmatisch *spr.* sigmatik, -e
Signal, -s, *pl.* e, *n* sinjal-i
Signatar, -s, *pl.* e, *m* nënshkrues-i
Signet, -s, *pl.* s, *n* [zin'je:], *Verlegerzeichen n typ.* shenjë e botuesit
signieren nënshkruaj; **signiertes Stück** ekzemplar-i me autograf
Signierung *f ök.* marketim i mallrave
Silbe *f spr.* rrokj|e, -a
Silben-, **silbisch** rrokjesor, -e; **~grenze** *f* cak i rrokjes; **~schichtung** *f* mbivendosje rrokjesore; **~trennung** *f spr.* rrokjezim-i
Silber, -s, *n* argjend-i; **~brokat** *m* serm-i; **~schmied** *m* argjendar-i; arpunues-i; **~zeug** *n* argjendurina-t
silbern i/e argjendtë
Silo-Futter *n* silazh-i
simplifizieren thjeshtëzoj
simulieren shtirem
simultan i/e njëkohsh|ëm, -me
Simultaneität *f* njëkohësí-a
sinfonisch simfonik, -e
singen *singt, sang, hat gesungen* këndoj; **~d** këndues, -e
Singular, -s, *pl.* e, *m spr.* njëjës-i
Singu|lare tantum *n*, *pl.* -laria tantum *spr.* vetëmnjëjës-i
sinken *sinkt, sank, ist gesunken* ulet; mbytet; **das Schiff** sinkt anija mbytet; ~̊ *n* mbytj|e, -a
Sinn, -(e)s, *pl.* e, *m* shqis|ë, -a; *spr.* kuptim-i; vështrim-i; *unausgesprochener* nëntekst-i; **im ~** ndërmend ⟨*adv*⟩; **im engeren ~** *spr.* i/e mirëfilltë; **in den ~ kommen** shkon nëpër mend; **mir steht der ~ nach** më rri mendja; **~figur** *f spr.* figurë mendimi
sinnlos absurd, -e; i/e pakuptimtë
Sippe *f* fis-i; klan-i; gjiní-a; oxhak-u; **~n:verband** *m* † mal-i; taraf-i
Sirene *f* siren|ë, -a
Sitte *f* zakon-i; **~n** *Pl.* doke-t; **~n und Gebräuche** *Pl.* doke e zakone; **andere Länder, andere ~n** fshat e zanat, derë e tabiat
sittenlos amoral, -e
sittlich etik, -e
Situation *f* situat|ë, -a
Situations- situatësor, -e
Sitz, -es, *pl.* e, *m* sedilj|e, -a; karrig|e, -ia; kolltuk-u; ndénjës|e, -ja; fron-i; selí-a; **~ des Präsidenten** rezidenca e presidentit; **~ in der UNO** ulëse në KBO; **~bank** *f* bank|ë, -a; stol-i; **~gelegenheit** *f* ndénjës|e, -ja

sitzen *sitzt, saß, hat/ist gesessen* rri, *ndenja, ndenjur;* jam shtruar; ~̥ *n* ndenjj|e, -a
Sitzung *f* seanc|ë, -a; **~s:periode** *f* sesion-i
Sizilien Sicilí-a; Siqelí-a
Skala *f* shkall|ë, -a
Skander *NP* Skënder-i
Skandinavien Skandinaví-a
Skandinavier skandinav-i
skandinavisch skandinav, -e
Skelett, -(e)s, *pl.* e, *n* zgorr|e, -ja; eshtërí-a; *med.* skelet-i
Sketch *m spr.* skeç-i
Ski, -s, *m* [ʃi:], **Skier** *Pl.*, Schi *m spo.* ski-të
Skizze *f* skic|ë, -a
Sklave, -n, *pl.* n, *m* skllav-i; **~n:halter** *m* skllavopronar-i
Sklavin *f* robinj|ë, -a; robëresh|ë, -a; skllav|e, -ja
Skonto *n ök.* skontim-i; skonto-ja
Skopje *ON* Shkup-i; **aus ~** shkupjan, -e
Skorpion, -(e)s, *pl.* e, *m zoo.* akrep-i
Skutari *ON* Shkod|ër, -ra
Skutariner ⟨*Adj*⟩ shkodran, -e; **auf ~ Art** ⟨*adv*⟩ shkodrançe; **~ Dialekt** *m spr.* shkodranisht|e, -ja
Skythen *Pl. hist.* skithë-t
Slang, -s, *pl.* s *m* argó-ja; zhargon-i; **~-Ausdruck** *m* argotiz|ëm, -mi; **~-Wort** *n* zhargoniz|ëm, -mi
Slawe, -n, *pl.* n, *m* Sllav-i
slawisch sllav, -e
Slawismus *m spr.* sllaviz|ëm, -mi
Slawistik *f spr.* sllavistik|ë, -a
Slovenien Sllovení-a
slowakisch sllovak, -e
slowenisch slloven, -e
Smaragd, -(e)s, *pl.* e, *m* smerald-i; **~eidechse** *f* zhapí-u; zhapik-u; zhabjak-u
Smyrna *ON* Izmir-i
so ashtú; kështú; **~, dass** aq sa; **so dass** kështu që; **~ ein** i/e atillë; i/e tillë; **~ lala** ashtú-ashtú; ashtú-kështú; **~ genannt** i/e ashtuqúajtur; **~ sei es** ⟨*Int.*⟩ amin; hair qoftë!; **der Pfad war ~ schmal, dass sie nicht durchkamen** shtegu ishte i ngushtë aq sa nuk mund të kalonin
Soda, -s, *pl.* s, *n chem.* sod|ë, -a; sifon-i; **~wasser** *n* ujë sifoni
Sodbrennen, -s, *n med.* djegësir|ë, -a
soeben porsa; sapo; teksá; qëparë; qëpari; qëparthi
Sofa, -s, *pl.* s, *n* minder-i; divan-i
Sofia *ON* Sofj|e, -a
sofort aty për aty; menjëherë; sakaq; fill
sofortig i/e atypëratysh|ëm, -me; imediat, -e; i/e menjëhersh|ëm, -me
sogar bilé; madje; zaten
Sohn, -(e)s, *pl.* ¨e, *m* bir-i; **der verlorene ~** *rel.* djali plangprishës; **sein/ihr ~** i biri
Sohnschaft *f* birërí-a
solch i/e atillë; i/e këtillë; i/e tillë
Soldat, -en, *pl.* en, *m* ushtar-i
Söldner, -s, *pl.* 0, *m* mercenar-i
solide i/e themeltë
Soll *n ök.* debí-a
sollen *soll, sollte, hat gesollt* duhet; le ⟨*Partikel zur Bildung des Jussivs*⟩;

sollen sie möglichst bald abreisen le të nisën sa më parë; **wie soll ich armer Mensch es dir sagen**? si të të them, zavalli unë?
Solo-Tänzer, -s, *pl.* 0, *m* kërcimtar-i solist
Solözismus *m spr.* soleciz|ëm, -mi
solvent *ök.* aftë të paguajë
Solvenz *f ök.* aftësí-a paguese
somalisch somalez, -e
Sommer, -s, *pl.* 0, *m* ver|ë, -a
Sommer- veror, -e; **~frischler** *m* verues-i; **~mantel** *m* pardesy-ja
sommerlich veror, -e
Sonder- special, -e; i/e posaç|ëm, -me; **~druck** *m* separat-i; **~katalog** *m* katalog i posaçëm; **~marken** *Pl.* emision special pullash; **~sprache** *f spr.* argó-ja; zhargon-i
sondieren zhbiroj; gërmoj
Sondierung *f* zhbirim-i
Sonnabend, -s, *pl.* e, *m* e shtun|ë, -a
Sonne *f* diell-i; **die ~ geht unter** hyn dielli
Sonnen- diellor, -e; **~aufgang** *m* lindje dielli; **~bad** *n* banjë dielli; **~blende** *f* tend|ë, -a; **~blume** *f* lulediell-i; **~brand** *m* djegie nga dielli; **~deck** *n* kuvertë diellore; **~finsternis** *f* eklips-i i diellit; **~öl** *n* vaj plazhi; **~platz** *m* diellisht|ë, -a; **~schirm** *m* çadër dielli; ombrell|ë, -a; **~schutzcreme** *f* krem plazhi; **~stich** *m med.* goditje dielli; **~untergang** *m* perëndim-i dielli
Sonntag, -s, *pl.* e, *m* e diel-a
Sonorisierung *f spr.* zëshmim-i
Sonorität *f spr.* tingullsí-a
sonst ndryshe; **~ noch etwas?** tjetër?
sonstwo gjetíu; gjetkë
Sorge *f* hall-i; kokëçarj|e, -a; sëkëlldí-a; andrall|ë, -a; gajl|e, -ja; telashe-t; pikëllim-i; merak-u; zavall-i; **~ haben** zezohem; **sich ~n machen** merakosem; **mach dir keine ~**! mos ki dertl; mos ki gajle!; **~berechtigter** *jur.* kujdestar-i
sorgen, sich ~ brengosem; dridhërohem për; sëkëlldisem
Sorgfalt *f* kujdesí-a; merak
sorgfältig i/e kujdessh|ëm, -me; meraklí, -e; i/e ndërgjegjsh|ëm
Sorglosigkeit *f* pakujdesí-a; indiferenc|ë, -a
sorgsam i/e kujdessh|ëm, -me
Sorte *f* lloj-i; far|ë, -a; **sie sind von derselben ~** një yrnek janë
Sortiment, -s, *pl.* e, *n ök.* asortiment-i
Soutane *f rel.* veladon-i
Souvenir, -s, *pl.* s, *n* dhuratë për kujtim; **~bude** *f* kinkalerí-a
Souveränität *f* sovranitet-i
so viel aq; kaq; **~ wie** aq sa; **er arbeitet ~ wie du** ai punon aq sa punon ti
soweit me ç'; me sa; **~ ich bemerke** me ç'vërej
sowie si dhe
sowjetisch sovjetik, -e
sowohl ... als auch edhe ... edhe
sozial shoqëror, -e; **~imperialistisch** socialimperialist, -e; **~ökonomisch** ekonomiko-shoqëror, -e
Sozialismus *m* socializ|ëm, -mi
sozialistisch socialist, -e; **Sozialistische Internationale** *f* Internacionalja

socialiste; **~es Eigentum** *n* pasurí-a socialiste
Sozialversicherung *f* sigurim-i shoqëror
Sozialwissenschaften *Pl.* shkenca-t shoqërore
sozio-ökonomisch *phi.* ekonomiko-shoqëror, -e
Soziolinguistik *f* *spr.* sociolinguistik|ë, -a
Soziologie *f* sociologjí-a
sozusagen thuajse; pothuaj(se); kínse
Soße *f* salc|ë, -a; **~n:schüssel** *f* salcier|ë, -a
Spalte *f* shtyll|ë, -a; rubrik|ë, -a
spalten ça|j, *-va, -rë;* çikëloj
Spaltung *f* ndasí-a
Span, -s, *pl.* ¨e, *m* ashk|ël, -la; gdhend|ël, -la; kleçk|ë, -a; **~korb** *m* shportë kashte; **~platte** *f* kompensat|ë, -a; **Späne** *Pl.* zdrugulina-t; rezhda-t
Spange *f* karfic|ë, -a
Spanien Spanj|ë, -a
Spanier, -s, *pl.* 0, *m* spanjoll-i
spanisch spanjoll, -e
spannen shtrij; ndej; tendos; ⟨*intransitiv*⟩ tendosem; **ins Joch ~** zgjedhoj; **~d** ngacmues, -e
Spannung *f* tendosj|e, -a; tension-i; *spr.* nderj|e, -a; *tech.* voltazh-i; **~s:messer** *m* voltmatës-i
Sparbuch, -(e)s, *pl.* ¨er, *n* librezë kursimi; librez|ë, -a
Sparbüchse *f*, **Spardose** *f* kumbará-ja
sparen kursej *e/ye*
Spargel, -s, *m* *bot.* shpargull-i
Sparkasse *f* arkë kursimi
spärlich i/e rrallë; i/e paktë; **~ werden** i/u/o rrallohem
Sparre *f* qép|ër, -ra
sparsam ekonomiqar, -e; **~ umgehen mit** ekonomizoj; zgriptoj; **~ verwenden** terezis *s/t*
Sparsamkeit *f* nikoqirllëk-u
spartanisch spartan, -e
spät i/e vonë; i/e vonsh|ëm, -me
Spaten, -s, *pl.* 0, *m* lopat|ë, -a; **dreieckiger ~** *m* bel-i
später ⟨*Adj*⟩ i/e mëvonsh|ëm, -me; ⟨*adv*⟩ më vonë
Spatz, -en, *pl.* en, *m* *zoo.* harabel-i
spazieren, **~ gehen** e/i/a shëtis *s/t;* gjezdis
Spazierfahrt *f*, **Spaziergang** *m* shëtitj|e, -a
Spaziergänger, -s, *pl.* 0, *m* shëtitës-i
Spazierstock, -(e)s, *pl.* ¨e, *m* bastun-i
Spaßmacher, -s, *pl.* 0, *m* bufon-i; gaztor-i
Spaßvogel, -s, *pl.* ¨0, *m* qyfyrexhí-u
spaßig zbavitës, -e
Specht, -(e)s, *pl.* e, *m* *zoo.* qokaç-i; qukapik-u
Speck, -s, *m* dhjamë derri
Speiche *f* *tech.* tel-i i rrotës
Speichel, -s, *m* pështym|ë, -a; jarg|ë, -a; **~lecker** *m* dallkauk-u
Speierling, -s, *pl.* e, *m* *bot.* vadh|ë, -a
Speise *f* gjell|ë, -a; gates|ë, -a; gjell|ë, -a; **~eis** *n* akullor|e, -ja; **~karte** *f* menú-ja; meny-ja; lista e gjellëve; **~lokal** *n* gjellëtor|e, -ja; **~röhre** *f* zorrat e kuqe; kapërcell-i; **~saal** *m*

sallë e ngrënies

Spender, -s, *pl.* 0, *m* dhurues-i

Spengler, -s, *pl.* 0, *m, s.* Klempner

Sperber, -s, *pl.* 0, *m zoo.* krahathád|ër, -ra; krahathat|ë, -a

Sperling, -s, *pl.* e, *m zoo.* harabel-i

Spezereien *Pl.* † erëza t

Spezial-, **speziell** i/e posaç|ëm, -me; special, -e; i/e veçantë

spezialisiert i/e profilizuar

Spezialist, -en, *pl.* en, *m* ekspert-i; specialist-i

Spezialität *f* specialitet-i

Spezifikation *f* specifikim-i

Sphäre *f* sfer|ë, -a

Spiegel, -s, *pl.* 0, *m* pasqyr|ë, -a; **~bild** *n fig.* imazh-i; **~bildung** *f spr.* kalk-u; **~ei** *n* vezë syzë

Spiel, -s, *pl.* e, *n* loj|ë, -a; **wir besiegten sie im Spiel** i mundëm në lojë; **~art** *f* variant-i; varietet-i; ndryshor-i; **olympische ~e** *Pl. spo.* lojëra olimpike; **~gruppe** *f* ansamb|ël, -li; **~karte** *f* let|ër, -ra; **~plan** *m* plan-i i shfaqjeve; **~raum** *m tech.* xhoko-ja; dures|ë, -a; **~raum haben** *fig.* luaj; kam hapësirë; **~verlängerung** *f spo.* shtesë loje; **~zeug** *n* lod|ër, -ra

spielen loz; luaj, *-ta, -tur;* ~̊ *n* luajtj|e, -a

Spieler, -s, *pl.* 0, *m* lojtar-i; Glücks- bixhozçí-u

Spieß, -es, *pl.* e, *m* hell-i; hesht|ë, -a; mëzdrak-u; shtiz|ë, -a; **~braten** *m Art Schaschlik* shishqebap-i

Spießer, -s, *pl.* 0, *m* filistin-i

Spill, -s, *pl.* e, *n,* Ankerwinde *f naut.* argano-ja

Spinat, -s, *m bot.* spinaq-i

Spindel *f* bosht-i

Spinne *f* merimang|ë, -a; **~n:netz** *n*, **Spinngewebe** *n* éndëz-a; pëlhur|ë, -a; cerg|ë, -a

spinnen *spinnt, spann, hat gesponnen* tjerr *e/l/u; fig.* trilloj; **Ränke ~** thurr intriga

Spinnrocken, -s, *pl.* 0, *m* furk|ë, -a

Spion, -s, *pl.* e, *m* spiun-i

Spionage *f* spiunazh-i; **~abwehr** *f* kundërspiunazh-i

Spirale *f* spiral|e, -ja

Spirans *f*, **Spirant** *m spr.* spirant-i

Spitze *f* maj|ë, -a; xip-i; cep-i; thep-i; *der Schreibfeder* xin|ë, -a; *Textil~* dantell|ë, -a

Spitzel, -s, *pl.* 0, *m* përgjues-i; spiun-i

Spitzhacke *f* kazm|ë, -a

Spitzname, -ns, *pl.* n, *m* llagap-i; nofk|ë, -a

Splint, -s, *pl.* e, *m* cifël druri; gjemb-i; zhíb|ël, -la; *am Wagenrad* zab|úa, -oi

Splitter, -s, *pl.* 0, *m* cíf|ël, -la; gdhend|ël, -la; gjemb-i; kleçk|ë, -a

spontan spontan, -e; i/e beftë; i/e vetvetish|ëm, -me

Spontaneität *f phi.* spontaneitet-i

sporadisch sporadik, -e

Spore *f.* mamuz-i; shpor-i; **dem Pferd die ~ geben** i grah kalit

Sporn, -s, *pl.* e, *m am Reitstiefel* shpor-i; *des Hahns* çap|úa, -oi

Sport, -(e)s, *m* sport-i; **~akademie** *f* akademi-a e sporteve; **~anlage** *f* stadium-i; **~schau** *im Fernsehen*

rubrika sportive; **~schießen** *n* qitje sportive; **~schuhe** *Pl.* atlete-t
sportlich sportiv, -e
Spott, -(e)s, *m* shpotí-a; gaz-i; qesëndí-a
Spötter, -s, *pl.* 0, *m* hokatar-i
Sprachbund, -(e)s, *pl.* ¨e, *m spr.* lidhje gjuhësore
Sprache *f* gjuh|ë, -a
Sprachgefühl, -s, *n* ndjenjë gjuhësore
Sprachlehre *f* † gramatik|ë, -a
sprachlich gjuhësor, -e
Sprachmelodie *f* melodi-a e ligjërimit
Sprachnorm *f* normë letrare
Sprachpflege *f* kulturë e gjuhës; lërim-i i gjuhës amtare
Sprachverwandtschaft *f* afri-a gjuhësh
Sprachwandel, -s, *m spr.* zhvillim-i gjuhësor
Sprachwissenschaft *f* gjuhësí-a; **vergleichende ~** gjuhësi-a krahasimtare
Sprachwissenschaftler, -s, *pl.* 0, *m* gjuhëtar-i
Sprechakt, -(e)s, *pl.* e, *m phi., spr.* akt i të folurit
sprechbehindert i/e belbër
sprechen *spricht, sprach, hat gesprochen* flas *a/e/i/o; s/t;* ligjëroj
Sprecher, -s, *pl.* 0, *m* folës-i; zëdhënës-i; *am Rundfunk* spiker-i; **~ des Ministeriums** zëdhënës-i i ministrisë
Sprechsprache *f spr.* gjuhë e folur
Sprechtakt, -(e)s, *pl.* e, *m spr.* takt i ligjërimit; tog fonetik
Sprechtempo *n spr.* ecuri-a e të folurit
Sprechweise *f* diksion-i
sprengen shpërthej; *benetzen* lag; **in die Luft ~** hedh në erë
Sprengmeister, -s, *pl.* 0, *m* zjarrmëtar-i
Sprengstoff, -(e)s, *pl.* e, *m* lëndë plasëse; dinamit-i
Sprengung *f* plasj|e, -a
sprenkeln cirkoj
Spreu *f* bërllok-u; byk-u
Sprichwort, -(e)s, *pl.* ¨er, *spr.* fjalë e urtë
sprießen *sprießt, spross, ist gesprossen* bleroj; brufulloj
Springer, -s, *pl.* 0, *m spo.* atlet-i i kërcimit (së gjati, së larti); *Schach* kalë, -i
Spritze *f* injeksion-i; *med.* shiring|ë, -a; gjilpër|ë, -a; **~ setzen** gjilpëroj
spritzen cikërron; spërkas s/t; sprucon; *med.* gjilpëroj
spröde i/e thyesh|ëm, -me; *Stimme* i/e ngjirur; **~ werden** xhamëzohet
Spross, -es, *pl.* e, *m* filiz-i; *fig.* pinjoll-i
Spross- anaptiksor,-e; **~vokal** *m* zanore anaptiksore
Sprosse *f* këmb|ë, -a
Spruch, -(e)s, *pl.* ¨e, *m* fjalë e urtë; *jur.* vendim-i; **~band** *n* pankart|ë, -a
Sprung, -s, *pl.* ¨e, *m* kërcim-i; hop-i; **dialektischer ~** hop dialektik; **~brett** *n* trampolinë noti
spucken pështyj
Spülbecken, -s, *pl.* 0, *n*, **Spüle** *f.* lavapjat|ë, -a
Spule *f* bobin|ë, -a; rrótull-a
spülen kulloj; *abwaschen* laj pjatat
Spülstein, -s, *pl.* e, *m* sqoll-i
Spulwurm, -s, *pl.* ¨er, *m med.* rre-ja;

glist|ër, -ra

Spur *f* gjurm|ë, -a; trag|ë, -a; mbres|ë, -a; rav|ë, -a

spürbar i/e duksh|ëm, -me

spüren nd|íej, *-jéva, -jerë*

sputen, sich ~ nxitoj; **spute dich!** theki kembët

Sputnik, -s, *pl.* s *m* satelit-i artificial

Staat, -(e)s, *pl.* en, *m* shtet-i; **~en:bund** *m* konfederat|ë, -a; **~s:angehöriger** *m* shtetas-i; **~s:anwalt** *m* prokuror-i; **~s:anwaltschaft** *f* prokurorí-a; **~s:bürgerschaft** *f* qytetarësí-a; shtetësí-a; **~s:regie** *f* monopol-i; **~s:streich** *m* puç-i; grushtshteti

staatlich shtetëror, -e

staatsfeindlich antishtetëror, -e; kundërshtetëror, -e

Stab, -(e)s, *pl.* ¨e, *m* shkop-i; *mil.* shtab-i; **~hochsprung** *m spo.* kërcim-i me shkop; **~reim** *m* aliteracion-i

stabil i/e qëndruesh|ëm, -me

Stabilität *f* qëndrueshmërí-a

Stachel, -s, *pl.* 0, *m* hep-i; gjemb-i; thumb-i

Stadi|on, -s, *pl.* en, *n spo.* stadium-i

Stadi|um, -s, *pl.* en, *n Zeitabschnitt* stad-i

Stadt, *pl.* ¨e, *f* qytet-i; **die ~ lärmt** zhurmëron qyteti; **~bücherei** *f* bibliotekë qyteti; **~mauer** *f* bedena-t; **~rundfahrt** *f* shëtitje nëpër qytet; **~verkehr** *m* transport-i qytetor; **~verwaltung** *f* Komitet-i Ekzekutiv; **~viertel** *n* lagj|e, -ja; *außerhalb der Mauern hist.* varosh-i; **~zentrum** *n* qendër e qytetit

Städtchen, -s, *pl.* 0, *n* qytez|ë, -a

Städteplanung *f* urbanistik|ë, -a

Städter, -s, *pl.* 0, *m* qytetas-i

städtisch qytetës, -e, qytetor, -e; urban, -e

Stafette *f*, **Staffellauf** *m spo.* stafet|ë, -a

Stagnation *f* amullí-a; bunac|ë, -a

Stahl, -s, *pl.* ¨e, *m* çelik-u; **~kocher** *m* çelikshkrirës-i; fonditor-i; **~panzer** *m* blind|ë, -a; **~schmelze** *f* shkrirje e çelikut

stählen çelikos; regj; kalis *s/t*

stählern i/e çeliktë

Stakkato *n mus.* temp-i me ndërprerje

Stalinismus *m* staliniz|ëm, -mi

Stall, -(e)s, *pl.* ¨e, *m* ahur-i; stall|ë, -a; grazhd-i; **~hase** *m* kunel-i

Stallung *f* stall|ë, -a

Stamm, -(e)s, *pl.* ¨e, *m* far|ë, -a; fis-i; *spr.* trung-u; **~baum** *m* dru gjenealogjik; **~bildung** *f spr.* formim-i temor; **~er:weiterung** *f spr.* ndajrritj|e, -a

stammeln belbëzoj; **~d** ⟨*adv*⟩ belbër

stammen aus rrjedh *e/i/o* nga; **die Kette stammt von meiner Großmutter** zinxhirin e kam nga gjyshja

Stammes- fisnor, -e; **~führer** *m hist.* vojvod|ë, -a; bajraktar-i

stampfen tulatem

Stand, -(e)s, *pl.* ¨e, *m* qëndrim-i; gjendj|e, -a; nivel-i; stend|ë, -a; nivel-i; **~festigkeit** *f* ngurtësí-a; **~licht** *n tech.* dritë ndalese; **~ort:katalog** *m* katalog-u topografik; katalog-skedar; skedar topografik; **~punkt** *m* qëndrim-i; pikëpamj|e, -a

Standard, -s, *pl.* s *m* standard-i

standardisieren standartizoj; njësoj; **standardisiert** *spr.* i/e tipizuar
Standardisierung *f* njësim-i
Ständer, -s, *pl.* 0, *m* mbajtës|e, -ja
Standesamt, -(e)s, *pl.* ¨er, *n* zyrë e gjendjes civile
standesamtlich heiraten celebroj
standfest i/e qëndruesh|ëm, -me
standhaft qëndrak, -e
ständig i/e përhersh|ëm, -me; i/e gjithmonsh|ëm, -me; i/e gjithnjësh|ëm, -me; ⟨*adv*⟩ përgjithmonë; bot; **~er Wohnsitz** *m* banim-i i përhershëm
Stange *f* shuf|ër, -ra; **~n:bohnen** *Pl.* mashurk|ë, -a; **~n:zaun** *m* kangjella-t
Stanze *f* *spr.* stanc|ë, -a; *tech.* stamp|ë, -a; shtamp|ë, -a
stark i/e fortë; ⟨*adv*⟩ fort
Stärke *f* fuqí-a; forcë, -a; *Pulver* koll-i; **~mehl** *n* niseshté-ja
stärken fuqizoj; forcoj; *Wäsche* kollaris
Stärkung *f* forcim-i
starr i/e gurtë; ⟨*adv*⟩ amull
Starre *f* mpirj|e, -a
Start, -s, *pl.* s *m* *spo.* nisj|e, -a; **~bahn** *f* pistë e fluturimit
starten nisem; i grah makinës; ndez *e/i*
Station *f* stacion-i
statisch statik, -e
statthaft i/e lejuesh|ëm, -me
stattlich madhështor, -e; shtatlartë
Statue *f* statuj|ë, -a
Status constructus *m* *spr.* gjendje e ndërtuar
Statut, -s, *pl.* en, *n* statut-i
Stau, -s, *pl.* s *m* bllokim-i; **es bildet sich ein ~** rruga bllokohet; **~damm** *m* dig|ë, -a; pend|ë, -a
Staub, -(e)s, *pl.* ¨e, *m* plúhur-i; toz-i; **~sauger** *m* *tech.* pluhurthíthës|e, -ja; **~zucker** *m* sheqer-i pluhur
stauen *naut.* stivoj; ~̊ *n* *naut.* stivim-i
staunen trullosem; **~ lassen** ¨/ie/a mrekulloj
Stauwehr, -s, *pl.* e, *m* pend|ë, -a
Stechdorn, -s, *m* *bot.* driz|ë, -a
stechen *sticht, stach, hat gestochen* qepoj; quk; gjemboj; thek; **es sticht mich in der Brust** kam një pickim në gjoks; ~̊ *n* pickim-i
stechend i/e thekët; i/e theksh|ëm, -me
Stechfliege *f* *zoo.* zegal-i; zég|ël, -li; zekth-i; harrj|e, -a
Stechpalme *f* *bot.* dushk-u i egër
Steckdose *f* *tech.* priz|ë, -a
stecken fus *s/t;* ngul
Stecker, -s, *pl.* 0, *m* spin|ë, -a; *Steckdose* priz|ë, -a
Steckling, -s, *pl.* e, *m* *bot.* fidan-i
Stecknadel *f* gjilpërë me kokë
Steckschlüssel, -s, *pl.* 0, *m* *tech.* çelës-i fiso
Steg, -(e)s, *pl.* e, *m* shteg-u; vig-u
stehen *steht, stand, hat/ist gestanden* rri, *ndenja, ndenjur;* qëndroj; **~de Wendung** *f* *spr.* shprehje e qëndrueshme; frazeologjiz|ëm, -mi
Stehlampe *f* abazhur-i
stehlen *stiehlt, stahl, hat gestohlen* vjedh *e/i/o;* kobis *s/t*
steif i/e mpirë; ⟨*adv*⟩ dákull; **~ werden** i/u/o athem
Steigbügel, -s, *pl.* 0, *m* yzengjí-a

steigen *steigt, stieg, ist gestiegen, Treppen* ngjitem; *Preise* rritet; *aufsitzen* hipi; **~d** *spr.* ngjitës, -e

steigern ngre; shtoj

Steigerung *f* ngritj|e, -a; rritj|e, -a; *spr.* shkallëzim-i; krahasim-i

Steigton, -s, *pl.* ¨e, *m spr.* intonacion-i ngjitës

Steigung *f* ngjitj|e, -a

Steilhang, -(e)s, *pl.* ¨e, *m* tatëpjet|ë, -a

Stein, -(e)s, *pl.* e, *m* gur-i; **~bock** *m zoo.* bricjap-i; **~eiche** *f bot.* ilq|e, -ja; **~gut** *n* poçerina-t; **~gutplatte** *f mit Henkeln* gjyveç-i; **~gutschüssel** *f* misur-i; **~kauz** *m zoo.* quk|ë, -a; herëkeq|e, -ja; **~klee** *m bot.* makth-i; **~kohle** *f* qymyrgur-i; **~kohle-** qymyrguror, -e; **~kohlebecken** *n* pellg-u qymyrguror; **~sarg** *m* sarkofag-u; **~schlaggefahr** *f* rrezik-u rënie guri; **~schlossflinte** *f* † karajfil|e, -ja; **~schloss-Pistole** *f* † pisqoll|ë, -a; **~weg** *m* kalldrëm-i

Steinchen, -s, *pl.* 0, *n* gurth-i; haliç-i; guriçk|ë, -a

steinern guror, -e; i/e gurtë

Stelle *f* vend-i; pik|ë, -a

stellen vë, *vura, vënë, ë/i;* **sich auf die Hinterbeine ~** ngrihem qirithi; **auf die Probe ~** vë në provë; **die Vertrauensfrage ~** kërkoj votëbesimin; **in den Schatten ~** eklipsoj; **sich schlafend ~** bëj kinse fle

Stellung *f* pozicion-i; ofiq-i; *bei der Miliz jur.* paraqitj|e, -a; **~ der maximalen Unterscheidung** *spr.* pozicion i fortë; **befestigte ~** *mil.* mburoj|ë, -a

Stellvertreter, -s, *pl.* 0, *m* zëvendës-i

Stempel, -s, *pl.* 0, *m* vulë, -a; **~karte** *f ök.* kartel|ë, -a; **~kissen** *n* jastëçk|ë, -a

stempeln vulos

Stenz, -es, *pl.* e, *m* sqimatar-i

Stengel, -s, *pl.* 0, *m* bisk-u; duq-i; kërcell-i

Stephan *NP* Shtjef|ën, -ni

Steppdecke *f* jorgan-i

sterben *stirbt, starb, ist gestorben* vdes *e/i, vdiqa, vdekur;* **ich wäre fast vor Hitze gestorben** plasa vape; **sie ~ vor Hunger** vdesin urie

Sterbe꞉urkunde *f* aktvdekj|e, -a

sterblich i/e vdeksh|ëm, -me; i/e mortsh|ëm, -me

Sterbliche|r, -n, *pl.* n, *m* vdekatar-i

Sterblichkeit *f* vdekshmërí-a

sterilisieren dezinfektoj

Sterling *m ök.* stërlin|ë, -a

Stern, -s, *pl.* e, *m* yll-i; **~bild** *n* yjësí-a; **~chen** *n* asterisk-u; yllëz-a; yllth-i

sternklar yjendezur; yjeplotë

Stetigkeit *f* qëndrueshmërí-a; vazhdimësí-a

Steuer *f. ök.* tatim-i; taks|ë, -a; **~immunität** *f* imunitet fiskal; **~zahler** *m* tatimpagues-i

Steuer, -s, *pl.* 0, *n* timon-i; **~bord** *n naut.* anë e djathtë e anijes; bord-i drejtues; **~mann** *naut.* timonier-i; shturman-i; **~rad** *n*, **~ruder** *n Schiff* timon-i

steuern drejtoj

Stewardess *f* † stuardes|ë, -a

Stich, -(e)s, *pl.* e, *m* shpim-i; gravur|ë, -a; pickim-i; **im ~ lassen** lë në baltë;

braktis; **~elei** *f* romuze-t; **~wort** *n* fjalë títull
sticheln ngacmoj
sticken qëndis
Stickerei *f* qëndism|ë, -a
Stickerin *f* qëndistar|e, -ja
Sticknadel *f* biz|ë, -a
Stickrahmen, -s, *pl.* 0, *m* gjergjef-i
Stickstoff, -(e)s, *m* N azot-i
Stiefel, -s, *pl.* 0, *m* çizm|e, -ja; **~sporen** *Pl.* mamuze-t
Stiefkind, -(e)s, *pl.* er, *n* gjet|e, -ja; ardhës-i
Stiefmutter *pl.* ¨0, *f* njerk|ë, -a; vitërkesh|ë, -a
Stiefsohn, -(e)s, *pl.* ¨e, *m* thjesht|ër, -ri
Stieftochter *pl.* ¨0, *f* thjesht|ër, -ra
Stiefvater, -s, *pl.* ¨0, *m* njerk-u; vítërk-u
Stieglitz, -es, *pl.* e, *m zoo.* kryekuq-i
Stiel, -(e)s, *pl.* e, *m* bisht-i; **~topf** *m* bishtak-u; *für Kaffee* xhezv|e, -ja
Stier, -(e)s, *pl.* e, *m* dem-i; búall-i
Stift, -(e)s, *pl.* e, *m* laps-i; thumb-i; *Lehrling* çirak-u; fiçor-i
Stift, -es, *pl.* e, *n*, **Stiftung** *f hist., rel.* vakëf-i
Stifter, -s, *pl.* 0, *m* dhurues-i
Stil stil-i; **~blüte** *f* xhevahir-i shtypi
Stilistik *f* stilistik|ë, -a
stilistisch stilistik, -e; **~e Färbung** *f* ngjyrim-i stilistik
still i/e qetë; ⟨*adv*⟩ qetë; qetësisht
Stille *f* qetësí-a
stillen mënd
Stillstand, -(e)s, *pl.* ¨e, *m* bunac|ë, -a
still/stehen e/a/a ndalem

Stimmabgabe *f* votim-i
Stimmband, -(e)s, *pl.* ¨er, *n* tejz|ë, -a; **~schwingungen** *Pl.* dridhje të tejzave
Stimme *f* zë-ri
stimmen votoj; *Instrument* akordoj; **das stimmt** kjo është e vërtetë
Stimmgabel *f* diapazon-i
stimmhaft *spr.* i/e tingullt; i/e zësh|ëm, -me; **~ werden** *spr.* zëshmohet *nur 3. P.*
stimmlos *spr.* i/e shurdhët; **~ machen** *spr.* shurdhoj
Stimmritze *f spr., med.* shtegth-i i zërit
stinken *stinkt, stank, hat gestunken* afshoj; kundërmoj; **~d** i/e afshët; qelbës, -e; i/e qélbët; qelbanik, -e
Stipendi|um, -s, *pl.* en, *n* burs|ë, -a
Stirn *f* ball|ë, -i
Stock, -(e)s, *pl.* ¨e, *m* dajak-u; shkop-i; Obergeschoss *n* kat-i; **erster ~** kat-i i dytë
stockbesoffen xúrxull; **~ werden** i/u/o bëhem tapë
Stockfisch, -(e)s, *pl.* e, *m zoo.* bakalaro-ja
Stockung *f* ngecj|e, -a
Stockwerk, -(e)s, *pl.* e, *m* kat-i; **~s:aufseher** *m hist. im Hotel* dezhur-i i katit
Stoff, -(e)s, *pl.* e, *m* stof-i; rrob|ë, -a; *phi.* lënd|ë, -a; **~fetzen** *m* leck|ë, -a; **~wechsel** *m med.* shkëmbim-i i lëndëve
stöhnen rënkoj; gulçoj
Stolle *f.*, **Stollen** *m* kulaç-i
Stollen, -s, *pl.* 0, *m Bergwerk* galerí-a
stolz krenar, -e; kryelartë; ⟨*adv*⟩

krenarisht
Stolz, -es, *m* krenarí-a; krekosj|e, -a
stopfen rras; *Strümpfe* end; mbush; *Enten* majm; ~̊ *m*, Korken tap|ë, -a
Stopp, -s, *pl.* s *m* ndales|ë, -a
Stoppelfeld, -(e)s, *pl.* er, *n* hamullor|e, -ja
stoppen ndaloj
Stör, -s, *pl.* e, *m zoo.* bli-ni
Storch, -(e)s, *pl.* ¨e, *m zoo.* lejlek-u
stören çrregulloj; gumëzhij; gumëzhis *s/t;* turbulloj; bezdis; tundoj
störrisch xanxar, -e; këmbëngulës, -e
Störung *f* turbullim-i; çrregullim-i; *Fernsehen* prishje figure
stottern belbëzoj; **~d** i/e belbër; ⟨*adv*⟩ belbër
Stoßdämpfer, -s, *pl.* 0, *m tech.* amortizator-i; **Stoßstange** *f* paraurto-ja
Stößel, -s, *pl.* 0, *m* qysqí-a
stoßen, *stößt, stieß, hat gestoßen* shtyj; trys; trus; **gestoßen werden** shtyhem; ~ **auf etw.** has në ⟨+ *Akk*⟩; ~̊ *n* shtyrj|e, -a
Stoßton, -s, *pl.* ¨e, *m spr.* intonacion-i i vrazhdë
Stoßzeit *f* orë dyndjeje
Straf- penal, -e; **~freiheit** *f jur.* përjashtim-i nga dënimi; imunitet-i; **~gesetz** *n* ligj-i penal; **~gesetzbuch** *n* kod-i penal; **~gesetzgebung** *f* legjislacion-i penal; **~prozess⁝ordnung** *f* kod-i i procedurës penale; **~sache** *f jur.* çështje penale; **~stoß** *m spo.* goditje dënimi; **~tat** *f* krim-i; **~täter** *m* fajtor-i; **~verfahren** *n jur.* çështje penale; procedim-i penal; **~verfolgung** *f jur.* ndjekje penale; **~vollzugs⁝anstalt** *f* burg-u
strafbar *jur.* i/e dënuesh|ëm, -me; **~e Übertretung** *f jur.* kundërvajtje penale
Strafe *f* dënim-i
strafrechtlich penal, -e; **~e Verantwortlichkeit** *f jur.* përgjegjësi-a penale
Strahl, -s, *pl.* en, *m* rrez|e, -ja; curril-i
strahlen rrëzëllej; shndris *s/t*
Strahlung *f* rrezatim-i
Strand, -(e)s, *pl.* ¨e, *m* plazh-i; bregdet-i
Strang, -(e)s, *pl.* ¨e, *m* litar-i; rrip-i; **über die Stränge schlagen** vërshoj
strangulieren mbys *s/t*
Straps, -es, *pl.* e, *m* mbajtëse çorapesh
Stratifikation *f spr.* shtresëzim-i
Strauch, -(e)s, *pl.* ¨er, *m* shkurr|e, -ja; **~dieb** *m* cub-i
straucheln rrëshqas *a/e/i; s/t*
Strauß, -(e)s, *pl.* ¨e, *m* tuf|ë, -a; **Blumen~** tub|ë, -a; *Vogel zoo.* struc-i; **~ Rosen** buqetë trëndafilash
Sträßchen, -s, *pl.* 0, *n* rrugic|ë, -a
Straße *f* rrug|ë, -a; ngushtic|ë, -a
Straßen- rrugor, -e; **~bahn** *f* tramvaj-i; **~gabelung** *f* bigë e rrugës; **~kehrer** *m* fshesaxhí-u; **~kreuzung** *f* udhëkryq-i; **~mädchen** *n* kurv|ë, -a; **~theater** *n* estrad|ë, -a; **~verkehr** *m* qarkullim-i rrugor; **~zustand** *m* gjendje e rrugëve
Streber, -s, *pl.* 0, *m* arrivist-i; karrierist-i

Strecke *f* itinerar-i; *spo.* distanc|ë, -a
Streich, -(e)s, *pl.* e, *m* goditj|e, -a; rreng-u; shaká-ja; **~holz** *n* shkrepës|e, -ja; qibrit-i
streicheln zbunoj; fërkoj
Streifen, -s, *pl.* 0, *m* rrip-i; brez-i; *fig.* film-i
Streik, -s, *pl.* s *m* grev|ë, -a
Streik- grevist, -e; **~brecher** *m* grevëthyes-i
streiken bëj grevë
Streikende|r, -n, *pl.* n, *m*, **Streiker** *m* grevist-i
Streit, -(e)s, *m* sherr-i; zënk|ë, -a; përleshj|e, -a; përçarj|e, -a; davá-ja; grindj|e, -a; çart|ë, -a; luftim-i; **~ suchen** kërkoj sebep për konflikt; **~kräfte** *Pl.* forca-t ushtarake; **~punkt** *m* çështj|e, -a
streiten, **sich ~** grindem
streitsüchtig grindavec, -e
streng i/e rreptë; i/e vrazhdë; ⟨*adv*⟩ rreptësisht
Strenge *f* rreptësí-a
Strich, -(e)s, *pl.* e, *m* viz|ë, -a; **~punkt** *m* pikëpresj|e, -a
Strick, -(e)s, *pl.* e, *m* konop-i; tërkuz|ë, -a; litar-i
stricken thur; **~̊** *n* thurj|e, -a
Strickjacke *f* triko-ja; xhup-i
Stricknadel *f* furqet|ë, -a; shtiz|ë, -a
Strickware *f* triko-ja; **~n** *Pl.* trikotazh-i
Stroh, -s, *n* kasht|ë, -a; **~halm** *m* biul|e, -ja
strohblond bojëkashtë
Strolch, -(e)s, *pl.* e, *m* zuzar-i
Strom, -(e)s, *pl.* ¨e, *m* *Fluss* lum|ë, -i; *tech.* elektrik-u; korrent-i; rrym|ë, -a; **~quelle** *f* *tech.* dhënës-i; **~spannung** *f* voltazh-i
Strömung *f* rrym|ë, -a
Strophe *f* *spr.* strof|ë, -a; vjersh|ë, -a
Strudel, -s, *pl.* 0, *m* *im Wasser* vorbull-a; sy i ujit; gjir-i; *Kuchen* shtrudel-i
Struktur *f* struktur|ë, -a
Struktur- strukturor, -e; **~wort** *n* *spr.* fjalë ndihmëse
strukturell strukturor, -e; **~e Linguistik** *spr.* gjuhësi-a strukturale
Strumpf, -(e)s, *pl.* ¨e, *m* çorap-i; **~halter** *m* mbajtëse çorapesh; **~hose** *f* gete-t
Stubben, -s, *pl.* 0, *m* kërcú-ri
Stube *f* od|ë, -a; konak-u; qoshk-u; **gute ~** dhomë pritje
Stück, -(e)s, *pl.* e, *n* cop|ë, -a; kopj|e, -a; çik|ë, -a; **~ Land** ngast|ër, -ra; **zwei ~ Zucker** dy kokrra sheqer; **~e:schreiber** *m* dramaturg-u; **~liste** *f* specifikim-i
stückeln çikëloj; copëtoj
Student, -en, *pl.* en, *m* student-i; **~in** *f* student|e, -ja
Studie *f* studim-i
studieren studioj
Studi|um, -s, *pl.* en, *n* studime-t; **~ beenden** diplomohem
Stufe *f* shkall|ë, -a
Stuhl, -(e)s, *pl.* ¨e, *m* karrig|e, -ia; **der Heilige ~** *rel.* selia e shenjtë; **~gang** *m* *med.* ujët e trashë
stumm memec, -e
stumpf i/e topitur; pa shkëlqim; apatik,

-e; **~e Seite** *f der Axt* qyt|ë, -a; *der Klinge* qyr|ë, -a

Stumpf, -(e)s, *pl.* ¨e, *m* cung-u

Stunde *f* or|ë, -a; sahat-i; **eine ganze ~ lang** një orë të tërë; **~n:plan** *m* orar-i

stur kokëfortë; këmbëngulës, -e

Sturheit *f* derrërí-a; ngurtësí-a

Sturm, -(e)s, *pl.* ¨e, *m* furtun|ë, -a; stuhí-a; furí-a; vërsulj|e, -a; duhí-a

Stürmer, -s, *pl.* 0, *m spo.* sulmues-i

stürmisch i/e duhish|ëm, -me; i/e furish|ëm, -me; i/e hovsh|ëm, -me; hidhnak, -e

Sturz, -(e)s, *pl.* ¨e, *m* përmbysj|e, -a; shembj|e, -a; **~bach** *m* cem-i; përr|ua, -oi

stürzen rrëzoj; përmbys; bie; **sich ~ auf** sulem; **er stürzte ihn in Schulden** e zhyti në borxhe; **er stürzte zur Tür** brofi te dera

Stute *f* pel|ë, -a

Stütz- mbështetës, -e; **~balken** *m* maxhallëk-u; pajand|ër, -ra; **~punkt** *m* baz|ë, -a

Stütze *f* mbështetes|ë, -a; shtyll|ë, -a

stutzen *kürzen* shkurtoj; *stutzig werden* trullosem

stützen, sich ~ auf mbështetem në; **~d** mbështetës, -e

Subjekt, -(e)s, *pl.* e, *m* subjekt-i; *spr.* kryefjal|ë, -a; **~satz** *m* fjali-a kryefjalore; **~s:kasus** *m spr.* rasë veprore

Substandard *m spr.* thjeshtligjërim-i

Substandard- *spr.* thjeshtligjërimor, -e

Substantiv, -s, *pl.* e, *n spr.* em|ër, -ri

substantivieren *spr.* emërzoj; **substantiviertes Adjektiv** *n* mbiemër i emërzuar

Substantivierung *f* emërzim-i

Substrat, -s, *pl.* e, *n* nënshtres|ë, -a

Subsystem, -s, *pl.* e, *n* nënsistem-i

Subtrahend, -en, *pl.* en, *m math.* zbritës-i

subtrahieren zbres, *zbrita, zbritur, e/i; s/t*

Subtraktion *f math.* zbritj|e, -a

suchen kërkoj; gërmoj

Süd- jugor, -e; **~afrika** Afrika e Jugut; **~albanien** Toskërí-a; Shqipëria jugore; **~europa** Evropa Jugore; **~osten** *m* juglindje, -a; **~westen** *m* jugperëndim-i; **~wind** *m* frashí-a; jug|ë, -a; zefir-i

sudanisch sudanez, -e

Süden, -s, *m* jug-u

Sudetenland *n* Sudetë-t

südlich jugor, -e

Südost- juglindor, -e; **~europa** Evropa Juglindore

südwestlich jugperëndimor, -e

Suffigierung *f spr.* prapashtesim-i

Suffix, -es, *pl.* e, *m spr.* prapashtes|ë, -a

Suffix- *spr.* prapashtesor, -e

Suizid, -(e)s, *pl.* e, *m* vetëvrasj|e, -a

suliotisch suliot, -e

Sultan, -s, *pl.* e, *m* mbret-i

Sumach, -s, *m bot.* cërmëdell-i

Summe *f math.* shumë e përgjithshme

summen brumbulloj; brumbullij; gumëzhij; zëzëlloj; zukas *s/t;* zhurmoj; zhuzhas *a/e/i;s/t;* zhuzhuris *s/t;* ~̊ *n* zukam|ë, -a; zukatj|e, -a; zhuzhitj|e,

-a; **das Summen der Bienen** zukama e bletëve
Sumpf, -(e)s, *pl.* ¨e, *m* batak-u; kënet|ë, -a; moçal-i; lluc|ë, -a; vurg-u
Sünde *f rel.* mëkat-i; gjynah-u
Sünder, -s, *pl.* 0, *m* mëkatar-i
sündhaft, **sündig** i/e mëkatsh|ëm, -me
sündigen mëkatoj
Sunna *f rel.* synet-i
super- stër-
Superlativ, -s, *pl.* e, *m spr.* shkallë sipërore
Supermacht *f* superfuqí-a
Superstrat, -s, *pl.* e, *n spr.* mbishtres|ë, -a
Supinum *n spr.* supin-i
Suppe *f* çorb|ë, -a; sup|ë, -a
Suppletivismus *m spr.* supletiviz|ëm, -mi
Supradental, -s, *pl.* e, *m spr.* bashkëtingëllore mbidhëmbore
Surne *f oriental. Blasinstrument* zurná-ja
suspendieren pezulloj
Süßwaren *Pl.* gjëra të ëmbla; sheqerna-t; **~geschäft** *n* bonbonerí-a; **~händler** *m* sheqerxhí-u
süß i/e ëmbël
Süße *f.* ëmbëlsí-a
süßen ëmbëlsoj; ëmbëltoj
süßlich ëmbëlsiq, -e
Süßigkeit *f*, **Süßspeise** *f* bonbone e çokollata; tëmb|ël, -la
Sveti Naum *ON* Shën-Naum-i
Sweater, -s, *pl.* 0, *m* ['sve:tər] pulov|ër, -ri
Swimming pool *m* pishin|ë, -a
syllabisch *spr.* rrokjesor, -e
Symbol, -s, *pl.* e, *n* simbol-i
Symbolik *f* simboliz|ëm, -mi
Symphonie *f mus.* simfoní-a; **~konzert** *n* koncert-i simfonik
symphonisch simfonik, -e
Synärese *f spr.* sinerez|ë, -a
Synchronie *f spr.* sinkroní-a
synchronisch sinkronik, -e
synchronisieren *Film* dubloj
Synkope *f spr.* sinkop|ë, -a
Synonym, -s, *pl.* e, *n spr.* sinonim-i
synsemantisch *spr.* bashkëkuptimor, -e; **~es Wort** *n* fjalë ndihmëse; fjalë shërbyese
Syntagmatik *f spr.* sintagmatik|ë, -a
syntagmatisch *spr.* sintagmatik, -e
syntaktisch sintaksor, -e
Syntax *f spr.* sintaks|ë, -a
Synthese *f* sintez|ë, -a
Synthetics *Pl.* plastmas|ë, -a
Syrakus *ON* Sirakuz|ë, -a
Syrer, -s, *pl.* 0, *m* sirian-i
Syrien Sirí-a
syrisch sirian, -e
System, -s, *pl.* e, *n* sistem-i
System- sistemor, -e
systematisch sistematik, -e
systembildend, **systemhaft** sistemor, -e
Szenari|o, -s, *pl.* en, *n* skenar-i
Szene *f* sken|ë, -a; kuád|ër, -ri

T

T-Shirt *n* fanell|ë, -a
Tabak, -s, *pl.* e, *m* duhan-i; **~feld** *n* duhanor|e, -ja; duhanisht|e, -ja; **~laden** *m* duhantor|e, -ja; **~schneidemesser** *n* havan-i; çar|k-u; **~sdose** *f* tabaká-ja; **~spfeife** *f* pip|ë, -a; llull|ë, -a; **~warenhändler** *m* duhanshitës-i; duhanxhí-u
Tabelle *f* tabel|ë, -a; pasqyr|ë, -a
Tablett, -s, *pl.* s, *n* tabaká-ja; siní-a; *zum Auftischen von Naschwerk od. Getränk* dhisk-u
Tablette *f. med.* tablet|ë, -a; hap-i
Tabu *n* tabú-ja
tabuisiert i/e tabuizuar
Tachometer, -s, *pl.* 0, *m* takiomet|ër, -ri
Tadel, -s, *m* qortim-i; vërejtj|e, -a; fyerj|e, -a
tadeln qortoj; **~s:wert** i/e qortuesh|ëm, -me
Tafel *f* grafik-u; pasqyr|ë, -a; **~bild** *n* tabló-ja
Tag, -(e)s, *pl.* e, *m* dit|ë, -a; **am ~** ditën; **es wird ~** agon; gdhihet; **~- und Nachtgleiche** (21. 3. und 21. 9.) barasn|atë, -ata; **~e:buch** *n* ditar-i; **~e:dieb** *m* bjerraditës-i; **~e:geld** *n* diet|ë, -a; **~e:löhner** *m hist.* argat-i; punëtor me mëditje; **bei ~esanbruch** qëmenatë ⟨*adv*⟩; **in ~e:lohn nehmen** i/a/o pajtoj
tagaus-tagein dita-ditës ⟨*adv*⟩
tagen zbardhëllon; gdhihet; agon; **die Kommission tagt regelmäßig** komisioni funksionon rregullisht
Tages- ditor, -e; **~lohn** *m ök.* mëditj|e, -a; **~schau** *f im Fernsehen* kinoditar-i; **~zeitung** *f* gazetë e përditshme; **~ordnung** *f* rend-i i ditës
tagsüber gjatë ditës
Tagung *f* kongres-i; **~s:teilnehmer** *m* kongresist-i
Taille *f* [ˈtaljə] bel-i; **mit schlanker ~** belhollë
Takt, -(e)s, *pl.* e, *m* takt-i; **~gefühl** *n* delikates|ë, -a
taktisch taktik, -e
taktlos pa takt
Tal, -(e)s, *pl.* ¨er, *n* lugin|ë, -a
Talar, -s, *pl.* e, *m* veladon-i; *der Hodschas und Derwische* xhybe, -ja; *der orthod. Priester* ras|ë, -a
Talent, -(e)s, *pl.* e, *n* talent-i; dhunti-a
Talisman, -s, *pl.* e, *m* hajmalí-a; nusk|ë, -a
Talkum *n chem.* talk-u
Tamariske *f bot.* bruk|ë, -a
Támaron *Berg* Tomor-i
Tambour, -s, *pl.* e, *m* tambur-i
Tamburin, -s, *pl.* e, *n mus.* dajr|e, -ja; def-i; **~spielerin** *f* defator|e, -ja
Tangente *f math.* tangjent|e, -ja
Tanger *ON* Tangjer-i
Tango *m mus.* tángo-ja
Tank, -s, *pl.* s *m* serbator-i; cistern|ë, -a; *mil.* tank-u; tanks-i; **~stelle** *f* pikë furnizimi me karburant; pikë karburanti; **~wagen** *m* vagon-cisternë; autobot-i; **~wart** *m* punëtor-i i karburantit

Tanke *f* pikë karburanti
Tanker, -s, *pl.* 0, *m naut.* anije-stern|ë, -a
Tanne *f* bredh-i; çam-i; **~n:wald** *m* bredhisht|ë, -a; çamisht|ë, -a
Tante *f* hall|ë, -a; tez|e, -ja; emt|ë, -a; teto-ja; motërmëm|ë, -a; motërtat|ë, -a; (Frau des Vaterbruders) xhaxhesh|ë, -a
Tante-Emma-Laden, -s, *pl.* ¨0, *m* tregtiz|ë, -a
Tanz, -es, *pl.* ¨e, *m* vallëzim-i; vall|e, -ja; bállo-ja; **~abend** *m* mbrëmje vallëzimi; **~fläche** *f* pist|ë, -a; **~musik** *f* muzikë vallëzimi; muzikë vallëzimi; **~partnerin** *f* dam|ë, -a; **~saal** *m* sallë e vallëzimit
tänzelnd, **tanzend** ⟨*adv*⟩ kërcimthi
tanzen vallëzoj; valloj; kërcej *e/ye; Volkstanz in der Gruppe aufführen* hedh valle
Tänzer, -s, *pl.* ¨0, *m* kërcimtar-i; valltar-i; *n* **-in** *f* valltar|e, -ja
Taoist, -en, *pl.* en, *m phi.* daocist-i
tapfer trim, -e; ⟨*adv*⟩ burrërisht
Tara *f ök.* ambalazh-i; tar|ë, -a; **~satz** *m ök.* tarifë ambalazhi
Tarif, -(e)s, *pl.* e, *m* tarif|ë, -a; *Steuer* tagër, -ri
tarnen kamufloj
Tasche *f* xhep-i; çant|ë, -a; këllëf; qes|e, -ja; bors|ë, -a; **~n:ausgabe** *f*, **~n:buch** *n* botim-i xhepi; **~n:dieb** *m* brac-i; xhepash-i; grep-i; **~n:diebstahl** *m* brací-a; **~n:lampe** *f* elektrik dore; **~n:messer** *n* biçak-u; **~n:tuch** *n* shami xhepi; facolet|ë, -a; máf|ër, -ra; **~n:uhr** *f* orë xhepi; **~n:wörterbuch** *n* fjalor-i xhepi
Tasse *f* filxhan-i
Tastatur *f* tastier|ë, -a
Taste *f mus.* tast-i
Tat *f* veprim-i; bëm|ë, -a; **die ~en Skanderbegs** bëmat e Skënderbeut; **in ~mehrheit** *jur.* i kryer më shumë se një herë
Täter, -s, *pl.* 0, *m* fajtor-i; bërës-i
Tätigkeit *f* veprimtarí-a; **schädliche ~** veprimtari-a keqbërëse; **~s:wort** *n spr.* folj|e, -a
Tätowierung *f* tatuazh-i
Tatsache *f* fakt-i, *pl.* -e-t
Tattergreis, -es, *pl.* e, *m* plak matuf; gërxho-ja
Tau *1:* -s, *m* ves|ë, -a; *2:* -s, *pl.* e, *n*, Seil *n naut.* zdral|e, -ja; cim|ë, -a; kavo-ja; pallamar-i
taub i/e shurdhër; *Ähre* zonak, -e; i/e zonë; **~e Nuss** *f* arrë fyl
Taube *f zoo.* pëllumb-i
Taube|r *1:* -s, *pl.* 0, *m Täuberich zoo.* vidan-i; *2:* -n, *pl.* n, *m Gehörloser* shurdh-i
Taubnessel *f bot.* hithërbut|ë, -a
Taubstumme|r, -n, *pl.* n, *m* shurdhmemec-i; eng-u
Tauchboot, -(e)s, *pl.* e, *n* batiskaf-i
tauchen zhytem
Taucher, -s, *pl.* 0, *m* zhytës-i; zhytar-i
Tauchsieder † *tech.* ujëngrohës-i; shuf|ër, -ra
tauen: es taut shkrin akulli, dëbora
Taufbecken, -s, *pl.* 0, *n* enë e pagëzimit
Taufe *f rel.* pagëzim-i

taufen pagëzoj
Taufpate, -n, *pl.* n, *m* kumbar-i
Taufpatin *f* kumbar|ë, -a
Taumel-Lolch *m bot.* égjër, -ra
Tausch, -(e)s, *m* shkëmbim-i
täuschen mashtroj; **sich** ~ gënjehem
Täuschung *f* gënjesht|ër, -ra; **optische** ~ mirazh-i
tausend mijë; **~jährig** mijëvjeçar, -e; **der ~ste** i/e mijtë
Tausender, -s, *pl.* 0, *m* mijësh|e, -ja
Tausendjahrfeier *f* mijëvjetor-i
Tautologie *f spr.* tautologjí-a
tautologisch tautologjik, -e
tautosyllabisch *spr.* tautosilabik, -e
Taverne *f* tavern|ë, -a
Taxe *f 1: ök.* tag|ër, -ri: *2:* taksí-a
Taxi, -s, *pl.* s, *n* taksí-a; **~stand** *m* park taksish; vend taksish
Team, -s, *pl.* s, *n* skuad|ër, -ra
Technik *f* teknik|ë, -a
Techniker, -s, *pl.* 0, *m* teknik-u
technisch teknik, -e; **~e Mängel** *Pl.* të meta-t teknike
Technologie *f* teknologjí-a
technologisch teknologjik, -e
Tee, -s, *pl.* s *m* çaj-i; **~becher** *m* çajor|e, -ja; **~glas** *n* çajor|e, -ja; **~haus** *n* çajhan|e, -ia; **~kanne** *f* çajnik-u; **~löffel** *m* lugë çaji; **~stube** *f* çajtor|e, -ja
Teer, -s, *m* katran-i; zift-i
teeren katranoj; katranos; bitumoj
Teich, -(e)s, *pl.* e, *m* pellg-u; gjol-i; **der Große** ~ Oqean-i Atlantik
Teig, -(e)s, *pl.* e, *m* brum|ë, -i; ~ **herstellen** brumëzoj; **~knetemaschine** *f* brumëtor|e, -ja; **gefüllte ~taschen** *Pl.* byrekë-t; **~waren** *Pl.* brum|ë, -i
Teil, -(e)s, *pl.* e, *m* pjes|ë, -a; **~nahme** *f* pjesëmarrj|e, -a; **~nehmer** *m* pjesëmarrës-i; *am Telefon* abonent-i; pajtimtar-i
teilbar i/e ndash|ëm, -me
Teilchen, -s, *pl.* 0, *n* pjesëz-a; thërrmij|ë, -a
teilen nda|j, *-va, -rë;* **es wurde in drei Stücke geteilt** u nda trish
teilnahmslos apatik, -e
Teilnahmslosigkeit *f med.* apatí-a
teil/nehmen i/a/o marr pjesë; bëj pjesë; **an einem Wettbewerb** ~ konkurroj
Teilung *f* ndarj|e, -a; copëtim-i
teilweise i/e pjessh|ëm, -me; ⟨*adv*⟩ pjesërisht
Tekke *f Derwischkloster rel.* teqé-ja
Telefon, -s, *pl.* e, *n* telefon-i
Telefon- telefonik, -e; **~buch** *n* numërator-i; **~gespräch** *n* telefonat|ë, -a; **~hörer** *m* dëgjues|e, -ja; **~netz** *n* rrjet-i telefonik; **~vermittlungsmitarbeiter** *m* † centralist-i
Telefonat, -(e)s, *pl.* e, *n* telefonim-i; telefonat|ë, -a
telefonieren telefonoj
telefonisch telefonik, -e
Telegramm, -s, *pl.* e, *n* telegram-i; **~schalter** *m* dritarez e telegrameve
Telegraph, **Telegraf**, -en, *pl.* en, *m* telegraf-i
Telegrafen- telegrafik, -e; **~amt** *n* telegraf-i
telegrafieren telegrafoj

telegrafisch telegrafik, -e
Teleobjektiv teleobjektiv-i
Teleskop, -s, *pl.* e, *n* tejqyr|ë, -a
Teller, -s, *pl.* 0, *m* pjat|ë, -a
Temesvár, Temeschburg *ON* Timishoar|ë, -a
Tempel, -s, *pl.* 0, *m* témpull-i
Temperatur *f* temperatur|ë, -a
Tempo *n* temp-i
Temp|us, -, *pl.* ora, *n spr.* koh|ë, -a
temporal kohor, -e; **Temporalsatz** *m spr.* fjali-a kohore
Tendenz *f* tendenc|ë, -a; prirj|e, -a
tendenziös tendencioz, -e
Tennis *n* tenis-i
Teppich, -s, *pl.* e, *m* Florteppich hallí-a; Webteppich qilim-i; **~brücke** *f* sixhadé-ja; **~weberin** *f* qiliméndës|e, -ja; qilimpunues|e, -ja
Terebinthenpistazie *f bot.* qelbës-i
Termin, -s, *pl.* e, *m* afat-i; **~verschiebung** *f* shtyrja e afatit
terminativ *spr.* cakësor, -e
Terminologie *f* terminologjí-a
terminologisch terminologjik, -e
Termin|us, -, *pl.* i, *m* skaj-i; term-i
ternär *spr.* trijar, -e
Terpentin, -s, *n chem.* terpentin|ë, -a
Terrain, -s, *pl.* s, *n* [te'rɛ̃] terren-i
Terrasse *f* tarrac|ë, -a
territorial tokësor, -e
Territori|um, -s, *pl.* en, *n* territor-i; terren-i
Terror, -s, *m* terror-i
terrorisieren terrorizoj
Terrorismus *m* terroriz|ëm, -mi
terroristisch terrorist, -e
Terzett, -s, *pl.* e, *n mus.* trio-ja
Testament, -(e)s, *pl.* e, *n jur.* testament-i; *rel.* dhiat|ë, -a; **Altes ~** *rel.* besëlidhja e vjetër; dhiata e vjetër
Tetanus *m med.* tetanos-i
Tetovo *ON* Tetov|ë, -a; **aus ~** tetovar, -e
teuer i/e shtrenjtë; lieb i/e dashur; wertvoll i/e vyesh|ëm, -me
Teufel, -s, *pl.* 0, *m* djall-i; dreq-i; brijanac-i; lanet-i; qoftëlarg-u; **der ~ soll dich holen!** të marrtë djalli!; **hol ihn der ~!** e hëngërt morti!; **mal nicht den ~ an die Wand!** mos na ndill zi!; **vom ~ geritten werden** i/u/o xhindosem; **~ei** *f* dreqësí-a; djallëzí-a
Text, -(e)s, *pl.* e, *m* tekst-i
Textil, -s, *pl.* ien, *n* endurin|ë, -a; pëlhur|ë, -a; **~arbeiter** *m* tekstilist-i
Textologie *spr.* tekstologjí-a
Thailand Tajland|ë, -a
Theater, -s, *pl.* 0, *n* teat|ër, -ri
Theater- teatral, -e; **~autor** *m*, **~schriftsteller** *m* dramaturg-u; **~ensemble** *n* trup|ë, -a; **~stück** *n* pjes|ë, -a
theatralisch teatral, -e
Theben *ON* Teb|ë, -a
Theismus *m phi.* teiz|ëm, -mi
Theiß *f FN* Tis|ë, -a
Theke *f* banak-u; **~n:bedienung** *f* banakier|e, -ja
Them|a, -s, *pl.* en, *n* tem|ë, -a
Themse *f FN* Tamiz-i
Theologe, -n, *pl.* n, *m* teolog-u
Theologie *f* teologjí-a
theologisch teologjik, -e

Theoretiker, -s, *pl.* 0, *m* teoricien-i
theoretisch teorik, -e
Theorie *f* teorí-a
Therapie *f med.* terapí-a
Thermalquelle *f* ujëra-t termale
Thermometer, -s, *pl.* 0, *n* termomet|ër, -ri
thermonuklear termobërthamor, -e
Thermopylen *Pl.* Termopile-t
Thermosflasche *f*; **Thermoskanne** *f* termos-i
Thermostat *tech.* termostat-i
These *f* tez|ë, -a
Thessalien Tesalí-a
Thrakien Trakí-a
thrakisch trak, -e
Thron, -(e)s, *pl.* e, *m* fron-i
tibetanisch, tibetisch tibetian, -e
Ticket, -s, *pl.* s, *n* bilet|ë, -a
tief i/e thellë; **tiefer Teller** m pjatë supe
Tiefdruck, -s, *m typ.* shtyp-i i thellë
Tiefe *f* thellësí-a; theqafj|e, -a; **~n:rausch** *m med.* dehje e thellësisë
Tief:ebene *f* rrafshulët-a; ultësir|ë, -a
Tiefland, -(e)s, *pl.* e, *n* ultësir|ë, -a
Tiefschlaf, -(e)s, *m* kllapí-a
tieftonig *spr.* aton, -e
Tiegel, -s, *pl.* 0, *m* fulter|e, -ja; tigan-i
Tier, -(e)s, *pl.* e, *n* kafsh|ë, -a; frymor-i; **ein hohes ~** një goxha kuadër
Tier- epizootik, -e; **~arzt** *m* veteriner-i; **~kreis** *m* zodiak-u; **~reich** *n* mbretëri-a shtazore; **~zucht** *f* blegtorí-a
Tiger, -s, *pl.* 0, *m zoo.* tig|ër, -ri
Tigris *m FN* Tig|ër, -ri
Timbre *n* ['tɛ̃brə] ngjyr|ë, -a; *mus.* timb|ër, -ri
Tinte *f* boj|ë shkrimi; **~n:fass** *n* kallamar-i; **~n:fisch** *m zoo.* kallamar-i
Tirana *ON* Tiran|ë, -a; **aus ~** tiranas, -e
Tisch, -(e)s, *pl.* e, *m* tryez|ë, -a; tavolin|ë, -a; **den ~ decken** shtroj tryezën; **niedriger ~** sof|ër, -ra; **~decke** *f* sofrabez-i; mbulesë tavoline; mbules|ë, -a; **~lein** *n* tavolin|ë, -a; **~ler** *m* marangoz-i; zdrukthëtar-i; lëndëtar-i; **~lerbank** *f* banak-u; tezgjah-u; Drehbank *f tech.* torno-ja; **~lerei** *f* zdrukthëtarí-a; **~tennis** *n* pingpong-u; **~tuch** *n* syprin|ë, -a; mbulesë tavoline
Titel, -s, *pl.* 0, *m* títull-i; **~aufnahme** *f* katalogim-i; **~bild** *n* ballin|ë, -a; frontespic-i; **~blatt** *n* ballin|ë, -a; **~inhaber** *m*, **~verteidiger** *m spo.* titullar-i
Tmesis *f spr.* tmez|ë, -a
Toast, -(e)s, *pl.* e, *m* dollí-a; **~brot** *n* bukë e thekur; **belegtes ~brot** kanapé-ja
toben tërbohem; harlis; **der Saal tobt** salla uturin
Tochter, *pl.* ¨0, *f* bij|ë, -a; vajz|ë, -a; **seine/ihre ~** e bija
Tod, -(e)s, *pl.* e, *m* vdekj|e, -a; mort-i; mortj|e, -a
todbringend vdekjeprurës, -e; vdekjesjellës, -e
Todes- mortor, -e; i/e mortsh|ëm, -me; **~angst** *f* ankth-i mortor; **~kampf** *m* agoní-a; grahm|ë, -a; heq|ë, -a; **~nachricht** *f* mandat|ë, -a; **~strafe**

f jur. dënim-i me vdekje; dënim-i kapital; **~tag** *m* ditëvdekj|e, -a

tödlich i/e mortsh|ëm, -me; vdekjeprurës, -e; vdekjesjellës, -e

Toga *f* tog|ë, -a

Toilette *f* [toa'lɛtə] nevojtor|e, -ja; banj|ë, -a; **öffentliche ~** VC [vëcë] publike; **~n:papier** *n* letër higjienike

Toleranz *f* toleranc|ë, -a; *tech.* dures|ë, -a

Tollkirsche *f bot.* helmarin|ë, -a

Tölpel, -s, *pl.* 0, *m* hardall-i; fok|ë, -a

Tomate *f* domat|e, -ja; **~n:salat** *m* sallatë me domate

Tomorr *m Berg* Tomor-i

Ton *1:* -(e)s, *pl.* ¨e, *m, Geräusch* kumbim-i; ton-i; *2:* -s, *pl.* e, *m, Lehm* argjil|ë, -a; deltin|ë, -a; glin|ë, -a; balt|ë, -a; **keinen ~ von sich geben** s'bëj gëk; **mitklingender ~, Oberton** *m spr.* mbiton-i

Ton- folës, -e; *tönern* i/e baltërt; **~band** *n tech.* shirit-i; **~erde** *f* deltin|ë, -a; **~fall** intonacion-i; **~film** *m* film-i folës; **~krug** *m* shtamb|ë, -a; poç-i; **großer ~krug für Speisevorräte** qyp-i; **kleiner ~krug** brojc|ë, -a; **~leiter** *f* gam|ë, -a; **~umfang** *m mus.* diapazon-i; **~waren** *Pl.* balturin|ë, -a

tonal tonik, -e; tonor, -e

tönen buças *a/e/i; s/t;* kumboj; **~d** i/e zësh|ëm, -me

tonhaltig deltinor, -e

Tonikum *n* tonik-u

Tonnage *f* tonazh-i

Tonne *f* fuçí-a; *Gewichtseinheit* tonellat|ë, -a; ton-i

Tönung *f* sfumatur|ë, -a

Topas, -es, *pl.* e, *m* topaz-i

Topf, -(e)s, *pl.* ¨e, *m* tenxher|e, -ja; *aus Steingut* vorb|ë, -a; *Blumentopf* saksi-a; vazo-ja

Töpfer, -s, *pl.* 0, *m* deltinar-i; poçar-i; **~arbeit** *f* poçarí-a; **~scheibe** *f* rrrotovil|e, -ja; **~waren** *Pl.* poçerina-t

Toponym, -s, *pl.* e, *n spr.* toponim-i

Tor *1:* -s, *pl.* e, *n* port|ë, -a; *spo.* gol-i; *2:* -en, *pl.* en, *m Narr* budallá-i; **~heit** *f* gomarí-a; gomarllë|k-u, *pl.* -qe-t; budallallëk-u; marrëzí-a; **~schütze** *m spo.* golashënues-i; **~wart** *m spo.* portier-i

Torf, -s, *m* torf|ë, -a

töricht i/e çméndur; i/e marrëzish|ëm, -me; i/e marrë; i/e marrak, -e; marrash, -e; marroq, -e; **~er Plan** *m* plan-i i marrëzishëm

Törin *f* budallaq|e, -ja

Torte *f* tort|ë, -a; *Kremtörtchen* pastë, -a

Tortur *f* tortur|ë, -a

tosen gjëmoj; zhurmëroj

Toske, -n, *pl.* n, *m* tosk|ë, -a

toskisch tosk|ë, -e; *spr.* ⟨*adv*⟩ toskërisht, -e

tot i/e vdekur; **Totes Meer** Deti i Vdekur

töten vras *a/e/i; s/t;* mbys *s/t*

Totenklage *f* kukatj|e, -a; kuj|ë, -a; gjëm|ë, -a

Totenschein, -s, *pl.* e, *m* aktvdekj|e, -a

Tote|r, -n, *pl.* n, *m* i/e vrarë; *Leiche* kufom|ë, -a

Tötung *f jur.* vrasj|e, -a

Tour *f* [tuːʁ] udhëtim-i
Tourismus *m* turiz|ëm, -mi
Tourist, -en, *pl.* en, *m* turist-i; udhëtar-i; **~en:führer** *m Buch* udhërrëfyes-i
Tournee *f* turné-u
Trab, -s, *m spo.* revan-i
Tracht *f* veshj|e, -a; **~en:hose** *f Männer* tirq-it
trächtig *med.* barrsë
Tradition *f* tradit|ë, -a
Tragbahre *f* barel|ë, -a
träge përtac, -e; i/e krahëthatë
tragen *trägt, trug, hat getragen* mbaj, *-ta, -tur;* mbart; bart; **die Stadt trägt ihr Winterkleid** qyteti ka veshur qyrkun e bardhë
tragend *Baum* frytmbartës, -e
Trägheit *f* përtací-a; letargjí-a; *tech.* inercí-a
tragisch tragjik, -e
Tragödie *f* tragjedí-a
Trainer, -s, *pl.* 0, *m* [ˈtrɛːnɚ] *spo.* trajner-i
Training *n* [ˈtrɛːnɪŋ] *spo.* stërvitj|e, -a
Traktor, -s, *pl.* en, *m* traktor-i; **~en:park** *m* parku i traktorëve; **~en:schuppen** *m* vendstrehim i traktorëve
Tram, -s, *pl.* s, *n*, **Trambahn** *f* tramvaj-i
Trampolin, -s, *pl.* e, *n spo.* trampo-lin|ë, -a
Träne *f* lot-i; këpuj|ë, -a; **~n:sack** *m med.* qesk|ë, -a
Tranquilizer, -s, *pl.* 0, *m* [ˈtrɛŋkvilaizɚ] *med.* qetësues-i
trans- tej-
transformativ transformacional, -e
Transformator, -s, *pl.* en, *m tech.* transformator-i
Transfusion *f med.* transfuzion-i
Trans:humanz *f hist.* shtegtim-i
Transistor, -s, *pl.* en, *m tech.* transistor-i
Transit, -s, *pl.* e, *m* udhëkalim-i; transit-i
transitiv *spr.* kalimtar, -e
Transitivität *f spr.* kalimtarësí-a
transkribieren transkriptoj
Transkription *f spr.* transkriptim-i; tejshkrim-i
Transliteration *f spr.* transliterim-i
transparent i/e dritëpërshkuesh|ëm, -me; i/e hekshl|ëm, -me; *spr.* i/e motivuar; **~ sein** tejdukem
Transparenz *f* tejdukshmërí-a
Transport, -(e)s, *pl.* e, *m* transport-i; transportim-i; **~band** *n* transportier-i; **~mittel** *n* mjete-t transporti; **~schaden** *m* avarí-a; **~wesen** *n* transport-i
transportieren transportoj
Transportierung *f* transportim-i
Transsilvanien Transilvaní-a
Trassant *m ök.* heqës-i; pritës-i
Tratte *f ök.* trat|ë, -a
Trauben *Pl.* rrush-i; **~eiche** *f bot.* bung-u; bung|ë, -a; **~most** *m* dukagjin|e, -ia; **~zucker** *m chem.* glukoz|ë, -a
trauen *verheiraten* martoj; vë kurorë; *vertrauen* besoj
Trauer *f* hidhërim-i; zi-a; breng|ë, -a
trauern vajtoj; brengosem; mbaj zi
Trauerspiel, -s, *pl.* e, *n spr.* tragjedí-a
Traum, -(e)s, *pl.* ¨e, *m* ënd|ërr, -rra; **~deuter** *m* ëndërrshpjegues-i

träumen ëndërroj
traumhaft i/e ëndërrt
traurig i/e zymtë; melankolik, -e; ~ **machen** zymtoj; trishtoj; hidhëroj
Traurigkeit *f* trishtim-i
Trauring, -s, *pl.* e, *m* unazë e martesës
Trauung *f* kurorëzim-i
Trauzeuge, -n, *pl.* n, *m* kumbar-i
Trauzeugin *f* kumbar|ë, -a
Traverse *f* kryqësor|e, -ja; kolon|ë, -a
treffen *trifft, traf, hat getroffen* takoj; ndesh; zates *s/t;* qëlloj; ~ **auf etw.** has në ⟨+ *Akk*⟩; rastis; **er traf ihn mitten ins Herz** e godiste mu në zemër; **er/sie traf ihn auf der Straße** e rastisi në rrugë; **sich ~ mit** takohem me ⟨+ *Akk*⟩
Treffen, -s, *pl.* 0, *n* takim-i; tubim-i; miting-u; *spo.* ndeshj|e, -a
Treibriemen, -s, *pl.* 0, *m* rrip-i
Treibstoff, -(e)s, *pl.* e, *m* karburant-i
Trecker, -s, *pl.* 0, *m* traktor-i
Trema *n spr.* trem|ë, -a
Trenn- ndarës, -e; **~karte** *f* skedë ndarëse
trennen ndaj; shkëpus *s/t;* veçoj; **sich ~** ndahem; shkëputem; **~d** ndarës, -e
Trennung *f* ndasí-a; ndarj|e, -a; copëtim-i; shkëputj|e, -a
Trennwand, *pl.* ¨e, *f aus Holz* zdatk-u
Treppe *f* shkall|ë, -a; **~n:geländer** *n* basamak-u
Tresen, -s, *pl.* 0, *m* banak-u
Tresor, -s, *pl.* e, *m* kasafort|ë, -a
Trester, -s, *m* rraki-a rrushi
treten *tritt, trat, hat getreten* shkel; **zur Seite ~** shtyhem

treu besnik, -e; ⟨*adv*⟩ besnikërisht
treubrüchig besëthyes, -e
Treue *f* besnikërí-a
Tribüne *f* tribun|ë, -a
Tribut, -(e)s, *pl.* e, *m hist.* haraç-i
Trichter, -s, *pl.* 0, *m* hink|ë, -a
trichterförmig i/e hinkët
Trick, -s, *pl.* s *m* hil|e, -ja; truk-u; **lass die Tricks!** lëri zhiblat!
Trieb, -(e)s, *pl.* e, *m* prirj|e, -a; shtytj|e, -a; instinkt-i; *bot.* filiz-i; **~werk** *n* motor-i
Triest *ON* Triest|e, -ja
triftig i/e arsyesh|ëm, -me; i/e rëndësish|ëm, -me
Trikala *ON* Trikall|ë, -a; *hist.* Tërhall|ë, -a
Trikotagen *Pl.* trikotazh-i
Trimmen *n Fracht naut.* stivim-i
Trinität *f rel.* triní-a
Trink- i/e pijsh|ëm, -me; **~glas** *n* qelq|e, -ja; got|ë, -a; **~halle** *f* sallë për të pirë ujë; pijetor|e, -ja; **~halm** *m* biul|e, -ja; **~spruch** *m* dollí-a; **~wasser** *n* ujë i pijshëm
trinkbar i/e pijsh|ëm, -me
trinken *trinkt, trank, hat getrunken* pi
Trio, -s, *pl.* s, *n* tresh|e, -ja; *mus.* trio-ja
trist i/e hirtë
Triumph, -(e)s, *pl.* e, *m* triumf-i; ngadhënjim-i
triumphieren triumfoj; ngadhënjej *e/ye*
Trochäus *m spr.* troké-u; **vierfüßiger ~** tetërrokësh-i
trocken i/e thatë; i/e tharë
Trockendock, -s, *pl.* s, *n* dok i thatë
Trockenheit *f* thatësí-a; thatësir|ë, -a

trocken/legen thaj; *Säugling* laj të pëgërat; i ndërroj pelenat foshnjës
Trockenlegung *f* tharj|e, -a
Trockenmilch *f* qumësht i miellt; qumësht pluhur
Trockenperiode *f* thatësir|ë, -a
Trockenschuppen, -s, *pl.* 0, *m für Getreide oder Tabak* hangar-i
trocknen tha|j, *-va, -rë*
Trocknung *f* tharj|e, -a
Troddel *f* xhufk|ë, -a
Trog, -(e)s, *pl.* ¨e, *m* govat|ë, -a
Troika *f* trojk|ë, -a; tresh|e, -ja
trojanisch trojan, -e
Trolleybus *m,* O-Bus *m* trolejbus-i
Trommel *f* daull|e, -ja; tambur-i; **~revolver** *m hist.* gjashtar|e, -ja
Trommler, -s, *pl.* 0, *m* daullexhí-u; daulltar-i
Trompete *f mus.* borí-a; trumbet|ë, -a; **~ blasen** ¨/ie/a trumbetoj
Trompeter, -s, *pl.* 0, *m* borizan-i
Trope *f spr.* trop-i; **die ~n** *Pl.* zona e tropikut; **~n:klima** *n* klimë tropikale
tropfen pikoj; lagësoj; rrjedh *e/i/o*
Tropfen, -s, *pl.* 0, *m* pik|ë, -a; bul|ë, -a
tropfnass ⟨*adv*⟩ qull
tropisch tropikal, -e
Trost, -es, *m,* **Tröstung** *f* ngushëllim-i
trösten përdëllej
Trott, -s, *m* trok-u; *fig.* rutin|ë, -a
Trottel, -s, *pl.* 0, *m* dangall-i
Trottoir, -s, *pl.* s, *n* [-'to͡aːʁ], Gehsteig *m* trotuar-i; këmbësor|e, -ja
trotzdem megjithëkëtë; asgjëmángut; megjithatë
trübe i/e turbullt; i/e vrenjtur
trüben turbulloj
Trübsinn, -s, *m* trishtim-i
Trübung *f* turbullim-i
Trümmer *Pl.* gërmadha-t
Trupp, -s, *pl.* s *m* njësit-i
Truppe *f.* trup|ë, -a; **~n:standort** *m* garnizon-i; **~n:versorgungsstelle** *f* intendenc|ë, -a; **~n:inspektion** *f* revist|ë, -a
Trust, -s, *pl.* s *m* [trast] *ök.* trust-i
Truthahn, -s, *pl.* ¨e, *m* gjel deti; biban-i; qukan-i
Truthenne *f* quk|ë, -a
Tschador *m* ferexhé-ja
Tschame, -n, *pl.* n, *m* Çam-i
tschamisch çam, -e
Tscheche, -n, *pl.* n, *m* çek-u
tschechisch çek, -e; ⟨*adv*⟩ çekisht
Tschechoslowakei *f* Çekosllovakí-a
tschechoslowakisch çekosllovak, -e
Tscherkesse, -n, *pl.* n, *m* çerkez-i
Tse-tse-Fliege *f zoo.* cecé-ja
Tube *f* tubet|ë, -a
Tuberkulose *f med.* tuberkuloz-i
Tuch, -(e)s, *pl.* ¨er, *n* shamí-a; coh|ë, -a
Tüchlein, -s, *pl.* 0, *n* facolet|ë, -a
Tücke *f* djallëzí-a; dredhí-a; kopilí-a; hil|e, -ja
tückisch i/e pabesë; **~ machen**, **~ sein** djallëzoj
Tugend *f* virtyt-i
tugendhaft i/e virtytsh|ëm, -me
Tüll, -s, *m* tyl-i
Tulpe *f bot.* tulipan-i; lulekup|ë, -a
Tumor, -s, *pl.* en, *m med.* tumor-i
Tümpel, -s, *pl.* 0, *m* hurdh|ë, -a
Tumulus *m* túmul-a

tun *tut, tat, hat getan* bë|j, *-ra, -rë;* **aufs Geratewohl ~** kuturis; **Zucker in den Kaffee ~** i qis sheqer kafes
Tunesien Tunizí-a
tunesisch tunizian, -e
Tunichtgut *m* faqezí-u
tunken ngjyej
Tunnel, -s, *pl.* 0, *m* tunel-i; galerí-a
tüpfeln cirkoj
Tür *f* der|ë, -a; **~ an Tür** dérazi ⟨*adv*⟩; **die ~ knallt** kërcëllon dera; **~chen** *n*, **~lein** *n* deriçk|ë, -a; **~flügel** *m* flég|ër, -ra; **~hüter** *m* portier-i; **~klopfer** *m* trakullor|e, -ja; çok-u; **~rahmen** *m* parvaz-i; çerçivé-ja; **~riegel** *m* mandall-i; **~schloss** *n* brav|ë, -a
Turban, -s, *pl.* e, *m* çallm|ë, -a
Turbine *f* turbin|ë, -a
Türke, -n, *pl.* n, *m* turk-u; **~n:säbel** *m* jatagan-i
Türkei *f* Turqí-a
türkisch turk, -e; *Sprache* turqisht, -e; ⟨*adv*⟩ turqisht
turkmenisch turkmenas, -e
Turm, -(e)s, *pl.* ¨e, *m* kull|ë, -a; pyrg-u; *Schach* kalá-ja; *Kirchturm* kambanar|e, -ja
turnen bëj gjimnastikë
Turnen *n* fizkultur|ë, -a; gjimnastik|ë, -a
Turnhemd, -(e)s, *pl.* en, *n* fanell|ë, -a
Turnhose *f* kilota-t
tuscheln pëshpëris *s/t*
TÜV, Technischer Überwachungsverein *m* inspektorat-i i sigurimit teknik
Typ, -s, *pl.* en, *m* [ty:p], **Typus** *m* tip-i
Typhus *m med.* tifo-ja
Typologie *f phi., spr.* tipologjí-a
typologisch tipologjik, -e
Tyrann, -en, *pl.* en, *m* tiran-i; despot-i
Tyrannei *f* despotiz|ëm, -mi
Tyrrhenisches Meer *n* Tirren-i

U

U-Boot, -(e)s, *pl.* e, *n mil.* nëndé-tës|e, -ja
übel i lig, e ligë; i/e keq, -e; **alles Übel sei ferne!** të keqen!; **mir wird ~, wenn ich ihn sehe** më vjen krupë kur e shoh
Übelkeit *f* trazirë në stomak
übelriechend i/e afshët; i/e qelbur
Übeltäter, -s, *pl.* 0, *m* keqbërës-i; firaun-i
üben ushtroj
über sipër ⟨+ *Abl*⟩; nëpër ⟨+ *Akk*⟩; **~ den Klassen stehend** mbiklasor, -e; **nicht über** jo më shumë se
über- tej-; stër-
überall kudó; gjithkah; gjithkund; kumos; tekdo
Über:angebot, -(e)s, *pl.* e, *n ök.* shitje e dobët
über:arbeiten ripunoj; ribëj; **er/sie überarbeitete den Artikel** e ribëri artikullin
überbacken ⟨*Pt. Pf.*⟩ i furrës
Überbau, -s, *m* superstruktur|ë, -a

über/bewerten mbivlerësoj
Überbleibsel, -s, *pl.* 0, *n* relik|e, -ja; mbeturin|ë, -a; **verkohltes ~** shkrumb-i
überdialektal mbidialektor, -e
überdrüssig i/e mërzitur; **~ sein** mërzitem
Übereinkunft *f* ujdí-a; marrëveshj|e, -a
überein/stimmen përputhem
Übereinstimmung *f* përputhj|e, -a; bashkërí-a; bashkëpajtim-i; përkim-i; *spr.* baskëpërkim-i; **lautliche ~** bashkëgjegjësi-a fonetike
Überempfindlichkeit *f* mbindjeshmërí-a
übererfüllen tejkaloj
Überfall, -(e)s, *pl.* ¨e, *m* vërsulj|e, -a
Überfluss, -es, *m* bollëk-u; hapé-ja
Übergabe *f* dorëzim-i
Übergang, -(e)s, *pl.* ¨e, *m* kalim-i; kapërcell-i
Übergangs- transitor, -e; **~laut** *spr.* glajd-i; **~periode** *f* periudhë transitore
übergeben i/a/e dorëzoj; bëj teslim; **sich ~** vjell *e/i/o, volla, vjellë*
übergenau hiperkorrekt, -e
übergeordnet i/e kundërrenditur; *spr.* i/e kundërndërtuar
Übergewicht, -(e)s, *n* mbipesh|ë, -a
übergießen ie/o/o hedh (ujë) mbi
überhaupt në përgjithësí; përgjithësisht; **~ nicht** fare; aspak ⟨+ *Neg*⟩; **~ nicht!** për kiamet!
überheblich fodull, -e; prepotent, -e
überhitzen mbingroh
Überhitzung *f* mbingrohj|e, -a
überholen tejkaloj; parakaloj
Überholverbot, -(e)s, *pl.* e, *n* ndalim-i parakalimi
Überland- ndërqytetor, -e; **~dienst** *m* shërbim ndërqytetor
überlang i/e tejgjatë
überlassen ¨/ie/a lë; lë teslim; **dem Schicksal ~** lë në mëshirën e fatit
Überlassung *f* lëni|e, -a
überlasten mbingarkoj
überleben mbijetoj; ~̊ *n* mbijetoj|ë, -a; mbetëz-a
überlegen mendohem; reflektoj; përsias *s/t*
überlegen ⟨*Adj.*⟩ i zoti; i/e epërm, -e; i/e peshuar
Überlegenheit *f* epërsí-a
Überlegung *f* përsiatj|e, -a
übermächtig madhor, -e
übermäßig i/e tepërt
übermenschlich mbinjerëzor, -e
übermitteln transmetoj
übermorgen pasnésër
übermütig mendjemadh; **~ sein** harlis; **~ werden** i/u/o harlisem
übernatürlich i/e mbinatyrsh|ëm, -me; mbinatyror, -e
Überprüfung *f* rishikim-i; verifikim-i; revizion-i; kontroll-i; rishqyrtim-i; shqyrtim-i
über/quellen i/o/o gufoj
überqueren kaloj; depërtoj; **den Fluss getaucht ~** kaloj lumin zhytas
überraschen habis s/t; beh; befasoj; **überrascht sein** çuditem
Überraschung *f* e papritur-a; surpriz|ë, -a

überreif fice
Überrest, -(e)s, *pl.* e, *m* mbeturin|ë, -a; gërmadh|ë, -a
überschatten hijesoj
über/schäumen harlis
über/schnappen trenohem
überschreiten ei/i/i kaloj; kapërcej; *Frist* skadoj; tejkaloj
Überschreitung *f* kapërcim-i; kalim-i; shkelj|e, -a
Überschuh, -(e)s, *pl.* e, *m* gallosh|e, -ja
Überschuss, -es, *pl.* ¨e, *m* tepërsí-a; tepric|ë, -a
Überschwemmung *f* boen|ë, -a
über/setzen hidhem [në bregun tjetër]; kapërcej
übersetzen përkthej *e/ye*
Übersetzer, -s, *pl.* 0, *m* përkthyes-i
Übersetzung *f* përkthim-i
übersinnlich mbishqisor, -e
Überspannung *f* *tech.* mbitension-i
überspringen, **übersteigen** kapërcej
Überstellung *f* transferim-i
Überstunden *Pl.* orar i zgjatur
überstürzen *fig.* marr me fugë
überstürzt i/e rrëmbyer
übersüß i/e hojm|ë, -e
übertölpeln befasoj
Übertölpelung *f* blof-i
übertragbar i/e transferuesh|ëm, -me
übertragen ¨/u/a përkthej *e/ye*
übertragen ⟨*Adj.*⟩ i/e bartur; metaforik, -e; *spr.* i/e figursh|ëm, -me; i/e fytyruar
übertreiben ei/ie/ie teproj; vërshoj
Übertreibung *f* teprim-i; hiperbol|ë, -a
übertreten i/a/e shkel
Übertretung *f* *jur.* kundërvajtj|e, -a; kalim-i; **strafrechtliche** ~ kundërvajtje penale
Übertritt, -(e)s, *pl.* e, *m* kalim-i
überübermorgen mbipasnésër ⟨*adv*⟩
übervoll ⟨*adv*⟩ deng; dengëza
übervorteilen ia hedh dikujt; kobis *s/t*
überwachen vëzhgoj; mbikëqyr; kujdesem
Überwachung *f* mbikëqyrj|e, -a; përgjim-i
überweisen ei/ie/ie *ök.* xhiroj
Überweisungsauftrag, -(e)s, *pl.* ¨e, *m* *ök.* urdhërxhirim-i
überwinden i/a/u mund; kapërcej; **die Hindernisse** ~ kapërcej pengesat
überwintern dimëroj
überzeugen bind; **~d** bindës, -e
überzeugt i/e bindur; ~ **werden** i/u/o bindem
Überzeugung *f* bindj|e, -a
Überzieher, -s, *pl.* 0, *m* pallto-ja; pardesy-ja
üblich i/e rëndomtë
übrigens ⟨*adv*⟩ meqë ra fjala
Übung *f* stërvitj|e, -a; ushtrim-i; *Geschicklichkeit* shprehí-a
UdSSR *f*, Sowjetunion *f* BRSS
Ufer, -s, *pl.* 0, *n* bregdet-i; breg-u; **~befestigung** *f* *Deich* argjinatur|ë, -a
Uhr *f* or|ë, -a; sahat-i; **~feder** *f* zemberek-u; zemrek-u; **~kette** *f* qostek-u; **~macher** *m* orëndreqës-i; **~zeiger** *m* akrep-i
Uhu, -s, *pl.* s *m* *zoo.* buf-i; hut-i
UKW = Ultrakurzwellen *Pl.* valë-t ultra të shkurtra

Ulcinj *ON* Ulqin-i; **aus ~** ulqinak, -e
Ulcus *m med.* ulcer|ë, -a
Ulme *f bot.* vidh-i
Ultimat|um, -s, *pl.* en, *n* ultimatum-i
Ultraschall, -(e)s, *m phys.* ultratíngull-i
ultraviolett ultravjollcë
um më; me; për; **um ... herum** rrótull ⟨+ *Abl*⟩; rreth ⟨+ *Abl*⟩; **~ punkt acht Uhr** në orën tetë fiks; **~ Geld spielen** luaj me para; **um so mehr** jomë; aq më shumë
um- ri-
umarmen përqafoj; qaf; qafoj; qafos
Umarmung *f* përqafim-i
Umbau, -s, *pl.* ten, *m* rindërtim-i
um/bauen rindërtoj
um/benennen e/a/a riemërtoj
um/bringen i/a/a mbys *s/t;* vras *a/e/i; s/t*
Umdrehung *f* përdredhj|e, -a; xhiro-ja
Umdruck, -(e)s, *pl.* e, *m typ.* maket-i; dispens|ë, -a
um/erziehen ie/o/o riedukoj
Umerziehung *f* riedukim-i
Umfang, -(e)s, *pl.* ¨e, *m* vëllim-i; perimet|ër, -ri
umfangreich i/e vëllimsh|ëm, -me,
umfassen përbëj; përfshij; përmbaj
Umfassungs- rrethues, -e
Umformung *f* shndërrim-i
Umfrage *f* anket|ë, -a; **eine ~ durch/führen** anketoj
Umgangssprache *f spr.* gjuhë bisedore; thjeshtligjërim-i
umgangssprachlich *spr.* thjeshtligjërimor, -e
umgeben i/a/e rrethoj; **~d** rrethues, -e
Umgebung *f* afërsira-t; rrethin|ë, -a; ambient-i
umgehen e/i/a mënjanoj; shmang; shmangem
umgehend i/e menjëhersh|ëm, -me
Umgehung *f* shmangi|e, -a; **~s:straße** *f* rrugë shmangëse; devijim-i
umgekehrt i/e kúndërt; i/e anasjelltë; ⟨*adv*⟩ anasjelltas
umgürten ngjesh *e/i*
Umhang, -s, *pl.* ¨e, *m* mushamá-ja; *der Hirten* tallagan-i; *muslim. Frauen* ferexhé-ja
umher/schlendern harboj
Umkleideraum, -(e)s, *pl.* ¨e, *m* dhomë zhveshjeje
um/kommen o/a/o vdes; mbytem; **vor Hitze fast ~** zhegitem *s/t*
umkreisen rrethoj; qerthulloj
Umlauf, -(e)s, *pl.* ¨e, *m* qarkor|e, -ja; qarkullim-i; **~bahn** *f der Gestirne* orbit|ë, -a; **~fonds** *Pl. ök.* fonde të xhirimit; **~mittel** *Pl. ök.* mjete-t e xhiros
um/laufen ¨/ie/au qarkulloj
Umlaut, -(e)s, *pl.* e, *m spr.* metafoní-a
Umleitung *f* devijim-i
umringen qarkoj; qerthulloj
um/rühren trazoj
Umsatz, -es, *pl.* ¨e, *m ök.* xhiro-ja
Umschlag, -(e)s, *pl.* ¨e, *m* kapak-u; kopertin|ë, -a; zarf-i
umschreiben ei/ie/ie përshkruaj; parafrazoj; **~d** *spr.* perifrastik, -e
Umschreibung *f* perifraz|ë, -a
umsonst *gratis* ⟨*adv*⟩ fálas; xhaba; badihavá; qyl; *vergeblich* kot së koti;

veresíe; ~ **leben** rroj qelepir
Umstand, -(e)s, *pl.* ¨e, *m* rrethan|ë, -a; **ohne Umstände** pa teklif
Umstands- rrethanor, -e
Umstandsbestimmung *f spr.* plotës-i; ~ **der Art und Weise** plotës mënyre
Umstandswort, -(e)s, *pl.* ¨er, *n* ndajfolj|e, -a
Umstellung *f* zhvendosj|e, -a; *spr.* metatez|ë, -a; vendkëmbim-i
um/steigen ei/ie/ie ndërroj trenin, autobusin
Umsturz, -(e)s, *pl.* ¨e, *m* përmbysj|e, -a; revolucion-i
um/stürzen përmbys *s/t*
Umstürzler, -s, *pl.* 0, *m* revolucionar-i
um/wandeln *jur.* zëvendësoj
Umwandlung *f* shndërrim-i
Umweg, -(e)s, *pl.* e, *m* rrugë e tërthortë; **auf ~en** tërthorazi; **~e der Entwicklung** zigzage-t e zhvillimit
Umwelt *f* mjedis-i; ambient-i; **Entgiftung der** ~ çndotje e mjedisit; **~verschmutzung** *f* ndotja e ambientit
umzäunen gardhoj; qerthulloj
um/ziehen ie/o/o ia ndërroj rrobat; shpërngulem; mbartem; ndërroj shtëpi
Umzug, -(e)s, *pl.* ¨e, *m* shpërngulj|e, -a; parakalim-i; procesion-i; demonstrat|ë, -a
un- jo-; pa-
unabdingbar i/e domosdosh|ëm, -me
unabhängig i/e pavarur; ⟨*adv*⟩ pavarësisht; ~ **davon, ob** pavarësisht nëse
Unabhängigkeit *f* pavarësí-a
unablässig i/e pareshtur
unabsichtlich ⟨*adv*⟩ gand
unangenehm i/e pakëndsh|ëm, -me; ters, -e; i/e bezdissh|ëm, -me; *süßlich* ëmbëlsiq, -e;
unannehmbar i/e papranuesh|ëm, -me
Unannehmlichkeit *f* bezdí-a
Unantastbarkeit *f* paprekshmërí-a
unausgesprochen i/e pashprehur
unbarmherzig zemërgur, -e
unbedacht i/e rrëmbyer; ~ **handeln** kuturis
unbedingt i/e pakufizuar; i/e plotë; ⟨*adv*⟩ domosdó; pa derman; patjetër
unbegreiflich i/e pakapsh|ëm, -me
unbegründet i/e pathemeltë
unbeherrscht impulsiv, -e
unbeholfen i/e krahëthatë
unbe:irrbar ⟨*adv*⟩ ngulas; ngúlazi
unbekannt i/e panjohur
unbelebt jofrymor, -e
unbequem ters, -e
unberührbar i/e papreksh|ëm, -me
unberührt i/e vírgjër; virgjëror, -e
unbeschädigt i/e pashkelur
unbeseelt jofrymor, -e
unbesetzt i/e pazënë
unbeständig i/e paqëndruesh|ëm, -me
unbestimmt i/e pacaktuar; i/e pashquar; **~er Artikel** *m spr.* nyjë joshquese
unbetont aton, -e; i/e patheksuar
unbeweglich fiks, -e; ⟨*adv*⟩ amull
Unbeweglichkeit *f* amullí-a
unbrauchbar i/e papërdorsh|ëm, -me; i/e papërshtatsh|ëm, -me; batall, -e
Unbrauchbarkeit *f* mospërdorim-i

und dhe; e; ~ **so weiter** e tjera
undeklinierbar i/e palakuesh|ëm, -me
undemokratisch jodemokratik, -e
uneindeutig i/e dyansh|ëm, -me
un:endlich i/e pafund; **~e Begeisterung** *f* frymëzim-i i pashtershëm
Un:endlichkeit *f phi.* e pafundm|e, -ja
unentschieden *spo.* barazim-i; ~ **erzielen** barazoj
unentschuldigt i/e pajustifikuar
unerheblich i/e asgjësh|ëm, -me; jorëndësor, -e; ⟨*adv*⟩ dokudó
unerhört i/e pabesuesh|ëm, -me; i/e paqenë
unerlaubt i/e palejuar; pa leje
unerlässlich i/e domosdosh|ëm, -me
unermüdlich i/e pareshtur
unerschöpflich i/e pashtersh|ëm, -me
unerwartet i/e papritur; i/e beftë; ⟨*adv*⟩ papritmas; béfas
unfähig i/e paaftë
Unfähigkeit *f* paaftësí-a; pazotësí-a
Unfall, -(e)s, *pl.* ¨e, *m* aksident-i; **~verhütungsvorschrift** *f* rregullore e mbrojtjes në punë
unfassbar i/e pakapsh|ëm, -me
unfortschrittlich jopërparimtar, -e
unfreundschaftlich jomiqësor, -e
Ungar, -n, *pl.* n, *m* hungarez-i
ungarisch hungarez, -e
Ungarn Hungarí-a
Ungebräuchlichkeit *f* mospërdorim-i
Ungeduld *f* padurim-i
ungefähr i/e afërsish|ëm, -me; ⟨*adv*⟩ afërsisht; ndonja; nja; rreth ⟨+ *Abl*⟩
ungeheftet *Buch* i/e paqepur
Ungeheuer, -s, *pl.* 0, *m Monster* përbindësh-i; † ezhdërhá-ja
ungehindert i/e mbarë; për së mbari
ungehobelt *fig.* i/e trashë; **~er Mensch** *m* gërxho-ja
ungemischt, pur sade
ungenäht i/e paqepur
ungenügend i/e pamjaftueshëm, -me; i/e metë
ungerade tek, -e
ungerechtfertigt i/e pajustifikuar
ungerundet *spr.* i/e pabuzorëzuar
ungeschlacht † avdall, -e
ungeschlechtig *spr.* i/e pagjinish|ëm, -me
ungeschminkt *fig.* lakuriq, -e
Ungeschminktheit *f fig.* lakuriqësí-a
Ungestörtheit *f* rehat-i; rehatí-a
ungewiss i/e pasigurt; ⟨*adv*⟩ pézull
Ungewissheit *f* pasigurí-a; dyshim-i; merak-u
Ungläubiger *rel.* † kaur-i
unglaublich i/e pabesuar; i/e paqenë; i/e pabesuesh|ëm, -me
ungleich i/e pabarabartë
Ungleichheit *f* pabarazí-a
ungleichmäßig ⟨*adv*⟩ dúar-dúar
ungleichsilbig jobarasrrokësh, -e
Unglück, -(e)s, *pl.* e, *m* fat-i i keq; fatkeqësí-a; kiamet-i; kob-i; tersllëk-u; belá-ja; hatá-ja; zezon|ë, -a; katastrof|ë, -a; mjerim-i; mynxyr|ë, -a
unglückbringend, **unglückverheißend** ogurz|í, -ezë
unglücklich fatkeq, -e
ungreifbar i/e pakapsh|ëm, -me
ungünstig i/e pafavorsh|ëm, -me;

ters, -e

unhaltbar i/e pathemeltë

Unheil, -s, *n* mynxyr|ë, -a; gjëm|ë, -a

unheilkündend zindjellës, -e; ogurz|í, -ezë

Unhold, -(e)s, *pl.* e, *m* koler|ë, -a; *myth.* katallan-i

unhygienisch johigjienik, -e

uniform i/e njëtrajtsh|ëm,-me

Uniform *f mil.* diviz|ë, -a; **~mantel** *m mil.* kapot|ë, -a

Union *f* bashkim-i

universal, universell i/e gjithëmbarsh|ëm, -me

Universiade *f Sportveranstaltung* universiad|ë, -a

Universität *f* universitet-i; fakultet-i; **~s:bibliothek** *f* bibliotekë universitare; **~s:student** *m* universitar-i

Universum *n* univers-i

unklar i/e tymtë

unkonjugierbar *spr.* i/e pazgjedhuesh|ëm, -me

unkonzentriert i/e shpërqendruar

Unkosten *Pl.* shpenzime-t; harxh-i

Unkraut, -(e)s, *pl.* ¨er, *n* bar i keq; **~vertilger** *m bot.* herbicid-i

Unmensch, -en, *pl.* en, *m* çnjerí-u

unmenschlich çnjerëzor, -e

unmittelbar i/e drejtpërdrejtë; i/e menjëhersh|ëm, -me; i/e pandërmjetm|ë, -me; ⟨*adv*⟩ drejtpërdrejt; drejtpërsëdrejti

unmißverständlich pa ekuivok

unmodern i/e motuar; bajat, -e

unmöglich i/e pamundur

Unmöglichkeit *f* pamundësí-a

unmoralisch amoral, -e

unnormal anormal, -e

unnütz i/e padobish|ëm, -me; **~e Worte** *Pl.* llafe të kota

Unordnung *f* rregullim-i; rrëmuj|ë, -a; anarkí-a; **~ machen** pështjelloj

unpaarig tek, -e

unparteiisch i/e paansh|ëm, -me

Unparteilichkeit *f* paanshmërí-a

unpersönlich *spr.* pavetor, -e; jovetor, -e; **~es Prädikat** *n* kallëzues-i pavetor

unpolitisch apolitik, -e

unproduktiv joprodhimtar, -e; joproduktiv, -e

unrealistisch jorealist, -e

unregelmäßig i/e parrégullt

Unregelmäßigkeit *f* parregullsí-a

unreif i/e papjekur; axhamí; firifiu

unreligiös afetar, -e

unruhig i/e shqetësuar; i/e zhurmsh|ëm, -me; zevzek, -e; **~ schlafen** fle me gretha

uns na; neve

Unsauberkeit *f* papastërtí-a

unscharf i/e turbullt

unschätzbar i/e paçmuesh|ëm, -me

unschuldig i/e pafajsh|ëm, -me; mitar, -e

unser ynë, *f.* jonë

unsere *f. Sg.* jonë; *m. Pl.* tanë

unsicher i/e pasigurt

Unsicherheit *f* pasigurí-a

unsichtbar i/e paduksh|ëm, -me

Unsinn, -s, *m* gjépur-a; **~ reden** flas dokrra; flas kuturu; flas qyl

unsinnig absurd, -e

Unsitte *f* ves-i; zakon-i i keq

unsittlich imoral, -e
Unsittlichkeit *f* imoralitet-i
unsorgfältig i/e pandërgjegjsh|ëm, -me
unsterblich i/e pavdeskh|ëm, -me
unsympathisch antipatik, -e; **~es Gesicht** *n* fytyrë antipatike
unteilbar i/e pandarë; i/e papjesëtuesh|ëm, -me; i/e pazbërthyesh|ëm, -me
Unteilbarkeit *f spr.* pandashmërí-a
unten poshtë ⟨*adv*⟩
unter nën ⟨+ *Akk*⟩; midis ⟨+ *Abl*⟩ ndër ⟨+ *Abl*⟩; mes ⟨+ *Abl.*⟩; **~ anderem** veç të tjerave; midis tjerave; **~ der Bedingung, dass** me kusht që; **~ uns** mes nesh; **~ Vorbehalt** me rezervë; **nicht ~** jo më pak
Unterart *f* varietet-i
Unterbauch, -(e)s, *pl.* ¨e, *m* baqth-i
Unterbewusstsein *n* nënvetëdij|e, -a
Unterbietung *f ök.* dumping-u
unterbinden i/a/u ndaloj
Unterbindung *f* ndalim-i
unterbrechen i/a/o ndërpre|s, *-va, -rë;* osh
Unterbrechung *f* ndërprerj|e, -a; ndërprerj|e, -a
unter/bringen i/a/a vendoj; vendos
Unterbringung *f* vendosj|e, -a; strehim-i
unterdessen mbi këto e sipër
Unterdrückung *f* shtypj|e, -a
unterfertigen nënshkruaj
Untergang, -(e)s, *pl.* ¨e, *m Sonne* perëndim-i; *Schiff* mbytje, -a; *Ruin* rrënim-i; zhytj|e, -a; gremin|ë, -a; tatëpjet|ë, -a
unter/gehen e/i/a mbytem; zhytem
untergeordnet i/e nënrenditur
untergetaucht ⟨*adv*⟩ zhytas; zhytthi
untergraben¨/u/a minoj
unterhalten¨/ie/a amüsieren argëtoj; **sich ~** argëtohem; *sprechen* bisedoj; fjalëtoj; fjalos
unterhaltsam zbavitës, -e
Unterhaltung *f* bised|ë, -a; bisedim-i; bashkëbisedim-i; mbajtj|e, -a; **~s:musik** *f* aheng-u
Unterhemd, -(e)s, *pl.* en, *n* kanotjer|ë, -a; ~ *mit Ärmeln* fanell|ë, -a
Unterhose *f* mbathj|e, -a
unterirdisch nëntokësor, -e
Unterkleid, -(e)s, *pl.* er, *n* fust|ë, -a; rash|ë, -a
Unterkunft *f* strehim-i; **~ gewähren** strehoj
Unterlassung *f jur.* moszbatim-i; *einer Anzeige* mostregim-i; mosbërj|e, -a; moskryerj|e, -a; mosveprim-i; **~ einer Meldung** moskallëzim-i
Unterlegscheibe *f tech.* rondel|ë, -a
Unterleib, -(e)s, *pl.* er, *n* baqth-i
Untermensch, -en, *pl.* en, *m* nënnjerí-u
unternehmen i/a/o marr; ndërmarr *a/e/o;* **einen solchen Schritt ~** marr një hap të tillë
Unternehmen, -s, *pl.* 0, *n* ndërmarrj|e, -a
Unteroffizier, -s, *pl.* e, *m mil.* nënoficer-i; nëntoger-i
Unterpfand, -(e)s, *pl.* ¨er, *n* † amanet-i; peng-u
Unterredung *f* bashkëbisedim-i; bisedim-i

Unterricht, -(e)s, *m* mësim-i; arsim-i; **im ~ zurück/bleiben** ei/ie/ie çaloj në mësime
unterrichten arsimoj; arsej *e/ye*
Unterrock, -(e)s, *pl.* ¨e, *m* rash|ë, -a
unterschätzen nënçmoj
unterscheiden diferencoj; dalloj; shquaj; **sich ~** dallohem; ndryshoj; **~d** dallues, -e; **~e Ergänzung** *f* plotës-i dallimi
Unterscheidung *f* dallim-i
Unterschenkel, -s, *pl.* 0, *m* kërcí-ri; kërcell-i
Unterschicht *f* vegjëlí-a; *spr.* nënshtres|ë, -a
Unterschied, -(e)s, *pl.* e, *m* diferenc|ë, -a; dallim-i
Unterschlupf, -(e)s, *pl.* e, *m* bic|e, -ja; strehim-i
unterschreiben ei/ie/ie firmoj; firmos; nënshkruaj
Unterschrift *f* nënshkrim-i
Unterseeboot, -(e)s, *pl.* e, *n* nëndétës|e, -ja
unterspülen gërryej
Unterstand, -(e)s, *pl.* ¨e, *m* vendstrehim-i; **befestigter ~** blindazh-i
unterstreichen ei/i/i theksoj; nënvizoj
unterstützen përkrah; kontribuoj
Unterstützung *f* përkrahj|e, -a
untersuchen ekzaminoj; hetoj; hulumtoj; këqyr; **sich ~ lassen**, **untersucht werden** vizitohem
Untersuchung *f* hetim-i; hulumtim-i
Untersuchungs- *jur.* hetimor, -e; **~haft** *f jur.* paraburgim-i; **~kommission** *f* komision hetimor; **~richter** *m jur.* hetues-i
Untertasse *f* pjatë filxhani
untertauchen ⟨*transitiv*⟩ zhys *s/t*
Untertitel, -s, *pl.* 0, *m* nëntítull-i
Unterwäsche *f* të linjta; ndërresa-t *f.*
unterwegs ⟨*adv*⟩ rrugës
unterweisen arsej *e/ye*
Unterwerfung *f* nënshtrim-i
unterzeichnen firmoj; firmos; nënshkruaj
Unterzeichner, -s, *pl.* 0, *m* nënshkrues-i; *ök.* xhirues-i
unterziehen ie/o/o marr; nënshtroj; **einer Prüfung ~** marr në shqyrtim; **sich ~** nënshtrohem
Untiefe *f* cekëtin|ë, -a; cektësí-a; **in eine ~ geraten** cekoj
untrennbar *spr.* i/e pazbërthyesh|ëm, -me
Untrennbarkeit *f* pandashmërí-a
unüberlegt i/e rrëmbyer; ⟨*adv*⟩ veresíe
Unumgänglichkeit *f* domosdoshmërí-a
ununterbrochen i/e gjithmonsh|ëm, -me; i/e gjithnjësh|ëm, -me; i/e pandërprerë; ⟨*adv*⟩ vazhdimisht; bot; **es regnete ~** binte shi pareshtur
unveränderlich i/e pandryshuesh|ëm, -me
unveränderlich fiks, -e
unverbüßt *jur.* i/e pavuajtur
unvergessen, **unvergesslich** i/e paharruar
unverheiratet i/e pamartuar; beqar, -e
Unverletzlichkeit *f jur.* imunitet-i
unvermeidbar, **unvermeidlich** i/e pashmangsh|ëm, -me

unverpackt *ök.* rinfuzo-ja
unverrückbar i/e ngurtë
unversehens ⟨*adv*⟩ gand
Unversehrtheit *f* tërësí-a
unversöhnlich i/e papajtuesh|ëm, -me; **~e Gegensätze** *Pl.* kundërshtí të papajtueshme
unverständlich i/e pakuptimtë; hermetik, -e
unverzeihlich i/e pafalsh|ëm, -me
unvollendet i/e papërfunduar; i/e pakryer
unvollständig i/e paplotë
unvorbereitet i/e papërgatitur; ⟨*adv*⟩ gafil; **~ sein** gjendem gafil
unwandelbar i/e pandryshuesh|ëm, -me
unwert i/e padenjë
unwichtig jorëndësor, -e
unwiderruflich i/e paprapësuesh|ëm, -me; i/e parevokuesh|ëm, -me; **~er Kredit** *m* kredi-a e paprapësueshme
unwiderstehlich i/e papërballuesh|ëm, -me
unwillkürlich i/e pavullnetsh|ëm, -me; ⟨*adv*⟩ padashur
unwirksam i/e paefektsh|shëm, -me; i/e pavlefsh|ëm, -me
unwissend injorant, -e
Unwissenheit *f* injoranc|ë, -a
unwürdig i/e padenjë
unzüchtig *jur.* i/e turpsh|ëm, -me
unzufrieden i/e pakënaqur
unzurechnungsfähig *jur.* i/e papërgjegjsh|ëm, -me
unzureichend i/e pamjaftuesh|ëm, -me; i/e metë
up-to-date bringen i/a/a azhurnoj
üppig i/e buhish|ëm, -me; bujar, -e
Ur- stër-
Uran, -s, *n*, U *chem.* uranium-i
Ur:enkel, -s, *pl.* 0, *m* stërnip-i
Ur:enkelin *f* stërmbes|ë, -a
Urfehde *f hist.* bes|ë, -a
Urgroßvater, -s, *pl.* ¨0, *m* katragjysh-i; stërgjysh-i
Urgroßmutter, *pl.* ¨0, *f* stërgjysh|e, -ja
Urheber, -s, *pl.* 0, *m* autor-i, *pl.* -ë-t; bërës-i; **~recht** *n* e drejtë e autorit
Urin, -s, *n med.* urin|ë, -a; ujët e hollë; shurr|ë, -a
urinieren bëj shurrë
Urkunde *f* diplom|ë, -a
Urlaub, -(e)s, *pl.* e, *m* pushim-i; *ök., jur.* leje e zakonshme; verime-t; **~ machen** veroj; **~ nehmen** i/a/o marr leje; **in ~ fahren** shkoj me leje; **~s:schein** *m* fletëlej|e, -a
Urne *f* urn|ë, -a; himbajtës|e, -ja; hinor|e, -ja
Urologie *f med.* urologjí-a
Uroševac *ON* Ferízaj; **aus ~** ferizájas, -e
Ursache *f* shkak-u; arsye-ja
Ursächlichkeit *f* shkakësí-a
Ursprung, -s, *pl.* ¨e, *m* origjin|ë, -a; zanafill|ë, -a; fill-i; burim-i; **~s:ort** *m* vendnisj|e, -a; **~s:zertifikat** *n ök.* certifikatë origjine; vërtetesë prejardhjeje
ursprünglich fillestar, -e; origjinal, -e; i/e parm|ë, -e; zanafillës, -e; ⟨*adv*⟩ zanafilltas
Urteil, -s, *pl.* e, *n* gjykim-i
urteilen *phi.* arsyetoj; ~̊ *n phi.*

arsyetim-i
Urwald, -(e)s, *pl.* ¨er, *m* pyll-i i virgjër
USA Shtetet e Bashkuara të Amerikës, ShBA
Üsküp *ON* Shkup-i
usuell *spr.* i/e rëndomtë
Usurpator uzurpues-i
usurpieren uzurpoj
usw. = **und so weiter** etj., e tjera
Uterus *m med.* mít|ër, -ra
utilitaristisch utilitar, -e
Utopie *phi.* utopí-a
utopisch utopik, -e
Utopismus *m phi.* utopiz|ëm, -mi
Uvula *f*, Zäpfchen *n med.* njerith-i; dërçikth-i
uvular njerithor, -e

V

Vaduz [fa'duts] *ON* Vaduz-i
Vagabund, -en, *pl.* en, *m* vagabond-i
vagabundieren bredh *e/i/o*
Vakuf, fromme Stiftung *hist.* vakëf-i
Valenz *f chem.* valenc|ë, -a
Vampir, -s, *pl.* e, *m* lugat-i; vurkollak-u
Vandalismus *m* vandaliz|ëm, -mi
Vanille *f bot.* vanilj|e, -a
Varia *Pl.* të ndryshme-t
variabel i/e ndërruesh|ëm, -me
Variable *f math.* ndryshor|e, -ja
Variante *f* variant-i; *spr.* ndryshor-i
Variété, -s, *pl.* s, *n* varieté-ja; estrad|ë, -a
Vase *f* vazo-ja
Vater, -s, *pl.* ¨0, *m* at|ë, -i; bab|ë, -a *m.;* babá-i, *pl.* -llarë-t; prind-i; ~ **Staat** baba dovleti; **sein** ~ **selig** i ndjeri baba
Vater- atëror, -e; atësor, -e; **~haus** *n* shtëpi-a atërore; **~land** *n* atdhé-u; mëmëdhé-u; *poet.* atm|e, -ja; **~landsliebe** *f* atdhedashj|e, -ja; atdhedashurí-a; atdhetarí-a; **~mord** *m jur.* atëvrasj|e, -a; **~mörder** *m* atëvrasës-i; **~schwester** *f* motërtat|ë, -a; **~s:name** *m* atësí-a
väterlich atëror, -e; atësor, -e; **~e Fürsorge** *f* kujdes-i atëror
Vati babi
Vatikan *m ON* Vatikan-i
vatikanisch vatikanas, -e
Vegetation *f bot.* bimësí-a
Veilchen, -s, *pl.* 0, *n bot.* manushaq|e, -ja; vjollc|ë, -a
Velar, -s, *pl.* e, *m spr.* bashkëtingëllore grykore
velar *spr.* prapaqiellzor, -e
Velarisierung *spr.* grykorëzim-i
Velo, -s, *pl.* s, *n* biçiklet|ë, -a
Venedig *ON* Veneci|e, -a; Venedik-u
venerisch *med.* venerian, -e
Venezianer venedikas-i
venezianisch venedikas, -e
venezolanisch venezuelian, -e
Ventil, -s, *pl.* e, *n* ventil-i; valvol|ë; -a
Ventilator, -s, *pl.* en, *m tech.* ventilator-i
Verabredung *f* pikëpjekj|e, -a

Verachtung *f* përbuzj|e, -a
Verallgemeinerung *f* përgjithësim-i
Veralterung *f* vjetërsí-a
veraltet i/e vjetruar
veränderlich i/e ndryshuesh|ëm, -me; i/e ndërruesh|ëm, -me
Veränderung *f* ndryshim-i; **quantitative ~** ndryshim sasior
Veranlagung *f* prirj|e, -a
veranlassen detyroj
verantwortlich përgjegjës, -e; **~ sein** përgjigjem
Verantwortlichkeit *f*, **Verantwortung** *f* përgjegjësí-a
verarbeiten përpunoj; bluaj
verärgern grind; zemëroj
verarmen varfërohem
Veräußerung *f* *jur.* tjetërsim-i
Verb, -s, *pl.* en, *n* *spr.* folj|e, -a
verbal foljor, -e
Verbal:adverb, -s, *pl.* ien, *n* *spr.* ndajfolje prejfoljore
Verbalflexion *f* eptim-i foljor
Verbalisierung *f* foljezim-i
Verbalklasse *f* *spr.* klasë foljesh
Verbalnom|en, -s, *pl.* ina, *n* *spr.* emër foljor
Verband, -(e)s, *pl.* ¨e, *m* fash|ë, -a; bandazh-i; pec|e, -ja; band|ë, -a; *Vereinigung* bashkësí-a; **~s:zeug** *n* bandazh-i
verbannen syrgjynos; dëboj
Verbannung *f* *jur.* dëbim-i; internim-i; **in die ~ schicken** † dërgoj syrgjyn; syrgjynos
verbergen i/a/o fsheh *e/i;* errësoj
Verbergung *f* *jur.* mostregim-i
verbessern përmirësoj
Verbesserung *f* përmirësim-i; rregullim-i; bonifikim-i; fisnikërim-i; ndreqj|e, -a
verbieten ie/o/o ndal; ndaloj; **strengstens verboten** ndalohet rreptësisht
verbinden i/a/u lidh; bashkoj; *med.* fashoj
Verbindlichkeit *f* *ök.* detyres|ë, -a
Verbindung *f* bashkim-i; linj|ë, -a; *spr.* pikëlidhj|e, -a
Verbindungs- lidhës, -e; ndërlidhës, -e; **~graben** *m* *mil.* hendeklidhj|e, -a
verbittert i/e vrerosur; **~ sein** hidhërohem; vrerosem; **~ werden** i/u/o bëhem zeher
Verbitterung *f* hidhërim-i; hidhësir|ë, -a
verbleichen ei/i/i zbërdhulet *nur 3. P.*; **verblichen** i/e zbërdhulur; i/e zbërdhulët
verblüffen hutoj; befasoj; **verblüfft** i/e habitur; **~ sein** ngel gojëhapur
Verblüffung *f* hutim-i; habí-a
verborgen ⟨*adv*⟩ *im Verborgenen* fshehtas; fshéhtazi
Verbot, -(e)s, *pl.* e, *n* ndalim-i
verboten i/e ndaluar; **Rauchen ~** ndalohet pirja e duhanit; **Verbotenes** *n* *rel.* haram-i
Verbrauch, -(e)s, *m* konsum-i; konsumim-i
verbrauchen konsumoj
Verbraucher, -s, *pl.* 0, *m* konsumues-i
Verbrechen, -s, *pl.* 0, *n* krim-i; **Kampf gegen das organisierte ~** lufta kundër banditizmit

Verbrecher, -s, *pl.* 0, *m* kriminel-i
verbreiten përhap; masivizoj
Verbreitung *f* përhapj|e, -a; **~s:gebiet** *n spr.* areal-i
verbrennen e/a/a djeg *e/i/o; g/gj;* karbonizoj; furroj; zhuris *s/t;* përvëloj
Verbrennung *f* djegi|e, -a; **~s:ofen** *m* kremator-i
verbringen i/a/a kaloj; **den Sommer ~** veroj
verbrüdern vëllazëroj
verbrühen përvëloj
verbunden i/e lidhur
Verbündete|r, -n, *pl.* n, *m* aleat-i
Verbundkatalog, -(e)s, *pl.* e, *m* katalog i përbashkët, përmbledhës
verbürgerlichen borgjezoj
verbüßen vuaj
Verbüßung *f jur.* vuajtj|e, -a
verchromen kromoj; nikeloj
Verdacht, -(e)s, *m jur.* pandehj|e, -a
verdauen imshtoj; tres *s/t;* honeps; bluaj
Verdauung *f* tretj|e, -a
Verdeck, -s, *pl.* e, *n* mbules|ë, -a
verdecken mbuloj; fsheh; **verdeckt** *spr.* i/e pashprehur
verderben i/a/o prish; zvetënoj; përçudnoj; çedukoj; kalbem; zbaltem; **das Fleisch ist verdorben** u zbalt mishi
Verderben, -s, *pl.* 0, *n* gremin|ë, -a; tatëpjet|ë, -a
verderblich i/e zbërthyesh|ëm, -me
verdichten dendësoj
verdienen meritoj; fitoj
Verdienst, -es, *pl.* e, *n* merit|ë, -a; -(e)s, *m* pagë, -a; rrogë, -a; përfitim-i
Verdienstspanne *f ök.* marzh-i
verdoppeln dyfishoj; dyzoj
Verdopplung *f* dyfishim-i
verdorren zhegitem *s/t;* **~ lassen** zhuris *s/t*
verdrecken, sich ~ bubuzhelem
verdreckt helaq, -e
verdrehen shtrembëroj
verdreifachen trefishoj
verdrießen ie/o/o mërzis *s/t;* **lass es dich nicht ~**! hajt, mos u mërzit!
Verdruss, -es, *pl.* e, *m* bezdí-a; havalé-ja
verdunkeln errësoj
verdünnen *Alkohol* zbus *s/t*
verdunsten fluroj
ver:edeln bujaroj; fisnikëroj
Ver:edelung *f* fisnikërim-i
ver:ehren adhuroj
Ver:ehrer, -s, *pl.* 0, *m* adhurues-i
ver:eidigen përgjëroj
ver:einbaren merrem vesh; ujdis
Ver:einbarung *f* konvent|ë, -a; marrëveshj|e, -a
ver:einfachen thjeshtëzoj; thjeshtoj
ver:einheitlichen njësoj; njëtrajtësoj; unifikoj
Ver:einheitlichung *f* njësim-i
ver:einigen dyzoj; bashkoj
Ver:einigung *f* shoqat|ë, -a; grupim-i; bashkësí-a; bashkim-i; federat|ë, -a
ver:einsamt qyqar, -e
ver:einzeln veçoj; **vereinzelt** i/e vetmuar
Ver:einzelung *f* mvetësim-i
ver:eisen akulloj; **vereist** i/e ngrirë

Ver:eiterung *f med.* malcim-i
ver:enden ngordh; **verendet** i/e cofur
ver:engen ngushtoj
ver:ewigen amshoj; përjetësoj
Verfahren, -s, *pl.* 0, *n* procedim-i; *jur.* procedur|ë, -a; *Prozess* gjyq-i
verfallen¨/ie/a skadoj; ligështohem
verfälschen falsifikoj
verfärben irnoj; irnos; **sich** ~ irnohem; irnosem
verfassen përpiloj; hartoj
Verfasser, -s, *pl.* 0, *m* autor-i; **~katalog** *m* katalog sipas emrave të autorëve
Verfassung *f* gjendje, -a; *jur.* kushtetut|ë, -a
verfassunggebend *jur.* kushtetues, -e; **~e Versammlung** *f* asambleja kushtetuese
verfaulen kalbet
verfeinern përsos; përkryej; **verfeinert** i/e stërholluar; i/e rafinuar
Verfeinerung *f* stërhollim-i
verfestigen fiksoj
Verfettung *f* dhjamëzim-i
verfilmen *einer literar. Vorlage* ekranizoj
verfinstern ⟨*transitiv*⟩ terroj; zymtoj; eklipsoj; hijesoj; **sich** ~ murrëtehem; zymtohem; vrenjtem
verflechten i/o/o gërshetoj
verfluchen nëm; ofshaj; mallkoj; **verflucht** i/e mallkuar
verflüchtigen, sich ~ fluroj
verfolgen ndjek *e/o/i;* vijoj; gjuaj
Verfolger, -s, *pl.* 0, *m* ndjekës-i; përndjekës-i
Verfolgung *f* ndjekj|e, -a; **~s:verjährung** *jur.* parashkrim-i i ndjekjes penale
verformen deformoj
Verfrachter, -s, *pl.* 0, *m ök.* navllues-i; qiradhënës-i
verfrüht i/e parakohsh|ëm, -me
verfügen disponoj
Verfügung *f* dispozit|ë, -a
verführen *rel.* tundoj; shtyj në rrugë të keqe
vergangen i/e kaluar; i/e dikursh|ëm, -me
Vergangenheit *f* e kaluar-a; *spr.* preterit-i
vergänglich kalimtar, -e; i/e paqëndruesh|ëm, -me
vergasen gazifikoj; mbys me gaz
Vergaser, -s, *pl.* 0, *m tech.* karburator-i; avullues-i
vergeblich i/e kotë
vergeblich, vergebens ⟨*adv*⟩ kot; havadan; qyl; badihavá; **sich ~ bemühen** bëj një vrimë në ujë
Vergebung *f rel.* ndjes|ë, -a
vergegenwärtigen përfytyroj; paraqit *s/t;* **sich** ~ marr parasysh
vergehen e/i/a kaloj; **die Jahre ~** rendin vitet
vergelten i/a/o shpërblej; përligj
vergesellschaften shoqërizoj
vergessen i/a/e harroj
Vergessenheit *f* harres|ë, -a
Vergewaltigung *f jur.* dhunim-i; marrëdhënie seksuale me dhunë
vergesslich harraq, -e; harrestar, -e; hutaq, -e
Vergesslichkeit *f* jam harraq

vergiften helmatoj; helmoj; farmakos
Vergiftung *f* helmim-i
vergilben zverdhem; **vergilbt** i/e zverdhur
Vergissmeinnicht *n bot.* lule mosmëharró
Vergleich, -s, *pl.* e, *m* krahasim-i; *spr.* përqasj|e, -a; **im ~ zu** kundrejt ⟨+ *Abl*⟩
vergleichen ei/i/i krahasoj; **~d** krahasor, -e; krahasues, -e
Vergleichssatz, -es, *pl.* ¨e, *m spr.* fjali-a krahasore
Vergnügen, -s, *n* argëtim-i; kënaqësí-a; qejf-i; **mit ~** gëzohem
vergnügen argëtoj; **sich ~** argëtohem; dëfrehem; zbavitem
vergnüglich argëtues, -e
Vergoldung *f* prarim-i
vergöttlichen hyjnizoj
vergraben¨/u/a gropos
vergriffen *ök.* i/e sosur; i/e mbaruar
vergrößern zmadhoj
vergüten shpërblej
verhaften arrestoj
Verhaftung *f* arrestim-i
Verhalten, -s, *n* sjellj|e, -a; qëndrim-i; **~s:vorschriften** *Pl.* etiket|ë, -a
verhalten, sich ~ sillem
Verhältnis, -ses, *pl.* se, *n* marrëdhëni|e, -a
verhandeln diskutoj; shqyrtoj
Verhandlung *f jur.* gjyq-i
verhängen mbuloj; vë; shpall; Strafe *jur.* zbatoj; jap; **Embargo ~** vë embargon
Verhängnis, -ses, *pl.* se, *n* prapësí-a; fatalitet-i
Verhängung *f jur.* zbatim-i
verhärten ashpëroj
verhasst i/e urryer
verhauen zhdëp
Verheimlichung *f jur.* moskallëzim-i; mostregim-i
verheiraten martoj; **die Tochter gut ~** vendoj mirë vajzën; **verheiratet** i/e martuar
verhexen ysht; magjeps
verhindern pengoj; ndaloj
Verhinderung *f jur.* ndalim-i
verhüllen errësoj
verhunzen prish; djallos
verifizieren verifikoj
verirren, sich ~ humb trup e gjurmë; humbas; gaboj rrugë
verjagen dëboj; flak; përz|ë, *-ura, -ënë*
verjährt i/e motuar
Verjährung *f jur.* parashkrim-i
verjüngen rinoj
verkalken *med.* matufosem; **verkalkt sein** matufepsem
Verkauf, -(e)s, *pl.* ¨e, *m* shitj|e, -a; **~s:bude** *f* qoshk-u
verkaufen shes *e/i, s/t*
Verkäufer, -s, *pl.* 0, *m* shitës-i
Verkehr, -s, *m* komunikacion-i; trafik-u; qarkullim-i; lëvizj|e, -a; **aus dem ~ ziehen** heq nga qarkullimi
verkehren qarkulloj; shtrembëroj; **der Zug verkehrt** treni qarkullon; **ich verkehre mit ihm** kam marrëdhënie me të
Verkehrs- rrugor, -e; **~ampel** *f* semafor-i; **~aufsichtsbehörde** *f* autoinspektorat-i; **~polizei** *f* polici-a

rrugore; **~schild** *n* tabelë qarkullimi; **~zeichen** *n* shenjë rrugore
Verkettung *f* vargim-i
Verkleidung *f* maskim-i; *Tarnung f* kamuflim-i; **~s:utensilien** *Pl.* grim-i
verkleinern zvogëloj; ngushtoj
verkleinernd, Verkleinerungs- zvogëlues, -e
verknüpfen lidh; gërshetoj
verkohlen karbonizoj; *fig.* tallem; gënjej
verkoksen koksifikoj
verkommen o/a/o ⟨*Verb*⟩ prishet; batallohet; ⟨*Adj*⟩ lënë pas dore
verkörpern mishëroj
Verkörperung *f* përfytyrim-i; mishërim-i
verkrüppeln gjymtoj; **verkrüppelt** sakat, -e; çyryk, -e
verkümmern ligështohet; *med.* rrëgjohet
verkünden deklaroj; shpall
Verkünder, -s, *pl.* 0, *m* shpallës-i; zgalem-i
Verkündung *f* shpallj|e, -a
verkupfern bakëroj
verlachen përqesh
Verlag, -(e)s, *pl.* e, *m* shtëpí-a botuese
verlangen kërkoj; **das Problem verlangt eine Entscheidung** çështja do zgjidhje
Verlangen, -s, *n* kërkes|ë, -a; lakmí-a
verlängern zgjatoj; zgjas *s/t*
Verlängerung *f* zgjatj|e, -a; **~s:stück** *n* mbishtes|ë, -a
verlangsamen ngadalësoj
verlassen¨/ie/a lë; braktis; $\overset{\circ}{\sim}$ *n* lëni|e, -a; braktisj|e, -a
Verlauf, -(e)s, *m* zhvillim-i; **der ~ der Krankheit** ecuri-a e sëmundjes
verlaufen¨/ie/au kalon; zhvillohet
Verlautbarung *f* komunikat|ë, -a
verlegen zhvendos
verleihen ei/ie/ie jap hua; huaj; jap borxh; **verliehen** i/e huazuar
Verleiher, -s, *pl.* 0, *m* húajtës-i
verletzen plagos; vras *a/e/i; s/t;* dhunoj; *übertreten* shkel; cenoj; gandoj
Verletzung *f* *med.* plagosj|e, -a; *einer Vorschrift* shkelj|e, -a; dhunim-i; **rücksichtslose ~ der Rechte** shkelje brutale e të drejtave
verleumden shpif
Verleumdung *f* shpifj|e, -a; llaf-i; bigoní-a
verlieben, sich ~ dashurohem; dashuroj; **verliebt sein** dashuroj; **verliebter Blick** *m* vështrim-i i dhembshur
verlieren ie/o/o humb; humbas *a/e/i; s/t;* bjerr *e/i/o; rr/r;* **die Lust ~ an** çmobilizohem; **verloren gehen** birrem
verloben fejoj; vloj; **verlobt** i/e fejuar; **die Verlobte** e fejuar-a; **Verlobter** *m* i fejuar-i
Verlobung *f* fejes|ë, -a; vles|ë, -a
verlogen ⟨*Adj*⟩ rremash, -e
verlöschen i/o/o fikem; shuhem; venitem; falem
Verlust, -es, *pl.* e, *m* firo-ja; humbj|e, -a
Vermächtnis, -ses, *pl.* se, *n* dhiat|ë, -a; trashëgim-i
Vermehrung *f* shtes|ë, -a; shtim-i
vermeiden ei/ie/ie evitoj; mënjanoj; shmang; shmangem
vermeintlich i/e supozuar; *jur.* i/e kujtuar

Vermessungs- gjeodezik, -e; **~kundler** *m* gjeodezist-i
vermindern rrëgjoj; zvogëloj
vermischen trazoj
vermitteln ndërmjetësoj
vermittels ⟨*Präp*⟩ në saje të ⟨+ *G*⟩; nëpërmjet ⟨+ *Abl*⟩
Vermittler, -s, *pl.* 0, *m* ndërmjetës-i
Vermittlung *f* ndërmjetësim-i; *Telefon* central-i; ndërmjetësí-a
Vermittlungs- i/e ndërmjet|ëm, -me; **~beamter** *m Telefon hist.* centralist-i
Vermögen, -s, *pl.* 0, *n* pasurí-a
Vermögens- pasuror, -e
Vermutung *f* pandehm|ë, -a
vernebeln mjegulloj; mistifikoj; **vernebelt** i/e mjégullt
verneinen mohoj
Verneinung *f* mohim-i
vernichten asgjësoj; grilloj; rropos; faroj; **~d** vdekjeprurës, -e; vdekjesjellës, -e
Vernichtung *f* asgjësim-i
vernickeln nikeloj
Vernunft *f* mendj|e, -a; arsye-ja
vernünftig racional, -e; i/e arsyesh|ëm, -me
veröffentlichen botoj; **veröffentlicht werden** botohet
Veröffentlichung *f* botimi-i
veröffentlichungsfähig i/e botuesh|ëm, -me
Verordnung *f* urdhëres|ë, -a; **ärztliche ~** recet|ë, -a
verpachten jap në arendë
Verpachtung *f* arend|ë, -a
verpacken ambalazhoj; paketoj
Verpackung *f* tar|ë, -a; ambalazh-i
Verpfändungsschein, -s, *pl.* e, *m ök.* varrant-i
Verpflegung *f* ushqim-i
verpflichten detyroj; **sich ~** detyrohem; zotohem; marr përsipër; **verpflichtet** mirënjohës, -e
verpflichtend i/e detyruesh|ëm, -me; ⟨*adv*⟩ detyrimisht
Verpflichtung *f* detyrim-i; detyres|ë, -a; zotim-i
verprassen fërkas *s/t*
verprügeln çekanis; dëkoj; çokanis; dend; hup
Verputz, -es, *m* suvá-ja
verputzen *mit Mörtel* suvatoj; *fig.* përlaj
verqualmen tymoj; tymos; **verqualmt** i/e tymtë
Verrat, -(e)s, *m* tradhtí-a
verraten ¨/ie/a tradhtoj; dekonspiroj
Verräter, -s, *pl.* 0, *m* tradhtar-i; jud|ë, -a
Verrechnung *f* shlyerje, -a; pagesë, -a; **~s:verkehr** *ök.* klering-u
verrotten prishet; dergjet; **die Maschinen ~ in Wind und Wetter** makineritë dergjen në shi e në diell
verrückt i/e çméndur; i/e marrë; marrak, -e; marrash, -e; marroq, -e; marrok, -e; marroq, -e; **~ machen** çmend; trullos; **~ sein** çmendem; **~ nach etw. sein** jam i dhënë pas ⟨+ *Abl*⟩; **~ werden** i/u/o marrosem; trenohem
Verrücktheit *f* budallallëk-u; çmendurí-a
Verruf, -s, *m* nam i keq; **in ~ bringen** diskreditoj

Vers, -es, *pl.* e, *m* varg-u; **~e machen** vjershëroj
versalzen kripësoj; hedh shumë kripë; prish
versammeln mbledh; **sich** ~ tubohet
Versammlung *f* mbledhj|e, -a; tubim-i; takim-i; kuvend-i; asamblé-ja; **verfassunggebende** ~ asambleja kushtetuese; **~s:ort** vendtakim-i
Versand, -(e)s, *m* dërgim-i; dërges|ë, -a
versauen pëgëj; dhjes *s/t; fig.* prish, djallos
Versäumniszuschlag, -(e)s, *pl.* ¨e, *m* *ök.* kamatëvones|ë, -a
verschärfen ashpërsoj
Verschärfung *f* ashpërsim-i
verschieden i/e ndrysh|ëm, -me
Verschiedenes *n* të ndryshme-t
verschießen ie/o/o zbërdhulet *nur 3. P.*
verschimmeln mykem; **verschimmelt** i/e mykur
verschlechtern keqësoj
verschleißen ei/i/i konsumon; gris
verschlimmern ashpërsoj
verschlingen i/a/u gllabëroj; gëlltis *s/t;* fërkas *s/t;* llup
verschlossen i/e mbyllët; i/e mbyllur
Verschlossenheit *f* mbylltësí-a
verschlucken gëlltis *s/t*
verschlüsseln shifroj; **verschlüsselt** i/e mbyllët; i/e mbyllur; i/e shifruar
Verschluss, -(e)s, *pl.* ¨e, *m* mbyllj|e, -a; **~laut** *m spr.* bashkëtingëllore mbylltore; mbylltor|e, -ja; **~reibelaut** *m* afrikat|e, -ja
verschmelzen (intrans.) shkrihet
Verschmelzung *f* shkrirj|e, -a
verschmutzen ndot; zhulos; zgjyros
Verschmutzung *f* ndotj|e, -a; **Umwelt~** ndotja e ambientit
verschneiden ei/i/i, kastrieren tredh
Verschnittene|r, -n, *pl.* n, *m* eunuk-u
verschönern zbukuroj; hijeshoj
Verschönerung *f* zbukurim-i
verschonen kursej; shpëtoj
Verschonung *f jur.* përjashtim-i
verschossen *Farbe* i/e vagët; i/e zbërdhulur; i/e zbërdhulët
verschrauben vidhos
verschulden jam fajtor; **verschuldet sein** jam me borxhe
Verschwägerung *f* krushqí-a
verschwenden shkapërderdh; harxhoj
verschwenderisch plangprishës, -e
Verschwiegenheit *f* konspirat|ë, -a
verschwinden i/a/u zhduket; ~ **lassen** zhduk; ˚~ *n* zhdukj|e, -a
verschwitzt i/e djersitur
Verschwörer, -s, *pl.* 0, *m* komplotist-i; i përbetuar-i
versehen ie/a/e pajis; **sich ~ mit** pajisem
Versehen, -s, *n* gabim-i; **aus ~** ⟨*adv*⟩ gand
versehentlich me hata; **~ schlagen** ¨/u/a godas gand
versehrt çyryk, -e
versenden e/a/a dërgoj
versengen zhaparis *s/t*
versenken fundos; zhys s/t
versetzen transferoj
Versetzung *f* transferim-i
Versicherer, -s, *pl.* 0, *m* sigurues-i

versichern siguroj
Versicherung *f* sigurim-i; **~s:prämie** *f* prim-i sigurimi; **~s:schein** *m* polic|ë,-a; **~s:vertreter** *m* agjent i një shoqërie sigurimi; **~s:zertifikat** *n* vërtetesë sigurimi
versiegen shter
versilbern argjendoj; *fig.* shes
versinken i/a/u zhytem; humboj; ~ **lassen** ¨/ie/a zhys *s/t;* ~̊ *n* zhytj|e, -a
versklaven robëroj; skllavëroj
Versöhnung *f* pajtim-i
versorgen vendoj; kujdesem; **mit Gas** ~ gazifikoj; **mit Strom** ~ elektrifikoj
Versorgung *f* pajisj|e, -a; furnizim-i; përkujdesj|e, -a
verspäten, sich ~ vonohem; jam me vonesë
Verspätung *f* vones|ë, -a
verspotten përqesh; gazoj; tall
Versprechen premtim-i; zotim-i; besa-bes|ë, -a; bes|ë, -a
versprechen i/a/o premtoj; taks
verstaatlichen kombëtarizoj
Verstaatlichung *f* shtetëzim-i
verstädtern urbanizoj
Verstand, -es, *m* arsye-ja; mend-të; **den** ~ **verlieren** marrosem; humbas logjikën
Verständnis, -ses, *n* kuptim-i
verstärken përforcoj; **~d** përforcues, -e
Verstärker, -s, *pl.* 0, *m tech.* përforcues-i
verstauben pluhuros
Verstauchung *f med.* përdredhj|e, -a
verstecken fsheh *e/i*
verstehen e/a/a kuptoj; marr vesh; *etwas Unausgesprochenes* nënkuptoj
Versteigerung *f* ankand-i
versteinern gurëzoj; guroj; guros; ngurtësoj; nguros
versteinert i/e ngurosur; i/e gurtë; i/e ngurtë
verstellen zhvendos; **sich** ~ shtirem
versteuern tatoj
verstimmen prish qejfin; **verstimmt** *Instrument* i/e çakorduar
verstohlen tinëzar, -e; ⟨*adv*⟩ vjédhurazi
verstopfen mbyll; vulos; bllokoj; ⟨*intrans.*⟩ bllokohet
verstopft ⟨*adv*⟩ kaps
Verstopfung *f* vulosje, -a; *med.* kapsllëk-u
verstorben i/e ndjerë
verstoßen gegen shkel; cenoj
Verstoß, -es, *pl.* ¨e, *m* shkelj|e, -a
verstreichen ei/i/i kaloj; skadoj; **verstrichene Frist** afat-i i skaduar
verstümmeln cungoj; gjymtoj; **verstümmelt** i/e gjymtë
verstummen reshtem; **~d** *spr.* i/e venitur
Versuch, -(e)s, *pl.* e, *m* përpjekj|e, -a; orvatj|e, -a; prov|ë, -a; *jur.* tentativ|ë, -a
versuchen tentoj; provoj; orvatem; *rel.* tundoj; **versuchen Sie es noch einmal!** provójeni édhe një herë!
Versuchs- eksperimental, -e
Versuchung *f rel.* ngasj|e, -a; tundim-i; **in** ~ **führen** *rel.* tundoj
versumpfen kënetëzohet; *fig.* shthurem
verteidigen mbroj, *-ta, -tur*

Verteidiger, -s, *pl.* 0, *m spo.* mbrojtës-i
Verteidigung *f* mbrojtj|e, -a
verteilen shpërndaj
Verteiler, -s, *pl.* 0, *m tech.* shpërndarës-i; distributor-i
Verteilung *f* shpërndarj|e, -a; *Gewinn* përndarj|e, -a
vertiefen thelloj
Vertiefung *f* grop|ë, -a; ulluk-u
vertikal i/e pingultë
Vertrag, -(e)s, *pl.* ¨e, *m* kontrat|ë, -a; traktat-i; marrëveshj|e, -a; **~s:angebot** *n* ofert|ë, -a; **~s:bestimmungen** *Pl.* dispozita-t e kontratës, *hist.* kapitulacione-t; **~s:nehmer** *m* kontratues-i; **~s:partner** *m* kontratues-i; **~s:strafe** *f ök.* gjobë kontraktore
vertragen¨/u/a duroj; mbaj; **sich ~** pajtohem; *mit dem Ehepartner* trashëgohem
vertrauen besoj
Vertrauen, -s, *n* besim-i; bes|ë, -a; **~s:abstimmung** *f* votëbesim-i; **~s:würdigkeit** *f* mirëbesim-i
verträumt ëndërrues, -e; ëndërrtar, -e
vertreiben ei/ie/ie arratis; zboj; dëboj; përz|ë, *-ura, -ënë;* çatdhesoj
Vertreibung *f* dëbim-i
Vertreter, -s, *pl.* 0, *m* përfaqësues-i; agjent-i; **amtlicher ~** titullar-i
Vertretung *f* përfaqësí-a; zëvendësim-i
Vertrieb, -(e)s, *m* nxjerrj|e, -a; shpërndarj|e, -a; përhapj|e, -a
vertrocknen thahet; shteron; *verwelken* fishket
verunglimpfen denigroj
verursachen shkaktoj; bëhet shkas
Verursachung *f* shkaktim-i
verurteilen dënoj; **Verurteilte|r**, -n, *pl.* n, *m* i dënuari
Verurteilung *f jur.* gjykim-i
vervielfachen shumëzoj
vervielfältigen shumëfishoj; shumëzoj; shaptilografoj
Vervielfältigungsapparat, -(e)s, *pl.* e, *m* ciklostil-i; aparat shumëfishimi
vervierfachen katërfishoj
Vervollkommnung *f* përsosj|e, -a
vervollständigen plotësoj; **vervollständigt** i/e plotësuar
verwaist jetim, -e; qyqar, -e
verwalten administroj; qeveris
Verwalter, -s, *pl.* 0, *m* administrator-i
Verwaltung *f* administrat|ë, -a; qeverisj|e, -a
Verwaltungs-, **verwaltungsrechtlich** administrativ, -e; **~e Übertretung** *f jur.* kundërvajtje administrative
verwandschaftlich farefisnor, -e
verwandt *spr.* i/e afrish|ëm, -me
Verwandte *Pl.* të afërm-it; farefis-i
Verwandtschaft *f* farefis-i; fis-i; gjiní-a; afrí-a; **die ~ sagte sich vom Verurteilten los** farefisi zhbëhej me të dënuarin; **angeheiratete ~** krushqí-a
Verwandtschafts- farefisnor, -e
Verwarnung *f jur.* gjobë administrative
verwechseln ngatërroj; përz|íej, *-jéva, -íer*
Verwechslung *f* ngatërres|ë, -a; ngatërrim-i
verweigern nuk jap; nuk pranoj; refuzoj
Verweigerung *f Leistung* mosdhëni|e, -a

verweilen qëndroj; ~ *n* qëndrim-i
verweisen ei/ie/ie referoj, referohem në
Verweisung *f* referim-i; përcjellj|e, -a
verwelken fishkem; **verwelkt** i/e vyshkur
verwenden e/a/a përdor; përdoroj; shfrytëzoj
Verwendung *f* shfrytëzim-i; përdorim-i
verwesen dekompozohem; shpërbëhem; zbërthehem
Verweser, -s, *pl.* 0, *m hist.* regjent-i
Verwesung *f* shpërbërj|e, -a
verwirklichen realizoj
verwirren hutoj; ndërlikoj; ngatërroj; koklavis *s/t;* trullos; çakërdis; turbulloj
Verwirrung *f* dalldí-a; turbullim-i
verwischen fshij; **verwisch nicht die Grenze zwischen Gut und Böse!** mos përziej hallallin me haramin!
Verwischung *f* fshirj|e, -a; ~ **des Unterschieds** fshirja e dallimit
verwitwen vejërohem; **verwitwet** i/e ve
verwöhnen çedukoj
verworren i/e ndërlikuar; i/e turbullt
verwunden plagos; varroj
verwunderlich i/e habitsh|ëm, -me
verwundern mrekulloj; **verwundert** me habí; i/e habitur
Verwunderung *f* çuditj|e, -a; habí-a; plagosj|e, -a
verwünschen nëm; **verwünscht, verwunschen** i/e nëmur
verwurzeln rrënjos
verzaubern magjeps
verzehnfachen dhjetëfishoj
Verzeichnis, -ses, *pl.* se, *n* list|ë, -a; matríkull-i; amz|ë, -a; tregues-i
verzeihen ei/ie/ie ndje|j, *-va, -rë;* fal
verzeihlich i/e falsh|ëm, -me
Verzeihung *f* ndjes|ë, -a; falj|e, -a
verzerren shëmtoj
verzetteln skedoj; shënoj në skeda; prish kot; **sich** ~ merrem me shumë punë
Verzicht, -(e)s, *m* heqje dorë
verzichten heq dorë; *Thron* abdikoj
verziehen ie/o/o çedukoj
verzieren godis *s/t;* qëndis
Verzierung *f* dekor-i
verzinken zinkoj; **verzinkt** i/e zinkuar
verzögern vonoj; shtyj; **verzögert** i/e vonsh|ëm, -me
verzollen zhdoganoj
Verzückung *f* ekstaz|ë, -a
Verzug, -(e)s, *m* vones|ë, -a; **~s:zinsen** *Pl. ök.* kamatëvones|ë, -a
verzweifeln dëshpëroj
Verzweiflung *f* dëshpërim-i
verzweigen degëzoj
verzwickt i/e koklavitur
vespern zëmëroj; ha zëmër
Veterinär, -s, *pl.* 0, *m* veteriner-i; **~medizin** *f* veterinarí-a; **~wesen** *n* veterinarí-a
Veto, -s, *pl.* s, *n* veto-ja; ~ **einlegen** vë veton
Vetter, -s, *pl.* 0, *m* kushërí-ri; **~n:wirtschaft** *f* akraballëk-u
Vibrạnt, -en, *pl.* en, *m spr.* bashkëtingëllore dridhëse
Vieh, -s, *n* bagëtí-a; gjë e gjallë
Vieh- epizootik, -e; **~krankheit** *f* lën-

gat|ë, -a; **~stall** *m* stall|ë, -a; **~zucht** *f* blegtorí-a; **~züchter** *m* blegtor-i; **~zuchtspezialist** *m* zooteknik-u
viel i/e shumtë; shumë; boll; **er hat viele Freunde** ka taraf të madh; **mehr** më; më tepër; **nicht mehr** jo më; **es waren dort viele Menschen** kishte plot njerëz; **~ essen** llup; copit *s/t*
Vielfalt *f* larmí-a; shumëllojshmërí-a
vielfältig i/e larmish|ëm, -me
vielleicht ndoshta; kushedí
vielsagend kuptimplotë; **~es Lächeln** *n* buzëqeshje gjithë nënkuptim
vier katër; **der ~te** i/e katërt
Viereck, -s, *pl.* e, *m* katërkëndësh-i; kuadrat-i
viereckig katërkëndësh, -e; katror, -e
Viererkonferenz *f* konferencë katërpalëshe
vierfach i/e katërfishtë; ⟨*adv*⟩ katërfish
vierhundert katërqind
viermotorig katërmotorësh, -e
vierseitig katërpalësh, -e
Viertel, -s, *pl.* 0, *n* e katërt-a; **ein ~** një e katërt; **Stadt~** lagj|e, -ja; **~finale** *n spo.* çerekfinal|e, -ja; **~jahrhundert** *n* çerekshékull-i; **~stunde** *f* çerek-u; **Viertel vor zwei Uhr** dy pa një çerek
vierzehn katërmbëdhjetë; **der ~te** i/e katërmbëdhjetë
vierzig dyzet; *dial.* katërdhjetë; **der ~ste** i/e dyzetë
vietnamesisch vietnamez, -e
Vigil, *pl.* -ien *f rel.* vigjilj|e, -a; **~fasten** *n kathol.* mënjill|e, -ja
Vill|a, *pl.* -en *f* vil|ë, -a
violett ngjyrë vjollcë
Violine *f* violin|ë, -a
Viper *f* nepërk|ë, -a
vis-à-vis kundrúall ⟨+ *Abl*⟩
Visage *f* [viˈzaːʒə] surrat-i
Visite *f* vizit|ë, -a; **~nkarte** *f* kartëvizit|ë, -a
visuell pamjesor, -e
Vis|um, -s, *pl.* en, *n* viz|ë, -a; **~ ein/tragen** ¨/u/a vizoj pasaportën
vital jetësor, -e
Vitamin, -s, *pl.* e, *n* vitamin|ë, -a
Vitrine *f* vitrin|ë, -a
Vogel, -s, *pl.* ¨0, *m* zog-u; *großer* shpend-i; **~-Strauß-Taktik** *f* diplomaci-a e strucit; **~bauer** *n* kafaz-i; flanikth-i; kuvlí-a; **~beerbaum** *m*, **~beere** *f bot.* vadhë e egër; **~dreck** *m Ausscheidungen der Vögel* glas|ë, -a; **~falle** *f* bat-i; çark-u; **~scheuche** *f* dordolec-i
vögeln *vulg.* qi, *-va, -rë*
Vogesen *Pl.* Vozhe-t
Vöglein, -s, *pl.* 0, *n* zóg|ël, -la
Vokal, -s, *pl.* e, *m spr.* zanor|e, -ja; **flüchtiger ~** *spr.* zanore rënëse; **~harmonie** *f* sinharmoniz|ëm, -mi; **~viereck** *n* katërkëndësh i zanoreve
vokalisch *spr.* zanor, -e
Vokalismus *m spr.* vokaliz|ëm, -mi
Vokativ, -s, *pl.* e, *m spr.* thirror|e, -ja
Volk, -(e)s, *pl.* ¨er, *n* pópull-i
Völkerkundler, -s, *pl.* 0, *m* etnolog-u
Völkermord, -s, *m* gjenocid-i
Völkername, -ns, *pl.* n, *m* etnonim-i
völkisch † etnik, -e; nacional, -e
Volks- popullor, -e; *spr.* thjeshtligjërimor, -e; **~abstimmung** *f*, **~befragung**

f plebishit-i; **~demokratie** *f* demokraci-a popullore; **~kunde** *f* etnografí-a; folklor-i; **~kunde-** etnografik, -e; **~kundemuseum** *n* muze-u etnografik; **~kundler** *m* folklorist-i; etnograf-i; **~kunst** *f* folklor-i; **~lied** *n* këngë popullore; **~macht** *f* pushtet-i popullor; **~musik** *f* muzikë popullore; aheng-u; **~name** *m* etnonim-i; **~rat** *m* këshill-i popullor; **~republik** *f* republikë popullore; **~sage** *f* legjend|ë, -a; gojëdhën|ë, -a; **~sprache** *f* thjeshtligjërim-i; **~tracht** *f* veshje popullore; **~tum** *n* etní-a; **~versammlung** *f* kuvend-i popullor; **~weisheit** *f* urtësi-a popullore

volksfeindlich antipopullor, -e

volkskundlich etnografik, -e

volkstümlich popullor, -e; **~ machen** popullarizoj

voll i/e plotë; ⟨*adv*⟩ plot; boll; **~ und ganz** plotësisht; **er hatte den Kopf ~ von diesen Narreteien** bluante në kokë gjithë ato marrëzira

Voll- i/e plotë; plenar, -e; **~bart** *m* mjekër e mustaqe; **mit ~gas** me shpejtësinë më të madhe

Völlegefühl, -s, *n med.* rëndësir|ë, -a

voll:enden kryej *e/ye/y;* **vollendet** i/e kryer; i/e përkryer

Volleyball, -s, *pl.* ¨e, *m spo.* volejboll-i; **~spieler** *m* vollejbollist-i

vollgefressen ⟨*Adj*⟩ barkngopur

völlig i/e plotë; ⟨*adv*⟩ krejt; krejtësisht; fare; kryekëput; plotësisht

vollkommen i/e përkryer

vollständig i/e plotë; i/e tërë; ⟨*adv*⟩ krejt; plotësisht; tërësisht; biteví; gjíthazi

vollstopfen mbufat; dend; zhdëp; **~ mit Speisen** vel

vollstrecken zbatoj; përmbush; *jur.* ekzekutoj; **~d** përmbarues, -e; *jur.* ekzekutiv, -e

Vollstreckung *f;* **Vollzug** *m* ekzekutim-i; zbatim-i

Volt *n,* V *tech.* volt-i

Volumen *n* vëllim-i

voluminös i/e vëllimsh|ëm, -me

vomitieren *med.* vjell *e/i/o, volla, vjellë*

von prej ⟨+ *Abl*⟩; nga ⟨+ *Nom*⟩; **von ... an** që; **vom ersten Tag an** që ditën e parë; **vom Hundert** (v. H.) përqind; **~ daher** prandaj; **~ draußen** së jashtmi; **~ jetzt an** këndej e tutje; **~ Mund zu Mund** vesh më vesh; **~ neuem** sërish; përsërí ⟨*adv*⟩; **~ Tür zu Tür** dérazi ⟨*adv*⟩

vor para ⟨+ *Abl*⟩; **~ allem** në radhë të parë; para së gjithash; **~ zwei Tagen** para dy ditësh; **~ Augen** parasysh; **~ einer unvorhergesehenen Situation stehen** ndodhem para një të papriture; **~ langer Zeit** qëmoti; **~ Wut schnauben** shfryj nga zemërimi; **es ist Viertel ~ zwei** ora është dy pa një çerek

Vor- paraprak, -e; **~abend** *m* vigjilj|e, -a

voran ⟨*adv*⟩ përpara; **die Arbeit schritt gut ~** puna vente mbroth

vorangehend parashkues, -e

vorangestellt i/e paravendosur; **~er Artikel** *m spr.* nyjë e përparme

Vor:anmeldung *für Ferngespräch* †

fletëthirrj|e, -a
voranschreitend paravajtës, -e
voran/stellen paravë; paravendos
Vorarbeiter, -s, *pl.* 0, *m* † brigadier-i
Voraus- paraprak, -e; **~rechnung** *f ök.* faturë paraprake; faturë pro-formë; **~schau** *f*, **~setzung** *f* kusht-i; parashikim-i; **~zahlung** *f* parapagim-i; paradhëni|e, -a; kapar-i
voraus/gehen e/i/a prij ⟨+ *Dat.*⟩ parashkoj
voraus/sehen ie/a/e ndjell *e/i/o*
voraus/setzen presupozoj
voraussichtlich i/e presupozuar; **~er Gewinn** *m* fitim-i i pritshëm
Vorbehalt, -(e)s, *pl.* e, *m* rezerv|ë, -a; **ohne ~** pa rezervë
vorbei pranë ⟨+ *Abl*⟩; **das ist ~!** iku mbaroi!; **daran führt kein Weg ~** s'ka çare
vorbei/gehen e/i/a kaloj
Vorbeimarsch, -(e)s, *pl.* ¨e, *m* parad|ë, -a
vor/bereiten përgatis *s/t; dial.* pregadis; gatis *s/t*
Vorbereitung *f* përgatitj|e, -a
Vorbeter, -s, *pl.* 0, *m muslimisch* imam-i
Vorbote, -n, *pl.* n, *m* lajmëtar-i; shenjë e parë; **~ der Revolution** zgalem-i i revolucionit
Vordach, -s, *pl.* ¨er, *n* tend|ë, -a
Vordeck, -s, *pl.* s, *n naut.* parakuvert|ë, -a
Vorder- i/e përpar|më, -me; **~lader-Pistole** *f* pisqoll|ë, -a; **~seite** *f* faqe e përparmë; ballin|ë, -a; ball|ë, -i; **~zungen**- *spr.* paragjuhor, -e
Vordruck, -(e)s, *pl.* e, *m* format-i; formular-i
Vorfall, -(e)s, *pl.* ¨e, *m* ndodhí-a
vor/führen shfaq; paraqit *s/t*
Vorführung *f* shfaqj|e, -a; paraqitj|e, -a
Vorführwagen, -s, *pl.* 0, *m für Filme* autokinemá-ja
Vorgang, -(e)s, *pl.* ¨e, *m jur.* dosar-i; dosj|e, -a; akt-i
vorgesetzt madhor, -e; epror, -e
Vorgesetzte|r, -n, *pl.* n, *m* epror-i
vorgestern pardjé
vor/haben matem; kam ndërmend; mendohem
Vorhaben, -s, *pl.* 0, *n* projekt-i
Vorhalle *f* parasall|ë, -a
vorhanden ekzistues; efektiv, -e; **~ sein** kam; ekzistoj
Vorhang, -(e)s, *pl.* ¨e, *m* perd|e, -ja
Vorhängeschloss, -es, *pl.* ¨er, *n* dry-ni; dry-ri
vorher përpara; më parë; **vorhergehend, vorherig** i/e mëparsh|ëm, -me; paraprak, -e
vor/herrschen mbizotëroj
vorig i/e kaluar; i/e mëparsh|ëm, -me; **~e Woche** *f* javën e kaluar
vorjährig i/e vjét|ëm, -me
Vorkauf, -(e)s, *pl.* ¨e, *m* parablerj|e, -a; **~s:recht** *n ök.* e drejtë parablerjeje
Vorkriegszeit: **aus der ~** i/e paraluftës
Vorlage *f* projekt-i; paraqitj|e, -a
vorläufig i/e përkohsh|ëm, -me; i/e hëpërhësh|ëm, -me; në mënyrë paraprake; ⟨*adv*⟩ provizorisht; hëpërhë

vor/lesen ie/a/e këndoj; lexoj me zë të lartë
Vorlesung *f* leksion-i; ligjërat|ë, -a
vorletzt njëparafundor, -e
vor/merken prenotoj
vormilitärisch paraushtarak, -e
Vormund, -(e)s, *pl.* ¨er, *m jur.* kujdestar-i
Vorname, -ns, *pl.* n, *m* em|ër, -ri
vorne ⟨*adv*⟩ përpara
Vorprüfung *f* provë paraprake
Vorrang, -(e)s, *m* përparësí-a
Vorrat, -(e)s, *pl.* ¨e, *m* rezerv|ë, -a; **~s:kammer** *f* qilar-i; **~s:raum** *m* drithnik-u
Vorrecht, -(e)s, *pl.* e, *n* privilegj-i
Vorsatz, -(e)s, *pl.* ¨e, *m* qëllim-i; *jur.* dashje; **~blatt** *n typ.* astar-i
vorsätzlich *jur.* me dashje
vor/schieben ie/o/o paravë
Vorschlag, -(e)s, *pl.* ¨e, *m* propozim-i; *spr.* protez|ë, -a; **~hammer** *m* çekan-i
vor/schlagen ¨/u/a propozoj
Vorschrift *f* urdh|ër, -ri; udhëzim-i; rregullor|e, -ja
Vorschuss, -es, *pl.* ¨e, *m ök.* paradhëni|e, -a; kapar-i
vor/sehen ie/a/e parashikoj
Vorsicht *f* kujdes-i; **~!** vini re!
vorsichtig i/e kujdessh|ëm, -me; **man ging ~ zu Werke** u ec me kujdes
Vorsichtigkeit *f* kujdesí-a
Vorsilbe *f spr.* parashtes|ë, -a
Vorsitz, -(e)s, *m* kryesí-a
Vorspeise *f* antipast|ë, -a; mezé-ja; paragjell|ë, -a
Vorstand, -(e)s, *pl.* ¨e, *m* kryesí-a
Vorsteher, -s, *pl.* 0, *m* kryetar-i; *eines Dorfes oder Stadtviertels hist.* kryeplak-u
vor/stellen imagjinoj; paraqes *e/i; s/t;* paraqit *s/t;* prezantoj
Vorstellung *f* seanc|ë, -a; shfaqj|e, -a; paraqitj|e, -a; përfytyrim-i; koncept-i; **~skraft** *f* imagjinat|ë, -a
vor/täuschen shtirem
Vorteil, -s, *pl.* e, *m* avantazh-i; dobí-a; *jur.* përfitim-i; leverdí-a
vorteilhaft i/e leverdish|ëm, -me
vortonig *spr.* paratheksor, -e
Vortrag, -(e)s, *pl.* ¨e, *m* ligjërat|ë, -a; referat-i
vor/tragen ¨/u/a ligjëroj, referoj
Vortragende|r, -n, *pl.* n, *m* lektor-i; ligjërues-i, referues-i
vorübergehend i/e përkohsh|ëm, -me; transitor, -e; ⟨*adv*⟩ përkohësisht; kohë pas kohe
Vorurteil, -s, *pl.* e, *m* paragjykim-i
Vorvergangenheit *f spr.* e kryer-a e plotë
Vorwand, -(e)s, *pl.* ¨e, *m* pretekst-i
vorwärts ⟨*adv*⟩ mbroth; përpara
vorwiegend ⟨*adv*⟩ kryesisht
Vorwort, -(e)s, *pl.* e, *n* parathëni|e, -a; hyrj|e, -a
Vorzeichen, -s, *pl.* 0, *n* ogur-i; *math.* shenjë, -a
vor/zeigen paraqes *e/i; s/t;* tregoj; ~̊ *n* paraqitj|e, -a
vorzeitig i/e parakohsh|ëm, -me; **~e Entlassung** *f jur.* lirim-i para kohe
Vorzugs- parapëlqimor, -e; **~gebühr** *f* taksë parapëlqimore

Voskopoja *ON* Voskopoj|ë, -a; **aus ~** voskopojar, -e
Vučitrn *ON* Vushtrri-a
vulgär vulgar, -e; trashanik, -e; *spr.* thjeshtligjërimor, -e; vulgar
vulgarisieren vulgarizoj; masivizoj
Vulgarismus *m spr.* vulgariz|ëm, -mi
Vulkan, -s, *pl.* e, *m* vullkan-i, *pl.* -e-t
vulkanisch vullkanik, -e
vulkanisieren *tech.* vullkanizoj

W

Waage *f* peshor|e, -ja; balanc|ë, -a; kandar-i
Wabe *f zoo.* húall-i
wach i/e zgjuar; **~ bleiben** ei/ie/ie rri zgjuar; gdhij; yej
Wache *f* roj|ë, -a; *mil.* ndërres|ë, -a; **~ halten** ¨/ie/a ruaj; përgjoj
wachen ruaj; vigjiloj; gdhij
Wachhabende|r, -n, *pl.* n, *m* dezhur-i; i rojës
Wacholder, -s, *m bot.* dëllinj|ë, -a; **~geist** *m* raki-a dëllinje
Wachs, -es, *n* dyll|ë, -i; **mit ~ überziehen** ie/o/o, **wachsen** ⟨*transitiv*⟩ dyllos; **~figuren** *Pl.* kukulla prej dylli; **~kerze** *f* qiri-u i dylltë
Wachs-; **wächsern** i/e dylltë; dyllor, -e
wachsam vigjilent, -e
Wachsamkeit *f* vigjilenc|ë, -a
Wachschiff, -(e)s, *pl.* e, *m mil.* anije ruajtëse
wachsen *1:* ¨/u/a rritem; *2: hat gewachst* dyllos
Wachtel *f zoo.* drenj|ë, -a
Wächter, -s, *pl.* 0, *m* rojtar-i; ruajtës-i; gardian-i
Wachtmeister, -s, *pl.* 0, *m mil.* kapter-i
Wachturm, -(e)s, *pl.* ¨e, *m* kullë vrojtimi; *hist.* karakoll-i
wackeln luaj, *-ta, -tur*
Waffe *f* arm|ë, -a; **~n:schmied** *m* armëpunues-i; **~n:stillstand** *m* armëpushim-i
wagen guxoj
Wagen, -s, *pl.* 0, *m* automobil-i; makin|ë, -a; vetur|ë, -a; *Eisenbahn~* vagon-i; *mit eisenbeschlagenen Holzrädern* karro-ja; *Kutsche* karroc|ë, -a; qerr|e, -ja; **der Wagen quietschte** qerrja kuiste; **~heber** *m* krik-u; **~spur** *f* trag|ë, -a; **~wäsche** *f* larje makine; **~winde** *f* autovinç-i
wägen peshoj; terezis *s/t*
Waggon, -s, *pl.* s, *m* [va'gõ] vagon-i
Wahl *f* votim-i; zgjedhj|e, -a
Wahl- elektoral, -e; **~kampagne** *f* fushatë e zgjedhjeve; **~zettel** *m* fletëvotim-i
wählen zgjedh *e/i/o;* i bie telefonit; **wähl!** *am Telefon* bjeri!
Wähler, -s, *pl.* 0, *m* votues-i; zgjedhës-i
Wahn, -(e)s, *m* përçartj|e, -a; **~sinn** *m* çmendurí-a
wahnsinnig i/e çméndur; ⟨*adv*⟩ çmendurisht
wahr i/e vërtetë

während ⟨*Präp*⟩ gjatë ⟨+ *Abl*⟩; ⟨*Konj.*⟩ ndërsá; teksá; kursé; duke ⟨*Partikel zur Bildung des Gerundiums*⟩; **~dessen** ndërkaq

wahrhaftig i/e vërtetë

Wahrheit *f* e vërtet|ë, -a

Wahrnehmbarkeit *f* përkapshmërí-a

wahr/nehmen i/a/o vërej, *-ta, -tur; phi.* perceptoj; **die Interessen ~** mbroj interesa-t

Wahrnehmung *f phi.* perceptim-i

wahrsagen falltoj; parathem të ardhmen

Wahrsager falltar-i; fallxhí-u; **~in** *f* falltar|e, -ja; fallxhesh|ë, -a

Wahrsagerei *f* fall-i

wahrscheinlich i/e gjassh|ëm, -me; me sa duket

Wahrscheinlichkeit *f* probabilitet-i; gjas|ë, -a

Währung *f* valut|ë, -a; **harte ~** valutë e qëndrueshme; **~s:kursschwankung** *f* lëkundje e kursit valutor

Waidmann, -(e)s, *pl.* ¨er, *m* gjuetar-i; gjahtar-i

Waise *f* jetim-i; qyq-i; **~n:knabe** *m*, **Waisenkind** *n* jetim-i

Waisenhaus, -es, *pl.* ¨er, *n* jetimor|e, -ja

Wal, -(e)s, *pl.* e, *m zoo.* balen|ë, -a

Walache, -n, *pl.* n, *m* † vllah-u; çoban-i

Walachei *f* Vllahí-a

Wald, -(e)s, *pl.* ¨er, *m* pyll-i

Wali *m Verwalter eines Vilajet, hist.* valí-u

walken dërstiloj; *fig.* rrah *a/e/i;* zhdëp

Walkmühle *f* dërstil|ë, -a; leshpunues|e, -ja

Wallach, -s, *pl.* e, *m zoo.* kalë i tredhur

Wallfahrt *f* shtegtim-i; pelegrinazh-i; † haxhillëk-u

Walnuss, *pl.* ¨e, *f bot.* arr|ë, -a

Walze *f* rul-i

walzen *tech.* petëzoj

wälzen rrokullis; rrëkëllej

Walzer, -s, *pl.* 0, *m mus.* vals-i

Wand, *pl.* ¨e, *f* mur-i; **~behang** *m*, **~teppich** *m* hallí-a; **~karte** *f* hartë muri; **~nische** *f* kamar|e, ja; **~zeitung** *f* fletërrufé-ja

Wandel, -s, *m* ndryshim-i; *spr.* zhvillim-i

Wander- shtegtar, -e; shëtitës, -e; endacak, -e; **~mönch** *m rel.* fakir-i; **~schäfer** *m* bari-u shtegtar; **~tasche** *f* torb|ë, -a

Wanderer, -s, *pl.* 0, *m* shëtitës-i

Wange *f* bulçí-a; mollëz-a; faq|e, -ja

wanken lëkundem; **~ lassen** ¨/ie/a trondis *s/t*

wann? kur?; **bis ~?** deri kur?

Wanne *f* vask|ë, -a

Wanst, -es, *pl.* ¨e, *m* bark-u; **sich den ~ vollschlagen** buhitem

Wanze *f zoo.* çimk|ë, -a; çím|ërr, -rra; tartabiq|e, -ja

Wappen, -s, *pl.* 0, *n* emblem|ë, -a; stem|ë, -a

Ware *f* mall-i; **~n:beschriftung** *f* marketim i mallrave; **~n:experte** *m* merceolog-u; **~n:haus** *Kaufhaus* shtëpi-a e mallrave; *hist.* mapo-ja; **~n:inspektion** *f* inspektim-i i mallit; **~n:kundler** *m*, **~n:sachverständiger** *m ök.* merceolog-u; **~n:sendung** *f*

partí-a; **~n:umlauf** *m*, **~n:verkehr** *m* trafik-u i mallrave

warm i/e ngrohtë

Wärme *f* ngrohtësí-a; **~kraftwerk** *n* termocentral-i

Wärmflasche *f* bors|ë, -a

Warndreieck, -s, *pl.* e, *m* trekëndësh paralajmerimi

warnen paralajmëroj

Warnung *f* paralajmërim-i

Warrant, -s, *pl.* s *m ök.* vërtetesë depozitimi; varrant-i

Warschau *ON* Varshav|ë, -a

warten pres *e/i; s/t; tech.* kujdesem për; gatis *s/t;* **wart(et) mal!** dále(ni); **wart mal, ich habe es vergessen** dale, se harrova

Wartesaal, -s, *pl.* ¨e, *m* sallë e pritjes

Wartung *f* përkujdesj|e, -a; **~s:dienst** *m* shërbim-i teknik

warum? përse?; pse?

was? ç'; çka; çfarë; se; **~ für ein?** ç'; çfarë? ⟨+ *Abl*⟩; **~ sucht Ihr, Alterchen?** çfarë kërkoni, xhaxho?

Waschbecken, -s, *pl.* 0, *n* lavaman-i; sqoll-i

Waschblau *n* çivit-i

waschen la|j, *-va, -rë; Wäsche* finjos; **sich ~** lahem; **~̊** *n* larj|e, -a

Wäsche *f* larj|e, -a; **~stücke** ndërresa-t; **~rin** *f,* **Waschfrau** *f* rrobalarës|e, -ja; **~stärke** *f* koll-i

Waschlauge *f* finj|ë, -a

Waschmaschine *f* lavatriç|e, -ja; makinë larëse; rrobalarës|e, -ja

Waschpulver, -s, *pl.* 0, *n* pluhur për larje

Waschraum, -(e)s, *pl.* ¨e, *m* banj|ë, -a

Waschschüssel *f* legen-i

Waschung *f rel.* avdes-i

Waschzuber, -s, *pl.* 0, *m* magj|e, -ja

Washington D. C. *ON* Uashington-i

Wasser, -s, *pl.* 0, *n* uj|ë, -i; **~ lassen** ¨/ie/a shurr; përmjerr *e/i/o;* shurroj; **abgestandenes ~** ujë i bujtur; **~ in den Rhein / Eulen nach Athen tragen** i shes kastravecë bostanxhiut

Wasser- ujor, -e; **~ball** *m spo.* vaterpolo-ja; **~fall** *m* ujëvar|ë, -a; *kleiner ~fall* gámull-i; **~flugzeug** *n* hidroplan-i; **~graben** *m* jaz-i; **~hahn** *m* rubinet|ë, -a; uslluk-u; çezm|ë, -a; **~kraftwerk** *n* hidrocentral-i; **~leitung** *f* ujësjellës-i; **~leitungsrohr** *n* qyng-u i ujësjellësit; **~linie** *f* vizë e ujit; **~mann** *m Sternbild* ujor-i; **~melone** *f* karpuz-i; shalqí-ri; **~pfeife** *f* nargjilé-ja; **~scheide** *f* hejz|ë, -a; ujëndárës|e, -ja; **~schildkröte** *f* breshkujës|e, -ja; **~stein** *m* çmërs-i; **~stoff** *m chem.* hidrogjen-i; **~strahl** *m* curril-i; **~uhr** *f für Wasserverbrauch* njehsor-i i ujit; sahat-i i ujit; **~waage** *f* qepar-i; **~welle** *f* ondulacion-i

wässern vadis *s/t*

Watt *n 1: Messeinheit,* W vat-i; *2: Wattenmeer* cekëtin|ë, -a

Watte *f* pambuk hidrofil; pambuk-u

weben *webt, wob, hat gewoben* end; **~̊** *n* tisazh-i; endj|e, -a

Weber, -s, *pl.* 0, *m* endës-i; **~ei** fabrika e tisazhit; **~in** *f* endator|e, -ja; endes|e, -ja

Webrahmen, -s, *pl.* 0, *m,* **Webstuhl,**

-s, *pl.* ¨e, *m* vegj|ë, -a; avlëmend-i; tezgjah-u

Webteppich, -s, *pl.* e, *m* hallí-a; qilim-i

Wechsel, -s, *pl.* 0, *m* kthim-i; ndërrim-i; këmbim-i; *ök.* kambial-i; **gezogener ~** trat|ë, -a; **~aussteller** *m ök.* heqës-i; pritës-i; **~bürgschaft** *f ök.* dorëzanës-i; dorëzaní-a; **~strom** *m tech.* korrent-i alternativ

wechseln ndërroj; këmbej *e/ye; Geld* thyej; **können Sie das Geld ~?** a mund t'i thyeni paratë?

wechselseitig i/e ndërsjellë; **~e Hilfe** *f* ndihmë reciproke

weder ... noch as ... as

Weg, -(e)s, *pl.* e, *m* udh|ë, -a; shteg-u; rrug|ë, -a; **auf den rechten ~ kommen** vij në din; **auf diplomatischem Wege** në rrugë diplomatike; **aus dem ~ gehen** shmangem; **der falsche ~** rrugë e gabuar; **Hindernisse in den ~ legen** nxjerr pengesa; **~bereiter** *m* udhëçelës-i; **~gefährte**, **~genosse** bashkudhëtar-i; **~kreuz** *n* udhëkryq-i; **~weiser** *m* udhërrëfyes|e, -ja; udhëtregues|e, -ja

wegen për ⟨+ *Akk*⟩; në bazë të ⟨+ *G*⟩ në saje të ⟨+ *G*⟩; **~ eines Unfalls** për shkak aksidenti

weg/gehen e/i/a vete, *vajta, vajtur;* $\overset{\circ}{\sim}$ *n* vajtj|e, -a, ikj|e, -a

weg/nehmen i/a/o heq *e/i/o*

weg/werfen i/a/o, **weg/schmeißen** ei/i/i flak

weg/ziehen ie/o/o tërheq

wehen fryj; valëvitem; **es weht ein frisches Lüftchen** ka fresk; **~ lassen** ¨/ie/a valëvit *s/t*

Wehklage *f* ofsham|ë, -a; vajtim-i; ofsh-i

wehklagen bobotij; vajtoj

Wehr, -s, *pl.* e, *n* pend|ë, -a

Wehr- luftarak, -e; **~bezirk** *m* qark-u ushtarak; **~dienst** *m* shërbim-i ushtarak; **~kraft**, *pl.* ¨e, *f* fuqi-a mbrojtëse; **~pflicht** *f* shërbim-i i detyrueshëm ushtarak; **~pflichtiger** *m* i detyruar-i ushtarak, rekrut-i; **~technik** *f* teknikë luftarake; **~turm** *m* kull|ë, -a; **~überwachung** *f* evidencë ushtarake

weh/tun u/a/a dhemb

Weib, -(e)s, *pl.* er, *n* † fem|ër, -ra; grua-ja

Weibchen, -s, *pl.* 0, *n* fem|ër, -ra

Weiber- grarishte

weiblich femëror, -e

weich i/e butë; zhungë; **~gekochtes Ei** *n* vezë alla kok; **~herzig** zemërbutë

Weichsel *FN* Vistul|ë, -a; **~kirsche** *bot.* mëzhdrav|ë, -a

Weichtier, -s, *pl.* e, *n zoo.* butak-u

Weide *f 1: bot.* shelg-u; *2: Wiese* livadh-i; *kullot*|ë, -a; blerin|ë, -a; **~n:laubsänger** *m zoo.* çik|ë, -a

weiden kullos *s/t;* **sich ~ an** kënaqem me

Weigerung *f* refuzim-i; heqje dorë

weihen përuroj; kushtoj; *rel.* bekoj; blatoj; *Priester* shuguroj; **geweiht werden** *rel.* dorëzohem; shugurohem

Weihnachten *Pl.* kërshëndella-t; krishtlindj|e, -a; **Weihnachtsgebäck** *n* kolend|ër, -ra

Weihrauch, -s, *m* kem-i; temjan-i;

~ verbrennen e/a/a temjanis; **~fass** *n rel.* temjanic|ë, -a

Weihwasser, -s, *n rel.* ujë i bekuar; ajazm|ë, -a

weil meqenëse; ngaqë; meqë; pasi; mbasi; sepse

Weile *f* grim|ë, -a; grimc|ë, -a; **eine ~** një copë herë; **er/sie ist schon eine ~ da** ka çosa që ka ardhur

Weiler, -s, *pl.* 0, *m* katund-i

Wein, -(e)s, *pl.* e, *m* ver|ë, -a; **~berg** *m*, **~garten** *m* vresht-i; hardhisht|ë, -a; **~blätter** *Pl.* dollma-ja; **~brand** *m* konjak-u; **~fass** *n* voz|ë, -a; **~glas** *n* gotë vere; **~keller** *m* kantin|ë, -a; **~schössling** *m* hardhisht|ë, -a; **~stock** *m* hardhí-a; **~traube** *f* rrush-i

weinen qa|j, *-va, -rë;* qahem

weinerlich buzëqarë; qaraman, -e

weise i/e urtë; **Weise|r**, -n, *pl.* n, *m* mendar-i; i ditur

Weise *f* mënyr|ë, -a; *Melodie* melodi-a; avaz-i; **auf welche ~?** në ç'mënyrë?; **in beleidigender ~** në mënyrë fyese

Weisheit *f* urtí-a; urtësí-a

weissagen falltoj

Weissagung *f* fall-i

weiß i/e bardhë; **~ wie Schnee** bardhë si bilur-i; **~ schimmern** zbardhëlloj; **~ wie die Wand** i bardhë si qefin; **~e Farbe** *f* bardhësí-a; **~e Bohne** *f* fasul|e, -ja; **Weißes Meer** Det-i i Bardhë; **~en** zbardh; zbardhoj; lyej me gëlqere

Weißbrot, -s, *pl.* e, *n* bukë e bardhë; **langes ~** panin-i

Weißfisch, -s, *pl.* e, *m zoo.* gjuhc|ë, -a

Weißkohl, -s, *m bot.* lak|ër, -ra

Weißrussland Bjellorusí-a

weit i/e gjerë; i/e largët; ⟨*adv*⟩ larg; **~herzig** zemërgjerë

weiter i/e mëtejsh|ëm, -me; **ohne ~es** s'ka problem; patjetër

Weitergabe *f jur.* tregim-i

Weitherzigkeit *f* bujarí-a

Weitsprung, -s, *pl.* ¨e, *m spo.* kërcim-i së gjati

Weizen, -s, *m bot.* grur|ë, -i

Weizen- i/e grunjtë; **~arten**, **~sorten** *Pl.* grúnjëra-t; **~feld** *n* grunisht|ë, -a; **~speicher** *m* grunar-i

welcher? cili?

welk i/e vyshkur

welken venitem; vyshkem; **~ lassen** ¨/ie/a vyshk

Welle *f* vall|ë, -a; dallg|ë, -a; *Frisur* ond-i; **die ~n der See rauschen** valët e detit zhurmërojnë

Wellen- valor, -e; **~brecher** *m* dallgëthyes|e, -ja; valëthyes-i

Welt *f* bot|ë, -a; **die ganze ~** mbarë bota

Welt- botëror, -e; **~all** *n* kózmos-i; univers-i; gjithësí-a; **im ~all fliegen** lundroj në kozmos; **~anschauung** *f* botëkuptim-i; **~bürger** *m* kozmopolit-i; **~hilfssprache** *f* gjuhë ndihmëse; **~krieg** *m* lufta botërore; **~meisterschaft** *f* kampionat-i botëror; **~raumfahrer** *m* kozmonaut-i; **~wirtschaft** *f* ekonomi-a boterore

weltanschaulich, **Weltanschauungs-** botëkuptimor, -e

weltläufig mondan, -e

weltweit botëror, -e; në shkallë botërore
wem? kujt?
Wemfall *m* † *spr.* dhanor|e, -ja
wen? kë? **Wen sehen denn da meine Augen?!** kë po më shikojnë sytë?!
Wende *f* kthes|ë, -a; **~kreis** *m* tropik-u; **~kreis des Krebses** *im Norden* Tropik-u i Gaforres; **~kreis des Steinbocks** *im Süden* Tropik-u i Bricjapit
wenden *wendet, wandte (wendete), hat gewandt (gewendet)* kthej; **sich ~** kthehem *e/ye;* **sich ~ an** drejtohem nga ⟨+ *Akk*⟩
Wendung *f spr.* figur|ë, -a; **feste ~** *spr.* klishé-ja; shprehje gjuhësore; **der Krieg nahm eine neue ~** ndërroi fati i luftës
Wenfall *m* † *spr.* kallëzor|e, -ja
wenig i/e paktë; pak; **ein ~** një tis; **~ essen** zbaltem; **mit ~ auskommen** jetoj me zgrip; **~stens** së paku; dobare; të paktën; makar
wenn *temporal* kur; *konditional* nëse; në rast se; po ⟨+ *conj*⟩; në ⟨+ *Opt*⟩; nëqoftëse; **~ du willst** në daç; **~gleich** *konzessiv* megjithëqë; mejithëse
wer? kush?; **~ da?** kush është?
Werbung *f* reklam|ë, -a
werden i/u/o bëhem; *~̊ n phi.* formim-i
Werfall *m* † *spr.* emëror|e, -ja
werfen i/a/o hedh *e/i/o;* vërvis *s/t;* **Anker ~** lëshoj spirancën
Werft *f* kantier-i anijendërtues
Werft- anijendërtues, -e
Werk, -(e)s, *pl.* e, *n* vep|ër, -ra; *Fabrik* uzin|ë, -a; **~ausgabe** *f* përmbledhje veprash; **~bank** *f* bankë pune; tezgjah-u; **~statt** *f* oficin|ë, -a; **~statt-Auto** *n* autooficin|ë, -a; **~stattwagen** *m* karrooficin|ë, -a; **~tag** *m* ditë pune; **~tätiger** *m* punonjës-i; **~zeug** *n* instrument-i; veg|ël, -la; hallat-i; alet-i; **~zeugkasten** *m* arkë veglash
werktätig punonjës, -e
Wermut, -s, *pl.* 0, *m m bot.* pelin-i, vermut-i
wert *lieb* i/e dashur; *geschätzt* i/e nderuar; *teuer* i/e shtrenjtë; *wichtig* i/e rëndësish|ëm, -me; **~ sein** vyej; vlej; **das ist keinen Pfifferling ~** s'vlen asnjë grosh
Wert, -(e)s, *pl.* e, *m* vler|ë, -a; vleft|ë, -a; **~arbeit** *f* punë me duk; **~igkeit** *f chem.* valenc|ë, -a; **~lehre** *f* aksiologjí-a; **~paket** *n* pako me vlerë; **~papiere** *Pl.* letra-t me vlerë; **~schätzung** *f* çmuarj|e, -a; **~siegel** *n* pull|ë, -a
wertlos i/e kotë; i/e pavlefsh|ëm, -me; **~ machen** zhvleftësoj; zhvlerësoj
wertvoll i/e çmuar; i/e çmuesh|ëm, -me; i/e vlersh|ëm, -me; i/e paçmuesh|ëm, -me; i/e vlefsh|ëm, -me; i/e vyesh|ëm, -me
Werwolf, -s, *pl.* ¨e, *m myth.* vurkollak-u; lugat-i
Wesen, -s, *pl.* 0, *n* esenc|ë, -a; qeni|e, -a; thelb-i; **~ und Erscheinung** qenie e shfaqje; **belebtes ~** frymor-i
wesenhaft thelbësor, -e
wesentlich i/e qenësish|ëm, -me; qenësor, -e; thelbësor, -e; theme-

lor, -e; ⟨*adv*⟩ qenësisht; **die ~en Eigenschaften** *Pl.* vetitë thelbësore
Wesfall *m* † *spr.* gjinor|e, -ja
weshalb? përse; pse?
Wesir, -s, *pl.* e, *m hist.* vezir-i
Wespe *f* arëz-a; grerëz-a; grer|ë, -a
wessen? i kujt?
West- perëndimor, -e; **~deutschland** Gjermani-a Perëndimore
Weste *f* jelek-u; kanatier|e, -ja; *Volkstracht* xhup-i
Westen, -s, *m* perëndim-i
Westindien *in der Karibik* Inditë Perëndimore
westlich perëndimor, -e
Wettbewerb, -s, *pl.* e, *m* konkurs-i; emulacion-i; konkurrenc|ë, -a; gar|ë, -a
Wettbewerber, -s, *pl.* 0, *m* konkurrent-i
Wette *f* bast-i; **eine ~ abschließen, wetten um** vë bast ⟨+ *Akk*⟩
Wetter, -s, *n* mot-i; **~bericht** *m* buletin-i meteorologjik; buletin-i i motit
Wettkampf, -(e)s, *pl.* ¨e, *m* ndeshj|e, -a; gar|ë, -a
Wettlauf, -s, *pl.* ¨e, *m*, **Wettrennen** *n* gar|ë, -a
wetzen grih; grihoj; **das Messer ~** eh thikën
Wetzstein, -s, *pl.* e, *m* grih|ë, -a; grihës-i; gur zmeril
Whisky *m* uiski
wichtig i/e rëndësish|ëm, -me; me rëndësi
Wichtigkeit *f* rëndësí-a
Wicke *f bot.* grashin|ë, -a
Wickelband, -(e)s, *pl.* ¨er, *n* dizg|ë, -a
Wickelgamasche *f* dollak-u
Wickelkraut, -s, *n* sarmá-ja
wickeln mbështjell; dredh; kurdis; **ein Kind ~** mbështjell një foshnjë
Widder, -s, *pl.* 0, *m* dash-i
wider = gegen kúndër ⟨+ *Abl*⟩; kundra
wider- kundër-
Widerhall, -s, *m* jeh-u; jehon|ë, -a; rikumbim-i; **~ der Taten Skanderbegs** ushtima e veprës së Skënderbeut
wider/hallen jehoj; bëj jeh
Widerruf, -s, *m* shfuqizim-i
widerrufen u/ie/u revokoj; shfuqizoj
widerspiegeln pasqyroj; reflektoj
Widerspruch, -s, *pl.* ¨e, *m* kontradikt|ë, -a; kundërthëni|e, -a; kundërshtim-i; **im ~ zu** në kundërshtim me
widerspruchsfrei pa kundërthënie
Widerstand, -(e)s, *pl.* ¨e, *m* qëndres|ë, -a; kundërshtim-i; rezistenc|ë, -a; **~ leisten** bëj ballë
widerstehen e/a/a rezistoj; kundërshtoj; qëndroj; **der Versuchung ~** i qëndroj tundimit
Widerwille gërdí-a; krup|ë, -a; neverí-a
widmen kushtoj; dedikoj; blatoj
wie? si?; qysh?; ⟨*Konj*⟩ siç; sikundër; aq sa; **~ dem auch sei** gjithsesí; **~ der Vater, so der Sohn** xhins pas xhinsi; **~ éin Mann** gjithunjí; **~ geht es Euch?** si je, zotrote?; **~ geht es Ihnen** si jeni?; **~ hast du geschlafen?** si u gdhive?; **~ im Fluge** fluturímthi; **~ lange?** sa kohë?; **~ wenn** sikur
wieder = erneut përsërí; **der Alte erlebte die Jahre seiner Jugend ~** plaku po

rijetonte vitet e rinisë; **er/sie dachte ~ an seine/ihre Klassenkameraden** rikujtoi shokët e klasës; **der Kranke kommt ~ auf die Beine** po rimëkëmbet i sëmuri; **der Wald wächst ~ nach** ripërtërihet pylli

wieder- ri-; **~ auf/nehmen** i/a/o rifilloj; **~ auf/richten** mëkëmb; **~ einführen** rivendos; **~ erwachen** ringjallem; **~ füllen** rimbush; **~ heiter werden** i/u/o zbardhet

Wiederaufforstung *f* ripyllëzim-i

Wiederaufnahme *f* rigjallërim-i; **~ der Geschäfte** *ök.* rigjallërim-i i veprimtarisë; **~ des Verfahrens** *jur.* rifillim-i i gjykimit

Wiederausfuhr *f* rieksport-i

wieder beginnen i/a/o rifilloj

wiederbeleben ngjall

Wiederbelebung *f* rigjallërim-i

wieder bewaffnen riarmatos

Wiedereinfuhr *f* riimport-i

wieder/erkennen e/a/a rinjoh

wieder errichten rivendos

wieder/finden i/a/u rigjej

wiedergeboren werden i/u/o rilind

Wiedergeburt *f* rilindj|e, -a

wieder/gewinnen i/a/o rifitoj

wieder/gut/machen dëmshpërblej; **wir machen den Schaden wieder gut** shpërblejmë dëmin

Wiedergutmachung *f* dëmshpërblim-i; reparacion-i

wieder/her/richten riaftësoj; **er richtete den Motor wieder her** riaftësoi motorin

wieder/her/stellen riaftësoj; restauroj; rindërtoj

Wiederherstellung *f* remont-i; rindërtim-i

wiederholen përsëris *s/t;* **er/sie wiederholte die Lektion mehrmals** e ripërtypi disa herë mësimin

Wiederholung *f* përsëritj|e, -a; *im Fernsehen* ritransmetim-i

wieder/käuen ripërtyp

wieder/kehren rikthehem

wieder/sehen ie/a/e shoh përsëri; **wir sehen uns wieder** takohemi përsëri

Wiedersehen, -s, *n* ritakim-i; **auf ~!** mirupafshim!

wieder/vereinigen ribashkoj

Wiederverkauf, -s, *pl.* ¨e, *m* rishitj|e, -a

wieder/verkaufen rishes *e/i; s/t*

Wiege *f* djep-i; hol|e, -ja; **~n:druck** *m typ.* inkunabul-i; **~n:lied** *n* ninull|ë, -a; ninanan|ë, -a; ullullá-ja; **ein ~n:lied singen** i/a/u nanuris

wiegen *wiegt, wog, hat gewogen* peshoj; terezis *s/t*

wiehern hingëllij

Wien *ON* Vjen|ë, -a

wienern fajkoj; feks

Wiese *f* blerin|ë, -a; livadh-i

Wiesel, -s, *pl.* 0, *n zoo.* buk|ël, -la

wieso? posi? qysh?; **~ nicht!** qysh jo!; **~ willst du nicht?!** qysh, nuk dashke!

wie viel? sa?; **~ Uhr ist es?** sa është ora?

wild i/e egër; zemërak, -e; **~ werden** i/u/o egërsohem; **~es Tier** *n* bish|ë, -a

Wild, -(e)s, *n* gjah-u; **~ente** *f zoo.* baj|ë, -a; **~heit** *f* egërsí-a; **~kastanie** *f bot.* ash|ër, -ra; **~leder** *n* kamosh-i;

~schwein *n zoo.* thi i egër; **~taube** *f zoo.* gogesh-i; gugash-i; **~wasser** *n* përr|ua, -oi; **das ~wasser stürzt vom Berge herab** përroi zdirgjet nga mali

Wille, -ns, *m* vullnet-i; **der ~ Gottes** vullnet-i hyjnor; **aufgezwungener ~** diktat-i

willenlos pa vullnet; **~ werden** i/u/o zhvullnetem

willensstark i/e vullnetsh|ëm, -me

willkọmmen mirë se vjen (erdhe/erdhët); **~!** ardhsh shëndoshë

Willkür *f* zullum-i; **~akte der Gendarmen** zullume-t e xhandarëve

willkürlich arbitrar, -e; i/e vullnetsh|ëm, -me; **~e Handlung** *f* veprim-i i vullnetshëm

Wimper *f* qerpik-u

Wind, -(e)s, *pl.* e, *m* er|ë, -a; **frischer ~** fresk-u; **in ~es:eile** me shpejtësi vetëtime; **~fang** *m* hajat-i; **~hund** *m* zagar-i; **~schutzscheibe** *f* parabrec|ë, -a; *am Zweirad* erëpritës-i; **~stille** *f* bunac|ë, -a; **~stoß** *m* duhm|ë, -a

Winde *f bot.* dredhk|ë, -a; *tech.* vinç-i; argano-ja; makará-ja; çikrik-u; (auf einem Wagen installierte ~) autovinç-i

Windel *f* shpërgë-ri; pelen|ë, -a; brekor|e, -ja

winden *windet, wand, hat gewunden* mbledh; thur; kurdis; **sich ~** gjarpëron; dredhon; zhdërvillet *e/i/o;* përpëlitem

Windung *f* dredh|ë, -a

Winkel, -s, *pl.* 0, *m* kënd-i; skut|ë, -a; zgëq-i

winseln kuis *s/t;* hungëroj; **der Hund winselt** qeni kuit; *°~ n* kuisj|e, -a

Winter, -s, *pl.* 0, *m* dim|ër, -ri; **winters, im Winter** dimrit

Winter-, **winterlich** dimërak, -e; dimëror, -e; **~apfel** *m bot.* mollë dimërake; **~futter** *n* dimërisht|ë, -a; **~garten** *m* xhamllëk-u; **~goldhähnchen** *n zoo.* çikë e vogël; **~mantel** *m* kapot|ë, -a; **~vorrat** *m* zahiré-ja; **~weide** *f* vërrí-a; dimërisht|ë, -a

Winzer, -s, *pl.* 0, *m* vreshtar-i; **~ei** *f* vreshtarí-a

winzig vocërr; vóckël

wir ne; **~ beide** ne të dy

Wirbel, -s, *pl.* 0, *m* vorbull-a; rrëmujë, -a; rrapëllimë, -a; *med.* rrótull-a; rruazë, -a; **~säule** *f med.* shtyllë kurrizore; shpina e kurrizit; **~sturm** *m* ciklon-i

wirken veproj

wirklich i/e vërtetë; real, -e; ⟨*adv*⟩ vërtet; aman!

Wirklichkeit *f* realitet-i

Wirkung *f* veprim-i; efekt-i

Wirkwaren *Pl.* trikotazh-i

Wirtschaft *f* ekonomí-a; **~ler** *m* ekonomist-i; **~lichkeit** *f* rentabilitet-i; **~spolitik** *f* politikë ekonomike; **~s:wissenschaften** *Pl.* shkenca-t ekonomike

wirtschaftlich ekonomik, -e; rentab|ël, -le; **~er Ruin** *m* rrënim-i ekonomik; **~er Stillstand** *m* amulli-a ekonomike

wischen fshij

Wismut *n* Bi *chem.* bismut-i

wissen *weiß, wusste, hat gewusst* di, *-ta, -tur*

Wissen, -s, *n* dij|e, -a; njohurí-a; **~schaft** *f* shkenc|ë, -a; **~schaftler** *m* dijetar-i; shkencëtar-i; **junger ~ schaftler** *m* aspirant-i; **~schafts-wissenschaftlich** shkencor, -e; **~s:durstiger** *m* arsimdashës-i; **~s:gebiet** *n* diturí-a

Witwe *f* e ve-ja; vejush|ë, -a

Witwer, -s, *pl.* 0, *m* vejan-i; vejush-i

Witz, -es, *pl.* e, *m* barcelet|ë, -a; shaká-ja; gazel|e, -ja; qyfyr-i; shpotí-a; tallj|e, -a; **~e erzählen** tregoj qyfyre; **~e machen** tallem

wlachisch vllah, -e

wo? ku?; **~ bist du, mein Dickerchen!** ku je, moj dume!; **~ warst du, Bursche?!** ku ishe, xhanëm?!

Woche *f* jav|ë, -a; **die ganze ~** tërë javën

Wochen- i/e përjavsh|ëm, -me; **~bett** *n med.* lehoní-a; lodhnim-i; **~schau** *f im Kino* † kinokronik|ë, -a; kinoditar-i

wöchentlich javor, -e; i/e përjavsh|ëm, -me

Wöchnerin *f med.* lehon|ë, -a; grua e dergjur; **~nen:station** *f* maternitet-i

Wodka *m* vodk|ë, -a

Woge *f* tallaz-i; dallg|ë, -a

woher? nga?; prej nga?; **~ kommst du?** nga vjen?

wohin? për ku? ku?

wohl *gut* mirë; ⟨*Partikel*⟩ vallë; **~riechend** i/e mermë, -e; **~tätig** bamirës, -e; **~wollend** vullnetmirë

wohlan! ⟨*Int.*⟩ hajde(ni)

Wohlergehen, -s, *n* mirëqeni|e, -a; begatí-a

Wohlgeruch, -(e)s, *pl.* ¨e, *m* arom|ë, -a

Wohllaut, -(e)s, *m* bukurtingëllim-i

Wohlstand, -(e)s, *m* mirëní-a; begatí-a; mirëqeni|e, -a

Wohltäter, -s, *pl.* 0, *m* bamirës-i; mirëbërës-i

Wohltätigkeit *f* bamirësí-a

Wohlwollen, -s, *n* dashamirësí-a

Wohnblock, -s, *pl.* ¨e, *m* pallat-i

wohnen banoj; *zu Gast* buj, *-ta, -tur;* ~̊ *n* banim-i

Wohngemeinschaft *f* bashkëbanim-i

Wohnhaus, -es, *pl.* ¨er, *n* banes|ë, -a

Wohnort, -(e)s, *pl.* e, *m* qendër e banimit; vendbanim-i

Wohnraum, -(e)s, *pl.* ¨e, *m* kthin|ë, -a

Wohnsitz, -es, *pl.* e, *m* vendbanim-i

Wohnung *f* banesë, -a; apartament-i

Wohnzimmer, -s, *pl.* 0, *n* dhom|ë ndeje; dhomë banimi; odë e bukës; **~schrank** *m* bufé-ja

Wolf, -(e)s, *pl.* ¨e, *m* ujk-u; **~s:fell** *n* ujkth-i; **~s:hund** *m* qen-ujk-u; **~s:milch** *f bot.* qumështor|e, -ja

Wölfin *f* ujkesh|ë, -a; ujkonj|ë, -a

Wolfram *n* W *chem.* volfram-i

Wolke *f* re-ja; **~n:bruch** *m* rrebesh-i; **~n:kratzer** *m* qiellgërvishtës-i

wolkenlos pa re

Wolldecke *f* batanije leshi; jamullí-a; velenx|ë, -a; kuvertë leshi; **raue ~** cerg|ë, -a

Wolle *f* lesh-i; **aus ~, wollen** i/e leshtë

wollen *will, wollte, hat gewollt* dua, *do, desha, dashur;* dëshiroj; kërkoj; **er wollte etwas sagen** u mat të thoshte diçka

Wollflocke *f* shtëllung|ë, -a

Wollkamm, -(e)s, *pl.* ¨e, *m* dhëmbec-i

Wollkämmerin *f* gërhanëtor|e, -ja

Wollschürze *f* barkor|e, -ja

Wollstoff, -(e)s, *pl.* e, *m* stof leshi; coh|ë, -a

womit? me se?

womöglich ⟨*Modalpartikel*⟩ kushedí

Wort, -(e)s, *pl.* ¨er, *n* fjal|ë, -a; llaf-i; **das ~ ergreifen** ei/i/i marr fjalën; **geflügeltes ~** fjalë fluturake; **~anlaut** *m spr.* pjesë nistore e fjalës; **~arten** *Pl.* pjesë të ligjëratës; **~bestand** *m,* **~schatz** *m* fjalës-i; leksik-u; **~bildung** *f* fjalëformim-i; **~bildungs-** fjalëformues, -e; **~bildungslehre** *f spr.* morfologji-a e fjalëformimit; **~bruch** *m,* **~brüchigkeit** *f* çartabes|ë, -a; shnotj|e, -a; **~familie** *f spr.* çerdhe fjalësh; **~führer** *m* zëdhënës-i; **~gruppe** *f* togfjalësh-i; **~herkunft** *f* etimologjí-a; **~schatz-** leksikor, -e; **~schatzeinheit** *f* leksem|ë, -a; **~schatzforschung** *f* leksikologjí-a; **~schwall** *m* rrëke-ja fjalësh; **~verbindung** *f* togfjalësh-i; **~zusammensetzung** *f spr.* fjalëpërbërj|e, -a

wortbrüchig besëshkalë

Wörterbuch, -(e)s, *pl.* ¨er, *n* fjalor-i

Wörterbüchlein, -s, *pl.* 0, *n* fjalorth-i

wortkarg fjalëkursyer

wörtlich i/e fjalëpërfjalsh|ëm, -me; ⟨*adv*⟩ tekstualisht; fjalë për fjalë

wortreich fjalaman, -e

wortwörtlich shkronjë për shkronjë

wovon? për se?; nga ç'? **~ sonst?** nga ç'tjetër?

Wucherer, -s, *pl.* 0, *m* fajdexhí-u; kamatar-i

wuchern jap me fajde; **das Unkraut wuchert** bari i keq rritet shpejt

Wucherzins, -es, *pl.* en, *m* fajdé-ja

Wucht *f* fuqí-a; vrull-i; furí-a

Wühlarbeit *f* diversion-i

wühlen gërmoj; rrëmoj; trazoj

Wundarzt, -es, *pl.* ¨e, *m* † xherah-u

Wunde *f* plag|ë, -a

Wunder, -s, *pl.* 0, *n* mrekullí-a

wunderbar hyjnor, -e; i/e çuditsh|ëm, -me

wundern, sich ~ habitem; çuditem

wundertätig çudibërës, -e

wundervoll i/e admiruesh|ëm, -me

Wundstarrkrampf, -(e)s, *m med.* tetanos-i

Wunsch, -(e)s, *pl.* ¨e, *m* dëshir|ë, -a; hatër-i; Glückwunsch *m* urim-i

wünschen dëshiroj; uroj

wünschenswert i/e dëshiruesh|ëm, -me

Würde *f* dinjitet-i; sed|ër, -ra

würdevoll dinjitoz, -e

würdig i/e denjë; dinjitoz, -e; ⟨*adv*⟩ denjësisht

würdigen nxjerr në pah

Würdigkeit *f* denjësí-a

Würfel, -s, *pl.* 0, *m* zar-i; kub-i

Wurfschleuder *f* hobé-ja

Wurm, -(e)s, *pl.* ¨er, *m* krimb-i

wurmig, wurmstichig krimbçe

Wurst, *pl.* ¨e, *f* sallam-i; **~braterei** *f* mezerí-a; **~scheibe** *f* kurmagjak-u

Würstchen, -s, *pl.* 0, *n,* Siedewurst *f* salsiç|e, -ja

Wurzel *f* rrënj|ë, -a; *bot.* karot|ë, -a
Wurzel- rrënjor, -e; **~aorist** *spr.* aorist-i rrënjor; **~stock** *m bot.* rizom|ë, -a; **~wort** *spr.* fjalë rrënjë
würzen lezetoj
Wüste *f* shkretëtir|ë, -a
Wüstling, -s, *pl.* e, *m* firaun-i
Wut *f* zemërim-i; inat-i; maraz-i; tërbim-i; mllef-i; **vor ~ toben** tërbohem; **~ausbruch** *m* duf-i; histerí-a
wütend i/e frysh|ëm, -me; i/e zemëruar; **~ machen** zemëroj; **~ werden** i/u/o tërbohem; zemërohem; vrenjtem
Wüterich, -s, *pl.* e, *m* mllefqar-i

X

Xerographie *f* kserografí-a
Xylophon, -s, *pl.* e, *n* ksilofon-i

Y

Yankee, -s, *pl.* s *m* ['jɛnki] jankí
Yard, -s, *pl.* s *m* (91,44 cm) jard-i
Yuan *chines. Währung* CNY juan-i

Z

z. B. = zum Beispiel f. v. (fjala vjen)
Zacken, -s, *pl.* 0, *m* cep-i; hep-i; grath-i
Zahl *f* num|ër, -ri; **in die roten Zahlen kommen** kaloj në debi; **~wort** *n* numëror-i
zahlen paguaj
zählen njeh; numëroj
Zähler, -s, *pl.* 0, *m math.* numërues; *tech.* njehsor-i, kontator-i
zahlreich i/e shumtë
Zahlung *f* pages|ë,-a; këst-i; **~en aussetzen** *ök.* pezulloj pagesa-t; **~sanweisung** *f* urdhërpages|ë, -a; **~sbilanz** *f* bilanc-i i pagesave; **~sfähigkeit** *f* gjendje arke; aftësí-a paguese; **~srate** *f* këst-i; **~sweise** *f* mënyrë e pagesës
zahlungsfähig i aftë të paguajë
zahlungsunfähig i paaftë të paguajë
zahm i/e butë; i/e urtë; mitar, -e
Zahn, -(e)s, *pl.* ¨e, *m* dhëmb-i; *tech.* dhëmbëz-a; **der ~ wackelt** luan dhëmbi; **mit den Zähnen knirschen** kërcëlloj dhëmbët
Zahn- dentar, -e; dhëmbor, -e; **~arzt** *m* dentist-i; dhëmbëtar-i; mjek dhëmbësh; **~arzt**- dentar, -e; stomatologjik, -e; **~fleisch** *n* dud|ë, -a; **~klinik** *f* klinikë dentare; **~laut** *m spr.* bashkëtingëllore dhëmbore; **~medizin**

f stomatologjí-a; **~pasta** *f* pastë dhëmbësh; **~rad** *n tech.* ingranazhi; **~schmerz** *m* dhembje dhëmbësh

Zähnchen, -s, *pl.* 0, *n* dhëmbëz-a; grath-i

zahnlos pa dhëmbë; dúdësh, -e

Zange *f* pincë, -a; dar|ë, -a; *med.* forceps-i

Zank, -s, *m* zënk|ë, -a; çart|ë, -a; sherr-i

Zäpfchen, -s, *pl.* 0, *n, Uvula med.* dërçikth-i; njerith-i

Zapfen, -s, *pl.* 0, *n* duq-i

Zar, -s, *pl.* en, *m* car-i; **~in** *f* caresh|ë, -a

zart i/e brishtë; delikat, -e; **~fühlend** delikat, -e

Zartheit *f* butësí-a

Zäsium *n* Cs *chem.* cezium-i

Zäsur *f spr., mus.* cezur|ë, -a

Zauber, -s, *m* magji-a

Zauber- magjik, -e; **~künstler** *m* iluzionist-i; **~ring** *m* unazë magjike

Zauberer, -s, *pl.* 0, *m myth.* magjistar-i

zaubern magjeps

zaudern ngurroj; dyzoj

Zaum, -(e)s, *pl.* ¨e, *m* fre-ri

zäumen vë fre

Zaun, -(e)s, *pl.* ¨e, *m* gardh-i

Zebra, -s, *pl.* s, *n zoo.* zéb|ër, -ra; **~streifen** *Pl.* vija-t e bardha të trafikut

Zecke *f zoo.* këpush|ë, -a; rriq|ër, -ra

Zeder *f bot.* céd|ër, -ri

zedieren *ök.* cedoj

Zeh, -s, *pl.* en, *m* gisht-i; gisht i këmbës; **auf ~en:spitzen** në majë të gishtërinjve

Zehe *f. Knoblauch* thelb-i

zehn dhjetë; **~silbig** dhjetërrokësh, -e; **~tägig** dhjetëditësh, -e; dhjetëditor, -e; **der ~te** i dhjetë

Zehner, -s, *pl.* 0, *m* dhjetësh|e, -ja

Zehnkampf, -(e)s, *pl.* ¨e, *m spo.* dhjetëgarësh-i

Zehntel, -s, *pl.* 0, *n* e dhjet|ë, -a

Zeichen, -s, *pl.* 0, *n* shenj|ë, -a; **~block** *m* bllok-u vizatimi; **~lehre** *f spr., phi.* semiologjí-a; **~setzung** *f spr.* pikësim-i; **~trickfilm** *m* film-i multiplikativ

zeichnen vizatoj; *unterschreiben* nënshkruaj; firmos; *markieren* shënoj; *brandmarken* damkos; *fig. umreißen* përvijoj; ravijëzoj

Zeichner, -s, *pl.* 0, *m* vizatues-i; **technischer ~** disenjator-i

Zeichnung *f* vizatim-i

Zeige- dëftues, -e; **~finger** *m* gisht dëftues

zeigen tregoj; dëftej *e/ye;* dëftoj; rrëfej *e/ye;* **~d** dëftues, -e

Zeiger, -s, *pl.* 0, *m* akrep-i

Zeile *f* radh|ë, -a; rresht-i; **zwischen den ~n lesen** kap nëntekstin e fjalëve; **~n:setzmaschine** *f* linotip-i

Zeit *f* koh|ë, -a; **freie ~** volí-a; nge-ja; **~ haben** kam nge; **keine ~ finden** s'gjej arallëk; **zu geeigneter ~** në kohën e duhur; **~ der Verbüßung** *jur.* kohë e vuajtjes; **~abschnitt** *m* periudh|ë, -a; **~alter** *n* epok|ë, -a; **~bestimmung** *f spr.* plotës-i kohe; **~form** *f spr.* koh|ë, -a; **~punkt** *m* çast-i; **~schrift** *f* revist|ë, -a;

e përkohshm|e, -ja; **~wort** *n spr.* folj|e, -a
zeitgenössisch bashkëkohës, -e; **~e Quellen** *Pl.* burime-t bashkëkohëse
zeitlos pakohor, -e
Zeitung *f* gazet|ë, -a; **~s:austräger** *m* gazetashpërndarës-i; **~s:verkäufer** *m* gazetashitës-i
zeitweilig i/e përkohsh|ëm, -me
zelebrieren *Messe* meshoj; celebroj
Zell- qelizor, -e; **~gewebe** *n* ind-i qelizor; **~schwund** *m* atrofí-a; **~teilung** *f* ndarje e qelizës
Zelle *f* celul|ë, -a; qeliz|ë, -a; *Telefon* kabin|ë, -a, *pl.* -a-t; *Kloster* qelí-a
Zellophan, -s, *n* celofan-i
Zelluloid, -s, *n* celuloid-i
Zellulose *f* celuloz|ë, -a
Zelt, -(e)s, *pl.* e, *n* tend|ë, -a; shator|e, -ja; **~plane** *f* çad|ër, -ra
Zement, -s, *m* çimento-ja
zementieren çimentoj
Zenit, -s, *m* zenit-i
zensieren censuroj
Zensur *f* censur|ë, -a; **der ~ unterziehen** censuroj
Zentimeter, -s, *pl.* 0, *m* (cm) centimet|ër, -ri
Zentner, -s, *pl.* 0, *m* (z) pesëdhjetë kilogram
zentral qendror, -e
Zentral- qendror, -e; **~heizung** *f* ngrohje qendrore
Zentrale *f* central-i
zentralisieren centralizoj
Zentralismus *m* centraliz|ëm, -mi; **bürokratischer ~** centralizëm burokratik
zentrieren centroj
zentrifugal qendërikës, -e
Zentrifuge *f* centrifug|ë, -a
zentripetal qendërsynues, -e
Zentr|um, -s, *pl.* en, *n* qend|ër, -ra; **~s:anhänger** *m* centrist-i
Zephir, -s, *m* zefir-i
zerbrechen i/a/o thyej; copëtoj; **sich den Kopf ~** vras mendjen
zerbrechlich i/e thyesh|ëm, -me; i/e brishtë
zerbrochen i/e prishur; i/e thyer
zerbröckeln ronitem; harmohem; thërrmoj
zerbröseln drudh; dromcoj
zerebral *spr.* cerebral, -e
Zeremonie *f* ceremoní-a
zerfallen ¨/ie/a zhgardhohem; harmohem
zerfetzen shqyej; grilloj; xhavalit; zheloj; çjerr *e/i/o;* zhap
zerfressen i/a/e ha; grij
zerhacken cokëloj
zerkleinern imtësoj; imtoj
zerknautschen, **zerknittern** rrudh
zerkrümeln grimcoj; drudh; dromcoj; grij
zerlegbar i/e zbërthyesh|ëm, -me
zerlegen zbërthej; analizoj
zerlumpt i/e leckosur
zermalmen, **zerreiben** thërrmoj
Zerr:eiche *f bot.* qarr-i
zerreißen ei/i/i zheloj; çjerr *e/i/o;* gris; shqyej; këpus *s/t;* **zerrissen** i/e këputur
zerren tërheq me forcë; **an den**

Haaren ~ zvarris për flokësh
Zerrung *f med.* strapo-ja
zerschmettern gremis
zersetzen, sich ~ dekompozohem; shpërbëhem; zbërthehem
Zersplitterung *f* dasí-a
zerstören shkatërroj; prish; zhbëj; çart; rropos; shpartalloj
Zerstörung *f* shkatërrim-i; prishj|e, -a
zerstreuen zhdavaris *s/t;* davaris *s/t;* hallakas *s/t;* **zerstreut** i/e hallakatur; *vergesslich* hutaq, -e
zerstückeln copëtoj; dërrmoj; çokanis; grij; **zerstückelt** i/e copëtuar
Zerstückelung *f* copëtim-i
zerteilen *Fisch* kurmoj
Zertifikat, -(e)s, *pl.* e, *n* certifikat|ë, -a; vërtetes|ë, -a; dëftes|ë, -a
zertreten i/a/e shkel
Zettel, -s, *pl.* 0, *m* sked|ë, -a; **~kasten** *m* skedar-i; **~katalog** *m* katalog-skedar
Zeug, -s, *n* rroba-t; vegla-t; lënd|ë, -a; **altes** ~ vjeturin|ë, -a; **~haus** *n* arsenal-i
Zeuge, -n, *pl.* n, *m* dëshmitar-i; **~n:aussage** *f jur.* dëshmí-a
Zeugma, -s, *pl.* ta, *n spr.* zeugm|ë, -a
Zeugnis, -ses, *pl.* se, *n* certifikat|ë, -a; dëshmí-a
Zichorie *f bot.* radhiq|e, -ja
Zicklein, -s, *pl.* 0, *n* kec-i; kedh-i; keç|e, -ja
Zickzackbewegung *f* zigzag-u
Ziege *f* dhi-a
Ziegel, -s, *pl.* 0, *m* qeramidh|e, -ja; tjégull-a; tull|ë, -a; **~brenner** *m* tjegullar-i; **~stein** *m* tull|ë, -a
Ziegen- i/e dhirtë; **~bock** *m* cjap-i; **~böckchen** *n* cjapok-u; **~hirt** *m* dhiar-i; **weibliches ~junges** *n* keç|e, -ja
ziehen *zieht, zog, hat gezogen* heq *e/i/o;* çoj, *çova, çuar;* zhgërryej; **es zieht** fryn erë; **aus dem Stecker** ~ heq nga priza; **durch den Kakao** ~ gojavis *s/t;* **eine Gerade** ~ heq një drejtëz; **in die Länge** ~ zvarg; **in Zweifel** ~ vë në dyshim
Ziel, -(e)s, *pl.* e, *m* qëllim-i; **~bahnhof** *m* stacion-i fundor; **~ort** *m* vendmbërritj|e, -a; **~scheibe** *f* nishan-i
zielen synoj; qëlloj
ziellos pa synim, pa plan; ~ **vor sich hinleben** gjëllij
zieren dritësoj; hijeshoj
Ziffer *f* shif|ër, -ra; **arabische ~n** *Pl.* shifra-t arabe
Zigarette *f* cigar|e, -ja; **~n:spitze** cigarisht|e, -ja; pip|ë, -a
Zigarre *f* puro-ja
Zigeuner, -s, *pl.* 0, *m veralt.* gabel-i; arixhí-u; cigan-i; **sesshafter** ~ *Sinti* evgjit-i; jev|g-u; evgjit-i; **~in** *f* cigane, -ia; jevg|ë, -a; **herumziehende** ~ arixheshk|ë, -a
Zikade *f zoo.* cínx|ër, -ra; gjinkall|ë, -a
Zimmer, -s, *pl.* 0, *n* dhom|ë, -a; od|ë, -a; kthin|ë, -a; konak-u; **~decke** *f* tavan-i; **~mädchen** *n* punonjëse kati; **~mann** *m* karpentier-i; **das** ~ **geht nach Süden hinaus** dhoma bie nga jugu
Zimt, -(e)s, *m;* **~baum**, -(e)s, *pl.* ¨e, *m*

bot. kanell|ë, -a

Zink *n* Zn *chem.* zink-u; **~blech** *n* llamarinë e zinkuar; llamarin|ë, -a

Zinn *n* Sn kallaj-i; **~gießer** *m* kallajxhí-u

Zinne *f* beden-i

Zins, -es, *pl.* en, *m* kamat|ë, -a; përqindj|e, -a; **~en** *Pl.* interes-i

Zirkel, -s, *pl.* 0, *m* kompas-i; **~ des Landmessers** zhalon-i

Zirkular, -s, *pl.* e, *n* qarkor|e, -ja

Zirkulationsfonds *m ök.* fonde të qarkullimit

zirkulieren qarkulloj

zirkumflektiert *spr.* lakor, -e

Zirkumflex *spr.* theks-i lakor

Zirkus, *pl.* se, *m* cirk-u

zirpen cinxëroj; zhurmoj; **die Zikaden ~** gjinkallat zhurmojnë; **~̊** *n der Zikade* cinxërim|ë, -a

Zirrhose *f* [tsiˈroːzə] *med.* cirroz|ë, -a

zischen fishkëllej *e/ye;* **~d** shushuritës, -e

Zischlaut, -(e)s, *pl.* e, *m spr.* bashkëtingëllore fishkëllore

Zisterne *f* cistern|ë, -a

Zitadelle *f* kështjell|ë, -a

Zitat, -(e)s, *pl.* e, *n* citat-i

zitieren citoj

Zitrone *f* limon-i; qítro-ja; **~n:saft** *m* limonad|ë, -a

Zitrusfrüchte *Pl.* agrume-t

zittern trembem; **~ um** drithërohem për ⟨+ *Akk*⟩; **~̊** *n* dridhj|e, -a; rrëqethj|e, -a; dridhm|ë, -a

Zitze *f* mjelm-i; thumb-i

zivil civil, -e

Zivilisation *f* qytetërim-i

zivilisieren qytetëroj

Zivilklage *f jur.* aktpadí-a

Zivilschutz *m*, **Zivilverteidigung** *f* mbrojtje civile

zögern ngurroj

Zoll, -s, *m* dogan|ë, -a; *engl. Längenmaß* inç-i; **~ erheben** e/o/o doganoj

Zoll- doganor, -e; **~abgabe** *f* tagër doganor; **~büro** *n*, **~amt** *n* agjenci-a dogane; **~erklärung** *f* deklaratë doganore; **~tarif** *m* tarifë doganore

Zöllner, -s, *pl.* 0, *m* doganier-i

Zone *f* zon|ë, -a; brez-i

Zoologe, -n, *pl.* n, *m* zoolog-u

Zoologie *f* zoologjí-a

zoologisch zoologjik, -e

Zootechnik *f* zooteknі́-a; zooteknik|ë, -a

Zootechniker, -s, *pl.* 0, *m*, Tierpfleger *m* zooteknik-u; **~ und Tierarzt** zooveteriner-i

Zopf, -(e)s, *pl.* ¨e, *m* gërshet-i

Zorn, -(e)s, *m* inat-i; mllef-i

Zote *f* lapërdhí-a

zu te; tek ⟨+ *Nom.*⟩; rreth ⟨+ *Abl*⟩; **~ Fuß** më këmbë; **~ Fuß gehen** e/i/a eci; **~ sehr** tepër; ~ *geschlossen* i/e mbyllët; i/e mbyllur; **zur Kritik der Philosophie des Rechts** rreth kritikës së filozofisë të së drejtës; **zur Minna machen** *fig.* zdrugoj; **zur Schule gehen** shkollohem

Zuber, -s, *pl.* 0, *m* govat|ë, -a

zu/bereiten gatis *s/t;* gatuaj

Zubereitung *f* gatim-i

Zucchini *Pl.* [tsu'ki:ni] *bot.* kunguj-t
züchten rris *s/t*
Zucht *f* rritj|e, -a; **~hengst** *m* hamshor-i; **~tier** *n Hengst, Stier, Bock* damaz-i
zucken dridhem; **er zuckte die Achseln** ia shtrëngoi supet
Zucker, -s, *m* sheqer-i; **~bäcker** *m* sheqerxhí-u; **~bäckerei** *f* pastiçerí-a; **~dose** *f* mbajtëse sheqeri; **~kranker** *m* diabetik-u; **~krankheit** *f* diabet-i; **~melone** *f* pjep|ër, -ra; **~rohr** *n* kallam-i sheqeri; **~rübe** *f* panxhar-sheqeri
zuerst së pari
Zufall, -(e)s, *pl.* ¨e, *m* rastësí-a
zufällig i/e rastit; i/e rastësish|ëm, -me; ⟨*adv*⟩ rastësisht; gand; **auch ich kam ~ in jene Versammlung** rastisa edhe unë në atë mbledhje
Zuflucht *f* ndihm|ë, -a; shpëtim-i; **~ gewähren** strehoj
zufrieden i/e kënáqur
Zufriedenheit *f* kënaqësí-a; ëndj|e, -a
zufriedenstellend i/e kënaqsh|ëm, -me
zu/frieren ie/o/o ngri|j, *-va, -rë*
Zug, -(e)s, *pl.* ¨e, *m* tren-i; tipar-i; **Leichen~** kortezh-i; *mil.* tog|ë, -a
Zugabe *f* shtes|ë, -a; **~!** bis; bizë
Zugang, -(e)s, *pl.* ¨e, *m* hyrj|e, -a; **~s:buch** *n* regjistër inventarizimi; **~s:vermerk** *m* skedë bazë
Zugehörigkeit *f* përkatësí-a
Zügel, -s, *pl.* 0, *m* kapist|ër, -ra; fren-i; *am Pferd* zagall-i
Zugeständnis, -ses, *pl.* se, *n* lëshim-i; **~se machen** bëj lëshime
zu/gestehen akordoj
Zugezogene|r, -n, *pl.* n, *m* ardhës-i
Zugführer, -s, *pl.* 0, *m mil.* komandant-i i togës
zugunsten në dobi të ⟨+ *G*⟩
zu/hören dëgjoj; veshtoj
Zuhörer, -s, *pl.* 0, *m* dëgjues-i
zu/knöpfen mbërthej; kopsis *s/t*
Zukunft *f* e ardhm|e, -ja
zukünftig i/e ardhsh|ëm, -me; ⟨*adv*⟩ në të ardhmen
zu/lassen ¨/ie/a pranoj
zulässig i/e lejuesh|ëm, -me; i/e pranuesh|ëm, -me
Zulassung *f* pranim-i; **~s:antrag** *m* kërkesë pranimi
zuliebe: dir ~ për hirin tënd
zu/mauern muros
zumeist më së shumti
zumute në qejf; **mir ist zum Lachen ~** më vjen për të qeshur
Zuname, -ns, *pl.* n, *m* mbiem|ër, -ri
Zündanlage *f tech.* sistem-i ndezjeje
Zunder, -s, *m* eshk|ë, -a
Zünder, -s, *pl.* 0, *m mil.* djegor|e, -ja
Zündholz, -es, *pl.* ¨er, *n* shkrepës|e, -ja
Zündkerze *f tech.* kandel|ë, -a; kan-del|e, -ja
Zündschloss, -es, *pl.* ¨er, *n tech.* kuadër i ndezjes
Zündschnur, *pl.* ¨e, *f* fitil-i
Zündung *f tech.* ndezj|e, -a
Zündverteiler, -s, *pl.* 0, *m tech.* distributor-i
Zunft *f* korporat|ë, -a; *hist.* esnaf-i; **~vorsteher** *m* qehajá-i
Zunge *f* gjuh|ë, -a; llap|ë, -a

Zungen- gjuhor, -e; **~rücken** *m* shpinë e gjuhës; **~spitze** *f* majë e gjuhës; llap|ë, -a

Zünglein, -s, *pl.* 0, *n* gjúhëz-a

zunichte machen prish; asgjësoj; *in Staub und Asche legen* bëj pluhur e hi

zurecht/rücken vë në vend

Zurechtweisung *f* qortim-i; vërejtj|e, -a

Zürgelbaum, -(e)s, *pl.* ¨e, *m bot.* carac-i

Zürich *ON* Cyrih-u

zurück mbrapsht; prapa **~/bleiben** ei/ie/ie çaloj; ngel; **~fordern** rivendikoj; **~geblieben** i/e prapambetur; **~gezogen** mbyllur në guaskën e vet; **~/kehren** kthehem *e/ye;* **~/lassen** ¨/ie/a lë pas; **~/legen** *Strecke* mbuloj; **~/nehmen** i/a/o, **~/senden** prapësoj; **~/spulen** *Tonband, Film* kthej mbrapsht; **~/treten** i/a/e heq dorë; **~/weichen** ei/i/i zbythem; zmbrapsem; **~/weisen** ei/ie/ie refuzoj; **~/werfen** i/a/o zmbraps; **~/ziehen** ie/o/o zmbraps; tërheq

Zurückweisung *f* refuzim-i; prapësim-i

Zurverfügungstellung *f jur.* dhëni|e, -a

zurzeit ⟨*adv*⟩ hëpërhë

zu/sagen premtoj; **es sagt mir zu** më ëndet

zusammen ⟨*adv*⟩ së bashku; bashkë

zusammen- ⟨*Präfix*⟩ bashkë-; **~arbeiten** kooperoj; **~fassen** përmbledh

Zusammenarbeit *f* bashkëpunim-i

Zusammenbruch, -(e)s, *pl.* ¨e, *m* shembj|e, -a

Zusammenfassung *f* përmbledhj|e, -a; *jur.* bashkim-i; *Resümee* paraqitje e shkurtër

zusammengefasst ⟨*adv*⟩ përmbledhtas

zusammengesetzt i/e përbërë; **~e Zeitformen** *Pl. spr.* kohë të përbëra

zusammengezogen i/e tkurrur

Zusammenhang, -(e)s, *pl.* ¨e, *m* lidhj|e, -a; nëntekst-i; **im ~ mit** lidhur me

zusammen/klappen palos

Zusammenkunft *f* mbledhj|e, -a; takim-i; tubim-i

zusammen/leben bashkëjetoj; **°~** *n* bashkëjetes|ë, -a

zusammen/passen përputhem

zusammen/reißen ei/i/i, **sich ~** mbledh veten; **reiß dich zusammen!** mblidhe kallaballëkun!

zusammen/schließen ie/o/o bashkoj

zusammen/stauchen qortoj; *fig.* bëj zhele

zusammen/stellen kompiloj; përpiloj

Zusammenstoß, -(e)s, *pl.* ¨e, *m* përleshj|e, -a; përplasj|e, -a

zusammen/stoßen ¨/ie/o përplaset; takohet; *fig.* grindem

zusammen/stürzen shembet

Zusammenwirken, -s, *n* bashkëpunim-i; bashkëveprim-i

zusammen/ziehen ie/o/o mbledh; tkurr; **die Pflaumen ziehen mir den Mund zusammen** ma athëtojnë gojën kumbullat

Zusammenziehung *f* tkurr|je, -a

Zusatz, -es, *pl.* ¨e, *m* shtes|ë, -a; shtojc|ë, -a; shtim-i

Zusatz- plotësues, -e; **~artikel** *m jur.* nen plotësues; **~exemplar** *n* kopje suplementare; **~frage** *f* pyetje-shtesë;

~strafe *f jur.* dënim-i plotësues
Zuschauer, -s, *pl.* 0, *m*, **Zuseher**, -s, *pl.* 0, *m* spektator-i
Zuschlag, -(e)s, *pl.* ¨e, *m* shtes|ë, -a
zu/schließen ie/o/o kyç; mbyll
zu/sehen ie/a/e shikoj; bëj sehir
zustande bringen i/a/a qos; **er brachte nichts zustande** s'qosi gjë
zustande kommen o/a/o realizohem; bëhem
zuständig kompetent, -e; përkatës, -e; **die ~e Behörde** organ-i kompetent
Zuständigkeit *f* kompetenc|ë, -a
zu/stimmen aprovoj; miratoj
Zustimmung *f* pëlqim-i; aprovim-i, miratim-i
Zutaten *Pl.* harxh-i; **~ zum Börek** harxhe-t e byrekut
zu/treffen i/a/o është me vend; përshtatet; qëndron; **das trifft nicht zu** arsyeja nuk qëndron
Zutritt, -(e)s, *m* hyrj|e, -a
Zuverlässigkeit *f* saktësí-a
Zuversicht *f dial.* uzdaj|ë, -a
zuviel tepër; **~ Luft** tepricë ajri
zuvor ⟨*adv*⟩ përpara
Zuwachs, -es, *pl.* ¨e, *m* rritj|e, -a; shtim-i
Zwang, -(e)s, *pl.* ¨e, *m* shtrëngim-i; zor-i; mujshí-a
Zwangs- i/e detyruar; **~aufenthalt** *m* qëndrim-i i detyrueshëm; **~heilung** *f*, **~behandlung** *f jur.* mjekim-i i detyruar
zwanzig njëzet
zwar vërtet; **~ ... aber** daç ... daç
Zweck, -(e)s, *pl.* e, *m* qëllim-i
Zweck- qëllimor, -e
zweckdienlich i/e duhur
zwei dy; **der ~te** i dytë; **~ Tränen** dy pika lot; **~ und zwei** dy nga dy; **~deutig** i/e dykuptimsh|ëm, -me; **~fach** ⟨*adv*⟩ dyfish; **~farbig** dyngjyrësh, -e
Zweier- dysh, -e
Zweifel, -s, *pl.* 0, *m* dyshim-i
zweifelhaft i/e dyshimtë; dyshimor, -e
zweifeln dyshoj; druhem
zweiflügelig dyfletësh, -e
Zweig, -(e)s, *pl.* e, *m* bisk-u; deg|ë, -a
zweigeschlechtig *spr.* i/e dygjinish|ëm, -me
zweigesichtig dyfaqësh, -e
zweigipflig *spr.* dykulmor, -e
zweigliedrig dygjymtyrësh, -e; **~er Satz** *m spr.* fjali-a dykryegjymtyrëshe
Zweigstelle *f* filial-i; sukursal-i
Zweihandsäge *f* zhak|e, -ja
zweihundert dyqind
Zweijahres-, **zweijährig** dyvjeçar, -e
Zweikampf, -(e)s, *pl.* ¨e, *m spo.* dygarësh-i; *Duell* dyluftim-i
zweikantig dyfaqësh, -e
Zweikasus- dyrasësh, -e
zweimal dy herë; dyfish; *mus.* bis; bizë
Zweimast- dydirekësh, -e
Zweimaster, -s, *pl.* 0, *m naut.* anije dydirekëshe
zweimonatlich dymujor, -e
zweimotorig dymotorësh, -e
Zweiphasen-, **zweiphasig** dyfazor, -e; **~strom** *m tech.* rrymë dyfazore
Zweireiher, -s, *pl.* 0, *m* kostum-i dopiopet

zweiseitig dypálësh, -e; i/e dyansh|ëm, -me
zweisilbig *spr.* dyrrókësh, -e
zweisprachig dygjuhësh, -e
Zweisprachigkeit *f spr.* dygjuhërí-a
zweistöckig dykátësh, -e
Zweitakt- *tech.* dykóhësh, -e; **~motor** *m tech.* motor-i dykohësh
zweiter i/e dytë
zweitrangig sekondar, -e
zweiwertig *spr., chem.* dyvalent, -e; i/e dyvlersh|ëm, -me
zweiwöchentlich dyjavor, -e
Zwerchfell, -s, *pl.* e, *n med.* diafragm|ë, -a
Zwerg, -(e)s, *pl.* e, *m* herr-i; xhuxh-i; *Märchenfigur, eigentlich Gog und Magog* xhuxhmaxhuxh-i; **~ohr:eule** gjon-i; **~scharbe** *f zoo.* karabullak-u
zwicken pickoj; quk; ~̊ *n* pickim-i
Zwiebel *f* qep|ë, -a; bulb-i; **~pflanze** *f bot.* qepor|e, -ja
Zwielaut, -(e)s, *pl.* e, *m spr.* diftong-u
Zwilling, -s, *pl.* e, *m* binjak-u
Zwillings- çiftar, -e; **~dose** *f für Kaffee und Zucker* çift|e, -ja; **~flinte** *f* çift|e, -ja; **~schwester** *f* motër çiftare
zwingen *zwingt, zwang, hat gezwungen* mujshoj; zorit *s/t;* shtrëngoj; detyroj; **in die Knie** ~ gjunjëzoj; **~d** ⟨*adv*⟩ detyrimisht
zwischen ndër ⟨+ *Abl*⟩; mes ⟨+ *Abl.*⟩; ndërmjet ⟨+ *Abl*⟩; midis ⟨+ *Abl*⟩
Zwischen- ndër-; i/e ndërmjet|ëm, -me; **~akt** *m* ndërakt-i; **~deck** *n naut.* kuvertë në korridor; **~landung** *f* ndalesë e ndërmjetme; **~zeit** *f* ndërkoh|ë, -a
zwischengeschoben i/e ndërshtënë
zwitschern cicëroj
Zwitter, -s, *pl.* 0, *m* deledash-i; hermafrodit-i
zwölf dymbëdhjetë; **der ~te** i dymbëdhjetë
Zwölffingerdarm, -(e)s, *pl.* ¨e, *m med.* duoden-i
Zyklamen *n,* Alpenveilchen *n bot.* ciklamin-i
zyklisch ciklik, -e
Zyklon, -s, *pl.* e, *m* ciklon-i
Zyklop, -en, *pl.* en, *m* ciklop-i; *im Märchen* katallan-i
Zykl|us, *pl.* en, *m* cik|ël, -li
Zylinder, -s, *pl.* 0, *m* cilind|ër, -ri; gyp-i
zynisch cinik, -e
Zynismus *m* ciniz|ëm, -mi
Zypern Qipro-ja
Zypresse *f bot.* qiparis-i
Zypressen- i/e qiparistë
zypriotisch qipriot, -e
Zyste *f med.* cist-i